ZHEJIANG TONGZHI

浙江通志

第九十六卷

民俗志

《浙江通志》编纂委员会 编

浙江人民出版社

图书在版编目（CIP）数据

浙江通志．民俗志 / 《浙江通志》编纂委员会编．
— 杭州 ：浙江人民出版社，2020.6
ISBN 978-7-213-09590-0

Ⅰ．①浙… Ⅱ．①浙… Ⅲ．①浙江-地方志②风俗习惯-介绍-浙江 Ⅳ．①K295.5②K892.455

中国版本图书馆CIP数据核字(2019)第280692号

浙江通志・民俗志

《浙江通志》编纂委员会　编

出版发行	浙江人民出版社（杭州市体育场路347号　邮编　310006） 市场部电话:(0571)85061682　85176516
责任编辑	潘海林
责任校对	戴文英　姚建国
责任印务	程　琳
封面设计	厉　琳
电脑制版	杭州天一图文制作有限公司
印　刷	浙江新华数码印务有限公司
开　本	889毫米×1194毫米　1/16
印　张	47.75
字　数	1058.6千字
插　页	12
版　次	2020年6月第1版
印　次	2020年6月第1次印刷
书　号	ISBN 978-7-213-09590-0
定　价	218.00元

图版 96-001-1　1977 年，黄岩县院桥公社夏粮丰收，喜盼改革的农民群众敲锣打鼓向国家交售定购粮（叶心源摄于黄岩）

图版 96-001-2　20 世纪 70 年代，海宁石路开秧门（方炳华摄，载《嘉兴民俗》，浙江摄影出版社 2014 年版，第 68 页）

图版 96-001-3　踩龙骨水车抗旱（1959 年杜镜宣摄，载《嘉兴民俗》，浙江摄影出版社 2014 年版，第 72 页）

图版 96-002-1　传统蚕丝加工技艺(2010 年连晓鸣摄于桐乡)

图版 96-002-2　古镇老街的水豆腐担(2000 年周向阳摄于嘉善西塘)

图版 96-002-3　水乡售茧时节（谢光辉摄，载《浙江画报》1992 年第 6 期）

图版 96-002-4　2010 年遂昌“班春劝农”(连晓鸣摄)

图版 96-003-1 桐乡乌镇香市踏白船(邬正文摄,浙江省文化厅编 2010 年有关非遗的《十件大事》)

图版 96-003-2 绍兴脚划乌篷船(任鲸、王洋摄,载《浙江画报》1991 年第 1 期)

图版 96-003-3 义门流芳(摄于 2005 年,富阳市龙门镇政府提供)

图版 96-003-4 嘉兴临河民居 (2009 年连晓鸣摄)

图版 96-003-5 泰顺廊桥(2009 年连晓鸣摄)

图版 96-004-1　2010 年武义郭洞村祭祖(吴维康摄)

图版 96-004-2　2010 年宁海送嫁妆（何晓道摄）

图版 96-004-3　2009 年 9 月在京杭大运河杭州段举办第 17 届“屈原杯”全国龙舟锦标赛(连晓鸣摄)

图版 96-005-1　风水先生在墓顶喊山（2004 年陈华文摄于武义）

图版 96-005-2　“抓周”(2006 年周向阳摄于嘉善)

图版 96-005-3　2009 年台州椒江葭沚送大暑民俗活动(王江浩摄)

图版 96-005-4　2009 年 8 月萧山坎山镇七夕宿山(浙江省民俗文化促进会秘书处提供)

图版 96-006-1　2010 年，中韩两国的民俗学者考察苍南钱库桐桥村浙南石棚墓群（连晓鸣摄）

图版 96-006-2　2009 年象山祭海大典（何幼松摄）

图版 96-006-3　2010 年，桐乡双庙渚蚕花娘娘祭祀典礼暨蚕花水会（浙江省民俗文化促进会秘书处提供）

图版 96-006-4　2009 年开化苏庄草龙会（连晓鸣摄）

图版 96-007-1　嵊州施家岙村女子越剧科班旧址的“唐明皇石像和唐皇帽”(2010 年朱秋枫摄)

图版 96-007-2　临海元宵节的“小芝鼓亭”(王汀州摄，载《浙江民俗》2007 年总第 3 期)

图版 96-007-3　遂昌十番(2010 年连晓鸣摄于遂昌汤显祖博物馆)

图版 96-008-1　国家级非物质文化遗产临海词调(2007年朱连明摄于临海紫阳街)

图版 96-008-2　浦江年节长灯(谭进、谢光辉摄,载《浙江画报》1991年第3期)

图版 96-008-3　民间吹鼓手(杨平儿、徐伟民等摄,载《浙江画报》1991年第1期)

图版 96-008-4　黄杨木雕"醉卧太白"(叶润周,载绍兴文联《野草》1994年第4期)

图版 96-008-5　清代德兴隆年画《春牛图》(朱秋枫提供)

图版 96-009-1　绍兴王坛镇大舜庙门神(2009年朱秋枫摄)

图版 96-009-2　建德新叶村土地堂的“土地公婆”(2010年朱秋枫摄)

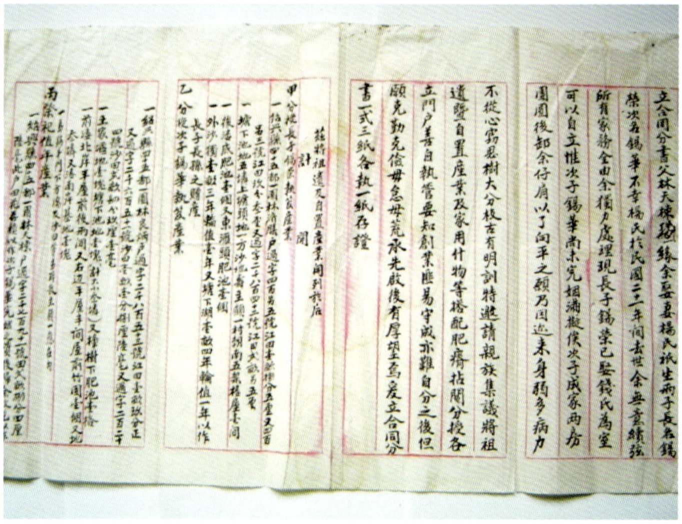

图版 96-009-3　民国时期堕民分家书(俞婉君摄)

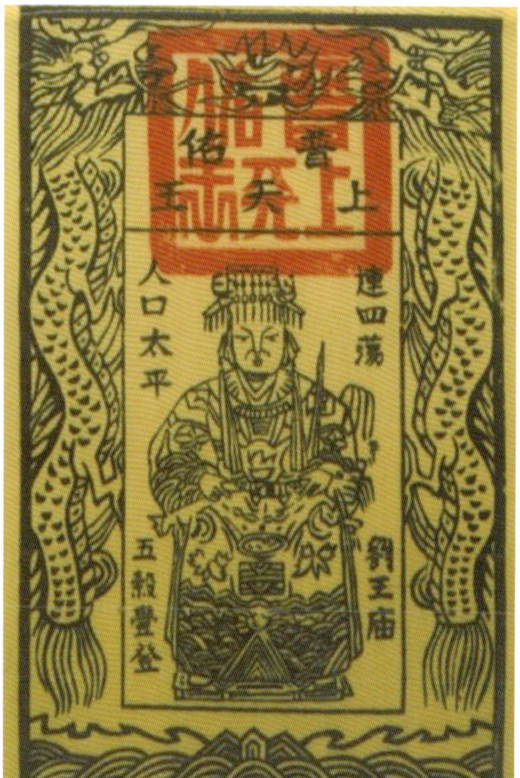

图版 96-009-4　嘉兴连四荡刘王庙“刘王猛将像”(2009年朱秋枫摄)

图版 96-010-1　泰顺县畲族歌手雷子新(2006 年季海波摄)

图版 96-010-2　畲娘(2010 年蓝小明摄)

图版 96-010-3　九姓渔民婚礼：坐大木盆出嫁的新娘(郑致民摄)

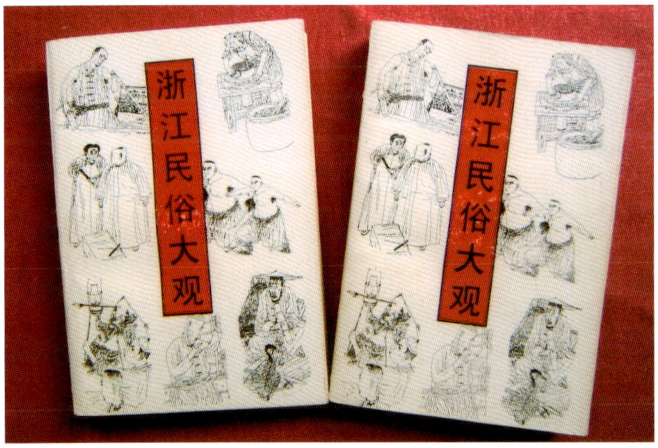

图版 96-011-1 《浙江民俗大观》上下集(朱秋枫提供)

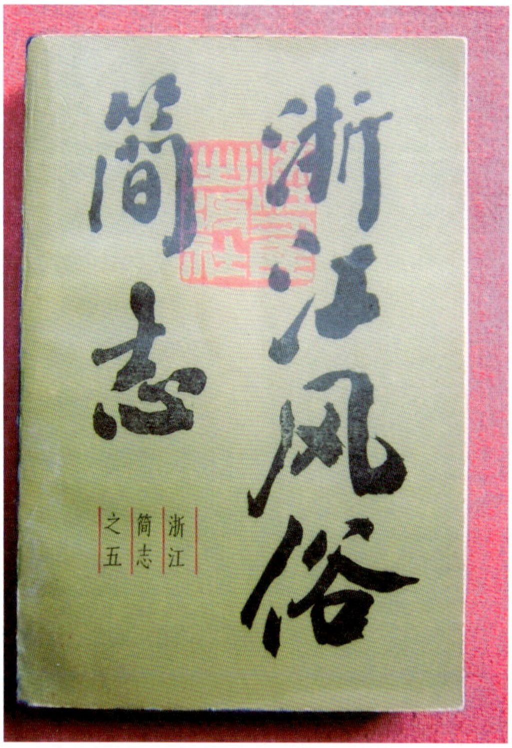

图版 96-011-3 《浙江风俗简志》(朱秋枫提供)

图版 96-011-2 《风俗》创刊号和《山海经》创刊号(朱秋枫提供)

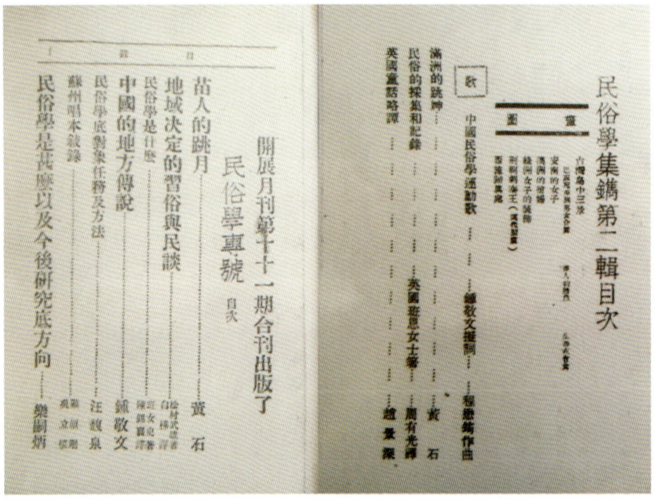

民俗學集鐫第二輯目次

歌 中國民俗學運動歌……鍾敬文填詞……程懋筠作曲

滿洲的跳神……黃石

民俗的採集和記錄……英國班恩女士著……周有光譯

英國童話略譚……趙景深

開展月刊第十十一期合刊出版了

民俗學專號 目次

苗人的跳月……黃石

地域決定的習俗與民談

民俗學是什麼

中國的地方傳說……鍾敬文

民俗學底對象任務及方法……汪馥泉

蘇州唱本敘錄

民俗學是甚麼以及今後研究底方向……樂嗣炳

图版 96-012-4 《民俗学集镌》第二辑目次,1958 年影印本(朱秋枫提供)

图版 96-011-5 中国民俗学会(杭州)编的《民俗学集镌》封面,1958 年影印本(朱秋枫提供)

图版 96-012-1　2009 年 5 月，浙江省民俗文化促进会成立（浙江省民俗文化促进会秘书处提供）

图版 96-012-2　2010 年 6 月，中国民俗学会会长刘魁立在嘉兴参加中国端午习俗国际学术研讨会（浙江省民俗文化促进会秘书处提供）

图版 96-012-3　2009 年 11 月，冯骥才等专家、作家参加“走读江南”民俗活动，考察泰顺司前圆洲古村落（浙江省民俗文化促进会秘书处提供）

图版 96-012-4　2010 年 4 月，浙江省第一家乡级民俗社团——桐庐县合村乡民俗文化促进会成立（许马尔摄）

浙江省地方志编纂委员会

主　　任：吕祖善（2004.3—2011.9）
　　　　　夏宝龙（2011.9—2013.1）
　　　　　李　强（2013.1—2016.6）
　　　　　车　俊（2016.7—2018.5）
　　　　　袁家军（2018.5—　　　）
副 主 任：茅临生（2010.2—2012.8）
　　　　　郑继伟（2010.2—2017.3）
　　　　　张　曦（2011.4—2012.9）
　　　　　葛慧君（2012.8—2019.5）
　　　　　成岳冲（2017.3—　　　）
　　　　　陈金彪（2019.5—　　　）
　　　　　朱国贤（2019.5—　　　）
（以上排列以任职时间先后为序，委员名单略）

《浙江通志》编纂委员会

主　　任：李　强（2016.2—2016.7）　车　俊（2016.7—2018.5）
　　　　　袁家军（2018.5—　　　）
副 主 任：葛慧君（2016.2—2019.5）　郑继伟（2016.2—2017.3）
　　　　　成岳冲（2017.3—　　　）　陈金彪（2019.5—　　　）
　　　　　朱国贤（2019.5—　　　）
委　　员：陈　新　王　纲　宋建勋　鞠建林　帅夒琅　孙耀铜
　　　　　胡庆国　刘　芸　蔡晓春　张学伟　来颖杰　孟　刚
　　　　　徐宇宁　王　杰　俞世裕　潘捷军　徐立毅　裘东耀
　　　　　姚高员　钱三雄　毛宏芳　盛阅春　尹学群　汤飞帆
　　　　　何中伟　张晓强　吴晓东　俞文华　王良仟　童芍素
　　　　　郑志耿　王立忠　郑明治　王卫东　李志廷

总　　编：俞文华

副 总 编：俞世裕（2019.5—　　）　潘捷军（常务）　王良仟
童芍素　郑志耿　王立忠（2019.9—　　）　郑明治
王卫东　李志廷（兼总纂）　林吕建（2011.9—2012.3）
张伟斌（2012.9—2019.5）

浙江省地方志编纂委员会办公室

主　　任：潘捷军

副 主 任：陈　野（2007.6—2011.3）　章其祥（2011.5—　　）
董郁奎（2019.8—　　）

主任助理：韩　锴（2011.9—2016.4）

成　　员：汤敏华　颜越虎　周祝伟　张　勤　袁新国　杨坚江
徐　鹏　吕克军　赵海良　段　愿　汤　敏　李迎春
林琼华　邴　波　王兆保　周修宇　赵鹏团　杨云婷
王　林　阎乐民　葛立朝　葛旭鹏　孟宪江　徐由由
应秀敏　章　丽　葛　伟　吴玉权（2012.11—2017.12）
白效咏（2009.9—2015.9）

《浙江通志》总纂、副总纂

总　　纂：李志廷（兼）

副 总 纂：廖曰文　章其祥　董郁奎　颜越虎　周祝伟　王　林
吴铁卿（2018.4—　　）　倪集华（2018.5—　　）
吴　熔（2019.9—　　）　徐钢军（2019.9—　　）
卢文彬（2019.9—　　）

《浙江通志》总编室(《浙江通志》编辑部)

主　　任: 董郁奎(2011.9—2012.7)　颜越虎(2018.1—　　)

副 主 任: 颜越虎(2011.9—2018.1)　袁新国(2018.1—　　)　王　林

责任编辑: 颜越虎　袁新国　王　林　汤　敏　李迎春　林琼华　邴　波　王兆保　周修宇　吕克军　赵海良　段　愿　徐　鹏　赵鹏团　阎乐民　葛立朝　葛旭鹏　孟宪江　白效咏(2011.9—2015.9)　刘志勇(2011.9—2012.7)　李恒悦(2011.9—2012.1)　曹爱光(2011.9—2014.9)　汪　珏(2011.9—2018.12)　戴智勇(2012.7—2014.9)　翁友伦(2016.6—2018.12)

《浙江通志·民俗志》编纂委员会

名誉主任:周国富

主　　任:童芍素

副 主 任:连晓鸣(执行)　柳　河　俞剑明　金庚初　陈　瑶　童　健　朱红炜　高克明　陈海良　陈华文　黄　涛　王　淼　徐　晓　蒋水荣　赖金良　何善蒙

成　　员:张　朋　汪志铭　王　榕　胡华钢　陈云飞　俞　栋　朱江龙　陈　政　许良云　林　丽　王国文　吴莘超　胡　雁　吴露生　叶　涛　祝汉明　常怡君　竺　容　阮　静　诸米兰　戴育莲　朱　吏　黄　欢　王其旗　李秋宁　魏健萍　徐永明　陈祥麟

《浙江通志·民俗志》编辑部

主　　编:连晓鸣

副 主 编:陈华文　黄　涛　顾希佳　何善蒙

编　　纂:朱秋枫　连晓鸣　黄　涛　袁　瑾　刘朝晖　衣晓龙　刘志军　顾希佳　彭伟文　何善蒙　邱国珍　蒋水荣　宣炳善

成　　员:乙小康　张明星

序

浙江是一片风光优美、令人神往的大地，是一个历史悠久、文化璀璨的家园，是一块创业创新、活力迸发的热土……在浙江人民波澜壮阔、跌宕起伏的奋斗历程中，浙江大地上涌现出无数勇立潮头的先进人物、可歌可泣的历史事件。这一切都真实准确、全面系统地记录在皇皇巨构《浙江通志》之中。《浙江通志》编纂工作自2011年9月启动以来，历届省委、省政府十分重视，各有关单位尽职尽责。《浙江通志》的出版，是全体编纂人员呕心沥血、辛勤耕耘的珍贵结晶，也是浙江文化强省建设的丰硕成果。

编纂地方志是我国源远流长的文化传统。地方志不仅能记述、反映历史的发展与社会的变化，而且还具有独到的“存史、资政、育人”等功能，在传承文明、开创未来的宏伟大业中具有不可替代的作用。浙江有着悠久的修志传统。早在东汉初年，被称为“方志之祖”的《越绝书》诞生在浙江；宋代，“临安三志”作为中国古代方志的定型之作，登上历史舞台；清代，浙江学者章学诚则以创立方志学闻名于世。千百年来，浙江佳志迭现，名家辈出。这些名志大家既是浙江作为“方志之乡”的最好见证，也是浙江成为“文化之邦”的重要支撑。

从上山文化、跨湖桥文化、河姆渡文化、良渚文化等史前文明，到越王勾践卧薪尝胆、雪耻复国的春秋霸业，从唐宋钱塘的富庶繁华，到明清两浙的文化昌盛，浙江先人展示的画卷光辉灿烂，令人赞叹不已。“一部民国史，半部在浙江。”民国时期，政治、经济、文化、教育、科技等领域的代表性人物成就卓著，各领风骚，推动了时代的发展和社会的进步。中华人民共和国成立后，浙江发生了翻天覆地的变化。特别是改革开放以来，经济社会全面发展，城乡各业蒸蒸日上，之江大地日新月异，人民群众安居乐业。浙江人民勇做时代弄潮儿，积极实施“八八战略”，努力践行“绿水青山就是金山银山”的发展理念，探索出了一条符合浙江实际、富有浙江特色的发展路子，形成了与时俱进的浙江精神，为今后可持续发展提供了强大的精神力量与广阔的提升空间。“盛世修志，志载盛世。”《浙江通志》把浙江人民所创造的辉煌业绩和奋斗精神记载下来，既可以激发当代浙江人励精图治，团结奋斗，更能够广泛宣传浙江，让全国乃至世界更加充分地了解浙江、认识浙江，作用巨大，意义深远。

“修志问道，以启未来。”今天，浙江人民在习近平新时代中国特色社会主义思想的指引下，按照统筹推进“五位一体”总体布局、协调推进“四个全面”战略布局的要求和习近平总书记对浙江提出的“干在实处永无止境，走在前列要谋新篇，勇立潮头方显担当”的新期望，积极投身高水平全面建设小康社会和高水平推进社会主义现代化建设伟大实践。《浙江通志》的编纂出版，既为我们提供了丰富宝贵的现实经验，也为我们提供了可资借鉴的历史启示。我们要充分重视用志工作，加强宣传力度，拓宽用志途径，采用各种形式，不断扩大地方志的服务功能，既要让方志成为决策者的案头书，又要让志书成为广大群众喜闻乐见的精神产品，使地方志在“两个高水平”建设的新征程中发挥更大的作用。

是为序。

浙江省人民政府省长 袁家军

2019 年 8 月 1 日

凡 例

一、宗旨

以马克思列宁主义、毛泽东思想、邓小平理论、“三个代表”重要思想、科学发展观、习近平新时代中国特色社会主义思想为指导，遵循辩证唯物主义和历史唯物主义原理，全面、客观、系统地记述浙江省自然、政治、经济、文化和社会的历史与现状。服务当代，垂鉴后世。

二、起讫时间

上溯事物发端，下限为2010年12月31日，必要时以注释等形式作适当下延。

三、地域范围

以下限时浙江省行政区域为界，原则上越境不书。

四、体裁

采用述、记、志、传、图、表、录等体裁，以志体为主。

五、结构

以卷章结构为主。

卷的设置以科学分类与现实社会分工（现行管理体制）相结合。凡具有特别重要地位、文化积淀深厚且体量较大者，设为专志，各置为卷。

卷下设章、节，节下根据需要设目、子目与细目等。凡时代特征、地方特色显著，又难以在正文中展开记述者，设为专记。

六、文体

使用规范的现代语体文。直接引用资料使用原文文体。

七、文字

以经中华人民共和国国务院批准、1986年10月10日国家语言文字工作委员会重新发表的《简化字总表》，1955年12月22日中华人民共和国文化部、中国文字改革委员会发布的《第一批异体字整理表》及2013年6月5日中华人民共和国国务院公布的《通用规范汉字表》为准，异形词以2001年12月19日中华人民共和国教育部、国家语言文字工作委员会发布的《第一批异形词整理表》为准。

人名、地名、书名、文章篇名及引录的原著文句，凡可能引起歧义、误解者，仍用原繁体字或异体字。

八、标点符号

以2011年12月30日中华人民共和国国家质量监督检验检疫总局、中国国家标准化管理委员会发布的《标点符号用法》为准。

九、称谓

中华人民共和国成立前的国家、民族、地名、组织、机构、职官等名称，除明显带有歧视、污蔑含义者加以适当处理外，原则上仍用文献记载的原名称。

志书下限时的地名使用各级政府审定的标准地名，必要时括注俗称地名。地名古今不同者，各章首次出现时在其后括注志书下限时的标准地名；隶属地域变化者，注明志书下限时所属地域。

外国的国名、地名、人名、民族名，以及政府机构、党派团体、报刊等名称，主要依照《辞海》（第六版）译名及新华通讯社译名室常用译名。各章首次出现时，根据需要括注外文原名。

生物名称使用学名，记述自然资源涉及有关生物名称的，各章首次出现时采用二名法，必要时加注当地俗名。

十、简称

各种较复杂的名称重复出现时，各章首次出现时使用全称并括注简称，其后出现直接使用简称；有关机构、单位2010年的简称均以《有关机构、单位全称与规范化简称对照表》为准；有关机构、单位2010年前的简称及其他简称采用社会上通行、不产生歧义者，且全卷保持一致。

十一、纪年

干支纪年、年号纪年及其他非公历纪年等，以汉字书写，括注公历纪年；非公历纪年后有月日的，同时括注经换算后公历纪年的月日。

民国纪年以阿拉伯数字书写，括注公历纪年。

同一自然段中同一纪年多次出现时，只在首次括注公历纪年，其后不再括注。

括注公历纪年于年份后加“年”字；括注某一时间段，则只在后一个公历纪年后加“年”字。

括注公元前年份，年份前冠“前”字；括注公元元年后年份直接书写年份，不冠“公元”。

自1949年10月1日起，采用公历纪年。

公历纪年及公历的世纪、年代、月、日和时分，均以阿拉伯数字书写。

十二、数字

按 2011 年 7 月 29 日中华人民共和国国家质量监督检验检疫总局、中国国家标准化管理委员会发布的《出版物上数字用法》表述。凡一个数字与“以上”“以下”“以内”等连用的，均含该数字。

十三 、数据

中华人民共和国成立前的数据按文献记载入志。

中华人民共和国成立后的统计数据以统计部门公布数据为准。统计部门缺失者则采用相关部门经过核实的数据，并以注释形式说明资料来源。同一内容数据有不同者，也以注释形式加以说明。重要地理信息数据采用测绘部门公布的法定数据。

十四、计量单位

按 1984 年 2 月 27 日中华人民共和国国务院发布的《中华人民共和国法定计量单位》规定表述。行文中使用单位名称或单位符号视具体情况而定。

中华人民共和国成立前的计量单位根据需要沿用旧制。

十五、货币

中华人民共和国成立前的货币币值均按文献记载入志。

中华人民共和国成立后的货币币值均指人民币币值。1955 年 3 月 1 日前后人民币各按当时币值记载，不作换算。

外国货币按文献记载入志，币值不作换算。

十六、地图

按 2015 年 11 月 26 日中华人民共和国国务院公布的《地图管理条例》和浙江省人民政府 2014 年 11 月 11 日公布、2015 年 12 月 28 日修正的《浙江省地图管理办法》的规定，采用经浙江省测绘行政主管部门审核的地图。

十七、注释

直接引用(引文)、地图、图片、表格及有关重要内容，均注明资料来源。其他需要说明者，亦酌情加以注释。

引用清代及清代以前编纂的志书，注明朝代、纪年、志书名称及卷次(或卷次与篇名)；引用民国时期编纂的志书，注明“民国”两字和志书名称、卷次(或卷次与篇名)；引用 1949 年 10 月 1 日(含)以后编纂、出版的志书，注明志书名称、出版单位、出版时间及页码。志书名称与篇名均用书名号。引用私修志书，除上述各项内容外，于志书名称前注明作者姓名。

十八、资料

取之于档案、书籍、报刊、网络及社会调查等，均经考订、核实。凡记载不一者，正文采其一说，其余说法以注释形式记述。

十九、大事记述

以编年体为主，兼用纪事本末体，专设《大事记》记载全省大事；其余各有关卷设置《大事年表》记载相关大事。

二十、人物

以"生不立传"为原则，专设《人物传》予以记载；其余各有关卷所涉人物按"以事系人""人随事出"方法处理。

目 录

概　述

钟敬文主编的《民俗学概论》对“民俗”的概念理解为:“民俗,即民间风俗,指一个国家或民族中广大民众所创造、享用和传承的生活文化。民俗起源于人类社会群体生活的需要,在特定的民族、时代、地域中不断形成、扩布和演变,为民众的日常生活服务”①。民俗,具有一定的传承性和稳定性,但随着社会生活不断变迁以及各种环境因素的影响,民俗也处在不断演变和发展之中。浙江民俗既具有中华民族民俗文化的共通性,又具有鲜明的地域特色。本志以此概念为基础,参照该书及其他多种民俗学著述的民俗分类框架,将浙江民俗分为七大类:生产民俗、商贸民俗、生活民俗、社会民俗、人生礼仪民俗、信仰民俗、民间游艺,并结合浙江民俗实际情况,特设“畲族民俗”和“特殊人群民俗”两章。

一

浙江历史悠久,是中国古代文明的发祥地之一。位于浙江西北部的长兴县七里亭旧石器时代遗址的考古发现表明,约在100万年前浙江就已出现了人类活动。“建德人”的发现,表明10万年前旧石器时代这一带已有古人类栖息。浙江还发现众多的新石器时代遗址,如1万年前的上山文化遗址、9000年前的小黄山文化遗址、8000年前的跨湖桥文化遗址和7000多年前的河姆渡文化遗址。大量出土文物反映出这里原始先民的劳动和生活情况。上山文化陶器类型原始、简单,石器以打制为主,体现出由旧石器时代向新石器时代文化过渡的某些特征。尽管当时采集、狩猎还占据着很大的比重,但稻作农业已经发生,人类文明已经步入一个崭新的阶段。上山遗址发现的由三排柱洞构成的建筑遗迹表明,“上山”先人已经学会营造木头房子,过着比较稳定的定居生活。上山文化、跨湖桥文化、马家浜文化、崧泽文化和良渚文化一起,共同构成万年来浙江文化较为完备的演进序列,证明吴越文化是中华文明的重要源头之一。

从新石器时代中、晚期的出土文物和文化遗址看,史前古越地区因受海浸或其他自然灾害的影响,曾出现过沿海族群内迁,河姆渡文化的断代和良渚文化的消失也证明了这一点。但从先秦和秦汉时期典籍的记载看,海浸期过后的浙江,呈现出“地广人稀”、土著人“断发文身”“饭稻羹鱼”“火耕水耨”以及“以船为车,以楫为马”的生活形态,衣食住行方面的“越”民俗

---

① 钟敬文主编:《民俗学概论》,上海文艺出版社1998年版,第1—2页。

文化已基本形成。①

越，又称于越、内越或大越，是百越族中最为著名的一支。《竹书纪年》记载“于越来宾”，周成王二十五年（前1091年），周成王“大会诸侯于东都”时，于越也参加了朝贡。正如有的学者所说的，“于越不是外来的民族，而是杭嘉湖平原、宁绍平原和金衢丘陵地区生长的，是根植于当地新石器文化，并由当地新石器时代文化孕育而成的。考古资料说明这一地区‘印纹陶文化’既受良渚文化影响，又较多地继承了河姆渡文化因素。……从浙江地区原始文化和印纹陶前后的承继关系便可以看出，于越是来自于当地原始土著民”②。因为从一些文化等的具体形态来看，都有别于中原文化。如种植的粮食作物，吴越地区是水稻，中原是粟；使用的农具，吴越地区是骨耜，中原则无此工具；建构的房屋，吴越地区以榫卯结构的干栏式建筑为主，中原则以“半地穴式”或平地建筑为主。但它却与在相同或相近土壤中生长起来的吴文化有着相同的因素。因此，称吴文化和越文化时，既可以单称，也可以合称“吴越文化”。历史典籍中常说的吴越“同音共律”“同俗共气”“同俗拜土”就是文化相同的明证。③

从1951年发掘并命名为“湖熟文化”的先吴文化看，今安徽、江苏两省沿长江南岸地区，是新石器时代吴人的主要活动区，其土著居民被中原人统称为荆蛮，实为越族的一支，属百越之一的吴越。吴人早在西周太王当政年间就建国定制，这可能与历史上曾发生过的重大事件“太伯奔吴”有关。根据《史记》中关于“（周）太王欲立季历以及昌，于是太伯、仲雍二人乃奔荆蛮，文身断发，示不可用，以避季历”④的记述，多数历史学家认为，虽然“太伯奔吴”的事件难以定论，但春秋时代的吴国受到中原文化的影响确实比偏于南方的越国为早。中原地区的礼仪、衣着、饮食、耕作以及青铜铸造技艺，也都较早传入吴地。

春秋时期，吴越两国虽争战频发，但因“同音共律”“同俗共气”，联系也最为密切。现今钱塘江以北杭嘉湖一带，当时基本上属于吴国版图。从《越绝书》记述看，句践立国后，筑都城、建宫室、造宗庙，并在冶炼、造船、盐业等方面设立专门机构，国家形态和民众已经相当完备。从后人祭祀和民间歌谣看，当时民俗文化也已经较为丰富。但在500余年的春秋战国时期，钱塘江以东的于越地区，却发生过一次较大的民俗文化的演变，这就是吴越文化的融合。

吴越文化融合期间，楚文化对越文化的影响也较大。楚立国时间比吴国略早，具有地域特色的民俗文化更为丰富。春秋时期，楚国有不少名士如范蠡、文种仕于越国。吴王夫差败越三年后释句践归国，那时，越国暗暗联络楚国，图谋复国大计。句践在楚国谋士范蠡、文种和晋国的帮助下，终于完成了复国大业。当楚败越并迫使越族南迁后，在杭嘉湖地区吴语成了迁入者的通用语。《浙江事典・人口民族篇》载：“浙江省是吴语分布最广的地区，约占80%。”⑤

吴越文化融合给浙江带来的影响较大：社会生产方面，农业耕作技术得到提高，丝绸、茶

① 陈华文等：《浙江民俗史》，杭州出版社2008年版，第72页。

② 蒋炳钊等编：《百越民族文化》，学林出版社1988年版，第43页。

③ 陈华文等：《浙江民俗史》，杭州出版社2008年版，第15页。

④ 《史记》卷三十一《吴太伯世家》。

⑤ 商景才等：《浙江事典》，浙江教育出版社1998年版，第61页。

叶等行业得到发展，自东汉至隋唐以降，浙江成了历代帝王的粮仓和丝绸、茶叶的供应地；同时，造船、冶炼、造纸、酿造等技能也都得到提升。文化艺术方面，从吴声歌曲《前溪歌》《阿子歌》，民间舞蹈《前溪舞》《白纻舞》，到吴越两地戏曲声腔“余姚腔”“海盐腔”“昆山腔”的结合，都成了浙江民俗史上的重要篇章。

当秦灭六国、南定百越之后，有两则史事对浙江民俗的演变影响较大。一是郡县制的确立。秦王政二十五年（前 222 年）平江南后设会稽郡，领 24 县，属浙江的仅 14 县，今温州、台州一带未设县，由闽中郡管辖。由于这一历史原因，温、丽、台一带的民俗文化，特别是语言、民间信仰方面，受闽中文化影响较大。二是立“会稽刻石”以正民风。据《史记·秦本纪》载，秦始皇三十七年（前 210 年）南巡时，曾登会稽山并祭大禹，又令丞相李斯撰《会稽铭文》，刻石立碑，史称“会稽刻石”。刻石铭文中有“禁止淫泆，男女絜诚。夫为寄豭，杀之无罪”①等严厉的条文，说明当时越地在两性关系和夫妻伦理方面，并不符合中原人的婚姻规范。秦朝虽然时间不长，但会稽刻石留下的严厉条文，在越地确曾产生过积极的影响。查南宋以降的各地方志，多有关于为秦始皇建庙造像的记载，其中最知名的如南宋嘉泰《会稽志》卷六中所记的诸暨县和上虞县的“秦始皇庙”。

两汉年间，越地民风趋向淳朴，比如曹娥、董黯的孝道，朱买臣、严光的高风亮节，王充的好学精神等是这方面的代表。西晋周处《风土记》中辑录汉代的《越谣歌》：“卿乘车，我戴笠，他日相逢下车揖。我步簦，君乘马，他日相逢君当下。”②说明当时越地的道德观，已与中原地区相似。

浙江古代历史上出现过两次较大规模的北人南迁，对浙江民俗演变产生的影响最大。第一次就在东晋时期，北方少数民族政权更迭频繁，混战不断，大批居民纷纷南迁到江南一带。特别是有不少世家士族落户于当时的会稽郡，即今绍兴、上虞一带。具有代表性的名望人士有王羲之、谢安等。虽然迁入者有背井离乡的愁情，接纳地区的居民也有对迁入者索取田地、山林、湖泊的行为表示不满甚至反抗，但当纷争平息、相互融合之后，中原地区居民和士族的迁入对地方经济的开发和文学艺术的繁荣，都产生了积极的作用。特别在民俗方面，中原地区的婚嫁礼仪以及衣食方面的习惯，如冠戴、长袍、面食、羊肉等，首先在浙中、浙东一带得到传播。同时由于南北文化名人的交往接触，对浙江的文学创作特别是诗歌和书画艺术，也产生了积极影响。在浙江关于上巳节曲水流觞的记载，以王羲之《兰亭集序》中的记述为最早。据此，浙江民俗学家莫高认为曲水流觞的习俗是东晋人士传入浙江的。更有意义的是，曲水流觞之俗与诗人聚会吟诗相结合，就始于王羲之作《兰亭集序》之时。由此可见，当年在兰亭举行的曲水流觞和吟诗活动，是浙江民俗演变得益于北人南迁、南北文化交融的最生动、最典型的一例。

这段时期，由于北方战乱，四方僧人多云游于江南一带，寺庙之风也盛极一时，杭州灵隐寺就初建于东晋成帝咸和年间（326—334 年）。寺庙的兴建，带动了各类民俗文化的发展，如

① 《史记》卷六《秦始皇本纪》。

② 〔晋〕周处：《风土记》，中华书局 1981 年版，第 12 页。

建筑、塑像、雕刻以及迎神赛会、拜忏做佛事等。

隋唐时期的浙江民俗既有当时的时代特点，也有浙江地域文化特色。在社会上层文化影响的基础上，民间与官方、南方与北方交互融合，其主流民俗形态已融入汉民族的文化之中。第一个中国佛教宗派天台宗，也在此时此地形成。据清雍正《浙江通志・寺观门》载，浙江境内建于隋朝的寺院有 9 所，其中包括建于隋开皇十八年(598 年)的著名天台宗佛教圣地国清寺。建于唐朝的有 201 所。唐代浙江道教更是兴盛。浙江“洞天福地，仙境广布。在宗教地理学上，全国十大洞天，浙江占有三；三十六小调天，浙江占有九；七十二福地，浙江占十八。”①浙江丰富的道教资源也深刻影响了浙江民俗。

浙江民俗在隋唐时期文献中也有生动的记述，如《隋书》卷十二《礼仪志》中关于皇家和庶民服式饰物的记述十分详尽。唐代陆羽在长兴写了《茶经》，其中关于浙江名茶、茶道和水源等记录影响深远。又如唐代李吉甫《元和郡县志》中有关富春江船夫行船习俗和过险滩的记述细致生动。特别是李翰《苏州嘉兴屯田纪绩颂并序》中关于唐代中期朝廷派员在浙江嘉兴屯田的记述，对嘉兴地区肥美的土地作了赞许，文中还附有一首被后人称为《嘉禾谣》的赞诗：“嘉禾一穰，江淮为之康；嘉禾一歉，江淮为之俭。”这首歌谣可以说是浙江历史上赞美“稻谷丰收，造福世人”这类谣谚的代表作。

隋唐五代时期，西北草原地区游牧民族以牛、羊肉为主食；长江以北为粟麦产区，人们以面食为主食。而长江以南为稻米产地，稻米饭为人们日常主食。除了一般的稻米饭以外，还有蔬菜和米混在一起烹饪的蔬饭，用特殊工艺制作而成的清风饭。隋唐五代时期菜肴的烹饪方法主要有炙、脍、羹、鲊、腌、酱、蒸、炰、炸等。浙江的鲊鱼、蒸豚、炙鸭、脍鱼等等，都有一定的名气。当时江南地区还将鱼鲊作为贡品。《大业拾遗记》记载：“(大业)十二年六月，吴郡献太湖鲤鱼腴鲊四十坩，纯以鲤腴为之。计一坩，用鲤鱼三百头，肥美至极，冠于鱣鲔。”②越州一带以春鱼制作的含肚鲞，为民间上馔佳珍。嘉泰《会稽志》卷十七记载：“春鱼……盐浥而干之，名曰含肚。见《大业拾遗记》。越人馌耕，以含肚鲞为上馔，佣耕者至有置不敢食，包裹归为亲养者。或不设，则皆不乐。”

唐代浙江民间丧葬除了官府规定的礼仪程式以外，还流行于道途设奠，以音乐送终，以金银锦绣为饰等习俗。长庆三年(823 年)十二月，浙西观察使李德裕奏云：“缘百姓厚葬，及于道途盛设祭奠，兼置音乐等。闾里编甿，罕知报义，生无孝养可纪，殁以厚葬相矜，丧葬僭差，祭奠奢靡，仍以音乐荣其送终。或结社相资，或息利自办，生业以之皆空。习以为常，不敢自废，人户贫破，抑此之由。今百姓等丧葬祭，并不许以金银锦绣为饰及陈设音乐，其葬物涉于僭越者，勒禁，结社之类，任充死亡丧服粮食等用。”李德裕改革厚葬之奏，获得穆宗“宜依”，而且李德裕三镇浙西，前后十余年，其丧葬改革应该收到一定效果。但正如李德裕在同一个奏章中所说：“风俗之弊，诚宜改张，缘人心习于僭越，莫肎(肯)循守，才知变革，寻则隳违。”③

---

① 孔令宏等：《浙江道教・自序》，中国社会科学出版社 2015 年版，第 1 页。

② 〔清〕陈梦雷：《古今图书集成》卷三七〇引。

③ 〔宋〕王溥：《唐会要》卷三八《葬》。

北宋与南宋是浙江民俗繁荣期。北宋年间，由于农业、手工业发展较快，商品经济和海内外商贸活动也得到相应的发展，传统的“重农轻商”观念有所改变。当时民俗文化的发展，也得益于有多位知名官员出任浙江。如范仲淹曾先后知睦州、越州、杭州，兴办学府，赈济救灾。王安石也曾知鄞县，治东钱湖灌田 50 万亩。苏轼两度任职杭州，崇尚诗文，为促进浙江的良风美俗起了很好的作用。第二次较大规模的北人南迁，则发生在北宋末年至南宋定都临安（今杭州）的数十年间。当金兵攻陷开封后，有大批臣民随皇族步步退往江南一带，其中迁入浙江的数量最多。具有代表北方望族的孔子、孟子的后裔，即迁居于衢州府区和越州诸暨，并建庙立祠，史称“南孔”“南孟”，由于全国政治文化中心南移，浙江、福建等省成了朝廷科举取士的重点省份，浙江各地兴学之风甚盛。据清雍正《浙江通志》统计，南宋时期浙江考取进士的有 6000 多名。① 这不仅推动了各地私塾、书馆的兴建，而且还在城乡间营造了知书达礼的良好风尚和助学尊师的美俗。由于皇室定都杭州并带来大批士农工商，原北宋中心地区开封一带的中原民俗，几乎全搬到浙江。如皇室的婚丧礼仪，也被不少文人学士记录。由于南宋时期有近 150 年较为安宁的时期，经济、文化较为繁荣，当时的杭州成了南北民俗文化的汇合点。上行下效，即便是最繁复的婚丧寿庆礼俗，也逐渐传播到全省，特别是宁、绍两地。其他如街头舞队、瓦肆勾栏、诸色伎艺等，更丰富多彩。一切景象，如同吴自牧《梦粱录》序中说的，当时“城池苑囿之富，风俗人物之盛”，都像梦中一样。

元代是蒙古族的强权时代，它一方面融入了许多少数民族异质文化特征，同时也继承了传统汉族的主流文化。就其民俗形态而言，此时的风俗习惯是异常丰富多彩的；就其民俗发展而言，此时期则是承上启下文化链中的一个重要环节，而且许多方面独具一格，具有非常鲜明的时代特色，浙江民俗也同样如此②。元末明初浙人陶宗仪的《南村辍耕录》、叶子奇的随笔杂记《草木子》等书，均有许多精彩的记述。

在浙江历史上，明代是一个除倭患之外较为稳定的时代。当时的民俗演变情况，在明代王士性《地理书三种》中记述较多。如当时宁绍人“盛科名逢掖”“又佣书舞文”外出谋生，实为绍兴师爷出名之时。又记湖州蚕月的习俗，“蚕月，夫妇不共榻，贫富彻夜搬箔摊叶”，对蚕农辛勤劳苦作了细致的描述。再从明代田汝成《西湖游览志余》中关于岁时节俗的记述来看，杭州民俗在南宋时期南北融合的基础上又有所发展和演变。如杭州放水灯，《梦粱录・解制曰・中元附》记载：“差内侍往龙山放江灯万盏……以享江海鬼神。”《武林旧事・中秋》记载：“此夕浙江放‘一点红’羊皮小水灯数十万盏。”至明代《西湖游览志余・熙朝乐事》则记载：“僧家建盂兰盆会，放灯西湖及塔上、河中。”从江河放灯扩展到西湖、塔上、河中三处放灯的事例说明，民俗活动是随人们的需要而演变的。由于明代推崇“去人欲，存天理”的理学、束缚妇女人性的“三从四德”观念，缠足之风一直延续到整个清代，这是浙江民俗演变史上的一大陋俗。

清代是汉满民俗文化融合的一个历史时期。清初，虽然在剃发和男性服饰方面有过抵制，也在康、雍、乾三朝发生过惨烈的文字狱，但康熙倡导的科举制度“博学鸿儒科”却收罗了

---

① 倪士毅：《浙江古代史》，浙江人民出版社 1985 年版，第 209 页。

② 陈华文等：《浙江民俗史》，杭州出版社 2008 年版，第 267 页。

大批知识分子，如浙江有朱彝尊、毛奇龄、袁枚、龚自珍等。同时在水利建设和丝绸、茶果、商贸等方面，也确实推行了一些富民政策。因此，当时浙江成了“天下粮仓”，经济实力跃居国内前列。清代浙江民俗的最大演变特点是：着明代长袍服的社会上层人士逐渐接受了原为满族人骑马射箭穿的“马褂”，统称“长袍马褂”。同时，原为满族上层妇女穿的“旗袍”也逐渐被汉族妇女所接受。

清统治者强制推行带有民族歧视色彩的“剃发令”遭到其他少数民族和汉族抵制，这也是国内外反清活动持续不断的原因。清中叶太平天国运动的迅速扩展与太平军“留发”的宣传关系极大。辛亥革命前后的反清檄文中也多次提到“编发”是“满虏”腥膻之俗。民国元年(1912年)3月5日南京临时大总统颁布了限期剪辫令，近300年的“辫子”也是浙江民俗演变过程中的一个陋俗。

在清代的浙江民俗事项中，有一种新形成的“拜朱天菩萨”“迎朱天会”的习俗。相传阴历三月十九是太阳菩萨的生日，凑巧这一天也是明末崇祯皇帝吊死于煤山的日子。明亡后，浙江百姓借祭拜太阳菩萨之名，兼祭崇祯皇帝，并把崇祯皇帝暗称“朱天菩萨”。据上海辞书出版社出版的《中国风俗辞典·信仰祭祀类》载：朱天菩萨生日，旧时汉族民间祭祀风俗。流行于浙江舟山地区，明鲁王朱以海以及一班明朝遗臣，假托“朱天菩萨生日”和《太阳经》“太阳明明朱光佛”之语，把这一天定为明之“国难日”。又据中华书局出版的《绍兴民俗文化·信仰篇》载：四月二十四日为崇祯“五七”之期，绍兴农村大多有此祭拜习俗，并有校尉队、火铳队、锣鼓队等等，热闹非凡。

辛亥革命推翻了长达2000年的封建帝王统治，也结束了满族建立的清王朝。这100年来的浙江民俗主题与社会变革的主题基本同步：革命、开放与重构。

辛亥革命的胜利不仅促进政权的更替，而且也推动了浙江的经济、社会、文化迅速发展。出现了“宁波帮”等工商业群体与“江浙财团”的金融资本、工商航运资本相互渗透、相互融合的资本集团。[①] 文化上出现了诸如蔡元培、章太炎、鲁迅、王国维等一大批学贯中西的浙籍大家。宣传新文化、新思想的报刊纷纷涌现，各种学术社团纷纷成立，并开始出现被称为文化新戏的话剧、被称为“外国影戏”的电影，同时各种游艺性质的场所诸如杭州第一大舞台、西湖共舞台、盖世界游艺场、西湖大世界游艺场等也大量进入市民的生活领域。这也带来了社会文化包括民俗文化的巨大变化，给原有的民间风俗造成很大冲击，这种改变是急剧的，甚至是让一些民众无法迅速接受的。这种变化从城市到乡村，渗进生活的方方面面。对于这种现象，在辛亥革命后不久，有人这样叙述：

共和政体成，专制政体灭；中华民国成，清朝灭；总统成，皇帝灭；新内阁成，旧内阁灭；新官制成，旧官制灭；新教育兴，旧教育灭；枪炮兴，弓矢灭；新礼服兴，翎顶补服灭；剪发兴，辫子灭；盘云髻兴，堕马髻灭；爱国帽兴，瓜皮帽灭；爱华兜兴，女兜灭；天足兴，纤足灭；放足鞋兴，菱鞋灭；阳历兴，阴历灭；鞠躬礼兴，拜跪礼灭；卡片兴，大名刺灭；马路兴，城垣卷栅灭；律师兴，讼师灭；枪毙兴，斩绞灭；舞台名词兴，茶园名词灭；旅馆名词兴，客

---

① 金普森等：《浙江通史·民国卷(上)》，浙江人民出版社2005年版，第3页。

栈名词灭。①

在一种体制迅速变革时期，政治上往往采取果断的方式来改变旧体制下的一些旧制度、旧文化，其中对于人们认知方面产生巨大影响的将首先被革除。清宣统三年(1911 年)11 月 5 日建立军政府，很快就出示晓谕，限令全省人民在一个月内一律剪除发辫，否则剥夺其公民权。当时的情形据《申报》(1911 年 11 月 16 日)记载："自民军光复后，一般急进派纷纷剪辫，而以谘议局议员为尤多。唯绅商各界多因地方攘大局未定，观望者也复不少。本日经都督府出示晓谕，限令人民一律剃发。"

这种提倡或禁止，不仅限于政府，许多上层人士也引领风气之先，发挥着特殊的作用，促使社会朝向他们预设的方向发展，其中一些生活习俗成为他们规范或改造的重要内容。当时成立的旨在社会改良变革的社团非常多，在一定范围内影响也很大，而涉及的内容则非常广泛。由蔡元培、宋教仁主持的社会改良会就曾明确提出"以人道主义去君权之专制，以科学知识去神权之迷信"，该会的章程还具体规定需要改良的 36 条风俗或生活习惯，包括"不狎妓""不置婢妾""实行男女平等""提倡自主结婚"等。虽然社会风习并不会完全照此变革，但其影响很大，使人们认识到这些封建社会的风习是陈规陋习，在一定程度上实现了移风易俗。少量条目的内容在今天看来有些过头，禁绝某些习惯不见得适当，如"废跪拜之礼，以鞠躬、拱手代之""戒除迎神、建醮、拜经及诸迷信鬼神之习"，但在当时具有明显的进步意义。而浙江籍的蔡元培，早在光绪二十六年(1900 年)其夫人去世时，就再娶新夫人问题谈到理想的婚姻应该具备的条件："(1)女子不缠足；(2)女子有文化；(3)男子不娶妾；(4)男死后女可以再嫁；(5)男女双方意见不合可以离婚。"②这些开明而引领时代潮流的行动，对于后来的民俗变革起到了积极的作用。

民俗文化的传承发展总是有一股激浊扬清之风在推动。民国时期"剪辫"和"放足"的推行，得到浙江人民的响应。"八一三"事变中浙江各界人民对前方将士的支援和慰劳，体现了中华民族伟大的爱国主义精神。

中华人民共和国成立后至 20 世纪 70 年代，在社会发生巨大变迁的背景下，总体上民俗文化是自然传承稳定发展的。同时，政府采取的相关措施也对民俗变迁产生了较大影响。禁赌、禁毒、清除妓院和对相关从业人员的改造，得到人民的赞同，嗣后对赌博、吸毒、嫖娼现象也一直加以禁止和打击。而"文化大革命"时期"破四旧"等社会风潮在一定程度上压制和损害了民俗的自然传承，许多传统的民俗活动衰弱甚至停止了，民间节庆祭祀、迎神赛会活动沉寂和衰落过一段时间。1978 年中国实行改革开放政策以后，许多传统的民俗活动复兴了。浙江固有的尊长爱幼、尊师重教、扶贫济困等美俗美德也得到进一步的传承发扬，如对各地自然灾害的救助，对贫困学子的资助等。传统意义上的"修桥铺路造凉亭"一语，也被民间的新习语"改造和美化居住环境"所替代。棚户区和农村危房的改建，已随处可见。由浙江籍的爱

① 《新陈代谢》，《时报》1912 年 3 月 5 日。

② 政协浙江省委员会文史资料研究会编：《蔡孑民先生二三事》，载《浙江辛亥革命回忆录》，浙江人民出版社 1981 年版，第 19 页。

国华侨、港澳人士、民间企业家和慈善界人士出资兴办的教育、医疗、文化设施和救人急难的善行,得到广泛的赞誉和效仿。“移风易俗,天下皆宁”“民风淳朴,安居乐业”的美好社会,已展现在浙江大地上。另一方面,20 世纪末至 21 世纪初,传统民俗普遍受到全球化、现代化浪潮的冲击,比此前更大程度地衰弱和消亡了。2002 年,文化部、财政部启动了“中国民族民间文化保护工程”,中国民间文艺家协会发起了“中国民间文化遗产抢救工程”。2004 年 8 月,中国正式加入联合国教科文组织于 2003 年 10 月启动的《保护非物质文化遗产公约》,抢救、保护和传承了一批优秀传统民俗事项,这一宏伟的文化工程处于持续实施之中。同时,随着社会生活的快速巨大变化,传统民俗在很大程度上进行适应性调整和变迁,许多新民俗也应运而生。这段时期,浙江民俗总体上也是在中国的这种大格局中运行。

二

一般来说,今日浙江大地上民俗文化的种种形态,总体上是古老的吴越文化的继承和遗存,经过与中原文化等的多次交融、汇合而成。尽管各个历史时期浙地居民多有变迁,但地理气候和文化交融等因素决定了先民们的生产生活方式的演变和发展。当今浙江民俗的个性特征,也是在吴越文化与中原文化交融的大背景下逐步形成的。

(一)以稻作为主的农耕民俗

考古学已证明,浦江上山文化遗址发现的栽培稻稻壳和石磨盘、石磨棒是迄今为止世界上最早的稻米生产遗迹。河姆渡、马家浜、良渚文化遗址出土的骨耜、木耜、石犁,也证明在新石器时期中、晚期,浙江地面上的稻作农耕水平已经从渔猎文化发展到渔猎、采集、农耕相结合的状态。及至春秋时代,古越地由农耕方式生产的以稻谷为主的“五谷”已成居民主食。《越绝书》范蠡告诉句践“天生万物,以养天下;蠉飞蠕动,各得其性;春生夏长,秋收冬藏①”,将农耕生产提到“养天下”的要义上。同书卷四还记载了当时越地可作主食的农作物种类有粢(即粟)、黍、赤豆、稻粟(即稻米)、麦、大豆、穬(即大麦)、果(栗果)8 种,并开列了不同的价格。《越绝书》还提到“葛山者,句践罢吴,种葛,使越女织治葛布,献于吴王”“富中大塘者,句践治以为义田”“鸡山豕山者,句践以畜鸡豕”②等内容,可见彼时谷物、麻葛与副食品的生产,是十分丰富的。

两汉年间,浙地农耕民俗文化的主体性愈见显现。显著表现在铁制农具的普遍推行和与农田设施有关的塘、堰、闸的修建。其中会稽太守马臻在鉴湖畔筑堤调节湖水,溉田 9000 余亩,即为典型一例。当时,某些盛大的民俗活动一般都与农耕内容有关。如《后汉书》所载孝

① 《越绝书》卷三《吴内传》。
② 《越绝书》卷八《记地传》。

女曹娥之父曹盱在汉安二年五月五日“于县江溯涛婆娑迎神溺死”，[①]就与祈求风调雨顺、五谷丰登有关。《后汉书·陆续列传》中光武帝因喜爱越布而“敕会稽献越布”[②]这一史实，也反映出当时越地的麻葛织品已达到相当高的水平。

东晋及南朝年间，大批北方的农业劳动者随名门士族入迁浙地，这不仅改良了江南地方的农耕技术，而且随着士族势力的扩张，庄园式的农耕模式普遍兴起，大大促进了农业生产的发展。这种优势一直延伸到隋唐年间而终于使浙江成为国内主要的粮棉生产基地之一。据《新唐书》记载，代宗时，大臣李德裕派人去嘉兴屯田，三年后大获丰收。史官李翰作《苏州嘉兴屯田纪绩颂(并序)》，有“扬州在九州之地最广，全吴在扬州之域最大，嘉禾在全吴之壤最腴”[③]的评价。

隋唐年间，随着农业户口的增多和稻米产量的不断提高，属于农耕范畴的桑蚕、茶叶、麻织等产业，也成为这一带城乡经济的重要支柱。到北宋初年，浙江已是全国粮食产量最高的地区。《宋史·食货志》载，太平兴国初年，两浙每年漕运米达400万石，比开宝五年(972年)增加了近十倍。[④] 南宋的偏安，也赖于浙江农业(包括桑蚕、棉麻)的发展。水稻品种的改良和植棉技术的普及，也为明、清两代浙江农业经济的全面发展打下了良好基础，并因此形成了浙江农业人口占绝对多数的局面。据《浙江事典·人口》载，“1949年全省城镇人口为246万，人口城镇化率为11.81%”。[⑤] 由此测算，从事农业生产的人口约占总人口数的90%。

长期以来，由于农业生产是全省人民世代赖以生存的主要经济形式，故而祈求农业丰收也成了各种民俗活动的主题，如最为广泛的迎社活动，往往打出“风调雨顺，国泰民安”的旗号。金、衢一带有斗牛之俗。据清代陈其元《庸闲斋笔记》载，古婺江两岸斗牛之俗缘于“乡氓祈报祭赛”。[⑥] 嘉湖地区有盛祭刘猛将的古俗，也实为祈求驱蝗神刘猛将免使当地百姓遭受颗粒无收的蝗虫之灾。浙地普遍盛行的鞭(迎)春牛、开秧门、除夕夜田畈间甩火把、灶司菩萨尝新米饭、除夕夜留隔年饭、敬田公田婆、禁屠耕牛以及一些地方性的特殊风俗，如杭嘉湖地区的蚕俗、丽水地区的香菇俗、舟山地区的婚俗、绍兴地区的酒俗(女儿酒)、磐安县的茶俗以及畲族地区的“抢猪节”和除夕夜焐年猪等，无一不是农耕社会的产物。时至今日，农耕民俗中反映出来的强烈的“农本”观念，依然贯穿于社会生活的方方面面。

(二)历史悠久而个性鲜明的江湖海岛民俗

萧山跨湖桥文化遗址和良渚文化遗址都发现了独木船，证明春秋越国时造船航海技能之卓越自有其历史渊源。《越绝书》卷二、卷八记载了秦始皇开设由拳(嘉兴)至钱唐的“陵水道”、句践开设“山阴故水道”，说明先王们对古越地水资源的重视与利用。越王句践除设造船

---

① 《后汉书》卷八十四《孝女曹娥传》。

② 《后汉书》卷八十一《陆续列传》。

③ 〔清〕董诰等:《全唐文》卷四百三十，中华书局1985年版，第4375页。

④ 倪士毅:《浙江古代史》，浙江人民出版社1985年版，第137页。

⑤ 商景才等:《浙江事典》，浙江教育出版社1998年版，第64页。

⑥ 浙江人民出版社编:《浙江风物志》，浙江人民出版社1985年版，第415页。

厂——“船宫”外，还在固陵(今萧山西陵)设军用码头——“军所”。当时所造之船有楼船、大船、军船、戈船、方舟等。

从《越绝书》卷八“句践徙治山北，引属东海”和《吴越春秋》卷十句践欲置吴王夫差“于甬东”(今舟山定海)的记载看，当时这里的海路已经开通，江湖海岛已经连在一起。这种海洋文化的兴起，虽受到秦汉年间沿海及海岛居民内迁的影响，但丰富的海洋产品和海岛农产品，早已成为先民们赖以生存的重要资源。东汉年间，江南社会生活较为安定，会稽名产麻织白布一般都通过水道销往四面八方。东吴孙权为追求“普天一统”，于黄龙二年(230年)正月，派卫温、诸葛直率“甲士万人”的庞大舰队，“远规夷洲(即台湾)，以定大事”。这支舰队“军行经岁”，于次年带了数千名“夷洲人”返回大陆。这是大陆军民与台湾同胞大规模交往的第一次明确记录，其历史意义十分深远。张崇根在该书的“代自序”中写道：《临海水土志》一卷，三国吴丹阳太守沈莹撰，是吴国临海郡(今浙江省南部与福建省北部沿海一带)的一部地方志。《黄岩县志》云：“吾黄物产之宜，始详于《临海水土志》。”同时，它又是一部记载台湾历史的最早著作。《临海水土志》的内容有二：一是关于夷洲民、安家民等古代民族的史志，为研究台湾少数民族史和古越族史的重要资料；二是关于鳞介、虫鸟、竹木、果藤等动植物资料，这部分内容不仅是中国古代农业科学知识的一部分，而且从中也可以或多或少地了解到古越人的生产知识和生活状况。譬如，在记录到“安家之民”(当时分布在今浙南、闽北一带山区的古越人)时写道：“安家之民，悉依深山，架立屋舍于栈格上，似楼状。居处、饮食、衣服、被饰，与夷洲民相似。父母死亡。杀犬祭之，作四方函以盛尸。饮酒歌舞毕，仍悬着高山岩石之间，不埋土中作冢椁也。男女悉无履。今安阳、罗江县民是其子孙也。”①

隋炀帝时开通的江南运河不仅使江淮水系与杭嘉湖水系连接在一起，而且还穿越钱塘江，与绍兴鉴湖江、西小江、山阴古水道相通，钱塘江口两侧水网地带开始形成。《唐语林·补遗》载：“东南郡邑，无不通水。故天下货利，舟楫居多。”唐代中叶，定海始立为翁山县，也称翁洲。《元和郡县图志》载：“翁洲，入海二百里，即春秋所谓甬东地也……其洲周环五百里，有良田湖水。”②这是浙江海岛开发史上的一条重要记载，说明当时舟山群岛地区除渔业外，还有“良田湖水”的农业生产也在舟山、金塘等主岛上得到发展。

浙江沿海岛屿居民，在明、清两朝初年，曾遭受过强迫内迁的苦难，但自清康熙雍正年间允许回迁并设立定海县和玉环厅之后，自然条件较好的岛屿，人口逐渐增多，渔业、盐业、海运业迅速发展。这种内地湖泊江河与沿海岛屿均得以开发和经济逐渐繁荣的社会生活，也形成了许多具有江湖海岛个性特征的民俗事象。首先是居住民俗的特殊性。旧时舟山群岛及浙江其他沿海岛屿渔民农民建房多呈“石壁茅屋”式，南向，脊高檐低，窗户略小，以抗强大的海风和潮湿之气。这种屋式的沿海渔村，旧时也较普遍，如象山石塘东南向岩坡上，密布着石块砌成的民居，门窗都较小，抗风保暖性良好。旧时杭嘉湖水乡一带的民居，则多为“泥墙茅顶”，脊高屋矮，也出于避风和保暖的考虑。沿海一带以及新安江、瓯江、灵江等江湖上旧时多

① 〔吴〕沈莹撰、张崇根辑注：《临海水土志》代自序，中央民族大学出版社1998年版，第1—5页。

② 〔唐〕李吉甫：《元和郡县图志》卷二十六《明州·鄮县》，中华书局1983年版，第630页。

船上人家，以船为家，有“困倒眠床，爬起斋堂(饭桌)，隔壁厨房，灶头后是便缸”之谣。①

其次是衣俗。舟山群岛及浙东南玉环、洞头一带，渔民爱穿用栲树皮汁染过的笼裤和背褡，防碱耐磨。夏天赤脚，冬天穿龙花草或棕皮丝编成的蒲鞋。妇女也喜穿袖短裤脚大的布衣裤，并讲究头饰。旧时内河及水网区的渔民船民多着布袄，齐胸围粗布制成的腰襕。妇女多穿蓝印花布大襟袄，腰围短腰襕。

海岛和水乡的食俗自然离不开水产品，最具特色的是舟山群岛的“晒、腌、糟”和温州一带的鱼肉糕、饼、小吃。“晒”是直接将鲜黄鱼、墨鱼等剖开晒干，俗称“白鲞”“螟蜅”。“腌”是将鱼、蟹、虾、海蜇、泥螺等直接加盐腌制成可较长时期保存的食品。“糟”是用酒加少量盐制成糟鱼、糟鳗等食品，别具酒香味。温州鱼肉糕、饼、小吃，是用黄鱼、带鱼等少刺多肉的鱼剁成肉泥，加佐料和番薯粉做成糕饼状，或炸或蒸而成。小吃有“蛏子羹”“鱼圆面”“鱼皮馄饨”等。

在婚丧习俗方面，最具个性特征的是新安江上“九姓渔民”的船上婚俗，其中有“抛新娘”“称嫁妆”等特异习俗。舟山一带的“招魂”习俗也有个性，招魂的时间常在夜间潮水初涨之时，故又称“潮魂”。

海岛、沿海和水网地区居民，由于感到风雷和潮水的恐怖，因而对想象中的龙格外崇拜和敬畏。这一带龙的传说特别多，除东海龙王传说外，还有白老龙、长白小龙、棕绢龙、青石龙、桃花女龙、锦线女龙、小团龙、泥鳅龙、绿龙、黄龙等传说。内陆水乡的龙传说也不少，如新安江的乌龙，苕溪水系的百叶龙、瓯江的老黄龙、绍兴鉴湖的梅龙等，也颇具特色。

江湖海岛上的居民，由于地理环境的特殊，又经历过历史上多次变迁，其民俗文化中的多元色彩和特异现象，至今已成为浙江民俗中的一个亮点。

(三)兴盛发展的商贸民俗

《越绝书》卷五中，计倪回答越王问话时提到“水则资车，旱则资舟”，反映出当时的贤人们已熟谙一般的经商之道。古代重商第一人范蠡，也曾教民养鱼栽竹，并提出图“十一之利”②使“天下共富”③的商业道德标准。秦代，嘉兴水网区已出现农副产品的集散地“水市”。西汉会稽郡的海盐已设有盐官，“即山铸钱，煮海为盐”。东汉的越布、铜镜、青瓷，东晋南北朝时期的剡纸、丝绢，都曾以商品形式行销天下。李华《杭州刺史厅壁记》提到杭州是东南名郡，咽喉吴越，势雄江海。“骈樯二十里，开肆三万室”④，当时已出现了“夜市”。

吴越王钱镠在东南十四州“保土安民”时，这里出现了真正意义上的海上贸易。他不仅派大船泛海将丝绸粮食运往京师，而且还与日本、朝鲜、伊朗等国进行贸易，为两宋年间“海上丝绸之路”的开通和明代郑和下西洋开创了先例。

清代初期，航海贸易受抑，直到康熙七年(1662 年)才有所开放。当年宁波、定海、乍浦、温州等区成了外贸重要港口。鸦片战争后五口通商，对外贸易处于屈辱地位，但浙江的对内

---

① 中国歌谣集成编委会:《中国歌谣集成·浙江卷》，中国 ISBN 中心 1995 年版，第 256 页。

② 《史记》卷四十《越王勾践世家》。

③ 《越绝书》卷十三《枕中》。

④ 〔清〕董诰等:《全唐文》卷三一六，中华书局 1985 年版，第 3306 页。

贸易仍十分兴旺，宁波帮（主要经营钱庄、海运、海产）、温州帮（主要经营海产、桐油、山货）、绍兴帮（主要经营黄酒、酱油）、兰溪帮（主要经营大米、生猪）、金华帮（主要经营红糖、五金、木器）以及嘉兴米市、萧山临浦米市先后兴起。同时，富阳的纸业、桐乡的濮绸业、青田的石雕业、奉化的裁缝业、嘉善的砖窑业以及杭州胡庆余堂的中药业、宓大昌的烟丝业等也方兴未艾。各行各业都形成自己的商业民俗，如设祖师爷神位，按时按节供奉祭拜；创立各行各业的拜师满师制度；订立各行各业的“行规”等。有些行业虽处于半公开状态，但也有自己的行规，如私盐贩卖、地下钱庄等行业。

历史上，外省来浙地经商的主要有徽帮、福建帮和晋帮。而浙帮的宁波帮、温州帮、金华帮在外省经商的势力也不小。商帮有垄断的弊病，但也有促进、稳定商贸活动的作用。比如他们在各省建立会馆或商会，对帮内商户救援急难（如遇灾害）；查处有损商帮名誉的不法行为；在各经商地参与慈善和公益事业，如协办育婴堂、水龙会等，都是值得肯定的。

明清以来，在浙江从商的有识之士，既继承了先贤们的重商思想，又不断有所发展，在商贸活动中建立了凭信誉、反欺诈的良好商业道德规范，约定俗成。历史上，宁波帮之所以能立足上海，誉满全中国，声达东南亚，主要就是凭借雄厚的资金实力，在钱庄的信贷活动中，恪守诚信。温州帮、金华帮的兴起，主要是靠经营者吃苦耐劳，生意不论贵贱、大小，做到“薄利多销”。在温州模式和义乌小商品市场的起步阶段，都可以看到这些商业民俗传统的潜在作用。昔日是“无宁不成市”①，今日是“哪里有市场，哪里就有温州商人”；昔日是“鸡毛换糖”，今日是“义乌小商品遍天下”。杭州商业虽然不成“帮”，但多以诚信取胜，如胡庆余堂“真不二价”的金字招牌，在海内外就曾有过重大影响。

（四）地方神崇拜突出的信仰民俗

浙江民俗信仰中的地方神崇拜尤为突出。由于受原始宗教、道教、佛教等的影响，浙地民俗信仰中除信奉佛、道等宗教神明和天地日月、风雨雷电诸神外，对地方神的信仰显得更为突出。信仰流行区域较大的地方神有金、衢、绍一带的“胡公大帝”，主祀神为北宋时曾为金衢百姓奏请免去人丁税的兵部侍郎胡则。浙南及瓯江、椒江流域一带，普遍信奉为民除妖、为民治病的女神陈靖姑，俗称“陈十四娘娘”。浙东南沿海一带渔民、船民，多信奉传说中的宋代福建莆田渔家女林默，俗称“妈祖”，以及“杨府爷”、白鹤大帝等海上保护神。

上述地方神之所以受人崇拜、祭祀，大多是因为这些历史人物或传说人物都有恩德于该地。即使是有功或恩惠于一城一镇、一山一水的某些历史人物或传说人物，也往往会被祀奉为神灵，祭祀仪式也更为隆重。如清代杭州府治城隍周新，就是一个刚正不阿为民办了不少好事的清朝御史。明代绍兴府治城隍，是初唐越州总管庞玉。据《越中杂识》载，宠玉曾“出任越州，威望甚著，惠泽在民”。② 温州市原瓯海县龙湾镇（今龙湾区）宁村，早于明嘉靖年间，就建有祭祀平倭名将汤和的“汤和庙”，当地百姓一直奉汤和为“城隍爷”。

---

① 贺挺等：《宁波市歌谣谚语卷》，浙江文艺出版社 1991 年版，第 558 页。

② 〔清〕悔堂老人：《越中杂识》上卷《祠记》。

因莫邪干将为古代之能工巧匠，后人称其夫妇铸剑之山为“莫干山”。孝女曹娥投江寻父尸，后人称该江为“曹娥江”，并立庙祭祀。这种民俗现象，还可以追溯到古越地的舜王庙、禹庙、越王殿、范蠡祠以及唐宋间的钱王祠、岳王庙、文天祥祠等的修建，反映出浙地百姓对有功德于民的先王和先贤们的敬慕和怀念之情。

地域性神灵的民俗信仰有着明显的个性特征。浙西南山地丘陵区，多有敬山神、树神、石神（岩爷）和“祭山魈”“送虎神”“接龙求雨”等习俗。如“九山半水半分田”的云和县，旧时在烧山种玉米的过程中，都要立“山神之位”，除每年初一、十五和年节敬香外，还要将猪肉、鸡肉等供品，先在神位前摆放。丽水山区习俗，凡砍伐山场林木前，都要用岩石搭一个神龛，焚香烧纸，含有祭请山神和树神之意。淳安一带山区，在砍伐造屋用的树木时，要先用三牲礼品猪肉、鱼、鸡祭拜山神，在收获山核桃时，也要先拜树神。庆元菇民上山种菇前，除祭菇神吴三公外，还要在巨石叠成的“山魈庵”前祭祀。丽水畲族居住的山区，有“请白虎神”和用竹枝鞭打白虎偶像而“送白虎”的习俗。① 其他如拜石神岩爷与岩妈、祭山公山婆、接龙求雨的习俗，在山区则更为普遍。

海岛和沿海江湖的地方神灵信仰，主要是崇拜海神、潮神、江河水神、龙神、风神以及鱼神、船神等。舟山和玉环一带的渔民开洋前祭海神的仪式与祭龙神一样隆重。舟山的三大龙神是灌门龙神、桃花龙神和岑港龙神。风神是渔民最为敬畏的。祭风神场面也很大，传说风神有十八兄弟，故祭请时要摆 18 只酒杯。对潮神、潮王的崇拜，往往因地而异。钱塘江两岸多奉伍子胥为涨潮神，文种为退潮神。太湖沿岸多奉黄相公为船神，实为水神、财神的混合体。湖州市菱湖区有两座潮王庙，奉宋代人陆广灵为“镇海潮王”，也称为水神。海宁黄冈一带，祀宋代邑人朱彝为护堤海神，从祀于盐官海神庙。萧山、海宁一带奉治水名臣张夏为“潮王”，俗称“张老相公”。奉化沿象山港一带有祭“海神（将）”的习俗，所谓海神，多指海龟、鲎等。奉化渔村也祭潮神，有的渔民称潮神为“白娘娘”，则是一位女性。运河水系一带的民众，敬奉南宋钱塘人谢绪为运河之神。

温州洞头一带，渔民有敬鱼神的习俗。渔船或运输船上供奉“船神”的习俗比较普遍。舟山群岛每条渔船上都设有船神神位，下网捕得的第一条鱼，须先供船神。供奉“船神菩萨”的习俗在内河水网区也很盛行。如太湖边“吃船上饭”的渔民船民，逢年过节都要祭拜船神菩萨。

海岛和沿海水网地区的某些民间信仰，往往带有“渔”和“水”的特征。如舟山群岛东端庙子湖岛上给渔民菩萨财伯公的塑像穿上笼裤和背褡，嵊泗列岛渔民给供奉在船上的一个叫杨甫老大的“船菩萨”也穿上笼裤。这些地方神塑像反映出当地渔民平时穿笼裤、背褡的习俗，②甚为罕见。

民俗文化是随着历史演进和社会发展而不断改良创新的。时至今日，各种良风美俗，都得到继承与发展。如应时应节祭黄帝、大舜、大禹、孔子，祭扫历代民族英雄墓和革命英烈墓；

---

① 雷阵鸣:《畲民送白虎》,载《浙江民俗大观》,当代中国出版社 1998 年版,第 372 页。

② 管文祖:《穿笼裤的菩萨》,载《浙江民俗大观》,当代中国出版社 1998 年版,第 518 页。

在春节、元宵节期间开展各类文娱活动，特别是各种具有地域特色的舞狮舞龙；将清明节与植树活动联系起来；将传统的七巧节与情人节联系起来；将古代的“及笄礼”“冠礼”与现代的成人礼联系起来；将沿海一带传统的祭海神、祭妈祖的活动与具有保护海洋生物资源意义的开渔节联系起来；将绍兴兰亭古老的“曲水流觞”活动与国际性的书法节联系起来；将传统的径山茶道与国际性的茶圣节联系起来等。特别是畲族传统的“三月三食俗节”(吃一种用“乌枝”叶汁染成的米饭)与赛歌活动结合之后，成了全新的、极具本民族特色的“三月三对歌节”。

浙江有各种文化内涵丰富的庙会活动，如嘉兴的网船会、金华的胡公庙会、温州的陈十四祭祀、上虞的曹娥庙会、鄞州的梁山伯庙会、桐乡的水上蚕花会、杭州西湖的香市等。这些庙会是民俗文化的集中展示区，同时举办方推陈出新，将庙会与物资交流、旅游美食、文化娱乐等结合起来，达到既保存传统民俗文化，又促进经济繁荣发展的功效。

除了以上几点，浙江民俗文化还因为历史、地理等因素形成的区块差异比较明显，成为浙江民俗在区域分布上的一个值得注意的显著特点。

浙江的地形、气候等自然环境，影响着该地域的文化形成，也塑造着该地域的民俗特性。浙江省虽然只有10.18万平方千米的陆地面积，是全国陆地较小的省份之一，却有着26万平方千米的海域面积，面积大于500平方米的海岛有3061个。再加其地势由西南向东北倾斜，地形复杂。自西南向东北成大致平行的天目山、四明山—天台山、括苍山—雁荡山等三支山脉，与钱塘江、瓯江、椒江、苕溪、甬江、飞云江、鳌江、曹娥江八大水系和京杭大运河，错综交叉，将其分割为杭嘉湖平原、宁绍平原、金衢盆地、浙西南山地、浙东丘陵地和沿海岛屿6个地形区块。更有一条钱塘江，浩浩荡荡，分割了浙东与浙西，留下了江南、江北“上八府、下三府”之美谈。浙江整体上虽有吴越文化精神的共性，但以钱塘江为界，可分为浙东、浙西两大地域文化，再细分为吴越文化区块(杭州、嘉兴、湖州)、古越(绍兴、宁波、舟山)、婺越(金华、衢州、古严州)、瓯越(温州、台州、丽水)4个亚文化区。在传统农耕经济条件下，彼此交通不便，“十里不同风”，各地的习俗还是有一定的差异。清雍正《浙江通志》卷九十九《风俗》记载：“浙东多山，故刚劲而邻于亢；浙西近泽，故文秀而失之靡。”世人曰：“浙东多豪俊，浙西尚博雅。”

关于浙江地域民俗的个性与特色，明代浙江临海人王士性认为：“杭、嘉、湖平原水乡，是为泽国之民；金、衢、严、处丘陵险阻，是为山谷之民；宁、绍、台、温连山大海，是为海滨之民。三民各自为俗。泽国之民，舟楫为居，百货所聚，闾阎易于富贵，俗尚奢侈，杭州、嘉兴、湖州缙绅气势大而众庶小；山谷之民，石气所钟，猛烈鸷愎，轻犯刑法，喜习俭素，然豪民颇负气，聚党羽而傲缙绅；海滨之民，餐风宿水，百死一生，以有海利为生不甚穷，以不通商贩不甚富，闾阎与缙绅相安，官民得贵贱之中，俗尚居奢俭之半。”①他从人文地理入手，将浙人分为“泽国之民”“山谷之民”“海滨之民”，也是对浙江区域民俗文化的一种划分。

浙东、浙西的民俗文化，虽然在个性上差异较大，但“两浙文化”——浙江文化，人杰地灵，源远流长，共同铸就了浙江经济文化发展史上的三次辉煌：第一个时期是史前和先秦时代，以河姆渡文化、良渚文化以及越国文化为代表；第二个时期是东晋、南北朝至隋唐、五代十国，包

① 〔明〕王士性著、周振鹤编校：《王士性地理书三种・广志绎卷之四》，上海古籍出版社1993年版，第324页。

括浙江在内的长江中下游地区，经济开发加速，得到了飞跃式的发展，在全国经济格局中占了越来越大的比重；第三个时期是南宋以降至今近千年间，浙江经济文化继续发展，尤其是以“浙东学派”“两浙之学”为代表的学术文化盛极一时，是中国学术文化史上极其光彩的一页。

三

对浙江民俗的采录，古已有之。传统的采录，多以个人的文字记录为主，保留于笔记体著作、地方文献之中。现代考古学、民俗学和现代社团的兴起，为现当代浙江民俗的采录与研究，创造了新的条件。

（一）古代浙江民俗采录文献

地域文化特色突出的浙江，历来重视地方文献，尤其是地方风情、民间习俗方面的采集与整理，为民俗研究保留下非常珍贵的文献资料。

秦汉时期，浙江属于会稽郡东部地区，是越人的聚居区域。秦汉时期的浙江民俗在《尚书·禹贡》《国语》《左传》《汉书·地理志》《后汉书》《史记·货殖列传》《三国志》《吕氏春秋》等相关史籍中有一些记载，反映了当时以中原为中心的儒家文化对浙江越地民俗文化的认知程度。

东汉至魏晋南北朝，浙江本土文献出现。第一部是东汉袁康、吴平《越绝书》，与后来的赵晔《吴越春秋》、王充《论衡》、应劭《风俗通义》，成为越地最早、最权威的“民俗志”文献。三国东吴沈莹《临海水土志》，记录了当时夷洲（台湾）、章安（临海）等地的风俗。之后，晋代迁居嘉兴的学者干宝在《搜神记》中对越地习俗的记录，以及东晋及南朝年间，由中原迁入越地的大姓氏族、文人学士们，带来了曾盛行于中原一带的风俗习惯，促进了南北文化的交融发展，影响深远。

隋唐时代，浙江经济文化已相当繁荣，许多名臣和著名诗人，曾先后到浙江任职或游历，因而也将当时浙地的种种民俗事象，写入他们的诗篇之中。其中有曾任杭州刺史的白居易，《余杭形胜》《杭州春望》《忆江南》《答客问杭州》等大量对杭州山水美景、民俗风情的描述尤为生动。还有，众多的唐代诗人，或结伴，或独自一人，由杭州经越州，入剡溪，登天台山“梦游天姥”，被今人誉为“浙东唐诗之路”，求仙礼佛，吟诗填词，其中大量记载了当时越地的风土习俗，如杜甫《壮游》“越女天下白，镜湖五月凉”、李白《采莲曲》“若耶溪旁采莲女，笑隔荷花共人语”等。唐代陆羽在浙江写就《茶经》中，记录了当时浙江茶事茶俗。还有日本僧人圆珍入唐时，曾用汉文写就游唐日记《行历抄》，详细记录了他从福建福州连江登岸，至温州、台州、越州、长安的一路见闻、民风习俗等。

五代时期，吴越王钱镠奉行保境安民的政策，民生安定，四方文士僧侣云集。新旧《五代史》《钱氏家乘》《吴越备史》等文献记录许多当时浙地的民俗事象。南宋定都杭州，市井繁华，风俗侈靡，留下了详尽的记录。主要有周密的《武林旧事》《齐东野语》《癸辛杂识》，吴自牧的

《梦粱录》、耐得翁的《都城纪胜》、无名氏的《西湖老人繁胜录》、陈元靓的《岁时广记》等多种。南宋临安三志，即周淙的《乾道临安志》、施谔的《淳祐临安志》、潜说友的《咸淳临安志》对当时杭城山川风物、宫观寺院、街巷河道等都有详述。日本僧人荣西《吃茶养生记》记录了宋代越地茶俗。

采录元代社会民情风俗的文人学士，最具代表性的传世之作，是陶宗仪的《南村辍耕录》。叶子奇的随笔杂记《草木子》，也值得一提。

明中叶始，资本主义萌芽产生，频繁的海外贸易也促进了文化上的中外交流，浙江生活民俗特别是经济民俗都有较大的发展与改变。记述杭州、绍兴为中心的明代浙地民俗事象较为详尽的有杭州人田汝成的《西湖游览志》《西湖游览志余》和绍兴人张岱的《陶庵梦忆》等。张岱在《陶庵梦忆》所记录的风土习俗事象，不仅真切，而且还带有研究性质的评点。在张岱另一本随笔录《夜航船》卷十一“饮食”篇里，考证式地提到了“越郡茶”、杭州“梨花春酒”以及传说中的名点“防风粥”、刘晨阮肇入天台山充饥的“麻胡饭”等。开始对民俗记录加以考证、分析，这是明代的特色，如王士性《广志绎》《五岳游草》《广游志》三书，被称为中国人文地理学的先行。明代浙地民情风俗的著述还有谈迁《枣林杂俎》、郎瑛《七修类稿》、姜准《岐海琐谈》等。

清代，在康、雍、乾三朝，浙江多数府、县，几乎都编印了志书，特别是雍正《浙江通志》，记述有各地民情风俗、商贸物产等，虽简略，但颇有新意。清代全国性的民俗专辑，当数嘉兴人徐珂的《清稗类钞》。记录浙地的，主要有翟灏的《通俗编》、顾光等的《杭俗新年百咏》、范祖述的《杭俗遗风》、郭钟岳的《瓯江小记》、范寅的《越谚》、孙同元的《永嘉见闻录》等。在这些文献中，《杭俗遗风》最具代表性。该书分时序、乐善、声色、婚姻、寿证、丧事、排场、俦品、女工、饮食、驰名、备考12类。钟敬文对该书的评价是“所记民俗资料不但丰富，且翔实可据”。清初郑旭旦编的《天籁集》及悟痴生补录的《广天籁集》，共收越地儿歌近70首。现今浙地流传的儿歌，几乎都能在该两书中找到原型。清代记载浙地民俗的还有厉鹗的《东城杂记》、吴炽昌的《客窗闲语》、褚人获的《坚瓠集》、王同的《武林风俗记》、徐岳的《见闻录》等。

（二）现当代浙江民俗的采录与研究

辛亥革命以降，浙江开风气之先，作为一门现代学科的民俗学，也较早来到浙江，来到杭州。按照现代民俗学的学术规范，民俗志的资料采录与研究，在学术视野、学术方法等方面，出现了新的拓展，同时也催生了一批民俗类学术社团、机构等，产出了超越前人的极其丰富的浙地民俗采录与研究成果。考古发掘是印证历史的有效方法。1949年以来，浙江考古发掘工作在“几乎是一片空白”的条件下，逐步发展。20世纪50年代以来的“河姆渡文化”“良渚文化”等一个个考古学上的新进展、新成果，不仅拓展了浙江民俗采录与研究的视野，更为采集研究浙江古代尤其是史前社会民俗志，提供了珍贵资料。在民俗研究考古资料丰富的同时，浙江也在这一时期进行了大量有影响力的民俗类调查，极大丰富了浙江民俗研究的资料来源。

1.现当代浙江民俗志大型调查

20世纪30年代的浙江民俗调查、80年代的“浙江民族民间艺术采录编纂‘十大集成’”、

21世纪“浙江省民族民间艺术资源普查”、“浙江省非物质文化遗产普查”等大型调查，均发掘积累了大量浙江民俗资料。

20世纪二三十年代的浙江民俗调查 民国8年(1919年)“五四”新文化运动促进了浙江民俗学活动的开展。民国9年(1920年)上海儿童书局出版清野编的《中国民间趣事集》4集，即“上虞传说”“余姚传说”“江山传说”“宁波传说”；民国11年(1922年)上海泰东书局出版何中孚编、郭沫若作序的《民谣集》，收有浙西歌谣64首。浙江民俗学活动的广泛开展，推动并组织了大批调查研究项目。钟敬文强调“民俗学的工作——第一步搜集资料，是田野的(用某学者的话说，它是‘生物学的’，而不是‘古生物的’)。仅向古文献或个人记忆中去收集资料，那容易使我们的研究，限于狭道或甚至于走入曲径。只有更广泛更精密地去从事田野工作——脚踏实地观察、调查，乃至体味，这才是最有希望的康庄大道”。① 据钟敬文《我与浙江民间文化》一文中回忆，他当时在杭州还主编了《民间文化资料小丛书》共10种，内容都是有关浙江的民俗文化的，“但因日军入侵，只出了《东岳庙会调查报告》和《浙江的民间戏剧》两种”。② 另外还编刊了《民俗学专号》和《民俗学集镌》两个专辑。

1979—1983年浙江省风俗调查 1979年4月，中国民间文艺研究会浙江分会成立后，号召全省民间文艺工作者深入田野进行民间文学的普查和风俗调查，加强理论研究。会员们积极行动起来，开展了宁波等地的春节习俗调查、嘉善等地的庙会调查、温州等地的民间信仰习俗调查等，并形成了调查报告。在1980年11月雁荡山召开的民间文艺研究会年会上，又成立了民俗学研究组，号召民研会员和民俗爱好者全面调查、搜集浙江各民族在不同历史时期的风俗、习惯、宗教、祭祀、庙会、游艺等方面的资料和实物。并在1981年1月开始出版的《浙江民俗》刊载相关的调查和史料，并进行了编纂出版《浙江风俗志》的探讨。本次调查，为出版《浙江风俗简志》和各市、地、县风俗简志积累了丰富资料。

20世纪80年代“浙江民族民间艺术采录编纂‘十大集成’” 这是一项全国性的普查采录等工作，浙江于20世纪80年代启动，持续至90年代。其中，民间故事、歌谣、谚语三类(简称“三套集成”)由浙江省民间文艺家协会负责，民间歌曲、民间舞蹈、戏曲音乐、民间器乐、曲艺音乐以及戏曲志、曲艺志(简称“七套集成”)由浙江省文化厅负责，并分别成立了省、地、市(县、区)的领导小组及办公室。民间故事、歌谣、谚语的“三套集成”，由于领导重视、措施得力，于1987年正式开始了涉及各市、地、县的每一个城、镇、乡、村，直到偏远的深山与海岛，深入千家万户的全省大普查。其间，省“三套集成”办公室还多次、分门别类举办普查业务培训班。到1987年底，据不完全统计，采录到民间故事168900多篇，歌谣67800余首、谚语475400余条，总字数2亿字以上。1988年开始，在继续深入普查的同时，全省工作重心转入以编选县(市、区)、市(地)卷为主的阶段。至1992年，全省县(市、区)卷出齐；1993年，全省各市(地)卷出齐。县(市、区)卷一律为小32开本，铅印，内部版；市(地)卷分别由中国民间文艺出版社和浙江文艺出版社正式出版，一律为大32开本，分精装、平装两种。

---

① 钟敬文：《林用中、章松寿“老东岳庙会调查报告”》序言，浙江省立民众教育实验学校，1936年编印。

② 钟敬文：《中国民间文学演讲集》，北京师范大学出版社1999年版，第205页。

21世纪“浙江省民族民间艺术资源普查”“浙江省非物质文化遗产普查” 浙江省文化厅牵头负责，分两期。第一期，2003年8月至2006年12月进行浙江省民族民间艺术资源普查。较全面地了解和掌握了全省民族民间艺术资源的种类、存量、分布情况、存在环境和保护现状。据统计，全省有民族民间艺术种类1473种，项目11537项，其中新发现民族民间艺术项目2047项、面临濒危的民族民间艺术项目2606项、已经失传(或消亡)的项目552项。此次普查，基本摸清了全省民族民间艺术资源的家底，为建立比较完备的民族民间艺术保护制度，加强对珍贵的、濒危的民族民间艺术抢救保护等，打下了良好基础。第二期，2007年1月至2008年12月进行浙江省非物质文化遗产普查。根据文化部“通知”的精神，在民族民间艺术资源普查基础上，浙江省文化厅着手开展非物质文化遗产普查。此次普查覆盖面达到全省所有乡镇、街道及行政村，成果丰硕。全省共上报非物质文化遗产普查线索271.9万条，实地调查非物质文化遗产项目15.63万项，其中新发现项目5.3万项，召开各类座谈会18894次，走访民间艺人13.37万人次，收集相关实物资料2.3万件，调查文字记录1032.1万字，录音(像)4525.7小时，汇编普查资料3260册，基本摸清了全省非物质文化遗产资源的种类、数量、分布状况、生存环境、保护传承现状。

中日联合民俗调查(1989—2010年) 1989—2010年，以日本民俗学者福田亚细男为代表，在日本文部省科学研究费补助金和日本学术振兴会科学研究费补助金资助下，中日两国民俗学者共同实施以浙江省为中心的江南民俗调查。该民俗调查为期20余年，共分为6期。第一期为1989—1991年，调查地包括浙江省金华市、丽水市及江苏省常熟市。参加者包括福田亚细男等日本研究者8人，北京师范大学教授张紫晨等中国研究者8人，以及来自上海、江苏及浙江省的调查合作者共5人，先后调查了浙江省兰溪市姚村以及丽水市山根村、敏河村、堰头村。其成果于1993年3月以《中国江南的民俗文化》为题结集刊行。第二期为1992—1993年，调查地包括湖州市、宁波市、奉化市的村落，调查的主题为改革开放政策下，沿海平原区域农村一度渐趋消亡的宗族及祠堂、庙宇等逐渐复苏的情况。调查的成果于1995年6月以《中国浙江的民俗文化》为题结集刊行。第三期为1996—1998年。调查地为丽水市碧湖镇、灯塔村、黄桂村；景宁畲族自治县西岸底村、惠明寺村；青田县洲头村；温州市黄坑村、周岙村、廊下村、蓬溪村。调查的成果于1999年3月以《中国浙南的民俗文化》为题结集刊行。第四期调查地为上海市松江区的村落。第五期为2002—2005年，调查地集中在浙江省沿海村落，2002—2005年，调查村落包括象山市东门岛及温岭市箬山。此次调查的成果于2006年3月以《中国江南沿海村落民俗志》为题结集刊行。第六期为2007—2010年，此次调查的主题为“中国民俗文化政策的动态性研究”，中日各有6人参加调研，其间还在中日两地召开3次学术研讨会，并以《中国江南山间地域的民俗文化及其变容——浙江省江山市廿八都与龙游县三门源》为题结集刊行。

省院联合调查(2005—2008年) 2004年2月15日，浙江嘉兴海宁发生一起火灾，共烧死40人，以当地农村中老年妇女为主。经浙江省有关部门的现场调查，这是一起因“群众迷信活动”引发的特大火灾事故。这一事件，给浙江省人文社会科学界提出一个非常严峻而又现实的问题。根据时任浙江省委常委、宣传部部长陈敏尔的要求，2005年，浙江省社会科学界联合会将“转型时期民间信仰的地位和作用的调研”列为重大课题，以“省院合作”的方式——中国社会科学院将其列为“重大国情调研项目”——即由中国社会科学院世界宗教研究所课题组主持，浙江省委宣传部指导，浙江省社会科学界联合会牵头，会同民宗委、文化厅，省专家学者共同参与，以点面结合的方式，在浙江开展为时 3 年的深入调研。这次的调研学术报告以“民俗文化与乡村社会”为主题，由浙江大学与浙江省社会科学界联合会于 2008 年 9 月，在杭州联合召开“汉学研究与中国社会科学的推进”国际学术研讨会，并正式出版了论文集[《汉学研究与中国社会科学的推进——国际学术研讨会论文集》(上下卷)]。此次调研与学术研讨，也为浙江省正式出台第一个关于民间信仰事务管理的规范性文件《浙江省人民政府办公厅关于加强民间信仰事务管理的意见》提供了学术支撑。

中美联合田野调查(2006—2007 年)　应浙江省泰顺县人民政府邀请，开展了由复旦大学、上海交通大学与哈佛大学联合主持的“走入中国传统乡村：泰顺”中美联合田野调查项目，其项目主持人为哈佛大学东亚系系主任、教授包弼德，复旦大学中国历史地理研究所所长、教授吴松弟，上海交通大学建筑系副教授刘杰。该项目的宗旨：考察泰顺古廊桥、驿路和民居为中心的历史文物，通过相关的自然环境、历史经济、文化、家族等的田野调查和研究，对该地域社会进行比较彻底的研究，借以了解中国农村社会。2006 年的考察分为第一期和第二期，2007 年为考察第三期，3 期共有中美学者、研究生和志愿者等 100 多人次参加。主要成果为 40G 的田野调查资料归档泰顺县档案局、图书馆等，吴松弟、刘杰主编，包弼德作序的《走入中国的传统农村：浙江泰顺历史文化的国际考察与研究》正式出版(齐鲁书社 2009 年版)。

2. 民俗社团、机构的出现，有效推进现当代民俗的采录与研究

浙江民间文化社团发育较早，南宋时期，温州就有“九山书会”等，集中在民间演艺行业。而传统民俗采集与记录，则主要靠个人。现当代民俗的采集、记录与研究，催生了现代民俗社团与机构的出现，满足了现当代民俗采录与研究的需求，提高了浙江民俗采录与研究成果的质量。

杭州·中国民俗学会　民国 19 年(1930 年)夏，由顾颉刚、钟敬文、江绍原、娄子匡、钱南扬等在杭州发起成立中国民俗学会。这是继民国 7 年(1918 年)北京大学成立“歌谣研究会”“民俗调查会”、民国 16 年(1927 年)广州中山大学语言历史学研究所成立“民俗学会”之后，中国民俗学发展史上的又一次重要事件。杭州·中国民俗学会下设分会有杭州、宁波、湖州、绍兴、平湖以及厦门、福州、漳州、汕头等地。会员 200 余人。杭州·中国民俗学会除了组织不少田野调查，还出版《民俗周刊》9 期，对浙江民俗研究的发展起到了重要的推动作用。

浙江省民间文艺家协会　简称“浙江省民协”，成立于 1979 年 4 月 24 日，是中国民间文艺家协会和浙江省文联的团体会员之一。秘书处设在杭州。浙江省民间文艺家协会成立后开展了一系列活动，组织编辑出版民间文学作品，尤其是《山海经》杂志的出版发行，带动了民间文学作品搜集整理的繁荣；以研究《白蛇传》故事、《梁祝》故事、《孟姜女》故事为代表的专题学术理论研讨会的召开，又使民间文艺理论工作得到重视；通过举办展览、展演活动，吸收民间工艺美术和民间表演艺术方面的人才加入协会；积极组织会员投身“中国民间文化遗产抢救工程”“非物质文化遗产保护工程”和“传统村落保护工程”。于 1985 年创办的《风俗》杂志是当时全国唯一公开发行的民俗类杂志，各地、市、县也纷纷调查出版各地的风俗简志，浙江省民间文艺家协会还在此基础上出版了《浙江民俗大观》等。

浙江省民俗学会　1980年，浙江民俗学界叶大兵、吕洪年等响应顾颉刚等7位教授关于重建中国民俗学及有关研究机构的倡议，在浙江成立了全国第一个地方性的民俗学研究组织，并于1982年10月成立了浙江省民俗学会，钟敬文应邀到会并发表演讲。其主要成果有：在民俗普查的基础上，出版了浙江省民俗学会主编的《浙江风俗简志》（浙江人民出版社1986年版），叶大兵、乌丙安主编的《中国风俗词典》（上海辞书出版社1990年版），叶大兵、钱金波主编的《中国鞋履文化词典》（上海三联书店2001年版）等。①

浙江省民俗文化促进会　在原浙江省民俗学会的基础上，浙江省民俗文化促进会在2009年5月25日成立。浙江省民俗文化促进会成立之后，主要是与浙江省的非遗保护工作相结合，进一步推进浙江民俗的整体研究与发展，强化在民俗学理论与浙江民俗等方面的研究与相关工作。主要成果：童芍素主编的《流淌的母亲河——浙江新农村建设中的民俗文化传承》（浙江人民出版社2007年版）。该书被浙江省新闻出版局列入面向农村的政府采购重点图书，被中央外宣办列入"中国图书对外推广计划"重点资助项目。

民俗学学科机构　国内高校正式建立民俗学学科，是民俗学系统化、规范化的开端。民国17年（1928年）秋天，钟敬文在浙江大学文理学院中文系任讲师一职，开始在浙江大学推进民俗学研究工作。浙江大学有民俗学相关教学研究人员，温州大学民俗学被列为浙江省重点学科，浙江大学、浙江师范大学、杭州师范大学、温州大学等高校设有浙江省非物质文化遗产研究基地。民俗学的研究，总体上是与社会学、中国民间文学等方向相结合，与非遗工作相配合展开的。浙江省民俗学科的发展，虽然也取得了较为丰硕的成果，但从总体发展状况来说，还是相对不足。

---

① 浙江省民俗学会：《浙江民俗》第1期。

第一章　物质生产民俗

物质生产是人类基本的生存保障，物质生产民俗则是特定区域内的民众在物质生产过程中所创造、享用和传承的各种文化事象，包括生产的手工技艺、工具以及由此产生的信仰、禁忌等心意民俗事象。它是民众在生产实践中长期观察、思考和总结的结果，相沿成习，世代传承，其中包含了一定的科学认识。浙江有“七山一水二分田”之说，各地不同的地理、自然环境造就了稻作、山林、渔业、蚕桑丝织、畜牧饲养等不同的生产形态与习俗。它们在满足人们基本生存需要的同时，也逐渐形成了特殊的文化符号，积淀下来，渗透到生活的方方面面。

第一节　农业民俗

一、水稻种植习俗

浙江省素有“鱼米之乡”的称呼，稻米是首要的粮食作物。浦江上山文化遗址发现栽培稻稻壳和石盘磨等，余姚河姆渡文化遗址发现大量的米粒、稻谷、稻秆、稻壳和稻叶，数量巨大，保存完好，说明早在11000年～7000年前，先民就已经开始了水稻种植。在整个水稻生产过程中，伴随着每一道工序，各地都形成了一定的习俗。这些习俗反映了人们对稻作生产规律的认识，也反映了稻作生产过程中人们对生产资料的支配和使用情况。

图96-1-1-1　河姆渡遗址稻谷堆积遗存（《浙江七千年·浙江省博物馆藏品集》，浙江人民美术出版社1994年版）

（一）土地

土地是稻作生产的首要条件，为了获得和保护土地，人们不断地顺应自然，同时也利用、改造自然，想方设法向自然索取土地，并保证已有的土地不受侵蚀。长久以来，浙江一带的民众积累了大量生产经验，也掌握了各种保护、使用土地的方法，进而在水稻生产中形成了关于土地开垦、保护、使用的一系列习俗。

围水造田

浙江一带河网密集，多沼泽地，向水要田、围水造田历来是十分常见的获取新田的方法。具体就是筑土堤把沼泽地围起来，再开沟排水，这样就可以种植水稻了。此外，由于这一带多河湖，常有水患，还需要筑堤围田，以防水淹。元代王祯《农书》说："围田，筑土作围，以绕田也。盖江淮之间，地多薮泽，或濒水，不时淹没，妨于耕种。其有力之家，度视地形，筑土作堤，环而不断，内容顷亩千百，皆为稼地。""复有'圩田'，谓叠为圩岸，扞护外水，与此相类；虽有水旱，皆可救御"。① 这种习俗一直绵延至今。

在长兴，人们把这种圩堤称为"㘰"。㘰有大有小，大㘰内围有上万亩良田，若干村庄、桑地、鱼塘，同时建有若干小㘰。即便是小㘰，也包围着一两千亩稻田。㘰有㘰门，用来控制㘰内水位，一般一个大㘰有1扇～3扇㘰门。门两侧用块石砌筑，中间凿有内外两条凹形石槽，配有大小适宜的门板。门板一般宽约1市尺，厚约1市寸，按照装配的顺序标有编号。平时㘰门打开，内外水流相通，既满足稻田灌溉，又解决了居民用水之需。每逢洪水暴发，当㘰内外的水位基本持平时，就要立即关闭㘰门。关闭㘰门由离㘰门最近的自然村负责，届时有专人鸣锣召集民众，划船将㘰门板运至㘰门旁，按照事先标好的编号，自下而上，一块块往石槽内横闸。第一道㘰门关闭后，若是外港水位迅速猛涨，就要关闭第二道㘰门，并视水情需要在内外两道㘰门板中填塞泥土，俗称"仓泥"，直到洪水退去，外港水位低于内港水位时，才可取泥拔门。

洪水期间，不仅要关闭㘰门，还要时刻注意㘰堤安全，防止坍塌，由此该地区又有"端牌转㘰"的习俗。㘰堤因㘰田面积大小不同而有长有短，从一二十里到三四十里不等。端牌转㘰时，要根据㘰堤路程，一里地一块木牌，木牌形如划桨，漆成白色，上有编号，每牌配一面铜锣，牌、锣的编号相同。㘰内有田地的农民轮流上堤端牌，按照划定的地段巡堤。若是平安无事，则敲慢锣，俗称"太平锣"；若是发现㘰堤有裂缝、塌方或者漏水的险情，则鸣紧急锣作为信号。附近村民听到锣声，立刻奔赴现场，投入抢险。端牌转㘰日夜不停，风雨无阻，直到险情排除为止。端牌转㘰要遵守严格的纪律，按规定顺序传递接送，不得超前或者落后，违者必受重罚。20世纪50年代后，随着现代化农田水利建设的完善，尤其是农业排灌机械化、电气化水平不断提高，"端牌转㘰"的习俗也逐步消失，但是这种古老习俗所表现出的民众面对灾难自我组织、自我协调、齐心协力抗灾的强大力量至今仍值得称道。②

浙江沿海地区，历来还有围海造田的做法。由于沙土沉积，杭州湾的海岸线在历史上就不断向外延伸。当地民众曾一次次修筑海塘，把大片滩涂包围起来。修筑海塘一般由地方政府或者地方人士提议，集合当地人力、财力共同进行。修筑时需先具呈官府，获准后才可进行。开工前又常常伴有隆重的祭神仪式。

海塘修筑完毕后，就有大片的滩涂供民间开垦种植。但是刚围起来的滩涂含有较高的盐碱，而且土地生硬、芦苇丛生、高低不平，并不宜种植水稻，必须开挖河道沟渠，引入淡水，完善

---

① 〔元〕王祯：《农书》卷十一《农器图谱一·田制门》。

② 杨安生：《长兴的关㘰门》《长兴的端牌转㘰》，载《浙江民俗大观》，当代中国出版社1998年版，第267—268页。

灌溉系统，经过一段时间的经营，才能逐渐将滩涂改造成良田。王祯《农书》称之为“涂田”：“其潮水所泛，沙泥积于岛屿，或垫溺盘曲，其顷亩多少不等，上有碱草丛生，候有潮来，渐惹涂泥。初种水稗，斥卤既尽，可为稼田，所谓‘泻斥卤兮生稻粱’。沿边海岸筑壁，或树立椿橛，以抵潮泛。田边开沟，以注雨潦，旱则灌溉，谓之‘甜水沟’。其稼收比常田，利可十倍，民多以为永业。”①

浙江舟山诸岛有筑塘围涂、与海争田，造碶掘河、抗卤蓄淡的习俗。由于新围垦出来的土地经常会受到海潮的侵扰，保护海塘、管理碶闸十分重要，由此也形成了一套乡规民约。当地各岛、各村、各岙几乎都制定了管碶护塘的具体章程和公约。凡是重要的海塘、碶闸都由地方出巨资修缮，并派专人看护，在险要处立石碑以示公约。舟山金塘樟树岙海塘边，立有一块清代道光年间(1821—1850年)刻制的护塘公约石碑。碑文明确规定村民不得在海塘上放羊牧牛，若有违反，抓获一头牛，罚钱二百元；抓获一只羊，罚钱一百。

在海塘看护方面，平时护塘人必须按照规定开闸放水、闭闸蓄水，以保持塘内一定的水位，若是有所懈怠失职，就会受到严厉的处罚。除此之外，任何人都不得私自开启碶闸，违者轻则罚款、体罚，重则送官府追究责任。台风季节，一旦发生险情，护塘人必须立即鸣锣呼号或者点火报警，附近村民得到讯号，都会全力以赴投入抢险中。

事实上，常受海潮侵袭的地区，除了修筑、加固海塘以御海潮外，历史上人们还会采用一些巫术的手段抵御自然灾害。海宁盐官的占鳌塔、镇海铁牛，就是为了镇海才修建起来的②。

田地租种

有了土地，便会产生土地占有和使用的种种问题，为了调适在私有制条件下出现的土地矛盾和人际关系，民间形成了一系列习惯。

浙江稻作地区土地所有权和使用权相分离，前者称为“田底”，归地主所有；后者称为“田面”，由农户向地主缴纳押金后获得，押金又称为“顶首钱”，获得土地使用权称为“顶去田面”。农户获得田面以后，只要按时缴纳租金，便可长期租种下去，地主也不能无故收回土地。农户也可将此地传给子孙，也可转租或转让。在绍兴，租田关系中有大田、小田之分，大田拥有永久租佃权，大佃户一面向地主租赁土地，一面又将田地转租给无田农民。租种小田的农户则须向地主、大佃户双方缴租，自留余粮，俗称“种三家头田”。由此看来，大佃户犹如城市中的“二房东”，他不拥有“田底”，仅有“田面”，但是可以通过出租“田面”获得利益。大佃户除非有欠租之实，否则地主不能无故撤佃。

租种土地所缴纳的地租可以分成实物、货币、力役3种。实物地租又称为“物课”“纳谷”，佃户向地主缴粮。力役地租又称为“分种田”，由地主出土地、种子、肥料，佃户出人工、牛工，收获的稻谷分成，地主得七成、佃户得三成。

收租的方法大约也有三种。第一种叫“分租”，即随年成丰歉，地主与佃户各得一半。分

---

① 〔元〕王祯：《农书》卷十一《农器图谱一·涂田》。

② 姜彬主编：《稻作文化与江南民俗》，上海文艺出版社1996年版，第96—98页；朱关良：《海宁祭潮与镇潮》，载《浙江民俗大观》，当代中国出版社1998年版，第468—470页。

租时，地主会派人或亲自到田头查看。第二种叫“包租”，包租租额会根据田地好坏以及灌溉条件优劣而有所不同。一般多则每亩300斤左右稻谷，少则百数十斤不等。每到新谷登场，地主会到佃户家中收取。第三种方式是不计谷斤，在一年前向佃户预收钱银，称为“便田”。便田租金从三四元大洋到六七元大洋不等。

在承租时，由双方共同约定租额的具体金额，并书写契约。届时有承租双方、中人、保人、保正、契约书写者共同参加，写定后，各人都需在契约上画押按手印。一切手续完成后，由承租人准备酒菜请大家吃饭。若遇上大灾歉收，佃户须请保正出面，向地主家报荒、求情，有时地主也亲自下田头查看灾情，经双方商议，地主同意后可以酌情减租。又有一种“铁板租”，一旦商定，无论丰歉，一概不能减免。

田地买卖典押

田地买卖可以分成田底权出售和田面权出让两种。

田底权出售称为“卖大租田”。出售前要经过多次协商，基本谈妥后，择日举行签约仪式。当日，买入方请卖出方、保正、中人、执笔人等到家中，同时邀请若干亲邻到场做个见证。签约时，由中人当众宣布交易情况，执笔人具写买卖契约，一式三份，双方当事人、保正、中人分别画押盖章。三份契约，由双方当事人及保正各执一份。钱款交割清楚，一切手续完毕，由买入方置办六样菜肴，备酒，请在场人吃饭。按例田底买卖要按买卖总价再加二成的“开销”。这二成的“开销”由买入者承担六成，卖出者承担四成。这笔“开销”主要用来支付保正、中人、执笔人的酬金。此外，签约当时在场的亲朋邻人也都会得到一些“闲中人钿”。意思是说这些人都是“闲中人”，虽不算是正式的中人，至少也可以做个见证，日后如有什么纠纷，大家都可以出来说句话。

另一种田底买卖是指田面权出让，又称“放余租”。承种人除了要向地主缴纳地租外，每年还要向田面权出让者缴2斗米左右的转租费。田面权出让也要立字为据，并请保正、中人，一应仪式与田底权出售相似，只是排场要小得多。

田地典押的做法也与上述相仿。典押的期限一般有3年、6年不等。田地典出者逾期无力赎回的，可以延期，但不可长期拖延。典出者无力赎回时，土地归典入者所有。①

土地继承

浙江一带，民间习俗遗产继承一般实行诸子均分制度，田地的继承也是这样。这种继承制度也包括了仅有使用权的“田面”。

具体情况可以分成三类：第一类是父亡母在，分割时母亲与幼子住在一起，可得到其中两份，其他儿子各得一份。母亲去世后，母亲的一份由诸子均分。第二类是父母双亡，则诸子均分。若幼子尚未成年，则由长兄代管。第三类是父母健在时分割，这里有长子娶妻时分家的习俗。届时，父母根据需要留出自己的一份，其余田地由诸子均分。如果招赘女婿进门，那么他享有儿子相同的继承权。②

---

① 姜彬主编：《稻作文化与江南民俗》，上海文艺出版社1996年版，第98—103页。

② 姜彬主编：《稻作文化与江南民俗》，上海文艺出版社1996年版，第103—104页。

事实上，诸子均分制度在操作上往往会有所倾斜，父母考虑到长子长孙有继承香火、承担祭祀祖先的一些义务，所以通常会再给长孙一小份，因此，长子总会多得些田地和家产。若分家时幼子尚年幼，就会出现无法保障自己权益的现象。习俗中也有一些办法来制约田地继承中可能出现的不公平。有的地方由族长出面，主持分家；也有的地方由舅舅出面，解决有关的纠纷。

（二）生产工具的种类

浙江各地使用的农具主要由铁、木、竹和混合材料制成，历史悠久，广泛用于水稻生产的各个环节。主要有以下几种。

水车

水车是浙江各稻区最常见的灌溉工具，种类很多，常见的如脚踏水车，依靠人力脚踏来带动戽斗汲水，结构比较简单，装卸搬动都很容易。脚踏水车劳动强度很大，一般采取 4 人～8 人为一班，各班换工互补的劳动方式。取水时，车水工双脚踩踏轮轴上的“步柱”，随后轴齿轮带动车链运转起来，挡水板也随之运转。一般来说，轴由 12 个齿轮组成，挡水板有 120 块。

金华地区主要使用龙骨水车，龙骨水车靠脚踩带动木板刮水，像自行车上的链条上下转动，犹如一条龙的脊骨游动，仿佛龙吸水，因此被称为“龙骨车”。龙骨车有两人踏、三人踏、四人踏等，分别被称为两人槽、三人槽和四人槽，还有一种单人手摇车叫作绞车。用人越多，水车的水槽就越长。水槽两边，一格一字，写的大多是“水车方架，沛然雨至”“备而不用”之类的吉利话以及车主姓名等。①

除此之外，还有一种牛牵水车，就是在水车上装上一个“荷叶盘”，让牛来转圈，拉动荷叶盘，带动戽斗运转。但是这种水车比较昂贵，并不是每户农民都置办得起的。再就是一种风车，利用风力推动戽斗转动，效率更高，由于成本问题，并不普及。20 世纪 70 年代后，随着农村普遍使用机电灌溉，水车基本被淘汰。

犁

主要用于深耕翻土，一般由犁辕、犁头、霍铁板、千斤板、犁底、犁柄和提手柄等部件组成。犁有大犁、小犁之分。大犁多为旱耕，用来翻板田，即割稻后暂时闲置的农田。小犁水耕，即油菜、小麦收割后灌上水，用小犁耕作，为进一步栽种水稻做好准备。

耙

用于翻土后碎土、平整水田。耙为长方形，长约 1.5 米，宽约 0.6 米，底部装有两排铁刀，每排 9 把。使用时，由耕牛牵引前进，能够将大块泥土割碎。

耖

与耙的作用相同，形状也与耙很类似，但是底部不装铁刀，中间装一根可以转动的轴，轴上装有手掌大小的铁皮数十片。由牛拖动前进，可以平整田中凹坑，以利于插秧。

---

① 《金华风俗》，载《金华市金东区政协文史资料》第 12 辑，2013 年编印，第 7 页。

耘耥工具

耘耥是对水田中耕的俗称。农民耘田直接用手在水稻根部拔除稗草、杂草，松土、舒展稻根的。鉴于手工耘耥的辛苦，历来有些保护性的服饰。有一种竹膀夹，围在大腿上，用来保护稻农两腿内侧不被稻叶划伤。又有竹马夹，贴身穿，外面再套上麻布大袖衫。以避免在田间耘耥时，因出了汗的衣服黏到皮肤而生疮。还有一种竹编的指甲套，套在手指上，在挖泥时保护指甲不受损伤。

除此之外，稻农还使用田耙等工具来耘耥。田耙就是在一根一丈多长的田耙竹大头一端安上一个铁皮的田耙箍，田耙箍直径根据大田稻株行距的宽窄而定。这种田耙尺寸因地制宜，使用起来也十分方便，既能翻起泥盖草，又不会损伤稻禾。而稻农也能够站立劳作，减轻劳动量。另外，田刨、草鞋耙等也是常见的耘耥工具。

镰刀

用来收割水稻。割水稻的镰刀刀刃犹如锯齿。还有一种稻弓也是浙南地区常见的收割工具。稻弓用四五寸宽的薄铁片弯成，刀刃与刀背约成直角，刀口镶钢，轻而锋利。

稻桶、稻床

主要用于稻谷脱粒。稻桶一般呈圆形，桶内放一个稻桶梯，后半个稻桶围一令稻桶簟，防止谷粒飞出稻桶外。此外还有一种稻床，外形呈方形，结构用法与稻桶一般。稻床是掼稻（脱粒）时使用的主要农具。一般用杨树木做框，中间一根稻床梁，呈弯凸形，配上一排竹片，竹片中间留空隙，以便让稻谷通过。使用时，在地上铺一张大竹席，把稻床置于其上，手举稻把用力掼在稻床上，稻粒脱落于竹席上。有的地方也把稻床直接放在稻桶上，好让脱落的稻粒直接落入稻桶内。

砻、碾、臼

稻谷脱粒后，外边还包着一层厚厚的谷壳，尚须经过脱壳处理才能食用。脱壳一般由各家农户自行操办，砻、碾、臼等都是常见的脱壳工具。砻，形制与石磨相仿，由上臼、下臼、摇臂和支座组成。上、下臼的工作面上镶有硬木或者竹齿。使用时，下臼固定不动，用人力或者牲畜推动上臼旋转，稻谷从上臼的圆孔内缓缓送入，借助臼齿的摩擦，使谷壳裂开脱落，这一过程俗称“牵砻”。一人牵的是小砻，三人牵的是大砻。砻过的米经风车扇动，分出砻糠和糙米。糙米再经过石臼、碾的打磨，去除外边糙皮，才成为可以食用的白米。碾，是主要的打磨工具，一般由碾台、碾槽、碾架等组成。

浙南地区多在水碓房内加工稻谷。水碓房由水磨、水碾和水碓组成。建造时首先从江河溪旁引一条水渠，水碓房就建在水渠一侧。引渠水冲击木轮，依靠木轮转动驱动石碾、石磨、石碓运作。水碓房内设施一般因当地水力大小和村庄人口、田亩多少而定，一般一座水碓房有石碾1台，石磨1台～2台，石碓5副～10副，并配有米床、木筛、风具、畚斗、箩筐、大秤、扫帚等。水碓房不仅可以将稻谷脱粒，也可以将糙米碾成白米，还可以进一步加工成米粉。当地农民还将其用于加工麦子和各种杂粮，使用十分方便。① 到20世纪90年代，除个别情况

① 童涉：《丽水的水碓和水尾碓》，载《浙江民俗大观》，当代中国出版社1998年版，第296页。

外，绝大多数农家都不再自己用传统方法加工稻谷了。

米囤

圆桶状，是农家用来贮藏稻谷或米的盛器。米囤直径大小不一，小的七八十厘米，大的可以在两米以上。小米囤用稻草绳盘结而成，一般高度在1米左右。大米囤有1尺多高，用竹篾编成的栈条或者稻草扎成的米囤圈来加接，可以层层加高，使用十分方便。

农具上的字号

浙江稻农历来就有在农具上书写文字的习俗，俗称“字号”。字号的内容一般可以分为三类，一是农具主人的姓名，一般都是这家男性主人的姓名，并在后添上“置”或者“办”等字样；二是农具制作或者修理的具体年月；三是一些颂祝性的吉祥话。比如米桶上常写“五谷丰登”“珠落玉盘”“风调雨顺”等。水车上有“小小木龙治水，大大田亩堆金”“龙游钱塘，分水青田，常熟诸暨”等。在扇谷的风车上写“吞金吐玉”等。①

（三）耕作方式

备耕

备耕，是指大田耕作之前的准备工作，包括翻耕白板田、罱河泥、各种农田水利设施的整修、各种农具的整修和准备种子等。

田地翻耕　在浙江稻作地区，较多的农田在冬季都种上了春花作物，这些田地在上一年秋收后就已经完成了翻耕。还有些农田，自上年秋收后就一直闲置不用，称为“白板田”。白板田主要是为了在新的一年里做秧田用，也有一些则是为了下一步种早稻。白板田必须翻耕。

习俗以为翻耕进行得越早越好，农谚“正月耕田是黄金，二月耕田是白银”“耕田耕到立夏边，有谷呒谷莫怨天”，说的就是这个意思。农民一般利用秋收后的冬闲季节深翻土地，来不及冬翻的，开春就要立即翻耕。冬季、早春气温一般较低，泥土经过冰冻，越冬的虫卵会被冻死，土质也会变得松软。有的农户，一时安排不过来劳动力，则抢在冬天先“打亭沟”，也就是用特大号密缝铁塔，每隔6埭～8埭，从左坌一铁塔，从右坌一铁塔，将坌开的泥块拖到田畈上，一块一块坌过去，就在田里挖出一条深沟来。按同样的方法在田里纵一条、横一条挖沟，就形成了许多井字形的亭沟。然后与大田的排水沟连通，这样就可以降低大田的地下水位。

罱河泥　罱河泥，又叫“捻河泥”，就是使用一种浅舱农船打捞河底的淤泥充做肥料。浙江水网地带，有许多弯弯曲曲的小河浜，水流缓慢，常会有大量有机物淤积河底，久而久之成为河泥。每年冬春都是罱河泥的好时机。作业时，一般两人搭班，一人使用捻篰把河底的淤泥捞起来，放入船舱，一人撑篙驾船，待装满一船河泥，就将船摇至田边，把河泥舀到事先做好的河泥塘中，作为肥料。有的地方还会在其中加入杂草腐叶拌和，使之发酵，增加肥力。待到春耕后，一担一担往田里撒拌，作为水稻的基肥。俗谚“人要桂圆枣子，田要河泥草子”，说的就是罱河泥肥农田的道理。

---

① 周煦凤：《农具上的字号》，载《浙江民俗大观》，当代中国出版社1998年版，第270页。

为了避免纠纷，保证河水不受污染，各地在罱河泥的过程中还形成不少约定俗成的规矩，任何人都不能越俗争先。绍兴一带罱河泥都在每年清明前后谷雨前进行，届时需要全村共同约定一个开荡罱泥的日子。在此之前，家家户户忙着做各种准备，整修农船、置办罱竿、备好罱夹等。到了约定的日子，黎明时，几百只农船就一齐出发聚集在一处较为开阔的水面，大家排列整齐，放炮仗过后就开荡罱泥，几百支罱竿同时深入湖中，场面十分壮观。自此之后，各家各户可以到附近河湖自由罱泥。①

图 96-1-1-2　1969 年，黄岩院桥公社火炬大队农民正在捻河泥（叶心源摄）

罱河泥技术要求很高，必须强劳动力才能胜任。罱河泥既能积肥，又疏浚了河道，挖深河床，还可以顺道捕些小鱼小虾，益处诸多。20 世纪 80—90 年代，浙江稻作区普遍使用化肥后，就很少有人再去干这种苦活了。

整修水利　每年秋收结束到春耕开始之前，农民们还要忙于整修各种水利设施，包括疏浚河道、修补排灌沟渠、加固增高圩岸、修补田岸缺口等一系列农活。

有的只是单家独户的田岸缺口，通常由各户自行解决。一些大型的水利设施，一般需要官府督办。最为多见的是一些不大不小的水利设施，只涉及一部分农户，往往由受益农户集合起来，共同商议，集体操办。

这些由一部分农户联合起来修补、疏浚小型水利设施的农活俗称“捞浜斗”。通常总在元宵节之后动工。先将各家当家人召集到一起，由村长、族长这些民间权威人物主持商讨，确定分工等事宜，并选定吉日动工。动工之日，还要有个祭祀土地神的仪式，向土地神报告，祈求他的保佑。

整修农具　农家大忙之前，还要把农具认真整修一番，缺少什么要及时添补。大至农船、水车、风车、犁、耙，小至铁搭、锄头、镰刀、扁担、粪桶、粪勺等，都要一一检查，不可疏漏。有经验的农户常常自己动手，把家中的小型农具逐一修补、加固，有的农具较为复杂，则请木匠来整修。

另外每年元宵至清明这段时间，各地大小庙会不断，农户们除了参加各类信仰活动以外，也趁此机会添置农具。人们总会在此时把一年农业生产所需的农具和其他生产资料都采购了。

此外，农家还要用稻草来制作各类绳索、草鞋和用具，以备农事生产之需。

准备种子　稻种的好坏直接关系到稻作生产的收成。这一带流传着各种农谚，诸如“龙生龙，凤生凤，好稻种好种”“娘壮儿大，种好稻好”“种籽勿选好，满田长稗草”“三年勿选种，粳稻糯谷一笼统”“搞乱禾种，白忙一年”“种子年年选，产量节节高”等等，都十分形象地说明了

① 顾希佳：《中国民俗通志 · 生产志（下）》，山东教育出版社 2007 年版，第 305 页。

选种的重要性。

在浙江稻区，人们历来重视选种留种。有经验的农户还专门安排留种田，精心培育。大家都想方设法寻觅高产良种。种子的保管也十分讲究，都单独贮藏，防止霉变虫蛀，防止与别的稻谷窜乱。金华地区农户都挑选从瘦田收割来的稻谷做种子，这些稻谷谷粒饱满，病虫害很少。谷种常常要经过三扇三晒，储藏在瓮中，上面盖上一层草木灰，防潮防虫。

已经备好种子的农家，春耕前也要再检查一遍，适时翻晒，防止过干或过湿。武义地区习惯于立春过后，趁天气晴朗翻晒种子。晒种必须用地箪或者托盘。有的还在种子中间用三根筷子绑成“三角叉”，叉上摆上一杯水，就以为这样可以防止鸟雀偷吃种子。①

开耕

开耕，则是指大田的翻耕和耙耖，平整土地，为插秧种田做好准备。

开犁　开犁指的是开始大田翻耕，翻整土地，为插秧做好最后的准备。浙江许多地方都会在立春这一天举行象征性的开耕仪式。第一天耕田，俗称“开犁”，开犁使用耕牛拉犁。开犁前几天，农家都要精心调养耕牛，仔细检查犁、耙，配上崭新的犁索、耙索。俗信以为，开犁第一天要顺顺利利，不能出一点意外。万一发生犁断索散，则预兆这一年农事多灾歉收，非常不吉利。武义一带，开犁这一天农事安排极为轻松，以讨全年之彩。是夜，主人还要设酒，宴请耕田者。有的还给牛灌黄酒，喂豆饼，以示慰劳。耕者则要举行祭祀牛栏神、拜犁的仪式。先祭牛栏神，祈求他保佑耕牛健壮；再在犁前点三炷香，烧两张“利市”纸，合手叩拜，祈求犁耙稳当牢靠，一切顺当。祭祀完毕，牵牛扛犁下田去。②

春牛会　嘉善一带立春还要举行春牛会，以犒劳耕牛，祈求五谷丰登，同时也号召人们保护农耕、保护耕牛。此俗自清代就开始了，并且由当地县衙出面组织，规模很大。春牛会当日，农家会把自家精心挑选的强壮耕牛打扮一新，将耕牛全身洗刷干净，身上披红戴绿，两只角上拴上两个大红绸球。当天日出卯时，大约6时，各家便牵着耕牛出发，往县衙赶。县衙内广场上全副硬牌执事、三班衙役、六科司事，以及地方上的士农工商代表都排列成行，齐聚一堂，各种文艺表演队伍也在县衙外等候。待四乡农家牵着耕牛从南、西、北三门入城时，县衙总管高喊“起马”，县官出面带领队伍浩浩荡荡往东门行进。城内此时万人空巷，异常热闹。东门城楼上设有迎春楼，东门外校场内有祭祀台。待县官率领的队伍，以及四乡耕牛来到校场，祭祀随即开始。祭祀台中设香案，摆有素食祭品。牛倌牵着挂彩绸的耕牛在香案前列队站好，县官率六科司事和城内乡绅行跪拜礼，同时礼炮、爆竹齐鸣。礼毕，县官带领下属回城，四乡耕牛也散开回家。③ 20世纪50年代以后，春牛会被每年的耕牛评比活动所代替，直到农村电气化的普及而逐渐消亡。

舟山一带农村，立春开犁还有送春牛图的习俗。这一天，乞丐们会用泥捏成春牛，扎麦秆成芒神，由小乞丐们用一顶露顶小轿抬着，到乡间分送“春牛图”。接到图的农家则馈赠钱、米

---

① 唐桓臻：《武义风俗志》，中国文史出版社2009年版，第22页。

② 金华地区群众艺术馆编：《金华地方风俗志》，1984年刊印，第9页。

③ 何焕：《嘉善的春牛会》，载《浙江民俗大观》，当代中国出版社1998年版，第257页。

以示酬谢，俗称“小讨饭扮春官”。每年春牛图各不相同，能够预兆年成，提醒农时节气，是一种简便的农时挂历。比如有的春牛图上是牛倌拉绳牵着耕牛走，意为今年农时季节推迟，农时比较空闲；有的是牛倌拿着竹鞭赶着耕牛走，意为当年农时季节紧，特别忙；有的是牛倌骑在耕牛背上吹笛子，预兆当年风调雨顺，会有好收成。20世纪50年代前后，此俗逐渐衰落。①

大田耕耙　开犁之后，真正的大田耕耙劳作便开始了。农民下田，先是犁田，就是把泥土深翻一遍。犁田之前，把厩肥、河泥等有机肥挑到田里，俗称“施基肥”，然后再开始犁田。犁过的田要及时灌水浸泡，使泥土变软，然后耙田。因为耙的重量不够，有的农户便让一个小孩站在耙上，增加压力，俗称“立耙田”。耙在泥水中拖行，时间一长很容易变滑，而底部又有铁刀，小孩年幼脚力不济，一不小心滑下来，极易受伤。有的农民就在耙上压一些泥土、石块来代替。② 耙田的遍数要看田里的土质，以泥块全部切碎变烂为标准。武义一带，头熟的水田要经过“双犁双耙”。稻田灌水后犁过耙细，称为头犁头耙。此后，将水田搁置数天，称为“压田”，以便让杂草等加速腐烂。然后犁第二遍，再耙细，就是“二犁二耙”。③

耙过田，还要“摊田”，就是将田土摊得基本上水平。一般的水田经过长期耕种以后，都比较平整，只要用铁搭稍加拨移就可以了。若是碰上旱地改水田，那么第一年耗费的劳动量就比较多。农民常用畚箕把高处的土挑到低洼处，有的则用一种叫“木梳”的大型农具，这种农具由牛来牵引，能够把高处的泥土拉到低处，类似于今天的推土机。

耖田　田土大致平整后，就是“耖田”，用耖把田里所有坑坑洼洼的地方都填平，下一步就可以插秧了。武义一带农民往往在二犁二耙之后耖田，趁水浑立即插秧，以便让泥土沉淀后能够压住秧根。④

种田插秧

浙江稻作区，农民常常把插秧称为“种田”，从广义上来讲，整个稻作生产的过程都可以称为种田。而这里的“种田”范围就小得多了，专指浸种、做秧田、落谷、拔秧、插秧等一系列生产过程。

浸种　农谚云：“清明浸种，谷雨落秧”，一般说来清明时节可以浸种，谷雨就可以播种了。不过根据各地季节的差异，具体的时间也会有所不同。

浸种要选择吉日，把船舱或者大缸洗干净，倒入稻种，加清水反复搅拌，其中的瘪谷、杂质都会浮起来，随手将其捞出即可。20世纪90年代前后，往往采用泥水选种，调制适度的泥水，倒入稻种，下沉的可以作为种谷，浮起的不用。稻种浸两三天后捞出晒干，用稻草盖垫其上下，或装入蒲包，以保持一定的湿度。从浸种到落谷一般要隔半个月时间，为的是让稻种充分发芽。这中间还要用盐水浸泡，杀除病虫和催芽。

在宁波，浸种前要在稻种上放一张红纸，压一把镰刀，俗称“秧子落缸催芽”，以示镇邪。在丽水，浸种时要先将桃枝垫在稻种箩底部，或者插在稻种上，用来辟邪，然后再将箩浸入水

---

① 方长生：《舟山的小春宫与春牛图》，载《浙江民俗大观》，当代中国出版社1998年版，第268页。
② 顾希佳：《中国民俗通志·生产志（下）》，山东教育出版社2007年版，第309页。
③ 唐桓臻：《武义风俗志》，中国文史出版社2009年版，第22页。
④ 唐桓臻：《武义风俗志》，中国文史出版社2009年版，第24页。

中。农户们还要在浸种的池塘边点香烛，烧纸钱，以求神灵保佑。①

做秧田 秧田面积虽小，却是种水稻的根本，秧田没做好，后边一系列的农活都失去了意义。农谚“秧田万年基”“人无好床困勿着，秧无好板长勿好”“秧板做得平，秧苗出得齐”，说的都是这个道理。

秧田一般都要预先冬翻，经过一个冬季的风化，使泥土充分松软。在播种前大约10天到半个月，农户开始动手做秧田。秧田犹如稻秧睡的床，务必要松软平整，翻耕时要充分捣碎泥土。通常先用铁搭，再用手指加工，把尚未捣碎的泥块一一捏碎，把稻根、草根、杂物都揿入泥土中，再把秧田表面抹平，俗称“耘秧田”。之后，还要用推秧板把秧田推平，有的农户就用自家的门板来推秧田。反复多次，直至泥土表面熟烂平整。

其后就是灌水、施底肥，用杖杆量出每块秧田的宽度，做好秧沟，沟深半尺，沟底平整，以利排灌。

落谷 落谷就是播种，指把稻种按一定的密度均匀播到秧田中去。

杭州一带，历来清明前后下谷种，下谷种必须在下午，俗信以为若是上午下谷种，谷种要浮起来，秧苗就要出毛病。下了谷种，还需要用黄裱纸包上三炷香、三根黄荆柴，插在田缺边，俗信以为这样五谷神就会保护秧苗长得好。②

丽水一带，稻种落泥要看历书，要选平潮时播种谷子，这样播下以后，种子就不会浮动聚簇。如果涨潮时播种，种子就会一堆堆聚集在一起，长出的秧苗就会疏密不均。还有一种习俗，要把谷种挑到田头，先撮一把谷子放在田缺口，用泥土压住，俗信以为这样播下的种子就不会浮起，出苗均匀。再在田角插香压纸，扎一个稻草人，手持竹竿，上飘红纸，用来驱逐鸟雀。

在宁波，稻种挑出去播种的时候，箩头不可以装满。当地习俗以为须得“浅出满进”才是吉利。临出门前，还要说“一担出，万担进”之类的吉利话。

在金华，要选晴天太阳下山时播种。俗谚云：“太阳下山不再走，谷粒下田不会漂。”种田人必须吃得饱饱的，当地俗信以为人饱谷粒也会饱。谷子播种后，为了防止鸟兽和低温的侵袭，秧田板上都会用竹条做拱，盖上尼龙薄膜，称为“尼龙育秧”。等秧苗转青或者气温升高时，把尼龙薄膜掀掉。拔秧前两三天，还要施一次人肥，俗称“起身肥”。③

在衢州，播种的人要吃鸡蛋。稻种箩里要插一支新柳，播种后要把柳条插入秧田进水口，直到拔秧时才拔去。在龙游，播种前要用三炷香、三张黄裱纸，用红纸扎好，插入秧田，并插一支柳条，也可以用樟树枝、松枝、竹枝来代替，表示五谷神下田监护。俗谚说：“五谷神下田，田畈即无鬼。”在常山，播种前要吃大肠头，当地俗谚说：“播种吃过大肠头，秧青苗壮好兆头。”播种当天的早晨，户主要吃一碗发糕、三个鸡蛋，以兆稻种芽壮根发。也有的农户吃豆芽菜，寓意稻种下地有根有芽。④

---

① 顾希佳：《中国民俗通志・生产志（下）》，山东教育出版社2007年版，第311页。

② 浙江民俗学会编：《浙江风俗简志》，浙江人民出版社1986年版，第65页。

③ 唐桓臻：《武义风俗志》，中国文史出版社2009年版，第22页。

④ 顾希佳：《中国民俗通志・生产志（下）》，山东教育出版社2007年版，第312页。

从落谷到拔秧移栽，一般要相隔4个星期左右。其间的田间管理十分重要，施肥、拔草、秧田水的调控都十分讲究。

开秧门　插秧的第一天，俗称“开秧门”，在平湖、嘉善等地也有叫作“开秧把”的。开秧门是大田生产中的第一个环节，一般是小满开秧门。无论种田大户还是小户，对开秧门都十分重视。这天象征着一年农事的开端，主人会像办喜事一样兴奋，总要用丰盛的饭菜来慰劳大家。浙北一带，主人要烧一条黄鱼，讨个兴旺发达的好彩头。早晨，还要吃鲞鱼头，象征种田有想头。鲞鱼放在桌子上，鱼头必须朝南，兆天晴，有好运；忌朝北，以为兆有雨，不吉利。吃饭时，要在座的种田长辈先吃，年轻的小伙子忌讳叉第一块肉，忌讳舀第一勺蛋。上午9点左右，要“打点心”到田头。点心备有“白水糯米粽”，用白糖拌着吃，当地有俗语“种田调雄绳，白糖拌粽子”，用来形容插秧快手，还有一句来讽刺插秧慢手，说“种田调雌绳，只有吃白水粽”。①

在武义，开秧门要吃种田馃。种田馃用糯米粉做成，中间用红糖、芝麻或者笋丝、肉、咸菜等做馅儿。人在吃种田馃之前，还要给耕地的牛也吃几个。这一天午饭若是用豆腐做菜，则一定要煎过，不能吃白豆腐。当地俗语说：“豆腐不煎，交界行不粘。”有的地方，还以村为单位，杀猪、做豆腐，会餐一次，称为“吃种田饭”。习俗以为多一个吃种田饭的就会多收一担谷子，所以这时候总是欢迎外村人也来吃。②

在余姚，插秧时节一天要吃六顿饭，三餐酒饭加三餐点心，俗谚戏称“小孩望过年，大人望种田”。

拔秧　在正式插秧之前，首先要拔秧，就是把秧苗从秧田里拔起来，送到大田，供插秧之用。插秧前，要进行分工。通常会让老人、妇女、孩子去拔秧，强劳力则挑秧、插秧。

拔秧的人要带拔秧凳、秧伞、束秧草等下田。拔秧凳是上下两面都有凳面的小凳子，人坐上去才不会陷到泥水中去。秧伞只在普通伞柄上再绑一根竹竿，插到秧田里去，为拔秧人遮风避雨。云和一带有戽水避秧风的习俗，那一带农民下田拔秧前都要先用手在秧苗上戽几下水，俗信以为这样就可以避“秧风”，不然，吹着“秧风”，手脚肿痛奇痒，就无法拔秧了。③

拔秧也是一项技术活，既要及时剔掉稗草、杂草，还不可将秧苗拔断。通常都是左右两手同时进行，各拔半把，随手在水田里将泥巴甩去，两手合拢成一把时，要留个缺口，俗称“秧门”，接着用束秧草把秧扎紧，算是拔好了一把秧。如果碰上新手，没有留出秧门，不仅会耽误下一步的分秧工作，而且还被认为是不吉利的征兆。

拔好的秧要装进畚箕，挑到大田里供插秧之用。装秧担也颇有讲究，整担秧只有底下两把和顶部一把绿叶朝外，其余的都是绿叶朝里，白色的秧根朝外。这种装法，不仅装得多，而且不易散架。俗称“露青”，预示着秧苗很快就能成活返青，十分吉利。挑秧的人只能走自家的田岸和公有的大岸，切忌走到别人家的田地里。关于这种民俗，有很多种说法。有的说，走

① 唐彩生、张玉观：《浙北的开秧门和关秧门》，载《浙江民俗大观》，当代中国出版社1998年版，第258页。

② 唐桓臻：《武义风俗志》，中国文史出版社2009年版，第23页。

③ 叶永青：《云和春耕生产习俗》，载《浙江民俗大观》，当代中国出版社1998年版，第268页。

自家路表示丰收进自家家门，走错了路，稻谷就会跑到别家去。也有的说，各家新做的田岸不大牢靠，走多了会坍塌，所以不喜欢别家人多走。

抛秧　将秧苗挑到大田之后，接着就要往大田里抛秧把，俗称"抛秧"。抛秧看似简单，实则也有很多讲究，比如要抛得尽量均匀，让插秧的人插到哪里随手都可以拿到秧把，而又不至于多出来。这就要靠经验，合理布局了。抛秧把最忌讳把秧把抛到插秧人的身上，倘若不慎抛中，插秧人就会当面骂一句来驱邪。

插秧　浙江稻作区对插秧的质量要求很高。一块大田的秧最好在一天内插完，这样既可以保证同时成活，也便于日后的田间管理。因此，即便是单干的农户，插秧时也会雇上几个帮工，以保证一天内插完一块秧田。

手工插秧，农户一手持秧把，并用拇指、食指、中指分秧，另一手拿秧苗，用食指、中指将苗齐根插入土中。若是田块面积大又方方正正，往往要求插秧时"竖里直，横里挺"，竖望横望都是一条线。为此，有时需要用杖杆来测量宽度，在两头田岸上打上标记，然后拉直经田绳，插秧人都以经田绳为准，保持间距一致。若是田块面积小，形状又不规则，田塍弯度大，插秧时一般随着田塍弯度而弯曲，俗称"趁田塍弯"。

大田里的第一趟秧苗，通常是由技术最好的"秧师傅"来开头，做出样子，然后大家依次跟着插。若是有好几个人一起插，则会让速度最快的人先下田，然后各人按照插秧速度的快慢依次下田。有人落后了，就得跟别人换换位置，若是不换，一旦别人插完都上了岸，这个人就会被困在秧田里，很难走出来，俗称"戴田枷"，不吉利。有的地方，也会预留几行不插，待最后一个插秧人退出来以后，再补插，称为"留出路"。①

插秧人之间不可以传递秧把，习俗以为这样会使两个人成为冤家。插秧人宁可被泥水溅一身，也不能用手去接抛过来的秧把。当天拔的秧都要当天插完，习俗以为隔夜秧会发黄，不利于成活。插秧时，解下绑秧把的稻草也不能随便乱扔，而要放在已经插好的秧苗之间。若是乱扔，而使秧苗正好插在稻草上，则被认为是"子犯娘"，十分不吉利。农户认为绑秧把的隔年稻草是"娘"，新秧苗是"子"，若是犯忌，插秧的人就会得病。武义一带，插秧后农户会随即"塞肥"，把用焦泥灰、鸡粪拌制的肥料塞到稻秧根部。这样做，一则肥秧根，二则也可以压秧根。②

关秧门　插秧最后完成的那天，叫作"关秧门"。按照习俗，这一天要安排得稳稳当当、顺顺利利，不能搞得手忙脚乱。这一天农活一般都在下午三四点钟完工，活多则要提早请好帮手。若是安排不当，到了天黑田里还有一小块田或者田中有几埭田来不及插秧，俗称"开天窗"，是很不吉利的，俗信以为这户农户会一年不如意。

插完秧以后，如果还多一些秧，不能随意丢掉，农户们认为丢掉余秧就是丢掉余粮，不吉利。在金华、衢州一带，关秧门时倘若还有多余的秧，总要带回家，抛在屋顶上，俗信以为这样做可以使瓦上不生小毛虫。多余的秧通常插在岸边的田里，以后耘田时若发现缺株，正好可

① 顾希佳：《中国民俗通志·生产志（下）》，山东教育出版社2007年版，第316页。

② 唐桓臻：《武义风俗志》，中国文史出版社2009年版，第23页。

以补上。安吉一带有多余的秧最好是调剂给缺秧的农户，实在没有人要了，则要抛入河中或者犁入田里，千万不能给牛吃，俗信以为给了牛吃，以后牛就会吃田里的稻秧了。①

当天晚上，农户家家摆酒犒劳插秧的人，俗称"吃关秧门酒"。在长兴一带，关秧门时还有一个余兴节目，人们会在拔了秧的秧田里互相泼水、泼泥浆，身上沾满了泥巴也不以为意，习俗戏称为"秧田里无老少"。在当地，这被称为"糊秧门"，据说也是为了讨个吉利。浙北一带关秧门的第二天，男主人会上茶馆，轻松一下，俗称"吃汰脚茶"。媳妇则可以回家探望父母，俗谚云"插落黄秧，望望爹娘"。②

田间管理

水稻移栽成功后，还要经历一个艰辛细致的田间管理阶段，包括耘耥除草、施肥除虫、灌溉排涝等，每一项都不可疏忽大意。农谚"有收无收在于种，收多收少在于管""三分种，七分管""田里管管，仓里谷满；只种勿管，打破饭碗"等说的就是这个道理。

耘耥　水稻田里的耘耥好比旱地里的锄草松土，只是水稻田里水多，稻苗又极易折断，耘耥起来格外费心。浙江一带稻区各地的耘耥方法有所区别，但通常要进行3次，俗称"耘三通"。金华一带有农谚说"头遍耙耙平，二遍补补稻，三遍赶蚱蜢"，也有说"头遍耘耘补，二遍耘耘草，三遍鬼画符"。说的都是头两遍耘田较为重要，补缺稻禾、去除杂草，第三遍则可以马虎一点儿了。关于耘耥的方式有的直接跪在水田里，有的站立，使用农具耘田。

武义一带，习惯用田耙。当地耘田一般要耘四遍。第一遍在插秧后七八天，施肥要塞在秧根下，俗称"塞坪"。第一次耘田后10天左右，就可以进行第二遍了。耘田前，要先拔去杂草，并撒石灰，当地人称之为"煤灰"，耘后搁田。第三遍耘田正是水稻生长的迅猛期，要集中施肥，保证生长需要。农户一般要用草木灰、菜饼或者猪栏肥溜稻行，耘后烤田。第四遍用人粪尿。20世纪70年代起，基本不用石灰，改用碳胺、尿素等化肥。土杂肥基本上已经无人使用了，除草也改用"除草剂"。③

龙游一带，耘田分龙南和龙北两种，龙南称"刨田"，龙北称"滹田"。"刨田"就是用田刨耘田。田刨制作简单，用一个铁片箍与一根长柄竹竿拼接而成。使用起来也十分方便，当地有"头刨平、二刨深、三刨老鹰（草）"的说法，说的是经过三遍刨田，泥土松软、杂草尽除，又快又省力。所谓的"滹田"就是直接跪在田里用手铲除杂草、松土。关于这两种习俗的由来当地流传着一个传说，说有一年有个老神仙化成一个农民下凡来到龙游。他分别在龙北、龙南两地向当地农妇讨水喝。龙南的农妇热情好客，殷勤款待，为了表示感谢，老神仙留下了田刨，教会当地农民刨田。可是龙北的农妇拒绝了老神仙的要求，于是老神仙便只教当地农户跪着滹田的方法，以示惩戒。④

耘耥对水稻的生长极为重要，各地都有一些生动的农谚对此加以描述，比如温州人说："每篷稻根摸一摸，一亩多打五斗谷"；衢州人说："早稻屁股痒，越摸越肯长"；台州人说："早稻

① 王季平：《安吉的开秧门和糊秧门》，载《浙江民俗大观》，当代中国出版社1998年版，第260页。
② 唐彩生、张玉观：《浙北的开秧门和闭秧门》，载《浙江民俗大观》，当代中国出版社1998年版，第259页。
③ 唐桓臻：《武义风俗志》，中国文史出版社2009年版，第23—24页。
④ 衢州市文化馆编：《衢州风俗简志》，1984年刊印，第139页。

滥贱，摸一遍大一遍”；绍兴人说：“人吃三餐饿勿煞，田耘三遍荒勿煞”；嘉兴人则说：“月里耘三遍，秋收谷满仓。”这些农谚语言生动形象，言简意赅，是长期以来广大农户稻作生产的经验总结。

施肥治虫　施肥治虫是一项贯穿于水稻种植始末的常规田间工作。施肥可分为基肥和追肥两种方法，基肥是在插秧之前就埋入土中，追肥则是在稻禾生长过程中根据需要随时追补。浙江一带基肥主要是红花草、河泥、猪羊灰、人粪等，追肥则有猪羊灰、人粪、豆饼等。20世纪30年代开始出现化肥，但在此后较长一段时间内，使用化肥的人还比较少。到20世纪八九十年代以后稻作生产则几乎全部使用化肥。

农户凭多年经验，根据实际情况决定施肥的时间、种类和数量。嘉兴一带，稻农有“种田难种三红稻”的说法。他们根据水稻叶子“三青三红”的颜色变化规律，总是在秧红、苗红、抽穗红的时候及时施肥，效果很好。

水稻生长过程中，还会经常发生各种病虫危害，危及农户的收成。在尚未使用化学农药之前，农户们在长期生产实践中总结出一些土办法，有的包含有朴素的科学道理，有的则是俗信。

在浙西地区，有一种用桐油治虫的传统方法。选一个不刮风的日子，往水田里浇注桐油，每亩大约两斤桐油。桐油浮在水面上，害虫一接触就会死亡，腐烂后，还能作肥料，一举两得。也有将桐油和石灰水混合起来，喷洒在稻叶上的，用来防治害虫。若是发现矮缩病、黄枯病等病情，一般采用搁田、换水的方法来控制，并要经常保持田中的水清新，但并不能彻底去除病虫。金华一带稻农一般采用黄牯花、醉鱼草以及石灰、硫黄等药物进行稻虫防治。①

除此之外，当稻农无法控制虫害时，人们就会转向神灵，希望借助神灵的力量驱赶虫害，由此也形成了不少习俗。丽水南乡一带农户若遇上稻虫，除了用响竹赶走稻虫外，还有告稻虫的习俗。一般发生大面积虫害时，农户就会到神灵面前点香烛、设供品，向神灵控告稻虫危害庄稼，祈求神灵赶走虫害。这种方法不仅在丽水一带盛行，全省各地也都曾经流行。不仅如此，丽水遂昌一带民众会在每年农历二月初二炒豆、炒米、炒花生，俗称“炒虫米”。当地俗信，炒过虫米，当年的虫害就会减少。② 金华一带稻农中还流行驱稻瘟习俗。有的稻农在黎明前倒拿破扫帚在田里呼喊，然后将扫帚倒插在田里。有的将虫害驱赶至邻村交界处。有的迎龙灯送瘟神，龙灯在田间绕转后，送至村界处，并在那里过夜。有的还组织保稻会，于六月初一在田间插满五彩小旗，有的还请来本地保护神到田间巡视，或将神像抬到田间，众人手举燃烧着的麦秆，高声呼喊以驱瘟神。③

水稻即将成熟时，为了防止鸟雀来啄食，常常扎一个稻草人，插在稻田中间。稻草人手拿长竹竿，竿子上系把破蒲扇，或系根红布条，有的还挂上一个响铃，随风飘动，发出响声，来驱赶鸟雀。

---

① 顾希佳：《中国民俗通志·生产志（下）》，山东教育出版社2007年版，第320页。

② 《丽水风俗》编委会编：《丽水风俗》，浙江丽水地区文联1995年刊印，第13页。

③ 浙江民俗学会编：《浙江风俗简志》，浙江人民出版社1986年版，第65页、411—412页。

灌溉 水是水稻生长的命脉，农田水利建设历来受到农户的重视，除了农闲时集中修整各项水利设施以外，生产过程中也要对水量进行适度控制。

浙江稻作区流传着不少灌溉方面的农谚，“浅水插秧，深水扶苗”，说的是插秧时水不可太深，深了，秧就插不深；插完秧则要灌深水，利用水的浮力使秧苗挺直，也不怕风雨。又有“中水耥稻，浅水耘田”的说法，是说耥稻时水要大些，不然耥耙勾起的杂草就浮不起来了，耘稻时水要浅些，以便手指能将淤泥掳松，把杂草塞进泥土里去。“耘耥事毕，放水让田裂”，是说耘田之后要放干水烤田，又叫搁田、搁稻。这样做的目的是促使稻禾的根向下深扎，防止后期倒伏，有利于大穗的形成。烤田的时间、次数、程度都要根据实际情况灵活掌握。“搁田还水”，说的是烤田几天后要灌入适量的水，采取“薄水勤灌”，使之“干干湿湿直到老”。

稻田灌溉多依靠江河，离自然水源远一点的水田除了靠天吃饭外，只能依靠附近一些小河塘，尤其遇上大旱之年，水贵如油，因此河塘取水对稻农来说极为重要。

海宁一带，有在一定河浜灌溉区内定期组织水车“抢水”大战的习俗。抢水前三天，组织者执事就会牵头通知该条河浜受益农田的主人，组织人力物力做好抢水大战的准备。为了多抢水，参赛农户还要祭车神。祭祀时把准备好的一块肉、一个蛋、一棵苗、一杯水放在水车车基上，摆上香烛，磕头祭拜。同时嘴里念念有词：“车基朝南，田里水满；车基朝北，田里水足；车基朝东，田里水涌；车基朝西，天河倒水救土地。车神保佑，大恩大德……”以此来预祝抢水大战的成功。

车神祭祀完毕，第二天一早就开始抢水。天刚亮，河浜两边就停满了前来参加比赛的水车。抢水以农户或者田块联户为参赛单位，水车的多少则根据河流大小和受益农田的多少确定，一般少则十多部，多则几十部。比赛开始后竞争十分激烈，平时水车都用“哈头”换工计数，此时已经全然不顾，十几分钟甚至几分钟就要换班；换班形式也由平时的车后上下，改为车后上、车前下，速度很快。当河水被逐渐吸干时，大批鱼儿跃出水面，此时腰系渔篓、肩扛各种形状渔具的捕鱼人也会从四面八方赶来“争鱼”。直到水干鱼尽，大战才宣告结束。① 20世纪50年代以来，这种古老的车水以及抢水的习俗，随着现代灌溉技术的推广而逐渐消失。

管理田水，传统的做法是离水源远的田块先灌溉，塘口田块后灌。田畈之间设有沟渠，田水一般都是从上丘田流到下丘田，稻农中有“过水田不瘦”的说法。若是断了水源，上丘田有水，下丘无水，则可以到上丘田匀水。金华一带有农谚：“下丘没水上丘刮，上丘没泥下丘搭。”说的就是下丘田到上丘匀水，上丘到下丘挖泥堵田缺的习俗。天旱时，稻农往往睡在田头看田水，以防被人盗挖。②

为了有效地利用水源，防止因水源争端引起斗殴事件，浙江各地历来订立了许多村规民约，内容包括塘堰管理维修、用水的方法等。丽水一带用水要根据村庄田亩数量的多少，规定放水日数，一般定为2天～3天。遇到大旱，则要视旱情严重程度安排灌溉顺序。土地龟裂的田块被称为“枯田”，土壤晒白的田地叫作“白田”，泥土湿润，有少量田水的是“黑田”。一般

① 朱关良：《车水唱哈头》，载《浙江民俗大观》，当代中国出版社1998年版，第270—271页。

② 金华地区群众艺术馆编：《金华地方风俗志》，1984年刊印，第8页。

黑田让白田，白田让枯田。若是旱情相当，则遵循先到取水口先灌、后到后灌的民约，任何人都不能轻易违反。如有争执则有当地的用水管理会仲裁，无理取闹者，必要受到严厉处罚。①

(四)收获与加工储藏

水稻成熟了要及时收割，收割下来的稻禾，还要经过脱粒、砻谷、碾米等一系列的加工程序，最后还得储藏。长期以来，各地也传承着相应的风俗习惯。

割稻与脱粒

割稻与脱粒，是不同的两道工序，各地会因地制宜，风俗不同。浙江大致有两种，钱塘江以北的地区，村落离稻田比较近，割稻通常与脱粒分开。先割稻，把割下来的稻禾摊在田头晒上 3 天，使其干燥，俗称“三日稻铺”。然后把稻禾捆成一束一束的，集中放在田间或者田岸上，称为“打稻堆”。待稻穗中的水分失去大半，搬运起来相对省力时，把稻禾挑回村，就在自家门前的晒场上堆成高大的稻垛，俗称“稻荐头”。然后安排一个晴天，劳动力相对比较空闲时，在场上脱粒。通常大年除夕前，脱粒工作都会完成。若有留到年后的，就在尚未脱粒的稻荐头上插上冬青、松柏枝，称为“摇钱树”，以求来年吉利。

钱塘江以南地区，村落离稻田相对远些，人们通常是边割稻边脱粒。比如江山一带，割稻一般用稻弓，妇女、孩子用小镰刀，割晚稻用割草毛刀。脱粒与割稻同时进行。脱粒用稻桶，上大下小，约 2 米长，1.5 米宽，0.7 米高，四角有拉耳，底部有两根托档，便于移动，前面桶板较厚，后面插一篾围簟，防止谷子扬出。稻桶四面各写上斗大一个字，连起来就是“五谷丰登”，并注明年、月、桶主。脱粒时，两人各站一角，捧起稻禾轮番在大桶鼓板上敲打，先重而慢，逐渐轻而快。到 21 世纪则普遍使用机动打稻机。②

晒谷

在储藏前，还要反复晒谷，以防霉烂。晒谷的方法很多，有的在门前场地上搭架子，搁上大小竹匾，将稻谷摊晒；也有的在地上铺晒簟，稻谷摊放在簟上；有好的砖场，则可以直接在砖地上晒谷。武义一带晒谷分两道程序，第一道晒露水谷，第二道叫晒燥谷。稻谷割回来以后，把地簟摊在晒场上，稻谷铺在地簟上晒，晒到半干时，筛去稻秆芒。待露水谷全部晒完后，把半干的稻谷重新翻晒，直至晒干后用风车扬净即可。③

砻谷

砻谷指的是把谷子外面的硬壳去掉，使之成为糙米。砻，古时用石磨，明清以来改用木磨。把糙米外面一层膜再去掉，使之成为白米，用石臼舂，称为“舂米”，也有的地方用碾来碾，称为“碾米”。浙江一般习惯于冬至以后集中“舂冬米”。俗信以为冬天的米质量最佳，开春以后米芽浮起，易碎。

在宁波还有“蒸谷米”的习俗，就是把稻谷先蒸过，然后再碾米。这种米煮饭时胀性好，口

---

① 《丽水风俗》编委会编：《丽水风俗》，浙江丽水地区文联 1995 年刊印，第 17 页。

② 顾希佳：《中国民俗通志・生产志(下)》，山东教育出版社 2007 年版，第 323 页。

③ 唐桓臻：《武义风俗志》，中国文史出版社 2009 年版，第 26 页。

感酥软，营养价值高，也易于储藏。

贮谷

稻谷储藏多用谷柜、谷仓等。农家储藏稻谷，也有不少传统经验。比如在稻谷堆中插一根凿空的粗竹竿，以利通气；不时开窗通气；定期用赤脚伸进谷堆测试温度，发现过热就要翻仓；养猫、放置捕鼠夹来捕鼠；放些大蒜头和药草来杀虫；用挂小油灯、下置清水的方法诱杀飞蛾，等等。

新年到了，农户会在米囤上贴上大红喜字、元宝、如意等图案，还会在稻谷上插上冬青、松柏等，祈求吉利。有的人家在仓门上贴神码和"百无禁忌"黄纸条。①

尝新

新谷登场，农户们家家尝新，犒劳辛苦劳作的田里人，同时也庆祝丰收。尝新没有统一的时间，一般都是各家各户单独举行，但内容基本一致。

青田一带农家十分重视尝新。尝新要吃"蒸谷饭"，农户将新谷放在锅里煮过或者蒸过，米粒饱满如珍珠。尝新前，农户会在墙角摆一碗饭，插三炷香，敬天敬地敬农官。有的农户在天井里摆饭，焚香祭拜。祭礼完毕，要盛一碗新米给家中老人先尝，然后全家一起用饭。尝新时餐桌上一定要有一条新鲜的田鱼，当地有俗谚称"新米饭撞鼻头，红田鱼满盘头"，包含了一番独特的尝新喜悦。同时，农户还会准备新稻草给辛勤耕作的耕牛品尝，称为"尝新稻草"，并用米汤喂牛，称为"尝新米"。②

金华地区则在每年处暑前后"吃新米"。这一天，哪怕自家还没有开镰割稻，也要向别家借新米来吃。这一餐，农户要准备"豆腐饭"，即一大碗米饭配上一碟豆腐，用以祭谢天地，并祈求风调雨顺。另外，还用猪肉喂狗。当地传说稻种是狗从玉皇大帝那里带来的，因此吃新米就是感谢狗。③

（五）稻作禁忌

禁忌，是对社会行为、信仰活动的某种约束限制观念和做法的总称。传统稻作生产的各个环节几乎都有禁忌的痕迹。

语言禁忌

播种期间有许多语言禁忌。在衢州，下种时不可多说话，否则播下的谷种会浮起。在浦江，播种时不能谈论鼠雀，以防招来鼠雀偷吃谷种。在杭州，播种时倘若估计种子用不完，不可说"弄点吃吃"，如果说了，认为谷种真的会被吃完。

牛歇田角

武义一带，牛在耕田、耙田、耖田时，需要中途停歇休息，牛犁耙耖要停在田角上，不能停在田当中。俗信以为若是停在田当中，会被人讥笑"不三不四""不上不下"，犯了禁忌。

---

① 姜彬主编：《稻作文化与江南民俗》，上海文艺出版社 1996 年版，第 147—151、279—282 页。

② 陈志望：《青田农家的尝新》，载《浙江民俗大观》，当代中国出版社 1998 年版，第 273 页。

③ 金华地区群众艺术馆编：《金华地方风俗志》，1984 年刊印，第 9 页。

插秧禁忌

江山人开秧门这天不可吃粥，俗谚称“莳田吃粥，割稻无谷”。奉化人挑秧时，掉下来的秧把不可随手捡起，一爿田的秧必须一次插完，不可留到第二天再插。在湖州，如果遇到当天插不完的情况，原来插在田里的秧界棒必须拔起来平放在田里过夜。俗信以为若是有人违反了，田公就会发怒，使得这爿田没有收成。武义人认为多余的秧苗不可烧成草灰，俗谚有“劈秧烧灰焚天地，铁打扁担挑你垂”，据说将来会遭受大祸。衢州人插秧时不能说“秧不够”，必须说“够了，够了，秧多得很”。

种田、耘田禁忌

耘田施肥要避开下雨，否则肥料很容易跟着雨水流失。

田头不估谷

俗语说“田头不估谷，栏头不估肉”，经过别家田边不能随口估计该田的产量，否则会惹主人不高兴。

谷仓不能用扫帚刷

谷仓内的谷物取完后，不能用扫帚刷，以避免“扫光”之嫌，只能用手或者棕帚刷。

稻桶的忌讳

用来脱粒的稻桶边沿或者稻闸四角忌讳坐人、敲打。俗信以为，人屁股坐过的稻谷不干净，若是在稻桶、稻闸边敲打则会把稻谷敲光。另外从稻桶、稻闸取谷时，不可刮到底，发出声响不吉利。割稻未全部完成前，取谷时，忌讳把谷子取干净，以免“刮干净”之嫌。装谷时，忌讳旁人说“一担不够”的话。

种子的禁忌

剥种子壳时，忌吃种子肉。稻谷种子若是用不完，忌说“弄点吃吃”之类的话。

其他

农历五月十五为“分龙”日，这一天耘田忌撒石灰。在田塍走路忌踩稻穗，路边田不准挖路或者扩田种植其他作物，俗语说“挖路做田，没米过年”。

二、经济作物种植习俗

（一）茶叶生产

栽培茶树是由移植野生茶树演化而来的。一般认为，中国西南地区是野生茶树的原产地，并由此向全国各地扩布。浙江种茶历史较早，唐代已经开始种植茶树，唐陆羽《茶经》说：“杭州钱塘天竺、灵隐二寺产茶。”茶叶是浙江著名的特产之一，且名优茶品极其丰富，西湖龙井、余杭径山茶、莫干黄芽、长兴紫笋茶、开化龙顶、云和惠明茶、泰顺香菇寮白毫7种名茶获得浙江省第一批“浙江名茶”证书，尤以西湖杭州龙井绿茶最为著名。

龙井茶

西湖龙井产区分布在西湖南侧的狮子峰、龙井、灵隐、五云山、虎跑、梅家坞一带。嘉靖《浙江通志》记载：“杭郡诸茶，总不及龙井之茶，而雨前取一旗一枪，尤为珍品。所产不多，宜其矜贵也。”清代，龙井茶便被列为贡品。

龙井茶分春茶、夏茶、秋茶三个季节采摘。春茶通常在茶树抽出一芽四叶或者一芽五叶时进入旺采期，夏茶则在抽出一芽三叶或一芽四叶时采制，秋茶往往在一芽二叶或一芽三叶时采摘。在劳作中，有“女采茶，男炒茶”的分工。女子心灵手巧，采得好、采得快；男子身强力壮，手劲好，很适合炒茶。

嫩叶摘回来以后，要及时“摊青”，即把经过初步筛选后的嫩叶放在竹匾等摊放器具内，并置于专门的摊放架上摊放，适当脱去鲜叶中的水分。摊放时间视天气、芽叶品种而定，一般为6小时～12小时。摊放过程中，要适当翻动，保证茶叶失水均匀，翻动时动作要轻柔，避免损伤芽叶。同时要注意风向，避免因风吹过度而出现青焦红变。

摊青完成后，就要炒茶。炒茶需用炒茶锅，现在一般使用深约23厘米、口径约64厘米的铁铸斗锅。龙井茶素有“色翠、香郁、味醇、形美”四绝，为了保持茶叶的颜色、香味和外形，传统手工炒茶在工艺和工序上都有严格的规定，并且由炒茶工代代相传。炒茶必须在80℃以下，有十种手法，分别是抓、抖、搭、搨、捺、推、扣、甩、磨、压。

抓，手心朝下，五指微屈，抓住茶叶，主要是整理茶叶，使茶叶竖直。

抖，手心朝上，五指分开微屈，将攒在手中的茶叶轻轻上下抖动，将茶叶均匀地撒在锅中，利于茶叶散发水分。

搭，手心向下，拇指分开，四指伸直并拢，向上翘起。炒茶时，翻掌向下，顺势向锅底压去，将茶叶均匀地压成扁平形状。

搨，手掌平摊，四指伸直并拢，将茶叶从锅底沿壁向里移动待到手掌内，使茶叶扁平。

捺，手掌平摊，四指伸直并拢，将茶叶从锅底沿壁向外推送，主要使茶叶扁平光润。

推，手心向下，四指伸直或者微屈，拇指略微向上翘，用手掌和手指压实茶叶，向外推送，能够使茶叶平直、光滑。

扣，手心向下，拇指与食指张开成“虎口”形，在抓、磨、推的过程中，用无名指抓进茶叶，用食指和拇指挤出茶叶，将大部分茶叶掌握在手掌中，不断循环。这样可以使茶叶条索紧凑。

甩，四指微张，大拇指分开微屈，手心向下翻掌，顺势将茶叶抛向锅底，使叶片包住叶芽，起到条理茶叶、散发水分的作用。

磨，在推、抓的同时，用较快的速度往复运动，增加茶与茶、茶与手、茶与锅之间的摩擦，增加茶叶的光泽度。

压，在抓、推、磨的同时，一只手压在另一只手手背上，增加对茶叶的压力和重力，使茶叶更加紧实、光滑。

以上各种手法，在炒制时要根据嫩叶在锅中的变化，掌握火候，交替使用，互相配合，动作到位，要做到茶不离锅、手不离茶。这样才能使茶叶扁平挺秀、光滑匀齐、翠绿略黄、香馥若兰。

顾渚紫竹笋

又名“湖州紫笋”，产于长兴顾渚山区。唐广德年间(763—764年)被列入贡茶。大历五年(770年)湖州刺史在顾渚山侧设立贡茶院，由州官监制。唐代紫笋茶的制法，以蒸气杀青，经过“捣、拍、碾压”而成茶饼。宋时模压为龙团茶。明洪武年间(1368—1398年),改龙团茶为炒烘的条形散茶,采用炒青法制茶。根据芽叶采摘的大小不同,分为紫笋、旗芽、雀舌等。明末清初,紫笋茶逐渐凋零。20世纪70年代末,紫笋茶制作工艺逐渐恢复。每年清明至谷雨之间采摘,形态为一叶一芽或一芽二叶,制作过程继承传统经摊青、杀青、理条、摊凉、初烘、复烘等工序。所得茶叶叶芽相抱,形似竹笋。

径山茶

径山茶是浙江传统名茶之一。径山位于杭州余杭西北境内,为天目山延伸的西北峰。径山茶在唐、宋时期就已闻名。南宋时,日本高僧南浦绍明来到径山寺学禅,回国时带去径山茶籽、茶典、茶具。南浦绍明在日本传播禅学的同时也积极传播茶礼,一般认为这就是日本茶道的滥觞。

径山茶多为谷雨前茶,谷雨前茶园病虫数量少,茶叶品质较高。采摘时挑选一芽一叶或一芽二叶的初展嫩芽。制作工艺与传统绿茶大致相同,经过通风摊放、高温杀青、理条整形、精细揉捻,最后经炭火烘干制作而成。

莫干黄芽

莫干黄芽因产于著名的莫干山而得名,芽茶形似莲心、色泽嫩黄,近似黄茶,因而得名“黄芽”。莫干山产茶历史悠久,清乾隆《武康县志》卷四《食货》记载:“有野茶、山茶、地茶,有雨前茶、梅尖,有头茶、二茶,大约出西北山中者为贵。”清道光《武康县志》也说:“茶产塔山者尤佳,寺僧种植其上,茶吸云雾,其芳烈十倍。”清代唐靖在《前溪逸志》中对莫干山茶的生长、采摘、制作、品类、包装以及评价等都做了详细的记述。莫干黄芽的采摘时间一般在清明、谷雨之间。每年四月新茶采摘季节,当地男女老幼一起上山,通宵达旦赶制茶叶。制造工艺沿袭传统:芽叶拣剔,分等摊放;然后杀青,轻揉,微渥堆,炒二青,烘焙干燥;制成干茶后,簸筛片末,保持芽叶完整。

油茶

除名茶外,其他地区也有别具特色的茶叶生产习俗。常山一带盛产油茶,采摘时要头包白毛巾、脚缠青绑腿,天未亮上茶山,按行采摘,不按行者称为“剃头”,十分不吉利,要受到同行的谴责。本行摘完而未满篓者,必须经别行的采茶人的同意才能去摘,否则被称为“凑接”,就是“偷接”的意思,会令同行不齿。

采茶歌

浙江各地产茶区流传着不少采茶歌,从中可以了解当地茶叶生产民俗。比如金华一带流传着一首《采茶歌》,歌中唱道:

正月采茶是新年,奴把金钗典茶园。典了茶园十二亩,先把铜钿付茶官。
二月采茶茶发芽,姐妹双双去采茶。姐采多来妹采少,随多随少背回家。
三月采茶茶叶青,姐妹双双绣花巾。两边绣起茶花女,中间绣起熏茶人。
四月采茶茶叶长,姐妹双双两头忙。上山采茶秧要老,下田插秧茶又黄。
五月采茶上茶山,茶叶蓬下有蛇盘。香烛火炮谢“土地”,但愿“土地”保平安。
六月采茶热难当,茶叶树矮难乘凉。来年多种桑和柳,桑养蚕来柳遮阳。
七月采茶七秋凉,姐妹双双上织机。织起细布三五丈,帮郎做件新茶衣。

八月采茶秋风吹，风吹桂花茶园春。采茶归来问小妹，春茶秋茶哪个香？

九月采茶九重阳，糯米做酒菊花香。姐把壶瓶妹把盏，欢欢喜喜敬茶郎。

十月采茶过立冬，茶郎收茶九成空。茶郎想要茶满担，明年三月再相逢。

十一月采茶雪花飞，雪花飞飞缺寒衣。大户人家穿衣袍，采茶人家受寒饥。

十二月采茶近年前，上街下街讨茶钱。上街茶钱讨还清，下街茶钱宽明年。①

可见当年茶农的劳动十分辛苦繁重，生活艰难，但他们一边劳动一边歌唱，也表达了自己对生活的希望以及属于自己的乐趣。

茶神祭拜

杭州一带茶农有祭拜神灵的习俗。每年除夕请菩萨时，要奉上当年采摘的头茶作为供品，祈求神灵保佑风调雨顺，茶叶丰收。大年初一，当家男人先起床，沏一杯新茶，拿两个金团，放在灶神神龛上，恭祭神灵。若遇到天旱虫灾，则用三牲祭祀龙王、刘猛将菩萨。有的还抬着神像，敲锣打鼓，到茶山兜一圈，俗称“出神”，求雨消灾。②

新茶上市，除祭祀祖先外，还配以糕团，馈赠相邻亲友，俗称“七家茶”。

（二）花果生产

农民在大田种植粮食之余，通常会利用田旁、村旁、路旁、宅旁种植花果，增加经济收入。随着生产力的发展，在浙江省内的一部分地区，逐渐出现了一些专业性的花果农，他们以种植、采摘花果为主要的谋生手段。

超山花果生产

余杭超山花果，久负盛名，有花果之地的美称。果农历代积累，形成了一套从种植、采摘、运输到销售的独特生产习俗。

超山花果一般都种植在平原、村落庭院中，当地有“房屋门前不种葡萄，房屋之后勿种柑橘”之说。俗信以为葡萄藤长而曲折，柑橘多刺，都会引起家事曲折不顺。又有“青年不种枣，种枣戴草帽”之说，俗信以为枣树树干长到与人的头齐平时，种枣人就会死去，而这大约需要十年的时间。为了破解，种枣树苗时必须戴上笠帽，喻义其树干长得像笠帽那么粗，而这需要百余年，借此祝愿种枣人长命百岁。还有一种说法，就是在种枣树苗挖坑时，放一只破草鞋，鞋中放一撮老人的白发，或者让老人来种树。种果树时要避免太阳光把自己的影子射在挖起的土坑里，不然，种树人的灵魂就会被埋在坑里。嫁接果树时，忌喝酒，或者做不吉利的事，俗信以为喝了酒种树，树苗会被酒气冲了而长不大。

花果结果以后，一般都会扎个稻草人，手拿破扇子或者竹梢头，有的还会绑上铁罐等响器，还要用料勺将泥浆泼到树上，据说这是“叶活鬼（虫）勿害（吃）”。枇杷要在清明前一个一个摸过，说是不摸不会大，实际上这就是果农去小留大，逐个筛选。甘蔗长大后，要多折壳叶，共13张，直到寒露才定壳。折叶时，因甘蔗叶多毛，触到身上会发奇痒，但同伴之间不可说

---

① 顾希佳：《中国民俗通志·生产志（下）》，山东教育出版社2007年版，第473页。

② 顾希佳：《中国民俗通志·生产志（下）》，山东教育出版社2007年版，第473—474页。

痒,俗信以为这样会叫醒痒虫,带来更大的痛苦,甚至会长出红肿风疹。

花果结实或者收成后,一般在清明或冬至前夜,果农们要拜山神土地。拜山神时,要准备蜡烛一对、香三支、小团子一碗、生菜六碗,送到山上,先拜祖宗,再请山神菩萨。若发现有虫害,则要提前祭拜,祈求神灵、祖先的庇佑。花果成熟时,要用石灰在墙上和大树上写"结早勿上地"几个字。村长常要请戏班子来演戏,叫"结甲戏",也叫"瓜果戏"。演戏过后,严禁偷摘瓜果,如有违反则要罚戏一台,表示悔过。但若是瓜地、果园以及藕塘中的果实成熟时,主人或者看守的人往往会主动请路人尝鲜,任吃不付钱,只是不能带走。当地有"桃梅枣果,人家走过,采个吃吃勿罪过"之说。

水果采摘按时节前后而定,季节性很强。当地流传着不少与之相关的俗谚,比如"三月三,梅子尝咸淡""四月黄金(枇杷)铺满地""黄金(枇杷)遮天,白银(蚕茧)盖地""枇杷,枇杷,隔年开花,囡儿要吃,明年蚕罢""春掘清明藕,夏挖夏白藕""栗子、柿子,收采冬至"等等。说的都是水果成熟与季节时令的关系。

此外,水果采摘还有诸多禁忌。比如采枇杷、杨梅时,不能在树下用草帽朝天接树上落来的果子;不能让妇女爬树;不能穿鞋子上杨梅树;不能在柿树、栗树上与树下的人说话,俗谚有"刀柿枪栗"之说。夏天采藕时,男人赤身下塘,故此时不能让女人进荷塘,也不能抽干塘水。荸荠收采,是用双脚将荸荠从泥田里踏出,一般都踏不完,收获过的荸荠田可以任人下田去摸,主人不得干涉,俗信有荸荠越踏越发之说。

收获下来的果品除少量在本地零售外,大批则用船销往杭州、苏州、上海等地。启运前,要选好良辰吉日,拜"花果五圣",即花果、渔花、蚕花、六畜和田公地婆,以保佑出门顺利。启运时,家中儿童不能哭闹,兄弟姐妹不能相互拌嘴,左邻右舍也不能询问归期,只能说"卖巧早""撞得牢""一路顺风"等吉利话。还有些成熟的果品,也常用缸、窖等贮藏,或者用曝晒、酒浸的方法保存,以便终年享用。①

(三)采菱

浙江水网地带往往产菱,有红菱、青菱、环菱之分,其中尤以嘉兴南湖菱最为著名。在6000多年前的马家浜文化遗址中,就发现圆角的碳化菱了,可见其历史之悠久。每到立秋前后,南湖菱纷纷上市,以其生脆香甜的口味、青翠欲滴的外形深受民众喜爱。

每年清明一过,种菱人便划着小船到湖里去打桩,再把草绳系在木桩上,将湖面划成一块块或长或方的区域,菱便长在其中。清代诗人朱彝尊《鸳鸯湖棹歌》云:"江市鱼同海市鲜,南湖菱胜北湖偏,四更枕上歌声起,泊遍冬瓜堰外船。"

南湖菱外形圆滑,无角无刺,好像一只元宝,也像馄饨,又称元宝菱、馄饨菱。传说,当年王母娘娘举行蟠桃大会,七仙女各人手捧一盘宝贝去祝贺,有金馄饨、玉佛手、翡翠甘蔗等等,没想到碰上了莽莽撞撞的孙悟空,撞翻了金馄饨。那盘金馄饨落入南湖,就成了南湖菱。

嘉兴人吃菱的名堂很多。熟吃可以做菱饭,裹菱角粽子,还可以做菱烧肉、菱烧豆腐、毛

① 张长工:《超山的花果习俗》,载《浙江民俗大观》,当代中国出版社1998年版,第298页。

豆烧菱等家常菜，甚至单炒，撒上一把葱花，也是一道清香可口的菜肴。吃菱的季节里，嘉兴街头巷口，就会架起一只只铜制的烧菱镬，青菱放入其中，外壳很快就会变黑成为老菱。老菱虽然壳硬，但菱肉既粉又糯，十分香甜。采菱女也会将采来的菱角煮熟，放在长长的竹篮内，到城里穿街走巷叫卖。还有驾着采菱船的，在市河里游走，若谁家打开窗户，放下一只装了钱的竹篮，就称上一篮半篮刚采摘的青菱放入竹篮中。

南湖菱也是嘉兴一带民众走亲访友时的馈赠佳品。卖菱人都会在菱桶边上准备好蒲包，称上5斤或10斤后包起来，再盖上一张印有“嘉兴特产南湖鲜菱”字样的大红纸，也有改用马甲袋或者尼龙丝袋包装的，以菱馈友的习俗一直延续了下来。①

（四）种橘

浙江许多地方都产橘子，从种植、管理到采摘、收藏，各种技艺相沿成习。

在常山橘乡，当地有农民花钱靠橘子之说。种植时，一亩地种几株，有着严格的规定。橘树坑也有宽度、深度的标准，坑内要铺上一定数量的基肥，一定要带肥落土。橘树林内不准套种农作物。冬天，要给橘树根部下肥壅土；夏天，则要适时扒开灌水，严格把牢治虫关。采摘时有特制的橘梯，梯子上小下大，两梯头相衔接，顶有踏脚板，供人站直摘橘。摘橘时不准攀枝，而要一手握一种头短而宽的橘剪，一手捧橘，齐橘蒂剪下，以免树枝戳伤橘皮。同时，摘橘人会把一个竹篮挂在身旁的橘枝上。橘子剪下后，放入篮子，个个轻放，待篮满后再轻轻倒入箩筐，以防碰撞伤橘子。橘子的贮藏也有严格的规定。放前要把橘皮擦净，放时橘把向上平放，层与层之间，要铺一层松枝针叶，以维持水分，保鲜防烂。②

图96-1-1-3　黄岩蜜橘不仅远销北京、上海，还出口到苏联等国家和地区（1977年叶心源摄）

第二节　林业生产民俗

林业生产历来是民众经济生活的重要组成部分。森林蕴藏着丰富的动植物资源，为民众提供了必要的木材和多种林特产品，能够为民众生产、生活各方面带来诸多效益。浙江一带民众历来就重视林业生产，注重山林养护，并且在林业生产的各个领域，形成了各具特色的生产民俗。

① 王福基、袁克露：《嘉兴风情民俗》，浙江人民出版社1998年版，第333页。
② 徐文：《常山的橘乡习俗》，载《浙江民俗大观》，当代中国出版社1998年版，第297页。

一、植树造林、护林、伐木

植树造林，种山还林，是浙江山区民众的优良传统，在这方面，流传着不少良风美俗。

(一)植树造林

植树日

义乌、东阳一带有“正月十八，棒槌栽得活”的俗谚；浦江一带又有“正月二十植树苗，棒槌入土也发芽”的俗谚。这一带民众普遍在每年正月十八前后植树。永康一带有新春插柳的习俗，每户人家都要在池塘边、路边、溪边、房前屋后插一两根柳枝，让它成活发芽，俗称“标春”。

“一条龙种山”

浙江西南山区历来有“九山半水半分田”之说，人们靠山吃山。深山区土地贫瘠、人烟稀少，山民靠少量田地不足以糊口，为了维持生计，他们往往会向山主或者管理公共山地的“会首”借荒山，在山上种粮，植树归还山主，久而久之形成了“一条龙种山”的生产习俗。

所谓“一条龙种山”就是种山人按先玉米、再油桐、后杉树的顺序种山还林。种山人要选一个向阳、杂木丛生、落叶深厚、泥土湿润发黑的好山头。接着把选定范围内的杂木全部砍倒，并把周围边缘数米宽地带内的草木全部除尽，待烧山时，火到此处自然熄灭，俗称“火路”。

一切准备就绪，然后“烧山”。种山人一般在太阳未上山、露水未干之际点火。点火需要事先看好风向，逆风点火。只有这样才能慢慢扩大着火面，又可以控制火势，而不至于烧到“火路”界外，蔓延到附近各山，造成不必要的损失。烧山剩下的草木灰被作为种植的基肥留在山头。

烧好山以后，种山人便在山上选一个平岙避风的地方搭好“山寮”，作为自己避风挡雨的栖身之处，俗称“拾寮”。同时再寻一个朝南的位置，设立山神牌位，虔诚祭拜，保佑自身不受山中毒蛇、猛兽的袭击。种山人在山寮内日夜看守，以防山中禽兽糟蹋粮食。对猴子、野猪等山兽，山民一般采取敲竹梆的方法驱散。他们日夜敲竹梆，或在附近小水流旁安上小水碓式的简易水轮，依靠水力敲打竹梆。为了对付山鼠，山民们还制造了一种“山鼠磕”的简易捕鼠装置，即用一段树枝撑起一块石板，放置在山鼠经过的地方，山鼠触动树枝，就会被石板压住。

种山从种玉米开始，当地俗称“点苞萝”。种玉米时要使用“苞萝枪”，就是在一根木棒上套上一尺来长的圆形铁锥。使用时，种山人一手持枪往地上戳孔，一手向铁锥内放种子，边放边戳。熟练的种山人一天内能完成数亩山地的播种工作。种玉米的同时，间点油桐。玉米每年收获，油桐日渐成长。连续收获3年苞萝后，油桐已经长成，并开始结果实，此时可以停种玉米，而专养油桐，并在油桐间隙种杉树苗。借油桐树叶遮阴，杉树苗成活率高，生长也很快。油桐收摘3年后也逐渐老去，此时则可以砍去油桐，专育杉树。等到杉树长成，种山人又会再去租一处荒山，仍按此法种山还林。

以上的做法根据不同作物的生长规律，因地制宜，灵活栽种，充分利用了时间和空间，既育了林，又使种山人获得了较为稳定的经济效益，深得这一带山民的喜爱。当地流传着一首民歌，充分表达了山民的满足之情：

种山种山好种山，苞萝花开满山香。

油桐结子水客到，先付定钱银光洋。

杉树成林无株数，满坡满岗满山湾。

住在高山懒入市，月亮掌灯风送凉。

中华人民共和国成立后，禁止放火烧山，杉木林有专业养护，此俗逐渐消失，只有在一些极为偏远的深山，还偶有遗存。①

"清明众"植树

"清明众"是浙南山区以村落宗族为主体组成的民间种树团体，一般有众山和众田。每年清明节，成员们聚集吃"清明酒"。吃过"清明酒"三五天后，众人一齐上众山栽树。有的则亲友邻里互相伴工插树。众山树木的收入一般用于村中办学、造桥修路等公共事业。②

租山植树

山民若自己没有产业，则要向山主租山种树，租山者则被称为"山客"。租山有两种，一种被称为"插树还山"。山客先种3年番薯，再插上杉树，作为租金交还山主。还有一种是租山栽树，这一类山客的租期较长，一般5至15年不等。等到杉树成材，所获利润按山主三成、山客七成的比例分配，同时山客还要将砍后的树桩清点归还，以待来年重抽，俗称"砍树还桩"。中华人民共和国成立后，此种风俗逐渐消失。③

风水树与风水林

在浙江各地大多有种风水树、风水林的习俗。风水树、风水林一般都种在村头或水尾，有的地方称为"水口"。习俗以为这个地方是全村风水命脉所在，可以保佑全村家族人丁兴旺，故而在此地栽树，称为"风水树"。风水树以松柏、樟树等常绿树木为主，也有银杏、枫树、栎树、柳杉、槐树、榆树等。这些树长得是否茂盛，被视为村庄兴衰的象征，一般严禁砍伐。人们对风水树不仅要爱护，而且往往怀有敬仰、尊崇的心理。人们常常认其为树娘娘，逢年过节都要摆祭。有的地方还让小孩认树娘娘做寄娘，若小孩生病，则要到风水树下祭拜，祈求保佑。村里人外出打工、上山狩猎也都要祭拜风水树。举行婚礼时，则要在风水树树干上绑上一朵红花，以示喜庆。

经过世代子孙的精心看护，这些树多已长成参天古木，并且与周围溪流、池塘以及民房、凉亭、桥梁等融为一体，点缀村落风光，因此又被称为"风景树"。

生儿育女植树

生孩子种树，寓意祝福孩子像树木一样能够长大成才。浙南山区，不少人家生下女儿要栽几棵"嫁妆树"。等女儿长大嫁人时，砍下来做嫁妆用。生长子要栽"三旦树"，"三旦"即为"三朝"，孩子做"三旦"时，要请亲朋好友吃"三旦酒"，随后一天种树。日后分家，长子树要先行抽出，其余树木兄弟平分。④

---

① 王存义：《云和的一条龙种山》，载《浙江民俗大观》，当代中国出版社1998年版，第289页。

② 《丽水风俗》编委会编：《丽水风俗》，浙江丽水地区文联1995年刊印，第18页。

③ 《丽水风俗》编委会编：《丽水风俗》，浙江丽水地区文联1995年刊印，第19页。

④ 《丽水风俗》编委会编：《丽水风俗》，浙江丽水地区文联1995年刊印，第18页。

（二）封山护林

封山育林是传统的森林养护手段，自古以来各地均有切实有效的山林养护规约，并形成相应的管理监督组织。

火星山

浙江西南山区，凡有山之村，一般都有自己供奉的“火星山”。火星山或在村口，或与村相对，位置随各村地形位置而异，一般山形奇特，山上葬有村民祖坟，因而往往被村民视为本村风水命脉所在，山上一草一木都禁止砍伐。若是有人违背禁令，私自砍伐，则会惹怒山神，给全村带来灾祸。若此山不长草木，岩石外露，则要挑泥送土，凿坑种树，直到岩石为草木所盖、形成绿荫一片为止。东阳一带，对火星山上的树木管理甚为严格，规定村中有人上山采摘一草、拣一柴，就要罚宴请全族在祠堂内吃一餐；若有人上山砍一树、拔一棵树苗，除开祠堂宴以外，还要将人投入火堆；若有外村人冒犯，则全村每户出一个壮劳动力，聚集前往该村该户人家抄尽其家。“火星山”迷信利用了禁忌在民众中的威慑力，并辅以严厉的惩戒手段，在一定程度上达到了封山育林的目的。① 在不少地方，火星山上草木葱郁，又被称为“风景山”。

禁山会

又称“护林会”，是浙南山区山民自发形成的护林组织，有的一村独办，有的几村联办，由当地办事公道、威信较高的人士组成。禁山会负责公立禁约，管理本地山林，处理偷砍偷伐事件，每年还要组织演“禁山戏”，吃“禁山饭”。

各地山村都订有山林禁令，禁约繁简不一，但主要内容大致相同。比如规定村口风水树、风水林有关本村风水，一律不得砍伐。坟头树、庙宇祠堂周围的树木一律禁伐。即便有雷击风摧的树木，也须经过公议才可以清理。房前屋后种植的树木虽属个人，但一般也不砍伐。个人山林上的树木，属于山主人，他人不可侵犯，但杂柴和笼衣任何人都可以采伐。离村庄较远的本村共有的山林不在禁令之列，凡本村人都可上山采伐。若有偷伐山林者，则要罚款演“禁山戏”或请全族人吃“禁山饭”。有的地方护林规约较为严格，比如浦江一带对偷伐山林者，轻者鸣锣、绑缚、放炮赔礼，重者要示众，罚馒头、钱粮，情节特别严重则要罚演戏、放电影或者摆酒。如果砍伐坟头树等，则由房头或者全村人出面，本村本族人的削出族谱，外村外族人的则科以重罚，甚至揭毁房屋。衢州一带，私人山林在树木上都有名号，偷树被抓者，罚给每户分两只四两重的馒头，俗称“分肉包”。丽水山区还有专门的护林员，处罚除上述措施外，还要补种树苗，强制栽树，严重的则要受到法律的制裁。②

封山饭

封山要吃封山饭和封山酒，并在餐间宣布封山禁约。至 20 世纪 50 年代，武义一带仍保留这一习俗。封山饭由当地禁山会组织，席间宣布封山的范围、年限和其他禁令，并规定若有人上山砍伐，则要罚第二年的封山饭。此俗至今在武义许多山村仍有流传，只是采取放电影

---

① 叶大兵：《中国民俗大系・浙江民俗》，甘肃人民出版社 2003 年版，第 31 页。

② 《丽水风俗》编委会编：《丽水风俗》，浙江丽水地区文联 1995 年刊印，第 19 页。

的方法来替代喝酒。放电影前，宣布封山事宜，若有违者则要罚放电影。同时，在封山区内的岩石上用白石灰写上“封山育林，人人有责”“封山区”等文字，以示公告。①

太公山与学堂山

太公山是农村按祠堂分划的公共山林，山上所产林木皆用于本族的公共事业，不准任何人随意砍伐。所属同一太公各户每年清明前后要办“太公饭”，除祭祖外，还要商讨有关砍伐事宜。若是有人违反禁令随意上山砍伐，则由他负责操办下一年的太公饭。

村庄还会留出一块地理位置便利的好山，归本村学堂所有，称为“学堂山”。山上的树木用于修建校舍、修制课桌椅等。负责管理学堂的人可以上山砍柴，其他人都不可随意偷伐，违者要受罚。②

（三）伐木与运木

判青山

砍伐山林一般又分“间伐”和“判青山”两种。“间伐”即指砍伐其中一部分树。“判青山”就是把山场中除幼林外全部判定价格，由买主雇人一次性全部砍光。通常，山上树木成材以后，山主先“招判”，就是划定山界，提出山价，告知众买主。买主上门洽谈，称为“应判”。接着买卖双方就会请“看山佬”来看青山。看山佬一般都是行家里手，经过实地踏勘，一般都能准确测算出该山场上的木材码数。双方经过多次议价后，商定价钱，订立判书。判书上需写明判价数额、付清时间，标明山场四至，说明统砍还是选砍，选砍的还要说明多少码数以下的树不能砍。买家付清山价，就买下了这片山林，便有权雇人砍伐，运往外地销售。此俗对山林危害颇大，中华人民共和国成立后多次明令禁止，如今已逐渐消失。③

运木

浙南山区山区多为深山大壑，山地坡度很大，加之交通闭塞，运木极为艰难。从砍伐地到省内青田、温州等地木行埠头，大致有“溜树”“驮树”“抬树”“淌坑”“钉排”“放排”和“谢风”等几个步骤。

溜树　就是在陡峭的山地上，推木下山，利用木材的自重从高处“溜”到低洼处。经常溜树的地方，会留下一条岩石峥嵘的山沟，很多年都无法复种植被。现在，公路、林道逐渐增多，此俗逐渐废止。

驮树　就是用人力背树。驮树时以“铺”为基本单位来计酬，即按负重量分为头铺、二铺和三铺。同时“铺”又是里程单位，按路程每隔一定距离划定为一铺，各铺驮树者轮换肩负木段，称为“串铺”。将木段驮过一铺，称为“过铺”，若不能过铺，当日工资则要降一档。负重120斤，计算时直接上至150斤；负重150斤，上算至200斤；以此类推，负重每增加50斤，计酬时奖励50斤。负重百斤以下则作为铺外劳动力，按木段实际重量计算。远路驮树，需要有

① 唐桓臻：《武义风俗志》，中国文史出版社2009年版，第30页。
② 唐桓臻：《武义的林业习俗》，载《浙江民俗大观》，当代中国出版社1998年版，第283页。
③ 顾希佳：《中国民俗通志·生产志下》，山东教育出版社2004年版，第456页。

多人轮换，每个山农负责一铺肩运，过铺移交，紧张而有序。如今，交通条件改善，远途轮换驮树也不多见，但三四人轮流肩运还时有所见。

抬树　大树和特别重的木段需要几人、十几人抬运。山道曲折陡峭，抬运时木段重量往往会压在一头或者一肩，劳动强度和危险性都很大，需要大家齐心协力才能完成。抬运中一般以“吭吁”为号，协调动作，统一步伐。领头者不断哼报路面平陡、宽窄、曲直、通堵等情况，或者发出拄歇、起步等号令，其余者随节奏哼唱应答。

淌坑　就是将木段投入溪涧中让其顺水而下。淌坑者手持一根尾部装有“卜”字形钩锥的竹篙，用钩、刺、推、拉等方法，将中途搁浅或者遇岩石阻挡的木段重新拨至水流中。淌坑者必须随木段放送，技艺高超者能够双足分立在木段上，破浪漂流，持篙钩刺，俗称“驻段”。

钉排　就是在水势平稳的水边溪滩上，将淌坑或者肩运来的木段用排钉和篾圈连接起来，扎成木排。为了方便长途运输，排上还建有供休息的木棚和操纵方向的排艄，并备有专用的撑篙。

放排　即将木材扎成木排，放入江河溪流，利用水利运输。放排的形式多样，放散木、放小排以至大江上放大排，但都十分辛苦和危险。放排第一天要用猪头、鸡、鸭祭河神，祈求河神保佑。溪港多险滩暗礁，又无天气预报，风险很大，因此放排工有许多禁忌。比如每日早上吃饭不能分筷子，忌暗示散排，碗上不搁筷子，忌暗示搁浅。早上见了人不说话，到排上不能说“去”。竹篙在家里不能横放，必须竖立在屋檐下，不能用于晒衣物，也不能被女人跨过。晚间，把木排泊好后，则可不拘禁忌，此时往往会有年长富有经验的放排工，总结一天放排情况，指点次日放排途中可能遇到的险情和应对方法。次日临行前，则不可言险情。这种语言上的禁忌，至今仍有留存。

谢风　在木材到达目的地时举行。木排放送到沿江的木材集散埠头，排主在江边设祭，感谢河神保佑，一路顺风，俗称“谢风”，并请排工喝一顿酒。

木材抵达后，由指定的木行负责验收，并凭单垫付工资。此时，又有一批来自平原地区的木材商人前来收购木材，他们被称为“水客”。木行则在山客和水客之间做中间人，经过一番讨价还价，买卖成交。山客的木材脱手，交易完成。①

（四）烧炭

山林中的杂木不宜作为建筑材料或者器具用材，但可以用来烧木炭，是民众生活中极为重要的燃料。在浙南山区，有不少山民从事烧炭行业，各种生产技艺相沿成习。

木炭种类

木炭一般可分为火缸炭、松炭和硬炭。火缸炭在家庭内即可制作，将家中灶头烧火用的柴在燃烧将尽时投入火缸（酒坛）焖黑即成，主要供家中平时生活用炭。松炭，要在山上烧制，但不需建窑。烧制时，首先选择一处炭基，平整土地，在地上掘一个微带凹形的土坑，然后把砍来的松杉树枝劈成段，放入坑中堆叠好，点燃。待柴木大部分燃透，取出残余的柴头，筛上

---

① 沈毅：《丽水山区的林业风俗》，载《浙江民俗大观》，当代中国出版社1998年版，第287—289页。

湿土，使明火煞黑，让炭火焖乌透，再筛去湿土和炭末，即成松炭。松炭质地生脆，既可供家庭生活之用，又可用于打铁等手工锻造业。硬炭质地较硬，取材多年生乔木，比如栎、桦、栲等，要建窑烧制。因窑内泼水和出窑泼水工序的不同，又可分为“黑炭”和“白炭”。黑炭不如白炭烧得透，炭头较多，质量稍次于白炭。

炭窑

丽水一带多炭窑，多择山麓坡地而建，炭窑多烧硬炭，根据柴木贮量的多少有长窑、伞窑之分，量大建长窑，反之建伞窑。长窑的窑床，宽约 2 米，长约 5 米～6 米；伞窑的长度和宽度基本相等，在 1.5 米～2 米之间，呈圆形。炭窑建好后立即入柴筑窑。柴火劈成长短不一的木段，竖排成中间高、两边低的半圆弧形状，弧背不平处填补上零星枝条，然后铺上杂草，再由四周向中间复筑上一层干湿适中的泥土，窑床上端留一个烟囱，两侧各留 1 个～2 个气孔，烟囱和气孔都贴近地面，下端设“火门”，大小可容一人出入。

建窑的同时，在离窑头约 18 步处，需另立一个“罗汉坛”，也叫“老相公坛”。此坛比较简陋，用三块石头搭成，开窑点火之日，需焚香烛、摆三牲祭拜。开窑点火后，早晚焚香，初一、十五也要祭坛。当地传说，早年有 18 位壮汉在山上建窑烧炭，后经观音点化，称为“十八罗汉”。所以，自此烧炭者所建的窑，不论是长窑还是伞窑，均可称为“罗汉窑”，同时，在窑前搭个罗汉坛。“老相公”则是当地的地仙，传说他见炭民生计艰苦，还常受山妖的骚扰，常常相助炭民。建窑设神坛，为的是求得平安吉利。

烧炭完毕，要摆“落山酒”，凡山柴所有者，请每户派一个人来喝酒，食物简单实惠，大家尽欢而散。①

建窑

建窑的窑基一般选择山麓坡地，运输方便，更需近水。炭窑根据形状、大小可分好几类，各地叫法不尽相同，缙云一带分为鸡笼窑、鲤鱼窑、塔柜窑 3 种，丽水一带则分为长窑和伞窑两种。虽然名称不同，但炭窑主体结构、操作方法并无多大区别，选取何种窑烧制，主要视炭山的柴火贮量而定。

缙云鲤鱼窑，形状似横卧的鲤鱼，窑脊高 1.5 米，窑肚最宽处约 2 米。窑头横开 2 个烟孔，窑背上每隔一米开 3 个圆孔，称为“星孔”，用来观察窑内情况以及出火星。窑外侧底脚各开一个炭门，用于进柴和出炭，大小以容人进出为准，称为老门、二门、三门。丽水一带的长窑贮柴量比较大，窑床宽约 2 米，长约 5 米～6 米。而伞窑的长宽基本相等，均在 1.5 米～2 米之间，呈圆形。②

烧制过程

炭窑建好后立即入柴筑窑，烧炭人砍去柴火枝杈，将柴火劈成长短不一的木段，从炭门搬进窑去，一层层竖叠垒紧。柴火需垒叠成中间高两边低的半圆弧形，弧背不平处用零星枝条补上，然后铺上杂草，再由四周向中心复筑一层干湿适中的泥土，土厚约尺许。垒叠完毕后，

---

① 童涉、金泉：《丽水的炭窑习俗》，载《浙江民俗大观》，当代中国出版社 1998 年版，第 293—294 页。

② 顾希佳：《中国民俗通志·生产志（下）》，山东教育出版社 2007 年版，第 458 页。

封好炭门，由窑头师傅从窑尾开口处点火，火势顺三门、二门和老门蔓延。此时，观察火星孔，若发现 3 个星孔都向上冒火星，则说明窑内硬柴均已点着，就封闭星孔，让柴火不完全燃烧而成木炭。一般焖烧三天三夜后，掀开星火孔盖，观察窑内炭火，如果每根柴都是红彤彤的，说明炭已烧成。此时便可打开炭门，用长柄铁捞钩将窑内炭条钩倒，陆续用铁托盘将炭搬至窑外平坦处垒堆，再用黄泥封盖，等余火全部熄灭，便成白炭。①

劳动组织

炭工一般 8 人、10 人或者 12 人结伴上山，他们大多是替包头烧炭。包头向山主判来整座柴山，接着雇山民烧炭，并承担炭工的一应开销。炭工烧炭出窑，从山上把炭运到炭码头，交给包头过称。烧炭的工钱和担炭费用也一并结清。

烧炭期间，炭工们同吃、同住、同劳动，每个炭窑炭工内部也有一些不成文的约定，以此规定每个炭工的权利和义务，避免发生纠纷，保证烧炭顺利进行。炭工们首先要对柴山进行分片，并且在交界处的青柴上用刀砍上记号，每人只能在自己的片上砍斫柴火。烧炭时，每人轮流烧一窑，每窑出炭是四五千斤。一窑出炭后，大家要一起帮助担炭去埠头。每一窑都有一个窑头师傅，负责点火、掌握火候、开窑门出炭。其余炭工每人都要从自己的收入中抽成给窑头师傅作为酬劳。窑头师傅日夜看窑，不参加担炭劳动。

炭工们每日轮流做饭，早、晚餐一起吃，午饭时因为要干活，轮流进棚吃饭。一起吃饭时，必定要先给窑头师傅盛饭。不管饭量大小，吃多吃少，伙食费一律均摊。日常开销由包头预支。每人烧炭多少，担炭费用多少，伙食费多少，都记录在一本账本上。账本可以折叠成长方形，俗称“金折”。到结账时，预支款就从工钱中扣除。若是家中有亲戚朋友前来探望，不干活的，可以白吃饭；如果也来干活，则要按规矩付工钱，缴伙食费。炭棚无门无锁，有时也会引来盗贼光顾。若是贼来了，则须好好招待，搞好关系，免得惹出事端，贼通常也会有所回报。②

二、山林的禁忌与祭祀

（一）禁忌

上山禁忌

上山干活有诸多禁忌。武义一带山民在山路上不能乱说话，不能高声喊他人的名字，忌说蛇、虎之类，更不能说不吉利的话。在山上吃饭要说“反草鞋”，吃饭前先把撒点饭、洒点酒在地上，以示尊敬山神。吃饭时，系在腰上的刀要解开，不然会肚子疼。菜中有肉类食物，同伴间不必谦让，看到心肺、肝脏等食物，也不能喊出名字，俗信以为这样会引来山鬼取食。一队人运木下山时，若要休息，前面的人须用担柱在地上点三下，提醒后面的人，以免碰撞。队伍过桥后，不能马上停下，忌讳使桥处在挑担队伍的中间，俗信以为这样就像背着一口棺材，

---

① 童涉、金泉：《丽水的炭窑习俗》，载《浙江民俗大观》，当代中国出版社 1998 年版，第 293—294 页。

② 顾希佳：《中国民俗通志・生产志（下）》，山东教育出版社 2007 年版，第 458 页。

十分不吉利。①

金华一带在山上劳动时工具、草鞋等用品不能拿错、穿错，俗信以为这样会引发危险的事故。有的地方上远山、高山走到山口时，用刀砍断一根柴火的根与尖，然后用左手捡起插在山路口，接着用左脚起步。俗信以为这样可以免除任何灾祸，同时也便于他人认路找人。②

丽水一带深山盛产木材。富户卖树设有树厂，山民受雇帮树厂背树。雇工出工不能说话，直到第一人砍倒树，把树背走后，才能开口。俗信以为深山砍树、背树十分危险，忌讳说出不吉利的话，会带来不安全。此俗很严，若有违禁，全树厂雇工停止背树，损失由违禁者承担。树厂一般都会给雇工送饭上山，不论饭菜多少，必须全部吃光，吃不了可请过客食用，忌讳剩下饭菜。③

烧炭禁忌

上山烧炭有许多禁忌。遇到有人烧过的旧窑基，必得向附近山民打听清楚，若是先前“失山”了，即发生过伤亡事故，则被认为是不吉利的，决不能再用。上山搭炭棚，棚门必要迎水开，即便水沟在侧面，也要在侧面迎水开门。棚要外窄里宽，忌讳外宽里窄。俗信以为这样做可以让财富像流水一样朝里流。炭棚不能搭在垅背上，俗信以为垅背上没有土地管，会受到野兽毒蛇的侵害，不安全。

炭工中还有不少语言禁忌。看见老虎，必称“外公佬”；砍柴称“斫青”；称蛇为“溜”；水太满要说“满出”；平时忌讳说“红”字，怕砍柴时手脚受伤见血；称“鬼”为“夜佛”；老鼠为“夜哥”……凡此种种，都是为了求吉纳福。谁要是犯了禁忌，就要“解忌”，买肉拜老相公，祈求宽恕，并把肉分给炭工们吃。④

（二）祭祀

开山门

在浙西南一带山区，开山采伐林木首先要祭山神，俗称“开山门”。常山一带，人们在砍伐大树或者成片树林前都必须祭山神。祭祀须选择吉日，届时砍伐者先在被砍伐的树前地上铺上红纸，摆上猪头、鸡鸭和几碗菜饭，点上九支蜡烛，用红纸剪成十字形贴在树干或者挂在树枝上。砍伐者们跪地磕三个响头，口念“土地公公在上，今献上礼品，请保佑我砍树平安”，礼毕，焚烧纸钱。随后就可以开始砍伐了。如果砍伐的是成片树林，那么贴着红十字的树必须留到最后才可以砍，并且只有砍伐后，才能将红纸撕去。

衢州一些地方祭祀时，选择最大最粗一棵树作为“树神”。祭礼完毕后，开第一斧的人不能开口说话，他向树神跪拜后，砍一斧后将斧头放在树神下便立即回家，这一天要拿双份工资。待所有树木砍伐完毕，这把斧头才能拿回。砍伐大樟树必须得到全村人的同意，并用三牲祭树神。砍伐前不能说话，伐树人会用斧头垫着坐在树下，面前放一根五尺棍。直到有路

---

① 唐桓臻：《武义风俗志》，中国文史出版社2009年版，第30页。

② 金华地区群众艺术馆编：《金华地方风俗志》，1984年刊印，第16页。

③ 《丽水风俗》编委会编：《丽水风俗》，浙江丽水地区文联1995年刊印，第19页。

④ 童涉、金泉：《丽水的炭窑习俗》，载《浙江民俗大观》，当代中国出版社1998年版，第294页。

人问话，或者听到鸟叫，才能将五尺棍扔出，开始伐树。①

武义一带则用几块大石头垒砌起来作为祭坛，奉为山神，供上素食，同时点香烛，烧“利市”，以求得山神的保佑。若是砍伐量少，上山时许个愿，下山时行个祭礼即可。若单是砍毛竹，则要把三张“利市”、三炷香绑在山上的毛竹上，并请有经验的人先砍第一刀，第一刀就要砍倒小竹子，以示吉利。②

东阳一带砍伐大树前，有“伏垅”的习俗。砍伐第一斧的斧手要预计大树砍倒后倒伏之处，压上很多利市卷纸。先压树身倒伏处，称为“伏主垅”；再压树尖倒伏处，称“倒垅尾”；最后压两旁树丫倒伏处，叫“伏垅手”。然后砍三斧，再由第二人继续砍伐。此时，首砍人必须注意自己所“伏”垅身、垅尾、垅首位置是否准确，如有不妥，要重新“伏垅”。③

十八罗汉与老相公

烧炭人主要信仰十八罗汉、老相公和土地。丽水一带在建窑的同时，要在离窑头 18 步的地方另立一个“罗汉坛”，也叫作“老相公坛”。此坛极为简易，只用三块石头搭成，在开窑点火之日，需先焚香点烛用三牲祭拜，此后亦有每日早晚焚香、初一至十五祭坛之俗。

关于“罗汉坛”的来历，在烧炭人中流传着这样一个传说，相传早年有 18 个壮汉在山上建窑烧炭，烧炭时轮流生火做饭。后来来了一个年轻后生，此人不太会烧炭，做出的饭菜却异常香甜美味。不久，炭工们发现此人专用洗脚脏水焖饭煮菜，不由一阵大吐，吐后反而神爽劲足。原来此人是观音娘娘派来点化 18 位炭工的善财童子，这 18 位炭工后来就成了十八罗汉。在丽水一带，无论“长窑”还是“伞窑”，均可称为“罗汉窑”，同时，窑前必立一个“罗汉坛”。

关于老相公的传说与十八罗汉大致相同，说老相公是个烂脚老头，他专用洗烂脚的水烧饭煮菜。而事实上，他是地仙所变，看到炭工生计艰难，又常受山兽侵扰，特来相助。缙云一带的说法是老相公本是桐庐人，跟着娘舅一起烧炭。有一天，他把自己堵在炭窑里不肯出来，又催娘舅快点儿点火。开窑后，只见他成了一个浑身发红的火人，升了天。从此，烧炭人便祀奉老相公为烧炭祖师，并且在烧炭过程中频繁地举行各种仪式祭拜老相公，以祈求神灵保佑他们的烧炭生产。④

三、毛竹种植与砍伐

竹的栽种和加工在浙江十分普遍。栽竹生产习俗中技艺的科学水平不断提高，但仍有不少地方保留着传统的经验，它们相互交织，呈现出复杂的态势。

（一）种竹与养竹

安吉、德清、临安、绍兴等地山区，素以竹乡闻名，长期以来形成了一套种竹养竹、培植竹园的生产习俗。绍兴一带，盛产毛竹、雷竹和早竹（淡竹），竹农种竹养竹颇有讲究。

---

① 崔成志：《衢州民俗大观》，吉林文史出版社 2004 年版，第 146 页。

② 唐桓臻：《武义的林业习俗》，载《浙江民俗大观》，当代中国出版社 1998 年版，第 283 页。

③④ 金华地区群众艺术馆编：《金华地方风俗志》，1984 年刊印，第 15 页。

掘秋山

每年深秋农忙一过，竹农们便要抓紧时间把毛竹山掘一遍，防止泥土下坍，斩断浮在土表的竹根（俗称“马鞭”），把伐竹后留下的残竹蒲头凿穿，以利于雨水直接从残部上端流到底部，加快腐烂，并加速健康的“马鞭”生长。同时，还要除去杂草乱柴。掘秋山时，若带有午饭或者点心，进食前，竹农会先招呼“山公山婆哎，来跟伢一起吃呀！”以祈求山公山婆的保佑。祭山公山婆一般只要竹农在掘山时招呼一声即可，但有两种情况需要专门祭请。一是竹农家中杀鹅，要上山请山公山婆享用。二是竹园逢“大年”，但毛笋生得少，或者遇到“退笋”，病笋半途死亡、被野兽糟蹋太多，就要祭请山公山婆帮忙保护竹园。

掘团笋

团笋就是冬天毛竹“马鞭”上会萌生的笋，又叫冬笋。冬笋不能成竹，不掘就会白白烂掉，掘了反而有利于来年春笋的生长。

掘毛笋

毛笋是毛竹的春笋。竹园有“大年”“小年”之分，两者通常是有规律性地轮换。大年时，竹园毛笋长得多。小年毛笋长得少，一般全部食用。大年竹园要留竹，只能掘那些顶尖上须头发黑、光泽灰暗不能成材的“退笋”，或者是已被虫蛀、长势无力，不能成良材的毛笋。凡是长势苗头壮、须头黄嫩的都不能掘，要留着待其长成竹材，俗称“养笋”。此外，当地有句俗谚“立夏之后，毛笋大家”，说的是立夏以后，竹园里长出来的毛笋均可挖掘，不再养竹。主人不掘，别人见了掘走，也不能算是偷窃。

芒种油竹

春笋留养，长成新竹。竹农在芒种时要用青油给准备养老竹的新竹作记号，每户竹农都有自己约定俗成的记号，俗称“堂名”。油竹时，除了写上堂名外，还要给新竹编号，最后一株新竹还要写上“某年某月某日油竹共多少株”等字样。不上油作记号的新竹，一般斫了造纸或者劈竹篾备用。

相鞭笋

鞭笋就是竹的根部——“马鞭”的新生部分。鞭笋一年四季都可以掘，但是掘鞭笋不叫掘而叫“相”。因为鞭笋最后会老化成为“马鞭”，而“马鞭”是吸收养分和生长冬笋、春笋的根，不能全部掘去，否则以后就长不出笋来了，影响竹园的发展。因此相鞭笋的时候，需要仔细辨认。通常是掘去那些已经把表层土抬破成裂隙的浮鞭笋，以及长到竹园外的或者过密的鞭笋。鞭笋可以食用，尤以梅雨季节最多，伏天较少。

雷竹养笋

雷竹矮而细，竹材用处不大，主要是为了产笋食用。每年冬天，竹农往往给雷竹根部填埋有机肥，春笋多在施肥处生长。凡要留养的笋，主人会在笋边插上竹梢，旁人便不再开掘。待养笋即将化竹时，还要截去表头和抽出的嫩枝梢头，笋梢头仍可食用。截标去梢的目的是为了保证雷竹的营养成分更加集中。雷竹“马鞭”细而且少，倘若让雷竹自由生长，“马鞭”养分会供应不上的。①

(二)祭神与砍竹

祭山神

德清山区,每逢大年出笋养竹,在砍竹出售之前都有以村为坛祭祀山神的习俗。竹山的主人选定吉日,会同参与伐竹的山民,扛着大鱼大肉,捧着香烛、山神像,来到山坞里的山神堂或者舍屋,供起山神像,燃放炮仗火铳,点起香烛,烧起纸钱,一一朝拜山神。接着,山民们抽出砍竹大刀,在竹上边敲边打,边喊:"砍砍发发,山神显灵,大刀一响交大运,家家请来活财神。"祭神仪式完毕后,竹山主人随着三声铳响,下山回家,一路不可回头。留下的鱼肉祭品则交给包头山农和参与伐竹的山民,让他们在伙房里烧煮,喝祭神酒。

砍竹

祭山神的次日开始砍竹,一般要由包头老山农先砍第一支出头竹。按照俗规,如果这一年砍的是"人"字出头的四出竹(八年竹),其他人就一律要砍这一种"人"字出头竹。砍法上讲究砍竹圆蒲头,竹梢向左转。砍竹的季节一般都在"杨梅红"和白露后。一则因为这两个季节里竹子的水分和糖分含量相对少,竹的性能更为坚韧,砍下来的竹子不易生蛀虫、不易变质。二则此时砍竹,残留的竹蒲头容易腐烂,利于肥土、松土。三则因为这两个季节雨水充沛,便于砍下的竹迅速结筏放运。四则这两个季节又值竹鞭育笋之时,适时砍伐,有利于来年笋竹丰收。②

拖竹

浙江竹乡,竹子砍倒后,过一两天落椏断梢,再将竹淌流到山路边,交给打件工打件。毛竹一般以寸记斤,小竹以50斤为1件,毛竹以9寸为80斤,11寸为100斤,12寸为110斤,每增1寸加10斤。拖竹时以300斤为一件,也可拖双工件,即600斤,还可打工半件450斤。

拖竹非常辛苦,也有一定的技巧。拖竹首先要把竹梢劈碎,俗称"碎梢",拖竹时,用力要均匀。拖竹工在停歇时,要靠竹笃子支撑。竹笃子的长度根据山势高低而定,一般山势陡峭,竹笃子要高过头;山势平缓,竹笃子与鼻子齐平。过长或者过短,都会在支件时引起竹子下冲,带来倒件伤人的危险。为了防止滑竹伤肩,拖竹工都会戴上"拖兜"和"护肩"。拖竹开步,得走八字步,要挺腰前进,发出哗哗的声响。除超件工人一人拖到底以外,其他拖普通全工件的,大都采用"互过肩"的拖法。第一人拖竹定歇靠定后,等第二人拖竹来到后,换拖第二人的竹件,第二人等待轮换拖第三人的竹件,以此类推,直到最后一人拖第一人的竹件。这种"互过肩"的方法避免因件头轻重引起纠纷,可以缩短休息时间,加快节奏,同时换肩时,彼此应和,气氛热闹,可以减轻疲劳感。拖竹工一直把竹拖到近溪的场地堆放,才算完成工作。③

---

① 应梅堂:《绍兴山区的竹俗》,载《浙江民俗大观》,当代中国出版社1998年版,第285页。
② 王凤鸣:《祭神·砍竹》,载《浙江民俗大观》,当代中国出版社1998年版,第286页。
③ 王凤鸣:《拖竹·帖筏·放筏》,载《浙江民俗大观》,当代中国出版社1998年版,第287页。

(三)放毛竹筏

帖筏

山区没有公路,砍下毛竹后要顺水漂流到销售地,俗称"放毛竹筏",但在放筏前要把砍下来的毛竹撬成一帖一帖的,这被称为"帖筏"。当拖竹工将毛竹运至溪滩后,帖筏工作就开始了。帖有大小之分,大帖1000斤,小帖500斤。不管大帖还是小帖,每帖毛竹的支数必定是双数,不能成单。一般小帖的支数是10支、12支、14支、16支,大帖加倍。

撬毛竹时,四人配合成一码(一组),两人站竹梢头,一人翻竹篰头,一人劈篾、绕篾箍。站篰头的人要凭自己的眼力、经验估计配齐一帖的毛竹支数。站梢头的两个人负责把毛竹放在码架上,归拢竹梢,在每支竹梢下二三尺处,用撬筏小斧头把竹节劈开,套上两个篾箍,再用竹篾绑住,用撬棍撬紧,成斜形砍齐竹梢,这样一帖毛竹才算帖好。

一天完工后所剩下的黄篾片等废料归劈篾人,撬毛竹时砍下的竹梢头,归站梢头两人和翻篰头者平分。

带筏

把撬好的毛竹一帖一帖拖入水中连接起来称为"带筏"。带筏前先要在溪坑中筑坝,把水拦蓄起来,待坝内水满起来后,才能开始带筏。竹筏的大小要视溪坑的大小、水量的多少以及竹子的多少而定,短的有10帖一筏,也有20帖～40帖一筏的,一般以30帖一筏居多。如果小山户不到10帖,可与邻近山户合筏。还有一种带"双筏"的,就是60帖为一筏。只有在水面宽阔、水量充足、水势平缓的地方才能撑双筏。最长的竹筏可以达到90帖一筏。每一张筏的第二帖上都装着一支10寸以上的大毛竹,用于掌舵,因此被称为"舵竹";而在尾前三四帖处,缚着一条三四丈长,用竹篾扭绕起来的粗篾索。带好筏后,才可顺水撑筏外运。

撑筏

为了祈求撑筏平安,撑筏前,撑筏人会买来整个猪头煮熟,打来老酒,在溪坑内祭祀水神。祭毕,大家痛饮一场,然后开始撑筏。

撑筏时,一张筏上最主要的是三个人,其中一个站在筏头,叫做"筏头师傅"。他负责全筏的一切行动,是掌筏人。一般他脚穿山袜草鞋,腰里围上蓝粗布缝制的"围身",再系上撑筏钩刀。这种钩刀和普通的砍柴钩刀相比,无论刀身还是刀柄都要长许多,刀口特别锋利,便于在水中砍斫。第二个站在第二帖竹筏上,负责操纵"舵竹",在需要转弯,或者偏左偏右行进时,掌控前进方向,人称"把舵师傅"。第三个人站在筏尾前三四帖,负责篾索的使用。当竹筏停下来休息吃饭时,这个人就会拿着竹篾索跳上岸去,把竹篾索缚在溪坑旁的大石头或者大树上,使全筏停止前进,因此被称为"吊筏师傅"。一张筏上,这三个人必不可少,而且一张筏能否顺利漂流,主要就看这三个人能否配合默契。另外一般每隔三四帖站一个撑筏人,每个撑筏人都有一根由六七寸小毛竹制成的篙子竹,用于撑筏。

放筏时,若遇下雨天,溪坑里水流大,不需要筑坝拦水,竹筏可以直接顺水撑到目的地,叫作放"大水筏",也叫"自流水"。如果遇到天不下雨,溪坑里水量小,不能放筏时,就需要在溪坑中分段筑坝拦水,等水满后才能放筏。这时有专人斩坝放水,让竹筏和水一起下行,到下一个水坝时，又要斩坝放水，竹筏和水继续下行，如此一坝一坝撑下去，直到目的地为止。

撑筏时，若遇到发大水，水流湍急，或者筏头不小心与溪坑中的石头相碰撞，就会使三十来帖竹筏叠了起来，叫作“倒筏”，也叫“盘龙”。此时，撑筏人必须花很大气力“拆筏”，重新“带筏”，才能继续撑筏。①

一筏毛竹到达目的地以后，撑筏人员可以从整张筏中抽取四五支毛竹背到街上零卖，卖得的钱归撑筏人吃饭住宿。筏上的舵竹也归撑筏人出售。山户出售竹货后，在他收到的货款中，除了给撑筏人员工钱外，还必须拿出1%的金额给撑筏人聚餐，喝“放筏酒”，以示庆祝竹筏平安到达，也慰劳大家一路辛苦。

四、山货采集与种植

（一）打山核桃

淳安一带盛产山核桃，每年重阳节前后收获，俗称“打山核桃”。打山核桃是一项危险且辛苦的工作，时常会发生一些意外，出发前，各家各户都要备上鸡、鸭、鱼、肉、馒头、蜡烛香纸等作为供品，到村口坛主庙祭拜坛主菩萨，保佑全家在打山核桃时平平安安。

打山核桃有一个主竿人，他要手持竹竿，上树将山核桃打落地面，此外还有人负责在树下捡拾。上山开打前，主竿人来到第一棵树下，向树拜三拜，表示感谢，同时请树原谅，保佑平安。而后，把竹竿平摆在肩上，掌握好平衡，双手抱树像猴子一般爬上树去。打第一竿时，要说吉利话，比如“竹竿发一发，山核一大担。竹竿摇一摇，金银满山岙”，等等。在整个打山核桃的过程中，无论是树上还是树下的人都不能开口说话，打的只管打，拾的只管拾。假如有孩子不小心讲了话，大人就会拿张树叶擦擦他的嘴巴，表示孩子说话好比放屁，不能算数。

山核桃打下山来后，要先用木砻磨将外边一层薄壳磨碎扇掉，然后把里边的山核桃放在木蒸桶中蒸熟，最后烘干或者晒干就可以上市出售了。上桶蒸时，要装香点烛祭拜灶司菩萨；蒸熟后，第一碗必须要盛来请祖宗；年底还要到坛主庙还愿，保佑来年山核桃再丰收。

上山打山核桃的许多习俗都随着人们思想观念的改变而逐渐消失了，但打山核桃不能讲话的习俗还是保留了下来，据说这是为了不至于分散注意力，保证安全。②

（二）香菇种植

龙泉、庆元、景宁一带，有在山林中培育香菇的传统，进山种菇的山民被称为“菇民”。徐起佳在《菇民习俗》一文中对当地传统菇民生产生活民俗做了较为详细的调查③。

洗谷浴

“枫树落叶，夫妻分别。枫树抽芽，丈夫回家”，这句流传于菇民区的俗谚说的是菇民种菇

---

① 沈永兴：《安吉的撑筏习俗》，载《浙江民俗大观》，当代中国出版社1998年版，第292—294页。

② 雷云、胡逸：《淳安的打山核桃习俗》，载《浙江民俗大观》，当代中国出版社1998年版，第295页。

③ 徐起佳：《菇民习俗》，载《浙江民俗大观》，当代中国出版社1998年版，第301—303页。

的生产习俗。秋风起，枫树叶落，菇民就开始准备上山种菇了，按惯例有“洗谷浴”的习俗。这一天，菇民家家户户都要做麻糍、杀猪。妇女吃素洗浴，然后备上麻糍以及肉、鸡、鲞三牲，到村口的吴三公殿祭祀菇神，祈求菇神保佑亲人上菇山平安，种菇发财。

告别饭

菇民上山要选择逢三、六、九的吉日出门。离家的前一天晚上，全家在一起吃“告别饭”。告别饭由家中长者主持，饭前焚香点烛，泼酒祷告，预祝菇民出门大吉大利，平安回家。入座后，长者挥刀将全鸡的腿斩下，分给菇民路上吃。若是不能一刀斩下，长者立即说：“年纪虽老财气旺，一下赶不走金凤凰；今冬香菇定丰收，我家子孙发大财。”以此讨个口彩。然后让后生接刀来斩，其意是金凤凰从家中飞到菇寮，吉祥大发。菇民进山通常只带数十个麻糍饼，吃时捡些柴火烤热便吃，夜宿凉亭庙宇，非常辛苦。

四测

菇民无钱租山，一般都是给人当帮工。当帮工要接受四项测试：力测，选力气大的；目测，看会不会选菇种树；地测，看能否选择适当的土地种菇；种菇用“砍花法”，对不同的菇树，砍花的深浅和方向有所不同，斧测就是考菇民的“砍花”技艺。经过这四项测试，才能被雇用，充当帮工、粗工或者师傅等不同职位。

菇寮生活

菇民进山后，先搭菇寮，用以居住、烧饭、烤菇、藏菇。入寮时，菇民要手拿斧头，边敲边骂：“死山魈，杀山魈！”俗信以为山魈专门偷香菇，但又怕人骂它，这样将其痛骂一顿，就可以平安无事了。菇寮内一般都设有菇神吴三公神位。在离菇寮一二里的山岙口则用三块石头叠成一个山魈庵。菇民常要向此二神祭拜。

在菇寮生活有一定的规矩，天黑即关门就寝。有人来敲门，要敲“嘭、嘭、嘭”三声，寮内人也问三问：“谁？谁？谁？”寮外答三答：“我、我、我。”寮内人听口音是熟人，才会去开门。这样做主要是为了防盗贼。夜间行走，两三人结伴同行，要手持电筒或者点着火篾而行。山上见山下有灯火走动，首先发出“嗬呼”的声音打招呼，坡下提灯的回“哟呼”证明是菇民，不是抢匪盗贼。早上鸟叫即起床，起床后，由寮内岁数大的人先开口：“老驮（老伙计），老祖师叫我们瞅香老（香菇）去！”然后开门出去。

菇民在山上的生活十分艰苦，没有蔬菜，平常每顿都是米汤加盐，或者放些菜干、虾皮。到了初一、十五两天，要为菇神做节，也是菇民过节。这两天寮主会起早下山去买猪肉、豆腐、老酒回山来，供神之后，再给帮工们吃。在菇民中流传着这样一首歌谣，道尽了菇民种菇种种：

做人莫做香菇儿，寒冬腊月走江西。
人穷无钱买树种，无奈为人做苦力。
出门方知家里暖，山棚破旧寒风吹。
如遇年情不照应，半年劳苦空手归。

菇民对糟蹋香菇的禽兽十分痛恨，要想方设法捕捉，但他们又怕这样会惹恼山神，因此必须向山神请示，求得允许。菇民往往会在菇寮旁的大树上贴黄榜，其上写道：

山林鸟兽作乱，经常来骚扰老祖管下。菇民辛劳果实，如不捕杀这群害人之禽兽，菇蕈无法生长，难以供奉山祖。斋菜祭祀各路大神，为此告急老祖恕宥！

接下来，菇民就在菇种基地挖陷阱，放吊索，布地雷，捕杀山上禽兽和盗匪。

蕈寮白

菇民之间流行着一种行话，称为“蕈寮白”。菇民上山后即说“蕈寮白”。如柴刀叫“弯”，斧头叫“篷”，或叫“洞敲”，鸡叫“地下婆”，菇寮叫“香老寮”，香菇叫“香老”，吃饭叫“戽添”，猪肉叫“歪老”，酒叫“黄汤”，饭碗叫“饭脑”，女人叫“尖登”，老鼠叫“磁拉”，看山叫“乃山”，回家叫“落寮”或“落棚”，等等。“蕈寮白”流传久远，相沿成习，是通行于龙、庆、景3县菇民中的秘密语。

菇民禁忌

菇民上山，还要遵守种种禁忌。在菇寮内不论白天黑夜，都不许吹口哨、吹箫、拉胡琴，俗信以为这样会惹恼“大仙”。斧头、柴刀、菜刀不许相碰，俗信以为这会引起血光之灾。在山上，手脚碰破皮、流血，不许发火，只能说好话：“今天我见红有喜，要发财！”吃饭时，不许把筷子往饭里戳，这叫“竖樯”。樯是种菇树，种菇树只有不生菇，成了废物，才把它直竖成堆。因此俗信以为竖樯很不吉利，故忌将筷子往饭里戳。

落棚下山

阳春三月，菇民忙碌了一个冬天，取得丰收，要收拾东西下山回家了，称为“落棚”。落棚前，寮主备三牲斋菜，点香燃烛谢菇神。开宴前红烛高照，香烟缭绕，寮主向七神施礼，谢各路大神保佑平安无事、香菇丰收之恩。接着鸣放鞭炮，大家入座喝酒。

落棚的日期通常要保密，而且不能露出“落棚”的迹象。落棚当日一清早，菇民互不搭话，各自收拾用具、衣物，挑着担子就走。留下一个老菇民，等其他菇民走后，翻倒饭锅，锁上寮门，匆匆赶上先行的菇民，一起回家。一路上，谁也不能回头看寮，也不能说话，等走出菇山五里路后，才能说话。

菇民回家，都要预先买好猪肉、鱼鲞、香烛、糖果等物，一进村口，先往吴三公殿烧香点烛祭拜，鸣放鞭炮。村民闻声赶来道喜，必讲吉利话，菇民要致谢。讨彩头后，菇民要给村民分发财烟，吃菇丰糖。

（三）香榧种植

香榧原产中国，浙江是主要的原产地之一。境内绍兴枫桥一带是著名的香榧产地。枫桥镇在明清之际，就以开始加工、销售香榧了。当地的香榧品种主要有细榧、圆榧、芝麻榧等。其中枫桥细榧又被称为“薄壳香榧”，壳薄、味香、质脆，十分受欢迎。

香榧种植充分利用了山地土地资源，农户往往利用陡坡山地，构筑梯田，在高大的香榧树间种茶叶、杂粮、蔬菜等，形成“香榧树—梯田—林下作物”的复合种植模式。香榧果实生长缓慢，从花芽到果实成熟，需要经历三个年头。当地有“三代同树”的俗谚，说的是每年5月到9月香榧成熟期，往往有两代果实在树上生长，同时还有新一期果实的花芽正在分化长出，恰似家庭中的“三代同堂”。香榧树的寿命很长，可达四五百年之久，因此又有“寿星树”之称。

香榧果实摘下后要经过炒制才可食用。香榧的炒制历来由专门的炒制工场用木炭以文火烘焙加工而成。20世纪70年代前后，逐渐推行“双炒法”，即先用砂炒一次，在盐水中浸过后再砂炒一次。80年代后，炒法更加细致，有带壳淡炒、带壳盐炒、去壳脱衣椒盐炒等，香榧的口味更加丰富。

经炒制后的香榧可在外壳上见两只“眼睛”，食用时只需用拇指和食指在香榧眼处一按，壳便裂开，即可食用。俗信以为香榧衣可以驱赶蛔虫，因此食用时去衣并不细致。

第三节　渔业生产民俗

浙江濒临东海，港湾众多，渔场辽阔。内陆湖荡星罗棋布，江河纵横交错。发展海洋渔业和淡水渔业都具有得天独厚的条件。浙江渔业历史悠久，源远流长。在海洋捕捞和淡水渔业等方面，都留下了许多习俗，世代相传，绵延至今。

一、海洋渔业生产习俗

海洋渔业是浙江渔业生产的主体，渔民们“开门见大海，出海靠木船，船上一支橹，摇遍四海路”，在与海洋的搏斗、共处中形成了独特的海洋生产习俗。

（一）渔船与渔具

渔船

俗话说“开门见海，出门乘船”，船是渔民重要的生活和生产工具。广大渔民在漫长的捕捞作业中，制造了许许多多各具特色的渔船。比如用于小钓作业的“小钓船”（俗称“舢板狗”），背一艘舢板的“钓仔”，背负两艘舢板的“双背”船，背负四艘舢板的“太钓船”（也叫“钓槽”），以及“翘波”“大捕”“溜网”“鹰捕”等等，种类繁多，历史悠久。

各地的渔船各具形制，往往与当地渔民的信仰、捕鱼的实际用途以及地方文化联系在一起。舟山一带渔船形似一条龙，渔民们称之为“木龙”。关于木龙的由来有个传说，说从前这一带海域有个黑魔王，兴风作浪，危害渔民。后来在一条青龙的帮助下，渔民们打败了黑魔王。从此，渔民就把渔船造得像条龙，前有龙头，后有龙尾。龙头两边有一对龙眼睛，一门铁锚挂在船头外，便成了龙爪。还有龙下桩、龙下头、龙筋、龙骨。渔民们认为木龙在海里可以抵御狂风恶浪，驱邪除妖，能够帮助渔民顺风顺水地捕到鱼，平平安安地回洋与家人团聚。①

渔网

渔网是渔民出海作业时不可缺少的渔具。按制作材料分，渔网有篾丝网、草绳网、苎麻网、棉纱网、尼龙网等。20世纪60年代以后，尼龙网出现，因有编制方便，牢固耐用，成本较低等优点而得以推广。

① 管文祖：《为啥渔船叫木龙》，载《浙江民俗大观》，当代中国出版社1998年版，第306页。

按捕捞作业方式的不同，渔网又分为对网、拖网、流网、张网、抄网和围网等。对网，因其形似裤脚而又被称为“裤脚网”，可分为小对网、中对网、大对网、背对网。拖网中有乌贼拖网、拖虾网，还有地拉网。流网中有鲳鱼流网、鲨鱼流网、大黄鱼流网、比目鱼流网、蟹流网等。张网又分打桩拖网和抛碇张网两大类。张网渔获物较杂，各类鱼、虾、蟹均有，也可张捕海蜇。围网是一种围捕集群鱼类的网具。20世纪70年代嵊泗渔场出现了机帆船围网，主要捕捞沙丁鱼、竹荚鱼等中上层鱼类。抄网则有推揖网、串网、板缯网等小型网具。

其他

除此之外，渔船上其他渔具种类也很多，主要有帆、舵、橹、桨、桅、梢、篷帆、篙子、船旗、方向盘，船锚、渔灯、太平斧等。随着科学技术进步和渔业经济发展，渔具家族中先后出现了鱼探器、卫星导航仪、单边带无线电对讲机等先进的助渔器具。此外，从事渔钓作业时要用钓具，有鱼钩、钓线、渔锤等；岩礁上采集贝藻类则要用铁铲、长撬等，多为手操式渔具。

渔具俗称

渔船上的各种设置和工具，渔民们都有其习惯的称谓。在舟山，渔民称风帆为“篷”，大船有“头篷”“二篷”“三篷”，小船只有一个篷；用来扯篷的木柱叫“桅”，大船有“头桅”“二桅”；用来拉篷的绳索叫“缭”；用来起锚的绳索叫“锚缉”；用来装网的绳索称为“纲”；桅顶上用来测定风向的小旗称“鳌鱼旗”“凤尾旗”；桅杆上挂着的作为夜航信号的哨灯则叫作“桅灯”。

渔船上的另一些工具和部件被渔民们套上了十二生肖的名称，相沿成习。用以固定桅杆的插销叫“老鼠尾巴”；用以串联篷帆和缭绳的滑轮称“篷纽（牛）子”；用以船头轧锚缉的插梢叫“老虎轧”；桅杆下堆放篷索用的舱面称“土（兔）地堂”；船头上两个角形木板称“龙桠头”；连接篷帆与撑风的活络竹圈叫“蛇脱壳”；横放大桅用的木架子叫“马鞍子”；固定风帆方向的插销叫“羊角朴”；老大掌舵的舱面称“后（猴）八尺”；舵杆露出水面部分称“雄鸡头”；升降篷帆用的滑轮叫“钩（狗）锞”；用来摇橹的木柱子叫“橹鸣嘴（猪）”。猫（锚）不在十二生肖之列，没有自己的位置，只能挂在船头。①

这些称谓既风趣又好记，便于向年轻人传授。如今，传统渔船逐渐式微，这类俗称也逐渐淡出人们视线，只存在于一些老渔民的记忆中。

渔船装饰

传统渔船特别注重装饰，这些装饰图案讲究，色彩鲜明，很有特色。玉环县坎门一带有一种“连江船”，装饰就十分醒目，至今仍为老渔民们所津津乐道。连江船最初来自福建连江，因此而得名。船前“头根”部位，绘有沸腾的浪花，托起一轮冉冉升起的红日，仿佛渔船迎着朝日出海的情景。船头两侧嵌着一对活灵活现的眼睛，接近船沿处绘着许多五彩缤纷的花朵，船尾两边又有一对身体粗壮的泥鳅，左右船舷中央圆形开合处，是红黄两色的太极图案，设计十分巧妙。船后尾部还绘有五颜六色的花团、凤凰牡丹、八仙八宝等吉祥图案。最有特色的是桅顶上的乌鸦旗，当地人称为“鸦旗”。旗随风转动，指引着渔船航行的方向。船舵内还有装饰精巧的神龛，供着海神的牌位。洞头一带有“白底船”，船底刷得雪白，据说这样能够捕到很

---

① 叶大兵：《中国民俗大系・浙江民俗》，甘肃人民出版社2003年版，第51页。

多鱼。

渔船上的装饰兼具实用、美观的特点，也蕴含着渔民趋吉避邪的心愿意识。浙江各地渔船上的装饰会根据实际需要与海域环境有所不同，总的来说有几样东西必不可少，包括船头的船眼睛、船尾左右舷的神鱼、蜈蚣旗、乌鸦旗、船对以及船关菩萨。

船眼睛　船眼睛安嵌在船头两侧，呈扁平半球形，眼珠稍凸。眼内各镶嵌一枚银角子和银圆。船眼睛的视线很有讲究，渔船的眼珠一律朝下，仿佛聚精会神地注视着海中的鱼虾，暗含满仓鱼虾的祝愿。若是商船，眼睛得朝前看，象征一往无前，生意兴隆。若是送瘟神的神船，眼珠就得朝上。船眼睛一般选择上好的樟木，由造船师傅精制而成，选定良辰吉日钉在船头两侧。按照俗规，钉船眼睛要用三枚钉子，不能多也不能少，下钉位置要准确。

关于船眼睛的由来说法很多，流传较广的是一则《救神鱼，赐慧眼》的传说。说是玉环当地有位渔姑救了一条神鱼，擦了神鱼的眼泪，其双眼立刻能够洞悉海底鱼虾动态，出海打鱼，往往大获丰收。后来由于渔霸迫害，姑娘抠出双眼，让父亲装在船头两侧，这样渔船就能继续看清海内鱼虾游动。后人为了纪念她，奉其为“鱼司娘娘”，并盖庙祭祀。

画神鱼　在渔船船尾左右舷两侧，各画一条神鱼或者泥鳅。鱼满身血红，颈带白练，眼睛乌黑，样子像泥鳅，但比一般泥鳅要粗壮，摆尾欲游，栩栩如生。对于它的来历，渔民们有不同的说法。宁波一带，说这是人们为了纪念保护渔船的神鱼而特意画的。舟山一带有弹涂鱼救渔船的说法，因此在摇橹的船舷旁，用木头刻着两条弹涂鱼，并涂上红漆。玉环一带多用泥鳅，泥鳅是带鱼喜食之物，画在船侧据说可以用来引诱鱼群。当地渔民在出海之前，必买泥鳅养在水中带上船，以求吉利。

举蜈蚣旗　蜈蚣旗是渔船上用以反映年产量高低的旗子，一般悬在桅杆顶端。红色，三角形，用波浪纹布条镶边，远看好似无数只蜈蚣脚，旗边还有长丝条，颜色与镶边同。镶边的颜色代表产量高低的名次。红旗镶边为头名，镶绿边为第二名，镶白边或者蓝边是第三名。得头名者还要捐钱作演戏、祭祀之用，以示庆贺。

乌鸦旗　乌鸦旗在船上作风向旗用，大小视船的规格而定，一般为3尺左右长。前半部分是个用樟木雕成的五彩凤凰头，后半部分是块红布，两者以竹篾连接固定，凤头处有一根铁棒贯穿，固定在桅顶上。航行时，乌鸦旗随风旋转，指示风向。当地流传着乌鸦报恩，在渔船出海时为其指示方向的传说。最初旗上用的是乌鸦头，后来为了美观，渔民将其改为凤头。

船对　沿海渔船都有在船上贴对联，表达吉祥如意的习俗，俗称“船对”。渔民一般在船头贴“龙头生金角，虎口喷银牙”，横批“船头压浪”；船舵贴“船到鱼起”“舵后生风”“万军主帅”等；船舱贴“九曲三江水，一网两船鱼”或书“玉橹摇进千里月，锦帆高挂一港风”，横批多为“顺风得利”；大桅挂“大将军八面威风”，二桅挂“二将军开路先锋”，三桅杆挂“三将军开风挂角”。条幅对联的内容会因时因地而变化，贴在船上的相关部位。

船关菩萨　也叫船官老爷。每条渔船后舱摆着一个精致的神龛，内有一木刻菩萨，两旁有顺风耳、千里眼两小神。龛上方雕柱上刻着祥云瑞色、富贵牡丹等吉祥图案，龛前设有一个小香炉。新船下海或者鱼汛出海，都要用全鸡、全鸭、糕点等进行隆重的祭奠。出海捕获的第一条大黄鱼也要先拿来供菩萨。

船关菩萨有男有女，各地不同。男的一般是关云长、鲁班爷，女的为宋朝寇承女、顺风娘娘等。普陀渔民供奉一位叫“木龙”的船官老爷，相传他原本是当地一个打鱼的小囡，全家葬身鲨鱼腹中，后在菩萨的帮助下变成一艘三道风篷的大船，最后终于战胜鲨鱼，从此，鲨鱼不敢靠近渔船。打鱼人便依照木龙变的船样打造新船，还刻个小菩萨名曰“船关老爷”，放在后舱祭祀，保佑出海平安。

海上作业十分凶险，鲨鱼、海浪、大风等无时无刻不在威胁渔民的安全。在过去生产力不甚发达、技术手段比较落后的情况下，渔民便转向神灵，祈求神灵的保佑，祈祷出海平安，鱼虾丰收。这种心愿也在形态各异、独具特色的渔船装饰上体现出来。①

（二）祭祀与禁忌

新船下海

渔民新造一条船是十分不容易的，一旦新船造成可以下海了，人们就会纷纷前来庆贺，请菩萨、舞龙灯、做戏等等，其热闹场面远远胜过民间盖新房。新船下海也有一系列习俗。

舟山一带渔民将渔船称为“木龙”，新打的渔船第一次下海称为“木龙赴水”，当地有木龙赴水抛馒头的习俗。新船下海这一天，船主沐浴更衣，请船神入驻，并启“龙眼”，船上披红挂彩。在一片锣鼓鞭炮声中，新船由 18 个小伙子用抬杠抬着入海。此时，船主站在船头，向四面八方抛馒头，馒头要抛得又高又远。抛得越高，象征着打鱼产量高，抛得越远，象征着新打的渔船驶得远。

关于这个习俗的由来当地流传着一个故事。传说有一次始祖鲁班造好一条新船，东海龙王前来捣乱，用障眼法在船头撒了一泡尿，结果船板开裂，尿从船缝中渗了出来。正在龙王得意之际，来一群小乞丐，他们一手嵌船泥，一手挥手凿，很快就把船缝堵得严严实实。在场的人为了感谢小乞丐，纷纷向他们抛馒头。后来舟山就有了木龙赴水抛馒头的习俗。

在当地人看来，“馒”与“满”谐音，抛馒头有预祝渔民满载而归的吉祥寓意。用于抛撒的馒头大都是船主亲戚特意定做的礼品，个头比一般馒头大，又称“新船馒头”。馒头中间盖着蓝印福字，有幸福美满的寓意。20 世纪 50 年代以后，也有盖红印的。②

宁波一带则有乞丐贺新船的习俗。新船下海当天，乞丐们先到新船下海处放 6 只炮仗，然后开始说贺词，说完贺词再放 6 只炮仗，意为“六六顺风”。渔民在海上捕鱼、遇风翻船的事件时有发生，乞丐二放炮仗寓意吉利，深受渔民的欢迎。

乞丐的贺词唱道：

青龙一到珠花开，四海鱼虾跟随来。
虾兵蟹将迎木龙（渔船），风神赶潮不惊动。
大黄鱼、小黄鱼，跳入木龙变黄金。
大带鱼、大鲳鱼，钻入网眼变白银。

---

① 叶丽娅：《坎门渔船的装饰民俗》，载《浙江民俗大观》，当代中国出版社 1998 年版，第 309—314 页。
② 金涛：《“木龙赴水”抛馒头》，载《浙江民俗大观》，当代中国出版社 1998 年版，第 289 页。

海蜇像雨伞，乌贼骨头进药店。

青蟹白蟹堆如山，赤虾白虾金银环。

前仓藏珍珠，后仓关元宝。

空船去，满船来，龙王菩萨保平安。

捕鱼落洋多顺风，恭喜船主发洋财！

贺词一般都由乞丐的头领（又称“青龙头”）领讲，若是青龙头分不开身，则由他的下属乌鸦头等代替。青龙头每讲一句，其他乞丐都要高声应和一声“恭喜”！

当乞丐头放好第二次炮仗后，船主都会向乞丐头抱拳相谢，并说一句：“严八菩萨保佑，铁口万万岁！”然后，船主安排乞丐们到他家去入席喝酒，并分给红包、馒头等。①

出海请顺风

渔民在出海捕鱼前都要进行一系列的祭祀仪式，以求得海神庇佑。比如海盐的澉浦、长川坝一带渔民出海捕捞海蜇之前，都要举行祭祀活动，祈求出海一帆风顺，平安归来，俗称“请顺风”。

“请顺风”一般在出海前一两天在渔民家中举行。是日，渔民在家中摆上一张八仙桌，供上祭品，5盅黄酒。祭品中有四样菜不能缺少，一个整猪头、一只全鸡、一只全鸭和一条全鱼。若是没有猪头，也可以用肋条肉来代替，但肉必须在3斤以上，否则就会被视为对神灵不敬。猪头、鸡鸭必须蒸熟，鱼则要生的。一般用鲢鱼、鲥鱼，鲤鱼用得比较少，黑鱼被认为是下等鱼，决不能上桌祭祀。鱼肉之间，要摆上两把菜刀，同时，点燃一对半斤到1斤重的蜡烛，蜡烛之间要点香。

八仙桌一端中央有“顺风马幛”，高约40厘米，宽25厘米，外裹龙心纸，坐南朝北。马幛以红色为主，顺风菩萨形象类似于财神。这些马幛过去在南北杂货店都可以买到。

祭祀时，男主人开始敬酒，然后全家不分男女依次跪拜。其间，主人要再向菩萨敬一次酒，等到香烛快烧完时，全家人再次跪拜。接着男主人就将马幛请到自家天井或者空地上，与锡箔、山凿纸等一并焚烧。“请顺风”仪式才告结束。渔民下海时，还要放上两只炮仗，以示大吉大利。

“请顺风”的仪式一直到1958年成立渔业队才停止，近年来又逐渐恢复。如今，渔民们在出海捞鳗鱼苗时，也像过去一样举行这种祭祀仪式，以求吉利。②

除此之外，下海时，渔民们还要将香烛点燃后摆在船头，一个个依次跪拜磕头，祈求保佑平安。海盐一带渔民还在海边的凉亭柱子上、渔船上刻着或贴着一副对联：“长长长长长长长，行行行行行行行”，读音为“chángzhǎng chángzhǎng chángchángzhǎng, xíngháng xíngháng xíngxíngháng”。意思是潮水不停地涨和退，行船要掌管潮性，据此行进。③

---

① 应长裕、应霏：《乞丐贺新船下海》，载《浙江民俗大观》，当代中国出版社1998年版，第291页。

② 俞关庚：《出海请顺风》，载《浙江民俗大观》，当代中国出版社1998年版，第290—291页。

③ 俞关庚：《海盐捕鱼习俗》，载《浙江民俗大观》，当代中国出版社1998年版，第314页。

(三)海洋捕捞技艺

鱼汛与捕捞

渔民们对各种鱼类的习性十分熟悉，捕鱼时会据此采用不同的方式方法。舟山渔民中流传着“五月十三鳓鱼会，日里不会夜里会”的谚语。鳓鱼一般发在夏汛起水缓潮期，农历十二、十三、二十七、二十八都是起水期，所以渔民把农历五月十三说成“鳓鱼会”。起水期的潮水在早晨和黄昏都是缓潮，因此“日里不会夜里会”。

鳓鱼一般头尖身体狭长，腹棱锋利，较细的网线很容易被它割断。但鳓鱼一旦钻进网眼就只会退不会进，以致其鳃被钩在网眼上无法脱身。因此捕鳓鱼大多是“溜网作业”。溜网就是单船把渔网按潮水流的方向兜放在水里，让鱼类自行撞进网眼中，一般每船备有两槽网具，每槽 100 条网带。①

嵊泗渔场，渔民们在大黄鱼汛时，要在船舱面测听鱼叫声，然后再放网，若是碰上墨鱼汛，要用火篮照捕墨鱼，捕带鱼则要利用它咬尾巴的习性，等等。

在台州渔民中盛行一种运用“延绳绲线”吊捕鱼类的方法，俗称“小钓作业”，其中尤以玉环坎门、温岭石塘、箬山、钓硼等地最盛。“小钓作业”整套渔具由绲线、延绳、铜丝、钓钩、浮子、棕榈片等组成。作业时，每只船备有 5 篮～12 篮绲线。每篮系 40 根～60 根细延绳，延绳上系着铜丝和钓钩。延绳和延绳之间有木浮子，浮子下有小坠子，用以调节水下绲线的平衡。一篮绲线称为一个单元，一船往往有数个至十数个单元绲线，每一单元之间还有一根较粗的棕绳，其上有用小毛竹尖扎系而成的各种形状的棕榈片，用来表示顺序号码。棕绳还可以根据需要调整放置绲线的深浅。渔民在钓钩上搭上鱼饵，便将整套渔具放入海中，任其随波漂浮。渔民一边驾船前进，一边收起绲线验收上钩的鱼类，然后重新搭上鱼饵，放入海中。如此这般，昼放夜收，不断反复，往往收获颇丰。

到了 20 世纪 60 年代，小钓生产的工具又有所改进，木浮子改成了塑料浮子，苎麻绲线、延绳、浮标棕绳也改成了塑料绳或者尼龙丝绳，铜丝改成了更加耐腐蚀的优质合金丝。②

冰田和冰厂

渔民捕鱼后，多采用天然冰保鲜鱼货。舟山一带各岛渔村多有“做冰田”“造冰厂”的习俗。民国《定海县志》记载：“自甬东东港浦至吴榭田螺峙，储冰草厂络绎不绝，冬藏夏启，获利常丰。”

“冰田”，就是利用冬闲水田，或沿海荡田，耙平地面，筑高田埂，储足水源，待冰冻天气结成冰块。“冰厂”就是在冰田中心，选一高墩处，搭一“金字塔”形草棚作厂房，四周筑起 1 米多高的土墙，上面用稻草覆盖。建厂时，首先要选好厂址，最好临近海滨，便于卸冰。厂棚筑好后，先敬财神菩萨，供奉三牲福礼，再做“老三羹饭”，厂主向海神祈祷“坏船远离，好船相逢”，以求吉利。近冰田入口处开一门，叫“天门”，朝海口处有一出冰道，称“地门”。

---

① 张坚主编：《舟山民俗大观》，远方出版社 1999 年版，第 100 页。

② 叶泽成：《台州民俗大观》，宁波出版社 1998 年版，第 165—167 页。

冬季来临，天气寒冷，冰厂内异常忙碌。每日清早，工人就下田捞冰挑冰，把冰挑入草厂后，立即撒上食盐，降温防溶，加速冻结。待春夏时节，鱼汛旺盛，收购鱼货的冰鲜船纷纷前来买冰，俗称“充冰”。充冰一般由妇女承担。若冰鲜船上供奉的船关菩萨是女的，妇女可以直接送冰上船，若供奉的是男菩萨，妇女只能将冰担送到跳板上，再由男劳力挑上船。有时，为了加快充冰速度，冰鲜船上常备有鲜鱼分送挑冰者，每人两尾。

充冰时，冰厂会雇些社会闲散劳力充当秤手，俗称“荡氓”。他们善于拉生意，为厂主信任，往往可得到丰厚的报酬。

冰厂的经营分独营与合股经营两种。凡合股经营者，都采取“桌面上敲瓦爿”的拆账分红方法，当天充冰，当天结算，按股分红，不留存账。

自 20 世纪 50 年代以来，现代化的机器制冰逐渐代替了人工采贮天然冰，各地民间冰厂逐渐消失。①

（四）劳动组织

出海捕捞并不是一个人能够完成的，渔业生产以船为组织单元，一条船上渔民们各司其职，互相协助。以小钓作业渔船为例，船上人员分为“前手”“后手”“三手”“驾船”等行当，有的船还配有“走台”。“后手”一般是一船之主，主持整个出海作业过程，一应事宜都归他指挥，比如掌管渔具，决定捕鱼海域，放钓深浅，出海、候洋、返港的时间等。“后手”一般由船主担任，有的则由船主指定他人担任。“驾船”是船上的第二把手，负责船只驾驶，小舢板上也叫“橹大”。“三手”是后手的生产助手，也是船上的第三把手。“前手”负责收放钓线，是具体的捕捞者。“走台”的工作是将鱼切成薄片作为鱼饵和为大家做饭。到了夜间，除了“走台”者外，其余人员都要轮流值更把舵，直到第二天开始生产的时候为止，俗称“候洋”。②

渔民贫富悬殊较大，很多人家置办不起船只、渔具，由此产生了各种雇佣、合作关系，以维系生产生活，20 世纪四五十年代前舟山渔区曾普遍实行长元制和硬脚制两种渔业生产经营模式。

长元制

就是渔区有产者置船备网，雇用渔工生产的劳作形式，船主叫“长元”，渔工叫“伙计”。有的长元自己也下海参加生产，有的长元只当雇主，并不亲自劳动，全靠雇工出海。

长元制生产的分配形式有包薪制、开脚制、拔分制 3 种。包薪制就是长元按鱼汛大小雇工帮工，议定报酬，也有以米计工价的。出海前，先付给若干，叫“上船工薪”。平时按生产情况零星付给若干，待鱼汛结束时最后结算。如果遇到有渔工中途因故不能出海，则需自己寻找替工，替工工资由渔工按一定比例自行承担，而与长元无涉，俗称“折风头”。开脚制，是长元将自己所提供的船只、渔具等按一定比例入股，或三七，或四六，或五五对半，并事先垫付出海时人员饭粮等费用，待结账时，长元按比例提取收益以及本钱，剩余部分则由船上人员按照

---

① 方长生：《舟山的冰田和冰厂》，载《浙江民俗大观》，当代中国出版社 1998 年版，第 289—290 页。

② 叶泽成：《台州民俗大观》，宁波出版社 1998 年版，第 165—167 页。

职务、技术所定脚数进行分配。拔分制，就是从收入总额中提取一定比例作为渔工酬劳，其余皆归长元所有。在实际操作中，有的长元对船老大、多人(副老大)等主要人员实行拔分制，对另一些技术要求较低岗位的小渔工实行包薪制。无论何种分配方式，渔工如遇海难事故而受伤、死亡，长元概不负责。

此种习俗在20世纪50年代以来的渔业民主改革和互助合作运动中被逐步废除。①

硬脚制

又称"硬爵制"，是渔民合股生产、平均分配的一种生产经营形式。民国《岱山镇志》载："(捕鱼人)在严冬狂风骇浪之中，更为艰苦，所得亦微，然皆船中舵工水手等人集赀为之，俗谓'硬脚'，取'脚脚硬撑'之意……"可见，硬脚制是贫苦渔民为了改变困境，摆脱渔东剥削，自发合股形成的劳动组织。

渔船以两条合成一对，每条船一般有7人，以兄弟相称，出海捕鱼的成本由14人均摊。他们自行筹集船网、资金、物质，合伙经营，并公推一人掌管资金、物质、产品等。收入所得，扣除物资损耗、人员口粮等消耗费用，按"脚数"平均分配，若是亏损则也根据脚数由参脚人员均摊。各参脚者按照技术高低、劳力强弱评定参脚股数。

比较通行的硬脚制渔民分配比例为：

网船：头多人0.7股，拖下网0.9股，出网1.1股，撑船(船老大)1.3股，多人1股，出袋1股，拔头片0.8股。

煨船：扳三桨0.5股，扳二桨0.8股，烧水(炊事员)1股，多人1股，撑船1.7股，头多人1股，抛锚头0.8股。

为硬脚船组成而奔走操劳者0.2股。

20世纪50年代以后，渔民走上集体化道路，硬脚制自行消失。八九十年代以来，渔民又合股造船，按劳动强度、技术要求分配，类似于当年的硬脚制。②

二、淡水渔业生产习俗

浙江素以"鱼米之乡"著称，淡水渔业历史悠久。淡水渔业生产在渔船、渔具、捕捞技艺以及生产禁忌等方面都显示出与海洋渔业生产不尽相同的习俗特点。

(一)淡水渔民船俗

传统社会里，杭嘉湖一带淡水渔民的船都是小型木船，许多渔民在岸上没有房屋，就住在小木船上，整条船就是一个家，渔民们捕鱼生产、起居饮食都在其中。

渔船

船　分船头、船舱和船尾3个部分。船舱上有船篷，可以遮风挡雨；船尾有一支橹，上面搭一个棚。船篷板必须由13块组成。俗信以为乌龟背就是由13块骨片组成的，非常坚固。

---

① 张坚主编：《舟山民俗大观》，远方出版社1999年版，第102页。
② 张坚主编：《舟山民俗大观》，远方出版社1999年版，第104页。

为了使船舱牢固，就必须用13块板。舱门上一般都刻有“玉帝”“王母”“如来”“观音”八个字，以祈求神灵的保佑。平湖一带的渔民常在船头、船尾放些瓦盆，种上葱和万年青，寓意万年常青，渔业兴旺。逢年过节，小盆里还要插些红色的小旗，船舱门上贴着大红纸。贴的时候，方形红纸要对角贴，意味着船尖乘风破浪。

结婚未满月的新媳妇被称为“有喜娘”，是不能上别家的渔船串门的，若是犯了忌讳，长辈们在下逐客令后，还要放鞭炮消灾。①

旗幡　每条船的船头都挂着两条绣着龙凤图案的红色旗幡，这不仅是图吉利，据说还是乾隆皇帝御赐的河上通行证，可以保证船家畅行无阻。这里有个传说，说是有一年乾隆皇帝得了一种怪病，越吃越瘦。皇宫里的御医们束手无策，大臣们想出了一个恶毒的办法。从工、农、渔中，每天挑选一个人来为皇帝治病，治不好就杀头。有一天，轮到渔民去了。这时一位老道士挺身而出，假扮渔民去了皇宫。老道士妙手回春，治好了乾隆的怪病，并替渔民讨来了两面龙凤旗，可以免交买路钱。传说那个老道士就是渔民们供奉的船头菩萨。②

禁忌与祭祀

禁忌　传统的渔船不能用铁链而要用绳索。传说铁链是阴间小鬼用来勾魂的，渔民们十分忌讳。每年五月，是渔民修建渔船的季节，也是鱼群产卵的季节。修船、造船时，忌讳往船头中心敲钉子。若是敲了，就意味着在敲船头菩萨的脑袋，祖祖辈辈都要遭殃的。

请路头　船修理后新下水，或者行船连续不利时，都要“请路头”。就是用猪头、鱼、鸡放在船头，点燃香烛，烧锡箔纸钱，祭拜路头神。平湖一带，新船下水时，还要有几个年轻人戏船，戏弄得船舱内外都湿漉漉的，个个全身衣衫淋湿，俗称“吵船”。然后，船头钉4条红绿绸布，俗称“如意喜钉”。东家这时还要送喜钿。当地俗信以为喜钉是新船的象征，东家送个喜钿，则有能发财再添新船的意思。前来贺喜的亲朋好友都聚集在后舱吃饭，舱里还要摆个“聚宝盆”。盆里有鲤鱼、葱、万年青、竹笋、秤，这些东西也可以是糯米粉捏成的。秤寓意称心如意，竹笋象征着生活如雨后春笋节节高，万年青则有万事兴旺之意，总之，聚宝盆就是讨个彩头，寄托着渔家对未来生活的美好愿望。③

（二）淡水捕捞技艺

淡水渔民以船为家，靠捕捞为生，形成了一系列独具特色的捕捞习俗，相沿至今。各地都有淡水渔民，现以嘉善为例，记其淡水捕捞习俗。

渔网

撒网捕鱼是渔民最常用的捕捞方式，为了能够增加捕捞量，渔民们在网的形制、撒网方式上动了不少脑筋，形成传统，有扳江网、扒网、趟网等。

扳江网　呈正方形，四边有竹竿固定，中间再安一个菱形的小网，小网用铁丝固定在大网

---

① 张玉观：《平湖的船俗》，载《浙江民俗大观》，当代中国出版社1998年版，第316页。

② 王福基、袁克露：《嘉兴风情民俗》，浙江人民出版社1998年版，第116页。

③ 王福基、袁克露：《嘉兴风情民俗》，浙江人民出版社1998年版，第118页。

两边。捕鱼时，渔民把大网的四角各固定在一根竹竿上，4 根竹竿顶部绑在一起，这样站在船上就可以捕鱼了。

扒网　俗称“刮金板”，在船上，渔民还可以用扒网来趟水里的鱼。网的 4 个角被撑起，中间有一根长竹竿。还有一种夹网，由两张四角撑起的网组合而成，中间有两根竹子，网能够张开或者闭合，可以用来夹鱼。

趟网　是用来捞螺蛳的，呈三角形，两边各系一根木条和一根长竹竿，竹竿头部连在木条中间，木条边的对角系在竹上。使用时，拿着竹子，使木条沿河底，趟开去，然后收回来，网里就有螺蛳了。

还有一种孔非常细小的网，渔民们将它放在船后拖着，用来捞船行过时泛开的白水花。

捕捞技艺①

淡水渔民在长期的生产实践中，积累了大量的捕捞知识和技艺，主要有以下内容。

金钩抓鱼　就是在一条不很宽的河两岸各放一根竹子，中间栓起一条线，上系 20 个～30 个的鱼钩，再钓上一些诱饵。让这些鱼钩漂在水里，过些时候，就会有鱼上钩。

张丝网　这种方法主要用来捕捉小鱼、小虾。渔民用细丝结成较长的网，上缘系着浮标，下面装重锤，这样碰上小鱼小虾就会被缠住而无法逃脱。

张簖　就是用棕绳将筷子粗细的竹条结成竹帘，弯弯曲曲张在浅荡中，形如迷宫，设四个进口，里边有若干扇小门，大鱼小鱼一旦游入很难再游出来。

鱼窠捕鱼　这也是常用的方法之一，渔民在水域较宽阔的地方，堆上许多树枝，做成鱼窠，冬天鱼会集中在鱼窠中。到了适当的时候，就用竹帘或者网围住鱼窠四周，然后将树枝取出，堆在网外，待树枝取完后，就用鱼兜捞鱼。

为了能捉到新鲜的野鲤鱼，渔民们需要“引鲤鱼”，就是在河里架网，在网里放上自家的活鲤鱼，过些时间，那些野鲤鱼就会游过来，这时打鱼人就用鱼叉捕获野鲤鱼。

此外，鳝、蟹、蚌、虾、甲鱼等常常在河底做窝，不容易捕获，渔民们也有办法引诱它们上钩。

捉蟹　渔民拿一个较大的网袋，网口拴上重锤和牵绳。将网沉于河中，待网里有了蟹，就在岸上牵绳拉网，将蟹捉住。还有一种用烟火索捉蟹的方法，就是把一根粗绳的一头放入河中，另一头放进岸上的桶内，在岸上点燃野草堆，用绳索等物把烟的味道打到粗绳上，这样河里的螃蟹就会自己沿着粗绳爬入桶内。

捉鳝　这时要使用鳝笼和鳝钩。鳝笼是一种竹制的弯笼，晚上放在水田边上，里边再放上几条蚯蚓做诱饵，待早晨就会发现有黄鳝在里面。鳝钩就是用一根竹签，系上麻线，线端再系上鱼钩，钩上装蚯蚓，晚上扦在水田里，早晨收起来，会有黄鳝上钩。

捉甲鱼　捉甲鱼的方法比较复杂，有用枪打甲鱼和传统的钓甲鱼两种。甲鱼枪以一硬扎的竹片做枪身，枪身的托处装一转轮，用来收放钓线，钓线一头系一钓砣，钓砣从下往上每隔一寸就扣一副钩，一般每杆枪有三到四副钩。打甲鱼的时候，渔民双手持枪，看到甲鱼，就把

① 徐顺甫、苏丽君：《江南水乡最后一个渔村》，中国文联出版社 2013 年版，第 36—50 页。

枪头的钓砣甩过去，待钓砣落入甲鱼附近水面时，稳住转轮猛地一拉，张牙舞爪的甲鱼就钩上了。钓甲鱼则用一竹签，系上一根蜡线，蜡线另一端系一钓钩，装上猪肝做诱饵。在傍晚扦在河的浅滩处，第二天早晨就会有甲鱼上钩。

鸬鹚捕鱼　鸬鹚，也叫“鱼鹰”，又被渔民称为“捉鱼鸟”，是淡水渔民捕鱼的好帮手。鸬鹚自蛋中孵化出后，两三小时才能喂食。首次喂食须用小泥鳅的头，以有利于把小鸬鹚的喉咙撑大。大约3个月后，鸬鹚羽翼渐丰，可以开始学习捕鱼了。

鸬鹚捕鱼的方法主要有四种：一是“用网”，即用渔网把鱼围住，然后让鸬鹚把鱼赶进网；二是“放漂”，渔民划船沿江而下，把鸬鹚放到江中让其自行捕鱼；三是“放潭”，就是渔船停在一处风浪较为平静的水面，放鸬鹚捕鱼；四是“渔火”，这是夜间作业，渔民举灯照明，灯光停在何处，鸬鹚就入水捕鱼。

鸬鹚下水前，渔民用草绳绑住鸬鹚的颈部，防止它将捕到的鱼吞下消化掉，然后放鸬鹚入水。鸬鹚捕到鱼后，先储藏在喉囊中，待回到渔船上，渔民用手捏住其喉囊，顺着鱼鳍的方向把鱼挤出来。一般经过几个小时后，船舱里就会堆起大大小小的鱼。

（三）淡水渔民的信俗与祭祀

忌与兆①

淡水渔民中还盛行着各种兆和忌。渔民捕鱼颇有讲究，他们相信第一网捕上什么鱼，对一天的收获有极大的影响。如果第一网捕上来的是白鲦鱼，那么这一天都要白辛苦了；如果捕到了鲤鱼，则兆这一天要“利市”；若是捕到了黑鱼，则是特大吉兆，黑鱼兆“黑心”，这一天一定会捕到大批的鱼儿。而鱼身上斑点的位置则预示着将来生意的好坏。若是斑点在鱼头上，预示生意就在这几天；若是鱼身上有斑点，则说明丰收在这月中旬；要是斑点在鱼尾，则兆生意在后头。要是在正月里捕到了身上有斑点的鱼，则预兆六月捕鱼会大丰收。平湖一带的渔民在撒第一网时，还要在网里撒一把蚕豆，据说这是为了讨个满网鱼虾的彩头。

捕到的鱼需要及时卖出去，渔民卖鱼讲究一个“快”字。当地流传着俗语：“卖得快，捉得多；卖得慢，捉不到。”有时，渔民为了把鱼卖出去，即便在价钱上吃点亏也不计较。

此外，一些常见的动物也被渔民们视作吉凶祸福的预兆。渔民早上开船，若是看到河里有条狗在游，就认为今天会交好运；若是发现一只老鼠游过，而又捕不到，则认为犯了忌讳，立即收网回去，不再捕鱼了。渔民们都习惯在船上养鸭。鸭子就养在船艄上，用一根绳子系住鸭子脚，另一头就拴在船艄上，任鸭子在水里游。渔民们认为，鸭在船尾游，就是有尾，寓意能够生儿子，传宗接代。还有一种说法认为，鸭养在船艄可以“压后梢”，渔民就能放心地在船头撒网打鱼了。

趋吉避祸的心理还影响着渔民们的生活习惯。比如吃饭时，如果碗打翻了，就意味着不是翻船就是空手而归。吃饭时，匙子也不能扑翻，因为匙子形如船，扑翻预示翻船。筷子不能搁在碗上，俗信以为这样会使船搁浅。筷子必须头朝前尾在后，如果掉个头意味着船家要倒

---

① 王福基、袁克露：《嘉兴风情民俗》，浙江人民出版社1998年版，第112—115页。

霉。吃鱼时，切忌把鱼翻过来，翻过来意味着翻船，而要先吃上半片，吃完后，把鱼的骨架子整个取出来，再吃下半片。吃鱼要留下鱼尾巴，兆年年有余(鱼)。

祭祀

灶王爷　到了农历十二月二十四，渔民要在锅灶前祭祀灶王爷。供品有鱼肉、豆制品，点香叩拜。同时，一定要把一条鲜活的黑鱼在灶王爷前供一供，供毕放生。看黑鱼往哪里游，预示着明年哪个方向的鱼多。但不论黑鱼往哪里游，过完年后第一次开船一定要先往东开，俗信以为东方迎着太阳，十分吉利，开过一程后再按照黑鱼指示的方向前进。

七孔菩萨　渔民们还在船尾供七孔菩萨。民间传说七孔菩萨本来也是个捕鱼人，他捕鱼从来不用工具，只用手摸。有一次，他摸鱼时被毒蛇咬死，死后，被龙王封为掌管水族的官。从此七孔菩萨就禁止毒蛇在水中筑洞，保佑渔民安全。因为甲鱼、螃蟹、花鱼、乌鱼、鳗鱼、黄鳝等6种动物常在水中筑洞为窝，所以渔民们就称其为“七孔菩萨”，也叫“七孔将军”。

第四节　养殖业民俗

一、蚕业习俗

浙江各地，凡适合养蚕的地方几乎都养蚕，尤以杭嘉湖为盛。养蚕，是一项细致而繁重的劳动，从发蚕种到采茧大概需一个月。这一带蚕农中流传着“忙一个月，吃一年”“蓬头束脚一个月，舒舒服服吃一年”的说法。蚕事繁忙，也为这一带蚕农带来了可观的经济收入，是传统社会里蚕农家庭主要经济来源之一。

图96-1-4-1　采茧(2010年4月连晓鸣摄于桐乡洲泉·江南蚕俗文化博物馆)

传统养蚕主要以家庭为单位，采取室内养育的方式，具体的劳动一般由家中的妇女承担。这里的蚕农历来把蚕称为“宝宝”“蚕宝宝”。家中主持养蚕劳动的女子，无论已婚未婚，一概被称作“蚕娘”。

(一)蚕室与蚕具

打扫蚕室

杭嘉湖蚕乡农民养蚕并不建造专门的蚕室，而是在家中开辟蚕室。一般在发蚕种前一周左右，家家户户都要腾出尽可能多的室内空间，打扫蚕室。主要是掸檐尘，冲洗门窗，铲刮地皮，粉刷墙壁，清洗蚕具，并喷洒杀菌剂。打扫完毕后，进蚕室时，都用脚先在石灰上踩一踩，将手放在漂白粉溶液里浸洗一下。饲育幼蚕，一般坚持每天撒一次蚕药，用以防病。采完茧子，打扫蚕室，将所有的垃圾堆在场上烧掉。

20世纪50年代到70年代，这一带曾经实行集体养蚕，生产队都建起了专门的蚕室，称为“共育室”。80年代起，农村改革，蚕室又重新搬回各家各户去。只是考虑到小蚕养育要求比较高，农科站仍采取共育的方式。因此这一带的蚕农仍以家庭为单位、室内养育为主。

蚕具

蚕具，是养蚕过程中所使用的工具，杭嘉湖各地风俗大同小异，主要有如下几种：

叶刀　专门用来切桑叶饲养小蚕，刀片比常用的菜刀薄，非常锋利，可以将桑叶切得很细。

叶墩头　有的地方也叫“切叶蒲墩”，用稻草制成，将精选的稻草芯扎紧，直径约40厘米，两边切齐好像墩头形状。因为稻草具有一定的弹性和柔软度，切桑叶时，便于将桑叶切细而不会过度地磨损刀具。另外，这种切叶蒲墩在切叶时不会产生响声和振动，有利于幼蚕生长。

鹅毛　用来掸乌蚁，即刚孵化出来的蚁蚕。

蚕筷　竹制，比吃饭的筷子大，头尖，用来夹小蚕。

蚕　竹编的小箪，也叫篚，浅口有缘，圆形，直径两尺左右，底部呈网眼状。养蚕前用绵纸糊实，用来养小蚕。头眠后，蚕体渐大，换用小蚕匾。

蚕匾　多为竹编，有大小之分，小蚕匾为头眠后养小蚕用，直径1米左右，底部无网眼，形状有方、圆两种。大蚕匾形状也有方、圆两种，一般直径1.5米，样式同小蚕匾。出火后，用以养大蚕。

蚕植　三脚木架，有大、小两种。小蚕植用于放小蚕匾，大蚕植放大蚕匾。大蚕植一般10层，最少9层，最多不超过13层。

蚕网　换蚕沙（即蚕粪渣）用。

叶篓　装桑叶用的竹筐，俗称“发篓”，高40厘米，上口圆口直径35厘米，下底圆口直径20厘米。使用时，用绳子束在采桑人的腰间。

叶篰　装桑叶或者蚕茧的大竹筐，长圆柱体，上口可系麻绳供挑扁担使用。一般高90厘米，上口圆口径65厘米，下底圆口径50厘米。

藤镶边　藤条或者柳条、笆斗藤等编成的小型盛器，脸盆状，直径40厘米，高10厘米～15厘米。主要用于盛放切细的嫩桑叶，也用来捉熟蚕上蔟。近年来，蚕农多用一般的淘箩、脸盆等代替。

火缸　养小蚕时用于室内加温的黄沙泥陶器。底部无孔，上圆口径50厘米，下底口径20厘米，高30厘米。用时放入柴炭、砻糠、木屑等物，使之燃烧发热。

炭盆　体积比火缸小，形似煤饼炉，中有夹层，5个出气小孔，底部也有洞可以通风，一般置炭燃烧。高10厘米，直径15厘米左右。

火钳　挟炭火用。

山棚竹　淡竹竹竿，蚕上蔟时搭山棚用。

蚕凳脚　杉木制成的小木凳，三只脚，可以活动收放，十分灵巧。搭山棚时用。

搭山木　杉木条，搭山棚时用，长短与蚕房长宽度相仿。

芦帘　一般用芦苇秆编成，搭山棚时用，也可以挂在蚕室外作门帘、窗帘，亦可用作走廊遮阴。

山棚　由蚕凳脚、搭山木、山棚竹、芦帘共同构成。搭建时，一般在蚕室两边靠墙处，先放置6只蚕凳脚，然后横向搁3根搭山木，再在其上竖向放置若干山棚竹，搭成山棚架，再在上面铺上芦帘，即可。山棚架离地高约1.2米，以人可以在底下钻过为宜。

蚕蔟　俗称湖州把、禾帚把，供熟蚕上蔟用。制作时，取梳理干净的稻草，去掉顶端细嫩部分，中间束紧旋转成形，竖立在山棚上。一般高50厘米，上口圆径35厘米，下口圆径28厘米，熟蚕一般都在蚕蔟的上半部分。

棚荐　稻草为纬，细绳为径，编成帘子形状，挂在门窗上遮风挡荫。也有在蚕室外竖起若干根细竹竿，然后挂上棚荐，用来遮风挡荫。

（二）养蚕过程

历史上，浙江蚕乡一年中以饲养一期春蚕为主，秋蚕为辅。1952年起，推广养夏秋蚕，1955年又将一年养一期的秋蚕分成早秋蚕、秋蚕、晚秋蚕三期饲养，这样一年要养五期蚕。

下面以养一期春蚕为例，介绍养蚕的全过程。

制种

养蚕的第一步是制种。蚕农多采用土法育种，也形成了不少约定俗成的做法。20世纪30年代起，当时的政府有关部门推广蚕桑生产改良事业，取缔农家土种，改由蚕种场供应统一的改良蚕种。至50年代初，只有少数蚕农采用土法育种。中华人民共和国成立后，蚕种均由各地国营蚕种场制作供应。

所谓的土法育种指使用上年晚秋蚕籽孵化蚕种，俗称“秋籽春捂”。蚕农挑选整齐强健的蚕茧，作为种茧收藏起来。待茧子中的蚕蛹变为蛾子，破茧而出，雌雄交配。尔后，雌蛾产卵，用桑皮纸承接蚕卵，即为“蚕种纸”，又称为“蚕连”。蚕农将蚕种纸妥为收藏，待到下一年春天蚕事开始，再行孵化。

浴种暖种

土法育种孵化时，要先“浴种”，将蚕种纸在盐水中浸泡一下，随即揩干，包在绵纸里。由蚕娘焐在胸口，用体温帮助蚕种孵化，当地老人戏称为“大嫂焐种”，也有焐在被窝里的。

孵化

经过三四天的暖种期之后，将蚕种纸摊开，放在蚕匾中，底下燃炭盆适当加温。四周用布幔围住遮风，过一夜。

收蚁

乌蚁孵化以后，采嫩桑叶切细，再将蔷薇花焙燥揉细拌入，一并撒在蚕种纸上。乌蚁闻到香味后，就会纷纷爬上叶面。过一两个小时，即可用鹅毛将乌蚁掸入蚕匾内，开始喂养。因为乌蚁怕冻，此时还需燃炭盆增加室温。

头眠

从乌蚁入匾起，大约三四天为一龄期，蚕进入休眠，称“头眠”。休眠中的蚕成为“眠头”。眠一昼夜左右，蚕儿醒来，称为“起娘”。

二眠

蚕醒来吃桑叶，大约再经过三四天（称为“二龄期”），又一次进入休眠期，称为“二眠”，眠一昼夜。

在一眠、二眠的过程中，蚕户采用一些土法保持蚕室内的温度和湿度，称为“补三春”和“补三潮”。

“补三春”即为蚕室增温。蚕在一眠、二眠阶段，蚕室温度一般都应维持在华氏80度左右。20世纪五六十年代集体养蚕时期，一般在共育室中铺设“地火龙”。分蚕到户以后，一般蚕农采取电灯照明和煤饼炉加温的方式。蚕农在蚕室内设一煤饼炉，并搁一壶水。煤饼炉上通一导管，将燃煤产生的烟导出室外。同时，开水沸腾后产生的水蒸气，进一步被利用增加蚕室内的湿度。这种土法蒸汽又被称为“补三潮”。通过增温、增湿等措施使得蚕室内的温度、湿度保持在一个有利于幼蚕生长的标准上。当地有句俗话叫“十日三眠”，也就是说比较理想的生长状态是经过10天左右的饲养，蚕能够进入三眠期，那么将来结茧会比较顺利，蚕茧质量也比较好。

三眠

又称“出火”。在二眠期之后，蚕再过三四天（称为“三龄期”），又一次进入休眠，此时蚕体渐大，天气渐暖，蚕室内一般要取消炭盆，故称为“出火”。

杭嘉湖蚕乡有“捉眠头”的习俗，将眠头捉出来称一称，分别放入大蚕匾。每只大蚕匾一般放4斤眠头。如果此时1斤出火眠头将来能平均收8斤茧子的话，称为“蚕花八分”。这是当地正常年景蚕茧收成的标准。如果产10斤茧子，就是大丰收了，俗称“蚕花十分”。此外，当地蚕户之间还有“蚕花廿四分”的祝福语，就是希望1斤出火眠头平均能收24斤茧子，则是蚕农们美好的愿望和祝福了。

蚕三眠开桑之后，蚕农就撤去抬架、煤饼炉等，将蚕匾直接置于地上，称为“落地铺”；同时打开蚕室的窗户，称为“大蚕开光”。依照当地“小蚕靠火，大蚕靠风”的俗语说法，保持蚕室内通风有利于蚕的生长。此时，喂蚕时要十分当心，不能踩进地上的蚕铺中，喂养时只在中间开出一条窄窄的道路以便行走。即便有物件落在了里边，如果用手够不着也不能进去捡。按照当地人的解释，脚心是热的，将人的热气带入蚕铺中，会诱发蚕病。

大眠

这样喂养四五天（称为“四龄期”），蚕进入第四次休眠，俗称“大眠”。眠期一昼夜半到二昼夜。这时还要再捉一次眠头，再次分匾。起眠后，称为“大眠开爽”，蚕进入食叶最盛阶段，称为“饷食”。连喂七八天后，蚕体渐趋成熟，通体晶莹，称为“缭娘”。此时蚕已经开始酝酿吐丝，很快就要上蔟了。

上蔟

俗称“上山”，即将熟蚕捉到蚕蔟上去，让它吐丝结茧。蚕乡习俗，一定要见了熟蚕，方可搭山棚。如果蚕未熟就预先搭好山棚等着上山，就会被称为“搭空山头”“扎空禾帚把”，是不吉利的。吴语“搭空山头”就是从这儿来的。

蚕蔟，主要稻草蔟和塑料折蔟两种。传统稻草蚕蔟的折法是将梳理干净的稻草中间折拢，顶上用稻草束紧，成圆锥状的方式。塑料折蔟为大张塑料网格状，网孔宽大约2厘米～3厘米，用时平铺覆盖在蚕铺上。

加山火

上山后，在山棚底下架炭火盆，适当加温，加速结茧，俗称“擦火”“灼火”。一般经过两昼夜以后，看不见蚕体了，蚕农就可以撤去炭盆。民间传说，这时有一种小鸟，不断呼叫“灼山看火”，似乎在提醒蚕农注意火种，防止酿成事故。

采茧

上山后五六天，即可摘茧子，俗称“回山”“晾山”。这时全家老少一起参与，将茧子从蚕蔟上摘下来，把次茧、坏茧剔出，准备做丝绵之用，其他好茧则分等级盛放，准备售出或留作自家缫丝。

至此，一季春蚕饲养过程基本结束。夏蚕、秋蚕，只是季节上的差异，具体步骤基本相似。

（三）蚕病防治与蚕禁忌

蚕极易生病。清同治《湖州府志》卷三十《舆地略·桑蚕上》转引《吴兴蚕书》说：“蚕自小到老，须刻刻防其疾病。俗称蚕为忧虫，受一分病则歉收一分。”为防治蚕病，各地蚕乡形成了一系列与之相关的传统防治模式以及行为语言上的禁忌，以此保护幼蚕的顺利成长。

蚕病防治

养蚕，贵在平时勤于管理，要时刻注意蚕室的寒热干湿，蚕的饥饱，蚕匾中蚕堆放的疏密程度，掌握眠起的时间。喂桑叶更有严格的规定，何时喂何种桑叶，喂多少，隔多久喂一次，都不可马虎。不能给蚕吃雨淋湿了的、雾露浸润了的、太阳刚刚曝晒过的、虫咬伤了的桑叶。

防治天敌　蚊蝇鼠害等都是蚕的天敌，蚕乡人也有一些习俗防治天敌。蚕室的门窗都用帘子遮密，进出注意，以防蝇虫。为防蚊子，蚕乡有在蚕室内点线香的习惯。蚕农们非常注意堵塞老鼠洞，也有的在蚕室内养猫。此外还有用“蚕猫”辟鼠的习俗。蚕农见了蜈蚣、蛇一类的动物，都不能擅加捕杀，只能小心翼翼送出。

土法治蚕病　杭嘉湖蚕乡还流传着一些治蚕病的土方子。海宁钱塘江乡，发现白肚病（俗称“淡娘”）就泡些盐汤泼在桑叶上让病蚕吃，据说这是用盐水来“冲淡”。在海盐横港、沈荡一带，则活捉赤炼蛇放入盛有石灰块的甏中密封，待发现蚕得了僵病，就将这只甏里的石灰撒在病蚕身上。此外，还有用喷烧酒或甘草水来治蚕病的。①

蚕禁忌

关蚕门　杭嘉湖蚕乡在养蚕期间，禁止生人进入蚕室，亲友此时也暂时断绝往来，俗称“关蚕门”。习俗以为，外人进入蚕室会带进去不干净、不吉利的东西，不利于蚕的生长。因

① 顾希佳：《东南蚕桑文化》，中国民间文艺出版社1991年版，第33页。

此，直到采罢茧子，亲友间才恢复相互往来，俗称“开蚕门”。

关蚕门期间，传统习俗要求蚕室外人免进，内部要保持绝对的安静。不但不能大声喧哗，连小孩在附近割草也不行。蚕室内切桑叶的墩头不用木板，而用稻草制，也是为了避免发出响声。此外，还禁止捧着饭碗进入蚕室吃饭，据说饭粒不小心掉在地上时，形似僵蚕，为人们所忌讳。不过随着科学技术的普及，这种传统也在变革中，今天的蚕乡主张蚕室卫生，已经不再拒绝外人进入了。

行为禁忌　习俗规定蚕室内不允许吃饭，养蚕者必须衣着整洁，不可涂脂抹粉，不可吃大蒜等辛辣食物，不能饮酒，以防有不洁的东西或者气味影响幼蚕生长。

此外，蚕农们若是发现僵蚕不能声张，俗信以为越说僵蚕会越多。蚕农会悄悄捉起僵蚕塞进自己的嘴里吃掉，俗称“落花眠”，以为这样就可以破解僵蚕。现代科学则认为，僵蚕初期还不会传染，及时处理掉，倒也不失为一种控制其蔓延的隔离措施。

蚕经过四眠后开始成熟，此时要“上蔟”，俗称“上山”。按习俗，一定要见了熟蚕，方可搭山棚。如果蚕未熟就预先搭好山棚等着上山，就会被称为“搭空山头”“扎空禾帚把”，是不吉利的。传统还要求搭山棚的人决不能赤膊、赤脚。俗信以为赤膊茧是低产的，赤脚就是“无收成”，都不吉利，为蚕农无法接受。搭山棚、插禾帚把的人是不可轻易下凳休息的，要一口气上好，称为“压山”。①

语言禁忌　还有一类蚕禁忌表现在语言上。蚕农们在日常生活中常常忌讳说某些字，而改用另外一个字来表达，相沿成习，成为当地人的俗语或习惯用语。如：

忌“亮”。因为亮蚕是蚕病，所以“天亮了”要说成“天开眼了”。

忌“僵”。因僵蚕也是一种蚕病，所以“姜”要说成“辣烘”，“僵蚕”要说成“冷蚕”，“酱油”要说成“颜色”“罐头”“鲜猛猛”“咸酸”等(吴语中，“僵”“姜”“酱”同音)。

忌“伸”。因蚕只有死了才伸直，故“笋”要说成“萝卜”或“钻天”。

忌“虾”。吴语中“虾”与“浮肿”同义，即蚕的白肚病，也属忌讳之列。“虾”要说成“弯转”。

忌“爬”“逃”“游”。蚕到处乱爬，不吃食，俗称“游蚕”，就说明蚕有病了，因此要忌讳。“爬”要说成“行”，“油”要说成“湿漉漉”“下水过”(“游”“油”同音)，用作辟邪的桃枝要说成“掌头”“涨头”(“桃”“逃”同音)。

忌“葱”。“葱”与“冲撞”的“冲”同音，要说成“香头”“香火”。

忌“拣”。“拣”音同“减少”的“减”，从蚕匾里拣出几条蚕来，要说成是“认”。

忌“四”。“四”“死”同音，所以蚕的“四眠”都要说成“大眠”。②

这种语言禁忌还引申到用具上。蚕乡忌用破损了的蚕匾，因为“坍匾”就是“倒蚕”的意思，人们忌讳“倒蚕”一类灾祸的发生。秧凳、秧伞，原是这一带蚕乡嫁妆中的必备项目，但习俗不允许在结婚的时候送过去，据说“秧凳”与“秧钝”谐音，“秧伞”与“养散”谐音，都是农家大忌，所以必须推迟到新婚后的第一期养蚕结束，才可由娘家人趁着“望蚕讯”之际将这两件嫁

---

① 顾希佳:《东南蚕桑文化》,中国民间文艺出版社 1991 年版,第 35 页。
② 顾希佳:《东南蚕桑文化》,中国民间文艺出版社 1991 年版,第 41—42 页。

妆补送到婆家。

（四）养蚕中的祛祟与占卜

祛祟

蚕农们认为冥冥之中有一些凶神恶煞在作祟，给蚕桑生产带来灾难。于是，他们会仰仗咒语、辟邪物、神秘的动作等巫术行为，驱赶鬼祟。这类民俗行为通常被称为“祛蚕祟”。

扫蚕花地　在德清城关、千山一带，每年春节或者清明时节，当地蚕农都要请“扫蚕花地”艺人到家中表演。艺人们身穿红绣花衣裙，左手持绸手帕，右手持折扇，表演起来载歌载舞，这一类歌舞在当地被称为“扫蚕花地”。表演时须准备好蚕花、秤杆、鹅毛、扫帚等物品。这些原本是常见的养蚕工具，表演时扎上彩色纸花，就成了道具。艺人们手持道具，做着“糊窗”“采叶”“喂蚕”“做缫”等各种动作，模拟养蚕劳动，同时唱民歌《扫蚕花地》。①

唱蚕花　在杭嘉湖蚕乡，每年冬天，有人专门挑一副担子，担子的一头供着小小的蚕神塑像，或者手持一面幡旗，上绘蚕神像，他们一面敲着小锣，一面沿村游唱。所到之处，蚕农送他们一些白米、糕团之类；他们则捧上蚕神像，到该家蚕室内兜上一圈，也有的地方只在蚕室门口站一站。一边兜，一边唱起当地人人都熟悉的《蚕花歌》。

这首民歌，有的地方叫《马明王菩萨》，有的地方叫《唱花蚕》，也有的地方叫《蚕花经》，内容大同小异。开头部分先唱蚕神马头娘的一段神话，接着就唱蚕桑生产全过程，最后再加几句祈祷蚕花丰收的颂词。②

在海宁，还有一种“跳马”习俗，跳马人手持纸马（一块剪画成马头侧面状的硬纸板），到蚕农家中去边跳边唱《跳马歌》，歌词大意也与《唱花蚕》相似。

在海盐的城西，由几个青年男子同划一小船，到了蚕农家门口河埠头，就将船在河心划出各种图形来，煞是好看，一边唱花蚕歌，引来村人围观。届时主人家总要拿出一些白米或糕团作酬谢，小船才划向别处去，然后继续此类划船表演。③

蚕猫　直至中华人民共和国成立初，嘉兴、海盐一带的蚕农都习惯于上集市去买一两只泥塑彩绘的“蚕猫”来，偷偷地塞在蚕室的一个角落里，不让人知道。俗信以为这样一来，老鼠就不敢进来了。此俗在湖州一带也颇为流行，有的地方，蚕猫是由一种小小的“敲梆船”专门载着，到各个村落去兜售的。

海宁一带习惯于贴印有蚕猫的糊纸。这种蚕猫纸由木刻印刷在红绿纸上而成，每年冬春，照例和蚕神码放在一起，在当地南货店发售。蚕农买去以后，一般都贴在衬幼蚕的蚕上，蚕猫一般是黑白木刻，印在黄、红、绿色的底纸上。店家出售时，就在一沓糊纸中，配好了三张蚕猫纸和一张蚕神码，夹在其中。④

有的蚕猫图是印在白色宣纸上的，然后彩绘，十分传神，一般都贴在蚕室的墙壁上。现藏

① 顾希佳：《东南蚕桑文化》，中国民间文艺出版社 1991 年版，第 267 页。

② 王福基、袁克露：《嘉兴风情民俗》，浙江人民出版社 1998 年版，第 110 页。

③ 顾希佳：《东南蚕桑文化》，中国民间文艺出版社 1991 年版，第 152 页。

④ 顾希佳：《东南蚕桑文化》，中国民间文艺出版社 1991 年版，第 262 页。

于苏州市民俗博物馆的《逼鼠蚕猫图》就是其中之一。

德清、桐乡一带，农家妇女常常动手做剪纸《蚕猫》，也用来在蚕室内张贴，或衬在蚕匾底部。

其他祛祟　在嘉兴新篁，蚕房门口要挂一把蒜头、菖蒲和楝树花。据说挂楝树花的意思是希望茧子结得和楝树果一样结实，一样多。蒜头和菖蒲都是为了避邪。在海盐六里，蚕房里要挂一只空蚕匾，中间斜贴一小块正方形红纸。此外还有一把麦子、一把蚕豆，都是从地里连根拔起来的，扎上红纸条，再串上一把无柄的镰刀。将这三样东西一起挂在蚕植上，上山后则挂在山棚上，也有挂在大门口的。麦和蚕豆，是为了预兆丰年，无柄镰刀则被当作有某种神力的避邪物。在海宁周王庙，有的蚕家要在养蚕之前举行一种祛祟仪式。夜间不许任何人偷看，男主人用手在白石灰水中浸湿，然后在蚕房门窗上按下一个一个白手印，俗信以为可以祛祟。蚕上山时，蚕房门口的柱子上要斜一把刀，据说这样可以吓唬凶神恶煞；山棚上再放一碗冷饭，给凶神吃，让它们吃了以后快走，别在蚕房周围"惹事生非"。①

占卜

烧田蚕　每年大年三十晚上，或是元宵夜，青少年高举点燃的火把，在田岸上奔跑，嘴里说些祈祷田蚕丰收的祷词。火把通常用稻草制成，也有用竹、苇、树枝等物，缠上丝绵之类扎成的。届时，有的村子还要敲锣打鼓，舞火流星，用以助兴。这项习俗在当地被称为"烧田蚕"，嘉善一带，俗称"掼火把"。火把上的火旺不旺，是占卜一年农事和蚕事丰歉的标志。火旺，兆田蚕丰收；火不旺，兆田蚕歉收。②

三姑把蚕　蚕乡信仰三姑，与占卜有密切关系，杭嘉湖一带，通常称为"接淘箩头姑娘"。

占卜的仪式一般在元宵夜举行，也有在清明夜或除夕夜进行的。具体做法各地略有不同。湖州一带，用一根竹筷纵向放在淘米的箩上，另一根竹筷横向虚架在这根竹筷上。两人分立淘箩两侧。一人以左手，一人以右手，各用食指掂住淘箩的边沿，然后轻轻摆动，如果淘箩头姑娘被接到了，上面那只筷子就会随之摆动起来。人们就用筷子摆动的次数，来预测蚕事的好坏。也有的地方称之为"请坑三姑娘"，亦即厕神、紫姑的俗称。

海盐一带的做法是：预先在饭桌上均匀地铺一层薄薄的米粒，准备一只米淘箩，里面放一只头簪，上面盖上一块红布；请两个姑娘站在灶口。这时，蚕农家的主妇到灶口去"请淘箩头姑娘"，然后这两个姑娘就手捧米淘箩，走到饭桌前，取出头簪，在米堆上画写一个"好"字，以表示今年蚕花丰收。一般认为这是"扶乩"迷信在后世的一种衍变。

还有一种常见的占卜方法是查看当年坊间刻印出售的历本，上面有根据年份的干支排列来确定这一年是"几姑把蚕"。几姑把蚕的排列，和当年历书上常见的几龙治水、几牛耕地，是一回事，无非是按照某一种规定好了的顺序来预测当年的蚕室丰歉。③

其他占卜　在桐乡乌镇，有用大蒜头占卜蚕事的习俗。在收蚕蚁前两三天，将大蒜头涂

---

① 顾希佳：《东南蚕桑文化》，中国民间文艺出版社1991年版，第146页。

② 顾希佳：《中国民俗通志·生产志(下)》，山东教育出版社2007年版，第431页。

③ 顾希佳：《中国民俗通志·生产志(下)》，山东教育出版社2007年版，第432页。

了泥放在蚕房的墙角，到收蚕蚁那天拿来看，萌出的蒜叶嫩芽越多，则兆今年的蚕事越顺利，反之，则兆蚕事不顺。

诸暨一带，有在元宵夜爆糯谷的习俗，妇女在锅里炒着糯谷，称为“孛罗花”。如果锅里的糯谷翻白的比较多，就兆今年蚕室顺利，俗称“脱蚕壳”。

二、家畜蓄养习俗

家畜饲养是传统社会里农家主要的副业生产，主要家畜有猪、牛、羊等，其中以猪的饲养最为普遍。饲养家畜不仅能够为家庭提供必要的副食品，也能获得较好的经济收入。

（一）养猪

浙江农村历来有养猪的传统，养猪是农民的主要副业。农户养猪一则可以增加一笔可观的经济收入，二则可以为水稻生产提供大量优质的猪栏肥。有“富人不离书，穷人不离猪”的农谚。长期以来，逐渐形成了一些饲养民俗。

新猪建栏

建猪栏，经济条件一般的人家多在灶间专辟一地，请泥石匠筑栏；有条件的人家则另辟猪栏，与灶间分开。筑栏又称“平栏”，要掘出土坑，用三合土夯实，砌上石块。筑栏对农户来说是一件喜事，筑栏时户主会请上一些身强力壮或者老年有德、能说会道的人前来帮忙，并且殷勤招待，俗信以为这样兆“会食会大”。有的还备上糖果、炒米等，邀请村里的孩子前来帮忙“平夯”，以兆“兴旺热闹”。平栏以后，请木匠建栅，称为“构栏”，主人家同样殷勤招待。构栏时，不能跨越栏格，表示猪以后不会跳栏。构栏完成后，养猪户还要在栏底铺上稻草或者其他杂草，栏草湿了再加一层，等栏草垫满了或者农作物需要栏肥时，挑去田畈当肥料，俗称“出栏坪”。

猪栏建成要在新栏门上挂五彩布条，以示吉利，并且要祭栏神，俗称栏头菩萨。俗信以为，祭过栏头，新猪栏才可启用。春节时，猪栏要贴红纸，内容多是“猪大肥多”“日长夜大”“六畜兴旺”“栏头大发”“猪大如象”“养猪积肥”等吉利话。①

无论是平栏还是构栏，点心都要在栏里吃，不能推辞，要全部吃光。缙云建猪栏时，养猪户要把一碗烧好的鸡蛋面端到猪栏内请泥石匠老师傅吃。老师傅洗净双手后接过，立即狼吞虎咽地吃下，还要说：“来了，来了，会食会大。”俗信以为这是日后养猪好胃口的吉兆，户主就会多包利市红包。如果老师傅说：“太满碗，我吃不下。”则被当作不吉利。

赶公猪

母猪又称“猪娘”，公猪又称“猪头”或者“猪牯”。一般养猪娘户都不养公猪。饲养公猪的农户较少，一般几个村庄仅一户，俗称“赶公猪”。谁家猪娘发了情要交配，就请养户把公猪赶过去交配。到达后，养猪娘户要请“猪亲家”，做两碗鸡蛋面或者鸡蛋粉干给赶猪人吃，谓之“凑双”。交配前，要先给公猪吃饱，意为生下的仔猪又多又大。交配后，要送出门百步外。若

---

① 唐朝亮：《龙游的养猪习俗》，载《浙江民俗大观》，当代中国出版社1998年版，第274页。

怀孕成功，则以4斤猪肉作为报酬，或者计价折钱、折谷付酬，不孕者减半。①

买猪卖猪

每年春季，多数农户都会上猪市购买仔猪。卖小猪者要先用香、纸祭祀过猪栏神。盛小猪的猪篓要放上利市纸，挑到门口，主妇要喊三声“妞儿”，表示小猪仍在，猪栏不空。卖完回家后，还要祭拜猪栏神，福礼分送邻里。买小猪的篓里也要插香，放上“利市纸”。买卖两家的猪篓不能合为一挑；猪篓里要用泥土或其他物品作为沉头，忌讳用石头，俗信以为石头顽固不化，会让小猪长不大。买主买好仔猪，卖主要赠送少量稻草，谓之“娘家草”，以示小猪可同在娘家一样健康成长。仔猪买回来，六天内无特殊原因死亡，卖家要负责赔偿。

除此之外，养猪户中还流行一种“捉猪儿”的买卖方法，就是母猪临产后，养猪户将仔猪产育的消息传开来，邻村养肉猪的养猪户闻讯陆续赶来预订，同时约定捉猪儿的日期，又称“诺猪儿”。到了约定的日期，预订者各自带好买仔猪的竹篓，齐聚养家，按乡俗和行情商定仔猪每斤的价格。主人家以新煮的连渣豆浆（俗称“豆腐娘”），喂小猪，以增重。小猪进食时，客户在旁观察其吃相，按会吃、体壮、毛色及仔猪大小等条件，进行挑选。待小猪饲食完毕，主人打开猪栏，客户立即进栏自行抢捉自己看好的仔猪，放到自己带来的“猪儿笼”中，全部捉好后，主家过秤收钱。待“捉猪儿”完毕，往往已到中午，此时，主家会备好“捉猪儿饭”请客户用餐。

“捉猪儿饭”菜式比较简单，但饭要准备充足，客户则要放开肚皮吃饭，吃得越多，预兆他捉的小猪会吃会大容易养。②

小猪入栏

新买回来的仔猪到家后，有的养猪户会用吹火筒扛竹篓，以示小猪可以快快长大。进栏时，要点香祭拜猪栏神，并说：“清水白米泔，吃吃嘘嘘鼾。保佑日重千斤，夜增万两。”仔猪入栏，要打开栏门，让其自行走入栏内，不可抓起猪从栏上面放入，否则猪长大后有跳栏的毛病。若栏内已经养有毛猪，要先赶出来，让新买的入栏，再把原来的猪放回去，俗信以为这样新老猪才能和睦相处。③

喂食

猪小的时候主要喂些豆浆水、豆粉、苞萝粉，上半年主食草籽，下半年主食番薯叶、番薯、萝卜菜，煮熟吃，拌上一些糠。装猪食，有的用石头打成的猪槽，有的用木头箍成的猪槽桶，猪食就倒在猪槽里让猪吃，每天三四餐。有些人家有做豆腐养猪娘的习惯，把豆浆渣和酸浆水作为上等饲料喂猪。如今，猪食一般都采用生吃，并配以一定的饲料。④

为了养壮肉猪，待猪稍大一点就要请人阉猪，俗称“结猪”。阉猪的人被称为“结猪人”，口吹发出特定曲调的“结猪箫”，身带工具袋逐村游走，以此谋生。请阉猪师傅时，养猪户要做鸡蛋面。割取出的睾丸或者卵巢，称为“猪花”，要一边口念“快高快大”，一边扔到屋瓦背上。倘若掉在地上，养护会认为这只猪兆头不好，养不大，要卖掉再买。

---

① 唐桓臻：《武义风俗》，中国文史出版社2009年版，第35页。

② 沈毅：《捉猪儿和“吃捉猪儿饭”》，载《浙江民俗大观》，当代中国出版社1998年版，第273页。

③ 王福基、袁克露：《嘉兴风情民俗》，浙江人民出版社1998年版，第121页。

④ 唐桓臻：《武义风俗》，中国文史出版社2009年版，第33页。

出栏

肉猪养大要宰杀，俗称“出栏”，忌用“杀”字。出栏多选“丑”日，忌讳“子”日，寓意以后养的猪体壮如牛，不是瘦小似老鼠。出栏要祭拜猪栏神。有的地方养户用三张“利市纸”，洒上几滴猪血后焚烧，并点上三炷香，朝天拜三拜，口念：“今生作猪，下世变人”，表示送猪上天。有的地方由养猪的农妇在门口叫“猪归啰”，以示猪魂不走，年年有猪可杀。

屠工杀猪进刀时要讲一句“出世人身”，此时妇女、孩子都要避开。杀后把沾有猪血的“利市纸”压在屋角或者栏内，以示猪未死。杀猪褪毛用的沸水要用吹火筒扛，热水倒入杀猪桶后，把吹火筒的下端浸入水中，上端用口吹，沿桶吹一周，俗信以为这样吹过后，下次养猪能够长得更快更大。猪屠宰好后，要用所杀猪的肉烧一碗面给屠工吃，俗称“谢屠”。①

养户会把部分白肉挑到店里投售，猪内脏一律自家食用，不能出售。留下的部分肉，一块块称好，每块加上一小块猪肝、一段大肠、一段小肠，贴上红纸条，分送给亲戚。亲戚家杀猪时也会馈赠同样的礼品，俗称“送猪散福”。家里则把猪肉切成稍大片，加上内脏、猪血一起煮一锅，一碗一碗分送给亲房叔伯吃，俗称“吃散猪福”。亲房叔伯家杀猪也同样端来，民间有“亲戚担对担，邻里碗对碗”的俗谚。②

春节杀年猪特别隆重。一般都是腊月二十五停止，二十六为“封刀日”。杀年猪要一刀清，否则被视为不吉利。刮毛时，猪头上要留手掌大的一块猪毛，尾巴尖上也有留 3 寸左右的猪毛，意为有头有尾。然后将全猪放在 4 尺长的条凳上，猪头朝外，养户烧香谢了天地后，将猪调头，再焚香烧纸，最后刮去头尾剩下的猪毛，剖成两爿。除留下部分新年食用外，其余斩成块，腌制起来，以备开年后食用。③ 有的地方还有在此日请亲戚朋友来家吃肉的习俗。

（二）养牛

牛是农民家中的活宝。农家水稻耕种要靠牛耕田耘田，加工大米做各类食品也要靠牛拉车碾米磨粉。农民自家的耕牛一般不许别人役使，若是有亲友前来借牛，牛主宁愿自己跟去代耕，牛一工换人两工。

喂食

农民养牛多为耕牛，一般有黄牛和水牛两种。养牛有牛栏，形同猪栏。春夏草木茂盛，每天天还没亮，就有牧童起早去放“天光早”，俗信以为吃露水草的牛最壮，所以天亮前就要把牛赶去牧场，一旦太阳出来，露水收尽，草也不补了。夏天，牛怕热，白天牧童会把水牛拴在水塘旁边乘凉，等太阳西斜、地气转凉后，再赶着去放牧，入栏前还要先捂干蒿草驱蚊子，让牛能安安稳稳睡觉。牛入栏，要把牛绳绕在牛角上，黄牛绕圆形角，水牛绕交叉角。俗信以为若是绕错了，牛就会晕过去的。入冬以后，山上无草，则在家喂豆粽，即稻草裹马料豆，还要给牛喝热汤。养户还会为牛准备好过冬垫栏的稻草，保证牛栏十燥温暖。逢年过节和农忙季节要给牛

---

① 叶大兵：《中国民俗大系·浙江民俗》，甘肃人民出版社 2003 年版，第 33 页。

② 唐桓臻：《武义风俗》，中国文史出版社 2009 年版，第 34 页。

③ 崔成志：《衢州民俗大观》，吉林文史出版社 2004 年版，第 148 页。

喂食黄酒，吃鸡蛋、米粥之类。

耕田时，看牛的孩子要去拔草，拔满一篮就送到田头，供牛休息时喂食。基本上牛耕田与人同休，一两小时就放耕一次，称为“歇轭”或者“停轭”。这样才能保证耕牛劳逸结合，耕而不损，常饱不饥，营养充分，一个春季下来不掉膘。主人家通常视看牛的牧童为正劳动力，要保证他吃好喝足。①

教牛耕田

不论水牛还是黄牛，每当小牛2岁左右时，养户都会在正月里选择龙日或者虎日，教牛拉犁学耕田。

教牛耕田前七八天，养户会给牛穿好牛鼻子，系上牛绳，配上龙口兜。教牛共有3人，教牛手和两个副手。到了选定的日子，两个副手带上一种由小毛竹制成的、一头系有麻绳的犁钩筒，教牛手背上犁，牵着牛，选择一处沙质土的空田或者空地，开始教牛学犁田。

开始时，副手把犁钩筒系在左右两边的龙口兜上，双手捏住犁钩筒，与牛头平行。教牛手架上牛轭，系好牛绳，右手扶犁耙，左手拿竹枝和牛绳，对牛大声说：“今天是好日好时，教你耕田赚饭吃。眼睛看犁路，耳朵听声音。”接着便开始不断喊着耕田的口令，让牛逐渐熟悉，并能依令行事。各地耕田口令略有不同。武义一带叫牛起步为“呃”，向左为“牵”，向右为“头”，停歇为“下”，吃草为“噎”。龙游一带“嘿”是叫牛走，“吓”是叫牛停，牛绳掸掸是向右走，牛绳拉拉是向左走，“转”就是掉头入行。以上这些口令，在教牛过程的中要不断重复。教黄牛和水牛基本相同，不同的是，教水牛耕田时，头要向地面按，因为水牛肩上没有驼峰，头向上的话，牛轭会滑向牛背。黄牛因为肩上有驼峰，因此头要向上托，以使牛轭正好架在牛肩上。

一般来说，一头牛教七八天就会耕田了。牛学会了耕田以后，耙田、耖田就不需要再教了，往往会根据人的指挥作业。②

牛亲家

农家养牛，有余有缺，相互之间常常建立一种“牛亲家”的关系。在丽水一带，缺牛户向余牛户租牛饲养、耕田，按年缴纳年租，一般一头牛一年一担谷。每头牛还要附交一只鸡，称为“牛鸡”。若生下小牛，要对半分，称为“分牛边”。

租牛户为答谢牛主，还有请吃“牛饭”的习俗。牛饭每年三次，第一次在年初，称为“定场饭”，饭后双方商定牛租金额；第二次是“开秧门”时，称为“插田饭”，牛主吃过饭后，还要带走一块4两重的“插田肉”和两只“插田卵”；第三次是出新米时，称为“尝新饭”，答谢牛主的“牛恩”。③

宰牛

耕牛一般不宰杀，老牛或者病牛才宰。宰牛时，主人一般回避，牛眼必须蒙上，围观者要

---

① 王存义：《云和的牛俗》，载《浙江民俗大观》，当代中国出版社1998年版，第264页。

② 崔成志：《衢州民俗大观》，吉林文史出版社2004年版，第150页。

③ 《丽水风俗》编委会编：《丽水风俗》，浙江丽水地区文联1995年刊印，第24页。

把手背在背后。

农户一般对耕牛感情很深，多年老牛不能耕田时，一般农户都会提前几年出卖，不忍心看见其被宰杀。也有不少农户，即使养牛至老死，也不愿吃牛的肉，而忍痛埋葬。若是牛跌死，还要焚香烧纸钱，送牛上西天。

（三）其他家畜饲养

养羊

浙江农户养羊历史悠久，饲养品种以传统的湖羊为主，兼有山羊。养山羊多为食肉，也可充当祭祀供品，俗称“吉羊”，饲养量较少。山羊采用日放、晚圈结合的方法。饲料，春夏秋三季以青草为主，兼食应季植物梢叶等；冬季以枯草、枯桑叶、蚕沙、豆荚壳为主，辅以豆麦、菜叶等。

湖州一带湖羊养殖十分有名，有“家家户户养湖羊，每户饲养三五只”之说。饲养湖羊的经济收入较好，又有谚云：“乡下人勿养羊，讨饭（呒）落场。”湖羊以产羔羊皮为主，肉食、皮毛为次，羊毛更次。饲养时主要采用舍饲的方法，“舍饲”有别于传统饲养方法，改变原有的野外放养、哪里有草就往哪里放牧的习俗，而是在房舍中饲养，用人工配制的饲料喂养。湖羊饲料以草料为主，合理搭配粗料，青干草、枯桑叶、野草、种植牧草、甘薯藤、稻草、玉米秆等都是湖羊的好饲料。

此外，杭嘉湖平原也多绵羊，绵羊以产毛为主、肉食为辅；皮毛多出售，部分自留羊毛捻毛线、织毛衣。

养猫

农家有爱猫的传统，养猫为捕捉老鼠，在所有家畜中猫最受优待。猫俗称“相公”，民间传说，猫是十二生肖变的，它有七个变相，是主人家的“二相公”。在家中，主人常要喂以猪油饭和鱼肉等。每当看到猫抓老鼠，不能打扰它，还要说些鼓励的话。捉猫进屋，要先围方桌顺时针旋三圈，再逆时针旋三圈，并绑上两只前脚跪在狗前边，俗信以为这样猫就既认得家又有保护者了。

养狗

民间素有养狗看门的习俗，养狗主要是为了看守门户，也有为了上山打猎而养狗的。俗信以为狗是灵物，狗死了要葬之于地，堆土成坟。旧俗忌吃狗肉，俗信以为若有违禁，必被狗嗅出而咬死。如今，此俗渐变，但在许多地方都要求煮狗肉不能上灶，要临时搭灶。

三、家禽饲养习俗

浙江省农户饲养的家禽主要有鸡、鹅、鸭等。

（一）养鸡

传统农家饲养小鸡，主要靠家养母鸡孵化，也有向上门的鸡贩子买的。农户称公鸡为雄鸡，母鸡为草鸡，鸡蛋为鸡子。草鸡下蛋另有鸡窝，窝内常放上一枚蛋或者一个较为完整的蛋壳做“引窝子”。新草鸡头生蛋十分宝贵，俗谚说“金鸡子，银鸡子，不及新草鸡下的头一子”。农户常常用以供奉灶神，有的让新媳妇或者未出嫁的女儿吃，希望她们来日能够早生贵子。若无新媳妇，又无女儿，则拿给小儿子吃，视为补品。母鸡孵小鸡时，有的地方会在一旁放一个坛，上面放一把刀，插一根棍，俗信以为这样能够抵御灾祸，为母鸡壮胆。

农家养草鸡多为下蛋，在农村，鸡蛋被视为补身体的佳品。武义一带早上丈夫出门干活，妻子要在家烧好“五更”（早饭），用米粥泡个米汤蛋，等丈夫回来吃。鸡蛋也是招待客人的佳品，家里来客人，主人常常要烧一碗索面或者粉干，加两个鸡蛋让客人吃。嫡亲生日、产妇做产也要送鸡蛋。

养雄鸡主要为了吃肉，过年过节杀只大雄鸡；农忙时也要杀鸡补身体。祭神时，通常也要杀雄鸡充当祭品，此时公鸡要留三根尾羽，谓“有头有尾”。

买小鸡时有不少禁忌，忌讲多买少，要讲少买多，否则鸡买回去后会发鸡瘟。买小鸡，要向卖家讨点“娘家米”，以为只有这样，小鸡才能适宜家室。卖小鸡人的扁担一定要两头向上翘，俗信以为扁担头直会使鸡“直”去，垂头的扁担会使鸡发瘟病，都不吉利。吃鸡时，鸡爪不可让孩子吃，否则读书不好，写字不好。鸡屁股要给女孩子吃，吃了头髻梳得漂亮。①

（二）养鹅、养鸭

农家养鹅，多为吃肉，鹅肉质油而不腻，鲜嫩味美，营养丰富，一般能养到五六斤，大的可以养到十几斤。鹅饲料一般以米糠、青菜、萝卜和鲜嫩的野草为主，放羊和圈养相结合。绍兴一带，养鹅风俗十分兴盛，民间祭神、婚丧嫁娶、节岁礼馈，少用鸡而多用鹅。祭神称为“鹅盘”，宴客称为“鹅酒”，许女纳彩称为“喜鹅”，上坟谓之“坟鹅”，过年谓之“年鹅”，祀田谓之“田鹅”，等等。② 永康、武义一带人们也十分喜爱养鹅，永康芝英流传着“若想吃壮鹅，嫁到芝英做太婆”的俗谚。

此外，民间还有养鸭的习俗，多以生蛋和吃肉为主。有的地方，人们却以为鸭子的叫声音同“败、败”，养了不能发家，又嫌鸭子专吃小鱼、蚯蚓、田鸡、螺蛳等，有害生灵，养之有罪，因此养的人不多。③

第五节　传统手工业生产民俗

传统社会的手工业涉及生活的方方面面，在长期的社会发展中，分工渐趋细致，每个行业都有各自的规矩，形成了各具特色的手工业生产习俗。

---

① 唐桓臻：《武义风俗》，中国文史出版社2009年版，第38页。

② 阮庆祥等：《绍兴风俗简志》，绍兴县文联1985年编印，第23—24页。

③ 金华地区群众艺术馆编：《金华地方风俗志》，1984年刊印，第23页。

一、建筑业

传统的建筑业工匠指木匠、泥瓦匠、石匠等。在建造房屋、打造新船、建桥等关系民生的基础建设中，他们大显身手，也形成了一系列行业俗规。

（一）木匠

木匠，有水、旱之分。水作主要是造船、修船，旱作主要在陆地上干活。旱作中又有分工，以嘉善为例，有“长木”“细木”“圆作”“方作”。长木造房子，特别适用于投梁、竖柱、装桁条等高处的用料；细木擅长制作各种木器家具和精巧的木制品；圆作专门从事箍桶一类的圆形木器制作脚桶、水桶等；方作专做棺材。其他地方称呼会有所不同，分工情况大致相仿。

工具

木匠中有“三分手艺七分工具”和“当一辈子木匠置不全工具”的说法，可见木匠的工具之多。通常有斧、锛、锤、锯、锉、刨、凿、钻、角尺、墨斗十大件。每一大件中，由于用途不同，又会有不同的型号和样式。木匠十分珍惜自己的工具，每年农历十二月三十下午，一定要把所有的工具都动一动，象征性地干点活，寓意生意好，一年干到头。过年的时候，也要在工具上放上两根葱和几片糕，寓意在新年里生意兴隆、步步高升。

造房

民间造房从选地相宅到祭祀动工、开掘排夯、筑基砌墙，都有约定俗成的仪式行为，其中尤以上梁为重。上梁，又称“升梁”，一般都要选择良辰吉日，邀请亲朋好友前来祝贺，搞得十分热闹。

在浙江农村，上梁时要给大梁披红，木匠手提一只滴血的大公鸡，步步高升，边走边唱上梁歌。整个上梁仪式的高潮就是“掼上梁元宝”。大梁落榫时，在梁上的木匠、泥水匠老师傅会把屋主事先准备好装在米斗里的大米、麦子、银角子、铜板等物倾倒下来，屋主夫妻则在地上扯着被面接，称为“接财宝”。此时，梁上工匠要高唱：“对面夫妻笑嘻嘻，手挽绫罗四角被，为根本种好田地，做生意一本万利。”接着，还要把“上梁元宝”和果品抛向四方，让在场的人们一起来抢。工匠还要唱：“一只糕来两头翘，两头翘来像元宝，今朝当家财星照，团团四周掼元宝。”“上梁元宝”实际上是一种米粉团子、年糕一类的点心，往往会捏成各种形状。① 有的地方简化了，只做成一般的馒头、方糕、团子等或者改为普通的糖果，抛给大家，表达屋主的美好愿望。

造船

造船的过程中也有许多习俗惯制。在浙江东部沿海和舟山群岛，造船前，先要找人占卜吉利与否。来人要给船主、请来造船的木匠和将来一起下海捕鱼的渔民一一看面相，合八字，以确定他们是否适合造船。接着还要选定良辰吉日，作为开工的时间。造船前三天，船主要祭祖，求得祖先的保佑。若是要造出海的大捕船，船主还要到宗祠举行隆重的祭祖仪式。

---

① 董天泽：《嘉禾水乡的上梁风俗》，载《浙江民俗大观》，当代中国出版社 1998 年版，第 164 页。

新船的骨架搭成后，要找一块小木头，在上面挖个圆形小孔，里面放入铜钱或者元宝，有的地方也把妇女身上的东西或者一些生活用品，诸如一束头发、小手帕、包头的头巾等一起放入小孔，完毕之后，就把小孔密封好。铜或者银能够镇邪驱灾，俗信以为这就是船的灵魂，是船生命的象征，而后把放着船灵魂的小木头用铜钉钉在新船水舱梁头上。

新船的船壳打造完毕后，最后一道工序是"定彩"，就是在船头装上一对"船眼睛"。造船工匠总要用上好的木头雕制船眼睛，钉在船头两侧。"定彩"的仪式十分隆重，事先要请阴阳先生择定吉时良辰，并按金、木、水、火、土五行，用五色丝线扎在作船眼睛的银钉上，由船主将它嵌在船头。然后用簇新的红布或红纸蒙住"眼睛"，俗称"封眼"。当新船下水时，举行祭祀仪式，由船主揭开红布或者红纸，称为"启眼"。俗信以为，有了这对眼睛，就能洞察海底，搜索鱼群，确保丰收。还有"头不顶桑，脚不踏槐"的说法。船头决不能用桑木，"桑"与"丧"同音，不吉利。槐木是福气的象征，不可用脚踏，否则会招致祸患。①

（二）泥水匠

泥水匠，又称"泥瓦匠"，建造土木结构的房屋，木匠必须和泥瓦匠分工合作，才能建成房屋。泥瓦匠中有个俗规，叫"洗手不干"，洗了手就不能干活了，因此干活时只能在早晨上工前和晚上收工后才能洗手洗脸。中午吃饭，只能用干布或者软草擦一下。泥瓦匠的一个重要工具就是镘，又称"泥镘"，俗称"瓦刀"，用来砌墙涂泥。

泥水砌墙、建墙以及打墙脚时，早上最忌听到女人的哭声。民间传说古时孟姜女哭倒长城，所以俗信以为若是听到了哭声，则所建之墙就要倒塌了。砌墙脚时，忌讳用曾用作其他器具的石料，尤其是磨盘、石臼以及台阶石等。民间说法磨盘"六十年转一转"，石臼是"日舂夜捣"，台阶石是"千人踏、万人踩"，俗信以为用这些材料砌墙脚必然不牢固。②

（三）石匠

在木匠、泥匠、石匠三种工匠中，不少地方又以石匠为大。民间造屋，石匠、木匠和泥水匠常常一起干活，等到吃酒席时，总让石匠坐上座。

俗规与行话

石匠进山采石，有一定的危险性，往往有俗规。杭州一带，石匠进场采石之前，要先烧香烛纸马请山神土地，然后才可开工。若是遇到新开石场，还要杀一头猪，用猪头和猪尾祭祀山神。在绍兴，石匠信仰石宕中的宕菩萨，每开采一处石场，都要祭一祭宕菩萨。

岩工在深洞内操作，容易发生事故，故而处处小心，有种种忌讳：在岩山无事忌敲凿子，以为会伤手；碗不可覆，以为会引起塌方；岩山烧粉干，只能煮不能炒，"炒"与"吵"同音，有伤工友和气。此外，岩工的暗语也很特别，比如吃肉称"打老"，肉骨称"大雕"，吃饭叫"光锅"，酒叫

---

① 应长裕等：《造船前的相面、合生肖、祭祖》；陈志超：《头不顶桑，脚不踏槐》，载《浙江民俗大观》，当代中国出版社 1998 年版。

② 李民中：《东阳百工习俗》，载《浙江民俗大观》，当代中国出版社 1998 年版，第 318 页。

"三点"，老虎称"慢慢三"，牛称"门前行"，采到冻石[①]称"大雕打到"等。[②]

图书山

青田石雕闻名遐迩，当地开采石料的山俗称"图书山"，采石工人俗称"打岩老司"。打岩老司找矿苗采石，要挖"老鼠洞"，边寻找，边开采，有很大的偶然性和危险性。老司们信仰山神土地，俗称"山主老爷"。每月初二、十六在洞背用生肉、生粉干和黄酒等做"山福"。届时，领班老司下跪祈求："硬硬一角，软软一角，岩子报讯，保佑顺利挖到冻石，人手没伤没损。"祭祀完毕，煮粉干，邀请上下岩洞的工友们一起吃，俗称"散顺风"。吃时，领班老司总要先夹一块肉骨头，说一声"背大雕"，预兆可以挖到冻石。

打岩老司采石靠手工操作，主要工具有打岩凿与打岩锤。操作时，左手握凿，右手操锤。岩工们尊重生产工具，称打岩凿为"雷公凿"，打岩锤为"雷公锤"。一处矿洞如果发现冻石矿苗，别处打岩老司纷纷赶来，从上下左右挖洞追苗，俗称"赶洞"。赶洞竞争激烈，通常日夜兼工。[③]

造桥

石匠建造石桥，有许多俗规。湖州一带，建桥前先要看风水，选择桥基和桥向，看在何处建桥，何方才能使附近的村庄兴旺发达。造桥先动土，选定黄道吉日后，要在造桥一华里方圆的每个三岔路口，挖一个小泥潭，撒上石灰，此后方可正式动工造桥。造桥先要打木桩，打第一个桩时，一般都在清晨。此时除了石匠外，闲人少。第一个桩上要束红布，或者贴上红纸。建桥负责的把作师傅要将包有金银财宝的红包填入第一个木桩底下，称为"镇桩底"。此外，打桥桩前，附近村庄的每家人家门前要扎一个稻草人，俗称"天塌自有长人顶"。俗信以为，打桩对附近村庄土地和人会有所损伤，稻草人可顶住灾祸。

建桥的最后一道工序叫"合龙门"。新桥即将造好，桥中间留一正方形或者长方形的"孔"，叫"龙门"。所谓"合龙门"，就是在此孔内安放龙门石。龙门石，一般预先打好，形状大小正好与"龙门"吻合，正面刻龙，有的反面也刻龙。

合龙门前夜，先拜龙门忏，乐人吹打，善男信女诵经念佛。乐队一班六人，有的地方用两班乐队，相互比赛，除了吹打乐曲之外，还唱京剧，整整一夜，热闹非凡。

第二天合龙门。先由石匠将龙门石安放进龙门中。紧接着由一位德高望重、子孙满堂的老人第一个走过龙门，俗信以为这样才能使桥永恒长久。老人身后跟着长长一队拜忏的善男信女，乐人边走边吹打。待队伍走完后，合龙门结束。

这期间，有两名石匠抬一藤筐站在桥沿石栏旁，合龙门队伍每个人走过都要将捐款丢进筐中。第一位老人出钱最多，其他人出钱没有定数。合龙门一般都在上午结束，下午建桥的村庄要设宴庆贺，上演龙门戏。[④]

---

① 冻石：通常为呈透明或者半透明肉冻状石块，形似肉冻，是用于雕刻工艺品和印章的上好材料，色泽晶莹，品种较多。按色调可分为白冻、乌冻、黄冻、粉冻、灰冻、黑白彩等。

② 陈志望：《青田"图书山"习俗》，载《浙江民俗大观》，当代中国出版社 1998 年版，第 321 页。

③ 陈志望：《青田"图书山"习俗》，载《浙江民俗大观》，当代中国出版社 1998 年版，第 320 页。

④ 费三多：《湖州的建桥习俗》，载《浙江民俗大观》，当代中国出版社 1998 年版，第 329—330 页。

二、制瓷、砖瓦与打铁

陶瓷与砖瓦，以及石灰、木炭等行业，都要在窑中烧制，从事这些手工劳动的工匠都称为窑匠。

（一）制陶

浙江一带制陶的历史很早，可以追溯到距今8000多年前的跨湖桥文化时期，长期以来，陶器被广泛地运用于生活的方方面面。历史上，越窑青瓷格外引人注目，绵延至近现代，龙泉青瓷依旧声名远扬。

建窑与祭窑

建窑时，要请风水先生择定吉地和良辰吉日，才能开工建窑。开工时，要在窑地设祭礼神，以求能烧出好瓷器。当日，严禁儿童、孕妇进入窑地，也不允许有人挑着粪桶等一类脏东西从窑地前经过，俗信以为这些都会冲撞到神灵，给窑场带来灾祸。

龙泉制陶有哥窑、弟窑之分，传说农历七月十八是哥窑章生一制成“窑变瓷器”的日子，这一天也就成了祭窑日。届时，窑主沐浴斋戒，在祖师爷的香案上摆上一对面粉捏成的童男童女，并在师傅榜前设祭，点香烛，供三牲，磕头膜拜，祈祷祖师爷保佑制成精美的瓷器。

入窑与窑场禁忌

窑工在窑场吃饭时，只顾埋头吃饭，不能交头接耳、嬉笑打闹，更不能用碗筷碰响桌子。吃完饭后，不能把筷子架在空碗上。俗信以为上述这些行为都会触怒祖师爷，降祸给窑场。

入窑要择三、六、九的日子，俗信以为“办事三六九，万事就到手”。此日，窑主要在祖师爷神位前，供奉三牲，烧香点烛，祈求六神保佑。此时，严禁孕妇、小孩、挑粪人进入窑场。在场的工匠都要讲吉利话，防止秽气入窑，影响烧窑。①

（二）砖瓦

浙江一带尤以嘉善盛产砖瓦，乡间砖瓦窑林立，形成了丰富的生产习俗。

建窑

建窑墩时，要在选择好的地上丈量方圆，称为“画锅子”，也叫“盘窑”。用石灰画样，泥土围墙，只有烟囱、火门用砖砌。

砖瓦窑有6个洞，窑门、烟囱、顶部加水处、观水洞和窑底的两个洞，俗称“六眼”。六眼通气，窑才能烧得好。

发坯盆子

窑户与做坯的农户签协议时，要“发坯盆子”，就是在一只木制的小盒子上写着坯户的姓名、窑户预订的数量和交货的日期，盒内放着定金。

---

① 徐起佳：《龙泉的青瓷窑工习俗》，载《浙江民俗大观》，当代中国出版社1998年版，第319页。

劳动组织

烧窑的窑工分为“正伙”(大伙)、“皮伙”(二伙)和“打杂”(三伙)3种。其中以正伙为主,只有正伙可以增减砖窑火门上的砖块数量,从而控制火候,俗称“动葱”。皮伙主要掌握添加燃料,打杂的是替班。3人以6个小时为一班,一天分为4班。

泥坯进窑

运坯有专门的船,船舱内至半舱处铺平棋,俗称“半舱平棋”,泥坯要竖着堆放,8块到10块一叠。泥坯装进窑时,窑工有上装、下装两等之分。上装者技术高超,装泥坯上紧下松,出通水火弄,做到洞对洞、弄对弄,才能烧出好砖来。

加水

窑烧到一定时候要向窑里加水,水由挑水人沿着砖窑的砖梯而上,砖梯有65级、73级,必定是单数。砖梯陡峭狭窄,尤其到了夜里,挑水者为了能在黑夜中辨清砖梯、不至于跌倒,想尽办法。有的在砖梯两侧涂上一条石灰水,有的把灯笼挂在嘴里,用手扶住水桶。加完水,挑水者会用一根稻草插进窑顶的烟囱,看看是否被烧着,如果没被烧着,仅仅是颜色转黄,表示水加得正好。

敬六眼

每窑点火之前,窑工要举行祭祀仪式,称为“敬六眼”。敬六眼的仪式一般在窑屋内进行。届时,窑工们会买一张鲁班神码,贴在窑门一侧,取土坯垒成祭案,上面供着一条鱼、一只鸡、一个猪头,一共6只眼睛,再斟酒,焚香点烛。正伙领头拜,接着是皮伙和打杂。仪式后,窑工们将供品分而食之。

窑土地

在金华,砖窑建成后要立一个“窑土地”的神位,神龛上用红纸写“乌泥变宝玉,窑门出黄金”一类的吉利语,供祭品礼拜。入窑,要择吉日,俗称“进财日子”,祭祀窑土地。入窑时,忌讳过路妇女进窑铺。入窑后,要“做窑福”,即由窑铺集体开支或者窑工、砍柴工自己出钱会餐。会餐时,通常要吃猪头,忌讳吃猪脚,俗信以为吃了猪脚炭头多,烧不好窑。在烧窑过程中如果听到虎吼声,是大吉,俗信以为虎是窑神的舅舅。熄火后,由窑头师傅封窑门,届时也要说些吉利话。出窑时又要祭祀窑土地,然后由砍柴工来开第一块窑门砖。①

请窑路头

如果连续几窑烧出来的砖质量不好,就称为烧了“老式窑”,必须举行仪式,请窑路头,驱除鬼怪。请窑路头由窑户主持,在窑屋内用土坯搭成祭案,摆上猪头、水果,点燃香烛和纸锭。

禁忌

窑工有许多禁忌,比如忌说“红”字,尤其不能说红砖头,要说“这块砖头黑乎乎的”;泥坯或者砖瓦装船搬运过程中,窑工不准在船头撒尿;运泥坯的船在途中如果有鱼跳上船,则以为是晦气,必须把鱼踢下船。

---

① 金华地区群众艺术馆编:《金华地方风俗志》,1984年刊印,第30页。

(三)石灰窑

常山盛产石灰,这里烧制石灰已有上千年的历史了,其中开工点火谢山神的习俗一直保留至今。石灰窑建成后,要择良辰吉日,到窑边祭祀山神。祭时,供上三牲,点燃香烛,祈祷点火成功,烧灰顺利。祈罢,开始点灶。俗信以为,柴、木炭、石煤、坯石都出自山上,如果不先谢山神,到时会灾祸临头。①

(四)铸打铁

铁匠的工具繁多,有火炉、风箱、打铁架、空气锤和各类铁钳、锤子、砂轮等。打铁主要包括安钢、锻打、细磨等工序,从毛坯到成品,还要通过空气锤、砂轮机的后期加工打磨,有 20 多道工序。打铁时,师傅或师兄抡第一锤,徒弟才能抡第二锤。师傅或师兄敲在什么位置,徒弟的锤必须跟在什么位置。收工后,工具都要收好,摆放整齐,不许别人乱动。

浙江龙泉一带以铸剑精美闻名,铸剑奉欧冶子为祖师爷。铸剑时剑鞘的制作很有讲究。古时用兽皮制成,一般选用一箭射中的麂、獐、羊等动物的皮、硝制剑鞘,俗信以为唯有如此出阵作战才能得心应手。清末民初,改用珍贵的花榈木为原料制作。采伐花榈木又有独特的习俗:通常在正月初三选树,用红纸束住树干,以三牲祭祀山神,由师傅向所选中的树叩首。然后到五月初五午时,开斧砍树。

三、纺织与印染

(一)手工缫丝

工具

手工缫丝使用的工具主要有灶台或者火炉,缫丝车,桶等盛器 2 个～3 个,丝竹掌。丝竹掌就是一片长方形竹片,一端劈成细细的竹丝,另一端有一个供手握的长柄,便于操作。

缫丝车主要由搭架、脚踏板、螺环和转轮组成。浙江蚕乡流传着一句俗语叫"小满动三车","三车"指的是油车、水车和丝车。由于鲜茧不易保存,过不了多久,茧中的蚕蛹就要孵化成蛾,破茧而出了,这样就无法缫丝,因此,当年缫丝也是一件很紧迫的事情。浙江一带蚕农一般在小满就开始缫丝,由此也有了上面的说法。若是碰上家中茧子多来不及缫丝,就会雇人前来相帮,被雇的女子一般被称为"做丝娘"。杭嘉湖地区流传着一首民歌《蚕花歌》,其中唱道:"夫妻两个细商量,连夜要唤作丝娘。旧年唤了张家娘,今年要唤李家娘。李家娘手段又是好,价钿又是巧。廿四部丝车排两廊,当中出条走路送茶汤。顺脚踏来鹦哥叫,左脚踏来凤凰叫。"

选茧

缫丝的第一步是选茧,蚕农们在采茧时就会选取个头大、均匀、色泽白净的茧子作为缫丝

① 余根良:《常山的石灰窑习俗》,载《浙江民俗大观》,当代中国出版社 1998 年版,第 292 页。

的原料。而那些发黄、开裂的茧子，以及茧质过粗、过厚的软茧都要被剔除。还有一种茧叫作同宫茧，就是两条或者几条蚕混同在一起结成了同一个茧，这样的茧，丝绪纷乱，也不宜缫丝。

煮水放茧

选茧以后，将缫丝车搭在灶台旁边，同时准备2个～3个桶状容器，用于存放蚕茧、蚕蛹等。缫丝开始，首先在灶上煮水，待到大锅内水四周开始沸腾时，放下茧子。

剥丝

茧子在沸水内膨胀以后，将丝竹掌横握于手中，伸入锅内不断抖动，此时丝竹上会慢慢缠绕起一团丝团，将其剔除，继续抖动丝竹掌剥丝，直至捻出一缕丝头。接着，缫丝人用手指将丝头挑入螺环内，同时踩动脚踏板，转动转轮，引缠上轴，一股丝便缚在转轮板上，随着转轮转动，不断拉长。

添茧挑蛹

缫丝时，需要不断向锅内添加茧子，同时将剥丝后剩下的蚕蛹挑出。

手工缫的丝，俗称"土丝"，丝线粗细不是很均匀，色泽也比较黯淡，根据粗细不同又有肥丝和细丝之分。清末，浙江一带就有从国外引进的缫丝机，至民国有了较大的发展。机器缫丝被称为"厂丝"，厂丝在质量、花色以及价格方面都优于土丝。不过，直到20世纪50年代，这一带蚕乡仍有不少农户坚持自家缫土丝。

（二）剥丝绵

剥丝绵一般采用不能缫丝的次茧，先将茧子投入锅中，加水煮沸，然后再用清水洗净。

剥茧衣

蚕农用手指在茧子头上剥一个小孔，将茧子翻个身，里层朝外，取出里面的蚕蛹，这些翻了身的茧壳被称为"茧衣"。然后，将茧衣依次套在左手的四个手指上，只露出大拇指继续剥茧。剥下的茧衣继续套在这四个手指上，不断叠加，连续积累六七个之后，就把这叠茧衣从手指上剥下，放在一边，一叠一叠堆放。

做绵斗

然后将这些茧衣放在清水中浸润，带水一层层绷在一只竹弓上，逐渐加厚，做成一只绵斗，最后将绵斗悬挂晾在通风处。通常一只绵斗需要六七十个茧子剥出的茧衣套成。这些绵斗就是我们通常所说的"丝绵"，可以用来做棉袄、棉裤、棉胎，既轻软又保暖。

拉绵兜

制作丝绵制品第一步要翻丝绵，就是把丝绵兜扯松，湖州师傅翻丝绵在上海、苏州、杭州一带颇为有名。为了把丝绵彻底抖松，充分发挥它的保暖作用，湖州师傅常常把一只绵兜扯开分成四五片，再依照衣服大小分成前襟、后身、管袖，由两人对扯，拉扯出来的丝绵既薄又非常均匀。拉绵兜时，两位师傅必须配合默契，否则就会出现中间薄四边厚的瑕疵品。丝绵拉薄后，一片一片叠起来，五六片为一层。翻棉袄薄的用一层，厚的要用五六层。[①]

---

① 姚志卫：《湖州人翻丝绵》，载《浙江民俗大观》，当代中国出版社1998年版，第80页。

(三)手工印染

丝绸和棉麻织物都要经过印染这道工序,负责印染的传统作坊称为“染坊”。浙江的染坊通常奉葛洪为祖师,尤以蓝印花布最有特色。

蓝印花布

蓝印花布是一种曾经在杭嘉湖一带广泛流行的古老手工印花织物,它以蓝白两色相配,图案朴拙典雅、吉祥喜庆,色调清新,具有浓郁的生活气息与独特的文化魅力。

用途

蓝印花布为世所重,当在商品经济比较发达的宋代,而广泛流行普及要到明清时期。在其300多年的发展史上,蓝印花布被杭嘉湖一带民众运用于生活的各个方面。各家各户的蚊帐、被面、包袱、门帘、肚兜、头巾、衣服等生活必需品,都喜爱用蓝印花布制成。连姑娘出嫁,嫁妆中除了蓝印花布缝制的衣服外,还要为每一位长辈妇女准备一条蓝印花布制成的手巾。海盐有俗谚说“姑娘三寸长,阿妈生肚肠”,意思是说女儿尚在娘胎中,母亲就应该为她摇纱织布,染蓝印花布准备嫁妆了。

染制方式

蓝印花布取材方便,制作流程并不复杂。它以蓼蓝草中提取的靛蓝作为染料,用普通石灰、豆粉合成的灰浆作为浆料,成本低廉。印染时,先把镂空的雕花板铺在白布上,再用刮浆板把浆料刮入花纹空隙漏印在白布上,这样可以避免染色。待浆料阴干后,放入染缸,大约20分钟后取出,悬挂、透风30分钟左右,再入缸染色。如此这般,一般经过5次～6次反复染色后,就可以取出,挂在通风的地方,等干透,刮去浆粉,就显现出白色花纹了。因为是全手工印染,阴干时,石灰浆不免会产生龟裂的裂纹,从而形成了蓝印花布独特的冰裂纹,自然美观,无一雷同。采用机器印染的布,则蓝白分明,毫无裂纹。①

图案特点

蓝印花布的图案利用斑点、短线的粗细、疏朗组合而成,错落有致,疏密相间,具有独特的审美情趣。图案多是民众喜闻乐见的吉祥图案,比如年年有鱼、凤穿牡丹、松鹤延年、蝙蝠团花、梅开五福、榴开百子、八宝如意、竹报平安,等等,还有用各种字体书写的“福”字,表达民众祈福纳吉的心理愿望,也承载着厚重的传统积淀。

四、黄酒酿造与制盐

(一)黄酒酿造

浙江绍兴素有酒乡之称,以酿造黄酒闻名遐迩,历史悠久,俗称“绍兴老酒”。晋嵇含《南方草木状》记载当时江南的酿酒习俗,云:“南人有女数岁,即大酿酒。既漉,候冬陂池水竭时,置酒罂中,密固其上,瘗陂中,至春潴水满,亦不复发。女将嫁,乃发陂取酒,以供贺客,谓之女

① 鲍翔麟:《杭嘉湖的蓝印花布》,载《浙江民俗大观》,当代中国出版社1998年版,第77页。

酒，其味绝美。”这种习俗至今仍可在绍兴一带民间见到，俗称“女儿红”。女儿出生，家中便着手酿造。酒坛非常讲究，在土坯时就已塑出花纹图案，然后再行烧制，称“花雕”。后来又成为绍兴黄酒中的一个品种——“花雕酒”。花雕酒坛装密封，贮藏在地窖里，或者打入夹墙中，待女儿出嫁时，取出酒坛，请画匠彩绘上色，作为嫁妆或者请客饮用。①

开耙

绍兴酒用精白糯米、麦曲和水酿制。每年立冬至小雪之间，把糯米蒸成干饭，铺在竹簟上冷却，然后拌上麦曲和酒药，让其发酵三四天。随后，放入大酒缸内，焖 7 天左右，然后加冷开水再焖 100 天左右，便可开缸，俗称“开耙”。开缸的时间通常是由经验丰富的老师傅来决定的。他们贴着酒缸听里面发酵的声音，以此便可判断是否可以开缸了。

上榨

开缸后还要上榨，就是把缸内的酒和酒糟一起灌在一只只口袋里压榨。榨完后，袋里只剩下酒糟，榨出来的全是酒。然后放入不同的配料煎煮，便可制成不同品种的酒。比如煎酒时加红颜色就是状元红，加米饭就是加饭酒，加双料米饭就是花雕，若用开耙后不上榨的白酒代替冷开水则制成了善酿。在这一带农村，农家几乎家家会酿酒，许多人家还在酒中浸泡橘子、桂圆、黑枣、荔枝或是其他名贵药材，制成各种特色酒。②

酒谚

在绍兴民间，还流传着不少酒谚，生动而确切地描述了传统酿酒生产习俗，如“儿子要亲生，老酒要冬酿”“做酒靠酿，种田靠秧”“人要老格好，酒要陈格好”“陈酒味醇，老友情深”，语言简单，寓意深刻。

在绍兴东浦一带，还有酒神会习俗。每年农历七月初六至初八，各酒坊坊主、司务以及各地商贾聚集到酒仙菩萨殿，举行 3 天会市，十分热闹。

（二）制盐

盐是生活必需品，历来受到重视。随着生产的发展，逐渐形成了专门的产盐地和从事盐业生产的盐民。浙江的海盐与舟山群岛制盐业都十分发达，历史悠久。

海盐一带盐民制盐，先刮聚盐田中的泥土沥卤，再用盐卤为原料，盛于特制的平底盐盘内煎煮，或者放在盐板上曝晒。沥卤要先造“漏”。“漏”，又称“槽”，长方形，深 2 米，四壁及底部用石灰、海涂泥打实，底部中央有窄沟，上铺竹片、草包。漏下埋有卤缸，盐卤就从沟内流入卤缸。盐民造漏这天，要祭祀漏头神，供三牲、敬黄酒、点香烛、烧纸锭。祭祀完毕，全家人一起聚餐，若是请了帮工，帮工也要参与。造漏时，妇女不可接近观看，否则会被认为是“入灰”，盐卤要被冲淡的。③

舟山群岛的制盐业历史也十分悠久。这一带制盐都采用木板晒盐，称“板盐”。晒盐的木

---

① 阮庆祥等：《绍兴女儿酒》，载《浙江民俗大观》，当代中国出版社 1998 年版，第 145 页。

② 徐杰舜：《汉族民间经济风俗》，广西教育出版社 1990 年版，第 150—151 页。

③ 俞关庚：《海盐的盐俗》，载《浙江民俗大观》，当代中国出版社 1998 年版，第 321 页。

板称为“结晶板”，是个四周有边沿的门板式木匣子。海盐制盐要先制漏，舟山则称为“造熘”，其操作程序十分复杂：在涨潮之前，用牛将盐滩耙松，涨潮时引潮水入盐滩，退潮后，再将经太阳晒得半干的滩泥表皮刮拢，挑在一起叠堆称“泥熘”。然后再挑海水浇在泥熘上，让海水经过熘沥下去，称为“淋卤”。泥熘底下有几支竹管，卤水经竹管引入大池，即“卤池”。卤池中心竖有一竹桩，系一草绳，一头由盐民拉着围着卤池绕圈子，引出一簇簇卤花，俗称“旋卤打花”。之后，取出咸卤，煎煮或者曝晒，就制成了盐。

盐民们用鸡蛋来测试卤水的浓度。鸡蛋放入卤水中，全浮在卤面的称“头卤”，最浓；半浮卤面的称“二卤”，稍差些；略浮卤面的是“三卤”；如果蛋沉入卤中，则太稀了，此卤不可用。后来又改用李子涂黄蜡代替鸡蛋。①

（三）土烧酿制

土烧，农户以高粱为原料，经传统工艺酿制而成的白酒。浙江省内各地均有自成特色的土法酿制土烧高粱酒，诸暨同山镇有“同山烧”远近闻名。同山烧是同山高粱烧酒的简称，每年秋冬季节酿制，取本地产高粱为原料，成酒度数一般在60度以上，10公斤高粱制成5公斤同山烧。

酿制时，选取颗粒饱满的高粱，去壳剥皮后浸洗。然后将高粱粒放在小锅内慢火蒸煮，直至熟透起胶。蒸制好的高粱被置于阴凉处晾晒。待高粱温度不再烫手，拌上酒药，装入陶制小窖封口，经过45天的发酵。随后进行蒸馏，蒸馏出来的酒，最先、最后的部分，含水较多，要掐头去尾后进酒库储存，然后进行调和灌装，才可以拿到餐桌上。

在钱塘江、富春江、浦阳江三江汇流之处的东江嘴村一带，用芦稷为原料酿酒。每年3月下旬至4月上旬，村民们将芦稷的种子播种下去。7月份，芦稷成熟收获。到了11月份，芦稷还会再长出一茬。随后村民们将收获的芦稷晾晒一个礼拜。再将晒干的芦稷放进大缸，拌入酒药，发酵45天后，再放到蒸锅里蒸45分钟左右，冷却后，土酒就出炉了。

五、其他手工服务业

（一）理发业

理发行业的工匠，旧称“剃头匠”。理发被公认为三百六十行中第一行业，传说皇帝封理发匠以举人身份，理发店用以给客人掏耳朵的工具也被封为“半副銮驾”。民众视其为生活中的头等大事。理发店中常常贴有“大事业头上做起，好消息耳中传来”的对联。

理发业供奉的祖师爷叫“罗祖”，也有说是吕洞宾，还有的说法是一个不知名的和尚。浙江硖石一带流传着关于罗祖的传说。传说罗祖是唐代的一名剃头匠，他冒着生命危险为武则天的“驴头太子”剃毛。结果，他剃去了太子的驴皮，还其真人面目。武则天大喜，免去了天下剃头匠的税赋，解救了整个行业。罗祖的胆略为理发行业全体敬佩，被尊为祖师爷。每年农

① 浙江民俗学会编：《浙江风俗简志》，浙江人民出版社1986年版，第597页。

历七月十三被定为祖师爷生日，此日，各家理发店挂出“停业祭祖”的牌子，然后各店主领着自家伙计，备上三牲、香烛供品，举行祭祀仪式。祭祀完毕，理发匠们聚餐一顿，互祝团结友爱、生意兴隆。

一个人从生下来到离开人间，终生离不开理发，在浙江硖石镇流传着许多与此有关的习俗和行话。比如婴儿出生第一个月要剃“满月头”，行话称为“稚红顶”；婴儿一周岁要剃“周岁头”，谓之“小红顶”；结婚要剃“光彩头”，行话叫“大红顶”；生日要剃“生日头”，又称“长寿头”；久病不愈要请师傅“开光”，俗称剃掉“晦气头”；人死后还要剃个“终身头”，行话称“角顶”等。凡遇上这些特殊性的服务需要，当地人都会请师傅上门服务。此时，剃头钱要送整数的红包，还要备酒席。剃“角顶”，尤为讲究，一般都要请名师到场，俗规只许三刀剃成，称“开山刀”，不可剃第四刀，否则会被认为不吉利。

理发师之间习惯用行话交谈，他们的工具在行话中都有别样的称呼，比如剃刀称为亲子，剪刀是苗子，牙刷叫觅子，头皮梳喊作磨子，围巾叫栏子，毛巾称为袖子，脸盆是盘子，木梳叫作山山，镜子是光亮，等等。剃光头叫“木龙”，洗头叫“浆草”，修面叫“盖盆子”，等等。还用狮、象、麒、麟、猊、虎、豹、鹿、狼、狐 10 种动物名称代替从 1 到 10 十个数字，充当商量剃头价格的暗语。① 理发手艺差称为“牛脚”，手艺高超被赞为“精生”，动作快叫作“推”，动作慢则叫作“拖”等等，不胜枚举。

理发业行内有条俗规称“三分生意七分待，人无笑脸休开店”，说的是替人理发态度要热情、服务要周到。除了理发之外，理发店还有不少辅助性服务项目，常见的有捶背、按摩、翻眼皮、通鼻管、刮痧等，颇受顾客欢迎。②

（二）裁缝业

裁缝业的祖师爷，通常以为是轩辕氏。裁缝量衣服的尺子称为“轩辕尺”，裁缝的剪刀、尺和粉线包，被认为是祖师爷传下来的法宝，俗信以为带在身边可以辟邪。熨衣服用的熨斗叫作龙头，一根挂着丝线的棍子一头也雕有龙头，传说这几件东西都是给皇帝做龙袍时用的。裁缝到主人家做衣服，要把案桌摆在左侧上首，把这根挂丝线的棍子摆在上首。这张案桌俗称“龙头桌”。

家中办喜事雇裁缝要逢双，俗信以为逢单不吉利。一般请 4 个人，寓意“四季发财”。第一件活就是做棉被或者蚊帐，取其长而幅多，寓意“长福长寿”，或者做长袍、长衫等其他长的衣物。做衣服时，要在袖口上接一块布，取意“添福（幅）添寿（袖）”。第一根线要一针缝出头，寓意“顺顺溜溜”。替办喜事人家做裁缝，主人家都要给红包。

（三）造纸业

造纸术是中国的四大发明之一，绵延至近现代，浙江各地都传承着一些独特的造纸生产

---

① 叶大兵：《中国民俗大系·浙江民俗》，甘肃人民出版社 2003 年版，第 58 页。

② 顾希佳、袁瑾：《嘉兴民俗》，浙江摄影出版社 2014 年版，第 111 页。

习俗。

杭州富阳是闻名全国的“土纸之乡”，因纸质细软、富有弹性而久负盛名，当地有“富阳一张纸，行销十八省”的俗谚。富阳纸品种繁多，根据制作原料可分为竹纸和草纸两大类。其中以嫩竹为原料的“元书纸”最为高档，元书纸色泽白净，不受虫蛀，不会变色，韧性好，十分适用于写字作画。

民间制纸主要经过沤、煮、捣、抄四道工序。每年小满，工人上山砍嫩竹，砍回的嫩竹放入清水池中浸泡，连续泡上3个月，直至竹子完全腐烂，称为“沤料”。随后，将制纸的原料放入木桶，在大锅内连煮8天8夜，煮完后再焖一天，取出。再用石臼将煮过、漂洗过的原料捣烂成纸浆。捣完后，将纸浆放入抄纸槽，加上悬浮剂，用竹帘子抄纸，得到成形的湿纸。制纸作坊中都有一堵香糕砖砌成的空心墙，一头接烟囱，一头烧火升温，当墙面达到一定温度时，就可以将湿纸贴上，烘干，揭下来就是纸了。

衢州也有用毛竹造纸的传统，特别是龙游，盛产以嫩竹为原料而制成的烧纸，亦称为“屏纸”，盛极一时。当地俗信以为每座竹山都有山神，因此初次上山伐竹者都要先祭山神。每次上山砍竹前都要在神龛前插上一根竹枝，告知山神上山所谓何事。伐竹者在竹林里不可随意敲打毛竹，俗信以为若是违反，会引来“毛竹鬼”，带来灾祸。

每年自小满至芒种这段时间，要剖丝竹，就是把嫩毛竹斩断剖开，为腌料做准备。剖丝竹前，要选择猴日，由山主亲自行“开山礼”，妇女儿童不能参与。是日，除了一般祭品外，山主还要砍一根嫩竹，绑上香、“大锭”和鸡血纸，放在山神前。接着便可上山砍竹了。开始剖丝竹落头塘时，山主要请“开山酒”，结束时要喝“谢山酒”。竹丝落塘，即腌料后60天，需灌入清水，称为“胎水”，过10天，水色变红，称为“红水”。排出“红水”后，再灌入清水，过10天左右，竹丝发热，水色变黑，称为“乌水”，表明竹丝已经腐烂，可以供造纸所用了。

龙游一带家家有槽桶，村村有石碓，管槽者称为槽主，工匠为槽工。槽内有神龛，供奉“蔡伦造纸先祖”和“兴福土地神”，龛前日夜点煤油灯。开槽造纸，要选逢四的日子，俗信以为“四季发财、财通四海”。也有在七月半或者中秋节开槽的，俗称“起槽响水”。开槽时，槽主要请“开槽酒”，结束时也要请“谢槽酒”。槽工伙食由槽主提供，每10天要打一次牙祭，每人半斤猪肉。纸料落成后，分给槽工每人半斤“落马肉”。槽内所用原料一般是槽主自腌或者从他人处购进。若有来料加工，按槽主六、料主四分成。①

在湖州，削青竹造纸一般安排在小满至夏至之间的一个月内，俗称“做忙工”。开山前以荤素酒菜、香烛纸锭祭祀山神。做忙工通常分外场、里场。里场有两人上山砍竹，一人断竹，一人专门削竹青皮，一人燃火烤白，五人合成一只码，里场又称“码场”。外场负责搬运，把码场里的竹货运回土纸作坊。做忙工的每10天吃一次肉，平时每餐都有鲞鱼、豆腐一类的菜肴。

---

① 唐朝亮：《龙游的嫩竹造纸习俗》，载《浙江民俗大观》，当代中国出版社1998年版，第298页。

(四)竹器编织

浙江生产竹子，人们除了用竹子建造房屋、桥梁和各种农具，还形成了用竹子制作家具、器物，用竹篾编织各种器具的习俗。浙江竹编制品的式样多种多样，制作过程讲究精细。在浙江省范围内，竹器编织业主要集中在平湖、新昌、富阳、东阳以及嵊州几处。

平湖钟埭镇的联丰村，被称为“篾竹窝”，村子里家家会劈竹，人人会编篮。当地传说明代时刘伯温带领的300名明军士兵经过这里时，落下了300把大刀刃。当地人就拿来劈竹子，当作竹刀用。从此以后，这里的人就用这300把刀劈竹编篮上街去卖，代代相传，相沿成习。

篾竹窝的姑娘出嫁时，嫁妆中少不了一把用红布包好的竹刀，人称“活宝”。凡是生小孩，床前要铺一张竹床，俗谚有“养出来就困竹，大起来铜钿银子滚进屋”。小孩做“三朝”，供佛时也要放一把竹刀，俗谚有“竹刀福到”之说。让小孩摸摸竹刀，长大勤劳肯做。凡是过年过节，竹刀上面要贴红纸，俗称“开红”。竹刀不能随便放，刀口要朝里，俗信以为“财气朝屋里”；竹刀横放，俗称“家时来横发”，有外来福气之意。卖竹篮的扁担特别长，无论挑多少竹篮都还要两头翘起，俗谚有“竹扁担翘，提篮卖起来俏”。这里新媳妇进门，倘若过了3个月还不会做篮，便会被人讥讽为“没出息”。平时，村上的人都手拿竹筒、竹篾，集中到一家的堂屋中，一边谈笑一边编竹篮，称为“拿生活”。每年腊月二十七大扫除后，停止做竹刀活，俗称“收刀”。正月初一上午不动刀，一般下午就要开始劈篾竹编篮，俗称“开刀锋”。开刀锋的第一刀要朝里，俗谚有“朝里，朝利，利市来”。①

新昌竹编素来以造型优美、色泽古雅而著称。竹编品种类多为动物、盘、篮、台灯座、花瓶、屏风、人物等，其中有“老寿星”“孔雀开屏”“天坛”等传统题材作品。

东阳竹编历史悠久，早在宋代竹编元宵花灯、龙灯和走马灯之类的工艺灯就已名闻四方。明清时代，竹编的品种更加丰富，清代康熙年间《东阳县志》记载：“筀竹软可作细篾器，旧以充贡。”除了精美的贡品之外，还有门帘、果盒、香篮、书箱等寻常生活用品也比比皆是。东阳竹编在清末民初盛极一时，20世纪80年代以来又得以蓬勃发展。竹编工艺品可分为人物、动物、器皿、家具、灯具、文具、花具等，还有竹丝镶嵌、竹编书画、竹编墙纸、竹根雕、留青雕等，总计有25大类之多。

嵊州被誉为“中国竹编之乡”，形成了模拟动物、竹篾漂白、花筋、蓝胎漆四大工艺特色。经过漂白的竹篾洁白光亮，用之编制各类产品素雅精致。采用花筋工艺的竹编制品在竹篾片上印有各种花纹图案，单层、双层、多层套色，十分适用于装饰。蓝胎漆工艺是一项十分古老的传统工艺，从竹编白胚到成品要经过浸胶、填泥、刷浆、补缝、一道红漆、挑丝打磨、二道红漆、三道红漆、打磨、上黑漆、入水研磨竹帘花纹、沥干擦色、上亮光漆等数十道工序。成品色泽动人，手感光滑、厚重，防水防腐，美观耐用。

---

① 张玉观：《平湖篾竹窝习俗》，载《浙江民俗大观》，当代中国出版社1998年版，第326页。

（五）制笔业

浙江制笔业以湖州最为有名，湖州制作的毛笔被称为“湖笔”，其制作工艺达到了相当高的技艺水准。湖州的制笔工匠奉蒙恬为祖师爷，当地有不少蒙公祠，一般主祀蒙恬和他的夫人卜香莲，有塑像，两侧各有一个侍儿，又称“太子”，一名“停停”，一名“搭搭”。吴语“停停搭搭”，是断断续续之意，隐喻制笔不可操之过急，应注意掌握各道工序的火候。制笔工场内不准带有香味的食物进去，一说，有香味的食物会引来虫子，蛀坏毛笔；一说，这是避祖夫人卜香莲的名讳。①

（六）制扇业

浙江制扇历史悠久，南宋《梦粱录》卷一三《铺席》中记载当时临安城中主要扇铺聚集地，比如中瓦子前“徐茂之家扇子铺”、官巷内有“周家折揲扇铺”“陈家画团扇铺”“炭桥河下青篦扇子铺”。这些扇铺采用前店后作坊的形式从事经济活动。由于临安从事制扇业的人较多，“京都四百十四行”中，还出现了“纸扇行”和“修破扇”“扇牌儿”的行业。② 而“扇子巷”地名的出现，更表明这里集中了众多的扇子作坊和扇子店铺。③ 浙江的杭州、湖州、绍兴、安吉等地都以制扇闻名，扇子的品种繁多，其中杭扇、湖州羽毛扇颇具代表性。

杭扇，是杭州的传统手工艺品，名目繁多，有竹编扇、芭蕉扇、绢扇、羽扇、纸折扇、檀香扇、艾草扇等。不同的扇子风格不同，如芭蕉扇朴实自然、檀香扇香馥华贵、纸折扇潇洒大方等。创办于清代光绪元年(1875 年)的“王星记”是杭扇的代表品牌，其中黑纸扇尤以制作精良、风格独特而闻名于世。黑纸扇选材十分讲究，以“毛全本”和“全棕”做扇骨最为名贵。“全毛本”的扇骨乌黑透亮，选用 3 年生以上、冬季砍伐的毛竹为原料；“全棕”扇骨必须用云南、贵州等地生长的高山棕竹。黑纸扇的扇面采用纯桑皮纸和柿漆为原料制成。整个制作过程要经过糊面、折面、上色、整形、砂磨、涂漆、修饰等 86 道工序。成品扇具有雨淋不透、日晒不翘的特点，十分耐用，被誉为“一把扇子半把伞”。④

湖州羽毛扇历史上通常选取丹鹊、鸢、雉、鹤、孔雀、鹳、天鹅、红鹅、白鹭等野生鸟类的翅尾制作扇面，扇柄用鹳或鹅羽毛的羽管劈丝编织而成，并用玛瑙、檀香链铜丝钉铰，十分精巧。20 世纪 90 年代以来，因为保护野生动物的需要，羽毛扇的制作原料逐渐转向以家禽为主，比如鹅羽、鸭羽等。成品扇中以桃形扇、圆形扇、半月形扇和绒折扇最受欢迎。

（七）制伞业

浙江地处江南，雨水频繁，土制油伞是民众生活的必需品，制伞业历来兴盛。油纸伞的用料很讲究，伞面用的是纤维较长的棉皮、藤谷皮和水菖花制成的纸，糊伞坯的是黏性好、防潮

---

① 浙江民俗学会编：《浙江风俗简志》，浙江人民出版社 1986 年版，第 347 页。

② 《西湖老人繁胜录·诸行市》。

③ 〔宋〕吴自牧：《梦粱录》卷七《禁城九厢坊巷》。

④ 仪德刚、李海静：《杭州“王星记”扇子制作工艺初步调查》，《中国科技史杂志》2007 年第 1 期。

防霉的柿子漆，扎伞骨的是富有弹性、浸水不烂的头发绳。欧阳伞、高斗伞、单档伞、花伞、黑伞等都是典型的代表。

杭州余杭一带生产油纸伞历史悠久。清乾隆三十四年(1769 年)，董文远九房在余杭开设伞店，从此开启了余杭油纸伞的历史。余杭油纸伞有渔船伞、文明伞等多个品种，制作精良、经久耐用，很受欢迎。制作时，首先以竹、木制成伞柄和伞骨，用发线扎好，再糊伞面。伞面选用上好的桃花纸，桃花纸要在柿子漆中浸透，一张一张贴在伞骨上。所用的柿子漆是在油柿青的时候，就摘下来捣糊榨汁制作而成。用柿子漆作为黏糊介质，既有黏性又不会把桃花纸黏住。伞面糊好后，描绘上图案，涂上熟桐油，在室内吊起阴干。具体的制作过程包括锯竹、刮青、平头、劈骨、锯槽、削骨、排伞骨、穿伞、糊伞、装柄等多道工序。

油纸伞制作技艺要求很高，制伞人需积累多年制作经验和技巧来完成。一般师徒相授，学徒需三年才能出师。

(八)制醋

醋是人们日常生活中必不可少的调味品之一。北宋李之仪曾说过杭人“食醋多于饮酒”①。南宋临安城中更有“欲得官，杀人放火受招安；欲得富，赶著行在卖酒醋”的俚语，可见当时食醋买卖利润之丰厚。② 浙江产醋以玫瑰米醋为主。

玫瑰米醋因其色如天然玫瑰红而得名，手工酿造以籼米为原料，靠空气中的微生物种群发酵，一年一产。每年临近立夏就是制醋的好时节，制作时把米和水按一定比例混合投料，采取表面静置液态发酵法，一般历经 4 个月，即到了秋后才发酵成熟。在立夏前投料是由于这一时期的气候条件比较适宜醋的发酵。浙江地处江南地区，每年春夏之交都会进入梅雨季节，这时的温度和湿度都比较适合微生物生长，有利于发酵，能够保证醋的品质。

(九)制糖

制糖，是以甘蔗或甜菜为原料，经过一系列工序制作成品糖的过程。浙江省制糖以蔗糖为主，即榨取甘蔗汁液，并将之提纯而炼制而成食糖。糖的种类有白砂糖、绵白糖、红糖等。

浙江温州、台州、金华等地盛产红糖，尤以义乌为盛，义乌义亭镇有“红糖之乡”的美誉。义乌红糖又叫义乌青，色泽嫩黄而略带青色，质地松软、散似细沙、纯洁无渣、甘甜入味。

义乌红糖以义乌本地所产的青皮糖梗为原料，用木车牛力绞取蔗水，用铁锅熬制而成。传统红糖的制作技艺主要有选料、榨汁、煎熬和风干 4 个流程，其中包含 20 多道工序。所谓“木车牛力”指的是 20 世纪 60 年代以前榨糖水主要靠牛拉糖车。这种木制糖车上有两个直径约 60 厘米、长约 120 厘米的硬木滚筒，滚筒上端呈齿轮状，滚动时能够相互咬合。滚筒连接着一根长杠杆，在牛的牵引下同时转动，糖蔗从两个木滚筒中间投入，随着滚筒的转动被压

---

① 〔宋〕李之仪：《故朝请郎、直秘阁、淮南江浙荆湖制置发运副使、赠徽猷阁待制胡公行状》，载《姑溪居士全集》第 6 册，中华书局 1985 年影印《丛书集成初编》本，第 126 页。

② 〔宋〕庄绰：《鸡肋编》卷中，中华书局 1983 年版，第 67 页。

成糖梗，糖水就沿着水槽流入糖缸，当地人俗称“绞糖”。绞出来的糖水入锅煎熬，才能变成红糖。煎糖时要时刻注意捞起锅内的糖沫，否则会影响糖的质量，特别是色泽。捞完糖沫的糖水需要慢慢把水分蒸发掉，当糖水蒸发到一定时候，会变成金黄色，这时师傅要注意“候糖”，凭眼睛观察、凭经验判断，将稠糖挑起放到小锅内，工人也要不停地搅动糖锅，防止烧焦粘锅底。等全部浓稠的糖浆都起到小锅中，候糖师傅就用食指沾起一点糖，尝一下，凭口感判断“差不多”了，就把滚烫的糖浆倒到长方形的木槽床上，制作成红糖。

东阳一带有春节制作米香糖的习俗。制作时，先用大米爆出米花，再把麦芽糖、白砂糖、花生碎和大米花混合放入大锅内翻炒，待锅内糖融化、各种原料混合搅拌在一起呈黏合状的时候，出锅；稍冷却后，塑形切块，就是香甜的米香糖了。

（十）灯彩业

自唐宋以来，由民间制作灯彩就逐渐形成了一个行业。总的来说，灯彩的制作过程可分为扎架、糊面、装饰3道工序。扎架是制作灯彩的基础，要造型美观、坚固结实。糊面是根据灯彩外形、用途来选择不同的灯面料。最后装饰则用镶边、镶嵌、刻彩等技艺使灯彩外形更加美观。在各地灯彩的制作过程中，工序有所增减、技法繁简也有不同。

源自海宁硖石的灯彩以针刺工艺见长，集诗词、书法、绘画、篆刻、刺绣等艺术门类于一体，工艺精湛。其工艺技法主要有“针、拗、结、扎、刻、画、糊、裱”八大技法。针刺是硖石灯彩的主要特色，灯彩灯身由数量不等的针片接合而成。针片采用绵纸、生宣、熟宣、夹宣等多层纸裱糊而成，达到牢固、不透光、能染色的效果。为了灯身透光，工匠需要运用排针、钩针、花针、乱针、破花针、补针等不同的针法在灯身上微刻精雕，刺上各种小孔。针刺的密度可以达到平均每平方厘米18孔～32孔。“拗”包括拗骨架造型和装饰拗彩。拗折要精确，否则会影响到整灯的接拢。“结”是结彩，包括结网花边、吊须等不同手法。“扎”是灯彩中的拼接工艺，要求不露接痕。此外“刻”“画”都是灯彩的特色工艺，操作时多用重彩工笔描画花鸟、人物、山水等。“糊”“裱”是最后一道工序，将针刺画面拼装起来，完成整灯。

六、拜师收徒

手工艺技艺多是师徒相带，口耳相传，各行各业拜师收徒历来流传着不少规矩，世代相沿。

（一）关约文书

打铁、木匠、泥水、石匠、制笔等技术要求较高的行业中，学徒学艺要先由介绍人写一份契约，称为“关约文书”。契约一般写在红纸上，其中写明学艺几年，一般为3年，其间除吃饭钱以外有无月规钱。还有特别注明“各听天命”，表示学徒期间，不论生病死伤，都与师傅无关。每逢春节、端午、中秋、重阳等节日，学徒要向师傅送礼等。契约由学徒、师傅和介绍人签字画押后，各自保管。

(二)拜师仪式

契约签订后，要举行拜师仪式。湖州笔业拜师时，学徒要拿4件礼品，蹄子1对、酥糖2包、炮仗、蜡烛。学徒到师傅家，点蜡烛、放炮仗，师傅坐在椅子上，接受学徒的叩拜大礼。礼毕，师傅带着学徒拜见师母，为他引见其他师兄和老工人。① 嘉兴一带泥水、木匠拜师，除了点烛叩头外，还要送上肉、鱼、面等请师傅食用，随后在师傅的带领下祭拜鲁班祖师爷。②

龙泉一带铸剑业中，凡进铺学艺的学徒，先要准备三牲祭拜祖师爷。拜师时，先在炉上神龛间点香燃烛，虔诚祈祷学艺长进，然后向祖师爷磕三个响头。再向师傅、师母、师兄作揖行礼。

(三)学艺规矩

学艺期间，学徒要遵守一系列规矩，不得有违抗师傅的举动。嘉兴一带打铁学徒第一年常常充当师傅家的杂役，要看小孩、做家务、修炉灶等。第二年或者师傅又收小徒弟后才开始跟着师兄或者老工人学拉风箱之类的重活。

学徒在学艺时多要做些辅助工作。理发业的学徒拜师后要经过看、练、做三个步骤。首先在师傅工作时，仔细观察，看师傅接待客人、站立、操作的方式，同时还要在一旁烧热水、绞毛巾、拉风扇。“练”就是练习拿剃刀、剪子等基本功。“做”就是做一些刮胡子、剃光头、轧平头等简单的活。③

铸剑铺里，学徒学艺的第一个月，每天早晚两次要向祖师爷进香膜拜，不能中断。学艺的前半年之内，学徒只能干一些帮锤、拉风箱、挑水等粗重活儿和杂务。半年之后才开始正式学手艺，先铲削剑坯，一年后方能磨坯。“淬火”是一道关键性工序，师傅一般不传授，学徒在边上看，要凭自己的聪明才智去观察、体会师傅的操作技巧，不断琢磨，自学成才。④

学徒期间，如果学徒做了错事、坏事，师傅可以处罚，湖州一带制笔业称为“开庙门”。师傅将犯错的学徒带到蒙公祠，跪在蒙公神像前，历数学徒所犯错事。轻的罚学徒在神像前拜蒲墩，重的则逐出师门，赶出湖笔业，另谋生路。⑤

(四)满师

学徒学习期满，称为“满师”。学徒要办“谢师酒”，并请师傅、师兄、师叔、师伯等一同到场。谢师酒上，师傅当面向诸位介绍学徒，并请他们在学徒日后外出谋生时给予方便，算作正式入行。若是学徒在满师后，另从别的师傅继续学习，称为“过堂”。⑥

---

①⑤　费三多：《湖笔业的收徒拜师》，载《浙江民俗大观》，当代中国出版社1998年版，第307页。

②③　顾希佳、袁瑾：《嘉兴民俗》，浙江摄影出版社2014年版，第114页。

④　徐起佳：《龙泉的剑匠习俗》，载《浙江民俗大观》，当代中国出版社1998年版，第319页。

⑥　叶大兵：《中国民俗大系·浙江民俗》，甘肃人民出版社2003年版，第63页。

第二章　商贸民俗

自唐宋以后，随着江南大运河的开凿，北方人口南移，以及不同地域文化的交融等因素的影响，浙江走上了经济发展、文化繁荣的道路。尤其是赵宋南迁，定都临安（今杭州）后，南宋的经济和文化重心南移，极大地促进了浙江全境的开发。据记载，宋时基本形成了浙江与安徽、江苏、福建等周边邻省，以及省内主要府治之间的道路网络。这些道路既连接浙江省内与周边省际的交通往来，便利各地的经济和人员流动，也极大地促进了浙江商品经济的发展。

浙江特殊的人文地理环境，使得人们在社会交往和经济活动中，形成了丰富多彩的地方性商贸民俗文化。商贸民俗文化在历史长河中，有些已经渐趋式微，淡出人们的生产生活；有些保持基本的传统风貌，依然存活在人们的日常生活中；也有些与时俱进，形成了新的民俗形式。浙江各地商贸民俗文化特征可以从商贸场所、商业经营、商业风俗，以及商业领域里的行业神崇拜与禁忌等方面体现出来。

第一节　商贸场所

"日中为市，致天下之民，聚天下之伙，交易而退，各得其所。"《易经·系辞下》中的这段话记载的就是氏族公社阶段的神农氏时，交易已有固定地点，经常或每天有交易活动，交易是直接进行的，没有商人等中介人参与，这说明当时已具有了市场的雏形。"古未有市，若朝聚井汲水便将货物于井边货卖，故云市井。"①这种井边交易显然比邑市时的"日中为市"进了一步。"鲧筑城以卫君，造郭以守民，此城郭之始也。"②随着城郭规模的扩大，井边交易也随之发展成为常设的城中市场，并产生了从事买卖的店铺和为市场交易活动服务的酒店、饭铺、肉铺等。③ 浙江传统商贸场所形成与发展基本如此，即从墟市（草市）、集市贸易、专业市场与城市商业并存的江南城乡商贸、对外贸易"共生共兴"的模式。

一、墟市（草市）

乡村墟市是指小规模的草市和村头集市。其特点是市场水平低，大多属于小范围的商品

① 吴慧：《中国古代商业史》，中国商业出版社 1983 年版，第 40 页。
② 吴慧：《中国古代商业史》，中国商业出版社 1983 年版，第 56 页。
③ 习近平：《中国农村市场化建设研究》，人民出版社 2001 年版，第 32—33 页。

交易点和数日一聚的期日市；发展不稳定，常随着实际需要而变动。特别是大部分村坊，实际上只是村头路边的酒店茶坊而已。不过，由于各地农村社会经济发展水平的差异，乡村墟市的具体发展形态也有所不同。在一些经济发达区域，乡村墟市成为城乡商品流通的基础，因此显得较为活跃。宋代的集市在城外的称为“草市”，在乡村的叫“小市”，叫“墟”或“赶场”。这种风俗一直延续至今。

（一）南宋绍兴镜湖流域的草市网络①

镜湖又称鉴湖，横贯山阴、会稽两县，修筑于东汉中期，系汇聚来自南部山区的36条水溪而成。到南宋时，该湖的大部分水面已被围垦成田，但仍是周边田地的主要灌溉源。全流域呈狭长形，东西百余里，南北不到50里。其中以府城为界，又分成东、西两部分，东属会稽，西属山阴。南宋中期，在这个面积不大的区域内，围绕自西而东的钱清镇—府城—曹娥镇一线，分布着众多草市，呈放射状向四周扩散。据宋嘉泰《会稽志》、宝庆《会稽续志》等有关史料记载，结合陆游《剑南诗稿》的有关诗篇，将部分草市分布的具体情况罗列如下（括号内为草市方位及距离府城里程）：

会稽县境内：龙兴寺前市（北2），江桥市（北5），斜桥市（东北郭外），小江市（东北40），樊江堰市（东22），东关市（东60），照水坊市（东南郭外），禹庙东市（东南12），平水市（东南25），樵风市（东南25），陈酿市（东南，里数不详），若耶市（东南25），西路口市（东南，里数不详），娥江市（东南72），大云桥东市（南2），云门市（南30）。

山阴县境内：大云桥西市（北郭外），驿地市（北2），梅市（西北15），柯桥市（西北25），禹会桥市（西北50），清道桥市（西1），西跨湖桥市（西6），虹桥市（西7），桑湖堰市（西11），东跨湖桥市（西南郭外），三山东市（西南9），三山西市（西南9），三山南市（西南9），蜻蜓浦市（西南9），亭山市（西南12），兰渚市（西南25），项里市（南15），金家畯市（南，里数不详）。

以上所列共34处草市（不完全统计）。参照嘉泰元年（1201年）会稽、山阴两县的在籍户口共72058户②，除去其中府城人口3万多户，乡村人口近4万户，则平均1000多户即有一处草市。

地区性草市网络的形成，表明乡村草市不再只是一个个封闭性的互通有无的交易点，而是互相结合，构成了较系统的乡村集市体系。它不仅发挥着各地区范围内农村产品的流通职能，更重要的是，将越来越多分散的乡村纳入城乡市场活动之中，进而把跨地区的远距离商品交流引入农村基层。

---

① 陈国灿：《江南农村城市化历史研究》，中国社会科学出版社2004年版，第108—109页。

② 〔宋〕嘉泰《会稽志》卷五《户口》。

(二)明清时期台州府"期日市"

台州府与"期日市"

温州、台州、丽水等浙东南与浙北相比,乡村贸易发育相对晚些,也有着自己的特色,即"期日市"一直长期存在。台州府时辖的宁海县、天台县、仙居县以及宁波府的象山县、金华府的东阳县等,其市镇的贸易状态,历史上较长时间没有发展为稳定与成熟的集市,仍处于"期日市",即"旬中一二日,或二八,或三七聚"的状态。①

太平县(温岭)个案

以台州为例,明嘉靖年间,台州太平县的温岭街、夹屿街、南监街、塘下街、泽库街、白山街、陈家宅街、桃夏街、侍郎街、下村市、莞山市等,虽都有固定的街道,但均属于为五日或六日一集的"期日市"。② 如温岭街、南监街、夹屿街、泽库街、侍郎街、下村市等为五日市,塘下街等为六日市。入清后,市的数量进一步增加,但期日市始终占了大部分。

图 96-2-1-1 台州—温州古驿道温岭街,著名文学家朱自清曾在此三层小楼借宿(2005 年连晓鸣摄)

清嘉庆年间:南监街(二七日),下村街(二七日),鹜屿街(二七日),大路街市(二七日),夹屿街(三八日),侍郎街(三八日),淋头市(三八日),石剌街(三八日),萧家桥市(三八日),横涧桥市(三九日),石头桥街(四八日),横山头市(四八日),泽库街(四九日),长屿街(四九日),新河街(五十日),箬横街(五十日),潘郎桥市(五十日),神章门市(五十日),杉屿塘市(六日市),石粘街(六日市),温岭街(六日市),塘下街(六日市),街弄头市(七日市)。③

清代末年:陶下街(经常市),横峰桥市(经常市),陈家宅街(经常市),石塘酒坊(经常市),松门西郭市(经常市),大吕市(经常市),莞山鱼市(经常市),白山街(一六日),石桥塘下街(一六日),杉屿塘市(一六日),温岭街(一六日),石粘街(一六日),街弄头市(一七日),下墩市(二七日),鹜屿街(二七日),下村街(二七日),大路街市(二七日),南监街(二七日),侍郎街(三八日),萧家桥市(三八日),淋头市(三八日),李婆桥市(三八日),夹屿街(三八日),石剌街(三八日),横涧桥市(三九日),下街市(三九日),石桥头(四八日),隘顽街(四八日),横山头市(四八日),长屿街(四九日),大路宅市(四九日),泽库街(四九日),新河街(五十日),箬横街(五十日),潘郎桥街(五十日),神章门市(五十日)。④

至 2010 年台州还有一些县市区的镇乡,仍保留着"期日市"的传统习俗。

---

① 陈国灿:《江南农村城市化历史研究》,中国社会科学出版社 2004 年版,第 214—215 页。

②③ 〔明〕嘉靖《太平县志》卷二《坊市》。

④ 〔民国〕《台州府志》卷五十一《坊市》。

（三）丽水“行日”

丽水地区重峦叠嶂，交通极为不便，市集点多而分散，便于群众就近贸易。据《丽水县志》记载，在清代中后期，丽水县有市集15处之多。但到清末民初，只剩下县城和碧湖镇两处。市集俗称“行日”，参加市集叫作“过行”。县城市集，原为农历三、七日，每月六天，后以三、八为市。碧湖镇原以丑、辰日为市，有大、小行之别，后曾改三、八日为行期。每到市日，方圆数十里群众都将农副产品运往交易，甚至有温州、青田、缙云、松阳等县群众贩运水产、小百货、禽畜、烟丝、竹木等参加市集贸易。大的市集可细分为“小行”，已有专业市场雏形，如丽水县城的市集，大水门为米行，大毛弄为猪行，三坊口为竹木行（制品），府前为禽蛋行，虎啸门为柴炭行。市集上专门介绍买卖，从中收取报酬的人叫牙郎，有猪牙郎、牛牙郎、柴牙郎等。这些牙郎都独占一行，他人不能沾手。市日时，牙郎肩背大秤，手持算盘，穿越人群，他们头脑活络，口齿伶俐，精通行情，居于介绍撮合买卖交易成功。庆元山区的猪市选为“丑”“午”日，因干支中的“丑”属牛，“午”属马，取义养猪大如牛马。尤以“丑”日猪市更为拥挤，取猪性贱、少病易养、生长快的吉兆。猪市，庆元群众又叫“猪期”，是生猪交易的日期。①

二、集市贸易

集市依托集镇。镇—集—市，三位一体，互为依存、兴旺、发展。镇的起源在军镇，军镇是属于州府县城以外的军事据点和戍守单元。浙江历史记载中最早的军镇在东汉孙吴时，东阳郡增设丰安县，“其将郑平戍峥嵘镇”。② 到五代时，“置镇繁多”，仅湖州地区就有24个。从唐代以后，部分军镇的形态逐渐发生变化，其突出表现为经济和社会色彩不断增强。到宋时，为避免晚唐藩镇势力增大、军事割据历史的重演，采取措施，削夺和改变军镇的职权。镇的性质发生根本性的变革，蜕变为商贸市镇。与此同时，政府又通过县城降格、草市升格、税务坊场改置、交通驿站升置等形式，相继增设了不少非军事性质的镇。③ 到北宋中期，市镇已经成为乡村居民商贸聚集地。南宋以降，元、明、清至近现代，浙江集镇的不断发展、发育、成熟，到开始现代化转型，一直是浙江商贸活动的重要场所。因为篇幅有限，这里仅介绍浙北三大历史名镇。

乌镇④

原来的乌青镇是湖州乌程县乌墩镇和嘉兴府崇德县青墩镇的合称，二镇隔河相对，虽分属不同州府，实为同一聚落。万珪《青墩镇土地索度明王碑记》亦云：“秀之青镇与湖之乌墩，二市相抵为一会镇。”⑤自宋代以来，凭借独特的地理位置，乌镇一直是浙北太湖地区著名的

---

① 《丽水风俗》编委会编：《丽水风俗》，浙江丽水地区文联1995年刊印，第40—41页。
② 〔明〕弘治《衢州府志》卷一《沿革》。
③ 傅宗文：《宋代草市镇研究》，福建人民出版社1989年版，第91页。
④ 陈国灿：《江南农村城市化历史研究》，中国社会科学出版社2004年版，第86—87页。
⑤ 〔清〕张园真：《乌青文献》卷九。

交通型商品转运巨镇。太平天国时期一度遭到战乱的严重破坏，“两遇寇乱，几于蹂躏无遗”，①但不久便逐渐得到恢复。进入20世纪前期，在发达的传统船运业基础上，轮船运输快速兴起，形成了连接上海、杭州、苏州、嘉兴、湖州等大中城市和临近众多乡镇的密集的轮运航线。因此，“虽无铁路、公路之通达，但轮船往来及快班船、旧式航船逐日往来各埠”，②使之继续保持了地区性水路交通中心和商品转运中心的地位。民国《乌青镇志》记载，到20世纪30年代前期，全镇工商业包括香作、磨坊、碾米、水作、染坊、糖坊、油车、造船、制藤、竹器、铁器制造、冶炼、丝、茧、绵绸、棉布、茧壳、丝吐、典当、钱庄、制衣、轮运、船运、洋布、洋广货、鞋帽、银楼、铜锡、米、桑叶、烟叶、襄阳饼、山货、猪羊、桑秧、桐油、羊毛、羊皮、酱酒、南北货、茶食、煤油、烟、纸箔、草席、茶叶、浇造、窑缸、药材、西药、印刷、钟表、花爆、菜馆、旅馆、木材、八鲜等数十个种类，作坊、工厂和商店有上千家。其中，有些生产行业已引进近代机器，如碾米业、油车业、造船业等。电气业始于民国13年(1924年)，由里人沈俊昌集资4万元创办“乌青镇电气公司”，发电量可供16瓦点灯3000盏。此后陆续有3家电灯场。邮政、电报、电话等近代电信业，也相继出现。镇上还有不少商业组织和社会团体，如浙江总商会直属分会、卷烟业分会、纸烛业分会、包菜业公会、丝业公所、布业公所、药业公所、泥木业公所、公会、农会、禁烟会等。到20世纪40年代末，该镇的工商业特别是流通商业仍具有一定的规模。据有关资料记载，民国37年(1948年)，全镇有44个商业和服务行业，店铺937家，从业人员1864人。③

南浔镇

南浔镇是浙江丝业名镇。其市场以叶市、茧市、丝市为主，另有棉市、布市、米市、陶瓷市场、木材市场和各种农副产品市场。其中，叶市分布于街区四周，其桑叶除本镇四乡叶户所产外，有相当部分由邻近市镇市场输入。茧市是随着本地所出蚕茧不足以供应缫丝业发展的需要而兴起。④ 董恂《南浔志稿》云：“近时多有往嘉兴一带买茧归，缫丝售之者，亦有载茧来鬻者。”⑤丝市主要分布于南市河的丝行埭，南至东交界坝桥，北至泰安桥，聚集了众多丝行，交易繁盛，“列肆购丝，谓之丝行。商贾骈毗，贸丝者群趋焉，谓之新丝市”，“小满后新丝市最盛，列肆喧阗，衢路拥塞”。⑥ 温丰《南浔丝市行》更具体地描述说：“蚕事乍毕丝事起，乡农卖丝争赴市。市中人塞不得行，千声万语聋人耳。纸牌高揭丝市廛，沿门挨户相接连。喧哗鼎沸辰至午，骈肩累迹不得前。”前来该镇购丝的有众多外地客商，并形成相应的专门供应商行。史称：镇上“市之贾俟新棉出，以钱贸于东之人，委积肆中，高下若霜雪。即有抱布者踵门，较其中幅，以时估之，棉与布交易而退。随有西之人赍钱来计布值，合则书剂与之去，而钱存焉”。南浔镇先后号称“二狮”“四象”“八牯牛”“七十二狗”的巨商豪贾，都是靠蚕丝贸易起家的，资本雄厚，经营规模庞大。其中，“二狮”是指资产在千万元以上的两个特大巨商；“四象”是指其资产在百万元以

---

① 〔清〕光绪《桐乡县志》卷一《疆域》。

② 〔民国〕《乌青镇志》卷二十一《工商》。

③ 陈国灿：《江南农村城市化历史研究》，中国社会科学出版社2004年版，第318—319页。

④ 陈国灿：《江南农村城市化历史研究》，中国社会科学出版社2004年版，第195页。

⑤ 〔清〕咸丰《南浔镇志》卷二十一《农桑》引。

⑥ 〔清〕咸丰《南浔镇志》卷二十四《物产》。

上的4个巨商;“八牯牛”是指资产在50万元以上的8个大商人;“七十二狗”是指资产在30万元以上的72个大商人。至于资产在30万元以下者,已不能跻身该镇大商之列。①

西塘镇②

斜塘市,又名西塘、平川,时属嘉兴路嘉兴县。该市在元代是以漆器业闻名的专业市镇,先后有张成、杨茂、彭君宝等一批著名工匠,“皆技擅一时”。史称:“剔红器皿,元时西塘张成、杨茂最得名;戗金器皿,元时西塘有彭君宝者甚得名。戗山水人物,亭观竹木鸟兽,种种精妙。”③陶宗仪《南村辍耕录》卷三十对该市的漆器制造技术有具体的描述:“嘉兴斜塘杨汇髹工戗金戗银法:凡器用杂物,先用黑漆为地,以针刻画,或山水树石,或花竹翎毛,或亭台屋宇,或人物故事,一一完整,然后用新罗漆。若戗金,则调雌黄;若戗银,则调韶粉。日晒后角挑,挑嵌所刻缝罅,以金箔或银箔,依银匠所用纸糊笼罩,置金银箔在内。遂旋细切取,铺已施漆上,新棉揩拭牢实。但著漆者,自然粘住。其余金银,都在棉上。于熨斗中烧灰,坩埚内镕锻,浑不走失。”

表96-2-1-1　　南宋时期浙江部分地区乡村草市(含村坊)分布密度一览表

<table>
<tr><th>府州</th><th>县</th><th>时间</th><th>农村乡数量</th><th>草市(村坊)数量</th><th>平均每乡草市数</th><th>资料来源</th></tr>
<tr><td rowspan="6">庆元(明州)</td><td>鄞县</td><td>宝庆年间</td><td>13</td><td>40</td><td>3.1</td><td rowspan="7">《宝庆四明志》卷十二至二十一</td></tr>
<tr><td>奉化</td><td>宝庆年间</td><td>8</td><td>24</td><td>3</td></tr>
<tr><td>慈溪</td><td>宝庆年间</td><td>5</td><td>33</td><td>6.6</td></tr>
<tr><td>定海</td><td>宝庆年间</td><td>7</td><td>18</td><td>2.6</td></tr>
<tr><td>昌国</td><td>宝庆年间</td><td>4</td><td>16</td><td>4</td></tr>
<tr><td>象山</td><td>宝庆年间</td><td>3</td><td>5</td><td>1.7</td></tr>
<tr><td>合计</td><td></td><td></td><td>40</td><td>136</td><td>3.4</td></tr>
<tr><td rowspan="5">台州</td><td>临海</td><td>嘉定中</td><td>15</td><td>28</td><td>1.9</td><td rowspan="6">《嘉定赤城志》卷二、卷七</td></tr>
<tr><td>黄岩</td><td></td><td>12</td><td>14</td><td>2</td></tr>
<tr><td>宁海</td><td></td><td>6</td><td>13</td><td>2.2</td></tr>
<tr><td>天台</td><td></td><td>4</td><td>6</td><td>1.5</td></tr>
<tr><td>仙居</td><td></td><td>6</td><td>9</td><td>1.5</td></tr>
<tr><td>合计</td><td></td><td></td><td>43</td><td>70</td><td>1.6</td></tr>
</table>

资料来源:陈国灿:《江南农村城市化历史研究》,中国社会科学出版社2004年版,第110页。

---

① 湖州市政协文史委员会编:《湖州文史》第4辑,1986年,第59页。
② 陈国灿:《江南农村城市化历史研究》,中国社会科学出版社2004年版,第104页。
③ 〔清〕光绪《嘉兴府志》卷三十三《物产》。

三、专业市场

专业市场还是属于集贸市场范围，是传统集贸市场向专业化方向发展的结果，因此其“专业”性是相对于集贸市场而言的。专业市场的“专业”性主要表现在：市场商品的专门性；市场交易以批发为主；交易双方的开放性等。浙江专业市场比较有影响力的有嘉兴米市、浙江牛市、湖州水市等。

（一）嘉兴米市①

嘉兴地处太湖流域东部，为我国最富庶的长江三角洲平原的一部分，气候温暖湿润，土地肥沃，河港交错，历来是浙江最主要的稻米生产与集散中心。据民国22年（1933年）实业部上海国际贸易局编的《中国实业志》载：浙江的六大米市为嘉兴、硖石、湖墅、临浦、兰溪、永嘉。嘉兴米市，是浙江六大米市之首。清代诗人朱彝尊《鸳鸯湖棹歌》所描述嘉兴米市的盛况云：“父老禾兴旧馆前，香粳熟后话丰年，楼头沽酒楼外泊，半是江淮贩米船。”

唐代李翰《嘉禾屯田政绩纪》云：“嘉禾（嘉兴又名嘉禾）在吴之壤最腴。故嘉禾一穰，江淮为之康；嘉禾一歉，江淮为之俭。”由于嘉兴得天独厚的地理位置，明弘治《嘉兴府志》即称之为“江东一大都会”。其中唯有嘉兴米市是以产销为特色，而硖石、湖墅等5个米市则以集散为特色。清朝末年，嘉兴全县就有米店400多家。规模之大，可见一斑。嘉兴米市主要集中在嘉兴北门一带，据《嘉区一瞥》转引《嘉区民国日报》民国24年（1935年）元旦载嘉兴城区米业分布情况：城北有米行20家，城东4家，城南12家，城西2家。当年嘉兴俗谚：“北门米脚子，南门大粽子，西门叫花子，东门摆架子。”也说明了这一特点。

近代，随着交通运输业的发展，以及浙江全省各地粮食供给的自给自足，专业性和区域性的米市逐渐消失。中华人民共和国成立后，1953年国家实行“统购统销”粮食政策，规定农民生产的粮食由国家统一收购，全社会所需要的粮食由国家供应。在这种计划经济体制的影响下，在全国，包括浙江在内的城乡集市一般都是国营性质的米店，到1992年底，粮食“统购统销”政策退出历史舞台，粮食供应的计划体制向市场体制转变，相应地，专业性的米店也从人们的日常生活中逐渐消失。

（二）浙江牛市

浙江牛市贸易带有“农耕文化”的特点。浙东南由于地少人多，自宋代始，经过稻种改良，已出现早稻、中稻、晚稻等多种优良品种，逐步推行一年两熟制或两年三熟制。沿海平原春耕早于山区半个月，山区的耕牛在牛市租赁或卖到平原地区去耕田；半个月之后，平原地区的春耕结束，耕牛再通过牛市回到山区耕田，这样，耕牛最后又在牛市卖到平原。耕牛在一年中于山区与平原之间频繁往来，轮番作业，牛市起到了不可或缺的中枢作用。

---

① 永尧、映月：《嘉兴米市习俗》，载《浙江民俗大观》，当代中国出版社1998年版，第340—342页。

金华牛市

耕牛是耕田人最重要的资产，一头牛成本很高，农户一般采取拼养的方式，耕牛为农户耕田、推磨、榨糖，还可以为主人替人耕田，挣点费用。牛生病或老了，养牛户把牛拉到市场去卖，双方讲好价钱后，养牛户要从牛鼻子上解回牛绳，俗称“卖牛不卖绳”。耕牛买卖，买主得付牛绳钱，放牛早出晚归，牛绳钱是养牛户替放牛娃讨的，同时，主人留下旧绳，换新绳，以示换主，旧绳带回家，留作纪念①。

黄岩牛市

浙东南沿袭越俗而崇牛，牛市集中体现了浙东南重农的特点。浙东南丘陵山地适宜繁殖耕牛，耕牛的需求量小于饲养量，而浙东南沿海平原的耕牛需求量却远远超过饲养量，牛市贸易因此而生。浙东南的温州、台州、浙中的金华等地牛市盛行，其中以台州的黄岩牛市尤为著名。②

黄岩全县有6个牛市，其中的横街镇牛市，每年最多可成交五六万头耕牛，“牛多如蟹”是当地人对过去牛市之盛的形象描绘。黄岩的牛市闻名全省。旧时，一般都是农历二月初二开市，到立夏以后，牛市最旺盛。开市前，山亭街的牛户做馒头、方糕，上盖喜字红印，送给这一天前来牛市的客户。同时还要祭祀当方土地，供品是鱼、肉、豆腐点心。当天晚上，山亭牛户设粗八碗会宴。四月八日是牛生日，山亭街牛户要设肉肴，到九峰山樟树下禹王庙祭祀四保老爷。相传，四保老爷是祠山庙张大帝第四子，原在祠庙落座，塑像似凶神恶煞，以后由乡人移至禹王庙，奉为牛神，每逢四月八日牛生日或腊月谢年，都要以肉肴供之。牛生日这天街市上多卖乌饭麻，这是一种用乌饭树脑和糯米做成的蓝黑色食品，也可喂牛，据说牛吃了可以防止牛蝇叮咬。这一天还要在牛栏前挂一把稻草扎成的稻秆刷，据说是牛的蚊帐，可以驱蚊子。牛市一般设在广场上，也有例外，头陀镇牛市设在30米高的山坪上，稀疏的松树可拴牛也可避荫。牛市一般占地三四亩，大牛市还有分场。从晚清到民国初年的牛市，须经省政府批准，发照营业。那时牛场主也是牛贩，如山亭街牛市就是姓林的15户人家承包的。市日前，买牛的客户都到有生意交情的牛户膳宿，甚至把买牛款也交东家验点保存。每头牛成交，牛场主要收过堂税，一头牛收二角税金，后曾涨至四角。收过税的由场主发给税票，税票巴掌大，木板刻就印在红纸上，上署月、日、牛数。也有的场主在牛角上给已缴税金的牛涂“镶红”，以示识别。中华人民共和国成立后，黄岩牛市曾经一直存在，到20世纪80年代以后逐渐消失。

（三）湖州水市③

浙北的湖州是水乡，古代的交通工具主要是船，古时湖州的市镇大多沿河分布，大镇的空间布局大多是十字形，两河交叉流过。湖州自古又是“丝绸之府，鱼米之乡”，不仅街道繁华，

---

① 朱佩丽、徐卫：《金华民间风俗》，大众文艺出版社2012年版，第132页。

② 陈顺利：《黄岩牛市习俗》，载《浙江民俗大观》，当代中国出版社1998年版，第342—344页。

③ 费三多：《湖州水市习俗》，载《浙江民俗大观》，当代中国出版社1998年版，第344—345页。

而且还有水市，形成"船中办商铺，水上有市场"的独特民俗。市镇处于河道汇集之处，许多人在船上进行贸易。水市是陆市的发展，在湖州归安县（今湖州南浔）的菱湖镇，据清康熙《归安县志》卷一《山川》载菱湖："又为百货所集，作水市。"光绪《菱湖镇志》载："菱湖人居舟中列诸货物市之，谓之水市。"范锴《浔溪记事》诗云："十里桑阴水市通"，说的则是南浔水市。

水市从早上一直经营到夜里。清初《菱湖创建祇园禅寺碑记》中说："水市朝开，渔歌夜发。"清早有的岸边楼上人家要买菜，只需吊下一只盛钱的竹篮，道一声要买的菜蔬，那下边河中的一只舴艋舟，就会连菜连找头，一一放好，说一声"好了！"一笔交易便在须臾间完成。可见水市的热闹繁荣，与街道市场不相差分毫。明人吴锡麟诗中有"东西水栅市声喧，小镇千家抱水园"。说的是南浔还有东西两水市，可谓盛也。水市还连续夜市。孙宗承《菱湖纪事诗》中有句："夜市灯光匹练拖。"水市中交易的物品十分丰富，几乎与陆上市场无异。湖州为"丝绸之府"，蚕丝业十分兴旺发达。《吴兴备志》说："归安菱湖市廛家主四方鬻丝者，多廛临溪，四五月间，溪上人货丝船排比而泊。"

（四）绍兴锡箔茶市①

在绍兴，旧时从事锡箔交易通常以茶店为场所，边喝茶，边谈生意，称为"锡箔茶市"。锡箔业始于何时，史无记载，相传起源于明初。《绍兴县志资料二辑·箔业调查》（未刊行）记载："锡箔之创始，杭箔最先，绍箔之销行始于逊清乾隆。"胡廷玉《绍兴之锡箔》："夷考锡箔之起源，始于杭，继于甬，即俗称为杭箔、宁箔者。嗣绍人仿造之，以其能精益求精故，是以绍箔骎骎焉驾于杭箔、宁箔之上，而执箔界之牛耳矣。"乾隆年间绍兴之箔业，系自己打箔、自己造锡箔纸、自己运销之手工业。咸丰年间，绍兴始有箔铺。至光绪十八年（1892年），绍箔的产量才50万块。此后，绍箔时兴时衰，直到民国24年（1935年）。绍箔产量达到了顶峰，估量为400万块，遂有"锡半城"之谚。其间，随锡箔产量的上升，外地水客（采购商）来绍日增，自销不谙内情，常吃倒账之亏，于是锡箔的中间商"箔庄"应运而生，同时也形成了锡箔茶市。

锡箔的交易方式独特，箔业主无须挑了锡箔兜售，一般坐在茶店里喝茶，或三五成群在茶店外闲谈，箔庄如需进货，出街先生就去茶市约货，几百包（一包12块）锡箔，不用一片纸，不记一个字，均口头成交，交易达成后，行情如有涨落，双方概不后悔，箔业主仍按约定购数送货（俗称"解块头"），有"千金一诺"之说。

箔铺的箔坊多在大营和府山以南，上城茶市在后观巷的茅家茶室，下城茶市在西府庙前的胡家池头。花巷的"适庐"茶室，是箔业界巨头的去处。鹿鸣纸茶市在上大路王衙弄。另有一些地段茶市，如谢家湾头的冯（晋昌）高（义泰）茶市、昌安桥脚的许（荣盛）谢（谦记）茶市、顺昌弄口的车（协泰）李（东阳）茶市、史家台门的胡家（永源、源昌）茶市等。茶市的时间除王衙弄为下午，其余均是早茶市，至午前落市。

箔庄的资本多少不一，资本匮乏的箔庄，必须先收到外地汇款，或受外来水客委托，才代为购买锡箔，从中收取佣金；资本雄厚的箔庄，视行情低落时，大量买进，如行情上涨时，大量

---

① 陈天成：《绍兴锡箔茶市》，载《浙江民俗大观》，当代中国出版社1998年版，第312—313页。

抛出（销给外地），因此后者可以左右市场，可使锡箔的价格，顷刻间一提再提，或一再杀价。箔庄除收购锡箔外，还经营锡箔的原料锡，因此，茶市除了作成锡箔生意外，同时还作成锡的生意。箔业主向箔庄解了块头后，即可拿了箔庄给的一支钱庄竹签去向钱庄结账，或以物易物，换到锡和鹿鸣纸，箔业主同样也可在茶市上用现金成交原料锡或纸。

箔是一种祭祀焚化品，历来主禁者甚多。1949 年以后，政府以重税逐渐禁之，有关人员转业为其他工作，绍兴“锡半城”一度成了一个历史名词。20 世纪 80 年代中期，在经历了 30 年的沉寂后，绍兴的锡箔业开始重新复苏，并且向萧山、宁波、义乌一带输出技术，直至“中心”位置被后起的义乌替代。

（五）温州专业市场①

在温州商业传统民俗中，专业市场从诞生到现在，已经有悠久的历史。清代出现的专业分区贸易，就是今天专业市场的前身。其时，温州城区分东、西、南、北四隅，经过长期商业活动的实践，根据地理位置、交通情况和方便同类产品集散交易，约定俗成，形成了许多相对集中的商业区，开展贸易活动。如五马街过去是繁华的中心区，商店密布，是绸布、百货、铜锡器皿、中西药、银行、钱庄、菜馆等的集中地。再如东门靠近瓯江，过去以山货、南北货、鱼行等为多，闽货和西楠溪货物都在这里设代理处。南门外以水果、茶、柑、棉纱、伞骨等商品为多。小南门外靠近会昌湖和南塘河，水上交通方便，以米行、鱼行、内河航运、锯木等为主，温州至青田的糖行业在这里设店经营。因为木材、山货多来自瓯江上游，并靠木筏装运，因此，西门外以上水木行、下水木行、山地货行，以及木炭、水产等为主；麻行外则以竹业、炭行居多；朔门外以内河航运、报关、鱼行、木板、竹器、海鲜为多，其他如康乐场的钢丝、铅丝、帆船用品；城西街大多为旧家具；府前街大多为书店、照相馆、银行等；还有一些专业巷，如卖鱼巷、打绳巷、打铁巷、打蓬巷等。

这种按专业分区的贸易民俗一直传承至今。20 世纪 80 年代以来，温州的专业市场发生了很大变化。在温州市区，已经形成一条条专业街，便于顾客购物时可以货比三家，如鹿城区信河街为服装街，来福门一带为皮鞋街，五马街为百货与珠宝首饰街，三角巷为副食品街，康乐坊为紧固件街，飞霞南路为汽配街，矮凳桥为灯具街等。有同业集聚的同时，又出现了同一产品的不同品种间实行细分，以自己的特色名牌吸引顾客，这是由于商品发达而形成的新的发展，如服装街分为男装、女装、童装、西装、衬衫、休闲装、运动服、便衣、皮衣、羊毛衫、T 恤衫等专营店铺。还有名牌服装专卖店，如鳄鱼、花花公子、皮尔卡丹、佐丹奴、真维斯等。这些联销专卖店还向农村集镇扩散。

根据统计，改革开放以后，温州发展的专业市场十分普遍，其中有工业品市场，也有农副产品市场、生产资料市场等。

工业品市场：桥头纽扣市场，柳市低压电器市场，鹿城区鞋业市场，温州市牛皮批发市场，水头猪皮革市场，瓯北机电泵阀市场，温州东方灯具大商场，妙果寺服装批发市场，以及瑞安

---

① 叶大兵：《叶大兵民俗学论集》，上海文艺出版社 2007 年版，第 106—109 页。

场桥羊毛衫市场，平阳鳌江塑料编织袋市场，苍南宜山再生腈纶市场，苍南龙港毛毡市场，苍南金乡标志工艺品市场，瑞安仙降塑胶鞋市场，温州打火机市场，瑞安商城，温州商贸城等。

农副产品市场：虹桥综合农贸市场，瓯海浙南粮食批发市场，温州市干鲜果批发市场，苍南县中药材滋补品交易市场，浙南小产品批发交易市场，鹿城区广利农贸市场，鹿城区三角巷副食品批发市场，温州农副产品批发市场，苍南县副食品批发市场等。

生产资料市场：鹿城钢材市场，温州市不锈钢市场，温州木材交易市场，温州旧机动车交易市场，乐清金炉铁皮市场等。

上述专业市场，在改革开放30多年中，经过几次变迁，不断出现新的裂变和突破。在20世纪80年代的改革之初，温州家庭工业生产的小商品，主要借助于专业市场的销售，采用产销直接见面的方式进行。后来，随着社会经济的发展，专业市场在现代物流业的冲击下，其载体作用已日渐萎缩，取而代之的是联销制、代理制、配送制等多种新型营销方式。进入21世纪，专业市场又有新的突破，譬如专业市场和网络市场并存、本地市场和外地市场并存、内销和外销并存、有形市场和无形市场并存等。

（六）义乌小商品市场

义乌小商品市场创建于1982年，是中国最早创办的专业市场之一和最大的小商品出口基地，也是国际小商品的流通、研发、展示中心。义乌小商品批发市场由中国义乌国际商贸城、篁园市场两个市场簇群组成，市场拥有43个行业、1900个大类、170万种商品。囊括了工艺品、饰品、小五金、日用百货、雨具、电子电器、玩具、化妆品、文体、袜业、副食品、钟表、线带、针棉、纺织品、领带、服装等所有日用工业品。义乌小商品市场商品辐射210多个国家和地区，行销东南亚、中东、欧美等地，也带动了浙江省内小商品产业集聚发展，以义乌为中心在金、台、温、丽等地区形成国际性的小商品产业带，促进了市场产业簇群式发展，进一步巩固和扩大市场在国际产业分工中的地位。

市场一区于2002年9月28日建成并投入使用。市场占地面积420亩、建筑面积34万平方米，设主体市场、生产企业直销中心、商品采购中心、仓储中心、餐饮中心五大经营区，共有9000余个商位11000多户经营户。二区（F/G）市场由F、G两个主体交易区和两个连接体组成，于2004年10月22日开业，占地面积483亩，投资约20亿元，建筑面积60余万平方米，拥有商位8000余个，主要经营五金、电子、电器、箱包、雨具、钟表六大行业。市场三区（H）于2005年10月22日正式开业，建筑面积46余万平方米，拥有商位6000余个。市场四区建筑面积达108万平方米，拥有商位16000余个，经营主体19000余户。市场五区坐落于义乌市诚信大道以南、银海路以北、东临37省道，西与国际商贸城四区相接。市场占地面积266.2亩，建筑面积64万平方米，主营进口商品、床上用品、纺织品、针织原材料、汽车用品及配件等行业。篁园服装市场地处义乌最为繁华的绣湖商圈，市场总占地面积117亩，总建筑面积42余万平方米，总投资14亿元，于2010年完成主体建筑。

（七）药店

杭州胡庆余堂

清代浙江的中药商业发达，各地开设的中药店铺比比皆是。杭州胡庆余堂雪记国药号在清同治十三年（1874年）筹设，光绪四年（1878年）正式营业。创办人胡雪岩，是当时有名富商。胡庆余堂经营饮片及成药，自制丸散膏及胶露油酒，十分讲究药品质量。在药店大厅内有一"戒欺"匾，为胡雪岩所书，并有题跋："凡百贸易均着不得欺字，药业关系性命，尤为万不可欺。余存心济世，誓不以劣品弋取厚利。惟愿诸君心余之心，采办务真，修制务精。"

省城以外的各地也遍布药店。有些是全国和杭州著名药店的分号，有些是本地自身的药店，无论来自哪里，都本着"行医济世，药业救民"的观念。药店在长期的经营过程中形成了自己特定的良风美俗。

台州天台中西药店

天台药业历史悠久，据唐徐灵府撰《天台山记》载，古之剡人刘晨、阮肇因采药误入桃源遇仙。清朝末期（1820—1911年），天台县城开有同寿堂、永年堂、乾益堂、乾元堂、永春堂、宝生堂、立诚堂、大生堂、弘济堂、同益堂等10多家药堂，各区乡药堂店也有50多家，大多前店后坊，前面卖药，后面制药。民国初期，由于外国传教士的介入，天台始有西药。天台最早的西药房是泰丰西药房，不过几年，县城西药房就已发展到袁泰丰、天台、大陆、平衡和中法5家。西药的出现激发了中西医药的竞争，天台的老中医袁拙峰、章村耕等10人不甘国药落后，为振兴中医药，在城关市心巷（施氏宗祠）联合开设施诊局，一面挂牌行医，书写医案和医后跟踪审议探讨医术。还修建西门里药皇庙以示尊祖，崇尚传统国药遗产，提高中药信誉。并发动社会贤达呼吁民国政府成立国民医馆，发扬国粹。这段时期全县中医药业发展到67家，为历史上的鼎盛时期。1950年，天台药业同业公会筹备会成立。1952年，县人民政府重视天台医药业的生存和发展，由银行放贷扶植，恢复了仁济堂、同寿堂、永年堂、永春堂等34家中西药堂，并新开了一家山草药联营处。1956年，经过社会主义工商业改造，将同寿堂等17家私营中西药房改造为公私合营药房①。

丽水云和药店

丽水云和县的药店，如本仁堂、德生堂、颐生堂、庆春堂、同仁堂、春生堂等，都坚持以仁德为本，济世为宗旨。首先，要货真价实。即使是同一品种的药材，等级差距很大，药用价值也大不相同。如当归，头圆尾多，肥润气香的，名叫马尾当归，功能生血、养血、活血，质量最佳。若是尾粗坚枯的，叫作铲头当归，就只能作发散药使用。又如重头君药西潞党，就有魁路（一等）、秃路（二等）、贡路（三等）、皮党（等外）之分。肉桂有油桂与壳桂之别，功效完全不同。同一北直参，深山老参和人工培植一年两年期参，更有地别天差，不能混为一谈。即以最普通的柴胡来说，北方生产的柔软质量好，而南方生产的强硬就不能使用，不仅要辨别清楚，认真分

① 陈方标：《天台传统药业与药皇庙》，载连晓鸣、康豹主编《天台县传统经济社会文化调查》，民族出版社2005年版，第363—380页。

类，还要按等级划价，货真价实，半点不能含糊。其次，要根据不同的药效和用途，对药材生熟配制。如生地性寒，熟地性温不能混用。常用药柴胡，外感风邪要生用，内伤升气就必须酒炒用根，下降就须用梢，有汗而咳的还须蜜水炒用。又如要药半夏，必须选购圆白而大的，用水浸七日，逐日换水、沥去涎然后切片，用姜汁拌后才能用。俗传半夏有毒，误服生半夏会使人变哑。此外如黄荆，还须九蒸九晒用。生熟配制十分严格，任何药材都不能任意使用。最后，药店要赚钱还应向客户回报，譬如端午节时，把做好小包装的雄黄粉，赠送各老客户，以供节日浸酒之用；或者在过年前，无条件免费帮助老主顾切明甫丝（药刀切明甫丝又薄又细）。还有就是平常一般都会义务为老客户切参片等细活。①

（八）茶坊②

茶坊、茶肆是喝茶的营业场所。宋人饮茶风气颇盛，上自官府，下至民间，都喜欢饮茶。尤其是南宋临安，茶坊遍地。临安茶坊中，著名的有八仙、连二、连三、清乐、珠子、潘家等。

茶肆的外观装饰、内部装潢和经营品种有别于饭店、酒楼等场所。据《都城纪胜》和《梦粱录》记载，临安的大茶坊往往张挂名人书画，供顾客欣赏消遣，有的门前陈列花瓶，插上四时鲜花，布置得非常清洁雅致。譬如多数茶肆会在茶馆中设有茶圣陆羽的神像，而且“列花架，安顿奇松异桧等物于其上，装饰店面”。茶肆按季节变换经营品种，力求一年四季都卖“奇汤异茶”。有的茶坊“冬天卖七宝擂茶、馓子、葱茶，或卖盐豉汤，暑天兼卖雪泡梅花酒，或者缩脾饮暑药之属”。有的且兼卖酒肉之类。并有在馆内说书的。

南宋洪迈《夷坚志》载：“嘉会门外，茶肆中有见幅纸有绯点其尾云‘今晚讲说汉书’。”“挂牌儿”系都人之弟在内学乐器、唱叫、聚会；“人情茶坊”，则系邻里遇吉凶之事，为其“往来传语”或帮助凑集人事之聚会；市头茶坊，则系专为诸行借工卖伎人会聚行老处，一般行老均要至此安排活计。茶坊中如市西坊南的潘节干、俞七郎茶坊，太平坊北首的张七相干茶坊，都是著名的“花茶坊”，“楼上专安着妓女”，多是富家子弟、诸司下直等人寻欢作乐聚会消遣的场所。茶肆中的弦歌大体可分为两种类型：一是雇佣乐伎歌女，这是茶肆用以招揽顾客的重要手段之一；二是茶客专门来此种茶肆学乐学唱，《梦粱录》“茶肆”条有云：“大凡茶楼多有富贵子弟、诸司下直等人聚会，习学乐器。”茶坊中还有说书、评话、讲史、小说等娱乐活动，艺人们根据当时流行的话本，绘声绘色地讲述各种故事和演唱各种小调。宋代茶肆中往往设有茶圣陆羽的神像，如果来饮茶的客人减少了，就会用茶水浇偶人，祈求茶神帮助“利市”。偶人一般摆放在炉灶旁边，陆羽偶人多为瓷制，不容易损坏。

至清代和民国时期，单杭州一地，具规模的大型茶馆就有300多家，热闹非凡。那时西湖涌金门一带的“三雅园”“藕香居”，湖滨一带的“雅园”“喜雨台”等茶馆闻名遐迩。“藕香居”三面临水，夏天更有荷花环绕，茶客把盏眺望，远山近水一览无余。室内还有对联：欲把西湖比西子，从来佳茗似佳人。

---

① 王存义：《云和的药店习俗》，载《浙江民俗大观》，当代中国出版社1998年版，第350—352页。

② 钟敬文等编：《中国民俗史》（宋辽金元卷），人民出版社2008年版，第76—84页。

进入21世纪，杭州茶馆的经营者在面对市场努力地表达他们的文化追求。有的用古书的旧版绘图做墙纸，用清代的马车轱辘配以玻璃制成别致的茶桌；茶馆内放着明代紫楠小案、清代红木荷花扶手椅、清代民用小炕桌等各式古代生活用具和各种陶瓷、木雕、银器等。有的茶馆则用绿叶植物装点，田园风情弥漫。在有的品牌茶馆，茶客们还可学习鉴茶知识、参观各种茶具并欣赏茶道表演。当今杭州茶馆，不仅有茶和瓜子、果仁等通常的干果类茶食，还有各种时令水果、点心小吃乃至特色小菜，且中西俱全。这些茶食在作为食用品的同时，也在担当一种文化角色，茶馆有专职服务生为客人端送特色点心和风味小菜。茶食成为杭州茶馆重要的卖点之一。

四、城市商业①

春秋末年，有越王句践修筑的山阴城（绍兴），分为小城（政治区）和大城（居住处和商业处）两重，反映了当时浙江城邑和城堡向城市转变的过渡形态。东汉末年，山阴是中国东南地区著名的商贸都市，乌程（湖州）是太湖流域南岸的山货和农产品贸易中心，钱塘、鄮（宁波）、章安（台州）等则是初具形态的贸易港口城市。到隋唐五代，杭州的全面崛起及其作为中国东南区域中心城市的地位开始确立，越州（绍兴）、明州（宁波）、湖州、温州、婺州（金华）等一批地方中心城市不断成长。宋代尤其是南宋时期，杭州（临安）作为当时的“行在”，彻底改变了中国从汉代延续到唐代由政府管制城市尤其是“京都”商业的“官市制”“坊墙制”，城市商业业态呈现出多样化，突出地表现在城市商业的功能分区，地方特色的小商品业态，以及专业性的市场出现等，成了当时江南城乡商贸的主要集聚地和对外贸易的重要口岸。② 本目以南宋杭州商业为例。

（一）临安商业市场③

宋末元初的杭州，“除了街道上有不计其数的店铺外，还有十个大广场或市场”，“这些广场每一边长八百多米”，“很多街道和市场相通”；“每个市场，一周三天，都有四万到五万人来赶集，人们把各种大家想得到的物品提供给市场”。《咸淳临安志》记载，当时临安共有“瓦子”17处，“僧房散处，而中庭两庑可容万人。凡商旅交易，皆萃其中。四方趋京师，以货物求售、转售他物者必由于此”。

自南宋开始，杭州城郊商业经济呈现“东菜、西水、南柴、北米”的特色分布，4个方位分别形成蔬菜、水、柴、米的供应基地。与商品供应基地对应的，是杭州因不同经济特色、商品而闻名的十大城门：武林门外鱼担儿，艮山门外丝篮儿，凤山门外跑马儿，清泰门外盐担儿，望江门外菜担儿，候潮门外酒坛儿，清波门外柴担儿，涌金门外划船儿，钱塘门外香篮儿，庆春门外粪担儿。

---

① 本目资料主要源自徐吉军：《南宋临安工商业》，人民出版社2009年版。

② 陈国灿：《浙江城镇发展史》，杭州出版社2008年版，第32—33页。

③ 钟敬文等编：《中国民俗史》（宋辽金元卷），人民出版社2008年版，第53—57页。

《梦粱录》载，南宋都城临安，“自无间楼北，至官巷南街，两行多是金银、盐钞引交易，铺前列金银器皿及见钱，谓之‘看垛钱’……自融和坊北至市南坊，谓之‘珠子市’，如遇买卖，动以万数”。可见，从五间楼以北的整条街都是从事金银和盐引交易的商铺，而且，每家店铺的门前都有标志性的装饰物，金银店铺门前陈列各种制作好的器皿，而交引铺前却是摆放现钱，非常醒目，过往客商、行人一目了然。“珠子市”也是在同一条街道，据《咸淳临安志》记载，该市“旧在融和坊，北至市南坊”。与《梦粱录》的描述完全一致。

临安还有许多这样的“团”“行”“市”，它们都是某类商品的集中交易场所，如药市、花市、米市、肉市、菜市、鲜鱼行、鱼行、南猪行、北猪行、布行、蟹行、花团、青果团、柑子团、鲞团等，“已上团、市，皆四方货物所聚”，可知这些具有相当规模的专业市场基本上供外地客商使用，他们将所贩货物运到京城固定的“团行”，再由分布在城里的零售店铺转销给消费者。《梦粱录》还提到，“且言城内外诸铺户，每户专凭头于米市作价，径发米到各铺出粜。铺家约定日子，支打米钱，其米市小牙子亲到各铺支打发客。又有新开门外草桥下南街，亦开米市三四十家，接客打发，分表铺家”。虽然米市数量增加了一些，但这些新开的米市仍然是相对集中经营。

《梦粱录》载，“大抵杭是行都之处，万物所聚，诸行百市，自和宁门杈子外至观桥下，无一家不买卖者，行分最多，且言其一二，最是官巷花竹，所聚奇异，飞鸾走凤，七宝珠翠，首饰花朵，冠梳及锦绣罗帛，销金衣袖，描画领抹，极其工巧，前所罕有者悉皆有之”。可知南宋时的杭城从和宁门一直到观桥，几乎家家都从事商业活动，成为颇具规模的商业一条街。

（二）临安酒肆①

杭城宋代饮食业发达，其中以酒肆和茶坊最具代表性。酒肆以卖酒为主，也兼营佐酒食品，酒菜甚佳。宋吴自牧在《梦粱录》中将酒肆区分成为三种主要类型，其中两类似乎只是卖酒，另一类兼卖一些便宜的食物。从建筑物的外观上看，这类酒肆多为“竹栅布幕”，其最为明显的标志就是悬挂有草葫芦、银大碗等物件，过往行人一看便知，且是大酒碗，颇为粗犷、豪放。《梦粱录》卷十六记载，“酒肆百物俱备，宾至如归”。大型酒店称为“正店”，自己造酒、卖酒，甚至通宵营业。

宋代杭城的酒馆依据其经营规模之大小、销售方式、地理位置、门面装饰等情况有着完全不同的称谓，其中平民百姓常常只能到装潢简陋的酒肆饮酒，“有一等直卖店，不卖食次下酒，谓之‘角球店’，零沽散卖，或百单四、七十七、五十二、三十八者是也。又有挂草葫芦、银马杓、银大碗，亦有挂银裹直卖牌，多是竹栅布幕，谓之‘打碗头’，只三、二碗便行。更有酒店兼卖血脏、豆腐羹、爊螺蛳、煎豆腐、蛤蜊肉之属，乃小辈去处”。

临安的酒肆按照经营者的不同还可以分为两种，一种为官库酒楼，这是南宋政府创办的酒库所附设的。另一种为私人经营的酒肆，有包子酒店、宅子酒店、肥羊酒店、花园酒店、直卖店、散酒店、罗酒店等。最著名的私营酒肆如中瓦子前的武林园，南瓦子的熙春楼。新街巷口

① 钟敬文等编:《中国民俗史》(宋辽金元卷)，人民出版社 2008 年版，第 75—76 页。

的花月楼、融和坊的嘉庆楼、聚景楼、金波桥的风月楼、灵椒巷口的赏新楼、下瓦子前的日新楼，白天黑夜，顾客盈门，生意十分兴旺。

酒肆讲究门面经营，以吸引顾客。京师高档酒店多为装饰豪华的酒楼，门口皆设有彩楼戏门，进去是数十步的长廊，南北两廊都是小酒阁，晚上灯烛辉煌，浓妆妓女聚集在主廊，等待酒客呼唤。南宋临安高级酒楼各有"小阁十余，酒器悉用银，以竞华侈"，每处均有妓女伴坐，又有吹箫、弹玩、锣鼓、唱歌、杂耍等人，谓之"赶趁"。围着顾客叫卖鲜干果的，谓之"撒暂"。市面上并有专门伺候阔少饮酒，做一些闲杂事的"闲汉"。此外，还有卖酒红、章举蛎肉、鱼脚诸海味者，称之"醒酒口味"。"凡下酒羹汤，任意索唤，虽十客各饮一味，亦不自妨……酒未至，则先设看菜数碟，及举杯则又换细菜，如此屡易，愈出愈奇，极意奉承。"

对于经营者而言，其餐馆规模的大小，装饰的奢俭，取决于自身财力的雄厚程度，但如果仅仅考虑部分人的需求，即以单一方式供应顾客，无疑是难以生存的。因此，很多大餐馆也卖相对便宜的食物和菜肴，以满足不同消费层次顾客的需求。如在临安的同一酒肆，既有一百钱的"下汤水"，也有五千文钱的"小分下酒"，价钱差距为 50 倍之多。而且，酒店设有较为高档的楼阁，也有散坐，颇为类似现代餐厅的大厅，位置在楼下，当时称为"门床马首"。"大凡入店，不可轻易登楼上阁"，也就是说，一般的客人不要上楼，因为楼阁消费较高。可知宋代大多数餐馆的经营是多元化的，餐饮业民俗亦呈现出基本相同的特征。

（三）临安早市①

南宋临安的早市自四更天便已开始营业，据《梦粱录》卷十三"天晓诸人出市"记载："每日交四更，诸山寺观已鸣钟，庵舍行者、头陀，打铁板儿或木鱼沿街报晓，各分地方。"临安的早市四更时分开始，早市贸易的规格、品种和花样也十分丰富。当城门大开时，数以万计的铺席都已开张。这些铺席有食品类的、服饰类的、文化类的、服务性的等，小到针铺、颜色铺、牙梳铺、真头面铺，大到如大瓦肉市、城东菜市、城北米市、官巷花市、融和坊、南官巷珠子市等，应有尽有。早市上最常见的是小吃饮食，其中有"煎点汤茶药者"，即在茶、汤中放入甘草香药，当面"煎点"给客人喝的人。

据《梦粱录》卷十三记载："……最是大街一两处面食店及市西坊食面店，通宵买卖，交晓不绝，缘金吾不禁，公私营干夜食于此故也。御街铺店，闻钟而起，卖早市点心，如煎白肠、羊鹅时件、糕、粥、血脏羹、羊血、粉羹之类。冬天卖五味肉粥、七宝素粥，夏月卖义粥、馓子、豆子粥。又有浴堂门卖面汤者，有浮铺早卖汤药二陈汤，及调气、降气及石刻安肾丸者。有卖烧饼、蒸饼、糍糕、雪糕等点心者，以赶早市，直至饭前方罢。"临安城中无论春夏秋冬，都有早市，尤其是卖早点的店铺，更是提供花色品种繁多的食物，"早市供膳，诸色物件甚多，不能尽举。自内后门至观桥下，大街小巷，在在有之，不论晴、雨、霜、雪，皆然也"。

---

① 钟敬文等编：《中国民俗史》（宋辽金元卷），人民出版社 2008 年版，第 60—61 页。

（四）临安夜市①

宋代杭城的商市突破传统的经营方式，出现了“夜市”，成为都市消费市场的一大特色，也是宋代城市商业发达的标志之一。据《梦粱录》记载，“杭城大街，买卖昼夜不绝，夜交三四鼓，游人始稀。五鼓钟鸣，卖早市者又开店矣”。夜市交易的物品种类繁多，有糖蜜糕、灌藕、时新果子、像生花果、鱼鲜、猪羊蹄肉及希华绢扇、细色纸扇、漏尘戾柄、异色影花扇、销金群、段背心、段小儿销金帽儿、逍遥巾、四时玩具、沙戏儿等。

夜市具有明显的季节性特征。据《梦粱录》卷十三载：“春冬扑卖玉栅小球灯、奇巧玉栅屏风、捧灯球、快行胡女儿沙戏、走马灯、闹蛾儿、玉梅花、元子槌拍、金橘数珠、糖水、鱼龙船儿、梭球、香鼓儿等物。夏秋多扑青纱黄草帐子、挑金纱异巧香袋儿、木樨香数珠、梧桐数珠、藏香细扇、茉莉盛盆儿、带朵茉莉花朵、挑纱荷花、满池娇、背心儿、细巧笼仗、促织笼儿、金桃陈公梨、炒栗子、诸般果子及四时景物，预行扑卖，以为赏心乐事之需耳。”可知夜市上的商人为了赚取钱财，在组织货源时，格外精心，如夏秋时节，蚊虫等异常活跃，于是市场上出售的商品多与防暑、防害虫相关。春冬季节的市场出售的商品也是有所不同。

宋时杭城的夜市不仅是综合性的夜间商品交易市场，也是社会三教九流混迹之处。夜市中的商品琳琅满目，花色品种繁多，引来形形色色的人光顾夜市。《梦粱录》记载，“大街更有夜市卖卦：蒋星堂、玉莲相、花字青、霄三命、玉壶五星、草窗五星、沈南天五星、简堂石鼓、野庵五星、泰来心、鉴三命。中瓦子浮铺有西山神女卖卦，灌肺岭曹德明易课。又有盘街卖卦人，如心鉴及甘罗次、北算子者。更有叫‘时运来时，买庄田，娶老婆’卖卦者。有在新街融和坊卖卦，名‘桃花三月放’者……亦有卖卦人盘街叫卖，如顶盘担架卖市食，至三更不绝”。除了固定的算卦摊位、店铺以外，大量的算命师走街串巷，叫卖星相之术，成为宋代都市独特的风景之一。

五、口岸贸易

浙江地处沿海，又加京杭大运河的开通，浙江海外贸易一直活跃。据文献记载，北宋，浙江与东亚、东南亚、南亚、中东和非洲沿红海地区的数十个国家和地区通商，“浮商大舶，往来集散乎其中”。宋端拱二年（989 年），宋廷于杭州设置两浙路市舶司，专门负责管理海外贸易。② 杭州、宁波、温州，历史上一直是浙江的最重要的口岸贸易港口城市。鸦片战争后，随着杭州、宁波、温州等通商口岸的开辟，为西方工业品在浙江市场的大量倾销提供了可能。随着国门的进一步打开和西方经济势力的进一步入侵，并取得更多的特权，逐渐打开内地市场，输入量大幅度增加。中日甲午战争后这种增长势头更为明显。浙江杭州、宁波、温州 3 个沿海口岸的贸易逐年出现增长的态势。1979 年 1 月 2 日，中华人民共和国杭州海关正式成立。

---

① 钟敬文等编：《中国民俗史》（宋辽金元卷），人民出版社 2008 年版，第 61—62 页。

② 《杭州海关志·序》，浙江人民出版社 2003 年版，第 1 页。

分管宁波、温州海关工作。① 1995 年 1 月 1 日，宁波海关隶属关系变更直属海关总署。到 2010 年，杭州海关隶属：温州海关、舟山海关、台州海关、绍兴海关、湖州海关、嘉兴海关、金华海关、杭州萧山机场海关、杭州经济技术开发区海关、衢州海关、丽水海关、义乌海关等。对外贸易的活跃，带来了生产方式、生活方式的变化，影响了浙江民俗尤其是商贸、海洋民俗的演变与形成。

（一）杭州口岸

杭州市舶司

京杭大运河的开通，进一步促进杭州商业、经济、社会、文化的发展和繁荣。唐宋以降，杭州开始成为运河沿岸对外贸易港口城市，日本、高丽、大食、波斯等地商人络绎不绝。唐末，吴越国因免遭战乱，杭州港口“海舶常至”，海外贸易日趋繁荣，并在杭州设置对外贸易管理机构博易务。宋代，杭州海外贸易进入鼎盛时期，与海外数十个国家和地区通商。北宋端拱年间，朝廷先于杭州设掌管番货、海舶、征榷、贸易、招商之事的海外贸易专职机构两浙市舶司，不久又设杭州市舶司。至元祐二年（1087 年）止，杭州市舶司与广州、明州（今宁波）市舶司并存近百年，史称“市舶三司”。② 杭州港对外贸易兴盛，税收相当可观，成为朝廷重要财政来源。鸦片战争以后，杭州于光绪二十二年（1896 年）开埠，二十四年的进口贸易净额已有 2084875 海关两，到宣统元年（1909 年）更增至 5653614 海关两，10 余年间增加了 171.2%。③

澉浦港

海盐县澉浦港位于杭州湾北侧，邻近杭州，北宋时尚为一盐业小镇。南宋绍熙元年（1190 年），光宗即位，认为杭州是国都，不宜由番船任意进出，只许停在临安的外港——澉浦港。是年（1250 年），宋廷下令罢废临安府市舶司。④ 南宋淳祐六年（1246 年），于海盐县澉浦置市舶官。淳祐十年，在该镇东海岸置市舶场。⑤ 海外贸易再度兴起，成为当时最重要的贸易口岸之一，“户口日繁，民与军而相安，商与贾而共悦”。元军攻占杭州不久，元政府便在该镇重新设置市舶司，一度全权管理杭州港的对外贸易，“远涉诸蕃，近通湖广”“商舶皆辐辏焉”。元中期，澉浦市舶司并入庆元，但其作为重要外贸口岸的地位并未动摇，“商舶辐辏，繁华如故”。尤其是元皇庆年间（1312—1313 年），宣慰使杨耐翁在镇上“以己资广构房宇，召集海商，番舶皆粹于浦”，使澉浦由以官方贸易为主转向民间贸易为主。⑥

（二）宁波口岸

春秋战国时，宁波开辟通海门户句章港，成为当时全国著名的九大港口之一。东吴起，宁

---

① 《杭州海关志・大事记》，浙江人民出版社 2003 年版，第 17 页。

② 《杭州海关志・序》，浙江人民出版社 2003 年版，第 1 页。

③ 陈国灿：《江南农村城市化历史研究》，中国社会科学出版社 2004 年版，第 323 页。

④ 《杭州海关志・机构沿革》，浙江人民出版社 2003 年版，第 3 页。

⑤ 《杭州海关志・机构沿革》，浙江人民出版社 2003 年版，第 4 页。

⑥ 〔宋〕常棠：《澉水志》卷上《地理门》，卷下《碑记门》。

波直接与京都（建业，今南京）沟通，江海相连，腹地广阔。至唐代，明州港脱颖而出，不但跻身于全国四大名港之列，而且还发展成为中（明州、登州）、日（日本博多）、韩（新罗清海镇）“东亚贸易圈”中的四大枢纽港之一。宋元时，宁波（明州、庆元）已成为全国最著名的对外贸易三大港口之一，尤其宋代，成为朝廷指定通往日本、高丽（朝鲜）的特定港口。明时，宁波港是朝廷指定接待日本勘合贸易船的唯一港口。清初，弛“海禁”后，清政府设立的“浙海关”成为全国四大海关之一。可以说自古以来，宁波不但是与世界各国和地区进行商品贸易的大埠，而且还是文化交流的重要口岸。

明州（庆元）市舶司

北宋淳化三年（992 年），宋廷于明州定海县，置明州市舶司。地址在初定（今镇海），后移至明州。① 唐时，明州港市舶活跃。五代，吴越钱氏于明州置“博易务”。至宋、元、明，朝廷在明州设立市舶司（务）一整套机构。来远（来安）亭为检票和抽买舶货的场所。市舶务则由市舶司的具体业务办公衙署与贮藏舶货的市舶库组成。一切外来货物须在来远（来安）亭经检核办理有关手续后，方可入市舶务门，然后再运至市舶务内中的市舶库贮藏。②

波斯巷遗址

位于宁波市海曙区旗杆巷一带，现在天一广场内。明州自唐中晚期起即有大食、波斯商人介入港口贸易。宋时，随着与东南亚、西亚等国交往的日趋频繁，众多的阿拉伯、波斯商人来明州从事贸易与文化交流，其中有不少长期寓居明州。为此，明州特地在市舶司西首波斯商人聚居地设置波斯馆用以专门接待，后称之为“波斯巷”。近年来城市考古揭示，宁波市区多次出土波斯陶器。③

英国领事馆旧址

位于宁波市江北区白沙路 56 号，原建筑群占地约 5 亩，现存有办公楼 1 幢及部分偏房，占地面积 3300 平方米。第一次鸦片战争后，宁波被辟为清廷对外“五口通商”口岸之一。清道光二十三年（1843 年），英国派领事罗伯聃驻宁波，于江北岸杨家巷租赁民房，设立领事署，全称“宁波大英钦命领事署”，俗称“大英公馆”。光绪元年（1875 年）迁至中马路石板行根新建署馆（今白沙路 56 号）。初由英国政府直接管辖。咸丰十一年（1861 年）后改受英国北京公使馆管辖。民国 9 年（1920 年）后，英国驻杭州、温州领事撤销，浙江全省有关该国侨务均归宁波领事署（馆）办理。英国领事还在不同时期兼署德、法、奥匈、丹麦等国驻宁波领事，民国 20 年领事馆撤销。

继英国领事署（馆）设置之后，法、美、德、西班牙、丹麦、奥匈、荷兰、瑞典、挪威、日本、俄等国亦相继在宁波江北岸设立领事馆或代理领事，或委托英国、德国领事兼理。宁波遂成为自清政府闭关自守后第一批由西方列强用炮火轰开国门、强行开放的口岸之一。④

---

① 《杭州海关志·机构沿革》，浙江人民出版社 2003 年版，第 3 页。

② 宁波市文化局编：《中国—宁波“海上丝绸之路”文化遗存图录》，2002 年刊印，第 20 页。

③ 宁波市文化局编：《中国—宁波“海上丝绸之路”文化遗存图录》，2002 年刊印，第 23 页。

④ 宁波市文化局编：《中国—宁波“海上丝绸之路”文化遗存图录》，2002 年刊印，第 12 页。

宁波海关

康熙二十三年(1684年),清廷开海禁,设乍浦口址,年税13000两,后隶属浙海关。次年,清廷设海关于宁波,经营对外贸易和征收关税等事宜。后逐步开放大小港口共计15处。清咸丰十一年(1861年),浙海关(洋关)在宁波成立,江东浙海关改称浙海常关。① 1995年1月1日,宁波海关直属中华人民共和国海关总署,其业务管辖范围为宁波市行政区划,即:宁波市5个区、慈溪市、余姚市、奉化市、鄞县、宁海县、象山县及其所辖海域。宁波海关的隶属机构为镇海海关、宁波保税区海关、北仑海关、大榭海关、象山海关、宁波机场海关。②

(三)温州口岸③

温州市舶司

据《杭州海关志》载:温州市舶司的建立,最有可能在南宋建炎三四年至绍兴元年之间的这两三年内,温州市舶务旧址位于温州学所附近(今温州工人文化宫)。南宋庆元元年(1195年),温州地区市舶收入显著减少,罢温州市舶务。元至元十四年(1277年),于温州置市舶司。至元三十年(1293年),罢温州市舶司,并入庆元市舶司。④

光绪二年(1876年)中英《烟台条约》签订后,又一次开辟为通商口岸,这一进程首先是从交通运输业开始的。光绪三年,上海英商怡和洋行开辟上海至福州的沿海航线,采用客货汽轮,中间停靠温州,这是浙东南近代运输业的开端。两年后,上海轮船招商局开通温沪航线,稍后又在温州设立招商分局,是为浙东南中资官营航运业的出现。

温州—香港通航

光绪十九年(1893年),英商麦克浦洋行(Malcampo)开通了温州至香港的航线,开始了浙东南近代轮船远航的历史。到20世纪初,温州民营航运业开始兴起,并取代官营和外资公司成为轮船航运业的主体。与航运业相联系的是近代机器工业的出现。光绪十九年,陆佑臣在温州南门外开办裕成茶栈,雇佣女工300人,采取机器加工茶叶出口,这是浙东南地区第一家近代机器工厂。此后,此类机器工厂日渐增多,虽规模都不大,但标志着温州近代工业的兴起。此外,进出口贸易也有发展。温州进口贸易净额在甲午战争前夕的光绪二十二年(1896年)仅为424771海关两,至甲午战争后的3年,即光绪二十四年,激增至727894海关两,5年中增加了71.4%。到宣统二年(1910年),增至1335285海关两,较光绪二十四年又增加83.4%。合计3个口岸的进口贸易总净额,由光绪二十四年的11061041海关两增至光绪三十三年的18074357海关两,不到10年增加了63.4%。

值得注意的是近代海关制度的建立。本来,康熙年间清廷弛海禁后,在宁波设浙海关,下辖温州等5口。鸦片战争后,西方列强逐渐剥夺了中国海关的行政管理权,温州海关也于光绪三年(1877年)被英籍税务司控制,称"瓯海关"。其职权除管理对外贸易外,还包括港务、

---

① 《浙江通志·海关志》,浙江人民出版社2018年版,第17页。

② 《浙江通志·海关志》,浙江人民出版社2018年版,第44—45页。

③ 高飞、陈国灿:《历史视野中的浙东南乡村城镇化进程》,浙江大学出版社2002年版,第77-110页。

④ 《浙江通志·海关志》,浙江人民出版社2018年版,第13页。

引水、航标、船舶登记检验、卫生检疫、气象观测等。从光绪三十三年(1907年)起,瓯海关又获得了温州50里内内河航运的部分管理权;民国2年(1913年)进而取得全部管理权。海关控制权的丧失,是主权沦丧的表现。但另一方面,海关的管理体制也采取西方近代制度,有利于温州的对外开放。此外,近代商业、金融业和电讯业也在温州出现,市政建设和管理日益呈现近代化的特征。①

海门分海关

海门地处椒江口,宋时为台州临海县明化乡青令里,嘉定十五年(1222年)始设巡检司,派兵驻守。明初设立海门卫,并构筑城池,周长5里30步,设5门,成为台州沿海的军事重镇。史称:"明时,以东门至西门带为盛,东为宝创街,西为棋盘街。清季,以南财神庙至小北门关帝庙一带为最盛,南为仓头街,北为仓前街。"②沿海贸易也开始出现,临近临海、天台、仙居等县所产的竹木柴炭等多经由海门,运销福建、宁波等地。康熙二十四年(1685年),清政府在该地设立浙海关葭芷子口,负责征收进出货物税。光绪二年(1876年),瓯海关成立,并于次年在海门设立分海关,海门正式成为商埠,但发展仍相当有限。直到19世纪末,随着近代沿海航运业的兴起,海门才全面摆脱军事色彩,走向兴盛。20世纪上半期,台州海门已经发展成为台州地区最大的沿海贸易口岸和商品集散中心。1990年10月6日,海门海关正式开关,为处级机构,隶属杭州海关。③

六、商贸会所(馆)

商帮是以地域为中心,以血缘、乡谊为纽带,以相亲相助为宗旨,以会馆、公所为其在异乡的联络、计议之所的一种既亲密而又松散的自发形成的商人群体。商帮的萌芽形式是以血缘关系为基础的亲缘组织——商人家族。按地域划分,有所谓本帮和客帮之分;按行业划分,又有行会之分。旧式商人多以乡土关系结帮外出经商,商品经济和商业贸易的发展推动了商人会馆的出现。商业会馆是一种带有地方乡土性的商人组织,出现于明,盛行于清。通过"会馆"招邀同乡共同开拓市场,开展商业竞争,在通商大埠营建房舍,作为同帮议事和宴乐的地点,同时为本帮商人贸易往来中提供住宿、贮货、交易的场所,扶植本帮商界势力,抵制外帮竞争,也办理同乡一些公益事业。

温州商业会馆

温州商业会馆成立于清光绪三十二年(1906年)。清初在温州市区就出现了许多会馆,如福建会馆、四明会馆、汀州会馆等。会馆按行业划分的为同业公会或友谊会(亦称"行会")。譬如19世纪30年代在温州陆续成立了"温瓯江茶业公会"和温州市的商业、机器、煤油等行业的"同业公会"。按地区成立的同乡会馆称"公所",俗称"同乡会"。民国时期建立的福建同乡会馆,就曾在温州市东门创办过"闽瓯小学",体现商业公会对教育的重视。中华人民共和

① 陈国灿:《江南农村城市化历史研究》,中国社会科学出版社2004年版,第274页。
② 项士元:《民国海门镇志》卷二《街巷》。
③ 《杭州海关志·大事记》,浙江人民出版社2003年版,第23页。

国成立前，温州籍人士在上海、杭州、台北、香港等地，都有同乡会的组织。温州同乡会设有董事会，有正、副会长，有组织章程，有会所，有会刊。其经费来源主要是产业收入和抽分头即按进货价抽取若干会费，也接受一些捐赠。①

20 世纪 80 年代改革开放后的新型商会或同乡会，其功能更多的是帮助国内或国外一个地区的温州人，相互认识，沟通感情，发挥桥梁沟通作用；同时在同乡会的协调下，共同研究发展两地经济，包括联合投资或合作，成立某种商业实体，扩大本身企业经济规模。现代同乡会的领导班子成员和会员，在年龄结构上趋于年轻化。温州商会组织是实力较强的温州海外组织，其本意要充分利用乡情、亲情、友情把在外地的温州人联络起来、抱成一团的，其民俗传承对于温州商业经济发展产生重要影响。

宁波商业会馆②

旧时宁波商人，为了保障自身利益，普遍组织行会。起初，多以同乡名义结合在一起从事商业活动，俗称“商帮”“庄客”“水客帮”。后来有了固定的会址，习称“会馆”。商人们习惯以自己原籍地名和行业为会馆馆名。如江西商人的江西会馆，安徽商人的徽州会馆，广东商人的岭南会馆，福建商人的八闽会馆，都为同乡商帮聚议活动的场所。有的会馆内设有同乡商人死后的棺椁。如宁波商人在上海设有“旅沪同乡会”，常将死在异乡商人的棺椁成批运回宁波，俗称“尸骨返乡”。对流落外地的同乡商人上门，有免费供饭、安排住宿、资以盘缠回乡的习尚。

宁波商业会馆，亦有以行业组成，如经营北方土特产生意的宁波北号为庆安会馆，经营福建木材生意的南号为安澜会馆，渔行组织敦守公所，药业称连山会馆（传说伏羲氏作八卦称“连山”，故名），钱业界称钱业会馆（馆内设钱业公所，作金融货币交易，买卖银洋、银角子，俗称“做进出”）。逢年正月初五日，大小钱庄经历都到钱业会馆拜祀财神菩萨，饮酒欢聚，商谈业务。还有一种叫“茶会”，借茶馆集议。

商业会馆，又为商人们进行置产祭祀等活动的主要场所。他们规定，每年存款利息必须归会馆所有，利息越滚越大，会馆置产越多，但只供祭祀之日赛会演戏，由司年提取开支。如“天妃宫”（八闽会馆），数百年来都只作祭祀用。药业“连山会馆”，每年逢药皇菩萨生日（相传药皇为神农氏，亦说“扁鹊”），商人们汇集“药皇殿”，赛会演剧。规定膜拜一下“药皇菩萨”，可免费看戏，吃上一碗花色面。石业、船业、木业、泥水业、锯木业等作场，集资兴建“鲁班殿”，作为集议、祭祀活动场所。

宁波庆安会馆曾为天后宫，位于浙江省宁波市区三江口东岸，为甬埠行驶北洋的舶商所建。清道光三年（1823 年），南号舶商在码头林立的宁波三江口东岸建造会馆，取名“安澜”。清道光三十年（1850 年），在董秉遇、冯云祥、苏庆和等北号舶商的发起下，共捐资白银 10 万两，在安澜会馆一侧兴建北号会馆，名“庆安”，又称“甬东天后宫”，是商贾、民众祭祀天后妈祖的殿堂和行业办公议事聚会的场所。庆安会馆是中国现存的宫馆合一的实例，为中国八大天

---

① 〔清〕王岳崧：《温州商会试办章程》，载《温州文史资料》（第 3 辑），1987 年印行，第 163 页。

② 张紫晨：《民俗调查与研究》，河北人民出版社 1988 年版，第 172 页。

后宫之一，七大会馆之最，也是浙江省唯一保存完整的一处会馆建筑群。庆安会馆还是浙东近代木结构建筑典范，中轴线上现存建筑有宫门、仪门、前戏台、正殿、后戏台、后殿、左右厢房、耳房及附属用房。保存有1000余件朱金木雕、200多件砖雕、石雕工艺品，体现了清代浙东地区“三雕”工艺技术的最高水平。为宁波港口城市的标志性建筑，是“海上丝绸之路”重要的文化遗存。2001年6月，庆安会馆作为清代古建筑，被国务院公布为第五批全国重点文物保护单位，现改建为全国首家海事民俗博物馆，展出各个朝代的船模。建筑装饰采用砖雕、石雕和朱金木雕等宁波传统工艺，堪称宁波近代地方工艺之杰作，有着重要的历史文化价值。

湖州钱业会馆

湖州钱业会馆位于湖州市吴兴区飞英街道友谊社区公园路80号，始建于清光绪二十九年（1903年），原为清末民初湖州钱庄业人士办公、集会、议事和祭拜财神的场所，2001年重修后对外开放。钱业会馆占地近6000平方米，是典型的江南园林景观。建筑坐北朝南，分东、中、西三路，西路自南至北依次为门厅、轿厅、武圣殿（供奉关公）和玄坛宫（供奉赵公明），中路自南至北依次为四面厅（会客宴饮之处）、财神阁（供奉各路财神）和景行祠（供奉本行业先贤），东路自南至北分别为经远堂和钱业公所（会商和办公之处）。钱业会馆除了有精美的建筑、传世的文物和书法、陈列湖城钱业史及银行史、建有供人供奉的财神殿外，与上述楼阁殿建筑相配的是水池、假山、水榭、亭台等设施，还有古树林木花卉及古井、假山曲径蜿蜒，山下幽洞相通，水榭三面临波，池前绿树成荫，是一处小巧玲珑的典型的江南园林景观。

浙北市镇商业公所

清代中期，浙北一带的市镇出现很多的行业性组织。如盛泽镇的米业公所、钱业公所、丝业公所、绸业公所、领业公所、茶叶公所、剃发公所、鲜肉公所、药业公所等。乍浦镇有木商公所、衣工公所、泥石木公所、碳会馆等。乌青镇有丝业公所、布业公所、药业公所、泥木业公所、剃发业公所、卷烟业公所、纸烛业公所等。这些行业组织的功能主要有三方面：一是协调同业者的关系，维持经营秩序，防止恶性竞争。如双林镇的新公馆是绢商组织，雍正四年（1726年）由镇上各大绢行共同建立，各绢行每日午前在公馆聚集，排列先后次序，收购乡人之绢。①二是联合同业者的商业生产和贸易，最大限度地控制市场，共同应对外来竞争，如盛泽镇的绸业公所由镇上数十家粗具规模的绸庄联合组成，集中进行丝绸交易，称为庄面。一度几乎垄断了该镇的丝绸贸易②。三是处理与官府的关系，维护同业者的利益。如南浔镇丝业公所是同治四年（1865年）由丝商庄祖绶率同业者申请当地官府批准设立的。“以收解捐税，维护丝商为职志”。③

地域性组织是随着外地工商业者大量涌入市镇而兴起的同乡联谊组织。在明代就已出现，入清后日趋广泛。如康熙年间，寓居盛泽镇的徽州人张佩兰“念新安居斯土者不下数十家，力不能尽延师”，遂出资于东场圩建立新安义学，组织徽商子弟学习，后经乾隆三年拓建，

---

① 〔民国〕《双林镇志》卷八《公所》。

② 〔清〕同治《盛湖志》卷四《会馆》。

③ 〔民国〕《南溪志》卷二《公署》。

至嘉庆十四年(1809年)正式扩充为徽宁会馆。[①] 南浔镇的徽商组织新安会馆又名遵义堂，在南栅寓园前，始创于道光十一年(1831年)，十六年(1836年)又于醋坊桥东竹园头别置公所。咸丰年间为战火所毁，同治四年(1865年)重建。该组织还建有青华馆，作为来自徽州六县商人的公共殡室，"新安六邑商人之在南浔者，其来殡室向仅附筑于青华馆"。[②]

双林镇上来自安徽泾县和徽州的工商业者人数众多，早在明万历年间，泾县丝商就已合资建了"式好堂"，作为联谊场所，至清康熙年间，遂正式成立泾县会馆。徽州商人则成立了新安会馆，并由部分资产雄厚的商人合资购地，设立新安义园，作为本乡寓居者的公共墓地。"初时，徽商殁于镇者随处散厝，年久无考。乾隆时，孙、吴、汪、程、俞等姓16家，祖籍休宁，共捐资购地于西坟滩，建楼三楹"，"凡徽州六县之商人家中死者皆得入殡"。[③] 其他如塘栖镇、菱湖镇、石门镇、南翔镇、甫里镇、黄埭镇等，也有徽商所置的义园、义所、旅享堂、敬梓堂等公共墓地。杭州地区的徽商于嘉庆、道光年间创立惟善堂，开展慈善救助活动。道光十八年(1838年)，堂中的行政人员有近70人，捐款的徽商多达1600余人。[④]

第二节　商业经营

商业活动从简单的易货交换到综合性的商品交换行为的出现，催生了以互助、互惠、管理和社交等为目的的商贸组织的产生。从传统的商帮、行会、会馆，到近代商会的产生，独具特色的商贸组织的发展，与商贸活动的繁荣交相辉映，发挥着不可或缺的作用。

一、行当角色

从事不同行业的商贸活动，不同的分工，以及处于不同的社会分层，都有约定俗成的社会称谓。称谓历来很讲究，它能表明一个人的身份、地位、权力和职责。

(一)店员称谓

店员称谓历来很讲究，它能表明一个人的身份、地位、权力和职责。大概情形是：

店主　即老板，店主的俗称，是商店的所有者和责任者，执掌人事权、财权和经营决策权。

阿大、大伙　店主分身乏术，无暇顾及商店业务，委托他信得过的人代理，相当于商店经理。如果是较大规模的店铺，"阿大"下面还有"二伙"(协理)、"三伙"(襄理)。

账房先生　大商铺有内、外账房之分。外账房先生坐在店堂里的账桌椅里，负责店内营业收入与账目，他坐的位置较高，店内外的情况一目了然。内账房先生坐在店堂隔壁的小房间，负责该店和几爿店的收支总账，相当于当今之会计、出纳。

---

① 范金民：《明清江南商业的发展》，南京大学出版社1998年版，第189页。

② 〔清〕同治《南浔志》卷十《祠墓》。

③ 〔民国〕《双林镇志》卷八《公所》。

④ 《新安惟善堂征信全录》，载李琳琦、梁仁志整理：《徽商会馆公所征信录汇编》，人民出版社2017年版。

进货阿大　专门负责进货的高级职员。他必须了解店内商品销售情况和行情，有较强的业务能力和社交能力（包括预见性），常赴产地和大中城市洽谈业务，及时采购进货，相当于当今之采购员。

拆货先生　这种高级伙计负责商店进货的验收，制定商品的批发价和零售价，并及时将商品拨到货柜或门市部。

跑街先生　负责对外联系业务，推销商品，相当于当今之营销员。至于站柜台的营业员又分三等，即：头柜，主管商品质量和销售，负责柜台买卖全局；二柜，主管对外批发业务，兼管零售；三柜，具体从事柜台零售业务。有行话说："头柜坐，二柜站，三柜宕。"反映站柜台的人分三等，待遇大不一样。

学徒　进店学生意也不是一件容易的事，同乡同行介绍居多，务必有中人推荐介绍，又有声望的人做担保。有了这"一荐一保"，商店也正好缺少人手，方能进店当学徒。店主要求双方签订一份契约，要签名画押搭罗印（按手印），规定三年学徒期间，必须遵守店铺的规章制度，必须听从店主、阿大的使唤，必须……若违反店规，店主有权处置，轻则体罚，重则开除。当然，又得举行拜师礼，择吉日，备香烛礼品，到店里拜财神，拜业师（店主或阿大），拜师兄。拜师后，大家吃一餐"拜师酒"。

学徒一般称业师为"先生"。学徒期间，店主提供膳宿，但不发工钱。学徒之间一律以师兄弟相称，并且不管年龄大小，以先进"山门"为大。学徒期间，主要当杂役，还要为店主、阿大和客商捧茶壶、酒壶，为店主一家和阿大倒马桶、痰盂和便壶，故学徒常被人戏称为"三壶先生"。三年满师后，称"半作"，时间 6 个月至 2 年不等，由店主说了算。当"半作"期间，可拿微薄的工钱，通常是"三柜"的一半。

（二）牙婆①

亦称"牙媪""牙嫂"。这里有两重意思。第一种指的是旧时汉族民间专营介绍人身买卖的人。三姑六婆之一。元末陶宗仪撰《南村辍耕录·三姑六婆》："……六婆者，牙婆、媒婆、师婆、虔婆、药婆、稳婆也。"《异闻总录》："耿家买一侍婢云：'行至一桥，迷路为牙媪引，迫于饥寒，遂自鬻。'"南宋吴自牧《梦粱录》："如府宅官员，富豪人家，欲买宠妾、歌童、舞女、厨娘、针线供过，粗细婢妮，亦有官私牙嫂，及引置等人。"

（三）小炉匠②

旧时以锡铁补铁锅为主的手工业者。流行全国大部分地区。南宋周密《武林旧事》卷六"小经纪"中已有"鼓炉钉铰""补锅子"的记载。明代《如梦录》"街市纪第六"亦云："紧靠鼓楼之下，通是小炉，打摆锡饰件。"

---

① 叶大兵、乌丙安主编：《中国风俗辞典》，上海辞书出版社 1990 年版，第 505 页。
② 叶大兵、乌丙安主编：《中国风俗辞典》，上海辞书出版社 1990 年版，第 504 页。

(四)居间商

亦称“伢人”“伢郎”或掮客。是传统社会里做买卖的居中介绍人,他们虽然没有货物和资金,却依旧可以做生意,这些人一般都口齿伶俐,精通行情。他们肩背大秤,手持算盘,在集市上专门介绍买卖,从中收取报酬。一般是买主和卖主双方议价后,伢郎代为过秤,由卖主付中钱,俗称“伢郎钱”,并收取总交易额的10%～20%的佣金。有的为了图利,或与卖者有交情,80斤唱100斤,反之100斤唱80斤。旧时伢郎往往出在鱼行、米行和柴行。鱼伢郎过去收鱼有“报大秤”的陋规。表面看鱼价提高了,其实是贬低货值,显然都是渔民吃亏,知情者慑于鱼伢郎威势,也不敢开口。柴伢郎收益不大,多数为老人担任,按货值收取2%～5%的佣金,还有牛伢郎、猪伢郎等。①

(五)牛贩②

浙江牛市的盛行滋生了牛贩,牛贩大多文化程度低,但是都有立足牛市的看家本领。一是能识牛优劣,讲七十二赚贬;二是熟悉牛市切口手势;三是懂牛市行情;四是知道一些牛病医疗知识;五是熟悉牛路,能牵牛闯县过府,等等。牛贩大多能说会道,流传着许多谚语,如“上面看张皮,下面要看四副蹄”;“三奶六牙头,贼偷摇摇头”;“前脚如弓,后脚如箭,得(图)个好看”,等等。

牛贩收入,任何时期都比同等劳力高。俗谚:“犁莜一甩,有酒有饭。”早期牛贩兼收过堂税,每市有收入百多元银洋的。后期虽然竞争激烈,收入仍然可观。他们在牛市的收入,有以下几方面:一是两边仲(佣),即买卖双方的佣金。二是暗收高佣,即遇到较大买主就压低卖价收高额佣金。三是远途贩卖。早期,外地与本地牛贩联合搞远途贩运,一般都家盖牛棚。1949年中华人民共和国成立后,国家禁止牛贩在牛市活动,有些牛贩就转到宁波、奉化贩运牛到安徽广德、芜湖、无为、肥东、肥西、江苏宝应等地,甚至有附近各县牛贩集结贩运牛只的。四是转手贩卖。有当场转手也有经过饲养转手的。五是盯“老口”。惜价不售的牛为“老口”,牛贩就盯梢,“倒嘴弄死鬼”,多方捣蛋,令其不能按值售牛。六是上门收购、贩卖。这类牛贩被穷乡僻壤的人们称为“调牛客”。

牛市上买卖成交,运输牛分水路和陆道两途。船载牛的数量依据船的大小而定,大的能装数百头,而陆路运输则不止千头只数。旧时牵牛上路,大抵于午后。因为牛是“开口货”,沿途需要不断栏关、料喂等。牵牛实是拦牛:牛在前,人在后;只是牵五头的时候,有一头是在身后牵的。拦牛时,慢牛在前,快牛在后。牛有牛路,这是历史上形成的路线,一般60里为一站,每站均设饭铺接待牵牛的,并备有草料供应。牵牛的人所得报酬较高,据说,民国初年,牵4头牛从黄岩到萧山、杭州所得报酬略等于黄岩牛市上的一头牛价。

---

① 叶大兵:《叶大兵民俗学论集》,上海文艺出版社2007年版,第111页。

② 陈顺利:《黄岩牛市习俗》,载《浙江民俗大观》,当代中国出版社1998年版,第343页。

(六)药师

药店有请“坐堂医师”的风俗,坐堂医师一般都是请有名望的医师担任。这些医师医风纯正、医德高尚。药师遵循“看病处方、望药定分量”的习俗,就是诊断了病情,定好了处方以后,还要看过药材的质量再决定分量。如方中用西路三钱,是以秃路为标准的,若药店是魁路,二钱也可。若是贡路,须酌情增加。若是皮党则须提高成倍的分量。又如病情上诊断是“虚火上炎”之症,须用肉桂(油桂)以“引火归元”。要是药店只有壳桂,就要删去这味药,另用他药。因为壳桂非但起不到“引火归元”的作用,还会引起燥烈,于病情大大不利。有时本店没有这味药,也要到同行那里去商量借用,对病人负责。

除坐堂医师之外,药店还有“柜台医师”。药店老板或伙计,因为长期从事“撮药”工作,见的处方多,有的处处留神医药师对药方的增减和病人病情的变化,逐渐掌握病理、药理和诊治方法及其规律,成为经验丰富的柜台医师。一般小病小痛,伤风咳嗽,往往能药到病除,应手而愈。许多病人只要将病情和这些老伙计一说,他们也不必写处方笺,只要在几个药斗里撮几味药就行,往往极具神效,既方便,又不必付诊费,极受病家欢迎。

阳春二三月,或初夏黄梅季节,药店有晒药习俗。这个时候药材最易发霉,许多药材霉烂后,非但破坏了药效作用,而且还会变成毒药。所以药店的晒药是一个非常重要的工作。因为药材品种多,每天轮换,几乎做到晴天天天晒药,如发现已经霉变,情愿丢而不用,让自己亏本也不愿砸自己的招牌。这一良俗既保护病家利益,也保证药业的崇高信誉。早年药店的习俗,一般都是年终结账。这样既便利病家,也保证了药店的固定主顾。因为药费是“救命钱”,病家是不会忘恩负义的,一般人家在年底结账前都早有准备,要付清过年,不愿拖欠。贫困之家欠别的债也决不欠药店救命账。因此,药店可保证他应得的利润。

(七)米市人头①

米市中的商人有具体分工和社会角色。分斛手专门为客用斗斛粮,灌袋工将斛手斛好的粮食装进口袋,搬运工以背袋打桩堆货为主,脚夫是搬运的助手、副手。大米行中有以下 6 个行当:

阿大　米行老板或主管。有的大老板手下有多个米行,聘用阿大代为掌管。有的老板自己做阿大。

样台师傅　是米行中的老手。有相当的业务水平,经他的手一看,知道谷能出几成米,米能成多少饭;谷的干燥度,米中的水分量。而且他可以一口准报出价格,是山客与水客都信服的人。他的主要职务是看样盘,就是把山客合格的样米放在样盘中算上价,等待水客看货定价。但他还兼斛米。如:单丝袋,每袋一石二斗,当时以袋为单位,要是有水客认为袋头粮不足,他需当场斛米计数(样盘有木制、竹编两种)。

武场师傅　米行中背袋头、装装卸卸的工人。因为米行中背、堆都有讲究,特别是米袋堆

① 吴桑梓:《临浦米市》,载《浙江民俗大观》,当代中国出版社 1998 年版,第 338 页。

桩不能有差池，所以，也称师傅。

文场师傅 行内打杂、开票、跑腿的伙计。

学徒 又叫学生仔，戏称“三壶先生”。就是每天持三壶：酒壶、茶壶、夜壶（即尿壶）。不但要为行中的老板、阿大、样台师们拎三壶，还要为留宿米行的山客、水客拎。米行中学徒的规矩非常多，例如坐凳子时屁股不好整个放在凳子上，双脚要落地，表示脚踏实地。早上要最早起，吃饭要最迟吃，晚上也要服侍好一班人后才可以歇。

机器师傅 是米行中的技术人员，早先管砻骨车，后来机器进入碾米行，他们管机器，不但开机碾米，还要会修理。

二、行商坐贾①

行商指一些无固定营业场所，专门从事贩运货物，整批地转卖给坐贾而从中取利的商人。旧时俗谓“走贩”“行贩”，特点是用特殊用具和叫卖声招徕顾客。他们向商行买到货物（或自己制成现货）后，挑着货担到街巷叫卖，如豆腐担、鱼鲜担、水果担、缸罐担、料货担、粉干担、索面担、土草药担等。此外还有修雨伞、补鞋、补镬、打小铁等小手工业行贩。行贩除一般收取货币外，有的以货换物，如麦换索面、谷换粉干、豆换豆腐、米换米糖等，都有一个约定和交换数额。还有一种长途行贩，从城市购货物，上山下乡叫卖，同时收购副产品进城销售。有的还贩运于城市与城市之间，俗称“客商”。

坐贾指拥有一定资本并拥有固定店面（俗称“生间铺”）的市商。坐贾一般都集中在居民区或城镇，大都有固定的消费者。即使是在偏远的农村，每个小村里也总会有一两家小铺子，经营日常生活日用品，如针线、肥皂、烟酒糖茶等。如果没有钱还可以先赊账。坐贾所开的店铺有的是杂货铺，什么都卖；有的专门经销某一种商品，如布匹、茶叶、酒、中药、粮油等。

（一）摆摊

摆摊是一种介于坐贾和行商之间的经营。在浙江全省各地都有摆摊位营业的传统习俗，一直延续至今。在人群来往多的街巷两旁设固定或流动摊位，出售各种货物，如水产品、海鲜、蔬菜、水果以及各种日用商品等。因摊位位置有优劣之分，政府让摊贩抽签决定摊位，并征收摊税，其货物多从商行按批发价购进或农户手中成批收购。有的专营批发，有的专营销售。20 世纪 50 年代以后随着生产和商品经济的发展，尤其是对外开放以来，摆摊经营的人越来越多，并且有几十万人到全国各地从事商业流通活动，各种不同货物的摊位遍布全国。②

（二）义乌“鸡毛换糖”③

敲糖帮的故事

鸡毛换糖，是指旧时小商小贩以糖、草纸等低廉物品，换取居民家中的鸡毛等废品以获取

---

① 叶大兵：《中国民俗大系·浙江民俗》，甘肃人民出版社 2003 年版，第 66 页。

② 叶大兵：《叶大兵民俗学论集》，上海文艺出版社 2007 年版，第 110 页。

③ 舒启华、朱佩瓅、施怀德主编：《婺州民俗大观》，青海人民出版社 1997 年版，第 206—207 页。

微利。鸡毛换糖的人又被称为“敲糖帮”，此风尤以义乌为盛。早在清乾隆时，义乌农民于每年冬春农闲季节，肩挑“糖担”，手摇拨浪鼓，用本地特产红糖加花生、芝麻制成的大块饼糖或生姜糖粒，去外地串村走巷，上门换取禽畜毛骨、旧衣破鞋、废铜烂铁等，博取微利。清咸丰同治年间，糖担货色增售针线、脂粉、髻网、木梳等小商品。抗日战争前夕，操此业人数增至近万，发展成为独特行业——敲糖帮。敲糖帮将用糖换回的鸡鸭鹅毛分门别类，从中挑出公鸡的颈毛、羽毛、尾毛销往杭州、上海或做成鸡毛掸子远销海外，下脚毛则用以肥田，废铜烂铁，则回销作坊回炉。为积攒锱铢，维持生计，义乌人跋山涉水，风餐露宿，日散夜集，互相照应。天长日久，敲糖帮渐成组织，形成了一套规矩，使鸡毛换糖这一行业得以世代相传。

糖坊

敲糖人肩挑糖担，送糖上门，临时用刀敲切饼糖，以糖易货。当一盘饼糖卖完之后，回家熬制不太方便，便出现专为敲糖人服务的坐坊，坐坊可分为四种：一为糖坊，他们把熬煎好的糖饼、糖粒、生姜糖用现金或货物贷给敲糖人，同时还收购或代销敲糖人收来的货物；二为站头，即敲糖帮居住的小客栈，并兼营糖担托运业务；三为行家，专事采购小百货供应敲糖帮；四为老土地，专事收购敲糖帮换回的物资。敲糖帮鸡毛换糖业务虽各自分头经营，但因从业能力不同，根据业务高下，这支队伍也形成四个层次。一为老路头，由精于敲糖业务的人充当。他往往由各大族在敲糖人中推选。由其统率一路糖担。二为拢担，业务能力亚于老路头，由各村推举负责带领本村糖担。三为年伯，由拢担指定，辅助拢担工作。四为糖担，即初次出门敲糖者，有如匠作之徒，归年伯指导带路。

经营范围

因此，敲糖者经营路线、范围、日期、膳宿、购销物品、成本供货、归还结算、货物托运等事前均有磋商。老敲者大都有自己固定路线，固定的住宿处，拨浪鼓一摇，糖担一放下，小孩子也叫得出他的名来。敲糖帮经营路线有南、北、中三线。南路糖担足迹至湘、赣、闽等地，中路至皖南、徽州所属各市县及浙南各县；北路至苏南、浙西、浙东等处。糖帮经营时间有长有短，长则半年十月，短则一至二月。糖担离家上路前，还有辞族之举，与族长作问答三语。问：“此行资本多少？”答：“分文不带。”问：“行李如何？”答：“随身衣一套，空糖担一副。”问：“家务怎样安排？”答：“全仗长辈照顾。”

敲糖人挑着担子走街串巷，大家听到吆喝声就知道他们来了。敲糖人用红糖换取大家带来的鸡毛、鸭毛、猪毛、牙膏皮、针线、纽扣和其他一些“没有用的东西”，初始一把鸡毛或者一个牙膏皮能换取多少红方糖，并未有标准的量，敲糖人说出来，做生意讲究真诚，敲一点换一点，与商户相互协商争端颇少。据曾外出敲糖的村民介绍，换来的鸡毛和其他物品，敲糖人将它们放在一个木头箱里，最上面是透明的玻璃盖。换取的东西如果在当地能卖个好价钱就在当场卖掉，如果回家卖价钱更高，就拿回来卖。鸡毛是有讲究的，质量上等的鸡毛，俗称“三把毛”，即鸡屁股周围、鸡脖子下面和鸡尾巴毛，这些鸡毛会格外挑拣出来卖给厂家，厂家就用这些鸡毛制作鸡毛掸子。由此形成一个完整的生产链。敲糖人一出去就是 20 多天，在外常是风餐露宿，将担子里的糖敲完，才会回家，依靠这种物物交换形式他们走出义乌，跨市跨省走向周边地区。

玉米糖——棒棒糖

糖的材质也是逐步变化的。最初是红糖，之后开始用玉米糖换取鸡毛等物品，这些玉米糖被制作成圆柱体，平均分成一块一块的小糖块。这时外出的挑糖人不用再敲糖，这些被分割好的小糖块基本均等，更方便交换货物。到20世纪70年代末，糖的形式也再一次发生变化，白糖取代玉米糖，请村里专门制作棒棒糖的师傅来生产，于是新型的棒棒糖出现了，这种糖更容易包装与换物。挑糖人挑着这些棒棒糖再次踏上外出之旅。随着经营状态的变化，针线、纽扣、发扣、板刷等小商品需求量剧增，市场经济的发展，总是顽强地表现其客观规律，于是促使部分行商改为坐商，小商品市场呼之欲出。

糖担——地摊

到20世纪80年代中期，义乌廿三里镇何宅村专营小商品批发生意的商贩已达四五十人。何宅人挑糖出去的人逐步减少，当时开始出现摆地摊，但他们没有固定摊位。因为当时政策不允许农民离乡离土弃农经商，个体户不允许批发销售，集贸市场不允许经销工业品。于是，为避免工商、财税部门管理，只得提篮小卖，像游击队员一样，在义乌城乡各地转悠叫卖。20世纪后期，敲糖帮随着时代变迁，改革的深入而更加活跃。为满足人们生活中必需的小商品，一些敲糖帮便通过各种渠道到处采购小商品，有的还自己办起工厂，生产加工一些小商品。此后，敲糖帮中逐渐分理出一部分人专门上街摆摊，向众多的敲糖帮和消费者批发零售小商品。于是饮誉神州的中国小商品市场的胚胎便出现在浙江义乌的廿三里和稠城镇。

（三）宁波兑糖担

兑糖担

在小商小贩中，旧时宁波有一种手摇皮鼓的“兑糖担”颇有影响，他们以麦芽糖兑换废铜烂铁、破鞋、头发、牙膏壳、鸡肫皮等物，作物物交换，带有古市遗俗。[①] 这种行业以前主要由堕民所为，后来发生一些变化，通常，兑糖人以40岁以上的外地人，或是本地手脚有残疾不适宜干农活的人居多。乡亲们认为年纪大一些的兑糖人心平气和、诚实可信，年轻后生“滑头”，往往要的兑糖物多而兑出的糖少。那时候人们收入有限，买什么都要凭票，孩子难得吃上零食，拿家里的废品去兑糖，大人孩子大都乐意。

堕贫糖

兑糖的人，大多穿对襟衫，戴乌毡帽，系白布绑腿，布鞋外面套草鞋。其行头，主要是一副箩筐，一个“摇咕咚”。两只箩筐上面，一头摆一板麦芽糖，状若一板豆腐，并盖一个圆竹笼。麦芽糖，沙地人都叫作“堕贫糖”。堕贫，是堕民的谐音。另一只箩筐上，是一只扁平的方木盒，中间分隔成许多小方格，装有火柴、纽扣、针线、挖耳、红头绳、铜烟嘴、橡皮筋、钓鱼钩等等。两只柳条编成的箩筐，是存放所收破烂的仓库。兑糖人慢悠悠走在沙地的小路上，“拨咚拨咚”摇一通摇咕咚，就咳喊：“兑——堕贫糖！”音调抑扬顿挫，娴雅悠长。偶尔，又会提醒似的叫开腔：“有猪骨头、鸡肫皮、牙膏壳好兑——！”过一歇，又叫道：“有鹅毛毛、鸡毛毛、鸭毛毛好兑——！”“小小

---

① 张紫晨：《民俗调查与研究》，河北人民出版社1988年版，第166页。

兑糖担，哄拢小人一大班，吃得开眼笑，一做胡赖打屁眼。”这是以前在孩子口中流传的儿歌。很久以前在城镇乡村中，小孩们一听见拨浪鼓和兑糖人嘴里喊着“废铜烂铁、破布、破裤好兑咧……”的声音，唯恐兑糖担走远，手忙脚乱地在母亲的针线篮里拣些碎布，或者掏出一两分钱币赶过去。这时，兑糖的便掀开圆竹笾，拿起凿刀、小榔头，叮叮当当地在整板乳白色的堕贫糖中凿下手指那么大的一小条。妇女们对这兑糖担也很是欢迎，上街买一个顶针、一包引线太不值得，拿几块破布向兑糖担换最合适。孩子们从家里拿来或偷来的兑糖物，兑糖人经过一番挑拣，根据兑糖物的质量和数量，用一块铁片和小榔头敲下一块糖给孩子。

三、商业营销

商界的许多促销手段，譬如有的店家备有雨伞、箬帽、灯笼等物，上面用黑漆书写店名，如遇天雨，就借雨具给顾客；如天时已晚，远方顾客又得赶路回家，就干脆馈赠灯笼给他们。

除了印刷广告遣人四处张贴、分送外，店家比较重视利用报纸、杂志等媒体做广告宣传，特别是刚开张营业和新产品研制成功的时候。有时候，在店前搭台，组织店员登台边演唱边售卖，或雇请演员、乐队甚至乞丐到处巡回演唱宣传。

（一）宁波红票

宁波商店有出售“红票”（亦称“礼票”）和“礼单”进行商品交易的传统习俗。顾客购得“红票”馈赠亲友，按喜庆、礼尚书写“花烛百子”“百年好合”或“寿比南山”或“长命富贵”等吉词。亲友收到“红票”，即可兑换自己所需之物品。若遇水火灾情，票券不存，商店概不付款、货。而南货店专门设计一种“礼单”，如“枣生桂枝”（黑枣、花生、桂圆、荔枝），谐音“早生贵子”。“糕桃烛面”（蛋糕、桃酥、红烛、长面）和“百子连升”（爆竹）、连环、和合（糕点）等，迎合顾客心理，推销商品。

（二）兰溪活鹿游街

浙江兰溪人经营药材行业，已有800多年的历史。药店一般前店铺后作坊，自制膏、丹、丸、散和自选自制各种饮片。几家资金雄厚的大店家，还设有鹿园，饲养梅花鹿，专供精制全鹿丸。

旧时在精制全鹿丸时，要举行一次活鹿游街，轰动全城。凡是自制全鹿丸的大药店，铰鹿前都在店门口贴红纸通告，说明择定某月某日铰鹿；并把雄鹿关在笼里，鹿角插上纸金花，披红挂彩，在店门口搭台放上一个星期，让大家观看。铰鹿那天，店里的栈头、头刀、管货楼、管丸药的5名主要伙计，全部到场，吹吹打打，燃放鞭炮，抬着活鹿在全城游街一圈，直到南门溪滩。店主或阿大亲自燃香敬神，然后由栈头将鹿铰死，仍趁原路抬回，观看的人成群结队，相互转告，使百补全鹿丸赢得了信誉，成为名牌产品，久销不衰。类似的做法，在全省各地也有仿效，蔚然成风。① 此习俗于20世纪中叶以后消亡。

---

① 蔡斌:《活鹿游行与送药头》，载《浙江民俗大观》，当代中国出版社1998年版，第353页。

(三)乞丐唱店堂①

店堂开业,往往十分热闹。不是亲戚来贺,便是四方朋友送书画相赠,吹吹打打,鞭炮不绝,以求开业大吉。旧时宁波沿海地区,则还有请乞丐来唱店的习俗。开业第一只炮仗,就要请乞丐亲手放。据说,乞丐的手讨过百家饭,吃过百家粮,走过千户门。以此来庆验其店将有千户百家来光临,生意会兴隆起来。

唱店堂的大多为女乞丐。她们唱的大多为越剧或宁波滩簧,如:"一本万利开店堂\二龙抢珠珠宝行\三(山)珍海味南货店\四鲜发财水果行\五颜六色绸缎店\六(绿)字酒店大米行\七(漆)字高挂箍桶店\八字墙门开茶坊\九字玲珑江西碗\十字街头百货店\开店老板万万年。"

唱完店堂,店老板要给唱的乞丐饮一杯红糖茶,其意是:乞丐唱的话应验其店,日后该店一定会红火起来。乞丐唱完后,不能马上给她酬谢钱和礼物。更不能由店主及家人给她钱和物。这样做,据说是店主的钱物会外流的。而是要叫店主的外姓朋友把钱物送到唱店堂乞丐住的地方。送给她时,不能说是唱店堂的酬谢的钱和物,要说是"进货的辛苦钱"。唱店堂的乞丐,也是来人给多少就拿多少,不能问这问那。说是这样做了,店主日后能"闷声"大发财。

四、民间互助借贷

民间借贷,是指自然人、法人、其他组织相互之间,非经金融监管部门批准设立的从事借贷业务的金融机构及其分支机构进行资金融通的行为。浙江的民间借贷十分发达,民间借贷作为一种资源丰富、操作简捷灵便的融资手段,能在一定程度上缓解银行信贷资金不足的问题,促进了经济的发展。但民间借贷的随意性、风险性容易造成诸多社会问题。

(一)宁波钱庄②

宁波钱庄业的兴起可上溯至明朝中叶,明万历年间(1573—1920 年),宁波是中国东南沿海的大都市,虽时有海禁,但走私市场繁荣。随着商品经济的发展,钱庄业开始兴起,国内银钱并用和外国银圆的流入,使货币兑换业发展起来,出现了众多的现兑店,兑换摊贩,以后又发展到经营存放,兑换业务的钱庄。

过账码头

据研究表明③,宁波钱庄在 19 世纪中叶已进入商业银行阶段,那时就有了结算功能(过账制度)。宁波钱庄衍生了最早的专业金融市场,宁波钱庄通过金融创新,创造出大量货币,促成宁波帮将资本输往外地,反过来成就了宁波帮。钱庄的主要功能是提供"过账"服务。因为市上各种款项转移一般不以现币交付,只需委托钱庄,于其账簿上转载收付,故旧时称宁波

① 应长裕、应霏:《乞丐唱店堂》,载《浙江民俗大观》,当代中国出版社 1998 年版,第 314—315 页。
② 赵士旺:《宁波钱庄的"过账簿"》,载《浙江民俗大观》,当代中国出版社 1998 年版,第 347—348 页。
③ 陈铨亚:《中国本土商业银行的截面——宁波钱庄》,浙江大学出版社 2010 年版,第 75—78 页。

为“过账码头”。

凡欲利用钱庄过账的，均需与钱庄建立关系。

三等九十九庄

旧时，宁波钱庄分为三个等级，有大同行三十一庄，小同行二十九庄，现兑行三十九庄。大同行可以直接过账，其牌号有代表过账效能，而小同行和现兑行须经过大同行间接办理。过账金额要在1元以上方可受理。逢年(农历)十二月初一开始，因各业开始办理一年度账务，年终繁忙，过账金额须在5元以上，5元以下用现款解付。

过账媒介物

宁波过账媒介物有“过账簿”“经折”“信札”“庄票”4种。

过账簿　商家多用“过账簿”过账。簿长6寸，阔4寸，蓝绸面子，页数80或100不等，页各两面，每面分上下两格，行数各八，上下格间留空寸许，以别收付。钱庄于开业时分送给顾主，簿面中间，写顾主户名。左书某某钱庄，右列年份，凡有此簿，即可过账，故名“过账簿”。

经折　经折过账，多为存款者用。为支取货物之折。折面不写字，折心之面，书一存户记号，折内虽有钱庄资为凭证之图案，客也为暗记之篆印。唯有存款人与钱庄两者知之，以保护存款人利益。倘经折遗失，因宁波钱庄众多，得者一时也难达到目的。

信札　“信札”过账，多用于距离远地之各埠乡镇，因交通不便，以信札代之，只须与宁波钱庄有关系，凡欲向宁波商店或个人收解款项，都可办之。凡在各地商号或个人，与宁波钱庄有往来，亦可托钱庄转取或转付。

庄票　统称“上票”，亦多用于各埠乡镇。但只可用作解付款项，不能为收款之用。用信札者可以不用庄票，而用庄票者必须兼用信札。钱庄在开业时将庄票分送给顾主，庄票分三联，左联票根，存于钱庄。右联也是票根，中联为票面，均由顾主持之，而以支款凭印交与钱庄查验。

(二)温州呈会①

呈会，也叫“合会”“拼会”“请会”“摇会”，是旧时民间盛行的一种借贷形式，也是传统的民间经济互助民俗。在温州的城镇、农村，无论大家小户，均流行这一民俗。主要是有些人家遭天灾人祸，或建造房屋，或筹办喜庆丧葬，或还人债款，因经济拮据，都会举行呈会。

起因

如据洞头县1996年调查，大多数家庭参加“呈会”活动，有的人家同时与人拼凑几个会，其原因有三：一是为了建房、集体购置新船、招股等需要一笔资金，通过招会筹集，即可分期还款化整为零，又能比借高利贷利率低；二是作为零存整取的一种储蓄形式，平时节省一点，届时有一笔可用资金，对于经济困难者认为平时挤一挤也可熬过去，对于经济富裕者认为拼会也就节省了钱，否则平时花掉也看不见；三是拼了会后，有急用时可及时收取会费以应急，避免了借高利贷，且可化整为零地还款。例如，专为父母治丧聚集的呈会，又叫“父母会”，与会

① 叶大兵：《叶大兵民俗学论集》，上海文艺出版社2007年版，第253、259页。

者中谁的父母逝世，每个聚会者付与固定款数，并帮助操办丧事。“玉成会”是一种既体现互助，又合理拿取低利息的形式。

会首、会脚

发起会者叫“会首”(亦叫“会东”，被纠者称“会脚”)，先向至亲好友邻居串联，然后办酒席请会友，俗叫“吃会酒”。商量定会份(多少人)、会金(每份多少钱)、会利(每月利息多少)，然后集中会金，交给会东。从第二会起，以摇骰子得点最多者得会，除集中会金外，会利由会东付给二会，依此类推。类似现在储蓄所拿低利息，合情合理。人们在经商中，如遇资金周转困难，也有办“呈会”进行筹款的。

基本做法

呈会的基本做法是：一般由发起人(会头)邀请亲友若干人参加，根据自愿原则，约定每月、每季或每年举会一次，每次各交同等的一定数量的会款(会金)，轮流交由一人使用，借以互助，时间不长，人数不多。会头先收第一次会款，以后依排序或摇骰子、抓阄(俗称“摸文”)等不同方式，决定参会者(会脚)收款次序。

惯例

“呈会”这种民间借贷形式，是民众在生产生活中，互通有无，解决资金短缺的一种方法。借贷手续，除属于亲戚挚友一言为定外，有的则立文书字据，央人担保，个别甚至要出具物具抵押。有些“呈会”有利率，但利率都较低，并根据市场物价稳定与否而上下浮动。民国期间，一般利率 2 分左右。20 世纪 50 年代中期，社会安定，利率曾降至 1 分～1.5 分。后来又出现了许多新的形式，如“楼梯会”“标会”“轮会”等。其性质相同，但数额较大，必加利息，实际上成为一种互助信贷。如“楼梯会”，头会会金由会首收用，从二会起，谁得会或自报式抽签决定。“呈会”习俗传承至今，特别是在改革开放中，温州的很多私营企业单位采取了群众集资的形式，有的以入股性质分配股息；有的定期拿取利息。这种为现代经济服务的集资方式，是在“呈会”这一传统民俗的基础上，经过改革、完善、变异而发展起来的。全省各地，大多也有类似的民俗传承，各地的具体做法、利率计算等则又有所不同。

(三)温州典当

在温州，典当历史悠久，“宋嘉熙间值庚子大旱……乐清陈光庭典渌了以息，民咸德之”①。早在清乾隆三年(1738 年)，温州市就有典当铺，营业地点设在城内大雄寺巷，资金 3 万余两白银，典当物品主要有铜、锡、金、银制品、谷物、家具、衣服。旧时的典当是以物品作为抵押，贷以资金，收取利息。当铺的利息，旧称“行息”，属高利贷。清朝时月息 2 分 3 厘；民国改为月息 2 分左右，抗日战争时期曾提高到 2 分 6 厘。质当期，清代为 27 个月，民国为 18 个月。典当分“当店”和“代当”两种，平阳(含今天苍南)、瑞安、乐清等地均有当铺、代当。

典当柜台

典当业由于营业的特殊性质，设施与其他店铺不同。一般在店堂中，建成有七八尺高的

---

① 〔明〕弘治《温州府志》卷十二《人物三》。

大柜台，一个中等身材的当客要仰首向上，递进要典当的物品，举起的手也只能伸到柜台上沿一尺多远的地方。这种设计主要是为了人身安全和防抢劫。当铺除老板外，还雇有朝奉和伙计。有些当铺大门之内常陈列一座大屏风，这样有两个不同方向的进口，同时也起着遮掩隐蔽的作用，屋内还设有货架和库房，当铺门口挂一方形“当”字，木质红底字招牌有些则直接书于墙壁上，以招徕顾客。① 当铺接受当品时，有由朝奉按物品新旧程度、质量好坏开出当价（当价按现值给50%左右），如当东西的人没意见，当铺收入当品，付给当金，开给当票（即收据）。当票是取赎凭证，票上写明典当日期、物品名称、数量、质量等。当铺为推卸当品受损的责任，必在当票上乱加贬语，如好好的毛货却写成“虫吃鼠咬，光板无毛”，铜锡器皿则加写一“废”字等。取赎如在期限内，利息按月计算，如超过一天，这一天就以两个月计算利息。在限期内凭当票前来付清当价和利息，随时可以取赎物品，称之为“赎当”。过期不来取赎称为“满当”，再保留两个月，若仍不来取赎，当铺就将抵押当品卖掉，所卖之款归当店所有。

改革开放全国第一家典当行

1988年2月9日，温州市区出现中华人民共和国成立以来首家典当商行——金诚典当行。不到一个月，全市经审批的达42家，其时，除洞头县外几乎遍及所属各市县，其中，温州市区就有12家。② 一般地，起当期为10天，不到10天按照10天计算；当期为3个月的，期满不能回赎的，可提前3天提出延赎申请，延赎期15天。典当行的综合费月率在24%～36%之间，商行对典当物的估价方法是不动产按照市价的50%估价动产质押物。经营范围，分动产和不动产两大类。动产类，有日用品、家用电器、金银饰品及交通工具等；不动产主要是房屋。其不同于早先的典当行，是以90%以上的资金投向生产领域，少数投向生活。旧时是穷人上当铺，现在是有钱人上当铺，现今服务对象大多是急需短期资金周转的个体工商业主。当今社会典当将适应商品经济发展的需要，为企业生产和居民生活排忧解难，提供方便。但也时有违规操作，1996年4月，中国人民银行曾发布《典当行管理暂行办法》，进行清理整顿，以保障典当行的健康发展。

（四）丽水纠会③

丽水下层群众中因经济窘迫，有邀请亲友颁会，以解决困难的传统做法。根据本息支付的情况，有“纠会”和“洋钱会”的区别。纠会，也叫摇会，就是因建房或经商缺乏资金等，邀请亲戚朋友，聚会集资。纠会者叫作“会首”，其他参与的人叫作“会脚”。具体操作办法：会首与会脚一般凑足十人，集资数目一般为银圆百元或二百元之数，每人平均分摊，按摇骰子方式确定收取会款次序。由会首和会众事先商定，会员和会金数（如10人，每人百元，即1000元），第一次由会首收取；第二次举会，每人再拿百元，通过摇骰子，谁的点数最多，就给谁；依次类推，每摇一次，还一次，还完为止。有的无利息，纯属互助亦称“干会”，也有拿少许利息的称

① 叶大兵：《温州民俗大全》，新疆人民出版社1998年版，第144页。
② 中国金融学会编：《中国金融年鉴1990》，中国金融年鉴编辑部1990年刊印，第314页。
③ 《丽水风俗》编委会编：《丽水风俗》，浙江丽水地区文联1995年刊印，第42页。

“计息会”，其收款次序越后，其利率越高。

（五）丽水洋钱会①

洋钱会亦有会首与会脚。除第一期集资金为会首所得外，其余会脚认定先后，按得到集资的先后，出资多少，先得的多出，后得的少出，但每期都要凑足规定的数目。例如以10人集资每年集百金为例，会首应付十五六元，认可第二期的则较会首少而较认可第三期的为多，认可第三期的又较认可第四期的为多，如此类推。认可第十期的，每年仅付五六元。但10人所付之款，每年均为百金。洋钱会在本金中寓有利息，所以无宴请习俗，也无须摇骰子。

（六）湖州民间借贷②

湖州一带的民间借贷大体可分为两大类，一类剥削性的高利贷，一类互助性的借贷（包括情意重的亲友间无息借贷）。

借蚕本与再斗米

这是一对高利贷的“双胞胎”。主要流行在蚕区。时入五月，蚕将“上山”，“山棚”下需炭火加温才能吐丝做茧。不少贫困户出于无奈，向财主人家借钱，这便是“借蚕本”（此前桑叶不够，买高价叶时亦如此）。短期（10天～20天）借一二分利（即借一元钱利息为一二角）；上月借（不超过一个月）四五分利。如果到期未还（如蚕茧歉收），则本加利，利滚利，只有卖田卖地，凶比猛虎。一脚空，脚脚空，到九月初钱尽粮空，只得忍痛将尚未成熟的单季稻“带青”（如应收五担估做三担）抵押。向财主人家借米，一斗还两斗，这就是“再斗米”。双林等地流传一首民谣：“三番五次大户，找他把粮借。大户点点头，叫我交押头，一斗硬要还两斗，压得眼泪流。”正是这种习俗的真实写照。

诸公会

是一种民间互助性的借贷形式，安吉叫“诸公会”。德清、武康叫“约会”或“摇会”。如有户人家要兴办一件花费较大的事业（建房、娶妻等），而又缺钱，便做东发起“诸公会”。先走告一些亲友乡邻，征得同意，请他们各拿出相等的一份钱（如银洋十元、二十元不等），交东主先用，第二年约定一个日期，由他备丰盛的酒菜，款待诸“会友”（一般六七人，不超过十个，坐满一“八仙桌”或一“圆桌”），表示谢意。吃酒之后，就用四颗或六颗骰子放在加盖的碗里，除发起人外，其余“会友”轮流摇点，谁的点数多，这笔钱就归他领去。到一年的“会日”，便归他办酒，大家又各拿出相等的一份钱来。除发起人外，其余人再“摇骰子”，款项又归摇点最多的人拿去。总之，凡摇会得款者今后只出一份钱而不再摇点。参加摇点的人每年减少，最后一个人不必摇点，但照样得到这笔钱，也照样备酒谢友。这样人人不落空，又能聚零为整，又有增进友谊的好处。抗战前通货较稳定时，全市范围均较流行。抗日战争后，通货膨胀，改用米（几斗或几石，然后折价）为基数。

---

① 《丽水风俗》编委会编：《丽水风俗》，浙江丽水地区文联1995年刊印，第42页。

② 湖风：《湖州的民间借贷》，载《浙江民俗大观》，当代中国出版社1998年版，第311页。

（七）湖州的典当业①

四车八典当

抗日战争前，湖州的典当行业十分兴隆，各大集镇，无不有当铺。如德清县新市镇，俗语有“四车八典当”之说。即德源、同昌、善祥、聚和、春生、阳泰、源来、太和八爿典当。其中由南浔富豪庞家开办的“德源”当，规模最大，乃至全省都很有名气。这家当铺，共有“朝奉”（职员）40余人，其组织等级森严，排列次序是管总账、管包、钱户、饰房等，另设头柜、二柜、三柜、四柜、五柜、米栈客（即六柜）、制票、中班（整理）、流水（管理登记当票），学徒头第一、第二、第三，再下面是一次按进当年限排列。有10多名学徒分管“寻保”（即负责寻取典押货物）。有的当户与朝奉熟悉，把当票寄在朝奉那里，朝奉代为保管好，同时用小簿子将当户姓名、住址写清楚，这是典当为了多争取客户的一种手段。

当行四大先生

当行里有四名大先生，其一是管总账，他是资方代理人，是老板意志的执行者；其二是管包大先生，具体管理当行里的事务，管总账不在时，由他总负责；其三是管钱大先生，是当里的经济负责人；其四是管饰大先生，专门管当里的金银首饰。当里的一切事情，都由4位大先生商量决定，他们是决策者，也是执行者。5个柜是按次排行的，一柜可升入大先生，其余亦可依次擢升。5个柜的人，都看货喊价，并不分专业。制票根据柜上喊价写票；中班把当进的东西折叠或收拢好，由票头缚好，再归类保管。

当行日常

当内是地板，离地板两尺放典当物，所以典当物一般不会受潮。到大伏天则晒皮货等物。当房的四墙，都是一人一手高的花岗岩砌成，再往上是用砖头扁砌。大门用硬木做，有三寸半厚，外包铁皮，加圆头钉。下午五点光景闩门。有此厚门凡三道。晚上有更鼓敲更，下面有两人巡逻防盗防贼。防鼠则以养猫为主。米柜房有横放五袋米的高低，是当米的人自己去放好的，只有掌柜一人，没有勤杂或学徒，每袋米都缚好票头，赎回时按票头领取。当里工作者是清一色的男性。吃饭规定6人一桌（叫乌龟集），按等级排座位。连扫地也是排等级的。

当铺旺季

农历十二月是当铺旺季，十月是当铺里米房（六柜）的旺季。每逢“蚕罢”是当铺赎物的旺季。俗有“要米端被来，要被端米来”之说。即饥寒交迫的贫困农户，在青黄不接缺米时，只有把暂时不需要的被头拿去当米来充饥；而当寒冷来袭时，只有将自家已经为数不多的木囤中忍痛量了米去当里赎被。还有自家无物可当时，也有向亲戚朋友借了值钱的东西去典当的，俗叫“借当头”。为此，借者与被借者，都提心吊胆。

徽州话喊价

典当时，不能讨价还价。不过熟人或老客户打招呼，也可以还价。“朝奉”大多是安徽人，他们开口是“金口”，他看了“当头”心中有数，即高声地用切口拉腔拉调地喊货喊价，当户也听

---

① 钟伟今：《湖州的典当业》，载《浙江民俗大观》，当代中国出版社1998年版，第353—355页。

不懂。居中高台座上的制票，很快地开出“当票”来，当户凭票领款。当票盖了付款章，当票交由当户保存，以为今后赎当头的凭证。“德源”当铺的“朝奉”（职员）大多是徽州人，喊价用的徽州话，并不用切口；少数当地人出身的学徒喊价也要用徽州话。世代用方言的大多数老百姓也听不懂。

当规

当头按原价去赎，但当里要按不同当头收取月息。如18个月（即一年半）不赎者，当铺就没收出售（据说这是全省统一的“行规”），但也可以付息后重新再当18个月。总体上讲典当的利率规定比高利贷轻。当内，学徒期间3年不准探亲，也不允许自由跨出当门。只是每年正月初一到初五，可上“大先生”家拜年。严禁赌博、偷窃等，已经触犯并察觉，即行开除，并且行文通知全省同行“永不录用”。

供关帝菩萨

典当业供奉关帝菩萨（有泥塑、木雕、瓷塑、画像等），意谓：讲信义。每逢初一、月半，“大先生”就备酒菜敬祀。典当业的剥削是重的，但在求借无门、六亲不认的情况下，典当给穷人和急于用钱的人，开了一条活路，一待缓过气来（如田、蚕丰收），交了点利息，仍可将当头赎回，所以典当在历史上一度也很活跃。

第三节 商业风俗

商业风俗是人们在商业活动中形成的社会角色、行为规范、经营方式和行业禁忌等风俗。商贸习俗活动不仅是一种经济行为，也是一种集合社会交往、精神追求和商业价值伦理同构的社会过程，它们共同构成商贸活动的文化特征。

一、商业礼俗

人们在商业活动中形成的社会角色、行为规范、经营方式和行业禁忌等风俗，彰显出商贸活动不仅是一种经济行为，也是一种集合社会交往、精神追求和商业价值伦理同构的社会过程，它们共同构成商贸活动的文化礼俗。

（一）行规行俗

“诸行百户”就是居住在城市的工商业者，他们的装束打扮有着惊人的相似之处，显然非常醒目，过往行人可以一目了然，分辨出他们所从事的职业，甚至连乞丐也不例外。由此可见，旧时城市工商业者的行规执行得相当严格，凡是出现“越轨”之举，都会遭到众人的排斥。南宋都城临安的情况也大体相似，《梦粱录》载：“杭城风俗，凡百货卖饮食之人，多是装饰车担，盘合器皿新洁精巧，以耀人耳目，盖效学汴京气象……且如士农工商、诸行百户，衣巾装著，皆有等差。香铺人顶帽披背子，质库掌事裹巾著皂衫角带，街市买卖人，各有服色头巾，各可辨认是何名目人。”买卖人衣着差异很大程度上是为了吸引消费者，方便客户购买各种商品。而且，各行业大致统一的着装无疑产生巨大的广告效应，其潜在价值和市场效益不能低估。

在宋代，城市中从事商业活动的商人一般通过行会组织起来，《梦粱录》记载："市肆谓之'团行'者，盖因官府回买而立此名，不以物之大小，皆置为团行，虽医仆工役，亦有差使，则与当行同也。""团行"的设置主要是因为官府的"科索"，通常情况下，官府要是采购某类商品，自然数量巨大，单凭一家或数家店铺的货物不足以满足需求，因而势必要将同行从业者组织起来以扩大商品来源。

另一方面，随着商品经济的繁荣，宋朝政府为了更加有效地管理从事商业活动的商人，首先必须摸清各行业的市集经营状况和各商家的家底，以便于征税等管理措施的推行。再从商业运作自身规律来看，确如俗语所说，"同行是冤家"，为了避免各商家之间的恶性竞争，必然要求相同行业的从业者内部协调彼此之间的关系，否则很容易激化商户之间的矛盾，严重扰乱正常的商业秩序，影响商人经营。于是"团行"表面上是纯粹的民间组织，而实质上也是受官府操控的机构。"团行"成了联系生产者和消费者、批发商与零售商之间的重要纽带。

（二）绍兴酒业会市习俗①

绍兴酒神会

绍兴酒业会市旧称酒神会。据传，元时绍兴路总管泰不华曾于东浦薛渎举行乡饮酒礼，与村民同乐。旧时立于赏祊村戒定寺内的《酒仙神诞演庆记碑》，碑文详细记录了清咸丰七年农历七月初七，东浦祭祀酒仙尊神的庆典盛况。民国25年(1936年)经当地士绅倡议，遂将酒神会改名酒业会市。

会市一般在每年农历七月初六至初八举行三天。会市前，要协商各村参赛项目。如校尉仪仗、龙舟、舞狮、高照、统会等，统称"会货"。第一天，主要是各酒坊坊主、酿酒司务、各地商贾及善男信女到戒定寺酒仙殿点香燃烛，顶礼膜拜，许愿祈福。第二天为正日，便举行迎神赛会。先将酒仙菩萨请至龙舟上，然后敲锣打鼓，放炮鸣鼓，各地会货分水陆两路，由戒定寺出发，经东浦、袁家棚至杨家汇头，再回转至赏祊。神像所到之处，各村都要设供致祭。经过各酒坊时，酒坊还要献上一坛上等佳酿。神州过后，沿河百姓争向河中取水贮存，以为此系菩萨所留福水，食之可消灾降福。会市中除祭神、迎神外，还多有演社戏、赛龙舟之举，届时，商贩云集，尤其是酒坊酒店，与外来客商洽谈业务，品尝酒质，签订合约。酒坊多根据签约情况，确定当年投资数量。东浦酒业会市是旧时绍兴黄酒产销的一个缩影。但这种行业会市，自抗日战争爆发以后因战祸波及，日趋萧条而冷落。

绍兴黄酒节

中华人民共和国成立后，绍兴黄酒生产逐步得到恢复和发展。特别是改革开放以后，黄酒生产突飞猛进。旧时的酒业会市已为规模更大的黄酒节所替代，虽已无祭祀酒仙之俗，但仍有各种彩车、彩灯，以及舞龙舞狮，举行盛大游行。绍兴黄酒节，虽以黄酒命名，而实际上是

---

① 阮庆祥：《绍兴的酒业会市》，载《浙江民俗大观》，当代中国出版社1998年版，第380、382页。

一个大型的综合性节会,经济的色彩浓重。绍兴黄酒规模最大者为东浦。今东浦新桥上,尚有桥联一副,上联为“浦北中心是酒国”,足见当年东浦酿酒业之盛。2006 年,绍兴黄酒制作技艺成为国家级非物质文化遗产。

(三)计酬习俗①

升工

过去商店职工没有星期天和节假日,一年三百六十五天,天天上班,但到年终,老板要另加发 1 个～3 个月的工资,称为“升工”,如要回家乡探亲,就要看假长短扣发升工。

柜串

这是在浙江的徽帮绸布店奖励职工积极性的一种办法,即做一元钱生意,职工可得七厘钱的奖励,称为“柜串”,也叫“七厘头”。凡是上柜做生意的职工,每人一个营业额收入账户,由收款分户记录,收一笔记一笔,一月结算一次,按比例奖励职工,体现多劳多得。有时为了一桩生意,本店职工都自动展开竞争,改善服务态度,争取把生意做下来。

公记

所谓“公记”,就是店里的包装品以及店里职工兼做的“小伙”生意,如盐店职工卖盐卤水(做豆腐用)、西药店卖参、燕窝等补品、棉布店卖斜条(做鞋用),用一本簿子记起来,称为公记,一年分配一次,按职工人数平分,不论职务高低,学徒减半。

圈儿

即店里的滞销商品,由负责人看过后,在商品上画个圈圈做记号,谁把商品推销出去,谁就能得到按比例的奖励,这些商品,职工都叫它“圈儿”。职工除了做好正常的营业外,都积极向顾客推销“圈儿”商品,既可增加职工收入,店里的资金周转也加快了。

红利

宁波帮中药店每年年终,经盘存结算后,如有盈余,除老板得大头外,要拿出 20%的红利,平均分给全店职工。

(四)拜师礼俗

各地各行业的收徒拜师,大多有各自的俗规。这里介绍浙地一般俗规。

找荐头

通常要先找保人,或称“荐头”“搭桥人”,由此人领着学徒上门去见师傅。上门要送一份见面礼。师傅面试,考察人是否合适,或者提几个问题,以便对其有个基本考量。如果有意收徒,就收下这份见面礼,改日再议有关收学徒的具体事宜;如果不想收,就婉言谢绝,退回礼物。招收学徒,各帮差不多,一般只收本乡(即徽帮收徽人)人,不收异乡人,特殊者除外。

拜师

进店后,要择个“吉日”拜老板(阿大)为师。拜师时,要备“糕包”四个,香烛纸马一副,由

① 程秉荣:《建德商帮和商业风俗》,载《浙江民俗大观》,当代中国出版社 1998 年版,第 334、335 页。

师兄弟带领，先拜“香火”“财神”“灶司”，后拜“业师”，再拜“账房”、师兄，有的还要去拜同行业的老板或经理。与此同时，请同行业的人到现场作证，书写“师徒契约”。契约一般都会写明一些约定俗成的规矩，诸如学徒三年期间不给工钱，倘若发生意外事故，师傅概不负责等等。有的地方，还要由徒弟向所在的行会缴纳若干入会金，表示他已经加入行帮。拜师仪式之后，学徒的家长出面设酒筵，宴请师傅、师母，以及师祖、师伯、师叔、师兄等，俗称“拜师酒”或“进师酒”。

学徒三年

学徒期限，通常是三年。三年内，由师傅负责提供食宿，但不发工钱。有的行业，师傅也会按月给点零用钱，用来理发、买肥皂等。刚进门的小学徒一般不会立即教给他技艺，而只是差遣他干杂活，除了做那些行业劳务杂活之外，还得给师傅做家务活，诸如挑水劈柴、买菜做饭、扫地抹桌、抱孩子、洗衣服、端夜壶、倒马桶之类，统统都得干。干杂活的时间有长有短，有的一干两三年，什么都没学到。聪明的孩子就全靠自己在一旁观察，俗称“偷艺”。也有的师傅好心，学徒干了一两年之后，觉得这个学徒还不错，也挺顺心的，就开始让他在自己指导下接触本行技艺。先是做做助手，慢慢地就放手让学徒自己干，自己则不时在边上指点一二。有的学徒手脚勤谨，又肯动脑子，有悟性，进步也就很快。通常经过三年的苦熬，大多也能独当一面，就可以出师了。学徒期满出了师，通常还要跟着师傅再做四年，这时候师傅要付给他半个熟练工的工钱。俗称“半作”，或称“伙计”。也有的“半作”可以脱离师傅单独去揽活，但不得抢师傅的伙计，否则就会遭到同行的谴责。

业师称先生

学徒称“业师”叫先生，不能带姓，称呼其他“客师”也叫先生，但要带姓叫，如“程先生”“方先生”。拜师后，先生对自己的“学生”负有教诲、培养的责任，学生也要忠心耿耿为先生工作。如得到先生信任，到先生年老时，得意门生往往是他的“接班人”。拜师收徒不一定就结成行帮，却又是行帮的基础。由于生活的艰难和同行间竞争的激烈，使得历来各种行业的师承大多有着一系列极其严格的俗规。无论是商店和手工业工匠，选徒、拜师、传艺和出师，都伴有一定的仪式，构成了一种相对稳固的人际关系。这种师徒关系的进一步扩大，便形成行帮。这在手工业工匠中间，表现得尤其突出。手工业工匠的师承，旧时有一定的系谱性，所收艺徒，大都是该工匠的直系亲属、族中亲戚，或是同乡。也就是说，业缘的基础是血缘、姻缘和地缘，以保证技艺不外流。正是在此基础上，久而久之，许多行业才形成了自己的帮派，或是同姓同宗，或是同出于某地，如旧时宁波的红帮裁缝等。

（五）师徒伦理

传男不传女

许多名工匠，也包括商人在内，往往立有“传内不传外”“传媳妇不传姑娘”的规矩，这无疑是受到了家族民俗传统的影响，为的是怕外姓人竞争侵吞。即使在传授艺徒时，师傅也总要“留一手”，对于关键性工序上的操作要领往往严加封锁，生怕徒弟变心，抢了自己的饭碗；有的甚至至死不传。这种师承的系谱性和封锁性，在一定程度上保证了某些手工业技艺的精益求精，有的还因此创出该领域的品牌，出现技艺的高峰。但在另一方面，又必然阻碍了技艺的交流和生产规模的进一步扩大，甚至最终导致某些绝技的失传。学徒期满出师，俗规要求学徒办“满师酒”谢师。届时，学徒要向师傅送大礼，通常是四件礼品。有一定的仪式，先祭祀行业祖师神，再叩头谢师，然后设酒筵，宴请师傅师母、行业中来往特别密切的工匠和至亲好友。师徒向师傅送礼后，师傅通常会回赠几件劳动工具，以示鼓励。

一日为师，终身为父

传统礼仪中，历来有“一日为师，终身为父”的说法，虽然这是在读书人中间首先实行起来的，但实际上手工业工匠在这方面遵循得比读书人更认真。读书人中的师生关系以往主要还只是在学问、理想这些方面起作用，而传统工匠、商人中的师徒关系，则更像父子关系。旧时的师傅管教徒弟，常常就把他们当作自己的子侄辈来对待。而一些工匠、商人的子女，有时候也是他们的徒弟。久而久之，他们就完全成了一家人。学徒帮师傅做家务，似乎也就是天经地义的事了。平时吃饭，徒弟要先替师傅和在场的长辈一一盛饭，等师傅动了筷子，徒弟们才能吃。中途添饭，徒弟还必须放下自己的饭碗，去给师傅和长辈们添。而一旦师傅先吃好，他一放筷子，徒弟们也就必须紧跟着放筷子，不能再吃了。徒弟一放下饭碗，还得马上去干活。所以俗谚就有“学徒盛饭靠锅边，夹菜靠前面”之说。就是当过学徒的人吃饭总是特别快，其实全是在这种环境里苦练出来的。

（六）讲生意①

所谓“讲生意”即老板决定职工去留。

鱼头暗示法

宁波帮讲生意为正月（农历）初三，徽帮、金华帮为正月初四和初五，因初五为商店“接财神”之日，接过财神就要开门营业了。讲生意这天，老板要摆一桌丰盛的酒筵（有的用四水果、四冷盘、四热炒，称为六大六小），称为“讲生意酒”，职工则叫它“杀头酒”。辞退职工有两种方式：一种暗示法，即筵席上有一盘“金鱼”，由店里老板亲自捧上桌来，盘里的鱼头对准谁，谁就要被辞退，对准鱼头的人心里明白，即到账房算账结工钱，算好账卷铺盖就走。所以，在“上鱼”时，吃酒的职工个个都双眼盯住，心中七上八下。如果鱼头对准老板自己，说明一个不辞退，皆大欢喜，大家都会松一口气。

个别谈话法

另一种是“个别谈话”法，即酒席吃毕，老板坐在账房里，一个个叫来谈话，留的讲一些表扬鼓励的话，并提出新的要求和意见，积极把店内搞好，要辞退的即讲一些店里生意不景气，经营上有困难，人员过多等等的话，讲好后，拿出一张预先写好的“某某先生，另请高就”的“红帖”，递给被辞退的人，拿到这个红帖，即到账房结账。临走时，还要把自己的铺盖、箱子之类，拿到店堂里打开，请老板“过目”“清白”。一般老板是不会来看的，或差账房，或差学徒来看一下，以示面子。职工如不愿在这家店里工作，也可以在这“三节”（春节、端午、中秋）时写一张

---

① 程秉荣：《建德商帮和商业风俗》，载《浙江民俗大观》，当代中国出版社 1998 年版，第 332、333 页。

"某某先生,另请高明"的红帖给老板,即可到账房结账。

绍兴祝福

店主雇用店员,均是以一年为期,他对店员有绝对的辞退权(俗称"回话")。年终祝福时,如甲被店主请去拜福神,就意味着来年甲将被留用;如乙不在店主邀请之列,就预示着乙将被"回话"了。也有店主将所有店员都邀请来参与祝福大典,寓有对他们一年来的辛勤劳作的谢意。但散福后,店主如要丙到账房里去,店主又是递烟,又是泡茶,分外客气,同时说一番表示谢意和歉意的话语,内容大意是:时运不好,生意难做,将来业务发展需要人手的时候,伢再请侬。显然,店主是要丙"另谋高就"了。被店主解雇的店员,绍兴俗称"吃回陶(镬)豆腐干",其时正是春节期间,他们的心境可想而知。

二、交易习俗

交易本是商贸活动中的货物交换行为,伴随交易行为产生的行为规范、交易禁忌和语言等方面的风俗。近代以来的浙江城乡商业发达,交易风俗呈现出较大的差异性。

(一)宁波招徕术

招徕术语注重店堂装潢和货架陈设,谓"人叫人千声不语,货叫人点头自来"。旧时大的商铺自设栈房、卧室,大买主、老买主来店采货,备饭留宿,夜里返里赠送印有店号的灯笼。农村商家办货,有的开具货单托航船老大代购代销。商铺亦常向老客户、航船老大赠以岁时节日礼品。亦有在店堂内悬挂名家字画,或举办花展、音乐会等,以广招徕。宁波一带的招徕术尤为特色。旧时宁波商家多以声响、标志、广告等形式宣传商店、介绍商品、招徕顾客、招揽生意。

声响

走街串巷、路边设摊、定期赶集的小贩多用吆喝叫卖,如卖鲜货的高声吆喝:"透骨新鲜锃亮小黄鱼好买啦!""透骨新鲜像桥板一样带鱼买啦!"卖毛笋的吆喝:"真正大雷笋,赫嫩黄泥拱!"卖炒白果的边炒边吆喝:"糯米炒白果,只只鹅蛋大!"轮船码头卖茴香豆的吆喝:"好吃茴香豆,一包吃到吴淞口!"除了吆喝还有唱的,如小热昏用唱推销百草梨膏糖。拆衣店的伙计也用唱来推销衣裳,他们站在凳子上,随手拎起一件衣裳,边脚踏节拍,边唱出这件衣裳种种长处,唱完这一件再唱另一件,吸引过往行人驻足围观;他们又能将某件衣裳与围观人群中某位合适的人挂起钩来,现编现唱,诱发其购买欲望。俗话说:"拆衣店靠唱,馄饨摊靠敲。"卖馄饨与卖糯米白糖粥的都以敲梆子(毛竹筒)招徕顾客,小孩子一听到有节奏的敲竹筒声,便会唱:"笃笃笃,卖糖粥,三斤胡桃四斤壳,吃侬肉,还侬壳。"还有卖生煎包子的敲铁镬子、卖棒冰的敲木箱、兑糖的敲小锣、货郎担摇拨浪鼓,都是以人们熟知的特定声响兜揽生意。

标志

用作商业宣传的标志,除挂在店门前写有商店名称和经营品类的招牌外,还有旗帘、灯具、图像、实物等多种。旗帘花色繁多,如酒店门前悬"酒"字旗、茶馆门前悬"茶"字旗、绸布店门前悬大减价彩旗等;灯具有传统也有现代,如浴室挂大红灯笼、客栈挂"安寓"字样的门灯、理发店挂三色转灯等；图像五花八门，如九龙绸布店画龙、凤宝花粉店描凤等；实物各具特色，主要展示最具代表性的商品，有的还仿制成比原物大十几倍、几十倍的展品，以增强视觉冲击力，如特大鞋子、特大金元宝等。还有当铺、酱园、药店等在门前最醒目的墙面上大写“当”“酱园”“道地药材”等字样，也是一种标志。

广告

传统的商业广告多采用招头纸形式，如商店开业或商品促销，专门雇人到城乡各处张贴招头纸（招贴），以广而告之；也有附在商品包装上的，如南货店的“斧头包”，覆一张印有店名和“南北果品、四时茶食”等字样的红纸，绸布店用印有店名和经营品类的牛皮纸作包装等，统称招头纸，既美化了包装，也宣传了商店。在民国初，宁波商家开始有向顾客赠送月份牌、花绿纸等新式做法；同时通过报纸、书刊，以及电台等做广告，因其覆盖面广，见效快，迅速成为广大商家的首选；还有橱窗宣传、户外广告等，也因图文并茂、直观效果好而且时效长，为商家所乐意采用。

（二）温州代声

代声也称“货声”，以器物发出音响代替叫卖，代声器具存在较大的地区和行业差别。使用代声器具或招徕器乐的多为本小利微的行当，代声器具以打击物居多。代声可减少嗓音的疲劳，是叫卖声的延伸，同时某些特殊行业，如卖丧葬用品的行业，不便开口而采用代声。代声大多是适应流动性商贩的一种标志性商俗，传习久远。

温州商贩的代声，主要有卖肉人吹角螺；兑糖客用手中打糖的锤子和刀相撞击，叮当作响；阉猪客用吹短笛作为标志；馄饨担用竹梆；回收废旧物品的用小锣；算命的用摇算盘或拨弹三弦；货郎担专卖妇女首饰和针线，则用摇拨浪鼓作信号等。温州的手工业发达，各行各业的小贩尤其多，吆喝声丰富多样。补缸，收购废品，卖草药，卖米粽的等都用叫卖。卖草药的能唱一连串草药名称，“白脚蟆衣、落地金钱、金银花笔、白马兰、淡竹叶、洋夏爬、六月雪买哇”“人参、当归、黄芪、杞子、生地要买哇！”收购破烂的，边拉小车边吆喝：“旧钢、旧铁锅、塑料、塑料鞋底有买啊！”补缸匠拉长声音，吆喝着“生—缸哎”等十分动听。现今这种吆喝声在城市已很少听到，农村尚存。

叫卖和代声，在流动性小商贩中是最为普遍的民间商业习俗，颇具传统文化色彩。至今不少商店也在沿用，在当今现代广告中的商业宣传，与传统的商业吆喝声所表现的追求完美舒畅之节律也不无联系，并日益成为现代商品经济社会的一种促销手段。

（三）嘉兴米市习俗①

在米业内部按不同的经营方式和规模，将从事粮食贸易的经商者分成了米楼、米行、陆陈行、斗庄、米店、堆栈、掮客、栈船等 8 种类型。米行人员一般有老板、伙计、学徒之别。米行的设置一般是前面临街，后门靠河埠头，可停泊船只。因嘉兴是水网地带，以往运输主要靠船

---

① 永尧、映月：《嘉兴米市习俗》，载《浙江民俗大观》，当代中国出版社 1998 年版，第 340—342 页。

只。米行的招牌，在靠河埠头一面一般都写在临河的墙上，农船摇过一目了然。河埠做得很讲究，有石阶和木扶梯，便于上货下货。临街的一面，也有招牌，米店一般用木招牌，黑底白字。

米行营业时所使用的衡器，在很长一段时间里是石、斗、升、合这样的体系，以十进位，1石为10斗，1斗为10升，1升为10合。1石折合150市斤。长期以来，嘉兴米市形成了一系列约定俗成的经营手段，主要是囤积居奇、放高利贷、斛口赚、赊销、签发米票等几种，分述如下：

囤积居奇

收进米来，囤于堆栈，待机而动，往往是“进在瘟潮，卖在风潮”。所谓瘟潮是贱档之时，每年秋收时节，大量米上市，农民急于以米谷换钱，米商乘机压价入仓。到第二年春天，“蚕开门”(春蚕登场)、“青黄不接五荒六月”之时，四乡农民往往缺粮。此时，米商又乘机抬价，米价暴涨，称为涨档，俗称风潮。

放高利贷

主要是两种方式：其一，以养蚕期为限放债，约定到茧子登场时加10%的利息归还，俗称“蚕加一”。从养蚕开始到收茧子，一般只有两个月，可见利息之重。其二，卖青苗，农民在春天青黄不接之际，为维持生计，将田里尚未成熟的水稻，作价预售给米行。预售的价格一般要比收获登场的市价低40%～50%。20世纪三四十年代，物价不稳，普遍以米代替货币计价，借米1石，新米登场时要还1石5斗。

斛口赚

斛是旧量器，口小底大，容量为10斗，后来改为5斗。米行历来都备有大小两套斛子，大斛进小斛出，此事尽人皆知，同时也已成为米业的一种经营习俗。大斛进小斛出，每石米在斛口上就可赚2升左右。规模较大的米行在旺收季节一天以四五百石计，可从斛口上赚进8石～10石，若以全年计，其数量就相当可观。

赊销

旧时嘉兴米店还对一些有钱的主顾赊销，向他们发放一种金折。凡持有金折的顾客，可以去米店赊米。账房在金折和米店账簿上同时记下这笔账，即不必当场付钱。

签发米票

中华人民共和国成立前夕，通货膨胀，物价波动，人们手中的货币急剧贬值。在这种情况下，米粮的货币性特征就明显地凸显起来。在许多场合，人们以米作为支付报酬的实物，用来代替货币，于是许多米行就向外签发一种米票，以代货币。人们手中握有这种米票，反而比握有货币更觉可靠。

其他五大米市以集散为特色，所形成的商贸民俗与嘉兴米市有所不同。以临浦米市为例，临浦米市的流通主要靠山客与水客。山客从农民中收购粮食，运至临浦加工成白米，再销售给水客。除本省一批山客外，从江西、湖南来的多为大户山客，被尊为主客。水客从山客处购得米后，运往各地，以缺粮的山区为主。从宁绍一带来的水客为大户，被迎为上宾。

临浦米市，由米厂、米行、牙行、过塘行组成。米厂代山客碾米，收取加工费。初时用砻骨车碾米，后由机器代替。米行有大小之分，大行也称长路米行，与钱庄结合，设栈房堆货，有招待山客、水客的住房。一般大行有自开的米厂，山客运进大米，碾好之后由水客运出。小行只经营代客买卖，赚取佣金，也兼营门售。米店主要是经营门售和少量批发，以夫妻店为主。牙行经营成本较小，买卖成交不限数量，经营者兼做买卖双方中间人，收取佣金。过塘行专事粮食过塘的运输，是米市中人数最多的行家。

（四）云和商业交易习俗①

云和镇内，古时地辟人稀，商业落后，清朝中叶“兰溪帮”进入云和后，商业才逐渐发展起来。兰溪帮的经营作风以“信誉”为商店命脉，以真诚待客为服务宗旨，形成一些特殊的商业习俗。

童叟无欺

合理获取利润是当时商店中的统一口号，他们不成文的规定是：除易霉易烂的货物须估计霉烂损耗外，一般商品取利二分。全城统一，划价不二。当时每家店铺的大柜台上都直立一块大招牌，写着“童叟无欺”四个金光闪闪的大字，无论老人孩子或聋哑残疾人去买东西，决不亏待。

分钱分货

一批货物进店，立即进行挑选。往年山区销量最大的是“常熟土布”，每匹长 1.2 丈、宽 1.2 尺（老尺）。因为土布来自各家各户，原料、技术都有不同，织工有松有紧，棉纱有精有细，布身有薄有厚，颜色有白有黄，要分门别类成一、二、三 3 个档次，合理定价。色黄或有花斑、污迹全部挑出，染成蓝布出卖。

最忌大秤小斗

旧社会骂奸刁商人或黑心地主，就是使用“大秤小斗”。就是说：他们收入时用的是增二成的秤，付出用减二成的秤。旧时谷米都用斗量，收入、付出用两种斗，所以叫“大秤小斗”，也是“黑心人”的代名词，在商店里最忌讳的字眼，谁要是跟这 4 个字搭上边，那么他那间店就“门可罗雀”了。

和气生财

这是旧时商店经营的惯用语。过去，云和境内最有名的“洪元”“万丰”两间店的店风就是：百问不厌、白拿不烦。大客户来请进店堂敬烟奉茶，挑脚来（乡下店家叫来挑货的担夫）请进厨房吃饭喝茶。生意做成的客户送到门口，欢迎下次再来，生意未做成的客户，照样送到门口，等我们备足你需要的货物后欢迎再来。和气生财，代代相传，在全城商店中蔚然成风。

说畲语

云和是畲汉杂居的县，畲民占总人口的 10%，是南货布匹、日用百货店主要主顾之一。要做好他们的生意，必须了解畲民的生活习惯，与畲民交朋友，首称就要精通畲语。否则，这一桩生意是绝对做不成的。

---

① 王存义：《云和的商业习俗》，载《浙江民俗大观》，当代中国出版社 1998 年版，第 303—304 页。

老交关

与顾客建立长期的业务关系，俗话叫作“老交关”。每个店家都有他的基本老客户，视为“衣食父母”。这批客户商店发给“手摺”一本，凭摺取货，或3个月，或半年，或年终结算，信用卓著。结算付款时，再视情况给予折扣或优惠。年终最后一次取货时，要给老主顾送红烛、香糕、柑橘、海蜇等小年货，不收分文。由于相互信任，亲如家人，许多农户常常在平时把小牛卖了，肥猪宰了，山货、木材出售后整数较大笔款子存入店中，记入“手摺”作为预付货款，或提货，或支取现款，都听自便，不仅建立了一年的顾主关系，更为商店争取到大笔不付利息的流动资金，生意越做越红火。当然店家对于这一类的客户还有特殊优惠的。

（五）平湖上金折①

旧时商家对有信用的主顾赊欠购物款，采取双重记账法，除了店主自家有账外，每年年初要给光顾本店的常客发送记账折子，这种记载一年中店家与顾客经济往来的折子叫作“金折”，登记买卖事项的方式叫“上金折”。

自民国年间至中华人民共和国成立初期，平湖城乡各商家多有发放金折的习惯。上金折之所以能够流行，究其原因有二。其一，顾客感觉方便。只要持有某店号的金折，顾客随时可去赊取自己需要的货物。因该折子可用一年，顾客平时不必担忧店家索债。紧俏货源，商家优先供应持折主顾，主顾比较满意。又因双方记账，便于核对，一般差错甚少，顾客比较信赖。其二，商家有利可图。发出金折越多，商家的生意越兴隆，财源积聚也越快。而且，因其记折赊欠，店家一般把利息打入购货款记账，自己没有损失。可见，上金折是商家拉拢顾客、招徕生意的一种经营手段。上金折的拖欠款，商家都在年底收取，顾客年底不能清欠，否则不仅得不到下一年金折优待，其拖欠部分将作高利贷处理。

旧时金折与现时信用卡的区别有：一是用金折是先用后付款，而信用卡要付款后再用；二是用金折只限于某号商家，而信用卡在指定商行或一定范围内可以通用。

（六）嘉兴“响堂”②

“响堂”有别于“跑堂”。因为过去店面称“堂子”，跑堂就是穿梭似的在堂子来回奔跑，亦即如今的服务员。响堂就应在这个“响”字上，因为在堂子里要叫喊，而且要叫得响。一般的响堂，一要精明能干，认人准确无误；二要心算特别好、特别快，计算丝毫不差；三要嗓子清脆响亮，吆喝声起码隔三四间门面也能听清。营业开始，他笑脸相迎顾客，安排就座，自有跑堂送茶递手巾，然后响堂上去问顾客吃些什么。问毕，即用清脆响亮带有节奏的特有调门喊起来：“哎，来了！清炒肉丝，糖醋鲫鱼，三鲜砂锅各一，外加绍兴二斤啊……”随着响堂的喊声，灶间的厨师即应声回答：“呀……”不一会，跑堂手托盆子快步端上：“来啦……”等待顾客们吃好，响堂必送客，也用特有的调门喊起来：“哎！下来会账，五元六角八……”账房随即“呀

① 张灿明：《平湖的上金折》，载《浙江民俗大观》，当代中国出版社1998年版，第348页。

② 董慰芳：《嘉兴的“响堂”》，载《浙江民俗大观》，当代中国出版社1998年版，第306页。

……”一声，犹如戏曲里的语气应答着，便噼里啪啦拨起算盘来。随着响堂的叫喊，整个店堂里，厨房、大堂、账房的应答声此起彼伏，交织出一曲特有的交响曲。

三、商业品牌

传统商业品牌的缘起、发展和成熟，需要经过很长时间的沉淀和发展才形成的。其中充满地方性的商业经营智慧和乡土特色。近代以来的浙江深受传统文化和近代西方商业文化的影响，其商业品牌呈现出传统和现代相结合的特点。

（一）招牌

招牌又称为幌子，民间多称为“望子”。它与行业经营的内容直接相关，久而久之约定俗成，特殊的幌子就成了某种生意的象征。如酒店门前悬挂着有“酒”字的旗子或悬挂一只葫芦；当铺门前写着一个大大的“当”字；茶叶店门前写着“茶”字；裁缝店前写着“成衣”两字作幌子。这些幌子旧时商号多雕刻于木板上，也有书写于铜、铁铸成的板上。

金字招牌

招牌标识请名家书题店名，招牌字镀金色，称金字招牌。有悬“货真价实，童叟无欺”匾，或取名“一言堂”。有书某个大字以显示行业，典当业在外墙写个篕大的“当”字，药店门墙写上“道地药材”。尚有别出心裁以店主姓名谐音作招牌，如“隔年陈酒店”，即店主葛年成谐音，招牌上画上缸、鸭、狗各一，即寓示店主江阿狗的姓名。

旗帘标识

茶馆挂“茶”字，酱肉悬“酱”字，酒楼挂插杏黄旗，书“酒”字。亦有在旗上绣绘图像，九龙绸布店描“龙”，凤宝花粉店绣“凤”。连流动剃头担上也要竖一根小旗杆，俗称“独脚旗杆”。灯具标识理发店门口装置红、黄、蓝三色转灯。浴室门口挂大红灯笼。客栈悬长方形玻璃灯，书以“公逢安处”“安寓客商”，亦有写“门前一盏灯，远照四方人”等。

字幌

早在南宋年间，当时酒店门前就常用竹竿挂一块布，上书一大“酒”字，称为“酒旗”“酒帘”或“望子”，以后随着商业经济的日益繁荣，各有在自己店铺前悬挂一种表示自己商店性质的标志，称为“幌子”。这种幌子多年沿用，约定俗成，成为社会公认的传统商业标志。杭州民间幌子的式样、色彩和制作质料是丰富多彩的，形式及装饰也随店铺的性质、经营商品的不同而异。大致可分为“文字幌”“形象幌”“实物幌”和“象征幌”四大类。文字幌采用木板制成长方形、正方形。两面涂以黑漆，文字少而精，一目了然。如杭州旧时有的酱园，写一大“酱”字；当店写一大“当”字等等。

实物标识

卖蛇药者挂蛇干，打铁铺挂铁器，银楼店陈列漆上金色的大元宝，烛坊悬挂大蜡烛，鞋店橱窗皮鞋大者如皮箱，小者似烟盒。图像标识中药店卖虎骨木瓜酒悬挂猛虎图，或置老寿星塑像立店堂。动物标识花鸟店摆花草、挂鸟笼（内置鸟类），卖老鼠药者将白老鼠放在转盘上旋动，中药店宰杀活鹿做广告，海鲜饭店摆展各类活鱼活虾。上述市商标识，不少延续至今，且有新的发展。

旧时乡村由于文化水平比较低，认字的人比较少，所以门前的幌子多以实物幌子或实物模型幌子为主。所谓实物幌子就是以本店所出售的商品实物为标志，即店里经营什么，门前就挂什么。比如修车铺前挂一只废旧车轮或轮胎；鞋店门前挂一只鞋；草帽店门前挂一顶草帽；酒店前摆一个酒坛子；眼袋铺门前挂一只木质的大烟袋；颜料铺前挂一根木质的五彩圆棍；客店前则挂一把竹编笊篱（意为有吃有住）……这些招牌浅显易懂，让人一看就知道店中经营的内容。近十几年以来，这种实物幌子逐渐减少，偶尔还在酒店前和修车铺前见到，相反文字幌子越来越多，这与人们文化水平逐渐提高有很大关系。

灯具标志

即“形象幌”“实物幌”和“象征幌”。理发店竖红、黄、蓝三色转灯；浴室（甬称浑堂）挂“红灯笼”；客栈挂方形玻璃灯，书有“公逢安处”“安寓客商”，亦有写“门前一盏灯，远照四方人”等字样。妓院设鼓形乳白色磨砂玻璃门灯，俗称“花佬灯”（婊子），惯用戏剧人物名字诱惑嫖客。

（二）字号与取名

字号店标

商家字号，是商业店家的文字名称，也称“店标”。是区别于同业店家与经营者的店铺标识，树立起店家的形象，确立声誉，具有独家专用的性质，构成中国商业标志习俗中的一个重要形态。在商家的字号中，最为常见的形式是以店主的姓氏为号，这也是店标名称的较原始形态，《梦粱录》中记载的当时临安城中陈家彩帛铺、舒家纸札铺、童家蜡烛等许多店铺名称。一些合伙开的店铺，通常是用合伙人姓名中各取一字拼合起来作字号，有些店铺更换店东，但字号还要保留，在原字号下加“X 记”字样，以示所有权转让。店标形态在中国发展的典型形态，是以匾额形式在店堂门前挂出的商家字号。它比一般的行业标志更具庄重性和商标化的特征，是专门的店家标识，是商业匾额的最首要因索。宋代商铺名称，就已有起商号的习俗，《梦粱录》中所记南宋临安的药行、酒楼、文籍店之类。明清以来，商号用字的习俗成为我国独具特色的商业店标体系习俗。

取名俗规

温州的店铺十分讲究取名，认为店名好坏，会影响营业盛衰，喜欢取带有吉祥和兴旺的店名，不同性质的角度，有不同的取名。也形成一种俗规，如百货，南北货，布店、铜锡店，以及鱼咸店等，大都取带有盛、大、源、丰、进、兴、和、公、昌、益、顺等，不但在文字上要取雅意，而且多使用各种吉利字眼，意在用吉利的谶语，保佑生意兴隆，带有明显功利心理。其字号取字也多如清代学者朱彭寿在他的《安乐康平室随笔》编成一首七律《字号诗》：“顺裕兴隆瑞永昌，元亨万利复丰祥。泰和茂盛同乾德，谦吉公仁协鼎光。聚益中通全信义，久恒大美庆安康。新春正合生成广，润发洪源厚福长。”

取名格式

在商号取名的格式上，传统形式以用三个字者居多，便于传颂。如金三益、同仁合、五味和、葆大、成大、久大成、陈同源、成日顺、新福兴、广仁昌、广源和等，以示财源茂盛、和气生财、买卖公平、童叟无欺之意。澡堂常用“池”，饭店酒馆喜用“楼”，理发店喜用“厅”。中药店大都取“堂”，如同仁堂、庆裕堂、大生堂等，也有以店主姓名作为店名的，如伯亨药房等。在一些历史悠久的传统行业中，商号用字也暗示行业的某些特点。不仅仅是店家名称的标志，同时也具有丰富的文化内容。有些名店的命名，还含有一定的掌故或趣闻，某种意义上来说，商号是一种广告。财力雄厚的店家，对于商号牌匾的用料、书字及装饰，也是十分讲究的。铺门前正中的高处，有用镀金文字或金箔包装的“金字招牌”，挂店铺左边，则称“青龙招牌”。牌用木刻，并以名家题写店名为荣，常用的牌匾质料有木制、石制、钢制等，其制作的工艺也颇有讲究，请名人题字，用金漆大字涂写等，突出华丽、庄重的特点。商号牌匾，不仅是店标的形式，还具有一定文化艺术观赏价值。

吉祥组合

多数店名(字号)由二个至三个吉祥字组成。如源康布店、凤宝银楼、大有恒百货店、升阳泰南货店等，有的店名还在吉祥字之前加上店主的姓，如方聚元银楼、董生阳南货店等；有的则在吉祥字之前加“老”字，以示商店历史久远或注重信誉，如老同源咸货店、老德馨香烛店等。也有的在吉祥字之后加店主记号，大致有两种情况：一为子孙店，在保持店名不变的前提下，从继承者名字中选取一个字作记。如楼茂记酱园，创始于清乾隆时，系楼氏祖传产业，全称为“楼恒盛茂记酱园”。二为借牌店，如宁波有多家赵大有糕团店，最早一家为姓赵的上虞人所开，其龙凤金团出名以后，一些人为了抢生意，也借“赵大有”这块牌子开起了糕团店，但都标有各自记号，开在大戴家弄的为德记、灵桥门的为园记、鼓楼前的为信记、开明街的为文记、仓桥头的为富记、西门口的为莫记、中马路的为祥记、后塘街的为祥记分店。

巧用典故传说

有的巧用相关典故或传说起名。如宁波“老三进”创始于清末，原为前店后场的专业鞋店，“三进”出自黄石公三次以鞋试张良的典故，又寓有虚心进取、功成名就的吉祥之意，可谓非常贴切。至20世纪50年代，与同福昌帽扇店合并后，改称老三进鞋帽商店。又如甬江状元楼，原为一家小酒店，传说有位举人赴京赶考，在店中吃了拿手好菜冰糖甲鱼，便问此菜何名？店主很会讨口彩，答道：“此菜名叫‘独占鳌头’”。这位举人果然中得状元，衣锦还乡时重到此店，欣然命笔题了“状元楼”三字，从此名噪浙东。后来上海也开了两家同名酒楼：一名甬江状元楼，一名四明状元楼。

直用店主名号

也有的直接以店主姓名作店名。缸鸭狗甜食店的店主江定法，小名阿狗，不识字，就按自己姓名的谐音画了一只缸、一只鸭和一只狗作店名，由于其招牌标新立异、与众不同，加上猪油汤团选料讲究，风味独特，所以很快就家喻户晓了。“三更四更半夜头，要吃汤团缸鸭狗；一碗、两碗上瘾头，三碗吃落勿肯走；袋里铜钿还勿够，脱落衣衫当押头。”这首民谣更是广为流传。

青龙招牌

此外，在规模较大的商店中，还有一种“青龙招牌”，竖置于柜台角尺弯的青龙首，面向店门口，上写有关的吉祥词语，如南货店“游仙始荑”，酱园“鼎鼐调和”，酒店“温酿深醇”“太白遗风”，酒楼“金尊酒满”，茶叶店“卢陆遗风”“金瓯泛雪”“玉盏流霞”，药店“橘井流丹”“颐寿延春”，布店“杼轴充盈”，颜料店“匀碧调朱”，纸店“名重洛阳”，砚店“品重端溪”，镜店“菱花巧制”，秤店“心如衡平”，珠宝店“合浦探奇”，钱庄“川流不息”“以义为利”等。

（三）老字号①

五杭、四昌

追溯历史，但凡老字号，都是积淀着几代人的拼搏和探索，逐渐形成各自独特的传统技艺、经营模式、处世哲学，以及一系列的习俗惯制和店风行规。清末范祖述《杭俗遗风》专辟“驰名类”一章，提到“五杭”“四昌”，就是十分有名气的老字号。所谓“五杭”和“四昌”，正好代表了当时杭城工商业的两种经营模式。一种模式是自产自销，工商合一，前门开店，店堂的后半部分便成了生产或加工商品的作坊，有着自己的特色经营。这种模式中最为有名的，民间称之为“五杭”，也就是杭扇、杭线、杭粉、杭烟、杭剪。其中的名店，据《杭俗遗风》载，在清末大致有以下数家：“扇店推芳风馆为首，其余张子元、顾升泰、朱敏时等；线店推张允升为首，其余则胡开泰、孙大森、鼎隆德等；粉店推裘鼎聚为首，其余则关玉山、金建侯等；烟店推达昌为首，其余则陈四海、迎丰、天润、天隆、玉润等；剪刀店则惟张小泉一家而已。”

到了民国年间，洪如嵩为《杭俗遗风》补写按语，则称，民国时候，“除张子元、张允升、达昌三铺外，余皆匿迹销声矣”，而当时知名的店铺中，则又出现了孔凤春、宓大昌的名字。倒是张小泉的名字，一直沿袭至今。另一种模式是纯商业性店铺。其中南货店中的“四昌”，在当年颇有势力。《杭俗遗风》载：“杭州有四大南货店，一曰顾德昌，其四爿；二曰胡宏昌，共二爿；三曰胡日昌，共二爿；四曰冯仁昌，只一爿。各货到地，要尽此四昌先进，然后方散于各店。以故四昌之名独步。”至于为什么“四昌”有此特权，书里没有提到。民国年间，洪如嵩在按语中称，“上述各铺，已不可考”。他报出来的一批名店，则有方裕和、胡恒昌、益昌、徐德昌、金茂昌、倪万仁等家。

中华老字号

2006 年 4 月，商务部发布了《“中华老字号”认定规范（试行）》方案，表示在 3 年内由商务部在全国范围认定 1000 家“中华老字号”，并以中华人民共和国商务部名义授予牌匾和证书。在杭州市区范围，诸如都锦生、孔凤春、颐春斋、张同泰、王星记、万隆、采芝斋、边福茂、知味观、广合顺、楼外楼、毛源昌、景阳观、奎元馆、胡庆余堂、高义泰、素香斋、朱养心、张小泉、状元馆、邵芝岩、亨达利、西泠印社、芝兰图、山外山、信源、五味和、解百、利群等老字号，大多有着颇为悠久的历史，都是些人们耳熟能详的名字，浙江省其他市县的有李大同、五芳斋、天官牌、咸亨、雪舫蒋、邵永丰、塔牌、炳新、擒雕牌、三珍斋、丁连芳、女儿红、沈永和、会稽山、致中和、震元堂、同兴、楼茂记、升阳泰等。

戒欺匾

在“江南药王”胡庆余堂的店堂后面，有一块黄底绿字的匾是朝里挂着的，大书“戒欺”两

① 顾希佳：《杭州运河风俗》，杭州出版社 2006 年版，第 101—105 页。

字，边上又有几行小字："凡百贸易均着不得欺字，药业关系性命，尤为万不可欺。余存心济世，誓不以劣品弋取厚利，惟愿诸君心余之心，采办务真，修制务精，不至欺予以欺世人，是则造福冥冥，谓诸君之善为余谋也可，谓诸君之善自为谋亦可。"

这块"戒欺"匾，被国内中医药业同行一致奉为"药业座右铭"，是胡庆余堂的创始人、著名的"红顶商人"胡雪岩亲笔写就的，他以店主的名义，要求全体职工必须恪守这样一种职业道德。100多年过去了，"戒欺"成为胡庆余堂的店风，为这家老字号赢来了无限风光。这里所提到的"采办务真，修制务精"，长期以来也就成了胡庆余堂的经商理念和传统店规。

（四）贴顺序条儿①

旧时江浙地区的店堂铺面，大都是用一扇扇狭长的木板门，嵌在上下门槛槽中，早卸晚装，容易背错弄乱。为记住排列顺序，店伙计们习惯用红纸裁成小长方条儿，分别写上带数字的吉利语或各种戏名等内容，贴在门板上，以区分前后，如"一品当朝""二龙戏珠""三元及第""四季如意""五福临门""六畜兴旺""七子团圆""八仙过海""九世同堂""十全十美"等；或写"一捧雪""二进宫""三击掌""四进士""五家坡""六月雪""七月灯""八大锤""九连环""拾黄金"等。至今有些商店仍行此俗。不过所写的内容，不尽相同，今已不多见。

四、商业语俗

一般地，我们可以把商业中的习惯用语称为"商业语俗"，商业语俗可分为商业秘密语民俗、商业谚语语俗两大类。

（一）温州商业秘密语俗②

秘密语

商人在行业集团或群体内部通用的行业隐语，即"隐语""行话""行业秘密语"，又称"切口"。在商人的"切口"隐语中有通用"切口"和专用"切口"两大类。商人通用"切口"为一般商家通用隐语，保密性已不太严密，有些已成为民间惯用语汇或习惯称呼。凡此种种，成为在商业群体内部颇具民间特色的语言习俗。当行专用"切口"，保密性严密的专业隐语，非本行甚至非本地的同行商人，一般都难以知晓其含义。

"切口"

温州各行业均有一套暗语（"切口"），有的是共同使用的，有的是南北货业所特有的。常用的暗语有：顾客叫作"来宝"，掮客叫做"网儿"，意思是：顾客是游鱼，掮客是鱼网，兜揽生意如捕鱼入网。单包（水客）叫作"走水"，价格叫作"西贝"，现销叫作"王见"，赊销叫作"见余"，赚钱叫作"油水"，亏钱叫作"赔本"，秤叫作"横儿"，"多"叫作"双夕"，"少"叫作"点卜"，回扣叫作"耳朵"，暗中拿佣金叫作"割胡须"，暗中抬价叫作"戴帽"，并以正、竺、春、罗、语、交、皂、穴、

① 叶大兵、乌丙安主编：《中国风俗辞典》，上海辞书出版社1990年版，第534页。

② 郁宗鉴、侯百朋：《温州故实杂录》，作家出版社1998年版，第167页。

旭、针十个字，隐射一至十数字，等等。南货店的标价都用码子，即“〡〢〣〤〥〦〧〨〩”，即是一二三四五六七八九。如红糖四角六分一斤，就写“〤〦”，生仁二角九分一斤，就写“〢〩”。货物名称也有暗语，如红枣叫作“红面”，黑枣叫作“黑面”，莲子叫作“擂盘儿”，螟脯叫作“蛀螟”，木耳叫作“耳朵”，香菇叫作“雨伞”，白糖叫作“两点”（当时销火车白），红糖叫作“单个字”，冰糖叫作“单点”，火腿叫作“琵琶琴”，金菜叫作“条儿”，发菜叫作“头发”，折叠叫作“蒲扇”，瓜子叫作“开爿”，柿饼叫作“帽头”，虾尾叫作“秤钩”，花生叫作“麻脸”，皮参（海参）叫作“戒方”，等等。温州典当称袍子为挡风，马褂为对耦，长衫为幌子，马夹为穿心，皮袍写成“皮夭”，玉石写成“假石”，花梨檀木写成“紫木”。狐皮、貂皮为“大毛”，羊皮为“小毛”，金刚钻为“耀光”，珠子为“圆子”，鞋为“踢土”，帽子为“遮头”，古画为“彩牌子”，古字为“黑牌子”。

语言禁忌

温州店铺希望早晨开门卖出的第一份货物是红枣，忌茶叶，因为温州方言中红枣与“红得早”谐音，茶叶与“坐蚀”谐音。粤语中因“8”与“发”谐音，“8”就被人们看作是吉利的象征，这原本是广州民俗的心理因素现在都已被全国普遍接受，凡是有“8”的数目字，如电话号、车牌号、房间号等，人们争相索求，以至于代价高出正常几倍。在一些商品的命名上，以逆向语言禁忌（即不是从反面禁止，而是从正面提倡）的方式来命名的习俗也在中国流传广泛，特别是在饭店的菜品命名上，尤为突出。均与民间语言民俗中的语讳有关。

同业吉利语

同业中还沿用一些“吉利”语，这对招徕生意有作用。在旧社会里遇婚庆喜事或逢年过节，宴客送礼，人们都喜爱南北果品。这些果品都有它的吉利语，如金菜叫作“金针”，粉丝叫作“银丝”，核桃叫作“对合”，莲子叫作“和合”，红枣叫作“红早”，李干叫作“嘉庆子”，笋干叫作“节节高”。如逢婚礼，大都以元枣、花生、桂圆、莲子为礼品，各取其中一字，以其谐音“早生贵子”，博取顾客的好感。

商业秘密语因行业禁忌、避讳，或内部生意和技术保密需要而传承，同时也具有蒙蔽顾客的作用。民间商业秘密语中交织着复杂的社会关系，凝聚多种社会文化现象。商业秘密语作为一种文化符号和载体其传播、载录和反映着民族民间的文化现象。商业秘密语是考察传统商业文化的一个重要窗口，可以了解到当时的社会经济水平、世俗消费观念、价值观念及社会风尚的一般概貌。随着现代科学技术的发展和信息传播方式的进步，传统行帮垄断商业的方式已被冲破，各商业行帮的行话和秘密语已逐渐衰落。在日常生活中，仍有印记存在。

（二）温州商业谚语

反映商业经营者在经商实践中获得的经验和教训的总结，是传统商业文化的重要表现形式。商业谚语表现的内容较为广泛，对商业经营和商人生活的各个方面都有所反映。温州的经商谚语，大体上可以分为这样几类：

商论

反映出温州重商的传统“乌乌店，胜过百亩田”。（乌乌：冷冷清清）做生意要把握门道“劈柴纹路，生意门路”，做生意对于人的因素的重视“九等生意十等做”“有生意，吃伙计。（靠伙计帮忙)”“做生意要本,做事干要狠”。对于生意竞争的客观性的认识“讨饭生意赶狗难”。

商务

反映商业中的一些交易规律。加快货物流通带来更多利润“卖头勿卖尾,卖快好赚钱。”要把握市场,对于风险要有认识“只卖的行情,卖勿的人情。”“有心开酒店,勿怕赊酒钱。”和气生财,提高服务,力求双赢“人歇我开,和气进财。”“和气生银,吵嘴失金。”“钟馗开饭店,鬼也勿上门。”“暴利勿取,折本勿做。”追求利润“杀头生意有人做,折本生意无人做。”多比较,多总结,重视适度利润原则,把握顾客心理,合作原则。“货问三家,事问三老。”“走勿尽天下路,吃勿尽店家亏。”“人坯,佛盔,买货奂堆。”“一个便宜,九个爱。”“一门生意二门做。”“买卖好做,伙伴难搭。”①

商德

重视信誉“金字招牌勿落地(讲信誉)”。做好广告宣传“不吹螺,谁晓得你卖肉。”讲求职业道德“心正称才平。”注重货物对路适销“百鸟吃百虫,百货中百客”“百货中百客,蹩脚牛娘卖牛客”减少流通环节,降低流通成本“经一道手,脱一层皮”。注重把握商机“生意场中无父子,见财勿发是孱头。”“俏货勿愁销。”“货对货免罪过。”“只怕肩头没有货,勿怕脚下没有路”“价倒如山倒”。②

商贩

对于商贩心理的把握很是传神“勤力丐儿懒行贩”“挑石灰见勿得卖面的”“张网人盼南流,小商贩盼称头”。③ 商业谚语是商人经营经验的精炼总结,与历史上商品经济的发展息息相关。商业谚语的科学性和知识性,有助于指导商业经营行为和社会实践。

(三)嘉兴米商的秘密语④

嘉兴商人为了隐瞒买主,同行之间当着买主交谈,却又可使买主不知道他们交谈的真实内容,这就需要使用一套对外界保密的秘密语言,即“隐语”,又称为“切口”。这是一种行业性的社会习惯语。

数字等切口

在数字方面的切口有:“潦、廖”代表一;“挑、半工”代表二;“横川、老南、南钿”代表三;“老方头、老肖”代表四;“黄鱼头、老树”代表五;“老龙头”代表六;“老线头”代表七;“老扁头”代表八;“老弯头、老邱”代表九;“老合”代表十。⑤ 议价时一般都了解当时行情,往往不说大数,只说小数。

在货物名称方面的切口有:“木土”,代表杜米;“盖客”,代表客米;“天虫”代表蚕豆;“滚老”,代表黄豆。

---

① 中国民间文学集成全国编辑委员会:《中国谚语集成·浙江卷》,中国 ISBN 中心 1995 年版,第 776 页。

② 中国民间文学集成全国编辑委员会:《中国谚语集成·浙江卷》,中国 ISBN 中心 1995 年版,第 781 页。

③ 中国民间文学集成全国编辑委员会:《中国谚语集成·浙江卷》,中国 ISBN 中心 1995 年版,第 785 页。

④ 永尧、映月:《嘉兴米商的秘密语》,载《浙江民俗大观》,当代中国出版社 1998 年版,第 313—314 页。

⑤ 顾希佳:《社会民俗学》,黑龙江人民出版社 2003 年版,第 153 页。

有些切口的形成其实很简单，比如“杜”字拆开，就成了“木土”；把“川”字横过来就是“三”字，所以用“横川”代表“三”；“四”字是四方形的，故用“老方头”代表；把“工”字从当中剖开，成为“二”字，故用“半工”代表二；等等。还有一些切口形成的依据则较难查考。

手势秘语

另外有一种贸易方式，是不开口的，只用手势来表示，手势也就成为一种语言符号。用手势表示的数字如下：出一食指表示一；出食指加中指，表示二；出食指、中指、无名指，表示三；出食指、中指、无名指加小指表示四；出一只手五指齐伸直，表示五；出拇指、小指，表示六；出拇指、无名指、小指，表示七；出拇指和食指叉开表示八；单出食指，指头向下勾回，表示九；出双手，十指伸直，表示十。

米行记账密码

米行记账也有一套数码符号的表示法：跟现在通用的数码符号不同：代表一、二、三、四、五、六、七、八、九、十、百、千、角、分。这种数码表述的习惯由来已久，也不仅在米业中流行，旧时不少行业都通用。而另外还有一种数码符号的表述，则据说主要是在米业中通用的，从一到十，分别有几个笔画出头的字来代替，依次排列如下：由中人工大王主井羊非。举例：贰角七分，就写作“中主”。旧进米业可以讨价还价，卖价的最低限度不能低于多少，就用这种符号写在标牌价的下面，外人不懂，伙计一看就心中有数，以此为准则，灵活掌握。

（四）行话与暗语

旧时，行话、暗语（俗称“暗切头”）等各行各业都有。有的奸商盘剥顾客太凶，人们就要奚落、咒骂他们，如“钱猢狲”是绍兴人对钱庄老板、伙计的贬称，咒其手腕“高明”，利益动辄即为其攫取；“镴夜壶”是对当铺朝奉先生（职员）的贬称，绍兴人称“便壶”为“夜壶”，称“锡”为“镴”，意思是用锡制作夜壶后，不能改制他物，等于臭不可闻的废料。绍兴人称米行里的人为“米蛀虫”，因为他们往往使用暗语、行话，欺骗、剥削顾客和农民。米行使用的数字暗语有：旦底（一）、挖工（二）、眠川（三）、横目（四）、缺丑（五）、断大（六）、皂底（七）、分头（八）、丸壳（九）、田心（十），“旦”字下面是“一”，“工”字中间去直的短条是“二”，“川”字转 90 度是“三”，“目”字横转是“四”，“丑”字是“五”右上角补一短“竖”即成，“大”字与“六”笔画极近，少一点而已，“皂”字的下半部分“匕”与“七”也十分相似，“分”字的上半部分就是“八”，“丸”字去掉一点就是“九”，“田”字除去外框就是“十”。

米行里的人挖空心思想用这种缺德办法，运用灯谜中增减、离合等方式，在买卖中使用可隐藏价格、重量、级别的暗语，外行人不知道，而米行同业的“米蛀虫”们一听便心知肚明。除了语言之外，当铺都备有“当字簿”，学徒进当铺学生意，就要先认当字，学写当字。传说当字系明末傅山所创造，使用草字偏旁生造一种为当商专用的异体字，朝奉先生写起当票字来，龙飞凤舞，局外人看了处于云里雾里，一片空白，任凭他们愚弄、剥削。店主或阿大看见熟悉的顾客入内买东西，要么用暗语“人昔”打招呼，账房先生一听便知是赊账，就在原价上加一二成，早把利息算上去了；要么说一声“王见”，伙计晓得是现金交易，也不再加价了。

（五）市语[1]

行行有市语

市语又称秘密语、行业语、行话、隐语，是传统社会里各行各业为了保守各自行业内部秘密而创造出来的语言民俗。这种语言自成体系，得到行业同人公认，并在该行业内部流通，世代相传，行业外的人则无法明了。会不会说市语，又成为行业认同的一种重要标志。据明田汝成《西湖游览志余·委巷丛谈》记载："乃今三百六十行各有市语，不相通行，仓猝聆之，竟不知为何等语也。"可见，市语因各行各业而不同。《通俗篇》卷三十八《识余》曾辑录清时杭州各行关于数目字的市语多种，如：

米行：一为子，二为力，三为削，四为类，五为香，六为竹，七为才，八为发，九为丁，十为足。

丝行：一为岳，二为卓，三为南，四为长，五为人，六为龙，七为青，八为豁，九为底。

绸缎行：一为叉，二为计，三为沙，四为子，五为固，六为羽，七为落，八为米，九为各，十为汤。

钱行：一为田，二为伊，三为寸，四为水，五为丁，六为木，七为才，八为戈，九为成，等等。

市语原为一行一业同行间的秘密用语，后来有的因为流传久远，逐渐变为民间惯用语。如杭州民间常将吃酒为"三点儿"，吃鱼称"划水"，猪耳朵称"顺风"，猪爪称"荷花奶头"，鸡翅、鸡头、鸡爪称"飞叫跳"等。

隔行如隔山

旧时生意场上有用隐语行话洽谈业务、交流信息的做法。俗话说："隔行如隔山。"隐语行话只有业内人士熟悉，不为外人所知，有利于保守商业机密。特别在讨价还价时，常用隐语以一个字（词）代表一个数，如用"天、地、光、时、音、律、政、宝、畿、重"这 10 个字分别代表一、二、三、四、五、六、七、八、九、十。因为天最大，代表一；地次之，则为二；光指日、月、星三光，故为三；时指春、夏、秋、冬四时，故为四；音指宫、商、角、徵、羽五个音阶，故为五；律指古代称黄钟、土簇、姑洗、蕤宾、夷则、无射六种乐器为六律，故为六；政指日、月、水、火、木、金、土七政（七曜），故为七；宝指景天科、蝎子草等八种多年生肉质草木，通称"八宝"，故为八；畿指先秦时行政区域划分为侯、甸、量、采、卫、蛮、夷、镇、藩九畿，故为九；重指一的重复数，九加一为十。也有以"桃园"代表三、"一只手"代表五、"眉毛"代表八。

第四节　行业神崇拜与商业禁忌

商业信仰民俗，是流传于民间商业生活中的各种迷信或俗信的信仰习俗，是支配商人精神生活的重要因素。既可以达到规范商业行为的目的，也可以视为一种商业伦理和商业道德规范。

---

① 吴华：《杭州的幌子、市声和市语》，载《浙江民俗大观》，当代中国出版社 1998 年版，第 346—347 页。

一、行业神分类

旧时，许多行业都侍奉自己行业的祖师爷，又称行业神，并由商民出资修建神庙，既是祀神之地，也作为同业聚会议事场所。如从事海上航运业的供奉守护神天后（妈祖），在宁波城内和江东建有多座气势恢宏的天后宫级别庙。石、船、木、泥等百作业供奉职业祖师鲁班，在天封塔下建有鲁班殿。药材业供奉职业尊神药皇，在咸塘街建有药皇殿，主祀神农氏，每逢药皇诞辰举行盛大祀神活动时，必请两个戏班在殿内两座戏台同时演出，热闹非凡。

旧时的三百六十行，几乎行行都有自己的祖师崇拜。[①] 这是神灵信仰的一种样式。当年商人和手工业工匠的社会地位较为低下，无法有效地保护自身的合法权益，因而更加需要寻找某种精神上的寄托和慰藉，需要借助某个神灵在民众中的声望来抬高自己所在行业的社会地位，增强自信心和凝聚力。这就是行业保护神——祖师爷崇拜产生的特殊原因。

各行业所崇拜的祖师神，一般常常是历史上的某个能工巧匠，或以为是某行业的创始人、发明家，或是某个神话传说人物的移植，甚至会有牵强附会的情况产生。总之，这个神灵必须要得到本行业大多数人的一致崇拜，并为其塑像，立神位，造庙造祠，形成特定的节日和祭祀仪式。

旧时，行帮制订行规时必须祭祀祖师神，这也为了表示这些规约都是神灵准允的，谁若违背，必遭神谴。《青浦县续志》卷二："百工各传会其祖师而祀之……凡增加工资及处断曲直，咸于祖师诞日，其同业走集，具酒食为社议之。"《嘉定县续志》卷五："其增价也，由首事者召集各同业所奉神前（如木工奉公输子、成衣奉轩辕氏之类），设祭作乐，继以饮醵，即以决议刊单布告，雇用者照时值给资，无磋商折减之余地。"也就是说，在神灵面前商定的大事，最具权威，谁也不敢违抗。在有的地方，裁定同业公会首领，或对同业中人处罚，也要在神像前进行。旧时常见一种做法，就是处罚违反行规的人拿出钱来，雇戏班子在祖师神前演一台戏，既是对神灵的酬谢，也是公开认错，让大伙消消气。

俗谚有"三百六十行，无祖不立"之说。各行业的祖师神崇拜不胜枚举，择要摘录于后：

木瓦石匠——鲁班

铁匠——太上老君

陶匠——范蠡

酒匠——杜康、仪狄、刘白堕、葛仙、李白……

屠夫——张飞、樊哙、玄天上帝、三圣财神……

笔匠——蒙恬

染匠——葛洪、梅葛二仙

醋匠——帝予

篾匠——张班

米业——神农、后稷、雷祖、蒋相公……

① 顾希佳：《社会民俗学》，黑龙江人民出版社 2003 年版，第 148—149 页。

丝织业——黄帝、嫘祖、褚载、伯余、织女……

棉纺业——黄道婆

造纸业——蔡伦、孔丹

银钱业——赵公明、招财童子、关公、秦裕伯、太上老君……

鞋匠——孙膑、黄帝、鬼谷子、达摩……

裁缝匠——轩辕黄帝、周武王宫婢、关公

梳篦匠——张鲁二班、赫胥、赫连、皇甫……

理发匠——罗祖、吕洞宾……

补锅匠——女娲、老君、饿佛

豆腐业——孙膑、庞涓、乐毅、关公……

吹鼓手——师旷、孔子、韩湘子、永乐皇帝

二、行业神信仰

各行各业都有自己的祖师神，如打铁店的太上老君，药店的神农氏（或孙思邈等），毡帽店的虎，布业的黄道婆，当铺的关羽（取其信义），扇店的齐纨，笔店的蒙恬，占卜店的鬼谷子，木器店的鲁班，茶叶店的陆羽，文具店的文昌帝君，染坊的葛洪，肉店的张飞，米店的仓神，酒店的杜康，豆腐店的乐毅，陶瓷店的陶朱公，连妓院也把管仲（一说吕洞宾）当作祖师神，这些店铺常设有祖师神堂（有的在会馆内）。商店还有许多忌讳，如不准站立或坐在门槛上，不许店员背朝外坐或站，不得打空算盘或将两面算盘叠放，不能坐在柜台上，顾客进门应点头致意，微笑着主动驱前询问，有的还不让学徒把店内的垃圾扫地出门，等等。上述禁忌有的事关服务质量，有的缺乏科学根据，但所有忌讳都为了财运亨通，尽可能地多赚钱。

财神是商人们共同祀奉的保护神，“接路头”习俗也是在许多商业行业中共同流传的一种祭祀习俗。在各行业内部，还有他们自己行业单独祀奉的行业保护神，有的地方称之为祖师爷。

如嘉兴米业祀奉的祖师爷为兄弟俩：哥哥蒋自量，正月初九诞辰，弟弟蒋不量，六月初九生日。据嘉兴老人回忆，在嘉兴城北杉青闸施王庙的后面，旧时有个米业殿，殿内供奉这兄弟俩的神像。每逢兄弟俩诞辰，米业各商号都要到米业殿进香点烛叩拜。由米业中有威望的头面人物出面，向各商号老板发帖子。届时，大家一起在米业殿聚餐。各家商号进香时，均要向管庙人缴纳一笔香烛钱。当天设宴聚餐的费用也就从这笔香烛钱中开支了。关于这个祖师爷，在嘉兴米业中流传着一则传说：从前，蒋家兄弟俩开了一家米店，贪得无厌，常在米中掺水，可是一段时间下来盘点，却总不见米粮盈余，觉得十分奇怪。有一天，一个邻居对他们说，常看见伎里有人从你们店里背米出来，不知何故？兄弟俩再三查勘，不见贼偷的任何痕迹，就猜测背米的一定是神灵。他们做下亏心事，问心有愧，觉得这是神灵在冥冥之中惩罚他们。于是幡然悔悟，改过自新，从此不再在米里掺水。顾客来买米时，放手让他们自己用升斗量米。到月底盘存，米粮从来也没有短缺过。从此之后，顾客到蒋家的米店量米，一律都自己量，米店生意兴隆。人们把他们叫作蒋自量和蒋不量。他们死后封神，就成为嘉兴米业的祖师爷。

再如药材公所：为中药商人的同业公会，供奉药王为祖师爷，在六度庵建有药王殿；江西会馆：全称是江西万寿宫会馆，是江西省籍商人于清乾隆十二年（1747年）创建，会馆所祀的祖师爷是许纯阳真人。糖会馆，供奉林氏天妃娘娘，在每年三月二十三林氏天妃娘娘诞辰这天，请京戏班演戏三天。

这种行业神信仰，是旧时商业行会下的一种产物，在新时期，随着市场经济的到来，新的行业协会成立，行业神信仰已逐渐退出历史舞台。

三、接财神

旧时民间信仰财神十分普遍，尤以工商界为盛。财神有文、武之分，旧时宁波商民多在店堂内设财神堂，供奉武财神。武财神即赵公明，黑面浓须，戴铁冠，执铁鞭，骑黑虎，又称"黑虎玄坛"，横批书"赵玄坛"，两旁有"手执金鞭常进宝，身骑黑虎广招财"的对联，俗信以为主管镇邪和招财两大任务。每年正月初五，循俗上供"三牲"，点烛焚香，虔诚地叩拜，店主还要说"新年正月，敬请财神，降临敝店，祈神护佑，生意兴隆，财源茂盛，利市十倍，平安吉庆，万事如意"等吉利话。祀毕，与全体店员共餐。店主如果要辞退员工，也是一年之中最后的一次机会。

传说姜子牙在《封神榜》中又将四位小神划入他的招财进宝班子，所以又称"五路财神"。一说，五路指东南西北中，又说神名五路。财神爷备受商民尊崇，平日清香净茶，初一、月半供素食，端午供粽子，中秋供月饼，除夕供年糕做的元宝和如意，有的还在财神堂两边挂纸元宝，并在钱箱、橱柜、仓缸内各放一个年糕做的元宝，再在外面贴上红纸斗方，上写"招财进宝""一本万利""黄金万两""大吉大利"等多字一体的吉祥字符。多数商店春节休假至正月初五"财神日"开市，是日店主五更即起，隆重祀神，称"接财神"。要点燃足斤金字蜡烛，供三牲、五牲或七牲福利和水果、糕点，其中全猪、全羊可以虚称，即用"利市"（猪头）咀咬"甩甩"（猪尾巴）代表全猪，用羊头、羊尾中间放一刀羊肉代表全羊；鸡、鹅需会啼叫的雄鸡、雄鹅，寓"大吉""兴旺"之意；鱼需大黄鱼和活鲤鱼各一对，寓"大利""有余"之意；还需有生麸、生菜，取"富贵""生财"之意。

祀神开始，由店主烧香三炷，到店门口对空遥拜，恭恭敬敬将"财神"请入店内。祀神结束后，先放开门炮（炮仗），六响称"六顺"，十响称"全福"；再放鞭炮，称"百子炮"，响声震天，红屑满地，预示新的一年大吉大利、人财两旺。财神日也有到财神殿或关帝庙进香祈福求财的。过去每家商店，都设有"财神堂"，里面供着一位头戴元帅盔、身穿战袍、满脸胡子、手拿钢鞭、骑着老虎的赵公元帅，财神堂两边有"手执金鞭常进宝，身骑黑虎广招财"对联，横批是"赵玄坛"三字（俗传他封为正一龙虎坛真君）。正月初五，早上就要摆好香案（俗传宜早不宜迟，迟了要落空），开开大门，供"三牲礼酒"、香烛纸马，店主长袍马褂，严肃虔诚，手拿神香，先拜天地，后拜财神，焚烧纸马奠酒，并轻轻地向财神报告：新年正月，敬请财神，降临本店，祈神护佑，生意兴隆，财源滚滚，利市十倍，平安吉祥，万事如意等吉利话。礼毕，与全店职工吃一顿点心，称为"散福"。

旧时，绍兴除不少寺庙辟有财神殿外，一些商家在店堂内都设有小型神龛，俗称财神堂。

神龛高宽不足1米，多呈方形，内供财神塑像及香炉烛台，每月初一、十五，均要燃香点烛，商家在这一天则要在神龛前供上富礼，隆重祭祀。自经理（俗称阿大或大伙）、协理（俗称二伙）、伙计以至学徒，依次叩拜，以求商店生意兴隆，财源茂盛，祭祀后，全店同仁共同聚餐，俗称吃财神酒。

20世纪50年代，由于国营商业普遍建立，商业中祭祀财神之俗已不再现。80年代以后，随着民营企业的发展，在店堂内设置神龛、供奉财神的习俗开始复苏。另外，在一些寺庙的财神殿里，一年四季，香火鼎盛。镇海、慈溪一带依旧保留在新年开市那天有恭迎八位顾客之俗，谓“请八仙”。若顾客衣着华丽，成交额大，则认为全年生意兴隆，俗称“接财神”。托商店开市后久不见顾客登门，店主即点烛至财神殿祀拜财神菩萨，俗称“求财神”。

此外还有关于财神酒的习俗。除夕夜，公司大老板（或董事）在财神殿摆设酒席，宴请属下的商店经理。俗称吃“财神酒”，也叫吃“岁饭”和“分岁酒”。各商店经理多随带当年账目清单，俗称“红单”。席间，老板亲自执壶为这年盈利最多之经理斟酒，并请其坐上横头。酒毕，多吃油菜汁水年糕，意为来年油水好，赚钱更多。

在浙北一带，人们更崇拜五路财神，意为：东路招财；西路进宝；南路利市；北路财神；中路玄坛。农历正月初五，是五路财神的生日，这一天，店家都要举行祭祀仪式，把这五位财神接到自家店堂里来，以求保佑一年的生意兴隆。浙江嘉兴的“五路财神”习俗尤为突出。[①] 在旧时的嘉兴，一般在大年初四晚上，接“五路财神”，初五营业，以图生财有道。嘉兴的商人们为了争先“抢路头”，往往把这一祭祀仪式提前到正月初四夜里来举行，并相沿成习。接五路时，首先要摆案桌，一般店家用两张八仙桌拼接起来。讲究者用三张八仙桌外加一张半桌，俗称三桌半。桌上围上桌帏，桌的前方置两只高脚蜡扦，点燃两支大蜡烛，一般一支重三至五斤，一直点到天明。桌上堆放的供品中必有“三牲”（即全鸡、猪头、大鱼），另外还有水果和印花糖糕、团子等点心，满满堆放一桌，以示对五路财神的虔诚。最引人注目的是供桌的前方，要从天花板上挂下一根细绳，系在一根筷子的中间，筷子的两端系着一条活鲤鱼，象征着鲤鱼跳龙门，招财进宝。这两条活鲤鱼在祭祀仪式完成之后，一般都要送到河里去放生的。

桌上供品摆好后，店主就带上香烛，分别到东、西、南、北、中五个方向的财神堂，接“五路财神”。每请来一路，就在门前放一串百响。五路财神接齐，即在供桌后面的壁上供上五路财神马幛。接着摆上供品，并点烛焚香。然后老板亲自向五路财神叩拜，并由老板一一叫名，让店中大小伙计论资排辈向财神叩拜（不叫到名字的人，也就意味着将被老板辞退了）。叩拜之后，全店人员在一起聚餐。俗称“吃路头酒”。这天夜里往往要通宵守神，直至第二天清晨，正式“开市”，一年的生意就在这时候开始。

现在的嘉兴，虽然在财神信仰中，不再举行烦琐的祭祀仪式，但人们崇尚吉利、希望发财的心理并没有变，一般商家的店里都摆着财神像，常年供奉。而且接财神的风俗到现在仍然存在，许多商家和住户，在正月初四晚至初五清晨依然要放上一通爆竹，以示迎接。

---

① 张春秀：《论嘉兴的商业信仰习俗》，《神州民俗》2008年第1—2期。

四、商业禁忌

商业活动的不确定性导致浙江的民间社会流传各种禁忌，这些禁忌活跃在人们的思想意识里，甚至支配人们，尤其是商人的精神生活和日常行为，主要表现在行为、语言、祭祀等具体的活动中。以宁波和嘉兴为例。

（一）宁波商民禁忌

宁波商店禁忌繁多。主要可以分为：

行为禁忌

店堂为营业场所，忌打呵欠、伸懒腰；忌双脚停在地栿（门槛）上，或两脚半进半出停在地栿两边，也不能坐地栿和背脊朝外，手托门枋，认为这样会把财气挡住。店堂扫地忌由内到外，而应由外到内，这样可把金银财宝扫进来。布店忌敲尺、酒店忌晃瓶、米店忌坐斗桶、药店忌嗅药味，谓违反了要招致破财。吃财神酒时，不能吃鱼头和鱼尾，以表示有头有尾、连年有余。卖布匹忌敲量具。卖酒忌摇晃酒瓶，否则，说酒喝下要头晕。在酒店，娘舅在席忌毛蟹（河蟹）上桌（甬有贬称娘舅为毛蟹），女婿在桌忌上甲鱼。学徒进店，先拣万金枝、金银花和金斗（取黄金、银子之意）。

语言禁忌

商家从祈求吉利的心态出发，讲话非常注意忌讳，如忌说“关”，每天营业结束，不说“关门”而说“打烊”。忌说“蚀”，因“舌”与“蚀”同音，改称猪舌头为“赚头”。忌说“饿”，因“鹅”与“饿”同音，改称“鹅头颈”为“香炉柄”。忌说“死”，改称鱼死了为“鱼文了”，人死了为“人老了”“人没了”“人走了”，气死了为“气煞了”。忌说“完”，改称完了为“好了”，等等。有的还利用谐音转换成口彩语，如忌说“碎”，春节期间万一失手打碎茶杯、碗盏，要说“岁岁平安”，因“碎”与“岁”谐音，谓化灾为吉。

卖猪头谓“利市”。《说卦传》谓“商民往往以猪首祭财神”，以求福利，故谓猪首为“利市”。烧猪头亦谓烧“利市”，旧时宁波药店习规，逢年初进货须进“胖大海”和“金斗”（意为黄金、银子）。亦有叫拣“柏子仁”的，因“柏子仁”似米粒，磨炼土工细心认真办事。说话常以药名讨彩头，如“连翘”称“百合”（状似百合）；“红毛大戟”称“大吉”；“吴茱茹”称“如意”；“贝母”称“元宝贝”（状似“元宝”）；“桔络”称“福禄”；“陈皮”称“头红”；“桔红”称“太红袍”。切药称“老虎尾”，药凳称“青龙”，春以“冬树”开刀，冬为“丹皮”收刀，药铺扎“药包”，正月须用红线扎结，形如“金印”。药铺店员忌嗅药。送药忌带药瓶，待找到用药人方可。但忌说“送药”，要说“送补药”来了。否则认为触其霉头。

营业禁忌

商人忌“月忌日”（初三、十四、二十三）出行，忌开门第一笔生意“触霉头”，尤其正月初五开市时，对第一位上门顾客特别客气，称为“发利市”，甚至敬奉“元宝茶”（杯内泡有两枚青果或金柑），并在价格上给予优惠，以求“开门顺，全年顺”。正月初五财神日出门忌遇见僧尼，如途中遇见僧尼，便要悄悄将其夹在中间走过去，谓这样可把财气兜进来，称为“兜财神”。除此之外，店铺新开张、重新开张第一天，正月初六开市，甚至每天早上开始，忌讳第一位顾客是妇女，说是女人会冲了财运，往往以这种现象占卜一天生意的好坏。封建时代，店铺如果刚一开门就进来个进京赶考的举子，便认为是大吉大利，宁肯不收钱白送，以取吉利。如果第一位是妇女，尤其是孕妇、小女孩更认为晦气。人走后，必以草烧点而熏之，熏罢扔于店外，以资破解。

动物禁忌

旧时视乌鸦为不祥之物，俗话说："乌鸦当头叫，祸水免勿掉。"得赶紧吐一口唾沫，并念念有词："乌老鸦，白头颈。叫两声，不要紧。"谓这样可以解禳祛祸。老鼠被作为子神，如夜深人静时听到老鼠发出有节奏的嚓嚓声，会认为是老鼠在数铜钿，要连续念"一万、二万、三万、四万、五万……"直到老鼠停止发出声响，意为这样就不会让老鼠把钱财通出去。

（二）嘉兴"意头禁忌"①

在嘉兴商界，崇尚"意头禁讳忌"的思想十分普遍。意头，也即是嘉兴人所言的"彩头"。做生意凡事要讨个好彩头，对商家人来说，"八"是一个很有魅力的数字，开市择日、门牌号数、电话号码、汽车编号等等，都希求要有"八"字，而且"八"的数字排列愈多，认为彩头愈好。因为"八"与做生意发财的"发"同音，"八八八"，即"发发发"之谓也。新店的开张日期，一般都选在每月的八、十八或二十八号，以图吉利。相反，凡有悖于"发"的叫法一律要避讳，否则就犯禁，视为不吉之兆。诸如猪舌头的"舌"，绝对禁言"舌"。因为"舌"谐"蚀"。"蚀头"意味着做生意蚀本，不吉利，所以不可以说，凡"舌头"要说成"利市"。

旧时商店中的度量用具，如升、斗以及算盘等，都忌随意玩弄。店铺里的账簿也同样要受到尊重，不可横放，不可翻身。据说这些忌讳也与财神有关。商谚云"账簿翻身，生意勿兴"，"算盘颠倒，勿进财宝"，就是这个意思。重大节日，如春节、祖师圣诞、祭财神之日，忌说不吉利的话，尤忌话语中带着与"赔"谐音的字眼。店铺新张、重张第一天，正月初六开市，甚至或每天早上开市，忌讳第一位顾客是妇女，说是女人会冲了财运。往往以这种现象占卜一天生意的好坏。

另外，某些行业中，还有专门的禁忌，如药铺、棺材铺、寿衣店等，既要对顾客多说好话，但也不可盲目热情。这一类店铺一般都有一定的行规，忌对客人说"再坐坐""欢迎再来"之类的话，否则，顾客会误以为是在诅咒人家"再得病""再死人"，就事与愿违了。旧时宁波药行、药铺习规甚严，逢年初进货，须进"胖大海"和"大连子"，取大发大利之意；学徒进店，先拣"万金枝""金银花"和"金斗"，取意黄金银子；也有拣"柏子仁"的，因"柏子仁"似米粒，培养徒工细心办事之作风。说话常以药名讨彩头，如"连翘"称"和合"，"红毛大戟"称"大吉"，"吴茱茹"称"如意"，"贝母"称"元宝贝"（状似元宝），"桔络"称"福禄"，"陈皮"称"头红"，"桔红"称"大红袍"，切药称"老虎尾巴"，药凳称"青龙"。春以"冬术"开刀，冬以"丹皮"收刀等。

事实上，嘉兴商家讲究彩头，禁忌避讳几乎渗透到生活的各个方面。嘉兴吃年夜饭，花生

① 张春秀：《论嘉兴的商业信仰习俗》，《神州民俗》2008年第1—2期。

称“长生不老”，黄豆芽称“如意菜”，酱蛋称“元宝”，均取其吉利之意。饭不能吃尽，以示年年有余，饭吃毕不可说“吃完”，要说“吃好”等。餐桌上的鱼不能吃，也是表示年年有余之意。嘉兴人结婚，新郎用秤杆或甘蔗挑起盖在新娘头上的红纱巾，俗称“称心如意”，用甘蔗，俗称“节节高、老来甜”。

第三章　生活民俗

生活民俗是指衣食住行诸方面有关人生最基本物质需求的习俗。人在解决活下去的“食”的需求的过程中，形成了一系列食物采集、加工的习俗，并在和世俗礼制的相互交织濡染下，出现了许多礼仪性的饮食习俗，甚至在几乎所有的节庆仪式中，食物都成为不可或缺的道具。当“食”不再成为大问题，“衣”最初仅仅是满足保暖的动物性需求，礼义廉耻的观念产生以后，则增添了被用来标识等级、身份、性别等附加意义。先民从最初仿造动物巢居穴居，搭建简单的空间以抵御风雨野兽，到发展出繁复的房屋建筑技术，房子也逐渐成为等级身份的象征。生活民俗从最初以满足生存需求为目的到发展出一整套复杂的习俗惯制，更多的是为了满足人们安全、归属、自尊和自我实现等较高层次的需求。

在传统社会中，生活民俗是等级化的，国家用礼制乃至法律制度来固定物质消费的等级，但民间社会却一直以各种变相的方式冲破等级。自民国始，生活民俗中的等级制度失效，任何人只要有经济条件，都可以过上自己想要的生活。中国社会开始了以经济条件和个人兴趣为推动力的时尚流行。中国近现代是衣食住行处于从等级化向普遍化、从制度化向时尚化的转变时期，新旧观念并存，中西消费品杂陈，有关的民俗也十分驳杂多彩。浙江省的生活民俗也在这一时代背景下日新月异地发展着。

第一节　服饰民俗

服饰民俗是生活民俗中相当复杂的一种民俗，既指服饰的所有构成要件，包括服饰用料、衣服、鞋帽，也包括各种发饰、金属与珠宝首饰以及一些附属用具如头巾、围巾、手帕、扇子、拂尘、伞、荷包等物品，又指人们在有关穿着、佩戴和装饰等方面所形成的行为和文化习惯。

图 96-3-1-1　“长葆子孙”汉代云气动物纹经锦
（中国丝绸博物馆提供）

一、服装用料

服装用料指的是人们在制作衣服巾帽等服饰要件时所用的材料，在浙江主要有绸缎、棉麻布料、皮革等，较多地受到种植、养殖技术条件和水平的影响。

（一）绸缎

早在春秋时，“劝农桑”就被越王句践列为国策之一。自魏晋以后盛产丝、绸、缎、锦，至唐、宋，绍兴越罗、尼罗、寺绫，已驰誉各地。农村以穿布衣为主外，城市男女穿绸缎比较普遍，其他各地穿绸缎者大都为殷富士绅和小康人家。近现代尤其是中华人民共和国成立以后，随着人民生活水平逐步提高，穿绸缎也日益增多。

尤其杭州有“丝绸之府”之称，常年生产绸、缎、棉、纺、绉、绫、罗等14个大类，200多个品种，2000余个花色，图景新颖，富丽华贵，花卉层次分明，人物栩栩如生，许多产品获国家部优或省级优质产品奖，远销世界上100多个国家和地区。

（二）布料①

旧时，民间用布多以棉布和苎麻布为主，且多为自纺自织土布，颜色为青色或蓝色。年轻妇女有用“白底夹蓝花”（染印），也有先将纱着色再织成粗花布或织出柳条或格子花纹。

主家布

丽水民间普遍都有手摇纺车和麻篮，用来纺棉纱，捻麻线，织成的棉布称为“主家布”。布面虽然粗糙，但是很结实。至今在农村仍有织用。在平湖农村，盛行家织土布服装。因土布花纹似芦花故名为“芦席花”。芦席花土布，有六七种之多。

双梭布

古时，温州最有名的布叫“双梭布”。明代已有“冬布日双梭，最细”的记载。民间嫁女也用双梭布做嫁衣。唯有士绅富翁夏穿绸制衣服，冬则穿皮衣。

腰机布

清乾隆年间，江西人来丽水种植苎麻，以苎麻织布，俗称“腰机布”，因为织工用土布机织布时，腰上围着阔带，故名。

士林蓝布

民国时期，曾有阴丹士林蓝布、斜纹等纺织品流入，时髦一时。妇女用印花洋布做单衣，读书人用士林蓝布做长衫。一般人用士林蓝布给新郎做的衣服，也只在结婚、过节、做客时穿，平时舍不得穿。

夏布

夏衣多以苎麻或蚕丝织成。丝布以枸杞根染就，面黑里褐，较硬爽称“拷纱”；或用乌桕叶煎汤染黑，再于腐泥中浸一日后取出的，较柔软，称“茜纱”。

---

① 叶大兵：《中国民俗大系·浙江民俗》，甘肃人民出版社2003年版，第93—94页。

染布

旧时，民间穿衣，男人以靛蓝为主，妇女则加以红、绿两色。红色，是红花磨汁所染。红花茎高四五尺，有刺，花可入药，其汁又可作为染料。当时，姑娘出嫁时的嫁衣也用红花染就，而以浅红微带碧色的叫“美人红”，最为流行。染绿布的制法，是在极冷天气削了冻绿柴的皮，煎出绿汁。将布投入，泡浸一夜，第二天清早晾出，经太阳晒干，绿色就染在布的正面(背面仍是白的)。国外颜料输入浙江后，土法染色就逐渐不用了。

二、巾帽①

巾帽、头饰和发型是衣裳之外，非常重要的服饰民俗。巾帽出于礼制、季节、阶层等原因代有不同。头饰和发型是修饰身体的重要方式。

民国初年，男子通行戴西瓜皮帽，后又流行戴鸭舌帽、铜盆帽等。冬天有各式绒线帽、罗松帽。童帽种类繁多，如戴虎头帽、荷花帽等。妇女一般不戴帽。年老的有包“绉纱”和戴“包头”，亦称“双叶帽”的习惯，有钱人家在包头中间钉上珍珠，以示富有。帽饰有冬夏之分。冬天，农民多戴罗松帽，即只留脸部，其余都盖住；渔民戴毡帽；商人、知识分子戴西瓜皮帽。春秋季节，农民、渔民戴草帽、竹编凉帽；商人、知识分子戴金丝帽。

包头布

古代，猎人上山打猎，农民上山采药、伐木烧炭，用一方块青布包头裹发。打结于前额。爆破岩石的炮工戴藤条帽。

儿童帽

儿童帽子大多模仿戏帽，用金银线刺绣或镶边，有的用银子制作“福”“禄”“寿”三星，佩在额前的帽边上，或绣“长命富贵”等字样，也有绣石榴、荷花、菊花等象征吉祥的花草。还有老虎头帽、老虎帽圈(夏天戴)，认为小孩戴了可驱邪。

学士帽

官绅着长袍马褂，戴礼帽。这是一种椭圆顶、有宽阔帽檐的礼帽，比较文雅，俗称“学士帽”。冬用黑或灰色毛呢，夏用白色丝葛，轻松且凉快。

西瓜帽

这种帽头像半个西瓜，顶端缀帽珠，俗称“瓜皮帽”。民国初年，在杭州，称“尺帽”，黑缎质料，有喜事戴红顶尺帽，平时戴黑顶尺帽。

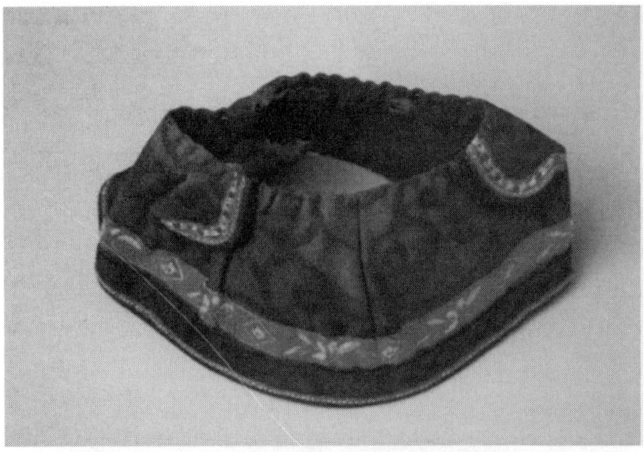

图 96-3-1-2　民国绿绸童帽(中国丝绸博物馆提供)

① 叶大兵：《中国民俗大系・浙江民俗》，甘肃人民出版社 2003 年版，第 101—102 页。

笠帽

也称“箬笠”“斗笠”，是用箬竹篾、箬叶为原料编制而成的，能遮阳挡雨，是农民下田劳动必不可少的用具。箬帽笠有圆顶、尖顶之分。

凉帽

据说从江西传入，分上、下两层，下层用竹丝编成，上层覆以箬叶，能遮阳挡雨而颇为轻巧。热天，出门头戴小凉帽。用油纸和箬叶做成，也叫油纸凉帽，东阳产的“顶部尖”、义乌和浦江产的“顶部圆”、金华产的凉帽可当凳坐。

永康帽

帽顶成扁圆形，直径比脸盆略小，中多夹油纸或箬叶，夏天既可遮阳，又可当扇。

麻帽

民间叫“草帽”，用菲律宾麻的纤维作为原料。如乐清大荆产的麻帽，有白色和黄色两种，民间叫白色的为“银丝草帽”，占大多数；黄色的叫“金丝草帽”，价格较白麻帽稍高，其编织的麻帽帽体洁净，尺寸准确，丝条匀直，紧密细致。

乌毡帽

以绍兴产的最为著名，尖顶、圆边，前面则摊边成畚斗形。这种帽可以冬经风雪，夏遮阳，老年农民、渔民一年四季都戴它。现在青年中已不流行。

紫金冠帽

童帽比较讲究，做工精巧，种类繁多。男孩戴的，仿古装戏剧中的紫金冠，用银打制成，旧时多为有钱人家摆阔所制。

方巾帽

男孩戴用，底用青色的缎做成，前后用丝线绣上兰花、竹叶等，后面有两条飘带。

公子帽

又叫“荷花公子帽”，男孩戴用，前饰荷花，后为荷叶，帽前钉有银铸八仙，帽后是5个荷叶图案，每张荷叶上挂一个用细银链串成的铃，俗称戴了公子帽，长大后可像公子那样文质彬彬，求得功名，一般在夏天戴用。

狮子帽

帽前中间钉有一个银铸狮子头，或“福”字，边上饰有花卉，帽上用金线花片做成狮子毛。

狗头帽

帽两边饰有狗耳朵，帽前有的钉银铸“八仙像”，有的钉“长命富贵”“金玉满堂”等字，此帽女孩也可戴，俗称戴此帽如家犬那样快长快大。

月亮帽

女孩戴用。帽盖顶留一圆孔以示月亮，帽圈上钉各种花片，帽盖上绣牡丹等各种花卉，两边各饰一只花线绣成的寿桃，并用绿缎做桃叶相衬。

船帽

女孩戴用。帽盖前大后小似小船形，盖上绣梅花、桃花、石榴花等，帽围用一束束线挂起。

鱼帽

女孩戴用。帽圈前面两个鲤鱼头相对，鱼尾巴顺帽圈编在后面，鱼用红缎做成，鱼鳞用金线绣成，一般在夏天戴用。

石榴帽

女孩戴用。帽圈前面饰一个石榴，石榴尖顶向下，两边是对称石榴叶，一般在夏季戴用。

箬帽、小笠帽

雨天，农民出门，无论劳动或走路，头戴专用于遮雨的大箬帽，若穿蓑衣，则头戴小笠帽。

风兜帽

入冬，戴黑包风兜帽。帽子畚斗形，后幅下摆披于肩，罩住整个后脑、两耳与后颈，用短绳或带子系于下巴，帽额上缀块小玉，作为装饰。明朝以前，男女老少都戴，既御风又保暖。清朝以后，仅用于御风，民国逐渐淘汰，仅作为殓帽。

顶子帽

顶子帽有两种形式，一种像饭篮盖的样子，圆形，中部帽尖隆起，向帽檐平行斜倾，周边没有帽墙，顶上有一绺红色流苏。另一种也是圆形，帽檐约7寸高，帽墙为黑色绒布，帽顶红色，顶中饰珠玉宝石，故又称红顶子帽。只有官吏和有功名的人才戴，顶子装饰体现等级，在民间逐渐成为尊贵的标志。清朝后期，顶子可以用纳捐的方式买得。民国初期，一生从未戴过顶子帽的人，晚年画遗容像时头上也画上顶子帽。民间称妻子不贞的男子被戴绿帽，故男子不戴绿色帽子，不裹绿头巾。

图96-3-1-3　唐套环宝花纹绫风帽

（中国丝绸博物馆提供）

帽替

也就是戴在顶子帽里面的替帽，单戴时便成为便帽，民间用作体面帽，平时戴或做客戴。帽替在有些地方叫作瓜皮帽，由六块长三角形的黑缎连缀而成，顶部饰一大珠或黑色布纽圆结，男人不论年龄大小都戴。

毡帽

是保暖用的，有大、小两种，黑色，以毛为原料，以青壮年戴用居多。民国后期大大减少，抗日战争后，很少有人戴了。

礼帽

为毛质西洋帽，也叫"铜盆帽"。抗日战争前，官员、士绅常戴，新郎官也戴，并配穿长衫、马夹或马褂。1949年后因被看作剥削阶级的标记，不再有人戴。今偶有人穿戴。

猢狲帽

由双层双面粗绒布做成，用于保暖。圆筒形，平顶帽墙放下，只露双眼和口鼻故名，帽边卷上去，式样就变。价格较便宜，民国时期取代毡帽，戴的人较多。

解放帽

解放帽也称工作帽或鸭舌帽，传统有帽檐和无帽檐两种，虽在帽额上显露一线弧形，但不像舌形。1949 年，南下干部、部队官兵普遍戴着帽额有鸭舌状的蓝色布帽，在民间被看作是干部的标志，后来市场上有供应，群众戴的就多起来了。

绒线帽

民国初期绒线自国外进口，供应市场，手巧的家庭妇女拿它结帽御寒，帽顶饰一个短绒线球，以青年人戴的居多。老年与壮年则戴无顶球而卷口的。

棉军帽

20 世纪末，出现棉军帽，有鸭舌，有耳衬下垂后脑，亦可上卷。

头盔

骑摩托车的人必须戴头盔，以保证安全。矿工井下工人亦戴，所以也叫安全帽。

三、上衣下衣

上衣下衣是人体服饰民俗的主体部分，最早出于遮蔽身体、保暖等实用功能，逐渐过渡发展出了标志阶层身份、财富多寡，反映穿着者不同审美品位的文化功能。

在浙江，清代以前，汉装上衣的主要特征为不论长装短装，男装女装，都无领、宽袖，前襟左大右小，左覆于右，部分重叠，用短带系缚于右侧袖根（即右腋）之下，有二至三结。上部宽边。单的、夹的、棉的全都如此。

自满族服装传入浙江后，百姓亦有着满服者。满服的主要特征是：不论长短、大小、单夹或棉，也不拘男女，上衣都有领、窄袖，左火襟，覆于右小襟之上，小襟上缀口袋。领下、肩前、腋下、腰侧、大襟边，装上用布条做成的纽襻，小襟装上布条结成或铜质纽子，穿时纽子扣进纽襻。这类服装称“大襟”。

长袍长衫体现尊贵。贵族的长袍面子用绸缎里子或用小羊皮；普通的，民国前期用单面彩色骆驼绒；更普通的是布面棉袍。长衫，或布，或绸，或呢，由穿者经济能力决定。长袍长衫外面加短马褂，马褂黑色，对襟，即前襟左右两幅大小相等，对接于胸，用五个以上纽扣。马夹，是无袖夹层短装，有大襟的，也有对襟的，也穿在长袍长衫外面。

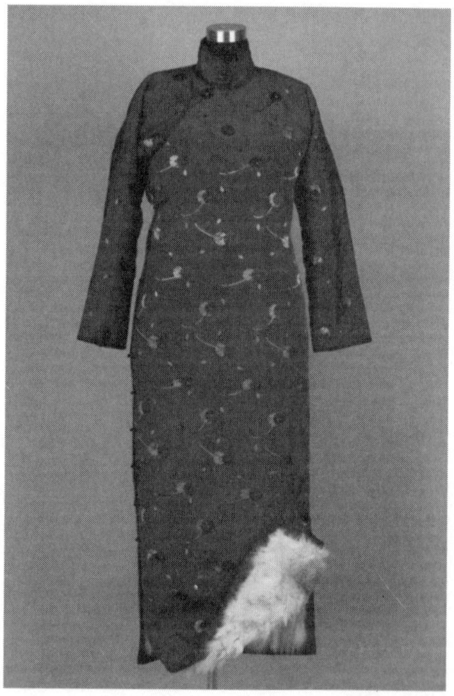

图 96-3-1-4 民国织花绸裘毛旗袍
（中国丝绸博物馆提供）

满式女装与满式男装基本相同。女式服装叫旗袍旗衫，绸缎呢绒做成，都紧裹身躯下摆不开衩，衣袖八寸至一尺，衣边绣有彩绿。辛亥革命后，汉族城市妇女也普遍采用，式样为直领右开大襟衣长至膝下，两侧开衩，有长短之分。农村女性出嫁时的嫁妆中有夹衫、棉袄就算不错了。

20 世纪 20 年代，农民妇女仍袭旧装，上衣大襟，不论冬夏，长过膝盖，以土布为主，紫色绵绸的棉袄面子，已算高级；下穿长单裤，冬加穿一条旧裤。少数妇女于衣里、裤外加围一条长褶裙；烧饭、喂猪等劳动时，衣外围一条蓝色单幅、下摆结花的围裙一般用家织土布做。此后，上衣逐渐改短，匝身围长裙的逐渐减少，劳动时衣外加围土布单幅蓝色结花裙，延续至21世纪土布绝迹，这类围裙用破为止。年轻女性时兴穿斧头袖口圆下摆，长仅及腹的上装，下身穿及胫大脚管裤，富家妇女外加罗裙，布料颜色由青、蓝二色增加红青、月白、毛蓝诸色。

20世纪30年代，女性年轻的，夏穿短袖大襟上衫，下套齐膝黑色短裙，农村劳动妇女则不套裙。其他各季则穿色织布旗衫旗袍，长至盖膝，内穿裙裤，下穿短袜。多讲究紧身，此俗延续至40年代末。

20世纪50年代，旗袍旗衫少见，上衣都穿短装，不论内外，由大襟改为对襟，内衣为软领衬衫，外衣则为大外领列宁装，且以蓝布为主。一直延续至80年代初。夏天，妇女穿短袖衬衫，或穿旧式短裤出工劳动。

20世纪80年代后期，男女先穿喇叭裤，戴太阳镜，当时叫蛤蟆镜，是从香港电影学来的。随后，女式服装大变，冬穿牛仔服、羽绒服，夏穿超短裙，紧腿牛仔裤。上衣无袖，赤肩露胸露脐短装则于20世纪末开始流行。春秋装与冬装式样丰富多彩，不胜枚举。时装表演成为一种舞台艺术。礼仪小姐流行大红大绿长旗衫，左侧缝密，右侧开衩，腿穿长筒丝袜。

20世纪90年代，女子风行黑色与米黄式的紧身踩脚健美裤，上身配以短装。或穿紧裹的牛仔裤，上衣敞开。女子内衣内裤皆棉织品。成年女子戴胸罩托乳。

21世纪以来，男女老少的服装都发生着日新月异、千姿百态的变化。

因浙江平原、山地风俗各异，着装上也各有不同。以浙东沿海宁波、浙中金华为例。

（一）宁波

吴越地处海滨，上古时的先民们为谋生常年出没风涛，《说苑·奉使篇》记载："彼越……乃处海垂之际，屏外蕃以为居，而蛟龙又与我争焉。是以剪发文身，烂然成章，以像龙子者，将避水神也。"[①]同时，吴越之地除了冬季稍冷，春夏秋均较暖热，先民们喜着紧身短衣，即为"短绻不结，短袂攘卷"。而且其衣襟一般都是朝左边开，即为"左衽"。这种左衽衫袖口窄小，且腰间系丝带或短裙。直到清朝、民国时期，乃至20世纪50年代前期，渔民冬季穿的多数仍为粗布大襟衫，开左衽，为夹衣，初春、秋末为单衣；就连棉袄，也是左衽大襟式；棉背心，则是左衽大襟无袖。而夏季，大多为对襟无领无袖衫。襟上为布质纽襻。

旧时宁波的男性商人、知识分子以穿长衫马褂为多，俗称"长衫马褂先生"，工人农民以穿直径胡桃纽扣衫居多。裤子为中式白腰头大裆裤，蔬菜行、咸货行的人喜穿青龙布裤，裤腿肥大，套在一般裤子的外面，以便作业。宁波农村男性旧时有穿围裙的习俗，围裙一如女裙，但质地较厚，俗称"围腰布裥"，又叫"大腰布裥""作裙""桶裙"。通常是由两块大幅土布、一块围腰布和两条比较长的束腰带缝制而成。土布以蓝色最为常见，也有用蓝印花布的。这种裙子的下摆一般做得很长，要直达脚背，以至于盖到鞋面。下摆的前面开衩，如果要蹲下来，或者到田间地头干活，只要把前面的开衩口提起，挽起来塞到腰间即可活动自如。可以从深秋穿

① 曹亦冰：《新序说苑选译》，凤凰出版社2011年版，第288页。

到来年初夏，既保暖又透气，深受农人的喜爱。城市妇女流行旗袍，农村妇女习惯穿中式大襟衫，腰间常围蓝布兜。城市里富家衣料多用绸缎、呢绒和机制棉布，市民穿“洋布”居多，贫民以土布为主。

渔民的裤子则为裤腿肥大的龙裤。这种龙裤，裤腰两边有七彩丝线绣上“八仙过海”图案，或是绣上观世音菩萨的莲台祥云，或是绣上青松白鹤，还有黄龙飞禽等图样；腰身前后裤子上，再分别绣上“顺风得利”与“四海平安”等祈求平安丰收的字样。渔民腰系布质腰带。而渔妇服饰，除了左衽大襟衫和龙裤外，一般还在腰际系一条长过膝或短至膝上的裙裾，俗呼“布裥”。

（二）金华

男则短衣股，长衫及胫，冬春色取青黑，夏秋多尚蓝色。天热，富人多穿夏布或绸衫绸裤，中产以下则穿土布单衫或赤膊，天冷加添单衣或加穿夹衣，老人能穿上棉衣则算有福。

古人不分男女都穿长裤，女子于裤外加一条多褶的布裙。

古人裤子，不论男女，都是不分前后，由裤腰和裤身两部分组成，裤腰高4寸～6寸，白色，腰围约3.2尺，用带子系缚，农民叫便裤。旧式衬裤叫“替裤”，有长有短，短的盖住臀部与腿根，都可单独外穿。20世纪中期，少数农村女子学穿城市中流行的三角裤，到了20世纪末期，市场上供应的不分男女老少全是三角裤，旧式短裤不易买到。

民国成立，军警学生模仿西式制作标志性服装，统称“制服”，上装虽异，裤却少变化，这种分出前后、前开裤襟、左右有插袋的裤子统称制服裤或西装裤。20世纪50年代起，无人再做便裤穿，本来男裤开前缝，女裤开右襟。近年，女裤亦开前缝，男女裤多用拉链。

冷天，富人穿绸缎、羊皮或丝绵袄裤，农民则穿单裤，至多加上一条旧裤。少数人加围双幅布裙。妇女于裤子外面加围匝裥身褶裙，遮掩脚背。

农民服装

古代服装的贫富差别十分明显，即呢绒绸缎与土布，新与旧，不破与破，无补丁与有补丁，一目了然。穷人力求一件半新的长衫作出客衣，罩在破衣裳外面，出门做客。“长布衫”因而成为“遮穷”和“体面”的代名词。秀才再穷，一件蓝长衫是不可少的。家穷有女人的，补了又补，千补百衲；家穷又没有女人的，破得只剩几块布条。①

农民的汤布，用宽约1尺5寸、长约4尺的原色土布做成。这种土布比普通土布薄。因为织得稀松，布上的经纱与纬纱之间有细小的空隙，所以比较柔软。冬天出门劳动，用于束缚上装腰部，约束肥宽的服装，便于双手动作。夏天出门劳动赤膊，把汤布披在肩背上，若下水田耘田拔草，则脱下裤子，把汤布围在下身挡污泥脏水。收工时跳进塘里洗澡又可当作浴巾。农业集体化期间，男女社员同田劳动，围下身之俗因不便而打破。

童装

婴儿服装至少宋明以来没有变化。都穿质地柔软的肚幔，衣襟短，手袖长，没有领，左襟

① 义乌丛书编纂委员会编：《义乌民俗》，上海人民出版社2011年版，第68页。

上口斜向右腋。端部系一细带，绕过身后，向左腋伸向胸前；右襟小，上口斜，系一细带，穿过左襟中部的小孔，绕向身后，两带打结于前胸。不论男女，都穿这种肚幔。此俗流传至今，更因为婴儿皮肤嫩，不宜用纽扣，再则肚幔大襟，能保暖腹部。婴儿下裹尿布尿裤，外面再包一床小被。婴儿第一次穿肚幔，多喜用旧的，当然也做新的，婴儿健康成长，他穿过的肚幔不但作为传家宝，而且作为吉祥物赠送亲友，或送给讨索的亲邻。将要做外婆的，于女儿将临近分娩时连同催生蛋一起给女儿送去；将要做祖母的，也要及时准备，提前交给媳妇；媳妇分娩时，找出来交给接生婆。一般不到周岁就给婴儿穿开裆的连袜裤，四五岁以内，上身都穿肚幔式的和尚衣（真正的和尚衣、大襟、无领无纽扣，用带缚，不一定黄色）。旧时婴儿腰系遮腹“肚单”（遮腹肚单，古人多终生使用），让他坐在干净的地上嬉戏。儿童自己能大小便自理前，穿开裆裤，能自理才穿闭裆裤的。

男女儿童在四五岁以内，项周围一四合或六合的“涎兜”，搭于肩上，或胸前披“挂袋”，上面都绣花纹。20世纪后叶，渐改为胸前围衣。五六岁以上的儿童服装开始区别男女，式样随成年人的变化而变化。进学校后近年来穿统一的校服，式样各学校大同小异。

四、鞋袜①

民国前，普通百姓多穿布鞋、草鞋，富裕人家材料多为绸缎、皮革等。稍后穿“力士鞋”。雨天穿钉鞋，夏天穿木鞋、木屐、蒲鞋、棕鞋，少数人穿竹展。上山或行路大都穿草鞋、麻鞋。冬天，穿棉鞋（以老年居多）。小孩与姑娘多穿绣花鞋。民国期间，穿牛皮鞋渐多，城镇居民雨天穿胶鞋。中华人民共和国成立后，草鞋、蒲鞋逐渐被淘汰，普遍穿皮鞋、力士鞋、解放鞋。夏穿凉鞋、塑料鞋。雨天穿高统或半高统套靴。近年来，男女都兴穿皮鞋，或穿旅游鞋、少林鞋等新式鞋。农民下田也渐改赤足之风而改穿水田鞋袜。姑娘在夏天也有穿花布拖鞋的。

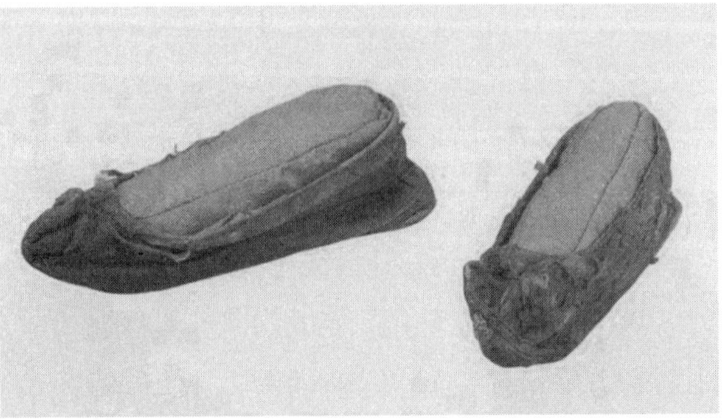

图96-3-1-5　宋罗鞋。鞋为尖头翘首，也称弓鞋，从鞋形可看出，这是一双用于缠足的小鞋。中国古代妇女的缠足历史传说开始于五代时期（公元10世纪），但实物的证据以此为最早。不过，从这双鞋子看，当时的缠足虽然已经开始，但却没有像清代妇女那样缠裹得厉害。鞋面为黄褐色四经绞素罗，鞋里衬绢，纳缝而成（图片及文字均由中国丝绸博物馆提供）

布鞋

民国初，流行双梁布鞋，后来流行小沿口布底鞋和布面皮底鞋。民间以穿布鞋为主，鞋用各种布帛制作鞋面、鞋帮。分单鞋、棉鞋。单鞋有软帮和硬帮，其鞋底用布叠成若干层，用粗线络缉面成；也有用牛皮、猪皮作为鞋底，男女老少均穿。其鞋帮一般为青布、圆口、低帮，俗称“和尚鞋”。山区的布鞋用鞋带襻扣，以利走路。20世纪20年代初，有钱人家穿单层红牛皮底与黄麂皮底的布鞋，轻巧美观。现时则流

① 叶大兵：《中国民俗大系・浙江民俗》，甘肃人民出版社2003年版，第102—104页。

行穿松紧布鞋。

蒲草鞋

夏日多穿蒲鞋，是一种以蒲草编制的单底鞋。鞋底用稻草或麻编织，细麻绳为经，编以蒲草，圆口低帮，用染色席草编缀花纹，颇为美观。蒲鞋穿着轻便凉爽舒适，价格低廉。

绣花鞋

古代缠足妇女多穿绣花鞋。多为布质或缎质，都在圆口鞋上刺绣，大多为花卉。有仅绣鞋头的，也有在鞋头、鞋帮上绣花的，颜色花样多姿多彩，鞋底为布纳，大都有襻。新婚妇女无论穷富，都穿绣花鞋，即使是偏僻山区亦然。有按季节在鞋上绣花，如春鞋上绣玫瑰花，夏鞋上绣荷花，秋鞋上绣菊花，冬鞋上绣梅花，被称为“四季绣鞋”。老年妇女在脚尖绣蝙蝠、蝴蝶。

棉鞋

又叫“暖鞋”，民间为冬季御寒之用。穿者多为老年人和小孩，其鞋帮由两片对称的夹棉鞋帮组成。其鞋样式古朴大方。夹棉花的量可多可少。制作方便，穿起来暖和、舒适，至今仍为老年人所喜爱。

麻鞋

旧时，在农村山区、农民多穿麻鞋。这是一种用麻编织的草鞋。其制法是以麻编成一双鞋底板，前后各有一条狭长的绳套竖起，作为脚趾、脚跟的护档，两边有耳，以穿系绳，麻鞋用耳之多少，根据疏密不同，有八耳，也有六耳。劳动时一般穿用稻草编的草鞋，山区农民穿土布袜再穿草鞋。开化有用葛料和苎麻做成的草鞋，俗称“满子草鞋”，便于爬山越岭和深山老林作业。其他有“布辫草鞋”(用布条打辫制成)、八纽草鞋等。

棕鞋

在温州城区有穿棕鞋的习俗。棕鞋也称“箬鞋”，妇女多以箬叶叠为鞋底。这种鞋穿起来不仅轻快，而且在暑天会吸脚汗，故《长物志》有“夏月棕鞋惟温州”的记载。

钉靴

旧时的雨鞋。用牛皮制成靴面，在靴底钉上几只大铁钉，涂以桐油使之不漏水。这种钉，头圆，向外突出，钉在鞋底上，很耐磨，且不怕泥泞。一双钉靴有穿几十年的。农家能穿钉靴的多属小康之家，贫苦农民只穿草鞋。

裹腿

裹腿即绑腿，是农民必备之品，浙江山多地少，上山干活时，腿上裹好绑腿，不但走路有劲，而且可防石头翻落打脚和荆棘刺伤腿脚。

布袜裹脚

清朝至民国初，城乡人民都穿布袜，布袜用白洋布做成，无伸缩性，但做工考究，针脚密。山民多穿上山袜，用白粗布制成。袜底有近十层，用针线密缝，脚背处有袜脚，上部袜套穿到小脚。上山砍柴、打猎穿上山袜，既保暖又不会被刺柴勾住。

缠足

古代女子缠足，以“三寸金莲”为美。女孩 3 岁，就开始将大脚趾以外的四个脚趾，连同脚掌一侧，折之脚底下，用布渐次缠紧，发烧疼痛，晚上将布稍松一下，次晨又缠回去，限制脚掌和脚趾长大，经过穷年累月的痛苦，终于成为“三寸金莲”。但抱养的“养媳妇”，儿时无人照管缠足，稍长之后婆婆给她缠了，自己偷偷解开，所以虽缠而脚不小，成为“大脚婆”。民国成立后明令禁止缠足。缠足之风在浙江绝迹于北伐战争之后。①

五、发型化妆②

发型化妆虽不像上衣下衣般重要，但却可以改善人物形象、提升气质，在人体修饰方面起着很重要的作用。随着化妆品的丰富和妆饰水平的提高，人们也越来越重视发型化妆在人体修饰方面的作用。

（一）发型、头饰

自古至今，头饰、发型虽多有变化，但基本上是依性别、年龄、时尚风气而不同。在浙江，大致出现过以下发型和头饰。

於越式

浙江先民，本是於越族，吴人越人都有“文身断发”之说。所谓断发就是把头发剪短。浙江古为越地，受中原文化影响和中原汉人的大规模南迁定居，生活方式发生变化。秦汉两代对越人采取征服和迁徙政策，促进越族分化和汉越同化。西晋灭亡，胡人渡过黄河，北方汉人大批逃过长江，定居越地的汉人越来越多。於越族的生活方式多数为北方汉人的生活方式所取代，越人也由断发而改为留发。

汉式

基本特征是男女都蓄长发，男子盘髻发打于头顶，用簪子固定。女子也盘发髻。

满式

男子前脑与两鬓及头顶的头发全部剃光，于后脑留一块长发，梳成辫子，拖于后背，以长为美。有人添上假发，称“加辫”。女子全留长发，未婚前梳辫，垂于后背，亦以长、黑为美。订婚后将原留于前额的齐眉披发，裹入辫中，作为许人的标志。出嫁当日，在娘家先将辫改为盘于后脑的头髻。发髻是已婚的标志。婴儿于满月时剃去胎发，只留囟门处头发。男孩到十岁，剃去囟门的头发，留后脑的头发，蓄发打辫。除了后脑蓄辫的头发以外月月要剃。

西洋式

辛亥革命后，流行到广大农村的青年人“西洋式”短发，左四右六分成片。后又出现比西洋发为短的圆头和平头。国民政府推行新生活运动时，城镇也流行剃和尚头（光头）。

进入民国，女子并不剪辫，照样留头髻。青年女学生流行齐耳短发。民国 26 年（1937 年）以前，农村女性多数仍婚前梳辫，婚后留髻。1949 年，多数有头髻的妇女将头发剪短。

现代式

20 世纪 50 年代开始，男子发式变化不大，女子发式有两种倾向，一种是留长发，一种留

---

① 义乌丛书编纂委员会编：《义乌民俗》，上海人民出版社 2011 年版，第 64 页。

② 叶大兵：《中国民俗大系·浙江民俗》，甘肃人民出版社 2003 年版，第 107 页；义乌丛书编纂委员会编：《义乌民俗》，上海人民出版社 2011 年版，第 64 页。

短发，叫叔叔阿姨头。留短发的越剪越短叫游泳头。再是烫发，后又流行束长发于脑后。

男子发饰

明代成年男子头束发髻，系以网巾。清时，男人都蓄发辫，青年以辫长为美，辫短的往往装个假长辫。民国后男人剪辫，青年多剃平头，后有西洋头、葱头等发式，以西洋头为时髦；少数遗老仍将辫盘在头顶，年长的男人大多剃光头，俗称“光郎头”；壮年一般剃平头，即发短而四方形，俗称“水平头”。

妇女发饰及发型

旧时少女从小梳独辫，以长发垂肩为美，平时不剃发，额前留有齐眉披发，称“刘海”。到出嫁日梳头挽髻，称为“上头”，插以骨簪、珠簪或银簪，以使平贴，平时不插花，不贴云鬓，间或簪以茉莉、香草叶等。民国后，城市中年妇女有的烫发有的留齐耳短发，老年妇女有的梳头髻，俗称“绕绕头”，有的发髻以网巾罩盖。在绍兴，未嫁姑娘一般头戴珍珠穿制的压发板，脑后拖着一根大辫子，辫梢上扎有红头绳。在宁波，青年女子则大多梳二角辫子，额前披刘海。

中青妇女发式众多，有横爱斯、直爱斯、盘龙、包花，马铃坠等。发髻上横插两头宽、中间窄的金簪，俗称“挽儿”；竖插金挖耳或玉簪，俗称“班牡头扦儿”。

自20世纪初开始，发型发饰几经迭变。初为披发如蝉翼，曳于脑后，谓之“假后鬓”，后改其蝉翼缩短，谓之“真后鬓”，继而学上海之风，改为盘髻，谓之“上海头”；辛亥革命后，加髻于前额，谓之“兴汉头”；后又改为编辫于脑后，不加簪，叫作“懒头”；到20世纪20年代初，又盘发成S形，谓之“爱司头”；40年代以后，城镇开始风行卷发、电烫发。

1978年以后，青年妇女多剪短或“披头”，或在脑后束成马尾形，也有散披于肩头的。姑娘流行披发、波浪式发或分发结蝴蝶花式，有的也梳发髻，表示时髦。

孩童发饰

小孩生下满月，要剃“满月头”，俗称“打光光”，后留一撮发，称“孝顺发”。女孩儿扎两小辫，垂至耳下叫“垂髫”。姑娘十几岁起梳辫，前额垂发近眉，称为“刘海”，直至出嫁之日才梳头。习惯上，少女的发式和妇女的发式有明显区别。温州叫少女为“媛主”，青丝璎珞，描鬓画眉。未嫁者往往以鬓连垂发两缕为标志。

剃满月头

男婴满月后，请理发师理发，留斯文顶。外婆家挑来满月礼，分送邻居。

在金华，小男孩满月后剃满月头时，前面留一块头发，左右两边各留一块，有的后面也要留一块，称之为“三块头”或“四块头”，所留头发状似桃形。上学读书后改剃披发头，又称“刘海头”，即前面留一块头发。现在一般剃平头、圆头、青年头、游泳头。

进入21世纪以后，男女发式尤其是青年男女的发式随时代风潮而变，尤其是染发、烫发技术的引进，给了人们在发式发色上更多的选择。

（二）饰品①

饰品是人体修饰中非常重要的配件，通常会起到画龙点睛的作用，尤其是女性，尤为重视

---

① 叶大兵：《中国民俗大系·浙江民俗》，甘肃人民出版社2003年版，第107页。

饰品的佩戴。随着时代的发展，男性的饰品也越来越丰富，越来越多的男性也选择佩戴自己喜欢的饰品。

插钗簪

妇女插钗簪的习俗，在宋代已很流行，当时有鎏金银钗、银簪和麒麟形、蝴蝶形、花形鎏金银簪，这些饰器采用翻铸、镂空、浅刻压印等技法，制作精细，具有较高工艺水平和艺术价值。不少银饰上还刻有银铺字号及人名，如“蔡景温铺”“京溪供铺记”等。以后历代均有制作，形状各异。民国时，在农村，有的女子在结婚后，扎上发髻，用网袋罩上，再插上银钗或银簪。

头插

老年妇女常在头髻上插头插、扁弯，头插和扁弯因经济条件的不同，有金质、银质、镀金及竹制之别，头上一般不戴珠花，天凉时戴上黑色绒包或缠上包头绢。

插花

妇女头上喜插花，花有用丝绸扎成，也有用真花。喜事插红花，丧事插白花。夏天插玉兰花，幽香袭人。还有将发夹佩戴头上，发夹样式繁多，有金制、银制、铜制，有蝴蝶、菊花、桂花等花式。有的在发夹上再配以珠子。

戴戒指

旧时，男女戴金戒指，多为中产和富贵人家，现代戴戒指者日益增多。戒指品种繁多，有的镶各类翡翠、玉珠，有的是纯金的，也有银制的，式样有泥鳅式、方戒等；还有一种名字戒，即在戒指上刻有名字。今戒指一般都戴在无名指或中指上。手镯、脚镯、戒指是新婚妇女不可缺少的佩戴品，其质地、轻重以家境贫富而异。

佩玉

女子佩玉除耳环珠玉外，尚有翡翠、玛瑙、钻石等，精致美妙。有的耳环如绿豆般大，女子戴上时紧贴耳垂上，玲珑细巧，秀丽娇媚。民间认为有美玉在身，能镇魔辟邪。今城镇女子佩玉之风东山再起。用来袪病消灾者，有玉镯、玉钗、玉指环等，同时而戴金镶玉的戒指、胸挂金牌、金项链者时有所见。女子有在出嫁之日佩戴玉镯的习俗，如果玉镯断裂，必请工匠用银丝或铜丝缕络修复。在湖州，据说老年人佩戴玉器不易中风。玉器以玉镯最贵重，戴手上；也有如意形，则佩在裤上。

戴耳坠

在台州，旧时少女许人时才佩戴耳坠，耳坠被当作定亲信物。耳坠用料取金或银镀金。形状如丁香花形，民间统称各种形制的耳坠为“金丁香”。一般要到中年以后才换戴耳环。婚后女子若遇丈夫丧殁，就改用苎丝做成丁香花形耳坠佩戴，一直戴到“七七”或“大祥”。民间对不乖巧的男孩也给戴丁香形耳坠，以为可以辟邪，促其顺当。但只限于左耳挂一只，一般佩戴到成人为止，也有一直佩戴到娶亲前夕的。在绍兴，老年妇女有金圈、银圈等耳饰，青年妇女则有耳坠子。

戴耳环

少女大都戴耳环，成人妇女也佩戴。在宁波，女孩子到七八岁要穿耳朵，戴耳环，穿耳环洞要用新娘子开面时用的红绿丝线，俗称“开面线”。穿好洞眼以后，在线上粘捏蜡团，待伤口愈合再抽出丝线戴上耳环。耳环以金质、银质为最多见。

落地圈

在金华山区，孩子一出生就要戴一个“落地圈”，即项箍，意思是落地平安，不会离去。一至五岁，要戴“天官锁”，即长命锁，锁上还镂有“长命百岁”或“荣华富贵”等字样，祈祷孩子长命百岁。如独生子女，还有男戴耳环、女戴独脚镯的习俗，取其“独枝繁荣”之意。

银饰

小儿有佩银饰的习俗。如银制手镯、脚镯等。在湖州，妇人生育，如果临盆在娘家，回夫家时必须用银制“男女人像”换回孩子，俗称“人换人”（湖州土语读作“银换银”）；也有用一枚镌有“人丁兴旺”的银钉调换。至周岁生日，亲友馈赠银质“长命百岁”元宝或如意锁链。平时为了驱邪保身，常戴一块八角形或圆形的太极八卦银牌。端午在胸前佩悬一只银质的“健人老虎”。上学后在书包布角上用红绳系上铜或银钱，还镌刻“妙笔生花”“状元及第”等祝语。年龄大起来，还得在颈上套一只银制绞丝式项圈，竟把脖子锁住，使邪祟抢不出，以便孩子顺利长大。

系海宝贝

在宁波，佩戴海贝壳，俗称“海宝贝”。在台州，民众则在小儿的手镯或手腕上系子安贝，一种如同虎斑贝的小型贝壳，其形如杨梅核般大小，也有作为帽坠用的，认为可以使小儿胆大，辟鬼邪。衢州一带认为给孩子戴贝壳，可以增强记忆力。

寄名锁

旧时，怕小孩养不大，往往在神佛处寄个名，表示已是神佛的子孙，可以消灾得福、长命百岁了。寄名后，神佛的代理人和尚、道士则把寄名锁套在孩子的脖子上。这种锁，其实是银质或铜质的锁片而已。寄名锁不离身，一直戴到长大成人。

挂长命锁

旧时小儿佩戴银项圈习惯不普遍，一般人家以银项链或彩线系一个长命锁挂在小儿颈上。长命锁的两面分别镌有“长命百岁”或“福禄骈阗”以及“麒麟呈祥”之类的图案。还有挂长命锁、长命线、长命袋的，长命锁多为银质，也有富户以碧玉制的；长命袋是在一只小黄布袋内装一枚“洪武”钱币，以为可辟邪。目前乡间还有给小儿挂长命锁的习尚，从市摊上购买，一般为镀金色的铝制品。

系红线

旧俗新生儿一过七日，家里长辈就用红线系在小儿的手腕上，以为可辟邪，闽南客籍人称之为“缚手”，是五色长命缕的变异。有的线上还系银质小铃铛和棒状奶吮，认为小儿吻吮，能解腹内胎毒。长命线一般是五色彩线扎成，大多为外婆家赐予。待满 120 天后，初到外婆家要佩戴银或铜制的小宝剑，外婆家要为小孩置办银制的小手镯和脚镯。

头扣

古代女性本来装饰头发。女子蓄长发，前脑披发用扣扣住，这把扣就成为装饰品，质地与式样都富有变化。妇女发髻，用簪子固定，簪子有木质、银质、玉质、金质等，都是装饰品。头髻罩上丝质网，不使头发散乱。穷人家女儿仅用红头绳束发。20 世纪 80 年代开始，义乌盛产头花、头扣，销路极广，花式品种更是千变万化，并出现郑山头头花专业村。

丁香（耳环）

戴于两耳耳垂的饰品。女孩五六岁时，两耳耳垂用绣花针穿一小孔，贯以丝线，并留线脚。一两年后去线塞以茶叶细梗，十来岁后，换上丁香。丁香环形的叫耳环，普通为银质，贵重的为金质，或用金银细丝贯串珍珠、玉石或带着梅花、桃子等形状的金片，璀璨玲珑，称耳坠或耳环。义乌人都叫丁香。老妪多取简朴。姑娘则喜欢花式繁多。旧时有的男子也戴耳环，是怕养不大，俗有“贱易得，贵难求”和“植谷不香，插菜易活”之说。

银箍、银索

指银质项圈与项链，是女性戴于颈部的饰品，多用白银制成。银箍用纹银打成条状曲成圆圈，可以伸缩，有单箍、双箍的区别。银索则是银质小环连扣而成。使用银箍、银索，寓意是套住佩戴者不使远离膝下，也用作装饰。男孩长大后多不戴银箍，少数仍戴的，是希冀无病少灾。

项链

项链是近代饰品。20 世纪末，浙江发展快，富裕的渐多，佩戴黄金、白金、珍珠等贵重项链成为时尚。

银牌、银锁

银牌是银质浮雕花饰，中嵌“长命富贵”四字的小牌，用银索系于前胸。银锁是旧式锁形的银质饰物，“锁”的寓意是不让逃走，也用银索系住。挂于胸前，与戴银箍的寓意类似。

胸扣、胸花

民国初期，机关学校公职人员与学生佩徽章于胸，多呈圆形，学校为长方形。中华人民共和国成立初，县政府干部也佩戴“中共 XX 县委员会”胸章。20 世纪六七十年代“文化大革命”时期，人人胸前佩戴毛主席像章。此外，劳动模范，先进人物、特别代表、出征军人等于出席会议与迎送仪式时，胸前佩戴大红花……20 世纪末叶，流行胸前佩戴小型花式饰品，称胸扣。

香囊扇袋彩胜

香囊装香料，扇袋装纸扇，亦放香料，挂于腰间。民国初年的上学儿童于夏季佩戴，用以祛除汗臭，纸扇去热。

彩色丝线结成的“牛鼻孔卷”与“鸡心”等，叫彩胜。寓意记性好、人聪明。有人将樟脑丸用彩线蒙上，取代彩胜，戴于儿童手腕。也有用小巧玲珑的玉块、贝壳给儿童戴于手腕的。民国时期常有人用纸质香包给小孩佩于项下纽扣的。

手镯

有金质、银质、玉质、骨质 4 种，旧时以银质居多。时至当代，女性爱戴玉镯，也有戴金镯的。

戒指

手指戴环，初为谨言慎行作戒意，故称戒指，后来用作装饰。民间多用银质，旧时妇女戴的指箍，上部或方或圆，制有花纹，涂以翡翠。戴金质的含有炫耀财富之意。有的男人于箍上制作姓名，代作私章，也有用玉石或玛瑙做的。女子戴的金戒多是环形。最贵重的要算钻石戒。近年珠宝店、打金店林立，佩戴成为时尚。

脚环

旧时父母希冀子女无病少灾，用银质脚环给小孩佩戴，长大后就不戴了。

（三）化妆

在古代，化妆基本上是妇女或者特定阶层人士的身体修饰行为，随着物质条件的改善和观念的改变，越来越多的人，无论男女都日益重视化妆了。

蓄须

长于上唇的称胡，长于下巴的叫须。古人在20岁开始就让胡须自然生长，只修剪鼻下上唇妨碍吃东西的部分。长须飘拂，为男性美的特征。有的地方三十留胡，五十蓄须。胡须的自然生长形状有多种。只下巴一绺的称山羊胡，一般不会长得很长，下巴尖一绺加上嘴角上方两绺，为三绺胡。有的除了三绺，还在耳垂下面长出两绺称为五绺式或五柳须。不分绺的，则为连腮胡，俗称“满面胡”。端庄的五官，白皙的脸庞，配上三绺尤其是五绺黑须，古人认为是美男子。到了民国，男子发式流行西式，胡须也模仿西式，中年男子中的工薪阶层，以八字须居多，民间到五六十岁以后，表示进入老年才留短须。中华人民共和国成立后，老年人蓄须的少了。观念上，大多喜欢年轻，胡须成为老态的标志，勤刮胡子成为男子习俗。在金华，清时大多数男人蓄须，永康旧俗，36岁开始留胡，50岁开始蓄须。东阳旧俗，做祖父的人才蓄须，并择龙、虎年始蓄之须称为“龙须”和“虎须”，以示龙虎威风。金华旧俗，45岁～50岁的开始蓄须。

文身

远古时越人文身断发。旧时义乌有少数农民于二肩上刺出约2寸长墨线的，据说为了医治“担疮”。个别流落外埠的，加入青洪帮之类帮会后，于臂侧或前胸刺上花虫鱼鸟之类的图案，染上颜色，永不褪脱，以识门帮世代。中华人民共和国成立后曾中断。进入20世纪80年代以后又流行开来。

饰面

比较讲究，男子一般18岁开始刮面、剃胡，36岁留胡，50岁开始留须。女子四五岁开始染指甲，额上点红月，用黑膏画柳眉，拔眉毛，搽胭唇，结婚后，开始用纱线夹面毛，有“面毛姑娘光面嫂”之说。以前女子很少外出，每上街到市、上方岩、走亲戚都要饰面。

开面

旧时女子不用刀剃头刮面，只于临出嫁时，请其他妇女用棉纱线夹去较长的面毛，谓之“开面”。

饰脸

用水粉擦脸，用胭脂涂颊以美面容。有少数人用灯芯油烟抹额发脚，使之整齐，以显脸部的黑白分明。还有眉画青黛，唇点樱桃浓脂。20世纪初，市上出现雪花膏等面脂和口红，20世纪80年代后化妆品五花八门，种类繁多。

梳妆

每日晨起，女子必拆散头髻或发辫，梳通头发后，重新打辫或盘髻，辫根扎红头绳。女子发髻也扎红髻心、绿横缚，外罩髻网插上玉质或银质簪。披发还用金扣或银扣固定。前后照镜，左顾右盼，满意为止，耗费的时间从不计较，但劳动妇女早晨起床后只略事梳理，不使蓬散发落。

画眉

古时妇女面部都搽胭脂水粉，并以青黛画成细而长的柳叶眉。近代改用雪花膏或珍珠霜擦脸，画眉改用眉笔。在小女孩中还喜欢点美人痣(即以胭脂点在两眉中间)。

束胸

民国初年，成立女子小学，准许女子上学读书。20世纪20年代允许男女同校，女生多穿窄小紧身上衣，限制乳房发育，不使胸部隆起。经学校教育，逐渐减少，到80年代才罕见女生束胸。近年多戴胸罩，且以隆胸为美。

染指甲

在出现现代美甲油等材料之前，浙江各地妇女特别是少女，喜欢用凤仙花染指甲。凤仙花又名“透骨草”，是一年生草本植物，夏季开花，花两三朵，花色不一。最常见的为能染指甲的红色凤仙花。当五月花开时，妇女们纷纷采集凤仙花将其捣碎，以其红液染指甲，鲜红透明，时间持久。也有以适量的盐或明矾少许拌和，用布帛固定在指甲上，过3天～7天指甲就染红了，其色深红，洗涤不去。也有农村姑娘，爱用凤仙花瓣，加白矾捣成泥，于七夕节晚间用苎麻叶包花泥裹指甲，次晨解开，指甲即染成红色，以为美观。富户少女则用蔻丹涂指甲，红艳美观。现此俗在农村尚存，而城市妇女染指甲都用染指甲液了，并出现了美甲行业。

美容美体

20世纪末，女性流行以苗条矫健、丰乳肥臀为美。出现美容美体行业，女性时尚美容美体。美容主要是除去面孔上的皱纹、雀斑、青春痘和割双眼皮等，美体主要是吸脂瘦身减胖、隆胸和肥臀。

新的化妆技术、道具的出现，教授美妆技术的学校的出现、整容技术及整形医院的出现都在改变着人们对美的观念和追求。

第二节　饮食民俗

饮食民俗，是指人们在加工、制作、食用有关食物和饮料过程中形成的习俗风尚。浙江地区的饮食风俗，源远流长，创制出许多富有地方特色的菜肴，创立了浙江菜系。浙江风味小吃，富有浓厚的地方特色。许多菜肴的烹制方法，都是来自民间，后经演变并不断发展。多数饮食风俗，都反映了人们祈求吉祥、驱邪消灾、祝愿丰收的心愿。其中以食品的谐音、蕴意、象形、双关语等方式，象征喜庆、得福、祥瑞、兴旺最为普遍。有不少饮食习俗多伴有民间传说，以丰富的想象力寄托了人们的爱憎和祝愿。不同地区、不同季节，其饮食品种也随之变化。

20世纪末，随着人口流动的加剧，川菜、湘菜、沙县小吃、兰州拉面及各种洋快餐、中式快餐遍布全国各地，外卖的送餐方式、网购各地特产的消费方式、真空包装食品的保存方式、烹饪学校的教授方式等因素都引起浙江各地饮食风俗的改变。

一、日常生活饮食①

日常生活饮食主要指的是浙江大多数地区人们在日常饮食中所遵从的主副食、饮料等膳食结构、饮食的惯制等内容。

（一）主食

受地理环境和自然条件的影响，浙江地区的主食主要是以米食为主，随着物流的发达，面食也逐渐传入，为浙江人民的主食增添了更多选择。米食和面食都有丰富多样的加工和食用方式。

在平原地区和县市城镇多以大米为主食；浙江城乡习惯每日三餐，一般是两干（中晚）一稀（早）。农村仅在夏季大多一日四餐，一般是早上煮粥（捞饭，粥饭同食），中午和晚上吃干饭，下午加餐点心。

米类

黄米　由白米囤制而成。用羊叶（橘、桶叶）、米糖、浮萍掺在一起，置锅内边炒边翻拌，翻匀后用稻草裹扎，做成囤心。将囤心放在米囤中心，然后灌满白米，上铺麻布，再堆放一层燥砻糠，以吸收米中潮气。潮气全部吸干，米色就变黄，即成黄米。这种米胀性大，松脆不黏，清香爽口，适合夏天煮粥。

冬舂米　以黄米为基础，再囤制一次，使米呈暗红色，这种米经久不坏，比黄米更为清香爽口，易消化。

蒸谷米　也就是“熟米”。将稻谷用蒸笼蒸，再晒干，经砻、舂后食用。传说吴越相争时，吴国要越国献优良稻种。越国将稻谷蒸熟后送去，结果吴国因缺秧苗而造成灾荒，后败于越国。从此有了蒸谷米。此米胀性好，易储存。

粉干　以大米为原料，经过水浸、磨粉，再以适量的水拌和好后煮熟，放在木制工具内，经密布细孔的金属板挤压成丝，晒干即成粉干。具有白、细、韧和食用方便的特点。在浙江很多地区都已成为百姓日常便捷主食的一种。

麦类

麦糕、麦饼　磨成面粉或擀成面条煮食；或捏成面团再切成小块煮食，称“麦糕”。最普遍的是食麦饼。每逢四月，农村各家俱制麦饼，有以咸菜、肥肉为馅，也有以糖为馅，煎熟而食，饼香味佳，且耐饥。农民此时，均以此代饭。

索面　又名纱面、挂面。主料是麦粉，辅料以水、食盐、淀粉等，制作工序较为复杂，还要

① 叶大兵：《中国民俗大系·浙江民俗》，甘肃人民出版社2003年版，第109页；浙江民俗学会编：《浙江民俗》，上海文艺出版社1991年版。

掌握天气和发酵时间，因时制宜才能制作出较好的索面。吃索面有炒、煮两法。炒索面香而脆，作为待客宴席上的佳肴。

其他类

团类　多以大米浸水，磨成粉制成。其种类有金团：成圆形，中间嵌入豇豆、黄豆馅，外粘金黄松花故称“金团”。双嵌麻团：糯米蒸熟，放在石臼中舂，芝麻粉豆粉嵌两次，取出捏团后内嵌馅子，外粘黑洋酥粉。艾青团：艾青与糯米粉混合，捏团内嵌馅子，呈青绿色，多在清明前后食用。米馒头：米粉发酵蒸熟。油炸麻团：糯米粉发酵加糖，搓成团子，外粘芝麻，再用油炸，团子发大，中间空如发球。称“油炸麻团”，又叫“麻团”。

糕类　也是山区人民的主食，品种很多，有年糕、糯米糕、发糕等。发糕中又有白糖糕、桂花糕等。还有用冬笋肉丝做成的咸发糕等。各类发糕风味不一，既香且软，糯不黏牙。用米粉做的年糕，多在春节前制作，取“年年高升”之意。其制法：米浸水中数小时，磨成粉，待水分蒸发后，蒸熟，用石臼舂，然后做成条状或圆形。年糕晾干后浸入水中，可放数月。一般用作点心，如炒年糕、年糕汤等。蜂糕、面粉发酵后，制成扇状，有白糖蜂糕、黄糖蜂糕，多在五月端午节前后制作。麻糍：用糯米蒸熟，舂成块状，外粘芝麻，也有舂成小圆形的。小黄糕：用米粉做，在火中焙干，呈黄色。印糕：用米粉做，在木印中印成各种形状，外粘松花，焙干。燥糕：米粉制成，火上焙干，呈白色，比小黄糕大，贮在锡制器皿中经年不变质。耐糕：米粉制成，质软味香，为农村中常见点心。临海洋糕其形大如盘，其上放橙瓣、红绿丝，中间镶一层红糖和栗子。还有椒盐糕、水绿豆糕等。

饼类　有麦饼头（又称糕干麦饼）、大饼、单麦饼、肉麦饼、蛋肉饼、花麦饼（即荞麦饼）、花麦梳、玉米饼等。麦饼头用面粉加红糖水发酵后在锅中两面烤制，烤熟后切成菱形或三角形小块，此饼即使在夏季也不易变质，常作为干粮。大饼是用发面加盐、葱，表面涂油后在大平锅上两面烤熟，一般1斤一个，其形如锅盖大，吃时切开为扇形。花麦饼或花麦梳内多用萝卜丝、豆腐干加少量肉丝作为馅。

羹类　各种羹类，也是部分山区冬春两季的主食。有山粉羹、番薯粉羹、汤水羹、米粉羹、麦粉羹、花麦粉羹、玉米粉羹、水果羹、芋羹等。山粉羹是用山区生长的葛根淀粉加上配料制作而成。汤水羹是用米汤水加入番薯块、芋艿块、青菜煮成，是部分山区冬春两季的主食。

（二）副食

副食通常指的是人们在食用主食时佐以下饭的食物，虽然叫副食，但却是最能体现不同地区饮食特色的内容。在传统社会中，由于栽培和物流技术的落后，更多地体现了地域性和季节性的特征，现当代以来，人们在副食的原料、加工、食用等习俗上有了越来越多的选择可能。

各地民间根据自然资源的不同，其日常菜肴也各有特色。日常菜肴中的主要食品如下：

蔬菜类

腌菜　以芥菜、油桐菜、白菜、萝卜菜为主。如腌芥菜，将其放在缸、坛或桶里用脚踏实，加盐腌制，历时虽久而不坏，为夏季菜佳品。

野菜　山区农家在年初挖野菜，因早春新鲜蔬菜少，需从野外挖掘，如荠菜、马兰头、蒌蒿之类。

苦菜　又名姜菜。番薯地坎上处处生长。农妇摘来后用水漂去苦汁，然后炒食。现在一些农妇将苦菜上市，城市居民食腻了鱼肉，爱食苦菜。

盆菜生　扁扁圆圆，细细嫩嫩，形如盆，白如囡，味清略甜、柔软可口。冬日收盆菜的季节，温州到处有卖“盆菜生”的商贩。盆菜生色分黄白，淡淡的咸味中带有微微的甜，吃起来鲜嫩松脆，开胃消食。用盆菜丁、明脯(墨鱼干)丁、肉丁、红萝卜丁做豆腐丸、山粉饺，是正月待客的点心，最有乡土特色。盆菜生是温州人摆年酒的爽口菜，常伴名贵菜肴，登上大雅之堂。

笋　杭州笋以天目笋最佳，鲜而香嫩，为他处所不及。每到春季，笋是民间最佳的美味之一。吃法众多，有拌笋、炒雪笋、盐肉鸡笋、虾子春笋、皮儿炒笋、油烤笋、榨菜炒笋、青笋炒土鱼、竹笋炒肉丝、酱烧笋等，真是无菜不用笋。八味瓤笋、炒皮笋、油焖春笋、糟烩鞭笋、凤尾笋、冬菇炒冬笋等都是有名的时令菜。

芋艿席上珍　在舟山一带渔村芋艿是筵席必备的主菜，凡办结婚酒、丧斋酒，都要以大锅子烤的毛芋艿作为酒席丰盛的标志。

肉类

黄鳝　湖州、嘉兴一带水乡，最喜食黄鳝。如鳝丝、爆鳝等，均为当地传统名菜，并为筵席所必备。其法是将鳝划成丝，待油沸入锅拌炒，加上料酒、酱油，加盖一焖，立即起锅上盆，撒上葱末、姜末及少许熟火腿丝、香菇丝、鸡肉丝，并撒上少许食盐，味美可口，叫“爆鳝”。选用端午节前后鲜黄鳝，划成鳝丝，入油锅爆起，然后配以大蒜瓣、青椒丝、黄酒、酱油、红糖、笋丝等一齐下锅放汤，当汤汁干时，再将糟油、麻油、淀粉另用勺搅匀放入，直到汤干起泡，下荤油适量起锅。此菜色泽黄亮，外脆里嫩，味道清香，酸甜爽口。

蟹和蝤蛑　秋时蟹肥，菜肴中以此为佳品。宋代临安城的食单中就有炒螃蟹、蟹糟、螃蟹清汤、洗手蟹等菜肴。现仍流行的“南湖蟹粉”，选用深秋肥蟹烹制，是嘉兴的传统风味。还有如“熘黄青蟹”，用蛋糊熘炒，色泽黄中透红，蟹肉香醇鲜嫩，是象山的传统风味。蝤蛑，是蟹的一种，农历八九月食用最佳。有蛋茸蝤蛑、清蒸蝤蛑等，色味均佳。

东坡肉　东坡肉从民间进入菜馆，经过不断改进，成为一道江南名菜。其制作方法为：把猪肉切成100克重的块，放到锅里，底下垫以葱姜，又加少量的水、酒、糖、酱油等调料，烧开后用文火焖制而成。

嘉兴乳腐肉　将块状猪肉加红乳腐汁、糖、酒等佐料焖烧而成。民间传说，乾隆下江南时，到一百姓家中，主人清贫，仓促之间，用此法烧肉，却得美味，从此传开。近代以来，乳腐肉已普及城乡，成为当地民间传统菜肴之一。

翡翠虾仁　在湖州，春末夏初，取豌豆藤嫩头洗净，待以湿淀粉捏过的虾仁经过油炸后，入锅加料炒拌，即行上盆，红绿相映，色嫩味鲜。

南肉　是用鲜猪肉腌制而成的咸肉，是金华名产。腌制方法讲究，要分三次敷盐，约25天即成。南肉皮薄肉细，咸淡适度，肥瘦相称，蒸熟后芳香扑鼻。

风肉　于立冬后冬至前取方肉一块，去其骨，挂于朝北通风之处，让其日夜临风吹冻，至次年春上即成，其肉质鲜美，经年不腐。食用时切片随饭蒸熟，蘸以食盐，不用酱油，因酱油与风肉不相粘。民间一般冬天都要挂制几方风肉，取其食用方便之利。

腊肉　入冬，山区人民杀了猪，少数肉卖掉，余下大部分自家吃。用盐腌晾晒，或挂在灶头烟熏，或制作火腿。岁时佳节奉为家宴珍品。雇工匠来家，每餐要腊肉款待。

田螺　晚稻田里最多，捉来养在水里，吐出污泥，爆炒香嫩可口，成为佐酒佳品，别有风味。

豆类

豆腐丸　先把豆腐混以半肥半瘦的猪肉丁，加适量的盐捣烂，再用汤匙盛一满匙，放在碗中滚动成鸭蛋形的丸子，在丸子外表滚粘一层面粉，置汤中煮，煮至丸子浮于汤面，连汤盛出，加上酱油、醋、姜、葱、蒜、辣椒即成。

米豆腐　衢州一带称其为“菱角豆腐”，用籼米放在石灰水中浸透，然后磨成乳剂，再放锅中熬熟，晾后即成。加糖即成甜食，也可加佐料制成菜肴。

酱豆腐　金华各县农家妇女几乎人人会制酱豆腐。其法是把豆腐划成一寸见方小块，撒上盐，放在太阳下暴晒，晚上收回，放到有豆腐盐水的容器里，经四五天，豆腐变硬后，放到豆腐钵里加盐水，用纱布罩住再晒，直到把豆腐晒至红色霉烂为止。晒酱豆腐的时间以夏至到大小暑为最好，可存放一两年，是农家吃粥的当家菜。

臭豆腐干炒虾仁　在湖州，先将虾仁用湿淀粉捏过，入油锅稍炸后捞起备用；再将臭豆腐干入油锅炸成丸状，然后拼合加料搅匀即成。此菜香、软，最合老年人口味。

绍兴腐乳　是民间最普遍食用的家常菜，品种甚多，其具体制作精细，从精选黄豆开始，到制成装瓶等有多道工序。其品种按大类可分为：醉方，以酒做作料，色泽黄亮，酒味浓郁，熟透时酥软而不变形；红方，色泽红润，咸中带甜，特别鲜美；棋方，块小如棋子，配料讲究，味美而醇，是绍兴腐乳中的“珍品”；白方，一般发酵后加盐即成；在白方的基础上，再加矾屑煞青，即为“青方”，亦叫“臭方”，特别开胃。白方、青方价格低廉，是旧社会的“平民食品”。绍兴腐乳具有色、香、味俱全的特色，最宜于吃粥和水泡饭、冷饭时佐餐。

豆酱　永嘉等山区平原普遍种植大豆，可做豆腐、豆油。农家将豆子煮熟拌匀，放在炎日下晒十余天成为豆酱，也称“酱豆”，加肉烧煮，味浓郁，可代替酱油。

干菜类

绍兴霉干菜　在绍兴，家家都要自制霉干菜，作为家常菜肴。干菜即菜干，用油菜制成的叫“油菜干”，用芥菜制成的叫“芥菜干”，用白菜制成的叫“白菜干”。制干菜一般经过洗菜、晾菜、堆黄、盐渍、晒干等过程。其中堆黄、盐渍是主要环节。干菜用整株菜腌制晒成的叫“长吊干菜”，切碎后腌制成的叫“短吊干菜”。短吊干菜通常做配料，如干菜烧乌鱼、干菜烧肉等。干菜除自己食用外，还作为馈赠外地亲友的礼品。

鱼香干　香鱼生于山间溪流之中，喜在咸淡水中生活。它的肉质肥嫩多脂，味鲜且有香味，在国际市场上有“淡水鱼之王”的美誉。但不宜鲜吃，一定要放在微火上烤，待表面呈老黄色即可。经熏制的香鱼干，长期贮藏不会发霉腐烂。

田鱼干　温州农村山区有在稻田养鱼的习俗，田鱼即稻田中养殖出来的鱼。田鱼干的制作方法是：把鲜田鱼背脊剖开，摊在铁锅中；以文炭火细烟慢熏，焙成金黄色，取出稍凉，装入马口铁罐内封藏。田鱼干肉质鲜嫩细美，色香味俱佳，为待客的佳肴。吃时，锅里油热，把鱼干放入，加盐和生姜、黄酒、少量醋等，烧熟即可。

泥鳅干　把鲜泥鳅放桶里，养半天，吐泥，再剖肚，放入锅加盐，烧熟捞起，放竹篱上晒燥成泥鳅干。

溪鱼干　把捕来的溪鱼剖肚，去肠杂，拌些盐，经两三个小时，锅里放些油，把溪鱼一条一条贴锅上烙，两面烙黄，放竹篱上晒燥即成溪鱼干。

水产类

海鲜食法　在舟山、玉环、洞头等岛屿及沿海地区，日常菜肴均以海鲜为主，民间食用有五法：

熟食法　旧时，渔乡对渔货鲜食用煮法，只尝咸淡，不嫌腥膻，民间称煮法为"熬鱼"。一般采用煮、蒸、炖、炒、煎等法，并常配料，如加腌腊食品同蒸或同炖，如蒸鳊鱼加火腿片，炖黄鱼加新鲜咸菜制成清炖黄鱼。

腌制法　海岛居民习惯用盐腌制海货和蔬菜。如腌蟹、虾、海蜇、泥螺及青菜、萝卜、黄瓜等。

干腊法　干腊海货，可以久藏。如将鲜黄鱼剖开晒干，就是著名的"白鲞"，将乌贼（墨鱼）剔去海螵蛸，晒干，就叫"螟脯"，又称"明脯鲞"。将贻贝（淡菜）晒干就是"贡干"，亦叫"淡菜干"。

糟醉法　用酒糟制作糟鱼，这是海岛居民的传统风味食品，如糟带鱼、糟墨斗、糟黄鱼、糟鳗筒等。

生食法　温州沿海地区居民还有生食鲜鱼的习惯。如将活海蜇洗净切碎，拌以糖、醋、姜、椒即可食之；活海虾洗净后用酒、糖、姜末等浸渍片刻就可吃，俗称"醉虾"；还有牡蛎肉也可生食，吃时蘸少许酱、醋、姜末等，味极鲜美。

海鲜食品

墨鱼饼　把墨鱼肚剖开，取出内脏，放入清水中。如果是雄的摘取其一对精巢，如果是雌的就摘取其卵巢和产卵腺，放在盛具内，捏碎、调匀使之成胶状，然后放在锅里煎熟成大饼状，既可鲜食，也可晒干食用。

墨鱼枣　烹制鲜墨鱼，剖开取出内脏后再煎炒为菜肴；也有将其整个炖熟而食的，常吃得嘴巴一圈黑乎乎的，很是可笑，但特有风味。也有把整个墨鱼腌制后晒成干品，称为"咸墨鱼枣"；蒸熟后，去掉海螵蛸，切成片状做菜肴。

明脯干　剖开墨鱼除去内脏晒干，即"明脯干"。过年摆酒席，多用明脯干蒸熟切片装成冷盘。晒明脯干时，摘下墨鱼须另晒，干后扎成蝴蝶结状，用以烧鸡蛋宴请宾客，是一道色香味俱佳的菜。

带鱼帘　洞头海岛人家还多有制作"带鱼帘"的习惯，即把带鱼去头和内脏，然后顺着鱼身切成3条（尾巴部分连着不切断）即是，晒成淡干品，用作点心作料或下酒菜。

鳗炮　把晒干的鳗鱼胶剪成3厘米左右的段，放在锅里伴盐炒。盐和鳗鱼胶的比例（分量比而非重量比）大致 1∶1，一直炒到盐黑胶焦为止，然后把炒好的鳗鱼胶放入水中浸泡即可。烹饪前把浸泡好的鳗鱼胶内膜除掉，取适量拌白菜、肉丝、榨菜、葱花烧汤，便是宴请贵客的上等佳肴。

鳗鲞　捕到鳗鱼，大多制成鳗鱼鲞，为过年和喜事宴客时，家家户户必不可少之佳食。鳗鲞肉细味道鲜美，主要食法为蒸熟白切。清蒸时，可在生鳗鲞上洒少许黄酒，可增加香味。食时蘸以酱、醋、胡椒等调料。

海蜇花　把海蜇身（又称“海蜇皮”）和海蜇头分离。分离后从海蜇头上取下海蜇花，加姜末、盐煮熟，味道特别鲜美，嫩滑爽口。

蜇乌干　用竹刀把海蜇身上的海蜇乌刮下来，煮熟晒干，为“蜇乌干”，味道佳美，用作点心作料或下酒菜。刮下海蜇乌的海蜇身和海蜇头，经过三矾提干，脆嫩可口。

虾米　制虾米用鲜虾经过炊熟、晒干、刷壳、撩净、装桶（装入木桶，每桶 50 千克）五道工序制成。虾米分三等，由虾扁刷制的叫“龙牙”，价格最高；有用红虾（或白虾）刷翎的叫“金钩”，价格稍次；龙灯虾和红虾晒干后再去壳，称“开洋”，价格又次之。虾米，味鲜美，多用做配料，为馈赠亲友佳品。

牡蛎　又名“蛎房”，大者称“蛎黄”，小者称“蛎钩”。牡蛎的肉细嫩纯软，味道鲜美，营养丰富，素有“海中牛奶”之称。牡蛎的种类很多，形状有扇形、狭长形、三角形、卵圆形等，风味也因地而异。如蒲岐牡蛎，体小质嫩；水涨牡蛎，个大味清；芙蓉珠屿牡蛎，更别具一格，大者似杯盘，色洁白，味清质嫩，早就驰名四海。牡蛎肉的吃法很多，可和面粉、番薯粉入汤煮成丸子，也可作为炒鸡蛋、炒粉干的香料。特别是鲜蛎肉加胡椒粉、姜末、米醋等作料生吃，更是上等佳肴，无论饮酒下饭，清鲜爽口。

泥蚶　俗称“花蚶”，又称“血蚶”。多于宴席上用作冷盘。洗净后，用开水烫吃。要掌握好火候，不要烫得太熟使之张开口，这样味道不佳；也不要烫得太生，这样食用时无法剥开。要烫得口既不开而用手一剥即开为妙，那样味道鲜美。

三蒜　为海涂生物。分沙蒜、泥蒜、野蒜三种。沙蒜，呈圆筒形且肥短，色灰白或褐色，一般长 6 厘米～10 厘米，酷似蚯蚓。食用时除去肠胃，洗净泥沙，然后放热水中一烫，捞出后切丝凉拌，或与芥菜、冬笋、猪肉、香菇等爆炒、红烧皆可，肉脆鲜香，别有风味。泥蒜，其形圆长如花瓶，色暗绿，半透明，多黏液，其触手甚多，在水中开放时恰似菊花瓣，故又称“海菊花”。人们喜将泥蒜与酸菜一起做汤煮食，故又称“酸蒜”。野蒜，形似泥蒜，其味特别鲜脆可口，颜色诱人，但不可多食。

二、待客礼仪饮食①

中国素有“礼仪之邦”美誉，浙江人民更是在待客之道上热情周到、各尽其能。

---

① 叶大兵：《中国民俗大系·浙江民俗》，甘肃人民出版社 2003 年版，第 107 页；义乌丛书编纂委员会编：《义乌民俗》，上海人民出版社 2011 年版，第 64 页；浙江省历史学会、杭州市历史学会、浙江安贤生命博物馆主编：《浙江民俗文化》，浙江大学出版社 2015 年版。

通常来客，客人不留下吃饭的话，一般以茶烟相待，同时佐以水果、点心、干果等小食待客。

以茶待客："客到堂前茶当先""夜半客来茶当酒"，有客来家，主妇沏茶、敬茶，城乡皆然，客至泡杯茶已成惯俗，不管口渴与否，都得如此，并得双手捧杯给客人，客人必须站立双手接茶，并喝上一口，表示还礼。若未泡茶，主人往往道歉："没泡茶，真怠慢！"人未喝茶离去，主人则表示遗憾。也有在清茶中放两颗橄榄或加点糖待客。客人来时倒茶，禁忌倒满茶，俗语说"浅茶满酒"，"十分酌酒，八分倒茶"。茶倒八分满，客人可以看着浮起的茶叶，细细品尝，又因茶水很烫，倒满了势必烫手不便饮用，被认为对客不敬。

以烟待客：烟，作为待客交际物品，由来已久，客到待烟，已成习惯，互相递烟已成为友好的表示。请人吸旱烟或水烟，须将烟草装好，点着，然后抹一抹烟筒嘴，双手递去，对方吸罢，须以同样动作归还原主。吸卷烟是分烟给别人吃，须将旁边所有的人分遍。分烟者递出两支烟时，接烟者须接里面那支。若递出三支，则宜接中间那支。以此类推，四支和两支一样，三支与五支相同。点烟借火时，须将双手合拢遮火，以表示礼貌。21 世纪以来，随着政府倡导的公共场所禁烟运动，越来越多的人不在公共场所抽烟了，也不在待客交际时坚持让烟了。

倘若来客留下吃饭，则会以酒宴待客，菜品因地区而有异，也随各家条件丰俭由人，但宴席座次是要讲究的。浙江民间设酒宴，席位座次有上下高低之分，主要体现敬老尊贤的原则。旧时，一般家庭的桌子多为八仙桌（四方桌），每桌坐八人。桌朝外摆，上两座（朝外）为上座，都让给年老者或贵客坐，表示尊敬；其次是两边坐位均为首位，由客人坐；两边次位，左为酒龙头位，右为陪客位。所谓"酒龙头"，即轮酒时由此开始；下两座（朝内）左为执酒壶者位，右才为主人位。改革开放以后，随着住宅格局的变化，在家待客酒宴座次的习俗也随之发生了变化，渐渐地不再重视座次问题了，在饭店酒店待客酒宴仍讲究座次。

因各地物产及习俗不同，因而待客礼仪所呈饮食也各地相异，以杭州、义乌为例。

（一）杭州

杭州在饮食习俗上杂糅了江南饮食和北方中原饮食的特色，与浙江其他地区另有不同。在待客上，也因来客场合、时节不同或主家经济条件而有所异同，皆随婚丧嫁娶或重要节日等等，以不同菜品茶酒烹食待客，甚至各有宴席名号，如婚嫁宴、娶亲宴、新建宴、乔迁宴、寿庆宴、庆生宴，近年来又增添了祝贺考上大学的人"金榜题名宴"，感谢恩师的"谢师宴"等等。不过，有些宴席已经不在家操办，而去酒店举办了，很多酒店为了迎合顾客的不同需求，开发了具有不同寓意内涵的宴席菜品。

如果来客重要，场合隆重，不管在家还是酒店待客，传统杭帮菜都是人们会烹饪或选择的菜品，如龙井虾仁、西湖醋鱼、东坡肉、杭州酱鸭、叫化童鸡、宋嫂鱼羹、干炸响铃、西湖莼菜汤、杭三鲜、鱼头豆腐、金牌扣肉、笋干老鸭煲和杭州熏鱼等等。

而日常居家待客杭州人也会做如下一些饭菜待客。

鱼汤饭

鱼塘一般隔两三年就要干塘，就是将鱼塘的水抽干捉鱼。干塘一般都在春节前半个月左右，并叫很多亲戚乡邻来帮忙抽水捉鱼，等鱼捉完，鱼塘的主人就会办上几桌酒席答谢帮忙的人。酒席上的菜肴主要是自家鱼塘的水产，因酒席上必须有几碗鱼汤，故就叫“鱼汤饭”。这个习俗已在西溪流传几百年了。

大多数鱼都可以烧鱼汤。可根据各家不同的烹调手艺、习俗、爱好，做出不同的鱼汤。鱼汤主要有萝卜丝鲫鱼汤、鱼头豆腐汤等。

十鱼

红烧鱼块、酱烤鲤鱼、糖醋草鱼、葱油鳊鱼、清蒸鲫鱼、油炸小鱼、霉干菜炖刺鱼、萝卜丝烧猫鱼、冬笋片蒸土鱼、豆腐炖包头鱼。

五虾

咸水虾、油爆虾、酒醉虾、青豆炒虾仁、虾仔烧三鲜。

五螺蛳

高汤螺蛳、红烧螺蛳、麻辣螺蛳、螺蛳肉炒菜丝、雪菜炒螺蛳。

五蚌

红烧河蚌、菜老头烧蚌、萝卜烧蚌、菜丝炒肉蚌、红绿珍珠蚌。

五杂烩

草鱼鱼肚皮烧嫩姜、爆咸鱼块盖生姜、青鱼大肠炒雪菜、鲤鱼鱼子蒸金黄、鱼脑二冬有名堂。

三大菜

酱爆鳝段、清炖甲鱼、盘龙全鳗。

（二）义乌

便宴

一人一只馒头，这馒头必须是扁圆的礼品馒头。一人一块“烀肉”。用一样点心热食，加六碗菜肴。酒尽饮，饭菜另加。用整块猪肉煮熟，去骨切成三角或四角，每块 2 两～5 两，再油炸红烧，叫“烀肉”。

盛宴

正式的酒食，俗称“摆酒水”，旧时八人一桌，6 个凉盘，精肉、肥肉、鸡肉、羊肉各一，每盘必须以基本一致的八片为主，以碎肉垫底，整整齐齐盛于高脚碗中，两碗可以是炒千张，也可以各是八只豆腐皮包或其他。再加两碗糖果。主菜放中间，热食用海碗或锡碗盛。酒食开始，先上馒头，一人一个分掉，然后上藕块或粉丝，碗边放八块烀肉，各人取自家面前的一块，不把筷伸向人家面前挑肥拣瘦，但也可以向要好的人调换。第二道点心是粽片，一人以二片为度，热食多为绿笋，碗边一般加猪心肺，亦一人一块；第三道点心是红稞，一人一块，热食是粉条或面条，碗边放去壳茶叶蛋，一人一只。热食可以随量吃。蛋面吃过以后，可以分吃冷盘，有定量的肉类或豆腐皮包一人一箸分掉，没定量的千张、豆腐等随意吃。只有鸡肉盘不分吃。下饭的菜以青菜豆腐为普通，鱼头豆腐为丰盛，下饭的菜上来，适时停止饮酒，特殊的酒客不在此限。旧时若行拳猜令，则食酒水时间会拖长。

三样点心、三样热食为正式酒水所必备。于各道点心热食之间,加小炒或大菜。加20多道炒菜与汤吃,自然是很丰盛了。盛宴则讲究菜肴搭配,以“四汤四吃”“十六汇签”为盛。

四汤四吃 全鸡、全鸭、全鱼、蹄髓,莲子汤、桂圆汤、桃仁汤、红枣米仁汤,都加藕粉成羹,制成甜食,猪肝、猪肚、猪舌、猪腰热炒。

十六汇签 十六汇签为旧时最高级的酒席,一说为四汤四吃加鱼翅、燕窝、干贝(蛇肉)、阴枣(虾仁)。富户寿庆、宴请,送祝“寿文”、寿屏时用十汇签;宴请县太爷以上高官,用十六汇签。由三个十六样菜肴组成,即十六个冷盘、十六碗热菜、十六种点心。

十六个冷盘:“四水果”为苹果、梨子、石榴、广橘;“四剥果”为瓜子、花生、核桃、金杏;“四糖果”为冰糖、山楂糕、麻塔、油枣;“四咸盘”为皮蛋、火腿、香肠、杂件(鸡杂)。

十六碗热菜:八碗大菜,“上四碗”为燕窝、鱼翅、全鸭、羊肉,“下四碗”为海参、全鸡、蹄髓、鲍鱼;八碗热炒为蹄筋、银耳、蘑菇、烧鸡、干贝、鸭掌、鱼脬、岩衣。

十六种点心:“四点心”为苔饼、细沙合、眉毛酥、三角酥;“四蒸食”为方切蛋糕、斜切蛋糕、烧卖、汤面饺;“四夹食”为洋糕、荷叶包、小花包、猪腰包;“四盏茶”为杏仁茶、鸡丝茶、胖大海、清茶。

十六汇签集山珍海味大全,咸甜酸辣齐备,制作工艺精细,古代每席需银20两。

划拳

划拳是酒席中一项助兴活动,又称猜拳、划拳。先说彩头,一般为“全福寿,福寿全”,然后喊拳令。拳令多为含数字的吉祥语。猜不中者饮酒,10次胜负为一朋(即一轮)。

摆酒

义乌平畴西周墓中出土大量酒器,说明西周时期本地已大量酿酒。於越先民遗风流传,旧时不但富户大开酒坊,几乎家家户户都酿年酒。佃农贫穷,田地少,即使滴酒不沾,也种一点糯粟,于冬天酿一些黄酒,用以新年待客。会饮酒的种些高粱,于秋季将鲜高粱米做成酒酿,酒卤当酒饮用,酒精糟蒸馏烧酒(即白酒,也用大麦做烧酒原料。黄酒酒糟,也蒸制烧酒。蒸过烧酒的酒糟,就作猪饲料)。

土俗喜庆设宴,都要求热闹与盛兴,这就依靠饮酒。所以设宴称“请酒”或“摆酒”,赴宴称“食酒”,酒席称“酒水”,酒席丰盛称“酒水体面”。

宴会中端上水果,表示菜已上完。旧时家产水果收获,有携送亲友之风。现在走亲访友带水果也是常事。探望病人,也是以送水果为主。

三、祭祀饮食①

吃素

浙江历代多寺院,受佛教的影响,民间有吃斋吃素的俗信,认为吃斋者菩萨会保佑延寿、消灾、生财、得子。吃斋有长斋、短斋之分。长斋即终年素食,不食荤腥;短斋即定时定日素食。如有的吃“观音素”即每月初一、十四吃素食。民间生子女后,有的要吃三年“报娘恩素”

---

① 叶大兵:《中国民俗大系·浙江民俗》,甘肃人民出版社2003年版,第107页。

"报爹恩素";也有人认为"八字"不好,要吃三年素,以修下世,年老体弱者也多吃素。素食菜肴品种极丰富,南宋时就有"夺真鸡""假炙鸭""两熟鱼"等上百个品种。

吃茧圆

嘉兴、湖州等地蚕桑业十分发达,当地信仰蚕神十分普遍。如蚕过三眠,俗称"出火",届时蚕茧收成已定局,蚕农为感谢蚕神保佑,家家做一种米粉小汤团,俗称"茧圆",以祀蚕神。也有一些地区,茧圆在清明时做,是一种米粉团子,无馅,在蒸笼中蒸熟,形似蚕茧,也祀蚕神,并作为亲友间馈赠的礼品。在卖茧、丝之后,祭谢过蚕神,就吃蚕花饭。蚕花饭通常是以赤豆、枣、栗之类和米煮之,因形似蚕花,故称。俗信吃了蚕花饭,来年蚕茧能获丰收。

以茶祭神

在茶乡,茶农每到除夕,要祭祀年菩萨。家家把每年采摘的头茶作为供品,祈求神灵保佑来年风调雨顺,茶叶丰收。大年初一清早,每家每户由男人先起床,冲上一杯新茶,并拿两个金团,放在灶神堂前,恭祭天地神灵。新茶上市,除祭祀祖先尝新外,还要配以糕团,馈赠乡邻亲友。

吃撑腰糕

在湖州,正月初七(有些地方是二月初二),是人日,讲究古风的人都要做碗口大小的圆子,甜馅,外滚细豆沙。还要吃撑腰糕(把上年留剩的部分年糕,不浸入水,任其生青花,是日把起花的年糕洗净、蒸食,或煮年糕汤喝),说是可以强身。

菱瑞

嘉兴、湖州一带水乡出产水红菱、元宝菱、白枣菱、野菱等。菱肉鲜嫩,水多味甜。"菱"谐"灵""玲"之音,民间视为吉祥、富裕、机灵、玲珑、伶俐等的象征,俗称"菱瑞"。幼儿的口袋、卧室的枕套、帐幔、床沿等都绣(或画、或雕)上菱、菱花等各式各样图案。

吃塌棵菜

在浙江农村,有"吃塌棵菜"的特殊习俗。塌棵菜,是一种可以食用的青菜。民间传说,从前有户人家,父女两人,心地善良。有一年发大水,因救济他人,弄得自己生活困难,无法过年,只好挖塌棵菜充饥。此事感动了天帝,就送他家一船金银。父女俩只拿了一小畚箕银子,用它换来了粮食和种子,救济了方圆几里的灾民,一同度过了饥荒。人们说"塌棵就是脱苦呀!"从此,每年除夕家家在吃年夜饭时,总要摆上一碗碧绿生青的塌棵菜,它表达了当时农民要求摆脱贫困的愿望。

典月饼

渔乡对海神妈祖信仰十分虔诚。旧时,每年中秋节,在坎门、石塘、箬山等地,有一项"典月饼"的有趣风俗。这天,这一带的妈祖庙(或称"天后宫""娘妈宫")置办起各式月饼,让人领取,认为吃了这月饼,妈祖能保佑发财致富,故又称"发财饼"。领月饼时照数登记,到来年按增加两成或三成利息交还,可折作银钱、月饼偿还。此俗一直延续到中华人民共和国成立初,现已基本消失。

煨粉团

过去孕妇曾以煨粉团预卜胎儿的性别。冬至日,各家在做"冬至团"时,怀孕的妇女背着人面，从做“丸”的生糯米粉团中扒下一小块，放在灶塘里煨，熟后取出进食，并看粉团凹凸的程度，用来推测肚里是女胎还是男胎。现已变成单纯的游戏了。

尝五味

小孩吃奶之前，有尝五味（醋、盐、黄连、生姜、糖）之俗，意为尝遍人生辛、酸、苦、辣，去享受最后的甜。在宁波，给婴儿喂奶之前，先喂黄连汤一口，谓先苦后甜。又把肥肉、状元糕、酒、鱼、糖等分别制成汤，用手指蘸汤涂婴儿嘴，边涂边念：“吃了肉，长得胖；吃了糕，长得高；吃了酒，福禄寿；吃了糖和鱼，往后生活甜蜜又富裕。”在台州，开喉用川连汤、川芎、大黄汤等清凉解毒药，有时连天，最长的吃一个月，俗谓“吃得苦，养得大”，实际上是为婴儿解除胎毒。

八宝菜

衢州、龙游等地，正月初一必吃八宝菜，取金针（黄花菜）、木耳、香菇、萝卜丝干、黄豆芽、粉丝、油豆腐、冬菜等，切成细丝，佐以植物油混炒而成，亦称“如意菜”，俗信吃了这种菜能百事如意。旧时中下之家，八宝菜则用红、白萝卜丝、香干、千张、油豆腐、大蒜、荸荠、豆芽、咸菜等制成。

重阳糕

又称糕粑、花糕、菊糕、五色糕，制无定法，较为随意。九月初九天明时，以片糕搭儿女头额，口中念念有词祝愿子女百事俱高，乃古人九月做糕的本意。讲究的重阳糕要做成九层，像座宝塔，上面还做上两只小羊，以符合重阳（羊）之意。有的还在重阳糕上插上一个红纸旗，并点蜡烛灯。这大概是用“点灯”“吃糕”代替登高的意思，用红纸旗代替茱萸。当今的重阳糕，仍无固定品种，各地在重阳节吃的松软糕类都成为重阳糕。

四、地方特色饮食

浙江各地因各自物产不同，对食物的加工处理等方式上也各有差异，因此在饮食上也是各有特色，形成不同地区各具特色的饮食。比如内陆山区、平原地区和东部濒海地区，由于具体的地理条件限制，在历史发展过程中，都形成了极具代表性的地方特色饮食。仅以杭州、宁波、温州以及绍兴地区为例，来呈现浙江的特色饮食。

（一）杭州特色饮食①

茶俗

杭州人喝茶，主要是喝绿茶，也就是通常所说的清饮。茶杯、茶碗里只放少许绿茶，用开水冲泡即可。杭州周边农村，历来有喝“咸茶”的习俗，又称烘豆茶。除了茶叶之外，还要加一些烘青豆以及盐渍过的橙子皮、野芝麻、香干丁等佐料，一起冲泡。喝到后来，还要将杯中佐料连同茶叶一起喝下去，别有风味。

还有一种“吃讲茶”的习俗，又称“吃评茶”。旧时民间纠纷，历来有“官了”和“私了”两种解决途径，通常人们往往倾向于“私了”，届时，双方当事人自愿邀集某位权威人士来压阵，到

① 浙江省历史学会、杭州市历史学会、浙江安贤生命博物馆主编：《浙江民俗文化》，浙江大学出版社 2015 年版。

茶馆去讲理。参与者每人泡一碗茶，当众谈判，各自申述理由，茶客则参与评判。最后由权威人士当场拍板，判定是非和解决的办法。众茶客都是公证人。理亏的一方负责付清全部茶客的茶资，终于化干戈为玉帛。

杭帮菜

据周密《武林旧事》记载，南宋时临安的酒楼林立，已经有了相当的规模。当时的酒楼有官库和市楼之分，前者官办，属户部点检所，设官妓相陪，所有器皿全是金银，普通百姓是不敢进去的，如和乐楼、和丰楼、中和楼、春风楼、丰乐楼等 10 多家，赫赫有名。后者为民营，诸如熙春楼、三元楼、赏心楼、花月楼、严厨、翁厨、任厨、陈厨、周厨等等，也都竞相效仿，搬出自己的看家本领来争一席之地。这些酒楼里所供应的菜肴之多，令人眼花缭乱。据吴自牧《梦粱录》记载，当时酒店里供应的各色菜肴品名，就有 240 多种。比如其中的“羹”，便有 10 多个不同的品名。又如其中用羊肉做的菜肴，一下子就列出了“鹅排吹羊大骨、蒸软羊、鼎煮羊、羊四软、酒蒸羊、绣吹羊、五味杏酥羊、千里羊、羊杂熓、羊头鼋鱼、羊蹄笋、细抹羊生脍、改汁羊撺粉、细点羊头”等 14 种。①

图 96-3-2-1 蜡制杭帮菜模型（杭帮菜博物馆提供）

当时还有“托盘担架至酒肆中歌叫买卖者”，专卖各类熟食、冷盘菜肴，书中又开列了近 50 种品名。还有荤素点心、四时果子和干果，也都应有尽有。《梦粱录》里还提到当年临安的面食店，其经营规模之大，不但供应各种花色的面，还供应诸色羹汤，供应各种“下饭”，也就是我们今天所说的热炒、冷盘，这和饭店也就没啥区别了。书中说，“杭人侈甚，百端呼索取复，或热，或冷，或温，或绝冷，精浇熬烧，呼客随意索唤”②。似乎在说，顾客想吃什么，只要说得出，店里的厨师就一定会做得出。这话固然有些夸张，不过从另一个方面看，杭帮菜特色的形成，和这批食客们的百般挑剔、苛刻要求，恐怕也是有一定关系的。

一般认为，杭帮菜的特色在于做工精细，清鲜爽脆，南料北烹，口味交融，因时而异，口味诱人。到了清末民初，在杭帮菜内部，又出现两大流派。一是以清河坊巷王顺兴为代表的饭店派，又称城里帮；一是以楼外楼为代表的湖上派，也就是湖上帮。两大流派的相互竞争，推动杭帮菜飞速发展，终于趋向成熟。

城里帮用料以鱼、肉、蔬菜为主，烹调以蒸、烩、汆、烧为主，菜肴粗中有细，注重“鲜咸合一”，讲究“两轻一清”，即轻油、轻酱和清淡的鲜嫩口味。他们主要面向居民，讲究经济实惠，较为大众化。代表性名菜有鱼头豆腐、荤素菜、清汤鱼圆、开洋炒菜心、三虾豆腐、盐件儿、虾

① 顾希佳：《西湖风俗》，杭州出版社 2004 年版，第 32 页。

② 〔宋〕吴自牧：《梦粱录》卷十六《面食店》。

油炸菠菜、荷叶粉蒸肉、咸肉春笋、豆豉鱼、酒蒸羊等。其中的鱼头豆腐，又称"木椰豆腐"，相传清乾隆年间即已出名。选包头鱼鱼头，用油煎透，佐以葱、姜、笋片、香菇，用砂锅煮透后再放入豆腐，便做成价廉物美、鲜嫩可口的一道菜肴，原锅上桌食用。不仅在饭店里颇受欢迎，它还成了杭城百姓家常菜中的保留节目，堪称杭菜一绝。

湖上帮面对的顾客，消费层次相对较高，要求也更苛刻。他们的用料以鱼虾、禽类等鲜货为主，擅长生炒、清炖、嫩熘，讲究清、鲜、脆、嫩，注重保持原汁原味，讲究刀工。代表性名菜有西湖醋鱼、龙井虾仁、清炖甲鱼、油爆虾、虾仁锅巴、响铃儿、白切火腿、蛤蜊鲫鱼汤、莼菜汤、春笋炒鲥鱼、生炒鳝片、虾生、鱼生、满台飞（酒醉虾）等。

湖上帮的代表作，值得一提的是西湖醋鱼。据介绍说，这道菜的前身与宋嫂鱼羹有关。宋人周密《武林旧事》卷三《西湖游幸》载："宋五嫂鱼羹，尝经御赏，人所共趋，遂成富媪。"民间传说，则更加生动。当年汴梁人宋五嫂逃难，来到西湖边，以捕鱼为生，在一次偶然的机会里做出了这种风味独特的鱼羹。后来宋高宗赵构游西湖，吃到这道菜，大加赞赏，便一下子轰动起来。宋嫂鱼羹以鲜嫩的鳜鱼肉、鸡蛋为主料，配以火腿丝、香菇丝，用高汤烩制，色泽油亮，鲜嫩清润，味赛蟹羹，别具一格。后来楼外楼继承了这道名菜，又创新出西湖醋鱼。

杭帮菜以"两轻一清"著称，即轻油，轻酱，清口。杭州菜十分讲究烹饪技艺，不仅要具有熟练的洗杀、取料、切配等基本功，而且还要掌握火候、烹调技术。仅刀功的运用，就有切、批、斩、剖、卷、排、削等10多种。烹饪的方法有爆、炒、炸、烩、烹、炖、焖、熏、烧、蒸、烤、煮、烙、烘、煸、卤、氽、泡、拌、汤、扒、拔、拼、腌、酱、扣、炆、煎、焗、涮等30多种。

杭帮菜中的名菜还有很多，如：

西湖莼菜　莼菜自古闻名，《晋书》上便有"莼羹鲈脍"的美誉。春天将莼菜从水中摘出，取其嫩叶，加工备用。用鲜莼菜配以鸡脯肉、火腿、鸡汤，便可烹制成一道色彩缤纷、清香可口的莼菜汤。

龙井虾仁　活剥大虾仁，配以清明前后采摘的龙井新茶叶，拌蛋清炒制而成，色泽雅丽，口味清纯。

东坡肉　相传为苏东坡首创，尤以天香楼烹制最负盛名。取五花条肉，放入沸水锅氽五分钟，切成大块，加作料，先在大砂锅内用微火焖酥，再取出，装入特制小罐内，上笼蒸至酥透，肉色红亮，味醇汁浓，酥烂而形不碎，香糯却不腻口，堪称一绝。

南乳肉　取五花条肉，调以红腐乳卤汁，焖制而成。民间又有"一品南乳肉"的说法，据说是老百姓用来表达对南宋奸相贾似道的痛恨，表示要寝皮食肉，以解心头之恨，从此便留下这段话柄。

叫化童鸡　据说原先是乞丐偷鸡之后的权宜之计，后经厨师不断改进，遂成名菜。

清蒸鲥鱼　富春江鲥鱼古时一向作为贡品，口味极佳，清蒸时通常不刮鱼鳞，鱼上排铺火腿片、春笋片、香菇片、甜瓜姜片，加各种佐料，上蒸笼用旺火蒸约15分钟即成。

文龙酱鸭　清末民初的杭城各家酒店都自制酱鸭，蔚然成风。其中尤以金波桥侧的文龙酒店所制最为出名，每年销售不下两三千只，一过冬至便销售一空。如今这个品牌已鲜为人知，代之而起的有天香楼酱鸭、西湖野鸭等品牌，依旧受到普遍的欢迎。

素食 由于受佛教影响，杭城的素菜馆也颇负盛名。《梦粱录》卷十六《面食店》载，“又有专卖素食分茶，不误斋戒”，以下所开列的素菜肴和素面食品名，竟有四五十种之多，可见早在南宋时就已开创了这种局面。绵延至20世纪初，西湖一带尤多素食，除了各大寺院均供应素斋之外，市区又有功德林、素春斋、素香斋、素馨斋几家，都十分地道。素料荤做，形象逼真，色、香、味俱佳，堪称一绝。

点心小吃，同样琳琅满目。诸如奎元馆的虾爆鳝面、片儿川面；知味观的幸福双、猫耳朵；吴山酥油饼、天竺豆腐干、桂花藕粉、西施舌、汤团、猪油细沙八宝饭、朝糕、藕粥、藕脯、油炸桧、葱包桧儿等，无不让人久久不能忘怀。

杭州人有句俗语：“到杭州不吃虾爆鳝面，等于没有到过杭州。”可见这道面点心的影响之大。奎元馆的这道面，鳝片黄亮如金，香脆爽口；虾仁洁白如玉，清鲜滑嫩；面条柔滑透鲜，味浓宜人，色香味形四美具兼，一向为人称道。这家面馆还有一种“过桥”的吃法也值得称赞。所谓“过桥”，就是把浇头另装一小盘送上，供食客下酒，而所上的面条里虽然不再放浇头，汤汁中却仍有浇头的滋味，因而很受一部分在吃面时需要喝酒的顾客的欢迎。

吴山酥油饼被誉为“吴山第一点”，用油面迭酥，精制而成，色泽金黄，层酥叠起，上尖下圆，造型别致，酥脆而不碎，甜香却不腻，可谓老幼皆宜。关于它的起源，有多种说法，一说是宋初名点“大救驾”的翻版，南宋时的临安百姓做这种点心，是希望朝廷不要丧权辱国，数典忘祖。一说是当年苏东坡给起的名字，他见这种饼的形状很像雨天穿的蓑衣，便称之为“蓑衣饼”，一时名声大振。后来又因为谐音，被叫成了酥油饼。

朝糕，据说原先是南宋时专供上早朝的官员们吃的。其实是一种用米粉制成的糕点，同时配以不同的果品、花料为佐料，便又有了不少花色品种。百年老店颐香斋、五味和的朝糕，长期以来深受普通百姓的欢迎，诸如黄条糕、水晶糕、薄荷糕、绿豆糕、豌豆糕、茯苓糕、松花团子等，许多人都是记忆犹新的。

知味观的幸福双、猫耳朵同样有着很高的知名度。幸福双是一种西湖藕油包类点心，馅里的豆沙，寓有“红豆生南国，粒粒皆相思”的诗意。馅里还配有蜜枣、红瓜、核桃肉等许多种佐料合成的“百果”，其中自然也包含着一种祝福。供应时两只为一客，配对供应。

猫耳朵其实就是面疙瘩。据说当年是清代的御膳小吃，后来被知味观拿来精心制作，因为它的形状像小巧玲珑的猫耳朵，便一下子叫开了。于是又多了一道名点，绵延至今。

（二）宁波特色饮食①

宁波东临东海，西南靠四明山、天台山，中间有东钱湖及内河湖泽水库，还有平原蔬菜基地，既有海味、河鲜，又有山珍土产，菜肴的原料资源品种众多，可四季入市。长江、钱塘江、甬江入海口，海水、淡水交汇，饵料丰富，特别是长江水带来的各种有机物质为东海水产提供了丰富的营养，使东海海鲜族类繁多，肉质细腻鲜嫩，营养价值高，在品质上优于其他海域的水产，有的海鲜更是东海所独有。而且依托广阔的海涂和星罗棋布的礁石，特色海鲜品种繁多，

① 潘莉：《宁波民俗与宁波人》，浙江大学出版社2013年版。

常年供应不断。得天独厚的海洋资源,四季轮番提供的海产原料,使得宁波自古以来就形成了以烹制东海海鲜(包括江鲜)为主的菜品结构。

海鲜为主的菜品结构

宁波菜以炖制海鲜见长,讲究原汤原汁、不改原味,以鲜咸合一、鲜嫩软滑为特色。宁波的传统名菜都有深厚的饮食文化内涵,例如"冰糖甲鱼",其历史渊源与传统名菜馆"状元楼"紧密相连。"状元楼"前身是"甬江楼",建于清道光二十四年(1844 年),是甬上文人雅士雅聚之地。筵席菜单上有"冰糖甲鱼"等 10 多种本帮名菜,口味异常鲜美。殿试后章中状元,"甬江楼"从此改名为"状元楼","冰糖甲鱼"也因此别称"独占鳌头"。

宁波菜中的筵席菜实际上与家常菜的区分不是十分明显,许多家常菜也进入筵席菜的行列,只是比一般家常做法在选料、烹调上更精细些,更讲究些。筵席菜基本由冷盆若干(8 只～10 只)、热炒若干(8 只～10 只)组成,另外再加甜羹、砂锅或暖锅及汤。热炒上席中,还常穿插 1 只～2 只点心。宁波菜肴中有一些菜式因其主要配料价格偏高,加工方式也比较复杂,一般家常菜中很少做,所以也就成了筵席的专用菜。

冰糖甲鱼、苔菜拖黄鱼、剔骨锅烧鳗、雪菜大汤黄鱼、荷叶粉蒸肉、黄鱼海参羹、网油包鹅肝、火踵全鸡、彩熘全黄鱼、苔菜小方烤为宁波十大传统名菜。冰糖甲鱼以冰糖、甲鱼在锅中蒸,并用热油裹紧甲鱼,色泽光亮,绵糯润口,甜酸香咸,味鲜美,能保持较长时间的热度。苔菜拖黄鱼是以苔菜、面粉、黄鱼块为原料,形似枇杷,色泽金黄,软松鲜嫩,苔味清香,食时蘸醋,其味更佳。网油包鹅肝肝香味醇,软润糯口,油重不腻,有补目功效。荷叶粉蒸肉清香软糯,不膻不腻。剔骨锅烧鳗是将河鳗剔骨,红烧,色泽红亮,鳗肉鲜嫩、绵糯香醇,味鲜略甜,汁浓有味。黄鱼海参羹鱼肉嫩滑,海参绵糯,色彩淡雅,味美鲜香。彩熘全黄鱼其色五彩缤纷,其味甜酸咸鲜。火踵全鸡色泽红白褐绿,四色相映,原汁原味,鲜嫩滑口。苔菜小方烤用苔菜烤小方肉,红绿相映,肉味不腻,苔菜清香爽口,略带甜味。

除上述名菜外,富有地方风味的名菜尚有宁波摇蚶、油爆大虾、三丝拌海蜇、剥皮大烯、青鱼划水、青豆虾仁、蛎黄跑蛋、苔菜花生米、蛤蜊鲫鱼、鳝鱼糊辣、竹笋弹涂片、芋艿全鸭、鸡白鲞汤、虾子炒冬笋、丝瓜卤蒸黄鱼、菜蕻炒鳖鱼和咸菜卤蒸蛏子等。

宁波人日常多喝黄酒,俗称"老酒",夏日多喝白酒,俗称"烧酒"。部分农家在冬季自酿米酒。

宁波是中国盛产海鲜的主要区域之一,黄鱼、带鱼、墨鱼、石斑鱼、香鱼、弹涂鱼、海鳗、梭子蟹、海虾、蚶子、蛏子、牡蛎、泥螺、贡干、海蜇、海带、苔菜等各类海鲜一应俱全。干咸海产品中数黄鱼鲞、明府鲞、红膏炝蟹、醉泥螺、虾干、对虾干、虾皮、新风鳗鲞、海蜇头、海带、苔菜、烤鱼片等最有名,宁波人很喜欢以此特产作为礼品送给亲朋好友。

独特传统的腌制方法

风干　常见的干制品中,海水产品有黄鱼鲞、白鲞(白果子鲞,一种形如黄鱼而色银白的海鱼干)、明府鲞(墨鱼干)、鳗鲞、鱼鲞、乌郎鲞、虾干、海蜓、虾皮、紫菜、苔条、淡菜干、蟹粉、鱿鱼干、龙头烤、带鱼丝烤、鲚鱼烤(凤尾鱼干)。淡水水产品干制有塘鱼鲞(鲢鱼干、鳙鱼干)、青鱼鲞、草鱼鲞等。蔬菜干制品有万年青(油菜蕻干)、笋干、咸齑笋肤、黄豆笋肤、萝卜干、芋艿蓊癋等。

盐腌　腌制的海产品宁波民间称为“咸货”，以往有专门的店肆常年供应，称“咸货店”。咸货是与新鲜的水产品也即“鲜货”相对应的叫法。常见的腌制海产品主要有咸带鱼、咸黄鱼、咸鳓鱼、咸马鲛鱼、咸油筒、咸白果子、咸鲇鱼、乌贼混子、乌贼蛋、咸炝蟹、蟛元蟹、泥螺、蟹酱、蟹糊、咸虾蛄、咸淡菜；腌制的蔬菜主要有咸齑（腌雪里蕻）、榨菜、腌萝卜、盐茭白、羊尾笋；肉、禽类的腌制品有咸肉、火腿等。

油酱　酱制品主要是以酱油或者豆豉汁浸泡后食用，肉类酱制后还要风干。宁波常见的酱制食品有酱肉、酱鸡、酱鸭、酱蟹、酱蚶、酱豆腐、酱瓜、酱萝卜等。此外还有什锦酱菜等。

酒醉　醉制品以白酒或黄酒浸泡，宁波地区用黄酒为多。肉类多为煮熟后醉制，海鲜多为生鲜即醉制。此外还有醉干果做补品。宁波常见醉制食品有醉肉、醉鸡、醉鹅、醉猪肚、醉猪舌、醉凤爪。因酒精有分解肉质内脂肪的作用，故醉制品不腻不腥、清香脆口。醉制的海鲜不多，常见的有醉虾、醉蚶。鲜果醉制有“烧酒杨梅”，宁波人夏天爱饮用此酒，认为可以解暑止泻。干果醉制的主要是“老酒泡黑枣”，一般宁波人认为其有进补的作用。

糟浸　利用黄酒酒糟中含有的酒成分，浸润肉类、海鲜及一些蔬菜，味道清香不腻、爽朗醇厚。宁波常见的糟品有糟鲳鱼、糟带鱼、糟鲞、糟虾仁、糟鸡、糟鸭、糟鹅、糟大肠等。与醉品不同的是，糟品都是生糟，糟制好后要经过加热蒸制才能食用。同时糟品的酒味也比醉品要淡些。

霉化　宁波地处江南，气候温热湿润，食品容易发霉变质。宁波人利用这一特点，将一些食材（主要是素食的豆制品）经过一定的霉化、发酵，使食材内的氨基酸等物质分解，一方面延长了食材的保存时间，另一方面使食材产生了特有的风味。常见的霉制品有霉干菜、霉千张、霉麸、霉豆腐等。

臭卤　食用臭制食品是宁波民俗的一大特色。臭制实际上是一种发酵，经过发酵后产生硫化氨等气味，因而民间以为臭。在宁波的臭制食品（宁波俗称“臭货”）中，常见的有臭冬瓜、臭苋菜管、臭芋艿蓊、臭毛豆、臭茭白以及臭豆腐等。臭卤的原汁，是由臭毛笋头产生。将毛笋老头切块，煮熟后略加盐水泡之，在一定的温度下，形成臭卤，以此作为酵母，来臭制食物。

丰富多彩的宁波糕点

宁波传统小吃可分为点心、糕饼、菜肴三类，主要是以水磨糯米粉为主料，配以白糖加猪油、芝麻（或黄豆粉）为馅的甜点。此外还有用大米发酵的甜酒酿制品。不管是汤团、圆子，还是各种团子，如金团、雪团、麻团、灰汁团、方糕、黑饭、米馒头，都有糯、甜、香的特色。这些点心小吃，最初大多为宁波地区农家的家常点心，带有浓厚的稻作文化的特色。原来一般主要用于农忙时节田间劳作时填饥接力，由于制作精细小巧，味道鲜甜适口，体现了农家人的聪明心智，故经过长期流传演变，发展成为宁波饮食里的精品，后来成为宴席上的佳肴甜品。

点心类有以猪油汤团为首的十大名点，糕饼类有宁式蛋糕、月饼、桃酥、酥饼、绿豆糕、白糖细糕、桂花软糖、冰片糕、苔生片等。宁波风味小吃，特别注意选料。如猪油汤团，采用精白水磨糯米粉，内嵌上等猪油、白糖、黑芝麻等精制而成的馅，其色如白玉，糯而不黏，油而不腻，柔软润滑，香气扑鼻。

宁式点心以龙凤金团、豆沙八宝饭、猪油洋酥、鲜肉小笼包子、水晶油包、猪油汤团、三丝宴面、鲜肉馄饨、豆沙合子和肖孟为十大传统名点汤团、汤果、圆子一类点心是煮食的点心。汤团是以糯米泡浸过夜后水磨成粉，盛布袋以草木灰抽干，嵌以猪油芝麻粉或黄糖豆沙馅搓成球丸，以沸水煮熟装碗，称汤团。以猪油芝麻为馅的汤团称“猪油汤团”，享誉全国。糯米粉搓成柱形，截成扁柱状，以菜或糖煮汤，叫汤果。糯米粉搓成小球状，以糖、豆沙或酒酿烧成汤，称圆子，尤以酒酿圆子著名。

年糕、糍等的制法与汤团一类不同。年糕是一种以粳米为原料，或干碾成粉或水磨粉，蒸熟后在石臼中捣烂成条状的食品。糍是以纯糯米蒸熟为饭，亦在石臼中捣烂制成饼状。近年来，年糕多由机器制成，仅少数农家仍手工制作。年糕与糍均晾干浸水待用。年糕切片或以菜烧成汤，或炒成装盆，尤以咸菜炒年糕和荠菜肉丝炒年糕特具风味。糍以邱隘产最为著名，邱隘糍个小质白，或煮或蒸均宜，最有特色的是猪油糍，以汤团的猪油馅与糍并蒸，趁热拌匀上口。

年糕、糍一般无馅料，而金团一类的团子则有馅料。如金团是将水磨糯米粉蒸熟后嵌豆沙或芝麻白糖馅，放入雕花模子中制成饼形，涂以松花，可冷食。龙凤金团是农村喜庆和访友时馈赠佳品。雪团是以糯米粉嵌甜馅子成团，蒸熟，滚上糯米蒸的饭粒，洁白如雪。麻团又称“擂沙鸡”，将糯米煮成饭，趁热在锅中捣烂，成团，滚以白糖芝麻粉，口味很是香甜柔软。青团是用艾叶去筋粉碎，掺入糯米粉，揉成粉泥，填糖性馅子成饼状，蒸熟，色青翠如春草；不嵌馅者称青果。以冷食为佳。

米鸭蛋是用糯米粉加糖蒸熟搓成鸭蛋形的点心，滚以松花粉，其色鹅黄，冷热均可上口。灰汁团是用上好早稻草烧成灰，滤灰汁，加水磨糯米粉浆，加糖，蒸熟成半透明饼状，冷食清香爽口，尤以鄞州蜃蛟石马塘灰汁团最为著名。黑饭则是春季采黑饭树嫩叶煮烂熟后取汁烧糯米饭，以箩头盖平铺拍实，凉后切成方形，冷食有异香。

扁子是以汤团粉制成扁饼状，油炸成金黄，蘸糖吃，外酥内糯。

蜂糕是用糯米粉以酵粉发酵，撒上红丝绿丝，蒸熟切成菱形。松软爽口，酒香扑鼻。

席启是用米粉浆以酒酿发酵后，薄浇蒸笼布上，半熟后再浇，反复多次，成层状，切斜方块即可上席。

米馒头是将米粉浆以酒酿发酵后，用勺舀至笼布上，蒸熟后成馒头状。

锅旋面类似面食，汤煮沸后，取水磨糯米粉浆，用勺旋于锅边，粗熟即铲入汤中，面片薄滑宜口，别有风味。

饭瓜麦果则是老南瓜除瓤，蒸熟去皮后掺入糯米粉，加糖，揉成粉泥做饼，色金黄清香，冷热食宜。

肖孟是用糯米粉或麦粉为皮，内嵌猪腿肉馅。形如棵菜，洁白美观，皮薄馅满，味鲜可口。

宁波的粽子是碱水箬壳粽，将糯米加碱水，浸泡后，以大张毛竹箬壳包成粽子，熟透后香黏易化。

除了以上用糯米、粳稻制作的点心外，宁波还有一些较有特色的点心。如将豆腐臭化后用油炸成焦黄，以细竹丝穿成串，蘸米醋或辣酱食用。臭中有香，有闻之越臭食之越香的特点。还有面结，是用豆制百叶（俗名“千张”）包荤素馅成条状，水氽熟即可食。此外，如牛肉粉丝汤、碎米羊肉粥、木莲冻等也是家喻户晓、妇孺皆喜的小吃点心。

（三）温州特色菜①

温州菜，是以温州风味为代表的浙江地方菜系。瓯菜是在长期的温州民间食俗的基础上发展起来的。在清时已初具雏形。当时，以海鲜入馔的菜肴已十分流行。中华人民共和国成立后，经过厨师们的努力创造，于20世纪80年代终于完成了瓯菜的定型，奠定了“以海鲜入馔为主；轻油轻芡，重刀工；口味清鲜，淡而不薄；烹调讲究，细巧雅致”的地方特色，并跻身于全省菜系的行列。现在瓯菜名厨辈出，并以全国瞩目的地方菜系驰名国外。现瓯菜的烹调方法达30多种，已列入《中国菜谱》的名菜46个。温州菜，在菜肴上种类繁多，但大多采用近海鲜鱼与江河水产类，活杀活烧。其传统烹调方法擅长于鲜炒、清汤、凉拌、卤味。

三鲜敲鱼

温州的一道名菜。由于制作简单，几乎家家能做。此菜选用近海鱼或鲜黄鱼，去鱼头、尾、皮，鱼肉切成片，蘸上干淀粉，用木槌慢慢敲成薄薄的鱼片，放在沸水里煮熟捞起。烹调时加调味品与配料。后经过改进提高，加上鸡丝、火腿丝、香菇丝和烧熟的青菜心，成为现在的名肴。此菜鱼肉鲜嫩，色白汤清，香鲜可口。

金钱排骨

为炸菜。此菜以猪里脊肉为主料，状若金钱，松脆可口，多以辣酱油、番茄酱佐食。

三片敲虾

选用鲜大河虾，将其敲成扇状，为主料。熟火腿、熟鸡脯肉、水发香菇、绿蔬菜为辅料，加鸡汤、绍酒、精盐、味精、淀粉、熟猪油等调味品。此菜红、白、黑三色鲜明，汤清味鲜，滑嫩爽口。

双味蝤蛑

蝤蛑即青蟹，此菜用清蒸和锅贴烹制。先将熟猪肥膘切成圆形片，逐片戳几个洞，放入蛋清粉糊内，挂匀后摊在盘内，放上炒好的蝤蛑肉，盖以鱼茸，缀上蟹黄和香菜叶，排列在锅内，用小火煎至肥膘结壳成饼，加入冷油，再煎至底部呈黄色取出。另将活蝤蛑两只用旺火蒸熟，斩去脚尖，每只切八份，蟹足拍裂，按原蟹形状装在腰盘两端，覆上蟹盖。蟹饼排列在盘中央，间隙处衬以香菜、姜丝上桌。此菜形态活泼，色彩艳丽，肉如膏脂，鲜美异常。

（四）绍兴特色菜②

在菜肴上，是以绍兴风味为代表的浙江地方菜系，以“鲜”“臭”著称。它擅长以鱼虾河鲜和鸡鸭家禽、豆类、笋类为主要原料，讲究香酥绵糯，原汤原汁，鲜咸入味。烹调方法以蒸、炖、

---

① 叶大兵编：《温州民俗》，海洋出版社1992年版；叶大兵：《中国民俗大系·浙江民俗》，甘肃人民出版社2003年版。

② 屠国平编：《绍兴民俗》，浙江工商大学出版社2017年版。

炸、炒、烧为主。常用鲜料配腌腊食品同蒸或同炖。蒸法又以扣蒸居多。且多用绍兴酒烹制，香味浓烈。绍兴菜主要来自民间，富有江南水乡风味，被人誉为“带着泥土气味的农民食品”。很多菜肴的原料都产自本地，如绍兴霉干菜全国闻名。

干菜焖肉

干菜焖肉原为绍兴民间的百家菜，现已成为名肴。其制法是：选用带皮五花肉，拌以母子酱油、味精等，肉经吸酱油后，再一层肉、一层干菜铺好，放在蒸笼里蒸一个小时左右，肉酥软，带有干菜清香。吃起来肉酥而不腻，鲜而不咸，干菜油润鲜嫩。

清汤越鸡

是绍兴的“菜中皇后”。据说，此菜是从春秋时越国流传下来的。据清代《越货志》记载：山阴（即今绍兴）境内卧龙山麓有泰清里，附近有龙山、蒙泉两泉，泉水清澈，系山水渗汇所成。当地民家饲养越鸡，饮两泉之水，捕食山上虫，以至越鸡肉质细嫩、肥美，远胜各地所饲者。清汤越鸡的制法：越鸡，以750克～1000克者为佳，褪毛去内脏后洗净，放在神仙罐（大砂锅）中清炖，配以火腿片、笋片、黑木耳。此菜肉白细嫩，骨脆髓红，汤清味美。

第三节　居住民俗

浙江地处东南沿海，气候温和，因多山、多水、地形富于变化，所以浙江民居的类型很多。根据气候、地形特点和农副业生产不同的要求，浙江民居在平面布局、空间处理以及运用地方材料和习惯做法方面都达到了在当时条件下可能达到的较高水平。住宅跟人走，人跟田地走，田地跟水走，水跟山走，浙江的住屋发展、分布是与耕地发展、分布同步同构的。

浙江传统村镇的规划特点体现在村镇的规模大小及内部组织、村镇位置的选择、村镇布局与地势地形的关系、水路两套相互补充的交通系统、街坊道路与水道的关系、中心区和商业街、居住区、广场、桥梁、建筑、村镇的风貌等方面。

一、民居环境的选择与构建①

浙江古村落的选址，十分讲究风水，认为风水好坏关系到村落及宗族的兴衰，卜其兆宅者，卜其地之美恶也，地之美者，则神灵安，子孙昌盛，若培植其根而枝叶茂。这与风水所强调人与环境间的相互作用，求得与天地和自然万物的和谐，以达到趋吉避凶的目的基本是一致的。浙江各村镇大多聚族而居，族群构成决定了民居的基本类型——堂室之制、庭院之制。春秋先秦时期，堂室之制确立；汉魏晋南朝时期，穿斗架肇始，别墅产生；唐宋时期，木构系统日臻完善，厅堂之制形成；元明至清代，村落和乡镇格局基本成形并进一步完善；民国以来，受

① 本目内容参考自丁俊清、杨新平：《浙江民居》，中国建筑工业出版社2009年版；中国建筑技术发展中心历史研究所：《浙江民居》，中国建筑工业出版社1984年版；李秋香、罗德胤、陈志华等：《浙江民居》，清华大学出版社2010年版；叶大兵：《中国民俗大系·浙江民俗》，甘肃人民出版社2003年版。

西方文化影响，传统村落和城镇格局发生变化；中华人民共和国成立尤其是改革开放以后，新农村建设等让浙江城乡面貌发生了根本性变化。

（一）传统民居环境的选择

民居是村落最主要的构成因素，民居的朝向、形式、布局及相互关系几乎都受到风水观念的影响。在浙江民居中，风水的趋吉避凶处理手法，主要表现在迎合、避让、符镇等方面。绝大多数传统住宅都呈规则方正的合院布局，少有不规整的宅基，迎合了风水中“屋式要四周端正整齐，不可尖偏斜”之说。

风水中门在相对位置上的禁忌众多，传统住宅中对比自己高大或凌厉的建筑，往往在门上挂镜，射其形，与之抗衡，或挂虎头牌，表示威武以压倒对方。门在风水中具有特殊的精神意义，民居中的斜门和永不开的门都是吉凶观念的具体表现。

符镇是风水中避凶的主要方法之一，实际上也是一种重要的装饰手法，在宁波一带都是如此。此外，更多的是在门上画阴阳八卦、安尖叉等符镇，以及张贴（挂）吉祥物、吉祥语等装饰图案，以达到趋吉避凶的目的，获得精神上的寄托。

山地村落选址，可描述为跟山走，跟水走，跟着田地走。浙江山地村落布局，从村和周边环境角度看，有团状村落、带状村落、环状村落、梯田状村落，把视域扩大一点，从村与村关系角度看，常常会出现子母型、瓜藤型、中心型等聚落形态。山地村落的选址布局，是由人与人（房屋与房屋）、人与社会（私人住宅和公共建筑）的关系决定的，常见的有三种：环心布局、轴线布局、自由布局。

丘陵村落，浙江的丘陵都是农业型地貌，耕地是村落生成和布局的唯一因素，整体上讲村落形态是散点式均衡分布，规模相对于山地村落来讲也较均匀，大的200家～300家，小的几十家，村落之间距离三五里不等，为合理的耕作半径，溪流、驿道旁的村落分布密集一些。

海滨村落，村落多是沿海布置的，而且是一个个村落连绵不断，几乎相连。老的村屋多为一字形，三开间，单层或两层居多，新农屋方形为主，层数三层为多。总体特征，房子是低矮的。

水乡村落，横塘纵浦圩田系统决定了浙北水乡聚落星罗棋布的总体格局；绍兴平原，水乡泽国伴台门；西溪湿地，桥水堤岸而为屋；水乡其他形式的村屋，就房屋的地基而言，历史上还曾有茭排屋、沙地屋等形式。嘉善农村，传统习惯建造“六枪屋”。为砖木结构的平房，上壁均用圆木做柱，上有肩梁、平穿、护檐山头等，结构精密。屋脊和屋檐共有六只角向上翘起，犹如六枝枪，俗称“六枪屋”。民间传说，昔年此地经过一场地震，别的房屋都倒塌了，独有一座六枪屋不倒，从此以后，泥木师傅造屋都仿照此屋格局。

海岛住宅要对付的主要问题是台风和碱性水分的腐蚀，因此聚落选址的主要原则是背风。海岛建筑单体，一石材为外墙的主要材料，房子小且低矮，一层为主，房屋内部用木构件，多为简支梁，将檀条直接架在石墙上，大户人家为厅堂式梁架。在舟山，海岛风大雾多潮气重，旧时渔民的住宅多以石壁矮墙茅屋为主。屋顶采用野生茅草覆盖，并用石块压屋脊，用草绳网罩屋顶，以防大风揭起。屋基多选在近山背风朝南坐北处，屋形似金字塔，脊高檐低门墙矮，外墙习惯涂黑色，屋架梁柱一般都利用旧张网竹，一为废物利用，二为张网竹经海水浸泡不易虫蛀。近几年来，海岛普遍风行建造钢筋水泥结构的楼房，石壁茅草屋在多数海岛上已经绝迹。

（二）传统民居村落的构建

浙江传统村落的基本面貌是规模适中，房屋紧凑、低矮，贴着地面发展，用材主要是木头和泥土。浙江村落中耕农简单的一字形住宅和农合院式居室挤在一起，反映了传统"官民共邑（里）、和而不同"的居住文化。

从住宅单体角度看，山地居民形态，有一字形长屋、爬坡、掉层、错层、跌落、附岩。有临水建筑，沿河民居多数都向河面借取一定空间，办法有出挑、吊脚、枕流、倚桥等；傍山建筑，有屋脊平行等高线布置、屋脊垂直等高线布置、适应复杂地形的一些灵活处理手法。

浙江乡村居住，强调"里仁为美"，注重各种公共空间的聚会乡亲，教化民风。浙江农村室外公共活动场所，主要有如下几种形式：以宗祠为中心的公共活动场所；以大树为中心的公共活动场所；以桥头、水口为中心的公共活动场所；以清水塘为中心的公共活动场所。受宗族关系的影响，大多以同姓聚族而居，故不少村落以姓氏为村名。

村落也按职业群聚集组合，从事农业的，一般都在山地或平原处依山傍田，建立农舍。从事海洋渔业的，就选择海边港岙和沿海岩岸搭砌石屋。不管是山乡，还是渔村，村落一般都在倚北朝南的山坳或岙口。在平原地带，村落的总体方向也是向阳、朝南。山北的村落，也都建在避风、向阳的山麓支脉或山坡上。在平原或山脚平地的村落，因基地开阔，一般采取平展式，比邻排列。

许多村落坐落于山沟处，房屋傍山依水而建。多数房宅按地形、地势而建。一般以梯式结构为主。梯式房宅的前房后宅毗连，后宅的地面与前房的瓦面几乎相平，前房后宅间有石阶相通。其墙大多为泥墙，泥中加以草秸、壳灰，或在垒打过程中间加以块石，墙脚很高。屋内光线阴暗，以毛竹引水入宅取用。屋顶盖以瓦片或杉树皮。海边岙口和高山住房为了避风害和暴雨，一般都用片石砌墙，嵌接极巧，并用泥灰合缝。壁窗或竖以细石条，或嵌以镂空小石板，或饰以砖瓦砌成的花窗。集镇和渔乡民房，用木板为面壁，也以木板作为隔间板壁。

传统乡村和城镇民居在结构、空间布局上多有相似之处，城镇由于商业经营的需要，会出现前店后房或者下店上房（房，即供人居住的房间）的空间构造。

改革开放以后，很多浙江城市和农村普遍建造多层或高层楼房，建筑材料、空间布局等与以往相比，都有很大不同，居住风俗起了很大变化。

二、传统民居的样式与特色①

浙江民居整体风貌为因山采形，就水取势，随类赋彩；高墙锁深院，穿堂一重天；异而不

① 本目内容参考自丁俊清、杨新平：《浙江民居》，中国建筑工业出版社 2009 年版；中国建筑技术发展中心历史研究所：《浙江民居》，中国建筑工业出版社 1984 年版；李秋香、罗德胤、陈志华等：《浙江民居》，清华大学出版社 2010 年版。

争，和而不同；枕河楼台俯舟楫，马头（墙）参差寄乡思；绵绵众檐，淡淡古风。浙江民居的外观和体形差异都是出于功能的需要。“绿水青山，粉墙黛瓦”，是浙江传统民居的主流美学特征。当然，因为地处地理环境和地域文化的差异，也呈现出相对的个性和特色。

杭式大屋

杭州较为富裕人家居住的房屋基本格局和主要特色为多进落；进与进之间用天井、廊联系；厅堂高敞，多用罩、隔扇、屏门自由分隔，多为鸳鸯厅；梁架装饰少而精，栗、褐、灰为主色调，不施彩绘，显得肃穆稳重，房屋外部的木构部分用褐色、墨色、墨绿色与白墙黑瓦相结合；对外大门多用简洁的石库门；在宅第的后面或旁边布置花园；从空间角度看，三条轴线上是三种不同性质的空间。

宁波

天井院式　天井院式住宅的产生与宁波地理环境和气候特点有很大关系。宁波地区人口稠密，多丘陵，耕地少，因而建房屋宅院时尽可能节约用地，三面或四面的房屋都建两层，同时由于夏季湿热，冬季阴寒，由三面或四面两层房屋围合成一个高而窄的天井，这种设计有利于内外空气对流及冬暖夏凉的效果。房屋多朝南或朝东南，因以南向偏东为尊，唯庙宇大殿方朝正南。山民依坡建宅，平原居民枕河而筑。居宅以两层三合院为多，宜合族聚居，清代所建多“前厅后堂”“四明两廊”式，近代所筑多“三（五、七）间两弄（四）明轩”式。宁波人以门面合一间宽为正一间，不分深度和实际分隔，也不计楼层，故名为一间，实际常高下分数间。间内分割，俗称“前后房”。故旧时富家常屋近百间。此类大宅有照壁、石库门，尚对称，中有天井，俗称“明堂”。正房旁、后多盖披屋或平屋，间数不定，随贫富而别，以堆放杂物。屋顶多以象征富贵的元宝砖压顶，脊中绘塑取意吉祥的图案花板。屋面多用中式蝴蝶瓦。富户有瓦当，豪富之家多用空斗双重高墙，双屋之间以“马头墙”做防火墙。山民多用卵石和泥垒墙造屋，以单间连栋为多，少组合院。

天井院有两种基本形式：一种是由三面房屋一面墙组成，正屋三开间居中，两边各为一开间的厢房，前面为高墙，俗称“三间两搭厢”；另一种是四面房屋围合中间的小天井，俗称“对合”，“对合”的正房称上房，隔天井靠街的称下房，大门多开在下房的中央开间。两种天井院都以堂屋（正房一层的中央开间）为住宅中心，它的开间进深大，前面一般不设门窗和墙，与天井直接相通，利于采光和通风。

四水归堂　天井的面积不大，宽度相当于正房中央开间，长只有厢房开间大小，加上四面房屋挑出的屋檐，天井漏天部分狭小，这种高窄天井的设计，具有近似烟囱效应，有利于排除房宅内的污浊空气。天井还起着室内采光和聚集雨水再通过地沟排水的作用。

高墙窄巷　天井院之间为防止火灾蔓延，都将山墙建得高出屋顶。山墙呈错落的阶梯形，称为封火山墙，成为屋顶形式的重要标志。这样一个个天井院紧挨相靠，有条条街巷相连，形成村落中的支路，街巷与村中干路相通，构成鱼排式路网骨架。

大墙门　以“H”形为基本模式，当地称为“一横二纵四明堂”。宁波大墙门，少则二进，多则三进、五进，最大进深可达百米以上。正厅以三开间为多，大的可达五开间、七开间甚至十三开间。院落多，以井巷为特色；外墙面多且高，连续墙面长并很少开窗；洞头房和“卄”形交通廊道；在一个村落或街坊中，宁波大墙门一座座都是独立的；整体而言，和浙西住宅比较，注重门的使用空间，多为屋式的门；重结构，不太讲究装饰，明间用料硕大，前廊很少见到廊轩辅作，普遍用一只形如海虾（当地叫猫鱼梁）的支撑连接檐柱斗拱；小木作装修简洁精致，多长窗，细腻、丰富，有斜纹、拐子纹、回纹、直棂等，有些窗出现中心构图；宁波大墙门柱立面处理上有一个很重要的特征，是把重点放在两端的山墙上，而不重视当中大门；低矮；具有尊古和尚新的双重特性。

温州

三段式，民居基本上由门、院、屋三部分组成，俗称“三段式”。门是入口，有的以“屋门”形式出现，门上做脊、翘角、檐和装饰性斗拱。有的以“屋墙”形式出现，普遍做法是门向里退缩，形成一个“八”字形空间。院一般作为晒场、果园、堆放杂物、放养家畜等用。屋则住人。院的布局形式，有前院、后院、侧院。大户人家，由屋的排列方式不同形成了三合院、四合院、日月形的院，以至众多的内院。这些内院，如果面积不大的话，就叫作“天井”，俗语叫“道坦”。温州的院落，可种树、种花。有些大屋有前后院落，围合了很多天井，使房间都处于自然的氛围中。

檐、檐廊与披屋　造型角度讲，温州住房的最大特色表现在檐上。檐的门类很多，如屋面外伸形成很深的屋檐；在楼房分层处设腰檐；局部屋面升高形成重檐；为保护山墙不受雨淋，产生山檐；在山墙或设有腰檐的墙面上开窗开门多加雨披，则为窗檐、门檐；有些食物、种子需藏在通风、防湿的地方，故又创造了檐箱。温州大户民居从房间到院廊，多数住宅连两厢也设檐廊，檐廊是日常生活的主要场所，夏天纳凉，冬天晒太阳，小孩游戏，汉子打牌，妇女织布纺线，都在这些廊下。温州民居除檐廊外，还有一个特殊的做法是檐柱之间没有枋子联系，形成一个空当，这也使房子产生宽敞通透的效果。在室外走廊多以披屋形式出现，又产生廊檐。有时为适应沿海风大的特点，在主体建筑山墙的两端往往加披屋，这种披屋可看作是扩大了的檐。

一字形平屋有三间、五间、七间等，无楼居多，较低矮。屋内基本分为两部分，前半幢除正中一间为中堂外，其余均为房间；后半幢为一字形大厨房，除炊事外还用以堆放杂物和农具。中堂两旁间为双扇门，朝中堂开启。其他房间为单扇门，与厨房相通，从屋前围墙开窗取光。以泥墙为主，屋顶盖土瓦。旧时，农村多数一字形平屋以稻草盖屋顶，内以篱、泥墙相隔，这种草房现已不多。山区除瓦盖平屋外，也有以杉树皮盖房的。一字形房屋小巧富于变化，加上旁侧的厕所、储屋、猪栏等，造成房屋体形和层次的穿插，使整个村子都显得宽敞、明朗、活泼。三合院前多不设墙，即使有，院墙的高度亦低于厢房底层披檐，所有院内的树木、瓜果都越墙透出。更富特点的是正屋和两厢的山墙和背面大部分做成木板壁，在板壁上开门、开窗用直棂窗，堂屋前檐完全敞开，没有装修。

木结构方式　温州盛产杉、松、榆、楝、竹等，生生不息的木材为人们提供了丰富的建筑材料，形成了以木构件为主的结构方式，并具有深厚的历史渊源和精湛的艺术。从整栋房子的大木结构到局部的小木装修，运用木材的技巧为别地所少见，保留了大量古老的木作技法。大户人家多用抬梁式，一般民居两端山墙面多用穿斗式。山区穿斗式木构墙面的上部，普遍

用竹篱糊上蛎灰筑成，既减轻了梁柱负荷，又取得了灵巧的结构感。顶多为悬山顶，挑檐很深，木檐条直接架于梁上。一般为小式木作，梁、枋与柱采用榫卯连接，用料粗犷硕大。山区一般民居多为小木屋，临街木屋层层外挑，当地人有“占天不占地”之说，并且注意保持木头的原始色泽，不着油漆。

砖石技艺 温州境内山体主要由流纹岩、凝灰岩和花岗岩构成。这儿的采石业早在南宋时就闻名全国。建筑地基、台阶、地墁、柱础、墙裙、墙身普遍用毛石、条石、片石、块石砌筑。它很好地解决了地下水位高和抗风、防洪、防卫问题。遍布于山溪的卵石更是信手可得、取之不尽的建筑材料。人们除普遍用它平砌地基、墙身外，还用它驳岸、筑围墙、砌水沟、铺路，甚至用它当坐凳。砖石技艺包括石阶、地基等，其中最具特色的是卵石蛮石墙体。墙体自下而上缓缓收分，有的做成内弧面，底部放大，十分稳定。卵石蛮石形状大体一样，但各有区别，颜色深浅有致。砖瓦做的屋脊更有特色，大多数正脊都做得很简洁庄重，两脊端做有与屋脊曲线十分和谐的卷草纹，微微翘起，朴实有力。也有在脊头上装饰刻有花盆、葵花、鱼、鸡、狗等砖雕。砖雕是温州古代泥瓦匠的拿手戏，花墙随处可见，常用在住宅或祠堂的院墙砖门楼两侧八字墙上部。

绍兴台门

程式化程度高，规矩严，多方方正正的，常见的是正屋三间、五间，大的七间或七间两弄，绍兴住宅入口的典型做法是台门—前院—二门，二门又叫仪门，这道门是最重要的门。旧时台门为官绅巨贾的宅邸，质地讲究，屋宇高大，天井气派。台门里的天井，又称“明堂”，大致如同北方的院子，而地面大都采用石板或地砖铺砌。三品以上的高级官员，门口有旗杆，台门口有第额。有的砌一堵照墙，如果面临河道，则照墙后面还有两面踏道，照墙上还有描龙绣凤的花窗和墙顶的建瓴。台门内厅后有退堂，厅两旁有侧厢，有的侧厢建筑在天井的两边。台门建筑与官职品位要相符，否则就会有僭越之罪。如今的台门，早已不是原来官绅巨贾的私邸了，而与北方的大杂院相仿，一个台门里群居着若干人家，少则三五户，多达五六十户。

金华

平面稳定，有前后堂，吸壁天井，前堂天井大，后堂天井小，墙体厚实，马头墙简洁不花哨，砖的尺度大，墙门重点部位多用水磨砖镶贴，台阶、井壁、门框多用青石，塞口墙有长长的涩檐。有一些叫作十八间头、二十五间头等众多间头的大型住宅都是由十三间头组合而成的，主要形式有：“H”形、中厅、前后天井封闭式大屋由三个三合院背靠背组合，并且在开口处用外墙封闭，形成一个矩形平面，以敞厅为中心；四合院；日字形大屋；明宅。

十三间头即正屋三间，两厢各五间，前面用墙围封成的三合院。特征是三面住房，一面墙门构成一个天井院式宅院。正屋中央一间为敞厅，厅两侧为居室，正屋东西两翼各五间厢房，其中三间面向院落。正屋和厢房多为两层，都有前檐廊，正屋和厢房之间有弄，是正屋前檐廊的延伸，一头通向偏院，一头通向辅助用房，交通路线呈“H”形。

所谓套屋，是以一幢大屋为中心，环以小屋而形成的，它具有单中心的特点，且这个中心的院厅做得很大、很敞亮，以此来维系一个家族，可以归纳成下列三种形式：三进两院加套房、对合式十三间头加套房、前厅后堂加套房。

金华民居于2008年以“婺州传统民居营造技艺”名义被列入第二批国家非物质文化遗产保护名录，代表作有诸葛八卦村、俞源村、郭洞村、卢宅、郑义门等民居营造技艺。

台州

宋氏大屋、五凤楼：十八楼有下列七个特点：院落多，且采用自由布局；主院落大，且多呈正方形，基本上和厅、厢同宽，一般尺寸长、宽各三个开间，面积为150平方米左右；四向明堂之制；四合院式的十八楼一般为正院前设轿厅（也叫花厅、客厅），轿厅前设一个外院；注重门头建设，一般都做成门屋式的门；工程做法上保持了某些宋氏做法；房屋低矮，尺度较小。

三进九明堂是在十三间头的基础上发展过来的，清以前多流行口字形四合院。正厅七间，中厅开间较大，两侧两个大房间，再侧两个双间隈房（俗称双间六顶），作厨房用，东西两厢各一个横堂，两个厢房，前有屏墙，屏墙外是大门。到清代嘉庆、道光年间，出现三推九明堂形制。为了使前后三个大院往来便利，两侧开有大街堂。这三个院落各有自己的侧门，平时三院是隔断的，过年过节或红白喜事时才豁然洞开连成一体。

台州临海、黄岩一带住宅普遍采用“五凤楼”形式。上房和两翼都是三开间，明间作客厅，次间作卧室，正厢房都为二层楼，主楼的屋顶前坡短，后坡长，两厢为起翘的歇山屋顶，外观像凤鸟展翅，端庄秀丽。

三、传统民居的雕饰与装饰①

河姆渡原始先民就已经十分注意装饰自己的住宅。他们用塑有四头小兽和五叶纹的陶块装饰屋内，在木构件上也雕刻有植物茎叶组成的图案花纹，说明河姆渡住宅建筑已经有早期雕梁画栋风俗的萌芽。

浙江民居的装修在自然地理条件的影响下，综合满足了多方面的使用要求，并精心地进行艺术加工，创造了许多优秀的处理手法，显示了较为突出的艺术特点：采用灵活的装修构件，以满足不同时间对使用空间大小，以及通风、采光方面的不同要求；大量采用空透的装修构件，加强通风换气效果；采用几种功能相结合的装修处理，兼顾各方面的使用要求；广泛使用出挑的手法；重点的艺术加工。

浙江民居装饰、装修的门类有大木装饰、小木装修、砖雕、石雕、泥塑、彩绘、屋顶装饰等，和民俗、民艺结合，有祈祥喜庆、寓教于乐等特点。

绍兴民居屋脊极具装饰性，构图强烈，有些夸张，一般都有一道由砖瓦砌成的镂空图案曲线，尤其是屋脊中部都做出一个头冠一样的饰件，叫立牌脊饰，饰件的头部为泥塑浮雕，内容多为戏曲人物或神童仙翁，其冠都是镂空雕。

浙中民居不管是十三间头、套屋，还是小天井式，建筑艺术中都有一个著称于世的共同特征——建筑木雕。纹饰的题材可分为戏文人物、龙凤麒麟、树木花草、珍禽异兽、寓意吉祥、山

① 本目内容参考自丁俊清、杨新平：《浙江民居》，中国建筑工业出版社2009年版；中国建筑技术发展中心历史研究所：《浙江民居》，中国建筑工业出版社1984年版；李秋香、罗德胤、陈志华等：《浙江民居》，清华大学出版社2010年版。

水景观六类。纹饰的主题是吉祥纹样。它的作用除了审美外，还突出人物控制，具有认知和教化作用。大木构件木雕是浙中民居的一大特色，因为它是东阳帮雕的，故东阳木雕成了浙中建筑木雕的代名词，它主要用在梁架、牛腿、门窗、藻井上，题材涵盖了神话传说、戏曲故事、世俗生活、山水楼阁以及动植物的祥瑞图案。技法主要有浮雕、圆雕、半圆雕、透空双面雕、阴雕、彩木嵌雕等十余种。东阳木雕于2006年被列入第一批国家级非物质文化遗产名录。

建筑装饰：宁波地区民居的装饰艺术，无论是木雕、砖雕、石雕，还是壁画、彩画，都匠心独运，各具特色，表现出很高的艺术水准。砖雕精品多见于门楼，石雕多见于石窗、石鼓、抱鼓石、栏杆柱头、栏板、石阙、雀替等，木雕多用于斗拱、封板、栏板、木窗、木门、柱头等。其中尤以木雕工艺最为突出。

木雕在浙江传统民居建筑中有广泛的运用，雕刻的内容有花卉、飞禽、走兽、人物、山水、植物及几何图案等。无论是建筑上的斗、拱、昂、梁、雀替、牛腿或隔栅、门扇、窗扇，还是家具的细部装饰中，都体现了浓郁特色。其中最值得一提的是2006年初列入第一批国家级非物质文化遗产代表作名录的宁波朱金木雕。宁波朱金木雕，构图饱满，内容多是喜庆吉事、民间传说，画面充实，丰富多彩，形成宁波独特的地方风格。宁波民居砖雕、石雕雕刻细腻，造型生动，艺术价值较高。雕刻门楼多以历史故事为题材，有“八仙过海”“太公垂钓”“将相和”等，内容非常丰富。如现存的宁波月湖叶氏住宅门楼雕刻技法娴熟，是地区晚清民居建筑中的砖雕代表作。

四、传统民居的建造[①]

传统民居的建造，主要包括建筑材料、建造过程中的做工等技术性内容以及建造过程中的仪式等信仰文化内容。

（一）建造的材料与做工

在建房用建筑材料上，浙江人就地取材，因地制宜，体现了各地不同的用材习惯和特色。常见的建筑材料有以下几种。

木材

传统房屋为土木结构，主要材料是树木和黏土。木材以楠木、柏木最为贵重，因稀少而难于采用。杉木用途最广，柱、椽、桁、栅、梁、栋、门、面、窗、户等都以之为材料。松木主要用作楼板与厅堂大柱，樟木是大梁和雕花构件的最好材料。枫木、橡树等木材杆直质硬，可做梁、柱、桁、栅。经济条件差，则用松木代替，松木的缺点是沾水易腐。

瓦片

由黏土烧制而成，一个高约20厘米、圆周大约60厘米的圆筒形瓦片泥坯，制成4张青

---

① 本目内容参考自丁俊清、杨新平：《浙江民居》，中国建筑工业出版社2009年版；中国建筑技术发展中心历史研究所：《浙江民居》，中国建筑工业出版社1984年版；李秋香、罗德胤、陈志华等：《浙江民居》，清华大学出版社2010年版。

瓦，烧好盖于房顶，仰瓦搭于两根椽子之间，排成流水沟，覆瓦盖于椽顶，而成瓦楞，也叫鱼鳞瓦。为防止风吹动瓦片，古人有采用山上扁平石片作瓦。屋脊蓄瓦于栋，用作修漏补充。20世纪70年代开始，普遍采用西式平瓦。青色平瓦烧制成本高，后多用红色平瓦。纯西式洋楼，屋顶用混凝土浇建为平顶，近年又流行斜顶。

砖块

建高厅大厦都用青砖砌墙。露于外部的后墙与金字墙，窗盘以下的基部都用砖窑特制的厚约4厘米～7厘米的亚方砖平砌；窗盘以上用开砖砌。开砖厚约1市寸多，中用铁丝拉成两片，仍留一线粘连。用时剖开为二，砌成空心墙，下部墙中灌一些泥浆碎石。一排房子不论多高多长，都成直线。20世纪70年代后，用红砖砌墙，红砖的长、宽、厚规格不同于旧式青砖（青砖的规格在历史上也有多次变化）。一间房屋与一间房屋之间的间隔，楼板门楣之下，前后柱子之间，用青砖砌墙。这种砖称条砖，比开砖略宽略厚，横放单块立砌，四周挤紧。亦很牢固。从绣湖广场修建时出土的砖来看，古代有麻纹砖，边脊有鱼、太阳及简单的几何图形，比现在的砖要厚要长。

石块

富户用以砌墙脚。贫户无钱买砖，用石块砌墙脚，也用溪里的鹅卵石砌墙，称石子墙，主要建于取块石方便的溪边村。砌石块墙，用黏性强的红泥做浆，进行黏合。但红泥见水就化。如果大风吹动瓦片，雨水漏进墙中，墙就倒坍。贫户缺钱，屋顶瓦片，难以盖厚，易受风灾，石墙也易倒垮。20世纪后期，经济好的，用清砂、石灰作浆砌。古代砌石，用糯米胶作黏合剂。

泥沙

取石块困难的地方，贫户用夹板，以泥沙捣墙，称泥墙，这种房子称泥墙捣或泥墙屋。泥墙如果泥沙（沙砾）少，石灰多，也很牢固。俗话说："只有千年泥墙，没有千年砖墙。"20世纪80年代后都用红砖砌墙。

20世纪下半叶开始，农民住房建设用地统一规划、统一安排，木材来源亦由政府掌握，除个别山区，没有人再建造土木结构的全胎屋，全部建为一字式。房屋分间，由一榀木柱，改为一堵墙壁。门面不再用木结构，改为墙壁，或金属栅，或全玻璃。层数由起先的两层增高到三层以上，近年以四五层居多数。建筑材料以水泥、清砂、钢材、金属、石灰、玻璃、油漆为主，木材大量减少。

（二）建房仪式

建房，俗称"造屋""砌屋""起屋宕"。在建房中，不论是定基、动土、上梁及落成、乔迁，在农村均有一定仪式。

选地安土

旧时，建宅要请风水先生选定宅基，定出朝向。地基如果东高西低，生气降基；东低西高，不富且豪；前高后低，寡妇孤儿，门户必败；后高前低，主多牛马。建屋环境，左有流水谓之"青龙"，右有长道谓之"白虎"，前有池塘谓之"朱雀"，后有丘陵谓之"玄武"，认为这是最贵之地。然后，定门向，以向东为上，称谓"紫气东来"。动工要择吉日。开屋基、竖房架，妇女必须回避。再择日动土。破土时要安土，先挖土数块放筐中，插上 5 条画有朱符的桃木，加破伞遮住，表示取得“太岁”同意。再选日请木匠“切木”（切好主栋、正梁）、“定所”（奠定屋基）、“响卜”（竖立屋柱）。用罗盘（即八卦盘）定向立桩，并要用水果、香烛祭祀土地公公。祭祀毕，一人执香领路，一人用锄头做掘土状，以示动土建宅。建宅开土，地槽要放石片。打夯定宅基，工人多以唱吉词作为打夯歌，一人开号子，其余人和音。在定基时，要在地下挖一个洞，埋下一包“银珠神砂”，插下五条七八寸长的桃符木，然后烧纸和燃放爆竹。

建房破土

选择吉日，祭祀安神。安神时，要先准备一根方形木桩，木桩正面书有丹朱符灵，木桩顶端包裹红纸，在破土前将木桩插入宅基中堂后方的正中部位，并在宅基点香烛设祭，在宅基四周淋鸡血。安神后，泥工方能破土，主人家给泥工动工红包。

屋主对栋梁的选择十分重视，一般要到山林中去选。砍树前要在树旁点香烛，祭祀山神，祈求保佑砍树人的安全。做栋梁的树不能落地，砍伐栋梁树要垫以杂草。抬回放在木工使用的三脚马上后，忌人跨越，忌讲恶话。栋梁要由手艺最好的师傅做，一般是在上梁前临时做，劈下的树皮、刨花、木屑不能当柴烧，要倒入溪流和坑水中去，任其漂浮。

上梁

上梁是建宅的重要一环。乡间上梁也要选吉日，认为上梁顺利与否和建宅后的生活相关联，因此上梁这天主人家倍加小心。在宁波，上梁的时间一般定在“月圆”“涨潮”的时辰，取其合家团圆、钱财如潮水涨进之意。梁的两头缠红布，或红色绸布，俗称“缠梁红”，用小型银钉钉在正栋上，宁波话“银”与“人”谐音，取其人丁兴旺、人丁节节高升之意。上梁前，木匠要唱“上梁歌”，俗称“浇梁”，主人家用送红纸包钱，工匠手拿酒壶一边洒酒浇梁，一边唱吉词。酒毕，作头师傅高喊：“上梁！”四工匠分两头用绳拉梁慢慢上柱顶。东首工匠必须比西首拉得高些，此谓东首为“青龙座”，西首为“白虎座”，“白虎”必须低于“青龙”。梁放齐，钉银钉，梁中放银梯。然后抛上梁馒头。上梁这天，主人家要办上梁酒，少的三桌，多的十几桌，宴请泥水匠、木匠、石匠、帮工及亲戚朋友。

祭梁

在绍兴，上梁前将鸡血淋在栋梁两端及柱脚上，称为“祭梁”。在梁正中挂上米筛，米筛上插有铜镜、剪刀、尺，上围红布，意为驱逐凶神恶煞。米筛、镜两旁各挂着三角形的红色布袋，叫“五谷袋”，袋中装有谷、米、豆、麦和 12 枚铜钱，寄寓五谷丰登之意。五谷袋旁，还各有一个木制红色八角形小槌，叫作“状元槌”，又叫作“木榔星槌”，是上梁所用的工具。状元槌旁又各悬挂着一盏灯笼，内燃红烛。栋梁横放在中堂，两旁各挂数片瓦片，架以三脚马，梁上还贴有一张黄表纸，上书“紫微高照”。帮助上梁的两名父母双全、兄妹众多的 10 余岁男孩来到后，栋梁两端已用专用的阔布条缚好。吉辰一到，屋上屋下的木匠将栋梁徐徐吊上屋顶，两个作头木匠护送挑选出来的这两个男孩，爬上木梯，口念彩话，如“脚踏云梯步步高，后步总比前步高”等语。每念一句，站在地面上的木匠和帮忙人都要齐声接上一句“好哇”。当男孩和作头木匠爬上屋顶时，木匠把栋梁榫头对准并垫以竹箬，由男孩用状元槌在榫头处轻击三下，作头木匠就用大斧猛击栋梁，把榫头击实。上梁后，在栋梁正中钉上“七星椽”，即钉上七根瓦椽，然后盖瓦。梁上的器物要挂满七天方能取下。

（三）杭州西溪建房仪式

在西溪，造房子是人生头等大事，人们会谨慎行事，先请风水先生相中一块“风水宅地”，才放心开基造房。选基地要考虑到：东面房子的紧密，西面的稀疏，房屋最好都朝南，忌西南方位有突出，忌前高后低，古语：“基地前高后低，做得皇帝登不了基。”选址后还要请风水先生选黄道吉日吉时才破土开基。破土前请土地菩萨，放一块土地之神位，用蜡烛、鱼肉蔬菜供奉。开基要撒石灰、茶叶、米以辟邪，放炮仗。户主先在房基四角动土，然后泥工放样施工。在建房过程中，前后邻居挂上张天师辟邪符，或写张“姜太公在处百无禁忌”字样贴在大门边。现在一般都在自己房上插一面红旗以求吉祥。

上梁是建房的关键工序，要请风水先生择一个好日子、定一个好时辰。风水先生根据主人家里人的生肖、人口数、命相（包括手相、脸相）并结合当地风俗操作，如家人对生肖有冲，在上梁时避开时辰即可。上梁这天，亲朋好友、隔壁邻居要来帮忙，而且要带上礼品、红包（礼金数额不一）庆贺。一般亲眷带上被面、馒头、水果、糖等，而东家的娘家作为“顶头亲”要准备“烧纸”，烧纸礼品包括鱼、肉、鸡、花炮、馒头、状元糕、粽子、烧纸马14位菩萨，菩萨分别是和合二仙、当境土地、城隍主神、青龙吉庆、如意元坛、五圣真神、六畜五牲、田公地母、鱼花、蚕花、太岁帝君、赐福财神、鲁班先师、张班先师，还要带丫的毛竹，毛竹丫上挂钱币，毛竹越高越好，叫节节高。临近良辰，正堂大厅里东家开始请菩萨，八仙桌上放置四个祭盘，分别盛鱼、肉、蔬菜、水果、馒头和被面，每位菩萨前面供好黄酒，这叫“上梁供”。同时木匠师傅刨光大梁，用几枚古币钉成元宝状（意指财源滚滚），钉好交梁布，两头挂好红丝绵、法兰，大木梁各头系上麻袋、拉绳，麻袋内有馒头、糖果、香烟、粽子、红包等。木匠师傅、泥水师傅分站木梁的两头（泥水师东、木匠西），用绳子将这根大梁拉至顶屋。木梁下东家家里的四个人各执被面的一角（被面要全新，绿色）。时辰一到就燃放花炮，泥水、木匠师傅解下麻袋，向下抛馒头、糖果，这叫“抛上梁馒头”。并把麻袋里的香烟、红包赠予木匠师傅和泥水师傅，随后东家把裹馒头和糖果的被面收放在米囤里（寓意年年有余）。

晚上主人大摆“上梁酒”，特别是木匠师傅、泥水师傅要被主人请到新房子正堂的主要位置就座，以显示对他们的尊重。吃完上梁酒，帮忙的邻居和客人要陆续回去了，主人会把他们送来的馒头等分出一半让他们带回家去，不能全收。

房子建好，安装完成后，准备搬进自己新房，先叫风水先生选择一个黄道吉日。搬迁这日，先把八仙桌搬到新房，当天凌晨（一般3点左右），八仙桌上供奉菩萨，是家堂、灶君、鱼花、蚕花、六畜五牲、太岁帝君、福禄寿星、赐福财神、和合二仙、田公地母、当境土地、青龙吉庆12位，每位面前供一杯黄酒，再供上“三牲”（即猪肉、鸡、鱼），分别盛在三只屉盘里（屉盘，一种祭祀用的盘子），三牲上面分别贴一张红纸，盛鱼、肉的屉盘里放一把筷子和一把菜刀，表示请各位菩萨尽情享用，然后点燃香烛，最后送菩萨，燃放花炮、鞭炮。搬家一般不请客，亲戚也无须送礼，烧好纸后就开始搬家，先搬马桶（满子）、帐子（长子）、盐（结贤）、甘蔗（节节高）、橘子（吉利），然后再搬各项物件。

(四)宁波建房仪式

在宁波,造房的程序一般为奠基、上梁、砌墙盖瓦和进新屋等几个步骤。其中奠基又包含“选地相宅”“祭祀动土”“挖地排夯”“筑基理石”等内容。上梁中上正梁、上大梁仪式最为隆重。至于新房完工后,乔迁入屋自有一套仪礼和习俗。

奠基

在造屋之前必须先寻找宅基地,并要请风水先生察看“阳宅风脉”。风水先生按照阴阳八卦、天干地支以及五行相生相克的原理,来确定此宅基是否“风水宝地”,是否适宜建房。一是造房选择宅基地时,除了考虑“风水”因素外,还要考虑是否是“风口”,屋后是否有石塘,还要考虑上屋、下阶的道路和山溪的流向。二是测定宅基地和上屋的走向。其方位不能朝正南和正东。只能是朝南或东,或朝东偏南坐向。这是因为台风季节以东风为多,若宅屋朝正东,狂风暴雨骤至很不安全。为此“选地相宅”时,要用罗盘来测定方位。渔民在建房时选宅基地必须面对港湾和岙口,便于房主人观察海上动静和船只动向,万一海湾里有啥变化,房主人可及时察觉下山补救。

“选地相宅”后,主人家要用三牲福礼、四色水果和大红蜡烛祭祀宅基主人的祖宗或当地土地神,并宴请和酬谢风水先生。

当宅基确定,备足了原料后,接下来的程序就是破土动工。破土的日子,要择吉日良辰。破土前要在地角祭拜土地爷和四方鬼谷神,要用朱漆大红木盘以及丰盛祭品祭祀他们。祭祀毕,由主人执三炷清香和酒壶领头,后跟施工的泥水匠和木匠,手拿锄头和土筐,按宅基轴线边锄边进,从而划出宅基的界线和范围。再接下去就是掘土开漕,因地漕较深,土质较松,需放大片石填底,用土夯夯实,俗称“开掘排夯”。开掘排夯后,在底石上再筑一排方形的块石,俗称“理石”,使宅基平衡方正,成为一块完整的宅基。按照旧俗,此时在地基四角要放定界石,上刻“×姓墙界”或“泰山石敢当”字样。

俗话说:“造屋百年,全靠地基。”地基稳则房屋牢固,地基松动则房屋倾倒,从古至今造屋的主人对此都把关很严,并有周到的习俗仪礼。一要择吉利的日子,还要择吉时良辰。所谓吉时良辰,海边的渔民一般认为是潮水上涨的时刻,宅基才能动工。这是因为潮涨意味财源涨、福禄升,鱼从远方向近岸游来,是鱼丰人富的象征,此时破土定会大吉大利。二要插旗。在宅基地和邻居的屋前屋后都要插旗,插旗的目的是占风水。邻居家怕风水被奠基的屋主人占去,所以插旗以避之。屋主人插旗也是为了占风水,故插旗而护之。插旗的色彩有红、蓝、黄,但不能插白旗和黑旗。样式上也多种多样,有方形旗、三角旗、令字旗,还有鳌鱼旗、龙凤旗、鲳鱼旗、八卦旗,五彩缤纷,尤其是盖上观音和龙王庙大印的佛祖旗和龙王旗,更是神圣的象征,具有非凡的神力,其镇邪趋吉的功能更强,为人们崇敬和信仰。奠基物习惯把康熙铜钱或描有金龙图案和乾隆通宝字样的铜板作为奠基物,放在四角基石下以镇邪。甚至有人把碎小的金块作为奠基物,据说是屋沾金,人丁旺。也有人在宅基的侧角下挖个小洞,埋下银珠神砂以及桃符木或八卦匾额。据悉,埋后还要烧银箔和燃放爆竹。在宅基侧角的正面竖“泰山”或石条以驱灾。

在奠基程序中，还有一俗，一些渔民在造房时要“先挖坑，后造屋”。即在奠基时，同时在屋宅内挖一个大坑，把预先做好的大木桶放入坑内，作为渔民的室内地下腌鱼仓库，再在上面盖上木板。

在建房仪礼中，更具特色的还有上梁。奠基完工后，接着是择日立栋，继而竖窗架和门框以及砌墙。海岛上的墙，下半截是石块，上半截是砖头。窗有木窗、石窗之分。但是，这些程序都是技术性操作，唯有上梁，最具有信仰和礼仪色彩。上梁要择吉日良辰，亲戚朋友要送贺礼，邻居家为了避邪要挂红布旗、米筛和镜子，俗称“拔福”。住宅中，柱子上贴的是绿纸楹旌，正梁上挂的是红布二方，有的还插金花和挂红灯笼。那一天，屋主人要祭天地神祇，办竖屋酒，并要向木工师傅分“双份利市红包”。上梁时，木工师傅唱着“上梁歌”踏梯而上，到了梁上还要“醮梁”，抛“上梁馒头”，贴八卦图案，抛“子孙袋”，等等，程式十分烦琐。上梁时要唱上梁歌。大致有五个阶段。首先是“布彩”龙歌，歌词云：“红缎绸缎挂成双，押稳楠木紫金梁。仙鹤神鹿群起舞，金龙玉凤祝安康。”此时，木工把房东准备的红布或福字横幅安置在明间的脊檩中间，俗称“布彩”。接着是上梁，即把一根根桁条安装到梁架上去，在鞭炮声中，由两位木匠的领班师傅分别从两边爬上扶梯，一边亮开嗓门唱“上梁歌”：“脚踏扶梯步步高，手攀杨柳采仙桃。采出仙桃眯眯笑，众仙聚会火焰高。东海老龙来斗宝，西池王母献蟠桃……”这种歌谣可以唱得很长，不同的木匠有不同的唱法。并在安梁时用酒浇梁，俗称“醮梁”。此时也要唱歌：“九龙山上，出了一根沉香大木。上有凤凰筑巢，下有青龙盘根。”还有：“浇梁浇到头，一对青龙四海游；浇梁浇到尾，凤凰展翅来贺喜；浇梁浇到腰，代代儿孙戴相吊；浇梁浇得团团转，富贵荣华万万年。”接下去即为明间脊檩到位，上梁的仪式进入高潮。木工师傅头顶糕盘，顺着梯子边上边唱：“脚踩聚宝凤凰地，身踏招财紫金梯，龙飞凤舞鹤来朝，龙母娘娘把手招。”到了梁顶上木工开始往下抛“上梁馒头”，此时，下面的姑娘边抢馒头边唱歌。唱的内容也与龙有关：“龙女接宝兆吉祥，屋主含笑喜气扬。上梁喜逢黄道日，宅安人美有福享。”歌唱完了，上梁的仪式也就结束了。

建新房上正梁时，主人要操办上梁酒。择吉日吉时，早起先敬神，以祈求屋业太平兴旺。到涨潮时上梁，梁上先披红布和蒸伞，上钉角子钱币，表示红火、蒸蒸日上、财源滚滚。上梁时，放鞭炮，抛上梁馒头，从梁上抛下馒头、糖果、香烟，以犒劳邻里乡亲，交结缘分。是夜，主人办上梁酒，主要请造屋的泥木师傅、帮工及亲朋贺客。亲朋相贺，主要送油包（一般送 108 只）、馒头、蹄髓、鹅等供品菜肴，也可以送礼金相贺。

此外，旧时对水与火也有所忌讳。上梁最喜下雨，认为“龙浴于水，生活富庶”。但却忌红讳火，凡言语、用语皆得禁忌，为此楹联、横披概用绿纸，连有火字旁的字都不可全写，如“紫微高照”的“照”字，下面只写三点，不可写四点。然而，上梁后却又得生火甏，三天不灭，谓之“火种不灭，兴旺发达”。但从上梁及其有关习俗，可见东海渔民建房特征及其海洋文化的影响之深。

（五）建房禁忌

盖瓦房，房顶上瓦的行数大都用单数，忌用双数，据老人传说，木工始祖鲁班，乳名“双”，因此为避讳，盖瓦也不能成双。农村建房最好坐北朝南，但忌向正南，而要偏南偏东。俗信官衙和佛殿坐局正南，民家无此福气，否则，会折福。“门对门”“门对弄”“屋脊对门”，凡有此者，俗谓“相冲”，即有相克之意，往往在门框上挂米筛、镜子、八卦图或书写“泰山石敢当”“姜太公在此，百无禁忌”等字样以辟邪。遇到邻家屋檐正对本家，在屋面放“瓦砾将军”（一般是姜太公钓鱼泥瓦像），或种“屋葱”，因“葱”与“冲”谐音。屋前东首忌造厕所，因东首是“青龙头”，怕污渎青龙，破坏风水。建新灶，其灶孔必须朝西，否则认为不吉利。而且要付打灶师傅双工资，忌发单工资。

五、传统民居的格局布置与日常起居[①]

不同地区的民居因家庭成员的多寡和尊卑，房屋整体构造等因素会出现不同的空间分配和格局布置，这些都是传统民居习俗中非常重要的文化内容。而在日常的居住生活中，家具及日用器具的布置和使用同样也是体现不同地区居住文化的重要内容。

（一）传统民居格局

浙江传统民居空间的基本组成单位主要有：间，横向拼连成住宅的基本组合体；廊，功能作用主要有三个方面，遮阳、防雨、作为交通联系及半室外空间；厅，多布置在正房轴线中部的明间位置上；弄，作为交通线用的较窄的“间”；披，依附于主体建筑，或从主体建筑延伸出来的单坡房屋；楼层，利用木构架的方便条件，楼房可以上下层对齐，由上层挑出，或上层退入，形成多种立面形式；阁楼，一种是房屋局部作楼层，楼身一般露在底层屋顶之上，一半隐在其中；另一种是在房屋大跨度的情况下，屋顶山尖有足够的高度可以做一隔层，形成一个完全隐蔽在屋顶下的阁楼；夹层，在一个房间内部，部分做成两层，其余部分保留单层，形成了夹层；楼井，是在楼层地板的一部分开洞，周围加上栏杆，有些楼井不一定开在房屋中央，有时开在靠墙的一侧成一角；屋顶山尖，是指屋檐以上、屋脊以下的三角形空间部分；敞棚，多数是利用天井的一部分空间搭设而成；骑楼、傍街或沿河的楼房，有时将底层的前面部分辟为可以互相联通的人行道，人行道的上层为住房；过街楼及过河楼，是跨小巷或小河而建的楼房；走马楼，在大型住宅中，有时在“口”形成“日”形平面的楼层上，做可以环形全宅的檐廊；门道，大型住宅的大门内常设一个过厅式的敞间，作为宅院内外的过渡缓冲；庭院和天井，是住宅内部的室外空间，是生活起居、通风采光和绿化美化环境等功能部分。

平面类型：“■”形平面，平面外墙大致成一方块形或矩形，内部用木板墙分隔成三四个房间；“▁”形平面，此类平面是以开间为单位横向拼连而成；“▌”形平面，此类平面是为适应城镇中沿街临河或前街后河的街坊而产生的；“L”形平面，以“▁”形平面为主体在一个尽端向前加一两间房屋，形成一个两边长短不同的曲尺形；“Π”形平面，最典型的是“十三间头”的型

---

① 本目内容参考自丁俊清、杨新平：《浙江民居》，中国建筑工业出版社2009年版；中国建筑技术发展中心历史研究所：《浙江民居》，中国建筑工业出版社1984年版；李秋香、罗德胤、陈志华等：《浙江民居》，清华大学出版社2010年版。

式，即正房三间居中，朝南面天井，中央一间为敞厅，厅侧两间为居室，是为主人居住之所；“H”形平面，是由两个三合院背靠背组合而成；“□”形平面，亦称“四合院”，即房屋围绕天井四面布置成为一个对外封闭的住宅；三合院或四合院的发展形势，当住宅规模逐渐扩大时，多是以三合院、四合院或“H”形平面为单位，根据不同的基址范围、向纵向或横向拼接组合；高密度的住宅平面，其最大的特点就是体现了很大的经济性，以有限的用地来解决尽可能多的住户。

为了争取和利用更多的使用空间，除了大量修建楼房与增设阁楼外，最常用的办法是“出挑”和利用屋顶山尖部分的空间，并把零星的小空间都利用起来。

室内空间的分隔与联系，浙江民间房屋，内部分间多用木板作隔断，也有用竹篱笆外抹灰泥的薄墙、竹席编的隔屏以及悬吊式的隔屏；室外空间分隔，院落式住宅常用围墙划分宅的内外，在大型住宅的庭院内，往往用廊来联系各组房间，使空间曲折而有层次；内外空间的分隔与联系。

浙江民居对庭院天井的功能要求主要包括通风换气；接受日照，解决采光；排泄或收集雨水；通过设置水池及绿化来调节小气候；满足农村副业生产的某些需要；堆放杂物；室外纳凉、休息、活动；宅内交通；美化生活环境等。

（二）家具及用具①

日常生活离不开家具和常用器具，在浙江地区，常见的家具和用具大致有以下几种。

眠床

旧时，有钱人家多为 17 扇屏风红漆描金床，前有额，描花嵌骨，雕龙刻凤，还有山水、花鸟、人物涂以油彩，制作极精工，床前设踏脚厢（“踏床”），一头为高架的“踏床柜”（可放灯台、食品或零星衣物），另一头为马桶箱，全称“帐前亭床”。在舟山渔村上中家庭都有红漆描金床，叫“大眠床”“冲天眠床”，后来改为“三弯眠床”“七弯眠床”，后来又风行新式眠床，叫“凉床”。请木工、漆匠做一张七弯眠床，少则上百工，多则几百工，床沿四周描花嵌骨，雕龙刻凤，十分精致。大眠床的床前设踏脚厢，一头是高架踏床橱，另一头是马桶箱。六横、虾峙、大巨等地还风行火柜，冬天在柜内生火以取暖。一张新床做成使用之前，要用香烛敬请床公床婆，以后每当妇女做产时，都得请床公床婆。这种习俗如今仍流行。穷人则用“板床”（于凳上搁木板）。民国中后期，流行假铁床、吊帐床或“两头床”。床板，大户人家用藤绷，一般人家用棕绷。近年盛行了弹簧床（席梦思）。夏季习用竹骨的“独眠帐”，可撑可合，极为方便。

衣橱

房内摆设较俭朴。清代在渔村开始通行红色衣橱，橱分上下格，下格既作为被橱用，又作为钱柜用，上格为放置衣物。20 世纪 30 年代以来逐步推行纱橱和双门玻璃橱。改革开放后又通行三门橱、五斗橱、床头橱等。

---

① 本子目内容部分参考叶大兵：《中国民俗大系·浙江民俗》，甘肃人民出版社 2003 年版。

半桌、春凳

在居家常用的家具中，较多见，有地方特色。半桌为八仙桌的一半，占地小，搬动方便。春凳介于桌、凳、床之间，如半桌大小，高低如凳，常在室内外之间搬动，可在上面吃饭，亦可代凳，亦可代床，作为乘凉、小憩之用。

竹簟

收稻谷用的粗竹席。大者几丈见方，稻禾成熟期将簟展开，置木架或石上，举稻把掼于木或石，稻麦粒随落，积于簟上，不仅可免泥沙混入，而且可减少损失，晒谷物和打稻等用很方便。

罐头灯

旧时山区的一种照明工具。即是在罐缸中放上泥块，中一窟，装进菜油或牛油，用蜡烛芯或纸卷燃上发光。随着照明工具发展，山区也用上了电灯，罐头灯基本上绝迹。

蜡烛台

一种插烛的灯架，其架用铜、锡、铁、木等制成，大小不一。通常分为上、下两层，呈塔状，每层饰有各种刻制花纹图案。旧时各家必备之物，祭祀、婚丧、寿诞等事必点蜡烛，插之于台，亦为女出嫁必备的嫁妆。

鸡囱

温州地居东南海滨，气候温暖，但有些县的山区，冬天颇寒冷。有用细篾编成小熏笼，有提柄和盖，内放瓦器以蓄火，俗称“鸡囱”。

鹤兜

是民间的一种洗衣用具，也作为脚桶使用，其形下面是个圆木盆，在盆边上做一个长把手。手柄上往往雕一个鹤头，俗称“鹤兜”。使用方便，群众十分喜爱，女子出嫁时，鹤兜是嫁妆中不可缺的。

渔家生活用具

渔家的生活器皿，具有海洋特色和风味，如渔民盛酒习惯用葫芦，不易碰碎；船上用的打水桶用木质挈桶，便于海上使用又不占地方；盛饭的器皿叫“饭搭”，即有耳朵无挈档的木桶；船上盛菜的器皿叫“羹搭”，也是木制的。按规矩渔民出海生产，只有煨船生火，网船不用火。煨船烧好饭，用饭搭、羹搭装好饭菜递送给网船上的渔民食用。

香篮

旧时浙江一些老妪、老丈要修来生，他们吃素念佛，拜佛求经，上寺庙、下庵堂时，往往手提香篮，内藏香烛。这种香篮用竹编制而成，长方形，而四角却是圆的，篮深1厘米左右，上面有一个篮环，扁圆形，三只环脚钉在篮腰，篮盖隆起。香篮一般漆上红褐色，有的还在环的两边写上黑漆字，一边是姓名，一边则是年月日。香篮越讲究，表示身份越高贵。

（三）迁居

迁居，俗称“搬房子”。旧时迁居，搬迁之物要分先后。首先搬入发篮、梯子、晾衣的竹竿、万年青、吉祥草和柴米等。发篮，为杭州竹篮，糊以彩纸，篮中贮头发等物，悬于厅堂庭柱之顶角，发篮谐音取兴旺发达之意。晾衣的竹竿（俗称“节节高”），梯子（“步步高”）都取纷纷高升之意。万年青、吉祥草各两盆，置堂前画桌左右，取意为吉祥如意。直柴和大米两担，取柴米富裕之意。其次，移神堂和祖宗堂。杭人对祖先和神佛十分虔敬，中下之家，供祖先牌位都做方形的匣子，不装门窗，钉以木架，置于正屋之高处。中上之家，都制成屋形，高约3尺，宽约2尺，深约尺许，分3层，上层有总牌位，上书“某氏堂中历代先远昭穆宗亲之位”，以下两层则按次排列祖先神主。祖宗堂大都供于厅堂左边，右边供神堂，供祀观音菩萨、土地神、天地君亲师牌位。商贾之家，亦奉伏虎元坛，即财神。祖宗堂、神堂迁入后，便搬家具、箱笼、杂物。最后，选择吉时良辰，全家老小才入居新房，由亲友迎之入屋，并以灯烛导之登楼，彼此不交一语，取俗谚“闷声大发财”之意。饮过糖茶后，亲友才齐声祝贺。当天主家设宴，称“乔迁喜酒”。亲友送礼，或送年糕或送贺轴。

在温州，进屋要择时辰，放爆竹，并准备谷米（一担）、五谷种子（五包）、草席、算盘、秤等物。由全家人依序挑携，列队绕屋一圈。有的地方还赶着猪，牵着牛，一起参加仪式，表示迁新居后，祝祷人丁安康和六畜兴旺。当天建新灶，要分汤圆，晚上摆“完工酒”，也有叫“竖屋酒”，请建屋师傅和亲友欢饮。

主人乔迁新居，办进屋酒以酬亲朋。择吉日早起要敬神，先搬马桶到新屋门口，因马桶又称“子孙桶”，以求子孙繁衍。城里人家则以扫帚、畚斗从大门一直扫到自家门口，以示“财不遗路”。然后先搬床、被，以示入屋。进屋酒可以办在中午，也可以在晚上。多以晚餐为“正桌”，邀亲朋入席，同喜同贺。贺客则以合适的房间摆设、金团、鲤鱼、白鹅、利市（猪头）等食品相赠，金团要64只，也可以赠送礼金。

在宁波乔迁新居，主家需办进屋酒以酬亲朋。择吉日早起要敬神，先搬马桶到新屋门口，因马桶又称“子孙桶”，以求子孙繁衍。城里人家则以扫帚、畚斗从大门一直扫到自家门口，以示“财不遗路”。然后先搬床、被，以示入屋。进屋酒可以办在中午，也可以在晚上。多以晚餐为“正桌”，邀亲朋入席，同喜同贺。贺客则以合适的房间摆设、金团、鲤鱼、白鹅、利市（猪头）等食品相赠，金团要64只，也可以赠送礼金。

六、民居的租赁和典卖①

民居在居住过程中会由于不同的原因出现产权或居住权的变动，相应出现了租赁、典当或者买卖等行为，并在此过程中产生了相应的行规和习俗。

租屋

城市居民无房地产者，大都典屋、租屋。凡买卖、租赁房屋，有专人做中人，杭人称之为“房鬼儿”“瓦摇头”。旧时租赁房屋，必须先付押租。房东收押租，不另立收据，只记在租房折上，一般收房租，每月一次。抗日战争后，物价不稳，押租改用银圆和大米折算，并且在租房前，须先交押租三个月或半年。旧时，亦有租赁了房屋，再行出租给别人者，称为“二房东”。在绍兴，租住房屋要立租札（即租约），也有口头约定而无书面租札。租札有定期与不定期的

① 本目内容参考叶大兵：《中国民俗大系・浙江民俗》，甘肃人民出版社2003年版，第144页。

区别,一般是城镇按月付租金,农村按年付租金。在舟山,海岛渔村多自建住宅,很少有人租赁房屋。而城镇则不同,多数居民租赁住宅,租期有 5 年或 10 年或 20 年。有的一次性出一笔巨款给房主,他日到期,房主收回租屋,归还所收款子,叫"典房";或者每年付出若干钱钞以租赁,可作为常年房客居住叫"租屋";也有一人出租金租得一栋房子,而后又分别以高价转租他人,叫"转租",亦叫"探租"。

典屋

在绍兴,有因经济困难而将房屋典当的。典当价格一般是房价的 1/3 左右,有"无年限"与"有年限"的区别。所立契约叫作"当契",当契上写明房屋坐落、"四至"及房产情况,双方各执一纸,取赎时,将息作租,原价取赎。在杭州,旧时,典卖房地产要立契。甚至有些破落房主,凭借恶势力,延至两三年不交或不全交房的。搬家堂、落匾额,都向典方索费,典产有定期,到期方能赎回。

卖屋

在杭州,旧时卖房地向来有找价的惯例,名叫"契下三找",第一次找 1/10,第二次找 1/20,第三次找 1/40,如果 3 年找一次,需 9 年。因此,往往在立契时,买方把找价手续一次了结,在正价之外酌加若干,契上写明"所有契下三找一并在内"。虽然如此,有的卖主见产业价格上涨,又烦中人再去找价,如中人拒绝,房主亲自去找价。

断卖

在绍兴,断卖的房屋不能取赎,所立的契约,称为"断契"。卖屋时以房论价,由房牙郎中仲裁,取得两方当事人同意后,即立契据。契据写明房屋坐落与"四至",凡梁柱阶石,门窗户扇,椽瓦磉石,寸丁寸木,必须书写详明,再由双方当事人、见中(证明人)、在见(一般是亲属)、代笔人签押画字并按指印,再向政府缴纳卖契税,然后连同该房老契一并交由买方收执。还有一种叫"断卖取赎",是介于断卖与典当房屋之间的买卖方式。买主只要付给卖主房价 90%的款项,立有契据,卖主有取赎权,有年限。取赎时,则要原价取赎,至期不赎作断卖论处。房屋买卖要付给牙郎及代笔一定的手续费,叫"契费",习惯有"房五地四田三"的标准,房五即以房价的 5%作为契费,由双方付出,给牙郎及代笔共分。

1949 年后,随着土地制度的改革及房屋租赁出售市场的健全,出现了专门的房屋租赁、买卖的商业机构,且房屋买卖需经过相关官方机构的确认和允许。

第四节　交通民俗

交通民俗是伴随着商业流通、人员流动日益发达而应运而生的,在发展过程中,出现了交通运输基础设施的建造、交通工具的发明等物质层面的内容,并随之产生了不同的运输行业及其生产劳作习俗。

在古代的浙江,民间交通往来,在水网地区以舟船作为交通、运输工具。陆路则靠步行或乘轿舆,运货物则靠肩背或肩挑,特别是山区运输主要靠人力挑。近现代以来,随着机场航线、公路、铁路尤其是高铁等陆路交通方式的快速发展，飞机、汽车、火车逐渐成为人们出行的主要交通工具。

一、陆路交通①

陆路交通主要指的是在地面上建造交通设施以及制造、使用相应交通工具过程中的生产、生活习俗，主要包括道路、桥梁的建造，车轿等乘坐工具的制造等。

（一）道路

石板路

旧时，浙江各地的路，多就地取材，用块石或石板条铺成。在较大城镇的主街路心铺设长方形石板为路。温州地区最著名的是永强区南北横贯两条笔直的石板路，长达10公里，宽度都在3米以上，有些地方街路长约半里，宽3米多，全用长石板铺成。

泥路

也称“土路”。山区各村之间，大都是羊肠黄泥路，道路泥泞，交通极为不便。现在筑成大路，有的村庄则建成水泥路。石子路就地取材，多用鹅卵石铺成。有些还铺成多种花草、文字等图案。

隧道

隧道是埋置于地层内的工程建筑物，是人类利用地下空间的一种形式。隧道可分为交通隧道、水工隧道、市政隧道、矿山隧道。隧道的结构包括主体建筑物和附属设备两部分。主体建筑物由洞身和洞门组成，附属设备包括避车洞、消防设施、应急通信和防排水设施，长大隧道（指单洞长度在10千米以上）还有专门的通风和照明设备。主要包括铁路隧道、人行隧道、运河隧道、山岭隧道、城市地下隧道、水底隧道、海底隧道、过江隧道、地铁隧道等种类。

（二）桥梁

碇步桥

民间称“碇步”，即堤梁桥，是最原始的桥梁。在各地山区，因溪流湍急，无桥可行。民间取巨石零星排列于溪间，铺成简便通道，短的十余步或数十步，长的可达数百步，每步之间距离约45厘米。修建于清嘉庆年间（1796—1820年），架设于泰顺仕阳镇溪东村河面上的碇步，全长133米，共233齿，齿形平整，分高低两级，可供三人并排而行，高者概砌白色花岗岩，低者则取辉绿岩。这种色彩搭配不仅使外形优雅美观，而且可使夜行者借星月微光而畅行无碍，甚至在洪水初涨时，踏浪而行的人们亦能安然走过，有惊无险。

石拱桥

山区多溪河，多建石拱桥。桥身用坚固的条石铺成，或用不规则块石垒砌。这种桥两头下斜，中间高高拱起，两端各有踏步二三十级，桥的两旁均设有石制栏板，望柱有的雕琢精细，

① 本目内容参考叶大兵：《中国民俗大系·浙江民俗》，甘肃人民出版社2003年版，第150页。

显得古朴大方，也谓“洞桥”。拱桥以桥孔分，有双孔、三孔和五孔等，以双孔与三孔较常见。

在绍兴，有折边拱桥。桥拱有几个折边组成，大致是上部贴桥面处为一边，左右两边各为二折边或三折边，合起来即五折边或七折边。这种排列大多采用纵联分节并列的形式，即每一条边用条石纵向并列排放，每节间用长条石横向连接，纵横条石交接处采用榫卯结构，使之上下左右紧紧衔合。

石梁桥

可分石梁柱桥、石梁墩桥、石伸臂梁桥等。有些石梁柱桥往往与堰闸相结合，桥柱同时作为闸门的边框。石梁墩桥其墩大多采用石壁墩，采用石壁墩，故往往历经千年，牢固如初。桥墩形式主要随水流缓急而异，平原地区水势较平稳，一般采用平首方形实体石墩为主，山区水势较急，一般以尖首、圆首石墩为主。

木拱廊桥

系指在桥上架凳或廊屋，俗称“架屋桥”。如武义熟溪桥共九孔十墩，墩成舟、斧形；墩上架枕木垛，层层挑出，用硬木作为梁；桥面建有桥屋49间，以屋护桥，桥屋一体，形成桥廊屋式结构；桥面上桥柱连着长凳，把桥面分隔成三道，中间通车马，左右走行人；桥的中段楼阁高耸，造型简洁，浮雕质朴，具有明代建筑的特点。此种类型的木拱廊桥在浙江西南地区大量存在。

八字桥

绍兴城东有座“八字桥”，建于南宋，距今已有700多年历史。该桥正桥两侧有引桥两座，各有河道相通，而桥东又有引桥两座，组成正面和侧面的两个八字，造型别具一格，为其他地方所罕见。

竹桥

有的全以竹构造，有的是竹木合用以竹为主，在一条河道上，竹桥横跨而过，修竹半掩，煞是好看。虽然载重量不大，使用期较短，但构建简单，工程灵活，无论山区、平原，只要材料充裕就可建造。

藤桥

有些山区用藤篾编搓成藤索桥，上放木板，形似吊桥，走起来晃荡不定，但十分牢固。叫“藤索桥”，又称“藤篾桥”。

随着桥梁建造技术的发展，在桥梁的宽度、跨度上都实现了巨大的飞跃，如杭州湾大桥等跨海桥梁的建设。

（三）车轿

独轮车

在金华、丽水等山区乡村有独轮车、单轮，早期为木轮，在木轮外包铁皮，后改为胶轮。以运货为主，也兼搭人货物置车架两边，以求平衡。车架后有两手柄，又有肩襻系于手柄末端，肩襻是麻制宽带，推车时搭在肩上。旧时武义、缙云等农村普遍使用这种独轮车，改革开放后逐渐消失。

板车

主要用于运输货物。开始人拉，后用牛拉，以降低劳动强度。按车胎型号大小即载重量可分为钢材车、中轮车、大轮车。其载重量分别为350千克、1000千克。现大多被三轮卡车、拖拉机、汽车所代替。

人力车

俗称“黄包车”，即一人拉的两轮车。辛亥革命后，兴建马路，1920年前后，城市出现黄包车，车夫大都由轿夫转业改行，每天向车行租车。车行有行规，除租车时收押金外，每天须交车租。车夫须穿蓝色号衣，不得酒后拉车等等，违者罚款处理。一些富商大贾则自置黄包车专用，雇用车夫，因装饰豪华，并装车铃鸣号，俗称“包车”。除车行人力车外，杭州各机关团体、旅馆、商家以及富户商贾都各有公家或私人的人力车。1956年，人力车均改脚踏三轮车。

兜轿

简称“兜”，是最原始的轿子，是一种山道和崎岖小路上使用的最简便的轿，在丽水，叫“过山兜”。将数块厚木板平行地用绳子一块连一块地系住，再配以轿杠。其功用与轿子相同，可坐也可躺，没有篾篷，夏天坐者要打伞遮阳。

眠轿

是一种简易的轿子。一把躺椅，上面支起一块篷布，坐轿子的人睡在眠轿中。眠轿是老人平常出门的交通工具。

平轿

分两种，一种为富户商贾自备私人平轿，轿身略大，蓝布遮轿身，轿夫都为私人雇用。一种为民间平轿，轿身小巧，青布遮轿身，两人肩扛，外出拜客，或游山玩水，均可向轿埠预约临时雇佣。平轿轿体，木结构，轿架有正方形或八角形，轿内固定座椅，轿盖为竹篾编织，四周垂挂布帘，为遮阳避雨、挡风雪之用。轿底置以踏脚木板，轿腰贯穿两根木杠，供抬轿之用，亦称“小轿”。

官轿

系衙门官府所用。轿身大，亦称“大轿”，以青蓝布做轿身，四人肩舆，四人跟班替换，前有执事，开路喝道。明清时代，文官坐轿，武官骑马。大轿按官衔或人物身份等级，分为十六抬、八抬、四抬等。十六抬即用16个人抬轿，这是一品高级官员或代天子巡狩的“特任官”的坐轿，轿旁还有八对亲兵护卫；八抬坐的是省级藩、臬两司和道、府两级官员；知县官坐四抬。大轿装饰也不同，十六抬是红呢金顶，八抬是绿呢银顶，四抬是蓝呢铜顶。大轿都是长方直立型，三面包裹，只下面有轿门出入，轿门上有亮窗，考究的用珠帘。

花轿

是旧时迎亲的主要交通工具。为结婚喜庆时新娘子乘坐。杭州花轿十分考究，文华顶西洋盘，周围均用红绸扎结各种鸟兽花卉，四角挂玻璃连珠灯，下坠大红彩球。轿夫也要穿红扎绿，腰系红绸带。在温州，叫“喜轿”。轿质比较考究，蒙盖五彩图案布幕，四周垂挂流苏，专供新娘出嫁时用。花轿实际上是四抬大轿，只是扎满了各式彩带彩球，轿顶上有“五岳朝天”的锡制标志，以辟邪降福。

香轿

在舟山，上普陀山敬香拜佛的香客乘坐的轻便小轿，其形类似高靠背椅子，上无顶盖，轿前可放香盘，轿后插黄龙小旗，头顶撑一柄遮阳伞。

素轿

送丧出殡之时，供家族乘坐，由素仪店出租。素轿四周围白布，考究的以白绸扎球。轿夫也都穿戴白衣白帽。

藤轿

即两根竹竿间扎以藤椅，为 20 世纪 30 年代盛行的游山交通工具。游客坐或躺在藤椅上，夏日以阳伞遮阳。

轿埠

清末民初，杭州有 72 个大轿埠，其余小埠遍布全市。轿夫一律划地区归轿埠管辖。轿夫大都世代相传，落埠须出一笔落埠钱。每个轿埠设竹筒一个，中放竹签，上书轿夫姓名，有来叫轿者，可以抽签叫唤。抽中之签置筒外，以便大家轮换。所得酬金，轿埠抽一成。若以多报少，查获者须罚唱堂会一夜，及供全埠轿夫草鞋各一双。民间有轿行或轿馆，备轿多乘供出租之用。旧时，蓝呢轿和绿呢轿均由轿馆出租。清宣统二年（1910 年）温州城内便轿乘坐已有价格，视路途远近分为四等，依铜钱计算 240 文、200 文、150 文、100 文，如抬出城外酌加抬轿费，一般为医师、律师及富豪人家使用。

随着现代交通技术的发展，浙江很多城市开始注重发展城市公共交通，如城市公共自行车、地铁、出租车、租车行、BRT、公交车等公共交通方式，大大增加了市民出行的便利和快捷。与此同时，私家车也成为越来越多城乡家庭出行的方式。

二、水路交通①

水路交通主要指的是在江河湖海等水面或沿岸建造交通设施以及制造、使用相应交通工具过程中的生产、使用习俗，主要包括河道、港湾、码头等设施的建造以及为适应不同交通环境制造不同规模的船只等乘坐工具等。

（一）船

旧时，在浙江平原水网地带和沿海城镇及海岛，得舟楫之利，交通主要靠船，大部分乡镇可通水路。全省大小船类繁多，因地而异。较大型者为海船、商船。专运货物的叫“货船”，来往于两地之间载客的叫“航船”，供人们乘上游玩的船叫“游船”，在舟山用作收购渔货者，叫“鲜船”，因载客不付钱，俗称“搭便船”。有的地方隔岸无桥，则设有渡口，其船称渡船。在湖州，农村有大船、小船两种，以小船为主。农家大船分前、中、后三舱，要摇橹、撑篙，也有挂帆的。小船也分前、中、后三舱，前舱设双桨，船艄有单划楫，边划边掌握航向。农家大船，用以迎亲的叫“花船”，载丝往返于沪杭的叫“丝船”，收租的叫“账船”。小船打鱼的称“渔船”等等。

---

① 本目内容参考叶大兵：《中国民俗大系·浙江民俗》，甘肃人民出版社 2003 年版，第 152 页。

海船

南宋，杭州已能制造载重万石、长60多米的巨型海船，可载五六百人，船上装有罗盘。这种海船，从钱塘江出海，南抵闽广，北达江淮，远可至日本、朝鲜及东南亚一带。除乘坐旅客外还可装运海鲜水产。

航船

又称“快船”。大的长达十余米，内分客舱、卧舱等五舱，可乘坐五六十人，多为官员、客商所乘。由16个人分班轮流摇橹。也有夜间开航的，称为“夜航船”。这种航船以航行大运河为主，从杭州可以开往嘉兴、湖州、苏州、常州、无锡、扬州、开封、北京。只要有河道相通，就有夜船航行，船以夜行拂晓可到，人因方便，都喜欢搭乘。在宁波的夜航船为内河船。分上、下两层，下层装货，上层载客，每客给一席之地以供夜眠。夏天供应茶、扇，冬天出租被褥。每日黄昏开船，翌日黎明到埠。至今，宁波横溪、白渡、鄞西、南郊仍有夜航船。航行于温州至丽水段瓯江的大船，船体宽大高敞，载重7000千克，既载货也带客，人称“瓯江大船”，但也是航船。如今已为机动船队代替，“瓯江大船”已很少见到。

埠船

是最普通的交通船，大多是中型船。两边搭有坐板，供客人坐，前中后三舱可坐多人。埠船之所以称之为“埠”，它停靠在一定的埠头，有约定时间。埠船有乌篷的，也有白篷的，船尾竖一尾标，呈长方圆角族旗形，木制，多用红漆或白漆写有本埠的名称和经过客埠的名称。埠船沿途经过的荒坂、野地、桥头、岸边，有客招呼，就随时停下来搭客。

货船

旧时宁波港装载货物多用木帆船，分南船和大北船。南船走福建、广东；大北船走北洋(江苏、山东、河北)。宁波货船一般都有3根桅杆，即头桅、中桅(也称主桅)和后桅，中桅桅顶挂有红布制作的三角状桅顶旗，船尾插有灵风旗以辨风向。在金华，货船有大中小三种。大的装运砖瓦、沙石料；中等的装运大米、食盐；小型的装运蔬菜、水果等。在杭州，货船有的来自金华、兰溪、衢州以及湖州、嘉兴等地，有的来自江苏、湖广等外省，由运河或钱塘江转入城内中河、东河。市区有货物地，如米集散在米市巷，食盐集散在盐桥，蔬菜、水果、海鲜集散在菜市桥一带。各码头都有行家、货栈接待货船和客商。萧山县水路则有龙门船、驳船，舱下载货，上面坐客。内河有快船，以客运为主。

舢板船

俗称小船，青田人叫“乍艋”。长12米，宽约2米，有篾篷，载重2500千克。用于长短途运输。在公路开通之前，人们到下游的瓯江和上游的龙泉多坐舢板船。中华人民共和国成立后，由舢板船改为机动船。载重量可达9000千克。机动船是目前航运的主要工具，以载货为主。

梭船

一种行于江、溪、河泊的小舟。旧时，瓯江及其支流交通、运输，除林筏外，以此船为主要运输工具。长约11米，宽约2米，船上有箬，可防风避雨。两头尖形像个元宝，因其船小巧灵活，民间俗呼“蚱蜢船”。其船篷用竹竿、竹篾和箬叶编成，可以透过小窗欣赏沿途的山光水色。船内后舱称“老大铺”,不乘客不载货。中舱称“客舱”,供搭客装货之用,可坐客十多人,客人上船要脱鞋,保持清洁。

脚划船

在绍兴内河航行的小船,船夫坐在船后,两脚推动桨板前进,谓之“脚划船”。分两大类。即农用脚划船和交通脚划船。农用脚划船一般无船篷,这种船又有大划船与小划船之分,大划船可载重1000千克,小划船最小的只可载250千克。交通脚划船可载客两三人,比较考究,船舷较高,船舱铺有木板,上面还铺上草席,备有枕头。这种船有全套船篷,一般分成六道,在第二道和第四道的两边各开有窗,挂着白色窗帘。脚划船用脚划,有的为了加快速度,船头还设一支扳桨,扳桨人倒坐,面向船尾,向后扳水,这叫“一桨一划”。

明瓦船

在绍兴,即“乌篷船”。是一种专门受雇给人上坟、探亲、游览用的上等交通船。篷上有几道蚌片嵌出的明瓦,故称“明瓦船”。明瓦船有三明瓦、四明瓦、五明瓦和六明瓦四类。明瓦越多,船也越大。五明瓦以上的船,船的中舱有八仙桌,四面有瓷墩,铺着绣垫,舱窗下还有藤棚座位,中舱后壁有藤床,备有枕席被褥,后舱则是厨房。船家除摇橹的外,还有打杂或煮茶烧点心的人。

花船

在温州,河中小船稍好些则叫“花船”,船首方形,仰上如古代履式。中三舱宽敞、明净,专供游人玩乐之用,也称“盘汤”。

丝网船

在嘉兴,旧时专营游览的小型船只,设备精致,舱内可饮茶、喝酒,也有的可小憩,称“丝网船”。在乌镇称为“栈头船”。

香船

香客乘坐的快船,杭州人俗称“烧香船”。香船往往停泊于松木场,多时可达千余只。松木场各湖荡都有主人,凡香船入荡停泊,每日须缴停船费。

罛船

在湖州,较为特殊的当推太湖罛船,又名“六桅船”,一般长25米以上,梁宽在4.5米以上,既长又宽,船上可种少量蔬菜,设家庭书塾,前舱深有丈许,宽敞舒适,不怕风浪,纵横安稳,主要用以捕银鱼丝、白壳虾等细小鱼虾。

游船

为游览湖泊的传统交通工具。南宋时,西湖大小船只不下数百舫。船长60多米的,可容百人;船长30多米的,可容三五十人。这些游船雕栏画拱,行如平地,各有其名。还有帝王的“御舟”,雕刻精巧,以香楠木为主。豪家富室亦自造船只游玩。现在,西湖设有游船服务处,游船品种有:西湖游船,俗称“划子”,一般可乘4人～6人,对坐沙发,中设茶桌,过去都为桨划,现在均改为电动船;大型西湖汽船,可坐200多人;画舫,仿古形式,雕梁画栋,可乘三五十人。此外,还有自划船、脚踏游船等。

戏班船

绍兴大班(越剧)、的笃班(越剧)、秧歌班(曲艺)等,旧时常要下乡去唱“草台戏”(社戏),所以很多戏班都有戏班船。戏班船每舱有舱板,可以睡人;船肚里放置行头箱以及常用家具,刀枪剑戟则罗列在船头的木架上;船尾的尾标上要写明班名,有的还在船头上插一面班旗。戏班船是供二三流角色或跑龙套角色乘坐的,如果是名角,另有单独的包船。

渡船

浙江各县,水乡河道纵横、湖泊交错。旧时有些水网地区,靠渡船来帮助行人过渡,有“三里一渡”之说。渡口有渡船,为木质船,前头低,后头高,底部平,以桨和篙运行,速度慢而稳,可载客30余人。渡船可按有无专职船工分两种,一种是虽然有专职船工,但平时乘船,不收渡船费。每年秋收时节,农户给渡工几斤到十余斤谷子,作为平日搭坐渡船的报酬,有少数人家则付给现金或大米。现在,渡口一般都是直接收费,归专职船工所有。渡船的修理费用由船工自理。另一种是无人渡船,亦叫“牵渡”“拔渡儿”。此种渡船一般为村人集资建造。小船船头、船尾均呈方形,平底,不容易侧翻,一次可载8人～10人。两端各用一根棕绳系在两岸的树桩上,行人跳上船以后,可拉着棕绳渡向对岸。

泥马船

浙江沿海多泥涂。潮退后,露出一片宽长的海泥滩,人走起来易陷入泥中,十分困难。近海作业,如捕鲐、拾海螺者,习惯用泥马船。即在一块约40厘米宽、1.5米长的木板上钉个把手,双手握住把手,一只脚跪在上面,一只脚用力踩泥,一蹬就像滑冰一样连板带人飞速滑行。这种船可用于从事渔业生产,也可用于载人,俗叫“海马”。据传,这种船是明时戚继光追击倭寇时创造出来的交通工具。

(二)码头渡口

浙江境内河系众多,水运发达,尤其在陆运效率低下的年代里,水运承担着重要的客运、货运的功能。在船筏停泊、货物装卸、乘客上下的地方,都需要固定的地址和设施,这就是码头。有些地区叫“埠头”。明朝以前,义乌境内的码头,北江近东阳县境有个叫“埠头”的码头,后来成为村名。县城东南有东江桥和船埠头等码头。南北二江合流后,境内有洋滩、倍磊两个码头。明清之际,义乌江改道,冲过达摩庙前,绕开倍磊,流进原道进入金华。洋滩与倍磊不能停泊船筏,而达摩庙前兴起了新码头,成为千帆云集的商埠即佛堂,有“小兰溪”之誉。东江桥码头与洋滩码头成了木帆船与竹筏转运码头和水陆交通的枢纽码头。20世纪80年代后,义乌江、大陈江已无水运,码头也消失了。而在浙江其他地区,随着水运资源的开发利用,码头、渡口又得到复建。

三、出行禁忌

在古代,因交通设施差以及路途遥远等因素,出行尤其是远行或是水面航行就显得格外危险,人们为了祈求出行安全、期待家人平安归来,出现了诸多出行的规矩、仪式和禁忌。

旧时浙江沿海港口装载货物多用木帆船,分南船和大北船。南船走福建、广东;大北船走北洋，即今天的江苏、山东、河北、天津等地。这些货船的船老大多为沿海地区长大熟识水性和潮流规律的人，以舟山人为主。货船一般都有三支桅杆，即头桅、中桅（也称主桅）和后桅，中桅顶挂有红布制作的三角状桅顶旗，船尾插有灵风旗以辨风向。每逢春节，船主惯用大红纸张贴桅杆，前桅写“开路先锋”，中桅书“八面威风”，后桅为“一路顺风”等吉语。货船平时运送货物各有习尚，如装运棺材（多为尸骨还乡），在中桅缠红布以做标记。①

旧时渔船大都为木帆船，因“帆”与“翻”谐音，渔民忌讲“翻”字，故俗称篷船。比如宁波鄞州南乡的姜山一带渔船有不钉船眼的习惯，被称为“瞎眼船”，有船眼者即称“亮眼船”。渔船起锚出海，渔民不得回头看望。

旧时船上多设财神堂，供财神菩萨或妈祖娘娘。每晨，由烧火做饭的人点香供净茶。春节或正月初五财神生日，则以鱼肉敬财神以保平安。修船时，由船主亲自撑伞把菩萨“请”至家中供奉。船修毕，再“请”回船上。船工如果穿草鞋不得下船，因草鞋无边，意为无边无岸。船工一般不穿袜，忌说“袜”字，因部分地区方言“袜”与“没”谐音，所以船上称袜为“锄头套”。乘船人忌问船老大何时可到之语，因“到”与“倒”谐音。忌说“死”，航行时如见浮尸，要说见到“元宝”了，并将船眼遮盖。

---

① 林士民：《三江变迁：宁波城市发展史话》，宁波出版社 2002 年版，第 209 页。

第四章　社会民俗

社会民俗是人类社会生活的产物，与人们之间的日常互动密切相关，体现了人与人之间如何形成社会网络、如何处理相互之间的情感与利益关系、如何规范个人的社会行为、如何实现集体性的行动等方面的各种约定俗成的行为习惯和文化积淀。一般认为，社会民俗主要包括家庭与家族习俗、亲友往来习俗、村落集体民俗、民间结社与社交习俗等。也有人指出，自城镇形成以后，也有相应的都市社会民俗，考虑到都市社会民俗虽有一些新特点，但比较晚起，且往往植根于乡村社会民俗，故暂不在此介绍。

浙江地域广阔，有山区、丘陵、平原及沿海地带，地理环境、生存模式、历史传统甚至民族构成等都有着较大差异，相应的社会民俗也有着各方面的不同，但由于篇幅与资料的限制，在具体的内容论述中难以面面俱到，只能有选择地介绍部分有代表性的民俗。

第一节　家庭与家族民俗

家庭是以婚姻、亲缘或收养关系为基础的同居共炊共财单位，是社会的最基本单元。家族是具有血缘关系与经济联系并通常聚居一地的亲缘组织，是由于家庭成员的不断繁衍和成长、家庭结构的逐渐扩大，通过血缘关系、拟血缘关系与姻缘关系的联结，由若干家庭构成的亲属集团。相应的，也会形成规范家庭及家族内部、家庭和家族之间的关系、增强家庭和家族内部凝聚力、保障家庭和家族稳定与发展等方面的一些民俗。不同的社会文化，会形成不同的家庭和家族模式，生发出不同的家庭和家族民俗。浙江民俗因其古吴越文化、海洋文化与商贸文化相融合的特点，反映在家庭和家族民俗中，也表现出了多样化的特色。

一、家庭习俗

家庭民俗主要涉及家庭成员关系、家庭再生产与代际传承等方面的内容，涵盖亲属制度、家庭教育、分家规范等民俗。

（一）家庭亲属称谓

在家庭中，首先需要解决的是不同成员之间的关系问题，这种关系蕴含在相互之间的亲属称谓之中。虽然各地因方言各异，具体称呼有所差别，但基本的原则是一致的，都很注重长幼有别、尊卑有序。下文以宁波地区的亲属称谓为例加以说明。

在宁波的风俗中，家庭在称谓上，因血缘关系的亲疏，分为“嫡亲—堂房—远堂—族”4个层次。拥有同一个父亲也即一代血亲的为“嫡亲”，如亲兄弟、亲姐妹；拥有同一个祖父即二代血亲的为“堂房”，又简称“堂”，如堂兄弟、堂姐妹，为了与下面提到的“远堂”相区分，有人特别强调堂房为“嫡堂”；拥有同一位高祖（上四代世祖）、太祖（上五代世祖），也即宁波俗称太公、太太公（亲房太公）者，称为“远房堂房”，简称“远堂”，也俗称“远房”，这与重视血缘的“五服之内”有关，五服之内的，俗称为“亲房”，因为他们在祭祀中具有共同的祖堂，自成一个祭祀单位。

血亲或嫡亲，是亲属的核心。血亲的上、下九代的称谓如下：

太祖辈：太祖父母（太太公、太太婆）、太伯祖父母（太太伯公、太太伯婆）、太叔祖父母（太太叔公、太太叔婆）、太姑祖父母（太姑太公、太姑太婆）；

高祖辈：高祖父母（太公、太婆）、高伯祖父母（太伯公、太伯婆）、高叔祖父母（太叔公、太叔婆）、高姑祖父母（太姑丈公、太姑婆）；

祖父辈：祖父母（阿爷、阿娘）、伯祖父母（伯公、伯婆）、叔祖父母（叔公、叔婆）、姑祖父母（姑丈公、姑婆）；

父辈：父母（阿爸、爹爹；阿姆、姆妈）、伯父（伯伯，第二个伯音“绷”）、伯母（阿姆、大姆妈）、叔父（阿叔，叔音“松”）、叔母（婶婶、阿婶）、姑妈（姑嬷）、姑姑（阿姑）、姑父（姑丈）；

平辈：兄弟（阿哥、阿弟）、嫂嫂（阿嫂）、弟媳（弟媳妇）、姐妹（阿姊、阿姐；阿妹）、姐夫（姊夫）、妹夫（妹夫）；

儿辈：儿女（儿子、囡）、儿媳（新妇）、侄儿女（侄子、侄囡）、侄儿媳妇（侄新妇）、侄女婿（侄女婿）；

孙辈：孙儿女（孙子；孙囡、囡苏）、孙媳妇（孙新妇）、孙女婿（孙女婿）、侄孙儿女（侄孙、侄孙囡）、侄孙媳妇（侄孙新妇）、侄孙女婿（侄孙女婿）；

重孙辈：重孙儿女（重孙、重孙囡）、重孙媳妇（重孙新妇）、重孙女婿（重孙女婿）、重侄孙儿女（重侄孙、重侄孙囡）、重侄孙媳妇（重侄孙新妇）、重侄孙女婿（重侄孙女婿）；

玄孙辈：玄孙儿女（玄孙、玄孙囡）、玄孙媳妇（玄孙新妇）、玄孙女婿（玄孙女婿）、玄侄孙儿女（玄侄孙、玄侄孙囡）、玄侄孙媳妇（玄侄孙新妇）、玄侄孙女婿（玄侄孙女婿）。①

（二）家教习俗

家庭教育，一般简称“家教”，指的是家族长辈对幼辈子女的教育，它是教养子女、保证世系相续成材的主要手段。传统家教包括育德、育才两个方面，后世所提倡的体育、美育也都可以容纳在这两育之中。家教的育德、育才是社会教育的基础，经验证明，社会风气的好坏、先进与落后、文明与愚昧，首先要看家教的质量。家教是培育德才兼备的家族继承人的重要民俗手段，也是向社会输送合乎要求的人才的必经阶段。②

① 周时奋：《宁波老俗》，宁波出版社2008年版，第103—109页。

② 乌丙安：《中国民俗学》，辽宁大学出版社1999年版，第160页。

儿童教养

旧时家庭，不论贫富都看重门风，不愿门风败坏而被人看轻。家庭教育是门风好坏的关键，所以民间普遍重视家庭教育。

以义乌为例，家庭教育从儿童学说话、学走路时就已开始。如教导孩子见到老年人时要喊爷爷、奶奶，见到青年人要喊叔叔、阿姨等文明礼仪。儿童教育的核心是道德品质，因此往往从清洁卫生、文明礼貌、道德规矩等方面入手，对儿童的行为举止、言语方式等进行开导教育，内容十分庞杂。例如，要分清自家与别人家，分清是非，教导诚实做人、规矩做事。还要随时纠正差错，如对于孩子出口骂人，食物掉地用脚去踩等不良行为，都要当即劝阻。往往会说，“你这样做，会受天雷敲”。真正响雷时，则安慰他，“天雷不打好人，不要害怕”。现实中，往往对儿童采用事例教育，如让儿童喂小鸡，要他数清几只，少了去找。让孩子向邻居借东西，教他先敲门，称呼叔叔、阿姨，说明“我妈妈叫我来向阿姨借什么，用好送还”。并吩咐东西不能自己去拿，路上拿菜刀别伤着手，拿扫把别弄脏别人等。还要仔细观察，孩子是否照自己的吩咐做了。带孩子出门做客，回来时，要孩子与主人告别。伙伴跌倒了，教孩子赶快去扶起来。自己跌倒了，父母要他自己起来。教孩子对人家说话要看着人家的脸，把话说清楚。还要当着孩子的面，问问邻居长辈，孩子在外面有没有规矩，让孩子听听人家的赞扬或批评。教孩子养成劳动习惯，要孩子抱弟妹和帮大人做事。教育儿童认识“世间好事忠和孝，天下良图读与耕”。近年来，则在儿童咿呀学语时便教儿童认字、计数、背诗，希冀日后有好的学习成绩。①

女童教养

义乌旧时在家教方面，由于男尊女卑的传统习惯，往往有很多针对女童的特殊规训内容。

旧时农家女孩上学机会很少，家庭教育扮演着社会化的关键角色。不但要教女孩烧饭、洗碗、洗菜、洗米、洗衣服、抱弟妹，还要教女孩织棉纱、织线带、编麦秆扇、学绣花、做针线等女红②。有些穷人家的女孩倘若被别人家抱做童养媳，则田畈农活都要做，就很少有学女红的可能，相应的针线活得推迟到结婚以后才能学。

大家闺秀的教育则更注重道德规训，十分严格，其中心是“三从四德”。“三从”，即“未嫁从父，既嫁从夫，夫死从子”。“四德”即妇德、妇言、妇容、妇功，以《女四书》作为教育课本。《女四书》包括东汉班昭著的《女诫》、明成祖时徐皇后著的《内训》、唐朝宋若莘著的《女论语》、明末王相之母刘氏著的《女范捷录》。妇德指清闲贞静、守节整齐、行己有耻、动静有法；妇言指择辞而说、不道恶语、时然后言、不厌于人；妇容指盥浣尘秽、服饰鲜洁、沐浴以时、身不垢辱；妇功指专心纺织、不好嬉笑、洁齐酒食、以奉宾客。“四德”即要求妇女屈从男权，谨守品德、辞令、仪态与手艺的“闺范”。一般的家庭，都重视女子的三从四德教育，并突出女红教育。

---

① 义乌丛书编纂委员会编:《义乌民俗》，上海人民出版社 2011 年版，第 129—132 页。

② 女红即妇功，指古代女子所从事的手工制作，门类很多，大致有丝绣、十字绣、发绣、织带、结裙、缝纫、草编、粮塑、扎花、剪纸、刺灯等。

（三）家规

旧社会家规极为严格，重视纲常五伦、孝悌贞洁、兄友弟恭，均以封建社会道德规范为标准。丽水地区便有如下不成文的家规，浙江其他地方也大致相同。

长辈说话，下辈不能驳回，不管是非曲直，必须遵从。洗涤长辈衣服、洗刷净桶、三餐烧饭，必由媳妇承担。每日晨昏，儿子必须省候父母。儿子外出归家，必先到父母房间中问候，问候毕才能到自己房中与妻子儿女相聚。每天早上要伺候长辈以茶水、面水，冬天要送火笼，有的还要送饭菜。

青年妇女看戏，有人陪送；戏台搭台，妇女要在台上看戏，不能与闲人夹杂，一般只看散剧，不看正本。妇女不能入私塾与男人共同读书。客人来家，青年妇女避入内室，不准在课堂门口经过。媳妇不能掌管家中经济。每日就餐，先请上辈用膳。如是客人来家用膳，只能由长辈陪同。长辈用膳后，才是女儿、媳、小孩用膳。

晾衣时，上衣的竹竿与裤袜的竹竿要分开使用。上衣竹竿高架，裤袜竹竿必须低架。家家都立有香火榜，每天晨昏烧香点烛；在中堂正中悬有“三官灯”，每天晨昏也同样要点香燃烛。每到农历初一、十五要敬神。① 中华人民共和国成立后，传统家规及其习俗已经发生了巨大的变化。

（四）特殊继嗣习俗

作为父系社会，浙江的传统继嗣方式与其他汉族地区一致，即通过儿子传宗接代。没有儿子的家庭往往通过招婿、过继、顶户头等办法传宗接代，以湖州农村为例。

招婿

无儿有女人家，一般会招婿入门，以承家嗣。20 世纪 50 年代以前，女婿入赘，都要改姓换名，改为妻姓，先成为岳父家的养子，再与“家妹”成亲，其子女也随妻姓，为岳父家后代。20 世纪 60 年代后，入赘女婿可不再改姓换名，但是其子女要随妻姓，为岳父家“接香火”。

过继

那些没有子女的家庭，也可以通过承继他系男子为子。过继方法有以下 3 种：(1)兄弟之子过继。这里所说的兄弟包括亲兄弟、堂兄弟。由于是同宗承继，其子不用改姓，比较理想，也是采用最多的一种承继形式。(2)表亲之子过继。表亲包括内侄、姑侄、姨侄等。由于姓氏不同，过继的侄子需要改姓。这种承继法也较常见。(3)过房亲或毫无血缘关系的过继。这种承继方式比较少，必须改姓，承继人一般都是小孩，或至少是未婚男子。

顶户头

有些孤寡老人，有房屋田产，但年老身弱，需要照顾，这时往往采用顶户头的方式。顶户头者一般都是妻、子齐全的人家，但家贫，特别是没有房屋，于是就去顶老人的户籍。顶户头者要改成老人之姓，赡养老人生活。老人过世之后，其田产房屋归顶户头者所有。

---

① 《丽水风俗》编委会编：《丽水风俗》，浙江丽水地区文联 1995 年刊印，第 143 页。

上述的承继和顶户头，都需要举行一种办酒仪式。酒宴时，写好契约文书，在文书上必须有族长签字承认，还要有中保人，才具备合法性。中保人都由乡村中有身份或有威望的人担任。①

（五）分家习俗

虽然多代同堂是华夏民族的传统，但分家依然是家庭发展到一定规模以后可能面临的重大问题。由于事关所有当事人的切身利益与情感连带，因此都会谨慎处理，形成了比较严格的民间规范，并有各种正式的礼仪。这种分家习俗，虽然在浙江各地有细节上的差异，但基本原则是一致的，即一方面为新家送去祝福，迎讨吉彩，一方面也尽量减少纷争，保障分家的顺利进行及新家庭组建之后的和谐相处。

湖州分家习俗②

在浙江湖州地区，分家好比开会，分家时首先要延请娘舅、姑父到场作证，聘请通晓文墨之士做好“会议记录”，即“分家书”（或“分家簿”），略陈分家的缘由与方法，详细列出各家分到的主要财产名称（田地山产，要说明面积、坐落位置），并择吉时良辰举办“分家酒”。

办酒之日，娘舅、姑父及血亲、“自屋里”（嫡亲伯叔或平辈）等需到场。分家诸兄弟的妻子的娘家，要各送一对碗口粗细带枝叶的“分家竹”并用红丝带将这对毛竹捆在一起，此外，还要送一整套的碗盏家什（包括汤匙，甚至祭祖用的小酒盅也要送全），有钱人家送高档细瓷镶金边的，穷人家也要送一般的蓝镶边大碗、饭碗各十至十二只。分家这一天还要“拜分家主”和祭祖，正堂要贴分家主的马张，供案上陈韭菜、设香烛。分家的诸兄弟和来宾都要拜揖顶礼，同时燃放爆竹。此前，分家竹已解去捆带，竹梢某丫枝上已挂好用红丝绵兜裹着的竹油盏，这叫“挂膳火”。外加挂一串用红头绳穿起来的六个或十二个顺治铜钱，以讨彩头，并将这两株竹分立于檐前，间距约一尺。礼毕，兄弟在分家书上画押确认。

分家时，娘舅、姑父是公证人的权威代表。若兄弟有争持不下之事，由娘舅、姑父秉公而断，兄弟不得再有违拗。据说有时分到一些具体家当，如筷子按份分后，若余数不足每户一双时，娘舅、姑父就会当场折断余下的筷子，以示公平。若遇娘舅、姑父也为难时，诸兄弟的父母就有裁决权。如原武康县（1958 年并入德清县）龙山宅村六家门分家时，最后剩下一对精致的烫金合盘，争执不下，娘舅、姑父一时无法决断，六兄弟之父便当众将合盘砸碎于阶石上，可见公平对于分家至关重要。旧时分家以“春分秋分，日夜勿差分”为依据，这两个节气必在农历二八两个月，俗称“二、八月，两中平”，所以一般情况下，分家须在二、八月进行，以象征公平。

分家时还有“父债子讨，父债子还”这样一句俗语所代表的民间俗规。即，人家欠父亲的，子女可以去讨（事前分好数量和具体债户），父亲欠人家的，在分家时也要平分给诸兄弟负责归还，也有某兄弟多得一份家产而多分担相应的债务，或某兄弟少得一份家产而少分担或不分担相应的债务的做法。

---

① 费三多：《湖州农村的无子继嗣》，载《浙江民俗大观》，当代中国出版社 1998 年，第 322—323 页。

② 何村民等：《湖州人分家》，载《浙江民俗大观》，当代中国出版社 1998 年，第 319—320 页。

在分配家产时，还要留出一份公堂产，以确保分家诸兄弟的父母除膳食以外的生活费用。公堂产多由娘舅、姑父出面提出。一般来说，公堂产都是些好产业，这些公堂产可由持有者自己耕种，也可出租。持有者死亡后，视兄弟的多少，或分掉或成为大家田，从长房起轮流耕种。

分家后，父母多采取吃轮家饭的办法。多为半月一轮，也有五天一轮的。轮到的家庭必备稍好于平常的菜肴，请父母入上座，父母未入席动筷，子女不得先吃。有些脾气大的长者，如遇菜肴不好，往往当场将碗砸碎，子女辈从此不敢怠慢。个别长寿者，在儿子去世后，也继续在孙辈家吃轮家饭。这种风俗一直在农村流传，但对于父母一般没有过去那样恭敬，父母不吃轮家饭而"摆缸缸灶"(即用小缸或小竹筐泥涂的饭灶)者较多。到今天，这种"缸缸灶"也已少见，多为立灶头。

分家之前，有时需要建造新房供从大家族分离出来的子嗣居住。在这一活动中，人们往往要请专业人士择取吉日良辰，实地定向，挖脚奠基。在立柱上栋之日，要大摆宴席，招待亲邻。饮宴之日，往往贺客盈门、鞭炮齐鸣。到时要在中柱上贴上喜庆对联，如"竖柱喜逢黄道日，上梁巧遇紫微星"，横批"吉星高照"等。砌好新灶后，要从老灶引火点燃新灶柴火，象征着祖宗福祥兄弟均沾。中华人民共和国成立后，这一风俗逐渐简化。

衢北农村分家习俗①

衢北的农村，传统上常以"五世同堂"为荣。民国年间，也还有以三代人不分炊为荣的，而一般的人家只是两代同堂，一有第三代了就要分炊，以有利于生产和节约。

要分炊立户，就要分财产、房屋、田地等。为了公平起见，民国年间沿袭清朝习俗，往往青睐由亲眷中的长者和村中的士绅为中人，进行协议分配。凡现金、粮食、油类等动产得由长辈(爷爷、奶奶)拨出养老的或"棺材本"若干，未娶亲者得拨出一股作"老婆本"(娶妻的本钱)，长子(大伯)、长孙也要拨出一股，其余的再按户数均分。对于房屋，如有小叔未娶妻成家者，得优先拨出一些好屋以娶妻用。田地则由长辈拨出一股好的自用，待其百年之后再均分给各子。长子、长孙也可拨出一股，其余的田地再按房分或按各房人口均分。除了妻子娘家陪嫁来的家具仍归各户所有外，家具和农具均按户数搭配均匀，由中人做签来抽，谁抽到哪一份就得哪一份。中华人民共和国成立后，特别是实行土地改革以后，土地归集体所有，农民只有耕种的权利，因此，分炊时只能按照人口均分耕种。而其他财产、房屋的分法仍相同。1961 年以后，因为粮食一度紧张，农村的农业生产合作社实行以人定量分口粮，为精打细算、节约粮食起见，许多农户在儿子娶进媳妇之后，不到一年即分炊立家。于是三口之家比比皆是，鲜少三四十口的大家庭了。

财产、房屋、土地等分配的口头协议谈妥后，就由中人(也称在场人)里有文化者执笔撰写"分关"(分家合约)，一式数份，写好后由各户家长签字，所有在场人也签字或加盖私章，分关契约即生效。于是，大家在中人的主持下，将钱币、粮食、家具等分到各个新户。

接着就是择吉日建新灶。分家的兄弟约好同一天在自己的新家建新灶，而老灶必须拆掉，把老灶的砖分给各兄弟嵌入各人的新灶里，同时也将老灶里的柴灰分给各新灶。然后请

① 鲁承禹、李哲士:《衢县农村的兄弟分炊》，载《浙江民俗大观》，当代中国出版社 1998 年版，第 321—322 页。

地理先生挑选分居分炊的吉日良辰。在吉日良辰的前一天，亲友们要带红蜡烛、彩炮、山粉（或对联、镜框）等彩礼来贺。特别是各新户的岳父母，除以上的彩礼外，还得备办成套的灶具——菜刀、锅铲、木勺（或铁勺）、火叉、火钳、碗筷、馒头、酒，还有芝麻秆一束（表示节节高），做一担挑来，叫“酒头担”。新家的中堂，眉楣上要张贴红纸写就的“万年香火”四个大字，下边墙上贴祖宗神位。再按辈分次第悬挂亲友们送来的对联、立轴或镜框，长条几上的中间则设香案，两旁陈列诸亲友送来的贺礼。

分炊的良辰一般都选择在半夜三更或四更（以避免碰上孩子或不吉利的人讲不吉利的话）。良辰一到，先在原先的堂屋点烛焚香，烧纸鸣彩炮，再由各新户的男当家拿着秤、算盘、账册，妇女捧饭碗，小孩拿其他炊具，每人都带一炷燃香，在亲友的护送下，从老家迁入新家，将燃香置于新家中堂的香案上，烧纸鸣彩炮，最后到新灶点火，就算分炊了；分在老屋的这一家，只需同时焚香烧纸、鸣炮点灶，就不必举行乔迁仪式了。

分炊的这天中午，各新家都要请客宴饮。后来为了避免亲友们因白天生产劳动或工作难以抽身赴宴，大多改在晚上进行。宴席的菜肴较多，一般在十二碗以上。亲朋好友按长幼辈分的次序入席，酒席中猜拳行令，闹至深夜方散。后来随着人民生活水平提高，这种宴席也越来越阔气，席数加多不算，还要先来个三套头（即糕点茶点为一套，鸡蛋茶点为二套，发糕、葱花馒头为第三套），然后是酒宴，先上冷拼十盘，接着炒菜二十盘，馒头、糖果、香烟每人一份。客人要回家了，主人收下贺礼必须以发糕、馒头、糖果作为回敬。

海宁分家立灶户习俗

“灶户”，在海宁农村是“户籍”的别称，分家也就意味着新立“灶户”。

依照海宁农村的习俗，以“灶”立户，以户见灶。一座灶代表一户人家；一个村庄，即由若干灶户组成。在一个村坊上，灶户不论大小，其社会地位是一律平等的。如遇婚丧喜事邀户主参加的，那么此时大小灶户一视同仁；凡决策村中大小事宜，村长（或族长）按灶户相邀到场。每逢各户造屋上梁分元宝（米食制品）、寿庆分寿桃、满月分圆子、丧后分粽子等，也按灶户各赠一份，数量各同，不得怠慢。灶户小至一人，大到十多人，但不管人数多寡，一户中只建一座灶头；即使在那知青上山下乡的年代，人们也务必入乡随俗，各算一个灶户。

若兄弟长大成人后，一般会分家，各自建立“新灶户”。也有老人为了清闲自由，甘愿经济独立与子女“分家”的，那就必然“重砌炉灶”成立两个灶户了。

凡兄弟分家建立新灶户，都被当作“成家立业”的大事来办。其间，凡新立灶户的一切灶上炊具（如碗盏壶瓶、火钳水勺、淘箩菜篮、缸甏水桶等）均由新媳妇娘家送来。但更要紧的还须送来肉一方、鱼一条、鸡一只和“节节高”一对；并挑上糯米团子、糕饼、水果等物，风风光光像办喜事一样。那鱼肉三牲为请土地之用，这灶上炊具，是母亲送给女儿的最后一批嫁妆。为庆祝女儿成家立业之喜，做父母的当然更乐意操办。“节节高”（取连根整竹，留分枝部分），表示祝贺女儿家生活从此步步登高之意。其他亲友，同样也要送来包子、团子、糕饼、水果等礼品，主人会用一顿聚餐作为回礼，称“暖灶酒”。

灶户新建灶头，海宁农村几乎与造屋建房相提并论。动土之前必须先请土地，否则属“太岁头上动土”，被视为不吉利。建灶当晚即启炊，称“暖灶”。其间，把“暖灶团子”奉上灶山，祭祀灶君，焚香点烛，爆竹声声，十分隆重。礼毕，将暖灶团子一一分赠给村上各灶户，以示庆贺。灶头的形式，有缸缸灶、行灶、楹壁灶、老虎灶、酒席灶和花灶等样式。“远看一只羊，尾巴甩上梁，早晚吃柴草，杀开无肚肠”，这个民间谜语，形象地描绘了“灶高三尺零，灶面成弧形，灶山阶梯式，烟囱过屋顶，灶山上方建神龛，一年四季住灶君”的农村花灶模式。灶头右侧靠墙，千篇一律置有大水缸一口，缸中常年积水满负荷。缸中之水除饮用外，主要为防止火烛。即便自来水龙头已安装到灶旁的今天，那口盛满积水的大水缸仍不轻易废除。当地农村有谚称“穷灶口(烧火处不剩余柴)，富水缸”，就是这个道理。

海宁农村的灶户及分家立灶户习俗，从清初一直沿袭至今，始终没有改变。即使在现代炊具如液化气灶、电饭锅、电磁炉已普及到农村，有些人家甚至很少使用灶头的情况下，当地农户依然离不开自古传下来的花灶。分家时也必然新建一个灶户，且建灶质量越来越好，大凡用水泥、石灰砌建，以瓷砖贴面，灶画满座，美观大方。其缘由仍是“灶户”习俗的延伸。①

丽水分家礼俗

分家请娘舅主持，叔伯见证。分定后立书为据。分家要“抽长子”“贴长孙”(贴长)，因长子负担家庭义务较多；最小的弟弟要“抽亲本”(贴亲)，以照顾幼小。女儿出嫁“贴口香”。初分家时，厨房用具由女方父母赠送，田作农具由男方父母送与。②

温州龙湾分家礼俗

父母在儿女长大成人后(男的婚娶，女的出嫁)，要将所有财产平均分配给儿子。好让儿子各自发展，实现“接代”，称“分家”。

分家由娘舅主持，一因“娘舅看外甥，个个一样亲”，无感情因素影响，能客观、公正；二因父母长期与儿子生活，难免有偏爱，影响公正。三因舅父事后远离，秉公办事不怕日后纠葛；而父母难免。凡舅父无能力主持者，从亲戚中另选他人。此外尚需邀请族内、朋友中有威望者参与，作为中间人、见证者。

财产分配方面，在清理债务、提取优惠后，将动产、不动产平均分给儿子。其中，长子有优惠，古代有“长子孙田”，现代在经济上或物质上略表优惠；未婚嫁弟妹优惠，给未娶弟提取“摸亲银”，也叫“老婆本”，给未嫁妹留下“出阁银”。如父母未丧失劳动力、收入自供自给，已丧失劳力的由儿子各房轮流供应膳食，称“吃轮庄饭”，负担费用。程序上，是先拟分书，分割财物，再吃分家酒，分灶起炊。立分书在娘舅主持、父母与众亲朋协调下拟定，兄弟同意财产分配方案，即请人执笔撰写分书。分书要求文字简洁，表述清楚，不得丝毫含糊。全体参与人员或签字或画押或按指膜。然后分财物，所有家产包括房屋、墓地、家具、农具、工具、债务平均分配。再办分家酒，择日宴请亲友，宣告儿子各房分家自理。各房媳妇娘家要送来厨房用具，大件如格厨、凳，小件如盆、碗、箸等。最后分灶起炊，择日为各房砌新灶，一般在吃分家酒时即分灶点火。先“打爆婆”——用糯谷下锅炒熟开爆，象征家业兴旺。③

---

① 朱关良：《海宁灶户》，载《浙江民俗大观》，当代中国出版社1998年版，第362—363页。

② 《丽水风俗》编委会编：《丽水风俗》，浙江丽水地区文联1995年刊印，第143页。

③ 黄秀清：《龙湾民俗》，中国炎黄文化出版社2011年，第101—102页。

二、家族习俗

家族，是传统社会中一个重要的社会基本单位。它是由有着血缘关系的若干家庭结成的最小的社会生活共同体，同一家族者，往往聚族而居。但广义的家族则包含了可以追溯到同一个祖宗的规模庞大的同一姓氏人群，其成员可以散居各地，甚至遍布全世界。在长期的历史发展演变过程中，各地形成了相应的家族民俗，包括家族成员称谓、族规祖训、族祭、族产及修谱等十分广泛的内容。

（一）家族成员称谓

家族成员的称谓在家庭中是比较讲究的，它由各代婚姻关系构成的男女双方血缘关系排列的亲族次序确定的。家族称谓有三层意义：一是为了区别辈分；二是为了确定上辈、同辈、晚辈之间的相互关系；三是向社会呈现本家族的内部结构，便于社会了解和进行社交活动。

以宁波地区为例，民间称谓非常讲究辈分，不能违背，否则被视为失礼，俗称“没大没少”“没老没少”。一般口头呼父亲为阿伯；对母亲口头称呼为姆妈、阿姆。父亲往上称祖父、祖母，口头称阿爷、阿娘。同父母的年长者称兄、姐，口头称哥、姐；幼者称弟、妹，口头直呼其名。父亲之兄弟长者称伯父，口头称伯；幼者称叔父，口头称叔。伯父、叔父之妻称伯母、婶母，口头称嬷嬷、婶。男子的配偶称妻子，口头称“老婆娘”“老侬”（民间），或直呼其名。丈夫的父母称翁婆（姑），口头随其丈夫叫。丈夫的祖父、祖母分称为祖翁、祖姑，口头随其丈夫叫。丈夫的其他亲属随其丈夫称呼。自己的亲生儿女称儿子、女儿，口头称“囡”，或直呼其名①。

在丽水，家族成员的称谓有以下几种：高祖父，称作老太公；高祖母，称老太白；曾祖父，叫公白；曾祖母为婆伽；祖父，称为阿公；祖母称阿伽，或阿姆；父亲叫阿爹；母亲称作阿娘；丈夫称昌铺；妻称为布娘；儿子呼作子；女仍称女。

（二）族规族训

各宗族均有本宗族的规章制度，有的称“族规”，有的称“族训”“家训”或“族约”，分列若干条，记载于各族的家谱之中。族规都以保护血统纯正、保护宗族声誉名望为目的，其背后是按血缘远近区别亲疏的宗法制度，力图依据人人“各亲其亲，各长其长”的原则，形成一个和睦的大家庭。

族规族训从规范行为着手，订立规约，具体条文内容，虽各姓各族有所不同，详略不等，但思想体系，同出一辙，基本类同，其主要精神都以孝德为核心。内容包括：忠君爱国、敬业理家、睦里亲邻、积善行义、孝上教幼、恭兄友弟、夫笃妇顺、诚信道义，等等。这从衢州市常山县《詹氏宗谱》里的《族训》中，就可以窥见端倪②：

追思祖德，宏念宗功，毋忘世泽，创造家风。

---

① 潘莉：《宁波民俗与宁波人》，浙江大学出版社 2013 年版，第 73 页。

② 吴金宣：《江南风俗》，浙江古籍出版社 2015 年版，第 149 页。

遵循孝道，睦族敦宗，济困扶危，意志一同。
毋因小念，以伤和融，毋贪小利，以失大公。
团结合作，共存共荣，父慈子孝，言顺语从。
为尊爱幼，为幼敬尊，为兄则友，为弟则恭。
夫妻孝敬，和乐相容，治家勤俭，常虑穷通。
处世待人，志诚为重，认清善恶，辨别奸忠。
须识持物，莫贪虚荣，良朋多结，恶友毋逢。
步步踏实，贯彻始终，遇难不缩，励志前冲。
刻苦耐劳，自得成功，至于宗族，或荣或辱。
发展落后，全关教育，百年树人，十年树木。
所谓子孙，读书宜读，听者共勉，愚者加督。
先求裔贤，后求金玉，莫因贫困，精神退缩。
迈向前途，创造幸福，思念水源，裔孙多诵。

图 96-4-1-1　郑氏规范（梁敬明提供）

英桥王氏族规、蒲州下埠郑氏家训、埭头张氏祖训、五甲孙氏族规等也大抵如是，只是详略不同，表达各异而已。这里录温州龙湾蒲州下埠郑氏家训如下：

一孝父母　人子之身，本乎父母。未离怀抱，三年劳苦。恩斯勤斯，维恃维怙。孝道有亏，百行难补。乌乌反哺，羔羊跪乳。勉尔后生，忤逆何取。

二和兄弟　孔怀兄弟，一本所生。手足至谊，羽翼深情。兄当爱弟，弟宜恭兄。埙篪并奏，和乐有声。姜家被广，田氏荆荣。勉尔后生，小忿无争。

三别夫妇　男女居室，人之大伦。衲远后别，礼经所申。男女有别，父子相亲。无别无义，禽兽为邻。举案齐眉，敬待如宾。勉尔后生，倡随有真。

四序长幼　乡党长幼，义在和平。年长以倍，父事非轻。十年以长，兄事有情。饮食须让，言语必诚。坐立居下，步履徐行。勉尔后生，莫涉骄盈。

五睦宗族　譬诸水木，宗族宜敦。千支万派，同一本源。何远何近，谁卑谁尊。相亲相睦，推德推恩。公艺九世，江州义门。勉尔后生，古风可存。

六严内外　凡为宫室，内外必辩。男不入内，女不外践。深宫故门，严肃非浅。授受不亲，乞假胥免。敬姜守礼，逾阈绝鲜。勉尔后生，避嫌为善。

七训子孙　子率不谨，父教不先。放辟邪侈，起于英年。严禁非为，子孙乃贤。诗书执礼，孝悌力田。少成天性，习惯自然。勉尔后生，毋稍忽焉。

八勤职业　天生四民，业各有常。士谋道艺，农望收藏。作为在公，贸易惟商。心安固守，力勤精详。立身有本，用世亦良。勉尔后生，无怠无荒。

九明利义　天地之间，物各有主。非我所有，一毫莫取。见得思义，圣贤训诂。盗跖贪污，伯夷清苦。浊富一时，廉名千古。勉尔后生，净淘肝腑。

十慎官守　幸登宦籍，须谨官箴。清慎与勤，三字思沉。勤谨和缓，四言虑深。致君在身，泽民在心。孟尝还珠，杨震却金。勉尔后生，贪墨谁钦①。

总体上来看，族规族训注重教化，其内容绝大部分合乎礼教，并与国法不悖。制定族规族训的出发点是为了家族的昌盛，因此，族规族训中的许多内容是家族生存、发展的经验总结，其中的一些规定，如勤俭、友好和睦、互相帮助等，至今仍得到人们的认同。为使族规族训合法化，提高其权威，使族人都能遵守，有的家族还将其送往地方官府，请求官府批允。如项乔便撰写过《请立族约以守官法》，请求官方批示，使得《项氏家训》获得了永嘉知县的认可。②

（三）族祭仪式

有家族，就必有与之相匹配的各种仪礼，其中族祭是最为核心的一项仪式，在家族生活中扮演着最为重要的角色。浙江各地的族祭仪式，在程序、行为细节上各有差异，但都隆重而肃穆，是乡村集体生活中最具神圣性的民俗之一。以下是浙江境内一些有代表性的族祭民俗，可以从中窥探族祭的大略风貌。

刘氏家族的太公祭

“太公祭”，是文成南田刘氏宗族为纪念其先祖刘伯温，于每年大年初一、农历六月十五（刘伯温诞辰）所举行的盛大祭祀活动。在刘伯温逝世后的明正德九年（1514年），浙江处州知府钦承圣命致祭，谓“太公祭”，分为春秋二祭，自此相沿至今。其中秋祭一般为当地政府公祭，然由于各种原因，公祭时有时无，政府没有公祭时由刘氏宗族举行祭祀，礼仪如公祭，现春秋二祭均为刘氏家族祭祀。

太公祭作为一种家族祭祀，即是南田当地刘氏家族维持团结的重要手段，也维系着海内外数万刘氏族人的情感，充分体现了一脉相承、血浓于水的民族情感。它在海内外的刘氏族人中，有着重大影响。每年太公祭，旅欧的刘氏族裔，平阳、苍南、青田等地都会举行祭祀，连中国台湾地区等地的刘氏族人也均会派人参与祭祀。

图 96-4-1-2　郑氏祭簿（梁敬明提供）

诸葛家族的祭祖仪式

兰溪的诸葛八卦村，是全国诸葛亮后裔最大的居住地。据史料记载，诸葛亮十四世孙诸葛浰，五代唐时任寿昌令，在他去世后，其子青迁徙兰溪西陲砚山下，传至二十七世孙诸葛大狮，觅得地形独特的高隆岗（即今诸葛村），并以祖制九宫八卦设计布局村落。

诸葛村按照诸葛家族的传统，在每年诸葛亮的生辰、忌日即农历四月十四日、八月廿八日，诸葛亮后裔都要在丞相祠堂举行庄严的祭祖仪式。祭祖仪式按照诸葛家族传统的方式，

---

① 摘录自民国19年（1930年）温州龙湾《蒲州下埠郑氏宗谱》。

② 蔡克骄、刘同彪：《明代温州民俗文化》，知识产权出版社2011年版，第50—51页。

由孟、仲、季三房的各三位“首事”共同主持。主祭人一般一生只能轮到一次，因而是极高的荣誉，读祝人跪读祭文，而主祭者要在香案前下跪三叩首，俯伏在地听祭文。然后，示训者走上祭台致训词。作为祭祖大典主祭的诸葛高嵩介绍说，“诸葛祭祖大典承袭明朝原始祭祀礼仪，并一直沿袭至今”。①

在祭祖仪式中，要完成击鼓三通、鸣金三转、箫管齐鸣、偶进三揖、三跪三叩、降神献礼、宣读祭章、献歌献乐、三献辞神等18道礼仪。村里的孩子们，在肃穆的气氛中，现场背诵《诫子书》，也格外有感染力。在诸葛八卦村，背诵《诫子书》已经成了一种传统，村里的小孩子一般都能完整地背下来。祭祖仪式结束后，由300多名诸葛亮后裔组成的迎会队伍，以书有“蜀汉丞相武乡侯诸葛”的纛旗为先导，从大公堂出发，经丞相祠堂，绕上村古街，最后回到大公堂。参加祭祖活动的村民着盛装、举旗幡、放火铳，全村巡游，场面颇为壮观。②

钱氏家族的钱王祭

元宵钱王祭是钱氏家族后裔对其先祖钱镠等人在元宵节举行的祭典。

钱镠为浙江临安人，在唐末开创吴越国，历86年，传三世五王。钱氏政权坚持“保境安民”政策，注意兴修农田水利，发展丝织、瓷器和海上贸易，曾为疏浚西湖、兴修钱塘江海塘等作出突出贡献，因而一直为后人所纪念。

据载，历史上元宵节本来只有三天，即正月十四试灯，十五闹灯，十六灯落。据赵德麟《侯鲭录》卷四载：“京师元夕放灯三夜，钱氏纳土进钱买两夜，今十七、十八夜灯，因钱氏而添之。”这也就是说，钱王归宋后，向宋太祖进钱买了元宵节后的两天狂欢。后来便流传下了在元宵节的最后一天——正月十八日举行“元宵祭”这一古吴越国特有的民间传统祭祀活动。钱氏家族长期以来在其祖庙(宗祠)举行“钱王祭”，以缅怀先人。

杭州的元宵钱王祭一度衰落，几近消泯。近年来，随着钱王祠的重建，以及钱氏家族后裔和地方热心人士的共同努力，得以发现清同治七年(1868年)的钱氏家族元宵《祭规条例》一份，在此基础上，杭州的钱氏后裔们于2008年起成功地恢复了已中断140年的“元宵钱王祭”活动。

依据《元宵祭规条例》中记载的仪规，祭祀依照供放祭品、击鼓鸣钟、献贡敬香、宣读祭文、恭读《钱氏家训》、合唱《钱王颂》、鞠躬行礼等传统程序，祭拜钱氏先贤，祈福国运昌盛、百姓平安、统一和谐。目前，“元宵杭州钱王祭”已被列入浙江省非物质文化遗产名录。

湘湖庙祭

湘湖地区的庙祭，又称族祭，是春秋两季、正月初一日合族在家庙即宗祠举行的祭祀。春祭在清明或者春分，秋祭在秋分前后。庙祭为族内大事，届时须打开宗祠正门，享堂张挂先祖遗像和功名匾额，举行隆重的祭祀仪式，有的还演祠堂戏。凡族内人士不分男女长幼皆应参加，但没有“名分”的不得与祭。所谓没有“名分”，像女人再嫁带过来的小孩，不属祖宗血脉后裔，就不能参加。庙祭由族长主祭，长、次两房的房长陪祭。点香烛，供福礼、放炮仗。供品中

---

① 蒋双庆:《兰溪诸葛村昨日祭祖》,《钱江晚报》2010年10月6日第6版。

② 《兰溪市志》,浙江人民出版社1988年版,第127页。

必有馒头、烧饼。

据《黄阁河朱氏家谱》中《宗祠规条原议》记载：春秋二祭族长主祭，宗子与各房股分并绅士，以及与祭子孙，一体瞻拜。礼生两人，用祭文三篇，四两头蜡烛三对，门宵三对，线香一，股足大银锭五千，火炮三十枚，纸马足用，歉缺罚议。宗祠内点四两头，坟上用门宵吹唱，馒头八个，小酒一席，钱一百六十文。祭席用十荤、五素、五果：方块煮肉、装鹅、鸡、肉圆、肘子、肚子、肺、鸭蛋、鱼、蛏干，茶、酒、汤、饭足用。族长念诵祭文，祭文有固定文本，一般记入宗谱。如《湘南韩氏宗谱》中《湘南韩氏春秋祭家庙文》载：

维

大清乾隆——年——岁次——月——朔越——日，宗子——合三宅子姓，谨以刚鬣肉毛清酌——庶馐之——致祭于始祖考金紫光禄大夫庄宣府君，始祖妣冯、赵、周三夫人；二世祖考奉议大夫南庄府君，二世祖妣邱、谢二宜人……以及群昭群穆考妣之神位前曰：

緊唯我祖，扈驾南迁，卜居兹土，肇造于前。历事种德，罔或有愆，国步三改，五百余年，岂无颠蘖，族赖以全。簪缨弗替，莫之或先，人尚敦庞，闾里称贤。或勤书史，累牍盈篇；或任稼穑，孝悌力田。要唯我祖，洪训则然，典型式望，恪守弥坚。绍闻衣德，福祚绵绵。今值仲春(秋)，敢或勿虔。陈以酒醴，荐以牲牷。神灵烜赫，来格来宣。尚飨。

庙祭行献爵之礼，须是族中有官位、有学名的人，穿上官服和礼服，无官无学之人虽年高长辈，也不得庖代。不举哀，不用僧道用乐工。致祭时，分批跪拜，洒酒祭奠。祭毕，焚纸钱。族长把熟肉切成小块，和馒头、烧饼等祭品一起，按人头分给各房，曰“分胙”，意谓托祖宗之福，子孙才有肉吃。循俗，读书的孩子能多分到“胙”，还能分到“祠堂田”的积余铜钱，以鼓励族人读书识礼，耕读传家。庙祭的费用由“祠堂田”开支，“祠堂田”由族内按房头轮值耕种，轮值者将“祠堂田”收入用作祭祀的各种花费，如念佛、祭品、办酒等，并承办庙祭的各种杂务。中华人民共和国成立后，此俗已废。①

龙湾吃祠堂酒

龙湾地区的人民，每年正月十二日，阖族60岁以上(含60岁)男人聚集祠堂，祭拜祖宗，“吃祠堂酒”。初登花甲男子，视此为人生重大礼节。祠堂均置有“众田”，收入作为祠堂祭祀、聚餐开支。土地改革中祠堂地产分给贫农，房产征为他用，祠堂祭祀中断。改革开放后恢复。

部分氏族“秋分”另有祭拜，一年两次。如七甲项式、八甲杨氏、沙村周氏，全区唯独普门张璁祖祠每年正月十一日祭拜。②

(四)修谱习俗

族谱是一个家族历史的记载，涵盖历代成员信息、家族流变与主要事迹、族规族训等内容，由于它详细记载了家族的世系、子嗣、迁徙、婚配、祖坟、族约、族田、荣誉等重要信息，因此

---

① 李维松：《湘湖风俗》，杭州出版社2014年版，第197页。

② 黄秀清：《龙湾民俗》，中国炎黄文化出版社2011年版，第31页。

颇受宗族重视。为及时更新族谱内容，一般每20年会修一次族谱，如遇特殊情况，也可能间隔更短，也有因特殊历史条件而间隔几十年甚至上百年才修订者。浙江各地的家族都很重视修谱之事，并有一些特定的礼仪风俗。

诸暨做家谱

在过去，诸暨的民间极为重视家谱的修撰和收藏。修立家谱，乡中俗称“修家谱”或“做家谱”，它是旧时村中一桩极为严肃的礼仪活动，族中各户各家均对修谱极为重视。在太平年代，一般20年修一次家谱。待到修谱之年，祠堂家长须召集各房族长来祠堂商议修谱的诸种事宜，如资金的筹措、负责人的确定、修谱日期等。吉日一到，就大开祠堂，摆设香案，供上丰盛的牺牲，族长带领族丁参天拜地、叩拜祖宗，宣布家族修谱开始。

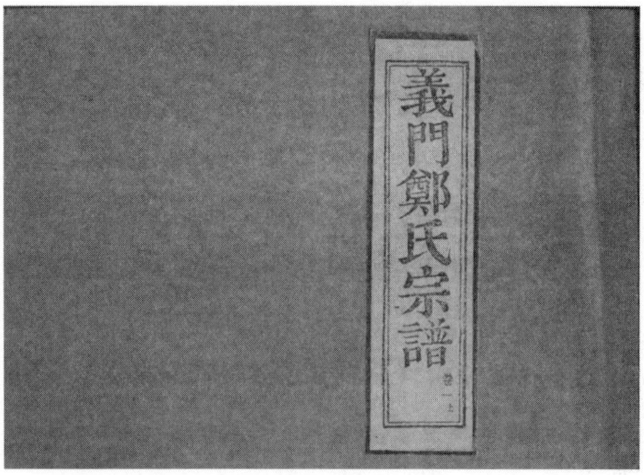

图 96-4-1-3　义门郑氏宗谱(梁敬明提供)

修谱的第一个程序是排出字第，一般修一次谱排10个字第。然后是登记人丁。旧时16岁以上男子称“丁”。对于登记人丁，各家族根据自己的情况均立有严格的规定，如异姓不登、入赘女婿不登、犯族规的人不准登。族中如有过继认子、典来子则可登，等等。此后，再根据人丁造出草谱。草谱公之于众，请全族人审阅是否有差错。有些久住异地的族人要认族，就须确认后再补上。当全族人审阅通过后，就依据草谱修编正式宗谱。

家谱的体例有简有繁，但大同小异，通常包括序例、谱系、恩荣、家传、艺文等。序例主要是序文和凡例两部分。民间通俗称为“谱头”，主要记载本家族的源流、发祥、发展、迁徙的过程，及修家谱的宗旨，历次修谱的序文和总撰修的次数。谱系即世系谱表，即本姓家族各户人员的生卒、传嗣、殡葬等情况的实录，为家谱中分量最重的部分，俗称为“正谱”。恩荣、家传、艺文等实际上是家谱的附录。恩荣是前代祖宗受命制作、做官为将、科举中试者的记录，有的还有绘图画像。族中有节妇孝子义士之举，也一一作颂记载。这些皆收入“家传”。艺文则收录前人诗稿书画，著述要目，等等。这些附录，虽多为溢美之词，但也是优美流畅的古代散文，具有较强的可读性。①

丽水修谱

丽水地区的每个氏族都有族谱。清嘉庆、乾隆以前，族谱都是手抄本，后有木刻本，每隔20年至30年修订一次。修订族谱时由本氏族成员集资，先登记本氏族成员，再造族谱，并注有主修族长、协修族长、监理、校正等人之姓名。②

温州修谱

“祖宗虽远，祭祀不可不诚”，明代温州家族多看重族谱，章伦在《陈氏宗谱序》说：“家之有

---

① 周煦凤：《诸暨民间的家谱》，载《浙江民俗大观》，当代中国出版社1998年版，第364—365页。

② 《丽水风俗》编委会编：《丽水风俗》，浙江丽水地区文联1995年刊印，第143—144页。

谱,犹国之有史,不可无也。"①周旋也在《包氏家乘序》中说:"谱者,家之史也。"②对于族谱的作用,当时的人也有一定的见解。如侯一元认为族谱可敬宗收族,"是以仁亲莫大乎尊祖,尊祖莫要于敬宗,敬宗莫先于收族,谱牒之修,有自来矣。虽时之相后也数千年,而如在一日;虽地之相远也数千里,而如在一堂,其惟谱牒乎"③。朱良在《永嘉楠溪汪氏族谱序》中也云:"予谓谱者,所以明姓氏,述源流,序尊卑,别世系,不可无也。谱之既作,则昭穆以之而明,尊卑由之而辨,礼让之风行,忠厚之俗美。"④

以龙湾地区为例,崇尚孝道,视祭祀祖宗为孝行之一;又"多信鬼,乐巫祠"为千年旧俗。于是奉祖宗若神灵,畏家仙(指未成年之亡魂)如鬼怪。敬宗祧、修族谱、向祖宗家仙求财赐福、祈祷禳灾消难。龙湾区民间各姓氏向来重视族谱的修纂,自明、清迄民国500余年中传承不断。"文化大革命"中,民间珍藏的族谱惨遭烧毁,幸存少数,修谱一度中断。如沙城镇全镇上规模姓氏10个,劫后幸存的分房谱、残本9种(其中清代4种、民国5种)。"文化大革命"末期,个别氏族就暗中筹备修谱,改革开放后各族全面启动修纂谱课,30年来不少氏族已进行二轮修谱,如沙城镇19个姓氏已全部修好一轮的18个,内15个姓氏已开始了二轮修谱,自"文化大革命"结束迄今,沙城全镇共修纂族谱33部。⑤

在永嘉一带,包括芙蓉村在内的楠溪江古村落多是血缘群体村落,一直保持着"聚族而居"的民俗组织方式,以各级祠堂为中心,建立以宗法制度为背景的生活秩序及相应的空间结构,是典型的宗族村落。宗族的基本结构一般由祠堂、族长、房族、庙宇等内容组成。祠堂是宗族村落的最大特征,族又可以分成房,一般按血缘关系远近排行,称为大房、二房、三房等。芙蓉村是陈氏家族村落,传统的宗族氛围比较浓厚,祖宗崇拜、修订家谱、互助互济等活动频繁。芙蓉村陈氏作为楠溪江一带的望族,族谱记载着他们的家族的兴旺与繁荣。修谱、续谱基本上没有间断。族谱一般30年修一次,南宋时芙蓉村共计修谱13次,这应该与南宋时芙蓉村名人辈出有直接的关系。中华人民共和国成立后,家谱被视为封建腐朽文化残余,"文化大革命"时期,芙蓉村陈氏族谱遭到了严重的破坏,被红卫兵查抄出去,烧掉了很多。芙蓉村陈氏最早的族谱,据说是南宋陈止斋执笔所谱,陈府良作序,也是在那个时期被烧掉的,所剩一些族谱几乎都是村民冒死偷偷收集、保存下来的。

苍南宗谱编修习俗

修编谱书,各地习俗各有不同,苍南的修编宗谱习俗独具特色。苍南民间修编的谱书分宗谱、房谱、支谱、家谱诸类,宗谱又称"正谱",包含姓氏封面、红封、修谱目录、首事名录、历次修谱人姓名、行第、凡例、族规、家训(十则)、旧序、新序、坟山基图、山场、墓道、艺文(传、赞、像赞、墓志、碑记、迁徙史、寻祖记、祠堂记、郡号、堂号)、祖图、像图、世系支图等内容,其中传又分内传(内纪)和外传(外纪)。谱书中记载了大量的历史事实,含有丰富的文化内涵。苍南民间宗族谱书10年一小修,20年一大修,每次编修宗谱都要经历开祠堂议事、择吉、请谱师、启

① 郑笑笑、潘猛补:《浙南谱牒文献》,香港出版社2009年版,第29页。

②③④ 郑笑笑、潘猛补:《浙南谱牒文献》,香港出版社2009年版,第27页。

⑤ 黄秀清:《龙湾民俗》,中国炎黄文化出版社2011年版,第28—29页。

谱(开谱箱)、立誓、采丁、誊清、祭祖、开印、择吉牵红支、圆谱(又分:道士做道场、和尚做功德、祭祖、接源头线、传谱、发谱、封谱)等程序,每个程序均有独特的祭祀仪式,每个仪式均包含着丰富的文化艺术内容,具有浓郁的地域特色和民族特色。苍南民间印宗谱依旧采用传统的木刻活字印刷,这种印刷技艺是中国古代活字印刷的"活化石"。苍南宗谱编修习俗已被列入浙江省非物质文化遗产名录。①

(五)族产相关习俗

浙江各地的家族,为保障宗祠的日常运营以及为宗族公共事务提供财力支持,都拥有一定数量的族产,这些族产由家族成员捐助,代代相传。围绕族产,也形成了一些生活民俗。

义乌族产

义乌地区,民风勤耕好读,认为读书能显亲扬名,光宗耀祖。宗族也多以鼓励资助读书功名为己任,因此从祀产中拨取一定的田产,以收益作奖掖。各族财产多寡不等,奖励办法亦有所不同。如凤林蒲潭王氏有分贤田或分贤谷的规定。

在普及小学教育中,各地多用祠产作为办学经费,将助贤的资金纳入办学,个人享受遂废。例如,东门楼有《旌贤规例》,规定凡新进文学(县秀才)给衣顶银六两、新进武学(武秀才)给衣顶银四两。文武如泮者每名给发贤租(收租田)20 秤(即 10 斗),如后入泮者,至 10 名外,只准于祠内贤租总额 200 秤平均分。乡试进场,无论文武生员每名给盘费银 1 两。遗才进场者每名给银 5 钱。新入太学,乡试以后给衣顶银 3 两。岁贡廷试,给进京盘费银四两。恩、拔、优贡及副榜亦同。乡试中试,给进京盘费银 12 两。其未连捷者,其后每科只送饯行酒席折银 4 两。会试中试给旗匾银 12 两;殿试鼎甲,给坊银 24 两。文武生员岁科考及童生院试,进场者每名给钱 500 文。②

丽水的家族值祭

在丽水地区,为使历代祖先得承祭祀,先祖坟茔不至湮没毁坏,有家族值祭之俗。所谓家族值祭,祖先立有祭田、祭山,祭田租谷及祭山所收,由各族房子孙按照房次顺序轮流管业。当年的税粮由值祭族房完纳,多余的租谷祭山收入,由值祭族房在清明、中元节以及先祖生辰忌日时备办祭品,前往坟地或在宗祠中祭祀。根据该先祖立祭时的条例,请该族房子孙在清明佳节时聚会吃饭。每年清明节前后,各县城乡各房族祭青的祭青、修墓的修墓、聚会的聚会。聚会一般在宗祠或主祭族房家中,所吃的菜肴种类和数量都有一定的规定,饭后按丁口分发馒头外加肉一斤,或是一丁两大馒头外加两只鸡蛋。族长、房长,年逾花甲的老人得双份,以示尊敬长辈老人。子孙中学历高者及在政府、军队、学校等处供职的,可加丁到七八份,甚至 10 余份,以鼓励仕进,光宗耀祖。是日下午,祭主要召集各族房子孙共同赴祖先茔地。祭祀毕,向与祭的子孙,按规定发给猪肉、馒头及钱币等③。

---

① 邱国珍:《芙蓉村民俗田野志》,知识产权出版社 2011 年版,第 59 页。

② 义乌丛书编纂委员会编:《义乌民俗》,上海人民出版社 2011 年版,第 165—166 页。

③ 《丽水风俗》编委会编:《丽水风俗》,浙江丽水地区文联 1995 年刊印,第 143—144 页。

温州祠堂与祠田

朱子《家礼》曰："君子将营宫室先立祠堂于正寝之东。"祠堂作为祭先场所，颇受宗族重视，明代温州建造或重修祠堂的家族增多，"今士庶人往往有建祠堂者，岁时致祭必于其所而不复迁正寝，益以祠堂既为栖神，神必安之，故不复迁也"①。只要财力具备，宗族一般会建造祠堂。

建造祠堂需要花费一笔钱财，明代温州不少祠堂是由宗族中的名士倡导出资建成的。如项氏祠堂，是由当时名流项乔"厚施作倡"而成的；王氏宗祠则由王叔果之父王澈倡导出资而成。

《礼》曰："唯士无田，则亦不祭。"故设田以为祭，礼之需也。祠堂建成后，还需要有一定的祠田，否则岁时祭祀就难以应付。如《下垟郭陈氏大宗祠记》载："祠设祭田若干亩，值年司其出纳，以供岁祀。"又，项乔《添盖祠堂记》云："其祠田，唯乔先十亩，今二亩；族众所复等沙地三分，岁所入永祀始祖及墓祭之用。"②祠堂和祠田还需要族内一部分人去管理。祠堂一般由从族中选出的祠仆来打扫等日常事务，有时祠仆可获得祠前的小空地或其他好处，"用族人守祠，祠前隙地任其治生，本是体念祖宗之意，守者须是相体，每日于门内外打扫洁净。遇朔望祭期、忌日，先入中堂，两间一并扫净，及烧香烛、点茶。事毕，谨访火烛。祠前不许安顿柴草、盐箩及轻放闲杂人出入混亵"。祠田一般按一定方法由族人耕种，然后收取地租。"自嘉靖十九年八月为始，予陆续拨置民田十亩与通族，每岁轮房收租以供备祭祠之用，不许予派子孙专管擅易。""种祠田者若还租不依时候，并斗勾不公，数目不足，痴面厚颜讨饶，不啻乞丐，使值年者不敢言而敢怒，尤为不肖子孙也。"[(明)项乔:《项氏家训》]。

祠堂不仅是祭祀祖先的场所，也是处理族内重大事务的地方，具备多方面的功能。如子孙远行、冠婚丧祭、生子命名等要必告于祠堂，新娶之妇或将嫁之女也须如谒祠堂，"新娶之妇七日后入谒，将嫁之女七日前入谒俱跪行四拜礼"。另外，不许入祠陪祭是对违反族约的家族成员的一种惩罚手段。如项乔《项氏家训》中就有许多条规定"不许入祠陪祭"的，与微贱人家结亲的，不许入祠陪祭；其妇有长舌离间骨肉、吵邻骂舍者，每季以纵容恶妻附过。三年不改，不许入祠陪祭；子孙为僧为道，或异姓入继，或来历不明者，生不许入祠，死不入谱，等等。③

图 96-4-1-4 温州泰顺包氏宗祠(2010 年 11 月连晓鸣摄)

① 郑笑笑、潘猛补:《浙南谱牒文献》，香港出版社 2003 年版，第 163 页。

② 项乔等:《项乔集》，上海社会科学院出版社 2006 年版，第 539 页。

③ 蔡克骄、刘同彪:《明代温州民俗文化》，知识产权出版社 2011 年版，第 50—51 页。

一般来说，族产中最重要的部分是祭田，能建立宗祠的家族一般或多或少拥有一定的祭田，否则岁时祭祀就难以落实。为保护好家族共有的财产，也为了避免发生争端，对族产的管理一般会在族约中予以明确规定。

第二节　亲属民俗

亲属是指有着血缘或姻缘关系的人，它的联结纽带就是亲缘关系。在中国的传统社会中，亲缘关系是涵盖血缘关系的一种最基本的人际关系，在人们的日常生活中发挥着重要作用。每一个社会成员靠着亲缘这条纽带，维系着各自的亲属网络，俗谓“血浓于水”。由于亲情关系的浓重，以至于出现一种现象，即人们之间的交往如有某种需要和必要，没有亲也要结上干亲，所以结拜干亲是亲缘关系在社会关系中的衍生物。它主要有结拜和认亲两类。结拜即结拜兄弟或姐妹，这一般需要由换帖、拜天地等仪式固定下来。认亲，即认干爹干娘、干女儿、干儿子之类，这类认亲同样处于社会成员的各种需要，借助“亲缘”关系来加强相互间的联系及承担的义务。

亲属民俗，主要涵盖亲属关系及其称谓体系、亲戚往来这两个方面的民俗。各地稍有差异，但宗旨都在于明确各自的权利义务关系、规范相互的往来礼节。

一、亲属关系与称谓

亲属网络的层次和亲缘关系的层次，主要是依照长幼尊卑的人伦差序渐次由内向外推延的。亲属网内部，血亲重于姻亲，内亲重于外亲，五服以内重于五服以外的宗亲。与这种差序格局相匹配的就是复杂而关系分明的亲属称谓体系。以宁波为例，亲属关系涵盖了姻亲、母系亲和表亲。说到底，表亲也是一种姻亲，只是上辈和上几辈的姻亲而已。但是在这种关系的建立过程中，必然有一名血缘亲属的成员参加了联姻，成为双方血缘家庭的新成员，或者说成为两家结亲的“桥梁”。这一角色是以出嫁妇女来承担和完成的，有时也以入赘的女婿来承担，只有这两种人，他们在双方的家庭中都是直接的成员，具有双重身份。但是入赘女婿往往因家境贫困而入赘，故这种尴尬的联姻关系所产生的姻亲，就往往被淡化和忽略。从血缘的标准来审视，因为联姻或者说因为有一位血缘家庭的成员变成对方家庭和家族的新成员后，双方在这种关系下建立的新的亲眷关系仍然具有血缘意义，只不过不是以父系血缘贯穿，因而它只是血缘的一个分支。这就区别于另外那些拟血缘的礼仪关系，即过继、继拜、收养、结拜等方式建立的人际关系。这种模拟血缘关系的特点是，它仅仅与过继、继拜、收养、结拜的个人建立新的关系，而对他们的原血缘家族并未确立新的关系。因而，宁波方言对亲戚表述为“亲眷”更为确切。①

当两个非血缘的家庭一旦联姻，女方家庭（族）对男方来说是“姻亲”，而男方对女方来家

---

① 周时奋：《宁波老俗》，宁波出版社 2008 年版，第 103—109 页。略有删节。

庭(族)来说,本代是姻亲,下一代开始就是"表亲"。

(一)姻亲

最典型的姻亲是本辈姻亲。在传统的以男婚女嫁的形式确立的婚姻制度中,女子成为男方家庭和家庭的新成员,而且他们的子嗣保持着父系血缘的连贯性,通俗地说,即是"为男方生儿子""姓男方姓"并"传宗接代"以承香火。在这样一种婚姻现实下,姻亲的概念就等同于女方家庭(家族)在男方建立的新关系,虽然男方家庭(家族)对女家而言也是姻亲。姻亲的称呼很简单,丈夫随妻子称呼,其他家庭成员以"相当于"的换算方法,按辈分随女方一位对应成员来称呼。比如,小叔子按嫂嫂的弟弟的辈分和身份,就可以称呼嫂嫂家庭、家族的全体成员。姻亲的指谓仍然可以建立九代称谓系统,排列如下:

太祖辈:岳太祖父母(太岳太公、太岳太婆)、岳太伯祖父母(太岳太伯公、太岳太伯婆)、岳太叔祖父母(太岳太叔公、太岳太叔婆)、岳太姑祖父母(太岳太姑丈公、太岳太姑太婆);

高祖辈:岳高祖父母(岳太公、岳太婆)、高岳伯祖父母(岳太伯公、岳太伯婆)、高岳叔祖父母(岳太叔公、岳太叔婆)、高岳姑祖父母(岳太姑丈公、岳太姑婆);

祖父辈:岳祖父母(太丈人、太丈姆)、岳伯祖父母(岳伯公、岳伯婆)、岳叔祖父母(岳叔公、岳叔婆)、岳姑祖父母(岳姑丈公、岳姑婆);

父辈:岳父母(丈人、丈姆)、岳伯父母(女边伯伯,第二个伯音"绷";阿姆、大姆妈)、岳叔父母(女边阿叔,叔音"松";女边婶婶、女边阿婶)、岳姑妈(女边姑嬷)岳姑姑(女边阿姑)、岳姑父(女边姑丈);

平辈:妻兄弟(内兄、内弟、阿舅)、妻嫂(舅嫂)、妻弟媳(内弟新妇)、妻姐妹(姨嬷头、小姨)、妻姐妹夫(连襟);

儿辈:妻侄儿女(内侄、内侄囡)、妻侄儿媳妇(内侄新妇)、妻侄女婿(内侄女婿);

孙辈:妻侄孙儿女(内侄孙、内侄孙囡)、妻侄孙媳妇(内侄孙新妇)、妻侄孙女婿(内侄孙女婿);

重孙辈:妻重侄孙儿女(内重侄孙、内重侄孙囡)、妻重侄孙媳妇(内重侄孙新妇)、妻重侄孙女婿(内重侄孙女婿);

玄孙辈:妻玄侄孙儿女(内玄侄孙、内玄侄孙囡)、妻玄侄孙媳妇(内玄侄孙新妇)、妻玄侄孙女婿(内玄侄孙女婿)。

姻亲称谓的基本规律是父辈以上按血亲冠以"岳",平辈以下按血亲冠以"内"。同样,对于女方家族中的堂亲、远房堂亲和族亲,也按上述原则,形成九代的"岳堂""岳远房堂""岳族"和"内堂""内远房堂""内族"等称谓,在此从略。

有意思的是,主要的姻亲关系即男方称女方家族成员时,并未用上"姻",而反过来,当女方称男方家庭、家族成员时,其指谓九代则全部冠以"姻"而称谓:

太祖辈:姻太祖父母(姻太太公、姻太太婆)、姻太伯祖父母(姻太太伯公、姻太太伯婆)、姻太叔祖父母(姻太太叔公、姻太太叔婆)、姻太姑祖父母(姻太太姑丈公、姻太太姑婆）；

高祖辈：姻高祖父母（姻太公、姻太婆）、姻高伯祖父母（姻太伯公、姻太伯婆）、姻高叔祖父母（姻太叔公、姻太叔婆）、姻高姑祖父母（姻太姑丈公、姻太姑婆）；

祖父辈：姻祖父母（亲家阿爷、亲家阿娘）、姻伯祖父母（亲家伯公、亲家伯婆）、姻叔祖父母（亲家叔公、亲家叔婆）、姻姑祖父母（亲家姑丈公、亲家姑婆）；

父辈：姻父母（阿公、阿婆），其余均随男方称呼；

平辈：姻亲家（亲家公、亲家母）；

平辈以下均随男方称呼。

按理，姻亲也可以再向姻堂、姻远堂、姻族这几个层次推进，但在实际的生活中，这几层关系已经非常单薄而被忽略，只在理论上存在。

（二）表亲

表亲是上辈姻亲的产物，按父系和母系，可区别以“姑表”“姨表”和“舅表”。表亲由于其非血缘性的特点，因此紧密层的关系一般在三至四代（父辈、平辈、儿辈、孙辈）之内，但作为指谓，同样可以明确表示出九代。根据宁波人“更亲一点”的原则，在称呼上均按辈分类推出一位身份接近的表亲，以他的血亲称呼来称谓表亲的家族成员。

姑表亲

姑表亲是父系表亲，是由于姑嬷或姑姑的婚姻而产生的亲族关系。比较密切的在三至四代，其九代称谓如下：

太祖辈：姑表太祖父母（姑表太太公、姑表太太婆）、姑表太伯祖父母（姑表太太伯公、姑表太太伯婆）、姑表太叔祖父母（姑表太太叔公、姑表太太叔婆）、姑表太姑祖父母（姑表太太姑丈公、姑表太太姑太婆）；

高祖辈：姑表高祖父母（姑表太公、姑表太婆）、姑表高伯祖父母（姑表太伯公、姑表太伯婆）、姑表高叔祖父母（姑表太叔公、姑表太叔婆）、姑表高姑祖父母（姑表太姑丈公、姑表太姑婆）；

祖父辈：姑表祖父母（姑表阿爷、姑表阿娘）、姑表伯祖父母（姑表伯公、姑表伯婆）、姑表叔祖父母（姑表叔公、姑表叔婆）、姑表姑祖父母（姑表姑丈公、姑表姑婆）；

父辈：姑父母（姑丈；阿姑、姑嬷）、姑表伯父母（姑表伯伯、姑表阿姆）、姑表叔父母（姑表阿叔、姑表阿婶）、姑表姑父妈（女边姑嬷）岳姑姑（姑表姑丈；姑表阿姑、姑嬷）；

平辈：姑表兄弟（表兄、表弟）、姑表嫂（表阿嫂）、姑表姐妹（表阿姊、表阿姐；表阿妹）、姑表姐夫（表姐夫、表姊夫）、姑表妹夫（表妹夫）；

儿辈：姑表侄儿女（表侄子、表侄囡）、姑表侄儿媳妇（表侄新妇）、姑表侄女婿（表侄女婿）；

孙辈：姑表侄孙儿女（表侄孙、表侄孙囡）、姑表侄孙媳妇（表侄孙新妇）、姑表侄孙女婿（表侄孙女婿）；

重孙辈：姑表重侄孙儿女（表重侄孙、表重侄孙囡）、姑表重侄孙媳妇（表重侄孙新

妇)、姑表重侄孙女婿(表重侄孙女婿);

玄孙辈:姑表玄侄孙儿女(表玄侄孙、表玄侄孙囡)、姑表玄侄孙媳妇(表玄侄孙新妇)、姑表玄侄孙女婿(表玄侄孙女婿)。

按理说,姑表亲同样地可以推出"姑表堂""姑表远堂"和"姑表族"这几层关系的称谓,然而在现实生活中,这些关系在人们的意识中十分淡薄,以至忽略不计,也只是在理论上存在着。

姨表亲

姨表亲是母系表亲,是由于姨嬷(母亲的姐姐)或阿姨(母亲的妹妹)的婚姻而产生的亲属关系。从血缘的亲疏看,属于"姻亲的姻亲",但是在现实生活中,由于姊妹之间的亲热和姨甥之间的感情倾注,姨表亲却成为表亲中实际最亲近的表亲关系。从理论上说,姨表亲同样可以排到九代称谓,但在现实生活中,至多到四辈(祖、父、平、儿)有实质性的交往接触,其余基本虚化。其九代称谓只要将上述的姑表亲中所有"姑表"改为"姨表"即可,故从略不排。同样,按理也可推出"姨表堂""姨表远堂""姨表族"的称谓,由于上述同样原因,也从略不计。

舅表亲

舅表亲是由于母亲的婚姻关系所产生的表亲关系,是父亲的"内亲"。舅表亲如按九代有序的排列,则其中有相当一部分与"母系亲"相重合,因此,真正意义上的舅表只从平辈及其以下辈产生:

父辈:舅舅、舅姆;

平辈:舅表兄弟(表兄、表弟)、舅表嫂(表嫂)、舅表弟媳妇(表弟新妇)、舅表姐妹(表姐、表妹)、舅表姐妹夫(表姐夫、表妹夫);

儿辈:舅表侄(表侄)、舅表侄媳妇(表侄新妇)、舅表侄女(表侄女)、舅表侄女婿(表侄女婿);

孙辈:舅表侄孙(表侄孙)、舅表侄孙媳妇(表侄孙新妇)、舅表侄孙女(表侄孙女)、舅表侄孙女婿(表侄孙女婿);

重孙辈:舅表重侄孙(表侄重孙)、舅表重侄孙媳妇(表侄重孙新妇)、舅表重侄孙女(表侄重孙女)、舅表重侄孙女婿(表侄重孙女婿);

玄孙辈:舅表玄侄孙(表侄玄孙)、舅表玄侄孙媳妇(表侄玄孙新妇)、舅表玄侄孙女(表侄玄孙女)、舅表玄侄孙女婿(表侄玄孙女婿)。

(三)母系亲

母系亲是父辈的姻亲产生的隔一代的称谓,由于这两代人的关系尤其密切接近,宁波俗谚所谓:"小时外婆家,大时丈姆家,老时姐妹家"即是一说,因此其别出一个亲系,产生一系列新的称谓:

太祖辈:太外祖父母(太太外公、太太外婆)、太外伯祖父母(太太外伯公、太太外伯婆)、太外叔祖父母(太太外叔公、太太外叔婆)、太外祖姑父母(太太外姑丈公、太太外姑婆);

高祖辈：高外祖父母（太外公、太外婆）、高外伯祖父母（太外伯公、太外伯婆）、高外叔祖父母（太外叔公、太外叔婆）、高外祖姑父母（太姑丈公、太姑婆）；

祖父辈：外祖父母（外公、外婆）、外伯祖父母（大外公、大外婆）、外叔祖父母（小外公、小外婆）、高外祖姑父母（姑丈公、姑婆）；

父辈：舅父母（舅舅、舅姆）、姨嬷、阿姨、姨父（姨丈）；

平辈：舅表兄弟（表兄、表弟）、舅表嫂（表阿嫂）、舅表弟媳妇（表弟新妇）、舅表姐妹（表阿姊、表阿姐；表阿妹）、舅表姐夫（表姐夫、表姊夫）、舅表妹夫（表妹夫）；

以下的儿辈、孙辈、重孙辈、玄孙辈，都与舅表亲的相同。

以上为外祖父系（父子）血亲的九代称谓，但是从外祖母（外婆）的娘家，又产生了一系列关系较为亲近的母系称谓。这一体系，相当于母亲的表亲体系，主要集中于祖、母、平、儿这四辈中：

祖辈：舅公、舅婆、姨婆、姨丈公；

母辈：外表舅、外表舅姆、外表姨嬷、外表阿姨、外表姨丈；

平辈：外表兄弟、外表嫂、外表弟媳、外表姐妹；

儿辈：外表外甥、外表外甥囡、外表外甥媳妇、外表外甥女婿。

当然，母系亲亲属从理论上说，依旧能推出外表及舅表的堂亲、远房堂亲和族亲，但在现实生活中，这几个层次的亲属已经非常疏远，基本不会有大的交往，即使接触也仅仅凭辈分而比较客气地以嫡亲的相应称呼称之。

二、亲戚往来习俗

亲属关系作为最重要的社会网络，需要通过日常性的互动反复加以呈现和强调，由此形成了丰富多彩的亲属间的往来习俗。

（一）节日贺卡

自古以来，每当新春佳节的时候，浙江人就有互赠贺年卡片表示问候的习俗，随着对外开放和人际关系的演变，在同事、恋人、师生、朋友之间，适逢生日、新婚、生育、做寿以及晋升、乔迁之际，尤其在元旦前后，互赠贺卡表示祝贺和恭贺，已成为新的风俗。

古代的贺年卡大多是用梅花笺纸裁切而成，大小如烟盒，上书对方的姓名和称谓，下书祝贺者的姓名和称谓，中间赋予“恭贺新禧”之类的各种新年祝词，有的加以绘画点缀，属“礼节性门帖”。“不求见面惟通谒，名纸朝来满敕庐，我亦随人投数纸，世人嫌简不嫌俗。”此诗如实地记述了嘉靖年间盛行贺年卡的民间习俗。清代的绍兴画家任伯年也以收藏各种贺年卡为乐事，据说竟然搜集了两万多张，堪称世上一最。

改革开放以来，贺年卡在人们的礼尚往来过程中发挥着越来越重要的作用。传统的单片式早已为对合（折页）式、三合（双折）式、立体（加层）式与“开窗”“坐立”式所代替，琳琅满目，美不胜收，而且种类繁多，如新年卡、生日卡、朋友卡、情侣卡、圣诞卡、敬师卡、纪念卡等，打破了贺卡仅仅局限于元旦、春节的“时效”，成为四季通用的交流感情的载体。①

当今，随着短信祝福、电话祝贺、微信拜年、QQ 贺卡等新兴民俗的兴起，节日贺卡的形式日益多元，但实质依然未变，仍在人们的日常生活中占据一定的位置，并在正式的亲属交往中有着不可取代的作用。

（二）红包礼俗

红包习俗由来已久，古时没有红纸，只是用红线或红布代之，近来则有各种印制的专用红包。追溯其出处，可能跟原始的巫术崇拜有关。

红包礼俗，可以说贯穿了人的一生及日常生活的方方面面。当一个人呱呱坠地，接生婆要从主家手中接过红包，此包其实是辛苦钱，但用红线一串或红布一包，既除了污秽，又讨了口彩。婴儿三朝是命名日，长辈要在婴儿胸前塞一个包着小钱的红包，晚上要取出来压在枕下或系于床脚。据说，无牙的婴儿阳气少，病魔恶鬼容易缠上，有红包镇住就不怕了。婴儿满月剃头，剃头匠的辛苦钱也是放在红包里。以后，孩子每长一岁，长辈都要送上红包，名曰“压岁包”。长到十岁的孩子，乳牙落，稚气脱，阳气始旺，故十岁开始束发，并不再送压岁包。接下来，孩子上学送学资包，出门学徒送师资包，开店办业送发财包，上梁造屋送贺包，婚嫁送喜包。人活到 40 岁以后，每 10 年做一次寿，此时送的是寿包。古时，36 岁为本寿，40 岁已过了本寿，身上阳气开始减少，故又要用红包增添阳寿。当人寿终正寝时，口中还要一个红包。死者为阴，阴阳相克，让死者口中含红包，则让死者留一份阳气与亲属相通。这些民间说法虽然包含一定的封建思想，但同时也蕴含着生者对于死去亲人的思念和记忆。

红包在各种场合有不同称谓，目的也不一样。有的是付资，如剃头、求师；有的为凑份子相助，如上梁、婚嫁。除这两种有一定的财力因素以外，其余的红包中只放小钱即可，因为红包的主要作用是避凶趋吉。②

（三）长辈馈赠

除红包外，浙江各地也流传着在各种人生礼仪及节庆中由长辈对晚辈给予馈赠的习俗。以旧时台州为例，就有如下一些长辈馈赠的习俗。③

做百廿日

孩子出生四个月，因为四与死同音，犯忌，称“百廿日”。这天，外祖母和长辈亲戚都要给孩子做百廿日。礼品是长寿面、糕点、孩子的衣帽、毛绒，还有银制的带铃铛的小手镯和小脚镯。现在，还有的人送小金戒指。

做对周

孩子周岁，长辈馈赠，除长寿面、糕点、衣帽外，还有小椅车、三轮车、玩具、银牌或者银项

---

① 王立导：《贺卡种种》，载《浙江民俗大观》，当代中国出版社 1998 年版，第 367—368 页。

② 吴桑梓：《一生相伴有红包》，载《浙江民俗大观》，当代中国出版社 1998 年版，第 424—425 页。

③ 支超明：《长辈馈赠习俗》，载《浙江民俗大观》，当代中国出版社 1998 年版，第 363—364 页。

圈。现在生活好了，有的送小金手镯或自动小汽车。以后2岁、3岁生日，亲戚的长辈依习俗不再送礼了。

端午节

家长用草药煎汤给孩子沐浴后，赠给夏季新装一套。孩子高兴地穿上新装后，外出玩耍。家长给男孩一只青皮鸭蛋，给女孩是一只鸡蛋，意是吃了能辟邪。有的外地亲戚给孩子寄来香袋，让孩子吊在胸前纽扣上。

七夕

外祖母、舅舅必须给外孙或外甥送“巧食”，又叫“巧人”。这是用面粉加猪油发酵制成，为长方形，外面印上人状。也有外面粘上芝麻的，那叫“麻巧”。自孩子出生，每年七夕家长都要给孩子糊个七姑亭，拜天地后即焚化。也有留到第二年，待新亭立起后，焚了旧亭。一直延续到孩子16岁。16岁那年不是糊亭而是糊宫(女孩糊轿)。16岁以后成年了，不再糊。过了16岁，外婆、舅舅也不再送巧食了。

中秋节

外婆、舅舅要给孩子送月饼。中秋夜，孩子在月饼上方，插上三炷香，在饼中间镂个小洞，举着饼朝月亮，从小洞口看月亮，传说能见到月亮中吴刚在砍树。

上学

当孩子第一天上学时，家长会给孩子准备许多红鸡蛋，并从中拿出两枚鸡蛋，在孩子胯下滚来滚去，一边念着：“滚来滚去，聪明伶俐，读书识字。”这两枚蛋，孩子自吃，其他分给新学友。现不滚红鸡蛋了，但这天要给孩子吃一碗长寿面，其佐料不能缺葱和蛋。以后孩子升中学、大学或者就业，长辈还是要送些礼品。

送月里羹

出嫁的女儿分娩，产后10天左右，娘家必须送月里羹，就是送去酒、鸡、糖、蛋、荔枝干及其他营养品等。一来表示祝贺，二来让女儿补补身体。其他长辈亲戚必须在娘家送礼后，才能接着送礼，决不能先于娘家送礼，不然，孩子三长两短，要受主家埋怨。

女婿寿

一般做寿，都是女婿给岳父母做，唯独女婿30岁时，岳父母要反过来为女婿做寿。其礼品为衣料或者纪念品。

脱险

晚辈脱险归来，长辈必须送面和蛋。面，是长命百岁之意；蛋能脱壳，寓意脱离了这次灾难，以后平安无事。

(四)担麦饼肉

担麦饼肉，是永康等地流传的一种亲属往来习俗。女儿出嫁后，每年春节全家回娘家拜年其中必不可少的礼物之一就是麦饼肉，相应的礼俗就叫担麦饼肉。

所谓麦饼肉，是用两斤去掉骨头的连皮猪肉，煮烂后切成18块，肉朝里皮朝外盛在大碗里，一眼看去上面都是皮，中央用金针木耳菜当签头，上面放上2斤小麦饼。小麦饼也叫单卖饼，饼薄如纸，大如盆，圆如满月，上面有龙凤等图案，饼韧如皮，20 个 1 斤。旧时女儿婚嫁后的前三年，每年都要夫妻双双回娘家拜年。丈夫用妻子娘家陪嫁的礼物——八卦花包袱包着红油漆凉笼盛着的麦饼肉，用纱织花带把凉笼与包袱扎在一块挑去拜年。女儿女婿拜年时都要跪在岳父岳母面前高声说着颂词："麦饼肉上铺毛巾，丈人全家年年兴；无骨鲜肉敬长辈，煮烂侬家永不退；女儿爹娘心肝肉，尊敬长辈理应该；二斤麦饼成双对，祝贺父母活百岁。"

凡是给女儿娘家的长辈拜年，祖父母、叔伯、兄嫂，一律都要用麦饼肉。有些长辈多的娘家，新女婿上门拜年时麦饼肉就要挑去一大担。做长辈的收到拜年的麦饼肉越多越光彩，说明孝顺他的小辈也越多。相传，永康用麦饼肉拜年从三国孙权开始，一直延续至今。①

（五）酒宴尊娘舅

温岭市东南部，自古以来就流行着老娘舅（舅父）坐上横头的酒宴风俗。

外甥婚娶前一天，老娘舅从头到脚穿着一新便到了。自暖房日（结婚日子的前一日）开始，外甥家便在大厅分东西两排将筵席摆开，廊下乐队琴箫鼓号不断奏乐。待唱过一出贺婚戏后，便是三声铜锣，三响爆竹，意即催宾客入座。

不一会，宾客就位，只有上横头一桌的首席则空着无人。虽说这个座位天经地义是老娘舅坐，但是老娘舅也会谦让一番，站立在厅前稍候。不过婚家的长辈心里也有数，娘舅不到，酒杯难举。于是便一拉一推，急急忙忙将老娘舅推上首席。老娘舅入了首席，但又不能马上坐下，等各桌客人到齐，同桌人再三叫坐，才坐下。而正当开宴之时，老娘舅又得提起酒壶向堂上四亲六眷请酒。几碗菜后，婚家长辈来贺老娘舅酒三杯，老娘舅也回敬三杯。席散时，老娘舅走最后一个。②

（六）市禄头

亲戚间在某个固定的节日里为彼此送上相应的礼物，在湖州叫"市禄头"，或者叫"端汤"。这种风俗盛行于湖州农村，常见的市禄头有如下几种：

上门市禄头

第一次上门的毛脚女婿或毛脚媳妇、过继亲送的礼叫上门市禄头。一般是蹄子、大鱼（一般为花鲢，也可用白鲢）、水果、香烛炮仗等物。第一次上门做客所送的礼物，亦如此称呼。

生日市禄头

生日市禄头一般指的是小辈给长辈送的生日礼物，基本上是送蹄子、大鱼、水果之类。20 世纪 80 年代起都送现买的补品了。生日市禄头与其他市禄头相比，其特殊之处在于不可缺"面"。生日吃面，寓意着祝贺对方长寿。生日市禄头有 3 种：(1)端生日汤。这是最普通的，只端上面这 4 种物品。(2)斋新官。比一般生日过得隆重一点，生日市禄头就要增添香烛、炮仗等东西。这中间还要进行祭供仪式，对生日的长辈要行跪拜之礼。(3)做寿。逢九要做寿，

---

① 施作人：《麦饼肉拜年》，载《浙江民俗大观》，当代中国出版社 1998 年版，第 428 页。

② 毛正行：《老娘舅吃酒坐上横头》，载《浙江民俗大观》，当代中国出版社 1998 年版，第 368 页。

做九不做十。五十岁是半百、四十九岁做寿，此后逢九就做寿。做寿市禄头比一般生日市禄头高一个档次，所送的礼品一般都要双份。

上梁市禄头

造新房时亲友所送的礼物，叫作上梁市禄头。一般要送一块生肉、大鱼、松糕、炮仗（上梁时放炮仗）。有的岳父母给女婿家，或者过房亲爸妈给过房儿女家，还送一棵上梁摇钱树，将一张张钞票用线串好，挂在一根树枝或竹枝上。这挂的钞票至少是每张5元，有的人家是10元，一挂就是一两千元。经济条件不好的人家，往往挂不起这摇钱树。

分家市禄头

女婿女儿和婆家分家时，岳父要送去分家市禄头。要从灶上的东西买起，到日常生活的动用东西，包括淘箩洗帚碗筷、桌椅凳、提桶担桶之类，以及女婿女儿的衣服蚊帐棉被，可以说是无所不有。现在还增加了煤气灶、煤气瓶之类的物品。所送物品的多寡和质量，具体视岳父母家的经济状况、翁婿关系等情况而定。

端午汤

端午汤是过端午节时送的市禄头。农历五月初五是端午节，已定亲的男女双方人家，或结婚第一年时的男、女亲家，在此时节互送的礼物就是端午汤。男女双方送的礼物有所不同。男方给女方家送的东西有：黄鱼（用其他鱼代替的也有）、绿豆糕、蹄子、水果等物，其中黄鱼和绿豆糕是端午节节气之物。女方给男方家送的东西有：粽子（端午粽子）、绿豆糕、水果、扇子（新婚第一年时，娘家给女婿家里每人一把）。现在双方都赠送衣服或衣料了，且衣服衣料都比较高级。

八月半汤

中秋节时，已定亲的男女亲家或结婚第一年时男女亲家必送礼物。双方都送月饼、鲤鱼、蹄子、水果等。一般情况，女方娘家送得多些，现在送月饼要送几十筒，整整叠一箩。端市禄头的物品一般要成双，以4件为计，也有6件的，8件的较少。

20世纪80年代后，随着农民生活的不断提高，市禄头发生了两大变化：一是市禄头的名称在增加，什么过房儿子（包括过房女儿）汤、丈人丈母汤、亲爸亲妈汤，年年有新花招。二是端市禄头的东西越来越高级，从前老规矩的东西要端，现在逐年增加的现代化的东西也要端，这古老的端市禄头风俗也增加了现代色彩。①

（七）送万年青

万年青是兰溪人婚喜吉庆时不可缺少的礼物。过去，求婚走媒、定亲（订婚）、姑娘出嫁，都要用万年青。男方托媒人上门求婚，媒人手里必须携个红色或花红布包袱，里面放着两个用桃红纸包成四角玲珑、供看不供吃的双喜糕，再就是一棵必备的根部去掉污泥并染成红色的万年青。当媒人把红布包袱往桌上一放，女方就知道是来求婚的，便热情接待，视为上宾。要是女方同意这门婚事，就把万年青留下，两个红色纸包原物退回，并当场约定第二次走媒日

---

① 费三多：《湖州"市禄头"》，载《浙江民俗大观》，当代中国出版社1998年版，第425—427页。

期。第二次走媒，媒人仍拎来红包袱、万年青和男方相互交换的年庚帖（生辰八字）。如果万年青被原封不动退回，则表示女方不同意这门亲事。相亲时，由媒人陪同小伙子去女方会面，自然也少不了万年青。定亲时，男方要送万年青和贴着金纸剪成双喜的红鸡蛋、糖馅的大馒头、大扎糕（每只均4两）、大粽子及火腿、酒。另有逢八数的聘金和金银首饰。女方收下男方的万年青后，另换一棵女方的万年青，加上女红绣品（鞋、枕头、圆扇心、折扇袋、烟袋、钱荷包等）送给男方。

姑娘出嫁之日，随轿来的红包袱里，除了有红蛋和红色果子（枣子、花生、桂圆、松子或瓜子），更有必不可少的万年青，而这棵万年青，新人必须小心培育，不能枯萎，意思是亲亲爱爱万年常青（亲）。男孩周岁及十周岁生日（女孩例外），外婆家要送贺礼，必须送万年青一棵及鞋帽、衣服等，保佑小外孙常年平安。中华人民共和国成立后，这些风俗都已经逐渐淡化。不过，搬家迁居时，亲友之间尚有赠送万年青的，至今仍很流行。①

（八）青田侨乡亲属往来习俗

青田华侨有100多年历史，在此期间形成的亲友间“送顺风”“发彩头”和“寄银信”等风俗，寄托乡亲对侨胞的美好祝愿，表达侨胞对乡亲的深情厚谊。

乡人出国，亲友纷纷馈送礼物，称“送顺风”。从前，乡人步行或坐船出国，乡亲、侨属经济拮据，多送皮蛋作“路菜”，送糕点作“路点”，送小钱买点心。现在乡人坐飞机出国，由于城乡脱贫致富，人们手头宽裕，一般送本地土特产，如温州“腥气”（虾米、螟脯干类）、青田石雕、田鱼干、处州白莲、庆元笋干、龙泉香菇、龙泉宝剑等。农村多送鸡鸭、猪脚、田鱼鸡鸭，在脚上缚红头绳，表示“红头”。也有的摆送行酒饯行，祝愿“出门顺风，立地兴旺”。

出国者动身时，要讨彩“发兴”。早饭后，上车前，喝一碗红枣莲子汤。红枣喻“红早”，恭祝早点红火；莲子喻“莲花结子”，恭祝开花结果，前程美好；夫妻之间则含有“并蒂莲”之意。另外，上车时随送柑、橘。“柑”与“根”谐音，表示不忘根本；“橘”与“吉”近音，表示大吉大利。若遇不如意之事，则说些应景彩话，以求化凶为吉。如出门遇下雨，说是“赚钱生水”（赚钱多）；饯行做菜，刀割手出血，说是“开门见红”。还有，动身天忌送卵、吃卵，因为卵光光秃秃，喻穷光蛋。这种寄物寓情、托言兆彩的“发彩头”习俗，符合民间追求美好生活的心理。

侨胞出国到达目的地，初寄“落地信”，向亲友报告旅途顺利；嗣后寄“平安信”，通告平安吉利；到了过年，大多寄“寄银信”，一是告诉亲人已开始赚钱，二是表示今后银钱源源而来。以后每逢春节寄钱“压岁”、寄贺年卡片祝贺新禧。寄银信，从前称为“寄过年料”，因为那时生活困难，侨眷靠国外亲人寄钱来渡年关，现在则统称“压岁包”，不论上辈下辈，一概在“压岁”之列。②

（九）过房亲往来习俗

在浙北地区旧时流行着攀过房亲的风俗。过房又称过继，就是把自己的孩子给亲戚或朋

---

① 蔡斌：《吉祥物“万年青”》，载《浙江民俗大观》，当代中国出版社1998年版，第427页。

② 陈志望：《青田侨俗》，载《浙江民俗大观》，当代中国出版社1998年版，第391—932页。

友做儿子或女儿，也就是平常所说的认干亲。

过房都在孩子婴儿期举行，一般有多种原因。一是认为孩子命相不好，长大了要克父母，以为过房就能转移命相，使自己家中安定、顺利；二是怕孩子得病死去，就请菩萨保佑，一般都过房给菩萨，也有过房给和尚的；三是双方交谊深笃，以小孩过继作表示。中华人民共和国成立后，这种习俗在城市已淡化到几近于无，农村则尚有部分保留。20 世纪 80 年代以后，此俗忽然又盛行起来。在一些地方的乡间，过继给他人的孩子几达孩子总数的 90%左右。

攀过房亲要看一个吉利的好日子。过房儿子或过房囡的父母在这天领着小孩到继父母的家里去认过房亲。但有的地方在婴儿满月后，父母抱出门，碰到第一个异姓人，就要认他为过房亲。

过房这天，要挑篮头去。篮头用的是较大的“元宝篮”，里面放带脚腿、高升鞭炮，还有搓糕、粽子、面条等礼物。到了过房亲家，继父母把准备好的一只扶梯靠在屋檐下，掼上红毡毯，梯子下面放一桶水，小孩由父母抱着从外向内钻过扶梯格子(表示跟随继父母脚踏扶梯步步高——本地乡间俗称扶梯为“步步高”)。也有象征过山遇海来认过房亲，表示过房儿子一片诚心的。由接受过房的继父(或继母)在里侧迎接进屋。一边接一边口里念道：“宝宝来，宝宝来，宝宝是草里冬瓜大白菜。”继父继母当即送见面钿，家里的其他长辈也要送见面钿。

过房的主要仪式是斋佛，在中饭散席后举行。前堂屋里摆一佛台，佛台上供三盅佛茶、三盅面条及其他礼品糕点。把由继父或继母给过房儿女取的名字写在大红纸上(红纸大小如旧时婚俗中的“八字”，一般长约 5 寸，宽约 3 寸)。正中书写继父母为继子女取的名字，要用毛笔写大一些，名字两侧用比命名小一号的字体分别写上吉祥如意等口彩用语。将命名红纸放于佛台前沿，点上香烛，由父母抱着继子(女)叩拜通神：“伢收了过房儿子(女儿)，取名叫×××官(宝)，求伢佛多保佑”之类。斋毕，燃放高升 4 个，把红纸放到继子女家挑来的篮头中，由过房子女家来人带回。第二天，继父母家把过房子女家带来的面条煮了分给村坊邻里。

过房攀亲对继父母的称谓是根据继父母方面的婚姻状况定的。如果继父母已婚，过房子女称呼为继父继母。如果未婚，则过房给男的称呼为继父，过房给女的也把继母叫继父。对继父母家的长辈的称谓，如同嫡生子女对长辈的称呼，只是前面均加上一个“继”字，“继大大”(继祖父)、“继亲妈”(继祖母)云云。

孩子去过房以后，旧俗要在继父母家住几天。但大多数孩子怕陌生，离不开父母，所以过房这一天就留下一件穿在身上的小衣服，意为代表小孩留住在继父母家里。继父母在一个月内要带着这件小衣和礼物去看望过房子女，这个礼节称作“还风顺”。“还风顺”这一天，继父母家带的礼物有：一件领褂(讨口彩，意为又灵又乖)、一条袱(服的谐音，意为舒服、服帖)、两个蓝肚兜(意为孩子有两方父母亲拦牢、兜牢，平安有保障)、一碗饭(饭的上面圈一根菜表示勤俭节约，中间放一颗枣子，是“早知”的口彩)、一双筷(表示继父母关心继子女，从穿的管到吃的，一应俱全)、一碗酱烩蛋烧肉(蛋称为“塞口蛋”，据说可以避免两家攀亲后发生口角)。此外，还要带搓糕、粽子、包子等食品，作为喜物分给村坊邻舍。

在攀过房亲的头三年，过房儿子都要到继父家里吃年夜饭，或者由继母送年夜饭。送年夜饭必须新筷新碗。有人把攀过房亲戏称为“料子亲”，故民间有“继父亲料子亲，浇一浇兴一兴,勿浇冷冰冰,隔了三年冷清清”“过房亲,铜钿亲,呒不铜钿就勿亲”“过房亲,苋菜亲,浇一浇,青一青”的民谣,这是指过房亲往往带有功利性。①

第三节 村落民俗

村落,是指大的聚落或多个聚落形成的群体,它包括自然村落(自然村)与行政村。而那些规模较大、居住密度高、人口众多的聚落则形成“村镇”或“集镇”。村落是通过地域纽带联结在一起的社会生活群体。村落的人们因长期生活在一起,形成了带有地方特色的文化习俗,可称之为村落民俗。由于民俗文化的传播性,地域相近、地理条件相近的村落往往相互影响,使得村落民俗的传播范围往往延伸至比较广泛的地区。

一、村民互助习俗

村民互助是代代相传的习俗,涉及紧急援助、日常互助、生产合作、民间借贷、礼尚往来等诸多方面。

(一)呈会

昔日叫“银会”,是民间自我借贷的一种方式。有人在婚、丧、建造房屋等遇到困难,缺少资金时,就请亲戚朋友以呈会的方式帮助。一般为8人,选出一个会主。如果每人拿出500元,8人便凑足4000元,先给会主。以后每月每人都要拿500元给会主。用“摇会”(即用骰子三粒放小盆内覆以小碗,上下摇晃后开碗计算点数的多少)的方式来决定用钱先后,谁点数最多谁先拿,依此类推。有的地方不“摇会”,用“摸文”(即用纸写上号码并将号码折成纸团用以抽号)方式来定。一般周期为8个月(或1年本息依人数、时间相加减),先用钱者付利息,后用钱者扣去应得利息少付,摇到最后者可净拿4000元②。

(二)十贤会

在开化等地,人有营建、婚娶、丧葬大事,虑其经济难敷,届时借贷困难,则与几相知酌商,成立互助会,集资若干为固定基金,辗转使用,以防不虞。会多10人,故称“十贤会”。每人集资10元,便得百元,供困难者使用,称是“会东”,每年会东宴请会友一餐,或是一日,以作利息。也有些地区固定一人使用,称为“会头”。会头每年宴请会友两餐,届满5年,本清会散。③

---

① 张灿明、倪伟红:《过房亲》,载《浙江民俗大观》,当代中国出版社1998年版,第422—423页。

② 姚周辉、潘一钢:《永嘉传统风俗志》,知识产权出版社2012年版,第8—9页。

③ 周斗华:《开化风俗通鉴》,西泠印社出版社2011年版,第156页。

（三）共耕

宁波大陆地区过去以农业生产为主，农民世世代代耕耘在属于自己的那一小块土地上，在生产劳动中形成协助“共耕”的习俗。如土地多、劳力少的人家和土地少、劳力多的人家相互换工，土地多的一方付给劳动力多的一方一定的报酬。血族、亲族之间，个体家庭之间进行的多是无报酬的劳动协助。这种互助方式是在自愿、平等、互利的原则下进行的，它保证了不误农时，按时播种、管理和收获，是一种优良传统。此外，宁波还有濒海地区和岛屿地区，日常生活中与风浪搏击的谋生方式激发了宁波人更大的群体意识和合作情怀。险恶的生存环境使他们更加意识到群体是个体的依托，是心灵的靠山，因而特别注重乡谊、亲邻相帮、团结协作。①

（四）拢邻舍

左邻右舍，虽然不一定具有亲属关系，但由于住在一起，日常守望相助，因而关系十分紧密，与亲属关系具有同等重要的地位。俗话讲“远亲不如近邻”，可见邻舍的重要性。因此，村帮村、邻帮邻的民间习俗在浙江各地普遍存在。例如，长期以来，浙北农村在办喜事、丧事或造新屋时形成了一种“拢邻舍”的习俗。

喜事拢邻舍

某一家儿子结婚或姑娘出嫁，除了邀请亲戚朋友之外，还要把一个村坊上的邻舍邀请来喝喜酒，一则在办喜事期间确也需要帮手，二则喜事需要大家来热闹一番。不过这里面有一定的规矩。如这一家儿子、女儿在摆对亲酒时，邻舍已经喝过酒了，这一次他家办喜事没有来邀请，你也要去送人情礼。否则会被称为“赖人情”。如果他家儿子、女儿摆对亲酒时，没有邀请邻舍喝酒，这次他家子女办喜事，就要等他家来邀请后方可再去送人情礼。这种邀请，一般都在办喜事的上一天黄昏时，由办喜事家的主人来上门邀请，俗称“邀吃酒”。如对方说：“请你们明天全家一起来喝酒”，俗称“大家来”，说明他已做好邻舍全家去的准备。如果来邀请时指名道姓，那么说明他是打算每一家只请一个人。

也有办喜事人家，摆对亲酒时没有请邻舍喝酒，这次邀请喝酒如果收人情礼感到难为情，人称“讨人情”，那么上门来就说“请某某明天去帮忙”，俗称“叫相帮”，那么去喝酒时就不必送人情礼。遇这种情况一般一家只去一人，喝一顿“正酒”。

丧事拢邻舍

村上有人去世以后，要“吃素饭”，即“吃豆腐饭”。如果死者年龄比较大，是个德高望重的老长辈，家家户户都要去。本家小辈不请也会来奔丧送人情礼。旧时，一般都是送一刀黄纸和六尺白棉布，俗称“相布”。后来，逐步改为送现金或被面。送现金不论多少，都必须成单不成双。如果死者年纪较轻，或者是小辈，要看其家中实际情况是否打算拢邻舍。村上邻舍当中，可以先由一家上门去试送一下，如果受礼了，大家就跟着一起去送人情；如果他家不受礼，

---

① 潘莉：《宁波民俗与宁波人》，浙江大学出版社2013年版，第78页。

邻舍就不必再去送礼了。时间一般都在出丧的上一夜。邻舍之间去吃素饭的人，一般都自觉不自觉地去做做帮手，体现一种安慰之情。

造新屋拢邻舍

首先，本家在拆旧屋或者挑新宅基地的第一天，就请村上邻舍人家每户出一人来帮忙。到了新屋落成摆"上梁"酒这天，作为邻舍要先送人情礼。对方收受了人情礼，就会在摆上梁酒的上一天黄昏时，挨家挨户去邀请。但也有不打算收人情礼，只安排一家一人"叫相帮"的。凡是拆旧屋或挑新宅基地第一天参加的人，在摆上梁酒的这天一定要请到，否则就算失礼。①

二、村落集体习俗

村落是人们日常生活的主要空间，由于历史传承、现实需要等各方面的原因，在浙江各地，都有不少颇具特色的村落集体习俗。

（一）衢县联谊节

衢县九华乡下坦村，每年农历九月二十三日这天，家家喜庆，户户纳客，俗名"联谊节"。下坦村西有龟山，东有蛇山。据说，三国吴嘉禾五年（236年），征虏将军郑平守衢州。生前礼贤下士，热情好客，寿至93岁而终，以后下坦村为郑平后裔世居。至宋代，两浙转运副使郑夔，宋室南渡时，自徐州率家迁于衢州，同下坦村郑姓联了宗。郑夔之孙郑廷宪，为宣和六年（1124年）进士，后任衢州司法参军。在参军任内，以德用法，后来恩准在下坦村建造一座规模宏大的祠堂，赐名"崇德堂"。祠成之日（农历九月二十三日），两家郑姓长老，同在崇德堂饮宴，庆贺联谊之情，以发扬祖先热情好客之风。从此，每年的农历九月二十三日这天，家家户户都要将亲朋好友请到家中联欢过节。过去大戏台请戏班子唱两天戏，招待客人。在20世纪八九十年代改成放电影。其隆重程度超过农家过年。②

（二）桐乡乌镇的"腊月敲杠"

在桐乡乌镇一带，每年农历十二月，有"叫火烛小心"的习俗，当地叫作"腊月敲杠"。时间是从初一开始，至除夕结束，每天黄昏时分，有人左手持一段一尺多长的粗竹筒（梆子），右手一根棒，有节奏地敲打出"笃笃"的声音，边走边敲打，边敲打边叫喊，沿街高喊这样一段顺口溜：

> 寒冬腊月，火烛小心。谨防盗贼，门户要紧。前门关关，后门撑撑。柴间看看，灰堆铲铲。灶前灶后，火烛小心。

敲杠者边走边喊，目的是提醒人们注意安全。各户家庭主妇晚饭后听到敲杠声和"火烛小心"的叫唤，就会习惯地检查门户，到灶间去看一遍。

此风俗在清代初期形成，叫唤者为本里地甲，后由当地巡更者或乞丐为之。清代诗人蔡

---

① 张玉观：《拢邻舍》，载《浙江民俗大观》，当代中国出版社1998年版，第316—317页。

② 汪启华：《衢县下坦村的郑姓联谊》，载《浙江民俗大观》，当代中国出版社1998年版，第318—319页。

铁翁有“黄昏火烛何人叫，乞丐沿门打竹梆”之句。中华人民共和国成立后，由闲居老汉或无业游民担任。到了农历十二月三十日，敲杠者就在白天挨家挨户上门收取“敲杠钱”，数目不限，任凭各户付给。有些地区也有收取大米的，称之为“平安米”。

冬天屋内器物干燥，容易着火。加上农历年底各家各户烹饪较平日为多，如一不小心，就可能引起火灾，造成生命财产的损失。这腊月敲杠叫唤小心火烛的风俗，确能使人们经常保持警惕，注意安全。直到现在，到了腊月，仍可听到这“笃笃”的敲杠声和“火烛小心”的喊叫声。只是如今大家烧饭使用煤球炉、煤气灶或电饭煲了，所以敲杠者叫喊时也删去了“柴间看看，灰堆锛锛”八个字。①

（三）台州葭沚放水灯

台州葭沚的民众有放水灯、放法船习俗。放水灯、法船时间为中元节（农历七月十五）傍晚，行事的主体为中老年妇女，水灯、法船的制作，用竹条搭成各种形状的灯架和船架，然后裱糊上白纸，点缀各种彩色纸图案。水灯、法船顶尖有“纸厝”，在纸厝门上写“水灯首”或“水灯头”，厝内贴红纸写“庆赞中元”或“普度阴公”字样，并在里面插一对蜡烛与几根香。水灯与法船安置在络麻骨编成的筏上，借其浮力漂流于水上。放水灯、法船的地点是放入长流水（所谓“长流水”，是指此河与大海及其他江河相通），葭沚的长流水就是被葭沚人称为“长泾”的最长内河，它北通葭沚闸，可直通东海，南通路桥、温岭等河流。中元节是鬼节，相传七月初一“开鬼门关”，七月三十日“关鬼门关”，在这一个月里，所有的无祀孤魂全从阴间出来，在人间到处找吃的，民间在这一个月普遍超度孤魂。放水灯、法船原本用意是借助水灯、法船通知水中孤魂乘船上岸享受人间普祭，后逐渐演变为消灾禳祸（尤其是水难）。

至于选择傍晚而不是白天，一是传说鬼魂见不得太阳，夜间活动；二是天黑灯光才明亮。早年，到放水灯时间，长泾两岸，人流蚁动，水灯、法船随风飘动，灯、船中的点点灯火忽隐忽现，别有一番阴森的情趣。

葭沚的民众约有 1/3 是渔民，他们赖以生存的就是大海，捕鱼的丰收，海上的平安是他们一生孜孜以求的目标。这部分民众把放法船习俗加以凸显，把做纸船变成造木船，把家家造船变为集体造一只船，使它更像、更大、更完善，这便是保留至今、闻名遐迩的葭沚造大暑船风俗。

葭沚放水灯习俗，今已消失。②

三、村规民约

村规民约，又名乡规民约、义庄规条、村规，是村民共同订立、共同遵守的条文，是村民们在一个村或一个乡内长期以来约定俗成的共同行为规范，进而成为一种村落习惯与村落风俗。不同村落的村规民约虽各具特点，但都反映了一种建设公序良俗的共同愿望。由于传统

① 张森生:《桐乡乌镇的“腊月敲杠”》，载《浙江民俗大观》，当代中国出版社 1998 年版，第 335—336 页。

② 文海:《流变的民俗》，上海社会科学院出版社 2011 年版，第 111 页。

村落往往与宗族有很大程度上的重叠，因此，不少村规民约即当地宗族的族规族训。例如，宁波奉化《武岭蒋氏宗谱》中的族规《世范十四篇》就等同于当地蒋氏村落的村规民约，其内容为“齐家、孝亲、友恭、尊祖、睦邻、承祧、力业、崇俭、矫俗、戒讼、有耻、蒙训、延师、积善”等，在当时非常具有典型性。①

（一）嘉善杨家义庄规条

旧时嘉善县姚庄乡《杨氏家谱》载有杨家义庄规条27条（清光绪二十六年十月二十八日写），其中有如下非常细致的各种规定：

凡每年所收租米，首供条银漕粮正赋，次除办祭葺祠修墓以及一切给发杂用外，其余存贮十分之一，以备岁歉垫补之用。

凡族中高年男女，家无恒产者，必至衣服不周，每年秋祭时，六十岁以上给银二两，七十岁以上给银四两，八十岁以上给银六两，九十岁以上给银十两，百岁以上给银十六两，以资贴补。

凡族中贫乏男女，六十岁以上每口月给米二斗四升，七十岁、八十岁以上每口月给米三斗六升，九十岁至百岁以上每口给米四斗八升。

凡青年寡妇守节无依，难于存活者，每月给米二升四斗，俾佐纺织。

凡孤幼男女或无父或无母者，每口月给米二斗四升，每年给衣服银一两，至十六岁成丁停给，及父母俱全，最贫乏者，四岁至十岁，每口月给米一斗，十一岁至十六岁，每口月给米一斗五升，三岁以内及十六岁以外俱不给。

凡废疾之人，不能自食其力者，每口月给米二斗四升，每年给衣服银二两。

凡有男女之丧，衣棺无着者，助银八两，厝者给砖瓦银二两（如给而不买进还原银），如作坟者助银五两（男女未婚嫁者助银四两，五十岁以下助银二两四钱）。

凡贫乏不能婚嫁者，娶妻助银十两，再娶减半，嫁女助银八两。

凡族中子弟，年七岁以上，力不能从师者，即到家塾肄业，塾中只供茶水，住居隔远不能到塾者，蒙童助束脩银二两，十岁以外，助银三两，开笔作文得助银一两，府考助银一两六钱，院试二两，入泮八两，会试二十两，进士六十两，点翰林八十两，补廪拔贡俱十两，倘有诡托应试支银他用者，照数追还，后不再给，生童会课作文每次给银二钱，案首加花红银二钱，武试一切减半。

凡族人出生男女，限满月即以某人于某年某月日生男或女，其母某氏所生子女，名某，行几，书明一单交祠中执事人查明登籍，或有夭殇亦即报明注册，以便修谱。

凡族中有抚异姓子女为后者，不准入册。

凡族中有习为匪类，犯案受刑或将子女雇卖与人，或盗卖祖坟树木及为乡党不耻贱业（如乐户、屠夫、修脚、篦头、乳娘、喜嫔之类皆是），义当摈弃出族，虽已入册，即行扣除。

凡义田为赡族而设，除给孤寡老幼废疾之外，如贫乏族人，有老有幼，以身作苦难糊

① 潘莉：《宁波民俗与宁波人》，浙江大学出版社2013年版，第78页。

数日，未免降为贱业，今准以自无恒产及经营书馆失业者，老幼俱准给发，若本身有生业，足以仰事俯育，而不守本分或酒垆赌场，日事游荡，以致衣食不周，若一例支给，是教人以游惰，也虽有老幼，不准入册。

凡经营义庄有正司事、副司事，以总其事……庄房上正司事一人轮流居住，房族不得借局及聚会赌博，宴饮等弊。①

（二）嘉善南墅村村规

民国时期，大多的村规没有写成文字，多数是代代相传、共同遵守的成规。从一些成文的村规来看，内容很多，例如，嘉善县天凝乡南墪村村规有如下内容：

水利方面

鉴于该村地形低洼易涝，粮田一律禁止取泥，传统性事业做泥坯的用泥，只能向外地去买。为禁止就地取泥，以民国初期在南无圩西北汇上立一石碑，镌刻着“南无村永禁挑泥”7个大字，至今犹存。如有违反者罚，请徽堂铭（奏乐、唱戏）一天。每圩都要推选一位有能力、有威望的农民为圩长，管理本圩兴修水利或抗洪排涝等方面的事项，实施成文或不成文的规矩，各农户都得听从。每年冬春，由圩长发动各田户做圩岸一次。为使河道保持原有的宽度和深度，不准把水域填成陆地，不准在河港中间倾倒泥土和砖石。遇洪水暴涨威胁粮田时，由圩长鸣锣，各田户听到锣声，要全体冒雨出来关好各自粮田通河口道，加高加固圩岸。如果发生坍缺，一般谁家坍缺，由谁家关好。如该户无力堵住洪水，由圩长鸣锣召集全圩农民关缺，所需木桩、门板由坍缺户农民负担，如损失巨大，坍缺田户要受罚。洪水淹没水稻、春花时，由圩长鸣锣组织全圩各田户排涝，按田亩数量决定安装人力水车和出工的数量，抗洪结束时，缺工户要付钱给多工户。排涝时，由圩长指派精通水车技术的农民，巡视管理全圩各人力水车的运转情况，负责修理或调整深浅及保持排水道的畅通，每天早上出工，中午用餐，傍晚收工，均由圩长鸣锣为号。

纠纷调解

在日常生活、人际方面：如果发生邻里纠纷，一般都在本村茶馆里“吃讲茶”，先由双方各自陈述起因、情节、理由和要求，然后请大家评理，由本村威望较高的人裁决，理亏者认输，有的理亏者，还要付茶馆的茶钿，有的还要放高升（鞭炮），俗称“造勿事”；矛盾比较尖锐，甚至发展到通过打架来解决时，请乡警前来调解，乡警根据事情发展的具体情况，有权作出谁是谁非的裁决，如果打人，村里有不成文的规定，俗称“一只手伸出拳头、一只手拿出洋钿”。乡警下来调解，须由理亏一方负责付给酬劳费。如果发生偷窃和不正当男女关系，有利害关系者进行抓贼或抓奸时，须拿到赃证，即所谓抓贼抓赃、捉奸捉双，如果无赃证或捉错了，则又称“贼难冤、粪难吃”，否则要“吃下家（输理）”。

邻里互助

如果有人落水（除去游泳外），邻里都要全力参加抢救，原来关系不好的冤家对头，也要参

① 田霖：《嘉善的村规民约》，载《浙江民俗大观》，当代中国出版社1998年版，第357—358页。

加抢救，否则要受到众人谴责；发生火灾时，第一个看见的人就要高喊："救火!"并鸣锣，村里人听到后，都要前来参加救火，救火不分亲家冤家，甚至连路过的人也要参加，否则将受到众人谴责；发生盗警(俗称强盗抢)时，一面鸣锣，一面喊："捉强盗!"全村人出来一起鸣锣，一起喊，以壮声势，吓走强盗。村户遇上婚事、丧葬、急病、盖房诸事体，只要主人邀请，四邻在百忙中前来无偿帮助，农村有句俗语："远亲不如近邻好，急难之中叫四邻。"

禁规禁约

禁规禁约方面，禁斗殴、禁赌博、禁吸毒的内容，虽不成文，差不多人人拥护，村村都有。把打架的称为"凶煞神"，把赌博和吸毒的称为"赌鬼"和"乌烟鬼"。为了不让外村人进入春花田或田岸上割草(以免损坏作物)，每村或每圩有关于禁草的规定。为了不让家禽进入春花田、水稻田损坏作物，一个自然村作出禁鸡、禁鸭的规定，以上三项，通常会在墙上张贴通告，晓谕众人，如有违反，会受到经济或唱徽堂铭等处罚。

中华人民共和国成立后，村规民约不断更新，在社会主义精神文明建设的过程中，各乡、镇都开展了创建文明村的活动。在文明村建设中，许多乡村都制定了新的乡规民约。在民约中多数继承了传统村规中可取的方面，如禁斗殴、禁赌博、禁吸毒、禁偷盗、禁酗酒等。又加入了新的规矩，如改革婚丧礼仪、反对铺张浪费，等等。①

第四节　民间结社民俗

民间结社是传统社会里跨域家庭、家族或村落甚至地域的一种社会组织形态，它的情况极其复杂，小到义结金兰，结拜兄弟，大到旧时候的秘密结社和民间宗教，这显然是传统风俗中一个不可忽视的方面。出于谋求生活和生产上的互助的愿望，或是由于道义志趣上的投合，或是为了一起完成某项公共事业，又或者是基于共同的宗教信仰，甚至于为了实现某个共同的政治目标，都可能驱使那些原本熟识或陌生的人们集合到一起，组合成新的社会群体。这种群体少则两三人，多则可能几十万人。比较大型的有行会、秘密宗教组织，小型的主要有钱会、结拜兄弟、十姊妹等。它们的组织形式或松散，或严密，存在时间也长短不一，有的昙花一现，有的则长期存在。与此相关联的规矩、习惯以及行为方式都称为民间结社民俗。

在浙江各地，各种各样的民间结社都有存在，并富有地方特色。按类别分，大致有生产类民间结社、信俗类民间结社、公益慈善类民间结社、生活类民间结社等类型。

一、生产类民间结社

生产是人们获得生存发展的头等大事，在经济尚不发达的传统农业社会，为了更好地组织和管理生产活动，提高生产效率，形成了诸如菇民三合堂、丽水萡萝班等民间结社习俗。

---

① 田霖：《嘉善的村规民约》，载《浙江民俗大观》，当代中国出版社1998年版，第358—360页。

（一）菇民三合堂

龙泉、庆元、景宁3县的菇民，为了菇业大事能够正确决策以及监督维护菇民规范禁忌的顺利实施，专门成立了一个叫作“三合堂”的民间自治机构，又称菇帮共厅。

在漫长的农业社会里，分散居住在龙、庆、景三县毗邻深山的菇民，每年秋初流散到闽、赣、粤、桂、皖等10多个外省的深山老林中做香菇，至隔年春末夏初才陆续回家，官府衙门难以进行有效的管理，因而菇民们自发成立菇帮共厅的自主治理机构，并于清代中叶，翻修包坑口村五显爷庙，取名“三合堂”。据《景宁畲族自治县志》载：（三合堂）“为龙、庆、景三县缘主（菇民头领）共商大事之处，设在境内英川乡包坑口村五显爷庙，行董事之职能”。

三合堂，取龙、庆、景三县菇民齐心合一之义，其宗旨在于促进三县菇民之间的团结合作。每年七月，三县菇民推举的缘主（菇民自然领袖）汇集于此，审议协商菇业重大事宜，对菇民遭受外来不应有的生命财产侵犯作出相应对策，对涉及菇民公益的官司纠纷筹划诉讼，对菇民内部重大纷争实行调解，对严重违反菇业规范禁忌、危害共同利益的菇民警诫制裁。

明清时代的菇业组织已难以溯考。据民国史料记载，三合堂是人员较多、组织较强的行业公会性质的民间组织。曾拥有会员（帮众）15万余人，在菇山较多的外省县份设立“菇业公会”或“同乡会”，最发达时在外省100多个县都有组织分布，并在福建南平专设“浙江会馆”，就近管理附近诸县的进山菇民和在城菇行。三合堂还在菇民赴外省菇山的重要渡口集资买下过渡权，立以“浙江公渡”之石碑，以便菇民过渡来往。如福建的南平、建阳、邵武等地均有这样的公渡（后废）。

因为没有自己的武装力量，三合堂大力倡导菇民习武，集资延请拳师向菇民子弟传授长掌、七步、五虎、扁担功等拳棍套路。历史上还曾在三大菇神庙宇（西洋殿、凤阳山殿、三合堂）举行过擂台比武竞技活动。

战乱频仍的20世纪40年代，菇民难以外出，菇业衰退，三合堂也趋于没落。20世纪50年代，对流动性较大的菇民采取组织菇民协会和由乡政府发给菇民证等方法实施管理，三合堂自然解体。①

（二）丽水苞萝班

浙江丽水严乌和黄村一带，因山多田少，过去人们辟荒开山，以种苞萝（玉米）挣得主食，为了适应季节性生产的需要，就产生了“苞萝班”。

作为临时性的劳动服务组合班，苞萝班的班头既是组织者亦是带班人。凡需雇工垦山种作的人家，头年腊月就要向班头预约，说明他需垦多少亩山地，种多少苞萝，并向班长介绍该村大概有多少人家需要雇工辟荒种山等情况。班头为了了解山场和投工量，就亲临此村，按户摸清，以便估算组织苞萝班的人数及所需的投工日数。一般的情况是，每个苞萝班人数为两桌至三桌人（每桌八人）。

---

① 沈毅：《菇民三合堂》，载《浙江民俗大观》，当代中国出版社1998年版，第378—379页。

苞萝班待“五日年”(正月初五)一过就需出工,清明节方归,前后在外劳动四五十天。要是一个村不足此投工日,班头在头年还需到附近邻村接洽营生,所需的投工数,每日的工钱,以及苞萝班定于几时到谁家等,一切都需班头排妥,并和雇工的主家签订契约,契约签后不能违约。

因为辟荒开山的劳动强度大,生活也极艰辛,所以一般都是年富力强的青壮年参加苞萝班,他们还要自备蓑衣、笠帽、柴刀、草刀、山锄等(也有主家代备部分供用的)。在开工日,他们带上工具,紧身束腰,脚穿稻草鞋袜或棕袜,凌晨起早赶往主家早餐,餐后就由主家带至干活地点,具体操作皆由班头分派。砍劈、垦掘等主要工种分派完后,班头还要派一两人专事捡束柴薪,用山藤扎紧成捆,每日歇工归去时,大家都要背一捆柴薪给主家。

为了抓紧时间干活,苞萝班有个不成文的规矩:中午不归家。中饭由主家派人送苞萝饼上山,苞萝饼一冷就硬,大家就在干活的坡地上烧一堆火,边烘边吃。

除了安排工种等事项外,苞萝班的班头也和大家一道参加劳动。按惯俗,班头可带少年杂工一名,此人干些送茶水、装烟递烟筒、烧火堆烤烘苞萝饼等零星轻活,工钱则和班里人员同等分酬。每当某户主家的活干完后,由班头按契约参照实际的投工数收取工钱,除提取一点班头因联系营生的误工补贴外,工钱都如数付给班中成员,那少年杂工所得的工钱,一半或六成作为班头的“特殊收入”,此外,班头在报酬上无其他特权。

苞萝班有个规定,凡入班后的人员,中途不得退出,若因事或因体力不支等需离开,则由此人请人替班,以免影响整个班的劳务安排和劳动进度,而拖延了契约任务的完成。苞萝班属临时性的劳动组织,无行业神祇,从拢班到散,亦无祭祀仪式。随着山乡村民的社会组织结构的改变和生活不断改善,苞萝作主粮的日子早已过去,苞萝班习俗也就随之成为历史。①

二、生活类民间结社

人是喜欢群居的社会动物,在血缘与亲缘关系结成的社会网络之外,也往往寻求其他形式的社会交往,结成各种性质的社团,以拓展社交网络、获取更多支持或满足某些方面的现实需求。也有些结社是为了应对生活中可能遇到的危机事件或获得集体性的社会影响力。有代表性的民间结社包括兄弟会、老人会、六亲会、水龙会等。

(一)兄弟会

在衢县、天台等地,兄弟会是民间最普遍的组织之一,参加者多是青壮年。相应的民俗也大同小异。

衢县

衢县大洲、全旺、横路、长柱等乡镇,过去有五月十三日称兄弟的风俗。农历五月十三日这一天,长工有不出工干活的权利,许多长工或穷伙子,合聚在一起,结拜兄弟,散称“兄弟会”,有的干脆叫“长工节”。

---

① 童涉、金泉:《丽水苞萝班》,载《浙江民俗大观》,当代中国出版社 1998 年版,第 336—337 页。

“兄弟会”出自三国桃园三结义的典故，后来，被起义军和山匪草寇所袭用。太平天国运动失败后，散落在民间的太平军，以拜兄弟会方式，想东山再起。因侍王李世贤落荒隐在乌巨山，故乌巨山周围的兄弟会特别盛行，几乎所有的民间青壮年，都参与拜兄弟。民间相传，农历五月十三，关老爷(关羽)的幽灵，要在天上磨大刀的。磨刀用的水，要从天上泼下来，因而这一天视为涨水日。又传，刘备、关羽、张飞是这一天三结义的。故而，凡结拜兄弟的都在五月十三日这一天。

已经结拜过的，要去轮到值年的义兄义弟家那里聚会，条件好点的，备办酒席，一醉方休。条件差的，用酒缸装泉水，每人喝一碗，称为“情谊深，缸水甜”。未结拜过的亦在这一天，义结金兰。九条源道(黄坛源、济源、小坯源、罗樟源、童子源、胜塘源、里舍源、大坑源、幸福源)的纸槽，要放假一日。

新结拜的，在东道主家，挂着关公画像，摆着香案，每人手上拿着三炷香，面朝关老爷像，叩三首，齐声宣誓：“未同年同月同日生，愿同年同月同日死！一人有难，大家帮忙，若有变心，天打雷轰！”拜毕关公像，再按年龄大小拜大者为兄，小者为弟，弟要拜大哥，仪毕，按长幼排序入席敬酒(穷者泉水代酒)。

中华人民共和国成立后，“兄弟会”消失。改革开放以来，又有地方出现。①

天台

中华人民共和国成立前，全县有兄弟会近百个。参加兄弟会的人，年龄都不相上下，一般是 8 人为一班，因为 8 人刚好一桌，便于聚餐，兄弟会往往是幼年时候就由父母做主，找那些与自己较亲近的人，凑足 8 人，即成一班。兄弟会从幼年时起都要“有福同享，有难共当”。兄弟会要缴会费，缴银钱，每月一角至一元不等；有的缴米麦，往往以稻麦登场为一期，就是麦收时缴麦五升或一斗，稻收时缴米五升或一斗。

兄弟会为了促进会员之间的团结，按照地域不同，祭祀各种神灵。如天台城里多祭祀城隍、金庭五帝、东岳大帝；天台农村多祭祀关帝、铁甲将军、胡公大帝等。②

(二)老人会

老人会是浙江比较普通的民间组织，天台的老人会是比较具有代表性的。天台的老人会发起于 20 世纪 80 年代初，开始只有 5 人，后来迅速发展至几百、几千直到现在的几万人。参加老人会的会员多是农民、工人、小商小贩，开始时干部和知识分子很少参加，现在，知识分子和干部也多有参加，并且逐渐成为老人会的中坚力量。老人会开始以天台县文化馆为活动基地，后来从城关向农村发展。农村老人会中最早的是水南老人会。现在，各乡各村皆有普及，组织结构也越来越健全，有县老人协会、乡老人协会、村老人协会。各级政府对老人协会工作很关心，几乎每个老人协会都有活动场地、活动器具。

老人协会兴起之时的会费为每月一角，现在增至一元钱或数元。经费由专人负责，账目

---

① 黄根发：《衢东南的兄弟会和“长工节”》，载《浙江民俗大观》，当代中国出版社 1998 年版，第 373—374 页。

② 曹志天：《天台上的民间聚会》，载《浙江民俗大观》，当代中国出版社 1998 年版，第 386—387 页。

公开。其花费主要用于公益事业和探望生病的老人。会员去世，老人会前去送葬，并赠送花圈。参加送葬的会员不吃饭，不喝酒，提倡勤俭节约办丧事。该会自建立以来做了许多公益事业。例如城关老人会集资25万元，建设了济公院等。各地老人会都订有明确的章程，服务社会，纷纷集资修建道路，疏通阴沟、造桥、灭鼠，等等。①

（三）庠老会

庠老会兴起于清末民国初，由天台县18位秀才功名以上的人组成，号称“十八学士”，会员亡故，其子女不能替补，由另外的秀才增补缺位。

该会每月农历十六活动一次，如果这月有会员生日的改为生日当天。系轮流做会，做会者招待会员吃中餐、晚餐，饭后研究古典文学和诗词。当时，庠老会还是县里的智囊团，县长召开行政会议，遇有疑难大事，便请庠老会商量对策。庠老会还有过不少善举，例如一个大荒年，会员们集起许多稻谷，轧成大米，分发给全县灾民，发了一个多月，直到八月新稻上场。②

（四）六亲会

绍兴人对所谓的“烟火永继”，即传宗接代极为看重。旧时一夫多妻制竟出现过“姐妹三个共事一夫”的怪现象，其根源就在于“继承香火”的需要。然而，常言道“不如意事常十之八九”，有些人家纵使三妻四妾，也会出现后继无人的情况，大户人家当然还有过继、领养以承宗祧的办法，但一些小户、贫户人家，一夫一妻已属不易，当然无力续妾，到年老时，眼巴巴地看着自家成了“绝户”，百年之后，将断绝香火，吃不到一碗羹饭（绍兴人称祭祖宗叫“做羹饭”）。特别是一些外来户，不是世居于本地的，攀亲排眷也无从排起，一旦成了“绝户”，更感到百年之后的希望渺茫。正是基于这方面的考虑，人们组织成立了“六亲会”。

六亲会的参加者多是无儿无女的老年人，虽无亲缘，但结成亲谊，把仅有的一点积累或家产拿出来，购置少量田产，排定“值年会首”负责管理，叫作“基产”。如哪一户“会脚子”过世，就有“六亲会”出面治丧出殡，入土为安，造墓立碑，并在清明节去上坟，冬至节烧寒衣、培坟土，使能永受香火。曾见山区有这样一块墓碑：

皇清同治戊戌桃月吉日
滕公南清
合墓
夫人卞氏
六亲会永世奉祀

这就是“六亲会”会脚子的墓碑，表示了这个会社的宗旨和作用。

中华人民共和国成立后，随着社会公益事业的发展，这种会社组织也就自然消亡了。③

---

① 曹志天：《天台上的民间聚会》，载《浙江民俗大观》，当代中国出版社1998年版，第387—388页。

② 曹志天：《天台上的民间聚会》，载《浙江民俗大观》，当代中国出版社1998年版，第386页。

③ 张观达：《六亲会》，载《浙江民俗大观》，当代中国出版社1998年版，第337—338页。

(五)大旗会

大旗会是上虞虞北一带庞大的农民组织。

传说明朝时代,浙江沿海一带,倭寇长期为患,人民受尽蹂躏。民族英雄戚继光奋起抵抗,多次击败倭寇。为了保卫沿海安宁,戚继光率兵驻守镇海,组织军民联防,在浙东沿海筑起了一道铁壁铜墙,使倭寇再不能近岸登陆。一年秋后,宁绍平原夏粮丰收,一片富庶景象,倭寇对此垂涎三尺,怎奈戚家军防守严密,一时无隙可乘。但又贼心不死,打探到位居镇海后方的上虞一带防守空虚,就偷偷聚众渡海侵袭上虞崧厦一带。

一天,正在海上捕鱼的虞北渔民,远远望见几艘形迹可疑的海船,偷偷摸摸向虞北海岸驶来,料知倭寇进犯,急忙回船登岸,向乡亲们鸣锣报警。这时,戚继光在前线也得到情报,估计调兵回击是来不及了,急命一位将军带几名轻骑火速赶回虞北,设法组织当地民众抵抗。不到两个时辰,那将军飞速赶到虞北,乡亲们正在扛锄头背扁担准备迎敌。那将军当众从怀里掏出一面绣着“戚”字的大旗,传令给各家各户,拆下被面床单,统统扎成旗帜,再搬出往日迎神赛会的锣鼓、铜铳、火炮,带上锄头扁担,分头向海边集结。这一来,整个虞北平原,千家万户,人山人海,各色各样的旗帜遮天蔽日,锣鼓声,喊杀声震天动地,从四面八方浩浩荡荡涌向海边。倭寇刚刚靠岸,正想登陆行劫。忽听到号炮连天,又望见旌旗遍地,为首一面“戚”字大旗赫然在目,以为中了戚家军的伏击,吓得慌忙返身下船,向海外逃窜。那将军一马当先,冲到海边,张弓拈箭,射倒几个倭寇,渔民们操起捞钩、鱼标、铁锚,高喊着奋勇下海追击。倭寇来不及喘息,就遭到迎头痛击,怕被包围,纷纷弃船跳海,大部分葬身鱼腹。

乡亲们击退倭寇,夺得船只,胜利回来,一路扛着各种被面旗帜,敲锣打鼓,兴高采烈地沿路游行,庆祝顺利。各村父老闻讯,忙着烧茶煮饭,杀猪备酒,争相慰劳。为了纪念这次扎旗抗倭的顺利,从此,虞北乡亲们特绣了高几十丈的大旗,兴了个“大旗会”,平日组织青年练武,定时集会检阅示威。年年如此,延续300多年。①

(六)水龙会

浙江传统房屋大都用木料建成,一旦发生火灾,往往极易蔓延成片,造成财产甚至人员的重大伤亡。因此,历史上民间都十分重视防火工作,衍生了腊月敲更等习俗。同时,为了火灾发生后的灭火救灾活动迅速开展,也相应地组建了一些民间互助组织,名为水龙会、救火会等,并衍生出一些相应的民间习俗。

绍兴

过去绍兴城乡多有取名“永济”“坎益”“太平”之类的消防组织,叫作水龙会。水龙会一般有一艘龙舟和一间傍河的房舍,备制着一两具木制杠杆式水龙及其他消防器具。龙会的成员叫龙兵,大都由男性的青壮年农民及手工业工人业余充任,每个水龙会都有一名负责组织和保管器材的“龙头”。在出龙救火或演习时,“龙头”负责携带一支2米来长的水龙头。到达目

① 浙江民俗学会编:《浙江民俗》,上海文艺出版社1982年版,第26页。

的地之后，他首先确定安放水龙的位置；并迅速套装水龙头，接着高高地站在龙身上面进行现场指挥。水龙会设备添置及维修等经费来源，城镇一般是店铺及居民捐助，农村则往往是由富户出钱买一些田产作为龙会义田，义田的地租收入供龙会开支。

平日，远近村镇一旦火警发生，司锣的龙兵马上拿起铜锣（火锣）沿村庄或街坊边跑边敲。听到急促的火锣声之后，在白天龙兵们会放下手头的活计，晚间即使寒冬夜半也会很快披衣起床，大家迅速奔向水龙间集合，并按照各自的司职，或担水桶，或持火叉、利斧、擎燎火把，迅速下船出发，赶往失火地点参加扑救。救火回程中，司锣一路上会敲着节奏缓慢的太平锣（锣还是同一面火锣），警告沿途乡亲，大火已经扑灭，大家可以放心。

绍兴习俗以农历五月二十日为分龙日。分龙之俗源于何时尚难考定，但宋人陆佃的《埤雅》、叶梦得的《避暑录话》等著录就多有记载。《占候书》说，“两浙以四月廿为小分龙，五月廿为大分龙，池俗的五月廿九为分龙，闽俗以夏至后为分龙”。古人认为龙主水，而盛夏常有“夏雨隔牛背”的现象，是因为龙的上司在分龙日这天开始，命令下属各自分头行雨，以便“察而治之”的缘故。分龙日也由此而来。从《占候书》中，我们了解到分龙日的具体日期各处不同，这大概是因为各地气候不一才有时间上的先后之别。至于“小分龙”之俗，今人已不得而知。

分龙日是水龙会较龙检阅的盛大节日。所谓“较龙”，从字面上讲，就是村坊龙会之间较量和比赛实力的意思，大概类似于现在的消防演习。是日晨曦微露，龙兵们纷纷喜气洋洋地来到龙会所在地——水龙间，大家穿上胸背印会名的无袖号衣（每个龙会的号衣颜色统一，一般为白、蓝、绿色），驾起龙舟，着载整修一新的水龙向事先约定的赛场进发。绍兴城区与近郊的各路义龙，习惯在广宁桥附近的龙王塘举行浇龙（喷水）比赛，年年龙兵如蚁，观者如潮。

在村落分散的乡间，邻近村镇事先约定好顺序，依次到各村轮流较龙。分龙日那天，村民们扶老携幼，蜂拥而出，聚集村口盼望着龙舟的到来。龙舟一般都漆成接近水色的蓝色或白色，但也有通体全黄的“小金龙”。龙兵号衣的颜色也随船色而异。每到一个村口，各路龙舟总要进行一番较量速度的比赛。龙兵们分坐船舷两侧，整齐合拍地桨起桨落，犹如龙爪伸屈，条条龙舟昂首如飞，争向开阔的临河赛场靠拢。水龙刚刚放定，司水的龙兵就急速汲水灌注“龙肚”，分列水龙两旁的龙兵则一手叉腰、一手揿动龙杠。戴铜盔、着黄马褂子的“龙头”们站在各自龙身上把着一支上细下粗的铜制龙头，用大拇指扪住龙口，待到水压增大到一定程度，迅捷移开手指，似烟带雾的水柱急速蹿向前方。一时间，数十条水柱在阳光下映出道道彩虹。此时人声鼎沸，较龙比赛达到高潮。观者无不欢欣鼓舞、沸反盈天。如此这般的较龙比赛会在各地轮番上演。

据说，五月二十日较龙与平时救火的龙头有所不同。较龙以水柱远近取胜，故龙头内径较细，平时救火则宜粗。分龙日中午，龙会置办一年一度的分龙酒犒赏龙兵。下午则是晒龙衣和整理消防器具。

目前绍兴城乡已经没有命名为“水龙会”的消防组织，但乡间各村却仍有与水龙会功能一样的义务消防组织。经济发达地区，传统木制水龙都已换成机械高压水泵，但有些村庄还在使用木制水龙。而五月二十日分龙日较龙的习俗却一直保留至今。①

湖州

水龙即是旧式的救火车，民间俗称洋龙，故水龙会在民间也称为洋龙会。

在湖州地区，水龙会是一个具有一定规模的节日，它有两大特色：其一，水龙会只在湖州的城或镇举行，广大的农村没有水龙会。其二，水龙会举办的日期，无论哪座城或镇，都在同一天——农历五月二十日。

这水龙带个洋字，民间以为是外国人制造后传到中国来，其实据记载，这种水龙是在清朝顺治年间，一位姓唐的上海人研制出来的。在这之前，人们靠水桶水盆来救火，唐氏深感其运载有限，不能有效及时地控制火灾，立志要制造一种新的救火工具。唐氏借鉴了日本人的经验，试验一举成功，国内争相仿造。当时的天津人最识货，马上在城内外安置这种新型水龙48台。为了救火时熟练迅速，会定期专门对使用者进行武力和救火手艺的操练，平日里仍操常业，一旦起火则一呼而至，立即出发救火，实际上这已经是消防队了，但那时带有业余性质。湖州城镇的水龙，与天津水龙的组织情况基本相似，但在时间上要晚一些。

要使一台水龙能喷水救火，至少需要几十人参加。操作水龙各部位的人各司其职。龙头是握水嘴的人，有正、副两人，相互调换。火发生在哪里，龙头将水喷向哪里，人随火势奔走，体力必须很好。操作压水器左右各4人，左上右下，右上左下，像跷跷板一样不停地压水，需要轮流操作，共8人。挑水的人最多，火灾离水源远近不同，挑水人随着路程的长短有多有少。一般开动一台水龙，不能少于20人。

中华人民共和国成立前，德清县新市镇上有水龙十余台，全镇18岁～35岁的男性市民，都要参加就近的洋龙会，遇到火灾，当即出发，尽义务救火。善琏镇有南北两台水龙，平时放置房中，每逢水龙会之日，两台水龙开出，举行一场友谊比赛。下午3时许抬到街上，“两龙”相互喷水示威，4时许结束，两水龙会的人员晚上聚会共餐。新市镇的水龙会规模颇为壮观，比赛地点在运动场或觉海寺内，其主要比赛项目为两项：一比水喷得远，二比水喷得高，观看的男女老幼，数达上千，犹如现在的运动会，热闹非凡。

水龙船，旧时安装水龙的船只，亦隶属洋龙会组织。湖州各大镇上，都有水龙船。专业水龙船，是将水龙永久安装在船上的船。船只小巧玲珑，有棚，水龙稳稳地坐在船中，停在某一河埠码头。

湖州为水乡，市镇从前大多分布在两河交叉流过的沿河区域，因此多呈十字形。市河中有一定数量的水阁楼，水龙船就停在某一水阁楼下。水阁楼外侧有木柱作栅，栅起保护作用，栅有门，水龙船可以进出自如。有的镇建有专门停放水龙船的棚。水龙船停在这栅或棚中，避雨防风，又保安全，一旦火灾发生，还可迅速出发。湖州各城镇附近都有村庄分布，村里一旦火灾，农民们双橹几桨，农船风驰电掣般地飞往市镇，载上水龙回村救火。火势迅速，不能相差几分钟，所以这种业余水龙船，只有距市镇几里路内才使用，而且不多。

---

① 朱元桂：《绍兴的水龙会》，载《浙江民俗大观》，当代中国出版社1998年版，第374—376页。

现在水龙船早就被现代化的消防艇、消防车所取代，早已难觅踪影。①

丽水

丽水虽是“一州如斗大”的小山城，过去却有8个民办的水龙会，它们都以地段命名，分别是：大水门水龙会、仓前水龙会、三坊口水龙会、枣树荫水龙会、府前水龙会、太平坊水龙会、小水门水龙会和厦河水龙会。每个水龙会都有一个水龙间，水龙间都设在该水龙会地段的庙内，以置放水龙、云梯、铁叉、水桶等消防器材。

丽水的水龙会，除大水门水龙会有一台用轮子推拉的铁水龙外，其他7个水龙都是木水龙，这些水龙由人工掀压操作，设备极为落后。仓前水龙会是丽水首家水龙会，成立于民国元年（1912年），其后，另外7家水龙会也相继成立。水龙会的会员都是商业上的青壮年及街道居民，正、副会长一般都由热心于社会公益事业的商店老板担任。

过去丽水无自来水，群众的生活用水是井水或瓯江水。消防取水除来自塘水、河水外，在每条主要街道的某侧，都放置一只超大木桶，木桶上书“太平桶”3个大字，另有“备而不用”四字，以示吉祥。消防器材中，大器材放在水龙间，而较小的器材如水枪等，就存放在会员家中。水枪是水压式的，长短如步枪，只要把尾部放在盛水的桶中，用双手拉上压下轮番推动，水就从枪口喷射而出，喷射的高度一般不足10米，而大水龙的掀压喷射亦不高，基本上也就30多米。好在昔日丽水无高楼大厦，一般都是土木结构的双层瓦房，若发生火灾，这些人力“水龙”尚可勉强应付。

农历六月二十三日，民间相传是火神火德星君的诞辰日。中国的火神有祝融、炎帝、吴回（又叫回禄）、阏伯等，丽水供奉的火德星君是火神回禄。昔日，在火灾后，受灾户还要出钱请道士到火灾现场念经“打火醮”，亦称“敬回禄”。就在火德星君诞辰后的次日，即农历六月二十四日（因为廿三日是丽水的市日，水龙会成员大多是商业人员，得上市营业），丽水各水龙会都要把水龙器材设备搬抬到大水门外的瓯江滩圩地上，进行水龙比赛，比赛按速度、射程（高与远）等进行评比。在比赛中，但见8台水龙大喷水柱，一二百把水枪喷出的小水柱夹在其中，色彩各异的数百名会员挑水的挑水，掀压的掀压，喷射的喷射，真乃“八条彩龙喷水，数百会员闹滩”，煞是好看。

一年一度的水龙比赛，既是一次消防器具的全面检查，亦是水龙会员的“实战演习”，同时又吸引市内民众参与观赏，开展一次消防知识教育，是较有意义的活动。水龙比赛后，当日就做评比，获胜的授给奖状或锦牌，是夜，各水龙会分别聚餐。

因为水龙会是民间组织，购置器材设备的费用都是民间筹集，会员亦完全尽义务。正、副会长一般都是较大商店的老板，因为要他带头筹资，不够部分往往都要正、副会长掏腰包；正、副会长也和会员一样，要参加消防救火及每年一度的水龙比赛活动，不仅完全尽义务，而且在出资中要担大头。

凡水龙会成员，每人都发给帽和佩带，帽是竹片制作的，似尖顶箬笠，其上标有“×××水龙会”的名字，颜色与其参加的水龙会相同，因为每个水龙会都有“色标”，水龙会的水龙、云

① 费三多：《湖州的水龙会和水龙船》，载《浙江民俗大观》，当代中国出版社1998年版，第329—331页。

梯、木桶、水枪以及成员的帽和佩带等，都用一种颜色，如大水门水龙会为白色，仓前水龙会为红色，三坊口水龙会为淡蓝等，标志明显，每逢“水龙聚会”，既雅致又壮观。

昔日，每逢发生火灾，丽水城内太保庙的大铜钟就要连续紧敲18响。抗日战争后，梅山背上的“警报器”(原供防空报警用)亦会紧急鸣响，各水龙会的报警人员，就会沿街敲起紧锣。这时，水龙会的成员就会立即佩戴上竹帽佩带，奔至“水龙间”迅速抬出水龙等消防器材，参与救火。

在救火中，各水龙会按赶到火场的先后占据有利位置，分工协作分头喷水救火，会员们都不辞辛劳、不怕危险奋勇扑救，把捏水龙头的人，往往要在近火处或火旺处喷射，有时亦要高爬到云梯或屋顶上喷水，其他会员也要冒着危险在火灾燃烧的四周卸瓦掀檐拆房，这叫“断火路”。火灾大多发生在节日或深夜，水龙会会员整夜救火扑灾，甚至因救火负伤，会员从不叫苦喊累，更无因此退会的，反而以此为荣。在长夜救灾灭火后，水龙会从“公积金”中取款(若无现金或存款，暂由正、副会长垫付)，发给每个参与救灾的会员每人一两角钱，供吃点心。

随着时代的进步，铁木制作的人力掀压式水龙已完成历史使命，而被现代化的消防车所取代。而今，训练有素的专业消防队，亦早已取代了民间组织的“水龙会”。①

浦江

据《民国浦江县志稿》记载，清光绪年间始有“水龙”和“水龙会”。浦江乡村的水龙会作为民间的消防组织，是抵御火灾的主要力量。

“水龙会”由族长或村中辈分较高的长老出面组织，村中青壮年自愿参加，村民自筹资金，或族中出田产购置土制水龙、水桶、绘制龙旗，建水龙屋(即太平龙会所)，龙旗均为长方形，挑在竹竿顶端，左右再挂灯笼一盏，便于夜间救火引路。龙的图案有隐潜的、飞驰的，也有张牙舞爪、怒目施雨的。画工的龙图尽量按照各地水龙灭火的不同特色来表现。水龙有“卧地龙”“太平龙”“天乙龙”“永宁龙”“伏潜龙”等众多的美名，给水龙披上了神的色彩。

“水龙会”有自己的章程议约、周密的组织分工，如年长的管账、管物、扛旗、敲锣、提火把、开路。最有经验的人把龙头，青壮年负责压扛、担水、进火场。某村一旦失火，村民必须鸣锣呼救，叫“火警”。四方村邻闻“火警”，“水龙”必须迅速出动，俗谓“出圣”。“出圣”时火把旗锣前导，水龙随后，火速赶赴现场，参与灭火，有时水龙到场，大火已扑灭，也必须担水喷射一阵，才可鸣锣回村，否则有损龙威。

灾后村邻结队前往灾场向受灾户送钱、送物，叫“嬉火绕屋基”，亲朋好友扛锄头前去清理宅基，帮助重建家园，叫“挖水绕屋基”，有的送饭三天，叫“火烧饭”。受灾的村有的还演戏一天，称“火烧戏”，慰劳“水龙会”和邻村救火的群众，该村还备馒头和方肉酬谢各村水龙会，俗称“谢水龙”。谢水龙由水龙会头首举行，摆方肉、馒头于水龙前，焚香点烛，跪拜之后，烧黄纸三叠，然后头首提酒壶，洒酒(以水代酒)三巡，燃着的黄纸随即被所洒的水熄灭，以示水火不相容，祭罢分方肉和馒头给“水龙会”的成员。

每逢秋冬季节，必须在村旁的水塘里指定一口留作水源，谓“太平水”，规定这口塘不准车

① 唐宗龙:《丽水的水龙会》，载《浙江民俗大观》，当代中国出版社1998年版，第331—333页。

水落田，也有构筑“太平池”，蓄水防火。“水龙会”中的长老常于夜间打更或敲锣沿村告谕：“只好挑水过夜，不好挟柴过夜！”“小心火烛！”，贴“小心火烛”的黄纸于各家门首，“火”字倒写，以示禁忌。

五谷归仓，立秋一过，便是火警频发的日子。“水龙会”也开始检修水龙、水桶，检点火把，添置消防器材，为一年一度的民间特定的农历八月初一水龙节试水龙做准备。这一天，水龙必须分赴各地测试水龙。试水龙多在人口稠密处，地点每年固定。这天，鸣锣晨炊，会员们装束衣冠，按规定抬水龙到指定的地方集中。比赛开始，鸣锣为号，围观的人们呐喊助威，“水龙会”后生们担水、压杠、把龙头，齐心协力，团结一心，喷射最远的最为光彩。围观的人们频频喝彩，对胜利者表示祝贺。比赛结束各自回村聚餐。这个活动规模最大的有郑义门、平安张和浦阳镇等。①

嘉善

旧时，嘉善县的魏塘、西塘、干窑、天凝、陶庄、枫泾、杨庙、洪溪、丁栅、俞汇等集镇均有义务消防组织——救火会。

救火会由来已久。据光绪十九年(1893年)十一月二十一日《申报》载：“西塘镇东街同源瓷器店于十二夜四更时失火，锣声起处，各水龙奋勇交驰，汲水浇灌，至次晨始得救熄。”民国初，魏塘镇先后成立有镇安、协善、大胜、初九、保安一、保安二、保安三、坎龙、安庆、同善、东亭、乐善、壬癸、治西、太平、安善16个龙队，义务消防队员达400多人。民国7年(1918年)成立城区救火联合会，统一指挥各龙队。

以杨庙集镇的救火会为例，早在民国19年(1930年)就存在。全称为“嘉善县杨庙镇救火会”，由镇上绝大多数商店的青年、壮年职工和部分居民组成，全体成员选会长1人、委员若干人，负责财务管理和设备添置。根据东、西、中地段，下设3个小组，每组各选一名组长，负责组内器材的管理和临场指挥。每组有龙房1间，内备有水龙1部及皮带、铜帽、藤帽、火炬、铁叉、竹梯、杠捧、担桶等救火工具。全镇备有洋龙3部、水龙1部。会内经费均由各商店捐助。

保障家乡人民的生命财产安全是救火会的唯一宗旨，有事则聚，无事则散。无论昼夜寒暑，只要听到火灾报警锣声和集合哨声，救火会人员一定立即赶赴事发现场分组集合，各司其职，有条不紊地奋力扑火。救火范围并不局限于本镇辖区内，只要外县毗邻地区前来求救，虽然距离较远也必定会赶去。

每年农历五月二十日的分龙节，又称水龙会。各镇都有水龙聚会，演习水龙出水。这天魏塘镇上消防设备齐集东门体育广场和大营操场两处。西塘镇集中在南栅，由义务消防队主持其事，群众也自告奋勇参加挑水。杨庙救火会要举行一次演龙比赛。在镇广场上蛟龙喷水，冲霄直上，围观群众呐喊助威，在演龙比赛下一天，请来京戏班子公开演戏一天，称为“待龙戏”，意在祈求“龙王”保佑全境平安，禳除灾祸。

到20世纪五六十年代，这样的救火会还一直发挥着重要的作用。现在，大范围的救火会

---

① 洪以瑞：《浦江的水龙会》，载《浙江民俗大观》，当代中国出版社1998年版，第334—335页。

虽然消失了，但在一些镇上，如西塘仍有一支义务消防队，有些学校在寒冬腊月的傍晚，组织学生组成小队举着“火烛小心”的小红旗，上街宣传，喊着顺口溜“寒冬腊月，小心火烛”。①

金华试水龙

“试水龙”又叫“分龙”，是一种民间的消防演习活动。“分龙”的具体日子各地不同，浦江在八月初一，金华、东阳则在每年农历六月初六。因为民间传说六月六日是龙的生日，龙爱嬉水，水能治火。人们就用泼水来娱悦天龙，以消灾灭火。六月初六这一天，又是民间传统的“沐浴节”。谁都乐意被喷、被洒，喷洒得越湿越吉利，民俗认为可以避晦免灾。

地处丘陵地带的金华东乡塘雅镇，旧时水利条件极差，十年九旱，火灾也屡屡发生。因此，民间对消防工作十分重视，“分龙”更是红火热闹。“分龙”日清晨，“堂堂堂”三遍锣声响过之后，凡置有“水龙”，设有“水龙会”（消防组织）的村子，就会在“水龙会”头首指挥下把水龙抬到塘边或溪边，全村男女老少都纷纷行动起来，用自带的水桶、面盆等盛水器具，争先恐后，取水入“龙”，然后数十名青壮年男子齐心协力，轮番操纵，“吱勾吱勾”地将水压进长龙般的帆布水管，最后由一人手擎水管，将哗哗的出水喷向众乡亲。“分龙”结束，“水龙会”的头首会把一张用红纸制成的“祥符”分发给各家各户，其上印有“小心火烛”四个字，“火”字则一定要倒着写。各户回家后会把符贴在灶台上，据说可以驱走“火烧鬼”。其实只是提醒大家提高警惕，重视防火。现在，这种独特的风俗活动已十分罕见了。②

（七）象山海鹰帮

旧时象山的海鹰帮是沿海地区的乞人组成的帮派，当时驰名江湖。海鹰帮的最高头目为帮主，帮主之下是“青龙头”“乌鸦头”“麻雀头”等大小头目。以帮立祖、以帮树神的海鹰帮供奉的祖师爷是明代嘉庆年间的奸臣严嵩，称为“严八”菩萨，民间直呼为讨饭菩萨。据说严嵩被革职以后曾讨饭，而且在讨饭期间更名为严八，后被象山港一带的乞丐尊为祖师神。中华人民共和国成立前，象山港沿海民间有“讨饭菩萨住凉亭”的俗语。说明讨饭菩萨的地位是很低很低的，只能在凉亭塑立，各村庙、道院寺庵内不能再有讨饭菩萨。

关于丐帮大小头目的传位，旧时也有一定习俗。海鹰帮的总头目“海鹰王”（即帮主）一般不出门，他的生活靠各地大小头目供给。帮主一般有几十亩田出租收入。身边有十八“罗汉”“保驾”。海鹰王没特殊标记，只是穿的比一般的乞丐整洁，而身上通常带有一根不到一尺长、绘有“海鹰王”的“海鹰尺”（称天尺）。“海鹰”帮主既不世袭，也不能凭帮主好恶亲疏而定，也不通过选举产生，而是在老帮主临终前的几天，由“十八罗汉”把所有乞丐的名字写在一张白纸上，并平摊在严八菩萨前的地面上，老帮主蒙了眼，手握一头沾了红印色（或红水）的“海鹰尺”，老帮主口念一声：“菩萨天尺定英才”，便把海鹰尺抛向地面。不管是女乞丐还是小乞丐，只要天尺的红点落在谁的名字上，谁就是下一任海鹰帮主。青龙头们和“十八罗汉”会用轿子接新任帮主去登位。在登位前，先要用糖水洗身换衣，然后跪在严八菩萨前发誓。发誓后，新

① 金天麟：《嘉善的救火会》，载《浙江民俗大观》，当代中国出版社 1998 年版，第 376—377 页。

② 黄子奇：《金华的分龙》，载《浙江民俗大观》，当代中国出版社 1998 年版，第 333—334 页。

帮主便跪在老帮主床前，接受“海鹰历本”和“海鹰尺”这两件传世之宝，遇到不识字的帮主，则需十八“罗汉”念“历传”给他听。然后在炮仗声中新帮主登位，从此象山港这块沿海地区的所有男女乞丐都要接受他(她)的管辖。

“青龙帮”本是长江下游一带的乞丐帮组织名称。相传，青龙帮乞丐护祖师——严嵩的功劳最大。所以，海鹰帮成立后，帮主下的第一头目名为“青龙”，其权力仅次于帮主。青龙头又叫“上头目”，据说在中华人民共和国成立前青龙头也有自己的“龙头田”。他出行时随身跟着两个小郎(徒弟)，青龙头走到哪里，小郎就跟到哪里。下任青龙头便在这两位小郎中产生。青龙头有两件特殊的标记，一是肩挂青蓝色双口圆角舍满袋；二是手提不到三尺长的“青龙棒”(其实是一根带竹根头的小竹棒)。其他头目谁也不准有这两件东西。故而海鹰帮的乞丐们，见这两个信物，便知道青龙头到了。

老青龙头传位给两位小郎之一后，新青龙头便诞生了，届时“十八罗汉”需到场，“青龙”下属的几位乌鸦头也需到场，名曰“接青龙棒”。传位仪式通常在海边举行。仪式前，两位小郎先在严八菩萨前暗暗祈祷一番，然后跪在老青龙面前说：“请师父放龙入海，我俩不管是谁接着龙，都尊龙爱龙。如有不尊的言行，天打雷劈。”老龙头听了弟子一番话后，便把手中的青龙棒抛入海港中。两位小郎同时跳入海港，谁先抢到这根“青龙棒”，谁便是新任的青龙头。由于有帮主的“十八罗汉”在场裁判，又有众多的乌鸦头在旁做证，老青龙头想偏爱哪一个都不行。拿到青龙棒的，老青龙头便带他在严八菩萨前传双口圆角舍满袋，并把一本“青龙传本”移交给新青龙头。据说“青龙传本”记有青龙的来历及历任青龙头的名字。

“乌鸦头”俗称“二头目”，也有叫“二乌爷”的。一直是海鹰的下属头目。乌鸦头一般不须行乞，只有在农村中小户人家孩子满月、建房、婚丧等场面要代“青龙头”临场时才出面。乌鸦头只准带一个小郎(徒弟)，但可更换。乌鸦头选择接替者标准很高，要求有一定的口才和组织能力，乌鸦头考察小郎往往要多年，老乌鸦头认为不合适，可以更换另一个。乌鸦头的徒弟虽然只有一个，身边跟随的乞丐往往十几个，或二十几个，甚至四五十个，像一群落地的乌鸦，据说乌鸦头也因此得名。乌鸦头出门时，往往肩挂一只黑色双口舍满袋，其袋的颜色和袋角与青龙头有别。青龙袋角是弧形圆角，而乌鸦头袋角是剪角的。手中拿的打王金鞭(打狗棒)是条三尺长的竹棒(不带竹根)，而且竹棒的一头染成黑色。乞丐们辨认乞头头衔都从双口舍满袋的颜色和袋角区分，再则从打王金鞭的长短辨认。乌鸦头传位称“禅位”。乌鸦头禅位不是在重病时候，而是在老乌鸦头到了耄耋之年，便禅位给小郎(徒弟)，在交接双宝(玄色双口舍满袋、黑头竹棒)时，新、老乌鸦头跪在严八菩萨前各自发誓一番后交接。

海鹰帮中最低的头目叫麻雀头，其下便是“上品”乞丐、二等乞丐、阿三乞丐和下等乞丐。麻雀头地盘虽小，却是坐地为王。盘场(住地)周围的家家户户便是他们的饭锅。他们的行乞活动也只限于几个村。麻雀头不准带小郎，但有行乞标记——肩挂双口灰白色舍满袋。只是他们的舍满袋不准圆角或剪去袋角，成自然锐角形。他们的打狗棒不准拿竹制的，只准用超出三尺以上的荆木条。乞丐们上缴给他的吃食并不丰富，如逢天气晴和，也得出去走几家。不过他毕竟是头儿，在他所属的村落里的婚丧、建房等场面，如果青龙、乌鸦有事无法分身时，他出场代替青龙讲乞口词的机会也比较多。麻雀头因不准带小郎，所以他的接替者不能由自己决定，而是由青龙头物色。麻雀头的任期长短，也由青龙头一手裁定。晋升一般都在立春严八菩萨生日前一天的上午。凡是被晋升的乞人都要在严八菩萨前虔诚地跪拜下誓。① 中华人民共和国成立后，该帮会已消失。

三、信俗类民间结社

因共同的信仰而结成社团，以相互交流、相互支持，并组织集体性活动，是一种相当普遍的社会现象。这类民间结社曾在浙江各地广泛存在，如西湖白莲社、德清六房社等。

（一）西湖白莲社

说到宗教界的结社，有一个被誉为“千古之美谈”的西湖白莲社，又称净行社、华严社。早在北宋淳化元年（990年），昭庆寺高僧释省常发起成立净行社，当时的达官贵人、社会名流纷纷加入，到天禧五年（1021年），仅30余年间，先后入社的竟达123人之多。白莲社以《净行品》刊本为联系的纽带，以诗为盟文，推有“社首”，凡“士夫预会，皆称净行社弟子”（《莲社继祖传》），并曾建碑编集，已具备社团组织的特征。当年留下了有关结社的碑铭、诗词，表明这是一个上层人物的民间结社。②

（二）防风王庙会的六房社

德清县二都乡封山麓的防风王祠，已有1700多年的历史。防风王是夏禹时的治水英雄。每逢农历八月二十五日，官民同祭防风王。旧时有盛大的庙会，为期3天。

庙会在六房社领导下，有组织地进行。六房社是由长衫辈乡绅组成，一般是地方上有权势、有财力、有威望的人士组成。大约为两桌人（旧时八人为一桌）。六房社下设呼眚社、轿社、袍社、掌扇社、拜香社、顺风社（有时亦与呼眚社一身二任）等六社。六房社的主要任务为：统领下设各社，保证秋祭及庙会的顺利进行；负责筹措奖金；负责处理庙会期间发生的各类纠纷及有关问题。六房社的经费来源，一是庙产收入，一是地方筹募。③

呼眚社

负责“埋眚”“起眚”，并或兼事顺风社之任务，即扮成小鬼角色巡行、开道，或为乡民“驱眚”禳灾。“眚”，字典上注音为：sheng，省。方言中，读为sang。《辞海》解释之一：眼睛生翳。《说文·目部》：“眚，目病生翳也。”引申为日蚀，古时以日蚀为灾异。《左传·庄公二十五年》：“非日月之眚不鼓。”杜预注：“眚，犹灾也。月侵日为眚。”民间以为，“眚”是一种很凶恶的魔鬼，据说嘴尖如雷公状，其手似鸡爪，总之，形象亦丑怪异常。呼眚社，一般10人～20人，头领为有经验的中年人，其余为青少年，身强力壮，善于奔跑。“埋眚”与“起眚”有两种说法：其一，为农民唐桂法（曾亲自参加过掌扇社）所说：八月二十二日夜头，呼眚社开始出动巡夜。多

① 应长裕：《象山港丐帮头目的传位》，载《浙江民俗大观》，当代中国出版社1998年版，第354—357页。
② 顾希佳：《杭州运河风俗》，杭州出版社2006年版，第156页。
③ 钟伟今、钟铭：《防风王庙会的六房社》，载《浙江民俗大观》，当代中国出版社1998年版，第342—343页。

扮小鬼，一手持钢叉，一手持灯笼，灯笼上有“金府利济王”等大红字样。呼訔社由防风王祠出行，穿村过巷，小鬼不准开口，但钢叉之声，震动闾巷，以示祭防风庙会即将开始，一切魑魅魍魉应逃之夭夭，不得干扰。八月二十三日黄昏，呼訔社全体出动“埋訔”。呼訔社攀登到待鹤峰后百丈潭头顶之山崖上“埋訔”，先掘一个泥潭，放上 12 位或 24 位马张，然后勒掉代“訔”的雄鸡的鸡头（不作兴用刀），将鸡血洒在马张上，先将马张点火焚去，然后将鸡头埋掉。这个过程，叫作“埋訔”。鸡身携归，呼訔社将其煮熟后作为野餐佐酒食品。翌日，即二十四日清晨将鸡头“訔”取出。鸡头“訔”常为有病人之家取去后熟食，认为可以消灾祛邪。其另一说法由知识分子唐君山提供：二十四日午后，在防风王祠社戏演出之前，由呼訔社在台下设香烛礼拜之后，在戏台上勒掉雄鸡头，倒提着，在台上绕数圈，直至将鸡血洒完。然后将雄鸡头送至圣堂岭山埂上浅埋之，到二十五日起五更，呼訔社在钢叉锵锵声中冲上山岗“起訔”。

轿社

负责将在防风王殿配祀的“四弟相公”（即四尊行身菩萨）坐轿抬出“行会”。每一尊菩萨要 4 人抬，4 人以上准备替换，并配有一副锣鼓班子，此社有 40 多人。轿社有公田三五分，轮流种植，由植社的社头负责供饭，其余社员每天缴纳 2 角钱给社头，以补不足。

袍社

负责“四弟相公”衣袍鞋帽之保管、洗晒及出会时更换新的穿戴。并视需要经六房社同意添置新的穿戴。

掌扇社

负责为“四弟相公”准备仪仗长柄凹腰扇，每位菩萨两面长柄扇，以壮威势。8 人掌扇，其余人敲锣打鼓，适时替换。

拜香社

装扮判官、小鬼，为菩萨出巡开道。出会前，由六房社手持三角黄色“令”字旗，对菩萨出巡沿途之障碍预先“号出”，如碍路的桑枝等，用石灰做上记号。然后顺风社亦手持“令”字三角黄旗，将号出的桑枝砍除，或将某些实物搬移等。

顺风社

常与“呼訔社”一身二任。此外，俗有“呼訔社闹祸，交房社收梢”的说法。呼訔社“小鬼”是“开路先锋”，钢叉一响，人们都要让路的，沿途可以随手抓取所有食品摊贩、店铺的食物，既可随意食用，也可随意将自己索讨来的食物施舍给小孩食用。习俗认为，小孩吃了“小鬼”拿过的食品，可以收到消灾祛病之效。“小鬼”如将某些摊贩撞翻造成摊主有较大损失时，六房社自会适当处理的（包括给予补偿等）。

四、公益慈善类民间结社

在传统社会，因政府的社会公益能力有限，因此，社会公益慈善事业应运而生，浙江各地历史上曾出现各种各样从事社会公益和社会慈善的民间社团。这里摘录了绍兴、金华、丽水等地的凌霄社、舍材会、育婴堂、惜字纸会、放生会、渡船会等。

（一）凌霄社

中华人民共和国成立前，有一座庭院式建筑坐落在绍兴府山北麓的环山河畔。进入它的石库墙门，看到一口其上架一小石桥的方池，“渡世石梁”四字刻在桥栏上。上首是飞檐翘角，古朴雅致的正厅，殿堂格局巍峨高敞，门楣悬“凌霄阁”匾额。此处就是绍兴慈善机构为穷苦百姓开办的可以免费治病施药的凌霄社。

据嘉庆《山阴县志》记载，屋舍俨然、幽雅宜人的凌霄社所在地在明朝初年就是有名的私人园林，名曰“快园”。它建于明洪武年间（1368—1398年），主人是当时的监察御史韩宜可。韩宜可，字伯时，山阴人。曾因弹劾当时的丞相胡惟庸一伙“内怀反侧，擅作威福”而触怒了明太祖，被打入诏狱。后来虽被释放但未复职，洪武十三年（1380年），胡惟庸以“谋反”罪被诛，韩宜可才官复原职。之所以叫“快园”，据传系韩宜可找了个乘龙快婿，因以名园。至明末，“快园”已屋败园残，仅存正厅与围廊，亭台泉石仅十余一二。当时著名散文家张岱曾居于此。

于清末民初创建的凌霄社之所以善施医事，盖因为当时的善男信女集资改建了曾在清朝做过道观的“快园”，其时的越中名医也乐于义诊，所以逐渐形成了由善男信女出资购买药材，名中医义务施诊的慈善之举。按当时规定，凡绍兴名医均要轮流在凌霄社义务坐诊，连车马费也一钱不给。如果哪个名医不在凌霄社坐诊，便会遭到医务界的鄙视和唾弃。设在右侧围廊里的药房拥有比一般药店更齐全的药材。请不起医生买不起药的穷苦贫民，生病了就上凌霄社就诊，诊费药钱可以免收，即使需要急救性的名贵药材，医师开出处方，药房也照酌不误，但滋补类药品不会供应。凌霄社在绍兴是妇孺皆知、声誉卓著的，对贫苦人民的关照，也体现了社会各界合作无间、救死扶伤的仁义精神。到中华人民共和国成立前夕，凌霄社已名存实亡。①

（二）舍材会

旧时绍兴的舍材会也叫普济会，是为“积德行善”而创立的一个会社组织。

顾名思义，舍材会是以施舍棺材为务的会社。在旧社会，即使“太平”年景，人们也只能聊以卒岁，绍兴民谣有“年头忙到年尾巴，柴米油盐还要赊”的说法。如果碰上天灾人祸、荒年歉收，更是民不聊生，尤其是寒冬腊月，那些行乞或无衣无食、饥寒交迫、鳏寡孤独的老年人，在路廊、庙角等处往往饿殍横陈。也间或有远涉异乡，一时暴病缠身或流落绍兴无力生活而野莩者。这些绍兴人所谓的“倒庙角、倒路尸”，往往暴尸在途，无人收殓、掩埋。有鉴于此，一些慈善之人（主要以老公公、老婆婆为首）就组织成立了舍材会，会务要旨在于给暴尸荒野之人施舍棺材、收殓掩埋。

舍材会完全凭着一颗善心以及点滴积蓄的聚合来完成当时政府兼顾不到的社会角落，并无章程、规则的限制，会内往往推举德高望重者为首，由“会脚子”自发捐资，雇工制作薄皮棺材，存放在路廊、庙宇之内，并雇人每天将野莩遗尸收敛起来，盛入薄皮棺材，再抬到野外冢地

① 张观达：《凌霄社》，载《浙江民俗大观》，当代中国出版社1998年版，第341—342页。

里掩埋。舍材会在收殓时，如发现能够确定籍贯、姓名的物证，就登记入册，并在义冢上设立标志，以方便日后死者亲人的认领。如无物证可循，只能用文字勾画出性别、大致年龄、一般衣着、外貌或特征，登记在册，以备有人问询时可告之梗概。

按迷信的说法，这些无主路尸死后，就成了“孤魂野鬼”，所以舍材会规定，每年的七月十五（中元鬼节）和清明节均派“会脚子”去义冢地祭奠，以慰亡灵。“舍材会”的“会脚子”除出钱者外，自愿出力担任“收尸”“抬材”“掩埋”甚至制作薄皮棺材的，也可成为“会脚子”，因为绍兴人的传统观念认为，施舍棺材、掩埋路尸是莫大善举，无不乐而为之，财力局限的则出人力，的确是“有钱出钱，有力出力”。后来，有些贫穷人家，人死了无钱买棺材入殓的，“舍材会”也可施舍棺材，绍兴俗话叫“盛舍棺材”。①

（三）育婴堂

育婴堂是专门收养被弃或无力养活的婴儿的慈善机构。绍兴向有“好行善举”的传统习俗，育婴堂便是善举之一。

育婴堂又称养育堂，最早的堂址在锦麟桥西，与养济院同设在宋时的浙东贡院故址。东西广 48 丈 6 尺，南北深 48 丈 6 尺，呈正方形，占地 27 亩 3 分 3 厘，有屋 140 间，门 3 座。可见当时的规模不小。后迁址西郭门外，单门独户，门前设有一排“大抽屉”，每只大抽屉有透气孔，凡无力养活或私生子女无法抚养的，往往写上生辰八字，贴在“肉包头”上，装入大抽屉，每天，由育婴堂管事收集起来，交给堂内的乳媪抚养。如不出意外，抚养至能生活自理后，移送给养济院，给予求学读书直到找到职业，男婚女嫁。也有需领养婴儿的，可到育婴堂办理领养手续。

据嘉庆《山阴县志》记载：“邑民刘世洙等捐资建立育婴堂，柴世盛捐出三百亩，凡有淹溺弃婴，雇乳媪分养之，寒则给衣，病则疗药。”据《张溇胡氏家谱》载：“胡潮，山阴张溇人，捐田四十亩，作为育婴堂堂田。”他是嘉庆九年（1804 年）的举人。“胡封，于道光二十七年，以中产之家，捐千金扩育婴堂。”另据《阳川孙氏家谱》载：“孙选，于道光二年，捐千金给育婴堂。”《浙江省志稿》还记载：“诸湘芸，绍兴府山阴人，嘉庆中多次资助育婴堂。”

育婴堂自清末民初起，专门成立了董事会管理其事，所需经费除捐银助堂收入外，靠堂田租谷收入。最盛时，曾拥有堂田 1000 余亩。绍兴县大和乡白洋人朱阆仙，自宣统元年（1908 年）起，从事桑梓慈善事业，出资办施粥厂，又办施诊施药、施棺材的永庆局，后出任育婴堂董事，管理有年。在育婴堂、养济院（后改名救济院）长大，服务于社会而后成家立业，事业有成者大有人在，其社会意义深远。②

（四）惜字纸会

“惜字纸会”，又名“字纸篓会”，是旧时绍兴众多会社中颇具特色的一个。顾名思义，这是

---

① 张观达：《舍材会》，载《浙江民俗大观》，当代中国出版社 1998 年版，第 382—383 页。
② 张观达：《育婴堂》，载《浙江民俗大观》，当代中国出版社 1998 年版，第 383—384 页。

一个敬惜字纸的民间自发组织。

绍兴自唐宋以来尊孔尚儒之风就颇为盛行。读书之人对字纸极为敬惜。民间流传的“家教”中就有：字纸不能随地乱扔，不能用来擦脏物，更不能当毛纸擦屁股。还有“不敬惜字纸会读不进书，亵渎字纸会变成瞎子”等说法。“惜字纸会”就是在这样的社会风气中，由儒者提倡，在一个或数个乡镇中聚集数人乃至数十人组织起来的民间组织。多以上了年纪的人为主干，后来延伸到整个县甚至整个府，并设置总会，各地设分会。

参加惜字纸会的人，都自愿捐钱捐田，所以每地分会差不多都有田地和“流动资金”。他们推举出会首，由会首安排轮值“当年”。轮到“当年”的负责收租收息，收起来的租息要做3件事：

一是祀奉仓颉菩萨，分胙肉和办值年酒席。“会脚子”（会员）每年聚会一次，交流敬惜字纸的经验。仓颉菩萨有“仓帝庙”，在卧龙山西麓、张神殿隔壁，创建于明代，清乾隆初重建。除奉祀造字的先圣仓颉，配祀的有史籀、胡母敬、程邈，正殿后进还有文昌、武圣两殿和魁星阁。“六君子诗巢”也设在这里。

二是焚化字纸。在各学宫、土地、城隍诸庙门口左侧都建有“朝天炉”（取其字纸上天之义），形如一座亭子，中空、有底，有流水孔，亭有铁门可启闭，亭四周均有“敬惜字纸”字样。平时焚烧字纸后要用清水冲洗，纸灰水从底孔流出。祀神这一天，“会脚子”要背一篓字纸集中到仓颉菩萨殿前的“朝天炉”中焚化。此炉建造也最讲究，彤瓦翘角，庄严肃穆。这种“朝天炉”现在还有保存的，如齐贤羊山石佛寺上方“城隍庙”（祀钱）门口的平台左侧，也写有“敬惜字纸”字样。

三是分发字纸篓。“值年”要在聚会前置办好“字纸篓”。这种六角形的字纸篓，口小肚大，外用棉纸糊裱，再涂上几遍油漆（桐油），以淋雨后不受损为准，最后把“敬惜字纸”四个大字用黑漆涂写其上，配以背带。每个“会脚子”一次可以领到三至五只，只用一年。如确因不够用，还可用旧篓以旧换新，向“值年”调换。旧时城乡间常见一些老年人背着字纸篓，手执竹夹子，看见字纸用竹夹夹起，放入篓内。

这个“惜字纸会”完全是民间自愿组织起来的，“值年”不求牟利，倒是费用不足时还得添补，如遇歉收年成，就会产生入不敷出现象。但既轮到“值年”就只能慷慨承担。有的“会脚子”确有困难，往往由出自缙绅、士大夫阶层的会首代为“值年”。①

（五）放生会

在佛教传入中国之前，战国时期的《列子·说符》中就有“周简子正旦放生，示有恩也”的记载。《史记·殷本纪》中也有“成汤解网”的故事。南北朝时期，佛教得到广泛传播，佛教戒杀护生的教义，催生了大规模的放生行为。梁武帝曾经专门派人每天去市场，购买牛羊放生。及至唐代，放生习俗非常盛行。唐肃宗于乾元二年（759年）下诏，在全国设立放生池81所。②

---

① 张观达：《惜字纸会》，载《浙江民俗大观》，当代中国出版社1998年版，第339—340页。

② 圣凯：《佛教放生习俗的形成及其流行》，《中国宗教》2013年第12期。

西湖放生池

宋代以来，在朝廷的推动和民众的参与下放生更是盛行。苏东坡在杭州做官时，就曾为了给母亲祈福而放生。宋天禧三年(1019年)，杭州灵山寺向朝廷上奏，请以整个西湖作为放生池，不能捕捞鱼虾。到明清以后，在放生风俗比较兴盛的江浙一带，“放生”还成为一种民间组织的信仰和文化纽带。通过“戒杀护生”的共同理念，地方僧侣和士绅、文人结成社会团体，拥有相当强大的社会资源。典型的例子是近代的江浙放生会，参与者有民国政府总理熊希龄、上海交易所联合会会长闻汉章、福建省省长许世英等，有着巨大影响力。到民国11年(1922年)，放生会还推动民国浙江省政府再次将整个西湖定为放生池。[①]

兰溪放生会

清咸丰六年(1856年)，兰溪城里的士绅向县署禀报，要求在衢、婺两江的汇合处横山潭，设立放生池，专供善士们放生，以为行善积德。得到批准后，在上至马鞍徐埠，下至马公嘴，约4里长的江面上，立碑为界，严禁渔船下网。后来，因兵燹，碑毁。同治十三年(1874年)，又在横山殿(灵源积庆侯庙)旁，重新立碑勒文，禁止在此地段捕鱼。并集资雇庙祝及渡夫巡守，组织成立新放生会，除主持一年一度的放生外，并料理地方上的善举。

每年农历的四月初八为放生日。各家乐于行善的士绅、富户会事先从市场购来成批的鱼、龟、鳖、鳝等，以及飞禽幼鸟，如猫头鹰、雏鹰等，除鳝、鳅、鳗、虾、蚌等无鳞软体水族之外，其余都缚上“放生”两字的小银牌，以示禁止捕捉。

放生日这天早晨，风雨无阻，放生水族、禽鸟的各家云集在西门码头，然后根据各户放生的数量，主持人排好先后顺序，整好船队。放生会的大船在前引航，船首插着一面方旗，上书“戒杀放生”四个大字，其余各船两旁也都插着龙旗、蜈蚣旗或五彩旗，岸边几声火铳响过，海螺呜呜，船队启动，鱼贯而行，唢呐声、锣鼓声，吹吹打打，鼓乐齐鸣，岸边观看的市民摩肩接踵。船行至3里路外的横山潭，把一桶桶的水族倒入其中，飞禽出笼，放入林间。一时锣鼓喧天，龙旗飞舞，热闹非凡。然后，放生的人群拾级而上，来到横山殿里，朝拜黄山菩萨(积庆侯)。这天，庙里设有坐唱班，戏曲均为兰溪滩簧，庙会盛况空前。

兰溪放生会除放生外，还办理一些行善积德的事，包括造桥铺路、施粥赈米等多方面的内容：

造桥铺路　自兰溪县城至各大集镇，甚至赴邻县的要道，有相当一部分为放生会募资兴建，有的途中建有凉亭，放生会设有石碑记事。

施棺收尸　贫病死亡孤老，或是外乡客露尸街头野外，放生会均募资埋葬。若有贫困人家，无力料理丧事，向放生会求助，也会施一口薄板棺材，帮助料理后事。

施粥赈米　每逢饥荒年头，乞丐成群，饥民呼号，放生会就定期施粥几天。即使平常年景，年关将届，放生会总在农历腊月二十五至大年三十夜，发放5斤、10斤的米票，凭票到米行领米。这类救济米，放生会每年照例向各家乐善施主筹募资金，秋后陆续向几家米行订购

---

① 圣凯：《佛教放生习俗的形成及其流行》，《中国宗教》2013年第12期；圣凯、刘鹿鸣：《祖师大德关于放生的故事和言论》，《中国宗教》2013年第12期。

大米，届时凭票发米，以助贫苦老幼度过年关。

义冢培土　城北邑厉坛和桂花坟，两处无主义冢，每年冬至前后，放生会雇人在密密麻麻的坟头上，添上一撮石灰或泥土。

敬惜字纸　由一些贫苦儿童或老人，每天在街道里弄收集废纸，放生会除给微薄报酬外，将废纸集中焚化。俗传，来世不会眼瞎。

放生会的经费，主要靠地方商店行家、士绅富户，以及吃素老太和富家寡妇，随缘乐助。直至中华人民共和国成立前夕，只有一人操持会务。所募经费以及开支账目，除造桥铺路建凉亭时，刻制石碑公布外，其余均无人过问，且在石碑中尚有众多的无名氏捐助，全凭良心办事。①

（六）丽水渡船会

丽水山峦连绵起伏，瓯江横贯市境，支流众多，呈竹枝状分布，渡口众多。据民国 15 年（1926 年）《丽水县志》卷三《水利》记载，全县有 56 处渡口。到 1990 年底，全县尚有 44 处渡口。这些渡口设船为民摆渡，由于不收渡费，历来均称义渡，并有渡规。渡工在凌晨开始到天黑，都要在渡船等候渡客。在碧湖渡口还设有夜渡，日夜为丽水、松阳、遂昌、云和、景宁的过往渡客摆渡。丽水多处渡口设有渡船会，渡船会向村民集资，负责管理、修造渡船并聘用渡工。渡工的工资由渡船会支付，每年付稻谷 300 余斤。没有渡船会的渡口，渡船由渡口所在的村庄管理，渡工的工资由村人分摊。

由于渡工工资微薄，很难养家糊口，因此历来都有兜渡船谷的习俗。兜渡船谷的时间在每年秋收季节和农历十二月，由渡船会或渡口管渡村庄组织人员向全县各户兜谷。秋收季节不向各户兜谷，而是挑着箩担向田野中割稻的地方兜谷，打稻雇工不需主家同意，即可在稻桶中用畚斗畚出数斤湿谷，付给兜渡船谷的人员，以作摆渡的酬劳。在农历十二月，渡船会或负责管理渡船的人员，除向渡口附近各村农户兜谷外，还向县城及碧湖镇居民兜谷，居民及农户除给稻谷外，也有给钱币、水蒸糕、粽子的做法。

20 世纪 60 年代以后，一些渡口改收渡船费，不再兜渡船谷。但尚有多数渡口仍属义渡。每年农历正月上旬，义渡摆渡人有向过往渡客讨过渡钱的习俗，摆渡人在渡船里放置一个面盆，上压一张小红纸以示吉庆，过往渡客就主动把钱币放在面盆里，以示对摆渡人辛勤劳作的问候和节日的祝贺。此俗至今尚存。②

（七）越地会馆与慈善事业

越地，是以绍兴为中心的宁绍平原地区，包括越城区、绍兴县、上虞市、诸暨市、嵊州市和新昌县，核心区域是越城区和绍兴县。

越地建会馆的习俗始于南宋，兴盛于明清，于民国期间没落。明清时期，全国范围内的会

---

① 蔡斌：《兰溪的放生会》，载《浙江民俗大观》，当代中国出版社 1998 年版，第 384—385 页。

② 吴学融：《义渡和兜渡船谷》，载《浙江民俗大观》，当代中国出版社 1998 年版，第 370 页。

馆建设非常兴盛，就其功能而言，可分为三类：同乡会馆、同业会馆、移民会馆。同乡会馆是同一省籍（府籍、县籍）的人在异地他乡所设置的机构，为同乡人提供食宿、聚会等诸多便利，在沟通感情、增进友谊、交流信息等许多方面发挥特殊而重要的作用。同业会馆是由特定行业的商家结合而成的半商业、半官府组织，负责行业内部的协商与行动，兼有承揽行业税收的职能。移民会馆由移民异地的同乡组织的会馆，主要是为了联络乡谊，方便初来之同乡在他乡立足兴业。同乡会馆和移民会馆的主要区别是同乡会馆联络之人多是客居，短期在他乡立足的老乡；移民会馆联络的是移民，长期在异乡居住。

越地的会馆主要是同乡会馆和同业会馆，集中于府治山阴、会稽（民国后山阴、会稽二县合并为绍兴县）。另外，绍兴籍人士在外地开设的会馆也比较多，俗话说："麻雀豆腐绍兴人"，说明绍兴人的足迹遍布全国各地，并普遍建有会馆，如北京南半截胡同的"山会邑馆"（后改为绍兴会馆），在杭州建立的绍兴会馆等。也有外省（县）籍人士在绍兴设立的会馆，如江西会馆、天台会馆。

越地的同业会馆除十分重视维护行业利益之外，也积极从事慈善事业，这也是中国乡土社会最常见的慈善形式。越地同业会馆的慈善事业主要是办学，其次也有施药济贫甚至公共消防的。绍兴的钱业会馆约在民国30年（1941年）4月绍兴沦陷前夕，随着各种银行开张营业，钱庄纷纷停业，钱业会馆也随之关闭。抗日战争胜利后，将会馆房屋略做修缮，办起钱业小学，由资深教师莫之御任校长，吸引钱业子弟和附近失学少年办了"绍兴药业同业小学"，后改"药业小学"，校长为沈季刚先生。后来绍兴箔业公会在凌霄社办起同善社施医义诊，药业公会也办过"施药会"。这些学校在当时都是名牌学校。还聘名师到行业学校担任教职，如孙伏园就当过箔业小学校长。药业会馆曾设有"同议集"施材会、饥馑施粥会及地方消防救火会。①

① 寿永明、宋浩成、俞婉君：《越地民俗文化论》，人民出版社2010年版，第50页。

第五章　岁时节日民俗

传统的岁时节日，是农业文明的伴生物，它与天时、物候的周期性转换相适应，反映了各地民众张弛有度、应时而作的自然生活节律。也是浙江民众在长期生产生活中约定俗成的，具有某种民俗活动的特定时日。浙江的节日民俗，在总体上与全国广大地区基本一致，节期及其主要活动内容也大体相仿；与此同时，又有着浓郁的地方色彩，在许多方面都表现出鲜明的吴越文化特征。本章分春、夏、秋、冬四季依季节顺序先后叙述，最后再介绍浙江地方性传统节日。

第一节　春季节日

春季，是一年四季的第一季，农历一月至三月。在这个季节里的岁时节日，首推春节。一般习惯，人们常把腊月里准备迎新的一系列活动也视为过节的一部分。本志按春季节日中的春节节俗从年初一开始记述，将除夕及此前的相关民俗放在冬季节日中的相关节俗记述。

春季节日中，除了春节之外，还有立春、元宵、二月二、三月三、清明节等。

一、春节

春节俗称“年节”。自汉武帝太始元年(前 96 年)起，就形成了以夏历正月初一为“岁首”的习俗。人们一般将从腊月二十三日或更早一些时候开始，直至正月十五元宵节的这样一个时段都称为“年节”，把这段时间里的一系列民俗活动都称为“过年”。

宋吴自牧《梦粱录》记南宋都城临安(今杭州)的年节民俗云：“正月朔日，谓之元旦，俗呼为新年。一岁节序，此为之首。官放公私僦屋钱三日，士夫皆交相贺，细民男女亦皆鲜衣，往来拜节。街坊以食物、动使、冠梳、领抹、缎匹、花朵、玩具等物沿门歌叫关扑。不论贫富，游玩琳宫梵宇，竟日不绝。家家欢宴，笑语喧哗。此杭城风俗，畴昔侈靡之习，至今不改也。”①

开门炮

年初一凌晨，家家开门，并燃放爆竹，称“开门炮”，象征送旧迎新。习俗有越早越好的说法，故而从除夕子夜起，往往就会有爆竹声，比户不绝。一般放 4 个爆竹，称“福禄寿喜”；放 3 个，称“连中三元”；放 6 个，称“六六顺”。在衢州、永康一带，要放 10 个爆竹，并在大门上贴写

① 〔宋〕吴自牧：《梦粱录》卷一《正月》。

有“开门见喜”四字的洒金红纸。新年放爆竹，原意为驱鬼迎神，如今则主要为了增加节日的欢乐气氛。[①]

祭神

又称“接神”。人们在开门、燃放鞭炮后，即设供祭天地，祭祖，以及祭祀大小神祇。在温州，年初一清晨，各家先祭祖，再祭“六神”：灶神、檐头神、白虎爷、井神、土地神、财神。然后在中庭摆一小方桌，盛米一碗，盖红纸，周围黏固，供于桌上，焚香点烛礼拜，称为接“三清”：玉清、上清、太清。直到年初四才送神撤供。[②] 在绍兴，称为“接天地菩萨”。

兜喜神方

年初一，人们穿上新衣，按照历书上所载吉利的方向，自家门出发行走。如在路上遇见花轿、喜鹊之类，则以为吉祥之兆；如遇不祥之兆，则设法破解。习俗以为所走方向上有喜神，如能迎得喜神，则在新的一年里会交好运。然后绕道而回，不可走回头路。[③]

听鸟音

在东阳、永康、磐安一带，年初一起床前，人们要听鸟音以卜一年丰歉，称为“听何鸟开年”。若听到第一声鸟叫是“轧孔轧孔”，以为“大吉”；若是“契恰契恰”，则次之；若是“罗罗罗”，则以为“凶兆”。[④]

拜年

年初一，人们穿戴一新，相互拜年。先从家庭内部开始，按长幼次序跪拜。然后走出家门，在亲族、亲戚、师徒、朋友间拜年。在宁波、台州一带，还有年初一祭拜祖坟的习俗，俗称“给死人拜年”。在许多地方，新年里走亲戚拜年，要一直延续到元宵节，俗称“吃年酒”“做客人”。

除了登门当面表示祝贺和相互宴请之外，还有送贺年卡的习俗。杭州的大户人家，旧时专设一门簿，以登记客人往来和贺年卡。通常在门簿首页虚拟“亲到者”4人：寿百龄老太爷，住百岁坊巷；富有余老爷，住元宝街；贵无极大人，住大学士牌楼；福照邻老爷，住五福楼。以图吉利。[⑤]

20世纪末至21世纪初，则又出现电话拜年和网上拜年的新风。

年初一的饮食

初一早餐，各地都有讲究。杭州、嘉兴一带，早餐必吃甜食，如糖莲子、糖年糕、甜汤团一类，取“一年甜到底”之意。又有“吃隔年饭”习俗，除夕夜将剩饭置新淘箩中，上面置放橘子、年糕，年初一蒸而食之。绍兴一带，初一清早先吃“烟火食”，指用柴火烧煮过的食物，然后方可开口说话。也有先吃福橘的，取吉祥有福之意。在金华，早餐吃面，面条下锅，不可折断，越长越好，俗称“长寿面”。东阳、磐安、义乌一带的长寿面中还要杂以青菜，寓青健之意。此餐，

---

① 叶大兵：《中国民俗大系·浙江民俗》，甘肃人民出版社2003年版，第227页。

② 浙江民俗学会编：《浙江风俗简志》，浙江人民出版社1986年版，第202页。

③ 浙江民俗学会编：《浙江风俗简志》，浙江人民出版社1986年版，第258页。

④ 浙江民俗学会编：《浙江风俗通志》，浙江人民出版社1986年版，454页。

⑤ 〔清〕范祖述：《杭俗遗风》“时序类”，杭州六艺书局1928年版。

分居的父母通常不开伙，由儿媳供奉，并配以鸡蛋一双，以示孝敬。温岭、三门一带则吃豆面羹配馍粢、发糕。天台人吃“五味粥”，以红枣、番薯、毛芋、赤豆、豆腐五种素食加米煮成稀粥，取“祈五福”之意。

图 96-5-1-1　绍兴安昌的年货（2009 年张明星摄）

初一的中餐，又有不同的习惯。东阳、浦江一带，用除夕特地留剩的冷饭和各种冷菜肴杂煮而食，称“吃百杂饭”，又称“吃余存”，取和睦有余之意。春节期间，金华各地则有吃羹的习俗，取青菜、豆腐等各种荤素菜杂煮成汤，调以米粉或玉米粉，称为“年羹”，取年年有耕、耕作顺利之意。有的还吃粽子，取年年有种、有种有收之意。年初一，这一带习俗禁止妇女上灶，而要男人烧饭，称为“男上灶”。在台州一带，初一中餐不吃米饭，只吃些米糕、面点和杂羹汤，意为一年平和顺利，无口角之争。也有的地方年初一不喝稀汤，以为否则将来出门会遭雨淋。①

新年忌讳

新年多忌讳，尤以年初一为最讲究，不可说不吉利的话。有的还在壁间贴一红纸条，上写“童言无忌”，唯恐小儿误言。此日不扫地，恐扫去一年财气。金华一带称年初一为“扫帚生日”，此日不可使用扫帚。各地一般都不动刀剪。井圈上贴封条，三天内不可用水。不可摔破物品，不可烧生米，不可借钱、还钱，不可讨债，不可吵架，等等。新昌、嵊州一带，此日不泼水于地面，不用刀剪，不点灯火。金华一带，初一日烧饭时要在灶面上垫块干毛巾，以免弄湿锅灶。习俗以为大年初一弄湿锅灶要破财。②

请大年

在金华一带，年初一各家依次请族人或邻里到家喝茶，称“请大年”。东阳人在茶中放糖，又称“吃糖茶”。此日喝茶，茶点有冻米糖、炒米糕、花酥、花生、薯片、饴糖、核桃、瓜子等。

在杭嘉湖一带，年节期间客人上门，主人先要泡一碗糖汤招待，有的泡爆米花加糖，也有的烧糖水鸡蛋。客人吃了糖汤之后，主人再泡茶待客。

敬女日

在嵊州一带，将年初一称为“敬女日”。此日清晨起床，家中男主人先要进厨房烧茶做早饭，待女子梳妆完毕，男主人端出糖茶，第一盏要先敬家中辈分最高的女人，第二盏按次序仍敬女人，然后才端给男人。中餐敬酒，也按此规矩。女人在这一天里可以享福，一应家务，烧饭、洗碗、喂猪等，女人都可不插手，也可以出门拜年。③

摇毛竹

年初一，畲族有“摇毛竹”习俗，又称“摇竹娘”。在丽水一带的汉族，也有新年摇毛竹的习

① 叶大兵：《中国民俗大系·浙江民俗》，甘肃人民出版社 2003 年版，228—229 页。

② 叶大兵：《中国民俗大系·浙江民俗》，甘肃人民出版社 2003 年版，第 231—232 页。

③ 施珏兴：《正月初一敬女日》，载《浙江民俗大观》，当代中国出版社 1998 年版，第 4—5 页。

俗，有儿歌唱道："摇摇摇，摇摇摇，大家用力摇，猪尿猪屎往上摇，金银宝贝往下掉。"①

抛石块

东阳南乡一带，大年初一有"抛石块"活动。此日上午，人们聚集在画溪两岸的大溪滩上，划定赛区范围，以村为单位，举行抛石块比赛。双方赛手们上场后，先拣好一堆供抛扔的石块，大小如乒乓球。比赛开始，双方相互瞄击抛扔，同时飞身纵跑以避开对方的飞石。大约"激战"一小时许，号令结束。由双方长者检查，如发现何人受伤挂彩，则当场挂戴大红花，吹吹打打送回家，认为该家"开岁吉利""开门大红"，并由该家摆宴请双方长者，表示答谢大家的祝贺。当地民间历来有练武风尚，一说与农民起义有关，人们练习抛石本领，相沿成习。②

小年朝

年初三为小年朝。在杭州一带，早晨拿香烛素菜供于井栏，并将除夕夜在井上所封红纸条揭去，称为"开井"。据民国《杭州府志》卷七十六《风俗三・四时俗尚》载，小年朝"仍烧松棚于围炉中。自元旦至三日，皆用赤豆饭，并以供神，谓之'隔年饭'云。初三日后，各携酒馔、纸钱展墓拜年，其祭期不拘迟早，收灯后止"。

在嘉兴一带，年初二后半夜"接灶"。在灶台上点一对蜡烛和一股线香，供一块"接灶年糕"，年糕上陈设几只糯米做的元宝，挂一张新的灶神马(灶神像)、一块"灶牌"，表示将灶神接回家中。③

在温岭，有初三"接土地"的习俗。当地有将"土地神"当作"家堂佛"的做法。习俗以为年初三黄昏是土地神下凡的日子，各家特派壮年晚辈，手持清香到屋前礼拜，希望能接到一个好土地。

接五路

又称"接路头"。杭嘉湖一带，以为正月初五是五路财神的生日，商店从年初四下午起，就张灯结彩，举办隆重的祭祀仪式，以迎接五路财神。五路财神是指：东路招财、西路进宝、南路利市、北路财神、中路玄坛。店主则必须亲自带上香烛，分别到东、西、南、北、中5个方向的财神堂去把财神"接"来。茅盾在小说《林家铺子》中写道："初四那天晚上，林先生勉强筹措了三块钱，办一席酒请铺子里的相好吃照例的五路酒，商量明天开市的办法。"所述风俗即作者家乡桐乡乌镇一带的习俗。旧时，这一带商家均以此日为节日，店员伙计的去留也在此日决定。凡在祭仪过程中，店主唤其叩拜财神者，即为继续雇用；不唤其叩拜者，则为辞退。接过路头，商店便正式开张。④

杭州北高峰灵顺寺始建于东晋，明代以来，逐渐转变成以供奉财神而闻名遐迩。明徐渭为其题匾"天下第一财神"，清乾隆皇帝题匾"财神真君"。每年农历正月初五，各地信徒纷纷上山争烧头香，形成一大景观。

清范祖述的《杭俗遗风・祀神日期》云："正月初五烧五纸，茶酒蔬供皆五数。"

---

① 唐宗龙：《大年初一摇毛竹》，载《浙江民俗大观》，当代中国出版社1998年版，第5—6页。

② 马烈商：《大年初一抛石块》，载《浙江民俗大观》，当代中国出版社1998年版，第6—7页。

③ 浙江民俗学会编：《浙江风俗简志》，浙江人民出版社1986年版，第314页。

④ 徐春雷：《桐乡的接五路》，载《浙江民俗大观》，当代中国出版社1998年版，第20—21页。

开年

在金华一带，年初五有“开年”仪式，用香烛、炮仗送神佛上天，表示年节结束。“开年”后，年节的禁忌可以“开戒”，各行各业可以开工揽活，农民可以开始挑粪。在武义，年初五下午举行“开年”仪式，放三个炮仗，点三炷长香，烧利市钱，祭祀天地。祭品为一块熟肉，上面插三根筷子，旁边靠一把菜刀，刀口向上。筷，取“快”意；刀，取“开”意。祭毕，到井边焚香祀井神，取用井水。在衢州一带，称为“开界”，晚上吃“开界饭”，通常是在年初四。

点岁灯

在温州一带，从年初一到年初五，每夜在寝室内点灯，直至天明，称为“岁灯”。①

收珍

温州一带称初五为“收珍日”，把除夕时摆在中堂上的祖先画像和各种珍品、字画都收拾起来，妥为保管，称“收珍”。届时，后辈要祭拜。各地“收珍”的日期也有所不同，有的要到元宵节才“收珍”。

人日

正月初七，旧时称为“人日”。汉代东方朔的《占书》载：“岁后八日，一日鸡、二日犬、三日豕、四日羊、五日牛、六日马、七日人、八日谷。其日晴，所主之物育；阴则灾。”杭嘉湖一带以此日晴阴雨雪占一年中病疫之有无，以晴为佳。② 又据清宣统《诸暨县志》载，当地在此日“妇女竞剪彩，或用红线缠树以催花，谓之‘挂红’。人日后，少年子弟挟笙箫锣鼓沿门唱戏，妇女围听，酬以年糕、角黍或供酒食”。

谷日

正月初八称“谷日”，以占年岁丰歉。杭州一带有在此日“烧八寺香”的习俗，人们依次去城外圣因、灵隐、净慈、昭庆、凤林、虎跑、胜果、海潮八寺烧香。又说，佛教中有“八字佛”，故称“烧八字香”。③

在嵊州，有“打燥”习俗。民国《嵊县志》载：“谷日，天气晴朗之夜，仍装童骑，佐以灯爆、金鼓，迎于城隍庙、县堂及各街道以祈谷，谓之‘打燥’。”

长八日

温州一带称正月初八为“长八日”。在瑞安，家家在庭中燃薪，街市爆竹如雷，火光烛天，群儿嬉戏，以示庆贺。在平阳，新嫁娘子们相约于此日到太阴圣母庙祈祷求子；如已生子的妇女，则去祈保长生。

在瑞安城关一带，正月初八夜有“燎火盘”习俗。人们在庭院和一些公共场所堆叠松柴，燃起一个个火盘。青壮年们一一从火上跳越而过，祈求祛灾延寿，流年吉利。同住一院的妇女们则各人拿一把火钳，夹一块尚在燃烧的红火炭，放回自家灶膛，让其继续燃烧，谁家火炭旺燃，就预兆谁家此年有好运气。与此同时，还有放爆竹、烟花等活动。④

---

① 浙江民俗学会编：《浙江风俗简志》，浙江人民出版社 1986 年版，第 203 页。

②③ 叶大兵：《中国民俗大系・浙江民俗》，甘肃人民出版社 2003 年版，第 232 页。

④ 叶大兵：《中国民俗大系・浙江民俗》，甘肃人民出版社 2003 年版，第 232 页。

迎花树

金华市金东区孝顺镇让河一带，有在农历正月十一日“迎花树”的习俗。传说明末清初时，当地一何姓祖先，正月十一日梦见观音菩萨给他送来鲜花，并指点迷津。此人醒来后，按观音菩萨指点作为，果然娶得美妻，发家致富。此人便在当年梦见观音菩萨的菜地上建起水月庵，供奉观音菩萨，每年正月十一送花朝拜。当地人纷纷效仿，扎制“花树”供奉，并形成在此日抢花的习俗。

当地习俗，每年正月初七以后，各家便开始准备，男的上山砍绿树枝，女的扎制各色纸花。传统彩花有“蝶恋花”“双凤求凰”“蜻蜓绕花”“花蕾含苞”等，并将鲜橘、桂圆、苹果、荔枝等挂在花树上，象征吉利、平安、富贵、丰收。十一日凌晨，各家所制花树到指定地方集合，请道士念经、点水。上午九时，开始迎花树，由“娘花”带路，娘花俗称“龙头花”，最为高大，由族中按辈分指定一家制作。后面众人的花树跟随。队伍最前面有一人擎火斗，俗称“火种”。娘花则由4名壮汉擎举，鼓乐齐鸣，一路放鞭炮巡游。最后是“抢花”，以放火铳为号，火铳一响，众人涌上抢花，以抢到纸花为幸运。浙江西部一带，有元宵节扎彩花习俗。元宵节夜，人们将彩花扎于常青树树枝上，待花灯迎毕，观者蜂拥而上，俗信“抢得越多越富足”。“迎花树”习俗还带动了当地纸花制作工艺，花树越做越精巧美观，几可乱真。①

二、立春节

立春是二十四节气之一，被当作春季之首，古代有皇帝率百官往东郊迎春的风俗。宋代，临安（杭州）已有“鞭春”习俗。吴自牧《梦粱录》卷一《立春》条载：“临安府进春牛于禁庭。立春前一日，以旗鼓锣吹伎乐迎春牛，往府衙前迎春馆内，至日侵晨，郡守率僚佐以彩仗鞭春，如方州仪。太史局例于禁中殿陛下，奏律管吹灰，应阳春之象。街市以花装栏，坐乘小春牛，及春幡春胜，各相献遗于贵家宅舍，示丰稔之兆。”明代，田汝成《西湖游览志余》卷二十记杭城鞭春牛习俗，文云：“至（立春）日，郡守率僚属往迎，前列社伙，殿以春牛，士女纵观，阗塞市街，竞以麻、麦、米、豆，抛打春牛。”“至府中，举燕，鞭牛而碎之，随以彩鞭土牛，分送上官乡达。”②

绵延至近现代，浙江各地在立春节的习俗大致有迎春、接春、游福、煨春、送春牛图等。

迎春

这是各地大致相沿成习的一次大型仪礼，包括“鞭春”“接春”在内。有的地方又称为“春牛会”。

在绍兴，通常以正月初八为“迎春牛”节。此日，城中百姓牵来一头耕牛，为其披红挂绿，在牛角上挂两盏彩灯，系上红绸制成的牛绳。知县手执牛绳，将牛牵往城东五云门外。此时，众百姓在前敲锣打鼓，地方士绅在后鱼贯相送。称“迎春牛”，以示一年农事开始。

在杭州，在立春日迎请勾芒神，俗称“太岁上山”。迎勾芒神时必用纸牛、活牛各一头，或抬或牵，组成迎春队伍，敲锣打鼓，游行上城隍山，在山上太岁庙举行祭祀活动。一路上鞭打

---

① 舒启华等主编：《婺州民俗大观》，青海人民出版社1997年版，第43页。

② 〔明〕田汝成：《西湖游览志余》卷二十《熙朝乐事·立春之仪》。

春牛，即所谓“太岁上山”。人们在街道两旁观看，称为“看春”。①

在宁波奉化，旧时县官要在此日选定一头耕牛，并在此牛主人的田中象征性地耕几趟田。开犁前，要在此牛头上贴一个黄纸剪成的“王”字，以示“牛王”之意。县官扶犁耕田时，众人不断呼喊：“春来了，谷满仓。春来了，田兴旺。”耕过几趟后，便停下。随去的农民纷纷下田，将耕松了的田土抓起一把，放入预先备好的布袋里，带回自家田中。习俗以为春牛耕过的土是丰年土，会保佑自家丰收。也有的人把此土放在家里，以为可以辟邪。此日，除了被选中当春牛的牛之外，其余的牛一概养在栏中，不可劳作。民间有在立春日用烧酒酿（糯米酿制而成）、棉籽饼汤喂牛，并在牛栏焚香祭供的习俗。

在建德梅城，立春前一日“鞭春牛”。届时将一头特制的“土牛”披红挂绿，由四人抬着从府门口出发，牛后面由一乞丐扮成“春官”，手拿用五色线编成的牛鞭，边走边鞭打土牛。春官的位置据当年节气而定，如年外立春，农事不太紧，春官就走在牛后；如年内立春，说明农事紧，春节一过就要投入农业生产，春官就走在牛前。春官的后面，是县衙官员，官员后面是仪仗队，再后面是各界人士，浩浩荡荡，一直到东门外。然后按职位依次向“春牛”（土牛）礼拜。礼毕，大家一拥而上，将土牛打碎，各人去抓一把牛土，拿回家放在牛栏里，俗言可保佑牛不会得瘟病。又去向扮春官的乞丐买牛鞭的丝线，用来做小孩的辟邪物。②

在嘉善，又称“春牛会”。有关县官“迎春牛”的一应仪式与各地相仿。不同在于，近郊农民会把自家的健壮耕牛全身洗刷一净，披红挂绿，牵到县衙门前的广场上集中，组成一支规模颇为巨大的耕牛队伍，一起到东门外参加仪式，接受官员的祭祀朝拜。至近现代，逐渐演变成一年一度检阅、评比耕牛的群众性活动。③

在温州，立春前一日，由衙门内职位最低的管农事的四老爷扮演“春官”，身穿红衣，头戴无翅纱帽，坐在四边围着红布的轿中，到太岁殿迎接春牛和勾芒神进城。然后在城内城外游行一周，以祈丰年。当地俗谚：“四老爷儿迎春，该日（今天）算我最大。”街道两旁的人们用米掷春官，习俗以为掷得着是吉利，称“打春官”。春官后面是浩浩荡荡的仪仗队。

接春

人们以为立春是吉祥的日子。此日，各家各户要在清晨点香烛祭祀天地神灵，并在庭院里燃烧樟树枝叶，或点放鞭炮，表示迎春接福。在丽水一带，称为“接春”，又称“燂春”。

在龙游，交春前家家置方桌于大门口，桌披红纸，上写“迎春接福”四字。桌上放一甑饭，盛得极满，以示“春神万万（饭饭）年”之意。饭甑左右置放新鲜青菜、豆腐若干，豆腐上插梅花、松柏、竹枝，象征洁净、长青、富足。交春时刻一到，就鸣放炮仗，行祭祀礼迎春。

在衢州，迎春礼与龙游相仿，祭祀后要把供桌上的青菜移栽到菜地或大花盆中，表示生机勃勃，春天来到。

在金华、东阳、浦江一带，家家要在交春时抢先鸣放鞭炮。习俗以为谁先接春神，春神就

① 〔清〕范祖述：《杭俗遗风》“时序类”，杭州六艺书局1928年。

② 程秉荣：《梅城鞭春牛》，载《浙江民俗大观》，当代中国出版社1998年版。

③ 浙江民俗学会编：《浙江风俗简志》，浙江人民出版社1986年版，第285页。

把福赐给谁。俗谚称:"年要晚谢,春要早接。"在常山一带,有接春是接天牛下凡,帮助凡人春耕的说法。

煨春

在温州一带,立春日,家家用红豆、红枣、柑橘、桂花和红糖合煮,煨得烂熟,称"春茶"。人们一面燂春,一面用春茶祭祀神灵祖先,然后家人分食,称"煨春"。习俗以为,吃了春茶可以明目益智,取其大吉大利、升官富贵之意。此日,家家在门前贴红纸,写"迎春接福"四字,也有写"重春"二字。清方子颖《温州竹枝词》云:"炉烧榾拙竞煨春,梅柳先开物候新;粔妆粉餐争利市,双声爆竹闹比邻。"即指此。①

游春

又称探春、采春、放春。浙江各地,人们都习惯在立春日到野外踏青,感受春光。

在杭州,南宋以降,人们在元宵之后便争先出游,称"探春"。西湖中龙舟十多艘漫游,灿如织锦,并有竞渡之举。沿西湖各园圃又罗列茶花、梅花、玉兰、迎春等花卉,并陈列古书、古玩、花篮、灯彩,任游人观赏。一时仕女云集,饮酒品茗,赏花吟诗,称"放春"。

在金华、东阳、武义、永康、磐安一带,有在立春日出郊外踏青的习俗,称"探春"。人们在此日采集冬青树枝、竹枝、松柏,下地拔青菜,称"采春"。衢州一带又称"接青"。届时,用香纸、肉、豆腐供在田边,祭拜天地,鸣放炮仗。礼毕,拔几棵上好的青菜回家,先供奉于中堂,然后烧煮就餐。此日诸菜肴中必有一碗炒青菜,放在中间。采春回家时,要插各种树枝于门上,或财神、灶神、门神的神位上,表示"四季长春,春福富足",又称"插春"。早餐必须吃青菜,称"尝春"。有的人家将松柏竹枝编成环状,戴在小孩头上,以为可以保"四季清健",称为"戴春"。在金华一带,还有在立春日抢早牵耕牛到野外遛腿的习俗。

九华立春祭

在衢州市柯城区九华乡外陈村,迄今保存有国内罕见的供奉春神勾芒的神庙,人称"九华梧桐祖殿"。以九华梧桐祖殿为中心,这一带始终保持着立春祭祀的传统民俗活动。立春日,人们在祖殿隆重祭祀春神勾芒,迎春接福,祈求五谷丰登,青年男女头戴鲜花,扮芒神,焚香迎春,扎春牛,鞭春,踏春,采春,尝青,插花戴春,贴春牛图,并有演戏和一系列娱乐活动。九华梧桐祖殿立春祭祀已被列入第三批国家级非物质文化遗产名录。②

班春劝农

在遂昌,有"班春劝农"习俗。班春,指古代地方官在立春日颁布督导农耕之政令。明代著名戏剧家汤显祖曾在遂昌任知县5年之久。在任期间,每年立春时节总要率领衙役,带着花酒、春鞭,走村串户,劝导农民不误农时,并举行班春劝农仪式。与此相关的立春节日风俗在遂昌一带世代相传。遂昌班春劝农已被列入第三批国家级非物质文化遗产名录。③

---

① 浙江民俗学会编:《浙江风俗简志》,浙江人民出版社1986年版,第212页。

② 陈利钧:《九华梧桐祖殿立春祭祀调查报告》,载顾希佳主编《中国节日志·春节(浙江卷)》,光明日报出版社2014年版,第504—519页。

③ 周喜玉:《遂昌迎春接福习俗调查报告》,载顾希佳主编:《中国节日志·春节(浙江卷)》,光明日报出版社2014年版,第520—539页。

送春牛图

春牛图，是旧时民间通用的“农事年历表”，印有十二生肖，以及一年二十四节气的日期排列。图中间必有一头牛，牛背上坐一吹笛的牧童，也有的画成牧童手执柳枝，站在牛的边上。旧时，农家必在立春日张贴此图，称“春牛图”。一般都是由当地的乞丐或是从事吹鼓手一类职业的人，在立春前几天里巡行村巷间，上门挨户分送春牛图。届时，农家必赠送钱物以示酬谢。

在舟山，乞丐头目用泥捏一春牛，用麦秆扎一勾芒神，由一群小乞丐用露顶小轿抬着，到乡间挨户分送春牛图。农家则酬以钱或米，称“小讨饭扮春官”。每年所印制的春牛图各有所不同，农家常以此占卜一年农事丰歉。①

凉亭戏

在象山一带，乞丐帮以为他们的祖师爷严嵩是在立春日成神的，所以将此日作为乞丐的节日。他们称严嵩为“严八菩萨”。旧时，凡塑有严八菩萨的乡间凉亭边上，这时会搭起戏台，请戏班来演戏。立春日上午，众乞丐依次向严八菩萨叩拜，龙灯队进凉亭盘舞，称“辰龙进朝”，又称“朝圣”。除了舞龙灯之外，还有马灯、花棍、杂要、斗蛇等各种表演。下午则演戏。通常，开场戏要演《朱皇帝封乞哥》，正戏则演《严嵩拜独相》，夜里演《安乐王范仲华》，据说范仲华原先是个乞丐，后封为安乐王。来看戏的，除了乞丐之外，还有附近村落的老人、孩子。一般到凉亭来演戏的戏班都是些演艺较差的，被人们称为“讨饭班”。乞丐们为了欢度自己的节日，不惜支付“高酬”，请来这种戏班演出。②

春官游街

各地的立春节一般都有春官游街的习俗。通常都是由一人扮演“春官”，在迎春的队伍中行走。而在象山港沿海地区，旧时则演变成一种特殊的习俗。立春日上午，乞丐们在凉亭祭祀严八菩萨之后，便将严八菩萨神像抬进轿，组成浩浩荡荡的乞丐队伍，一路吹吹打打到各村游行。届时，农民们都要拿出些食物来送给乞丐们。这个队伍游了村之后，还要到田间巡行一周，然后被某个大户人家请去吃上一餐，才算了结。

作春福

在金华武义一带，各家在立春日设酒肴祭祀土神，称“作春福”。

又据民国《衢县志》载：立春日，“小儿各以豆七粒（或六粒）系牛角以禳痘灾。富家作春饼，设夜筵，男女欢宴，谓之享春福”。

民国《嵊县志》载：“二月，社日，用牲醴延巫祈于社庙，谓之‘烧春福’。巨族演戏，先后不以期限。秋报亦如之。”

三、元宵节

正月十五，古称上元节，又称“元夜”“元宵”，浙江民间俗称“灯节”。此日前后，各地有挂

① 方长生：《小春官与春牛图》，载《舟山民俗大观》，远方出版社1999年版，第7页。

② 应长裕：《象山港乞人的立春日》，载《浙江民俗大观》，当代中国出版社1998年版，第18—19页。

灯、迎灯、观灯和一系列民间文艺表演活动，称“灯会”“灯市”“闹元宵”。活动时间，唐太宗时张灯三夜，十四日至十六日；宋太祖时延长为五夜，至十八日夜；明太祖时增至十夜，初八至十七日；清代，皇宫七夜，民间四夜。浙江各地又有种种变异，通常以三天至五天为多。

杭州在南宋时为都城，元宵灯彩极一时之盛。周密《乾淳岁时记》载，九月赏菊花之后，杭城便开始试灯，称“预赏元宵”，一入新年正月，则“灯火日盛”“竞出新意，年异而岁不同”。辛弃疾词《青玉案》写杭城元宵胜景，历来为人称道。词云：“东风夜放花千树。更吹落，星如雨。宝马雕车香满路。凤箫声动，玉壶光转，一夜鱼龙舞。蛾儿雪柳黄金缕，笑语盈盈暗香去。众里寻他千百度，蓦然回首，那人却在，灯火阑珊处。”

金华、衢州一带，元宵节盛行“板灯龙”，又称“迎桥灯”。灯分“龙头”和“灯桥”两部分。“龙头”下托以木板，上建支架，以竹篾、棉纸扎制龙头形状，内点蜡烛。旧时龙头由族中轮值房头负责，现多以村落为单位，集体募款筹制。“灯桥”则由各农户分别制作，一户一灯，灯桥下托一板，犹如长板凳，故又称“板凳龙”。板的两头各有一孔，届时可以插入一木棍，以便前后连接。

板上则扎制各式花灯，花鸟虫鱼、亭台楼阁、器具人物，层出不穷。各户精心制作，务与邻居一比高下。迎灯时，“龙头”先要游村一周。然后各户的灯桥齐出，与龙头连接，顷刻间成一长龙。龙的长度不限，大村落的板灯龙极为壮观。

台州一带，盛行正月十四闹元宵，传说与明代台州农民起义领袖方国珍有关。旧时，台州的灯彩以各家族的祠堂为最盛，正月十三日午后，各祠堂盛设肴馔，将家族中收藏的珍贵古玩一一陈列出来，相互竞比，称“摆看桌”。全家族子孙身穿盛服，去祠堂祭拜祖先。①

丽水一带，除了闹花灯之外，元宵节还有“迎夫人”习俗。十四日夜迎“陈十四夫人”，又称“临水夫人陈靖姑”，民间崇拜为生育神。十五日夜迎“十五夫人”，又称“管痘夫人”“南国夫人”，传说她掌管小儿的天花麻疹。十六日夜迎“十六夫人”，又称“催生夫人”“护国夫人”。以上2位女神是浙南一带民间信仰的保护神。届时举行迎神赛会，同时迎灯，格外热闹。②

吃元宵

元宵，作为食品又称汤团、圆子、汤圆、灯圆、浮圆子。因其形状圆满，故以此寓意团圆、圆满。浙江各地都有在元宵节吃元宵的习俗。

间间亮

在温岭东浦一带，正月十五夜晚，家家户户要将每个房间都点亮灯，凡是黑暗处，如谷仓、灶膛、水缸，都要置一盏小油灯。在东阳一带，称“满堂红”，做法与温岭相似。东阳所用的红烛是一种特制的非常短小的蜡烛，俗称“三拜烛”。点燃后，只需跪拜三拜即可燃尽。届时将此烛插在生萝卜片上，就可使用。一说，此习俗由古代“照虚耗”习俗演变而来。③

照五角

余姚东部地区元宵节的儿童游戏，届时要为小孩编扎一盏生肖灯，根据小孩属相，扎制相

① 曹志天：《台州正月十四闹元宵》，载《浙江民俗大观》，当代中国出版社1998年版，第16—18页。

② 童涉：《丽水闹元宵》，载《浙江民俗大观》，当代中国出版社1998年版，第25—27页。

③ 王岳锦：《温岭的“间间亮”》，载《浙江民俗大观》，当代中国出版社1998年版，第19页。

应的灯彩，也有以五角灯代替，仍称“生肖灯”。元宵节夜晚，儿童提着生肖灯“照五角”，边照边唱儿歌：“正月半，照五角，角角落落都照到，照得缸缸满，坛坛满，蛇虫百脚照出去，金银财宝照进来。”此俗当与古代“照虚耗”有渊源关系，如今则演变为一种世俗的儿童游戏。①

点坟灯

台州、温州一带，正月十五日夜有到自家祖坟上点灯跪拜的习俗，称为“点坟灯”。

在湖州埭溪一带，有从湖南迁来的“棚民”，他们在正月十五日夜要在祖宗坟头插一盏灯，称“给祖宗送灯”，凡是儿子，都要在亡故父亲的坟上送灯。灯用红、黄、绿三色纸做成，折成长方形，上下通，套入插在地上的两根小竹外，内燃一支红蜡烛。②

在东阳，十四日、十五日、十六日三夜，要在祖坟上“点红灯”。据说是表示请祖先也出来“观灯”。若是新丧，则还要鸣放炮仗。

在一些地方，还有元宵夜祭祖的习俗。

紫姑占卜

在浙江各地，旧时妇女在此日请紫姑神，以占卜诸事吉凶。

在东阳，称“接七姑”。当地以“分”计年成好坏，六分以上称“天种人收”，大吉；四分以上称“人种天收”，大坏；五分则称“人种人收”，中等。“接七姑”时，用畚斗，一女端之，一人问而观之，以畚斗颤动的次数来计分。在嘉兴，称“接淘箩头姑娘”。在洞头，称“向董四娘乞巧”。凡 11 岁至 16 岁的少女，元宵节前必亲手做一只绣鞋。元宵夜将此鞋和几小碟切成细丝的祭品，如红的萝卜丝、绿的芹菜丝、白的大蒜丝等，以象征各色丝线，一起拿到村口茅坑边，祭拜董四娘。传说董四娘是一位为绣花而遇难的少女。人们一边祭拜，一边祈祷：“董四娘呀董仙师，教我绣花好花样，教我上鞋好鞋跟，教我织布好制衣。董四娘呀供上头，教我提笔画花画柳画云朵，教我挑，教我绣，教我捻丝成巧手。”也有的将供奉地点改在自己家中床前的踏板上，习俗以为踏板一头以往置放马桶，也可表示茅坑之意。③

在舟山，则称“请井花姑娘”。相传井中有三姐妹，三姑即所谓的“井花姑娘”，元宵节要请她到家中来，祈祷问卜。正月十四日清晨，女孩就去井边祷告，说出自己的地址、姓名，向“井花姑娘”发出邀请。十五日傍晚，洗手净面，取一淘米的筲箕，擦干净，在其边上插一枚骨针，针上挂一朵小红花，筲箕上覆一块红布，放在一圆匾中。此圆匾表示是轿子，请两位未出嫁的少女抬着圆匾，到井边祈祷，表示迎接“井花姑娘”，然后抬回家中。家中桌上铺一层白米或面粉，点燃香烛。两位少女将筲箕从匾中抬出，左右待立，各以一食指轻扶筲箕，以筷子抵桌，听其自便，随箕移动。此时，各人提出自己的请求，并以筷子下点的次数或在桌上所画花纹来猜测结果。仪式完毕后，再由原路将“井花姑娘”送回。④ 有的地方则“请屙缸姑娘”，均为“紫姑占卜”习俗之衍变。

---

① 杨鹏飞、鲁永平主编：《姚江风俗》，浙江古籍出版社 2011 年版，第 21 页。

② 吴以群：《“棚民”给祖宗送灯》，载《浙江民俗大观》，当代中国出版社 1998 年版，第 32 页。

③ 颜贻厅：《洞头人元宵乞巧》，载《浙江民俗大观》，当代中国出版社 1998 年版，第 30 页。

④ 潘瀚涛：《定海朱家塘村“抬井潭姑娘”习俗调查报告》，载顾希佳主编《中国节日志 · 春节（浙江卷）》，光明日报出版社 2014 年版，第 579—602 页。

拔五更

“拔五更”是温州苍南县蒲城一带的重大节庆活动，从正月初四到正月十九日为止，长达16天。蒲城是明初抗倭所建的所城之一，与福建沙埕接壤，原称“蒲门”，历来是海防重要门户，因其城防建筑、民居、寺庙、民俗等保留完整，成为全国重点文物保护单位。当地信仰海神晏公，“拔五更”习俗形成并延续至今已逾200年。届时所有晏公神像都会抬出来，穿行于大街小巷，以为驱邪辟祟。仪式内容极其丰富，大致有还杠还红、访民情、拔天申、换软轿、落人家、出巡、闹元宵、游四门、看戏讨喜彩、落公馆、吃五更饭、拔五更、抢杠、放烟花、抢红、做斛、再游四门、问收成、抢（送）灯球、安香火等30多个环节，内容丰富，形式独特，极具地方特色。初四至初六，晏公庙内迎接头年抢杠抢红之人来还杠还红、还愿烧香，晏公下殿与民嬉乐；初五、初六走街串巷、拔天申；初七至十二日晏公坐软轿，落人家；十三日至十四日闹花灯、出巡；十五日拔五更、抢杠，形成活动高潮；十六日晏公受拜做斛，放烟花、抢红，为活动的另一高潮；十七日至十九日吃福酒和互拜。整个活动中，贯穿了祭神、驱魔和神民同乐的主题。①

百家宴

百家宴是泰顺县每年元宵节期间举行的大型春祭、聚餐活动。原发于泰顺县三魁镇张宅村，原为当地张姓族人举办“聚宗亲，商族事，祈上苍，保平安”的祭祀求福活动。祭拜对象主要是陈十四娘娘、王乞佬和张姓先祖。后发展为泰顺一些乡镇举办的大规模活动。早先以二月二做福最为热闹，近几十年则以元宵福更具规模，近几年元宵福改名为“百家宴”，参加人员不限于原来单一的宗亲或一村一族，范围得以扩大。

每年正月十五日凌晨，张氏族人聚于祠堂进行祭祖，中午宴饮，下午祭祀陈十四娘娘和踩街活动。祭祀所用猪、酒、米、菜等都有讲究，猪和酒都有专人负责，猪是一年一养，猪食为蔬菜、米糠等。酒是一年一酿，用天然水稻，取纯净的井水酿成。用这些洁净食物供奉祖先和陈十四娘娘，以示虔诚和对神灵的敬重。陈十四娘娘踩街巡游过程中，村民纷纷于街头设祭摆供，争相祈福。

泰顺各地所祭拜神祇各不一样。正月十五日将神像从庙里抬出至祭坛，置于祠堂等公共场所供人瞻仰祭拜。神像踩街，要择时择日，称之为“神眼日”，意指神祇在此时看百姓对他的敬重程度。此前粉饰神像、制作神轿，人们梳洗恭候神像出宫，并争做抬神轿、香炉或抬铁锅之人，以为可以交好运。抬神轿者头一天沐浴洁净，祭拜神像、神轿、烧文疏，抬神轿要表演“摆轿”动作；踩街时人们纷纷将香头投入大铁锅，香火熊熊。神轿后舞龙、舞狮、马灯等队伍浩荡，十分热闹。

正月间，泰顺举行越剧、提线木偶戏和舞龙舞狮表演，至正月十五达到高潮。泰顺百家宴发展至今，成为元宵节的大聚会，不管远近，来者是客，都可以参加聚餐。人们欢聚一堂，共品佳肴，互送祝福，同时可以欣赏泰顺浓郁乡土特色的传统文化节目。

2010年元宵节，泰顺三魁、雅阳等7个乡镇，摆下6000多桌百家宴，赴宴人数超过6万

---

① 金亮希、金阳阳：《苍南蒲城“拔五更”习俗调查报告》，载顾希佳主编《中国节日志·春节（浙江卷）》，光明日报出版社2014年版，第540—578页。

人，创下了历史最高纪录。泰顺已于2007年被确定为浙江省元宵节传统节日保护示范地。泰顺"百家宴"被列入第三批浙江省非物质文化遗产保护名录。①

打老鼠眼

在温州，人们在元宵节煮黑豆，然后在梁下将豆抛到梁上，口中念："西梁上，东梁下，打得老鼠光铎铎。"通常抛七粒，以为可以打在老鼠眼上，使老鼠断种，以除鼠患。

过年不杀公鸡

旧时，舟山定海城内竺家弄居民有过年不杀公鸡的习俗。传说清军当年屠城，将近竺家弄时正值半夜，因火花冲天，公鸡以为天亮，便大声啼叫。清军以为天亮，遂收兵回船，从而保住了竺家弄居民的性命。为了报恩，竺家弄便有过年不杀公鸡的习俗。

四、二月二

农历二月初二，俗称"龙抬头日"，又称"花朝节""踏青节"，唐时已形成。在浙江各地，习俗有所不同。

民国《杭州府志》载："二月二日，士女皆戴蓬叶。谚云：'蓬开先百草，戴了春不老。'(《西湖游览志余》)'煎糕、炒豆'，杭谚也。二月二日，以祀土地。(《江乡节物诗题注》)"②

二月二饮食

在浙北一带，有在此日吃"撑腰糕"的习惯。撑腰糕，就是年前打制的年糕，习俗以为在这一天吃，会使人腰骨结实，生力气。

在台州一带，有二月二吃糕儿头的习惯。糕儿头是做年糕时收口剩下的零星部分，人们特意留下，到下一年的二月二这天再吃。

在淳安，有在此日爆苞罗豆的习俗。这天，家家都要爆炒玉米、黄豆、蚕豆。玉米，俗称苞罗豆。一说，人们上山干活，容易饥饿，所以爆炒苞罗豆，以作干粮。一说，这是一种巫术行为，开春以后，鸟儿飞来寻食，会啄掉山民刚播下的种子，苞罗、豆类就像鸟的眼珠，炒来炒去，就好比是把鸟的眼睛给炒瞎了，也等于保住了播下去的种子。

二月二灯会

在黄岩宁溪，有在二月初二举行灯会的习俗。一般是初二开始挂灯，初八落灯，家家贴春联，挂彩灯，还有大规模的迎神赛会和演戏酬神的活动。俗谚有"二月二，八台戏，芥菜株，剥了剩个蒂"之说，意思是说这些天里十分热闹，家家都来了许多客人，把准备的菜肴全部吃光了。

老鼠嫁女日

在江山，又称二月二为"老鼠嫁女日"。此日，家家炒黄豆，豆拌红糖，称"炒糖蒂"。除了家人分食之外，还将少量撒于屋角落，用以喂鼠。同时唱歌谣："二月二，炒糖蒂，老鼠嫁女宜，

---

① 季海波、陶敏萍：《泰顺张宅村百家宴调查报告》，载顾希佳主编《中国节日志·春节(浙江卷)》，光明日报出版社2014年版，第488—503页。

② 丁世良、赵放：《中国地方志民俗资料汇编·华东卷(中)》，书目文献出版社1989年版，第571页。

天晴嫁城里，下雨嫁浦城。”浦城在福建。

百花生日

百花生日，又称“花朝节”。浙江各地的做法不尽一致，有以二月二为节的；也有以二月十二，或二月十五为节的。

绵延至近现代，百花生日这个节日已逐渐淡化。城市里种花较多的人家，农村中从事花果生产的农民，还会按照传统过这个节日。

在杭州，通常以二月十五日为百花生日。人们在这一天要为庭园中所有的花木都系上一条红布条，表示庆贺百花诞辰。清代，杭城内外有两座花神庙。一为西湖苏堤北端的湖山春社，奉祀十二月花神，加以闰月花神，旁边还列有四个催花使者。庙内有俞樾题写楹联一副：“翠翠红红处处莺莺燕燕；风风雨雨年年暮暮朝朝”，描述杭州西湖一年四季百花盛放的盛景，颇为传神。一在城北花园岗，原为南宋秦桧的花园，清咸丰年间建庙，主体为花皇殿，旧时有庙会，后毁于日军侵华时。①

在余杭超山一带，以二月十二日为百花生日。花、果农于此日用一撮黄豆放小碗中，搁到屋檐上，任其雨淋日晒，过几天后查看黄豆发芽情况，出了多少棵，以占卜这一年花果收成好坏。此日天气晴雨，亦被用来占卜农事，谚云：“有利无利，但看二月十二这天里。”

在嘉兴郊区，有为果树做生日的习俗，节期为二月十二日。通常由女性操持。届时，先将果园杂草锄去，在每棵果树旁松一松土。将近中午，在每棵果树干上贴一方红纸，中间用稻草缚住；在树枝丫杈处压一块石头。双手扶着果树，嘴里轻轻地说：“桃子今年多吗？多哦！桃子今年大吗？大哦！桃子今年蛀吗？勿蛀！桃子今年脱吗？勿脱！”说罢，举起小竹刀在树干中部不轻不重斩上一刀。据说，这一刀的轻重颇有讲究，如果果树长势过旺，果实容易脱落，斩上适当的一刀，可起到“回滋”的作用。按此做法，人们要把果园里的果树一棵棵都做一遍，既是祭祀，又有着某种巫术的意味。②

在湖州，以二月十二日为百花生日。人们在此日给每个花盆里都插上一面三角的彩色小纸旗，以示祝贺。习俗以为在这一天花木换盆或下种、扦插，成活率都很高。还有这天下雨就要连下十二夜雨的说法，认为这不利百花生长。而在安吉一带，则以二月二日为百花生日。

在宁波一带，称二月十二为“百花娘子生日”，妇女以五彩线穿耳孔。镇海等地妇女停止缝纫、刺绣，将花绷供在桌上，焚香点烛礼拜。

春分

春分是二十四节气之一，历来有做春分酒和做社等习俗。

习俗以为在此日酿酒为最佳，称为“春分酒”。民国《於潜县志》载：“春分，造酒贮于瓮，过三伏糟粕自化，其色赤，味经久不坏，谓之‘春分酒’。”清光绪《分水县志》载：“春分酿酒，端午蒸之，名‘春分酒’，色黑味香，取玉华泉酿者尤佳。”

金华一带，多以春分日为社日，农家要炒豆，炒米胖，俗谚云：“社日不炒豆，死人无人候；

---

① 莫高：《杭州的百花生日》，载《浙江民俗大观》，当代中国出版社 1998 年版，第 21—23 页。

② 何志荣：《嘉兴的百花生日》，载《浙江民俗大观》，当代中国出版社 1998 年版，第 23 页。

社日不炒胖，死人无人葬。”

浙江各地都有在春分前后做社的习俗，称为“春社”，具体日期不一。吴自牧《梦粱录》卷一云：“立春后五戊日为社，州县祭社稷，朝廷亦差官祭于太社、太稷坛。”

在丽水一带，有“男嬉清明女嬉社”之说，妇女多在社日出游，称“嬉社”。此日又有“拦蛇”习俗。凡属新坟，家人要在社日到坟头烧纸，并用响竹在新坟周围顺拖三圈，逆拖三圈，意在赶走新坟中的蛇。据说，“社日”谐“蛇日”，人们在此日赶走新坟中的蛇，保佑死者不受群蛇侵扰。

五、三月三

三月三，即古代“上巳节”。古时以三月第一个巳日为“上巳”，魏晋时已改为三月三日。王羲之等人在兰亭修禊，吟诗饮酒，流觞曲水，对后世影响颇大。

吴自牧《梦粱录》卷二载：“三月三日上巳之辰，曲水流觞故事，起于晋时。唐朝赐宴曲江，倾都禊饮踏青，亦是此意。”宋时，杭城在此日又有北极佑圣真君圣诞，“士庶烧香，纷集殿庭”，设醮祈恩，酌水献花，颇为热闹。①

清代范祖述《杭俗遗风》载：“三月三日，采荠菜花置灶神堂下，谓可以辟除灶上蚂蚁，及一切虫蚳等物。至立夏节，取此菜花，煮清明狗，与儿童食之，谓可不蛀夏。”②

时至今日，三月三节日习俗大致有以下几种：

兰亭修禊

此俗在绍兴近郊的兰亭流播。史载：东晋永和九年（353 年）三月初三，王羲之偕谢安等 42 人，会于兰亭，临流泛觞，作曲水之宴。参加者赋诗 30 余首，汇成一集，王羲之亲笔作序，此即被誉为天下第一行书的《兰亭集序》，又称《禊序》《禊帖》。此后，蔚然成风，每逢三月三，兰亭必有文人雅会。近年则成为一年一度各地书法名流交流书艺、切磋书论的盛会。

辟蚁日

在杭州，称此日为辟蚁日。家家桌上、几上放置荠菜，以为可以辟蚁。此日，男女皆戴荠菜花，穿踏青鞋，出外踏青。俗谚有“三月三，挑荠菜”“三春带荠花，桃李羞繁华”之说。

荠菜生日

在湖州，称此日为荠菜生日。农村孩子采集荠菜，取其嫩者煮米饭，称“荠菜饭”。妇女则采荠菜花插发际。此日，长兴弁山一带又有在此日挖食野胡葱的习俗，以为可以解毒、辟瘟邪。③

女儿节

在嵊州，有俗谚“三月三，童养媳回娘家”之说。女子多在此日去庙里烧香，结队嬉戏，采集荠菜，插荠菜花，并有“荠菜煮鸡蛋”的节日饮食习俗。一说，荠菜煮鸡蛋之俗有“行浴吞食

---

① 〔宋〕吴自牧：《梦粱录》卷二《三月》。
② 〔清〕范祖述：《杭俗遗风》“时序类 · 荠菜上灶”，上海文艺出版社 1989 年版，影印本。
③ 湖风：《湖州的百花生日和荠菜生日》，载《浙江民俗大观》，当代中国出版社 1998 年版，第 34—35 页。

鸟卵”遗意。又称此日为女儿节。①

煮天下饭

在宁海，人们在此日要结群到溪边、井边搭起临时锅灶，烧野炊食用。俗谚有“三月三煮天下饭，吃了会聪明”之说。一般认为是古代“修禊”之衍变。有的地方在野炊后还有各种文娱活动。

六、清明节

清明是二十四节气之一，时间在夏历三月间。《月令七十二候集解》称：“物至此时，皆以洁齐而清明矣。”浙江农谚：“清明谷雨两相连，浸种耕种莫迟延。”“种树造林，莫过清明。”又与寒食节相融合，形成插柳、植树、祭祖、扫墓等一系列节日民俗。

绵延至近现代，浙江各地的清明节习俗大致有以下内容：

祭祖

浙江各地，大多有在清明节祭祖的习俗。祭祖的方式有家祭、墓祭、祠祭 3 种。家祭，以小家庭为单位，在家中设祭桌，与除夕祭祖的格局相仿；墓祭，即扫墓；祠祭，即以家族为单位，在祠堂内举行，规模较大。

在绍兴，祠堂门平时不开，一到清明则大开祠堂门，族中晚辈依次进入，行祭祀礼。届时选出族中辈分最小的长孙为主祭，先由主祭人手持香烛向祖宗牌位行三跪九叩礼，然后其他族人按辈分依次参拜。此日中午，由值年人置办祭祖酒，邀族人聚餐。酒后，各家还可照例分到一份实物，如猪肉、艾糕一类，带回家。按族中规定，凡族谱上有姓名者均可进祠堂入席；若因故尚未入谱或不准入谱者，则不得参与。②

在宁波，祠祭时要朗读祖训，对全族人进行家教，以示报本。

在丽水，称为“吃清明”。族中在清明节齐集祠堂祭祖。祖上太公立有的祭田由各房子孙轮流收租。轮值的房份即在该年清明节设席，请族中所有子孙来“吃清明”。饭后，按照丁口及学历、官职等高低分发馒头肉。然后到太公坟扫墓。③

扫墓

俗称“上坟”。家家户户到祖坟前祭祀，为祖坟添土、植树，以示对祖先的纪念。

在绍兴，家人来到坟头，一般要先祀后土，即祭祀山神，表示祈求山神、土地等神灵保佑祖先灵魂得以安息。再祭拜左右邻近的坟墓，表示祈求阴间邻居和睦。然后才正式在祖坟上祭拜。供品一般按家境情况置办，大户人家还要朗读祝文。如今则已逐渐简化。

在温州，通常在坟头栽木，用红绿纸剪成钱形，编成长草，约一尺五六寸，称“挂柳钱”。祭毕，给坟头加土，分清明饼给山上的牧童。祭祀的食品要带回家，宴享亲族，称“享馂”。扫墓归来，还要折几枝松树和映山红回家，前者表示长寿，后者表示子孙满堂。

---

① 施珏兴：《三月初三女儿节》，载《浙江民俗大观》，当代中国出版社 1998 年版，第 32 页。

② 马元泉：《绍兴人过清明节》，载《浙江民俗大观》，当代中国出版社 1998 年版，第 36—38 页。

③ 吴学融：《丽水的清明扫墓》，载《浙江民俗大观》，当代中国出版社 1998 年版，第 29—30 页。

中华人民共和国成立初，各地又普遍兴起在清明节祭扫烈士陵墓的新风俗，至今不衰。

植树

在清明到祖坟旁栽树的习俗古已有之，绵延至今，各地多以清明为植树节。人们在此前后纷纷植树造林，绿化大地。

踏青

清明时节，风和日丽，景色宜人，人们相约去郊外游览，俗称“踏青”。通常总是与“扫墓”相结合。康熙《会稽县志》称：“偕少长行游郊外，曰‘踏青’。厥后携男女，具时馐墓祭。亦有盛声乐，泛集名胜为终日游者。”届时，雇船上坟者甚多。民间俗谚云：“正月灯，二月鹞，三月上坟船里看姣姣。”时至今日，则盛行春日旅游之风俗。

戴柳

清明节，各地妇女皆在发际缀柳叶，儿童则头戴柳条圈，以为可避虫毒。俗谚：“清明勿戴柳，红颜变皓首。”相传此风起于唐玄宗渭水滨祓禊，赐群臣戴柳条圈之举。绍兴一带，此日还在门、床等处插柳枝，以为可趋吉避凶。金华一带，以为小儿在此日戴葱头，可使之聪明；戴豆花，可使之明目；戴柳叶，有好娘舅；戴黄杨，有好爹娘；戴香荠，有好兄弟；戴艾叶，能避祸害，云云。在衢州，未婚女子在此日头戴柳枝和竹箬，以为将来可以嫁个好丈夫，别有意趣。

清明节庙会

清明节前后，浙江各地都有一些传统庙会。如杭州的西湖香市、桐乡芝村的水会、湖州含山的轧蚕花、嘉兴三塔的踏白船等，都素负盛名。

清明果

清明节，各地都有特定的节日食俗。

在杭嘉湖一带，有吃“青团子”的习俗。在米粉中揉入艾草的汁水，使团子呈青绿色，一般有馅。

在温州，称“清明饼”，又称“蒿饼”。在泰顺，称“蒸糍”，做法大同小异。

在金华、丽水一带，称“清明馃”。东阳的清明馃多成畚斗状，称“畚斗馃”，寓有粮可畚之意。浦江的清明馃多成犁头状，寓耕作顺利之意。各地还有将其做成羊、狗状的，称“清明羊”“清明狗”。义乌乡间，妇女常抱婴儿去向邻里“乞讨”清明馃，俗称“讨清明”。“清明”与“聪明”谐音，习俗以为这是讨聪明，日后孩子容易抚养，生性聪明。

在绍兴，有在此日吃艾饺、松花团子的习俗。艾蒿与米粉糅合，做成团子、艾饺。俗谚称“清明吃艾饺，勿怕阵雨浇”。松花粉揉入米粉作糕，娇黄香滑，也别有风味。

清明夜饭

在桐乡、德清一带，清明前一日的夜饭十分隆重丰盛，犹如“年夜饭”。家人在外的必于此时赶回团聚。许多人家在清明前一日祭祖，祭祖后，所有供品就给全家人聚餐。称“清明夜饭”。在各种鱼肉佳肴之外，餐桌上必有一大碗螺蛳。相传此俗与养蚕生产有关，旧时有蚕病，称“青娘”，习俗以为青娘就躲在螺蛳壳里边。届时用针挑食，称“挑青”。吃螺蛳，表示青娘已经挑出，蚕就不会得病了。吃过螺蛳，要将螺蛳壳抛到屋顶上去。民间对此有多种解释：一说，旧时瓦房上的瓦片会滋生瓦刺虫，掉下来要刺伤蚕。屋顶抛了螺蛳壳，瓦刺虫闻到鲜味会爬进螺蛳壳内，就不会掉下来伤害蚕了。一说，螺蛳壳抛上屋，发出响声，可以赶走老鼠，也是为了保护蚕。①

竞渡

在浙北，许多地方有清明节竞渡的习俗。在平湖，称为“摇快船”；在海盐，称“出跳船”；在桐乡濮院，称为“闹清明”，众人围观划船比赛，煞是热闹。清乾隆《湖州府志》引《西吴里语》云：“棹小舟于溪上为竞渡，谓宜田蚕，始于寒食，至清明日而止，谓之‘水嬉’。今之哨船即其遗风。”而在嘉兴市郊，则有“踏白船”，又称“踏板”“踏筏”。亦即划船比赛。在温州，清明节有“水战”习俗，届时，儿童饰演兵卒，腰系竹筒，浮水作战。同时有威武雄伟的营船督战，船上战旗飞扬，坐着穿戴古代将帅服饰的儿童，旁列战士，俨如古代水战情景。此与嘉兴一带的踏白船有相似之处。踏白，原为唐宋骑兵番号名称，岳飞曾任踏白使。《宋史》：“自北边至武兴，列五军，曰踏白、推锋、选锋、策选锋、游奕。”则又成为水兵番号。浙江一带在清明节多演习水战，或称水嬉，除比赛划船快慢外，还在船上表演各种武术，故称“踏白船”。也有的地方则在清明节举行龙舟竞渡，做法与端午节相似。②

清明灯会

在兰溪，清明节有盛大灯会。据说由元宵灯会演变而来。兰溪城关多商家，年后开业不久，准备闹元宵稍嫌仓促，故改为清明。再则，清明前后，商业为淡季，正需招徕顾客，遂相沿成习。

祭五谷神

在金华、义乌一带，农家在清明节置三牲福礼，祭祀五谷神，以祈保佑即将开始的春耕一切顺利，谷物生长茂盛。

牛抢青

在东阳、义乌，各养牛户在清明日拂晓争相牵牛出栏，觅草放牧，以最早者为最吉利，称“牛抢青”。义乌牧童吹树皮号以招呼同伴，天明则停止吹号，抛号于田。习俗以为天明再吹则会招致多生蚊子。

聪明儿

在东阳，习俗以为清明日所生孩儿最佳，称“聪明儿”。又以为清明前一日生育的是“呆大儿”，被人看不起。故人家若在清明前一日生育，必诓称产于清明，以图吉利。此俗今已淘汰。

第二节　夏季节日

夏季，一年的第二个季节，通常指农历中的四、五、六月，亦指立夏到立秋的3个月时间。这个季节里的节日，大致有浴佛节、立夏节、端午节、夏至节、分龙日、六月六和大暑等。

---

① 朱瑞民：《清明夜吃螺蛳》，载《浙江民俗大观》，当代中国出版社1998年版，第41页。

② 顾希佳：《东南蚕桑文化》，中国民间文艺出版社1991年版，第131—139页。

一、浴佛节

四月初八为“浴佛节”，又称“佛诞节”，因佛祖释迦牟尼此日诞生而得名。此日，僧人以水灌洗佛像，称“浴佛”，又称“灌佛”。此俗汉代即已形成。宋代周密《武林旧事》卷三载：“四月八日为佛诞日，诸寺院各有浴佛会，僧尼辈竞以小盆贮铜像，浸以糖水，覆以花棚，铙钹交迎，遍往邸第富室，以小杓浇灌，以求施利。是日，西湖作放生会，舟楫甚盛，略如春时小舟，竞买龟鱼螺蚌放生。”①

清代范祖述《杭俗遗风》载：“四月八日，四大丛林均有放生之物聚集，水族尤多。”②

浙江各地在此日大致有以下风俗：

吃乌米饭

遍及全省各地。届时，人们采摘一种嫩树叶舂成糊状，浸出汁水，用以浸糯米，然后煮成饭，色乌黑，味香醇，别有风味。也有的地方将此做成乌饭糕或团子。习俗以为吃了乌米饭可不蛀夏，蚊子也不会叮咬。故此日又称“乌饭节”。各地有传说，说当年目连入地狱救母，送去的白米饭都被饿鬼抢走，后改做乌米饭送去，其母才吃到，从此遂相沿成习。除了自己吃之外，通常还要馈赠亲友。新嫁女之家，则送乌米饭和鸡雏到婿家，意为送去佛的保佑。

放生

信佛教的人在此日往往买鱼放生，并去寺庙礼佛修行。

占卜谷价

农家以此日风向占卜当年谷价，俗谚云：“南风吹佛面，有收也不贱；北风吹佛面，无收也不贵。”

牛生日

浙南农村，普遍将四月初八作为“牛生日”。此日，人们到牛大王庙祭祀，有的则在牛栏祭祀，以祈求牛神保佑耕牛。此日不让牛干活，还要给牛喝酒，吃滋补食品。

在宁海，传说天牛在此日下凡，故耕牛放假，农户用糯米酒、鸡蛋喂牛，做乌饭、麻糍饲牛。

在衢州，人们在此日给牛戴花，用金刚刺粉拌米粉，做成“仙桃”喂牛，家人也分食。

在义乌，家家以豆掺米做饭，用以喂牛，并给牛放假一天，过生日。所做豆饭，除牛吃外，家人也分食，俗信以为吃过牛饭，可以体健如牛。

在云和，有牛大王殿，每年冬至日，养牛户皆要备三牲，到牛大王殿祭祀。

畲族俗谚有“牛歇四月八，人歇五月节”之说。传说此日天上将投下两个半“馒头”，谁最爱护耕牛，放牧时间最早，谁家的牛就能吃到这“馒头”。此日，各家牧童都在天不亮就放牛上山，让牛吃饱露水草，才可回来。这天不许打牛，对牛爱护备至。③

---

① 〔宋〕周密：《武林旧事》卷三《浴佛》。

② 〔清〕范祖述：《杭俗遗风》“时序类・佛诞放生”，上海文艺出版社 1989 年版，影印本。

③ 雷阵鸣：《四月初八牛生日》，载《浙江民俗大观》，当代中国出版社 1998 年版，第 36 页。

二、立夏节

立夏是二十四节气之一，习惯作为夏季的开始。明田汝成《西湖游览志余》卷二十云："立夏之日，人家各烹新茶，配以诸色细果，馈送亲戚比邻，谓之'七家茶'。"①

《杭俗遗风》云："杭俗在立夏日，有'三烧、五腊、九时新'之说，'三烧'者：烧饼、烧鹅、烧酒是也。烧饼即夏饼，烧酒即甜酒酿。'五腊'：即黄鱼、腊肉、盐蛋、海蛳、清明狗，购于清明日，悬庭中，至立夏日取下，用荠菜花煮与小儿食之，可免蛀夏，称之曰腊狗。'九时新'：即樱桃、梅子、鲥鱼、蚕豆、苋菜、黄豆笋、玫瑰花、乌饭糕、莴苣笋。是日也，又有'五郎八保上吴山'之谚。盖立夏节，工人均作休息。五郎：谓打米郎、剃头郎、倒马郎、皮郎、典当中之小郎；八保：即酒保、面保、茶保、饭保、地保、相像保（即阴阳生）、马保、奶保（即中人）是也。今则吴山寂寞，改为新市场矣。"民国 15 年（1926 年）洪如嵩增补云："抖夏夏米，烧夏夏饭：在立夏前一日，各儿童向邻家乞米一盅或一碗，谓之抖夏夏米。于立夏日在露天煮饭，饭成，分送前日之化米家，每家一小碗，饭上或置青梅、樱桃、白荠不等，谓儿童食之，可免蛀夏云。时人名之曰'烧夏夏饭'。"②

绵延至近现代，浙江各地的立夏习俗大致有以下几种：

立夏尝鲜

时至立夏，气温骤升，百果相继成熟，时新食物大量上市，各地都有尝鲜习俗。如各地方志所载，尝鲜的具体品名则有所不同。杭嘉湖一带通常有"立夏尝三鲜"之说，一说为蚕豆、黄瓜、苋菜；一说为樱桃、梅子、枇杷；一说为黄鱼、鲥鱼、海蛳。不一一列举。③

浙江各地多竹，此时春笋正旺盛，各地大多在此日吃笋。笋的躯干挺拔，人们以此象征人的脚骨，此日煮笋一般不切断，取小笋整支烹煎，习俗以为吃了可以健脚骨，俗称"脚骨笋"。

又有吃立夏蛋习俗。在舟山，吃茶叶蛋，用新茶烧煮鸡蛋，清香可口。在兰溪，又有将熟鸡蛋剥壳后放在盐水中卤成"盐水蛋"，在此日食用的习俗。在宁波一带，还有用丝线编结彩色蛋套，给孩子悬之胸前或挂在帐上的习俗。俗谚："立夏吃只蛋，力气多一万。"④

浦江、义乌一带，此日吃青梅，以为可免脚酸，俗称"接脚梗"。

金华一带，此日吃枣，寓"早丰收"之意。

江山一带，此日吃羹，称"立夏羹"。

嘉兴一带，此日吃清水煮肉蘸生蒜末，或吃香蛳，称为"嗦懒虫"。

温州则有尝鲥鱼习俗。据传，立夏节后，鲥鱼骨硬不好吃，故在节前送，并簪以香花。清孙琴西《赠小石送鲥鱼诗》注云："吾乡送鲥鱼，以月季花掩映其上，姿态益妙。"

烧立夏饭

立夏日，儿童成群结队到郊外野炊。习俗规定野炊所用的米、豆、笋、肉等，均要向各家乞

---

① 〔明〕田汝成：《西湖游览志余》卷二十《熙朝乐事·立夏之日》。

② 〔清〕范祖述：《杭俗遗风》"时序类·立夏时新"，上海文艺出版社 1989 年版，影印本。

③ 莫高：《立夏尝新》，载《浙江民俗大观》，当代中国出版社 1998 年版，第 33—34 页。

④ 李世庭：《立夏蛋与脚骨笋》，载《浙江民俗大观》，当代中国出版社 1998 年版，第 34—35 页。

讨，孩子们还可以随意到人家竹园去挖笋，田里去采豆，以为吃“百家米”，可使儿童强健。一说，此法自比乞丐，有厌胜之意。此俗绵延至今。

在新昌，有吃囫囵蛋、咸鸭蛋、“蚕花饭”之俗。“蚕花饭”，系用糯米、粳米、籼米3种米煮成的混合饭。俗谚有“吃了咸肉蚕花饭，今年蚕花勿推板”之说，以为可保佑蚕桑丰收。

在湖州一带，又称“野火饭”，并在此日吃金团子、乌菱等食品。金团子，又称麻团，是一种油炸面食。乌菱是一种沉在河底休眠而成的老菱，色黑壳厚。习俗以为孩子们在立夏日吃了野火饭、金团子、乌菱之后，就不会被蚊子叮咬了。

在宁波，各家以赤豆、黄豆、黑豆、青豆、绿豆拌白粳米煮饭，称“五色饭”，又称“立夏饭”。

称人

立夏日，给孩子们一一称体重。有的地方连大人也都要称一称。习俗以为立夏称人可使之不蛀夏，快快长大。称体重时，秤锤只能向外打，不可向内移。逢9斤要报作10斤，逢100斤也要报作101斤，以求吉利。有的地方还鼓励孩子在口袋里放几颗石子，以增加体重。①

立夏进补

进入夏天，容易得蛀夏的疾病。浙江各地都注意在立夏前后进补，以防蛀夏。俗谚有“立夏日，吃补食”之说。在建德一带，通常吃红枣烧鸡蛋、黄芪炖鸡等，也有吃“五虎丹”的，即红枣、黑枣、胡桃、桂圆、荔枝。又有“三两半”，指党参、黄芪、当归各1两，牛膝半两，煎汁服用。在湖州，此日吃豆腐，以为可以补脑子。

立夏狗

浙北一带，农家在冬春祭祀时要做各种米粉团子作为供奉，届时往往会特地捏几只小狗形状的米粉团子，挂在通风处晾干，俗称“立夏狗”。也有的地方因为通常是在清明节制作，故又称“清明狗”。等到了立夏节时，将此“狗”洗净烧煮，给小孩吃，寓意小孩吃了以后可以像狗一样强健。

吃立夏酒

浙北一带，以为此日是酒仙生日，家家喝酒。

立夏禁忌

为预防蛀夏，旧时各地都有所禁忌。在湖州、绍兴一带，此日忌坐门槛，以为坐了以后会脚骨酸痛，容易蛀夏。或说，此日以艾火一点炙于门槛上，可免蛀夏。

在湖州，凡是蛀夏的孩子，此日不可在家吃饭，连水也不可喝一口，而要到亲友家去吃三餐饭。在富阳，又说生肖属龙、蛇与猴者忌秤人。

买红花

在温州，此时家家要购买红花、新茶等物，以备一年之用。红花，旧时妇女染衣所需的染料，产于四月，必在此时购买。② 前人有诗云：“立夏晴和四月天，与郎商酌岁支钱。红花盐菜俱难缓，更买新茶过一年。”

---

① 程秉荣：《立夏秤人》，载《浙江民俗大观》，当代中国出版社1998年版，第43—44页。

② 浙江民俗学会编：《浙江风俗简志》，浙江人民出版社1986年版，第213页。

三、端午节

夏历五月初五，端午节，又称“端五”“重午”“端阳”“天中节”“龙船节”等，由来已久。

宋吴自牧《梦粱录》卷三云：“杭都风俗，自初一至端午日，家家买桃、柳、葵、榴、蒲叶、伏道，又并市茭、粽、五色水团、时果、五色瘟纸，当门供养。自隔宿及五更，沿门唱卖声，满街不绝，以艾与百草缚成天师，悬于门额上，或悬虎头白泽。或仕宦等家以生朱于午时书‘五月五日天中节，赤口白舌尽消灭’之句。此日采百草或修制药品，以为辟瘟疾等用，藏之果有灵验。杭城人不论大小之家，焚烧午香一月，不知出何文典。”①

清代，杭州西湖在端午前后有龙舟竞渡，范祖述《杭俗遗风》记载甚详，文云：“西湖有龙舟四五只，其船长四五丈，头尾均高，彩画如龙形。中舱上下两层，首有龙头太子及秋千架，均小孩装扮，太子立而不动，秋千上下推移，旁列十八般武艺，各式旗帜，门列各枪中央高低五色彩伞，尾有蜈蚣旗。中舱下层，敲打锣鼓，旁坐水手划船，若做胜会。大看船停泊湖中，龙舟四围圈转，鱼贯而行。如抛物件，各龙舟水手下水争抢。最难者，莫如钱、鸭二物：钱则入水即沉；鸭则下水游去。各舟争逐，大有可观。游船之中，或有打十番锣鼓者，亦有吹弹歌唱者。城里河中，亦有从艮山门水门来者，游人坐船敲打锣鼓，名曰‘游短景儿’。约五月初一起，至初十为竞渡时焉。”②

时至今日，浙江各地仍十分重视端午节，其风俗有所衍变，大致有以下内容：

龙舟竞渡

浙江较多地方历来有在端午节举行龙舟竞渡的习俗。据闻一多《端午考》，此系古代持龙图腾崇拜民族的祭祖活动。对其由来，历来有多说，其中与浙江有关的就有三说：一说春秋战国时越王勾践于此日操练水军，宋高承《事物纪原·竞渡》引楚传云：“起于越王勾践”；一说为纪念伍子胥，南朝梁宗懔《荆楚岁时记》引邯郸淳《曹娥碑》云：“五月五日，时迎伍君”；一说为纪念曹娥，《会稽典录》：“女子曹娥，会稽上虞人。父能弦歌为巫。汉安帝二年五月五日于县江泝涛迎波神溺死，不得尸骸。娥年十四，乃缘江号哭，昼夜不绝声七日，遂投江而死。”浙东一带因有五月五日纪念曹娥之事。明清以降，纪念屈原一说由楚地传播至浙江，为这里民众普遍接受，则多说成是为了吊唁屈原，并与吃粽子之习俗紧密结合。也有一些地方，习惯在清明前后(或在夏至)龙舟竞渡，则端午节便无此活动。

在温州水乡，端午的龙舟竞渡颇为隆重，并与祭祀“殇官”的活动紧密结合。温州水乡各村，大多有龙舟。各村祠堂或庙宇又设有殇官神龛。一般设36个神偶，代表36个殇官神，其中一个神偶是木雕的，便于出迎。古人称未成年夭折和非正常死亡为“殇”，包括天殇(雷击)、地殇(地震、坍方)、水殇(水灾、溺水)、火殇、树殇、刀殇、箭殇、跌殇、打殇，以及因虎、犬、蛇、药、酒、食、饿、瘟、痨、痘、瘤、痈、烂、喉……原因而死亡的鬼魂。习俗以为这种殇鬼冤魂不散，常会惹是生非，故而平时要把“殇官”关在神龛里。端午龙舟竞渡时则把殇官神的木雕神偶从

① 〔宋〕吴自牧：《梦粱录》卷三《五月》。

② 〔清〕范祖述：《杭俗遗风》“时序类·龙舟竞渡”，上海文艺出版社1989年版，影印本。

神龛中请出，举行一定的仪式，将其放在一香炉（又称香斗）中，由一老成持重的中老年人捧着下龙舟。在整个赛龙舟过程中，此人一直要捧着香斗，不得放下。温州话“殇”“香”谐音，“殇官”又称“香官”。此人便称为“香官爷儿”。每天划完龙舟回村，此人便要把香斗捧回殿内，放在神龛上，三拜叩谢，称“收香”。整个赛龙舟活动结束，称“散河”。届时把龙舟抬回祠堂或殿宇，松掉竹缆。全船人要拜谢殇官神，由头家双手捧殇官神偶归位。所有的人一律退出殿宇，不许喧哗，关闭大门，称“关殿门”。习俗以为是借着龙舟竞渡已经把这些殇鬼的冤魂送往远方，它们就再也不会来骚扰地方上了。

温州一带的龙船一般额定每船36人，俗称“三十六香官”。船身13档，每档2人划船，共26人，船面管旗一、后艄二、唱神一、司鼓二、掌锣二、托香斗二，正合36之数。大龙船则加至48人。船身绘画龙鳞，头尾装置活动的龙头龙尾。每村的龙船都有不同颜色的旗帜，以示区别。①

余杭的蒋村、和睦一带，端午龙舟竞渡绵延至今，又称“龙船会”。龙头有专人保管，节前装扮龙船时要举行祭祀仪式，称“请龙头”。人们十分虔诚地把龙头安装到农船上。龙船有三种：满天幢，又称彩龙船，长8米多，前后木雕龙头龙尾，龙头上停一金鸡，龙尾挂一蜈蚣，龙头后一手执令旗的木人称“太子”。船舱上插各种彩旗、凉伞、兵器，船舷上装彩色画板。半天幢，为普通农船装饰，也插旗、伞，稍简便。赤膊龙船，为一般小船，也有木雕龙头，中间插几面旗帜。

余杭区的“五常龙舟盛会”已被列入国家级非物质文化遗产保护名录。②

彩舫

前引《杭俗遗风》所述西湖龙船，即为“彩舫”。此为大船，装饰十分讲究，船中奏乐，并有人扮演戏曲故事，以观赏为主，而并非竞渡。此俗绵延至今，西湖彩舫一向受人欢迎。

在温州，又称“划台阁”。大的台阁船长18米，宽4米，可容纳百来人，行动相对缓慢，前后装饰龙头龙尾，涂金饰彩，光华夺目。台阁上有亭台3座，遍插彩旗、花灯，并安排各种装扮浓艳的戏曲人物。台阁前后又有风车式秋千架，由儿童身着戏装在秋千上翻飞。船舱中有管弦乐队演奏，悦耳动听。台阁船一般要在城内外河道上漫游四五天之久，任人观赏。

推端午船

旧时在武义城乡，端午日推龙船以驱恶鬼。初一起，人们以竹扎制龙船，约2丈长，船上绑着5个纸人，称“五鬼”。端午上午，一人敲锣绕此船3圈，称“侧船”。至午时，由7名男青年推船，离开城隍庙，沿大街一直向东，推出八素门外，将船抛入熟溪河中。一路上，大街两旁人群纷纷向船投掷银黄炮，或抛撒茶叶和米，以为辟邪。俗称“推龙船”。龙船的后面，人们抬着城隍神像和相应的仪仗、鼓乐，作迎神赛会，表示城隍押送“五鬼”出城。在城隍神像的前面还有一尊神像，据传是唐代名将张巡。当地俗谚有“端午船不推，瘟疫要发来”之说，以为此举

---

① 杨秉正：《温州的划龙舟和请殇官》，载《浙江民俗大观》，当代中国出版社1998年版，第46—48页。

② 顾希佳：《传统节日里的地方传统：以杭州端午节为例》，《文化艺术研究》2009年第2期。

是将“五鬼”驱逐出去，以求康宁。① 在其他一些地方，则有在端午前到城隍庙念三天经，端午日把一只木船推入河中的习俗，也称为“推端午船”。

吃端午粽

浙江各地都有端午吃粽子的习惯，古称“角黍”。在温州，有将40只粽子扎成一把的做法，其中一只特大，称“粽娘”，另有一把特小的粽子，称“子孙粽”。各地还有将粽子馈赠亲邻的习惯。

在丽水，有吃薄卷饼的习俗。将面粉做成薄饼在平锅里烤熟，或将面粉调成糊状，在平锅里抹成薄饼，然后把菜肴卷在薄饼内食用。

屋宅辟邪

各地都有端午节在门上挂艾叶和菖蒲的习俗，以为可以驱毒辟邪。绍兴一带，除了悬艾插蒲之外，还在门侧贴对联，上书“菖蒲作剑，斩八节之妖魔；艾叶为旗，招四时之吉庆”等内容。有的地方还要悬挂钟馗捉鬼图、姜太公像，或张贴朱砂符、八卦图等。

各地还有在端午节打扫卫生的习俗。金华一带以蛇、蝎、蜈蚣、蜘蛛、蛤蟆为“五毒”，习俗以为“五毒”自端午日午时起开始滋生，故于此日午前要在屋角及各阴暗处撒石灰，喷洒雄黄酒，焚烧苍术、白芷、茴香一类药物使之生烟，以驱秽祛毒。同时扫集垃圾于室外，点火焚烧。

在义乌、东阳、江山等地，端午日又有“驱蚊虫娘”之举。在义乌，老年妇女用火把遍照墙角，口念“蚊虫娘，送你到东洋；到东洋，吃得胖，回来过重阳”“蚊虫娘，不要在家叮婆娘，快到田里叮稻娘”等咒语，然后送火把到野外。在江山，人们包几只拇指大小的“蚊虫粽”，挂床头以喂蚊虫；又在门口画石灰八卦符，画时念咒语，以此驱蚊。

佩饰辟邪

小孩在端午日要在胸前挂香包，又称香袋。香包内装香料，或装雄黄，也有的装一枚独瓣大蒜，外部编织成各种形制，用五色丝线挂在胸前。② 温州一带，还用五色丝线系在小孩手腕上，或系在背上，称“长命线”。有的地方还会给小孩戴特制的虎形肚兜。

饮食辟邪

各地有在此日吃特定的食物以辟邪的传统。通常都要喝雄黄酒。民间传说《白蛇传》中就有这一节日习俗的描述。

又有“吃五黄”的做法，具体指黄鱼、黄鳝、黄瓜、黄酒、雄黄。各地又有所歧异，诸如黄泥蛋（咸蛋）、雄黄豆（罗汉豆）、黄泥螺等，也会被置换成该地的“五黄”之一。

吃午时茶，也较为普遍。在端午日午时，用陈皮、柴胡、藿香、连召等中药煮汤服用，称“吃午时茶”，以为可以驱秽辟邪。

在温州，端午日早晨要将菖蒲、艾蒿煮汤，配以粽子、鲜鸡蛋、咸鸭蛋、大蒜，当早餐进食。此日还要喝蒲酒，将菖蒲切成碎片，浮在雄黄酒中饮用。

在金华，端午日除了吃粽子、肉、鸡蛋、麦饼、绿豆糕等外，普遍还要吃大蒜。武义青年妇

① 唐桓臻：《武义“推端午船”》，载《浙江民俗大观》，当代中国出版社1998年版，第50—51页。
② 洪以瑞：《浦江的端午香包》，载《浙江民俗大观》，当代中国出版社1998年版，第39—40页。

女则用大蒜蕊与花布串在一起，称为“大蒜串”，以为可以辟邪。衢州一带，又有俗谚称“端午不吃蒜，要被鬼来钻”。

在桐乡石门，此日要给小孩吃煨蛋。各家备一火盆，午时一到，点燃蚕豆壳、蚊子草、蛤蟆草、菖蒲等，使之生烟，取一青壳鸭蛋，在一端敲一小孔，塞入一只小蜘蛛，再将小孔封闭，放入火盆煨烧。煨熟后，取出蜘蛛，然后把煨蛋给小孩吃，习俗以为可以驱毒，小孩过夏不会生痱子和疮疖。①

送节

端午节，各家准备礼物馈赠亲友。在温州，称“送节”，也称“望节”。在金华，称“担端午”。

在绍兴新昌等地，又有发庚、送扇的习俗。某家欲在年内娶媳妇，必于端午节“发庚”，男方向女方送结婚吉日良辰和白糖、桂圆等礼物。女儿出嫁后第一个端午，娘家要向婿家送扇子、手巾、麦饼等礼物。

采草药

绍兴、丽水、金华、衢州等地，人们以为端午日采草药最有效验。一说，因传说中白娘子在端午节上昆仑山盗仙草，故而仿效；一说，此日又是药王神农氏生日，故而此日采药大吉。端午日，人们纷纷上山采集各种草药，以备不时之需。慈溪一带称此日为“送药节”，认为此日午前捉到的蛇、蝎、蜈蚣均可做药，为馈送长辈之礼。奉化一带以为端午日百草均可作药，争先采集之。

乞目

衢州一带，端午日取清水一碗，内放蕖花，取粽箬若干剪出许多菱形小孔，放在花下，合家以指蘸水洗眼，称“乞目”，习俗以为可使眼睛明亮。洗罢，泼水门外，称“送乞目”。

百草汤沐浴

金华、丽水一带，人们在端午日上山采集百草，烧汤沐浴，以为可祛秽气，能使孩童皮肤光洁。在江山，人们用百草汤沐浴后，又用菖蒲缠腰，以为可解腰痛。

游雷峰塔和看《白蛇传》

在杭州，传说《白蛇传》家喻户晓。人们在端午节都要到雷峰塔游玩，凭吊白娘子。当年还有挖雷峰塔砖的陋俗，以为这样做是“拯救白娘子”。久而久之，以致雷峰塔底砖块被挖一空而倒塌。

打石头仗

在衢县农村，有组织相邻的两村青年在野外打石头仗的习俗，有一定的比赛规则，习俗以为可以消灾祈福。②

五月初四过端午

在温州文成的黄坦、西坑等地，俗传五月初四过端午。一说，明初刘伯温隐居在家，朱元璋派人请他去相助。家乡父老为送刘伯温登程，提前一天过端午。一说，刘伯温次子刘璟反

---

① 陈富良：《石门人端午吃煨蛋》，载《浙江民俗大观》，当代中国出版社1998年版，第41页。

② 罗松朝、吴征卫：《衢县南乡的打石头仗》，载《浙江民俗大观》，当代中国出版社1998年版，第51—52页。

对燕王篡位，惨遭杀害，人们纪念他被捕的日子，故而在五月初四过端午。

六月十五过端午

在缙云漕头，相传六月十五过端午。当地有传说，说大巷山殿杨虎侯王之子杨回在此驱逐妖魔。人们感恩，在山上建庙祭祀，并改六月十五为端午节。①

小端午

在余杭和睦一带，称五月初五为端午，又称五月十三为“小端午”。相传此日是春秋时文种与范蠡重归于好的日子，故而称该地为“和睦”，并在此日举行龙舟竞渡。②

敬师节

在江山，以端午为敬师节，学生纷纷向老师送粽子、馒头，以示敬意。老师则通常回赠纸扇。

端午收账

在金华一带，旧时商家通行一种“经折”的折子，平时各家可凭折取物，向商店赊货。店家则在端午节凭账向各家收款。

四、夏至节

夏至是二十四节气之一，表示炎热的夏季已经来到。民国《东阳县志》载：“夏至，凡治田者必具酒肉祭土谷之神，束草立标插诸田间就而祭之，谓‘祭田婆’。”

民国《会稽县志》载：“夏至，祀先以面。农人竞渡于通津，衣小儿衣，歌农歌，率数十人共一舟，以后先相驰逐，观者如堵。”③

时至今日，夏至的节日特征正在淡化，在许多地方已经不大记得这个日子了。不过在一些农村，人们还会过夏至节。在东阳、永康、磐安、浦江一带，农家在此日要用面粉做薄饼，烤熟，卷以菜肴，称“卷麦饼”，全家分食，还要馈赠亲邻，称“醉夏”。有的地方傍晚要祭祖，供品也必有卷麦饼。在金华，此日要“拜秧田”，取麦秆或破扫帚一把，竖在田中，以为可以禳虫灾。在义乌，此日要复称体重，来与立夏日所称体重作比较。

在绍兴、嘉兴，人们于此日祭祖，家家吃面。俗谚有“冬至馄饨夏至面”之说。民间从夏至日开始下河洗澡。绍兴的龙舟竞渡一般不在端午而在夏至日。

五、分龙日

浙江各地多以夏历五月二十日为分龙日。民间相传，天上的小龙将于此日离别老龙，去自己所管辖的区域内兴云播雨，因不忍分离而流泪，故而此日往往下雨。宋叶梦得《避暑录话》云：“吴俗，以五月二十日为分龙日。”《月令粹编》卷五引《谈荟》：“二月二十日谓之小分龙日，晴分懒龙主旱，雨分健龙主水。”《占候书》：“两浙以四月二十日为小分龙，五月二十日为大

---

① 张祖钦：《六月十五过端阳》，载《浙江民俗大观》，当代中国出版社1998年版，第55页。
② 董绍春、黄世泽：《余杭和睦的小端午》，载《浙江民俗大观》，当代中国出版社1998年版，第53—54页。
③ 丁世良、赵放：《中国地方志民俗资料汇编·华东卷(中)》，书目文献出版社1989年版，第880、825页。

分龙。"在此期间的雨,俗称"分龙雨"。人们以此日及下一日的气候来占卜农事,农谚有:"二十分龙廿一雨,缠脚娘子下大水",指分龙日下一天雨,则主雨水多;"二十分龙廿一雨,水车搁在弄堂里";"二十分龙廿一雨,石头缝里都是米",均指此年雨水充沛。又有"二十分龙廿一鲎,拔去红芒种赤豆","五月二十逢逢逢,夏旱连秋白露通",则说此日前后若无雨,有虹,有空雷声而无雨,主该年将有干旱。

时至近现代,浙江各地多在此日举行"水龙会",即在城镇中择一空地,会集各路消防器材"水龙",作演习表演。人们闻讯赶来围观,俨如一盛大节日。各地举行"水龙会"的日期也有所不同,金华、东阳在六月六,浦江则在八月初一。

浙南畲族聚居地区,将夏至后第一个辰日定为分龙日。此日,畲乡有歇锄免耕的规矩,男不挑粪,女不洗衣,禁止在屋外晾晒衣物,禁止动用犁、耙、锄、刀等铁器。俗信以为"龙惊铁,虎惊叉",怕惊动龙王,或导致"惊龙"而山洪暴发;或导致"走龙"而常年干旱。在一些畲乡,要到分龙后第十天才"定龙",可以取消禁忌。此日若遇狂风暴雨,畲民会以铁锄或粪勺置屋顶,称"压龙"。①

六、六月六

六月六,宋代为"天贶节",起于宋真宗封禅故事。后演变为六月六节。传说龙王在此日晒鳞,民间则在此日晒衣、晒书、晒经卷。

清康熙《钱塘县志》载:"六月六日为'清暑日'(宋真宗因天书降是日,名'天贶节'),多晒书画、裘褐衣服,或牵猫犬浴之水中。(是日为始,多施茶以饮行人,暑退乃止)"

清嘉庆《嘉兴府志》载:"六月六日,曝衣,食馄饨,洗六畜(《嘉兴汤志》)。是月合酱,虫不为蛀。② (《石门邝志》)"

时至今日,浙江各地在六月六仍有不少风俗:

晒伏

又称"晒霉症",家家将所藏书籍、被褥、衣服、毛衣等放在日光下曝晒。俗信以为此日是"苦日头",所晒衣物可防蛀。又称"晒腊"。各地寺院又有晒经风俗,人称"晒经日"。传说唐僧西天取经回来,佛经被江水浸湿,在此日晒经,故有此俗。③

吃肉

各地均在此日吃肉,多少不论。金华、武义一带有俗谚:"六月六,要吃肉;不吃肉,生瘤毒。"

洗浴

在许多地方,妇女在此日洗头,又将水在太阳下晒热,给小孩洗澡。习俗以为此日洗头,头发会不腻不垢,用太阳晒热的水洗浴,能不生痱子。温州一带称此日为太阳生日。不过,江

---

① 雷阵鸣、童涉:《夏至逢辰即"分龙"》,载《浙江民俗大观》,当代中国出版社1998年版,第42—43页。

② 丁世良、赵放:《中国地方志民俗资料汇编·华东卷(中)》,书目文献出版社1989年版,第595、649页。

③ 马元泉:《绍兴的六月六》,载《浙江民俗大观》,当代中国出版社1998年版,第44—45页。

山一带则忌在此日洗浴，以为此日是狗洗浴的日子，人洗了会染上狗腥气的。

猫狗浴

各地都有在此日为猫狗入河洗浴的习惯。只是说法有所不同：在绍兴，以为可以避虱子，今后不会到处拉屎。在常山，以为此日狗肯入水，则能逐蛇驱兽，以免咬噬稻穗。在江山，称此日是狗生日。在开化，以饭团喂狗，然后拖狗入水，有传说称狗为人类偷来稻种，过天河时尾巴翘出水面，故能留存，六月六日猫狗浴即为纪念此事。又据民国《建德县志》称，此浴与小儿洗浴有关，“取其贱而易育也”。

烧田秋

在金华一带，此日祭田公田婆，祈求赶走老鼠。江山称之为“烧田秋”。

回娘家

在绍兴，有在此日接出嫁女儿回娘家的习俗。传说此事缘起于春秋时晋国宰相狐偃之女回娘家的典故。

禁屠宰

旧时，绍兴一带此日禁宰猪、鸡、鹅、鸭等家畜家禽。据称宋真宗大中祥符四年（1011 年）曾下诏，“在京禁屠宰九日，诏诸路并禁”。遂相沿成习。今已不再禁屠。

分龙

东阳一带以此日为“分龙日”，并在此日举行“水龙会”活动。

解彩线

在常山，人们在此日将小孩手脚上的端午彩线解下，系在肉骨头上，扔到屋顶。俗信以为老鹰见此，便不会抓小鸡了。

七、大暑

大暑是二十四节气之一。此时为一年中最热的一段时间。

在台州湾一带，大暑节历来有“送大暑船”习俗。旧时这一带疫病流行，人们信仰“五圣”瘟神。每年从小暑到大暑期间，云集五圣庙烧香，并特制一艘“大暑船”，或为木船，或为纸船，皆与真船相仿。大暑节之日，举行盛大庙会，将“大暑船”送至出海口。如是木船，则让船漂流出海；如是纸船，则在出海口焚烧。此为“送瘟神”遗风，流传至今，又称“渔休节”。①

第三节　秋季节日

秋季，通常指农历中的七、八、九月，亦指立秋到立冬的 3 个月时间。这个季节里的节日，大致有立秋、七夕、中元节、地藏王生日、中秋节、重阳节等，尤以中秋节的影响最大。

① 陈志超：《椒江的大暑船》，载《浙江民俗大观》，当代中国出版社 1998 年版，第 55—57 页。

一、立秋

立秋是二十四节气之一，习惯作为秋季的开始。宋代，吴自牧《梦粱录》卷四记杭城立秋风俗，文云："立秋日，太史局委官吏于禁廷内，以梧桐树植于殿下，俟交立秋时，太史官穿秉奏曰：'秋来。'其时梧叶应声飞落一二片，以寓报秋意。都城内外，侵晨满街叫卖楸叶，妇人女子及儿童辈争买之，剪如花样，插于鬓边，以应时序。"①

清乾隆《乌程县志》载："立秋日，或以井水吞赤小豆七粒，谓可免疟痢之疾。"②

时至今日，"立秋"的节日特征已逐渐淡化。在宁波一带，还有些地方要在此日给孩子吃萝卜干、蓼曲（俗称"白药"）、薄脆饼、炒米粉和西瓜。镇海、奉化等地还给孩子吃绿豆粥，服酒曲，称"祓秋"，俗信以为孩子吃了可以无病无灾。

二、七夕

七夕，又称"乞巧节"，为夏历七月初七日夜。相传此日牛郎织女在天河鹊桥相会。此节日由来已久，汉代已有牛郎织女故事雏形流播，晋代已有七夕风俗。

清康熙《钱塘县志》载："七夕，妇女多设瓜果为乞巧会，对月穿针乞巧，贮蜘蛛于盒内，观结网疏密为乞巧多寡。"③清嘉庆《西安县志》载："七夕，女郎望月瞻斗，陈瓜果罗拜中庭，穿七孔针以'乞巧'。小儿以午日所系彩索剪之，裹以饭送至屋上，谓鹊含此布桥，使牛女相会，名曰'助鹊桥'。"④

时至今日，浙江各地仍有不少"七夕"风俗：

乞巧会

这是各地妇女们的一次节日盛会。这天吃过晚饭，妇女们高高兴兴地来到约定的地方，那里往往摆设香案，陈列各种供品，用以祭祀牛郎织女。妇女们遥望星空，默默祈祷各自的幸福。届时还有各种活动。

卜巧

人们捉来一只小蜘蛛，放入盒中，次晨观其结网的形状，以圆正为"巧"，或是在前一日取雨水、井水各半，盛在碗中，放露天露一夜，再在太阳下晒半日。至中午，女孩们用绣花针放在水面上，使之浮而不沉，观看针在水底的影子，或散如花，或动如云，或成物形而巧妙者，则以为"得巧"；如针影或粗或细或直而无花样，则以为"得拙"。

赛巧

众女孩同时穿针引线，看谁穿得快，谁就得巧。也有的地方每个女孩要拿一件女红来比赛，如鞋、帽、巾、裙、袋等，看谁做得精致。在舟山，还有一种"比聪明"，让每个女孩轮流一口气念出七遍："天上七个七颗星，肚里会聪明，八楞登阿登。"要求口齿清楚，语句不颠倒，一字

---

① 〔宋〕吴自牧：《梦粱录》卷四《七月》。

② 丁世良、赵放：《中国地方志民俗资料汇编・华东卷（中）》，书目文献出版社1989年版，第679页。

③ 丁世良、赵放：《中国地方志民俗资料汇编・华东卷（中）》，书目文献出版社1989年版，第595页。

④ 丁世良、赵放：《中国地方志民俗资料汇编・华东卷（中）》，书目文献出版社1989年版，第886页。

不漏。看谁念得越多,表示越聪明。在武义,这句绕口令则是:“北斗七星七颗星,七月七日念得七遍好聪明。”也要念七遍。在兰溪,小女孩还会在乞巧会上当众向年长艺精的刺绣师傅拜师求艺。刺绣师傅则在乞巧会上对女孩们的女红作品进行评比,传授技艺。在义乌,缚扎稻草人,称为“天孙”,由老妪、幼女各一人,协力挟住草人,倘若草人颤动,便以为是“天孙赐巧”。

讲牛郎织女故事

各地人们普遍在这一天讲述牛郎织女鹊桥相会的故事。

吃巧果

各地都有在此日吃巧果的习惯。巧果以面粉拌糖,在油中炸煎而成,一般做成手指形状;也有切成方条形,扭成S状;也有捏制成花果鸟兽形状的。人们还以此馈赠亲友。①

接牛女泪

在舟山一带,女孩们在这天傍晚要端一盆清水,再去采集7种各色的完整的鲜花,放入清水盆,放在露天过夜,为的是采集牛郎织女相会时流下的眼泪。次日清晨,则用盆中的水来洗自己的眼睛。俗信以为这样做可使眼睛更漂亮、更明亮,还可以相中一个好丈夫。也有的地方除了用“牛女泪”洗眼之外,还用来洗头发。

听洗碗声

在宁波,人们传说牛郎把一年吃过的饭碗积下来,织女到了这一天总会在银河里替牛郎洗碗。所以当地的姑娘们都会在这天夜里静卧在月光下,偷听织女的洗碗声。②

听私语

在金华一带,人们以为在此夜仰卧于葡萄架下静听,可听到牛郎织女相会时的窃窃私语,各地小孩往往在此夜偷听。绍兴一带也有类似习俗。

望星斗

在台州乡间,届时总会有一群姑娘自愿结合起来在夜里“望星斗”。这种组合要求是7个姑娘为一组,她们必须是贞洁的,为人良善的,自愿结合,届时各自香汤沐浴,以示虔诚。相聚后,用一只铜面盆盛满清水,对着天上星月,承接天下落下的水珠,以为这是牛郎织女相会时的眼泪。姑娘们则望着星斗,默默祈祷自己能得到美满的爱情。

洗发

在浙江各地,大多有妇女在此日洗发的习俗。通常是采来木槿树叶,放入水中搓揉出液汁,制成一种独特的洗发水以供洗发。

助鹊桥

在宁波、金华、衢州一带,到了此日,大人会把端午节给孩子系的长命缕、五彩绳解下,粘裹上一些粽饭,抛到屋顶。俗信以为可以让喜鹊衔去,为牛郎织女相会搭桥。

香桥会

在嘉兴塘汇乡古窦泾村一担庙,此日有“香桥会”习俗。人们将线香每一支一束,裹成“裹

---

① 莫高:《杭州人七夕乞巧》,载《浙江民俗大观》,当代中国出版社1998年版,第46—47页。

② 王荣兴:《宁波的乞巧节》,载《浙江民俗大观》,当代中国出版社1998年版,第47页。

头香”，并用来搭成四五米长、约 1.8 米高、50 厘米宽的桥身，用粗官香做成桥栏杆，在栏杆上扎各色绒线做成的装饰。桥中央用檀香搭成桥亭，桥面铺满元宝纸锭。香会期间，人们陈设各种供品，并向此香桥朝拜，最后则将香桥焚烧。此时，众人齐唱仪式歌：“一星桥，二星桥，三来要拜神仙桥。香头伯伯有功劳，搭香桥师傅心功巧。香桥上头好跑人，下头好过九龙船。鲁班先师合拢桥，丝网娘娘看仙桥，仙男仙女同过桥……”①

坎山祭星乞巧

在萧山区坎山镇，七夕习俗与当地著名的萧山花边传统工艺密切相关。这一带妇女世代相传，以挑花边谋生，七夕乞巧与她们的劳动有着极大关系，因而使得这一习俗的传承更具特殊意义。每年七夕，当地女孩都要用木槿花叶洗头。待嫁少女每人制作精巧的小鞋子，挂在公厕展示，俗称“祭坑香姑娘”。当地传说，坑香姑娘生前是挑花能手，遭继母迫害，跌进粪坑死去。又有“乞巧”，在前一日取雨水、井水各半，盛碗中，放露天过一夜，再在太阳下晒半天，中午，各家女孩将绣花针或新竹扫帚梢放在水面上，浮而不沉，观看水底的影子以占卜。乞巧时常伴有动人的歌谣。七月初六日夜晚，当地数万人齐聚古刹地藏寺，通宵宿山，诵经祈福。陪同老人来宿山的青年男女则相亲寻偶。当地有民谚：“若要夫妻两恩爱，地藏寺里坐一夜。”②

张山寨七七会

缙云县胡源乡招序村张山寨，历来有七七会，相传始于明万历年间，绵延至今，形成传统。当地献山庙祀奉陈十四娘娘，俗传农历七月七日是陈十四娘娘诞辰，届时有隆重祭祀典礼，各地信众从七月初五至初七，陆续进庙祀拜，设案坛，上寨迎轿，巡游祈福，献戏，迎神会案颇多，各具特色。其间，信众在山寨守夜，来自浙江、福建、江西、台湾等地民众群集，达 3 万余人，人山人海，龙狮翻腾，歌舞弥漫，最后祭拜陈十四娘娘，抬神像归位。张山寨七七会已列入国家级非物质文化遗产名录。

洞头成人节

在洞头海岛，有一大批闽南移民，至今操闽南语，沿袭闽南传统，有“七夕成人节”风俗。有小孩的人家，过七夕节要供奉扎制精美的七星亭，七星亭用细竹篾结扎骨架，糊以彩纸，有扁亭、圆亭等形制，最高七层，上有“摩睺罗”，为宋代遗风。又有巧人儿馃，是印有各种人物、动物形状的红色馃饼。16 虚岁的儿童，则在此日行成人礼，格外隆重。七夕傍晚，在自家庭院或门前，桌脚用条凳或厚木板垫高，桌上摆七双筷、七盏酒盅，祭品干果、熟食、丝线、胭脂粉，均以 7 计，另有 7 朵鲜花（一般为凤仙花，人称指甲花），置七星亭、巧人儿馃，红龟、红圆各 16 个，煮熟公鸡一只。大人牵孩儿祭拜，祈祷词：“七月初七天门开，七星娘妈坐莲台。有花有粉请你来，保佑婎儿快快长大免祸灾。”焚烧纸锭和七星亭，放鞭炮。祭毕，合家吃平安饭，红龟和红圆则分送亲邻，表示孩子已长大成人。相传此俗源自闽南，当地还有动人传说，讲述

① 高子祥、袁克露：《嘉兴乡村的香桥会》，载《浙江民俗大观》，当代中国出版社 1998 年版，第 47—48 页。
② 张朋主编：《杭州市非物质文化遗产大观·民俗卷》，西泠印社出版社 2015 年版，第 123—126 页。

七仙女帮助百姓的故事。①

请杼神

在桐乡濮院，人们在此日祭祀杼神，杼神即机神、织女，相传为玉皇大帝的孙女儿七仙女。清代《东畲杂记》云："七月初七祭机神，谓机神生日。"《百宝志》云："七月初七日，织染局祭杼，谓祭织女星也。"此日，妇女儿童要用香汤洗头洗澡。晚饭后，在庭院内设供桌，点香烛，放上一盘盘鲜果，祭祀杼神。人们称此日洗头为"汰巧头"。称此日请杼神的鲜果为巧果，必须在露天置放一夜，承受天上甘露，次日再吃。习俗以为，吃了巧果，汰了巧头，人会更聪明更漂亮，织起绸来既快又好。②

石塘小人节

温岭沿海的箬山、石塘一带，凡是有孩子的人家，从出生之年起，一直到 16 岁，每年"七夕"节，都要为小孩扎制彩亭。通常给男孩扎彩亭，给女孩扎彩轿。有几个孩子扎几个彩亭彩轿。用竹扎架子，外糊彩纸，50 厘米～80 厘米高，也可上街购买。有民间艺人专门以此为职业。彩亭有 2 层或 3 层，底层正中供七仙女或妈祖像，两侧配门联，两旁还有纸做的假山、花园。各层外围插有绢做或纸做的戏剧人物。这些绢人的头部用泥土捏成，描绘眉眼脸谱，用细竹丝扎手脚，再用各色丝绸为其制作衣服。家家在家门口摆供桌，桌上摆彩亭，亭前放 7 朵鲜花和各种瓜果鱼肉供品，点燃香烛，为孩子祈祷。仪式结束时，焚烧彩亭彩轿。此日，主人还要邀亲友聚餐，共祝孩子茁壮成长。当地称七月初七为"小人节"。孩子到了 16 岁，要做"满金亭"，形制更加精美，表示孩子成年，筵席也更加丰盛。③

乞巧入药

在宁波一带，有女子在此日用荷花、莲蕊须、百合、凤仙等物向织女乞巧入药的习俗。

她们下池去采荷花，已婚的采盛开荷花，未婚的采含苞欲放的荷花，将花养在水盆中，放在窗台上。晚饭后，她们手捧清香，向织女祈祷乞巧。祈祷毕，取七瓣花瓣嚼食吞咽，以为可以增容添色保健康。已婚的则将此荷花收藏，用作催产药。俗信以为吃了这种荷花容易怀孕，分娩会顺利。

也有的妇女采来莲蕊须乞巧，做法同上。则是给其丈夫吃的，俗信以为男人吃了后精力充沛，房事不衰。俗信还以为乞巧后的莲蕊须可以治经血不止。

人们在此日把洗净的百合供在窗台上向织女乞巧，祭供之后，把百合蒸熟、捣糊，密封在瓷瓶中作药。俗信以为，头发刚开始花白的中老年人，拔去白发，糊上这种百合糊，可长出黑发。此外，据说还可治其他一些疾病。

人们还在此日采凤仙花乞巧，人们用乞巧后的凤仙花染指甲，此外也用来治疗一些疾病。④

---

① 邱国鹰：《守望家园》，中国福利会出版社 2010 年版，第 21—31 页。
② 张松林：《桐乡濮院的请杼神》，载《浙江民俗大观》，当代中国出版社 1998 年版，第 49—50 页。
③ 吴茂云：《箬山"小人节"》，载《浙江民俗大观》，当代中国出版社 1998 年版，第 50—51 页。
④ 应长裕、应敏：《宁波的七夕乞巧入药》，载《浙江民俗大观》，当代中国出版社 1998 年版，第 60—62 页。

拜七姑娘

在温州南门外，永津宫祀奉七姑娘，俗称“七姑娘宫”，并以为七月七日是七姑娘诞辰。此日，未出嫁女子结伴七人，前往神前结盟为姐妹。祭拜时，将乌饭装入绿蒲囊中，用红线绕扎，挂松枝柏叶供献，祈祷家中吉祥。以后每年都要行香。

认干娘

在常山，妇女于此夜祭拜织女星，请其收自家小孩为“义子”。届时由母亲扶持小孩朝天叩拜，称为“拜干娘”。

换牛索

在常山，养牛的农家在此日调换新的牛索，而且要给放牛娃改善伙食，以祈牛郎多多照应，保佑人畜两旺。

挂七结

在龙游，小孩倘若体弱多病，要在此日用红头绳均匀地打七个结，套在小孩颈上，以求吉祥安康。此夜，蒸七层糕和桃形团子，祭拜七仙女，解旧年七结，以米粉团裹之丢于屋顶。这种“挂七结”的做法要年年做，年年换挂，到16岁成年为止。

三、中元节

中元节又称“盂兰盆节”“鬼节”，时值农历七月十五，俗称“七月半”。

宋周密《武林旧事》卷三云：“七月十五日，道家谓之‘中元节’，各有斋醮等会。僧寺则于此日作盂兰盆斋。而人家亦以此日礼先，例用新米、新酱、冥衣、时果、彩段、面棋，而茹素者几十八九，屠门为之罢市焉。”①

时至近现代，浙江各地的中元节风俗大致有以下内容：

祭祖宗

浙江各地均在此日祭祀祖先。俗信以为七月里地狱开门，祖先灵魂都可以回来，所以家家迎接。在杭州，一般是在七月十二日夜“接祖宗”，供奉莲蓬、鲜藕等食品。凡新丧之人家，要在灵前悬白灯，结白彩，供细点，拜忏念经，称为“拜中元节”。杭嘉湖一带，七月半要用素馄饨祭祖，祭毕，家人分食，素馄饨便成为这一带的节令食品。在温州一带，此日祭祖要供奉千层糕和鲜粉。鲜粉即米经水磨，用其汁所做成的粉条。在宁波，各家设酒馔祭祖。有祠堂的地方，房内子孙按丁口分享馂余，称为“吃七月半羹饭”。

在金华，七月半要上坟祭祖。衢州等地，祭祖时在中堂挂祖图，设牌位，祭毕，收起祖图。在江山，收图后还要祭于岔道，称“送太公”，沿路则插香、撒纸钱，称“插路香”，祭品中有马形面食，称“太公马”。在衢州，十六日还要复祭，祭品有整只的茄子，称“素鸡腿”，各式祭品均为素食。在东阳，祭祖用“糖洋”，祭毕，子孙分享馂余，整日吃糖洋，俗谚有“七月半，糖洋顿”之说。

在湖州，僧人在此日挨家挨户送“规纸”。这是一个黄色的纸折子，上有佛符，里面写着该

① 〔宋〕周密：《武林旧事》卷三《中元》。

户主的太祖、高祖、曾祖、先考的姓名。如户主亡故，由儿子继祀，僧人便会随时把户主的姓名添上，同时去掉太祖的姓名，原高祖以下依次在称谓上提升一级。各家收到规纸，要酬谢给僧人米或丝绵。此规纸在祭祖时放在供桌前沿，祭毕，与纸锭锡箔一并焚烧。

在温岭，各家要在此日备一桌丰盛的菜肴祭祖，称“做七月半”。同时还要到祖坟上去点坟灯。坟灯由一支鲜竹将上半截劈成四开或六开，再用竹篾做一圆圈，把劈开的竹丝撑开，扎成球状，外糊白纸，内装一可插油烛的小钉，竹子下端削尖，便于插入土中。

旧时，浙江各地都有七月半“烧包”的习俗，将纸锭、冥票一类，用纸包成一包裹，有的还会包入几件衣服、鞋帽之物，包外题款，上写祖先三代姓名收，下题阳间子孙某某寄，犹如邮寄包裹，放在大门口，在举行一定的祭祀仪式后焚烧。在温岭，称此为“烧纸担”。①

祀孤魂

浙江各地还会在此日祭祀孤魂野鬼。据传此俗与佛经故事“目连救母”有关。

在金华，各家设祭于路边，称“摆路头羹饭”，焚化纸钱、纸服、纸车、纸马，以为可以让无主野鬼穿衣携资、乘车骑马去往他乡，以免在本乡作祟。在永康，小康人家借寺院“拜星”，以超度死囚、饿鬼。在浦江，旧时有施孤会，此日煮米粥到义祭碑、义祭坛旁布施。东阳旧有义祭祠，专供无主亡灵牌位，此夜则请道士放焰口超度。兰溪旧有冥衣会，此日沿街阵列纸衣，集中于后坛烧化。

在绍兴，人们在此日要祭扫无主孤坟。

在昌化湍口乡一带，除了请僧侣祈祷外，全村老少还会在此日一齐动手铲除村道两边的杂草，俗信以为这是便于野鬼过路。

在湖州，人们在此日编织草鞋、蒲鞋，入夜倒挂着烧掉，以为是给赤脚苦鬼穿的。有的用纸点燃后插路边，以为是给小鬼照明。有的烧了饭菜去撒在三岔路口，以为是给野鬼饯行。有的则在港滩边烧纸衣，以为是给溺死鬼穿的。

在温州，人们在此日预先准备好纸钱。入夜，儿童们将纸钱对折成人字形，在道坦、墙边等处铺路搭桥，造亭架瓦，连接几米长。搭好后点火焚烧，也是用来济野鬼的。在平阳、泰顺、瑞安一带，人们在大路旁、田塍上、园篱边、墙角等僻静处焚烧纸钱，布施孤魂，称为“化散钱”。

盂兰盆会

在中元节前后，浙江各地旧时都有大规模的佛事道场，称“盂兰盆会”。这种道场大都由施主出资，请僧侣或道士，在寺院、道观或祠堂中举行，一般为时 3 天，或长或短。

在绍兴，每于七月十三日之前，即由道士用纸糊出吊死鬼、溺死鬼、跌死鬼、火殇鬼、产殇鬼之类的“五殇恶鬼”，再加上黑无常、白无常、鬼王等，悬在城隍庙前示众。至十三日起，便在城隍庙、土谷祠等处上演目连戏。目连戏的内容即为目连救母故事。俗信以为演目连戏是给鬼看的，所以通常要从傍晚太阳下山时开始演，一直到次日太阳升起为止。在台下看戏的观众，无论是岸上的还是船上的，都备有桃叶桃根，以防被鬼纠缠。观众必须看完全剧，等到太阳升起才可回家，据说如果半途回家，鬼魂就会跟随而去的。目连戏是连台本戏，一般不可能

① 浙江民俗学会编:《浙江风俗简志》，浙江人民出版社 1986 年版，第 55 页、99—100、145 页。

全演，只挑几场演出。戏的最后，便是无常拿了阎王给他的牌票去捉拿坏人，并将其处死，以“烧大牌”(即祭品清单)结束。①

在宁波，俗传七月初一起，地狱开始放鬼，居民集资请和尚、道士、巫祝诵经念咒，沿街设祭，多用米筛或门板摆设“檐下羹饭”，以蓝色碗盛之，有鱼、肉、酒，还有馒头、南瓜、豆腐、毛豆等12碗，以祀无主孤魂野鬼。祭时，大街商店门口悬挂蜈蚣旗，街市路旁焚冥锭、纸衣。祭毕，多为乞丐分食。旧时还要演目连戏，称为“街戏”。

在温州，旧时盂兰盆会以城内开元寺为最盛。届时，家家准备好用纸钱包封而成的“烧包”，送往开元寺济幽炉中，道场完毕后放火焚烧，称为“寄束”，表示给祖先幽灵寄送钱物。府县城隍也在此日出巡迎神，到西山济幽，称“中元济幽”。在东门外行前街和上岸街一带，则有几家大商店每年按例举行盂兰盆会。届时在中堂摆一肉山，即用猪的板油拉薄如网状，绷于一木架上，然后在上面堆叠米做的糖糕和粽子，六七尺高，状如塔，并缀以纸制和米制的各式人物。制糕的米要预先浸半个月，再磨细、炊熟、揉韧，和以红糖，制成糖糕，状如半月；粽子，约一升做4只，仅此两项，需米一担。献供后分送亲友。献供时，在堂前排开两桌，陈列山珍海味，请道士诵经。晚间则大张筵席，请戏班演唱昆曲。②

放水灯

凡有水之处，届时大多有放水灯习俗，据说是为了超度落水孤魂。水灯通常用纸做成，形如船，或如莲花，或如碗、斗，变化甚多，外涂以蜡，内盛油，或点烛，燃火后任其在水面漂浮。也有用稻草结成丁字样，上插小蜡烛，也可漂浮。一般在江边放水灯，也有驾船入江，在船头烧纸钱，船尾放水灯，和尚在中舱念经的。

在绍兴，人们把此日燃于树梢之灯称为“旱灯”，放入水中的则称“湖灯”。湖灯多以蚌壳盛油，截高粱秆一段，中贯一根灯芯，点燃后，罩上莲花形灯壳，放入水中漂浮。湖灯最终沉入湖底，一去不返。故绍兴人将不能收回的债和一去不复返的人称之为“放湖灯”。

在建德梅城，除了纸做水灯外，还有一种水灯用木板、篾丝制成，外糊五色纸，内燃小蜡烛，煞是好看。放水灯的事通常由船上人来操办，据说他们常年在水上生活，更希望得到水中孤魂的保佑。放水灯的方法也很巧妙，几条船一起撑向上游，把点好的水灯放在米筛，一待放满，将米筛浸入水中，灯便浮水而去，刹那间江上便会出现无数彩灯，堪称奇观。③

在台州、丽水一带，除水灯外，此夜还有山灯、路灯，因地制宜，各具特色。

汤和节

温州龙湾区宁村一带，为纪念明初抗倭英雄汤和，自明嘉靖四十年(1561年)以来，逐渐形成传统，每年七月半要抬着汤和神像巡游、祭祖、追悼倭难亡魂，成为传统节日，人称七月十五汤和节。祭祀活动由七月十三日至十七日，持续5天。十三日，一人背路径牌，一人敲锣，沿巡游路线走一圈，广而告之。十四日，一人骑马，装扮成“符司爷”，四人敲锣打鼓再走一圈，

---

① 阮庆祥等：《绍兴风俗简志》，绍兴县文联1985年编印，第152—153页。

② 叶大兵：《温州民俗大全》，新疆人民出版社1998年版，第56—59页。

③ 程秉荣：《梅城七月半放水灯》，载《浙江民俗大观》，当代中国出版社1998年版，第52—54页。

称“扫街”。十五日，汤和神像出巡，游遍40多个村庄，行程25千米，最后到达南郊倭难捐躯将士陵园，举行隆重的“祭祖”仪礼。此日，宁村户户摆酒迎客。每年参加巡游的人数2000人以上。“七月十五汤和节”已列入国家级非物质文化遗产名录。①

浦阳江中元水灯会

萧山区进化镇沈家渡村在浦阳江畔，当地的中元水灯会相传已有200多年历史。村中沈氏永思堂至今保存着清嘉庆十三年(1808年)《兰盆会捐田序》、清光绪十年(1884年)《兰盆会碑记》等文献。此日，村民聚集在沈氏祠堂永思堂祭祖，同时祭祀的还有当地治水英雄河神黄山西南以及钟馗。当晚，村民齐聚江边，锣鼓鞭炮喧天，江船满载各种荷灯，放于浦阳江燕子湾一段江面。水灯随钱塘江潮起落，南北进退，向南可达六和塔下，向北直抵诸暨湄池一带，十分壮观。水灯会期间，村中有戏曲演出、武术、棋类等各种活动，热闹非凡。②

舞茄灯

在衢州、江山、常山、开化一带，此夜有小孩舞茄灯习俗。入夜，江山小孩忌出门，在家中取茄子一只，插以点燃的香数根，用细竹竿挑着玩耍。衢州小孩则举着这种茄灯到村口玩耍，称“接太公”。

拜矮凳

在温州，此日有屠户“拜矮凳”习俗。俗信以为，屠户杀生太多，自惧有罪，要在此日恳求赦免。届时，屠户们手持板凳从自家走出，去往道院，每七步要跪下一拜，头叩在板凳上。到道院集合后顶礼膜拜，以求赎罪。

乞善米

在玉环、温岭等地的闽南籍民众旧有祈求“百家愿”的小孩，在节前一天或当天，结集成伙，沿街向邻里乞米，称“乞善米”。小孩提圆梁小桶，以插香、置寿金纸为标志。各家见状，必赠送米、小米饼或银钱。小孩用此易换纸钱、油烛，又用乞来的米做成小米饼回赠客家，以为可以保佑小儿康健顺利，祛小儿肤疮。另一部分在夜间散放在山野路口或村外岔路处，焚烧纸钱，以为救济孤魂。

四、地藏王生日

俗传地藏王生日为农历七月三十日，传说地藏王管阴间，肩负着大地，他一动肩膀，大地就会震动不已；他平时总是闭着眼睛，到生日这天才睁开眼来观光大千世界。此夜，浙江各地有在地上插香的习俗。

清光绪《富阳县志》载：“(七月)三十日，俗谓地藏生日。是夜，家家于地上燃香烛，邑城南门外江中遍燃水灯，一望如繁星灿烂。又有画船箫鼓，高唱入云，殊属生面别开。”

民国《定海县志》载：“(七月)晦夕，各家儿童植香于地，谓之‘插地香’，或丛簇瓜果上，谓

---

① 温州市非物质文化遗产保护中心：《东瓯遗韵》，西泠印社出版社2009年版，第178—179页。

② 张朋主编：《杭州非物质文化遗产大观·民俗卷》，西泠印社出版社2015年版，第110—112页。

之‘香球’。燃烛设茗于地，谓祀地藏王。”①

时至今日，浙江各地的“地藏王生日”习俗已逐渐淡化，在一些地方则衍变成儿童们的一种节日游戏。在绍兴、上虞一带，此夜家家在门前、屋瓦等处遍插香火点燃，每户少则三四十支，多则一两百支，并在门前置清水2碗。人们在向地藏王礼拜后，即用新收获的棉花絮浸此水，为儿童擦眼，俗信这水是地藏王用来洗眼的，儿童擦眼可使之明目。

舟山一带，儿童们在香火燃尽后，纷纷去拔香棒。以后很长一段时间就热衷于玩一种“挑香棒”的儿童游戏。

在温州、平阳一带，此日有“插抛球”习俗。抛，闽语，即文旦、柚一类水果。此日，家家将一个抛戳在5尺高的竹竿上，安放在门口竖立着的大板凳之中。抛上插满香，正中再插一支红蜡烛。入夜，点燃抛球上的香烛。过一会，孩子们拔起自家的抛球竹竿，扛在肩上，排成长队，四处游玩。待尽兴回家，大人将抛上的香烛拔去，抹去烛油，割开抛皮，给全家人分尝果瓢。②

在嘉兴、湖州一带，儿童们在此夜点“狗屎灯”。找来几张瓦片，在家门口搭一小小瓦搭，里面放上用木屑拌油渣做成的“狗屎香”燃烧。当地传说，这是为了纪念元末农民起义领袖张士诚。张是江苏泰州人，曾在苏南、浙北一带称王，颇受民众爱戴。后来朱元璋统一中国，张士诚死于金陵，忌辰为七月三十日。民间原有在此日烧地藏香习俗，民众因张士诚小名叫“九四”，遂称此香为“九四香”以示纪念。后传讹，称“狗屎香”。

杭州又有在此日点荷花灯习俗，当是中元放水灯习俗的衍变。

五、中秋节

中秋节在夏历八月十五日，又称“仲秋节、秋节、团圆节、八月节”等。此夜月亮又圆又亮，人们以赏月、祭月为中心，在历史上逐渐形成了一系列风俗习惯。

宋代杭城的中秋风俗，见吴自牧《梦粱录》云：“八月十五日中秋节，此日三秋恰半，故谓之‘中秋’。此夜月色倍明于常时，又谓之‘月夕’。此际金风荐爽，玉露生凉，丹桂香飘，银蟾光满，王孙公子，富家巨室，莫不登危楼，临轩玩月，或开广榭，玳筵罗列，琴瑟铿锵，酌酒高歌，以卜竟夕之欢。至如铺席之家，亦登小小月台，安排家宴，团圞子女，以酬佳节。虽陋巷贫窭之人，解衣市酒，勉强迎欢，不肯虚度。此夜天街卖买，直至五鼓，玩月游人，婆娑于市，至晓不绝。盖金吾不禁故也。”③

明代，已见“吃月饼”之记载。田汝成《西湖游览志余》卷二十云：“八月十五谓之中秋，民间以月饼相馈，取团圆之义。是夕，人家有赏月之燕，或携榼湖船，沿游彻晓。苏堤之上，联袂踏歌，无异白日。”④

清代，杭州又有“中秋斗香”习俗。范祖述《杭俗遗风》载：“斗香系花神店所造，其式四方，

---

① 丁世良、赵放：《中国地方志民俗资料汇编·华东卷(中)》，书目文献出版社1989年版，第610、813页。

② 徐祥地：《平阳插抛球》，载《浙江民俗大观》，当代中国出版社1998年版，第55—56页。

③ 〔宋〕吴自牧：《梦粱录》卷四《中秋》。

④ 〔明〕田汝成：《西湖游览志余》卷二十《熙朝乐事》。

上大下小，纱绢糊之，上缀月宫、楼台殿阁、走马灯景，四角桃灯。大者四围各宽二尺许。出售处以琵琶街为最多，即正月灯市所售，亦在是处也。大街店铺，多有供者。人家摆设，须于天井中搭台，佐以各式灯景，亦有唱南词等书者，明月初上，极形热闹焉。”

绵延至近现代，浙江各地民众仍十分重视中秋节，节日风俗大致有以下内容：

赏月

浙江各地，人们均在此夜合家团聚，在庭院中观赏月景。通常都要吃月饼，以及菱、藕、瓜果一类时新食品。

在杭州，有平湖秋月、三潭印月、月岩望月3处赏月胜景。每逢中秋夜，人们纷纷前往，游夜湖，赏月色。①

拜月

又称“祭月”，这是古代月亮崇拜的残痕。旧时，各家在中秋夜，于月下置供桌，备月饼、瓜果、香烛，祭月神。在诸暨称“宴嫦娥”；在丽水称“迎月亮公菩萨”；在杭州，则称为“烧斗香”。

在绍兴，有“男不拜月，女不祭灶”之说，妇女儿童拜月后，取供桌上凉水涂抹眼睛，以为可以眼明睛亮。祭月时除了供奉月饼之外，通常还要供奉一个长条形的老南瓜。祭毕，凡有新嫁娘的人家，婆婆必将此老南瓜塞到新媳妇的被窝中去，以祈求“早生贵子”，此当是古代性器官崇拜的衍变。②

吃月饼

中秋吃月饼的习俗，各地都有流行。相传起源于唐高祖李渊之时。又说，元代张士诚起义，利用中秋节互相馈赠麦饼的机会，在饼中夹带字条传递消息，遂相沿成习。明代，杭州中秋吃月饼已蔚然成风。时至今日，浙江各地都有在此日吃月饼，以及在此日前后互相馈赠月饼的习俗。月饼又分苏式、广式、京式等多种，大小不一，风格各异。

摸秋

此为祈子习俗，旧时流传于浙江各地。中秋节夜，婚后尚未生育的妇女，在女伴陪同下，到田园中暗中摸索，偷摘南瓜、冬瓜一类瓜果，取回放入被窝内过一夜，俗信以为可以“求子”。也有的是别人去偷摘瓜果，送给已婚未育妇女，寓意则相同。被偷摘瓜果的主人一般都不会责怪，称“摸秋”。

看月华

又称“守月华”。月华，指月亮周围的光环。《月令广义》云：“月之有华，常出于中秋，或十三至十八夜。月华之状，如锦云捧珠，五色鲜莹，磊落迎月，如刺锦，华盛之时，其月如金盆枯赤，而光彩不朗，移时始散。”在湖州，人们在中秋夜翘首眺望，直至夜深人静，有“有福气的人能看到月华”的说法。德清一带，则用白脸盆盛水，放入大圆镜子，以映照天上明月。在绍兴，祭月时的供品不可马上拿来吃，而要在月亮下多放些时间，称为“取月华”。俗信以为月中有婆娑树，中秋夜有一枝落下人间，称“月华”，若落在供品上，则成宝物。倘若不幸落在人身上，

---

① 莫高：《杭州的中秋节》，载《浙江民俗大观》，当代中国出版社1998年版，第56—57页。

② 马元泉：《绍兴的中秋节》，载《浙江民俗大观》，当代中国出版社1998年版，第67页。

则成奇疾。

小摆设

主要流行在温州一带。中秋节前后，在一些商店及大户人家中堂，放上几张桌子，专门摆设各种小模型物品，有的摆文昌神庙，有的摆封疆大吏的衙门或贵族宅第，所有旌旗、对联、乐器、花圃、楼台、舆马、灯彩、烛台、几案、盘碗等，一应俱全，十分逼真，并且一一缩小成微缩景观。材料则采用玉、银、铜、锡、木、石等制成。这种小摆设习俗推动了温州一带民间工艺行业的蓬勃发展，世代相传，出现了许多工艺大师及其传世佳作精品。①

苏庄草龙

在开化县苏庄镇一带，中秋节舞草龙成为一大亮点。草龙用稻草扎制而成，形成龙骨，外面插上密密的线香，犹如龙肉。中秋夜，在田间或空旷处舞龙。届时点燃龙身上的香火，整条草龙犹如一条火龙，格外壮观。舞龙前，在村头水口设香案祭天"接龙"，又称"呼龙"，表示将龙迎来。主祭人口诵祭词，表达民众祈求五谷丰登、人口平安的愿望。呼龙完毕，点燃龙身上的香火，草龙被迎入祠堂，在祠堂内绕柱旋舞，然后冲向田野。草龙由龙头、龙普灯、龙身、龙尾组成。又有"鸾驾"相伴，草龙前配有滚地绣球，草龙后有桂花树、宝扇、人物像、吉字牌、蝴蝶、飞马、各种水族等，也都插有香火，在夜空构成仙境一般的景象。舞龙结束后，必将草龙引入村尾的河床之中，让水冲走，俗信以为是"送龙归海"。②

拖中秋

中秋日，江山一带儿童将稻草垫在屁股下，由另一人拉着飞跑，称"拖中秋"。

在建德梅城，则称"拖缸爿"。中秋节傍晚，三五个小青年一起，用一把新稻草，稻草上放一块破缸爿，一人坐缸爿上，其余人手拉稻草头，从街上一直拖往西门，旁人呼喊助兴，煞是有趣。当地传说，元末农民起义，将纸条放在月饼中传递消息，齐心将管理汉人的"鞑子"杀死，又将尸首放在缸爿上拖出去，据说这样做是为了不使他们的鬼魂作祟。中秋夜，梅城还有"挂香球"习俗，每户居民都在大门口挂一只文旦或南瓜，上面插满点燃的香，据说也是与当年"拖死尸"有关。挂了香球，一则可以减少臭气，二则鞑子的鬼魂就不会进门作怪了。③

八月十六过中秋

前面已经提到，温州、宁波、丽水、台州的一些地方，都有在八月十六日过中秋的习俗，而有关此习俗的由来，则又有种种不同说法。

舟山人也在八月十六过中秋，并在此日吃"芋艿鸭"。将整只鸭拔毛、洗净，用文火烧煮，再加入去皮洗净的芋艿焖烧，便做成这道风味菜肴。当地传说，明嘉靖年间，俞大猷率部到舟山围歼倭寇，一度遭袭击，在一小岛避难，一时粮草接济不上，在岛上找到野生的芋艿，靠它渡过难关。当时不知此物名称，称其为"遇难"。此日为八月十六日。后来舟山人为了纪念俞大猷，遂在八月十六日吃芋艿，并相沿成习。④

① 叶大兵：《中秋节的小摆设》，载《浙江民俗大观》，当代中国出版社 1998 年版，第 58—59 页。

② 开化县文史委：《开化龙灯文化》，内部资料。

③ 程秉荣：《拖缸爿和挂香球》，载《浙江民俗大观》，当代中国出版社 1998 年版，第 68 页。

④ 李世庭：《八月十六吃"芋艿鸭"》，载《浙江民俗大观》，当代中国出版社 1998 年版，第 59—60 页。

中秋酒

在兰溪一带，旧时农民在中秋节投售莲子，不论多少，油蜡商行老板必定邀其吃中秋酒。习俗以为此日吃酒者越多，表示这家商行生意越兴隆。

在永康、东阳、义乌一带，旧时店家要在中秋节吃团圆饭，并请伙计、学徒上桌。席间，老板以各种方式暗示，告诉对方是“留用”还是“辞退”。伙计、学徒在席间忧心忡忡，俗称“吃耽心酒”。

六、重阳节

重阳节在夏历九月初九，又称登高节、重九节、九月九等。《易经》：“以阳爻为九。”九为阳数，两九相重，故为“重九”，日月并阳，两阳相重，故名“重阳”。

宋代，吴自牧《梦粱录》卷五记杭城重阳节风俗，文云：“今世人以菊花、茱萸，浮于酒饮之，盖茱萸名‘辟邪翁’，菊花为‘延寿客’，故假此两物服之，以消阳九之厄。年例，禁中与贵家皆此日赏菊，士庶之家，亦市一二株玩赏。”“兼之此日都人店肆以糖面蒸糕，上以猪羊肉鸭子为丝簇饤，插小彩旗，名曰‘重阳糕’。禁中阁分及贵家相为馈送。”①

清代，范祖述《杭俗遗风》云：“是日至城隍山、紫阳山登高，吃糖炒栗子、鸡豆，顺道游斗坛，第见人山人海而已。文昌、关帝、火德等庙，均摆设灯谜，亦一雅集也。”民国洪如嵩案：“重阳登高，至今不废，第不及从前之盛，灯谜亦间而有之。火德庙已毁，文昌庙亦冷落异常，惟关帝庙前稍显热闹也。”②

明万历《绍兴府志》载：“重阳登高，蒸米作五色糕，亦裹角黍，珮萸泛菊。府城剪彩旗供小儿嬉戏。诸暨饮茱萸酒，必配以豆荚。《嘉泰志》云：‘是日俗忌不相过，必有丧者乃往哭其灵儿，且致祭焉，不知其所始也。’”③

清光绪《永嘉县志》载：“重阳，登高览胜。揉粉糕为人物、花卉之玩，以遗小儿，名‘登糕’。”

时至现近代，浙江各地在重阳节仍有不少风俗习惯：

登高野游

重阳登高，一般认为出自“桓景避难”，见南朝梁吴均《续齐谐记》所载故事，后相沿成习。浙江各地，往往在此日相约登山、登塔，或作野游。此俗原有解毒避灾之意，今则演变成一群众性体育休闲活动。

近年，又普遍将此日作为“老人节”。人们在此日开展敬老爱老活动。

重阳糕

旧时在此日制糕，称“重阳糕”。糕上插小纸旗。糕，谐“高”。此糕又称“登糕”。俗信以为，此日吃了“登糕”，不登高也可消灾。今则演变为节日小吃。

---

① 〔宋〕吴自牧：《梦粱录》卷五《九月》。

② 〔清〕范祖述：《杭俗遗风》“时序类·重阳登高”，上海文艺出版社1989年版，影印本。

③ 丁世良、赵放：《中国地方志民俗资料汇编·华东卷(中)》，书目文献出版社1989年版，第820页。

在江山一带，此日祭祖。祭毕，族里分“重阳饼”，按男丁分赏，另分奖学饼：高小毕业者加5个，中学毕业者加10个，大学毕业者加20个，以鼓励族人读书上进。

重阳灶

俗信以为在重阳日建灶或修灶吉利，俗谚有“重阳灶，节节高”之说。故多选此日建灶，称重阳灶。在杭州，此日建灶要给工匠以双倍工资，以图吉利。

农民节

在新昌一带，有“九月九日农民节”之说。此日，农家多舂麻糍，买肉杀猪，痛饮一番。俗谚有“重阳不吃饱，亏煞种田佬”之说。农村又有在此日祭祀田公地母的习俗。预备猪头、肋条、豆腐、春饼等，在田头举行仪式，祈求来年五谷丰登。①

增智饭

在桐乡濮院，家家在此日煮赤豆糯米饭，除祭祀外，并馈赠亲友。俗称“增智饭”。当地传说，古时有一织绸匠，为试制丝绸新品种，连续三天三夜不下织机，饿了就靠赤豆糯米饭充饥，终于在重阳节这天织出新绸。从此相沿成习。②

迎重阳

在义乌，有在此日到德胜岩朝拜胡公的庙会活动。以都为单位，列队而行，前置旌旗幡铭，奏仙乐梵呗，罗汉班引路，鸣放爆竹，送斋于庙。此日斋礼分都而设，一都一案，山珍海味纷呈，竞相夸比。苏溪斋礼有“宫程祭”，由能工巧匠用五谷、彩纸粘制成“状元游桥”等工艺品，令人叹为观止。各都斋礼汇总后，在庙前搭台演戏，摊贩群聚，百技咸集，人山人海，热闹无比，称“迎重阳”。

登高福

在温州，旧时各道观在此日拜“九皇福”。青年人约集9人，拜神订盟，义结兄弟，有的还聚资购置田地，按年龄长幼轮值收租办祭，称“登高福”，又称“九人福”。

七、霜降

霜降是二十四节气之一。旧有“迎霜降”习俗。明代，田汝成《西湖游览志余》卷二十云：“霜降之日，帅府致祭旗纛之神，因而张列军器，以金鼓导之，绕街迎赛，谓之‘扬兵’。旗帜、刀戟、弓矢、斧钺、盔甲之属，种种精明，有飙骑数十，飞辔往来，逞弄解数，如双燕绰水、二鬼争环、隔肚穿针、枯松倒挂、魁星踢斗、夜叉择海、八蛮进宝、四女呈妖、六臂哪吒、二仙传道、圯桥进履、玉女穿梭、担水救火、踏梯望月之属，穷态极变，难以殚名。腾跃上下，不离鞍镫之间，犹猿猱之寄木也。”③

此俗绵延至清末。范祖述《杭俗遗风》有“霜降行兵”，云：“霜降节前一日，抚院四营兵丁各归各伍，顶盔马甲，先马兵，后步兵，背上均插尖角小旗，一队一队，有领队压队之官，如鸟

① 浙江民俗学会编：《浙江风俗简志》，浙江人民出版社1986年版，第261页。

② 张松林：《九月九吃增智饭》，载《浙江民俗大观》，当代中国出版社1998年版，第61—62页。

③ 〔明〕田汝成：《西湖游览志余》卷二十《熙朝乐事》。

枪、藤牌、抬炮、长矛等项。每起一队,先有行号一队,兵丁摆对而行,并无上前落后。兵过毕,然后抚标中军、参将、左右二营、守备、杭协、副将、城守二营、都司,先小后大,全副执事,迎官鼓吹,各备盔甲一副,置彩亭中。末然抚台亦然。武官各骑马随同而行。至候潮门外罗木营安放,次日一早行进。"洪如嵩案:"此典自民国纪元后,即废而不行。"①

东阳山区,至今仍有"赶霜"旧俗。每当霜降来临,山区玉米田正待成熟,害怕霜冻侵袭。农家在田边祭神,燃烧用干稻草扎成的火把,并用火把在玉米株距间来回熏烙驱寒,意为将霜神赶走。赶霜人一边高呼"呜嘘",颇为壮观。一说,此时秋玉米尚未成熟,有霜会造成歉收,人们用烟雾驱霜,有一定效果。②

第四节　冬季节日

冬季,一年四季的最后一个季节,通常指阴历十月至十二月。又有以立冬作为冬季开始的说法。秋去冬来,正值万物收藏的时节。

这个季节里的节日主要有立冬、冬至、腊八节、送灶日和除夕等。在传统社会里,浙江的许多地方又有腊八"入年架"的说法。人们以为,一进入腊月,就要忙于准备过年的一系列事务了。也有的地方以为腊月二十三日"入年架"。这一段时间里,人们所做的事情基本上都是为了过年。

一、立冬与冬至

立冬与冬至都是二十四节气中的节气。立冬在习惯上被认为是冬季的开始。冬至是一年中黑夜最长、白昼最短的日子,又称"冬节""亚岁""小年""冬至夜"等。民间有"冬至大如年"的说法,相比立冬更为看重些。绵延至近现代,这两个节日正在逐渐淡出。在一些地方还残存着一些相关习俗。

立冬进补

浙江各地有在立冬日吃些营养品进补的习惯,称为"养冬"。在洞头,这天要杀鸭或鸡给家人补身体,而且还以为要按规定的时辰吃才好。又有在这一天吃猪蹄进补的说法,以为是吃前蹄补手,吃后蹄补脚。③

冬至祭祖

浙江各地大多有在冬至日祭祖的习俗。浙南一些地方,还在祠堂内举行祭祖仪式,并在祭祖之后聚餐。杭州、绍兴、金华一带,还要在此日扫墓。磐安等地则在此日祭饿鬼,设"路头羹饭"和"施兰盆"。

---

① 〔清〕范祖述:《杭俗遗风》"时序类·霜降行兵",上海文艺出版社1989年版,影印本。

② 马烈商:《赶霜》,舒启华《婺州民俗大观》,青海人民出版社1997年版,第187页。

③ 叶大兵:《中国民俗大系·浙江民俗》,甘肃人民出版社2003年版,第267页。

三门祭冬

图 96-5-4-1　三门亭旁杨氏祭冬（2010 年连晓鸣摄）

在三门县亭旁镇以及周边一些乡镇，至今仍保存着古老的冬至日“祭冬”习俗。当地聚族而居，冬至日之前，宗族内要甄选当年担任主祭的合适人选，祭冬仪礼遂由其一一主持。冬至前一天辰时，主祭率众到大龙岭龙潭取长流水。冬至日丑时，主祭以及参与陪祭众人沐浴斋戒。寅时初，主祭率众祈天申报，感恩叩拜，在宗祠祭拜祖先。卯时起，邀戏班在宗祠演戏祝寿，献蟠桃。兴盛时要连演六天六夜。巳时，在宗祠前分敬老肉。午时，60 岁以上老人参加老人宴，品尝冬至圆。祭冬仪礼十分隆重。①

冬至饮食

由于冬至祭祖，各地逐渐形成了有特色的冬至节日饮食。在绍兴、嘉兴、杭州一带，祭祖用馄饨，俗谚有“冬至馄饨夏至面”之说。东阳、武义一带，冬至吃麻糍。浙南山区，冬至一般吃汤圆、麻糍，称“冬节汤圆”“冬节麻糍”。温州一带有“吃了冬至丸，就算长一岁”之说。在建德一带，冬至日家家做荞麦面、荞麦馃吃，俗信以为冬至吃顿荞麦，可以刷去肠胃中的猪毛、鸡毛。在杭州，冬至日早晨吃年糕，佐以开缸的冬咸菜。杭州人还在此日“供年饭”，又称供“聚宝盆”，用淘箩盛米，上铺年糕、橘子、黄菱肉等，再以红绿丝扎成扇形的花朵插在上面，以求吉利。

冬至护林

在温州、丽水一带山区，历史上有一种民间的社会团体，专门负责护林事宜，称为“冬节会众”。这种团体拥有一份田产，世代相传，公推管事轮流值年，将田产出租的收入用在处理管山护林事务的开支上。每年冬至节，由当年轮值的管事备办“冬节酒”，邀集大伙来聚餐议事，吃过酒，一起上山整枝除草、补塌培土，并且修订禁约，刷新禁牌。这种活动一般要持续三五天。②

双庙冬至节

在仙居县双庙乡，民间称冬至为冬节、过小年、贺冬，节日民俗活动延续一周左右。主要内容有：吃冬至圆，冬至圆即汤圆，馅子由猪肉、豆腐、葱掺和而成。家家到祖坟祭拜。有庙会，主要是拜梁皇忏、水忏、七佛胜、布仙桥、施放焰口等。又有人会，舞狮迎灯，持续三天三夜。在冬至节临近结束的这天夜间，又有“抢私下堂”活动。届时，人们汇集到双庙溪边，请道士举行祭仪，写情旨，把冬至节捐助经卷等情由一一写清，祭拜后焚烧，并准备好一箩形似十二生肖的小馒头，让在场的人一起哄抢。俗信以为，若能抢到自己所属生肖的馒头，就预兆此

① 据三门县文化广电新闻出版局内部资料。

② 陈志望：《山里人过冬节》，载《浙江民俗大观》，当代中国出版社 1998 年版，第 63—64 页。

人健康长寿。①

冬舂米

旧时,稻米要用石臼碓舂方可食用。民间认为一过冬至,春气萌动,米芽浮起,舂米时易碎而多粞。故而人家都在冬至前就把一年中要吃的米全部预先舂好,称为"冬舂米"。

冬酿酒

绍兴一带,民间家家都会酿酒。一般都安排在冬至前下缸酿酒,称"冬酿酒"。这种酒酿成后呈乳白色,香气扑鼻。更有用特种技法做成的"酒窝酒""蜜殷勤",作为礼品送人,尤其适合老人饮用。

畚隔夜火熜

在绍兴一带,有在冬至夜畚隔夜火熜的习俗。火熜是一种家用的铜质取暖器,内装砻糠或炭作燃料,盖以燃烧过还带暗红色的稻草灰,裹入衣被之内取暖。冬至夜为一年中最长的夜晚,人家特别畚一个燃料充足的火熜,使之整夜都很暖和,以兆家庭兴旺发达,否则则被认为不吉利。

挂消寒图

绍兴一带,人家在冬至日悬挂《消寒图》于堂前。此图内绘一老人,在柳下假寐,图上题有"庭前垂柳珍重待春风"9个字,每个字都是9个笔画。人们每过一天数一笔,全部数完为九九八十一天。民间有描述冬天气候的《九九歌》,也从冬至日开始算起,过完九九,则为寒尽春到。②

祭魁星

在舟山,有冬至祭魁星的习俗。舟山定海城东鳌山上有奎星阁,侍奉奎星,为古代二十八宿之一,民间以为奎星神主宰文章兴衰,奎星神的造型像个"魁"字,俗称魁星。冬至日,读书人由家人陪伴,到奎星阁祭拜。上供的酒菜中必有一碗汤圆。民国时期已废除科举,但当时的读书人也依旧在冬至日祭魁星。奎星阁在"文化大革命"时已焚毁,除砚池尚存之外,鳌山和山上的建筑均已不复存在,此习俗也随之消失。③

百家愿

在温州,有的妇女在冬至前十天起,就开始挨家讨"百家米"以酬惠,称"百家愿"。到了冬至夜,祝祷道旁,称"还天愿",烧纸钱布施野鬼游魂,称"济游魂"。

冬至动土

在嘉兴,有冬至动土的习俗。俗信以为冬至是姜子牙的生日,俗谚"姜太公在此,百无禁忌",所以人们放胆在此日动土而不怕邪恶缠身。人们通常安排在冬至日排粪缸、修石埠、葬骨殖、修整坟地、刮灶脚泥、建灶、修灶等。

---

① 王晏、朱汉多、叶晖:《从田间地头抢救文化遗产——仙居双庙乡一批民间技艺再现光彩》,《浙江日报》2008年7月22日第5版。

② 杨乃浚:《冬至大如年》,载《浙江民俗大观》,当代中国出版社1998年版,第62—63页。

③ 李世庭:《冬至祭魁星》,载《浙江民俗大观》,当代中国出版社1998年版,第70页。

跳灶王

在宁波，有在冬至日"跳灶王"的习俗。通常由堕民扮演，戴钟馗巾，持剑，挨家挨户为人们驱鬼。宁海一带则由乞丐头扮演，多在中午，境庙乞丐头足穿乌靴，嘴挂红须，袒露一臂，每到一家，用宝剑敲响门户，口念咒语，另一乞丐手摇铜铃，口喊"柯！柯！"乞丐头转身出门时，该家主妇必定会用盐和米向乞丐后背撒去，直至送出大门。俗称"跳灶王"。（按：别地旧时也有类似习俗，一般多安排在农历十二月二十四日以后。）

占卜和禁忌

民间有以冬至日晴雨占卜一年气候的习俗。浙北有农谚："干净冬至邋遢年，邋遢冬至干净年。"宁波民间，以为冬至夜的梦有灵验，旧时有在冬至夜睡柴灶间或赶往慈城清道观祈梦的习俗。在杭州，人们欲卜一生休咎，便在冬至前一夜到庙借宿祈梦，也有到双吊坟祈梦的。冬至日通常不扫地，冬至前一日晚上，家家泛扫内外各地，称"扫隔年地"。在浙江各地，人们在此日不与人吵架，不打骂孩子，不说不吉利的话。

二、腊八节

腊八节在农历十二月初八日。古代在冬月将尽时用猎获的禽兽举行大祭，称"腊祭"。南北朝时固定在十二月初八日。后佛教传入，有佛祖成道节，也在此日。

腊八粥

专门在腊八节这天吃的一种粥。除了米之外，往往杂以各种杂粮、配料。有的以 8 种配料为数，寓意吉利，也有的并不局限于 8 种，因地制宜，各地皆有约定俗成的做法。

宋代，杭城已有煮"腊八粥"习俗。吴自牧《梦粱录》卷六云：十二月，"此月八日，寺院谓之'腊八'。大刹等寺，俱设五味粥，名曰'腊八粥'；亦设红糟，以麸乳诸果笋芋为之，供僧，或馈送檀施、贵宅等家。"①清代，腊八粥已走向民间，吴存楷《江乡节物诗题注》云："腊八粥，亦名七宝粥，本僧家斋供，今则居室者亦为之矣。"②

清嘉庆《西安县志》载："腊日煮赤小豆，沃以米汤分啖之，亦名腊八粥。丐者扮钟馗，手执木简，鸣锣跳舞，沿门乞钱，谓之'打夜狐'。"

清同治《南浔镇志》载："十二月初八日，僧尼以白米和诸果作粥，名曰'腊八粥'，以饷檀越。腊中多丧葬、修筑之事（以岁官交承，凶神方位未定，故有可不忌者）。酿秫作酒，煮而藏之，曰'腊酒'。储腊雪水。"

清光绪《嘉兴县志》载："十二月八日为'腊八'，啜'腊八粥'。大寒后逢戌日立腊，凡伐木、动土俱无禁。用白面作曲，并白米、白水为之，曰'三白酒'。舂粮藏之仓廪或藁囤中，经岁不坏，曰'冬舂'。"③

时至今日，浙江各地仍有"腊八粥"习俗。在杭州，人们把胡桃、松子、莲子、枣儿、芡实、桂

---

① 〔宋〕吴自牧：《梦粱录》卷六《十二月》。

② 〔清〕范祖述：《杭俗遗风》附《江乡节物诗》，上海文艺出版社 1989 年版，影印本。

③ 丁世良、赵放：《中国地方志民俗资料汇编·华东卷（中）》，书目文献出版社 1989 年版，第 887、695、653 页。

圆、荔枝等物和米放在一起煮成粥，并馈赠亲友。旧时，杭州名刹天宁寺有“栈饭楼”，寺僧每日将剩饭晒干，藏在此楼上，积一年余粮，到腊八节回锅煮成腊八粥，分赠善男信女，称“福德粥”“福寿粥”，以为吃了可以增福增寿。①

在湖州，腊八粥又称“邋遢粥”，将粳米、糯米，杂以赤豆、黄豆、山薯、芋艿、风菱、青菜，煮成粥。旧时，还有烧腊八粥施舍穷人的做法。②

在舟山，腊八粥又称“杂八粥”。

三、送灶日

腊月二十三日，或二十四日，民间俗称“送灶日”，又称“小年夜”。有提前过年冀免灾祸的说法，以此日与“大年”(春节)相对而言。主要民俗活动是掸尘、送灶。在此前后一段时间里，家家办年货、送年礼，做着一系列过年的准备工作，举行有关的驱傩和祭祀活动。

掸尘

年关将近，每家每户都要打扫卫生，清洗各种器具，拆洗被褥帐帘，掸拂尘垢蛛网，通浚明渠暗沟。杭嘉湖一带称“掸檐尘”。温州一带称“掸新”“换新”。粉壁饰室，除旧迎新。旧时又有择吉日掸尘的习俗。遂昌县，有按干支中的壬、癸日打扫积尘的习惯，以为壬、癸属水，有利掸尘；忌丙、丁日，以为丙、丁属火，不吉利。在金华地区，旧时有乞丐上门，作洒扫掸拂舞蹈，吟唱驱秽祝愿歌谣的习俗，届时各家主人会酬以糖糕，称为“扫尘粱”。

办年货

一般从农历十二月初开始，各地民众便忙于准备置办各种年货，裹粽子，打年糕，制作腊货。十二月二十日以后，到城镇或集市购置年货便形成高潮。街头人如潮涌，拥挤不堪。各地置办年货的内容不尽相同。丽水一带，把炊糖糕、包粽子、做豆腐、炸豆腐、捣年糕、炸番薯片、炒花生、揉糖糕和杀鸡烧肉当作每户必办的年货，乡谚称“糖糕粽，鸡肉冻”。温州人则有晒鳗鲞、晒酱油肉、揉桃糕、做水晶糕、炊松糕、做箬糕的习惯。在金华一带，又有年前切冻米糖的习俗。进入腊月，家家煮谷、舂米、炒米花，二十五日以后，陆续开切，多者一家切制几百斤，少者也总要做上几斤。米花有米、麦、豆、粟、高粱、花生、芝麻、粉丝等多种原料，形成不同的花色品种。③

送年礼

年终时，亲友间相互送礼，称为“送年礼”。受礼者也必有回礼，礼尚往来。温州一带称“送节”。通常在农历十二月里，女婿要置办糖印花年糕 20 双，外加鱼肉之类，送到岳父家。婚后第一年则加倍。女家答谢，称“回盘”，有柑、橘、洋粉、通宵蜡烛、压岁钱等。在泰顺，称为“送年”。

送灶

又称祭灶，一般在十二月二十三日夜间举行，也有在二十四日送灶的。届时，在灶头供设

---

① 莫高：《腊八节和腊八粥》，载《浙江民俗大观》，当代中国出版社 1998 年版，第 105—106 页。

② 浙江民俗学会编：《浙江风俗简志》，浙江人民出版社 1986 年版，第 392 页。

③ 浙江民俗学会编：《浙江风俗简志》，浙江人民出版社 1986 年版，第 427 页。

麦芽糖一类供品，点香烛，向灶君神像叩拜，求其“上天言好事，下地保平安”。然后揭下灶君神像，放在纸扎小轿中，加上纸马、纸钱，点火焚烧，意思是“送灶君上天”。《海盐图经》云：“送灶用糖粉团，以灶神朝天言人过失，用糖取胶牙意。”鲁迅在《华盖集续偏·送灶日漫笔》中记述绍兴的送灶风俗，云：“灶君升天的那日，街上还卖着一种糖，有柑子那么大小，在我们那里也有这东西，然而扁的，像一个厚厚的小烙饼。那就是所谓‘胶芽饧’了。本意是在请灶君吃了，黏住他的牙，使他不能调嘴学舌，对玉帝说坏话。”

在丽水，送灶时还要在边上放置一盆剪成寸余长的稻草，间杂着黄豆和米，意思是给灶君上天时所骑的马作饲料的。送灶时，由小孩撒马料，从灶膛前一直撒到屋外瓦背上。所供糕点则由小孩分食。送灶这天忌讲粗言恶语，忌打骂小孩，意思也是不让灶君将坏话传到天庭去。

在金华东阳一带，有在二十七日、二十八日两日送灶的习俗。传说这跟罗隐有关。送灶时，当地有乞丐数人，乔装打扮，挨家上门来唱送灶君歌，跳送灶君舞，名为“送灶神”，并以此换取钱物。

在嘉兴一带，旧时有先请道士持咒洒水的习俗，称为“净灶”。

送灶之后，还必定要有“接灶”，有的地方称“迎灶”，就是将一张新的灶君神像贴在灶上的神龛里，象征灶君又从天庭回来。绍兴一带通常在除夕夜迎灶。海盐一带在正月初二夜接灶，届时将新的灶君神像放入神龛，同时放入一叠黄表纸。在神龛下方的灶洞内放上事先用竹爿和彩色纸糊成的“蚕花”，再挂上红布灶幔。供年糕，加些红糖。主人点燃线香，到天井或场院内，对天拜谒，说：“灶公公回来哩。”然后将香插入香炉。全家人轮流向灶神礼拜，算是已将灶神接来。①

捉瘟神

在东阳一带，年关将近，农村有乞丐数名，头戴破笠帽，身穿破蓑衣，领插一纸幌子，幌上画瘟神图像，手敲锣，边敲边跳，念唱“驱恶邪，保太平，捉瘟神，家安宁”一类歌谣，挨家挨户，在门前表演。主人则多以糕糖酬谢。俗称“捉瘟神”。

祝福

主要流行于绍兴一带。又称“作福”“作年福”“作冬福”。范寅《越谚》称：“祝福，岁暮谢年，谢神祖，名此。”祝福的日子，旧时有所选择，一般在腊月二十日至三十日夜之间，较多的人家安排在年三十夜。但不得越过立春，以示与“作春福”有别。祝福是一种祭祀仪式，过程大抵如周作人在《鲁迅的故家》一文所述：祝福日子选定后，即在此日凌晨起床，煮烧福礼供品。拂晓前，搬出两张八仙桌（或四张），视桌面木纹横于堂屋前，与祭祖相反，绍俗称“横神直祖”。到夜里祭祀时，端上五牲福礼，鸡、鹅、元宝肉、猪头和鱼。福礼装在红漆的木桶内，福礼上插着许多筷子，旁边放一把厨刀、一碗熟牲血，表示全鸡、全鹅之意。此外，还有一盘豆腐、一碟盐、几块年糕、一串粽子、三盅茶、六盅酒。福礼的摆法：鸡、鹅都要跪着放，头朝神位；一尾活鲤鱼，用红绳穿过鱼脊，挂在“龙门架”上，用红纸贴住眼睛，取“鲤鱼跳龙门”之意。祝福所祀

---

①　俞关庚：《海盐的送灶与接灶》，载《浙江民俗大观》，当代中国出版社 1998 年版，第 67—68 页。

神像，俗称“祝福菩萨”“大菩萨”，有两种，一称“黄山西南”，像上印有二人，传说是宋朝时的当地人，为兄弟二人，不知姓名，因金兵南侵，滥杀无辜，此二人设计将金兵引至黄山西南的海涂上，半夜海潮袭来，将金兵吞没，此二人亦壮烈牺牲，故称“黄山西南”。另一种神像称“南朝圣宗”，印有帝王，据传是明末“福王”，旁边印有将领多人，据说为杨继盛、左光斗、史可法、张苍水等人。祭神时，家中男人依辈分大小为序，逐个向外行跪拜礼，习俗规定女人不拜神。拜毕，焚烧神马、纸绽，鸣放爆竹。

祭神的时间不长，仪式完成后，立即将桌子改成直摆，调转福礼，拔下筷子，人们则由外向里叩拜，称为“祭祖”，俗称“做回盘羹饭”。祭祖完毕，用煮福礼的汤汁烧年糕吃，称“散福”，表示神赐之福，散给了全家人。接下去还要用福礼去祭祀猪栏菩萨、牛栏菩萨、井栏土地等诸多守护神，甚至在家中的风车、石磨、石臼上也要放一些年糕之物的供品，称为“分岁”。①

谢年

在浙江各地，普遍有“谢年”习俗，与绍兴的“祝福”大致相仿。在杭州，俗称“烧年纸”。通常都要置办供品，设祭坛供桌，焚香点烛，先祭祀天地和大小神祇，然后祭祀祖先鬼魂。具体做法，各地均有所不同。在东阳一带，祭神称“谢佛”，除猪头三牲外，另备生豆腐和半生半熟的米饭供奉，称神佛“不食人间烟火”。上过供礼，家中男人要焚稻草熏手脚，以除秽气，俗称“沐火浴”。然后点香烛三跪九叩，焚纸钱，放炮仗，急送神佛，急收供礼，俗称“谢佛要快”。习俗以为此夜家家谢佛，若谢得不快，神佛会生气讨厌的。又说，放炮仗后若不急收供礼，门外游荡的孤魂野鬼便会闯入抢食，引起麻烦。谢过神佛，再谢门神、猪栏土地，接回灶君。最后设礼祭祖。② 在杭州一带，称为“还年福”，除了在家中设供，依次祭拜天、地、门神、灶神、五谷神、栏神和祖宗之外，还要到本村庙宇去祭奠一番。

还冬

也是“谢年”的一种形式，主要流传在温州一带。将近年关，大户人家在中堂摆开桌子，挂桌帏，点红烛，陈设生鲜的猪头、鸡、鹅、鸭、鱼和南北干货、海货，还将一条鲜鲤鱼养在水盆之中。以上均为供品，上贴大红纸，插香，祭祀天地百神。习俗要求在涨潮时设祭，以为可以使家中福气上升，财源滚滚而来。天井里设火盆，称“燎火盆”。祭毕，放鞭炮，称为“还冬”。

四、除夕

农历十二月最后一天，俗称除夕，所谓“月穷岁尽之日”。这天晚上称除夕夜。白天要贴春联、贴年画、挂祖图、贴香火等。当晚全家团聚，吃年夜饭。饭后守夜，长辈给小辈分压岁钱。又有隔年饭、隔年火、照岁、挂年纸、老鼠娶亲、打响卜、封门大吉、点火射、烧头香等民俗活动。

《梦粱录》卷六《除夜》云：“十二月尽，俗云‘月穷岁尽之日’，谓之‘除夜’。士族庶民不论大小家，俱洒扫门闾，去尘秽，净庭户，换门神，挂钟馗，钉桃符，贴春牌，祭祀祖宗。遇夜则备

① 阮庆祥、任桂全：《绍兴的祝福》，载《浙江民俗大观》，当代中国出版社 1998 年版，第 68—70 页。

② 浙江民俗学会编：《浙江风俗简志》，浙江人民出版社 1986 年版，第 466 页。

迎神香花供物，以祈新岁之安。”除夕夜，皇宫中还有大型驱傩仪礼。老百姓则“围炉团坐，酌酒唱歌”，称之为“守岁”。

贴春联

除夕日，浙江各地都要在各家门户上贴春联。春联是对联的一种，内容与新春有关，故称“春联”。分上联、下联，构成对偶句。金华一带称“年对”；温州称“门对”。春联主要贴在大门门框两侧；门楣上贴横额，又称“横批”。此外，有的人家会在正屋、厅堂、书斋，以及猪、羊、牛栏、井栏、水缸等处也贴上不同内容的春联，祈求吉祥平安。另有一种“斗方”，是一正方形红纸，斜角张贴，中间写一“福”“萬”“喜”等字，贴在门上、墙壁上或箱柜物件上。也有在斗方上写四字一句吉祥语的。有的人家又有用红纸剪成各种图案，贴在窗门上的习惯，称“贴窗花”。或将此类剪纸放在物品、供品上，以增加节日气氛。在金华一带，称为“贴红”。

贴年画

旧时，浙江各地的集镇和集市上，将近年关时都会大量供应各种木刻年画，或为单幅，或为条屏，内容颇为广泛。其中有反映吉祥喜庆的，如“年年有余”“五子登科”“瑞雪兆丰年”；有驱凶避邪的，如门神、财福、观音送子、钟馗捉鬼；有风俗民情的，如西湖十景、闹花灯、狮子滚绣球；有神话传说历史故事的，如白蛇传、梁祝、花木兰、武松打虎、杨家将；有花鸟鱼虫、各地风光……张贴在室内，增添了节日气氛。近来又有以挂历代替年画的趋势。

挂祖图

除了祭祖的礼仪之外，在许多地方都有“挂祖图”习俗。临近年关，把家藏祖先的画像取出，在正厅悬挂，像前陈列几碗果品糕点，以及祖先遗留的手迹和喜爱的古玩，称为“摆珍”。凡亲戚子弟来家，必须在祖像前瞻拜。有的地方，则在年初一清晨，集合全家人，向祖先画像参拜。通常要悬挂到正月初五日，才收拢珍藏，称“收珍”。在温州，又称“栅龙盘”。在绍兴，祖宗像要从大年夜挂起，挂十八夜，每天都要在画像前设祭供。①

贴香火

主要流传在金华一带，也是“祭祖”的一种形式。香火，又称“万年香火”，用整张红纸书写，上端写“万年春火”或“光前裕后”四个大字，横书；中间直写“某某氏堂上历代远近昭穆宗亲之位”字样，以代替祖先画像，左右两侧，直书一副对联，如：“香炉不断千年火，玉盏长明万载灯。”将其贴于中堂墙上，并设祭供。②

吃年夜饭

除夕夜，全家团聚，共进丰盛的晚宴，称为“吃年夜饭”。年夜饭又称“团圆饭”，外出者多于年底前赶回团聚；如有人无法赶回，或卧病在床，通常会在席间多放一副盅筷，以示“团圆”。各地年夜饭的做法有所不同，但都力求丰盛，通常都要有10碗菜肴，以寓“十全大福”之意。温州人称年夜饭为“分岁酒”，饭桌中央必放一碗芋头，芋音近“余”，又近“裕”，寓意吃了芋头，可以使家中收支有余，逐步富裕。在绍兴，年夜饭的菜肴碗数必须逢双，其中必有一碗鲞冻

---

① 顾希佳：《中国节日志·春节（浙江卷）》，光明日报出版社2014年版，第96—97页。

② 浙江民俗学会编：《浙江风俗简志》，浙江人民出版社1986年版，第466页。

肉，面上盖一个白鲞头，称为“有想头”，只看不吃。一碗煎鱼，必须是整尾的，也只看不吃，寓意“吃过有余”。还有绿笋油煎加酱醋煮烧，又用藕切块，加白果、红枣、红糖煮熟，称为“藕脯”。藕，读作“油”，取其“偶偶凑凑”之意。年糕一盘、粽子一盘，读书人取其“高中”之意；一般人家亦取其“年年高”“代代子”之意。[①] 在嘉兴，有“元宝鱼”习俗，通常是一条整鱼油煎，盛放时，头尾高翘在碗外，使鱼身呈元宝形，鱼身上散寸葱段和熟蛋皮丝，使之黄绿交辉。农民用“元宝鱼”谢年祭祖，又作为年夜饭主菜，以后一直到正月半，都要在客人上门时将“元宝鱼”端出来招待，但是却又是谁也不可以去吃的，只看不吃，为的是图个“年年有余”的吉祥。在嘉善农村，年夜饭要吃“塌棵菜”，取其与“脱苦”谐音，表达了当年人们要求摆脱贫苦的愿望。民间传说：一家父女因接济他人而自家无钱过年，只好吃塌棵菜充饥，此事感动上帝，送他家一船金银。从此这一带便有了这个风俗。在浦江，家畜也吃年夜饭，尤其是狗，要喂酒喂饭，让其醉饱入睡，以免狂吠乱叫，吓坏来家送福之神。浦江人吃过年夜饭还要喝糖茶，据说是为了嘴甜，多说些吉利话。杭州人吃年夜饭时要给家中猫狗备一份丰盛的晚餐，称为“猫狗分岁”。这天夜里，他们禁忌吃豆腐，否则认为不吉利。除夕夜，他们要把剪刀、扫帚藏起来，菜刀上嵌个红萝卜，秤钩上扎个红萝卜，表示不动刀秤；所有的门户都倚一对红皮甘蔗，上扎红绳，系金银元宝锭。吃过年夜饭，主妇要为全家人炒罗汉豆吃。在淳安郭村一带，年夜饭的桌子中间必定要放一大碗老南瓜，先由长辈带头吃南瓜，然后大家吃，吃完南瓜再吃其他菜肴。

在桐乡崇福一带，一年要吃两次年夜饭。年三十夜称大年夜年夜饭，十二月廿七日夜称小年夜年夜饭。小年夜的菜肴以谢年仪礼上的供品为主，通常会邀请至亲好友共饮。大年夜则是自家人团聚。[②]

在开化一带，年夜饭却是在年三十的清晨吃的。每年腊月二十九的后半夜，家中男主人就要起床烧年饭。这顿饭菜通常由女主人准备，但必须由男主人动手烧。烧好饭菜，叫起全家人，一起吃“年夜饭”。吃过饭，天刚发白，每家派出一人上山伐新年柴，担柴回家，在鞭炮声中把柴背进，意味着“接财神”。据说此俗源于躲债。穷人为了躲债，提前吃年夜饭，提前过年，财主便不可上门要债。砍新年柴称“伐柴”，取其与“发财”谐音，以图吉利。[③]

压岁钱

除夕夜，长辈用红纸包钱，分给小孩。通常要在纸上写受者姓名、年龄生辰，以及吉利话。也有放在小孩枕头下的做法。有的地方，还有子女给父母送红包的习俗。在衢州，届时还要给有生育能力的妇女也送一个红包，称为“添丁包”。

守岁

吃过年夜饭，全家人围坐一起，边吃边聊天，迎接新年的来临，称为“守岁”。清嘉庆《嘉兴府志》载：“除夕更桃符、门神、春帖，插芝麻梗于檐端。束炭立户右，曰：将军炭。炒白豆分食之，曰：漏凑（一作凑投。且食且祝，彼此交纳，曰：漏凑漏凑），井硙俱封，入夜声爆竹。设岁

---

① 浙江民俗学会编：《浙江风俗简志》，浙江人民出版社1986年版，第263页。
② 蔡一：《崇福人吃两次年夜饭》，载《浙江民俗大观》，当代中国出版社1998年版，第75页。
③ 樊禹雄：《开化大年三十清晨过》，载《浙江民俗大观》，当代中国出版社1998年版，第76页。

宴，长幼聚饮，坐以待旦，曰：守岁。”①

隔年饭

在许多地方，年夜饭不可吃完，要留一些到下一年再吃，取“年年有余”之意，称“隔年饭”。在嘉兴，隔年饭上要插冬青、柏枝、芝麻梗，取“长春节节高”之意。吃年夜饭时剩一些饭粒在碗底，称“留米囤”。在湖州，旧时会在每一个房间里都供一碗年夜饭于桌上，饭上覆一红纸剪纸，呈鲤鱼、花果等图案，上插一朵红花，一直放到元宵节才收去。

隔年火

浙江各地都有除夕夜留“隔年火”习俗。此夜，选老桑柴、树根烧红，放在灶膛（或脚炉）内，一直焖到第二年，作为火种，当是古代“留火种”习俗之残存。畲族称为“焐年猪”，除夕夜烧红一个很大的树根脑，放在火炉塘或灶膛内，用灶灰盖上，让其焖烧到大年初一。习俗以为可以象征今年兴旺、来年吉祥、家暖似火，必能养出大肥猪。②

照岁

温州一带，除夕夜要在居室内点燃通宵大蜡烛，称“照岁”，又称“分岁烛”。灶间点通宵油灯，称“灶心灯”。此外，屋柱下、床下、桌下、灶下，也都要点灯，通常用红萝卜切段作为底盘，插以小蜡烛；也有用陶器盛油点灯的。

挂年纸

在温州，除夕夜用各色纸钱接连在一起，悬挂在门楣、联柱上，并将纸马放在井、灶、栏、圈各处，称“挂年纸”。到年初五才取下焚烧。

老鼠娶亲

流传在杭嘉湖一带。吴存楷《江乡节物诗》“鼠饭”题注云：“杭俗以除夕为鼠娶妇，必置饭床下以饲之，而插花其上。”③

打响卜

在温州，除夕夜用铜杓放在空锅内，先行祈祷，然后占卜。届时用手拨动铜杓，使之在锅内旋转，待其自然停止，按铜杓所指方向走去，碰到第一个人，听他说的第一句话，就是所求的“兆”。然后再从中分析，预测在新的一年里行事的吉凶，称为“打响卜”。

封门大吉

在衢州一带，人们在除夕夜子时前，于大门口插大门香两支，点烛，鸣炮，在门上贴写有“封门大吉”四字的红纸，焚纸马、纸锭，关上大门，称为“封门”。在永康，封门之前要请“兵头”，用猪爪作祭礼，鸣炮，然后封门，又称“封年”。封门后，家人不可外出，任何人叫门均不得开。在龙游，守岁到半夜，要打起灯笼外出，悄悄担回一担清水，称为“天地水”，然后“封门”。人们用此天地水煮饭，称“天地饭”，并用此饭祭祀天地。杭州一带也有“封门”习俗，据吴存楷《江乡节物诗》题注称：“杭俗度岁，门之启闭，以爆竹除夕封门，必至元旦始开。索债人来，无

① 丁世良、赵放：《中国地方志民俗资料汇编·华东卷（中）》，书目文献出版社1989年版，第650页。

② 雷阵鸣、童涉：《畲民除夕夜焐年猪》，载《浙江民俗大观》，当代中国出版社1998年版，第72页。

③ 〔清〕范祖述：《杭俗遗风》，上海文艺出版社1989年版，影印本。

敢叩户者。”“除夕封门，束甘蔗树之门侧，盖取渐入佳境之意耳。”

点火射

在武义山乡，旧时有除夕夜“点火射”习俗。家家在天井里或大门口，用一根长竹竿插入地中，竹竿上头劈成四开，嵌入两根木棒，开叉成“十”字，置沟水瓦一片。然后将劈成长约一市尺的细条松明（老松多油脂的部位），按“井”字形叠成高架置放瓦片上点燃，烈火熊熊，火亮烛天。此即为“火射”。孩子们成群结队串户穿家，品评谁家的火势最旺。①

烧头香

旧时，各地有在除夕夜去往附近庙宇，等待新年伊始（子时）到庙中“烧头香”的习俗。杭州人通常到灵隐、天竺等寺庙“烧头香”。在海宁硖石，有“烧十庙香”习俗。半夜子时，各人从家中出发，放一个爆竹迎新，然后依次去10个庙宇烧香，不可重复，最后一个是土地庙（禹秦二王庙）。届时，地方士绅在该庙会集，由道士主持仪式，占卜当地一年米市、丝市以及天时、雨水、人口等的吉凶。仪式毕，各自回家。在绍兴，有年初一到开元寺数罗汉的习俗，以卜来年吉凶。须记住自己何脚先跨入山门，若左脚先跨入，则自左至右数罗汉，反之亦然。再按数者年龄顺序数去，看数到第几尊罗汉，视罗汉特征，预测自己命运。

第五节　地方性传统节日

除了上述节日外，浙江各地还有一些地方性传统节日，分别在一部分地区流行，分述于后：

一、春季节日

灯下节

在嵊州，称正月十四日为灯下节，有喝亮眼汤、夜里不点灯和打喜等习俗。

正月十五为灯节，嵊州人称此节的前一天为灯下节，寓意灯下黑。此日下午三时左右，太阳尚未下山，家家烧“亮眼汤”，赶在天黑前喝下去。亮眼汤的做法：将青菜切细，加年糕，用清水煮成，不可用油炒，也不加油。青菜要求碧绿，象征清爽。年糕切成条状，象征眼睛，年糕在水中煮而不起糊，寓意眼睛不糊。当地有“喝过亮眼汤，眼睛亮堂堂”之说。

此日，民间早早关门睡觉，忌点灯。《清稗类钞》“月忌”条称：“十四为月忌，有‘初五、十四、二十三，太上老君不炼丹’之谚。术家谓为廉贞独火，故为月忌。”人们为趋吉避凶，尤其注意在正月十四日夜不点灯。

旧时，一部分人家还要在此日“打喜”。此习俗又分两种，一为“打生”：如果女子婚后不孕，要在此日祭祀城隍或乡主菩萨，向神灵求子。当夜，到果园点香烛，不孕者祭拜神灵后，爬上一棵年年旺生的果树上，由她的姐妹或小姑用竹棒打她，边打边问：“生不生?”不孕者答：

① 陈顺宣：《武义除夕夜点火射》，载《浙江民俗大观》，当代中国出版社1998年版，第73页。

“生。”以求吉兆。一为“打果”：果园如果收成不好，也在此夜打喜。园主人请一对生育旺盛的夫妻到果园内，妻子爬上果树，丈夫点香烛拜过花神土地，烧过纸钱，操起一柄斧头或柴刀，大喝一声：“你这棵××树，不生果子，种你何用？不如砍了！”说罢，上前轻轻砍树一两下，妻子在树上则说：“生了，生了。”以求催生。此夜，如有行人远远看见人家在果园打喜，则必须绕道避开，低头趋行，切勿偷看。俗信以为打喜时如被生人冲撞，便不灵验了。①

溪滩节

在嵊州开元一带，称正月二十三日为溪滩节。开元地处剡溪之滨，历史上常遭洪涝灾害，民间自发组织力量兴修水利，截江改流，重建新堤。其中一次大型水利建设于民国32年(1943年)农历正月二十三日竣工。当地民众为纪念这个日子，以后每年此日要在溪滩空旷处演戏3天，以示庆贺，民众则纷纷来到剡溪江边，义务挑土筑坝3天，人称“溪滩节”。②

祠山大帝生日

农历二月初八，湖州一带民间称“祠山大帝生日”。祠山大帝，相传名张渤，宋马端临《文献通考·郊社考》卷二三有载，元《三教源流搜神大全》卷三有传，记其神话传说颇详。传说事迹，与大禹化熊治水，与其妻涂山氏相遇的说法相似，原系安徽广德一带地方神，宋以降，影响逐渐扩大。太湖流域普遍有祠山大帝信仰流传。湖州民间旧有祠山庙多所。祠山大帝塑全身立像，双手持开山大斧，匾额赞其为“禹后一人”。当地俗信，在二月初八的前三日后四日，气温常会骤变，刮风下雨，或雨夹雪，或大雪纷飞，俗称“祠山暴”。传说祠山大帝生前爱吃冻鱼冻肉，他有4个女儿，分别为风、雨、雪、火，她们争着给父亲上寿。倘若火姑娘上门，与3个姐姐争吵，气温骤升，祠山大帝便吃不成冻鱼冻肉。故而他不准火姑娘上门。风、雨、雪三姑娘先后上门，便相应形成祠山暴。祠山暴使气温骤冷，易得病，又有俗谚云：“瘦人瘦马，难过二月初八。”旧时，此日有盛大庙会，家家烧鱼肉，祭祀祠山大帝。③

驱黄蚁日

在武义，称二月十一日为“驱黄蚁日”。各家把米炒黄，象征黄蚁，除了人吃之外，还用来喂鸡，以示黄蚁已被鸡吃掉了。俗信以为可使黄蚁不再爬上灶头为害。④

驱鼠日

在武义，称二月十四日为“驱鼠日”。各家将芥菜杂于糯米中，煮成饭，家人分食，以为“老鼠洞被堵”，可以减少鼠害。⑤

禹生日

在绍兴，相传农历三月初五为大禹诞辰。历史上，历代帝王多在此日祭禹。或为帝王亲临御祭，或派大臣诰祭。据传此礼始于秦始皇，《史记·秦始皇本纪》云：“上会稽，祭大禹。”明清两代，尤为重视。康熙、乾隆都曾借南巡之机亲临绍兴祭禹。

禹庙在会稽山下。会稽山以禹会诸侯于此，后崩而葬得名，后被封为南镇。隋开皇十四

---

① 施珏兴：《嵊州灯下节》，载《浙江民俗大观》，当代中国出版社1998年版，第21—23页。

② 施珏兴：《开元溪滩节》，载《浙江民俗大观》，当代中国出版社1998年版，第19—20页。

③ 浙江民俗学会编：《浙江风俗简志》，浙江人民出版社1986年版，第389—390页。

④⑤ 唐桓臻：《武义风俗志》，中国文史出版社2009年版，第217页。

年(594年)下诏立祠,称南镇祠。

绍兴民间习俗,一不拜禹,二不祭禹,而以戏禹庙、祭南镇代之。俗谚有"平民不拜禹,拜禹要肚痛"之说。旧时,民间设有南镇会,购置田产,以其产业收入作为祭南镇活动费用。每年入春,游人踵至,商贾前往设市,生意兴隆,到三月初五这天,戏禹庙进入高潮。①

太阳生日

浙江各地,旧以三月十九日为太阳生日。

绍兴、湖州等地一度颇为盛行。在绍兴,家家户户在此日插蜡烛于门口,妇女三五成群念佛宿山。民间传说,明朝末代皇帝崇祯死于此日,民间反清,不能公共祭祀,遂伪托太阳菩萨生日。绍兴民间又有朱天菩萨信仰,有"朱天会"庙会活动。

在湖州,称三月十九日为太阳菩萨生日,在此日念《太阳经》。②

东岳大帝生日

东岳大帝信仰由古代泰山崇拜演化而来,在全国各地都颇有势力。浙江各地,以为农历三月二十八日为东岳大帝生日,历来有盛大庙会活动。

绵延至近现代,浙江各地的东岳信仰逐渐淡化,东岳生日习俗亦随之消减。

在温州,东岳王称"忠靖王",据明宋濂《忠靖王碑位》:"忠靖王姓温名琼,温州平阳人。唐长安二年生,至二十六岁,因举士不第,幻化为神,为民除灾害。"当地民间传说称:秀才温琼赴浙江省城应乡试,寓中夜闻鬼语,下瘟药于街井中。温琼为救百姓,以身投井而死。人们为纪念温琼,祀奉为神。每年三月上巳,有庙会,抬神像出巡,以为可驱除瘟疫。

在宁波余姚,东郊东岳王庙前此日有神灯张挂。是日,东岳庙前三江口有龙舟竞渡。龙舟由8人挥桨,6个人打击锣鼓,1人掌舵。俗信以为划船者全家都要吃素,否则会翻船;万一有人翻船落水,可背到东岳神前求救。

在金华,各县城皆有东岳宫,善男信女于此日到东岳宫焚香化钱,许愿要"做好人,行好事",俗谚有"嬉过东岳宫,做得三日好侬(人)"之说。

在舟山,东岳会通常安排在三月半前后,俗称"三月半会"。三月初十预赛,称"迎袍",至十三、十四、十五3日,为正赛,如遇雨天,延至十八日。在此3日,全城百姓可到东岳宫白吃3天素食。赛会费用由各乡社祭祀田和城镇各行业公会承担。届时有大规模迎神赛会活动。③

二、夏季节日

葛仙翁生日

宁波一带,称四月初十为葛仙翁生日。葛仙翁即葛洪,为东晋道士,以丹术、医术闻名于世。民国《镇海县志》云:"(四月)十日,相传为葛仙翁生日。灵峰香市最盛,闰月及壬申日尤盛。"④镇海有灵峰寺,此日,宁波一带信众纷纷前往烧香,问卜求签,山上草木被折服殆尽,俗

① 浙江民俗学会编:《浙江风俗简志》,浙江人民出版社1986年版,第267页。
② 钟伟今:《湖州的日月崇拜》,载《浙江民俗大观》,当代中国出版社1998年版,第446—447页。
③ 方长生:《舟山的三月半东岳会》,载《浙江民俗大观》,当代中国出版社1998年版,第442—444页。
④ 丁世良、赵放:《中国地方志民俗资料汇编·华东卷(中)》,书目文献出版社1989年版,第788页。

信以为取之可延年益寿、祛瘟驱邪。

关帝生日

浙江各地，旧时多以五月十三日为关帝生日。清康熙《钱塘县志》云："（五月）十三日，祀汉寿亭侯（汉寿亭，名亭；侯，爵之小者也），家祝户祷，庙宇以数百计，演戏不绝。祀神之盛，于斯为最。（《蜻蛉杂志》：万历以前，天下皆祀朱虚侯刘章，武林香火犹盛。十八年后，渐移于侯，而朱虚歇绝。按：是日为公受命之辰，传为岳降期，讹矣。）"①

汉寿亭侯，即关帝，俗称关公，即三国时蜀国名将关羽，字云长。明清以降，列入国家祭祀要典，又有通俗小说《三国演义》广为流布，遂成为民间崇拜之神灵。旧时，浙江各地在此日大多有盛大庙会，酬神演戏，热闹非凡。此日若雨，民间称之为"关公磨刀雨"，以为有丰年之兆，俗信称：关公已磨好青龙偃月刀，邪恶见而避之，可保七八月人口平安。又，湖州一带以九月十三日为关帝生日。

饿饭节

在宁波天童山区，旧时称五月二十五日为饿饭节，一家指定一人为代表，此人从此日中午到第二天中午要饿饭，只准喝山泉水，吃绿色的瓜果，不可吃烟火烧过的食物，也不可吃西瓜，据说西瓜瓤红色，似火。一说，旧时山村多森林草木，容易引起火灾。人们在此日不烧火，以敬火神。②

吕祖下丹药日

在宁波，各家于六月初一五更或黎明争着挑水贮藏。俗信以为吕祖在此日下丹药于水中。此水又称"伏前水"，民间备三伏晒酱之用。清光绪《鄞县志》引《敬止录》云："六月初一日，各家争于五更或黎明挑水贮之，谓之六月初一水，盖择其泉之佳者。"俗信又以此日下雨兆丰收，若无雨，则兆夏旱连秋。③

虎乱节

在宁波天童、山塘一带，称六月初二为虎乱节。从这天起，村民食素3天，纷纷上山，到土地祠或岩石旁祭祀"土地公公""山空大王"，吟诵《太平经》，祈求山空大王严管豺狼虎豹，不使它们下山伤害山民。旧时，山民们还在此日打扮得奇形怪状，手拿铜锣、羊皮鼓、竹筒，傍晚时分到山边、溪滩处，点起篝火，乱敲锣，乱打鼓，大声吆喝，手拿竹竿，到处乱敲打灌木，大声呼叫："嘀嘘！嘀嘘！赶到茅山吃草籽！"以为可以驱赶猛兽虎豹之类。据老人回忆，这一带旧时虎患严重，故而形成这一习俗。④

尝新节

浙江各地，旧时在水稻收割季节有"尝新"习俗，并成为节日。

在江山，通常选当年六月的第一个卯日为尝新节。如届时稻禾未熟，可移到下一个卯日。人们到大田挑选一些已成熟的稻穗，加工成米，做成新米饭。也可向先成熟的农家商借新米。

---

① 丁世良、赵放：《中国地方志民俗资料汇编·华东卷（中）》，书目文献出版社1989年版，第594页。

② 王荣兴：《五月廿五饿饭节》，载《浙江民俗大观》，当代中国出版社1998年版，第42页。

③ 丁世良、赵放：《中国地方志民俗资料汇编·华东卷（中）》，书目文献出版社1989年版，第767页。

④ 王荣兴：《六月初二虎乱节》，载《浙江民俗大观》，当代中国出版社1998年版，第43—44页。

待做成新米饭，先祭拜天地，饭碗里插一株稻穗，然后全家尝新。①

在宁波，届时将新稻米磨成粉，拌以早稻灰汁，加糖，捏成团状蒸熟，称“灰汁团”。用以祀灶君、祭祖，称“尝新”。

在青田，各家将新米饭盛一碗放在墙头或天井里，焚香祭拜，敬天敬地敬农官。祭毕，盛一碗先请老人尝新，然后合家用饭。

彭祖生日

在宁波，民间称六月十二日为彭祖生日。彭祖系传说人物，人称其寿高800岁。宁波民间订婚、做寿材，多选择在此日，俗信以为可长命百岁。②

火神生日

浙江各地，旧时以六月二十三日为火神生日。清代，范祖述《杭俗遗风》有“火神诞会”条，云：“火神诞在六月廿三，佑圣观中敬演神戏一月有余。此外各里各段，有当乡老或称道兄者为首纠纷，日则祀神，用歌词打唱，夜则花调等书，通宵热闹，夜夜不绝。”③

在宁波一带，旧时妇女于此日不吃饭、不喝茶，仅吃点瓜果，俗称“吃饿菜”，谓之“火神素”。

三、秋季节日

抢猪节

在景宁大漈一带，每年秋天有“抢猪节”。在每年七月初七，先要请道士到时思寺内一女神前祈祷选日。在选定的吉日那天，全乡八村的人们举着仪仗旌旗，敲锣打鼓，到时思寺迎神。相传所迎的女神是马夫人的结拜姐妹。人们将她的神像迎请到马氏仙宫来，与马夫人一起看戏。这时，从外地请来的戏班便在马氏仙宫演戏七天七夜。第七天晚上，戏散后，把预先养大的一头猪抬到庙内，杀猪为马氏姐妹庆功献祭。此时，各村农户散戏后也急忙回家准备杀猪，将猪刮白洗净，绑在一个由两人抬的木架上。翌晨卯时，人们听到庙内杀猪的第一声尖叫，各家便抬起各家的猪架，向马氏仙宫飞奔而来。最先抬到仙宫门口的，称为“首猪”，被摆在宫门正中。后来的猪依次排列。待各村的猪架全都到齐，就由各村共同推举的董事们评猪，最大的称“大猪”，最小的称“昌猪”，然后分别给首猪、大猪、昌猪披红挂彩。人们鸣炮作乐，抬着马夫人的结拜姐妹，将她送回时思寺。同时还要吹吹打打把选中的那三头猪也送到主人家。其余的猪则各户自行抬回。

此时天已大亮，杀猪人家的亲友陆续来到，进门必定要给主人一个红包，主人则高高兴兴收下，并请他们吃“杀猪福”。中午，主人设“杀猪福”宴招待。下午，除少数客人留宿外，大多陆续告辞。主人则按客人所送红包内金额的多少，按市价把猪肉切成一块块，回送给客人带走，俗称“散福”。④

---

① 毛双才：《江山的尝新节》，载《浙江民俗大观》，当代中国出版社1998年版，第45—46页。

② 浙江民俗学会编：《浙江风俗简志》，浙江人民出版社1986年版，第150页。

③ 〔清〕范祖述：《杭俗遗风》“时序类·火神诞会”，上海文艺出版社1989年版，影印本。

④ 沈毅、刘一文：《景宁大漈的“抢猪节”》，载《浙江民俗大观》，当代中国出版社1998年版，第51—52页。

团圆节

在开化何田一带，称八月初一为团圆节。每到此日，家家户户贴门联，张灯结彩，杀鸡做酒，发米糕，包粽子，人人穿新衣，上坟祭祖，晚上迎灯演戏，如同过年一般。

相传，明朝时，当地廖姓人家一太公在京为官多年，这一年要回家祭祖。他原定七月半到家，因路途阻隔，一直到八月初一才到家。拖延时间越久，地方上知道的人越多，等他到家这天，家家户户都张灯结彩，设宴迎接。此后，廖姓后代子孙为纪念此事，遂将八月初一定为团圆节。①

胡公生日

在金华、东阳、义乌、磐安、武义、永康一带民间，称八月十三日为胡公生日。

胡公名则，永康人，宋仁宗时兵部侍郎，为官正直清廉，曾奏免衢、婺二州人丁税，百姓爱戴。胡则死后，人们在永康方岩建寺塑像，尊称为"胡公"。

民国《汤溪县志》载："（八月）是月俗有进香方岩之例。方岩者，在永康县东二十里，宋胡侍郎则读书处。侍郎殁，永人立像其中以祀之，而吾乡以侍郎尝奏免衢婺二州身丁钱，不忘其德，岁必进香以为报，数百年来相沿成习。每届秋收告藏，各庄村内或十余人，或数十人相与涓吉洽装，群往顶礼。其欲往而未暇者，则进香于邑之九峰岩或龙邑之三迭岩，借将敬意，以两处均有侍郎神位也。

清康熙《永康县志》载："八月十三日，佑顺侯胡公则生辰，各分村落为会。挂大帛为旗，长二三丈，导以鼓乐，从以伞盖，或以纸为马，登方岩，赛神而还。盖一郡香火之盛，未有若此比者。"

绵延至今，胡公庙会久传不衰。每年农历八月十一、十二、十三 3 日，附近各县善男信女纷纷前往永康方岩朝拜，俗称"方岩客"。届时有盛大迎神赛会活动。每年八月十三日，金华东乡神堂殿、西乡九峰庙等地也有祭祀仪式，并演戏、斗牛。东阳南乡则在此日有罗汉班会师，戏班演对台戏，盛况空前。"方岩庙会"如今已被列入国家级非物质文化遗产名录。

观潮节

在钱塘江出海口的杭州、海宁、萧山一带，每年八月十八日的潮水特别壮观，素有"天下第一奇观"之誉。民间将此日称为潮神生日，历来有祭潮神、观海潮等一系列风俗。

晋代，顾恺之有钱塘江《观潮赋》传世。唐代，杭州附近数百里远近之人，都在八月十八日赶往江边观潮。白居易有《咏潮》诗云："早潮才落晚潮来，一月周流六十回。不独光阴朝复暮，杭州老去被潮催。"

北宋，苏东坡《咏中秋观夜潮》诗云："万人鼓噪慑吴侬，犹似浮江老阿童。欲识潮头高几许，越山浑在浪花中。"南宋，观潮之风更盛。吴自牧《梦粱录》卷四《观潮》云："每岁八月内，潮怒胜于常时，都人自十一日起，便有观者，至十六、十八日倾城而出，车马纷纷，十八日最为繁盛，二十日则稍稀矣。十八日盖因帅座出郊，教习节制水军，自庙子头直至六和塔，家家楼屋，尽为贵戚内侍等雇赁作看位观潮。""其杭人有一等无赖不惜性命之徒，以大彩旗，或小清凉

① 廖兴源：《开化的团圆节》，载《浙江民俗大观》，当代中国出版社 1998 年版，第 56 页。

伞、红绿小伞儿，各系绣色缎子满竿，伺潮出海门，百十为群，执旗泅水上，以迓子胥弄潮之戏，或有手脚执五小旗浮潮头而戏弄。”

绵延至清代，此风久盛不衰。范祖述《杭俗遗风》有“江干观涛”，文云：“候潮门内至闸口，沿江十里，均可看潮。八月十八，为潮神生日，前后三日，均有潮讯。始起之时，微看远处如白带一条，迤逦而来。顷刻波涛汹涌，水势高有数丈，满江沸腾，真乃大观。螺蛳埠有秋涛宫，系南巡时备供御览者。”

清末民国初，由于钱塘江出海口形状的变化，观潮的最佳位置逐渐移至海宁盐官一带。洪如嵩为《杭俗遗风》补辑时，有按语云：“钱江之潮，为天下大观。看潮除沿江上下外，人多趋海宁，以彼外之潮，较大于钱塘江岸也。届期火车特开观潮专车，以便观客。远道之人，如期而至者，车为之满。车中包定伙食，可以随客饮餐，诚吾杭之一大盛举也。城隍山亦可以看潮，惜远望不甚清晰，届时游人亦甚多。秋涛宫已废，不可考。”①

传说八月十八日是潮神伍子胥的生日。伍子胥生前为春秋时吴国大将，屡次进谏，反被吴王夫差赐死。他死后冤气不散，化为怒潮，以观吴国之败。后人为伍子胥立庙塑像，称潮神。历史上钱塘江潮汹涌威猛，常造成钱塘江口杭州湾一带海难。人们为消灾免祸，除了在吴山伍公庙举行春秋两祭之外，每逢八月十八潮神生日，必在钱塘江边举行大规模的祭祀仪典。南宋建都临安，届时君臣共祭，更为隆重。

清代，观潮胜地从杭州郊外六和塔、凤凰山一带逐渐移至海宁盐官，人称“海宁观潮”。地方官于此日备三牲香烛于盐官春熙门外、镇海塔旁之大观亭内祭潮。盐官沿江一带文物古迹荟萃，有海神庙、占鳌塔、巨型鼎炉、铁牛镇海、金水河、庆成桥、汉白玉石狮、石坊、唐代经幢、陈阁老宅等，民间有谣谚云：“一座古塔十所庙，五大城门四吊桥。七十二弄三大街，亭院寺阁九曲桥。古迹要数海神庙，左右石坊白玉雕。唐朝经幢明代松，清代文渊陈阁老。更有天下闻名事，今古奇观海宁潮。”

时至今日，八月十八观潮则成为颇具地方特色的旅游品牌。每年此时，在海宁盐官和萧山乌龟山西地皆有盛会，迎接中外宾客，称“中国国际钱江观潮节”。

太平军生日

在海宁硖石横头一带，称八月二十三日为“太平军生日”，此日，家家烧红糖芋艿粥吃。相传，清咸丰十年(1860年)八月二十三日，一支太平军队伍攻下硖石横头，乡人均外出逃避躲藏。一太平军将领挨家察看，见一户人家大门虚掩，内有婴孩啼哭，便走了进去。此家姓钱，丈夫逃往乡下，产妇病卧在床。太平军送去大米、鸡蛋、红糖，精心照料。同时又做了许多糕团，到附近山头劝说乡人回家。翌年，海宁农村丰收，人们将太平军进驻横头的日子定为“太平军生日”，吃红糖芋艿粥。太平军失败后，此俗仍绵延不绝。②

屠城羹饭日

在舟山，将农历九月二日作为“难日”。民国《定海县志》云：“九月二日，相传清顺治八年

---

① 〔清〕范祖述：《杭俗遗风》“时序类·江干观潮”，上海文艺出版社1989年版，影印本。

② 董天泽：《太平军生日》，载《浙江民俗大观》，当代中国出版社1998年版，第60—61页。

九月二日破定海，阖城被难，故俗呼为‘难日’。阖县鸣钲鼓逐厉，延僧放焰口施食，设野祭以祀游魂。今不举，惟被难诸家于是日设祭，谓之‘屠城羹饭’。”①

蚱蜢将军生日

在余姚一带，称九月二十日为蚱蜢将军生日。旧时当地有蚱蜢将军崇拜。民间在此日举行“大旗会”，迎大旗，走高跷，舞龙灯，唱荤戏。俗信以为，只要大旗一迎，当年蚱蜢就会消失，可保稻谷丰收。②

四、冬季节日

迎佛节

在江山，以十月初十为迎佛节。百姓按地结社，各社抬着各自信仰之神像(俗称“佛”)出迎。神像置轿中，轿前黄罗伞数十、黄龙旗、大纱灯、大铜锣开道，吹打班继之，边走边放佛铳，善男信女随队膜拜，两旁观众云集。此日民间多食麻糍，故又称之为“麻糍节”。

蚕生日

在浙北一带，旧时称农历十二月十二日为蚕生日。清康熙《海宁县志》载：“腊月十二日，养蚕之家各以盐卤、茄灰熏揉蚕子，藏之谷壳中，至廿四日则出之，浴于川，以待春至。”

此俗绵延至近现代。在桐乡，蚕农在此日用糯米粉做茧圆，煮熟，配以甘蔗、橘子。供于灶山上祭祀。又取出收藏在家中的蚕种纸，撒上一些盐粒，进行腌种，然后用布袱包藏。10天后，将蚕种纸取出，拨落纸片上的盐粒，用清水冲洗，挂在通风背光处晾干，收藏，待下一年春天孵化小蚕养蚕。此为旧法育种，中华人民共和国成立后普遍推广新法养蚕，便无此育种方式。

在湖州，僧人在此日施送五色纸花，称“送蚕花”；为人们礼拜忏经，称“蚕花忏”。也有的僧人则挨门送蚕神码。蚕农在此日祭祀蚕神，届时用红、青、白三种颜色的糯米粉做成团子，红色系掺入南瓜浆汁，青色系掺入野生嫩草汁，白色为纯米粉；除做成球形、茧圆形外，还有做成蚕、茧丝、元宝、鱼、十二生肖等各种形状的，用以祭祀蚕神。

长兴一带，习惯在此日“请蚕花”。晚饭前，用一只蒸簟，放两只鸡蛋、一碗猪肉、四个团子，以及酒盅筷子、蚕神码、纸锭等物，由当家人将此祭品端至大门外，焚香烛礼拜，当场焚烧蚕神码和纸锭。仪式一结束，孩子们一拥而上抢吃簟中祭品。俗信以为吃得越快，就兆蚕花越丰盛。③

五、其他节日

稻生日

稻生日由稻崇拜发展而来，在浙江各地，具体日期不一。

---

① 丁世良、赵放:《中国地方志民俗资料汇编·华东卷(中)》，书目文献出版社1989年版，第813页。

② 浙江民俗学会编:《浙江风俗简志》，浙江人民出版社1986年版，第151页。

③ 顾希佳:《东南蚕桑文化》，中国民间文艺出版社1991年版，第126—127页。

较多的地方以正月初八为“谷生日”。汉代东方朔《占书》云:“岁后八日,一日鸡、二日犬、三日豕、四日羊、五日牛、六日马、七日人、八日谷。其日晴,所主之物育;阴则灾。”一般认为此书系后人伪托,不过至迟在晋代大概已有此俗流行。此日习俗可参见年节习俗“谷日”条。

浙北一带,又以九月十三日为“稻生日”。清光绪《石门县志》载:“(九月)十三日为‘稻生日’,宜晴。谚云:‘九月十三晴,钉靴挂断绳。’是月,农家涤场收稻,随种菜麦。”①

浙东一带,有以五月二十五日为“五谷神生日”,并在此日祭祀五谷神的习俗。此日忌晴喜雨。农谚:“五月廿五一场雨,水车搁进弄堂里。”

杭州郊区,则在六月初一祭祀五谷神。家家在此日置办牲礼,其中有一种“米筛爬”的供品必不可少。这是用面粉、红糖、发粉放在米筛内做成的食品,形如海参,香脆可口。农家挑祭品到田头祭祀五谷神,挑时不可用扁担而必须用锄头。祭仪结束后点火烧田头柴草,并加高田缺,俗称“烧田头”。②

丽水一带亦以五月二十五日为五谷神诞辰,农民在此日到五谷神庙祭祀。

在宁波,又以八月二十四日为“稻生日”。农民在此日举行“稻花会”,将稻谷保护神抬出来巡游田间,仪仗前导,夹以龙灯、狮子、台阁,敲锣打鼓,鞭炮齐鸣,以祈福丰收。家家磨米粉做团子,用来祭祀土地神、稻神和祖先。习俗要求柴是干的,米是陈的,俗谚有“八月廿四烧干柴,吃陈米”之说。此日忌雨。俗谚云:“上午雨,灶上荒;下午雨,灶下荒;全天雨,大灾荒。”

浙北一带,旧时收割季节要把稻禾连同稻穗运回晒场堆放,堆放时稻穗在内,根枝在外,成圆箩状,俗称“稻箩”。旧时有稻箩神信仰,以九月十三日为“稻箩生日”,农民在此日祭祀稻箩神,在稻箩旁置供品,点烛燃香,礼拜祈祷。此日忌雨,农谚云:“九月十三雨漾漾,稻箩顶上出新秧”;“九月十三晴,稻箩不结顶”。

开洋节

浙江东部沿海及岛屿渔民,长期从事海洋渔业。渔船出海,俗称“开洋”,有约定俗成的祭祀仪式。大多在船头祭神,烧化纸钱,祈求神灵保佑,俗称“行文书”。祭后,酒洒海中,称“酬游魂”。渔民所祀神灵,有天后妈祖、龙王、船龙、船官老爷等。也有的渔民到天后宫、龙王庙等庙宇祭拜,或在海滩上设坛祭拜。有的地方逐渐形成节日,称“开洋节”。如象山东门岛一带,多在农历三月二十三日天后诞辰举行盛大祭典,称“开洋节”。象山渔民开洋节已被列入国家级非物质文化遗产名录。③

谢洋节

在舟山群岛以及东南沿海渔区,旧时有谢洋节,具体时间一般安排在某个鱼汛生产结束,渔船返航回岸的日子里。通常,带鱼汛谢洋在大寒节,大黄鱼汛谢洋在夏至节。舟山渔谚云:“夏至南风呼呼响,看侬谢洋勿谢洋。”

谢洋节的主要民俗内容是上演谢洋戏,又称还愿戏。渔民出海前曾向神灵许愿,倘若一

---

① 丁世良、赵放:《中国地方志民俗资料汇编·华东卷(中)》,书目文献出版社1989年版,第675页。

② 浙江民俗学会编:《浙江风俗简志》,浙江人民出版社1986年版,第66页。

③ 解亚萍:《浙江象山东门岛渔民开洋节民俗调查报告》,载顾希佳《中国节日志·渔民开洋谢洋节》,光明日报出版社2014年版,第205—253页。

个鱼汛下来既平安又丰收，此时便请戏班来演戏酬神。当地渔民信仰的神灵主要有如来、观音、湖里老大（相传是鄞县东钱湖人，为舟山渔民的祖师爷）、安海神爷（又称安知县，相传为古代镇海知县，曾斩过蛇妖）、船关老爷（关羽）等。

届时有庙会，并在迎神赛会中有许多群众自娱自乐的文娱表演，如唱渔歌、翁州走书、舟山锣鼓、舞蹈“洋扫地”“跳蚤舞”“马灯舞”等。在有的地方，群众举行七月半迎关帝圣君庙会，亦称谢洋节。岱山县的“谢洋节”已被列入国家级非物质文化遗产名录。①

① 金立高：《浙江岱山高亭谢洋节调查报告》，载顾希佳《中国节日志·渔民开洋谢洋节》，光明日报出版社 2014 年版，第 334—352 页。

第六章 人生礼仪民俗

人生礼仪是指人在一生中几个重要环节上经过的具有一定仪式性的行为过程，主要包括诞生礼、成年礼、婚礼和葬礼。此外，标明进入重要年龄阶段的祝寿仪式和一年一度的生日庆贺，也可以视作人生礼仪的内容。① 围绕着某个具体个人的人生礼仪，其所处的社会也按照各自的身份、关系，遵循习俗惯制作出相应的行动表达，不仅起到维系和增强情感的作用，而且在社会功能上还起到敦睦亲谊，对社区和群体关系进行再确认的作用。人生礼仪是对人的自然生命进行文化上的系统性建构，在自然人的社会化中起着极其重要的作用。

浙江省汉族人口的人生礼仪与全国大多数地区的汉族民俗大体相似，也具有一定的地域特色。人生礼仪可以简单地分为生育、嫁娶和丧葬三大部分，此外还有成年、庆生等与自然年龄直接相关的社会行为，各有其相应的程序和礼仪，以及赋予这些程序和礼仪以文化意义的愿望和信仰。总体而言，浙江省汉族人口的所有人生礼仪都是以祈求血脉延续和生活富足的愿望为背景的社会行为。

第一节 诞生礼俗

围绕着出生展开的人生礼仪，在生命诞生前就已开始。浙江大多数地区都有各种求子习俗。进入育龄的夫妇，尤其是女性通过各种仪式祈求生育，并在怀孕期间遵守各种禁忌以求胎儿顺利孕育。产期将近，则有各种由产妇母家负责的催生仪式，以求平安生产。外嫁女儿与娘家的血缘关系在生产过程中的体现，以报生、贺生、望外婆等仪式，一直延续到婴儿出生以后。婴儿出生到周岁之间的诸种仪式，除祈求婴儿健康成长外，同时还具有向所在社区宣布新成员诞生，获得社区认可的社会功能，实际上可以认为是自然人社会化的开始。传统生育习俗大多是以在家生产为背景形成的，随着医疗卫生条件的发展，现大多产妇在医院生产，且随着大家族的解体，核心家庭成为社会主流，部分传统生育习俗已逐渐衰退消亡。

一、求子仪式

为传宗接代，各地皆有求子习俗。举行婚礼时，在新房内撒各种喜果，预祝新娘早生贵子，即是在浙江各地广泛分布的求子仪式。由于受到传统观念的影响，求子习俗中尤以求男

---

① 钟敬文主编：《民俗学概论》，高等教育出版社 2010 年版，第 121 页。

孩为重。

求子

婚后数年不育，或拜菩萨求子，或改门窠、移灶基以变风水，或请舞狮人上床表演生小狮子等。[①] 亦有往拜地方神庙供奉娘娘等生育神求子者。倘连生数女，则取名为“招弟”，以盼男孩降生。过去，杭州若婚后两三年尚未生子，则婆婆往灵隐寺拜送子观音为儿子儿媳求子，并许以若如愿生子则今后3年定期参拜，购《麒麟送子图》归家贴在年轻夫妇卧室中。20世纪八九十年代后，新婚后多在卧室中张贴印有可爱男童的张贴画。多地皆有舞龙灯时燃香迎接，或出资竞投舞龙时使用的龙珠等吉祥物品，祈求生男丁的习俗。

拿小鞋

在丽水，不孕妇女大多到陈十四娘娘庙许愿，并拿走庙中所备小鞋一只，以当地方言“鞋”“孩”近音，认为可以保佑怀孕生子。或到送子娘娘庙偷取送子娘娘像前泥塑小孩生殖器上的粉末，回家冲水服用以求生子。若生下男孩，须到庙里还愿。[②]

打生

清朝时，温州有“打生”之俗。妇女婚后不孕，就结伴到城隍庙求子。求子者脱去上衣，露出肩膀，跪在神前，其女伴用细竹鞭之，女则喃喃向神祈求赐子，俗曰“打生”。[③]

二、孕育习俗

为了保证胎儿顺利孕育和出生，浙江各地都有相应的习俗，主要包括诸种孕期禁忌，和在孕妇临月时由其娘家等亲友所送的各种催生礼。其中，催生礼包含了对孕妇本人的关心和对即将降生的新生儿的祝福，同时也是女性出嫁后与娘家，以及姻亲家庭之间紧密关系的再次确认和体现。

催生

大多数地区新婚妇怀孕后娘家会送催生礼，部分地区亦称之为“姑爷饭”。送的时间及礼品内容各地略有差异。多数地区在产前一个月左右送，部分地区如慈溪等怀胎七个月送，富阳则在怀孕期间逢端午、中秋由娘家备送催生礼品。[④] 还有部分地区如太平（温岭）等，遇孕妇足月而尚未分娩，则娘家或亲戚还要馈饭催生，其中太平谓之“过洋饭”。路桥则在生产前送酒席谓“姑爷饭”，又半月未产再送，称为“催生饭”。[⑤] 礼品内容视地方习惯和家庭贫富各有不同，但大多有衣服鞋帽以及襁褓等婴儿用品，亦有送项圈、百官锁等吉祥饰物的。食物则多有红枣、粽子等以祈求生产顺利。嘉兴农村送状元糕、鸡蛋、粽子等。鸡蛋一般51只，粽子一般31只，均为单数。[⑥] 部分地区则送催生汤或用红糖、益母草熬制的饮品。在三门县，妇女头胎分娩前一月，娘家要送“过水面”（即开水滤过的面，盛于碗，上加1只红鸡蛋和2只肉

---

① 《新昌县志》，上海书店1994年版，第607页。

②③ 叶大兵：《中国民俗大系·浙江民俗》，甘肃人民出版社2003年版，第159页。

④ 《富阳县志》，浙江人民出版社1993年版，第832页。

⑤ 丁世良、赵放：《中国地方志民俗资料汇编：华东卷（中）》，书目文献出版社1995年版，第862、856页。

⑥ 《嘉兴市志》，中国书籍出版社1997年版，第1935页。

丸作盖头)、解蒲粽(粽煮熟后,解去系蒲),由男家分赠亲友邻居,取生育快便之意。南浔的催生礼则称端汤,且不限于母家。女儿出嫁后一般都住在男家,女儿生小孩前月余,娘家要准备衣、物馈赠女儿,称之为"端汤"。端汤礼送的物品,各家大同小异,如红糖、鸡蛋等营养物品。有的娘家送自缝的小人衣服、尿布等物。除娘家外,做产女儿的亲属、公婆、男家亲戚,也都备礼"端汤"。产妇的小姐妹,要好的同事也有"端汤"的。①

催生卜儿

在湖州,孕妇达月(即预产月),娘家要送婴儿衣物和给产妇吃的红糖、鸡蛋等到女儿处催生。俗信娘家母亲进门,见女儿站着,便是生男之征,若坐着则是生女之兆。②

催生粽

在嘉兴农村,妇女临产前若逢端午,娘家要送催生粽一担和用红绳束缚的襁褓、鞋子等物催生。③

送鸭罐

在绍兴,娘家催生要把炖熟了的鸭放在罐子里送去,进门时连喊"鸭(阿)罐(官)来哉!",以预兆女儿生男孩。④

方便肉

在温州,由母亲送"方便肉"给女儿,肉约一寸足方,切得端正,不偏不倚,烧熟送去,认为产妇吃了临产方便,故名。⑤

挈糖面

在舟山岛,妇女怀孕,母家便做婴儿衣服,等到产期将近,送往婿家,叫"催生"。母家送催生衣物等进婿家时,见孕妇站着便认为产期将临,若见坐着便认为产期尚早。同时,母家须送去一定规格的黄糖和干面,给孕妇产后服用,叫作"挈糖面"。⑥

禁忌

新婚洞房忌孕妇进出,洞房器具忌孕妇触摸。孕妇不得赤脚走路,不能吃鸭肉,晚上不得出家门,不准上坟山,不准到秧田,不准爬树,不准跨牛索,不得抱他人小儿等。在松阳,女儿怀孕腹痛,娘家不得对外人说,认为说了容易导致难产。在温岭,孕妇忌进祠堂庙宇,以免血气冲犯祖先和神佛;忌动刀斧,忌剥桂圆、鸡蛋,忌钉钉子,以免触犯胎神,生下畸形儿。苍南等地还有一些其他禁忌。如忌看戏,谓导致胎儿划脸;忌塞瓶口,恐胎儿口、鼻、耳、肛门闭塞;忌吃螃蟹,恐胎儿横着难产;忌切鱼肉,恐胎儿皮肤或四肢畸形、五官不正;忌杀禽畜或看别人杀禽畜,恐胎儿四肢不全、五官缺陷;忌从桃花树下过,恐生儿会做贼等。

三、接生习俗

由于产妇分娩过程中的危险性和不确定性,各地在接生时均有一些为保证母子和家宅安宁的习俗。

---

① 《南浔镇志》,上海科学技术文献出版社1995年版,第310页。

②③④⑤⑥ 叶大兵:《中国民俗大系·浙江民俗》,甘肃人民出版社2003年版,第160页。

做产

产妇分娩俗称“做产”，又称“做宿姆”“养小百细”。过去，由于医疗卫生条件差，称妇女做产为“舍命”（意即性命交关），出生婴儿要过“惊口关”（破伤风），各地多有祈求顺利生产的习俗。兰溪等地在产妇阵痛开始后，家人即叩拜祖先。产后，家人烧纸向祖宗、灶神、土地神祭告。部分地区还有为图分娩吉利，小孩命贱如动物，故意去猪栏牛舍分娩的习俗。妇女做产，一般不在娘家，因娘家怕被抽去风水。随着医疗卫生水平提高，20 世纪 50 年代后产妇大多在医院分娩。

产房禁忌

过去妇女生产，往往以原住房为产房。宁波等地称为“红房”，温州等地称为“月里间”，绍兴等地称为“暗房”。暗房要关闭门窗，忌放铁器快口（刀类），产妇要头缠黑纱布，长辈和外人均不能进入。在洞头，产妇满月前，非至亲女眷不可进内。男人（丈夫除外）忌进“月里间”，认为此时产房是“血污之地”，会带来不吉利。如外客误闯进去，叫作“生人冲”，认为对婴儿不利。在青田，妇女做产禁忌甚多。产房必须设楼下，称“暗房”，未满月前长辈不得进入，房中忌放刀斧等利器。①

苍南等地忌在别人家或产妇娘家生产，唯恐他家风水被带走，称作“借死不借生”。②

四、庆生礼俗

婴儿降生对家庭和包括姻亲关系在内的血缘和地缘社区的重要性，首先以报生、庆贺和产妇康复礼俗的方式体现。其后，直至周岁均有各种为保证婴儿顺利成长而举行的礼仪。

报生

孩子出生以后，各地都有向产妇娘家报喜的习俗，称为“报生”。报生时，婆家携带的物品和外家回赠的物品在各地都有所差异，叫法也各有不同。如湖州双林携熟鸡蛋及果物往外家通知，而外家则回送果物（亦有极丰盛者），谓之“挨奶果”。有一些地方，报生的做法视出生婴儿的性别而不同，外家回赠则很少有体现男女的差别。例如，在金华汤溪若初生男孩则称为“红男”，先带酒肉、馒头等物驰报外家。而常山则婴儿出生后，由女婿去岳母家报生，随带雨伞，生男将伞放堂前桌上，生女则将伞放大门后，同时向亲友分赠喜面。在青田，婴儿一落地，就向娘家报生，生男用雄鹅，生女用母鸡，并用“挈盂”送去一刀肉和粉干或面条。娘家以小儿衣帽和鸡蛋等回礼，又或回赠糖、面、鸡、蛋等，富户用火腿，俗称“生姆羹”。报生一般限于头生。其中有些地方还有生女不报的习俗。在富阳，产妇生下小孩后，丈夫要派人向其娘家报生。若是男孩，在送去的礼品中，有用红纸包裹的毛笔一支；若是女孩，则附花手帕一块。在平湖，产妇分娩后，女婿即向岳家通报。通报方式有携鸡或团、饼以示男女（公鸡、团示男，母鸡、饼示女）；也有只作口头通报的。缙云城郊、盘溪一带报生多携酒壶，生男孩于壶嘴塞红纸卷，女孩插红花。岳母随提鸡、蛋、酒、婴儿衣裤和豆腐、咸菜来家，亲戚得讯亦以鸡蛋和衣料

---

① 《上虞县志》，浙江人民出版社 1990 年版，第 736 页。

② 郑维国、鲍克让主编：《苍南民俗》，苍南县档案局（馆），2001 年，第 26—27 页。

相贺。龙泉也有类似做法,称为报喜,不同之处在于,生女孩则酒壶嘴不塞,壶盖上贴齿轮形红纸。娘家人见酒壶就知是生男生女。在淳安,报生时向亲友分送喜面,亲属回赠鸡蛋、糖枣作为"产母茶",邻居、族人也陆续送来蛋、糖等。女婿向岳父母报生。有些地方称为"报喜"。如昌化,在婴儿出生后先以羊酒报于外家,其外家则具绣褓、衣及金银铃、钱、牲醴等作为贺礼回赠。文成县在新儿出生(尤其是头胎),女婿要提着大红公鸡与一壶红糖酒,插着柏枝来向岳父母报信,俗称报喜。娘家即备好小外甥的衣着、银吮、银铃、手铰、鸡蛋、鸡鸭兔、索面等去贺喜,有些做岳母的还承担照料产妇的任务。①

端索面汤

在青田,"头生"婴儿出生后要煮索面汤分送邻居,一户一碗,分享快乐。②

送汤

产后,亲朋好友备母鸡、鸡蛋、面、红糖等致贺,谓"送汤",又称送"产妇汤"。近来有送衣料、毛线的。产妇习食赤糖汤。亲友赠送烧熟块肉、鸡蛋,名称为"送汤"。也有的地方亲属送鸡蛋、糖枣作为"产母茶",邻居、族人也陆续送来蛋、糖,其功能与送汤相似。此外,各地皆有亲眷好友给产妇送礼相贺的习俗,有"拿糖篮"等各种称谓。③

利市衣

在松阳、温州等地,产妇要向多子人家乞讨婴儿衣物,对方会给单衣和夹衣各一件,束以红头绳,缚以万年青,称为"利市衣"。

百家衣

在永嘉菇溪,凡生了孩子的人家要到村里逐户索讨多色小块布条,为小儿缝制"百家衣"和诞袋,说是这样可以保佑婴儿祛病消灾,健康长寿。

诞生礼

杭州、嘉兴等地,婴儿诞生必用红脚盆温汤洗浴,随后包入襁褓用秤称其重量。男婴加入算盘和历书,女孩加入剪刀和尺一起称。

浴儿

在绍兴,婴儿出生后有浴儿风俗,洗尽血迹后还配以草药灸婴儿肚脐,随后用襁褓裹好,再在外面缚以布带,要满七日后方可松绑。据说,这七日手脚不缚,以后孩子会"孽促"(即过分好动)。

开口奶

婴儿出生,讨哺乳妇女一匙奶汁喂之,叫"开口奶",又叫"始奶""开喉奶"等。生男讨女婴母亲之奶,生女反之。喂奶前先喂黄连汤,一解毒,二讨"先苦后甜"吉利。喂"开口奶"时,男女婴互换生母,先尝黄连,寓意先苦后甜。婴儿喂奶前先喂黄连汤数口,取其清凉解胎毒,谓

---

① 丁世良、赵放:《中国地方志民俗资料汇编:华东卷(中)》,书目文献出版社 1995 年版,第 696、868 页;叶大兵:《中国民俗大系·浙江民俗》,甘肃人民出版社 2003 年版,第 162 页。

② 《青田县志》,浙江人民出版社 1990 年版,第 668 页。

③ 《长兴县志》,上海人民出版社 1992 年版,第 751 页;浙江省淳安县志编纂委员会:《淳安县志》,汉语大词典出版社 1990 年版,第 639 页;叶大兵:《中国民俗大系·浙江民俗》,甘肃人民出版社 2003 年版,第 163 页。

开声。婴儿出世，即向邻里乳妇讨一匙奶汁，先喂一口黄连汤，示意“先苦后甜”。温州开喉，须在婴儿生下当天涨潮后讨奶，且要向别的姓讨，意为将来向别姓找匹配。在台州，开喉用川莲汤、大黄汤等，俗称“吃得苦，养得大”，并谓可解胎毒。①

放食

第一次为婴儿喂奶，俗称“放食”。婴儿放食前，要按次序让其尝醋、盐、黄连、勾藤和糖。醋是酸味，盐是咸味，黄连是苦味，勾藤比喻人生路途上的困难和痛苦，最后才尝甜味，意即人的一生一定会尝到咸、酸、苦、辣、甜各种滋味，但愿是先苦后甜。

寄弓箭

在丽水庆元县，曾有“寄弓箭”习俗。小儿刚出生时要请算命人以年、月、日、时、属相推算小儿的命运。若所谓“小儿命硬，身带弓箭”，则要把小儿的年庚八字书于红纸上，置于三角布袋中，再做一张弓箭，备酒礼祭，献于寺庙或挂在古树上，称为“寄弓箭”。②

胎盘处理

过去对胎盘处理十分慎重。在金华、东阳、义乌一带，婴儿胎盘装于泥钵，藏于床下，谓之“寿钵”。在舟山，将婴儿的胎胞用草木灰腌制在小甏中，放在床底下，叫作“胞瓶”，寓意不离膝下。待人百年后将瓶取出，放入棺木中随葬。有的地区习惯将胞瓶掷入海中，取其四海为家之意。③

躺狗窝

湖州、余姚风俗，婴儿落地要穿旧衣，俗谓“小时着线，大来着绢”。婴儿穿好衣服后要放在狗窝里躺一下，意为防娇生惯养。④

取名

昔极重落地时辰，以子夜得子为贵，谓“难得半夜子”。每请算命先生排八字，若金、木、水、火、土五行有缺，儿名必带足所缺之字，如鑫、森、淼、焱、垚等；或五行各字后加旺、昌、盛、茂等字，如水旺、金昌、木茂、火盛、土深等。为易于养育，有些地区，婴孩不分男女统称“囡儿”，乳名避用娇、贵和同义之字，而取狗儿、丐儿、百家儿、灰寮细等贱称。戏骂“野种”“百客货”则示疼爱。亦有为男儿取女名以求顺利成长，及为女儿取名“招弟”等求多生儿子的。取名避六亲长辈之讳的现象，在全省各地都普遍存在。⑤

三日

很多地方在婴儿出生三日后会举行一些仪式，又称为三朝、三旦等。这往往是新生儿第一次在公众面前露面，各地都比较重视，仪式名称和内容程序在各地也略有不同。在杭州，三旦又称为“三日满”，在当天为婴儿落脐炙（灸）。在文成等地，由接生婆象征性地对小儿进行

---

① 《普陀县志》，浙江人民出版社1991年版，第995页；叶大兵：《中国民俗大系·浙江民俗》，甘肃人民出版社2003年版，第163页。

② 叶大兵：《中国民俗大系·浙江民俗》，甘肃人民出版社2003年版，第161页。

③④ 叶大兵：《中国民俗大系·浙江民俗》，甘肃人民出版社2003年版，第162页。

⑤ 《景宁畲族自治县志》，浙江人民出版社1995年版，第524页；《缙云县志》，浙江人民出版社1996年版，第595页；《新昌县志》，上海书店1994年版，第607页。

沐浴，产妇家设宴敬待，同时顺便宴请亲友睦邻，此叫“三旦酒”。杭州吴山曾有太均送子殿，以宋真州兵马都监陆圭之女为神。婴儿出生三日，要往祭祀此神，称为“烧太均纸”。当天，产妇家要以染成红色的鸡蛋遍致亲朋，亲朋则回赠以母鸡、核桃等。上虞也有类似风俗，称为“烧太君纸”。

各地三日的仪式内容大多包含洗儿和宴请亲朋，以及一些带有祈愿色彩的活动。浙南地区称为“禳解酒”，若产妇为头胎的，其娘家要送礼给婿家，称为送“三朝礼”。昌化在第三日洗儿，抱见舅姑，唤以乳名。族人各送米蛋之类探望产母，其余亲友或贺或不贺。类似馈赠礼物的习俗在各地皆有，尤以产妇娘家送礼为重，多为鸡蛋、糖、面等认为对产妇有益的食品，外家赠送婴儿用品或祭祀用的圆子等物，亦较常见。也有一些地方以包红包等方式直接赠送钱财。在建德则必集女宾聚宴，谓之“三朝酒”。磐安则要摆酒席，凡曾来贺生的都要请来，娘家也要送礼品。当日的宴会，嘉兴等地称作“汤饼会”。此外，也有在婴儿出生第三日请亲友吃馄饨或吃面的。吃面者谓之“三朝面”。三日，祀祖先，尊长者为小儿命名，置酒宴亲族，称为“红男酒”。而外家亦在这天送小儿文葆饰品，称为“当三朝”。青田称为“三日满”，早晨“做贺喜”“请夫人”，用“净水”洒房间和婴儿。此时，抱出婴儿在屋内走一圈，称“赶家”，与亲友见面，说好话讨吉利。然后吃“三日酒”，并请“洗生婆”。亲友要送“月里庚”，多为肉、鸡、鸡蛋、红糖、索面等。夜里祭太公婆，求祖宗保佑。南浔吃“三朝面”时，主人家以加盖鸡、鱼肉等菜肴的面，款待亲友，分送近邻。

过去在一些地方，为产妇接生的接生婆也会在这一天得到感谢和犒劳，并扮演重要角色。安吉称三朝洗儿为“汏三朝”，须请接生婆为婴儿检查脐带、洗浴、换“毛衣”。安吉荆湾、西亩等地，小孩三朝时做圆子分送亲邻，叫“三朝圆子”；有的人家还祭祖。定海也会在婴儿出生第三天设祭于母子床前，请稳婆洗儿，谓之“洗床诞”。淳安则在这一天请接生婆吃点心，一般煮鸡蛋一碗。

三日的庆生礼仪，除亲戚等关系密切的人群设宴庆贺外，往往也包含有邻里往来的内容。平湖将鸡蛋、胡桃染成红色分送亲友，俗称“分喜蛋”。此习尚存。龙泉在婴儿出生第三日做三旦，吃“除秽卵”，用艾叶和四个鸡蛋同煮后，将蛋剖成四块，分给邻居小孩吃。艾汤给婴儿洗身，认为可驱邪除秽。嘉兴则有“结人缘”之俗，产后第三天，由舅家送来鱼肉、糕点、果品、香烛斋佛，称“做三朝”。然后将供品分赠邻舍儿童。中华人民共和国成立以后，此俗仍流行。景宁称分娩第三天为三旦，以全鸡、条肉、米馃、茶、酒等奉香火；煮艾汤为妇婴揩拭身体；煮红蛋分与邻里小孩，谓“糊臀卵”，意恐小孩口出忌讳之语，故视其嘴如臀，出言作不得准；并以卵塞之以防未然。是日，宴请贺客，亦有延至满月或周年宴请，谓“请馔”。

也有在第三日不进行庆贺，等小儿满月再行宴请亲朋的。①

解厌和还福落地

鄞州区在婴儿出生第三天洗儿，谓之“解厌”。外家赠送牲畜用以祀神，谓之“还落地福”。

---

① 叶大兵：《中国民俗大系·浙江民俗》，甘肃人民出版社 2003 年版，第 169 页；丁世良、赵放：《中国地方志民俗资料汇编：华东卷(中)》，书目文献出版社 1995 年版，第 868 页；《景宁畲族自治县志》，浙江人民出版社 1995 年版，第 524 页；《青田县志》，浙江人民出版社 1990 年版，第 669 页。

宁波称为“解魇饭”，在产房内摆简单羹饭，点香烛于米筛内，置“商量盏”12只、“盖糖饭”两碗，祭祀床公床婆，俗谓“解魇”。仪式结束后，“商量盏”分给邻舍儿童，以求儿童和睦相处；“盖糖饭”送给久婚未育的妇女吃，说吃后能生育。该妇女则回送麻油一碗，以示“有”了。①

包手袋

产后第七天，要用红糖盖糯米饭请床公床姆。月里头要给婴儿“包手袋”，将双手置胸前用带连身缚住，谓长大后手脚规矩。婴孩坠地，以生豆腐沐浴，又将红头绳系于手臂“包周”，谓此可免孩子日后胡乱翻捡和丢弃物品。

七日

台州一带称婴儿出生后一个月里的逢七之日为“七日”，谓婴儿夭折，最易发生在第七日、十四日、二十一日，因而叫“七日疯”，最怕“七日”难以熬过。当地认为，婴儿的夭损，有的是“急惊风”，突然浑身抽搐，很快死去；有的是“慢惊风”，抽搐一昼夜以后再也不动。传说“七日”是个鬼，称为“捺肚鬼”，在床头往上一拱一拱，若把人压得喘不过气，婴儿就会被压死；有时变成一只猫，突然溜走。婴儿啼哭不止，就是为“七日鬼”所祟。为了躲避“七日鬼”，有时要由产妇带着婴儿在各个房间辗转躲避。婴儿的身体不能直接接触席子，产妇须身穿宽大的衣服将婴儿随时包裹在内。若因如厕等原因暂时离开，也须用大人的衣服将婴儿包起来再放在席上，唯恐“七日”会突然压死婴儿。②

长寿线

对亲朋幼儿的首次上门做客，主家赠“红包”、彩线和糕。线喻长寿，糕喻长大高升。③

吃长寿面

在台州，婴儿落地，亲朋听到喜讯就纷纷赶来贺喜。主人家做好有盖头的麦面请客人吃，俗称“吃长寿面”。

满月

满月是重要的庆生礼之一，多在婴儿出生后一个月举行，亦有部分地区如德清等，在婴儿出生后20日举行，称为“做满月”“贺满月”等。部分地区在婴儿出生3日后不贺，而在满月时再行庆贺。凡小康以上人家，这一天皆要宴请亲朋，抱婴儿见客人，称为“满月酒”，也有一些地方如会稽等称“汤饼会”。满月酒的内容各地略有不同，受家庭财力影响，规格也多有出入。如杭州殷实人家，外家在婴儿满月时赠以彩画钱或金银钱、杂果及送彩缎、珠翠、卤角儿食物等。其家大展“洗儿会”，亲朋俱集。煎香汤于银盆，内下洗儿果、彩钱等，仍用色彩绕盆，谓之“围盆红”。尊长以金银钗搅水，名称为“搅盆钗”。亲宾亦以金钱、银钗撒于盆中，谓之“添盆”。盆内有栗子、枣儿，少妇争相取食，以为生男之征。当日，还要抱婴儿遍谢诸亲坐客，随后抱入姆婶房中，谓之“移窠”。普通人家若财力上较困难，则不设饮宴，而烧“剃头面”等简单

---

① 丁世良、赵放：《中国地方志民俗资料汇编：华东卷（中）》，书目文献出版社1995年版，第765页；叶大兵：《中国民俗大系·浙江民俗》，甘肃人民出版社2003年版，第165页。

② 政协台州市文史资料和学习委员会、台州市民间文艺家协会：《台州民俗大观》，宁波出版社1998年版，第98页。

③ 《安吉县志》，浙江人民出版社1994年版，第548页。

食物分赠邻里，而受家回赠长命线。满月是将新生婴儿向所在社群公开介绍的重要契机。如天台等地，这一天要将婴儿抱出房间见太阳，称“落天下”，与邻居见面，称“出见”。亲友给孩子在脖子上挂五色线，称长命线。建德等地在做三日时仅宴请女性亲戚，满月酒则兼宴男宾。可见与三日相比，满月在向所在社会群体介绍新生成员方面，具有更重要和正式的意义。受邀亲朋一般会赠送铃镯、猪肉、糕饼等礼物和金钱等作为贺礼。

除满月酒外，拍照和剃发也是满月的重要庆祝内容。自20世纪六七十年代起，照相在城市逐步普及，不少家庭到影楼为孩子拍满月照。进入21世纪后，随着摄影业分工细化，儿童摄影从业者日渐增加，在影楼或延请摄影师到家中为孩子拍摄成套满月艺术照者愈来愈多。

在满月的庆贺中，产妇母家，尤其是婴儿的外婆也扮演重要角色。这一天，外家要赠送衣帽及糕粽、肉、果品等食物，有的还送三牲、爆竹、金饰及文葆用品等。这一天外家所赠衣物，因当日婴儿要剃胎发，因此很多地方称为“剃头衣”。在长兴，婴儿满月时所戴银制长命锁，有的由外婆家赠送，镌有“长命富贵”“金玉满堂”等吉祥字样。在普陀等地，这天婴儿要戴狗头帽，穿“一口钟”、虎头鞋、绣花肚兜，挂外婆送的“长命线”。很多地方都有由外婆送“长命线”的风俗。在德清，外婆家需具三牲、爆竹、果品、糕团六至八式，一早到外孙家，先设神马、上供品、点香烛、放爆竹，然后请理发师为婴儿剃头，僻远乡村无理发师则由外婆代理。而后，主人备酒待客，受来客半礼。晚，以红纸包赏理发师，将外婆家送来“相骂圆子”（有两种：一种四个相叠，底三上一；一种十个，底六中三上一）分赠村邻。在新昌，外婆送五色长命线，并送羽毛染红的外婆鸡（或牛、羊），还有银项圈、银手镯之类。南浔婴儿满月，要由娘舅抱着剃头。嘉兴由舅家送来米粉、三角实心包子，并以果品供神，然后将包子分送邻里亲戚。中华人民共和国成立以后，城乡均摆满月酒以示庆贺，舅家及至亲好友馈赠小儿衣帽、绒线等。有些地方如太平（温岭）、安吉等，则在这天第一次抱婴儿前往外家，用磨或锅灰等点婴儿的额头或鼻头以辟邪，俗称“搭搭乌望外婆”“乌鼻头管望外婆”。

除满月外，还有行双满月者。如在长兴，小孩满月，须拜太君，宴请亲友，名称为“满月酒”。两个月名称为“双满月”，礼仪简便。①

剃胎发

大多数地方有满月时为新生儿剃胎发的传统，又称“剃满月头”“落胎发”等，多与满月酒同时举行。部分地区有若满月不剃头，则须等待满四个月才能剃的习惯。剃发一般延请理发师进行，付以较为丰厚的报酬，并请吃点心或喝酒等。剃下的胎发，有的地方会团起来用彩线悬挂在帷帐处，亦有纳金银小盒中缠上彩丝小心保存的，近年不少家庭还会委托业者将胎发制成胎毛笔以作纪念。有的地方剃发并非将胎发全部剃光，而是留下囟门及脑后的一撮，谓之“孝顺毛”或“长命发”。

剃胎发往往带有期望婴儿健康成长的意义，有的地方会为之举行相应的仪式。在太平等地，剃工还向婴儿赠送鹰图，取英俊之意。德清以迟剃为蒸笼头（吃饭时经常冒汗），故以“早、速、好”三字为诀。剃毕，娘舅抱外甥撑伞户外一转，归时置灶下畚箕内小睡。俗称“贱”（健）

① 丁世良、赵放：《中国地方志民俗资料汇编：华东卷（中）》，书目文献出版社1995年版；叶大兵：《中国民俗大系·浙江民俗》，甘肃人民出版社2003年版。

而好养。在青田，小儿初次理发称“判山”，或称剃“满月头”。以头喻山，取“寿比南山”之意，“判”即砍卖树木。“判山”时，用一对熟蛋在小儿头上滚一滚，寓意光滑无疤，然后切开分与在旁的小孩吃，称吃“和气卵”。类似在剃胎发时持鸡蛋在头上晃祈求其光滑无疤，然后分食“剃头卵”的做法，在文成等其他地方也有流传。“判山”剪下的头发，包好挂在门角后。上虞则在剃头后抱婴儿过一座桥，谓之“走了桥将来胆子大”。在嘉兴，剃下的胎发被包入红布小袋，挂蚊帐上。城郊还有做“头发圆”的古俗，将婴儿胎发和狗毛、猫毛混合，用红枣、桂圆做成“头发圆”，挂在床头。用狗毛和猫毛，寓意小孩将和猫狗一样听话、活泼和容易长大。景宁等地则由亲属怀抱婴儿四处游逛，认为可增胆志。

一般来说，经过剃胎毛仪式后，就可以随时给婴儿理发了。在男女皆留长发的时代，不论男女出生一月即剃发，谓之“剃胎头”，尽去其发。此后，或留顶发为总角，或留两旁发为丫角。六七岁男则辫发，女则蓄发作髻。民国以后，剃胎发后男孩和女孩的发型开始分化，男孩大多继续剃短，而女孩则开始留发。①

留小辫子

清时，在长兴一些地区生下男婴后，如果他上面有兄姐夭亡，就把男婴的胎发留着不剃，直至成辫，俗称“小辫子”。据说用小辫子吊住，邪鬼抢不去，可保孩子平安长大。②

坐月

产妇一月内不出房门，称为“坐月子”“做月里”“坐月里”，即产褥期。旧习在产妇生产后头个月内特别注重在饮食方面增加营养，各地因其饮食习惯和物产略有不同。如文成等地有享受三饭三点心，每天一牲口（含鸡、鸭、兔、猪心肝肚等）之说，并尽量喝红糖老姜红酒。产褥期中，产妇禁食生冷辛辣酸的食物，不能外出冒风寒，不洗冷水和刷牙，一般卧床休息，不行劳作。亲友睦邻，凡有人情往来者，在产妇做月里期间，习惯上以鸡、鸭、兔、猪肉加上鸡蛋索面等送礼相贺。此俗一直相沿，习称“送月里饭”或“送月里”。现更趋选送高档营养品与小孩衣料，或直接送钱贺喜。在很多地区，产妇生产后的饮食由母家送给，如三门因近海，娘家送去白鲞以及豆腐皮、鸡蛋、红糖等食品和婴儿穿戴的衣着；亲戚要送食品或暖药。接受过产妇娘家催生送来的“过水面”“解蒲粽”分赠的邻居，也在产妇坐月里时回送鸡蛋、红糖等。温岭产妇坐月子，以食姜炒米饭为主，进食时拌红糖，娘家亲戚送猪肉、鸡蛋、米面、红枣、桂圆。

虽然称为坐月，产妇一般满月后下床，但贫困人家产妇往往不能休够一个月，有的休息 7 天，甚至只有 3 天，即下床做事。中华人民共和国成立以后推广新法接生，孕妇在医院做产，婴儿健康，产妇平安。但是礼尚往来、馈赠祝贺等情，仍沿袭旧时习俗。③

---

① 《淳安县志》，汉语大词典出版社 1990 年版，第 639 页；叶大兵：《中国民俗大系·浙江民俗》，甘肃人民出版社 2003 年版，第 163 页；《上虞县志》，浙江人民出版社 1990 年版，第 736 页；丁世良、赵放：《中国地方志民俗资料汇编：华东卷（中）》，书目文献出版社 1995 年版，第 828 页；政协台州市文史资料和学习委员会、台州市民间文艺家协会：《台州民俗大观》，宁波出版社 1998 年版，第 101 页。

② 叶大兵：《中国民俗大系·浙江民俗》，甘肃人民出版社 2003 年版，第 170 页。

③ 丁世良、赵放：《中国地方志民俗资料汇编：华东卷（中）》，书目文献出版社 1995 年版；叶大兵：《中国民俗大系·浙江民俗》，甘肃人民出版社 2003 年版。

坐月禁忌

旧时产妇多在家生产，且科学不发达，存在诸多禁忌。这些禁忌大多以母婴安全和健康为目的，也有部分禁忌产生于血秽等观念。如在新昌等地，产房叫“暗房”，坐月子期间，只许接生及服侍者出入，亲友也不进房，视为“污秽之地”。亲友送“月里羹”，多用榨面、红糖、鸡蛋、豆腐皮等，均为产妇食品。收下月里羹不能回盘，有“回盘缺奶”的说法。安吉产妇坐月，亲友送索面、蛋、酒及小儿衣物布料。满月后，产妇始可出户去邻里。在此之前，产妇必静养舍内，并有许多禁忌，俗称产妇为“舍姆”，产期谓“月子里”，产后静养谓“坐月子”。缙云产妇坐月子，以布包额头，并随关门户防风；多淡食，汤饭内加鸡蛋、豆腐皮，鸡肉亦不放盐，忌吃硬、酸、咸等食品；不洗头擦身，终日于被窝“保养”，日常事务由母亲和婆婆等代劳。文成孕妇坐月期间忌吃兔唇，禁吃狗肉，注意休息，不干重活，尽量少出远门，适当增加营养。青田等地也有产妇要眠床休养一个月，不洗头、不刷牙，每天吃六餐的习俗。产妇食物多为肉碎鸡蛋杂饭，喝乌豆当归酒。洗脸用开水，防日后手、脸龟裂；忌吃鱼，防日后下身发痒；门窗紧闭，忌吹风。

近年，随着医学进步和现代产育观念普及，生活方式转变，接受科学的产褥期护理和康复方式，不循旧例坐月的产妇逐渐增加。①

出月

产妇坐月，满月后方可出房，称为“出月”。部分地区还举行相应的仪式，与婴儿满月结合进行者有之，分别举行者有之。如青田，婴儿满月时生母吃“满月点心”，脚要搁在“灰塘杠”上，不慌不忙地吃，说是日后小儿不会嘴馋。产妇未满月不出房门。在景宁，产后周月为婴儿满月，应佩避邪之金银器；产后 40 日才是产妇满月，产妇以艾汤沐浴，自此食用家常便饭，可操持日常劳作。②

百日

百日又称为“百禄”，生子百时，即一百日，亦开筵作庆。是日，外家亦有所馈。照相术普及后，在百日这一天为婴儿拍照留念。

四个月

苍南一带风俗，又称“百廿天”。因而出生四个月后举行宴会，娘家要送煮熟的红鸡蛋、小儿内外衣及鞋帽等物，其中必有米塑的寿桃及各种动物形象。但是，走兽中不可有狗、虎，鱼类中不可有乌鳢。本家将这些米食分送四邻。③

伏头

台州等地剃过满月头后，再过 3 个月，即婴儿出生满 4 个月时，要剃第二次头，这次剃头

---

① 《新昌县志》，上海书店 1994 年版，第 607 页；叶大兵：《中国民俗大系 · 浙江民俗》，甘肃人民出版社 2003 年版，第 163—164 页。

② 《青田县志》，浙江人民出版社 1990 年版，第 670 页；《景宁畲族自治县志》，浙江人民出版社 1995 年版，第 524 页。

③ 郑维国、鲍克让主编：《苍南民俗》，苍南县档案局(馆)，2001 年，第 28 页。

称为“伏头”。①

周岁

婴儿一岁时，行周岁之礼。周岁亦称“周晬”，即“拈周试晬”之意，按婴儿性别分置相应物件，随其抓取以试其前途，因此又称为“抓周”“拿周”等。松阳称为“秩幼”，家长会请亲友。亲友赠送幼儿衣装，食品、红包。也称吃幼。这一天，亲朋皆有馈赠，而主家则设馔与来贺亲朋宴饮。旧时，杭州的殷实之家在做周岁时，罗列锦席于中堂，烧香秉烛，设供奉果品及父祖诰敕，金银七宝、玩具、文房书籍、道释经卷、秤尺刀剪、升斗戥子、彩缎花朵、官楮钱陌、女工针线、应用物件及乐器等玩物，将周岁婴儿置于当中，观其先拈者何物以为佳谶。其他亦有将试晬用品置于盆中，由婴儿抓取的，称为“晬盘”。比较讲究的人家，往往会置备精致的晬盘，以雕漆等工艺，刻婴戏图等吉祥图案。

婴儿周岁，外家也在庆贺中发挥重要作用，所赠衣饰、鞋袜，多者至数十事，亲友亦间有赠送布物、银钱者。此外，也有由外家赠送晬盘的，另外赠送金饰，男用小紫金冠、金镯，女用小金龙额，项圈等物，谓之“搧搧周”。金华汤溪称周岁为“对周”，即“对晬”语之转。是日为小儿试履，履称为“学步鞋”。若是女婴，各节略同，唯礼物较男孩为差，且不设宴。② 衢州、淳安等地则在周岁时由亲友醵钱，以人多为贵，制牌锁诸物为小儿佩饰，以为众共子之则易于抚育，称为“百家牌”“百家锁”。上虞称“闹周”，须做“得周果”(米粉豆沙馅的扁团子)分给亲朋邻里。德清婴儿周岁时备酒待客庆贺，谓之“做周岁”。诸亲不必尽办礼品，可以钱折礼，俗称“干折”。当时，外婆家要以新衣服、米糕、鱼肉、爆竹相贺。是日敬神。敬神毕，令婴儿在晬盘中抓各种物品，占将来志气。黄岩、三门等地皆有送“对周衣”的习俗，由外婆赠以衣服鞋帽。在部分地区，小孩周岁后才第一次往外婆家，抹墨于额上，谚云“搭搭乌，望外婆”。洞头方言和民系较为复杂，婴儿周岁时，亲朋好友都要送礼祝贺，主人则做些寿糕寿桃分送给亲朋。如果是男孩周岁，外婆家均要做点心送来，闽南语方言区送“红圆”，温州吴语方言区则送寿桃。经济条件好的人家，还给孩子送来金银锻制的“长命锁”、衣服等。③ 在安吉，婴儿(多为男孩)周岁时，外婆家要为其做生日，亲朋送贺礼，主家设宴招待。是日，置大蚕匾于地，匾中陈设书、笔、砚、刀、箭、斧、锄、秤、尺、算盘等，抱孩子坐匾中，任其抓拿，以卜孩子前途。④ 天台孩子满一周岁，称“够周”，要烧“够周面”分赠邻里。外婆要送“够周果”“够周衣”。孩子长到一两岁，母亲将其装扮起来，身佩小宝剑和历书去外婆家，称“望外婆”。⑤ 文成由外婆送两套小衣裤，一只铃啷银脚铰，一条“长命富贵”银牌项链。此俗也叫“送码周”，20 世纪 90 年代起，有人还加送“小儿车”和一些中高档小玩具。⑥ 嘉兴行周岁礼时，舅家送米粉拓饼，亲戚送衣

---

① 政协台州市文史资料和学习委员会、台州市民间文艺家协会:《台州民俗大观》，宁波出版社 1998 年版，第 101 页。

② 丁世良、赵放:《中国地方志民俗资料汇编:华东卷(中)》，书目文献出版社 1995 年版，第 869 页。

③ 《洞头县志》，浙江人民出版社 1993 年版，第 121 页。

④ 《安吉县志》，浙江人民出版社 1994 年版，第 547 页。

⑤ 《天台县志》，汉语大词典出版社 1995 年版，第 655 页。

⑥ 《文成县志》，中华书局 1996 年版，第 290 页。

饰等物，谓“周礼”。家中设酒席招待，称“生日酒”。小孩穿新衣，戴虎头帽、银项圈、百岁锁（或称长命锁）、手镯、脚镯等，先扶至堂前礼神，然后抱着穿过预先搭在屋檐前的竹梯，称为“过关”，再由娘舅抱着沿村兜风一圈。也有认为必须过两座桥，才算吉利，此俗在中华人民共和国成立后部分农村地区仍保持。①

开荤

小儿断奶后要开荤，吃荤食荤菜。开荤不能用自己家的食品，而是到人多的人家、做喜事的地方，讨取鱼、肉、鸡、鸭之类开荤。若碰不上，有的隔几个月才能开荤。在浙北一些地区，开荤时须将鸡心、鸡舌、鸡冠剁碎烧熟，让小儿品尝。吃鸡心，表示存心，记性好；吃鸡舌，表示讲话中听；吃鸡冠，表示头戴冠，将来做官。母亲边喂边念：“官官（囡囡）吃了舌头会讲话，吃了油（肥）肉长得胖，吃了糖糕长得高。”②

图 96-6-1-1　立桶（〔日〕佐野贤治 1990 年拍摄于兰溪市）

斩脚绊

俗信婴孩两脚间有一条看不见的绳索，称为“脚绊”，把它割去，孩子就会走路。在丽水等地，割脚绊不事先告诉孩子，大人将吹火筒和柴刀准备好，当孩子分开两脚正在学步时，大人突然走到孩子身后，将吹火筒从小孩胯下顺着地面扔过去，紧接着将柴刀顺着地面从孩子胯下扔过去，如此往复三次就算完成，谓之“割脚绊”。在余姚，小孩子刚会开步时，地上放一条草绳，让其慢慢跨过去，再用刀斩断草绳，并吃一只蛋，谓之“斩绕脚绊”。③

认干亲

孩子身体单薄，常认他人为“亲娘”“亲爷”，也有认菩萨、樟树、石头为“亲娘”“亲爷”的。如今小孩患病，均送医院诊治，而认“亲娘”“亲爷”之俗却未全除。凡小儿或艰于养育，则寄名多子之家，谓之“认亲娘”。艰于子嗣者多令拜樟、柏树及社神为父母，称为“寄名”。还有根据算命先生指点的“关煞”，寄拜给“娘娘菩萨”、村口古木、山上灵岩为子弟，以求平安长大成人。其中，樟树以其四季常青、根深叶茂的特点，多地均有认樟树为干亲以祈求儿童健康成长的习俗。金华汤溪有所谓“樟树娘”者，乃寄名于最巨之樟木，若叨其庇荫，然其名则各冠以樟字，称为某樟、樟某云。兰溪则有拜樟树娘娘的习俗。儿童长至 3 岁左右，每逢祭祖，则由母亲带领前往拜祭樟树娘娘。拜祭之礼如下：以红纸书儿童生辰八字，备米饭、豆腐、熟肉、酒、筷等祭品，燃线香、纸钱拜祭。丽水等地有称樟树为风景树者，多有种植，被当作神灵拜祭的樟树

---

① 《嘉兴市志》，中国书籍出版社 1997 年版，第 1935 页。

② 叶大兵：《中国民俗大系 · 浙江民俗》，甘肃人民出版社 2003 年版，第 168—169 页。

③ 叶大兵：《中国民俗大系 · 浙江民俗》，甘肃人民出版社 2003 年版，第 170 页。

则各个村落有所不同。凡儿童出生后，以线香三支、蜡烛两根，燃烧纸钱拜祭樟树认干亲。尤其是体弱多病的儿童，多认樟树为亲爷，农历七月半及除夕日前往拜祭。认干亲之时，儿童以锅灰点黑鼻头，背负小镜子、筛、皇历以辟邪。以锅灰点鼻意指背负着锅，则邪祟不敢近。镜子是照妖镜，筛子为金属制，用以捉鬼。皇历写有生辰八字，亦有保佑儿童无惧邪祟之意。①

除樟树外，很多地方有拜某山某岩为亲爷的习俗，称为“拜岩亲爷”。拜干亲后，取名第一个字必须要用“岩”字，下一个字可以随意，并写“岩爷赐名”，钉于房内板壁上，在檐头下挂一个插香炉的器具。每月初一、十五都要拜祭，直至孩子成年为止。②

台州一带称认干亲为“老寄爷”，有的拜命好之人，有的拜命贱之人，甚至有拜乞丐、野花野草等为老寄爷的。拜老寄爷后，寄儿每年腊月下旬谢年后，给寄父母担去馒头、猪肉等拜个早年，称为担“年寄”，至少 3 年，多者有担几十年的。寄父母则给寄子压岁钱。寄子家里的其他人，也要称其寄父母为“老寄爷”“老寄娘”，并与寄父母的子女以兄弟姐妹相称。若拜神为“老寄爷”，则需先获得“神通”的女巫同意。永嘉一些山村里也有拜乞丐为干亲的习俗，称为“拜乞丐亲爷”。

果盘山

农历四月十四日，相传是道教吕祖生日。在温州，人们就在这天让孩子祭拜吕祖做干儿子，俗称“拜亲爷”。在 3 年以内，每月初一、十五要送米到道观，向道士调换一碗饭，放在吕祖案前供奉，然后给孩子吃，谓孩子可以聪明、乖顺和长寿。每年这天，拜了干爹的人家，都要送一个果盘到观里。果盘为木制，八角形有盖，贴金油漆，十分精巧。果盘装有红枣、荔枝、龙眼、花生等物，另加 100 文钱奉送道士。果盘要留观里陈列 3 天，以后拿回家去。这一天，观内果盘堆叠成山，人称“果盘山”。

百家米

小孩多病，则向邻家乞米，满一百家，煮饭或蒸粿给小孩吃，谓讨百家米。

止夜啼

婴孩夜啼，则于红纸条上书“天苍苍，地茫茫，我家有个小儿郎。过路客官看一遍，小孩一觉到天光”，到处张贴之，俗称“卖赖号(哭)”。七八岁时孩子换牙，须合拢双脚，上牙丢于床底，下牙扔之帐背。倘新牙久不长出，以发芽谷种戳牙床以助其长。婴儿夜晚哭闹，不究缘由，不请医生，写几张纸条云“天赤赤，地黄黄，小儿夜哭在娘房，过路君子读一遍，一夜睡到大天亮”。谓可治夜哭，至今仍有仿行。

叫魂

在绍兴，婴儿哭闹，如曾抱其走出屋外，则长辈会怀疑其受惊吓儿魂魄出窍，就要以“叫魂”解决。黄昏时，有长辈在窗口对着白日里孩子去过的方向呼喊“某某呵，回来哟——”而另一人则在外面代婴儿的“魂”作答：“哦——来哉！”或在灶间进行，把饭镬挪开，一人在灶上叫一声“某某回来哟——”，另一人在灶下回“哦——来哉！”

---

① 佐野賢治:「人生儀礼から見た江南の民俗」,福田アジオ編:『中国江南の民俗文化』,1992 年,第 110 页。

② 叶大兵:《中国民俗大系・浙江民俗》,甘肃人民出版社 2003 年版,第 167 页。

过关

在丽水，如小儿年庚八字犯关煞，要请师公（男巫）开关，叫作“过关”。过关一般在夜晚，由师公作法事，并抱婴儿从饭甑上穿过。过大关要做三天法事，过小关则做一天法事。在温州农村，不少人要请算命先生给孩子算命，如算出“命带关煞”，也要请法师替孩子“过关子”。通称“做吉事”。在舟山叫“度关”。婴儿怯弱多病，往往请念伴度关，在神庙内设祭享神，念伴鸣钟敲鼓，口诵咒语，手提称为“关鸡”的白毛公鸡一只，来回在饭甑上穿越。此俗到中华人民共和国成立以后才逐渐消亡。①

养育禁忌

生育为人生大事，且旧时孕妇临产，辄有危险，有“一脚棺材里、一脚棺材外”之说，故多繁文褥节及禁忌。青田等地，生儿称“生大脚”，生女称“生细脚”。忌问婴儿生下几天，怕犯“七日疯”。婴儿的月份以指头为号，如问“几个月”要说“几个指头”。小孩生病叫“做贼”，称自己孩子为“讨饭娒”。抱小孩忌说“背”。忌看日头与灯，防白眼。忌用腌肉做“三日”，怕小儿口馋。忌雨天教小儿说话，怕口吃。忌吃软壳蛋与软壳虾，防软骨。忌吃鱼子，怕不会数数。忌吃鸡爪，防写字如鸡抓。忌随身钉纽扣，说是会做贼。景宁产妇临盆谓“做大头”，昔请接生婆侍候。产房忌红色衣被，产妇床沿旁人禁坐。②

重男轻女

旧习重头胎，重生男，重男轻女的现象广泛存在。婚礼中多有祈求新婚夫妇快生男丁的礼俗，溺杀女婴的现象曾屡禁不绝。在报生礼上，生男生女报生所持之物往往便有不同。一般初胎不论生男生女，都做满月或周岁，如二胎生女，就简便多了，如初胎生女，二胎生男，仍如初胎。有的地区，第二胎起，生女者不行报喜之礼，仅传口讯。亦有的地区，亲友来贺时，只有生男才摆酒宴请，生女则不摆酒的习俗。类似区别在周岁等人生礼仪中也有所体现。洞头等地则有生男须向媒人送礼致谢的做法。自20世纪70年代以后，随着人们观念的转变，尤其是计划生育政策的推行，生男生女的区别有所缩小。

溺婴

中华人民共和国成立前，有的贫困之家由于子女过多无法抚养，女婴出生后即将其溺死。中华人民共和国成立以后，此俗在山区还偶尔出现。

遗婴

亦作“弃婴”。中华人民共和国成立前，多子女的贫困户有的会将婴儿遗弃于路旁，或探得无子女的人家弃之门口，以送给他人抚养。中华人民共和国成立以后，弃婴现象仍偶有出现，主要是一些人为逃避计划生育，将女婴弃于民政部门门口或城镇路旁、医院等地，赖他人抚养，以便自己再生男孩。

抱婴

过去为有男丁继承遗产，有抱养他人之子，或从亲戚处儿子的。亦有诈孕暗抱他人之子，

---

① 叶大兵：《中国民俗大系·浙江民俗》，甘肃人民出版社2003年版，第166页。

② 《浦江县志》，浙江人民出版社1990年版，第670页；叶大兵：《中国民俗大系·浙江民俗》，甘肃人民出版社2003年版，第159—160页。

生女而暗易他人之子，无子而夫死则妇诈称遗腹抱养男儿，生子夭亡但秘而不宣抱养他人之子以充己出的，等等。中华人民共和国成立以后，户籍制度完善，抱养须经民政、公安部门批准，方可登记户口。

第二节　成年礼俗

成年礼俗标志着自然人向社会人转变的阶段性过程，达到一定年龄，或符合一定条件后，通过特定的礼仪，确立其成年人的社会角色，被赋予某种权利和义务。历史上，大多数朝代都规定了成人年龄，由 15 岁至 20 岁前后不等。但是，随着历史推移，作为独立仪礼的成年礼在大多数地区已不存在或形骸化，导致社会成员在社会化过程中从孩童到成人的界限模糊。其中，将成年礼与婚礼结合起来，是比较突出的现象之一。在浙江省各地，广泛分布着达到一定年龄，即由父母及亲属为之举办某种仪式，习惯上即认为其成年的习俗。中华人民共和国成立以后，法律规定公民 18 周岁成年，被赋予合法公民的所有权利，并依法承担所有责任与义务。但是，法律法规并没有对相应的成年礼仪作出规定。近年来，浙江省与全国各地一样，由学校等公共机构举办的成人礼逐渐盛行，如部分学校在大多数学生年届 18 岁的高中三年级组织学生统一举行成人礼，亦有大学为新生举办成人礼的。

此外，广义的成年礼俗还包括入学、拜师等标志着一个人社会角色变化的礼仪，以及散布于各地的不同年龄阶段的特有礼仪。

一、冠礼和笄礼

作为制度性的“礼”，传统成人礼包括男性成人礼冠礼和女性成人礼笄礼。直至中华人民共和国成立前，国家管理都很难到达普通民众，加之礼仪繁缛，其所需诸费对小户平民来说也不易承担，因而在民间还发展出各种具有地方特色的成年礼俗。21 世纪以来在年轻人中出现了越来越多的汉服和传统文化爱好者，部分同好开始通过古籍整理冠礼和笄礼形制，并模仿其形式举行成年礼。部分地区和学校也开始在组织成年礼时采用着汉服、加冠、跪拜和成人宣誓等混合进行的模式。

冠礼

冠礼以男加冠为标志，故名。冠礼产生以来，几经兴替，至唐呈废弛之势，宋朱熹提倡简化礼仪恢复冠礼，并向民间推广。尽管如此，民间依然鲜少举行。明时，男子二十而冠，多于冬至或元旦束发加网，士戴方巾，民戴圆帽。有的未入泮童生，因不愿戴帽，虽年过期也多不加冠。及至清代剃发结辫，夏戴凉帽，冬戴暖帽，贵贱一体，虽三尺童子也无不戴帽如成人，只有部分士大夫之家计算年岁举行冠礼，过程从简，以入泮儒服，戴顶帽，略示冠礼之遗意，而并无古三加请字之礼，聚族张筵为庆会。举行冠礼的年龄，据雍正《浙江通志》为 16 岁，或有 15 岁、20 岁行冠礼的，亦有“年逾总角”“成童”等较为含糊的记载，基本上是 15 岁前后。亦有以男子体量为准，以五尺以长始胜冠，遂行冠礼的。男性达到成年年龄，则由家中父兄择一吉日，告于家庙，出祖先神主于堂，父引子祭拜，乃命之冠。既冠，自父母以下依次拜而成礼。行冠礼后，即为成人，可以婚娶，并命以字，从此同辈不以名相称，而尊长也不称其小字。行冠礼前，男子须先养发，并于冠礼后将头发由总角改易为成人发式，宣告成人。由于民间多不行冠礼，则常有男子突然将总角改为成人发式者。在科举时代，亦有应试童生，虽已婚年长仍然总角的。民国以后，男女均剪发，男子的冠礼和女子的笄礼都逐渐废止，加笄礼间有举行者，而加冠礼则基本上不再举行。

除专门举行的冠礼外，很多情况下冠礼和婚礼结合举行，然而亦多行于士大夫之家，在平民之家较为鲜见。举行冠礼的日期，有婚前择吉日举行、婚礼前一日举行和婚礼当人举行诸种，依各地习俗而不同。如平湖等地，在娶亲之日，亲朋咸集，傧相以鼓乐导，设位中堂，父母冠而命之，然后亲迎。其中较为隆重者，于婚前一日，请乡先生有齿德者为宾。堂上设位，执事者一人执礼冠，一人执礼服立于堂隅。主人盛服出迎宾，宾亦盛服升立于堂西，主人从升立于堂东。冠者以燕服出，立于主人之下。执事者一人以礼衣，一人以礼冠授宾，宾受，加冠于冠者。冠者易以拜宾、主人，出拜其母若兄弟。德清亦有将夫妇结发之礼当作婚礼的。将婚前一日，由喜娘剪取新妇发一缕，堂中设神马、香烛、糕果，邀亲族之有福寿者为之梳栉，加以红绿丝线而编之，谓之“结发”，俗亦称“上头”。知礼之子必叩谒尊亲属，而尊亲属勉之，平辈贺之。湖州双林镇男子结婚日宴请亲友时，设正席西上与媒席东上，并弟侄为定位，被认为可能是古时士大夫冠礼父醮子的遗制，只是仪式从简。有的人认为这样设席有僭越之嫌，则将客席设于别室。因行冠礼的年龄亦随成婚年龄而定，有时会出现未成童即改为成人发式，又或年长亦未易发的情况。

笄礼

笄礼为女性成年礼，以加笄为标志，故称“笄礼”，又称“上头”。女子行笄礼时，将少女时的发式解散，重新绾成代表成年妇人的发髻，以发笄插入固定，称“加笄”，又称“笄头”。笄礼大多与婚礼相关联，极少单独举行。待婚期定后，男家一般要向女家赠送礼物以示催妆之意，称“催妆礼”或“催妆饭”，又称为“上头茶”或“上头担”“转头担”等。如宁海，男家所赠加笄礼品，有包头、笄子，必施以珠饰，奢俭不等。女子行笄礼，多在婚礼前数日择吉举行，也有在婚礼前一日、婚礼当日举行的，各地因其习俗略有不同。如浦江，在婚前三日，男家向女家赠送礼物，女则开额加笄，盛服祭告先祖，称为“笄头”。衢州在女子当嫁时加笄焉，邀亲戚设宴谒别。是夕，女家有坐筵之仪，一如男家新妇入门三朝宴。杭州则在女子出嫁前一日或当日，延亲族之齐眉有子者行加笄礼，谓之“上头”。民国后，女子发髻尽剪，笄礼并未被废，但已无改易发式之仪。

女家在笄礼当日聚族张筵，亦有送别女儿，并祝其婚后生活平顺圆满之意。如在德清，多以男家催妆饭醴女，父母兄弟于笄礼上致以训祝。诸暨习俗，女子临嫁三日始剃面，开面后盛妆别祖庙。临海则在女临嫁前数日行笄礼，母亲对女儿进行训诫。出席笄礼的客人，除父母兄弟等亲人以外，多宴请女性亲戚中体面者为女加笄和开面。部分地区还规定，被邀请的女宾须是原配且有子者。

亦有少数将笄礼单独举行者。士大夫家女子年 15 岁至 20 岁者，由母亲做主行笄礼，邀请亲姻妇女中贤而有礼者，遣人致词以请。厥明陈服，宾主迎即将加笄女子入内升堂，由来宾为之加笄。女子归房，换背子再出。行笄礼后，即代表此女子已经成人，可以婚配。寻常人家请族内尊者主持加笄，主人以笄者见于祠堂，祭告先祖，俯伏四拜，起立。礼毕，以次见于尊长，拜之，乃复位，礼宾而退。

二、地方特色成年礼俗

随着上学、拜师就业等个人在成长过程中社会角色的变化，各地都有一些相应的人生礼仪。与制度性的成人礼不同，这些地方特色成年礼俗更多地表现出与个体社会生活和社会关系变化之间的关联。如母系亲属在里俗众扮演的角色等，都充分体现了这一特点。

入学

旧时男子入学多与冠礼并行，命以字，具有成人礼的意义。已有婚约者入学，岳家往往具礼。德清等地，儿童入学则由外婆家馈以书包，内装笔、墨、砚及云片糕、粒糖。贫寒之家提糖汤壶，由娘舅或姐夫带领入学。孩子手提灯笼（内不点烛），象征无路不通，前途光明。见师后，师问行辈取字，称“书名”。安排座位后，娘舅将干饴糖（俗称“斩白糖”）捺于凳下，谓可将孩子黏于凳上而不逃学。老师将学生所带糕、糖、糖汤等分给同学。也有以红纸包盐一撮，撒于学校附近河埠，称“结缘（盐）”。[①] 旧时，儿童开始上学还伴随着“发蒙”礼仪，亦称“启蒙”“上书堂”“上书院”等。发蒙要选择吉日，跪拜蒙师，蒙师把手教新生填写描红字一张，写毕，蒙师加圈。新学生拜谢蒙师出堂，向长辈亲友拜客，长辈给予拜见钱。过去，外婆家给外甥发蒙送礼有魁星糕、福寿糕、粽、钉鞋、雨伞等。民国时期送雨伞、书包、套鞋。中华人民共和国成立以后，此俗曾一度消失，但 20 世纪 90 年代以后，外婆家又送学习用品及糕点、粽、水果等物，有的送到学校分赠同班同学。[②]

拜师

旧时贫困人家多不送孩童入学读书，若使拜师学艺，则选吉日行拜师礼，呈送红包，办敬师酒，终身执礼，情同父子。与入学一样，拜师礼有时候也起成人礼的作用。三年满师，师父送给徒弟手艺工具一副；徒弟结婚，师父送结婚衣服一套；婚宴请师父坐上席；师父去世，为徒者执弟子礼，有的还戴孝悼念。

上头

上头之礼男女皆行。娶前三日，女子修面剃额，称“开额”。男子则剃头沐浴，称“上头”。清代童子三四岁即戴帽，至将婚前一日乃复行冠礼，女子则将嫁加笄，俱延亲族之尊者夫妇咸集，其中妇人限于元配有子者，命赞礼祝之。与冠礼一样，上头之礼也有婚期既定之后，在婚礼前择日举行，以及在婚礼前一日举行、当日举行等不同做法。

上头糕

男女上头之日，以糕或团馈送亲邻族党，名称为“上头糕”“上头团”。女子将嫁乃笄，笄之

---

① 《德清县志》，浙江人民出版社 1992 年版，第 602 页。

② 叶大兵：《中国民俗大系 · 浙江民俗》，甘肃人民出版社 2003 年版，第 172 页。

日，蒸糕以馈亲邻，名“上头糕”。礼毕，遍拜于尊长前，而馈亲邻以粉团，名称为“上头团子”。此是婚礼与冠礼混合而产生的一种礼俗。因冠礼久废，行之者鲜，男子于成婚日凌晨行加冠礼，称为“上头”。用鼓乐，供佛马，赞以祝词，亲戚或馈送蒸糕、粉团，称为“上头圆子”“上头糕”，上头之人必择亲族中结发夫妇已有子者，行礼于厅事，男子加大帽。女子亦于出嫁日加珠笄髻簪，仪与男子同。男称为加冠，女称为加笄。上头毕，拜父母尊长。①

做七子

在嘉兴郊区，孩子7岁生日那天有外公、外婆、舅舅、姑爷的长辈前来祝贺，称为“做七子”。“七子”即7种带有“子”的物品，如荔子(枝)、袜子、鞋子、裤子等，各式各样，贵贱不分，包括吃的、穿的或用的。舅舅到外甥家当即取出准备好的鞭炮点燃，然后把“七子”一样一样放到桌子上，每拿出一件都要说一句吉利祝愿的话。舅舅讲完，孩子收下“七子”并谢过舅舅后，又是一阵鞭炮声。民间认为7岁是孩子正式上学读书的第一年，又是人生起步上进的开端，故特别重视。②

做十岁

主要分布于杭州市郊。小孩长到10周岁生日，主人家要大宴亲友，外婆家则送一套新衣帽。富裕人家有的还送小牛一头，牛角上扎红绿布。③

做十六岁

年满16岁，外公、外婆、娘舅、姑父、大伯、小叔须备鞭炮百子、新衣服装、鞋袜帽子等礼物，给孩子做生日，名称为“敬茶”。是日，除去孩子颈中百锁，以示已成大人。古有“年满十六岁，当官打屁股”之称。此日须设筵宴请亲友。在湖州南浔，男满16岁生日称“成人之喜”。镇人颇为看重，设宴款待贺客，吃生日面、生日蛋糕、放爆竹，至亲好友送“红包”及礼物。

小人节

在温岭石塘，每年农历七月初七，居民都要为自家未满16岁的孩子准备彩亭、彩轿过小人节。男孩扎亭，女孩扎轿，彩亭均为二至三层，由当地民间纸扎艺人用竹条、彩纸、泥巴扎制而成，彩亭上还分层装饰了各式绢人，取自民间戏曲故事人物，如《七仙女》《八仙过海》《西游记》等，个个栩栩如生，色彩绚丽。底层舞台两侧或彩绘城墙，或彩绘花木，制作十分精美，在七月七日这天早上，大人们将供桌摆放在自家门前，在中间放上彩亭或彩轿，同时，在彩亭或彩轿前，点上香烛，摆上酒和各色瓜果，以及糖龟、猪肉、鱼鲞。在上了三炷香、叫小孩或代小孩许愿后，再将彩亭(彩轿)在铁锅上焚烧。

孩了年满16岁时，就要有一个手拿雨伞的小纸人的“满金亭”，喻示这孩子从此长大成人，称为“满亭”。孩子的母亲、奶奶为其举行成人礼，在桌子上摆放彩亭以及各式时令水果、老酒等供奉妈祖或七仙女，祷祝后彩亭焚烧，家家户户燃放爆竹庆贺。④

---

① 丁世良、赵放:《中国地方志民俗资料汇编:华东卷(中)》，书目文献出版社1995年版，第614、664页。

② 叶大兵:《中国民俗大系·浙江民俗》，甘肃人民出版社2003年版，第172页。

③ 叶大兵:《中国民俗大系·浙江民俗》，甘肃人民出版社2003年版，第172—173页。

④ 陈勤建:《七夕“小人节”祭拜特色和源流》，福田アジオ编:『中国江南沿海村落民俗誌』，2006年，第229—235页。

满罗汉

清时，在湖州，孩子长到16岁时行成人礼。这天叫“满罗汉”，男女都要做寿，办“罗汉酒”，吃长寿面，放鞭炮。父母要给孩子“新扎官”，马张上写“刘海蟾神位”。刘海蟾类似红孩儿模样，头上扎两个总角，与财神菩萨为伍。扎新官用糕、桃（桃子形状的圆子）、寿（寿桃）、面、水果数样，还有香、烛、炮仗、百子炮。本家至亲，过房亲都到齐，而且都要送衣送物。习惯认为孩子办过罗汉酒，就正式成人了。

灭苦毛

在泰顺，女子成年时，由童男童女各执剃刀一把，从女子左右鬓角象征性地虚晃三刀，然后由一中年妇女以两根苎麻丝绞紧拔除女子脸面的汗毛，俗称“灭苦毛”。

第三节 婚嫁礼俗

传统婚礼基本上按照“六礼”（纳采，问名，纳吉，纳征，请期，亲迎）的程序进行，今俗对应议婚、订婚、成婚诸环节，在此基础上增添与各地文化相适应的内容。明代以后，由于成人礼的衰退，在多数地区婚礼同时就承担了成人礼的功能。其中，女性的笄礼往往在婚礼前一天或数天择日举行。男性在婚后则往往被认为已经“成家立业”，被赋予新的社会角色，部分地区还有在婚礼前先为男性举行成人礼的习俗。总体而言，传统婚礼的主体为缔结婚姻双方的家庭，从议婚到成婚过程较长，新人须遵从“父母之命，媒妁之言”，没有选择结婚对象的权利，除听从安排行礼外也不参与婚礼的筹备和具体操作过程。此外，传统婚礼还呈现成亲礼和成妇礼相分离的特点。即，新妇在入门以后还须经过庙见之礼或拜见公婆，才能成为夫家的正式成员。

民国以后，自由恋爱结婚之风渐盛，但婚姻由父母或其他长辈安排的现象仍大量存在。时至21世纪，不经过恋爱阶段，完全以父母之命成婚的现象已为罕见。同时，婚礼的主体也由双方家庭向男女新人转变。议定婚期、筹备和操办婚礼，基本上由男女新人共同商议进行。随着核心家庭化，年轻夫妇婚后不与长辈同住者增多。相应的，父母出资帮助儿女准备婚后生活所需的房屋和家具、家电等，也成为广义婚礼的组成部分。随着专业承办婚庆礼仪的商业机构的出现，大多新人选择将婚礼交由商业机构承办。同时，由于商业服务的完善化，服饰、现场布置、婚礼流程等婚礼的具体形式呈现多元化趋势，亦有部分新人在境外拍摄纪念照片或举办婚礼。传统婚礼中一些祈求生育的内容如撒帐等，虽然形式有一定变化，在新式婚礼中也得到保留，反映了婚姻作为传宗接代手段的社会功能。

一、传统婚嫁仪式

传统婚嫁仪式是姻亲家庭通过一定的礼仪往来，不断确定和加强联系，最后通过婚礼的举办，新人的结合得到社会公认并开始新生活的过程，从说媒开始到婚后诸礼仪全部完成，往往要持续相当长时间。繁衍后代作为婚姻的主要目的之一，祈求子嗣的愿望渗透在婚嫁仪式的方方面面。

（一）提亲相亲

说媒

又称“说亲”。媒人在传统婚姻中发挥着巨大的作用，讲究“有媒有聘”，一般经媒人撮合才能喜结连理。即使男女双方家庭原本已有意愿，仍需请人做媒，居中联络，方可成事。若省去这一环节，则有可能被认为是“无媒苟合”，招人诟病。媒人可以主动揽活，为男女双方牵线搭桥，也可以是受人之托，成全好事。有时候，受人之托成全好事的是其中一方亲戚或当地较有名望者，其所受待遇与职业媒人不同，往往会备受尊敬，在婚礼中位居上座。如淳安，就有婿家求婚必托女家属位尊份厚者为媒，报以厚礼，力求能娶到看中的女性为媳，不太计较聘财多寡的习俗。

由于旧时男女不得自由恋爱，因此社会上存在大量的职业媒人，或性喜“管闲事”的人，为男女双方牵线做媒。由于其中绝大多数为女性，因此媒人亦常称“媒婆”。媒人信息灵通，知道谁家有女待字闺中，谁家有男欲娶妻。另外，传统社会的人普遍认为，缔结婚约，事关荣辱，如果被拒绝，就很没面子，通过媒人无需直接面对，加之媒人有处理复杂的婚姻过程的经验，特别是礼钱物品之间的讨价还价，如同一桩交易，更需媒人从中斡旋。所以有俗话说：“媒婆的嘴，溪坑的水。”媒人不管做媒成功与否，一经操办，双方都要拿出礼物表示感谢。从议婚到成婚的整个过程，所有往来事项都由媒人传话、调和。在男女双方素未谋面的情况下，往往是通过媒人的介绍揣度对方人品，以资决定是否同意。议婚初始，媒人将姑娘所做的针线活，如绣花鞋、荷包、肚兜送往男方家，男方家自从这些作品的针线手法、色彩搭配、精细程度等来品评姑娘的聪慧灵秀程度，如从绣花鞋的大小形状可以知道姑娘双脚造型优美与否。一般人家在未见到姑娘真容之前，都是以姑娘所做的女红作品来评判其品行素养，从而决定这门婚事的成功与否。女红成了传统女性终身大事的决定因素，必然会倾注少女们的心血。有的地区，婚礼前一日或数日即已将新娘嫁妆送到男家，则请媒人看守房中。在婚礼上，媒人也起重要作用。如男方迎亲时，遇到女方亲属往往需由随迎亲队伍来的媒人塞进果包和钱币，说客气话，否则不予放行。在有闹洞房习俗的地方，为防止出洋相，有经验的媒婆早在“日子”前头就“贿赂”弟兄们，别捉弄伴姑小妹。近俗女家先一日发奁亦如之。①

民国后，以自由恋爱为尚，部分得风气之先者不再请媒说亲。中华人民共和国成立以后，农村不少地区仍流行说媒，城市青年以自由恋爱为主流，也有经人介绍认识的，但已无缔结婚事须经媒人撮合的规矩。无论城乡，均以自由恋爱为主，作为婚嫁过程功能性构成环节的说媒已经退出历史舞台。

写庚帖

经媒人牵线，男女双方家庭有意结亲，须先合八字以测男女是否命相相合。合八字之前要写庚帖，即写有当事人姓名、出生年月等的帖子。有的地方仅将女方庚帖交给男方，有的地

① 章亚萍、何晓道编著：《宁海十里红妆婚俗》，浙江摄影出版社2012年版，第29页。

方男女双方都把庚帖交给对方。庚帖写在红纸上，分男庚和女庚两份，女庚称“草八字”，男庚称“草地脚”。庚帖一般请择日子的先生写，也有请教书先生写的。填写出生年月日时必须用天干地支来写。将庚帖装在一个大红的封套里，外面写上“百年好合”“天成佳偶”“永结同心”等吉利的话语，寄托婚事成功的愿望。传送和取庚帖要十分慎重，一般由媒人在黄道吉日里提着帖盒传送。此举又称“出帖”，俗称“出八字”。①

帖盒

从议婚到成婚，帖盒都起重要作用，专门盛放来往于两家的“六礼”信物，是婚姻“六礼”的见证。帖盒一般扁而小巧，上面彩绘着和合二仙，雕刻着“福”“禄”“寿”“囍”等吉祥纹饰，祝愿男女平安和合，幸福美满。

拜亲

松阳传统不用庚帖，择日携礼，以鸳鸯书两本，男送女答，邀族亲登门叩拜，称“拜亲”。将娶亲日期书告或口传女方，并馈赠礼品，称“送日子”。②

合八字

欲结亲的家庭在收到庚帖后，要去择日子先生那里排八字，俗称“合八字”，又称“合肖”“合婚”“拼八字”。关于八字，旧俗有诸多禁忌。如男女年龄，多要求男大于女，富户结亲亦偶有女大男小的。其他如缙云等地又要求双方不可相差三、六、九岁，民间有“只可男大十，不可女大一”“六冲”等说法。属相上有“鸡兔不同笼”“龙虎斗”等禁忌。如果八字相合，则请媒人传带消息，两家准备商定婚事；如果不合，那就退回对方或不了了之。为了祈求婚姻能成，男方家人常会把庚帖压放在灶神爷的神龛下，也有压在祖宗牌位香炉下三天的，称“压庚”，预卜吉祥，祈求灶神的保佑。若三天中家中碗盏等皆平安无事，再请算命先生“合八字”。民国后西风东渐，开始出现一些不合八字的结亲现象，但此俗在全省汉族人口中一直普遍延续至中华人民共和国成立前。中华人民共和国成立以后，自由恋爱之风逐渐成为社会主流，此俗渐废，仅在一些农村地区仍然偶尔可见。③

相亲

确定八字相合后，有的恐媒妁之言不可信，男女双方会由媒人陪同互相查看对方家境品貌，称为“相亲”，亦称“踏亲”，如不合意仍可反悔。相亲过程依各地习俗有所不同。如在杭州，按旧俗应由男家择日备酒礼诣女家，或借园圃、湖舫内两亲相见。男以酒四杯，女则添备两杯，此礼取男强女弱之意。如新人中意，则以金钗插于冠髻中，名曰“插钗”。若不如意，则送彩缎二匹，谓之“压惊”，则姻事不谐。实际上，相亲之时多由女方父母兄弟私相其婿，借书房游玩或亲友喜庆之时窥其容止，不令婿知。鲜少有直接前往女家并借地置酒插钗的情况。青田相亲时，女方煮三只糖鸡蛋“待情”，称“三个卵”，以此试探男方诚意。若三只蛋全吃下，表示愿意，吃一半，表示有一半意思，搁着不吃，表示不同意。中华人民共和国成立以后，旧时

① 章亚萍、何晓道编著：《宁海十里红妆婚俗》，浙江摄影出版社 2012 年版，第 28 页。

② 《松阳县志》，浙江人民出版社 1996 年版，第 539 页。

③ 《缙云县志》，浙江人民出版社 1996 年版，第 592 页。

由媒人说媒改为介绍人介绍，自20世纪60年代中期起，部分地区农村盛行“看男家”，介绍人商定时间邀请女方父母或主要亲戚去男家“相亲”，男方馈赠“红包”，女方如不同意，即拒收，若收即表示同意。相亲往往是男女双方家庭第一次直接接触，有时男方品貌不佳，则一般由已婚兄弟或亲属代为相亲；而被相的姑娘，往往避而不见，相亲的人只能从她兄妹品性来猜测判断。所以有“相亲相舅，劈柴看缕”之说。①

（二）定婚择日

订婚

又称“订婚”“定亲”。经过议婚，得到双方父母的同意后，即由男方家择吉日向女方提出订婚。媒人持婚书及定亲礼至女方，女方受礼并回礼。至此，双方确定婚姻意向，便不得反悔，否则会受亲友和四邻诟病。有的还设酒席宴请亲朋，公开订婚。

按照旧俗，订婚后，关于婚事的一应联络仍由媒人操办，平时男女双方家长可以公开往来，但女方姑娘一般不能来男方家，否则要被人说闲话。逢年过节，男方都要送礼，尤重端午、中秋、年夜三大节，以粽子、月饼、鸡、鱼、猪蹄膀、糕点等，用竹篮或木篮装盛，故称“送礼篮”，又称“送节”。其中，年夜最受重视，如宁海等地一般都要送一个36斤重的猪蹄和一斗糯米，俗称“斗米猪蹄”。春节，女婿在兄弟、朋友的陪同下先到女方家拜岁，女方要给钱。有些姑娘随后也在女伴陪同下回礼，男方要加倍送礼钱。②

民国后，提倡男女自由恋爱，西化的订婚仪式在一些城市家庭开始流行。父母同意后，邀请两名介绍人、一名证婚人，略备糖果、茶点，择日订婚，填写订婚证书，也有男女双方交换照片的。有的还举办订婚酒宴请亲友睦邻的。订婚后，男方逢年过节向女方家送礼的习俗直至中华人民共和国成立以后仍在城乡各地流行，但城市较乡村为简，一般仅在中秋和春节等重要节日由男方向女方赠送一些礼品。

下定

订婚时，男方须向女方下聘礼，称为“下定”，有的地方也称“定恳贴”“放口”“过书”“送定头”等。若循旧例，下定要分“小定”与“大定”，即订婚时下小定，亦称“担小盘”，至请期时再下大定，亦称“担大盘”。但是，至明清时，多数地区都已将大小定合而为一，或在订婚时下定，或仅称请期时所送之礼为大定而不行小定。

下定所用礼物，一般来说男方准备好，选一黄道吉日请媒人与婚书一起送到女方家，女方接受聘礼后设宴款待媒人。饭毕，女方将早已准备好的回礼交与媒婆带回男方家。有的地方，男方家人还要将果子分给邻居们吃，宣告本家男孩有意中人。礼聘通常包括礼钱、金银首饰和衣料等，数量多少依男方家庭条件而定，也有女方刁难男方的，提的物质条件要高一些。此外，各地依照习惯，聘礼和回礼略有不同。如温州习俗，聘礼中必须有对鱼。较俭者如青田

---

① 〔宋〕吴自牧：《梦粱录》卷二十《嫁娶》；《青田县志》，浙江人民出版社1990年版，第668页；《常山县志》，浙江人民出版社1990年版，第586页。

② 章亚萍、何晓道编著：《宁海十里红妆婚俗》，浙江摄影出版社2012年版，第30页。

送定头，礼物要一担"四礼"，包括鸡、肉、鱼(白鲞或明甫)、粉干(或索面)，各4斤，并送去庚帖与"定钱"。女方收后，以鞋、袜、帽加鸡、花生、瓜子、荸荠、橘等物"回龙"(回礼)。极简者如于潜(现归临安)务农之家，只用庚帖，俗称"但庚帖"。又如杭州旧时丰富之家，以珠翠首饰、金器、销金裙褶及缎匹、茶饼，加以双羊牵送，以金瓶酒四樽或八樽，装以大花银方胜，红绿销金酒衣簇盖酒上，或以罗帛贴套花为酒衣，酒担以红彩缴之。男家用销金色纸四幅为三启，一礼物状，共两封，名为"双缄"，仍以红绿销金书袋盛之，或以罗帛贴套五男二女绿盝盛礼书为头合，共凑十合或八合，用彩袱盖上，送往女家。接定礼合于宅，堂中备香烛、果，告盟三界，然后请女亲家夫妇双全者开合。其女氏即于当日备回定礼物，以紫罗及颜色缎匹、珠翠须掠、皂罗巾段、金玉帕镮、七宝巾环、箧帕鞋袜、女工答之，更以元送茶饼、果物四方回送，羊酒办一半回之，更以空酒樽双投入清水盛四金鱼，以箸一双、葱两根安于樽内，谓之"回鱼"。若在富家官户，多用金银打造鱼、箸各一双，并以彩帛造像生葱两根，挂于鱼水樽外答之。① 及至民国，杭州下定及女家回定礼物，虽富家亦从简，或有用茶瓶、酒樽，俗谓"男茶女酒"。所重在定帖，以大红衬绿全帖，书某某郡某称谓、某姓名，中用金笺，男家书恭求台允，女家书谨遵台命。帖皆以双，加封置合中，先请媒氏由男家送至女家。媒氏起行之先，男家先须封合，至女家则女家开合。迨女家易帖送还男家，媒氏未行之先又须封合，至男家则男家开合，而事乃毕。其开封合之人，皆择亲友中夫妇双全、多子之男客行之，或择男子之未冠者行之。②

随时代变迁，下定的聘礼和回礼也会有所变化。如前述青田，至20世纪40年代，一般人家的庚礼变为糖糕6爿，肉120斤，"四礼"一担，财礼240元。50年代至60年代，订婚时送女方衣料(一般10身)、毛线、球鞋等。70年代改为"三转一听"(自行车、缝纫机、手表、收音机)。80年代以后，则发展到送金戒指、金项链、金耳环等贵重物品。③ 而杭州作为省城，西化较早，民国时已有两家互赠蛋糕的现象。女方回礼中，由女子所制各种男用衣饰曾经是必备之物，改革开放后逐渐变为由女方购置男士衣物、皮带等作为回礼。

定情信物

婚俗中确定男女爱情关系的一种形式。男女双方有意，若互相赠送手帕、戒指、项圈以及凤钗、荷包等物，爱情关系即确定。接受信物的一方，要以另一信物回赠。男女双方通过媒人互赠信物后，若后来有变故，一方将信物退回，意味着爱情的失败。如果婚事成功，双方将珍藏爱情信物，以示爱情天长地久，夫妻白头偕老。④

请期

男方家人在请算命先生择定迎娶的黄道吉日后，一般在距离婚期一年或数月的时间里就要向女方提出，称为请期，又称"起帖""道日""送日子"，嘉兴称"对盘""行大盘"，女方应允称为"准日"。请期所用之帖，俗称"日子帖"，男方以红纸书写"敬请星期"并注明迎娶日期，装在帖盒里由媒人送往女家。女方亦回红柬，上书"谨遵台命"，则婚期确定，进入准备婚礼的阶

① 〔宋〕吴自牧:《梦粱录》卷二十《嫁娶》。

② 丁世良、赵放:《中国地方志民俗资料汇编:华东卷(中)》，书目文献出版社1995年版，第562页。

③ 《青田县志》，浙江人民出版社1990年版，第668页。

④ 章亚萍、何晓道编著:《宁海十里红妆婚俗》，浙江摄影出版社2012年版，第31页。

段。请期的时机，视男女双方年龄或双方家庭的情况而定。旧俗早婚，若合婚、订婚时年龄较小，通常要等到双方成年方行请期。请期。所有往来事项都由媒人传话、调和，多由男方选好日子后，请媒人径往通知女家，也有男家托媒提议迎娶，称为“话亲”，女家故意不允，往返多次方始答应，再由男家提出婚期的。

请期之时，男方须附礼物，即旧俗大定之礼，俗称“担大盘”“日子钱”，因各地习俗而不同。一般准备的礼物有女方姑娘结婚穿的衣服料作及礼钱等，亦有一些地方有较为特殊的规定。如三门除衣料等外还需有庆篮担，内放鲜鱼、猪腿、鱼胶、鸭蛋、垂面、糯米。嘉兴则除金戒指、手镯等首饰 2 件～4 件，还需有果盒，盒内分两框，一置桂圆，一置茶叶。女家以由纸或绸制成的和合二仙像 1 座，并糕盒回赠。所谓男家投之以茶，女家报之以糕。男家又将一半糕返回女家，称为“两头高”。有的地方规定日子钱数目视下定时加倍或数倍。女方根据所送财物的多少和自家情况准备嫁妆。因此，日子钱也有资助嫁妆之意。有些地区，在请期之后，女家开单讨取新妇礼服、四季衣料及金珠饰物，谓之“尺头”。尺头多者，新娘陪嫁必多，尺头少者陪嫁亦少。也有女方讨价还价，致使男方送追礼的。此俗中华人民共和国成立以后农村仍流行，时有为追索聘礼，男方因贫穷，无法满足女方要求，造成婚姻纠纷，不少男方为行聘负债累累。①

请期实际上是进入婚礼准备阶段的标志，因此请期的过程中，多有商议婚礼的具体内容的。如宁海，男方家该准备多少猪蹄送女方的长辈，女方家该准备多少双棉鞋在婚礼请吃茶时赠予男方长辈等细节，也会在请期时商定。

（三）送嫁迎娶

准备嫁妆

男方正式选定结婚喜日，把全部彩礼送往女方，确定婚期后，女方即正式着手准备嫁妆，做好嫁女准备。俗话说“只有挑日子讨媳妇，不能拣日子嫁囡”。虽然官方和文化人一直提倡嫁娶不论资财，但是准备嫁妆和彩礼一样，一直是在整个婚礼中非常受重视的环节。一般而言，嫁妆丰俭视男方聘礼而定，有的地区以略少于男方彩礼为标准，有的地区则以嫁妆丰盛为尚，往往陪嫁之物远较彩礼贵重，女儿因此被称为“赔钱货”，过去甚至有因此而生女不举的。究其原因，是因为按照传统习俗，女儿出嫁以后即成夫家一员，生身父母无法也无能力顾及，唯有在嫁妆上给女儿最后也是最有效的支持。有钱人家把嫁女当成是显示家庭富有和提高女儿在夫家家庭地位的机会。俗话说：“上等人家嫁女儿，中等人家送女儿，下等人家卖女儿。”嫁妆若远逊于彩礼，则女儿嫁到夫家后可能会被轻视。此外，女性出嫁后，对嫁妆有完全支配权，夫家不能干预。因此，为了让女儿在夫家的地位巩固，物质上的生活有一定保障，父母尽量在置办嫁妆时准备齐全。有的嫁妆囊括了一切日用物品，从日常生活器具到衣服鞋帽，包括新郎和未来小孩的四季衣衫，甚至拦腰兜、苎麻线等，可谓应有尽有。有些大户人家

① 丁世良、赵放：《中国地方志民俗资料汇编：华东卷（中）》，书目文献出版社 1995 年版；叶大兵：《中国民俗大系·浙江民俗》，甘肃人民出版社 2003 年版。

为了炫耀自家富有，增加女儿在夫家的底气，甚至将山林田产的契约书也作为嫁妆陪嫁。

实际上，准备嫁妆往往在议婚之前即已开始。有些大户人家还会在女儿五六岁时就准备嫁妆，到女儿18岁左右出嫁，至少是准备了10年，可见其嫁妆之丰厚。做嫁妆要选择黄道吉日，动用木作、雕作、漆作、桶作、制衣作等“百作手工”。一般人家要有婚床、红橱柜、红板箱、红衣架、房前桌、大脚桶、红果盘等，还有红马桶、子孙桶。请木匠师傅制作橱箱床柜等，请箍桶匠制作马桶、果盘等桶作器具；请来农村中的女红高手裁制嫁衣，刺绣被服衣帽等。父母会在红嫁妆中的各色木桶、瓷瓶里装满各种果实，祈求女儿结婚后能早生贵子①。结婚仪式需要的和气食、红鸡蛋、冻米糖、糕点等也须准备妥当。

嫁妆的内容也随时代变化而呈现鲜明的特色。到民国时期，城镇曾一度风行“文明婚礼”，除传统的家具外，嫁妆里还增加了洋灯、洋铁车、洋铁桶等时尚的日用器物，但具有生育象征意义的马桶、火炉、灯盏等仍是红妆中必不可少的器物。中华人民共和国成立以后，社会讲究男女平等，婚姻自主，特别是妇女经济独立，婚俗向现代化发展，婚礼日趋简化，但传统的重嫁妆观念和习俗并没有发生多大的变化。在物质匮乏的情况下，彩礼、嫁妆无从谈起，多限于最基本的生活用品和劳动工具。但是，一只红板箱、一条红缎被、一只新马桶、两盏美孚灯仍是新人们的追求。20世纪80年代，随着人们生活条件的改善，重嫁妆的传统风气又开始盛行。农村、城里，凡有姑娘待嫁，都要准备丰厚的嫁妆。除了传统的嫁妆之外，一些现代化的生活用品也逐渐挤进嫁奁里，当时普遍要准备自行车、缝纫机、手表、收音机四大件，部分红妆家具也新式化，如雕花眠床被高低床代替，配上新式床头柜；红皮箱代替红板箱；梳妆台、写字台代替了房前桌；当时新缎被就得有十几条，条件好的人家还有送过去二十几条的。至20世纪80年代后期，电视机、冰箱、成套的音响设备等也开始成为嫁妆的一部分。进入21世纪后，嫁妆越来越时尚化，但仍旧保留着马桶、火炉、灯盏等象征传宗接代、延续香火的红妆器物。为弥补女方家因置办丰盛的嫁妆而资金不足的情况，男方家庭往往事先给予足够多的礼金，使女方家有可能准备在众人眼里显得阔气的嫁妆。

在一夫多妻的年代，只有明媒正娶的正妻才会有嫁妆陪嫁，嫁人做妾者则没有。此外，一些特殊婚俗中，嫁妆也有相应要求。如男女从小订亲而女方夭折，男方从其尸体上跨过或兜一圈，表示承认死者已是男家的人，死者葬男方坟地上，立神主牌位。男方由此可得到一批嫁妆。旧时穷人家无力婚娶，将自家女儿许别人为妻，换回那家女儿为媳，称为“姑换嫂”，但嫁妆从简，双方相等。

助嫁

将近婚期，女方亲友及邻居都会送贺礼给姑娘，叫“助嫁”“待嫁”“资嫁”。男方娶亲，则送老酒、状元糕以及红纸包（内放钱币），称“贺喜”。助嫁的，一般送些蛋及茶杯、毛巾、枕套等日杂小件物品，如果邻居搭送上干面的，那大喜之日是要请吃喜酒的。娘舅和姨妈、姑妈等长辈要吃男方送的猪蹄，所以每家要送一床彩缎被。自家的兄嫂也要送一床被子给小妹。②

---

① 章亚萍、何晓道编著：《宁海十里红妆婚俗》，浙江摄影出版社2012年版，第34—36页。

② 章亚萍、何晓道编著：《宁海十里红妆婚俗》，浙江摄影出版社2012年版，第36页。

催妆

部分地区，在婚礼前三日或数日男家须向女家送催妆礼，又称“轿下盘”“轿下庚”“轿下羹”“迓妇”等。因各地习俗，催妆礼丰俭不等，但远不如彩礼之重，大多为衣饰等装扮之物及鸡豚、粉团、果饵之类，或折成银钱，女家答男用衣饰等物。此外，在有些地区，迎娶当日新娘故意在内拖延，迟迟不出，迎亲乐队奏乐于房外，也称为“催妆”。乐队演奏三遍或数遍，新娘着盛装礼服及男家送来的迓妇衣裙而出。也有的地区，在迎亲当日，花轿停于堂屋正厅，在新娘房中设由男家预先送来的“催妆酒”。亦有称女家宴请亲族的酒宴为“催妆酒”的，亦称“送嫁酒”。新娘往往在婚礼前数日或一日行笄礼，男家所送催妆礼品往往用于此时，因此催妆与笄礼亦有紧密关联。

上头盘

催妆礼亦被称为“上头盘”“上头担”。在娶亲前数日，男家向女家发盘叫“上头盘”。普通人家赠新娘“七时衣”，即从单衣到棉衣七件衣衫。殷富之家再送聘金及“四金四银”，即金如意、金元宝簪、金耳环、金戒指，银如意、银鸡心、银镯子、银扁方簪等。也有送麻糍等物的，各地有所不同。

开面

女子加笄，通常还兼以开面，即用一两条红丝线相互交错，替女子绞去脸上的汗毛整饰眉毛和发际，使女子脸面更加光洁，又有“拣面”“分面”“开额”等说法。因此，在部分地区，“加笄”与“上头”“开面”意义相当，可以并用。如天台，新娘临上轿前须拣面(或称开面)、上头、行加笄礼。为女加笄而宴请亲友的酒宴，称为“开面酒”，又称为“分面酒”。①

发奁

又称“送妆”“送嫁妆”“扛嫁妆”等。婚礼前一日或三日，女家先将嫁妆往男家铺房，挂帐幔，铺设房奁器具、珠宝首饰、动用等物。以至亲压铺房备礼前来暖房，又以亲信妇人与从嫁女使看守房中，不令外人入房。也有不提前发奁，而在迎娶当日将嫁妆送到男家的。嫁妆中必有马桶一只，俗称子孙桶，桶内放彩蛋、生花生果、胖米花和红纸包，到男家后须由新郎弟弟提进新房，由第一个在马桶里撒尿的小男孩拿取彩蛋和红纸包。在宁海，“日子”当天，男家一早就派遣“马桶小叔”到女方家去将嫁妆中代表生育的马桶先挑走担走，包括花轿在内的其他迎亲队伍则在吃了早饭后再出发去迎亲。其他嫁妆由迎亲的兄弟挑

图 96-6-3-1　宁海县“马桶小叔”(2010 年何晓道摄)

---

① 章亚萍、何晓道编著:《宁海十里红妆婚俗》，浙江摄影出版社 2012 年版，第 38 页；丁世良、赵放:《中国地方志民俗资料汇编:华东卷(中)》，书目文献出版社 1995 年版，第 646、654、673 页；《普陀县志》，浙江人民出版社 1991 年版，第 993 页。

到男家。又有婚前三天女方将妆奁单送至男家，男方在婚前一天凭单派人去抬的。一路鸣放爆竹，称为“扛嫁资”。①

十里红妆

有些地方，如宁绍地区等，特重嫁妆，极其丰厚繁多，因嫁妆几乎全部施以红色，挑嫁妆的队伍往往延绵数里，因此有“十里红妆”“十里红”的说法。所有嫁妆于婚礼当日全部排摆在新娘家门口的路上，让周围邻居观看。迎亲队伍到达女家后，用过酒宴，将预先捆扎好的嫁妆按次序一杠杠排列，大件的在前，先是大木眠床，再是大小不一的橱柜等，红板箱后是一杠杠的被子，然后是小件的物品，都放在穿箱杠里抬。最后是男方家担来的正担。有些富裕的人家往往在大橱柜、红板箱里装满稻谷，俗称“压橱”，意思是女儿嫁过去免受夫家人的责难，一开始就不愁吃。后来大家跟风，穷人家就以甘蔗、新鲜大萝卜代替。红妆队伍排列整齐后，女方分发给每一个抬嫁妆的人一对红鸡蛋，一行队伍早于新娘，于午后在鼓乐和鞭炮声中出发。邻居们要看嫁资丰盛与否，常会站在路边评论。抬嫁妆的人故意一甩一甩，将嫁妆抬得很轻松，显示新娘家的富有与喜气。同样，嫁妆抬到男方家后也要放在路旁让邻居看，然后一件件抬进新房摆放好。

铺床

嫁妆全部搬进新房之后，夫家人邀请儿女双全、福分最好的老太太来铺喜床。铺喜床时，禁忌孕妇和寡妇参加。铺放仪式相当讲究。新床上的被褥全是新娘嫁过来的喜被。喜被缝制时，引线不能打结。意思是新娘嫁过去后凡事能顺顺当当。铺床的老太太先将随马桶担来的青布口袋铺在床榻上，青布口袋要待一个月后方可拿走。然后铺上新草席，在上面撒些枣子、桂圆、板栗之类含子的干果，祈求新娘嫁过来能早生贵子。草席上是有龙凤呈祥图案的垫被，日常生活中垫被面子是朝下的，但结婚那天，垫被的红缎面子一定要朝上。新娘新郎结婚当天盖的被子称“百子被”，红缎被面上绣的是七彩百子嬉戏图，尤其象征意义。红缎被子里夹有娘家带来的染色鸡蛋和板栗等干果，一般不能拿开，称“被下擂”，等晚上新郎新娘就寝时享用，说是吃了能早生贵子。也有人先偷吃了，希望自己也能分享好运。铺喜床的老太太有时会拿出一小部分分给看新房的小孩品尝。新娘家必须准备一床被子，一定要是青布上点缀白花的，称“青布被”。旧时乡间有说法，新娘子嫁人，没有青布被，即使有很多的红缎被，也不能算该家富有。青布被在新娘以后生产后是一定要盖的。②

滚喜床

铺好喜床后，接着要“滚喜床”。找一个小男孩，最好是新郎的外甥或侄子，让前来年轻妇女抱到喜床上，满床翻滚，滚遍喜床的每个角落，看新房的人也跟着一起引逗、笑闹。兴致过后，将小男孩抱下来。“滚喜床”的目的是希望新娘嫁过来后当年能生个健康的儿子。③

---

① 章亚萍、何晓道编著：《宁海十里红妆婚俗》，浙江摄影出版社 2012 年版，第 66 页；丁世良、赵放：《中国地方志民俗资料汇编：华东卷(中)》，书目文献出版社 1995 年版，第 596 页。

② 章亚萍、何晓道编著：《宁海十里红妆婚俗》，浙江摄影出版社 2012 年版，第 42—43 页。

③ 章亚萍、何晓道编著：《宁海十里红妆婚俗》，浙江摄影出版社 2012 年版，第 43 页。

照床

“照床”是铺喜床的延伸。当新郎新娘入洞房的时辰快到时，原先铺床的老太太拿一只盛满红鸡蛋的木升子（量米的器具），插上两支点燃的红蜡烛，放在喜床上，让烛光照耀新床。从结婚那天开始的一个月内，新房中的喜床是不能空床的，如果某一天新郎新娘不在家，那就得由小叔子或小姑子代睡喜床。①

送正担

迎亲的弟兄朋友除了带去抬嫁妆的担、杠等器具外，还要担上一担老酒，好让女方家中午可招待迎亲队伍。还要担一对担篮，俗称“送正担”“送担”。每一担篮有三格，内中必须准备的物品有：36个鸡蛋、厨头包（送给厨头的礼物，一般是香烟、钱物等）、梳头包（给伴姑小妹吃的果什）、更人钿（也叫“肚痛钿”，孝敬丈母娘的）、请帖（敬请亲家来女婿家做客），另外一格则放置一盏米、一盏猪油、一盏白糖。女方家拿走厨头包、梳头包和更人钿，在空格上放上和气食（一种糯米制成的圆形麻糍，上嵌有红枣，拿到男方家后，切成小块，待闹洞房和分三日时分给大家吃），如果亲家不去女婿家赴宴的，那就不动请帖；如果要去的话，就收下请帖。② 亦有在结婚前两天送担的。男方备礼两份，总数为定礼双倍，由媒人率领担郎送达女家，点交家主：一份供女方宴客，一份由女方代为招待迎亲队。另备吊箩数个，每个内装蹄髈一只，馃儿数十只，以孝敬女方外祖、干爹（娘）。今农村依然。③

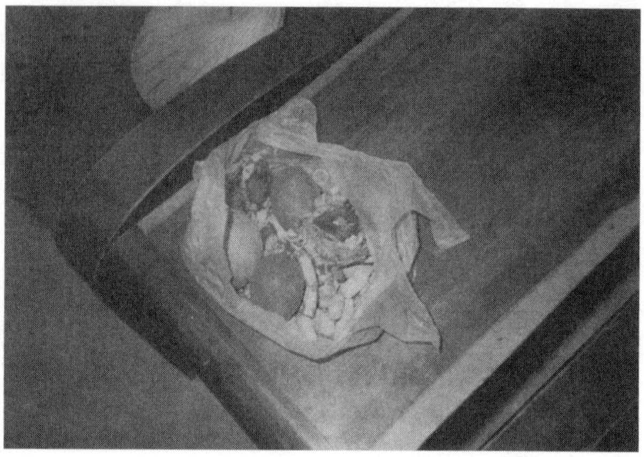

图 96-6-3-2　永嘉县嫁女时送给邻居的红鸡蛋等（1998年陈勤建摄）

送猪肉

在宁海，女方家的酒宴菜肴等要由男方家拿出。结婚头一天，新郎的兄弟们将杀洗干净的半只猪、两只活鸡及相应数量的大鱼、鱼胶、冬笋等放在穿箱杠（当地一种专门为婚礼准备的扛抬小件物品的器具）里，抬到女方家，称之为“送猪肉”。男方家要送得客气些，女方家也要招待好送猪肉的兄弟们，否则第二天新娘和伴姑到新郎家后，弟兄们会捉弄她们。④

请大业

宁海等地风俗。女方家在婚礼前一天举办酒宴，意思是女孩吃了这一餐后就要嫁为人妇了。女方家姑娘的叔伯等亲戚也会烧了好菜端给姑娘吃。⑤

---

① 章亚萍、何晓道编著：《宁海十里红妆婚俗》，浙江摄影出版社2012年版，第43页。
② 章亚萍、何晓道编著：《宁海十里红妆婚俗》，浙江摄影出版社2012年版，第38页。
③ 《景宁畲族自治县志》，浙江人民出版社1995年版，第522页。
④ 章亚萍、何晓道编著：《宁海十里红妆婚俗》，浙江摄影出版社2012年版，第37页。
⑤ 章亚萍、何晓道编著：《宁海十里红妆婚俗》，浙江摄影出版社2012年版，第37—38页。

还福酒

婚礼前一天，男方家要办“还福酒”。先准备物品祭祀祖宗、神明，敬请祖宗和神明保佑儿孙延续后代，然后亲戚朋友们一起吃还福酒。①

压床

婚礼前一天晚上，男方要请一身体强壮的后生和新郎睡在新床上，意思是“压床”，以后新郎、新娘会身体健康，生出的小孩也活泼可爱。③

新人妆扮

结婚当日，新娘必盛装打扮。旧时，新娘在上轿前即以红帕蒙首，称为“方巾”，又称“盖头红”，直至成礼后进入洞房，由新郎挑起方才卸下。新娘的装扮有三种，一曰“死打扮”，来自民间桃花女的故事，向村内福寿双全的老太借寿衣寿裤穿着，南宋以后兴凤冠霞帔的“彩打扮”，民国年间又行戴花披纱的“文明打扮”，后者多见于城镇。新郎则以状元打扮，民国后穿西服行礼者渐多。中华人民共和国成立以后直至20世纪70年代，以节俭为尚，新郎新娘均没有专门的礼服，穿一般的新衣服行礼，甚至有的仅着比较整洁的旧衣而已。军人等特殊职业者，则穿制服行礼。自20世纪90年代后期起，新娘披白色婚纱举行婚宴，并在中途换装两到三次，由婚纱而礼服裙，再换成旗袍的着装方式逐渐成为主流。相应的，新郎着装则较为简单，大多穿黑色或白色西服，鲜少中途换装者。

迎亲

迎娶新娘，将新娘接往男家成婚，称为“迎亲”，古称“亲迎”，但实际上，新郎亲迎者不亲迎者皆有。按礼，亲迎应由新郎在昏时前往，谓之“发迎”。亲朋从之，谓之“陪娶”。实际上，无论新郎亲迎与否，皆在日中进行，主人宴宾客，称为“发迎酒”。至女家，又宴请迎亲者，称“上轿酒”。新郎不亲迎的地区，往往由“请风客”代劳。请风客即男方迎亲全权代表，负责处理女方临时要求，由较有声望和处事能力者充任。婚期前一日率领吹鼓手、接姑、行郎（为打旗、抬轿、抬嫁妆者，选父母双全之青年），赴女家“请风”。

花轿

旧俗娶正妻时，必以花轿迎娶新娘，而寡妇再醮或娶妾则不可坐轿。因此，坐花轿被认为是传统女性最为风光的时刻。花轿选材要求坚实又轻便，一般选用香樟、银杏木制作。雕刻的题材多是“金龙彩凤”“麒麟送子”等吉祥如意的内容，还装饰有八仙过海，和合二仙、喜上眉梢等吉祥题材。从现存的遗物来看，花轿的工艺有朱金木雕，采用了浮雕、透雕等手法，装饰上有贴金、涂银、朱漆等表现方式，还有金银彩绣，在木架上穿一件金线和银线盘绣的轿衣，成金银彩绣花轿。轿夫最看重的是这种轿子轿身轻便，便于路程较远时使用。金银彩绣花轿的色彩和朱金木雕相似，在朱红缎子上绣出金色的图案，朱金相间，具有喜庆、吉祥的效果。女孩出嫁都要坐花轿，即便是穷人家的女儿出嫁，做不起花轿，也必定要租一座花轿坐坐。抬新娘子的轿夫也要披红着彩。花轿有二人小轿、四人轿、八抬大轿之分。这种大小之分也是新娘身份、地位的直接体现。坐着新娘的花轿，中途不能停歇下来，因而通常有两班轿夫轮流调

① 章亚萍、何晓道编著：《宁海十里红妆婚俗》，浙江摄影出版社2012年版，第37页。

换抬着行走。花轿一路抬来，披红着绿，人们前呼后拥，喜气洋洋。花轿一般由宗族中人婚嫁时使用，但到民国初期出现了专门经营花轿的专业户。

中华人民共和国成立以后，花轿退出历史舞台，新娘多以步代轿。至20世纪70—80年代，农村不少以手扶拖拉机迎娶新娘的，渔家则以船迎亲。其后，轿车迎亲逐渐流行，婚庆租车业务一度发达。90年代中期以后，迎亲皆用轿车，且新郎的兄弟亲朋组成车队，一起前往新娘家迎接，一路录像拍照，并燃放鞭炮以增喜庆。

吹奏

娶亲过程中，最热闹的是民间乐队的吹奏。铜喇叭打前阵，铜锣鼓钹在后，乐声喧天，鞭炮齐鸣，气氛相当热闹。待吉时到，鼓乐手吹唱“上轿曲”，催新娘下楼起轿。新娘故意拖延，也由乐队吹奏催妆。女家款待迎亲队伍时和到男家后行礼期间，乐队一般在旁边坐定，配合以不同的礼仪内容，吹奏助兴。

开门红包

又称“门封”“开门纸包”“开门包”。迎亲队伍到达新娘家后，新娘亲友（以女性和孩童为主）一般不会直接开门迎入，而是拦门索取开门红包，对新郎及其亲友百般戏弄，随迎亲队伍来的媒人塞进果包和钱币，直至女方亲友满意方才开门。迎亲队伍进入中堂后，女方客气地招待他们，请吃甜茶和糯米圆子。吹鼓手在中堂边上坐定，一直热闹吹唱。

哭嫁

哭嫁之俗见于全省多地。新娘上轿前，母亲要大哭相送，有的地方称“哭肉”“哭花”“哭蚕花”等。另一方面，新娘出嫁意味着从此就要离开自己的父母了，所以很伤心，也要掩着面哭着上花轿。即使新娘欢天喜地出嫁，在临出门前，也要象征性地哭几声，掉几滴眼泪，否则会被旁人说“心肠硬”。长辈还会催着新娘哭。在花轿里，新娘擦拭干眼泪后，要将手帕丢弃在路上，谁也不能将手帕捡走。手帕是用来擦拭眼泪的，当地有习俗，谁捡了这块手帕擦拭的话，就会变成“眼泪鬼”，一辈子命苦。

抱嫁

新娘出嫁，由兄弟抱上轿，称为“抱嫁”。多地均有新娘脚不沾地的习俗，意为避免带走娘家风水。除由兄弟抱嫁外，也有由有福分的长辈抱上轿或由男家派来迎亲的行郎背上轿的。由兄长（或娘舅、姐夫）抱出百步以外上轿换鞋，意谓“上不见天（撑伞），下不着地”，小弟（妹）收回新娘的鞋子、钥匙，意谓不带走娘家的风水。现以车代轿，不通车的山村则一直要背或抱到夫家。

送嫁

新娘上轿吃“上轿饭”，第一口吐回父母床头，表示不忘养育之恩。遂由兄弟“抱上轿”或“领上轿”，母亲在轿前泼一碗水，示意“嫁女如泼水，永不收回”。也有的地区，新娘上轿时父母不送，而由家中兄弟送行。新娘离家，多由其小弟或同辈堂兄弟作“亲阿舅”陪往，轿子启动时以喜炮相送，一路上用大灯笼大铜锣及乐队为前导，热闹非凡。在浙江绍兴，旧式结婚，堂前要挂一幅“福禄寿”三星的画像。男家娶亲挂三日，女家嫁囡只能挂一日。一等女儿上轿，轿子刚刚抬出门槛，就踢脚绊倒地把三星像取下来。如果迟一步，怕屋里会着火。[①] 洞头有举行婚礼的早上，新娘要吃用排骨烧成的“肉骨饭”的习俗，意谓婚后两夫妻情同骨肉；并希望女儿出嫁后，要“骨头长肉”，通过自力更生，创立家业。[②] 慈溪等地，新娘上轿时女方由舅父或叔伯用镜子在轿内四处照一下，意在照出藏在轿内要残害新娘的凶神恶鬼；又由新娘的兄弟向轿顶撒一把白米，祝愿其姐妹到夫家后能吃上白米饭，过上好日子。新娘上轿离去不久，其兄弟随即动身去男方做新阿舅，堂房兄弟也同去，男方必备酒筵盛情款待。在酒筵将近结束时，大阿舅起身到新房小坐，和新娘谈说，叮嘱其要勤俭度日，孝敬公婆，和睦邻里；尔后又到公婆房内拜访，介绍其姐妹在娘家时的脾气、爱好、擅长，并请公婆教诲，有差错时望公婆包涵。随着自由恋爱盛行，此俗渐废。[③]

伴姑伴郎

伴姑今多称“伴娘”。新娘结婚，须有伴姑二到六人，必须是未婚女性，有的地方甚至要求是尚未定姻缘的。从新娘装扮开始到婚礼结束，伴姑都是伴随新娘左右，在有闹新房习俗的地方，还要与闹房者应酬往来。伴郎通常为二人，均是未婚男子，同样在整个婚礼过程中伴随新郎左右。旧时，伴姑和伴郎均由双方家庭安排，自由恋爱成为主流后，则由新娘和新郎自行请亲密朋友充任，往往在婚礼筹备阶段即已共同行动。

拖风水

新娘出门时，亲属将其乘轿和每杠嫁妆向后拖拉三次，意谓风水留家，不随女去。此俗又称“留轿”，以表示娘家不舍之情。[④]

迎亲沿途习俗

山区，有出嫁新娘一路逢溪过坑都要掷一块石头到坑里，称“新娘过坑掷石头”。也有出嫁女路遇晦事撒茶米之俗，以为可祛邪化凶为吉。[⑤]

宁海等地，迎亲队伍靠右手边行走。当地风俗认为，右手边是大位，如果有两家迎亲的队伍同时同方向行走，那两班人马会争着走右边，争着向前，所以常有两班人马飞奔的情景。如果是相向而来的两支迎亲队伍，这是“喜冲喜”，是不吉利的，要尽量避免，所以早有双方的主事人迎在前头，商量好谁家的队伍先避开，等那班迎亲队伍过去了，另外的一班再通过。娶亲队伍碰上了当官的坐着轿子

图 96-6-3-3　宁波县青布小袋、盐米和苎麻结（2010 年何晓道摄）

---

① 雪犁主编：《中华民俗源流集成·婚姻卷》，甘肃人民出版社 1994 年版，第 240 页。

② 《洞头县志》，浙江人民出版社 1993 年版，第 120 页。

③ 《慈溪县志》，浙江人民出版社 1992 年版，第 962 页。

④ 《景宁畲族自治县志》，浙江人民出版社 1995 年版，第 522 页。

⑤ 《松阳县志》，浙江人民出版社 1996 年版，第 540 页。

经过，那官员要下了轿子等在边上，待娶亲队伍通过后才可上轿开行。因为民间有约定俗成的规矩，女子结婚那天是最大的。

宁海迎亲过程中新娘坐在花轿里，手里拎着个红小袋或青布小袋，里面装有苎麻结和盐米。每过一座桥，新娘都要从随身带着的红小袋里拿出一个苎麻结，解开后，抛出花轿，意思是心头的愁结解开了，嫁到夫家后可以欢欢喜喜过自己的新生活了。迎亲的队伍都喜欢绕着村庄行走，以示婚嫁队伍的气派。每经过一个村子，新娘抓一把盐米撒出来。周围有许多看新娘子的人，不小心被撒到了，这人必须马上说声“不吉声消”以去除沾到身上的晦气。①

踏路牛

旧时青田迎亲，由雌牛犊披红挂彩作前导，称“踏路牛”。牛勤劳，传为天神下凡，有牛开路，不怕闲神野鬼。有的地方用羊踏路，称“踏路羊”。②

拦新客

有些地区有在途中拦阻新娘的习俗。新娘俗称新客，因此又称“拦新客”。迎亲队经过沿途村庄时，村中妇孺拦住轿舆，向新娘敬卵茶(连汤去壳煮蛋两只)，新娘谢之并酬茶包(花红)、糖果。部分渔业地区以船迎亲，船出港后，本村青年往往先在船必经的桥上讨喜钱，称“拦水港”，不满足要求则阻挠不放行。迎亲队伍经过，途中行人车辆须礼让，唯有当人拦轿看新妇时，队伍必须停下来，押轿人不得阻止。

拦轿门

花轿到达男家门口，照例是亲戚朋友“拦轿门”，增添婚礼热闹、喜庆的气氛。媒人好话说尽，通融后从随身带的小红袋里抓一把糖果、钱币抛撒进大门，待众人围抢时，趁势冲开大门。③

跨火盆

接新娘的轿子到达男家，轿前置一火盆，新娘下轿后，要先跨过火盆，取延续香火及兴旺之意。温岭渔家，新娘下轿后所跨火盆里面撒有盐，烧时噼啪作响，谓有驱邪之意。也有一些地区，在轿前置一马鞍，新娘下轿后先跨过马鞍，取平安之意。

传代

新娘下轿后，由媒人、伴姑搀扶或新郎以彩绸牵引，踏着铺在地上的麻袋进入男家，称为“传代”。有的地区，在拜堂后，新郎以打有同心结的彩绸牵引新娘踩着麻袋入房，并由婚礼主持人喊吉祥语“一代传一代”。麻袋的铺设方法，因地方习俗大致有两种。一是以相连的麻袋铺好新娘所行道路，让新娘走过。一是由男方家人在地上递铺麻袋，称为“传宗接代”。

拜堂

新娘下轿入屋后，新郎新娘交拜，称为拜堂。拜堂的中堂，也称为“喜堂”。拜堂仪式举行时，禁忌戴孝的人和结婚多年而无子嗣的人进入。喜堂正中张贴着大红的喜字，红灯高挂，八

---

① 章亚萍、何晓道编著:《宁海十里红妆婚俗》，浙江摄影出版社2012年版，第66—67页。

② 《青田县志》，浙江人民出版社1990年版，第669页。

③ 章亚萍、何晓道编著:《宁海十里红妆婚俗》，浙江摄影出版社2012年版，第46页。

仙桌上供着丰厚的礼品。红烛亮堂堂，一切喜气洋洋。新郎的父母亲坐正中，两旁坐的是长辈。新郎也打扮一新，穿上状元衣，戴上状元帽，立在边上。司仪主持拜堂。拜堂仪式开始，赞礼者首先讲吉利话，诵拜堂诗（一种顺口溜），赞请新人入堂。伴郎伴姑引新人到中堂，男东女西，向出三拜（拜天地），向进三拜（拜祖宗），相向三拜，饮合卺酒，俗谓交杯酒。礼毕，伴姑引新娘入洞房，在新床沿上坐定。之后，新郎要回中堂内陪伴宾客，新娘就不出新房门了。也有的地区，当晚喜筵新娘须坐中堂首席，宴毕再回房。

拜堂多在男方家里进行，亦有在祠堂进行的。如淳安旧志便有“花轿进村，先在宗祠内举行结婚仪式，俗称拜堂”的记载。拜堂后，利市爷将新娘抱至新郎大门上，然后新娘双脚踏在青色新麻袋上，利市爷边撒喜果，边喊“一代传一代”，直至新房内。

民国初期起，提倡“文明结婚”，不兴旧礼拜堂，只行结婚仪式，主婚人、宾客致词，新郎答词，新郎新娘穿礼服向父母长辈鞠躬致礼、夫妻互揖、交换饰物、在婚书上签名盖章等，仅城镇少数人接受。中华人民共和国成立后，《婚姻法》颁布，提倡恋爱自由，婚姻自主，新事新办。符合结婚条件男女，需同去当地政府申请登记，领结婚证书。婚礼类同文明结婚，废止坐轿，宴请从简。20 世纪 70 年代曾推行集体结婚，不办酒席，以分送喜糖代之，80 年代以后，随着经济条件渐好，婚礼规模也大起来，但拜堂礼大多没有恢复。仅在新娘接到男方家中后，向男方父母及其他长辈磕头奉茶，或在婚宴上安排向男女双方父母磕头奉茶的环节。父母及长辈受茶后，向新人回赠红包，加以祝福。

代拜堂

由于某种原因，新人无法出席婚礼，以其他人或代用品代为拜堂的，称为“代拜堂”。出现“代拜堂”的现象有多种原因。娶亲的日子到来了，两家人都在积极准备结婚。新娘子突然生水痘或出麻疹，患上这两种病，不能外出吹风，即请新娘的妹妹代替新娘行结婚之礼，能在众宾客前有个交代，待婚礼结束，将妹妹送回。又或是，算命先生择出的结婚日子里新郎和新娘是不能相见的等情形，以小妹替姐姐代行婚礼，或弟弟代替哥哥结婚。① 此外，新郎外出经商未能及时赶回，或渔村新郎出海生产遇风，不能如期赶上婚期，习惯由阿姑代拜堂，在洞房内笼养一只公鸡，鸡颈系红布条，新郎回来放鸡出，俗称“阿姑代拜堂，公鸡陪洞房”。②

入洞房

拜堂后，新郎新娘进入洞房。其后，新娘是否再出房门出席婚宴，不同地方有不同礼俗。如宁海，新郎出房与贺客宴饮，而新娘留在房内，由男方家选定一位福分好的老妇人先给新娘喂茶。老妇人舀起一瓢茶喂给新娘吃，每喂一口都要讲一句好话，如吃到桂圆，就说“早生贵子”。新娘只是象征性地抿一口，不能多吃。一会儿那老妇人又来喂饭。一大碗白米饭上覆有两大块猪肉，两只大肉圆、两条黄鱼，新娘各样都要吃三口，老妇人一边喂，一边讲吉利话：“娘饭香，夫饭长，夫妻过日子商商量量。”喂茶和喂饭时，新娘都不撩开红盖头，只是让老妇人简单喂几口。这时，男方家请来一小男孩到新房里往马桶里撒尿，称“拉马桶尿”，讨个好彩

① 章亚萍、何晓道编著：《宁海十里红妆婚俗》，浙江摄影出版社 2012 年版，第 69 页。

② 《普陀县志》，浙江人民出版社 1991 年版，第 994 页。

头，新娘结婚后不久也能生小孩，传宗接代。小孩撒完尿后，伴姑将准备好的果包送给他。① 在普陀，则在拜堂完毕后，郎头傧两人捧花烛前导，“送娘”挽新娘，与新郎同入“洞房”。此时一长者捧喜果盘，将10种干果抛向华堂任贺喜小孩抢食。随后请长辈中福分好妇人入新房，用秤杆揭去新娘所戴头帕，叫“挑巾”。一父母双全小孩撒尿新马桶内，并赠以红蛋，示意“早生贵子”。新房内切忌孕妇坐床沿（忌新娘3年内不孕），挑巾后，新娘理装加饰，至厨房亲割祭祖猪肉，并将系身布裢交厨师，请代为厨事，叫“出厨”。接着谒拜公婆、长辈，敬糖茶，称“见大小”。长辈赠钱币，叫“拜见钿”。各项礼毕开宴，席间新郎敬酒长辈（以舅父为先），新娘由“送娘”陪伴、多次换装，向宾客敬酒行礼。② 上虞由新郎用红绸牵拉新娘踏袋而过，由福寿双全的长辈手捧花烛送入洞房，用甘蔗挑去新娘的“盖头红”。进房后，新郎新娘要抢位坐床，谓谁占位大，日后家事由谁做主。③ 东乡无抢位之习，由老嫚按二人肩膀，同时坐下，以取白头偕老之意。接着吃细汤团，称“子孙汤团”。富阳在夫妻拜堂后，新房单设一席一座，谓“凤主筵”。新人并坐床沿，各有同性二伴，余者选近亲中父母双全未嫁女。如此种种，不一而足。

合卺

拜堂以后，新婚夫妇行合卺之礼，喝合卺酒，又名“交杯酒”“结花烛”。合卺礼多在入洞房后，在房中举行，亦有在酒宴上于众宾客前举行的。卺是一种瓠瓜，俗称“葫芦”，合卺就是将一只瓠瓜剖为两半，盛酒在其中，新郎新娘各取一卺饮。瓠瓜剖开为二，象征着夫妇原为二体，自此合而为一了。瓠瓜性本苦寒，以此盛酒让新人共饮，寓意婚后夫妻二人应同甘共苦，患难与共。古人又有以瓠瓜做乐器，所以它又寓意新郎新娘婚后琴瑟和谐，和睦相处。合卺的另一层意义就是生育。卺是瓠瓜，形圆多籽，类似妇人十月怀胎。新婚时行“合卺”之礼，即是预祝新郎新娘日后子孙兴旺。在新式婚礼中，合卺酒又改为喝交杯酒，但与平常不同的是，两只酒杯都要系上红丝线。新郎的弟兄们去取新娘陪嫁过来的酒杯两只，斟满酒，新郎新娘各取一杯酒，面对面站着，用拿酒的手臂互相交错套折，同时饮尽杯中酒，喝完后手臂才放开。合卺之后的活动，各地略有不同。有些地方还有撒帐等礼随之，有的则是新人圆房，还有很多地方开始闹洞房的活动。也有一些地方，新娘在合卺后盛服出拜翁姑，次及尊长。

撒帐

撒帐多在合卺礼之后行之，也有在合卺礼之前进行的。新郎新娘双双坐在床沿上，司仪唱撒帐歌，并把五谷、桂圆、莲子和铸有“长命百岁”字样的铜钱撒于床帐中。儿童妇女争拾取为笑乐。海盐一带有《撒帐歌》：“撒帐东来撒过东，夫妻双方多和睦，撒帐南来撒过南，人丁兴旺子孙多……”④

小夜饭

平湖农村，有吃“小夜饭”的习俗。即婚礼结束，长辈从新娘的箱子里取出两碗合在一起的冷饭。上搁几根咸菜，让新郎新娘并肩坐，各自把咸菜冷饭吃完。⑤

---

① 章亚萍、何晓道编著：《宁海十里红妆婚俗》，浙江摄影出版社2012年版，第49—50页。

② 《普陀县志》，浙江人民出版社1991年版，第994页。

③ 《上虞县志》，浙江人民出版社1990年版，第735页。

④⑤ 《嘉兴市志》，中国书籍出版社1997年版，第1933页。

闹洞房

又称“吵房”“戏新妇”“送房”等。平辈的、晚辈的、长辈的亲戚朋友极尽所能，想出种种游戏节目，让新郎新娘当众表演，以逗乐取笑。不少地方有所谓“三日无大小”之说，来宾贺客可以不讲礼法，对新郎、伴姑小妹恣意戏谑取乐，所谓不闹不发，愈闹愈发，因此闹的名堂也就日益增多。旧的传统节目继承下来，新的节目又不断涌现，五花八门，别出心裁。

闹洞房历来有所谓“文闹”和“武闹”之分。文闹习俗充满着欢乐、吉祥的气氛。闹洞房时往往有个领头人讲些如意吉祥的贺词，大家一起尽兴。总是群情欢跃，歌舞助兴，或行酒令，作诗唱歌，或互相打情骂俏，增添欢乐气氛，消除冷清之感，因而文闹又称为“暖房”。大家只要动动嘴巴，如念一些拗口的歌词、歌谣，让新郎新娘学着念。或出上联要新娘及伴姑小妹接答下联等。如果不能令众人满意，就会被罚吃糖果饼食或酒品。也有击鼓传花游戏，鼓起花落在谁手里，便要唱歌、对诗。新郎新娘、弟兄伴姑热热闹闹，有时也成为青年男女相识的机会。

武闹则是以恶作剧为主。如宁海以棕榈籽或楝树籽晒干，待村里谁家娶新妇时掷打新娘和伴姑的“打新妇”，新郎的弟兄在伴姑小妹对不出下联或对歌接不上时，群起将伴姑小妹拎起来，四个弟兄各人分抓住小妹的手脚，抬起来反复抛接，直至将她抛起搁置到大橱柜顶上，新娘应允以厚礼相赠，弟兄们才将她抬下来的“打夯”等。因为习俗认为愈闹愈发，预兆今后家道兴旺，新人只得忍耐。尽管随着时代变迁，婚礼多有变化，但闹洞房习俗一直沿袭，至今仍然盛行。

唱洞房经

温岭婚俗。婚礼当天夜深，伴郎偕同新郎未婚好友，手执红烛送新郎入洞房，称作“送洞房”，须唱洞房经。唱洞房经形式如对歌，随喜客以歌发问，新郎陪侍者以歌作答，须几问几答，新郎方得入洞房。当夜在洞房设酒馔，称作“洞房酒”。新郎陪侍者须唱洞房经，随喜客才肯将桌凳、菜肴、茶点、果品一件件摆进洞房。③

掼衣裳

农村闹洞房中还流行“掼衣裳”。闹洞房者在新郎新娘就寝前故意弄坏门闩，也有早躲在床下橱柜后面，待新人们熟睡后，偷走他们的衣服。第二天新人起来后，差人以厚礼换回衣服。更有甚者，要新郎新娘另请一桌酒席吃，方可结束闹剧。也有一些地方，新婚三日内，亲朋可在晚上潜入新房取出物件，翌日向新夫妇索取香烟糖果。

婚宴

婚礼举行当天，男家宴请宾客，宾客各具礼金，用红封包住。婚宴或中午或晚上举行，视各地习俗有所不同。喜筵要按宾客身份的尊卑长幼排定座位，由司仪一一引入座。往往双方父母、舅舅等尊长居正席上座，现亦有宴请工作单位同事时，请领导上座的。富阳等地昔行点酒定座礼：中堂正席各座均属尊位；其他各席定四个宾位，余为陪座。入席时鸣炮奏乐，司礼三人，一人执宾客座次名单唱名，一人持壶在既定宾座杯中注酒小半以示位，一人延客就座。

③ 《温岭县志》，浙江人民出版社 1992 年版，第 821—822 页。

礼毕，余众自择其座。定座者属“有座位”，余者属“无座位”。排位不当，往往有拂袖而去者。此礼久废，唯中堂正席各位仍推尊者就座。筵席酒菜是十二大碗，上菜有一定的规矩，待上大肉后，新郎给宾客敬酒，敬不好要罚酒，如果新郎不胜酒力，弟兄们要代替喝。部分地区，婚宴要办三日，甚至五日。如温州乡间有办三日酒的，分别为“启媒酒”“正酒”“送客酒”。闽籍及温州籍人宴间由厨子备鸡头，由新妇携酒敬席尊，收取红包与帮厨等均分，称“敬鸡头”。洞头等地则举行婚礼的当天中午宴请男家的亲戚，第二天宴请男方朋友。操温州话的地方，大多当天中午朋友和亲戚同时宴请；新娘敬酒时，做长辈的宾客喝干酒后要在新娘托盘上押“红包”。

婚宴支出往往占婚礼花费的很大一部分。中华人民共和国成立以后婚礼从简，婚宴也曾一度简化。自 20 世纪 80 年代以来，婚宴规模日渐庞大，奢靡之风盛行。近年，无论城乡，委托婚庆专业公司策划婚礼者越来越多，不少婚宴现场有专业主持，安排各个仪式环节进行，调节现场气氛。

唱贺喜

宁海有新娘进门到晚宴开始前一段时间，接受乞丐来“唱贺喜”的习俗。当地习俗规定，凡是来贺喜的客人，主人一律要平等看待。乞丐同样也是客人，应如对待四亲六戚一样，安排他们一桌酒菜。亲戚以钱物贺喜，乞丐以讲好话、“唱贺喜”为礼。无论哪一家主人都欢迎讨饭人“唱贺喜”，讨得彩头。“唱贺喜”是在新娘进门后、酒宴开始前进行。婚礼上“唱贺喜”一般在 3 个地方进行，一是中堂，二是新房，三是厨房，三个地方的唱词各有不同。

一个讨饭头带三两个小讨饭来到大门口，道一声祝福，在管事的应允下来到中堂，开始“唱贺喜”。讨饭头先唱一句词，小讨饭们跟着叫一声“好”。如领头唱“上挂灯结彩”，众小讨饭接一句“好啊”；“金砖铺地”，“好啊”；“本家公子今娶亲，今娶亲，今娶亲。万岁基业今开新。舅公大人东边坐，西边坐的是亲朋，上八洞大仙也来贺喜，皇母娘娘带贺礼……”，“好哇”。

中堂唱了之后，到新房门前唱。唱词如下：“洞房花烛红滋滋，好似万岁金銮殿。新郎是头戴桂枝状元郎，新娘是凤冠霞帔的正宫昭阳。今日做新妇，过了二十年做婆婆。再过二十年，还要做太婆婆，子子孙孙半朝堂。”夸得新娘羞答答，赶忙吩咐伴姑拿些红鸡蛋等礼物赠给乞丐。

然后到主人的厨房间，高声唱道：“厨倌老师好手艺，手中刀刃快如飞。见了黄鱼两面胖，烧了鸡鸭两面黄。厨有厨倌，客有客倌，门有门倌，饭有饭倌，酒有酒仙大人，荣华富贵万万年。”唱毕，管事的吩咐厨房准备一桌酒菜安排在离中堂远些的角落处给乞丐吃。乞丐吃完后，将剩下的酒菜装在自备的甑里带回去。①

验红

女子的贞洁在传统的婚姻中极其重要。以一方白帕在新婚之夜检验新妇贞操，称为“验红”。传统观念认为，如果是处女自然会见红，若结婚当晚验红不成功，新娘便被宣告为不贞，

① 章亚萍、何晓道编著：《宁海十里红妆婚俗》，浙江摄影出版社 2012 年版，第 49—50 页。

男方可以为此悔婚，将新娘赶回娘家。客气些的人家虽不这么做，但会给家人留下巨大的阴影。即使丈夫和公婆没有公开否定婚姻，但这女子一生都将低人一等，也由此有了沉重的心理负担，始终认为对不起自己的父母。在江南，有婚后第三天回门的习俗。夫妻双双高高兴兴回娘家，说明一切顺利；倘若小夫妻俩迟迟不回门，父母便要提心吊胆。直到晚清时期，验红习俗还在乡间流行。

婚礼禁忌

在大多数地区，婚礼中所有的东西都要成双成对，如双喜、双烟、双糖、双烛、双线等；用物宜用红色，如红纸、红烛、红花、红线、红包、红筷等。结婚用被要"二条红线订到头"，寓意白头偕老。各地均有婚礼的拜堂等核心环节禁止寡妇及服丧戴孝者参与的习俗。此外，由于传统婚姻与生育直接相关，俗信以为，孕妇可能会导致新娘在一定时期内不能怀孕，因此在婚房内进行的诸环节除上述寡妇和戴孝者外，还都禁止孕妇参与，尤其忌讳孕妇坐婚床的床沿。如在宁海等宁绍平原地区，铺喜床时，孕妇和寡妇就不得参加，而拜堂时则禁忌戴孝的人和结婚多年而无子嗣的人进入。

部分地区，如青田等地，还有女儿"廿"岁不出嫁的习俗。因"廿"与"念"谐音，怕被婆婆"念"。此外，若婚期恰逢同屋或近邻举办丧事，则须避开，先举行丧事，然后再举办婚礼。因婚期至少提早半年已经预定，若遇一方父母亡故又不想将婚期延迟至服丧期后的，须赶在 50 天内成婚。若错过 50 天，则要等 3 年孝满。①

在迎亲的过程中，新娘始终是中心和焦点，举手投足都有禁忌。各地均忌新娘将娘家风水带走，新娘穿上红底绣花鞋就不能再沾娘家泥土，由兄弟抱入轿内，母女哭别，越哭越发。新娘的揩泪布要在途中丢掉。有些比较严格的地区，新娘装扮好后，就必须站在一个簸箩里，不再沾娘家地面，下轿时亦先伸脚站入一个簸箩当中，不直接接触地面。宁海等地还规定，婚礼当日新娘只能待在自家闺房里，不能下楼。上花轿前胸前要佩戴一些金属质的东西，人们普遍认为金属质的东西能抵挡一切邪恶之物。

文明结婚

民国以后，有的地区受上海影响，有的地区由游学欧美回国者提倡，城镇商学界一度时兴文明结婚。其时，欧化风行，男女成年婚姻，往往自主。征得父母同意，先订婚，后结婚。变媒妁之言为介绍，婚礼在家中举行者有之，借学校礼堂或明伦堂举行者有之。大体程序是：新娘到门，鼓乐导入，庭设礼堂，有人赞礼，请望重者为证婚人等。中设礼席，赞礼者高唱仪节，证婚人、介绍人、主婚人依次入席，两家男女宾分左右座。新郎新娘盛服，由男女傧相伴入礼堂。证婚人宣读婚书毕，新郎新娘各盖小印，互换饰物。证婚人、介绍人主婚人均于证书上盖印毕，新郎新娘东西相向立，各三鞠躬，行相见礼。证婚人、主婚人致训词，来宾致颂词，踏琴唱歌，新人谢证婚人、介绍人及男女宾各行一鞠躬礼。礼毕退，新郎新娘偕入洞房合卺，卸装。文明结婚主要为知识界所采用，普通民众仍沿袭旧俗。且大多文明结婚仅在行礼时改为新式，而亲迎、回门、见礼诸事，仍照旧礼为多。婚后新妇庙见，上幡祀祖，并拜见公婆及诸姻娅，

---

① 《青田县志》，浙江人民出版社 1990 年版，第 667 页。

仍行跪拜礼。①

集体婚礼

集体婚礼20世纪40年代在公教人员中即以一度提倡，一般由县长主婚，向新人赠礼品，举行茶话会，拍集体结婚照。如温岭，在民国34年(1945年)元旦首次举办，至1949年10月10日共办13届。中华人民共和国成立以后，各地亦曾多次组织集体婚礼，由男女父母或机关领导作主婚，给新郎、新娘戴红花、致贺词，新娘向宾客分赠小袋喜糖、喜蛋。例如，1954年为贯彻新婚姻法，湖州南浔镇政府曾举办过集体结婚仪式，参加首次集体婚礼的有12对新人。镇政府工作人员作证婚人，婚礼毕，以乐队开道，绕市中心一周，产生很大影响。②

图96-6-3-4　20世纪80年代初，黄岩县举行集体婚礼，为文明节俭办婚事开了好头(叶心源摄。《老照片记忆黄岩》，西泠印社出版社2010年版，第49页)

进入21世纪后，由地方行政部门和企事业单位主办集体婚礼在全省各地陆续出现。例如，宁波市在梁祝文化公园专门设置了集体婚礼的举办场所，结合中国梁祝婚俗节多次举办不同规模的集体婚礼，并远赴意大利维罗纳市和中国台湾地区，与当地联合举办过带有文化交流意义的集体婚礼。此外，与当时的重要社会事件相结合，宁波市在2008年北京奥运会期间举行的"奥运集体婚礼"以及同年举办的杭州湾大桥集体婚礼，都形成了较大的社会影响。阿里巴巴网络技术有限公司自2006年起于每年5月10日的"阿里巴巴亲友日"在总部所在地杭州为海内外员工举办集体婚礼，已经成为重要的企业文化符号。

(四)婚礼后诸俗

庙见

按照旧俗，举办婚礼仅为成亲之礼，新娘须经成妇之礼，才被正式接受为夫家的新成员。新娘在婚礼当天入门后，直至洞房揭去盖头才与丈夫见面，而与夫家其他亲属则直至庙见才会相见。有的地区(如普陀等)，在婚礼当日，新婚夫妇行合卺礼后，新妇即脱去礼服改着常服，出房拜见公婆，成妇之礼就此完成，不再另行庙见之礼。其余地区，通常在新妇入门后，公婆不即刻相见，至次日或三日后行庙见之礼。庙见之礼原则上应在宗祠内举行，但实际上有的地区在男方家中举行，并与新妇入厨结合起来。如富阳、萧山等地，便是在婚后三日，新妇拜谒公婆及家中尊长，次及宗亲大小。然后，婆婆及小叔等设盛筵款待新妇，宴毕新妇褪去礼

① 丁世良、赵放：《中国地方志民俗资料汇编：华东卷(中)》，书目文献出版社1995年版，第709页。

② 《南浔镇志》，上海科学技术文献出版社1995年版，第309页。

仪装束，改为平常打扮，入厨调羹，由是妇道即成。① 在宗祠庙见的，以记载较详细的民国吴兴《双林镇志》为例，婚礼当日公婆与新妇不相见，婚礼次晨新妇拜灶，祀香火神，祭先祖，至宗祠行礼，上喜幡，并见各亲戚长幼，拜谒公婆，上寿酒。若新郎祖父母尚在，则公婆率子媳先拜献上寿，然后自己再受礼。以上诸礼完毕设后筵，新妇坐正中，仍然头戴珠冠，身着礼服，并不饮食。家中女性亲戚旁席，乐队吹奏与前筵一式。宴毕回房，新妇脱下冠服改为常服，俗谓之"小打扮"，重与亲戚见礼。至此，新妇才开始与夫家亲戚交谈，庙见之礼完毕。② 也有一些地区，在三朝庙见之礼时，新妇父兄来会亲，并赠以花果。嵊州等地的富裕之家，庙见之礼则持续两日。婚礼翌晨，新妇起床后先在家中谒见公婆，新郎新妇并立四拜，然后新妇奉茶敬舅姑。又次日，新妇起床后参拜祠堂，公婆坐于堂上，其他亲属中地位高于公婆的坐在公婆上首，年位皆逊于公婆的立于两旁。新妇四拜起立，进献从娘家带来的茶饼，其后将献与公婆的礼物放在桌子上，包括纻丝衣服、夹纩衾被、刺绣鞋袜之类，公婆抚摸礼物以示受礼。然后，新妇再跪拜其他尊贵亲属，并根据亲疏分赠礼物，仆从则赏之布帨之类。拜谒完毕，由婆婆主持设宴，亲族女宾一起宴请新妇，由此礼成。翌晨，新娘由姑或嫂陪同拜谒翁姑及族戚长辈，奉献参茶，长者回以红包，谓见面礼。③ 由新妇向公婆姻娅分赠礼物的"分妆"习俗，在其他地方也广泛存在。部分地区如定海等地。男子续娶，整个婚礼程序与娶前妻时一样，只在行庙见礼时在床前另设筵一以祭前妻，由新妇一人拜之。④

民国后，婚礼发生了很大变化，成亲和成妇礼分别举行的习俗逐渐废弛，已非常少见。

下厨

新妇在婚后第一次下厨，称为"落厨房""出厨"等，是广义成妇礼的一部分。新妇下厨往往在庙见之前，身着婚礼冠服。部分地区如普陀等，新妇在婚礼当夜便下厨切祭祖肉等。大多数地区，新妇则在婚礼翌晨下厨房。先整妆拜见公婆尊长后，入厨做羹汤以奉公婆姻娅。也有的地区将新妇下厨房安排在第三日。新妇下厨除做羹汤外，部分地区还有其特殊的仪式。如普陀新妇出厨，至厨房亲割祭祖猪肉后，再将系身布襤交给厨师，请代为厨事。⑤ 双林则有"搅糖饭"之俗，家中先煮糯米饭，新妇下从母家带来的糖，执铲于锅中搅之，然后奉与公婆。⑥温岭则仅由新娘入厨房切葱三刀，以示做羹汤之意。上午设席，称落厨房酒，又称送客饭。⑦ 亦有一些地区，新妇下厨仪式持续时日较长。如双林有每日清晨由新妇预备朝汤分送的习俗，有三朝，或六朝、十二朝，丰俭不一，也有由新妇备朝粥的。⑧

三朝

婚后三日，除有的地方举行成妇礼外，在很多地区也是新妇与母家往来的日子。如德清等地，婚后三日，女家家长备礼亲诣男家，谓之"望三朝"，继由新郎备礼亲诣女家拜见尊长，谓

---

① 丁世良、赵放：《中国地方志民俗资料汇编：华东卷（中）》，书目文献出版社 1995 年版，第 609、642 页。

②⑥⑧ 丁世良、赵放：《中国地方志民俗资料汇编：华东卷（中）》，书目文献出版社 1995 年版，第 698 页。

③ 丁世良、赵放：《中国地方志民俗资料汇编：华东卷（中）》，书目文献出版社 1995 年版，第 840 页。

④ 丁世良、赵放：《中国地方志民俗资料汇编：华东卷（中）》，书目文献出版社 1995 年版，第 808 页。

⑤ 《普陀县志》，浙江人民出版社 1991 年版，第 994 页。

⑦ 《温岭县志》，浙江人民出版社 1992 年版，第 822 页。

之“做郎”。① 嵊州则于婚后第四日，将新妇的父亲和兄弟以及媒人请来，先设汤风席，以茶汤、蔬果等行茶三遍，然后主人依客人地位见礼，再入正筵，用果品、糖面、肴物，每品凡七、凡九不等。② 随着时代发展，婚礼程序从简，大多新妇直接回门，而没有父兄来望的环节。

回门

结婚后新娘第一次回娘家，称为“回门”“归宁”，也称“回花”等。回门的日子，因各地习俗有所不同。不少地区在婚后第三日回门，也有一些地区在婚后一个月、四个月，甚至一年之后，新妇才第一次归宁母家。也有一些地区，新妇如果第三日不回娘家，则需等到四个月后方可归宁。在此之前，若新妇要回娘家，必须微服从后门回门，新郎是否同往，各地习俗不同。新郎陪同回门的，称“大回门”或“双回门”。进屋，先于灶下服役一次。

除新婚夫妇回门时具礼外，在回门后一段时间，有些地区仍有女婿逢年节向岳丈家送礼的习俗。如温岭，女婿每年腊月须送猪肉至岳家，第一年最丰，有送整猪者，以后减至一二十斤，称送年夜肉，婚后三年内，逢春季插田时节，女婿送鲫鱼至岳家，称送插田鱼。旧时石塘等山区一般不与外地人通婚，婚后若孩子未出世，女方父母不上婿家。③

宁海等地于新婚第三日，将庙见、分妆、下厨和回门诸礼同时完成。男方家帮忙的年轻妇女将新娘家送过来的红鸡蛋和果子等挨家挨户分给邻居吃，新娘则提着茶壶给各户人家倒一碗红糖茶水，加几颗红枣或桂圆，算是见面礼，称为“分三日”。新娘又将准备好的厨头包送给操持酒宴的厨师，称“谢厨”。新郎家准备好麻糍、果包等，有弟兄们挑着，新郎和新娘双双回门。女方家客气接待女婿，大办酒宴，请来各长辈、朋友作陪，谓“请新子丈”。完后，新郎新娘双双回家，不能在娘家待过夜。之后男方家又选定吉日，带领新妇去本家宗祠里祭祀祖先，行庙见之礼。至此婚礼才宣告结束。④

类似回门时不在新娘母家过夜的习俗，还多见于其他地区。如上虞规定当日原轿去原轿回，不能过夜，如不“回门”，新娘则要过三年才能回娘家。松阳则规定结婚第三天，新婚夫妇相偕回娘家，拜见父母。新娘身穿青色衣裳，意谓娘婆两头亲，或谓清吉。岳家设宴款待。当天不留宿，返回夫家。路途远，不能当日返回者，多免其礼节，待过年节时，再相偕拜年，留宿数日。婚事后，由夫家备红包、礼物登门答谢媒人。⑤

二、特殊婚俗

除通过传统婚嫁仪式，女性进入男方家庭形成婚姻关系的普通出嫁婚以外，在浙江还存在多种其他婚俗。其中较为常见的，是女方家庭由于传宗接代或增加男性劳动力的需要而招赘。此外，为了生育组成的典妻婚等临时性婚姻，以节省开支为目的的交换婚、订小亲等，作为死者灵魂救济手段之一的冥婚等，也曾经广泛存在。同时，由于传统婚嫁过程较长，其间可

① 丁世良、赵放：《中国地方志民俗资料汇编：华东卷（中）》，书目文献出版社 1995 年版，第 858 页。
② 丁世良、赵放：《中国地方志民俗资料汇编：华东卷（中）》，书目文献出版社 1995 年版，第 840 页。
③ 《温岭县志》，浙江人民出版社 1992 年版，第 823 页。
④ 章亚萍、何晓道编著：《宁海十里红妆婚俗》，浙江摄影出版社 2012 年版，第 64 页。
⑤ 《上虞县志》，浙江人民出版社 1990 年版，第 735 页；《松阳县志》，浙江人民出版社 1996 年版，第 540 页。

能发生其中亲长或本人去世等变故，各地也都发展出了相应的特殊婚俗，以作应对。

(一)入赘婚

招赘

有女无子之家，经说合，招婿上门就婚，称为入赘婚，俗称“坐家因”“招亲”“招女婿”，又称“进舍”。已有部分地区，进舍专指入赘寡妇家。入赘的女婿通常称赘婿，亦称“进舍郎”“上门女婿”等。旧俗，男子入赘女家，须改从女家姓，成为女方家庭成员，赘婿要赡养岳父母，有遗产继承权。招婿女家一般有女无子，以招婿来传宗接代和增加劳动力。男方大都家中兄弟众多，无力娶亲，入赘女家。民间称之“假子真孙留传一脉”，因此入赘婚所生儿女大多从女家姓。也有一些地区，婚后所生子女一般从父姓，事先经协议也可从母姓，但不入男家宗谱。有些入赘婚家庭，所生子女依据协议部分子女从母姓，部分子女从父姓的。过去，赘婿通常家庭贫困或社会地位低于女家，被认为无力娶妻，常受族人歧视，地位近乎长工，生下子女随女家姓，有“宁可绝代，不可入赘”之说，又有言“养媳妇难做，男媳妇难受”。中华人民共和国成立以后，男到女家地位平等，不用改姓。中华人民共和国成立以后一段时期，地富子女为摆脱成分不好，往往入赘于贫下中农家庭。一般来说，赘婿多为次子以下，长子不会入赘，仅有一子的家庭亦不会让儿子入赘。

入赘婚也须媒人撮合，其婚礼程序与男子娶妇基本相同，但礼仪从简，不用花轿迎亲。婚礼后数日或逾月，赘婿也同样要回门，谓之“卷帐回门”。入赘寡妇的，俗名“进舍”，不举行婚礼，男的要听从女的安排，女方已有子女必须由男方抚养成人。

扶舅婿

有儿年幼而本人年老者，招一个女婿帮助生活，俗称“扶舅婿”。男方因贫穷无力聘娶，愿意入赘供养女家长辈，称为“养老女婿”。

(二)交换婚

又称“对换亲”“换亲”“姑换嫂”“调配亲”，在平湖农村又称“兑马桶”“兑汤罐”。[1] 此俗曾广泛分布于全省各地，尤以农村为多。交换婚的主要方式是，父母双方经协商，把自家的女儿嫁给对方的儿子，把对方的女儿换回来做媳妇。或一方有数女而无子，一方有数子而无女，经双方协商，以一女给对方做儿媳，换取对方一子入赘为婿。也有好几户人家辗转调换，则称“三调亲”“四调亲”。交换婚由父母做主，仍需说媒，习俗与一般婚娶大致相同，但不用聘礼，嫁妆从简且双方相等。婚礼亦从简，通常须同日同时结婚。

交换婚从形式上看是亲上加亲，实际上是一种节省婚嫁开支的方法。此外，也有其中一方儿子身有残疾或其他缺陷，娶不到媳妇，便将女儿与别家调换媳妇，不管女婿品貌和女儿意愿，强行成亲的。这种婚姻方式由于两家往往多有纠葛，婚后很多夫妻感情不和，又或双方家庭矛盾无法理清。中华人民共和国成立以后，交换婚属非法婚姻，已被禁止，但农村中此俗至

---

① 《嘉兴市志》，中国书籍出版社 1997 年版，第 1934 页。

少在 20 世纪 80 年代仍未绝迹。

也有兄、嫂在自由恋爱的基础上为小叔、妹说合成婚的，不属此列。

(三)表亲婚

又称“结老亲”，姑表、姨表结婚相当普遍，叫“老亲做亲”。由于旧时年轻男女不能自由交往，只有姑表、姨表兄弟姐妹在年节时可以随长辈往来，相互钟情，颇有结婚后夫妻感情和谐者。但是，婚后婆媳关系往往受双方父母关系制约，俗语云“姑母做婆，一世勿和”，结局不佳者甚多。

(四)订小亲

订小亲

子女年纪尚幼，父母即为其订婚，待成年时再成婚，成为“订小亲”“对小亲”。因双方年幼，至成年为止的数年间两家处境可能发生变化，关系难以维系的居多。中华人民共和国成立以后被禁止，且自由恋爱渐成风气，这种婚姻已渐减少，但部分乡村仍行之。但据记载，部分地区在 20 世纪 80 年代又有死灰复燃之势。海盐某镇所辖 11 个行政村，1986 年调查 18 岁以下男女青少年，对小亲的有 1726 对，年龄最小的 10 岁。①

童养媳

又称“养媳妇”“小媳妇”“养亲爿”等，是传统婚姻中十分普遍的现象，曾广泛分布于全省各地。由于传统婚姻缔结过程礼节繁复，花费巨大，小户人家或贫困人家缺乏财力，无法按基本礼俗嫁娶。男方因子弟不佳或家境贫穷，女方因儿女过多无法养活，将幼年女儿给人做童养媳。女子在童稚时期就许配给人家，并带到婆家生活，待成年后正式同丈夫成婚。

童养媳婚姻同样需要经媒人说合。童养媳的婚礼远较普通传统婚礼简单，无需“六礼”，择日婚配，族人稍作宴请即可，谓之“圆亲”，又称“并亲”“还亲”。有的地区，只要父母双方同意，便将幼女择日送过门，收取一些彩礼，让两幼童先拜天地和祖先，在圆亲时再行夫妻对拜。亦有些地区更为简便，待双方孩童长到十五六岁，除夕夜团圆饭后令其同房，即算圆亲。较重礼者，在圆亲前日令女回母家，婚礼当日再接到夫家圆亲。因童养媳具有明显的买卖婚姻性质，幼女过门后往往备受虐待，形同婢女，经常干重活，饿肚子，成婚后绝大多数夫妇感情不和谐。中华人民共和国成立以后已被废止。

等郎媳

童养媳中，女方年龄较男方为大，须待男方成年方可成婚的，称为“等郎媳”。曾广泛分布于全省各地。有的等郎媳较男方大十余岁，形同姐弟，甚或由媳妇带大丈夫而形同母子的，婚后往往感情难以和谐。随着童养媳被废止，等郎媳旧俗也不复存在。

指腹婚

男女双方未出世，双方父母即指腹为媒，或因双方家长交好，或为了“门当户对”。男女长

---

① 《嘉兴市志》，中国书籍出版社 1997 年版，第 1935 页。

大后，常常感情不合。亦有未及儿女长大，双方家庭发生变故而最后无法履约的。

（五）转房婚

转房婚

再婚的一种，即所谓“兄终弟及”或“弟终兄及”。订婚后未婚夫亡故，经人说合、转嫁其未婚兄弟。或婚后丈夫亡故，亡夫之弟无妻，由家长决定或双方愿意，结为夫妻。弟以亡兄之妻为妻，称“叔接嫂”“嫂就叔”“顶亲”。也有兄以亡弟之妻为妻和以表嫂为妻，子以父妾为妻的。转房婚曾长期广泛存在于全省各地，20 世纪 50 年代以后已非常罕见。

插花婚姻制俗称“长布衫改短衫”。旧时，在金华，倘若男女已订婚，男方突然亡故，但女家不愿意取消婚约，而男家也有未婚兄弟时，经说合可嫁与亡夫兄弟。已婚夫妇中男方突然死亡，由家长决定或双方愿意，其兄弟与嫂或弟妹同居，礼仪从略，有的地方也需经摆香火祭祖等仪式。类似兄弟互承的还有姐死妹承，即翁婿间过从密切，婿家家道殷实，长女遣嫁时妆奁丰厚，于归未久不幸死亡，岳家将次女续配与长婿作为填房。这种情况一般不再举行婚嫁仪式，穿戴随身衣着过门即可。①

（六）再婚

续弦

妻死，丈夫续娶称“续弦”，所娶之妇称为“填房”。旧俗认为夫有再娶之义，即男子在妻子亡故后，有义务再娶妻以为家中主妇。男子亡妻再娶的相关礼仪，大多没有特殊规定，礼仪可与头婚同。亦有部分地区，如松阳等地，按俗男子须在妻子亡故一年以后方可续弦，礼仪从简，新妇多认前妻父母兄弟为父母兄弟，俗称接面父母兄弟。现已不拘古礼。② 亦有如定海等地，规定填房新妇在庙见时，另设一席祭拜前妻的。

再醮

女子在丈夫亡故后再嫁他人，称为“再醮”。旧时受封建礼教束缚，认为女子应从一而终，丧偶改嫁则遭鄙视。表现在婚礼上，妇女再嫁须在晚间举行，不能坐花轿，只坐小轿；不准在原公婆家上轿，须走出村口；脚穿红鞋，外罩丧履，上轿前去掉丧履，以示与亡夫绝缘；前夫子女带入新夫家，不得入家谱、继承后父财产等。旧时城市妇女罕有夫死再醮者，乡村则此风盛行，甚或有三醮、四醮的。其主婚则舅姑为之，妇之父母唯分润聘金而已。乡村虽通行再醮，但也被认为是不誉之事，因此自认为洁身自好者不但不欲娶再醮妇，且不愿为之做媒。再嫁寡妇被称作“二婚头”，其随嫁过门的前夫子女，则被贬称为“拖油瓶”，淳安也有叫“轿后子”的。

中华人民共和国成立以后，男尊女卑观念逐渐革除，丧偶男女与未婚者享同等权利。

并家亲

也称“并亲”。再婚的一种。男女各丧偶，带子女并家。是时或事后为双方子女确立婚姻

---

① 叶大兵：《中国民俗大系・浙江民俗》，甘肃人民出版社 2003 年版，第 197 页。

② 《松阳县志》，浙江人民出版社 1996 年版，第 540 页。

关系，俗称“连娘对”或“连爷对”，较多母女就父子，也有母子就父女的。并家也有媒证、聘礼，举行仪式，但较为简单。各人原有儿子长大，各在原家立门户。并家后所生之子随夫姓，和夫与前妻之子共分家产，此俗犹存。也有为节约婚嫁开支，鳏夫寡妇并家之时女儿未及成年就过门，不坐花轿，仅由女方将女儿送至半途，男方托利市人接过抱回家，等双方成年后再择日完婚。

坐门招夫

妇女在丈夫亡故后不出醮，唯在夫家别招一婿以养公婆儿女，或服外务者，谓之“坐门招夫”，又称“招夫养子”。入赘寡妇家的男子通常较为贫穷，家无产业或家产极微，人至中年无力娶亲，而女方丧夫，有子女、家产，又或公婆年迈需人赡养，经中人说合，订立合约，男去女家成婚，充任家中主要劳动力。入赘者称为“上门郎”“进舍郎”，又有“孵床佬”“拜孤孀”等蔑称，极受歧视。此外，还有“垫黄泥膀”“接河泥膀”等表示担当寡妇家重劳动的称呼。因旧俗其实妇女再嫁，坐门招夫一般仪式极简。由男方差人说合，得同意后，男方买一只猪头，备香烛、爆竹，约朋友数人，黄昏后去寡妇家，烧猪头，祭祖先。放爆竹，大家吃一餐，即为简单的婚礼。寡妇按例要哭尸一场，假装不同意。

生人妇再嫁

在温州乐清西都，以结婚而被遗弃的妇人，不论生有子女与否，都称“生人妇”。生人妇再嫁不能举行结婚仪式，且须在夜间进寺庙候娶，由人作伴，悄悄领到男家，吃汤圆后即同宿。①

（七）典妻

典妻

将已婚或孀居妇人典给男子，以求生育子嗣，称为“典妻”。男子典妻的原因，大概有妻亡无力续娶或妻久不育，又或家贫无力娶妻，又或家虽富而娶妻无子，但妻子不准纳妾者。见典妇人大抵为丈夫有疾，或因一时穷困潦倒，筹款救急，又或是孀妇。典期有一年或三至七年、十年不等，双方订立典期、典金，典期内生育子女归典夫名下。典约期满，妇归原夫，与典夫脱离关系。金华妇女被典期间多住己家，承典者到其家姘居，丈夫回避，待典期满后承典者带典期内所生子女回家。武义一带，典家要在祠堂摆香火，宴请族、房长及长辈，以取得他们的认可。② 所生子女虽然与见典妇人有血缘关系，但承典者原妻才是正式母亲。

租妻

租妻与典妻类似，但时期较短，又称“租肚子”，属于临时性婚姻。租妻多由女方住到承租男性家中，承租者需请客并举行一定仪式。

（八）抢亲

抢亲为传统婚姻的一种形式。抢亲大概有两种。其一，男家家贫，虽订婚而拿不出彩礼

---

① 叶大兵：《温州民俗》，海洋出版社1992年版，第93—94页。

② 叶大兵：《中国民俗大系·浙江民俗》，甘肃人民出版社2003年版，第201页。

迎娶，或女家贫穷，想留住女儿在家多劳动几年而拖延婚期，经男方再三求亲，女方家仍不答应，甚或女方悔婚或赖婚，男方族人便由媒人带领，新郎和几个亲友备有鞭炮、百子、糕点、果品，私下窥探新娘去处，待机由新郎以红袱裹其首，抱入便轿或船舱。同时鸣放鞭炮、百子，向四邻村人分发喜糕。人们便知其为抢亲，不予干涉，抢至家中，草草成亲，同情者颇多。这种抢亲，有些是事先与女方商议好的，在女方默许之下进行。

另一种抢亲，则是在女方不愿意的情况下，强行抢回家成婚。有的富豪人家欲娶女方为妾，女方不从；有的光棍，游手好闲，无力迎娶，难于成家，便买通主家，纠集伙伴，私下窥探女方去处，伺机将女方硬拖背回，强行成亲。被抢对象，大多年轻孤孀。

抢亲习俗曾广泛存在于全省各地，中华人民共和国成立以后抢亲是非法行为，已经废绝。

（九）冥婚

鬼亲

双方自小订婚，一旦女方亡故，往婿家报丧，媒人陪婿往吊。到门，先衣吉服，具红帖拜外父母，然后换素服祭奠，接柩回安葬。三年后，接木主入祠（无祠则安于家），告知僧徒上节关受祭享，意谓鬼有所归。女家须还聘时首饰及送床帐、笼糕。此后，翁婿往来，与已娶者无异。男方将已亡人当成元配，若另娶妻，则以续弦论，称为“填房”。有的地区，男子续弦时，须先向已故未婚妻家提婚，先以蓝布轿将其牌位抬进男家，再用花轿接新娘。举行婚礼时，新郎新娘中间要放一位子，将死者牌位放在上面，再拜堂。礼毕，把牌位供入“家堂”。填房与死者父母之间也往来密切，执礼如女儿。逢年节，填房要到死者娘家问候，如遇丧事也要戴孝如女儿。

跨尸做亲

又称“赶尸做亲”，民国时期盛行于嘉兴城镇。男女从小订亲，如女方夭折，男方从其尸体上跨过或兜一圈。表示承认死者已是男家的人。死者葬男方坟地上，立神主牌位。男方可得到一批嫁妆。①

阴配

子女夭殇，父母伤痛心切，又或为立嗣等目的，常为觅一已去世之男女为婿或妇，以便合葬，谓之“阴配”，又称“配阴亲”“攀鬼亲”等。行礼之时，令人抱木主以交拜，亦别设洞房，陈床席、箱笼，供以茗果，朝夕撤换，与生者无异。阴配也与一般婚姻一样，需由媒人促成。有专为男女死者撮合的媒人，称为“鬼媒人”。

此外，阴配还有另一种情况，即双方订婚后，因时疫等原因双双暴卒，双方父母商定为之举行婚礼的，称为“殇婚”“嫁殇”“死婚”等。由童男童女各捧木主拜堂，婚礼毕再举行葬礼，将两者移棺合葬，称为“鸳鸯坟”。亲友着孝服参加婚礼，并大摆酒席。

无论以上何种情形的阴配，女方均需准备以彩纸扎制的嫁妆，所制奁具其值有逾中家奁

---

① 《嘉兴市志》，中国书籍出版社1997年版，第1934页；叶大兵：《中国民俗大系·浙江民俗》，甘肃人民出版社2003年版，第202页。

资者。合葬后，嫁妆在墓地焚化。①

抱牌位成亲

又称“阴婚”。旧俗订婚后，未婚夫夭亡，同样用花轿迎娶新娘，新娘抱着未婚夫牌位举行婚礼，然后守寡。中华人民共和国成立以后，此俗已废。

（十）其他

借嫁

温州旧俗，女子在未嫁前，经卜者算命，如命犯“背灯”或命犯“回禄”，俗称“破娘家”者，在出嫁时，迎娶须离开住宅，不可在家中上轿。有的在出嫁前几日，即令男家接女出门，女穿破衣，携破饭篮，装作讨饭的样子偷偷出门，到庙宇或尼庵里去，或泛舟河中，谓之“借嫁”。嫁时，就在庙宇中换装，在新娘吉服外加穿青色袄裙、戴黄面纱，候至昏夜才由伴娘陪同，从间道而出，徒行一二十步后才登舆。在此期间，女方父母亲属均须避匿，一切由夫家照应。命犯“回禄”者，规定嫁后百天或120天甚至3年才可归宁。旧时迷信认为如不这样做，娘家定会破败或遭受天灾之不幸。②

冲喜

又称“冲套亲”，定婚后而婚期未到，若未婚夫（或公婆）病重，想用喜事冲邪气的迷信活动来除病解厄，提前择日子迎娶过门。一些年轻女子，往往冲喜之后，未婚夫即病死，成了寡妇。中华人民共和国成立以后，此俗渐废。

卖活骡

即将未育或不育的妻子典卖给他人。中华人民共和国成立以后，此俗已废。

卖妻

将妻子直接售予购买人，与原夫完全脱离关系，称为“卖妻”。典卖妻子要立契约，代笔人以为有伤阴德，常在夜间进猪圈内席地而写，写后连笔墨也要丢弃。此俗曾广泛分布于全省各地，中华人民共和国成立以后已废止。

闷丧

婿之父母已故，暂不发丧先行婚礼者，谓之“闷丧”。行婚礼毕，新妇乃反吉服为斩衰，谓之“孝新妇”。

老来本

乡岙贫民往往年至四十、五十方得婚配，老夫少妇，年龄相悬数十载的。更有男女两家各图省便，孩提时即过门，亲为鞠保，至长大而成婚者。大都竭毕生勤苦之资，才能娶妻，谓之“老来本”。

连丧拜

过去两家人通过媒合，确定了婚姻关系，定下迎娶的日期后，都积极准备结婚。这当中，

---

① 李腾：《中国冥婚现象调查》，《中国新闻周刊》2016年第17期。

② 叶大兵：《中国民俗大系·浙江民俗》，甘肃人民出版社2003年版，第203页。

男方家的父亲或母亲突然死亡，而儿子的婚期又临近了，为了消除家里突然遭受的灾难，儿子在为父亲或母亲举行丧事那天就举行婚礼，民间称之为“连丧拜”。当天早上，家里中堂丧事装扮，白幡、白对联，大家哭哭啼啼为死者送行。等葬了死者，家里中堂马上扯下白幡、白对联，贴上红对联，挂上红灯笼，一派喜气。下午，亲朋好友将女方家已准备妥当的红妆器具匆匆迎进门，当晚儿子要脱掉麻布孝衣，一袭状元郎的打扮，迎娶新妇。乡间有这样的说法：“连丧拜”能消除家里遭受的晦气，一进一出，新生力量增添到门庭里，人丁兴旺。

猝亲

乘丧纳妇的一种，已合婚而尚未行聘，以父母病笃，数日内成婚者，称为“猝亲”“忽亲”，又称“拜村头”，礼多从简。亦有不得已者，于父母小殓后成婚。新妇入门，完成整个婚礼程序后，再成服大殓。只有贫家小户，由父母病笃时预定而不及改早者，不得已而为之。

重行花烛

旧时，有钱人家夫妻结婚满60年，且膝下儿子、媳妇、女儿、女婿、孙子、孙女、外孙、外孙女齐全，为显示两老恩爱和福命好，再举行一次婚礼，称“重行花烛”。仪式十分隆重。婚期这一天，老太太头戴凤冠，身穿花衫，从娘家坐花轿起身，到夫家时，儿子、女婿出外迎接。老夫妻拜过天地、祖宗后，坐席尊。儿子、媳妇、孙子、孙女等都上堂叩拜。婚礼毕，客人都坐到厅堂两边的八仙桌席次上，吃暖房酒。吃过后，由孙子和孙女婿把老两口送进洞房。第二天，还要办礼饭请四亲九眷和左邻右舍。

招夫养夫

旧时，少数贫苦人家，丈夫久病，无力负担家庭生计，夫妻商定，妻子再招夫养家，原夫不脱离关系。中华人民共和国成立后已禁止。

活出离

男子未亡而妇女生离者，谓之“活出离”，亦称“活拆头”。活出离被认为不名誉，与寡妇再醮等，因此自认为洁身自好者罕与为婚。民国后则离婚之风渐流行，有女性提出离婚者。大抵离婚出自男子者，须予妇赡养费用；出自女子者，女家须偿还聘金，女子则由父兄收领。

望门寡

双方自小订婚，一旦男方夭亡，终身不嫁，称为“望门寡”。此外，旧俗订婚后，未婚夫夭亡，未婚女子虽居家，也被认为“命硬”“克夫”，以致终身不嫁，也称“望门寡”。中华人民共和国成立以后，此习废绝。

人命饭

妇女被虐待致死或自杀，娘家人去讨命，夫家人就有被打伤打死危险。通常是杀猪宰羊将夫家吃个精光，俗称“吃人命饭”。

纳妾

中华人民共和国成立前，富豪或有一定权势者，为求新欢或因原妻久未生育，有妻再娶，称为“纳妾”，俗称“讨小老婆”。民国政府在民法上虽规定一夫一妻制，但官、富男子实际不受约束。妾在家庭和宗族中地位卑下，备受歧视，其所生子女亦受种种限制。如生母死时大母尚在，则出殡后不许再穿孝服，即使获得允许，在“谢帖”上亦须加“慈命称哀”等字。20世纪

50年代后，国家法令明文严禁。对旧社会遗留的一夫多妻家庭，只要和睦相处，女方不提离异，则可保持。

结婚赕佛

旧时海盐、宁海一带农村，结婚前先在家中赕佛，请神歌手来演唱并主持赕佛仪式。赕佛结束后，迎新娘进门举行婚礼。

第四节　过生日与贺寿礼俗

人从出生到死亡，在其诞辰的每个周年，都会有一定的庆祝仪式。按照传统，浙江省与全国其他汉族地区一样，"生日"与"做寿"曾经是两个被互相明确区分的概念。生日指以一个人的自然出生日期为标准，每周年举行一次的庆祝仪式，从幼儿至老人，皆可举行。做寿则须达到一定年龄后，才以每十年为一周期举行，礼仪远较普通生日隆重，规模也更大，除子女家人外，亲朋邻里往往也都具礼庆贺。在做寿时，外嫁女儿要携婿回娘家贺寿，对婿家的礼物往往有一定要求。从社会功能的角度，这种现象可视作娘家与女儿、女婿之间关系的维系与再确认手段。此外，一些地区还在36岁、66岁举行特殊庆祝仪式。

在现代社会，"生日"与"做寿"的区别已非常模糊，仅在逢十整寿较受重视等现象还有所体现。尤其是在城市的年轻人口中，生日作为唯一纯粹属于个人的纪念日，特别受到重视。生日的庆祝范围则由原来的家庭为主，改为与同学、同事、朋友等家庭外社会关系共同庆祝的活动，比重与家庭庆祝等同，甚至占比重更大。这种现象，反映了浙江省汉族人口过去以家庭和宗族、村落等血缘和地缘关系为重心的社会结构，逐渐向以求学、工作、交友等业缘、事缘关系为基础的社会结构让位，直至两者并存的社会结构变化，同时也反映了浙江省社会组织中个人价值愈来愈受重视，个人意愿愈来愈受尊重的时代变化趋势。

一、过生日

过生日包括做寿和生日两大类。与每年均举行一次的生日不同，根据地方习俗在某个特定年纪举行的做寿，除规模较大，仪式感更强外，参与的社会成员往往更多，社会功能也更加复杂。

做寿

按照旧俗，年少及年轻时不做寿，达到一定年岁后，每10年一庆，全省皆然。大多数地区寿庆一般自50岁始，早者从30岁、36岁开始，迟者从60岁开始，乡谚称："有钱三十便为老，无钱八十做长旺(长为长工，旺为短工)。"但都不多见。做寿又称"做生""做生日""做新官"。50岁开始做寿的地区，当年生日称"大生日"，以后10年一庆，称"正寿"，其中尤重60岁的一次，称"六十大寿"。但祝寿往往提前一年举行，有"做九不做十"之说。意谓：人生逢十是大关，提前祝寿，顺利过关，长命百岁。此外，也有一些地区有"四十不做生，做九不做十"的习俗，因"四""十"与"死"谐音，不吉利。此俗见于全省各地。另有一些地区，男寿逢九，女寿逢十，又或有男不做三十，女不做四十的。做寿的日子，大多以该人诞生之日为准，但也有一些地区或家庭避开生日，另拣日子做寿的，叫“拣日做”。富阳等地做寿，则于逢九之年冬月行之。过去，做寿都在家中进行，现多在饭店举行。

生日

与做寿不同，生日作为重要的个人纪念日，从小儿到老人，皆是每年庆祝。旧俗，儿童过生日时吃鸡蛋，谓可增记性。成年人生日时多吃寿面。20 世纪 80 年代以后，随着生活条件改善，庆祝生日越来越受重视。尤其是计划生育政策实行以后，儿童生日成为整个家庭的重要节日，不仅父母要为其庆贺，祖父母及其他近亲、友人亦参与其中。但是，在很多地区，老人生日仍有以逢十整寿为重，做九不做十的习惯。进入 21 世纪以后，在城市里，生日宴大多在饭店举行。

做三十六岁

年至 36 岁，认为是人生的一道关口。岳家要赠女婿新装，新装必备双份(女儿 1 份)。出嫁女也由娘家来做生日，新装也须双份，但一般人家为出嫁女做 36 岁的较少。旧习，是时还须“斋星官”。旧社会称 36 岁为“本寿”，活过本寿不算短命，30 岁以下不做寿。

做六十六岁

在杭州、宁波、舟山等地，都有为老人做 66 岁寿的习俗，俗称“六六寿”。俗传人到 66 岁，阎王请吃肉，认为吃了子孙的 66 块肉，就不必阎王费心邀请了。在杭州，民间认为人活到 66 岁，是第三难关，要吃 66 块肉。66 寿辰前一日，必须由女儿(若无女，则由侄女)烧 68 块肉，系用精猪肉切成丁块，用酱油蒸熟。寿辰之日，敬天一块，敬地一块，其余 66 块送给父或母吃，认为吃了可以长寿，此俗沿袭至今。在湖州，父或母 66 岁，所有女儿(若无女儿，则由外甥女或过房女儿代替)都要送上一碗红烧肉，并把它划成 66 块(也有简化称 6 大块 6 小块)，烧得生硬些，用长生果肉垫底，上放 6 颗洁净圆滑的小石子，以此祝父或母长寿、硬朗，同时也认为这样可以闯过“六十六，阎王老子叫‘吃肉’”的关口。在宁波，老人到 66 岁那年，儿女都烧 66 块猪肉(若父母吃素可以用烤麸代替)、糯米饭一碗和从一根，从窗槛递进去请父或母吃，认为吃后能长寿。①

女婿寿

在玉环渔区闽南籍渔民中，有一种岳父母为女婿祝寿的特殊风俗，俗称“女婿寿”。当女婿 30 岁生日那天，岳父母携带礼品到女婿家祝寿。寿礼有黄鱼一对，猪肉 10 斤、米酒两瓶、面 10 斤、衣服两套及桂圆、枣子、橘子等。所送之物，各有寓意：鱼象征“有余”，米酒象征“米足”，面象征“长寿”，衣象征“有依靠”，枣子象征“早生贵子”，橘子象征“吉利”，等等。女婿收下这些礼品后，回敬岳父母以长寿面及果品糕饼之类，祝岳父母长寿。②

二、贺寿

无论是生日还是做寿，除表达对个人的祝贺之情外，同时也是亲友聚会和交流的重要场

---

①② 叶大兵：《中国民俗大系・浙江民俗》，甘肃人民出版社 2003 年版，第 205 页。

合。根据不同寿辰的性质和意义，都有一定的贺寿礼仪，包括寿礼、寿堂布置等。

（一）寿礼

贺寿礼

一般生日，饮食较平时丰富，吃寿面或粉干庆祝，儿童吃鸡蛋，已出嫁、分家或在外地的子女也要送礼品给父母，儿媳们做些老人爱吃的东西奉敬，即算庆祝。现无论老幼，都通行送生日蛋糕。逢十做寿则较为隆重，拜寿时亲朋送礼。贺寿礼品大多选用对联、匾额、雄鸡、猪腿、寿桃（桃形点心）、衣裤（或布料）、鞋袜，各地大致相似，但也因各地习俗略有不同。在长兴，亲友送寿礼有六盘八盘不等，礼品有星官马楮、寿烛、百子、炮仗、鞋袜、帽子、鲜鱼、蹄子、面条以及用米粉制作的寿桃、寿果。若两老健在，礼品必须成双。如普陀、定海等地长辈做寿，亲戚族里挑幢篮送寿礼，有四色、八色之分，四色寿礼糕、桃、烛、面，取"高桃祝寿"之意。八色者加玉（猪肉）、堂（红糖）、富（烤麸）、贵（桂圆），又称"朱堂富贵"。上虞等地则有寿面随寿数增加，每十年增一斤的习俗。德清则依做寿者年岁，有两种送寿礼的方式。其一，亲戚以面条、鱼肉、蜡烛、爆竹、糕团相贺。宅中设寿堂，立神马，点香烛，神前供清茶、礼品，烛点一半送神。小户人家以红烧肉 1 方，熟鸡蛋 4 枚，置大碗中，用罩篮提送。其二，老年人置棺材，俗称"寿材""添寿""做茧"，棺前用大红纸书贴寿字。婿家及晚辈以寿桃圆子、面、糕、猪头三牲、香烛、爆竹双件庆贺。礼毕，向围观孩子分糖，谓"晚境甘甜"，午餐或点心食面条，称长寿面。近年提倡火葬，置寿材之俗渐废。③

在大多数地区，都特重婿家寿礼，一般要挑送有 6 个～8 个礼盘的盘担，若两老健在，寿装等贺仪须备双份，又或给寿庆的父母置一身质量较高的衣服，送一对大红烛、线面、补酒，又或棉鞋、挂对、寿幛、寿轴，等等。

寿礼多在庆寿时赠送，也有一些地区较为特殊。如景宁送寿礼，须在逢十头年腊月送礼致祝，谓"送九不送十"，以便主家从容筹措来年春初之寿筵。又如新昌有不在诞辰当日做寿而拣日做的习俗，乡间送寿礼便多选在正月初，因有年货，不必另办礼物，且正农闲、走动方便，可节约物资和时间。④

中华人民共和国成立以后，祝寿风大减，值时给老人添衣送补，合家聚宴，恭祝老人健康长寿。

寿桃山

在温州，送寿匾形的福桃，是用熟米粉制作的。送寿桃也有讲究，有的地区要依年龄送，如 60 岁送 60 斤，也有 60 岁送 62 斤的。有些地区送寿桃，每个 4 斤，扁桃则每对 4 斤，窑依寿翁年龄再加上 10 个，凑成双数。最有名的是寿桃山，即在约 2 米高的木架上，缀 100 多个大小寿桃，依次排列，上下有七八层，在寿桃山的正面和两侧的每层上，分别站立着 100 多个大

③ 《长兴县志》，上海人民出版社 1992 年版，第 751 页；《普陀县志》，浙江人民出版社 1991 年版，第 996 页；《德清县志》，浙江人民出版社 1992 年版，第 602 页。

④ 《景宁畲族自治县志》，浙江人民出版社 1995 年版，第 523 页；《新昌县志》，上海书店 1994 年版，第 607 页。

小不同的米塑戏曲人物，以及鸟兽、花卉等装饰；山顶上还有一只大花篮作为背景，站立着米塑老寿星像，莫不精致。一座寿桃山要用100斤左右的米粉做成，需要两个人做5天才能完成。按照传统习俗，大都为60岁以上老人祝寿之用。寿桃山一般由女婿或外甥送。旧时送寿桃山，要用彩盘、高灯、吹打、旌旗伴送，抬到做寿家，放在寿堂正中八仙桌上，大大增添了祝寿气氛。①

送寿匾

做八九十大寿或单百寿(百岁寿诞可提前一年，在99岁做)，其庆寿仪式尤为隆重。至亲有给寿翁钉匾，上刻“龟鹤齐龄”“松鹤同春”“南极呈辉”“春云霭瑙”等字。女婿所送寿匾，要题上“椿萱并茂”等字样。寿堂摆香案祭祖，鼓乐齐奏。祭毕，郑重地挂匾于厅堂，而后摆寿宴。

送寿屏、寿联

寿屏为大红绸一块，中有金色大“寿”字。寿联缀在寿幛上，也有写在红金纸上的。祝词一般写“福如东海长流水，寿比南山不老松”(寿男)、“萱草凝碧辉南极，梅花舒芳绕北堂”(女寿)等。

长寿面

做生日大都吃面，曰“长寿面”。在城市，可用切面，也可用索面，在农村用索面较多。在平阳、苍南等地，祝寿的长寿面必须用索面。有的还有特制，要求长3尺，每束须用100根以上，盘成塔形，罩以红绿纸拉花(俗称“盘络”)。作为寿礼，一定要备双份。②

普通和开户寿礼

在富阳，逢十祝寿礼仪有普通和开户两种。

普通寿礼　无论男女，亲友知其已届贺寿之年，各于暇日致送祝寿礼品。中华人民共和国成立前一般为寿糕、寿面、猪蹄髈和寿烛、寿对等物。寿对须称年寿，分别男女，用相应的联句。上下联称呼款式均有定章。寿家收取礼品时，糕包例须必返，或易以另一种，谓之“高寿来，高寿去”。至除夕，寿家将寿对按称呼行辈大小，依次悬挂堂前，表示荣耀。本族晚辈，则免贺礼。中华人民共和国成立初此礼仍通行。“文化大革命”期间停止，20世纪80年代复行如前。唯礼品等有所变换。

开户寿礼　父母寿辰将届，儿子即发出定期祝寿开筵的请柬，或以生辰为期，或选用农历正月吉日，接柬亲友备具礼品如期致贺。倘寿翁为世家望族，则亲友请文士为之制作寿序、寿诗或寿联，装裱完美，先期致送。③

(二)寿堂

庆寿规模因经济条件而异。旧时，富家做寿，颇为隆重，往往提早3天布置寿堂，张灯结

---

① 叶大兵：《中国民俗大系·浙江民俗》，甘肃人民出版社2003年版，第206页。

② 叶大兵：《中国民俗大系·浙江民俗》，甘肃人民出版社2003年版，第207页。

③ 《富阳县志》，浙江人民出版社1993年版，第832页。

彩。寿堂正中放一把披着锦缎的八仙高椅，椅前摆一张围有桌衣的八仙桌。桌上烛盘点燃一双大金统蜡烛，椅后靠壁摆一张长画桌。中堂桌供星官马楮、糕点、果品，点燃寿烛地铺红毡，壁挂寿幛，张贴大型“寿字”和“福如东海”“寿比南山”“长命百岁”“万寿无疆”等红纸对联。若做寿人是有功名的，其条桌上还会供着黄缎包裹的敕令。

平常之家庆寿以亲朋团聚表示祝贺即罢。中华人民共和国成立后，庆寿仪式已普遍从简。

（三）拜寿

祝寿

旧俗拜寿，多指逢十做寿，一般年份生日仅家人简单宴聚，稍作庆祝。旧时，富贵人家做寿十分隆重，一般是早一个月向亲友、门生、下属发请帖。祝寿之日，做寿者穿锦缎寿衣，坐正中高椅上，受儿女媳婿及孙辈们的三跪九拜礼，并分子孙钱（用红纸包好）。第二天最热闹，接待前来祝贺的来宾亲友。当客人带寿礼到大门口时，专门司锣的人敲双声锣，高喊“客到”，乐队奏乐，唢呐丝竹齐鸣。做寿人正襟危坐高椅上，其长子侍立一旁。同辈亲友上堂作揖，口称“祝寿”，做寿人起身回礼。若下属、晚辈上堂叩拜，则由其子代为回礼。若佃户来贺，则不让上堂，只收下寿礼，带他去厨房吃餐饭就走。如果上司来贺，做寿人立即下堂，拱手作揖，陪人客厅叙谈。一般清苦人家，无上述排场，仅能吃一次寿面，以为庆贺。中华人民共和国成立后，做寿不拘礼仪，晚辈给“寿星”敬送祝寿蛋糕和礼品，家人和近亲便宴吃寿面，以示庆贺。至20世纪80年代做寿之风再次兴起，但除老人寿庆和孩子周岁外，一般不举行生辰庆祝。老人寿日，儿女敬上衣着、营养品，共聚一堂欢宴和拍全家照留念，也有用钱代替寿担的。

景宁习于春初做寿，寿联、匾额则于春节前张挂。春节期间狮子、花鼓入堂表演前放帖为祝，谓“放全堂”，入堂行拜祝之礼，并尽呈演技。主家酬以红包，金额须数倍于常礼。①

暖寿和正寿

祝寿有暖寿、正寿之分。在绍兴，正寿的前一天谓之“暖寿”，由出嫁的女儿办。正寿称“桃觞”，由儿孙承办。庆寿诞可提前（以当年为限），但一过生日，则不能举行寿庆活动。从暖寿开始，府邸中张灯结彩，厅堂正中悬挂老寿星画像，燃点大蜡烛。正寿这一天，做寿者身穿吉服，到厅堂接受晚辈祝拜和亲友庆贺，并设席宴客，将寿面、寿桃分赠四邻等，大户人家还会延请戏班唱戏，称为“寿戏”。②

（四）寿宴

做寿须摆酒请客，做寿糕，祭天敬神后分送给贺寿的亲朋。旧时，富家做寿有暖寿、拜寿、排寿宴等仪式，一般办3天酒。生日的当天晚餐最为丰盛，称正餐。旧俗酒宴间儿道粉食点心必有一道用带芽头（俗称“寿桃嘴”）的寿桃，客人吃寿桃时，不能吃掉芽头，要先把芽头掰

---

① 《景宁畲族自治县志》，浙江人民出版社1995年版，第523页。

② 叶大兵：《中国民俗大系·浙江民俗》，甘肃人民出版社2003年版，第207页。

下，放在桌上，称留芽，意为后代也会长寿。做寿的习俗，中华人民共和国成立以后已基本废除。今则不分男女老幼，遇生日一般吃米面，谓长寿面。城镇儿童喜食生日蛋糕。

年至66岁，出嫁女儿须用鹅卵石（洗净）、长生果肉（花生米）烧猪肉，送于父或母，表示孝敬，祝愿父母健康，“长生不老”。现乡村寿庆礼仪，已不供星官马楮，不行跪拜，余者依旧。

三、做冥寿

亲长亡故后，在其生龄每逢三或每遇正十，子孙在其诞日进行拜祭，至百岁为止，通称“做冥寿”。冥寿礼仪与生前做寿相似，但所用寿礼和寿堂布置等则有明显的祭祀色彩。做冥寿既有追思之意，也有超度亡魂的意义。

做阴寿

即为亡故祖先做生日，俗称“做阴生”“做阴庆”。祖先亡故后，其生龄逢三，也有每遇正十。于诞日祭之，至百岁为止。在温州，富家设寿堂，请僧道诵经礼忏。亲友送纸锭，登堂拜祝。也有在寺院做水陆道场的。做冥寿时，子孙要穿彩色衣，挂轴也用红轴，上写“仙乡不老，佛国长春”字样，或单写一“庆”字，酒席荤素都可。子孙在收礼谢帖上自称“追庆子”“追庆孙”。在杭州，旧时，大户人家都通行做阴寿，即为死者做寿。长辈死后年满百岁这一天，晚辈要为死者做阴寿。寿堂布置要素，寿幛用蓝色，晚辈向虚设席位拜寿，不做“添寿”仪式，有的还请和尚道士念经，分化银锭，以超度亡魂。送糕、桃、烛、面者，须加纸元宝十副，送糖茶两杯，而不送鞋袜。①

做十头

在宁波，有给去世的父母做寿的，俗称“做十头”。寿堂陈设素色，礼拜如在世，并办寿宴，直到百岁为止。②

第五节　丧葬礼俗

浙江省的丧葬程序，可以简单地分为送终初丧、入殓成服、出殡安葬和其后的做七祭祀，其中各环节所含细节的仪式内容、先后顺序等因各地习俗有所不同，但整体并无很大出入。

死亡不仅意味着自然生命的终结，也意味着一个人社会角色的终止和转化。故而，丧葬礼仪包括丧礼和葬礼两个互相紧密关联的部分，不仅是对死者尸体的处理，更重要的作用在于宣告死者生前社会角色的终结。因此，在浙江省大多数地区，死者故去后都有尽快通报亲友的报丧习俗。收到死者逝去消息的亲朋以前往吊唁乃至帮助办理丧葬事宜的方式，表达对死者的缅怀之情，同时也表达在死者去世后仍与其遗属维持原有社会关系的意愿。丧家以立丧主的方式确定死者社会角色的继任人，并以表示关系亲疏远近的戴孝守丧制度重新建构死

① 叶大兵：《中国民俗大系·浙江民俗》，甘肃人民出版社2003年版，第208页。
② 叶大兵：《中国民俗大系·浙江民俗》，甘肃人民出版社2003年版，第209页。

者故去后的社会组织——家庭、宗族及其他与死者生前活动有关的社会团体。在这个意义上，丧葬是使以血缘为主要纽带的社会组织不因个体成员的死亡而发生巨大变动，得以稳定存续的重要手段。同时，丧葬礼仪中回煞、题主、下葬以及其后的定期拜祭等一系列仪式，也使丧礼和葬礼成为死者由生前的家庭或宗族成员向祖先转化的过程。在这一转化过程中，祈求死者的灵魂为家族的血脉绵延和生活富足提供庇佑，是非常重要的主题。因此，浙江省的丧葬礼仪民俗就其社会功能而言，并不是一套代表终结的仪式，而是一个保证代际交替顺利进行的程序。浙江省传统丧葬礼俗，基本上以依周礼而行，在具体做法中又有变化。中华人民共和国成立后，开始逐步推行殡葬改革。随着遗体火化率的增加，旧有的一些葬礼程序和形式发生变化，主要呈现由繁趋简的倾向，但丧葬礼仪的主要功能并未发生根本性变化。

一、丧葬仪式

浙江省的丧葬仪式按照先后顺序，可以大致分为送终初丧、入殓成服、出殡安葬以及其后的做七祭祀 4 个环节。一般来说，丧葬仪式在人临终之时即开始启动，但在生前即准备墓地、棺木、寿衣等所需物品也相当普遍。此外，对夭折、客死等非传统意义上的正常死亡，各地多有相应的丧葬礼仪。其中，由于有发达的海洋渔业传统，沿海地区对死于海损的人都有特殊葬俗。

（一）送终初丧

择地

浙江省所有地区，在墓葬上几乎都相信有风水存在，并且在生前或刚去时候请风水先生选择一块风水宝地供安葬之用，并庇荫后人。为求风水宝地，甚至有人殁后停柩暂厝久久不下葬者。择地标准不仅在观念上，而且在具体操作上均符合在汉族中通行的阴宅风水原则，如在台州，选择墓地时一般要求后龙端正，两手抱紧（左称虎手，右称龙手），前有明圹（堂）。若前无明圹（堂）而是一块田地，则田畦须作横向，坟圹正中要正对一个高山尖。在葬礼中，棺材入圹时，也要由风水先生主持，吉辰一到，由风水先生以罗盘正位。各地普遍相信墓地风水会影响生者的运气，有大量由于好风水的墓葬给后代带来好运，或由于祖坟风水破坏导致后代家境败落的说法。① 殡葬改革实行后，人去世后多在公墓安葬，请风水先生择地风俗渐衰，但在骨灰盒入圹时，仍有风水先生以罗盘正方位的仪式②，社会经营性公墓以风水为宣传的现象亦不罕见。

寿衣、寿材、寿圹

不少老人在生前即已为自己准备好殓衣与棺材，以免去世后再置办，过于仓促而难以称意。亦有未及置办而人病重，急购棺材以待的。临时赶做的称“冲喜”，须加倍付工钱。还有的老人预先造好坟茔，暂封墓门，以后可启封推进棺材，称“寿圹”。有的地区如上虞一带，还

---

① 陈华文、陈淑君：《浙江民间丧俗信仰研究》，上海文艺出版社 2011 年版，第 41—79 页。

② 黄景春：《丧葬仪式中买地券的象征意义——以金华市汤溪镇的一次葬礼为例》，《文化遗产》2014 年第 3 期。

将生前备好的棺材和墓穴称“寿材”“寿椁”，死后赶制的棺材和墓穴称“忙材”“忙坟”，以示区别。① 在松阳，超50岁者，后多延至60岁，即择日请木匠做棺柩，以备后事之用。仪式隆重，要给木匠开工红包。落成，由已出嫁女儿请“落山酒”，并邀上辈陪宴。乡村多把制成棺柩存放祠堂。临时赶制棺材，不举行仪式。城镇有向棺木店购买。② 湖州菱湖称预备好的殓衣为“寿衣”，预置棺木为“寿器”，甚有自营生圹者，谓之“寿穴”，皆于暮年为之。③ 殡葬改革以后，各地逐步推行火化，寿材与寿圹之俗已废，但做寿衣习俗尚存，亦有在公墓预购墓穴的，但年龄较过去大大推迟。

寿衣即殓衣多为蓝、白、灰色，忌穿青色。衣裤成单数，如五件上衣四条裤，或上四下三等。寿鞋软底，用红线缝九针，称“踏九针”。寿帽：男戴方巾以示为明代衣冠，女戴金丝绒帽或包头绢。

寿材即棺材，又称“寿枋”“老寿”“大屋”等，也有称“安乐宫”等吉利名称的。油漆成黑色或中国红色，在棺材头书写“福禄寿”合体字，或大头男书“福”、女书“寿”，小头书“双喜”的习惯。据明代《新昌县志》，富家官宦制棺，木材以沙木为最厚，中等之家用杉松，至下之家则唯薄为其道。④

送终

老人、病人垂危之际，通告远地或外出的亲属速回，亲属环绕于病床前，日夜守候，询问、聆听最后遗嘱，目送其断气，称为“送终”。临终之时，死者家属，尤其是子女应该悉数在场。死者如有全部子女媳妇送终就被认为有“福气修来”。临终前若子女未到，俗称“月亮缺只角”，引为遗憾。在绍兴，若长子或长孙在外地，怕赶不上送终，家人总要想方设法给垂死者“吊命”。有的还有子女眷属手捧香火，在窗前看护直至病人断气。死者长眠，跪绕病榻大声哀哭，民间随即焚烧黄纸冥钱，谓烧“六斤四”，取足百完美之意。定海等地，还要在病人垂危时，子女要喂一口薄粥，备“寿衣”守候。气绝后，即为死者理发、剪指甲、擦身、换衣。在温岭等地，还由孝子请和尚念开路经。普陀等地，在病人临终时，给病人喂饭，剩饭子孙分食，称“吃袭衣饭”。各地皆有送别死者去往来世的习俗。如在老人弥留之际烧锡箔纸钱，即是供死者去往阴间的盘缠之用，而绍兴有在病床前焚烧佛经，口云“管好自己”，意谓不要被野鬼抢走，其后又用红纸包两包佛经焚烧后的香灰，塞到临终者手中，并说是路费的习俗。此外，还要将垂死者头、足互易方向，谓来世投生时下地快。在房内举哀送终的同时，就要在天井烧纸轿、纸人，认为纸人是死者去往阴间的轿夫、挑夫。⑤

买水浴尸

病人气绝后，焚香于灶前、祖堂祝告，给死者沐浴、剃头、更衣。沐浴前须先买水。即到溪边或井边、水窟等处向该处水神、土地或海龙王“买水”，以罐或盆取回家为死者沐浴。买水一

① 《上虞县志》，浙江人民出版社1990年版，第737页。

② 《松阳县志》，浙江人民出版社1996年版，第541页。

③ 丁世良、赵放：《中国地方志民俗资料汇编：华东卷(中)》，书目文献出版社1995年版，第686页。

④ 丁世良、赵放：《中国地方志民俗资料汇编：华东卷(中)》，书目文献出版社1995年版，第844页。

⑤ 陈华文、陈淑君：《浙江民间丧俗信仰研究》，上海文艺出版社2011年版，第145页。

般由孝子执行，具体做法各地略有不同。如缙云是由亲属持雨伞、提香碗、牌位至水边，投数枚铜钱（或硬币）入水，舀回水为死者擦脸。类似用金属钱币买水的，还有玉环等地，投入铜钱向井神“买水”，为死者沐身。也有的地区不用钱币而用纸钱，在水边焚烧以作买水之资。为死者沐浴的做法，各地也有不同。仅擦脸者有之，擦拭身体者有之。松阳习俗有为死者擦身时前三把、后四把的规定。文成等地则并将舀来的水加姜和艾叶烧温，再给死者擦洗身体。在青田等地，由孝子到水边点香烛，向海龙王买水：顺、倒各舀三碗，再加一碗，倒入水桶，拎回倒入脚盂，用七块小布，为死者自头至脚抹浴。

自清代以后，沐浴往往还伴随剃发。男尸理发时，剃前不剃后，取意“留后”；女尸梳头、挽髻，不使披散。①

更衣

浴尸后迅速给死者更衣，以防时间长了尸体僵硬，衣服难以穿上。死者所更之衣，通常称寿衣、殓衣，俗称“祭老衣”，又称“过老衣”，在死者生前即备好。更衣时，先将多层寿衣套叠好，再穿到尸体身上。且各地均有穿前先称寿衣的习俗。在诸暨，有先将死者衣冠令孝子着，使整齐熨帖的习俗，谓之“楦衣”。此俗他处也有，名为“暖衣”。在杭州郊区一些地方，给死者更衣时，常有和尚念“开路经”“往生经”，边念边给死者换衣服。

清代以后直至民国，不少地区还保留着死后穿明代服饰，以示“生为清朝人，死为明朝鬼”的习俗。如在建德一带，死者衣服的扣子要拆掉，改为明代装束，用一条带子束之。杭州、宁海等地旧志也有“以巾束之”的记载，可见此俗各地多见。金华磐安一带，习俗规定寿衣鞋帽、头梳的发式要用明代人的样式。嘉兴一带，更衣也叫“着衣裳”，在死后第二天举行。仪式开始时要先奏乐，然后为死者梳洗，由亲人执行剥衣、穿衣、梳头时，要唱相应的哭丧歌。整个仪式过程中，所有家属姐妹兄嫂都要对着尸体哭，直至结束，非常隆重。

称寿衣

为死者更衣以前，很多地方有称寿衣的习俗。由孝子站凳上“当着老天爷的面”，用无锤秤称寿衣。声明亲人缝制，然后为死者“穿”寿衣。又或将衣角用香点些洞，意归死者专有。

开衣裳单

穿寿衣后，开“衣裳单”一式两份，一份放入死者口袋，一份焚化。又称“称裳帐”，即开列死者寿衣、鞋帽、被褥等物件，挨次点呼，亲人跪拜齐答，并将死者生前被、枕、褥等一应“脚尾货”搬屋外，女婿要送“寿被”。

含口钱

碎银或钱币包着放死者口内，盖棺时取出塞，称“含口银”，又称“含口钱”。除银或钱外，有的地方还放入一些其他东西，如七粒米、七片茶叶用红纸包好放入死者口中，富户还会塞入金、银、珠、玉等。余杭、武义等地在死者去世时向嘴里塞一把米饭，谓“满口饭”。有的地方用红纸包一块银圆放入死者口中，称为“衔牙”“含口钱”。同时亲人以白线杂麻缠于颈，称为“戴

① 陈华文、陈淑君：《浙江民间丧俗信仰研究》，上海文艺出版社2011年版，第146—147页；叶大兵：《中国民俗大系·浙江民俗》，甘肃人民出版社2003年版，第218页。

孝”。在杭州郊区则用铜钱三枚，各用红纸包好，两枚捏在死者手中，一枚塞入死者口中，名曰“含口钱”。在温州，这种习俗称为“含口劲”。①

报山

又称“报圹”。有寿坟的，死者亲属至坟地点香烛，用手扳动坟上一块石头，预告山隍土地，坟主要来安居。

移尸

死者咽气后，替死者沐浴净身，梳头更衣将尸体移至中堂侧等待入殓，设立孝堂，点香插烛，晚辈及亲人披麻戴孝向遗体告别，家事全交给族人，全家专事守孝。移尸中堂时，死者脸上罩丝绵，脚下点一盏灯，不能熄灭，叫“长明灯”。移尸的目的是将死者尽快移出生前的生活区域，并布置好灵堂以备亲友吊唁。各地有很多不同叫法，杭州郊区称“落地”“转床”，龙泉称“落箦”，三门称“离床”，台州称为“移铺”等。停放尸体的称为“灵床”，通常以门板搭就，或在两条长凳上搭一块较宽的木板，因此有些地区又称之移尸为“出板头”“晾板头”“移板头”“摊板头”“搁板头”等。

移尸由子孙进行。如嘉兴一带，移尸时须由死者长子捧头，次子捧腰，三子捧肢。若死者无子则由女，无女则由其侄代行。杭州也要求孝子捧首足，但仅示意而已，媳若女为之梳栉。尸体一般直摆，头在外，脚朝里。金华一带则要求头脚的方向与生前睡觉的方向相反，与堂屋格栅方向相同。有的地方，尸体的摆放方式须视死者在家庭和家族中的地位与年龄而有所不同。如余姚陆埠以东，则死者已婚应横摆，未婚应直摆。台州则规定，中年死亡而长辈健在的，按男左女右停放；年过六十花甲的死者和无长辈的中年死者，不论男女，都停在厅堂左侧；30岁以前死亡者称短寿，不论男女都停放在厅堂后侧。家无厅堂的，则放置在正房。

除尸体的摆放方向和位置外，移尸后对尸体还有一些特别的安置仪式。如金华一带会在尸体头下垫7块瓦片，面覆草纸，称为“遮面纸”。双手捏拳放置胸口，表示心口满足。脚后点灯，灯用破碗盛菜油浸以灯芯草，根数必须单数。堂屋临时以篾簟隔作两半，后面停尸，前面设灵堂，供进香拜吊。同时请老妇女为死者念经，把念过经的纸钱烧化，称为“化银”。青田则在床前摆一碗半熟祭饭，一盏油灯。饭上放一对半熟鸡蛋，插一支缠棉花的筷子，称“座头饭”。死者寿被上放5只灰粽，缚在“竹丝爪”上，说是让死者到阴间时，用竹丝打狗，用灰粽喂狗，以便顺利通过鬼门关。在寿衣纽扣上挂一只“种子袋”，内放谷、麦、豆、玉米、南瓜子等五样半熟种子。子女必须在旁守灵，不断地烧纸钱和点香，直至殡殓。余姚陆埠以东还规定眷属跪送不许哭，防泪珠滴落尸体上。

在屋外咽气的死者，不能移尸入屋内。②

点引路灯

老人去世后，丧家用棉质制作纸灯，蘸上香油，点上一盏又一盏的纸灯，直到大门外，俗称“引路灯”，也叫“随身灯”“长明灯”等。目的是帮助死者到另一个世界报到时照明。在多地皆

---

① 陈华文、陈淑君：《浙江民间丧俗信仰研究》，上海文艺出版社2011年版，第149页。

② 陈华文、陈淑君：《浙江民间丧俗信仰研究》，上海文艺出版社2011年版，第149—150页。

有在死者脚后点油灯的习俗，金华习惯上点在脚后，宁波也点在脚后。习俗规定，尸体移妥，于死者脚后点一盏油灯，谓给死者照明，俗称“脚后点灯”，通常称为“长明灯”，镇海、玉环、温州等地亦称“照冥路”。富阳在死者身边点灯一盏，脚后点蜡烛一对，且须不时焚烧“银锭”、冥洋，给死者作川资。

在绍兴，移尸于厅堂后，厅堂也就成了灵堂。这时，灵堂除了要挂孝帘布、白幡，上挂遗像，点燃白烛、安息香外，死者脚后务必点燃一盏油灯，俗称“明灯”，供其在阴间照明之用。此灯不能熄灭，入殓后，要摆在棺材下面。若死者有出嫁的女儿，由其点七星灯（通常向庵堂借用）。此俗与杭州点“树灯”的习俗极其相似。①

送无常

民间相信，人死是由于无常将人的灵魂勾走，所以必须以礼将无常送走，称为“送无常”，诸暨一带又谓之“送巫阳”。在绍兴，送无常时，死者家属身穿孝服用米筛盛放菜肴酒饭、“银锭”香烛和草鞋（必是三只）摆在大门外，人跪在地上，将“银锭”、草鞋焚化后方可起立。认为无常是勾魂使者，“银锭”草鞋和菜肴酒饭统归他享用。家属送无常后，菜肴酒饭仍然摆在那里，路过的行人若去吃一点，据说能解晦气。

在金华一带，人们相信无常是城隍的使者，须以礼相待。仪式的内容主要是：死者亲属备香烛“银锭”及草鞋一双，纸糊插袋一只，上书死者姓名住里等，用火把送到郊外朝县城方向，把所送物件烧化。此外，多地均有将死者床上铺垫的稻草、草席、破絮胎、部分衣服、鞋袜，在三岔路口焚化，让路人皆知的习俗，叫“烧草荐”，又称“烧荐包”。在富阳，人死后，以草鞋两双至行人路上焚烧，谓系给活无常、死无常所穿。同时，备香烛至上地庙、城隍庙点燃，谓使死者不致走暗路。死者断其后，所睡之床、帐子，立时除去。②

报丧

又称“报耗”“报死”等。人死后，迅速请风水先生择定殡葬日期、葬地等，俗称“山人批书”。也有不择日期，于3日后即成殓出殡的。

山人批书后，即派人到亲友家讣告死讯，称为“报丧”。报丧时，报丧者无论晴雨，都倒挟一把雨伞，到亲友家则将雨伞倒倚门外墙上，亲友一见便知是报告噩耗的，因此无需寒暄。收到噩耗的人家，皆须对报丧人略作招待。例如，在德清，接报者煮糖滚鸡蛋3枚或用糖果给报丧者解晦气。长兴、松阳等地以糖汤、糖茶相待。简者如定海，则仅报以一杯水，报讣人离去，即将水杯敲碎以“避邪”。

在绍兴，移尸后即遣族人或临近向亲友家报丧，即使有的亲友已知死讯，丧家仍要按惯例报丧。报丧者到了目的地不能进屋，雨伞要伞柄朝下放在门外。亲友给报丧者吃若干个氽蛋以示慰劳，俗称“报死蛋”。待报丧者往回走时，要往他的脚后摔破一只碗，认为此举能下破随其同来的鬼魂和晦气。若亲友不在本地，则丧家写信口用火烧焦的“焦口信”，或不封信口的

① 陈华文、陈淑君：《浙江民间丧俗信仰研究》，上海文艺出版社2011年版，第151—152页；叶大兵：《中国民俗大系·浙江民俗》，甘肃人民出版社2003年版，第216页。

② 陈华文、陈淑君：《浙江民间丧俗信仰研究》，上海文艺出版社2011年版，第152—153页。

“开口信”报丧。在金华一带，报丧人须吃罢点心，才告以死者姓名、死亡经过、殓殡日期等，随后匆匆离去，受讣人概不挽留。习俗规定，当报丧人步出大门，方可以放声大哭几声以示哀戚。在武义县，如母亲过世，由儿子披麻戴孝，并用红纸包上茶叶和米先到娘舅家报丧。见了娘舅先撒茶叶和米，后跪地以报。

接到讣告后，依各地习俗，受讣人有哭有不哭。普陀、定海等地，亲戚听闻噩耗，当以哭声相报，若无人啼哭，则砸瓦片以代之。长兴习俗，则在接到噩耗后，妇女去离家不远的地方号哭一场。

旧时重丧礼，平素不相往来的远亲，丧礼必到。接报人在送走报丧人后，马上动身前往丧家吊唁。尤其是出嫁女儿，闻噩耗后须马上与丈夫携礼赶回娘家，沿途哭丧。在三门，出嫁的女儿接到噩耗后，路近的要立即回娘家奔丧，边走边“哭丧”，路远的则到村口开始“哭丧”。近房亲族皆发白帽、头巾，谓之“散白”。散到白的要送千张香烛。在长兴，接耗啼哭以后，便备羹饭盘一只以及冥纸，去死者家中吊唁。女客必远离死者家门处一路号哭至灵堂。不论男客女客均须向死者跪拜，名曰唱座。死者儿女在旁陪礼，妇女陪哭。死者家中摆设素饭，俗称“豆腐饭”，招待来客。晚间亲属、亲邻陪夜守灵。

旧时城镇报丧即按有死者生辰八字择好入殓和发葬日，黄榜写明，附属肖避忌，贴于门口或显目墙角，并奔告戚友。宁海等地也有竖丧牌的。眷属在外，不论远近，即赶赴。①

（二）入殓成服

入殓

大小殓合称入殓。经过初丧仪式后，放在木板床或门铺上的尸体，需经过一定的仪式放入事先准备好的棺材，完成整个出殡前的准备工作。一般来说，大小殓分别在人死后第二、第三天进行，但很多地区须先请算命先生择定日期，称“批书”，再按照批书所定日期进行整个丧葬仪式，入殓也不例外。也有一些地区，主要是渔区或海边其他产业地区，要视潮水择定入殓时辰。如定海、普陀等地，皆有涨潮时入殓的习俗。定海谓涨潮时入殓，死者可趁船赴“西天”。慈溪沿海盐农、棉农亦有涨潮时入殓的习俗。②

湖州一带的入殓习俗为，当空灵柩抬进门时，哀乐顿起，子女血亲必须去门前跪迎，称为“迎材”。一般在黄昏戌时至半夜子时入殓。子女血亲在哀乐声中，面对尸体跪拜，土工们用五色带扎束尸体。入殓时，土工们抬尸入材，长子要捧一捧死者的头，幼子要捧一捧死者的脚，以作示意。尸体在棺材内放稳后，还须悬吊一枚穿线铜钱，以死者鼻准为中心，不能有偏，否则子女会有兴衰之别。这时长子必须站在高凳上擎蜡烛照着。德清亦有迎材之俗，且抬尸入材时，由亲丁从棺材放脚的一端照到放头的一端，烛火渐渐提高，然后把蜡烛丢掉，称为“照

① 陈华文、陈淑君：《浙江民间丧俗信仰研究》，上海文艺出版社2011年版，第153—154页；叶大兵：《中国民俗大系·浙江民俗》，甘肃人民出版社2003年版，第217页；《三门县志》，浙江人民出版社1992年版，第831页；《长兴县志》，上海人民出版社1992年版，第750页。

② 《定海县志》，浙江人民出版社1994年版，第789页；《慈溪县志》，浙江人民出版社1992年版，第963页。

材”，于农俗谓“照蚕花”，于商俗谓“照财源”。[①] 入殓时亲属恸声震天，土工又用石灰包遍塞死者四周，以防死者晃动，又防潮。待所有亲人扶棺检视后，才把材盖盖上，但不封钉。在城区郊区，大多通行在材盖上盖上大红绸布面的习俗，有几个儿子就盖几条，长孙还要加盖一条，上置一只饭淘箩，内盛半箩饭，插一把束红纸的竹筷和数茎万年青。长兴等地，盖棺后，放被子和帐子于材盖上，家中人要以棺材盖当桌子，吃一顿“材(财)头饭”。在德清，要在棺材边和衣睡觉，叫“护材”。此为小殓。[②]

次日大殓，先将棺材盖打开，所有亲人与死者见最后一面，此时哭声四起，亲属各按自己的身份痛声呼唤死者，及至盖上棺钉元宝榫，然后由漆匠封口。杭州塘栖有众人绕棺材环行一圈，和死者作最后告别的习俗。绕棺后熄灯，合上棺盖。再亮灯，将棺盖钉上竹钉，合口处封上纸条，把脚后灯移放到棺材底下，入殓完毕。富阳、缙云、镇海、文成、青田等地旧志皆有殓后亲属绕棺的记载，或一圈，或三匝，又或顺逆各三周，虽不尽相同，但可知绕棺之俗分布甚广。

其余各地大小殓程序与以上大致相同，但在具体细节上因其地风俗而多有差异。很多地区将大小殓结合进行，或不行小殓。又或同一地区，富户分行大小殓，而贫家从简，合二为一。於潜丧礼甚简，死则即日大殓，甚至亲朋路远者闻讣告赶来，都有来不及见死者遗容的。杭州等地有小殓日办酒食的习俗，谓之“小开丧”。又，湖州双林习俗于殓日素服临吊，供飧筵。旧时丧事待客用素膳，后则有全用荤筵，无异喜事者。又，旧俗入殓时往往伴随佛事，请和尚或尼姑念经，多者三数日。

入殓时，材内所纳诸物，各地略有不同，但皆有用寿被的习俗。如杭州一带，小殓时由司殓事的妥司视其棺容积，先置炭屑于底，然后在上面置亲属所赠寿被。来吊丧者向尸叩奠，亲属跪而号哭，亦以次叩奠。叩奠完毕，妥司将尸体束以绞衾，纳入棺材，并于其空隙处以纸筋、灯草包塞紧，掩衾结绫，高与棺平，然后盖上棺盖。倘此时亲丁未到齐，棺盖暂不封口。此俗亦见于宁海等地。杭州塘栖习俗则在入殓时，棺材抬到堂前，底部放一层石灰包，再铺一层木炭，然后垫上被子，两头放元宝枕，供搁头搁脚，尸体落材后，尸身上盖尸被，盖尸被由死者子女亲友赠送，按规矩和辈分依次盖上，材夫在盖被时一边盖一边报着送被者的称谓姓名。所盖的被子必须是单数，如果成双数了，必须扯下一条，塞在死者身旁，最面上一条必须是孝子或孝孙的，俗称“子孙被”。不少地区，在入殓时还会将死者生前珍爱的小物件放入棺材。如新登有放入死者生前所用衣、裤、鞋、袜、玩好、糕点之类的习俗。温岭等渔区，还有大殓入棺，尸身头上塞一片瓦，脚下垫一捧土，表示上有瓦下有土，来世可以不吃海水饭的习俗。玉环则在材内铺石灰、木炭、材席、冥纸等。闽籍及坎门一地风俗，仵作以白布条放尸入棺，抽回依序分给孝男女，俗称“腰白”。然后垫瓦片、黄土于头顶，脚尾，撮黄土撒死者腹部，盖上“水被”。

亦有不少地区在入殓时进行浴尸和更衣。在将尸体放入棺材前，孝子买水浴尸，并将寿衣套叠好为尸体穿上，然后再搬尸入棺。如富阳即有在入殓时为死者梳洗的习俗。入殓前，

---

① 丁世良、赵放:《中国地方志民俗资料汇编:华东卷(中)》,书目文献出版社 1995 年版,第 741 页。

② 陈华文、陈淑君:《浙江民间丧俗信仰研究》,上海文艺出版社 2011 年版,第 155 页。

孝子(无儿者则以侄等代)须穿死者预备入殓之衣服,由一人代撑雨伞,手提香烛、银锭、元宝,赴河埠买水。到达河埠,将银锭、元宝等焚烧;回家,将衣脱去,放在棺盖上。于是由“材夫”将死者从床上抬到棺盖上(头和脚须由儿子抬),给死者洗面,洗身,穿衣(须单数)。有头发者须梳头(亲人各梳三梳)。由“材夫”说吉利话,反向盘发。将梳子折断弃去;又用扇将“盖脸纸”扇去,扇也撕毁丢弃。①

政府推行殡葬改革,通行火化后,入殓也有所简化,通常将尸体身上盖完盖尸被后,用3道白布捆绑,不得打结。但是,20世纪90年代以后丧事大办之风有所回潮,有些地区流行使用纸棺材,入殓又行旧法。

子孙钉

多地均有棺盖用子孙钉的习俗,谓可以使子孙兴旺发达。如平湖在木工封棺时,由子辈敲子孙钉,意谓传宗接代。在玉环,入殓俗称“落材”“敲钉”。盖棺时虚按3枚木制镶嵌式“元宝钉”,留一枚交长子收藏,称“小殓”。男女跪地哭嚎,大呼“留丁、留财”。在天台,由木匠或扛夫以斧击棺三呼“留钉”(谐为“留丁”),而后把留下的一枚钉插在宗子头发上。三门则在钉棺盖时,孝子、媳妇双双抚摸棺板,边哭泣,边高呼:“留丁!”“留财!”“丁财两旺!”跪在棺边的亲人,每人分钉一枚。在文成,盖棺时孝子须跪在棺边,候木匠钉最后一枚钉(子孙钉)时,高呼:“老司,留钉三寸!”老司接腔:“好! 留钉三寸,旺子旺孙,财丁两旺,福荫万万年!”其后进钉,木匠扶起孝子,收去“斗灯”及“子孙包”等,众人把棺抬上凳设灵堂。②

紧三朝与慢三朝

根据死者去世时间,分为“紧三朝”和“慢三朝”。紧三朝又称“快三朝”,慢三朝又称“宽三朝”。以长兴为例,在半夜子时以前寿终者为“快三朝”,隔一天出葬。半夜子时以后寿终者为“慢三朝”,隔两天出葬。入殓在出葬的当天半夜子时进行。此间有唱“敲门羹饭”“番绵香、转逍遥”,请和尚道士为死者超度等旧俗礼仪。又,杭州塘栖人落材选在三朝后,三朝又有“宽三朝”和“紧三朝”之分。一般从死的那天算起,第三天凌晨落材,如死时是凌晨,则是宽三朝,若死时是前半夜,则是紧三朝。

避煞

入殓时,有与死者干支与煞相冲犯者需要回避,谓之“避煞”,回煞之日也同样处理。有些地区亲人不在避煞之列,亦有些地区如海盐等,干支相冲犯者虽丧主亦须回避,各地有所不同。

成服

穿戴孝服称为“成服”,俗称“戴孝”。依礼制,丧服有五服之分,即斩衰、齐衰、大功、小功、缌麻5种,依远近亲疏而有一定规制,但在民间则随地方习俗而有所出入。以宁波的丧服为例,孝子孝孙身穿麻衣,脚着蒲鞋,腰束草绳,头戴三梁草冠。孝孙于帽檐上别一块圆形红布,

---

① 陈华文、陈淑君:《浙江民间丧俗信仰研究》,上海文艺出版社2011年版,第156页;《富阳县志》,浙江人民出版社1993年版,第830页;丁世良、赵放:《中国地方志民俗资料汇编:华东卷(中)》,书目文献出版社1995年版,第598页;《温岭县志》,浙江人民出版社1992年版,第824页;《玉环县志》,汉语大词典出版社1994年版,第631页。

② 《玉环县志》,汉语大词典出版社1994年版,第631页;《文成县志》,中华书局1996年版,第291页。

表示孝中有吉。侄戴二梁草冠。方顶男帽表示远亲，圆顶男帽表示嫡亲。女戴孝兜，状如披风，有长有短，女儿及媳妇所戴最长。明显不同于礼制所定。

图 96-6-5-1　武义孝子丧服（2004年陈华文摄）

成服在民间常称为“戴孝”。在宁海、桐乡一带，亲生儿子头戴麻布帽，称“风凉帽”，穿白布长衫，腰束麻布条或稻草，脚穿白布鞋或麻鞋、蒲鞋，为重孝。媳妇及孙媳辈戴白布帽，穿白布裙白衫白布鞋。孙子与儿子同。曾孙则头戴红布帽，臂缠红布条，不穿白衣，鞋子为白帮红后跟。在海盐，父母之一死去一人，儿孙辈穿白帮红后跟鞋，只有父母双亡，才穿全白帮的白鞋子。另外，很多地方还规定孝子必须手持孝杖，俗称“哭丧棒”，表示自己太过悲伤无法站立，需借力木杖才能行走。清代男子蓄辫，在诸暨，孝子成服时服斩衰外，还须解辫缠麻，着草鞋；妇女则去首饰，髻上披麻，头包白布，白骨簪，衣斩衰；其余家人素服，包白布而已。在定海，除主人服丧服，斩衰苴绖，子戴三梁草冠，孙戴二梁草冠，蒲履，谓之“成服”外，其余有服之亲皆白布衣冠，疏者亦白冠，谓之“破白”。文成旧俗，凡亲戚以香烛纸和挽联挽轴来送孝，主家给一块白布包头上或缚于手臂。中华人民共和国成立以后，送孝者用被面代“香纸”，孝服亦改佩黑纱，孝子女多佩一年或数月。以戴黑纱、胸佩白花代替披麻戴孝的做法，中华人民共和国成立以后在各处城镇逐渐推行。近年，戴孝的现象有所恢复，但已不再严格遵行古丧服之制，并视死者落土即为丧仪终结，吊丧者大多送花圈、实物或现金。

成服时间，大多地区按礼制三日成服，亦有四日成服的，基本上与入殓同日。若依批书择日入殓，则成服时日亦随之而定。也有不少地区，如杭州、镇海等地，于移尸时即成服。①

守灵

入殓之后至下葬之前停柩守灵，子女亲属日夜守在灵柩旁，以尽孝道。守灵时，早晚烧纸，朝夕祭奠，女性除了早、中、晚三次规定的哀哭外还要随着吊丧者不时哀哭。守灵讲究男不剃头，女不梳头，寝苫枕块，啜粥吃素。有亲友来吊，还须伴客陪哭，磕头谢孝。这种举哀，一般宾至则哭，宾去则止，焚香则泣，祭止则已。

丧俗文化中，守灵是非常重要的仪式。在宁波，守灵在移尸中堂后就开始，灵床前悬巨幅孝幔，设祭桌。祭桌由 3 张八仙桌并成，上首悬五色帐沿，桌上供各色糕点，中间一张供鸡、肉、鱼等牲醴，下面一张摆香炉、烛台，炉中点香，烛台上燃洁光大烛，昼夜不灭。孝眷裁制孝服，谓之“破孝”。孝子寝卧于尸侧草垫之上，谓之“陪尸”。

在温州，守灵以及相关的习俗就更加复杂。当地习俗规定，一般在大殓以后，要在中堂正中搭个高台，台上一椅一桌，桌上一个香炉、一对蜡烛、一盏油灯，并有一对小型的纸扎仙童玉

① 陈华文、陈淑君：《浙江民间丧俗信仰研究》，上海文艺出版社 2011 年版，第 156—157 页。

女，叫作“灵位”。桌下一张踏脚凳，凳上一双死者生前穿过的鞋子。桌上挂起白桌帏，帛幡上写着死者的生卒年月日，叫作“魂帛”，挂在灵位前，认为在七七四十九天之内，死者的魂魄坐在灵位之上，因此桌上的灯要昼夜长明，叫作“灵前灯”。每日三餐菜饭面汤供养，俗称“供饭”，也叫“礼鬼”。灵位设在内帏，内帏有彩额，正中灵位处透空如窗，意思让灵魂可以看到外面。彩额两边悬布，可以出入。外帏使用两幅与中堂高阔相同的白色帐幕，挂在中堂门楣，作为分隔。在外帏正中，挂一盏倒悬莲花形纸灯，叫“莲花灯”，也叫“玻璃灯”，里面可以点菜油灯，整夜不熄。莲花灯下面，有两张八仙桌，桌上摆起纸扎的文武官员仪仗，所有皂隶、执事俱全。八仙桌上方，布置一个望乡台，死者若是老翁，糊一个衮玄裳、高冠峨峨的显宦；若是老媪，糊一个珠冠蟒服、态度娴雅的贵妇，站在望乡台上，故作回望故乡的姿态。八仙桌前，有摆在地上高与人齐的纸扎仙童玉女一对或几对另有形象丑恶、肩背蜡烛鬼一二对，摆在外帏外面。还有纸做金银仓库和厢笼柜之类，内贮金银纸锭和经牒。又有纸做房屋一座，墙院窗户、楼台所堂、书斋、花圃、桌椅几案以及其他一切陈设，一概齐全。这些东西都由纸扎艺人所做，俗称“灵前纸扎”。

在杭州塘栖，灵堂内由儿子、媳妇和女儿轮流守候，日夜不得脱人，灵堂门不能关。有人来吊唁时，须由儿子陪拜，女儿媳妇陪哭。守灵者还须管住灵堂不能让猫走近尸床，不能让老鼠在尸床下窜过，旧说这容易引起走尸。同时，还要管住脚后灯不让它熄灭。[①]

接三

接煞的音转，即神回，又称“回煞”。俗传死者在死后第三天要回家与亲人再见上一面，因此，到了这一天要搭好灵桌，备上奠酒，并供奉饭菜。到了晚上，孝子贤孙在屋外夹道静迎死者亡灵回来。路口堆纸钱烧奠，称“接三”。此俗在南北朝时即已存在，颜之推所谓“死有归杀(煞)，子孙逃窜，莫肯在家；画瓦书符，作诸厌胜”便是。只是在后来的演变过程中，更加亲情化而已。就是杭州有“三朝接煞”习俗，规定死后第三日为三朝。请道士铺坛念经，称为“打扫”。是日，灵堂挂白布幔，灵桌供神主、男女纸俑及杯筷香烛，两旁挂挽联，子女均须穿孝服。接煞，即请道士与死者房内设一灵位，以临终换下衣服披在椅上，桌上摆木盘一个、镜一面，点琉璃油灯一盏。由道士一人，坐在旁边念度人经一卷。念毕，道士打扫，送出街心，再以生鸡蛋一个，和铁屑、赤豆一起掷门，认为煞神见面即去。

接三在各地有不同的变化或称谓。在湖州称“截煞”，民间传说，凡有丧事人家必有煞神光临。此“煞”不除，家宅不安。所以必须有“截煞”一举。传说“煞神”为“马人头，禽身尾”，分雌、雄二煞。湖州市区“截煞”用雄鸡代煞。道士在死者房内扬幡摇铃念念有词一番，然后用菜刀在床上、凳桌上乒乒乓乓敲击，“嚓”一刀把雄鸡宰了。一路沥着鸡血。如此，便认为截了“煞”，可以消灾禳祸，永保无虞。而在绍兴叫“转煞”或“斩煞”，时间也后推到二七前后，具体日子由道僧推定，雇三五个道僧到灵柩前诵经、唱戏和解结。所谓解结，即由丧家用黄线穿钱币，打成若干不易解开的死结，道僧一面诵经、一面解结，意在为死者解开生前和人所结下的冤仇。解出的钱币，则为道僧所有。同时，在死者临终的房内、厨房和灵前各燃点香烛，供菜

---

① 陈华文、陈淑君:《浙江民间丧俗信仰研究》，上海文艺出版社 2011 年版，第 158—159 页。

肴酒饭祭之。凡参加送终的亲属务必在灵前到齐，否则死者会在阴间遭受打罚。时至三四更，道僧吹奏乐器，并在砻筛遮蔽下用秤杆敲击白公鸡，迫使公鸡作声，以此驱走煞神。有趣的是，绍兴的赵姓人家不“斩煞”，据说与赵宋王朝赵匡胤和赵构有关。相传有一年宋氏皇室内死了人，宫里忙着操办丧事和“斩煞”。赵匡胤不信，亲自率领几员大将藏在死人住过的房内注视动静。约莫四更时分，当两只雌雄“煞神”来到死者床前时，赵匡胤立即命令宫廷卫士揭开数十只罩在灯笼上的大斗，以时间，烛光四射，如同白昼，两只“煞神”顿时被吓得无处躲藏，到处乱窜，赵匡胤手起剑落，“雄煞”被伤，“雌煞”仓促而逃。赵匡胤叫御师把“雄煞”煮熟后就吃了。另一传说，南宋小康王赵构被金兵追杀，逃过钱塘江，行至半夜，来到绍兴华舍，见一丧家供桌上有鹁鸪在吃食，就抓来充饥，结果“雄煞”被吃掉，“雌煞”逃走。所以钱江两岸虽有“斩煞”之俗，但绍兴一带姓赵的人家，均不“斩煞”。

关于解结，在永康民间非常盛行。其仪式或在头七，或在三七的夜间举行，在鸡叫头遍前结束。首先是安灵，之后道士唱：“春花比人好，花谢花又开，人到阴间再不回。哭恸心，大圣元始天尊。”道士敲打“解结锣”。解结正文，其内容多为历史名人故事，将人比人比物，比天比地，以谋解阴劝阳。这类习俗仪式，在武义也同样盛行，只不过它可以在停丧期间完成。一般解结仪式由出家和尚主持，也可以由居家和尚完成。

接三之俗，在各地均有，但多以批书所定日期，延道士招魂，设祭品、冥镪等，以死者生前衣服招之。杭州旧俗尤重回煞，以死之日干支推算应某日回煞，则亲朋赙吊者毕至。届时，于床前为位，陈死者衣服，设蔬果，请阴阳生作法，取鸡蛋、鸡血盛瓷碗中，以厨刀碎于中庭，言煞神凶恶，籍此祓不祥也。又如在湖州，于门户堂室悉布祭品、冥镪之类，设俑于亡者房内，主人奉主以接，跪迎三次，兼焚死者遗衣，谓之“神回”，以有煞神，又谓之“接煞”，又称之为“接青”。接三所用之主，在未有木主前，或以帛或以纸制之。湖州双林则在神回始具木主、灵幡，延道士接煞。孝子捧神主、灵幡，道士宣铃拔前导，每门号哭而跪。接煞以后，安设灵座。接煞时，在死者床前设生前衣服，屋檐用梯挂衣，亲族送蔬菜、果、楮锭，间有送银函者，主人必回送圆粽数件。嘉兴则称此俗为“接眚”，迷信者相信死者灵魂于死后近期要回家一次，由“眚神”引导。其回来日期请阴阳先生算定，这天称“回煞”，也称“接眚”。当日晚间要吃荠馄饨，俗称“接眚馄饨”，对近邻亲友则送状元糕，叫“接牌糕”。近时，城乡人家仍保持丧后向送葬者送糕习俗，都在送丧之后当时分送。回煞与入殓一样，干支与死者相冲犯者皆须回避。其中，杭州等地在送完煞后，由至亲送来荤食，孝子及媳就在床基开荤。亦有当日开丧受吊的。①

开丧

开始接受吊唁的日子，称为“开丧”，亦称“开吊”，由丧家择日，于报丧时通知亲友。有以大殓、成服、回煞等日开吊的，也有在移尸后即设灵堂受吊的。杭州郊区旧俗以小殓为小开丧，大殓为大开丧。②

开丧除正式服丧，设灵堂接受吊唁外，不少还伴有一系列超荐仪式。丽水开丧仪式由道

---

① 陈华文、陈淑君：《浙江民间丧俗信仰研究》，上海文艺出版社 2011 年版，第 159—161 页。

② 丁世良、赵放：《中国地方志民俗资料汇编：华东卷（中）》，书目文献出版社 1995 年版，第 598 页。

士与和尚共同主持进行。开丧前，灵堂前悬挂佛像、点燃烛，桌上摆满道士所用法器，桌前地上铺红毡子，在红毡子上用米画佛像，男死画地藏王，女亡画目莲。在佛像四周置放五碗香米，供插香用。铺五块五色布，象征东、南、西、北、中五个方位。如若是“破地狱”还要放上五块覆瓦，也分五方排列。“破地狱”时，和尚赤脚手持禅杖，禅杖上缚着三尺三寸长的黑色禅杖布，身穿袈裟，绕佛像循环而行，口诵佛经。亡者子孙身穿孝服，各人手持一支佛香，跟随和尚而行，叫“随和尚”。在“破地狱”时，和尚口念佛经，用禅杖击碎瓦片，子孙则持香下跪，如此反复五次，将五块瓦片全部击碎。与此同时，道士数人则在中堂桌旁，口中念辞，敲打法器，与和尚默契配合。妇女亡后要“破血河”。破血河要在目莲像四周按方位放置五个“血河盏”，血河盏中盛有血河水（红糖水），仪式和“破地狱”基本相同，但在“破血河”时，血河水要由儿子喝尽，并将血河盏翻覆，由和尚用禅杖击碎。据说“破地狱”和“破血河”后，父亲可免地狱之苦，母亲可除血河之灾。在农村，和尚较少，开丧时由道士主持。

开丧之日置办酒食。据民国《杭县志稿》，乡里唯酒食是议，尤注重于开丧。开丧也称为“领帖”。从前择日领帖，亦颇华丽。门户堂庭均结章彩，午席两荤五素，正席十簋，三细点，余全荤，最俭则五荤五素。今佛事均极简省，开丧即在大殓日，正席七簋（多则五荤，少则三荤，余皆素），亦有中午仅一餐者。类似习俗也见于平湖、宁海等地。平湖于开丧延戚族陪宾，称为“邀丧”。宁海则开丧门户堂庭均结素彩，客厅则从吉，用色彩。酒筵用珍馐，至盛于婚嫁。①

吊丧

吊丧是对死者的吊唁活动，一般在停丧守灵期间举行。吊丧者一般为至亲好友。礼俗规定，吊丧者必须馈赠奠仪，而且不同吊丧者的礼数也有区别。儿女亲家奠仪极重，女儿女婿也同样须出大奠仪。《杭俗遗风》载，“除亲友送礼吊奠外，至亲如儿女亲家，又须上饭。礼用素席汤饭、龙香彩烛、五花五神、祭轴、绫匾、绫对、四事”。“龙香者，高三尺许，上有顶，下有座，中立一柱，盘龙一条，装饰人物花卉等，有改用香亭一座者。彩烛亦高三尺许，下有座，纸扎白象一对，象背插烛；或改用宫装仙女，手擎彩烛。五花五神者，造像生花五盆，像生神五位，长尺有半，暗藏戏文一出。又改用八仙者。总之愈出愈奇，愈形讲究而已。此系花神店所造，用五色绸缎为之。祭轴呢羽绸缎不等，匾对、挽联，以白绫黑字为重。”女儿女婿则须送树灯一架，形状像树，故名。所送树灯越多，则象征家里人丁兴旺。在杭州塘栖，亲友吊唁，须送奠仪一份，用白纸包着，内中的钱必须是单数，并还得有一个单数的零头，如101元等。外面写上“奠仪”和“×××敬挽”的字样。至亲除送丧仪外，还得送被、香烛、纸钱、祭轴。所谓的被，是红绸被面白夹里，内夹一层薄薄的棉花。轴是一个被面。上挂挽联，正中是一个“奠”字。中华人民共和国成立以来，花圈开始流行。

亲友前往吊丧除了送奠仪外，还须行礼，一般是平辈鞠躬，晚辈跪拜，并哀哭一番。死者亲属则在一旁陪哭，并给吊丧者行跪拜礼，称“谢孝”。

---

① 丁世良、赵放：《中国地方志民俗资料汇编：华东卷（中）》，书目文献出版社1995年版，第599页；叶大兵：《中国民俗大系·浙江民俗》，甘肃人民出版社2003年版，第221页。

吊丧是极其重要的丧仪，一般情况下，亲友按规定的仪式和五服之不同，由司仪点名，按顺序一个一个地在死者灵前进行祭奠。每一次祭奠，都必须奠酒、上祭品和上香。祭奠时，往往有引魂锣和丝竹伴奏，同时有专人燃放鞭炮。若亲友已接到报丧消息而不去吊丧，不送奠仪，不仅被视为失礼，也将失去亲情或友谊，从此不相往来。

在嘉兴，一般人家在死后3日内，亲友闻悉当即前来吊唁，并送丧仪（钱）或挽联、挽幛（即绸缎被面，原为衬托挽联的载体，近代演变为单送被面）。有的人家则确定开吊时间，接受吊唁。一般都发书面讣告，报纸兴起后亦有登报的，均说明某日开吊。有的讣告附有死者传记和孝子的哀启。近代有些还制铜版印死者遗像、名人悼词和像赞。开吊之日，丧家高搭彩棚，彩棚名“厂”，有“辕门”悬灯，书丧家姓氏堂号，门上有黑白彩球，名“魂球”，棚内灵堂前又扎成内门，有人站立襄礼。棚内挂满挽联、挽词和挽幛，灵堂内停棺，挂遗像、设灵幡。凡吊客致门，奏乐相迎，至灵堂前有人高声呼报，吊者行礼，孝子答谢。然后吊客返大棚休息或辞去，或入宴。开吊治丧，丧家有办事班子，分别有人负责招待客人，办理宴席。阔气人家设长流水席，吊客礼毕入席用餐，一天不断。客人送礼，专门有账房收受登记。明清时，有些寺庙也送整桌祭品上供。在开丧的前后（一般五七天），每夜有和尚念经拜忏，内宅有尼姑诵经。并请道士作法事，驱邪赶鬼，整夜喧闹，称为“闹灵”。迷信活动还有“接路头”，由阴阳先生把小蜡烛自宅内插到最近的河埠上，说是照明死者西归之路。另外还要向寺庙去“报度牒”，把死者的名字报入寺庙名册上，寺庙为之立长生牌位。宁海盐官地区则有送亡灵“归宗庙”旧俗，由孝子和家属往土地庙行礼，送死者前去报到。开吊最后一日，举行最后家祭，名“烧楮”，近邻好友也参加，意即与死者告别。一般情况，开吊后即送葬，但也有长期停棺在家不葬的。有的因墓地未修治好，有的另有特殊原因。据儒家礼法，死者须长时期停灵在家，所以大户人家不以停棺在家为忧。①

催起课

武义丧葬习俗中的一个仪式。在停灵期间，每天由家中亲人在早早的时候就起来对着死者哭唱，内容是像长辈对晚辈一样的劝诫，也像是死者初到一个不熟悉的世界期间，人们对他的奉劝和开导。哭唱的内容从想象死者如生者每天一样起床开始，一边哭唱，一边规劝死者应该如何去做每一天的活，包括死者在另一个世界需要面对十殿阎王的关口。催起课除在死者亡故后最初的日子里，让生者的悲伤得以宣泄外，还起到祈求死者给家人带来好运的作用。

关灯

逢丧请道士和尚作法事，要数天数夜。白天进行的有“破狱”或“行医”；夜里摆起“灯树”，满“树”亮灯，在乐曲配合下，按一定的仪式作佛事，在文成称为“关灯”。另有穷苦人家无力“关灯”，只请道士“洒净”草草了事。如非正常死亡，则须请道士“拔殇”“招魂”等，此现已少见。类似习俗在各地多有，仅说法不同，如富阳有“点灯”，淳安有“盘灯”，杭州郊区有“点树灯”等。

---

① 陈华文、陈淑君：《浙江民间丧俗信仰研究》，上海文艺出版社2011年版，第161—163页；《嘉兴市志》，中国书籍出版社1997年版，第1936页。

(三)出殡安葬

择日子

选择出殡日期,称为"择日子"。富裕人家比较讲究,而贫穷者往往于3日后出殡,不需另行选择出殡日期。出殡前丧家必须备好纸钱,如金银山、摇钱树、聚宝盆、童男童女及车马轿等纸器,以备出殡时用。①

买地券

买地券,又称地契、阴地契等,通过模拟现实生活中的土地契约文书,来表示亡灵领有墓地居所的合法产权,广泛存在于省内各地。民间认为,坟墓若无买地券,在阴间不合法,亡魂会受到山神、土地神的攻击,因此埋葬前需告土神,埋后需谢土神,都要烧纸、念经。买地券由道士撰写,说明墓地及阴宅均已花钱购买,有神仙为证并保佑,属亡魂所有,外鬼不得侵扰。券文书写或镌刻在砖石上,在棺木入圹时置于棺底。殡葬改革以后,采取火化后再将骨灰盒入土安葬做法的情况下,买地券的安置形式也变成置于骨灰盒旁。②

出殡用乐

出殡用乐是将丧礼作为白喜事的重要标志。在金华一带,出丧前夕,亲眷集齐,举行祭奠仪礼,俗称"排祭"。祭品丰盛,设三牲,轮批祭奠,从嫡至旁,配以鼓乐丝弦,男拜,吹唢呐,女拜,配丝竹。完全是一派喜庆热闹的景象,表明民间对于出丧抱有乐观的态度。目前,这种用乐的现象,已经日益广泛并现代化。在台州、温州等地,出殡时用军乐队伴奏相送,有的甚至规定,死者几岁,军乐队便需几人,极其壮观和奢侈。③

启灵

棺材一般由4人或8人抬,也有16人、32人甚至64人抬的。在棺材被抬送上山前,有一个启灵的仪式,一般是孝子、媳妇在棺材四周变手拉手倒顺各走三圈,然后由阴阳先生敲碎碗盆,司仪或阴阳先生确定起杠吉时,孝子和死者亲属则放声大哭,由抬棺者起棺运送上山。在金华一带,仪式规定孝子、媳妇等手拉手围着棺材顺倒各走三圈,俗称"圆材"。由阴阳先生将放在棺材背的一只盛清水的碗,于念咒后以斧击碎,叫"敲水碗"。据说,死者朦胧如梦,听到水碗敲响才知道自己已亡。此时亲人才放声号啕大哭。④

送丧

也叫"送上山"。送丧者由孝子和亲友等组成,加上仪仗鼓乐,极其排场风光。所以送丧往往成为生者比阔斗富,竞相豪奢铺张浪费的最好场所,常常引得沿途围观,并成为子孙是否行孝道的标志。人们即使倾家荡产,也绝不能矮于别家,使送丧出殡不仅是出殡,而是一场"迎神赛会"。旧时,武义送葬队伍一般以两人拿两大捆很长的稻草把燃烟引路,体面

---

① 陈华文、陈淑君:《浙江民间丧俗信仰研究》,上海文艺出版社2011年版,第163页。

② 黄景春:《丧葬仪式中买地券的象征意义——以金华市汤溪镇的一次葬礼为例》,《文化遗产》2014年第3期;黄景春:《浙西葬礼中买地券书写与使用习俗调查》,《地方文化研究》2014年第5期。

③ 陈华文、陈淑君:《浙江民间丧俗信仰研究》,上海文艺出版社2011年版,第163—164页。

④ 陈华文、陈淑君:《浙江民间丧俗信仰研究》,上海文艺出版社2011年版,第164页。

的则以开路先锋打头，即脚穿马靴的人背一纸佛，高约3米，此佛青面红发，头戴金刚圈，身着铠甲，手执两种兵器，借以驱赶鬼魂。后为身穿麻衣，脚着草鞋，头戴挂有几个棉花球的孝子帽，腰捆稻草绳，一手提香碗，一手拄孝子棍的孝子。随后一人背魂幡，一人散纸钱买路，凡过桥和经过街口、路口都要烧一副香纸，谓“买路引渡”。再次是两面大锣，每次规定敲七下。后有一顶放着纸做的全套家具和生活用品的魂轿。再是一顶灵轿，中放死者遗像，后面还有子孙手捧的金银纸塔，称为“金山”“银山”，一双两人抬的纸箱，箱面上贴着各类生活用品的剪纸和两个金童玉女的纸佛。接着才是灵柩，殷富人家的灵柩外面罩一个外套，前后饰有各种纸花，两侧挂有八仙的佛像。死者的女婿跟在灵柩左右，俗称“扶材”。其衣帽与众不同，帽用白布平头白帽。女的仅用一块白布绕于额上，俗称“白头”，在后哭送。送丧时，儿子不可朝后看。

各地送丧仪式有较为明显的差异。如湖州，出殡时棺材抬到大门外的大路上，放在两条长凳上，停一停，有的还要掼碎一只甏，意在“蹚住（停住）”了。这时所有戴重孝的小辈血亲全部跪倒在地，其中嫡子和嫡孙都要双膝下跪，其余单膝下跪，哭声哀哀。接着和尚在前敲丧锣和大钹。在湖州城区、郊区，由一嫡子手捧原放于棺盖的半淘箩饭，腰插哭丧棒紧随。在德清、安吉、长兴等地，长子执招魂幡（一根连根头带梢的通长竹子，上挂有如意头的白幡，飘带上写着死者名讳、生日和忌日等）引路。如有重孙，则身挂红布头骑在大人肩脖子上为前导，表示死人有重孙福分大。女亲们或在棺材两侧，或尾随棺材，呼亲号哭。并有人在前沿途抛撒“纸头锭”，即是买路钱，另有专人抛长寿塔饼给沿途看出丧的人众。约三五分钟，在唢呐吹奏哀乐声中，再抬起过桥。这时长子喊一声：“阿爸（或阿姆）！过桥了！”如此走走停停，直至坟地。

在台州，按习俗规定送葬的仪仗和队伍中，先是“历路幡”，兼放纸钱，由一人担任。他肩扛一竿带叶的小青竹，竹叶间挂一条由和尚或道士剪好的白纸条，边走边将千张一张张地撒在路上。接下去是“青等白旗”，有两个人各扛着一面旗子，旗由蓝布做成，边上镶着黑布条。如果夭折，只许敲“独记锣”，即敲锣只许敲一下，扛青等白旗的人也只有一个。再接下去是两个敲锣的，每次都要节拍一致，敲十三响，即七个单响，两个三声连响。后面是喇叭、唢呐、铜管乐队。乐队后面是灵牌。过去，长子捧着灵牌坐在轿子上，意思是用轿子抬着灵牌。现在，大多由长子捧着走，后面有个人撑开伞，叫作“打伞”，保护着灵牌，不让灵牌露天。长子若年老，则由长孙“抱灵”，即捧灵牌。长子抱灵，儿子们分家时要先留一部分给长子。过去有“长子田”，现在则留些许家具或讲明给多少钱即可。这一天，长子要头戴“三梁冠”，身穿“白扣钟”，脚着草鞋，腰系稻草绳，手捧灵牌，还有一炷香。其余的儿子，都要头戴“孝斗帽”，身穿“白扣钟”，脚着草鞋。灵牌之后是彩旗，前红后绿各四面。接下去是花篮、花圈和写着“吊”“奠”等字样的巨幅白布以及其他送葬的朋友们的行列，再接下去是棺材。长子以外的其他儿子，以及女婿们，都要走在棺材的两边或后面，护着棺材，有的则扶着棺材行进。儿子、女婿之后，是孙儿、外甥等，辈辈往下排。后面是送葬亲眷中的男客，接下去是媳妇、女儿、孙女儿、外甥孙等按辈分往下排。最后是亲眷中的女客，还有叔伯中的女客。送葬的队伍一色缟素，庄严肃穆。沿路鞭炮声、锣声、唢呐声、铜管乐声，以及女眷的号哭声，糅杂交织在一起。经过人家门口，该户人家要点燃稻草秆以辟邪。过去，很少人会看出丧，大多避而远之，只怕冲犯日子。现在，观看的人很多，有如围观喜事，或对死者的福气称羡有加。①

嘉兴送丧中特重“三亭”。队伍一般由举旗幡、持冥器、纸俑者前行，有乐队奏乐，和尚道士伴随，然后是抬运棺柩和家属及送葬的亲朋。队列中最引人注目的“三亭”，谓之大“件”。“神亭”张挂死者画像或照相；“魂亭”置死者的牌位；“香亭”点燃香烛，均有人高抬行进。纸制或布制的“神兽”麒麟体内置纸制的银锭，行进中沿途抛洒，名曰“麒麟买路”。随其后，有大型纸制“方相”两个，高达丈余，以车推载，名“开路先锋”，各种纸制的狮虎象豹，箱柜床几无不具备，络绎不绝。彩旗彩伞及彩牌相继而行，丝竹音乐不断吹奏，并与和尚道士的铙钹相和。近亲均着孝服，随魂亭前进。魂亭后即为棺木（名灵柩），大官棺外有椁，一般大户也有绣花罩。明清时，孝子都披麻戴孝，提哭丧棒弯腰行进，有的棺后设孝帏以白布围之。孝子居其中，四人相扶，不使人见。女眷乘藤轿，亦挂白，名“白轿’。女轿中哭声不断，有的丧家专门雇妇女来号哭。②

隆重的出丧仪式，不仅是死者生前地位的象征，也是子孙表达“孝心”的一种方式，同时也是夸示家中富有或子孙发达的方式。因此，富裕地区在出丧上极尽讲究和奢侈，厚葬很大一部分费用也花费在出丧环节上。即使在殡葬改革通行火化后，出丧依然非常隆重，花费不亚于土葬。

路祭

路祭有两种。一是亲友姻戚不加入送丧行列，而在队伍经过时于路边设祭的。嘉兴、秀水、石门、衢州等地，皆有此俗，不乏装饰祭台甚为华丽的。另一种为在出丧路途中停柩路祭，并有相应仪式。如遂昌，途中停柩歇息，孝子及戴孝的直系小辈必须跪地等候，灵柩背抬扛上缚一只白公鸡，称“引魂鸡”。③ 富阳则出丧行至百步外，停柩路祭，亲友随引魂道士绕柩三匝，称为“旋丧”。松阳习俗，亲友、同事、邻人著家衣或白帽送葬至郊外，停棺，子孙面向送葬者拜谢。送葬者、女性亲属散去，除孝服，家属则随柩至墓地。④

埋葬

埋葬是出殡安葬的最后仪式。过去大都有家族或村社墓地供家族成员或村社成员掩埋，有钱者则选择所谓的风水宝地予以安葬。殡葬改革以后，全省已逐渐从城市向乡村推广火葬，先火化，再将骨灰盒土葬。土葬多在公共墓地。

墓穴称“圹”，入葬前要先烧火以“暖圹”，在圹底下放上“地契”，然后敲锣将棺材放进圹内，亲友则号啕大哭以示告别。然后掩土起坟，分头插孝杖和魂幡。安葬礼仪就此结束。各地埋葬程序大抵如上，具体细节则因地方习俗而有所差异。

如杭州，埋葬由一系列仪式组成。棺材抬至坟前，抬棺材的“八仙”故意不解绳索，须死者女儿送上红包，方将绳索解开，谓之“解索钱”。这时，一家人围着棺材转三圈，每人手上抓一

① 陈华文、陈淑君：《浙江民间丧俗信仰研究》，上海文艺出版社 2011 年版，第 164—166 页。
② 《嘉兴市志》，中国书籍出版社 1997 年版，第 1936 页。
③ 《遂昌县志》，浙江人民出版社 1996 年版，第 763 页。
④ 《松阳县志》，浙江人民出版社 1996 年版，第 541 页。

把土，撒在棺材盖上，谓之“盘丧”。时间一到，把棺材放入墓穴内，由道士一人在坟上念念有词，谓之“喝丧”。

在宁波，灵柩到达生圹前，祭祀山神土地，告之以开圹动土，祈求神灵保佑。孝子率送葬众人列队先左后右绕藏所三圈后，启开墓门，用芝麻秆点火烘墓穴，谓之“暖圹”。再以青毛竹一株对剖为二，并列覆置于穴底，然后将材头朝里，滑推入穴，最后封闭墓门，立墓碑，铺铭旌，藏志石，覆土墓顶，罗拜墓前，倚丧棒于墓侧，卸丧服，凡草冠、草带、纸扎仆婢全部焚化。

在温州，棺木上山时，在棺前陈列肴馔。等所选时辰一到，烧起柴火两大堆，鸣锣发炮，孝子跪伏坟坛，棺木进入坟圹，叫“进棺”。这时，在坟背上铺起很松的泥土，孝子肩背布袋，左手执一个盖谷仓的印，从左方登上坟背，在泥土上重重按除印痕，再从右方下来，叫作“印坟”，方言“印”“应”谐音，“袋”音“代”，是传代应坟的意思。殓柩入圹之后，将坟圹外口用砖砌好，在和柩差不多高的地方正中处，剩一寸见方的洞，叫“龙门”。时辰一到，烧火、奏乐、发炮、孝子伏地，泥工用一块细小砖头将龙门砌实。孝子跪在坟头把木主内外函分排左右，用朱笔先内后外，再用墨笔先外后内点木主上的“王”字成“主”。于是，孝子脱去凶服，换上吉服，肩头挂红彩，准备回山。回山时，放木主的香亭在前，客亭在后，奏乐下山，原路回去。家内女眷穿着吉服，焚香跪接。在锣声、鞭炮声、花炮声以及大乐声中，客亭升于堂上，木主、香炉摆在桌上，依次跪拜。

在绍兴，埋葬时先祀土地神，举行告窆仪式，后将灵柩进椁封墓。然后是祭坟，孝眷等依次膜拜，孝子则要回礼道谢。丧家还要祭祀死者新坟的“左邻右舍”，为死者联系并建立睦邻关系。送丧的人回家，要跨过门前的坟烟堆。这个坟烟堆，是丧家将死者躺过的草席之类燃烧的烟堆。丧家还要在神堂供羹饭祭祀，把神主恭送上神堂。

在海盐，旧时安葬时在坟尖顶上种一棵万年青，万年青的根部放一只鸡蛋、一枚铁钉、一枚顺治年间的铜钱，取其代代相传、人丁兴旺、万事顺利之意。安葬时念咒语性质的仪式歌：“吉祥万年两分开，又发丁来又发财。又发福，又买田来又造屋……”安葬后，立墓碑，植树。

金华等地旧俗，先挖好的墓坑叫“圹”，有的地方要以芝麻秆烧之，称“暖圹”，并以鸡血淋坑，淋毕，磐安一带要用黄色丝线在棺材盖上量度，量后扯断分给小孩，称分长命线。接着敲起急锣，把棺材推入或放进圹内，亲人们号啕大哭。金华一带，棺木入土前，抬棺人可向死者的女婿讨解索钱。棺材入土时，孝子要丢七粒石子在穴底，大喊三声：“××啊，金山银山倒了，快闭好眼睛！”亲人相继于墓地跪拜，谓“拜坟堂”。送丧者互相拉手围着坟地左右各转三圈，称为“团坟”“围山”，意为死者划定管辖的区域。棺木落坑时定要放正，以示公平保佑子孙。材头朝坟里，材脚朝坟碑，意为死者好坐起受祭。棺材底部须放一块写在砖上的地契，以免阴间发生土地纠纷。由孝子先以泥盖棺，然后送葬者撮土撒之并将棺背上的泥踩实，俗称一个脚印一片瓦。此时，孝子脱去麻衣，背上红布斜披；他人也摘去孝帽，取红头绳挂于胸前。出殡带来的纸家具、生活用品、纸箱、金银塔全部烧化，以示让死者带到阴间。坟墓有的以砖砌成墓椁，不少是生前筑就的，墓前一般立碑，墓碑的题字很讲究，中间一行“新故先考××之墓”，要用生老病苦死五字周而复始地推算，如果墓字落在“病苦死”三字上则不吉利，中间要增删文字，使之落在“生老”二字上。富家多写铭旌、作墓志以及题墓碑。筑坟毕，由抬柩者以鸡血染过的米遍撒四周，意与围山同。此日，周围坟墓多标以红纸，谓之“赛红”。安葬完毕，由阴阳先生唱山，撒五谷，大家跪地以衣兜接之。然后孝子肩披红布，手提桂子灯笼抢先回家，俗称“领灯抢红”。到家时要燃放鞭炮，放灯笼于中堂，每个房间点上蜡烛。

在台州，棺材到了墓地，轿夫们将棺材停在上马石上，先拆下棺材上的彩架，然后将盖在棺材上的“龙凤被”依照次序发还给媳妇们。媳妇们拿起“龙凤被”，要从大到小依次下山。下了山的人胸前都要系一根红线，表示送葬回来，到家后才去掉。先到本家堂前蘸了“净水”，并在本家门口一定要跨过“弹红”。所谓“弹红”，是由留守在家的人将稻秆把点燃，让送葬回来的人进屋前都跨过燃着的稻秆把，以示晦气已过，以后的日子火红。完成以上程序后，再回到各自房间，将被子往床上抖抖开，并说：“发丁发财，富贵双全。”净水是和尚或道士早就准备好的，就是舀一樽清水，拿着香和带叶的小竹梢念动咒语，然后将些许香灰和小竹梢放入清水中。这一天，所有参加丧事的人在离开“丧家”时，都要用“净水”往身上洒一洒，以消除晦气回复清净。接着，在墓地祭祀，即第三道祭，叫上马祭，是女婿祭亡人的。形式一如送丧时的开口祭和踏道祭。此次是最后的“散席”，负责祭祀的主师要将祭品中的糖果等抛撒开去，让参加送葬的人们抢去吃掉。现在，人们不待主师抛撒糖果，早就围在祭桌边等候，临近结束便开始抢。等待祭祀结束，所有送葬的人都要朝棺材跪拜三下，然后脱去孝服，依照来时的次序下山。没穿孝服，只有头上蒙着或肩上披着白布，也要拿下来。如果做上用白线套在脖子上的“孝”，则要在回来的路上取下，丢在长流水中。回到孝家，都要用净水往身上洒一洒，并且“弹红”一次。手里拿着的东西，也都要洒上净水。抱灵的长子，祭祀结束后，要绕着棺材顺逆各走三圈，然后点着领魂用的香，跟着乐队的后面回来。回到烧藁荐灰的地方，把香插在灰上，表示下次做七时，斋饭送到这里，请亡人的灵魂到这里来吃。长子回到家门口，也要“弹红”；进屋后，要将灵牌放倒在祖公座上，然后洒净水，到当晚做完功德道场，才能“竖灵”。轿夫和泥水工最迟下山。如果亡人已经先造好了寿坟，棺材暂停在坟前的上马石上，轿夫要负责用稻秆盖好棺材，并用稻秆绳缚牢，然后将白鹤插在上面，将历路幡放在坟上。如果是还没造好寿坟，并且近年内都不打算造坟的，则要泥水工当天造一具“明坟”，即用砖打好比棺材大一点的坟样，里面放两块上马石，轿夫和泥工合作，将棺材抬进去放在上马石上，然后封口。一般坟的两头都留空一点，能看到棺材的两头，所以叫“明坟”。封好口后，盖上石板，插上白鹤。他们下山后，同样要洒净水和过“弹红”。①

答谢亲友和助丧者

在完成丧葬后，丧家设宴请亲友和助丧者吃饭，以示答谢。这餐丧筵，武义称为“白喜酒”，台州称为“斋饭”，以豆腐、青菜、咸菜为主，若用肉，则须白切大块，称为“大肉”。在台州，这餐饭虽称斋饭，实际上酒菜鱼肉皆有，只是比普通喜事筵席较差一些。因客人不可在丧家留宿，因此在安葬完毕下山后，主家必须抓紧时间开饭，以便客人吃完后当天回家。一般来说，菜肴中要有豆腐，以示素净，主食则炊饭（糯米饭）、麻糍、馒头、米饭皆可。吃罢酒饭，客人离开。在余杭、长兴、安吉、嘉兴等地，因丧筵须有豆腐，也称为“豆腐饭”，然而多不限吃素，不

---

① 陈华文、陈淑君：《浙江民间丧俗信仰研究》，上海文艺出版社2011年版，第167—172页。

乏与喜筵同样丰盛者。

同样在台州，玉环坎门的渔民则称吃丧筵为“吃芋饭”，且自有其特点。首先，主家不会主动邀请客人吃丧事筵席，而是在高处敲锣，客人闻声自动入席。主家富有者，筵席十分丰盛。主家贫者，筵席可以简单些。但是，无论贫富，芋头饭必不可少。客人即使酒醉腹饱，也要象征性地吃一小口芋饭。丧席上忌用醋，以免心酸；桌上盘碟不得重叠，寓意不再发生丧事。吃芋头饭的原因，是因芋头多发，象征以后大家发丁发财。芋头饭煮好，第一碗须由主家留着，然后盛给出嫁女儿，饭内有排骨，寓意心连骨肉，装在大碗里，上插红花，安放在一只篮子里，由女儿带回夫家。女儿必须当天回夫家，不得留宿。①

（四）做七祭祀

做七也称“斋七”或“七七追荐”，俗称“水陆道场”，是民间办丧事时举行的超度亡灵的法会。做七之俗源于佛教信徒，大致在南北朝时即已开始流行。在民间，做七大致以家庭祭奠为主。他们从死者去世之日起，每七天举行烧纸祭祀仪式，所以也叫“烧七”。俗谓人死后阴魂每七天要过一关，共七大关，因此每到一关时，家人要烧纸祭祀，助其过关。满七后至百日则有百日祭，周年时举行周年祭，怀念亲人，也将此作为“忌日”。有些地方在死者去世 3 周年时烧 3 周年礼，从此以后不再举行特别的祭祀仪式，和其他祖宗一样，仅仅在逢年过节享受子孙的祭拜。

做七在浙江省丧俗中非常普遍。过去，杭州等地，人死后都要做七。习俗规定，“头七”须在第六日做，俗称“敲头六儿”。由和尚鼓吹敲打，拜十王忏，挂功德画，张挂榜文。“三七”由和尚念还受生经，晚上放焰口。“四七”多由亲戚送。“五七”前一日晚，子门口设望乡台，用门板搭台，摆供桌椅，椅上披死人衣衫，上撑伞一把，认为到了这一天，死者才知道自己已死，要回来探望亲友。“六七”须女婿操办，灵前只供素菜。“七七”又称“断七”，晚上放焰口。在金华等地，虽然认为每个“七”都很重要，但实际操作上却有区别。

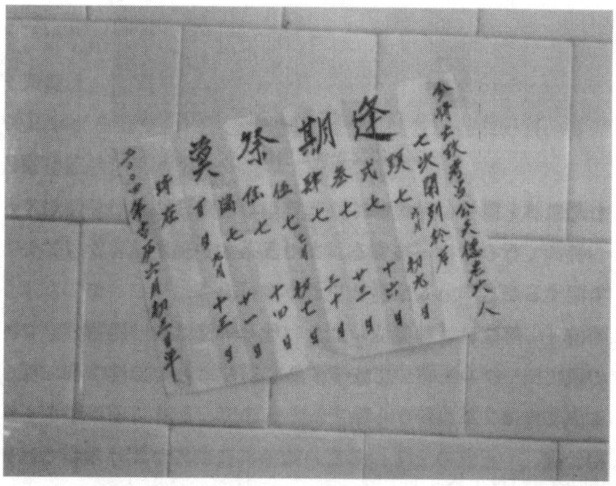

图 96-6-5-2 象山东门岛逢期(七)祭奠的安排

(〔日〕福田亚细男 2004 年摄于东门岛)

“一七”“二七”以简便羹饭上坟，“三七”羹饭必须丰盛。“六七”为大祭，祭品由出嫁女儿备送，设猪头、鹅上坟祭奠，祭毕挑回娘家请客。“七七”也叫“满七”。过满七后第二天，即殁后第五十天，要做满筵羹饭，祭请祖宗四代，示意本房又增一阴灵，拜托诸阴亲携带之。这时牌位送入祠堂安放。也有孝子给灵牌送供饭三年的，待 3 年后开孝，再把牌位送入宗祠。亡者在逝世百日，要举行百日祭，逝世周年，举行周年祭。当年春节要贴蓝纸白字的对联。

① 陈华文、陈淑君：《浙江民间丧俗信仰研究》，上海文艺出版社 2011 年版，第 172—173 页。

在葬礼完毕后的祭祀中，除极重做七外，还有止吊、除灵、除服等数个重要时期。其间，七七、百日、周年、冬夏二至、七月十五，以至除服等，皆延僧道拜诵经忏，以资冥福。①

止吊

湖州一带均以七七之期满时止吊，丧家具衰麻造谓之“谢孝”。如有不行，则颇受怪责。②

拜新灵、上新坟

长兴、安吉等地于死者去世后第二年农历正月，亲戚去死者灵前跪拜，俗称“拜新灵”。是年清明去坟上祭奠，俗称“上新坟”。③

除灵

除灵是丧事终了的标志，多地皆有此俗，又名“烧幅”“烧座”“送座”。一般3年除灵，灵台安放3年（实际上是27个月，亦有24个月者）的清明或冬至，烧座。将魂亭、酒盅、筷子、旧鞋全部烧毁，死者牌位有同时焚烧的，有披上红绸送入祠堂陈列的，是日起亲属脱去素服，俗称“除服”“除耗”。

（五）特殊葬俗

收尸寮

死于海损的渔人，一般不入居屋。在海边岙口搭“收尸寮”。④

招潮魂

沿海渔民或海民若遇海损，尸不能还，即需招魂以举行葬礼。玉环谓之“招潮魂”，家属在海滩岙口为死者招魂，以衣冠履草人或一并烧化取灰入餐，至“墓所”，葬之。⑤ 普陀则请道士“招魂”海边，引“魂”回家。次日行葬礼，棺内置草人或衣冠，空棺入墓。旧时渔村多海难，故流行“捕鱼人家世世穷，十只棺材九只空”之说。⑥ 在定海则用一连根竹幡，缚一只雄鸡，在海边“作法”，摇动竹幡，高呼：“××，回来啊！”亲属在旁应声：“回来了，回来了。”然后用草人或衣冠代葬。⑦

客死

不论尊幼不得入于其室，谓不利后嗣也。相沿成俗，明知违心亦难矫枉。

宝童塔

在缙云，孩童夭折，以席卷之，塞于“宝童塔”。山区塞于靛种洞，洞口以杉刺遮拦。现亦如大人置棺木，筑坟冢，但无仪式。⑧

---

① 陈华文、陈淑君：《浙江民间丧俗信仰研究》，上海文艺出版社2011年版，第173—176页。

② 丁世良、赵放：《中国地方志民俗资料汇编：华东卷（中）》，书目文献出版社1995年版，第677页。

③ 《长兴县志》，上海人民出版社1992年版，第750页；《安吉县志》，浙江人民出版社1994年版，第547页。

④ 《玉环县志》，汉语大词典出版社1994年版，第631页。

⑤ 《玉环县志》，汉语大词典出版社1994年版，第632页。

⑥ 《普陀县志》，浙江人民出版社1991年版，第995页。

⑦ 《定海县志》，浙江人民出版社1994年版，第789页。

⑧ 《缙云县志》，浙江人民出版社1996年版，第593页。

风化

嘉兴葬俗。旧时婴儿夭亡，乡俗用棉裹其尸，悬子桥下或临水的树上，任其风吹雨淋，谓之“风化”。久则堕于水底，说是“骨落则投生”，在“树蒲头（根）上脱壳”。①

翻九楼

上虞旧俗，死于吊、溺、跌、烧、做产“五丧”的，有钱之家要翻九楼以超度冤魂，用49张桌子堆叠9层，翻楼者头包红布，面涂油彩，下着绛裤，翻腾而上，甚为惊险。操此业者大都为嵊县人。②

二、葬法

在浙江，较为常见的葬法有土葬法和火葬法。此外，在历史上还形成了一些特殊葬法，如悬棺葬、崖葬，以及沿海地区的草灰葬等。总体而言，浙江汉族一直沿用土葬法，佛教引入后也曾一度盛行火葬。殡葬改革以后，各地逐步推行火葬，但在以入土为安的观念影响下，产生了火化以后再将骨灰土葬的形式。③

（一）土葬

浙江省汉族人口最为通行的葬法，葬式和墓式多种多样。当人去世，完成丧礼，棺木被运出家门后的处置方法大致可以分为两种：一是立即入土，一是放入预先筑好的墓室中或先“厝”起来，一定时期以后再埋葬。直接入土的处理方法，即为通常所说的土葬法。

浙江省土葬的具体做法可以分成两大类，一是一次性葬入后便不再更动，一是在地表下浅埋，待数年后捡骨再葬。丽水城郊、碧湖镇、温州市郊、兰溪市殿山乡姚村等地，20世纪40年代尚有大量掘穴入棺拥土、筑土成坟的一般性土葬法。这种葬法是在人故去后，请风水先生选好墓地，于出丧前挖好墓穴，入棺后或在棺上覆一席后盖由石灰、黄泥、沙泥构成的“三合土”再拥土，或直接在棺木上覆土。墓穴深度较棺略高，坟也做得较大，且一次性葬入后，除修路筑道外一般不再搬动。这种直接覆土的葬法被认为是家贫无力者才为之，稍有条件者都要修砖石结构的“圹”，一则为孝，二则显示后人的经济能力。因此，20世纪60年代还在一定范围内存在，70年代已经很稀少，进入80年代，除个别家境特殊者，不再行此葬法。

另一种土葬法是地下浅埋，待数年后再捡骨重葬。这种土葬是一种暂时性手段，因此埋葬较浅，有时棺距地表只有1尺左右。④ 具体做法见“二次葬”。

（二）火葬

火葬又称“火化”“烧尸”，是一种比较古老的葬式，在历史上流行程度仅次于土葬。据文献记载，隋唐时这种佛家葬式已开始在一些僧人中流行。

---

① 《嘉兴市志》，中国书籍出版社1997年版，第1937页。

② 《上虞县志》，浙江人民出版社1990年版，737页。

③ 何彬：《江浙汉族葬文化》，中央民族大学出版社1995年版，第35—36页。

④ 何彬：《江浙汉族葬文化》，中央民族大学出版社1995年版。

南宋定都临安以后，火葬开始在社会上流行起来。据当时的文献记载，由于吴越之俗，葬送费广，贫下之家唯务从简，以火化为便，相习成风，官府虽多方设法，势难遽革。南宋都城临安是当时火葬最为风行的地区，焚尸之所一般设在城外。西湖东北角的圆觉禅寺和钱塘门外的九曲城菩提院等处，是临安市民焚化尸体的主要场所，专门设有“化人亭”。此外，南屏山兴教寺一带也设有“焚梓之场”，海盐县在城西5里外的景德祥院设有“焚化院”。其时，火葬有一定的仪式，其隆重与否则视丧家的经济能力而定。一般来说，富裕人家在为亲人焚尸时要“具威仪”，即请僧道在旁边念经超度，为死者减罪拜福，以助超生，并焚烧纸马等明器。对于骨灰的处理，当时主要采取以下3种方式：第一，焚尸后将骨灰放入木盒或陶罐，然后埋入墓中。这种焚尸后再收贮骨灰埋葬的，一般是有钱富裕人家，绝少贫民。采用这种方式主要是受佛教影响而非经济窘迫所致。第二种，尸体火化后将骨灰存放于寺院或家中，逢节祭奠。采用这种方式的丧家一般是家庭经济状况和居住条件尚可的人家。他们虽然无力购置葬地，但有财力支付骨灰的寄存费。第三种是在焚尸后将骨灰弃于水中或野外，这是当时人们最为普遍流行的做法。采用这种方式的主要是穷困人家，既无钱购置坟地，又无力支付骨灰的寄存费，因此只能采用这种方法。

元以前至明初期，多地皆有贫苦人家因无力支持丧葬费用而火葬的习俗，后因明清官府和士大夫反对，火葬者绝少，但仍难禁绝。亦有因佛教影响而行火葬者。延僧道将尸烧化，拾骸骨贮于瓮，埋之荒野。又，据双林旧志，家属死日，即用土罍厝棺桑地。或一二年，或十数年，视棺木朽烂，逢清明或冬至前一日举火焚之，捡骨贮于坛。其中，嘉兴因土膏而民勤，尺寸之地必耕，非稍温者不能有葬地，又不欲葬在官府义冢，遂从佛家言实行火葬，拾骨以瘗。嘉兴火葬之时，多送棺至南门外火化，明清封建统治严密，对火葬抨击禁止，以致火葬逐渐绝迹。据明嘉靖《浦江志略》载，该县原有“尚火葬”之习俗，被认为是“醇风之累”。至清康熙年间，“火化之俗尽革”。此后乡人习行土葬，否则被视为“不孝”，且惑于“风水”迷信之说，不选“吉地”，不隆其典，子孙亦认为将“于己不吉，招致祸殃”。此俗影响至今。

中华人民共和国成立以后，自20世纪60年代起提倡火葬，70年代推行殡葬改革，火葬及火化后再将骨灰入土安葬渐成主流。①

（三）其他

甏葬

捡骨葬的一种。将散葬各处多年族人启坟收骨殖，各装入甏坛重葬一处。玉环港南渔乡20世纪50年代前较多见。②

风葬

个别地方有“风葬”形式：让棺材露出地面，在上面搭上简易草棚，称为“棺寮”，过些年后再收殓形骸安葬。

① 何彬：《江浙汉族葬文化》，中央民族大学出版社1995年版。

② 叶大兵：《中国民俗大系·浙江民俗》，甘肃人民出版社2003年版，第210—211页。

浮厝

嘉兴农村大型墓园极少。有些人家在田边就地起坟，郊区、嘉善一带棺材不下葬，浮厝于田间地头者更多，为嘉兴葬式一大特点。其好处是坟墓占地少，其坏处是有碍卫生。此俗由来已久，南宋时，北方士民流离江南，死后停棺不葬，期望收复中原后回乡安葬，后相沿成俗。明清以来，本地土地利用率高，农家为节约土地或无自有土地作葬身之地，因之停棺不葬，将棺材砌白墙，盖瓦，似小屋状。停棺年久，棺木腐朽，亲属乃收拾遗骨装入瓷费(称骨殖甏)埋入土中。中华人民共和国成立之初，农村中浮厝尚多见，后通过爱国卫生运动和农村集体化扫除掩埋，此现象已稀见。浮厝之俗在多地均有分布。如萧山便多浮厝。于地平面垫以砖石，上叠砖圈之，进柩于其中，封固其口，名曰“生椁”。外加泥以围之，而锐其顶，外复用石以围之，名曰“罗圈”。冀垂久也。浮厝的原因，既有以节省土地为目的者，亦有惑与风水，就不下葬直至棺木朽坏，再行收拾遗骨安葬的。还有因家贫无钱择穴营葬，不得已而浮厝的。①

草灰葬

流行于台州地区。草灰葬是闽南籍渔民的习俗，只适用于男性，因其男性劳动力以捕鱼为业，过去海难事故经常发生，在确认这个人已经身死而无法捞回尸身的情况下，便扎一草人，穿戴死者生前衣服冠鞋，由道士“借尸调魂”，然后火化，将草灰放入甏中埋葬。②

棚葬

西周时期浙江地区的墓葬形式。中国石棚墓主要分布于东北地区，浙江是目前已知的中国南方地区唯一石棚墓分布点，主要分布在浙南沿海地区。浙江省内现已发现石棚墓的有 6 个地点，包括瑞安市岱石山、棋盘山、杨梅山，平阳县荆山，三门县满山岛以及苍南县桐桥，总共发现 50 座左右。石棚墓的建构地形都背倚海拔数百米的群山，面向临江和临海的宽阔平野。除大多数分布在海拔 150 米以内蜿蜒而下的山脊或山顶分水线以上外，也有的分布在山麓台地上，但高山峻岭和平原上目前尚未发现有石棚墓分布。墓葬的分布具有群状分布和零星状分布现象共存的特点，分布于同地的石棚墓，规模和形式上既有完全一致的，也有不相同的。

浙江的石棚墓为棋盘式，属南方支石墓类型，大多利用巨大天然石块再加支撑，覆盖而成。可分为 4 种类型：(1)用大石板作为顶，下支以多根条石，盖石略呈长方形；(2)以方形或长方形大石板为盖，石板薄处设条石数根支撑，厚处用块石加固；(3)由支撑石和砾石组成墙体，上承长方形盖石，坐东南朝西北，支撑石北面四根，正面两侧各一根；(4)以支撑石和石板组成三面墙体，上承盖石。这些石棚的选地、建造都经过精心设计，并具备初步营造观念。它们的共同特点为上面覆盖一巨石板，下支撑若干根条石，支撑石与盖石结合紧密。支撑石、壁石自上而下逐渐显粗或显厚，起到侧脚作用；为避免山坡滑动，在支撑石周围用块石、夯土加固，墙体密实；盖石中间隆起或前高后低，避免积水。墓内有原始瓷、印纹陶和青铜器等随葬品。经鉴定，均为西周至春秋时期器物。③

---

① 何彬：《江浙汉族葬文化》，中央民族大学出版社 1995 年版，第 38—40 页。

② 何彬：《江浙汉族葬文化》，中央民族大学出版社 1995 年版，第 211 页。

③ 主要参考陈元甫：《浙江石棚墓试论》，载《陈元甫考古文集》，文物出版社 2016 年版，第 349—359 页。

悬棺葬

指将死者的棺木放置在人迹罕至的悬崖峭壁之上，有的利用崖壁的裂缝之处，有的利用天然岩穴及人工凿穴，也有的在崖壁上凿孔楔入木桩以支撑棺木。悬棺葬是古代瓯越人的一种葬式，中华人民共和国成立以后在浙南瓯江支流松阳溪两岸的悬崖峭壁上曾发现一处悬棺葬，棺内尚保存人骨架一具，系仰身直肢，棺与盖之间系子母口，做上下套合，刻有花纹。①

热尸带冷尸

嵊州旧俗。大户人家老年夫妇若先故一人，将其灵柩寄放在堂屋后壁或菜园"坟庄屋"，棺不能直接触地，要用两个小坛或四个碾盘支住，称"殡坟"。待另一人也故时，"热尸带冷尸"，一同出殡。当地谓灵柩搁得越长，财气越多。富润镇曾有5部灵柩一道出殡之事。②

三、葬式

浙江汉族的葬式大致可以分为一次葬和二次葬两个大类。这两种葬式，与当地的自然条件相适应，也与灵魂、风水等抽象观念联系紧密。

（一）一次葬

浙江省汉族地区以一次葬为主流。基本程式尊文公《家礼》，而在细节上依据各地习俗有所出入。详见本节前文。

（二）二次葬

缙云旧俗，除大洋一带外，一直实行"二次葬"，即撮骨葬，俗称"撮坟""转身"。清康熙十一年（1672年）《缙云县志》记载，小户贫家不用椁者，数年后取火化，以石盒承之复葬。火化复葬久已绝迹，撮骨葬至今流行。除用椁者外，死者入土三五年后，请风水先生另外选地择日，扒开坟墓，捡拾骨头，包于大红缎被之内，以石盒储葬。"撮坟"仅于启棺时号哭，其场面较之丧葬更为隆重。尸骨由儿女怀抱移于新坟，亲友列队相送，长竹竿抬灯笼数十乃至数百盏，锣鼓喧天，鞭炮齐鸣，热闹异常。尸骨入盒，合土，亲人跪拜，风水先生于坟头撒茶叶谷米"喝山"，其言乃祝祷子孙发达荣耀之辞。"喝山"毕，一人一灯返回，取"人丁兴旺"之意。

由于平地很少，龙泉丧俗不在地面挖掘成墓，而是在陡坡处横向内打洞为墓洞，深、高皆以可容一棺为准。一般人死后马上请人看风水相地打洞，出殡时以对半剖开的大毛竹垫棺下推棺入洞再封洞口。一般三五年后，有时十几年或二十年后打开洞剖棺捡骨，称"捡骨头""安坟""化坟""捡金""转金"等。过去旧习惯，父母死后一定要"转金"，骨入金钵，不转要被人讲"不孝"。遗骨要大小全部捡入钵中。捡骨有专职人员，俗称"捡死尸"。20世纪90年代捡一次10元或30元。"金瓶"为陶制。"转金"要"拣日子"。捡时要用火烤干骨头再放入金瓶，最上面盖绸、缎或新手巾，表示转金了，后人给做新被子。存放金瓶处要看风水位置，在山坡上

① 叶大兵：《中国民俗大系·浙江民俗》，甘肃人民出版社2003年版，第209—210页。
② 何彬：《江浙汉族葬文化》，中央民族大学出版社1995年版，第41页。

横向打两个不深的洞，容入金瓶即可，洞口立碑。葬入后一般不再移动。为捡骨时方便，丧仪中装殓时多以丝绵包裹双手。更富裕人家以丝绵做寿衣，因为丝绵不易腐蚀，捡骨时一提起丝绵包，大小骨殖均在其中。

丽水丧俗，殓时丝绵包手，葬入“土坟”。后辈子孙发达了，欲为上辈先人重修坟或欲合葬上代老人时，则“拣骨头”。拣骨有专职的人，按从脚至头顺序捡，盛放骨殖的容器称“金罐”，有陶器窑专门烧制和出售。捡骨后的金罐或做个圹放入或直接埋入土，正面修“坟面”。丽水一带与缙云、龙泉相比，二次葬不是很普遍，遇家中人屡患病，或屡出怪事，又或后代发迹等才“拣骨”。但从当地人解释入殓时丝绵包手是为了捡骨时方便，不致捡不完全判断，过去曾普遍存在捡骨再葬的做法。

又，德清、崇明等地亦有捡骨重葬习俗，下葬数年后，清明、冬至前破棺捡骨置瓮中，易地重葬，谓之“揭骨”“拾骨”“积骨”。此外，玉环、瑞安、温州亦曾有此俗。

捡骨再葬的容器，除缙云是整块石打制的“石匣”外，都是烧制的陶质瓮。玉环、瑞安、温州的形状相似，瓮形较细长。丽水的瓮则略显得矮粗。容器的名称为“金瓶”“金罐”“黄金瓮”等。①

四、墓式

坟墓作为棺木入土以后棺柩处置场所的标示，在浙江呈现多种不同样式。除固定的一次性的坟墓以外，在实行二次葬的地区，还有用于捡骨前安置遗体的临时性过渡设施。随着殡葬改革的推行，公墓已成为最常见的墓式。

（一）土丘坟

坟突起作土丘状，形如馒头，前立墓碑。大部分用泥堆成，比较简陋，在余杭、临浦、兰溪、金华、永康、丽水等地，都有这种墓，俗称“馒头坟”“土墩墓”“土墓”“土丘墩”等。也有用砖石和石灰构成圆体，远远望去，像一个扁平的圆墩卧在稻田间或山坡上。在温州称“稻桶坟”，因坟的形状与农民打水稻用的稻桶相似，故名。大都为贫穷者死后无力建墓，就将尸首埋入地下，垒成土墓。②

（二）一字平坟

即圹式坟。没有椅子圈的墓称平坟，比椅子坟略差，常见的是多孔排列。平坟修筑成本较低，因此无钱人家多修平坟。并排做坟时，修在山坡地的分阶建立，老辈在上，依辈分下排，一般修到三层孙辈止。在平地修时，辈分依孔穴的位置区别，修孔穴是前后错开 1 厘米左右。中间为高辈分者，两旁为儿孙辈。双孔平坟为“四方坟”。

---

① 何彬：《江浙汉族葬文化》，中央民族大学出版社 1995 年版。

② 叶大兵：《中国民俗大系 · 浙江民俗》，甘肃人民出版社 2003 年版，第 212 页。

(三)八字坟

八字坟是在浙江武义等地最为常见的坟墓样式，在当地民间所有的坟都通称为“坟头”，但对于坟面经过特别制造的、前有坟手并排展开呈八字形状的坟，则称八字坟。这种坟墓样式在浙江的金华、衢州、丽水、杭州、绍兴等地都有分布。八字坟是对所谓一字坟的一种变异和发展。八字坟有大八字坟和小八字坟的区别。小八字坟比较简单和粗陋，大致由石块和砖块堆砌而成。一般情况下，这种坟都是砖拱式的，坟包上堆土加以掩埋，同时也利于清明上坟时添土。小八字坟都没有墓碑。小八字坟是对一字坟样式的改造，正是坟手的出现，构成了汉字的“八”字。大八字坟在建造方面要比小八字坟豪华得多，大都以砖砌的形式完成，上面完全模仿徽式建筑的马头墙形态，以瓦片榭盖于其上。大八字坟都有墓碑，上写郡头和某某之墓一类的文字。砖面上涂刷白石灰，同时还写上各式文字，诸如“山清水秀”“钟灵毓秀”等。大八字坟也是砖拱式墓道，坟包大致比小八字坟要大一些，以示子孙的孝顺和出息。

(四)小坟屋

浮厝或暂厝时所用的临时坟屋。如丽水在停棺露天野外时要以土垒墙，上部木条挂瓦做“坟屋”。缙云“暂厝”的棺则要浮放在山间坡地，用砖、木椽、瓦顶绕棺做一“土库”，三五年后再行捡骨，进行二次葬。①

(五)石廓坟

土丘坟外围有石廓。

(六)椅子坟

浙江省南部坟墓样式，由于形状同椅相似，被称为椅子坟。墓室基本上砌筑于地表，体量规模较大、建筑装饰豪华、外观形状极似“太师椅”，因此又称为“椅子坟”“高椅坟”“交椅坟”。椅子坟通常一头高一头低，依山而建，不立碑，墓主信息刻于正中石板上。后辈葬于先祖坟墓下方，一代代形成一个如同楼梯般的长墓。②

(七)塔坟

主要分布在洞头岛。这是一种颇有特色的墓式。坟是正方形(也有长方形)，高的有三级，低的一级。最下面的一级供葬。用块石或条石砌成，上小下大，可葬一人或两人，有用骨灰盒，也有用甏瓮入葬的。俗例埋入此坟者，一般不再捡骨重葬。因形似塔，故名。③

---

① 何彬:《江浙汉族葬文化》，中央民族大学出版社1995年版，第38—45页。

② 何彬:《江浙汉族葬文化》，中央民族大学出版社1995年版，第63页。

③ 叶大兵:《中国民俗大系·浙江民俗》，甘肃人民出版社2003年版，第212页。

图 96-6-5-3　洞头的塔坟(1998 年陈华文摄)

图 96-6-5-4　仙居的石椁浮坟(2004 年陈华文摄)

(八)石椁浮坟

这是一种在温岭,也包括台州的大部分地区和绍兴的部分地区都流行的墓式。石椁浮坟的墓以石板建构而成,因其直接建在地表之上,故称为浮坟。

这种坟式以一块长约 3 米、宽约 1 米的石板铺垫在地表上,然而在左右两边用两块长石板,前后两边用两块短石板搭建起一个类似于棺材形的石椁。石板有榫卯,卡进去正好纹丝合缝。棺材入圹后再在上面覆以石板。整个石椁即告完成。

(九)公墓

为城镇居民及其他规定对象死亡后提供的公共墓地,是当今最为普遍的墓葬形式。在墓地形式上,包括骨灰公墓和遗体公墓。在规划性质上,包括由社会资本投资建设并运营的社会经营性公墓,和在农村集体土地上建立、运营,主要安葬本辖区居民的乡村公益性公墓。1999 年,《浙江省公墓管理办法》(2006 年修订)颁布,对公墓的墓穴、墓碑面积,以及用地、经营主体、经营和管理方式等各方面都进行了规定。

(十)其他

土库

缙云暂厝所用墓式。原为砖砌棺周,顶部用木条挂瓦,形似民居中砖木结构的小瓦房,一般棺柩放在里面停放三至五年后拆除土库,将整座棺移放到另外筑地墓穴,当地话称为“入椁”,或是捡拾骨殖放入墓穴中,当地话称为“拾骨头”。20 世纪 80 年代后,用石条块或水泥制成土库,棺放入后不再更动地点,土库也不再拆除。这样,曾是二次葬前处置方式之一种的厝棺行为延续到彼时,内涵渐渐发生了变化,伴随厝棺习俗而出现的“土库”已不再是复葬习俗的物质载体,而成了一次性墓葬的一种坟墓形式。类似墓式在洞头称为“棺寮”。①

① 何彬:《江浙汉族葬文化》,中央民族大学出版社 1995 年版,第 61 页。

小生帽

龙泉传统葬法是山陡坡处打横洞，若干年后转金，举行二次葬。有条件者，横洞内砌拱形砖质墓室，洞口修成小屋檐形称“小生帽”，下立小石板碑。上面略铲成小坡面，挖小水沟称“王道运”，防止泥土直接流下来。另外，有少量仿岳坟形式修建的“大锅帽”形。①

交椅梢

又称“椅子梢”，龙泉墓式之一。当地人说交椅梢是太师椅形状，样子好看，表示死人坐在太师椅上。旧时只有当官的人才能坐太师椅，那么祖宗在阴间当官，就能荫庇子孙在世间可当官。龙泉“椅子梢”坟的存在历史可追溯至北宋，传说徽宗时熙宁年间左仆射何执中为其父做坟，怕被盗，做了105座同样的“高椅梢”坟。“文化大革命”期间在距龙渊镇10千米的何村曾拆毁了写有“北宋熙宁年间墓”字样的交椅梢式坟。②

榻床式坟

椅子坟的另一种变化形式，即墓穴全部向两边平行扩展，墓背横且阔；也有上下分几层向两旁扩展的，其形似民间卧睡的榻床，故名。

① 何彬：《江浙汉族葬文化》，中央民族大学出版社1995年版，第64页。

② 周星：《椅子坟与龟壳墓》，载何彬：《江浙汉族葬文化》，中央民族大学出版社1995年版，第142—169页。

第七章　信仰民俗

浙江，历来是中国民间信仰活动极为丰富的地区之一，《汉书·地理志》上就说，“楚有江汉川泽山林之饶，江南地广，或火耕水耨，民食鱼稻，以渔猎山伐为业，果蓏蠃蛤，食物常足。故呰窳偷生，而无积聚，饮食还给，不忧冻饿，亦亡千金之家。信巫鬼，重淫祀”，这就是通常所说的“楚地重巫风，江南多淫祀”。巫风和淫祀都是与民间信仰有着直接关系的现象，是由浙江区域的生活环境所决定的，而这种生活环境对于传统浙江区域来说，有着相对的稳定性①。当然，由于内部区域条件的差异，浙江各地的民间信仰形式也有着较为明显的区别。比如，在浙西区域（杭嘉湖为主），水稻、桑蚕占主导地位，其民间信仰的形式也在这个意义上和生产生活有着密切的关联；在浙东区域（甬绍），丰富的佛教文化资源、海洋生活经验等对于当地民间信仰的形式产生重要影响；在浙东南区域（台丽温），山海相连的生活环境和丰富的佛道教资源，影响着这个区域的民间信仰形态；而在金、衢山区，由于山区不一样的生活特点，也塑造出了独特的信仰形态。这些不同区域特征的信仰形式，共同构成了传统浙江丰富的宗教信仰传统，影响着传统浙江人民的日常生活。

浙江自近代社会转型以来，受到各种思想和社会因素的影响，在百姓日常生活的层面，民间信仰虽然受到了较大的冲击，但从总体上来说，还是相当程度地存在于老百姓的日常生活之中。而2004年2月15日，海宁市黄湾镇五丰村的村民因诵经、烧香等民间信仰行为而导致重大火灾，致使参加民间信仰活动的40位老人身亡。此事件的发生，民间信仰在当代社会中的存在方式、地位、作用以及影响诸问题，引起了浙江省有关部门的关注与重视。自2005年开始，浙江省社会科学界联合会和中国社会科学院世界宗教研究所等联合开展浙江民间信仰的“重大国情”专项调研，前后持续三年，主要在温州市、台州市和义乌市等区域进行了深入

① 浙江的民间信仰资源是极其丰富的，在传统时代，“一村一庙”是最基本的宗教信仰生态，甚至有的村落有两个，甚至是三四个庙，这些村庙是老百姓信仰生活的基本场所。进入改革开放以来，在市场经济和城市化的发展冲击下，这种情形有所改变，但是总体上的丰富程度还是得到了保存。就作者接触到的调研信息来看，2008年临海市统战部对所辖区域内的19个街道、乡镇进行调查，临海市现存民间信仰活动场所910处（2008年9月，临海市统战部数据）；根据天台县的调查，到2015年，天台县境内有各种民间信仰活动场所共计1084处（根据天台县民宗委编制的《天台县县域民间信仰活动场所布局规划》，2015年2月）。另外，在2006年中国社会科学院世界宗教研究所与浙江省社会科学界联合会共同推出的浙江省民间信仰调查的结果来看，“从2000年8月开始，为期一年多，台州市全市共清理小庙4918处，其中拆除的共864处，改作文化活动中心等其他用处的共864处，占绝大部分，暂时保留的共601处。到2005年1月地方有关部门调查发现，台州全市仍有小庵小庙4170处，而同年正式开放的宗教场所为718处，前者是后者的6倍”。（曾传辉《关于浙江省台州市民间信仰现状和管理的调查报告》《2006年社科院宗教所浙江宗教国情调研台州组报告集》）从这三个数据来看，也基本反映了浙江民间信仰资源的丰富程度。

的田野调查①。此次调研，为新时期浙江省民间信仰的规范和发展的问题，提供了重要学术依据。②

第一节 诸神崇拜

在原始朴素的生活方式下，出于安全感的需要，人们很容易对于天地万物产生信仰和崇拜。万物有灵的信仰，是直接和信仰者的生存环境密切相关的，浙江区域由于独特的自然条件、生活环境，决定了其信仰形式的独特性，比如，杭嘉湖平原的蚕桑产业导致的对于马头娘娘的信仰，浙南山区因香菇种植的普遍而产生对于香菇的崇拜，杭州地区因为钱塘江的缘故形成对于神的崇拜，浙东沿海地区由于靠近海洋产生的海洋崇拜，等等，都是非常直接地反映出生活环境对于具体信仰形式的决定作用，这种信仰的形态可以称为是自然形态的信仰。

如果说万物有灵的信仰形式，主要是由于生存的具体环境所决定的话，那么对于以祖先崇拜为代表的先贤崇拜，则是基于对于逝者的功绩追念的心理而产生，因逝者生前对于这个区域的重要贡献，死后经过一定形式的神化，而成为当地重要的神祇，这可以称为社会形态的信仰。在传统的浙江社会，比如，金华一带的胡公信仰、台州一带的白鹤信仰、温州一带的杨府爷信仰、杭州一带的岳王爷信仰，等等，都是与被信仰对象生前在当地的突出贡献有着密切关联，生前立功，死后立庙。

一、天地崇拜

对于天地的崇拜，是最为直接的、朴素的崇拜形式，也是在传统农耕社会中最为常见的信仰形态。浙江区域"七分山，两分水，一分地"，山水为主的地形特点决定了这样的信仰形式在浙江是非常重要的。

(一)天地山川

对于先民的生活来说，天地山川，这些构成他们日常生活基本环境的要素，在万物有灵的朴素观念之下，都成了他们崇拜的对象。这对于先民来说，是极其自然的，对于天地山川的崇

---

① 该调研形成了三大内部报告，分别为《2006年社科院宗教所浙江宗教国情调研温州组报告集》《2006年社科院宗教所浙江宗教国情调研台州组报告集》以及《2006年社科院宗教所浙江宗教国情调研义乌组报告集》(中国社会科学院世界宗教研究所编)，公开出版了《汉学研究与中国社会科学的推进：国际学术研讨会论文集》(上下卷，连晓鸣、庞学铨主编，中国社会科学出版社2012年版)。

② 2014年9月26日，浙江省颁布了《浙江省人民政府办公厅关于加强民间信仰事务管理的意见》(浙政办发〔2014〕113号)，省民宗委配套推出了《浙江省民间信仰活动场所登记编号管理办法》(浙民宗发〔2014〕63号)，为浙江民间信仰的当代规范发展，奠定了基础。2015年4月15日在嘉兴市秀洲区王江泾镇刘王庙"2015中国江南网船会"活动开幕式上举行了全省民间信仰活动场所首证颁发暨"民间民俗·多彩浙江"主题文化活动启动仪式。省民宗委向刘王庙颁发了全省第一张民间信仰活动场所登记编号证书，标志着浙江省正式将民间信仰事务纳入政府规范化管理，在全国率先探索创新民间信仰事务社会治理新模式，建立起民间信仰事务管理的长效机制。对于浙江民间信仰的发展来说，进入了一个新的时期。

拜,是基于非常自然的祈福的目的,是为了在自然环境中获得生存的安全感的需要,这在人类早期历史中是极其普遍的现象,这种自然崇拜,也构成了人类最为简单且影响持久的信仰形式。

社稷坛—土地庙

中国是农业国,而对农业生产最为直接影响的就是天,所谓靠天吃饭,就是这个意思。因此,对于统治者来说,也是非常重视对于天的祭拜,以祈求丰收太平,因此,在传统社会,几乎每个城市都会有社稷坛(祭祀五土、五稷之神)和风云雷雨山川坛,很直接地表达出对于农业为本的重视,而最为典型的当属清雍正四年(1726 年)八月,雍正皇帝下旨在各省一体创建先农坛,以表达对于农业之神的感念,先农坛也同样成了每个地方的必需的官方祭祀场所。而民间,则更多是到处可见的土地庙。

勾芒之神

而很多地方流传至今的地名,事实上背后也在传递着这种信息,比如,杭州的庆春门,实际上就是和农业崇拜有着密切的关联。按照《杭俗遗风》的记载,杭州每年有 40 个应景的喜庆日子,"迎春"位列第一。这就是立春的前一天,杭州知府,以及属下仁和、钱塘的知县,执全副仪仗,前往庆春门外迎请"勾芒之神",也就是丰收之神。早在立春十几天前,隶役已去过庆春门外这座神庙了,龟卜蓍筮,测算今年"勾芒之神"的姓名、年龄、相貌特征,这似乎有一点喇嘛教金瓶掣签选择传人的仪式。测算后,毁去旧年的神像,依照新"资料",重塑新的"勾芒之神"。此神高 3 尺,立而不坐。迎神这天,"勾芒之神"供奉在八人抬的神亭之中。神亭之前,是若干彩亭,各供奉象征太平丰登的五谷农事。彩亭过后,是鼓吹手和抬阁。说到抬阁,那是迎神中最出彩的。抬阁上一层一层的人物,演绎各色故事,大多由幼童扮演。如今浙江金华、台州等地,仍有这风俗,大多也都是与祭祀丰收、喜庆有关。抬阁的后面,是秧歌队,与抬阁"静动结合"。秧歌过后,有活牛、纸牛各 1 头。纸牛坐了四人担的彩棚,活牛倒霉了,由扮做牧童的鞭打慢行,执鞭人趁机也小露身手,"啪! 啪! 啪!"惊得观者一片叫好。这就是"鞭春",一年的农事也由此开始,"庆春"应该由此得名。迎神的队伍过菜市桥,南拐,先到抚宁巷的巡抚衙门报春,再走后来的西河坊街,到了旧仁和署内的杭州府。这一走,半个杭城。"勾芒之神"也供奉在了旧仁署路口的"懊来桥"边的"广场"上。早已搭起的厂棚,已簇拥了众多的烧香、求神、看社戏的人。这一夜,万人空巷。次日,举行"太岁上山"仪式。鞭炮、锣鼓响起,"勾芒之神"在众乡绅的拥戴下,向吴山顶上的太岁庙行进。如果这立春的时辰是在夜间,灯笼火把一打,上吴山的队伍走得更是红红火火。那一夜,途中的关帝庙里还要将毛豆、年糕煮上一大锅,名为元宝汤,作为消夜,任人取食。这种对于春神的崇拜,对于太岁的信仰,在传统社会之中,几乎是各地普遍的,而且也是影响最为广泛的传统信仰形式之一,这和农业立国的基本特征有关系。而自近代以来(尤其是 1949 年以后),官方主导这种祭祀形式基本消失,但是,这并不代表着民间这种崇拜行为的消失。时至今日,依旧可见的土地庙,以及对于太岁等的崇拜,在背后都透露出传统信仰的痕迹。

认岩塔爷与游母庙

此外,就浙江区域的环境特点也深深影响着老百姓的日常信仰形式,比如,由于山区地形的特点，浙江很多地区都会有对于岩石、岩洞的信仰。杭州地处江南岩层区，地质构造复杂，经过亿万年的演化，形成了自己独特的地形地貌，杭城一带的山上常见古石、古洞，一些独特的古石和古洞成为人们崇拜的对象。比如，瑞石山因为“其山石玲珑，岩窦窈窕”（张岱《西湖梦寻》卷五）而受到人们的崇拜；吴山脚下的蟾蜍石、蹲狮石、飞来石、垂云石、鳌峰、驼峰、青芙蓉等处，宝石山上的紫云洞和灵隐寺附近的飞来峰等处，常有人烧香祈福。这种岩石崇拜，在其他的浙江山区也是非常普遍的，比如磐安的“认岩塔爷”就是人们为了消灾避祸而让小孩认岩石为“父”，于是此小孩取名必带“岩”字，四时八节还得去向这块岩石礼拜①。有意思的是，浙江的这种石头崇拜，不仅是在山区可以看到，而且在海边也存在，比如舟山就发了一座“游母庙”，它处于舟山本岛西面的岑港镇紫窟村里。与舟山许多名声显赫、香客众多的庙宇相比，这是一座很不起眼的小庙。已隐藏于民居的中间，从外形看，仅仅是一个普通四合院的规模；推门进去，院子狭小，正面是一个主殿，主殿的对面是一座戏台，没有东西厢房。所以这实实在在是一座民间小庙。虽然建庙也有数百年的历史，但是一直不为人瞩目，直到最近被新闻媒体发现，才引起了广泛的关注。因为这座小庙非常特别，它供奉的神灵叫“游母”，而所谓“游母”，其实只是一块石头而已，而对于“游母”的信仰，在舟山当地已经有很长的时间②。

（二）日月星辰

双鸟朝阳

日月星辰，是构成古人对于生活过程把握的基本要素而受到重视。在传统的农耕社会，中国人的基本生活方式是靠天吃饭，而这个天，对于古人而言，则是通过日月星辰的变化而表达出来的，对日月星辰的崇拜，就是对具体生活经验的重视。对于浙江的先民来说，这种崇拜方式，伴随着先民的生活就开始存在了，从目前对于河姆渡或者良渚遗址的考古发掘中，都可以直观地感受到他们对于日月星辰的崇拜。这种崇拜，首先是对于太阳神的崇拜，这在早期先民的生活中是极为普遍的，著名的河姆渡“双鸟朝阳”就是一个非常典型的对于太阳崇拜的图案，而到了良渚时期，这种对于太阳神的崇拜，就更为明显，其实，如果从早期先民的生活经验来说，这是极好理解的一件事情，那就是因为太阳对于农业生产和先民的生活本身，具有至关重要的影响。

太阳菩萨

这种朴素的信仰方式，在浙江的民间有着广泛的影响，比如在绍兴、湖州一带民间有一种《太阳经》流布，而《太阳经》的描述，也是与老百姓的日常生活密切相关的，“太阳一出满天红，晓夜行来不住停，行得快来催人老，行得迟来不留存……太阳三月十九生，家家念佛点红灯……”这里除了表达时间流逝的观念之外，还指出三月十九日是太阳的诞辰（浙江很多地方，比如宁波、温州、绍兴等等，都是认为三月十九日为太阳菩萨生日），而这对于当地的老百姓来说，是一件非常重要的、值得庆祝的事情。这一点，当年鲁迅也曾观察到了“中国人至今未脱

---

① 朱颂阳：《磐安的“认岩儿塔爷”》，载《浙江民俗大观》，当代中国出版社1998年版，第464—465页。

② 倪浓水：《浙江海洋民间信仰中的“游母”石信仰考析》，《浙江社会科学》2012年第7期。

原始思想,的确尚有新神话发生,譬如日之神话,《山海经》中有之,但吾乡皆谓太阳之生日为三月十九日,此非小说,非童话,实亦神话,因众皆信之也"①。众信之,则是因为太阳在民众经验生活中的重要性而来的,是一种非常朴素的信仰形式。

驱赶天狗

由于日月对于百姓日常生活的重要性,所以,在传统社会中,一旦发生日食或者月食也是非常重要的事情。比如,在旧时的杭州市区,民众一般会认为日食是因为天狗吃太阳,每当发生日食的时候,家家户户都要燃点香烛,鸣放鞭炮,敲锣打鼓,以驱赶天狗。月食的时候,则认为是野月吃家月,也需要鸣放鞭炮。在舟山,人们称日食为"无日",月食为"无月",每当发生日食、月食之时,民众均要出游,对天焚烧草木,敲锣击盆,以惊逐天狗,叫作"护日""护月"。从民众的这些自发的、素朴的行为中,可以看出,在传统社会中,民间信仰具有非常重要的、扎实的生活基础。

北斗与南斗

对于星辰的崇拜中,主要是南斗和北斗星(当然,至于中秋赏月、七夕向牛郎织女星祈求赐福的风俗,其宗教性的意味没有那么浓厚),这主要是因为这两者在诸星之中的特殊地位。浙江先民也有着对于南北斗星崇拜的传统。比如,在东阳民间,就有拜斗习俗,斗即北斗、南斗星辰。而在东阳的民间,则习惯将打稻用的农具稻桶作为"斗"的象征,将其披红挂绿,精心装饰,置于晒谷场上,以为祭坛,并伴有一系列的祭祀仪式,这与"北斗主生,南斗主死"的信仰有一定的内在关联。

(三)江河湖海

地理环境对古人的生活和信仰有着极为密切的关系。浙江境内水系发达,而且东面临海,这对于浙江民间信仰的形成,也有着非常直接的影响。由于水与早期农耕文明的关系极为密切,所以,在《礼记·王制》中就说"天子祭天下之名山大川,五岳视三公,四渎视诸侯",这里"四渎"就是江、河、济、淮四条跟早期生活有密切关联的河流,这表明对于江河湖海的信仰,是一种非常久远的信仰形态。

龙王信仰

在中国的传统中,形式多样的龙王信仰,是对于江河湖海信仰的最为直观的表达,也是最早的信仰形态,在春秋之前即在浙江区域流行(闻一多《端午考》)。进入唐宋以后,由于佛、道教的兴盛,浙江地区的龙王信仰也极为流行和普遍,在姜彬主编的《吴越民间信仰民俗》一书中,仅宁波奉化一地,就列出了龙神20多种②,而根据民国《杭州府志·祠祀》记载,仅杭州一地,所涉及的龙王信仰相关的祠庙就有水神庙、龙神庙、嘉泽庙、玉泉龙王庙、黄龙祠、龙井龙王祠、南高峰龙王祠、白龙王庙、黑龙王庙、白泽大王庙等10座③,可见龙王信仰之普遍,而这

---

① 鲁迅:《鲁迅全集》第十一卷《书信》,人民文学出版社1981年版,第438页。

② 姜彬:《吴越民间信仰民俗》,上海文艺出版社1992年版,第5页。

③ 另外,在何善蒙编著的《君子有终:浙江省祠庙历史资料汇编》(九州出版社2017年版)的附录"浙江省祠庙历史资料分区域一览表"中有详细的梳理。

样的情形，在浙江省内也是基本相似。

圣王信仰

浙江内陆区域的水神相关的信仰，除了龙王信仰之外，还有极为丰富的信仰形式，总体上来说，可以分成三类，一类是治水的圣王信仰，最具有代表性的是舜和禹。余姚的姚江，又称舜江，传说中是因为舜带领部落民众治理姚江。而作为中华民族的治水英雄，大禹更是以治水的形象而深入民心，浙江省内（尤其是绍兴一带），都有很多禹王庙奉祀大禹；第二类是历代的治水英雄，主要是以地方官为主，在治水方面有着突出贡献，而受到当地百姓崇信的，比如宁波的黄晟、吴潜，镇海的黄恕，武义的任留，萧山的杨一葵等等，因为浙江的水域十分充裕，水又与农业生产密切相关，所以，各地事实上都有着自己历史上的治水英雄；第三类是水上救人有功或者投水而成神的，如杭嘉湖一带的谢绪、伍子胥，上虞的曹娥，杭州、温州一带的温琼（温元帅）等等。

钱塘江水神信仰

钱塘江是浙江的母亲河，其壮观自然是天下闻名，但是，钱江潮在历史上给老百姓带来的灾难也是深重的，因此，与钱江潮相关的潮神，也成了浙江水神信仰历史上的一个非常重要且突出的形式。从伍子胥开始，历代潮神不断涌现，大凡在防治潮水中作出过贡献的，比如钱镠、张夏、范仲淹等，几乎都成了具有代表性的浙江水神，因此，与钱塘潮相应的水神是由一系列的神灵构成的。这个系统以雍正七年（1729 年）九月，浙江总督李卫奉旨在海宁修建海神庙，以历代潮神、水神从祀，“越上大夫文种、汉忠烈公霍光、晋横山公周凯、唐潮王石瑰、升平将军胡暹、宋周宣灵王雄、平浪侯卷帘使曹大将军春、护国弘佑公朱彝、广陵侯陆圭、静安公张夏、转运使判官黄恕、元平浪侯晏戌仔、护国佑民永固土地彭文骥、乌守忠、明宁江伯汤绍恩、茶槽土地陈旭”（雍正《浙江通志》），这就构成了进入传统国家祀典的浙江本土的潮神系统。

海神信仰

浙江东临东海，海洋面积广袤，因此，海洋对于浙江人民的生活来说，是一个重要的因素。由于生产方式和生产力水平的限制，海洋对于广大民众来说，其震慑力是极其强大的，因此，对于海神的信仰，是濒海区域民众日常生活的一个重要方面，也是非常悠久的一个传统。根据古籍的记载，从先秦开始，东海一带就有海神信仰的存在，一个叫作“禺虢”的海神是这一带的掌管者。后来的时代，虽然海神的姓名、人数随着时代和区域的变化，有着不同形式的表现，但是，海神这一特殊的信仰类型，从未在浙江民众的日常生活中缺位过。

妈祖信仰　宋元以来，中国海域出现了一位主导性的海神——妈祖林默娘。传说，林默娘出生在宋建隆元年（960 年），卒于宋雍熙四年（987 年），是福建莆田湄洲岛人，因传说其生前能够踏浪渡海，时常救助遇难渔民，故被当地人尊称为妈祖，原本是福建一带的地方海神，宋元以来，随着海洋事业的发展，逐渐成了全国性的海神，同样，妈祖信仰也在这个时期进入

了浙江①,沿海各地多建有妈祖庙(天后宫)奉祀妈祖,比如根据雍正《浙江通志》,杭州就有武林门的天后宫、艮山门外的顺济圣妃庙(天妃庙),平湖的乍浦有天妃宫,定海的岑港岙有天妃圣母祠,海宁的小尖山有天后宫等等②。作为全国性的海神信仰,妈祖自然也成为浙江渔民的保护神。

钱王射潮　当然,除了妈祖之外,浙江海域的海神信仰还是有着非常明显的地域特征的。比如在杭州一带,最为普遍的海神信仰是吴越王钱镠③,广为流传的"钱王射潮"的故事,很生动地反映了这一区域的民众对于钱王的信仰,此事根据施元之注苏轼《八月十五日看潮五绝》时引宋孙光宪《北梦琐言》记载:"杭州连岁潮头直打罗刹石,吴越钱尚父(钱镠)俾张弓弩,候潮至,逆而射之,由是渐退。"杭州民众对于钱王的崇信是一贯的,至今杭州仍有钱王祠。

观音信仰　在宁波、舟山一带,海神自然非观音莫属④。观音作为最受汉地民众欢迎的菩萨之一,其道场就在普陀山,据明崇祯年间(1628—1644年)高僧木陈道所撰《普陀山梵音庵释迦佛舍利塔碑》载:"去明州(宁波)薄海五百里,复有补陀洛迦山者,则普门大士化迹所显,以佛菩萨慈悲喜舍因缘故,自晋之太康、唐之大中,以及今上千龄,逾溟渤,犯惊涛,扶老携幼而至者不衰。"说明当时就有许多人去普陀山朝拜。由此可见,西晋太康年间(280—289年)观音信仰很可能已经波及普陀山岛。另据元大德《昌国州图志》记载,位于定海北门外的普慈寺,东晋时就已经出现了专供观音的小庵院。因为舟山是一个群岛,渔农民不得不经常和大海打交道,他们出海捕鱼,最惧怕的莫过于遇上海难,而能"令诸众生,大风不漂,水不能溺"(《妙法莲花经·普门品》)的海上保护神观世音菩萨,自然会成为他们供奉的对象。由此,观世音作为海神,也是自然而然的事情,当然,这种信仰的情形,是佛教与民间信仰互动的结果,但是观音在浙江一带受到推崇的普遍程度来说,称观音是浙江的海神,也是情理之中的。

---

① 妈祖信仰的相关资料极为丰富,可以查阅《妈祖文献史料汇编》(2011年中国档案出版社出版,共分3辑7册,第一辑为碑记卷、诗词卷、档案卷、散文卷,第二辑为著录卷上下册、史摘卷、匾联卷匾额编、匾联卷对联编,第三辑为绘画卷(上中下)、方志卷(上下)、经签卷·经忏编、经签卷·签诗编,详细汇编了历代妈祖相关资料)。关于浙江的妈祖信仰,参考陈政禹的《宋元以来浙江妈祖信仰研究初探》(《中国海洋大学学报(社会科学版)》2015年第6期)。

② 关于浙江历史上各个区域的妈祖祠庙及其兴废情况,在何善蒙编著的《君子有终:浙江省祠庙历史资料汇编》(九州出版社2017年版)的附录"浙江省祠庙历史资料分区域一览表"中有详细的梳理。

③ 吴越王钱镠在浙江地区有着重要影响,直至今天,关于钱镠的研究也是很多,参考谢芳、陈华文的《论两宋时期钱镠传说的流变》(《民俗研究》2016年第1期),刘凯的《唐末五代杭州天柱观与江南道教发展论考——以钱镠所撰〈天柱观记〉为中心》(《中山大学学报(社会科学版)》2014年第2期),倪士毅、方如金的《论钱镠》(《杭州大学学报(哲学社会科学版)》1981年第3期),曾国富的《钱镠与传统宗教》(《船山学刊》2007年第4期)等。

④ 观音信仰是中国佛教与民间信仰相结合的一种典型形态,在民间有着广泛的影响,按照佛教的说法,普陀山是观音的道场,所以浙江的观音信仰是非常重要和特殊的信仰形式。相关研究很多,参考韩秉方的《观世音信仰与妙善的传说——兼及我国最早的一部宝卷〈香山宝卷〉的诞生》(《世界宗教研究》2004年第2期),邢莉的《观音信仰》(学苑出版社1994年版),日本学者佐伯富的《近世中国的观音信仰》(《圆光佛学学报》1999年第3期),美国学者于君方的《观音》("Kuan-yin: The Chinese Transformation of Avalokitesvara", Columbia University Press, New York, 2001),郑筱筠的《观音信仰原因考》(《学术探索》2001年增刊),等等,这个方面的研究成果极为丰富,这也反映出观音信仰的流行度和重要性。

白鹤大帝赵炳　在台州一带沿海，其主导的海神则是白鹤大帝赵炳[①]。据《后汉书·方术列传》载，赵炳，字公阿，东阳（今永康）人，善越方（方术），东汉时期，正值兵荒马乱，传染病和流行病四处蔓延。赵炳和徐登二人因方术结缘，志同道合，在义乌县一起用道术去济世救人。后因徐登辞世，赵炳便独自向东前行，到章安郡（今椒江区章安街道）。由于赵炳以精湛的医术治病，以神奇的禁术服人，并行济世救人之道，因此周围追随、崇拜他的人也越来越多。这事引起了当时章安郡长官的心理不平衡，最后以惑众为由杀了赵炳，并弃尸灵江。其后，其尸自章安溯流至临海桃渚白鹤山，当地临海民众在白鹤山建灵康庙祭祀，因颇有灵验，故称白鹤大帝。白鹤大帝，不仅在台州等地香火很好，而且江河海上行船之人都普遍崇尚白鹤大帝。仅台州境内，凡称白鹤殿、白鹤庙、灵康庙、灵康祠、灵康行祠、赵侯祠、赵侯行祠者，都有供奉白鹤大帝赵炳的祠庙。台州境内临海市的河头镇的南山庙、永丰镇的石鼓村的白鹤大帝行宫、永丰镇房前行政村的龙翔庙等地都有白鹤殿。而在天台也有以白鹤大帝取名的白鹤镇。虽然当地的白鹤殿的大殿已于1992年拆除，但白鹤大帝的信仰经久不衰。

杨府爷和陈靖姑　在温州一带沿海，杨府爷和临水夫人陈靖姑都是当地非常重要的海神[②]，而其中以杨府爷最具典型性。杨府爷，又称杨府神、杨真君，民间也称杨老爷、杨大爷、杨府爷，皇封"杨府侯王"，又称"杨府上圣"。目前对于杨府爷的前身到底指谁，至今尚无准确定论。其生平事迹、生卒年月亦不详。据明代姜准《岐海琐谈》、明万历《温州府志》卷四《祠祀》、光绪《永嘉县志》、刘绍宽编纂的民国《平阳县志》卷四十五《神教志二》等地方县志以及1985年在瑞安碧山龟岩村发掘的残碑上记载[③]，认为杨府爷的身份是杨精义，而据《中国民间文学集成》《浙江省温州市瓯海县卷》和《苍南县卷》中的相关故事传说可知，杨府爷的身份是白羊精、公鸡精。然而，在温州相关区县中有些杨府庙祭拜的却是杨家将中的杨令公、杨延昭和杨文广。但是，不管杨府爷究竟是谁，关于他的信仰，自宋代开始至今，在温州可谓是普遍流行，目前奉祀神庙达500余座，信仰群众遍布浙闽粤、港澳台乃至东南亚地区，其影响力仅次于海上女神妈祖。

在所有关于海洋的信仰活动中，海神无疑是核心。当然，除了海神之外，对于海洋的祭

---

① 关于白鹤大帝信仰的研究，参考法国学者方玲的《赵炳及其祭祀的演变与发展》(《天台山暨浙江区域道教国际学术研讨会论文集》，浙江古籍出版社2008年版)、许尚枢的《东瓯王子晋神仙信仰初探——兼谈白鹤大帝信仰》(《东南文化》2009年第12期)、王及《天妃以前的海洋保护神——白鹤崇和大帝赵炳》(《台州学院学报》2009年第1期)等相关研究。

② 杨府爷、陈靖姑在浙闽一带有着非常重要的影响，参考林亦修的《人神互动：温州杨府爷信仰研究》(《中国俗文化研究》2007年第13期)以及《展演民间社会生活本质的民间宗教——温州〈灵经大传〉和陈靖姑信仰阐释》(《社会科学战线》2008年第10期)。另外，杨府爷除了担当温州区域的海神角色之外，应当还是在长江流域比较普遍存在的一种水神形象，这一点从李天纲最新对青浦金泽地区的研究可以看出，参阅《金泽：江南民间祭祀探源》(生活·读书·新知三联书店2007年版)的相关论述。

③ 残碑为清光绪四年(1878年)庠生陈见龙等重立，所见文字大概为："唐太宗甲辰年五月廿四辰时诞生，翁姓杨讳精义(即叫杨精义)，居安固县廿八都，茋芬西村人也。夫人葛氏，得训子十人，名国正、国天、国心、国顺、国猛、国勇、国刚、国强、国龙、国凤，媳十房……子孙共五十二人。至己巳年翁得中二甲进士，丁丑年官封都督大元帅，甲申年三子国心得中二甲进士，官封洋湖都督。其杨四、杨八、杨九，俱为元帅……翁至六十五岁，辞职告归，原祖山一岗，名曰北山，翁创造一寺，号松古寺……翁寿一百零八岁，一旦拔宅飞升，荣登天府。翁自逝世致精光不散，道义常昭，由是灵着海澨，祈祷咸应……"

祀，也是非常重要的。浙江在海洋祭祀方面也是有着非常丰富的内容，比如在岱山，祭海是一项非常久远而又重要的习俗。岱山祭海由来已久，历史上主要有官祭和民祭两种①。官方祭海，方志记载或传说的有"秦朝的方士徐福祭海，隋朝的陈稜将军刑马祭海，宋乾道五年宋孝宗下诏令祭东海龙王于东海的海神庙，宋高宗赵构抵岱避难祭海，以及清康熙、雍正先后下旨封龙祭龙，地方官奉诏公祭岱山海域的灌门老龙等"。民间祭海，其渊源已无从考证。但却代代相传，保存至今，先民居住的岱山岛孤悬海中，海域环境十分凶险。所谓"无风三尺浪，有风浪打浪。船到浪岗前，性命不及老鸭钿"即是其真实写照。这对世代以岛为家、以海为田、耕海牧渔于波峰浪谷之间的旧时渔民来说，他们的生死命运和渔业丰歉都无法掌控，只好寄托于海龙王及诸海神的保护和赐福，于是每逢鱼汛开洋及谢洋时节均要举行祭海仪式，渔民称为"谢龙水酒"或"行文书"。《舟山市志》有这样一段话来描述祭海：旧时，渔船每汛出海生产前，要在船上祭告神祇，向神明行跪叩礼后烧化疏牒，称为'行文书'。由老大捧一杯酒泼入大海中，并抛少许肉块入海，叫'酬游魂'，以祈祷渔船出海顺风顺水。至今，岱山部分渔村依然沿袭这一古老的民间习俗，保持祭海虔诚，古朴的原生态风貌，传达出世代与大海相伴的渔民最原始的生命情怀，体现一种独特的海洋文化魅力。

二、植物崇拜

植物崇拜，是源于原始人生活的一种非常典型的万物有灵的信仰形式，并且沿袭至今，与民众的日常生活休戚相关，大体上都代表着民众对于美好生活的希望，是一种典型的农耕社会信仰形态。

（一）花朝节

花朝节，在传统社会中各地都普遍存在，虽然举办花朝节的时间并不一致，但是，花所代表的意象，对于广大民众来说，无疑是一种对于美好生活追求的外在表现②。而传统中，将花神的信仰与12个月相结合，这样就更加清晰地表达出了这种花神信仰，事实上代表着对于美好生活的期许。浙江区域的花神信仰非常普遍，比如在传统时代，杭州就有两个花神庙，其一是清雍正九年(1731年)浙江巡抚李卫在杭州西湖苏堤北端建造的"湖山春社"，俗称"花神庙"，因"西湖自正月至十二月，月月无花，无花不盛，亦必有主者"。所以，建花神庙奉祀十二月花神，加以闰月花神。同时，还列有4个催花使者，以掌管四季花卉的盛开。其二是清咸丰年间在杭城北郊花园岗建的花神庙。花园岗原为南宋宰相秦桧的花园，附近农民以艺花为业，成为江南花木产销盛地。花园岗花神庙初建时占地面积6万多平方米，主体为花皇殿，正殿供花皇颛顼帝坐像，两侧供有手执各季鲜花的12尊花神像。这12尊花神即前面民间传说的12位花神。此外，还在殿外建有广场、戏台、花会议事厅等。每逢农历九月十二、十三两日

① 关于岱山祭海，参考沈燕红的《海洋文化视野下的浙东民间信仰与祭海习俗考察——以岱山祭海文化为个案》(《宁波职业技术学院学报》2013年第5期)的相关讨论。

② 在马智慧的《花朝节历史变迁与民俗研究——以江浙地区为中心的考察》(《浙江学刊》2015年第3期)中，对浙江的花神信仰做了比较详细的考察。

为花神庙庙会，戏台上张灯结彩、鼓乐喧天。一时近村远里的花农扶老携幼前来赶庙会，花商卉客则前来洽谈花木交易。届时人马杂沓，热闹非凡。民国27年（1938年）日军陷杭，花神庙被日军付之一炬。

旧时绍兴，则以农历二月初二为百花生日，是日为花朝节。从宋代开始，绍兴的花朝节就比较隆重，主要的活动集中在城内府山西麓的西园。后西园被毁，花朝节也慢慢地演变成了花市节。

（二）五谷神

农耕文明时期，对于民众的生活来说，对植物，尤其是“五谷”的信仰，是最为根本的。清代雍正四年（1726年）八月，曾下旨在全国各省建先农坛，浙江各地也都建有先农坛的，而且，按照《浙江通志·祠庙》的体例，在所有的祠庙中，先农坛是位列第一的，这自然表达出了对于农业的重视。当然，对于普通民众来说，他们对于农业生产的信仰形式更为直接和朴素。比如，在杭州的市郊，每当种下谷种的时候，要用三炷香、三根黄荆条，外包黄表纸、云鹤，插在田缺边，以祭祀五谷神；在余姚，农民每逢下田干活之前，都要先祭田公、田婆，祈祷五谷丰登；在温州，四月有“拦垟福”的习俗，祭祀社神以求除虫，六月农隙时祭田祖、迎社神巡村，当然，这些行为的背后，都是对于五谷丰登的朴素愿望；在丽水，农民每年正月初八要祭祀土地，五月二十五则是五谷神的诞辰，要往五谷神庙祭祀。对于五谷神的崇奉，在民间是极为普遍的事实，跟官方的先农坛，形成了对应。五谷神是谁各地有不同的说法，大体上是没有形象的，以五谷作为象征的。当然，也有的地方将五谷神视为5个人，比如，杭州旧时奉祀的五圣庙①，其实就是五谷神。旧时杭州农村几乎村村都有五圣庙，五圣庙的一种传说就是奉祀五谷神，能够使得风调雨顺，五谷丰登。五圣庙一般建在村口，很小很低，有的村坊只用三块砖头，二直一横，搭成庙的样子，里面贴上红纸，写上几个字，就算是五圣庙了。“请五谷神”的时候，杭嘉湖地区，每户户主用锄头挑两只篮子，一头放香纸、蜡烛，一头是酒、饭、豆腐等，还少不了有一盘“米筛爬”。“米筛爬”是用面粉、红糖等放米筛内做成，形如海参，香脆可口，含有预兆丰收的意思。来到田头，烧一丘田，并将田埂加高，烧完田头，便吃“米筛爬”。在江山一带，也是相类似，大村庄都建有“五谷王”殿，五谷王，或称“五尊神”，即殿正中坛上供奉的五尊神，中央坐像稍大，着赭黄色袍，戴黑纱巾，手执一丛连根带穗的水稻植株，这就是人们所说的“五谷王”。五谷王座前，分列4个立像，他们各执一束分别为大豆、大麦、小麦、苞谷（或高粱）植株。这就是分司大豆、大麦、小麦、苞谷（或高粱）的“大豆令公”“大麦令公”“小麦令公”“苞谷（高粱）令公”。从神像的排列，可看出江南地区以水稻为主要农作物的特点。当地百姓对“五谷王”的祭祀十分恭敬，活动也很频繁。除四时八节，每月的初一、十五要到五谷王殿上香礼祭外，平时家中杀鸡宰猪，也都要用擎盒盆（一种盛祭品的器具）盛上鸡肉、猪肉、米饭等，向殿中诸神虔诚祭祀，焚香礼拜，许愿敬祝，烧纸酹酒。虽然形式很朴素，但是民众非常虔诚，祭祀的

① 关于杭州地区“供五圣”，参看浙江民俗学会编《浙江风俗简志》（浙江人民出版社1986年版）第66页相关描述。

这一天，很多地方都不准农民挑粪，不准妇女倒马桶，以免秽气冲撞五谷神。

（三）稻花仙姑

浙江是鱼米之乡，稻谷对于浙江老百姓的日常生活有着非常重要的意义。因此，对于稻花的崇拜，在浙江很多区域都存在。比如，奉化民间就十分崇拜稻花，并敬称它为“稻花仙姑”。旧时，祭稻花仙姑的主要目的，是让仙姑保佑水稻，抽穗、扬花，结成粒粒饱满的谷粒，从而有一个丰收的年成。祭稻花仙姑每年一般要祭 3 次～5 次。第一次祭大多在水稻开始孕穗时，祭祀的日子，一般选在农历初二、十六，民间视为“好日”。民间认为初五祭稻花仙姑，稻会枯；十四祭，祭者要生病；二十三祭，说稻要出白瘪谷（即秕子）。可见民间对祭“稻花仙姑”十分重视。关于祭品，头祭一般多用素食；第二次祭以瓜果糕点为主；第三次祭时谷粒已经形成，祭品多用鱼肉蛋，以示谷粒如蛋样饱满。在祭祀“稻花仙”时，祭者还要边叩拜边轻念祝词：

稻花仙姑好风流，头戴玉凤绿作裙；
感谢日夜雨露恩，青青玉育体黄金。
黄金黄，做嫁妆；黄金黄，送田郎。
黄金黄澄澄，珍珠白米养儿孙……①

（四）橘神

在台州黄岩，这里是以产蜜橘出名的，橘子关系到每个橘农的经济收入，因此，每年的立冬，橘子即将要开摘的时候，都要举行种橘福仪式：橘农带着热猪头（或者猪肉）、黄鱼、豆腐、橘子四冷盘，到橘林去祭祀橘神。而在常山、衢州一带，则有“砍橘神”的说法，一般在年三十晚上，橘农手持柴刀，对着不生果实的橘树，一边挥舞着刀，一边说：“生不生？不生砍了！”佯做砍橘树，意谓砍橘神，能够迫使橘神多赐果实。而在每年阴历十月半左右，也就是摘完橘子之后，要进行供橘福，以感谢橘神。

（五）树神

浙江境内多山，对于树神的信仰是比较普遍的。比如，在杭州市郊，民众普遍认为树有树神，砍的时候要竖根长竿子，上面扎个稻草人，穿上蓑衣，这样才无灾。稻草人被认为是南极仙翁，而破蓑衣则是朱元璋放牛时当龙袍穿过。② 当然，对于树神的信仰也是从老百姓的生活经验而来，因此，在不同的区域会选择不同种类的树作为信仰对象。比如，在浙江很多地方都信古樟树有树神，所以在其树脚建有树神庙。小儿多病，难以养育，有拜樟树为亲爹的习俗。用红纸书写小儿的姓名、生育日期时辰，粘贴在樟树上，并在树神庙点香烛，焚纸锭，默默祈祷许愿，祝祷树神为小儿免灾辟邪，长命百岁。认樟树爹后，每遇四时八节在树神庙点香

① 叶大兵：《中国民俗大系·浙江民俗》，甘肃人民出版社 2003 年版，第 280—281 页。
② 浙江民俗学会编：《浙江风俗简志》，浙江人民出版社 1986 年版，第 104 页。

烛、烧纸锭。而且小孩的乳名，往往冠以“樟”字，如樟树、樟根等。在温州各县，河边多大榕树，有的可数十围。历代相传，榕树神能保平安，居民常常以香火奉之。有诗云：“桥桥有庙多榕树，树树有人点佛灯。”①

三、动物崇拜

动物崇拜是与老百姓日常生活密切相关，是跟特殊的生产形式和生产环境密切相关的一种信仰方式。浙江的稻作生产的特点以及山、河、海并立的生存环境，对于浙江老百姓日常生活中的动物崇拜有着重要的决定性意义。在稻作区域，老百姓所崇拜的动物，一般都是与稻作生产密切相关的。山区的老百姓崇拜的，则更多是与山区的地理特征相联系的，而海岛区域也是如此。浙江丰富的地理条件，决定了浙江动物崇拜形式的丰富性。

（一）麻雀、老鼠

在浙江奉化、宁波、丽水、金华等传统的水稻种植区，稻农间广泛存在着这样一种信仰观念：稻谷原是天上的宝物，由送谷神麻雀等动物偷运下来，为人间造福。在 1992 年 8 月 29 日，“笔者随中日农耕民俗考察团，在七千年前中国稻作生产的发祥地——距河姆渡文化遗址几十公里的奉化市溪口镇畸上村考察中采访农民夏华兴（男，65 岁）他说：‘老古话传下来讲，稻谷是麻雀带来的，麻雀吃点谷不要紧，吃也没多少，是自家找自家的东西吃。’麻雀吃稻谷，损害水稻的收成，可老农却以为不碍事，还认为理应让它吃，因为稻种是它偷来的。稻作区流传的民间故事，意味深长地反映了这些说法。”②流传在定海一带的传说，也是具有非常大的相似性，“传说盘古开天地以后，地上本呒没人，是天上放落许多虫子，虫子变成了人。这些人繁衍得较快，不久，地上的人多得像蚂蚁。人多呒没东西吃，连草根和树皮统吃光啦。就开始偷和抢，天地知道后，想用油雨灭绝人类……一场油雨过后……人要饿煞。这咋弄呢？后来一只麻雀从天上衔来一粒谷，可这粒谷正巧跌落到石板缝里。老鼠知道后，没吃到，就做种啦。‘谷粒种九年，湖广都种遍’。至今已种遍天下了。因当初稻谷是麻雀衔来的，老鼠咬出的，所以现在老辈人还说：‘麻雀吃谷，呒没罪过’，‘老鼠吃点呢，也呒罪过咯’”③。麻雀和老鼠，自然是在农耕生产生活中非常常见的动物，而由于这些动物与稻作生产的紧密关系，以至于在浙江的民间有了对于麻雀和老鼠的这种信仰形式，这充分表达了民间信仰与日常生活关联的紧密之处。

（二）鸡

而这种基于稻作生产生活的特点，从而产生对于鸟类的崇拜，进而演变成对于鸡的崇拜，这在浙江民间也是非常值得注意的一个信仰事实。而之所以民众会认为鸡是一种特殊的、有

---

① 叶大兵：《中国民俗大系·浙江民俗》，甘肃人民出版社 2003 年版，第 281 页。

② 陈勤建：《江南鸟（日）神话崇信的传播和衍化》，《民间文化论坛》2006 年第 6 期。

③ 陈勤建：《江南鸟（日）神话崇信的传播和衍化》，《民间文化论坛》2006 年第 6 期。

灵性的动物，则是跟盘古的信仰有密切的关系，“老早老早以前，没天，没地，没日，也没夜，通天下便像个硕大硕大的大鸡子。大鸡子里头是鸡子黄，中央是鸡子清，外头包着个石硬石硬的鸡子壳。也勿晓得是啥缘故，这鸡子黄里头孵出个盘古。盘古长着鸡的头，人的身，整个身架便像只盘笼鸡在里头盘着，双脚踮着，所以叫作盘古。盘古慢慢地大起来，天地日夜勿分的生活他受勿了，便把盘着的身架伸了伸，踮着的双脚蹬了蹬，直直挺挺地站起来，用手拷，用脚踢，用嘴啄，用头拱，四处乱敲乱砸，拷拷踢踢，拱拱啄啄一连弄了七七四十九日，把个鸡蛋壳砸破了，鸡子清，鸡子黄都流出来。鸡子清轻，浮在上面成为天；鸡子黄重，沉在下面变做地；鸡子壳呢，被盘古砸了个米米碎，都杂到清和黄里去了。杂在黄里的变成了岩石，杂在清里的变成了星。清里杂着两块稍微大点的碎壳，一块变做日头，一块变做月亮。从此之后便有了天，有了地，有了日，也有了夜，盘古呢，活到十万八千岁，死啦，身子变成了昆仑山，魂灵变成雷公。所以后来的雷公像，都是人的身子鸡的头呢。”①因此，在浙江民间，鸡也就成了重要的、特殊的信奉对象，这样习俗一直延续着。根据陈勤建先生的田野考察，“1997 年 12 月 21 日至 29 日，我在浙江永嘉蓬溪村丽水青田洲头村和老竹镇上井村进行民居崇鸟(日)调查。在调查中我发现，民间建房中重要的仪式，是用鸟的变种——鸡祭祀，民间俗谓‘挂金鸡’或‘上金鸡’。具体形式是上梁后，立即用柏树枝、彩纸，扎一个凤凰式的大公鸡，安在正梁中间，并用一个金黄的橘子装在鸡的臀部，做要下的鸡蛋。仪式一般由木匠领班主持，祭祀七天后撤去，房主的长子将‘鸡蛋’——橘子吃下。或者，木匠做主持，在梁上以大公鸡为牺牲，涂滴鸡血，口中念念有词，以求吉祥。现在，原木结构的房子不多见了，梁上挂金鸡的形式大多被涂满鸡血所替代，水泥钢梁也不例外。41 岁的广播站长蔡有光先生讲，60 年代初，他自己家盖房子时，就是这样的，梁上的金鸡蛋最后由他吃了。当地俗说，不挂金鸡不吉利，挂了金鸡压了邪，人丁兴旺，家业发达。”②

(三)耕牛

跟稻作生产生活联系在一起，还有一种特殊的动物，受到浙江民众的尊崇，那就是耕牛。牛是稻作生产的重要象征，对于民众的生活有着非常重要的意义，所以，在传统社会，立春之日，大体上都有迎春(报春牛)的仪式，而耕牛是这个仪式的中心。比如，在嘉兴市各个县每年立春都有“春牛会”，春牛会是由该县的知县主持的，这一天，全县的农民都会把自己养的耕牛牵出来，洗刷干净，披上彩绸缎带，由知县带领全城的名流以及耕牛队伍，进行迎春活动，焚香祭祀，并向牛行礼，而这样也就拉开了一年农业生产的序幕。

(四)蚕

浙江，尤其是杭嘉湖一带，毫无疑问是丝绸之府，因此，由于丝织业的发达而产生对于蚕的崇拜，是非常自然的事情。杭州旧有先蚕庙，在黄帝庙内，亦被赐予匾额，列入祭祀，以轩辕

---

① 参见《浙江省民间文学集成・金华民间故事卷》“盘古开天辟地”，中国民间文艺出版社 1989 年版。

② 陈勤建：《江南鸟(日)神话崇信的传播和衍化》，《民间文化论坛》2006 年第 6 期。

庙曰“利用宜民”,先蚕庙曰“衣被功神”相别。先蚕庙起源于机神庙的后殿,即传说中饲养蚕桑的西陵氏,祭祀蚕而不祭祀西陵氏,是因为杭州人将蚕虫作为西陵氏的化身。“凡物生天地之间,其功可被于万民,其精气著为列象,则必有聪明睿智之人,竭其心思,变通以尽其利,而后世奉以为神。”①蚕虫以其蚕丝利百姓,是必有神力赋予这些小小的虫子,蚕虫虽小,却是作为神的化身而存在,吐丝织茧,剥丝抽茧,不可不敬。无蚕丝无以纺织,机神庙重于纺织的巧妙技艺,先蚕庙重于纺织的物质基础,先蚕被独列祭祀,除了与女织不无关系以外,或因相对既得之巧,人为难以掌握每年的桑蚕情况,又有记载“乾隆五十有九年三月,寒雨存至,蚕比不登”先蚕庙的祭祀每年两次,分为春祭和秋祭。春祭以季春吉巳,秋祭以九月十六日,按日也连同对轩辕黄帝进行祭祀。作为保障杭州民生的丝绸业,其地位也等同于各地的农耕业。生民之业,唯食与衣,故而春秋两祭所用的祭礼一般同祭祀先农坛。若与祭祀神农在重农传统的中华文化中的相比,先蚕庙的祭祀势必盛大。及至祖师崇拜到蠕蠕的蚕虫,仍是广泛显现在杭嘉湖区域,凡是熟练饲养蚕、种养桑,都少不了对先蚕的祭谢。

(五)蛇

对于蛇的崇拜,在中国的传统中通常是和龙的崇拜交织在一起的。而浙江作为曾经百越的中心区域,蛇的崇拜就非常流行,姑且不论著名的《白蛇传》这样的故事是否受到这种信仰的影响,但是,其发生在浙江这个区域,大体上还是有着密切的内在关联的,因为蛇本来就是百越的核心图腾之一。在今天浙江的农村,尤其是在诸暨一带,依旧流传着视家蛇为祖先亡灵的观念。舟山人同样对家蛇有类似的敬畏行为,在海岛渔村老房子中,经常会看到一种黑眉锦蛇隐现于屋檐梁椽之间,那叫“家蛇”,为蛇菩萨,又叫家龙、苍龙、天龙等,是保平安的,非但不能打死,还要烧纸撒米祈福。可见蛇的崇拜之深入人心。

四、祖灵崇拜

祖先崇拜,对于中国的传统社会来说,是最为根本的崇拜,在儒家伦理教化的意旨之下,对于祖先的祭祀,成为传统中国社会最为根本的、最不可或缺的一项仪式。也是传统中国社会秩序得以维系的最为稳定的基础。

(一)祖先崇拜

在汉地的传统中,祖先崇拜的主要形式,就是具有普遍意义的农历七月十五日例行的中元节(即鬼节),这一节日在浙江区域内是保存完好的,也是必不可少的一个重要的祭祀节日。当然,各地的中元节具体的形式会有细微的差别,比如杭州市区,从七月十二日晚就开始祭祀,祭祀供品主要是莲蓬、藕等时鲜食品,七月十五日则以鸡冠花供祖,另需素馄饨一碗(以面皮粉裹以雪里蕻、豆腐干为馅)。宁波各地,在中元节,则要做“七月半羹饭”(祭祀祖先)、“放焰口”(祭祀孤魂野鬼)、“放水灯”(“做水灯羹饭”,祭祀孤魂野鬼)。在温州,则要在中元节前

① 汪中:《浙江始祀先蚕之神碑》,民国《杭州府志》。

后一个月内，各乡村都会举行“盂兰盆法会”，前后延续3天。家里均设供祭祖，祭品有千层糕和鲜粉等。各地的形式虽然略有差别，但是所表达的对于先祖的追思之情，同时以祈求护佑的想法，则是一致的。

在中元节祭祖之外，还有一些比较有特色的祖先崇拜形式。比如，在温州永嘉县廊下村，正月初四被定为始祖正一的生日。该日，人们要在村西的太尉庙举行祭奠活动。祭祀仪式从黎明开始，在旭日晨光中，全村老少男女聚集在太尉庙前。像往常一样，人们以庙为起点，列队绕村缓缓而行，气氛庄严肃穆，队伍的前导手擎牌坊、放旗和雨伞，抬着猪羊等供品。猪是祭祖必不可少的。按惯例，猪的内脏要全部取出，口中得衔着一只橘子，橘子上插数枚线香。村中一般设有五六处祭坛，队伍每过一坛，均要暂停，对坛膜拜，结坛作法。祭祖活动中自然也少不了道士的参与，但他们并非专职道士，平时多务农或进城打工，只是在举行祭祀活动时才被邀来充当司仪，并获取一定的报酬。① 富阳龙门的孙氏，为孙权后代，聚居龙门古镇，其宗族信仰甚至发展成为一年一度的盛大庙会，目前富阳孙氏仍然延续着传统的春秋两次祭祖的仪式，春祭是在二月初二、秋祭是在十月十九。而在诸暨马剑镇一带，有正月初十“拜太公”的习俗，据说至少已延续了数百年。届时，厅堂正中悬挂先祖五代太公太婆的遗像数幅，供后辈子孙祭祀礼拜。而在瑞安城关一带，则有“摆真”习俗，新年里要将已故祖先的真容图一一悬挂在厅堂之上，祭祀礼拜。

对于祖先的祭祀、追思，很多时候是不限时间的，一般来说，四时八节，家中做了点好吃的，首先想到祖先，要让他们先享用，然后全家人再吃。遇到难处，也总会默默向列祖列宗祷告，祈求他们的帮助。这种形式，使得祖先崇拜与老百姓的日常生活之间以一种更为密切的方式关联在一起。

（二）厉鬼信仰

事实上祖灵信仰，就是传统中的鬼信仰，这在汉族传统中非常之普遍。《说文解字·鬼部》：“人所归为鬼。从人，象鬼头。鬼阴气贼害，从厶。凡鬼之属皆从鬼。”人死为鬼，这是中国人的传统观念，根据《礼记·祭法》说，“大凡生于天地之间者皆曰命。其万物死皆曰折。人死曰鬼”。所以，在汉族传统中，逢年过节也好，平日也罢，祭祀的对象除了神仙之外，最大的团体当属鬼了。按照民间的基本观念，鬼有善恶之分，而善鬼就是前面所说的正常死亡的祖先，就是属于善鬼。而非正常死亡（凶死者，或者是无祀孤魂），一般变为厉鬼（恶鬼），这类恶鬼在民众信仰中也是非常普遍的，因为它们经常在人间作祟为害，比如溺水而死者常常变成水鬼，会将过路者拖下水淹死，因此，对这些恶鬼的祭祀、信奉，在民众的日常生活中也是十分常见的。

浙江民众对于鬼的信仰，也是非常普遍的。比如，在杭州就有“送野鬼”的习俗，一般认为大人或者小孩久病不愈，那都是因为野鬼附身，必须向某方向送野鬼才能治愈。这个时候需要备三荤三素，盛于托盘，晚上的时候，请人送到某方向偏僻的弄堂，点上香烛，洒上黄酒，口

---

① 杨昭：《温州的地方神信仰》，《世界宗教文化》1999年第3期。

中念道："敬请神灵早点回去，保佑病人早日病好。"金华有"驱半日鬼""排端"的仪式，都是用来治愈病人的。前者又叫打摆子、打半日，要求患者于大清晨突然从床上跳起，赤脚直奔野外，解事先缚在腰间的草绳，缚之于树上，急急转身，跑步回家，途中不得回头看，如此则可以把半日鬼缚于树上，病即可痊愈。而后者，则是如果家里有人突然生小病，家人依楼窗对天焚香作揖，后燃几张方纸，边烧边送出门口，或送到村外，谓"排鬼"。或者家人备以祭礼，送到野外祭野鬼，祭祀祈祷，请野鬼享祭，别再缠身患者，俗谓之"端鬼"。在杭州市郊，旧时有赶吊死鬼、送讨债鬼的仪式。在旧时绍兴，中元节的盂兰盆法会期间，要祭祀"五伤恶鬼"（吊死鬼、溺死鬼、跌死鬼、火伤鬼、产伤鬼）、黑无常、白无常以及鬼王。这种鬼的信仰行为，在浙江的农村非常普遍，主要都是与患病相关，一般都会认为患病是由于鬼缠身所致，所以，祭鬼以驱鬼，就成了传统社会十分常见的方式，这自然是与传统社会的基本状况密切相关，人们对于生病现象的认识即是如此。由于医疗技术水平的限制，驱鬼也就成了主要的选择。

治病驱鬼，是传统社会信仰鬼的一种最为普遍的表达形式。而对于厉鬼的信仰，则相比较来说是特殊的。因为厉鬼一般是非正常死亡的，而这些鬼魂一般在民间被崇信的程度更高，当然，这种厉鬼的信仰，实际上是与巫术的传统紧密结合在一起的，从而成了老百姓日常信仰生活的一个重要向度。肇端于福建古田临水的陈靖姑信仰，是在浙南一带非常盛行的厉鬼信仰。陈靖姑是唐代福建古田县临水乡人，因难产而死，被视为妇女（尤其是孕妇）和儿童的守护神，其神迹则有祈雨和平蛇妖，从宋元以来，在闽北浙南一带十分盛行，与妈祖齐名，成为这一带百姓所崇奉的"临水夫人"。延及今日，在温州、台州、丽水一带，陈靖姑的信仰，依旧十分普遍，在这些区域，夫人庙、娘娘庙、太阴庙等供奉陈靖姑及其相关神祇的庙宇，还是十分普遍。浙南区域陈靖姑信仰的流行，还与海患和倭患而来的移民有着密切的关系。在宋、元、明时期，浙南沿海一带曾遭受多次大海溢与倭寇侵害，沿海居民死亡甚多。据民国《瑞安县志稿》及瑞安许多姓氏族谱记载：历代瑞安从福建迁入的人口众多①。瑞安与福建系"远亲近邻"，往来关系密切。浙南不少地方至今仍在讲闽南话。故陈十四信仰得以逐步南移，在浙南蔓延、流传、发展，覆盖面达十多个县。在清代，飞云江、瓯江流域大大小小的神庙中，也以陈十四娘娘庙为最多，其名称不一，如太阴宫、娘娘宫、广应宫、永瑞宫、坤元宫、凤南宫等。根据民国《瑞安县志稿》载，20 世纪 40 年代瑞安县有 215 座太阴宫，专为奉祀陈十四娘娘的宫殿，香火很盛。每年农历正月十四或十月初十，各地信仰的民众多有进行祭祀活动。早年，飞云江南岸的仙降一带，有十月初十"望(祭)寿桃"（一种米制食品）的习俗。有的地方，婚后久未生育的妇女往往结伴到宫中，向陈十四娘娘求赐子息。关于陈靖姑的"娘娘祠"，传统以来，在农村社会可谓"家喻户晓""妇孺皆知"。民众对"太阴圣母"顶礼膜拜，祈求保佑国泰民安。"娘娘祠"因为普及与宣扬陈十四娘娘故事，而受到民间欢迎，陈十四娘娘信俗也借助"娘娘祠"深入人心。②

---

① 根据相关资料载，自唐宋到明代，从福建赤岸一地，迁入瑞安的薛、张、郑、王等 19 个姓氏中，就有 2506 户。

② 陈洁：《娘娘祠与瓯越传统文化互动关系研究》，《民族音乐》2015 年第 4 期。

五、圣贤崇拜

圣贤崇拜，是与中国的思想传统，尤其是儒家思想的倡导有着密切关系的一种信仰形式。对于圣贤的崇拜，不仅包含着民众对于历史文化的记忆，而且传递着最为根本的儒家价值观念，从某种意义上来说，我们传统的叙述形式以及价值系统的形成，与圣贤的信仰，都有着不可分割的关联。在浙江的信仰传统中，也是如此。

（一）轩辕黄帝

黄帝被视为是中国文化传统的始祖，各地均有着非常广泛的黄帝崇拜，而目前最具代表性意义的就是所谓的“北陵南祠”。北陵，就是陕西省黄陵县桥山上的黄帝陵，这也是最被广泛公认的黄帝陵，因为《史记》上说“黄帝崩，葬桥山”。南祠，就是在浙江省丽水缙云山的黄帝祠宇（又名“黄帝堂”）①。黄帝祠宇历史悠久，在东晋成帝咸和年间即建有缙云堂，唐玄宗天宝七年（748年），李隆基封缙云山为仙都山，赐改缙云堂为黄帝祠宇。21世纪以来，缙云黄帝祠宇的黄帝祭祀，也成为当地一个非常重要的文化符号，并恢复了每年重阳节与清明节公祭、民祭黄帝活动的传统，形成了定制。公祭由政府组织，民祭由社会团体或个人出资，政协牵头实施。公祭与民祭的形式程序基本相同，均设主祭、陪祭、参祭、恭读祭文，敬献三牲五谷、美酒鲜花、行祭祀舞等，并在礼成后，举行大型民间文艺表演活动。缙云和黄帝的崇拜有如此紧密的关系大概有两个非常重要的因素。首先是《左传》《史记》等文献记“黄帝以云纪”，其中有缙云氏；其次，缙云山古属越国，越国的祖先是夏帝少康的小儿子无余。而夏族的祖先可以由夏禹追到昌意，再由昌意追到黄帝。从这个角度来说，两者之间还是存在着微妙的内在关联。当然，其实民间信仰并不是历史真实的还原，而是在历史事实基础上的丰富和扩展。缙云这个地方的独特地理风貌，以及东晋以来南方道教兴盛的事实，再加上黄帝信仰的普遍性，这三者的结合、互动，就构成了缙云在黄帝信仰中的独特的地位。再加上民众的宗教需求和崇奉，使得缙云山跟黄帝之间有了很多神秘的关联，包括鼎湖峰的炼丹处等，轩辕黄帝由此就成了缙云的一个标志性的文化符号。

（二）神农等

对于农业生产的重视，在历代社会中都是毋庸置疑的。雍正四年（1726年）八月，雍正皇帝下令在全国修建先农坛，奉祀神农、厉山、后稷，建坛的原因，雍正说得很清楚，“朕意欲令地方守土之官，具行耕耤之礼，使之知稼穑之艰难，悉农民之作苦，量天时之晴雨，察地利之肥饶。如此，则凡为官者，皆时存重农课稼之心；则凡为农者，亦断无苟安怠惰之习。似与养民务本之道，大有裨益”。（雍正《浙江通志》）浙江各地很自然，都是建有先农坛的，这是从中国文化的根基出发，充分表达出了重农之意。

---

① 关于缙云黄帝祭祀，参阅钟梦迪的硕士论文《云轩辕祭典的传统再造问题研究》（浙江师范大学，2016年）。

(三)舜

黄帝之后的圣贤中,舜在浙江受到的崇拜和影响最大。在浙江境内,以上虞、余姚为中心,北至绍兴、嵊州、萧山,西至永康一带,历来有不少以舜命名或是与舜的事迹相关的地名和文化纪念物,在这些文化纪念物的周围地区,还世代用口耳相传的方式流播着一系列有关舜的传说故事,形成了一个虞舜传说圈、信仰圈。关于舜与上虞,《水经注》卷四十引《晋太康三年地记》云:"舜避丹朱于此,故以名县。百官从之,故县北有百官桥。"这是说舜曾经到过上虞这一带,因此留下上虞、百官这两个地名。《会稽旧记》云:"舜,上虞人,去虞三十里,有姚丘,即舜所生也。"这里所指的"虞",也是指浙江上虞旧县城(丰惠镇),距上虞三十里即是余姚县境,则说舜出生在这一带,而张守节的《史记正义》引《括地志》云:"越州余姚县有历山、舜井。"当然,关于舜是否是上虞人甚至是否到过浙江,从历史事实的角度来说,历代都存在着争论。但是,如果从民间的舜传说、舜信仰来说,这一带民众对于舜的崇奉则是一个不可否认的事实①。

(四)大禹

大禹治水,无论是对于中国早期文明的发展来说,还是对于中国历史的走向来说,都是具有重要意义的事件。而浙江与大禹相连,也是和治水传说有密切关系,比如今天的余杭,曾名禹航,就是传说大禹治水曾经到过。因此,在浙江境内,大禹庙以及大禹相关的传说、遗迹诸多,最为著名的就是绍兴了②。按照史书的记载(《史记》《越绝书》《吴越春秋》等),大禹跟绍兴(会稽)联系在一起,主要有三次,治水之时、治水成功之后会盟于会稽、死后葬于会稽。这三者,第一是大禹功绩的传递,第二是会稽之名的由来,第三则是大禹陵的由来。当然,对于这些事件是否在历史上确实发生过,尤其是跟大禹相关联的会稽是否就是今日绍兴,学界存在着很多争议。但是,从民俗信仰角度来说,在传统的绍兴区域内产生了诸多大禹的种种传说、遗迹,其影响至今存在,不管历史事实究竟如何,是民众信仰生活的一个真实表达。而绍兴大禹陵的祭祀,也延续至今,成为国内大禹崇信的标志性符号。

(五)防风氏

防风氏,是防风古国的创始者③,《路史·国名纪》注引《吴兴记》:"吴兴西有风山,古防风国也。下有风渚,今在武康(按:即今浙江德清县)东十八里。天宝改曰防风山,禺山在其东二百步。"按照目前通行的说法,古防风国在今浙江湖州德清的三合乡封山和禺山之间,即下渚湖一带,这是江南最大的湿地。防风氏相传也是一位治水英雄,在先秦典籍中,对于防风氏的

① 袁瑾的博士论文《绍兴舜王巡会会货表演研究》(华东师范大学,2011年),对绍兴舜王的崇拜做了比较深入的讨论。

② 参考杨曼的《民俗主义视角下的绍兴大禹祭祀文化》(华东师范大学硕士论文,2011年)的相关论述。

③ 董楚平的《防风氏神话的新发现》(《浙江社会科学》,1999年3月)以及沈群先的《防风古国与防风传说》(《浙江档案》,2015年4月),对防风氏的问题有比较多的讨论。

描写还是挺多的。《国语·鲁语下》记载："昔禹致群神于会稽之山，防风氏后至，禹杀而戮之，其骨节专车。"按照民间流传的说法，其实防风氏是一位治水的英雄，因威信很高，引起大禹的嫉妒，借此把他杀了。在后世的记载中，德清三合乡一带有祭祖的风俗，并建有防风庙，即农历八月二十四、二十五、二十六共3天举行防风王庙会。《述异记·卷上》："越俗，祭防风神，奏防风古乐，截竹长三尺，吹之如嗥，三人披发而舞。"

（六）孔子

传统社会，各地都建有孔庙，这就非常直观地表达出"大成至圣先师"在中国人心目中的地位。浙江作为文教胜地，孔庙自然也是随处可见。但是，和其他地方的孔子信仰不一样，浙江的孔子信仰，还是具有非常特殊意义的。浙江是南孔所在地，目前大陆所存的3家孔子家庙，有两家在浙江，从这个角度，可以很清楚地看出浙江与孔子信仰之间非常特殊的关系。南孔的形成，是与孔氏后人的南迁联系在一起。从历史上来说，孔子南迁浙江大体上有三个主要时期，东汉末，孔子第二十二世孔潜避乱并仕居浙江会稽，称会稽孔氏；后唐庄宗同光二年（924年），第四十二世孙孔桧避居浙江平阳，为平阳孔氏；北宋灭亡，南宋建炎三年（1129年），宋高宗南渡。孔子第四十八世孙、衍圣公孔端友与族长孔传等，率众族人南渡来到浙江。这便是第三个重要的历史时期，也是历史上孔氏家族最大的一次迁徙，后来磐安榉溪孔氏家庙①、衢州孔氏南宗家庙②都是这一次南迁的产物。经过3次南迁，孔氏后人在浙江有了广泛的传播，而随着孔氏后人的到来，孔子的形象也更加深入、更加密切地融入了浙江区域的生活之中。③

（七）徐偃王

徐偃王为周穆公时期徐国君主，也是东夷的盟主，先秦时期的典籍中，徐偃王已经比较常见，比如《韩非子》就说："徐偃王处汉东，地方五百里，行仁义，割地而朝者三十有六国，荆文王恐其害己也，举兵伐徐，遂灭之。故文王行仁义而王天下，偃王行仁义而丧其国。"行仁义而亡国，也是对徐偃王的描述中最为重要的部分，根据郦道元《水经注》载偃王治国仁义著闻，欲舟行上国，通沟陈蔡间，偶得乡矢，以得天瑞，自称偃王，江淮诸侯从者三十六国。周王闻之，遣使至楚，令代伐之，偃王爱在不斗，遂为楚败。史籍记载说他死于彭城武原县（今江苏徐州邳州市）东山。但据一些地方志，如《郡国志》《太平寰宇记》《大明一统志》等记载，徐偃王不是败退彭城东山，而是南逃江苏。对于后来徐偃王信仰影响极大的《衢州徐偃王庙碑》，这是唐代韩愈所撰写的，也是对于后来徐偃王信仰的有力推动者，按照韩愈的说法，"衢州，故会稽太末也。民多姓徐氏，支县龙丘，有偃王遗庙。或曰：偃王之逃战，不之彭城，之越城之隅，弃玉几

① 参考陈晓芳的硕士论文《浙江磐安榉溪村孔氏宗族文化复兴与村落旅游开发研究》（浙江师范大学，2017年）相关部分的讨论。

② 参考郭冰的《孔氏南宗研究》（浙江工商大学硕士论文，2014年）。

③ 2011年，磐安榉溪孔氏家庙、衢州孔氏南宗家庙联合申报的南宗祭孔，也被列入了国家级非物质文化遗产名录。

研于会稽之水。或曰：徐子章禹既执于吴，徐之公族子弟，散之徐、扬二州间，即其居立先王庙云”。(《衢州徐偃王庙碑》)韩愈的这篇碑文，影响深远，它不仅提示了徐偃王后人向浙江大批迁徙的可能，而且，也确立了衢州徐偃王庙在江南徐偃王信仰中的核心地位。如果说徐偃王后裔迁移的历史很难真实还原，但是，韩愈的碑文很直接表明徐偃王在江南的影响以及浙江在徐偃王信仰中的特殊地位①。从目前来看，浙江的衢州、临安、宁波、台州、舟山等地均有徐偃王的遗迹。在这些诸多的徐偃王遗迹中，衢州灵山的徐偃王庙、台州的徐偃王城遗迹、舟山的徐偃王城以及宁波鄞县的徐偃王墓是最具代表性的。

衢州灵山徐偃王庙

就是韩愈为之撰写碑文的徐偃王庙，也是历代以来被官方祀典所不断提及的，影响最大的徐偃王庙，很多徐偃王庙都会称灵山徐偃王庙为祖庙，“徐偃王庙……龙游县南灵山乃本庙也。”(《新定九域志》)

台州徐偃王城

“古城在黄岩县南三十五里，大唐岭东。外城周十里，高仅存二尺，厚四尺。内城周五里，有洗马池，九曲池，故宫基址，崇十四级，城上有乔木，可数十围，故老云：即徐偃王城也。城东偏有偃王庙。”(《嘉定赤城志》卷三十九之四)1985年，温岭县在文物普查时考察了古城遗址，位于大唐岭下照洋乡岙里村有高约1米～2米、宽4米～6米的城基，并有偃王庙，惜于1984年被毁。1990年，在离徐山仅3公里的小人尖山发掘到66件西周时代的文物，青铜器有尊、剑、戈、矛、斧、錐、锛、桷等，青瓷有簋、豆、罐等，还有玉器，夹砂丙鼎。根据《周礼》之规定，“凡诸侯之礼，上公豆四十，侯豆三十有二，子男二十有四”。小人尖山出土的豆有45件，足以说明徐偃王是徐国君主，只有王者才允许有这么大的排场，用来祭天或墓葬。

舟山徐偃王城

相传徐偃王昔居翁洲，曾建徐王城于此。《十道四蕃志》载：翁洲，徐偃王居处，城基犹存。《乾道四明志图经》：昌国县即翁山是也，山在县东，乃徐偃王所居之地，旧址犹存。王十朋在《会稽风俗赋》中称“翁山访偃王之庐”。宋、元以来，舟山旧志对徐偃王在翁洲之情节多有记载，历代文人在诗文中也屡屡提及。元时吴莱、清时朱绪曾说，洋山自北而南为徐偃王战洋；鼓吹峰，山之阴曰战洋、曰马岙，古有偃王祠。陈岙山，偃王引阵处。磨刀桥，城东20里。偃王驻兵之处。金旗山，县东27里，偃王建金旗于此。

鄞县的徐偃王墓

其实浙江很多其他地方也有称是徐偃王墓的，比如在台州、嘉兴等地，但事实上都是徐偃王庙，而非徐偃王墓，唯有宁波鄞县隐学山这里的徐偃王墓，才是徐偃王的墓冢(当然极有可能是衣冠冢之类的)，“王既葬隐学山，历秦、汉、晋、唐千八百余年，亭台俱废，旧址仅存。唐时裔孙孙浩官岭南节度使，吏部侍郎，来拜王墓，益增前仪，缭以墙垣，列以翁仲及茗木皁树，建

① 关于浙江的徐偃王崇拜，参阅韩冠群的《亦祖亦神：古代江浙地区的徐偃王信仰》(《史林》，2015年4月)。另外，美国康奈尔大学亚洲研究中心主任罗斌(Robin McNeal)教授对浙江的徐偃王信仰做过深入的考察，掌握了大量的浙江徐偃王信仰的资料，其作品《Conquer and Govern: Early Chinese Military Texts from the Yi Zhou Shu》、《Constructing Myth in Modern China》等之中都有涉及相关的讨论。

四顾庵，立香火院，名曰：隐学，事见《明州郡志》”（北宋《徐氏谱》）。

（八）东瓯王

温台之地，是古东瓯国所在。东瓯王驺摇是越王勾践的后裔，因率众佐汉灭秦、破楚有功，汉惠帝三年（前192年）立为东海王，都东瓯，俗称东瓯王。东瓯王的信仰，在温州地区，特别盛行①。从今天的角度来看，东瓯王是地地道道的温台地方神，受到人们的普遍信奉。历史上东瓯王庙一再修葺，香火十分旺盛。《岐海琐谈》第四二七条“东瓯王庙”记载了东瓯王庙在明代的几次修葺情况。第五二四条“梅文衡”记述了梅文衡得东瓯王庙神案之物——香盒，祈求东瓯王而登科的故事。旧时，在祈福禳灾、驱瘟逐疫的活动中，东瓯王是不可缺少的神灵，并且具有显著的地位。第四九〇条“温州知府洪垣祈雨”记载：“嘉靖二十三年（1544年）三月十八日大雨雹。至四月终旬，旱，时田插未完，乡民望雨甚切。五月初六日，洪守垣祈雨无应。十三日，将郡城内外祠庙神共六十位舁到府前，以次序列，定东瓯王为首，俱坐烈日中，至小南门而止。”东瓯王信仰较为久远，从《岐海琐谈》中可见，在明代东瓯王是温州民众普遍信奉的地方保护神。

据南宋《绍定旧编》记载，当时温州东瓯王墓共有5处。这些墓应是当地百姓为纪念东瓯王而兴建的。温州现存的东瓯王庙始建年代最早的是元英宗至治二年（1322年）。从史料记载和古迹遗存看，早在宋元时期温州已有东瓯王信仰活动，且一直延续至今，从未中断。一个民族的文化总是不断传承并延续发展的。从宋元时期一直延续至今的东瓯王信仰文化看，其源头应可追溯到更早的历史时期。最后一任东瓯王驺望虽在（前138年）率4万人迁往安徽庐江郡一带，但迁走的主要是官吏、贵族和军队士卒。当地百姓应有不少不愿迁徙，而留下继续生活，这些留下的民众对东瓯王仍然怀有深厚的感情。随着时间的推移，一代代的民众便将怀念东瓯王的感情转化为一种崇仰与崇敬的心理，东瓯王信仰因此便在民间逐步繁衍盛行。东瓯王信仰不仅历史悠久且分布地域广泛。从东边的濒海地区龙湾，到西部边远的藤桥地区，从温州城区的中心街区到市郊农村，都有东瓯王信仰分布。尤其龙湾区不少村都有东瓯王庙，度山村甚至有两座东瓯王庙。龙湾区农村庙宇中大多有东瓯王神位，或主祀或作为配享。东瓯王信仰在温州广泛分布，说明温州百姓普遍崇仰东瓯王，东瓯王信仰已深入人心，成为温州民间一大宗教信仰。东瓯王是温州人的始祖，东瓯王的故事在民间已流传了2000多年。温州老百姓已把东瓯王作为偶像神来供奉、祭拜。每逢东瓯王寿诞，各地百姓都要举行祭拜活动，祈祷东瓯王保佑地方太平、农业丰收、百姓生活安康。民众家中有事，也喜欢到东瓯王庙，请东瓯王保佑庇护。藤桥上戍地方民间传说东瓯王十分显灵，当地人笃信，一有不

① 参考蔡钢铁的《温州民间的东瓯王信仰》（《温州职业技术学院学报》2013年5月）的相关论述。

顺之事，都爱往庙里跑，烧香祭拜，祈求保佑。[1]

（九）朱熹

作为宋明理学的集大成者，朱熹在中国思想史上有着重要的地位。而朱子与浙江之间的关系，也是非常密切的，根据束景南先生的《朱熹年谱长编》的相关考证，朱子曾3次任职浙江，6次在浙江交游。3次任职分别是两主天台崇道观（淳熙元年和淳熙十年）以及南宋淳熙八年（1181年）任职浙东常平盐茶公事，6次交游分别到了临安、衢州、湖州、台州、缙云、松阳、处州遂昌、常山、玉山、金华、桐庐、兰溪、钱塘等地。而朱子的门人，在浙江的也是数量众多，根据陈荣捷先生的《朱子门人》一书的统计，朱子在浙江的门人（浙江籍）有70人之多。而根据最新在湖州发现的朱子家谱（《竹溪朱氏族谱》6卷、《荻溪紫阳家乘》6卷、桃南戴阳《朱氏宗谱》共6卷（碧字号）、《桃南朱氏宗谱》10卷（睦字号）、《浔溪紫阳朱氏家谱》3卷、《长兴紫阳朱氏家谱》12卷）[2]，朱子的后裔在浙江也是非常众多。无论是门人还是后裔，事实上对于朱子的推崇，都是有着共同的作用。如果说，从学理的层面，朱子是理学的集大成者，因为其学术的成就而确立了其思想地位的话，那么在民间层面对于朱子的崇信，则反映出朱子在世俗社会中被接纳的情况。浙江各地有不少祠庙，专门祭祀朱子的，比如余杭的正儒祠，金华和永康的丽泽祠，台州临海的朱文公祠、黄岩的朱文公祠，淳安的朱文公祠，缙云的朱子祠，处州的紫阳祠等，这些对于朱子的祭祀，更为直观地表达出了民间对于朱子的崇信状况。

（十）岳飞

岳飞在中国历史上是一个非常具有代表性的人物，这种代表性，《宋史》上有非常准确的定位，“西汉而下，若韩、彭、绛、灌之为将，代不乏人，求其文武全器、仁智并施如宋岳飞者，一代岂多见哉。史称关云长通《春秋左氏》学，然未尝见其文章。飞北伐，军至汴梁之朱仙镇，有诏班师，飞自为表答诏，忠义之言，流出肺腑，真有诸葛孔明之风，而卒死于秦桧之手。盖飞与桧势不两立，使飞得志，则金仇可复，宋耻可雪；桧得志，则飞有死而已。昔刘宋杀檀道济，道济下狱，瞋目曰：‘自坏汝万里长城！’高宗忍自弃其中原，故忍杀飞，呜呼冤哉！呜呼冤哉！”（《宋史·岳飞传》）对于汉地民众来说，岳飞就是一种“精忠报国”的精神象征，也正是因为如此，岳飞在其死后，受到了全国各地普通百姓的崇奉。

当然，浙江，尤其对于杭州来说，因为岳飞独特的生平事迹及其与这个城市的密切关联，

---

① 因东瓯国当时地处浙江的温州台州与福建之间，因此，对东瓯国城址等学界一直有争议。据此，“2006年冬，浙江省文物考古研究所和温岭市文化广电新闻出版局联合对大溪塘山大墓进行了发掘，并对古城遗址进行了调查试掘。东瓯国贵族大墓的发现和大溪古城即为东瓯国城址的确认，终于打破了东瓯国考古的寂静状态，实属东瓯国考古的历史性发现和重大突破。”“现存温岭大溪东瓯国古城很可能就是东瓯国的国都王城，东瓯国建都之处就在今台州地区的温岭大溪。”见陈元甫：《浙江温岭汉代东瓯国城址与贵族大墓》，载《陈元甫考古文集》，文物出版社2016年版，第396—406页。此遗址已被国务院核定公布为第七批全国重点文物保护单位。

② 详情参见陈剑锋、陆建伟、陈友益：《浙江湖州新发现的朱子家谱及其反映的主要情况》，《福建论坛》（人文社科版）2003年第4期。

所以在南宋以来奉祀岳飞(或者与岳飞相关)的祠庙数见不鲜①:忠烈庙(奉祀岳飞,在西湖北山栖霞岭)、启忠祠(祀武穆王考妣,在忠烈庙西)、九曲丛祠岳忠武王忠显庙(奉祀岳飞,在钱塘门内众安桥西隅)、忠佑庙(奉祀岳飞及其女,在按察司署门左偏,岳武穆王故宅)、忠孝祠(奉祀武穆长子继忠侯云、嫡孙郧侯珂)、忠烈二侯祠(奉祀岳云、张宪,在众安桥南枣木巷)、张烈文侯祠(奉祀张宪,在东山衖口)、施公庙(奉祀施全,在吴山伍公庙前)、施将军庙(奉祀施全,在众安桥上)、翊忠祠(奉祀施全、刘允升、隗顺,在栖霞岭忠烈庙西)、流芳祠(奉祀赵士□、韩世忠、何铸、周三畏、薛仁、李若璞、何彦猷、范澄之、程宏图、史浩等10人,与翊忠祠同在栖霞岭忠烈庙之西)等等。这样的祠祀规模,也足以表明杭州民众对于岳飞及其相关人事的尊重和崇奉,在这个意义上来说,与岳飞相关的信仰,毋庸置疑也是杭州民众的一个比较典型的信仰形式。到今天为止,西湖边北山路上的岳王庙依旧在接受着世人对它的尊崇。

(十一)王阳明

作为浙江的先贤,王阳明的一生是极具传奇色彩的。作为一名大儒,王阳明在学理上精深博大、宏阔壮观。让人敬佩的在于,这样一位大思想家,在军事上也展示了惊人的才能,是历史上绝无仅有的既在学理上构建一套浩瀚完整的体系,又在军事实践上平定盗贼、叛乱的大思想家。王阳明在个人道德、功业、学说影响上,无疑都达到了古代对于一个圣人的评价标准——立德、立功、立言,因此,伴随着阳明的事功以及阳明学的传播,民间老百姓也以他们自己的方式表达着对于阳明的尊崇。阳明的事功是从南赣开始的,因此,在他生前,南赣地区很多民众就为阳明先生建生祠供奉。可以说,随着阳明以及阳明学影响的扩大,在阳明生前以及阳明死后,全国各地阳明的祠祀不可计数,这些祠祀都非常直观地表达着阳明在民间社会受到的尊崇。

而浙江,作为阳明的故乡,对于阳明的崇信,也是非常明显的。根据民国《浙江通志》的记载,在明清期间,浙江的杭州、嘉兴、绍兴、余姚、永康等地都有阳明祠祀的存在。余姚和绍兴二地的祠庙,均为阳明专门而设。阳明及其全家虽在阳明10岁时便从余姚迁至绍兴,但余姚在阳明的一生讲学生涯中仍占据重要地位。不过在《年谱》中记载,阳明“至越”“在越”次数仍远比在余姚要多,且有“天泉证道”“稽山书院讲习”等盛况,因此可以断定此二地在阳明一生的讲学之路上均有很重要的意义。而在杭州的两座阳明祠,一座是以平定江西的事功而建,与其他两位(孙燧、胡世宁)同祠。另一座则是由于阳明先生曾经讲学的天真精舍毁,由后来仰慕阳明的学者在此基础之上建祠,以垂不朽。可见,阳明祠庙建立的另一个原因便是由讲学之地的精舍重新恢复并演变而来。当然,无论是讲学,还是事功,祠祀的存在,都表明了阳明在民间社会受到的推崇程度。而直至今日,位于余姚的阳明故居和绍兴的阳明墓,依然受到了民众的尊崇。②

① 关于杭州的岳飞信仰状况,何善蒙著:《民国杭州民间信仰》(杭州出版社2012年版)第一章有详细统计。

② 参考李栅栅、何善蒙的《浙江的阳明祠与阳明学的传播》(《贵阳学院学报(社会科学版)》2015年10月)的相关整理。

六、行业神崇拜

传统的中国社会，民众相信“举头三尺有神明”，这种对于神明的普遍信仰，实际上反映的是民众朴素的祈福禳灾的心理。这种愿望，在传统社会的各行各业中都存在，任何一个行业都有自己的祖师和神明，不仅表达的是这个行业的传承、延续，更是寄托着行业参与者对于行业前景的美好期待，比如酿酒业供奉杜康，豆腐行业供奉刘安，说书的供奉周庄王，唱戏的供奉唐明皇，木匠供奉鲁班，染匠供奉葛洪，理发馆供奉吕洞宾或者罗祖，铁匠铺供奉太上老君或者尉迟恭，制笔业供奉蒙恬，造纸行供奉蔡伦，制茶叶的供奉陆羽，如此等等，这些神明构成了对于各个行业的最基本的规范，以及行业的神圣性的向度。传统浙江社会的各种行业，同样也存在着自己的行业神的崇拜，当然，很多行业神都是具有共同性的，这里我们来关注一下，那些具有浙江地域特色的行业神崇拜。

（一）蚕桑业

江南作为丝织业的大省，对于丝织业相关圣贤的祭祀，在浙江也是非常直接的一件事情，乾隆五十九年（1794 年）由浙江巡抚吉庆的奏请，由乾隆帝下旨在“浙省杭、嘉、湖三府，比户饲蚕，以资生业，允宜恭祀先蚕，聿昭崇报，着每年官为致祭，载入该省祀典，并御书扁额，发往悬挂轩辕黄帝庙及先蚕后殿，以祈神贶”（《大清会典》）。由此，在浙江的杭嘉湖一带，轩辕黄帝庙和先蚕庙，都是最为普遍的对于丝织业的行业神崇拜表达，祭祀的对象主要是黄帝、西陵氏（嫘祖）。当然，作为女性形象的嫘祖，更是深入人心。嫘祖，相传是西陵氏之女，是传说中的北方部落首领黄帝轩辕氏的元妃，由于她有教民育蚕织丝的功绩，从北周开始，人们一直把她奉为“蚕神”。《隋书・礼仪志》引后周制云：“皇后乘翠辂，率三妃、御媛、御婉、三公夫人、三孤内子至蚕所，以一太牢亲祭，进奠先蚕西陵氏神。”旧时嘉兴一带每年的六月二十四“荷花生日”这一天，蚕农摇船来到烟雨楼观音阁（又名大士阁）烧香，祭祀嫘祖，祈求蚕花茂盛。

蚕神马头娘

尽管嫘祖身份高贵，教民蚕桑有功，但她只是受到地方官绅礼节性的“拜访”，受杭嘉湖地区民众香火最盛的蚕神当属“马头娘”，这在地方文献中记述甚多。光绪《嘉兴府志》载：“吴兴掌故所称马头娘，今佛寺中亦有塑像，妇饰而乘马，乡人多祀之。”光绪《湖州府志》也引《西吴蚕略》云：“下蚕后，室中即奉马头娘，遇眠，以粉蚕、香花供奉，蚕毕送之。”民国《双林镇志》亦载：“祀马头娘，盖蚕神也，春时祷祭甚盛”并引清李兆熔的《蚕妇诗》云：“村南少妇理新妆，女伴相携过上方，要卜今年蚕事好，来朝先祭马头娘。”杭嘉湖地区乡间至今还存在一定数量的专设小庙，供“马头娘”塑像或画像，称为“蚕神庙”，农家也依旧有供“马头娘”神像的习俗①。当然，在民间的流传中，“马头娘”也不会是唯一的形态。隋唐以来，马头娘传说被道教利用，

① “马头娘”信仰在杭嘉湖地区非常普遍，相关研究非常多，参考王利华的《古代江南蚕俗述略》（《中国农史》1992 年 12 月），顾希佳《吴越蚕丝文化向日本的流播及其比较》（《农业考古》2002 年 9 月），胡明的《湖州蚕神信仰小考》（《兰台世界》2013 年 7 月）。

蚕神马头娘亦被作为"九宫仙嫔"而供奉于道教的宫观，香火颇盛，到宋代便出现了马鸣王化蚕的宗教故事。马鸣，原系印度古代高僧，相传其能言善辩，连马也"垂泪听法，无念食想"，后以马解其音，故名"马鸣"。他的生平与蚕并无关联，后来如何成为蚕神，现不得而知，但是杭嘉湖民间将马鸣王菩萨(马明王)作为蚕神祭祀的传统却由来已久①。嘉兴现有千年古村马鸣村，相传马鸣王菩萨的故事就诞生于此。明代田汝成的《西湖游览志》记载："石瞪数百级，曲折三十六湾……山半有马明王庙，春日，祈蚕者咸往焉。"旧时杭嘉湖地区民间还流传有民歌《唱花蚕》，各地唱法不一。海宁、桐乡、海盐等地很多村庄，在每年清明节前后或收获蚕茧后，必请羊皮戏艺人演蚕花戏祭神，演完整本羊皮戏后必加演一段《马鸣王菩萨》。演毕，蚕农向艺人讨取做纸幕的绵纸称"蚕花纸"，用以糊蚕匾，谓可致丰收。演戏点灯的灯芯，艺人分赠蚕农，称"蚕花灯芯"，谓置于蚕室，可保蚕事顺利。

蚕三姑

在杭嘉湖地区，另外一种流行的蚕神信仰是三姑，又名"蚕三姑""蚕姑"。杭嘉湖地区蚕农对"三姑"的崇拜也是由来已久，元代湖州诗人马臻《村中书事》云："晌留儿女自喧呼，指点春禽又引雏。村妇相逢还笑问，把蚕今岁是三姑?"可见至迟在元代已有此信仰。清光绪《嘉兴府志》亦载："蚕神俗呼曰蚕姑。其占为：一姑把蚕则叶贱；二姑把蚕则叶贵；三姑把蚕则倏贱倏贵。"三姑的功能主要是占卜蚕桑生产的丰歉，当是历史上道教的紫姑崇拜在杭嘉湖蚕乡的一种流变。

蚕花五圣

在杭嘉湖地区以蚕花五圣作为蚕神的乡村颇多，其形象为男性，其形象有三眼六手，中间一眼为纵目，当是蜀地(四川)蚕丛氏青衣神的神话流传蜕变而成，海宁、海盐一带常见供奉。光绪《海盐县志》载："民间蚕时，事蚕花五圣极虔，每眠必祀，至大眠或以鸭鹅祀之。"收蚕至老蚕，蚕农有祀奉蚕花五圣的习惯，名曰"求蚕花"。是期蚕茧丰收者，再祀拜蚕花五圣，名曰"谢蚕花"。《南浔镇志》引《吴兴蚕书》云："出火后始祭神，大眠、上山、回山、缫丝皆祭之。称蚕花五圣，谓之'拜蚕花利市'。"现在桐乡地区有些农村的婚礼上，还有民间艺人为新人吟唱蚕歌《接蚕花盆》的习俗。

(二)纺织业

纺织业的祖师，一般来说，是以黄帝的臣子伯余，所谓"伯余之初作衣也，緂麻索缕，手经指挂，其成犹网罗。后世为之机杼胜复，以便其用，而民得以掩形御寒"(《淮南子·氾论训》)。在江南一带，更为流行的说法是黄道婆，因为其对于纺织技术、纺织工具的改进，从而被奉为纺织业的祖师，在长三角地区有着广泛的影响。对于杭州来说，纺织业的祖师，则是另有其人。据《杭州重建观成堂记》碑文载："昔褚河南之孙名载者，归自广陵(今扬州)得机杼之法，而绸业以张。"褚载为褚遂良九世孙，对推动杭州绸缎业的发展有殊功，后被尊杭州丝绸同业祖师。宋至道元年(995年)，杭州民众建庙曰"通型"以祀。明永乐二十一年(1423年)丝业同

---

① 参考王斌、艾茂莉的《略论蚕神马明王的起源》(《中国俗文化研究》2010年5月)相关考证。

人捐资重建，称“通圣”。清道光年间，杭州绸业界又集资在“通圣”庙侧建“观成堂”（俗称机神庙）作为平时议事之所，后又改堂作绸业会馆。杭州祀丝绸祖师的机神庙，还有三处：东园巷机神庙、闸弄口机神庙、红门局机神庙。以东园巷机神庙（址在今东园巷小学）香火最盛，中祀轩辕氏（黄帝、蚕丝之神）、左伯余（服装之神），右褚载（织机之神）①。

（三）制扇业

扇子也是杭州的一大特殊的行业，杭州是中国历史上的制扇名域，自古便有“杭州雅扇”之誉。杭州传统地方特产“五杭”之中，杭扇居首位，而延续至今的王星记，则无疑是杭州制扇业的典型代表。旧时杭州城里兴忠巷有一座扇业祖师殿，殿内供奉的祖师称为齐纨，另外还供有600多位历代扇业工艺名人的牌位。故老相传，齐纨是周代一路诸侯，是扇子的创始者②。这座祖师殿始建于何时已不可考，据扇业会馆的碑文记载，重建时间在清光绪十四年（1888年）。齐纨，历史上实际并无此人。而齐纨一名事实上最早指的是因齐国出产的一种丝织品——“齐纨”，因为它经常被用来制作扇子，由此附会来的。齐纨制作的扇子，很早即已名闻天下，《列子·周穆王》所谓“衣阿锡，曳齐纨”，《汉书·地理志》亦称齐地“织作冰纨绮绣纯丽之物，号为冠带衣履天下”。当时与齐纨齐名的是鲁地出产的一种未经染色的轻细生绢，所谓“鲁缟齐纨”，说的就是这个意思。至晚到西汉时期，齐纨就被用来制作扇子。汉成帝班婕妤的《怨歌行》中说：“新裂齐纨素，皎洁如霜雪。裁成合欢扇，团团似明月。”因此，这种用齐纨制作的团扇，便又称为纨扇，或者称作齐纨扇。后来甚至把团扇直接叫作齐纨，比如《红楼梦》中就有诗说：“水亭处处齐纨动，帘卷朱楼罢晚妆。”由此，齐纨由丝织品中的杰出代表而成了上品的扇子，再由扇子随着时代的推移慢慢变成了制扇业的祖师，这在民间神灵产生的过程中，也是可以被理解和被接受的。

（四）火腿业

金华火腿又称火踵，浙江金华地方传统名产之一。外形俏丽，内质鲜艳，芳香独特，风味悦人，即色、香、味、形，“四绝”而著称于世，清时由浙江省内阁学士谢墉引入北京，已被列为贡品，谢墉的《食味杂咏》中提道：“金华人家多种田、酿酒、育豕。每饭熟，必先漉汁和糟饲猪，猪食糟肥美。造火腿者需猪多，可得善价。故养猪人家更多。”金华火腿无疑是浙江的一种标志性的食品，但是，火腿究竟起源于什么时候，确实一个难以确认的问题。按照目前的一种普遍的说法，火腿相传起源于北宋，北宋名将宗泽战胜而还，乡亲争送猪腿让其带回开封慰劳将士，因路途遥远，便撒盐腌制以便携带。腌制而成的猪腿色红似火，称为火腿。宗泽是义乌人，但是，史籍中并无关于宗泽和火腿之间关联的任何记载。可能是因为宗泽的名声，所以，民间也乐于将火腿的生产，以一种特殊的形式与宗泽关联在一起，从而为火腿的产生找到了

---

① 关于杭州的纺织神信仰，参考卢涵、何善蒙的《杭州丝织业的祖师崇拜——从机神庙、先蚕庙到通圣庙》，载《浙江民俗文化》，浙江大学出版社2015年版。

② 参考吕洪年《杭州扇业祖师齐纨》（《民俗研究》1994年8月）的相关论述。

一个美丽的传说。由此，在民间，也一般奉宗泽为火腿业的祖师。

（五）香菇业

按照目前的研究，香菇的人工栽培技术主要源自浙江。而浙江的香菇产区，主要以浙江省庆元县百山祖乡龙岩村庄为中心，辐射龙泉、庆元、景宁3县市约1300平方公里，共有菇民20多万人。从这个角度来说，毫无疑问，香菇的种植，是庆元特色产业。在庆元的香菇种植历史上，也产生了香菇业的行业神崇拜——菇神吴三公①。查《宗谱》载："吴三公，名昱。因其兄弟多人，其排列第三，被菇民尊称为吴三公，吴三公于宋高宗建炎四年（1130年）3月17日出生于龙、庆、景三县之交的龙岩村。吴昱的祖先于唐代由三（山）阴（今绍兴）迁至龙岩，其世祖吴子瑛曾登第任绍兴通判，世居龙岩，至德修仁。"吴三公系中原为躲避战乱而隐居山林之望族贤人的后代，深受父辈传统道德文化教育，智力超群，勤奋好学，胸怀大志，心地善良，他总结万千菇民的制菇经验，亲自勘测选择菇场，并从出生地龙岩村迁至后广西洋村居住，专心致志从事香菇栽培的实践，创制出一套人工栽培香菇的技术——"砍花法"和"惊蕈术"，并经常以降龙伏虎之精神鼓励菇民与天斗，成为菇民们的领袖人物。历代菇民感念吴三公的功德，南宋咸淳元年（1265年），在后广盖竹村集资兴建"显灵庙"，祀吴三公为"菇神"。龙、庆、景3县（市）的菇神庙不计其数，可分为菇山神坛、村落神殿和大型神庙等数类。菇神庙供奉的菇神主要有吴三公、刘伯温、"五显大帝"。②

（六）茶神

茶在中国是极其流行的，一般而言，都是以陆羽作为茶神供奉的。浙江的多数区域，供奉茶神的时候，也是陆羽，这主要是陆羽与茶之间的紧密关联。但是，在浙江的磐安，却奉许逊为茶神。根据当地人的传说，磐安玉山古茶场起始于晋代，而道士许逊（净明道的开创者）曾在玉山修炼，为当地茶叶生产与销售作出很大的贡献，当地民众为其建庙，尊祭为茶神③。

（七）湖笔之神

湖州的善琏镇以湖笔名闻天下，素有"湖笔之都"的美誉。历史上据传秦将蒙恬为改良毛笔作出过贡献，《古今注》载："恬造笔胜于故，凡善琏者必祀恬为笔祖耳。"因此，善琏历代建有蒙公祠，善琏湖笔行业奉蒙恬为湖笔之神。

（八）青瓷

丽水的龙泉青瓷，制作精美，历史悠久，名扬天下。当地窑工尊宋代哥窑、弟窑创始人章

---

① 武义的菇神信仰，参考吴其林的《菇神庙与菇神信仰》（《东方博物》2005年9月）以及吴珍珍的《浙南庆元县域菇神崇拜现象及其历史文化特征浅析》（《沧桑》2014年10月）。

② 参考吴其林的《菇神庙与菇神信仰》（《东方博物》第16辑）的相关论述。

③ 关于磐安的许逊信仰，参考王海根的《渐行渐远的磐安"赶茶场"》（《中国文化报》2011年4月12日）以及任文俊的《赶茶场》（《今日浙江》2010年3月）。

生一、章生二为窑业祖师①。过去，瓷窑都张贴"师傅榜"，祀祖师神位，并附祀山神、土地、搬柴童子、运水郎君。每逢初二、十六两日，窑匠必须置办酒肉茶饭，燃点香烛，在窑头"师傅榜"前祭拜，然后分食祭品，俗称"过日"。七月十八为祭窑日，传说这天是哥窑祖师章生一制成"窑变瓷器"的日期。是日，窑工要沐浴戒斋，在祖师爷的香案上放置用面捏成的童男童女，在窑头"师傅榜"前设祭，点香烛跪拜，祈求祖师保佑其烧出优美瓷器。

（九）龙泉宝剑

龙泉宝剑始于春秋战国时期，距今有2600多年，位列中国古代十大名剑之中，被誉为诚信高洁之剑，无论是在历史上还是在现在，都有着非常美好的声誉。传说是由欧冶子大剑师所铸，"近境有剑池湖，世传欧冶子于此铸剑，其中一号龙渊"（南宋《龙泉县志》）。欧冶子是著名的铸剑鼻祖，史载他为越王铸了湛庐、纯钧、胜邪、鱼肠、巨阙5剑。传说欧冶子为铸龙泉剑，凿开茨山，放出山中溪水，引至铸剑炉旁成北斗七星环列的7个池中，是名"七星"。剑成之后，俯视剑身，如同登高山而下望深渊，缥缈而深邃仿佛有巨龙盘卧，是名"龙渊"。故名此剑曰"七星龙渊"，简称龙渊剑。唐朝时因避高祖李渊讳，便把"渊"字改成"泉"字，曰"七星龙泉"，简称龙泉剑。因此，很自然，龙泉制剑也就奉欧冶子为祖师②。

在龙泉，炼剑艺徒在学艺前，要到祖师爷欧冶子神庙点香膜拜，虔诚祝祷，并向师父师母作揖。进剑铺后第一个月，天天早上要在剑炉炉头的祖师神位前敬点香烛，跪拜祖师。在北宋时，秦溪山麓的剑池湖畔，就建有剑匠的祖师庙。各剑铺的炼剑炉上都有欧冶子神位，农历每月初一、十五两天都要购买三牲，祭祀祖师。每年农历五月初五，剑匠们要携带剑炉到剑池边的欧冶子将军庙中，供三牲（猪头、鸡、黄鱼鲞）及豆腐、饭等祭谢祖师。礼毕，去秦溪山脚挖泥补炉，并取剑池之水，在池畔铸剑。傍晚时，还要挑一担剑池水回店铺，以备炼剑淬水之需。俗认为五月初五是欧冶子炼成第一把好剑，化龙飞往越王手中的吉祥日子。这一天在剑池湖畔炼剑，可得神佑，能炼成削铁如泥，穿洞如椠，驱鬼除邪的珍贵宝剑③。

七、保界神崇拜

对于民间信仰来说，其神祇所具有的最大的特点就是地域性，除了少数是全国性的信仰之外，基本上都是与地域特征有着密切关系的，即便是全国性的神祇，在各个特殊区域也表现出不同的区域特点，这就是民间信仰的特征，民众需要神祇在地方化、亲近化，而这样更能满足民众对于神祇信仰的心理需求。因此，从这个角度来说，民间信仰的区域特征是非常明显的，这个区域特征就形成了民间信仰的区域差别，也使得民间信仰能够真正进入普通民众的日常生活。造福一方，护佑一方，也成了民众对于神祇信仰的最直接的期待。

---

① 浙江民俗学会编：《浙江风俗简志》，浙江人民出版社1986年版，第543—544页。

② 余静芳：《"丽水三宝"民间传说论析》，《丽水学院学报》2012年第3期。

③ 浙江民俗学会编：《浙江风俗简志》，浙江人民出版社1986年版，第546页。

（一）城隍

城隍信仰源起

城隍信仰，是汉民族信仰传统中最为重要的神祇之一。按照通常的理解，城隍，起源于古代的水（隍）庸（城）的祭祀，为《周宫》八神之一。“城”原指挖土筑的高墙，“隍”原指没有水的护城壕。古人造城是为了保护城内百姓的安全，所以修了高大的城墙、城楼、城门以及壕城、护城河。他们认为与人们的生活、生产安全密切相关的事物，都有神在，于是城和隍被神化为城市的保护神。道教把它纳入自己的神系，称它是剪除凶恶、保国护邦之神，并管领阴间的亡魂。城隍信仰在中国的传统中，是不断演变的，而明代对于城隍信仰的制度化来说，是最为重要的时期。明朝时期，因为朱元璋的原因，城隍信仰被提升，得到了国家祀典尊崇，城隍被封为“王、公、侯、伯”4 个等级。明太祖洪武元年（1368 年）则下旨封开封、临濠、东和、平滁 4 城的城隍为王，职位正一品，与人间的太师、太傅、太保“三公”和左、右丞相平级，又封各府、州、县城隍为公、侯、伯，即府城隍为监察司氏城隍威灵公，职位正二品；州城隍为监察司氏城隍显佑侯，职位正三品；县城隍为监察司氏城隍显佑伯，职位正四品，并且重建各地城隍庙，规模高广与当地官署衙门完全一样，还按级别配制冕旒衮服。洪武三年（1370 年）正祀典，诏去封号，只称“某府或某县城隍之神，又令各地城隍庙不得杂祀其他之神。传说明太祖朱元璋出生在土地庙里，所以他对土地庙以及土地的“上司”城隍极为崇敬。

城隍神与清官功臣

有城隍，就有城隍神。而一般成为城隍神的，皆为世间人之正直者，所谓“有功施于民则祀之”。历史上的城隍神，或者是地方的“清官”，正直无私，秉公办事，能为民消灾解难者；或者是有功于国于民的“功臣”，生前曾对某地乃至全国作出过一定贡献，人们牢记其功绩，奉之为神灵；或者是人间正直者，他们生前为人正直，与人们所希望的城隍神形象较为接近；或者是世间乐善好施者，在中国传统社会中，积功行善、乐善好施者，往往受到人们的崇敬；或者是生前有异能，造福乡民，人们相信他死后可以充当城隍之职；甚至还有善鬼，人们认为，人死后进入阴间而为鬼，但只要积德行善也能提升。因此，城隍信仰中“人之正直，死而为神”的观点，正是人们把美好理想和愿望寄托于神灵，希望他们能像生前一样公正无私，造福于民。同时，也鼓励人们积极向上，崇尚德行，讲求孝道，对人们具有一定的教化功能，在一定程度上又构成了伦理道德体系。这样的城隍选择，也是符合国家制度维系的需要，因此，也能形成类似于人间官员体系的城隍信仰系统。①

生为直臣，死为直鬼

从制度化的角度来说，城隍神是很明显与特定的区域联系在一起的，起到的是护佑、掌管一方的作用，是冥界的地方统治者。因此，各地的城隍神也是明显不一样的。比如杭州的城

---

① 关于城隍信仰，郑土有、王贤森的《中国城隍信仰》（上海三联书店 1994 年版）有比较详细的考论。

隍神为周新①,绍兴的城隍神为庞玉,宁波的城隍神为纪信,温州的城隍神为温琼,嘉兴乍浦的城隍神为汤和,台州的城隍神为屈坦,衢州盈川的城隍神为杨炯,定海的城隍神为茹侯,象山的城隍神为陆维远,缙云的城隍神为胡深,永康的城隍神为顾德藩。这些人之所以会被确认为城隍神的,都是与他在当地的影响有直接的关系,因为当地民众的推崇、官方的确认,最后成为该区域的城隍神。比如杭州府城的城隍神周新,广东人,洪武年间以诸生身份进入太学,任大理寺评事,其后历任监察御史、云南按察使、浙江按察使等,周新在杭州,判断疑案,昭雪冤狱,善政多,家喻户晓。后来,明永乐十年,明成祖的宠臣,锦衣卫指挥纪纲因事派千户到浙江搜刮民财,千户依仗权势,横行霸道,被周新痛斥,千户回京哭诉,纪纲向明成祖诬告周新,说他在外目无皇上,明成祖听了大怒,下令将周新解京问罪,在皇帝面前,他慷慨陈词,列举千户罪行,结果明成祖还是将他处死,临刑前,周新大呼:"生为直臣,死为直鬼。"因千户的案件周新被明成祖杀害,百姓愤愤不平,明成祖朱棣称自己有一天做梦梦见周新做了杭州的城隍,痛惜自己错杀好人,于是就为他建了一座城隍庙用来祭拜贤良正直的他。周新也因此成了杭州府城的城隍神,当然,也因此而成了浙江省的城隍神。周新之成为城隍神,则无疑与他生前刚正不阿的形象有着密切的联系,田汝成的《西湖游览志》称"旧城隍庙在羊市,宋绍兴元年建,以祈蚕谷。国朝永乐末年,宪使周公以直道被法,后为杭州城隍神。数见肸蠁,杭民因奉其主为新城隍,而改奉旧王于此为旧城隍庙",这就表明,由于两个重要的原因:生前的正直以及死后的灵异,这就使得周新在明永乐末得以取代了原本的杭州城隍神,成为新的杭州城隍神。

村级城隍

当然,浙江的城隍,除了府城的城隍之外,各地的城隍系统都是比较完善的,有的甚至村里也有城隍,比较出名的是永康的李溪城隍庙和谢城隍宫。前者奉陆游为城隍神,后者奉谢忱为城隍神。李溪城隍庙位于永康石柱下里溪,相传陆游任永嘉通判途经李溪,观赏唐代李白到缙云探望叔父李阳冰(任缙州县令)时饮马李溪桥(即谪仙桥)的遗踪,又游访长溪古邑庙,在庙门题匾"迹著长溪"后,高兴地说:"李溪山环水绕,风景绝佳,我将栖身此地。"陆游去世后李溪人把他奉为城隍,迄今800余年,香火不绝。每年农历九月二十三陆游生日,下里溪都要举行盛大的踩街庙会,香客除永康外,还有很多临近县市的人。谢城隍宫位于永康下谢村,始建于明天顺年间,城隍庙之所以带上"谢"字,是为了纪念一位名叫谢忱的先人。谢忱字惟寿,永康下谢村人,登明永乐10年进士,初授监察御史,遇事敢于秉笔直言,不避权奸,曾九次担任州巡按,查究奸人,禁绝横暴,从来不稍加宽容,人称"谢阎王""谢城隍"。谢忱死后归位于谢氏宗祠,百姓为了纪念他,出资出力共同把谢氏宗祠修缮了一番,并且改称"谢城隍宫"。

① 参考朱海滨《明代浙江城隍周新信仰成立考——兼论省城隍神的诞生》(《上海师范大学学报(哲学社会科学版)》2016年第3期)的相关考证。

(二)胡公大帝

胡公大帝的信仰,是永康一带的代表性信仰形式①。1959年8月21日,毛泽东主席专列由庐山返京途经金华,接见部分地县委书记。“毛主席说:‘永康不是有块方岩山吗?方岩山上有个胡公大帝香火长盛不衰最出名的了。’又说,‘胡公不是佛,不是神,而是人。他是北宋初期一名清官,他为人民办了许多好事,人民纪念他罢了。为官一任,造福一方,很重要呀!’毛主席谈古说今,言近旨远,不唯名山增辉,弥足激励当世。特勒石为铭,以志纪念。”②

胡则(963—1039年),宁子正,婺州永康县胡库人,是北宋的地方官,死后被乡人奉为地方神祇,并被后世尊为“胡公大帝”,历代香火不绝,其灵迹影响波及东南很大区域,并形成了特定的信仰文化圈,时至今日浙西一带胡公庙的数量仍然十分众多。现存关于胡则的生平资料,《宋史》本传及范仲淹(989—1052年)撰写的《墓志铭》中有详细的介绍,另外还见于一些地方志和庙记。如果从历史事实的角度来看,历史上的胡则是宋代普通的地方官,对于胡则升格为神来说,最为后世信徒津津乐道的是他曾为衢、婺两州百姓奏免身丁钱,此事《宋史》本传及范仲淹《墓志铭》均未有记载,但后代的方志、庙记认为胡则是因此事惠及乡民,百姓感恩才为之立庙祭祀。此外,永康民间传说宋徽宗宣和二年(1120年),农民领袖方腊在睦州青溪(今浙江省淳安县)举旗起义,东南地区农民云合响应。起义军集结百万人,声势浩大,攻克了六州五十二里。在永康县的首领陈十四也率义军数千人围攻县城,知县见势不妙,只好退占离永康县城五十里的方岩山,靠方岩“绝壁无他径”,此时,胡则英灵助王师剿灭流寇,当地即以此向皇上奏请下旨敕封胡则为佑顺侯,并光大其祠庙。其后,南宋绍兴末年皇上赐庙额:赫灵。并累加嘉应、福泽、灵显、极于八字。淳熙年间又遂晋爵为公。更号显应,寻加正惠,宝庆初再加忠佑。从此,每年不仅在祭祀时拜祭胡公,而且“能御大灾祀之”。“能捍大患祀之”。当然,虽然在杭州、温州、台州等地,都有胡公祠,但是胡公大帝的主要影响范围在永康为中心的浙西一带。

(三)总管信仰

总管信仰,因为滨岛敦俊在《明清江南农村社会与民间信仰》③《总管信仰》④两书中的研究而受到了越来越多的关注。按照滨岛的研究,事实上总管信仰是与村镇城隍信仰紧密联系在一起的,属于地方土神一类。而在江南地区流行的金总管信仰以及周宣灵王的信仰,事实上都是属于总管神这一类的民间土神信仰。

金总管,一般指金元七总管,根据《姑苏志》的说法,“神汴人,姓金,名和。随宋高宗南渡,

---

① 关于胡公大帝的信仰,学界已经有相当多的研究,参考朱海滨的《民间信仰的地域性——以浙江胡则神为例》(《社会科学研究》2009年第4期)、陆敏珍的《区域性神祇信仰的传承及其对地方的影响——以浙江“胡公大帝”信仰为例》(《北京理工大学学报(社会科学版)》2005年第6期)等。

② 永康方岩胡公庙碑文,1996年12月立。

③ 滨岛敦俊:《明清江南农村社会与民间信仰》,厦门大学出版社2008年版。

④ 滨岛敦俊:《总管信仰——近世江南农村社会与民间信仰》,研文出版社2001年版。

侨于吴，殁而为神。其子曰细，为太尉。理宗朝，尝著灵异，遂封灵佑侯。灵佑之子名昌，初封总管。总管之子元七，元至正间，能阴翊海运，亦封总管。昌进封洪济侯，元七进封利济侯，后封随粮王。嘉庆十一年，又著灵异，晋封安乐王。”金总管的信仰在江南颇为流行，旧时杭州清波门流福沟就有总管庙，“在清波门流福沟，祀金元七总管之神。神为水神，庙始建不可考”。(民国《浙江通志》)作为水神之一，金元七受到了江南地区的推崇。浙江的湖州区域，也是金总管信仰非常流行的地方，根据《湖州府志》记载：“金元六总管七总管，市井中目为财神。建庙尸祝每月初二、十六用牲醴。”这里除了七总管，又有六总管，可见总管信仰的普及程度。民间一般认为农历七月初七，是金元七总管生日，按例是要举行庙会的。人们常常是焚烧纸草，在街道两边等候游行的队伍，除了要吃茄饼，还要用面揉成花果鸟兽等各种形状，名曰“巧果”，以油炸之而食。此外，待字闺中的女子要用凤仙花染指甲，并且迎神那天不能有乞食者出现。

(四)周宣灵王

周宣灵王的信仰，在明清以来江南区域十分普遍，也可以视为是总管信仰的一种形式。周宣灵王，就是周雄，“将军周姓雄名，字仲伟，杭之新城渌渚人。生于淳熙戊申，其母感蛇浴金盆之祥，殁于嘉定辛未。在三衢援笔作颂示异，按公称状貌魁梧，居乡日人已敬惮，及显而为神，在在有祠”(汪绩《翊应将军庙记》，万历《新城县志》)，“按神周姓，缪宣名，临安新城县太平里人也。生宋淳熙戊申岁三月四日，初名雄，以‘雄’音邻‘荣’，恐干父讳，改名缪宣。神少时，受仙指大数。四九后之武源，至鸬鹚滩失足坠水，顷刻，巨浪层翻，猛若蛟龙起伏。神即脱化，溯波而上，至衢城水亭门外，浮沉不定，声闻数十里。一时惊异，建庙塑像，崇祀于衢城之西。是年，神正三十有六，果应四九之说，乃嘉定癸未岁也。端平元年大封神，得赠广平侯。淳祐元年秋，敕封神护国广平正烈周宣灵王。延祐二年，睦郡旱潦，藉神庇荫，得锡平康，士民遂立庙于澄清门内。自元历今，卜年三百有奇，御灾恤难，不可枚举。”(钱广居《周宣灵王庙碑》，雍正《浙江通志》)这两段地方志的记载，虽详略不同，但对于周雄生平的大体描述是一致的。周雄先是作为五显神的从祀神而受到江南区域的崇拜，而后定格为钱塘江的江神，明清时期，浙江境内有周雄的祠庙 36 座(方志可考)，其中杭州府 13 座，衢州府 11 座，严州府 8 座，金华府 3 座，温州、绍兴各 1 座①。

(五)温元帅

忠靖王又称东岳爷、温元帅，也是一位由地道的温州人转化成的神。据元宋濂《忠靖王碑记》记述，忠靖王姓温氏，名琼，字永清，温之平阳人。唐长安二年(702 年)五月生，忠靖王七岁习禹步为罡，14 岁通五经、百氏及老释家言。至 26 岁举进士不第，乃抚几叹曰：“吾生不能致君泽民，死当为泰山神以除天下恶厉耳！”于是化为神灵，为民除害。民间也有传说温琼因投井验毒救人而死，被百姓敬奉为神。忠靖王一直被温州民众看成是驱瘟逐疫之神，“俗信凡

① 参看朱海滨《江南周宣灵王信仰的发生及其演变》(《史林》2008 年第 2 期)的相关讨论。

温元帅所到之处，瘟神尽逐，可保闾里安宁”。忠靖王信仰在温州地区十分流行，忠靖王庙的香火也越来越盛。至清代，形成了以三月三迎温元帅为高潮的集禳灾、娱乐、商贸于一体的大型民俗活动——“拦街福”。《岐海琐谈》第二六条“忠靖王附箕对”记载人们请乩一对联，“附乩之神自称温元帅”，并解释道“温元帅即吾里当境神忠靖王也”。第四三六条“吾乡忠靖王”记有：“吾里当境忠靖王，平阳白石街人，灵迹素著。”并记述一穷困乡人，偶宿忠靖王庙，祈求忠靖王而得钱财，乡人拜谢抵家，“设祭庯酬神贶”。每逢元宵佳节，忠靖王庙张灯结彩，热闹非凡。第三五五条“永嘉岁时节会”记载：“神庙如仁济、忠靖、惠民、广惠诸所，以珠囊珠丝灯等华灯，角胜争奇，游观者肩摩踵接，几无置足之地。”

（六）丽阳神

丽阳神在《岐海琐谈》中有多处记载，其来历不详。民俗学家叶大兵在《中国民俗大系·浙江民俗》一书中提到：“丽水县城北郊五里处，有一座丽阳殿，殿中塑有丽阳王、白塔王、巨潭王三座神像。向丽阳殿三神求梦由来已久，旧时每年白露前三天至白露后四天，求梦的人纷纷涌向庙堂。有的求运气，有的求功名，有的求赌运。在向神祈祷后暮夜就睡在庙中，希望神灵托梦给他。”《岐海琐谈》中记载的丽阳神和丽阳庙多在前加“括苍”或“括之”两字，丽水旧时属括州，据此推断《岐海琐谈》中记载的丽阳神可能就是叶大兵提到的丽阳殿三神。《岐海琐谈》中的丽阳神能卜前程，如第五零六条“陈德靖孝廉”记载：“陈德靖孝廉中嘉靖戊午（1558年）乡科，先日梦与诸同胞游行，见美女三四相聚。或指之曰：‘此嫦娥也。’……迨进场，卷编‘月’字号，窃庆嫦娥之抱，兆征此矣，即以是科中式。又日卜前程于括苍丽阳庙，其神告以‘凉不饮水，馆不盖舍’八字而已。”又如第五零五条“瓯人称梓为‘材’”记载：“朱达卿嘉靖己酉（1549年）浙江乡试，尝祈梦于括之丽阳神。以卜前程之丕泰。”也有人祈子于丽阳神，如第五零七条“好儿一个吃不尽”记载：“王橘泉浥，广东佥宪汝修德之父也。汝修未产之先，以无子息，祈梦于丽阳神，梦神畀王以一婴孩，从而食之且尽，仅遗脚蹠而止。次早以为不祥，心殊怏怏。”丽阳神在其他书籍中鲜有记载，但在《岐海琐谈》中多次提及，可以推断，至少在明代，丽阳神信仰存在于温州一部分民众中。

八、其他神祇崇拜

（一）泗州佛①

泗州佛，原本是唐代西域一位高僧，法号僧伽。他生前造福于民众，坐化后被视为“观音菩萨”的化身而奉为“泗州大圣”，进而成为“泗州佛”，明清以降又成功地转型为民间俗神“泗州文佛”。泗州佛信仰广传大江南北，北宋诗人黄庭坚说：“僧伽本起于盱眙，于今宝祠遍天

① 关于泗州佛僧伽的信仰，在学术界有很多讨论，参看孙应杰的《僧伽生平和僧伽信仰考》、徐汝聪的《试论僧伽造像及僧伽崇拜》（《东南文化》2014年第5期）以及许尚枢的《泗州佛信仰》（《黄河科技大学学报》2013年第2期）。另外，在2017年4月15—16日，由中国社会科学院世界宗教研究所、中国宗教学会、江苏省南通市民族宗教事务局共同主办“僧伽大师与佛教中国化”学术研讨会，表明泗州佛的形象及其意义受到了越来越多的关注。

下。"事实确是如此。江苏、上海、浙江、福建、台湾、广东、江西、湖南、湖北、河南、四川、甘肃等省市都有与泗州大圣相关的地名和以泗州冠名的塔、堂、寺、庙。宋金之际，随着泗州僧伽塔遭到兵燹，原有信徒尤其是形成赣、闽、广的"客家人"纷纷南下，南方反而成为僧伽信仰的主要地带。

浙江的泗州佛信仰也十分普遍。嵊州、新昌等地流传着泗州菩萨为解除剡地旱灾，违背天帝意旨，偷雨救灾降下甘霖，因而受到贬谪的传说，为此，当地百姓建造了大量的"泗州堂"以示纪念。绍兴、嵊县、新昌、诸暨、东阳、天台、宁海和四明山、宁波一带，人们走上三五里地就会有一座正面敞开的路亭（路廊），靠墙有半圈固定的长凳可供行人、挑夫避风雨、歇脚、乘凉，里壁供着泗州佛，有的后面还有庙宇，当地人称作"泗州堂"（俗讹称"苏州堂"）。新昌的泗州堂，一般是三间跨路而建的"穿路廊"或"茶亭"，依靠捐募建立，设有路廊田，以田产收益作修缮、烧茶酬金；明州（今宁波）则有慈城镇的前洋大圣寺以及宁海松门岭泗州堂等。特别是在今日舟山，一千多年来，也建起众多泗州堂和泗州堂渡，如嵊山泗州塘、金塘泗州岙（今岑港一带），以及岱山、嵊山、金塘、东极等地有与泗州堂有关的地名遗存。当代，浙江仍保存有不少泗州佛信仰的古迹。例如，嘉善宋代泗州塔天宫有大量珍贵文物出土；1966 年瑞安慧光塔内出土的金漆木雕"泗州大圣"像，当是北宋庆历三年（1043 年）舍入塔基的；金华万佛塔、温州白象塔、宁波天封塔中都有头上戴着僧帽、瞑目端坐的僧伽像；苍南县既有清末建的涌泉亭和水口亭主奉泗州大圣，也有 1998 年改建原风鼓亭而成主奉泗州大圣的风鼓隔宫，这些都反映了当地有崇拜和供奉僧伽和尚的风气。①

（二）崔府君

崔府君，姓崔名珏，字子玉，唐乐平（今山西省晋中市昔阳县）人。其父崔让，乐善好施，年近五十，膝下无子，遂与其妻同往北岳祠祷祝求子。一天晚上，来了几个年轻人，他们抬着一个箱子说，这是上天赐给你们的。他父亲打开一看，有两块玉在里面。不久他妻子就生下了儿子，起名叫子玉。唐贞观七年（633 年），崔珏入仕，授长子县令。据传他"昼理阳事""夜断阴府"（《列仙全传》），死后被上帝封为磁州土地神，并建祠祀之。安史之乱后，因其曾显灵于玄宗，被封为灵圣护国侯。宋仁宗景祐二年（1035 年），加封为护国显应公，元符二年（1099 年）改封为护国显应王。金兵南下，崔珏显圣挡驾，泥马渡康王。南宋淳熙十三年（1186 年）改封为"真君"。随着崔珏封号的升级，崔府君庙由磁州兴建至全国各地。

杭州旧有白马庙，"在凤山门里州桥之北。宋建炎间建。祀磁州都土地崔府君，世传渡康王者即此"（民国《浙江通志》），这是在史志中记载的崔府君庙。当然，更多的崔府君庙是在民间有着广泛影响的。比如萧山瓜沥的"陛下庙"，陛下庙位于航坞山南麓瓜沥镇东恩村，被列入市重点文物保护单位。始建于南宋绍兴三年（1133 年），原址系"崔府君庙"，该庙始建于北宋熙宁五年（1072 年），但是，这里崔府君的传说就发生了很大的变化，崔府君变成了瓜沥人，"崔府君系瓜沥人，为当地大户，平时积德行善，为防止江水泛滥，致力建修拦海北海塘，使百

---

① 参考许尚枢《泗州佛信仰》（《黄河科技大学学报》2013 年第 2 期）的相关论述。

姓免遭水患而安居乐业，后百姓颂之，故建庙祭祀。”这和一般的崔府君（崔珏）就有了截然不同的由来。当然，既然是崔府君庙，自然得有“泥马渡康王”的事件，才能真正体现崔府君的地位，而在萧山瓜沥的传说中，这个泥马渡康王的故事就是发生在海宁县钱塘江边靖江殿（即萧山县靖江镇）边，康王赵构在走投无路的情况下被当地的崔府君所救，然后在崔府君庙许诺登位后当重修崔府君庙，封为陛下，由此，就有了陛下庙的来历。① 这个故事有着明显的重构的性质，但是，不管怎样，都表明崔府君在民间所具有的强大影响力。

浙江的崔府君信仰，还有一个非常有趣的现象，就是崔府君成了非常重要的求子的神灵。清代杭州府昌化县儒学训导郑焜编过一本叫作《崔府君祠录》的书，根据民国《浙江通志稿》的记载，“《崔府君祠录》一卷，清郑焜撰。案，焜，字荔干，仁和人，贡生。此书载《杭诗三辑》，称其年五十，无子，祷于崔府君庙，始生子曰祺，因撰祷词集说，以答神贶”（民国《浙江通志稿》）。这也是一个非常有趣的故事，因为年五十无子而祷于崔府君，果然得子，这是多么灵验的一件事情，以至于郑焜一定要编撰《崔府君祠录》，以表达对于崔府君的感激之情。在这个集子中收录了清代名儒毛奇龄的《通元观崔府君祠求子记》，也是因为毛奇龄年六十六求子于崔府君，而崔府君也让毛奇龄如愿以偿，因此，毛非常兴奋，写下了该记，以表达对于崔府君的崇奉之情。“崔府君，彭城人。父名让，五十无子，祷嗣于北岳，梦帝赐之双玉，因名府君，而字以子玉。隋开皇三年六月六日诞生，少举孝廉，任淇县令，能捍水灾。唐，为磁州剑史。生有异政，死而为神。相传安史之灭，神实佑之，故在唐世已有‘护国威灵’之封，祀之河滨。宋高南迁，祷宿祠下，神助以马，俗所称‘泥马渡康王’者是也。张后梦府君馈羊，而孝宗以丁未年生，因以为列朝祈子之神，累封护国显应昭惠王。一建显应观于西湖之旁，一建白马庙于吴山之麓，两祀之。逮金源嗣统，复封齐圣广佑王，敕徧祠天下，视于五岳。暨明代钱塘少宰李公，五十无子，祷于府君，梦赐之綦，因生子名綦，乃厚德府君，欲于通元观立庙。白之藩参晋江蔡公克廉，即观右构祠三楹，鸿胪钱塘张公文敬塑像供奉其中。初，蔡、张皆艰于嗣，及是具连育子，人以为府君之赐丁。礼部夜梦入通元观，见槃坐一儿置神案间，其小妻拜于下，醒遂祷焉，归而妇有身，六十七岁举一子。予甫归休六十六岁矣，虑年老难举子。礼部曰：‘崔府君神可祷也！’且告以梦，予因祷之，弥月而亦举一子，恍神授者。然则府君之有神，岂独礼部矣？自宋、明迄今，凡祷嗣者无不应。”（毛奇龄《崔府君祠祷嗣记》）在这篇短短的祷文中，毛奇龄不仅交代了历代崔府君受到崇祀的大体情况，更为集中地叙述了崔府君对于求子的灵验。毛奇龄和郑焜的故事，非常具有典型的意义，它至少表达了两个很重要的信息，第一，崔府君的信仰在当时的浙江非常之盛行；第二，崔府君以求子灵验著称。

（三）东岳大帝

东岳信仰

也就是泰山信仰，作为一种山川崇拜，起源很早。由于帝王所具有象征性的封禅的行为，使得泰山信仰在中国传统中非常特殊。随后在道教兴起，佛教传入中国的背景下，泰山信仰

① 项宝泉：《千年古庙——陛下庙》，《萧山日报》2012年8月22日。

逐步人格化，泰山府君由此出现，并且以治鬼作为其重要的职能（佛教传入，对于该功能有弱化的效果）。泰山信仰真正由区域性信仰变为全国性信仰是在宋代，宋代大中祥符元年（1008年），宋真宗与大臣王钦若等人精心策划了一场声势浩大的泰山封禅，先是打破了宋代之前“五岳视三公”的传统定位，在大中祥符二年（1009年）加封东岳为“仁圣天齐王”，而后在大中祥符三年（1010年）又加封东岳为“天齐仁圣君”。虽然自此以后再也没有帝王经行过泰山封禅，但这次封禅对泰山信仰的传播产生了极为深远的影响，正是这次封禅推动了民间东岳庙的修建和东岳信仰的传播，所谓“宋真宗祥符九年，有事泰山，岳神显异，诏天下郡县，悉建东岳行宫，人始得以庙而作敬所”（雍正《浙江通志》）。泰山信仰借此得以推广到广大的江南地区，江南地区原本就有悠久的笃信巫鬼的传统，虽说东岳大帝治鬼的功能在佛教影响下已经弱化，但在这样的传统之下，东岳信仰在江南地区也得以繁荣发展起来，浙江地区，从这个时候开始，修建了大量的“东岳行宫”。

杭州五行宫

杭州东岳大帝的信仰十分盛行，在吴自牧的《梦粱录》中，对于杭州的东岳大帝信仰的盛况有着非常详细的记录，“三月二十八日，乃东岳天齐仁圣帝圣诞之日，其神掌天下人民之生死，诸郡邑皆有行宫奉香火。杭城有行宫者五，如吴山、临平、汤镇、西溪、昙山，奉其香火。惟汤镇、临平，殿庑广阔，司案俱全。吴山庙居辇毂之下，人烟稠密，难以开拓，亦胜昙山梵宫内一小殿耳。都城士庶，自仲春下浣，答赛心愫，或专献信香者，或答重囚带枷者，或诸行铺户以异果名花、精巧面食呈现者，或僧道诵经者，或就殿庑举法音而上寿者，舟车道路，络绎往来，无日无之。又有丐者于吴山行宫献彩画钱幡，张挂殿前，其社尤盛。闻之此幡钱属后殿充脂粉局收管。其殿下又佐神，敕封美号曰‘协英灵显安镇忠惠王’，其神姓刘，父子俱为神，灵显感应，人皆皈依。五月二十九日诞日，诸社献送，亦复如是。姑书以记之耳。”①在这段较为详尽的记载中，首先表明杭州的东岳大帝信仰十分兴盛，有吴山、临平、汤镇、西溪和昙山五处祠庙，其中汤镇和临平的东岳庙较大；其次是“其掌天下人民之生死”“或答重囚带枷者”，突出了东岳信仰的宗教性功能，东岳大帝的神职仍是主人生死；第三是在南宋时期，杭州的东岳圣帝殿下已经有刘姓佐神，而在佐神的诞日，该庙宇的祭祀活动也殊为热闹，可见东岳信仰在杭州的传播情况。②

七月朝审

杭州的东岳大帝信仰，除了庙宇众多，诞辰活动非常丰富之外，还有一个非常重要的情形就是七月的朝审，“旧俗，农历七月有‘朝审’（审鬼）之事。无知男女竞相纳资投文，以求舍身为神执役，此亦庙中执事者敛财之道也。又有审疯人之事，谓人之疯乃有鬼附身，于深夜将疯者押赴庙中受审，亦有因受惊而愈者，但不尽然。另有一阴暗之‘地狱’，门内设有机关。人一跨入，踩动机关，即有泥塑之鬼卒向之扑来。曾有人受惊致死，后有司令将机关钉死。”③朝审

---

① 〔宋〕吴自牧：《梦粱录》卷三《二十八日东岳圣帝诞辰》。

② 杭州的东岳大帝的信仰，何善蒙的《民国杭州民间信仰》（杭州出版社2012年版）中有比较多讨论。

③ 钟毓龙编著、钟肇恒增补：《说杭州》，王国平主编《西湖文献集成》第11册《民国史志西湖文献专辑》，杭州出版社2004年版，第664页。

显然是由东岳大帝治鬼的观念转化而来，东岳大帝掌管治鬼，而疯人是因为鬼附身，因此将疯人送至东岳庙中审问，可以将鬼赶走而治愈人的疯病。由治鬼到治疯病，东岳大帝的职司更多走向了民众实际生活的方面，这也表达了民间信仰发展的基本脉络。

(四)黄大仙

黄大仙，俗名黄初平，又作皇初平。相传他出生于现浙江金华地区兰溪市黄湓村，得道于金华赤松山。金华山是历史上著名的道教仙山，道教三十六洞天之一，历史上这里曾有主祀黄大仙的赤松宫。晋代葛洪《神仙传》是现在所能找到的最早的关于黄初平的历史文献，其后关于黄氏兄弟的记载还有很多，如宋代乐史《太平寰宇记》、宋代李防《太平广记》等，但其内容大体均脱胎于《神仙传》。金华历代的地方志也常有关于黄氏兄弟的记载，以宋代倪守约《赤松山志》、康熙《金华府志》和道光《金华县志》最为详尽。尤其是《赤松山志》，不仅记录了黄初平、黄初起得道成仙的故事，还收集了与黄大仙信仰有关的传说和地方性景观。黄大仙信仰约在晋代起源于金华地区，至宋朝达到鼎盛，赤松宫被誉为“江南道观之冠”，初平、初起兄弟两次得到了朝廷的封号。宋以后，黄大仙信仰在金华渐渐衰微。

图 96-7-1-1　金华黄大仙像(2004 年陈华文摄)

改革开放后，香港黄大仙信仰的兴盛刺激了金华黄大仙信仰的复苏。20 世纪 90 年代，金华地区重建、新建了多个黄大仙祠庙。根据兰溪市民宗局提供的资料，现在金华地区供奉黄大仙的祠庙主要有以下 4 所：黄大仙故居，位于兰溪市黄湓村；源缘园黄大仙祠，又称黄大仙宫，位于兰溪市黄湓村，1995 年由香港音色园援建；黄大仙祖宫，位于金华市金华山山里，1996 年兴建，规模很大；赤松黄大仙宫，位于金华市金华山山里，1998 年由海外商人投资兴建，是金华地区香火最旺盛的黄大仙祠庙。①

(五)济公活佛

济公是历史上的真实人物，浙江天台人，生于南宋绍兴十八年(1148 年)，卒于嘉定二年(1209 年)，原名李修缘，法名道济，因平生才华横溢，乐善好施，深知民间疾苦惩处为富不仁之人，深受百姓爱戴尊为济公。他剃度出家的地方就在灵隐寺，在他一生的行径中，被民间渲染得离奇古怪。事实上，济公是一位性格率真而颇有逸才的名僧，他的师父就是著名的瞎堂慧远禅师。济公佛学造诣颇高，但其举止与一般出家僧人也确有不尽相同的地方。济公一生怡然飘逸，喜好云游，出行四方，足迹遍及浙、皖、蜀等地。常常衣衫不整，寝食不定；为人采办

① 参考金妙珍的《黄大仙信仰研究》，上海师范大学硕士论文，2007 年。

药石，治病行医，解忧解难，常常灵验，广济民间疾苦。因此，其德行广为人们所传颂。又叫济颠和尚。

济公本为佛门弟子，早期济公形象带有浓重的佛教色彩，《钱塘湖隐济颠禅师语录》中仍然保留了比较明显的禅宗思想，但这种禅宗思想在后来的济公小说中逐渐淡化，《醉菩提》中已消失殆尽，而《评演济公传》主要反映了三教合一的社会现实。济公作为民间信仰的神祇，其信仰经历了由舍利信仰到神子信仰再到巫术信仰的演变过程。济公信仰在清末民间宗教一贯道达到鼎盛，济公成为教派主神，担当乩仙重任，一贯道中大部分善书都署有济公的名字，济公在民间宗教中至高的神阶使济公信仰具有了更为广泛而强大的现实影响力。另外济公罗汉信仰也比较值得注意，在宋代罗汉信仰兴盛的背景之下，济公被尊奉为罗汉。济公故事中他的罗汉身份一以贯之，不过他由普通金身罗汉变成降龙罗汉，实质上反映了济公罗汉信仰的变化。①

（六）刘猛将

驱蝗之神

驱蝗之神的信仰，是和传统农业生产密切相关联的，尤其是和蝗灾紧密联系在一起的。徐光启曾经对于蝗虫带给农业生产的危害做过描述，“凶饥之因有三，曰水，曰旱，曰蝗。地有高卑，雨泽有偏被，水旱为灾，尚多幸免之处；惟旱而蝗，数千里间草木皆尽，其害尤惨，过于水旱也”（《除蝗疏》），蝗灾的影响如是之剧，所以，对于驱蝗之神的信仰，在传统中是古已有之的。最早是所谓的八蜡神，八蜡最初是说在我国的周代有关农事的祭名，也是古代中国人民所祭祀八种与农业有关的神祇，也就是说古代人专门祭祀与农业有关的各位神灵的一个地方，这种活动就叫作八蜡祭，大蜡之礼或八蜡之祭，后来人们在这个地方修建起庙宇，就称八蜡庙。后来又出现了专门针对蝗虫的“水鸟鸷”，根据洪迈的记载，南宋绍兴二十六年（1156年），金朝淮北一带即将秋收，忽然蝗虫大起，未几，有一种叫鹜的水鸟，成千上万，啄食蝗虫。不过十天，“蝗无孑遗，岁以大熟。徐、泗上其事于虏廷，下制封鸳为护国大将军。”（《夷坚支志》）当然，对于中国民众来说，这种信仰的神灵，最终肯定是需要人格化的，而驱蝗之神也是一样的，宋明以来，刘猛将就成了这一神灵的人格化表征，各地均有猛将庙，以崇奉刘猛将。

刘锜、刘承忠

目前在江南流行的刘猛将庙，一般以刘锜或者刘承忠为神主，而且两者都有流行。刘锜，宋史有传，为南宋初年在江淮一带的抗金名将，高宗三十一年，刘锜“呕血数升而卒，谥武穆”，刘武穆，在民间亦有驱蝗之神迹，“宋景定四年，封刘锜为扬威侯天曹猛将，有敕书云：‘飞蝗入境，渐食嘉禾，赖尔神灵，剪灭无余’”“刘猛将军即宋将刘锜，旧祀于宋，以北直、山东诸省常有蝗蝻之患，祷于将军，则不为灾。”②从这个角度来说，奉祀刘锜为刘猛将，以彰其驱蝗之神迹，

① 参考路遥、彭淑庆的《济公信仰形成、演变的几点思考》（《民俗研究》2008年第3期）以及吕堃的《济公故事演变及其文化阐释》（南开大学博士论文，2009年）的相关论述。

② 〔清〕姚福钧：《铸鼎余闻》卷三引《怡庵杂录》，台湾学生书局1989年影印本。

也是情理之中的事情。但是，为什么会有刘承忠作为刘猛将的出现？而且刘承忠之作为刘猛将是雍正二年官方所认可的，雍正帝敕谕江南、山东、河南、山西各建立刘猛将军庙，并于畅春园择地建庙，刘承忠之作为刘猛将的官方名称，由此确立。刘承忠，史称其为元末指挥使，有“猛将”之号，“江淮蝗旱，督兵捕蝗尽死。后因元亡，自沉于河，土人祭祀之”①。刘猛将的信仰在清初是被禁止的，因为刘锜是抗金名将，而清的前身正是金，这样一来，对于清廷来说，是犯忌讳的。但是，对于社会来说，刘猛将的信仰是必须的，无论是从传统来说，还是从应对当时的蝗灾来说。由此，刘承忠代替刘锜成为刘猛将，也是一个非常有趣的选择。这个转变的实现，跟清初直隶总督嘉兴人李维钧有莫大关系，根据其所作《将军庙碑记》，“庚子仲春，刘猛将军降灵自序：‘吾乃元时吴川（今属广东）人。吾父为顺帝时镇江西名将，吾后授指挥之职，亦临江右剿除江淮群盗。返舟凯还，值蝗孽为殃，禾苗憔悴，民不聊生。吾目击惨伤，无以拯救，因情极自沉于河。后有司闻于朝，遂授猛将军之职。荷上天眷念愚诚，列入神位’，将军自述如此。乙亥年，沧、静、青县等处飞蝗蔽天。维钧时为守道，默以三事祷于将军，蝗果不为害。雍正二年（1724年）春，事闻于上，遂命江南、山东、河南、陕西、山西各建庙；并于畅春园择地建庙。将将之神力赖圣主之褒救而直行于西北，永绝蝗之祸，其动不亦伟哉！将军讳承忠，将军之父讳甲。”（光绪《永年县志》卷十）这里有几个关键的因素，当时蝗灾很盛行，民间需要驱蝗神；李维钧是嘉兴人，深知刘猛将信仰以及刘猛将之功能；作为直隶总督，李维钧亦深知朝廷的禁忌与顾虑。从这些因素出发，可以很确定地说是嘉兴人李维钧在雍正初年，把刘猛将从刘锜改成刘承忠，并最终使得朝廷认可以刘承忠为神主的刘猛将信仰。

网船会

在浙江的民间，尤其是嘉兴一带，存在着两个系统的刘猛将信仰。一个是刘锜系统，这也是刘猛将信仰的最初、最基本的形式，它主要是在农民当中流行；一个是刘承忠的猛将庙，这个可以视为是正式的、官方的猛将系统，主要是在渔民间流行。相比较来说，农村的相对稳定性，使得他们对于刘猛将的信仰，大体维系在刘锜的层面。而渔民的流动性以及水上作业的特征（刘承忠在传说中是自沉于河的），所以对于刘承忠这个具有官方权威背景、并且与水相联系的猛将比较有认可度，从这个角度来说，刘猛将就不仅仅是驱蝗神，而且更多是水神。浙江嘉兴市王江泾镇的莲泗荡湖畔有一座名闻遐迩的刘王庙，是江南最负盛名的刘猛将庙，其所奉祀的就是刘承忠。传说当年刘承忠带领嘉兴民众扑灭了蝗虫，但是田地已经荒芜，百姓没了口粮，于是他又带领大家到湖里捕鱼捉虾，谁知突然风雨交加，人仰船翻，刘承忠溺死在莲泗荡里。渔民感念他的恩德，为他建庙塑像祭祀。由于刘王神十分灵验，故而信众越来越多，每年的清明节前后以及刘王的诞辰，江南各地的渔民都会驾着“网船”（一种小渔船），聚集到莲泗荡举行刘王庙会，俗称“网船会”②。

（七）五通神

五通神是宋以来江南地区最为流行的民间神祇之一，又称五显、五通、五道、五盗、五子、

① 〔清〕姚福钧：《铸鼎余闻》卷三引《怡庵杂录》，台湾学生书局1989年影印本。

② 王娟：《嘉兴莲泗荡网船会的民俗文化传承与保护研究》，《嘉兴学院学报》2016年第2期。

五路、五猖等，“大江之南地多山，而俗禨鬼，其神怪甚佹异，多依岩石树木为丛祠，村村有之。二浙江东曰五通，江西闽中曰木下三郎，又曰木客，一足者曰独脚五通，名虽不同，其实则一。”（洪迈《夷坚丁志・江南木客》）而江南地区，又以苏州最盛，“苏俗酷尚五通神，供之家堂。楞伽山鼓乐演唱，日无虚刻，河南汤公抚吴，严为禁止。乙丑九月公往淮上，值神诞，画船箫鼓，祭赛更甚于昔。公归闻之，立拘僧至，将神像沉于河。茶筵款待，一概禁绝。”（褚人获《坚瓠八集・毁淫祠》）按照民间的一般理解，“五通神”是横行乡野、淫人妻女的妖鬼，因专事奸恶，来历复杂，一说指唐时柳州之鬼；一说是朱元璋祭奠战亡者，允许江南设庙祭祀，以五人为一伍；一说为元明时期骚扰江南、烧杀奸淫的倭寇。总之，五通神为一群作恶的野鬼而且喜欢作祟于人。按照旧俗，认为五通神的功能大体有三个方面：操纵疾病祸福、喜好淫乱，因此属于法力超常，但是品格低劣，与传统的伦理道德尤其不合，明清之际，通常被视为典型的淫祀加以禁止、甚或取缔。但是，在民间还是无法禁绝，这说明民间对于五通神的神力非常崇信（即便是道德水准上是不足的），而这种神力，大概是可以满足普通民众在现实生活层面的某些事实的需求，因此，虽然屡屡被禁，但是，依旧奉行不绝。①

现代以来，在浙江区域，五通神的崇拜还是存在的。但是，其功能已经产生了重要的转变，主要是以财神的形象出现了，而非传统的祟神。所谓的正月初五祭五路财神，实际上祭祀的就是五通神。温州的很多地方，今天依旧有供奉五通神的财神庙，寄托着人们对于财富和美好生活的渴望，至于传统五通神的那些恶习，自然已经消失殆尽，这也可以说是民间神祇的一种现代转换吧，当然，对于五通神来说，实际上就是传统的掌控财富的能力得到更多表达、尊崇罢了。

（八）金龙四大王

金龙四大王，名谢绪，南宋诸生，杭州钱塘县北孝女里（今浙江杭州市余杭区良渚镇安溪村）人，因其排行第四，读书于金龙山，故称“金龙四大王”。作为黄河河神（朱元璋赐封）和漕运保护神，金龙四大王除具有防洪护堤、护佑漕运的功能以外，民间也赋予了保障航行安全、掌管水上生死等职能。既为河漕官员、漕军、运丁所崇祀，也为船工、水手、商人所供奉。明清时期更是不断被官方所敕封，其最后的封号多达40字，为“显佑通济昭灵效顺广利安民惠孚普运护国孚泽绥疆敷仁保康赞翊宣诚灵感辅化襄猷溥靖德庇锡佑国济金龙四大王”，由此可见历代对他的尊崇。“‘金龙四大王’姓谢名绪，晋太傅安之后，元兵方炽，神以戚畹愤不乐仕，隐金龙山，椒筑望云亭以自娱，咸淳中浙大饥，捐家赀饭饿人，所全活甚众，元兵入临安，掳太后少主去，义不臣，赴江死，尸僵不坏，乡人义之，大明兵起，神示梦当佑圣主，时傅友德与元兵左丞李二战徐州吕梁洪上，士卒见空中有披甲者来助战，元兵大溃，遂著灵应，永乐间，凿会通渠，舟楫过洪涛无不应。于是建祠洪上，隆庆间，大司空潘季驯督书吏以事过洪，天将暮，遇伍伯擒以见神，神坐庙内，诘问书吏曰：若官人胡得无礼，河流塞亦天数也，岂吾为此厉民，为语司空，吾已得请于帝，河将以

① 参考孔令宏的《五显神的源流与信仰》（《地方文化研究》2016年第3期）、贾二强的《佛教与民间五通神信仰》（《佛学研究》2003年第1期）等相关考述。

某日通矣，若掌书不敬当罚，书吏诉不得，受扑去，以告司空，已而河果以某日通。于是司空祗事神益虔。”(《涌幢小品》)万历首辅朱国桢的这段描述，对于谢绪的生平义行以及死后的神异，都做了非常详细的说明，由此，很清楚地看到谢绪成为神祇的原因所在。①

杭州是谢绪的故里，因此对于谢绪的崇拜，与运河沿岸其他地方不太一样，可能是由于故里的缘故，谢绪在杭州的祠庙，并不是以运河为中心的。根据民国《杭州府志》，明清时期杭州境内共有金龙四大王庙宇10座，其数量和分布并无明显的规律，有些庙宇甚至建于偏远的乡村，与运河、漕运也无密切的关系。除个别庙宇外，修建庙宇的主要为当地士绅和民众，较少有漕运官员和地方官员参与的记载，当地官员和民众更多地将金龙四大王视为乡土神和民间俗神。相比山东、苏北地区，杭州地区的金龙四大王信仰更多体现出民间化、本土化的趋势。而且，杭州钱塘县还专门为金龙四大王庙提供祭田由钱塘知县秦炌购置，其经费来源于雍正五年(1727年)淮徐道康弘勋的捐助。雍正六年(1728年)，秦炌《置祭田记》云：“雍正纪元之四年，河清万里，皇帝敬隆秩祀，以答神庥，诏发帑银，建金龙四大王庙于江南之皂河。而浙江钱塘县金龙山之阳，神之祠墓在焉。奉旨整而修之，殿堂门庑，金碧腾光，荆棘攸除，鸟鼠攸去。工程既竣，而淮徐道康公，藉神之佑朱家海，大功告成，愿捐资三千两，以一千五百两置祭田于江南，以一千五百两置祭田于钱塘，俾世奉烝尝，而以其余，为岁修之费……炌材力弗逮，谨承宪意，买本县调露十五图陈黄氏征田二百二十亩一厘八毫三丝五忽，委本县儒学曹廷献，履亩以稽，于是正其广轮，总其岁入，守之于官。凡牺币之数，岁修之费，书之于籍，使千百年嗣守兹土者，永有法则。”②对于祭田的使用和管理，雍正十年(1732年)十一月，钱塘县儒学《祭田收支规则碑》云：“杭州府钱塘县儒学，为知会事，雍正八年十月十六日，奉杭州府正堂加二级在任守制乔宪牌，雍正八年十月初七日，奉总督部院兼管巡抚事李批本府议，详金龙四大王祠祠田，年额征收，支给各项规则缘由，奉批如详，饬令勒石永遵。其经收官吏胥役人等，如有额外需索，从中侵蚀情故，该府县立即详明查究，毋任滋弊，缴册存查，等因批府下学奉此，遵将宪定规条，勒石永遵，施行须至。”③这些无疑都表明，谢绪的祠庙、谢绪的信仰，在杭州历史上曾具有特殊的意义和地位。④

(九)祠山大帝

祠山大帝，是在苏浙皖交界一带(主要是浙江湖州，安徽的广德和宣城)十分流行的民间神祇，这一带城乡到处都有祠山庙、张王庙或其他形式的崇祀祠山神的殿宇。关于祠山大帝张渤的由来，民间有诸多的传说，根据吴曾《能改斋漫录》的说法，“祠山广德王，名渤，姓张，本前汉吴兴郡乌程县横山人。始于本郡长兴县顺灵乡发迹，役阴兵导通流，欲抵广德县，故东自长兴、荆溪，疏凿河渎。先时与夫人李氏密议为期，每饷至，鸣鼓三声，而王即自至，不令夫人至开河之所。厥后因夫人遗飧于鼓，乃为乌啄，王以为鸣鼓而饷至。洎王诣鼓坛，乃知为乌所

---

① 申浩：《近世金龙四大王考——官民互动中的民间信仰现象》，《社会科学》2008年第4期。

②③ 仲学辂编：《金龙四大王祠墓录》，《丛书集成续编》史部第59册，上海书店出版社1994年版，第678页。

④ 胡梦飞：《明清时期杭州地区的金龙四大王信仰》，《淮阴师范学院学报(哲学社会科学版)》2016年第1期。

误。逡巡，夫人至，鸣其鼓，王以为前所误而不至。夫人遂诣兴工之所，见王为大猪，驱役阴兵，开凿河渎。王见夫人，变形未及，从此耻之，遂不与夫人相见，河渎之功遂息。遁于广德县四五里横山之顶，居民思之，立庙于山西南隅。夫人李氏，亦至县东二里而化，时人亦立其庙。由是历汉五代以至本朝，水旱灾，祷之无不应。都人以王故，呼猪而曰乌羊。”此处的记载，已属非常神奇，而在民间关于张渤有种种更为神秘的述说，大体而言，民间之所以祠张渤，是跟治水有关的，因此，张渤又有江南大禹的称号。张渤正式受到官方祭祀，应当是在梁代，“梁天监五年(506 年)大旱，武帝感蒋山神梦曰：‘陛下求雨于臣，臣近属土地无能致雨。绥安县横山庙神，祷之必获感应。’帝从之，一祷而雨，是岁大稔。”(《广德州志》转引《祠山事要》)后来历代帝王均有褒扬，而至明清以来，祠山大帝在江南一带更为盛行，这据说与朱元璋有关系。传说中，朱元璋当年兵败广德，曾避难祠山庙，躲过追杀，于是加封张渤为“广德灵佑崇德祠大帝”，并诏布江南诸县遍造祠山庙，大加祭祀。祠山大帝，由此成为江南区域最具有代表性的神祇之一。

祠山大帝的信仰，在杭嘉湖地区相当普遍。湖州作为传说中的张渤诞生地，自然不用多说。在杭州，同样有着非常盛行的祠山大帝信仰，杭州旧时杭州城内有祠山大帝祠庙数座，最为著名的当属钱塘门外的广惠庙，民间俗称霍山行宫，“霍山庙者，广德张王之别祠也。王以休功显德，敷祐生民，历代罔不优礼褒崇。暨我朝庆历追锡之命，增加王号，极其荣美，粤自开迹祠山，肇兴庙食，有祷于王，捷于响答，光灵之迹，旁加横被。于是，离宫行庙，金碧丹护，连城跨郡，岹峣相望焉。仰惟帝城，四方之极，百神受职，是翼是卫，矧王之神游所止，密拱京甸，众大之区，并蒙祉福，顾独未有揭虔妥灵之地，不其阙欤？乾道庚寅，始卜地于霍山，裒金鸠工，营建栋宇，规模位置，焕然鼎新。庙成于绍兴甲寅正月二日，为费钱十万，而判院张宗况施助独多焉。”(赵师白《广惠庙记》，雍正《浙江通志》)。

(十)羊府大帝

羊府大帝是岱山岛上较为有名的海神，被供奉在东沙镇小番宫后山西坡的羊府宫(宫后山正是因羊府宫而得名)中，关于羊府大帝的来历，根据全祖望的《羊府君庙碑记》“吾乡牧守之祀，莫有盛于羊府君者，每岁八月，其趋祀于府君庙下者，远郊近郊相望也。呜呼！何其流泽之永，一至斯软。……府君名撰，不能详其世系……其庙在今江浦，属县中亦多有之。含老相传，是城之筑，创始于府君”可见羊府君在当地有重要影响，所以人们修庙祀之，后来逐渐成为渔人们的保护者。

当然，民间的传说，跟全祖望的记载，自然又是不一样的。根据传说，大概在清乾隆年间，浙江舟山有位船老大姓羊，他在海上救人无数。相传羊老丈死后，被玉帝封为海神、掌管海上的生死。乾隆三十年(1765 年)，当地百姓念羊老人生前广积阴德，自发募资为其立祠，在岱衢洋西岸的东沙角铁畈沙小岙山麓、建造了羊府宫。羊府宫正面大殴五楹，供奉“羊府大帝”和“娘娘”神位，左右厢房各两间，塑有曹班判官神像；中建戏台一座，戏台前建有山门，上悬书写“海不扬波”的匾额，门外竖旗杆一对。这是东沙现存较为完整的最古老的寺庙之一，被称为舟山的“妈祖庙”。舟山渔民对“羊府大帝”极为敬重，羊府宫长年香火不断。每年鱼汛，东海渔民争相来到羊府宫烧香，祈盼海神保佑他们海上作业风平浪静、满载而归。若遇风浪大作、渔船未归之日，渔民家属抱子携女来羊府宫进香，祈求海神降福消灾，保佑其亲人平安归来。①

（十一）昭明太子

昭明太子萧统，是中国文化史上一个非常重要的人物，而其死后在民间也受到了大量的崇祀，这很能体现出民间信仰所具有的特征以及其存在方式。萧统（501—531 年），字德施，小字维摩，梁武帝长子，两岁时便被立为皇太子。他尚文好学、聪颖正直，深得梁武帝喜爱。性情宽和容众，仁孝之义朝野具闻，其人格魅力为时人所称赞。被誉为“中国总集之祖”的梁昭明太子萧统，一直是史学界和文学界关注的对象。他主持编撰的《文选》以其独到的文史价值备受历代学者推崇，随着后世学者对《文选》研究的不断深入，还形成了“文选学”。这样一个贤明有为的太子却不幸意外死亡，年仅 31 岁。昭明太子亡后没有淡出历史的舞台，反而在千百年的历史流传中，渐渐由人演变为百姓尊崇的神灵。对于昭明太子的信仰，目前一般的说法，是从池州开始的，渐渐传播至舒城、芜湖、祁门、宣城乃至江西、江苏、浙江等地，传播地域十分广泛。昭明太子信仰的推广，与佛教有着密切的关系，梁代是崇信佛教的，无论是梁武帝，还是昭明太子，对于佛教都尊崇有加，佛教对于昭明太子信仰的推动也是巨大的，尤其是宋明以后，更有寺院将昭明太子奉为护法伽蓝神。

昭明太子的信仰，在浙江也有不少。比如，在浙江杭州的临安有昭明禅寺。在天台，则有昭明太子庙（传说昭明太子隐居、读书处）。温州有更多的关于昭明太子的传说和遗迹：“温州瑞安门，俗称大南门，出城半里许，有英济庙，俗呼白马庙。相传神为昭明太子，既无旧碑可考，里人亦无能详其原委者。庙中有潘宗耀楹贴云：‘白马湖光仪，踩仗霓旌，尚振英风昭脬？黄糜谈故事，仁浆义粟，长传闽泽济嗷鸿。’跋云：‘英济庙神灵最著，里俗相传梁昭明太子，拯饥来此，时乘白马，故又称白马庙。’”虽无史料可考温州一地建立英济庙的原委，但从乡人里俗传说可以看出，昭明太子之所以被崇祀是因为他曾经赈济灾民。据《梁书》本传记载昭明太子性情仁孝，关爱百姓，“每霖雨积雪，遣腹心左右，周行间巷，视贫困家，有流离道路，密加振赐。又出主衣绵帛，多作襦袴，冬月以施贫冻。若死亡无可以敛者，为备棺槥。每闻远近百姓赋役勤苦，辄敛容色。”

（十二）如意娘娘

如意娘娘信仰是发源于宁波象山地区渔山列岛的民间信仰。② 在代代相传的口头叙事中，如意娘娘是以一位外来渔家女的形象出现，因其投海殉父的非凡孝举而被当地的渔民供奉为海上平安孝神，作为海岛上最为重要的海神保佑着出海作业者的安全。因此，如意娘娘

① 王武琼：《舟山群岛羊祜信仰研究》，《浙江海洋学院学报（人文科学版）》2012 年第 1 期。

② 参考钱婷婷《神界亲缘关系的建构与地域联结——以象山如意娘娘信仰为例》（华东师范大学硕士论文，2010 年）。

是渔山岛上非常重要的民间信仰神灵，关于她的传说都是代代口耳相传，鲜见于古籍文字资料。当代官方（如象山县文化馆等）都以渔山岛岛民徐七寿的讲述为通行版本。根据讲述，渔山岛几百年前常有福建兴化人来岛捕鱼，也常有台州、黄岩人来岛铲淡菜。一日，有采贝人落崖身亡。后其女从家乡赶到其爹身亡处，纵身跃入海中殉葬。众人大惊，但见从该女投身处浮上一块木板，人们皆为该女的强烈孝道所感动，也为该神奇木板所震惊，遂以木板与少女塑像建庙于该岛，后被称之为如意娘娘庙。

（十三）太均娘娘

在浙北地区有一位女性神灵深得人心，其影响力遍及整个太湖流域，她就是南塘太均娘娘。实际上南塘太均娘娘是由三位娘娘组成，全称为“南塘三殿太均娘娘”，即大太均、二太均、三太均。三位娘娘分工合作，大太均主管快生快养、保佑母子平安；二太均当家管账目；三太均上天落地，百事操心。现在民间一般将三位合为一体，统称为“太均娘娘”，太均娘娘无所不能，有求必应，但主要扮演着妇幼守护神的角色，即送子兼顾保佑孩子健康成长。

太均娘娘在浙北地区人尽皆知，在人们的日常生活中，无处不渗透着太均信仰。一座座大大小小的庙宇、一年中无数的祭祀，以及在孩子出生后的三朝、满月、周岁都通过仪式祈求太均娘娘的保佑，16 岁时更有大规模举行“罗汉酒”仪式来感谢太均娘娘信仰等等。南塘太均娘娘的信仰大致在南宋开始伴随着太均父亲陆圭的成神而诞生。由于陆圭为“镇海潮王”，相对来说祭祀的人群也多为太湖出海捕鱼之人。但在后来历史的演变中，太均娘娘“送子护幼”的功能得到凸显，庙宇的名称也因此而从“陆家祠”一步步转变为“太均庙”。①

（十四）范增信仰

范增（前 277—前 204 年），居鄛人（今安徽巢湖西南）。秦末农民战争中为项羽的主要谋士，被尊为“亚父”。汉高祖元年（前 206 年）随项羽攻入关中，范增劝项羽消灭刘邦势力，未被采纳。后在鸿门宴上多次示意项羽杀刘邦，又使项庄舞剑，意欲借机行刺，终未获成功。汉高祖三年，刘邦被困荥阳（今河南荥阳东北），用陈平计离间楚君臣关系，被项羽猜忌，范增辞官归里，途中病死。

这当然是史书中关于范增的记载，而在浙江的民间传说，则认范增是诈死，实际上已经乘着石船来到今属浙江省天台县的九遮山，隐姓埋名居住在山洞中，为民治病，造桥铺路方便行人。但他依然关心国事，当项羽自刎乌江消息传来，他大哭：“竖子不听吾言，终有今日！”于是人们知道他就是范增，他却说：“范增早死彭城，哪里会到这里来！”不久人去洞空，不知所终。因此，当地人为范增造“亚父庙”（当地俗称“仙皇庙”“仙皇殿”，以范增为“仙皇佛”）。根据当地的传说，当年跟范增一起来隐居的还有一个何姓大将，而今这一带何姓人较多，《台州风物志》《天台县志》对此都有记载。当地何氏谱牒中有何登云所作《石船仙迹》一诗，诗云：“石船

① 沈月华：《一个神灵的诞生——太湖流域南塘三殿太均娘娘神灵化过程探析》，《湖州师范学院学报》2009 年第 5 期。

夜渡到天台,亚父登仙何处来。一座萝完千古在,两山花洞万年来。停船岩下清凉地,勒马庵前法净台。相传范增成佛在,至今静坐白云限”,此诗写于道光二十三年(1843 年),由此可见,范增的信仰,在当地也是一个非常悠久的传统了。今天,供奉范增的亚父庙依旧存在。

(十五)和合二圣

和合神究竟何时在中国古代社会生活中出现,很难确认,但是一般认为在唐代开始,即有人格神特质的和合神出现,而且从唐代开始到近代,在中国的不同时代、不同区域,虽然和合神的形象各异,但是作为一种普遍流行的民间神祇,和合神被广泛接受的程度是极高的。这也很直观地表达出,普通民众的日常经验生活中,对于和合美满这样的意愿的祈望,代表着民众对生活的愿景。比较流行的关于和合神的说法,最早是由唐代的神僧万回来充当的。据相关的文献,至少在南宋的时候,万回作为和合神的信仰已经非常普遍,万回这个名字的意思,有诸多的解释,但是,“万里而回”的探兄故事,深入人心,其意在不远万里而回家,表达出民众对于家庭和合圆满的朴素愿望,所以,以万回作为和合神,在和合理念的现实化、信仰化的早期表达中,非常普遍。

图 96-7-1-2　和合二圣像[①](2010 年何善蒙摄)

当然,我们说和合神,既然称之为和合的话,最为直接的是应当发生在两个对象之间的和合关系,也就是说,只有当大于等于两个以上的对象的时候,我们才能说,它们相处和谐,而万回的意义虽然很好,但是终究是一个人,这样就不能很好地呈现出和合的完满状态。因此,大概在至迟明代中期开始,“和合二仙”开始取代万回,成为和合神的象征。和合二仙是谁?在民间演变的过程中,曾经有过诸多的选择,但是,最终是以寒山、拾得作为典型的象征形象。因此,目前我们说的“和合二圣”,其原型是我国唐代诗人寒山和拾得,两人长年隐居于浙江天台寒石山,在民间有着广泛的信仰和流传,而目前苏州的寒山寺,可以看作是寒山拾得在江南地区民间文化的影响力的表达。

清雍正十一年(1733 年),雍正帝下诏封寒山为“妙觉普度和圣寒山大士”,封拾得为“圆觉慈度合圣拾得大士”,并称“和合二圣”。在佛教中,寒山、拾得则被分别视为是文殊菩萨和普贤菩萨。道教崇拜得道成仙将和合又称二仙,寒山拾得就成为主管人间家庭和睦,团结友爱,爱情美满的喜神和爱神。旧时常有悬挂和合二仙图于中堂者,取和谐合好吉利之意;又常于婚时悬挂,象征夫妻相爱。在常见的画像中,他们手中一人执荷花,一人捧盒,盒盖稍微掀

① 此和合二圣像,在浙江省天台县街头镇张家桐村(即位于寒山隐居的寒石山的山脚下),左为拾得像,为村民新造。右为寒山石像,应为目前所见最早的寒山石像,传说是宋明之际,当地人称“寒山老佛”。

起，内有一群蝙蝠，从盒内飞出。“荷”与“和”“盒”与“合”同音，取和谐好合之意。纹样以此内容组成，是江南一带木雕、漆画、砖刻、刺绣、剪纸、木版年画甚至是建造房子时候等重要符号。

第二节　庙　会

庙会，应该是中国传统基层社会中最具特色的和最为普遍的活动组织形式。庙会首要的、最基本的功能乃是宗教性的，而非经济性的，“庙会及娱神活动中存在着明显的狂欢精神。这种精神具有原始性、全民性、反规范性的特征。庙会狂欢具有心理调节器、社会控制安全阀以及维系社会组织、增进群体凝聚力的良性功能，因而它不但反映了理性与非理性的对立，也反映了表现形式的非理性行为具有理性意义这一深刻主题”，故“中国传统的、功能比较齐全的庙会，就其最初的功能而言，主要是用于娱神，然后逐渐增加了娱人的和经济的功能”。①所以，如果对庙会的理解，只看到了它的经济功能，而忽视了它最原初的、最基本的功能，显然是有问题的。庙会，与其说是一种集市的形式，毋宁说，“庙会是我国传统的民众节日形式之一，它是由宗教节日的宗教活动引起并包括这些内容在内的寺庙或其附近举行的酬神、娱神、求神、娱乐、游冶、集市等活动的群众集会”。②

浙江历史上的庙会非常丰富，这些庙会形式在丰富了老百姓的日常生活的同时，也传递出了老百姓的信仰生活的丰富程度。目前，随着非遗工作的进一步推进，传统的庙会也得到较大程度的恢复，在浙江区域，列入国家级非遗的就有缙云县的“张山寨七七会”、永康县的“方岩胡公庙会”等，列入省级非遗的有庆元的“菇神庙会”、松阳的“道惠夫人会”、衢州的“杨炯出巡”、磐安的“茶场庙庙会”、新市的“蚕花庙会”、嘉兴的“江南网船会”、绍兴的“舜王庙会”、杭州的“吴山庙会”、海宁的“元帅庙会”、仙居的“清音寺庙会”、桐乡的“双庙渚蚕花水会”、普陀山的“观音香会”等，这些庙会在目前都有着非常固定的活动。当然，现在的庙会与传统相比，其宗教信仰的成分已然削弱了，但是，这些庙会的存在，无疑都在一定程度上传递着传统信仰生活的真实意义。

一、神佛庙会

神佛庙会，以供奉神佛的庙宇为中心，一般是在神佛的诞辰日前后进行的庙会活动。这是佛教中国化与宗教世俗化的结果，在民众日常生活中有着深刻的影响。庙会的主题是拜祭神佛、礼敬祈福，神佛是整个庙会的核心。当然，跟所有的庙会一样，在娱神的同时，也是人与人之间各种交往的重要节日。

（一）西湖香市

杭州地区历来宗教氛围浓厚，礼佛祈福成为杭城及周边民众的一种非常重要的活动，杭州

---

① 赵世瑜：《中国传统庙会中的狂欢精神》，《中国社会科学》1996年第1期。

② 朱越利：《何谓庙会》，载刘锡诚主编：《妙峰山·世纪之交的中国民俗流变》，中国城市出版社1996年版。

则是礼佛活动的中心，在礼佛的过程中，带来的是整个社会的活动，而不仅仅是宗教活动本身，由此，西湖香市也随之诞生了。香市发达的历史非常久远，可以上推自唐宋时期。其盛况，根据明代张岱的记载，“西湖香市，起于花朝，尽于端午。山东进香普陀者，日至嘉、湖，进香天竺者日至，至则与湖之人市焉，故曰香市。然进香之人，市于三天竺，市于岳王坟，市于湖心亭，市于陆宣公祠，无不市，而独凑集于昭庆寺。昭庆两廊，故无日不市。三代、八朝之骨董，蛮邦、闽貊之珍异，皆集焉。至香市，则殿中边甬道、上下池、左右门内外，有屋则摊，无屋则敞，敞外又棚，棚外又摊。节节寸寸，凡胭脂簪珥，牙尺翦刀，以至经典木鱼，仔儿嬉具之类，无不集此。时春暖桃柳明媚，鼓吹清和，岸无留船，寓无留客，肆无留酿，袁石公所谓‘山色如蛾，花光如颊，波纹如绫，温风如酒’，已画出西湖三月，而此以香客杂来，光景又别。士女闲都不胜其村妆野妇之乔画，芳兰杂泽不胜其合香芫荽之熏蒸，丝竹管弦不胜其摇鼓欱笙之聒耳，鼎彝光怪不胜其泥马竹人之行情，元宋名画不胜其湖景佛图之纸贵。如逃如逐，如奔如追，撩扑不开，牵揽不住。数百十万男男女女老老少少，日簇拥于寺之前后左右者，凡四阅月方罢。”（民国《杭州府志·风俗志》转引自张岱《西湖香市志》）根据张岱的这段记录，我们可以看到，西湖香市的时间是从花朝节①到端午节，即从农历二月十五到五月初五，前后近四个月，而且，这四个月时间很重要，因为这恰恰是春季，即杭州风光最为旖旎的日子，所谓“此时春暖，桃柳春媚，鼓吹清和，岸无留船，寓无留客，肆无留酿”，这样的壮观景象，可谓少见，由此也反映出西湖香市之盛况。此外，香市虽然是为了满足民众烧香、进香的需要而出现的，但是，香市上的品物种类繁多，“三代、八朝之骨董，蛮邦、闽貊之珍异，皆集焉”“节节寸寸，凡胭脂簪珥，牙尺翦刀，以至经典木鱼，仔儿嬉具之类，无不集此”，毫无疑问是一个自由交易的大市场。同时，香市不仅是各种物品交流的大好时机，也是娱乐的大好机会，“如逃如逐，如奔如追，撩扑不开，牵揽不住。数百十万男男女女老老少少，日簇拥于寺之前后左右”。另外，香市的范围也是非常广泛的，三天竺、岳王坟、湖心亭、陆宣公祠、昭庆寺，等等，几乎是无处不市、无日不市。当然，这样盛况空前的香市是与到寺庙进香这样的宗教行为联系在一起的，无疑也是基于信仰的基本范畴而展开的活动。

同样需要注意的是，这里的香客并不是局限于杭州，而是一个相对较为广泛的区域。香客，除了杭城之外，北方以山东为主，南方以苏浙的无锡、苏州、嘉兴和湖州一带为主。这样众多的香客，自然使得杭州的香市十分兴旺，以至于无处不市。在范祖述的《杭俗遗风》中，根据香客的不同，将西湖香市细分为“天竺香市”“下乡香市”和“三山香市”。“天竺香市”最早，因农历二月十九日为观音圣诞，“全城老的少的，丑的俏的，无不云集，途为之塞。有忏会者，十八日晚即许出城，自茅家埠起，一路夜灯，至庙不绝。”“下乡香市”，以苏常锡、杭嘉湖种桑养蚕各乡村村民男女为主，一乡一村，结伙成队，乘坐香船来杭，停泊于松木场、拱宸桥一带，多时达千百只，河道堵塞无隙。有的以船为家，自带糕粽为食。香期延续一个多月。“三山香市”，即天竺山、小和山、法华山的香市，主要来自苏杭各地。而且苏杭各地都有香会组织，由长者领队带路，数百十成群，肩挂黄香袋，腰系红带，头裹白巾，结伙而行，要在一天之内，来回百余里，烧遍三山之香，称为“翻三山”。不管如何香客来自何方，对于他们来说这都是一次非常重

① 农历二月十五日，传说是花神诞辰，至清代，杭州有两座花神庙，可见其信仰在杭州的流行程度。

要的集市，有着深远影响力的事件，“香市之盛，苏州一省，及杭、嘉、湖三府属各乡村民男女，坐船而来，均泊于松木场。或上埠自寻下处，或歇各寺院，或在船中居住。其船何止千数，早则正月杪，迟则二月初，咸来聚焉，准于蚕时返棹。其来者所带银钱，无不丰足，故昭庆寺前后左右各行店面云集，名曰赶香市。其进香，城里则城隍山各庙，城外则天竺及圣因、净慈、云林、昭庆。惟行大蜡烛，止天竺一处，而城隍庙亦间有之。其法造数十觔大烛一枝，用架装住，两人扛抬，余人和以锣鼓。到庙，将大烛然点，即熄带回，以作照蚕之用。又以黄布白布，或数匹或数十匹不等，扯长索曳而行，名为舍旛，其实均送和尚。香则檀香、线香二种，檀香数百觔，线香千百十股，略为烧点，余则亦送与和尚，故天竺之香布极多。至于点残蜡烛，仓中散放，不知其几千万觔。所以天竺和尚，吴山道士，各房头均有嫡派子孙相传薙度，外人不得而与焉。城外赶香市者，不过十分之一。而城中各行生意，夏、秋、冬三季敌不过春香一市之多。”(民国《杭州府志・风俗志》转引自《杭俗遗风》)

香市进香对于普通民众来说是一件具有非常深刻意义的宗教行为，所以，不管富裕与否，甚至是借贷典当，他们都会为这次赶香市准备足够的银钱，然后通过艰苦甚至是长途的跋涉，到各个寺庙进香，这样的宗教虔诚，与任何其他宗教信仰形式相比较，也丝毫不逊色。对于进香的香客来说，这代表着他们对于佛菩萨诸方神灵的信仰，希望通过这样的行为在开春之际获得诸神的护佑，以获得家庭的安康、幸福以及一年的幸运。当然，对于商人来说，这也是他们最为重要的时间，所谓“城中各行生意，夏、秋、冬三季敌不过春香一市之多”。

(二)吴山庙会

吴山七十二庙

吴山庙会是杭州本地规模最大、历史最久的庙会之一。为纪念春秋战国时吴国大夫伍子胥，建造第一座伍公庙以来，2000 多年间寺庙庵观，日益增多，几乎遍及吴山境内的紫阳、云居、七宝、峨眉等 10 多个大小山头和山麓，故有“吴山七十二庙”之说。这些寺庙极为复杂，祭祀的民间神灵也是形式多样。大致可分以下几类：历史人物被塑造的神，除伍公庙外，还有纪念明朝铁面御史周新的城隍庙；纪念南宋行刺奸臣秦桧的施全庙等；神话传说之神，有仓颉祠、月老殿、酒仙殿、禹神殿、药王庙；还有龙王庙、海神庙、雷神庙、风神庙、火神庙、太岁庙(祭祀六十甲子星宿)等；儒、释、道三教供奉之神，儒教的文昌庙等；释教的海会寺、宝月寺、七宝寺、宝成寺、仁寿庵等；道教的三茅观、通元观、三仙阁等。吴山上不仅有杭州自立的寺庙，而且还有外地迁来的寺庙，如河南迁来的惠应庙，四川迁来的梓潼行祠等。

四季不断

大年初一到正月十八，上山的多半是杭州的本地人，为的是辞旧迎新，求得一年好运；二、三月间，杭嘉湖一带香客纷纷涌进杭城，最后也要到吴山进香。端午、立夏等岁时节日，各行各业休假，也都要上吴山赶庙会。此外，各寺庙菩萨生日，都有庙会热闹一番。旧时，吴山庙会，除烧香拜佛外，山上山下遍布算命、看相、测字摊。此外，还有卖字画、庙台戏、卖唱小曲、变戏法、耍杂技、卖花、斗鸟以及店家、小贩在寺庙四周和沿山路设摊卖物，人们赶庙会往往是“闻风而去，满载而归”。特别是吴山脚下的清河坊一带的胡庆余堂、孔凤春、张允升、方裕和、状元楼等店家，生意特好。

（三）东岳庙会

《西湖老人繁胜录》载："都城社陌甚多，一庙难着诸社酌献，或在城吴山行宫烧香，或在城南坛山烧香，或在城北临平行宫烧香，或在城东汤镇行宫烧香，或就城西法华山行宫烧香，诣庙皆如此。社陌朝拜，钱幡社至日开正阳门，献钱幡三五十首，高者有二丈长，献物在外。孟夏，车驾诣景灵宫朝献同前。"①从中不难看出东岳信仰在杭州的繁盛程度。首先是庙宇多，东岳行宫有吴山、南坛山、临平、汤镇、法华山五处；其次是场面盛大，已经有较大规模的"献钱幡"等活动。吴自牧在《梦粱录》卷十九《社会》中记载："三月二十八日，东岳诞辰"，《武林旧事》卷之三《社会》中记录了二月八日桐川张王庙会的盛况，在末尾作者记录道："若三月三日殿司真武会，三月二十八日东岳生辰社会之盛，大率类此，不暇赘陈。"

从宋元开始，杭州的东岳庙会就已经极为兴盛。杭俗相传三月二十八日为东岳大帝生辰，杭州东岳大帝行宫有五处，以法华山东岳庙最大亦最兴盛，届时都要迎神赛会。迎神赛会开始，先由仪仗队开道，有"清道校尉"八对十六人，个个头戴披肩头盔，身穿团花战袍，脚着粉底皂靴，腰悬秋水雁月刀，威风凛凛，贴街面左右两旁徐徐而来。大路中间，往往有要"火流星"，或舞钢叉的协助清道。后面是八面抬锣鸣锣喝道，四面有"回避""肃静"之类的虎头禁牌的执事仪仗队，其中有铁钺、金瓜、彤弓、玄矢等执仪；有龙凤、虎豹、金鸟、玉兔等旗帜。除这些校尉外，还有"锦衣将军"护驾，火铳队压阵，沿途遇到供棚，十二支铳，同时并发，火星四溅，震天动地。接着是高照一面用绸缎刺绣的大旗，上面绣有"敬神如在"或"国泰民安""风调雨顺""五谷丰登"等吉利语，旗杆用三四丈长的大毛竹做成，由一个彪形大汉，边行边舞，有时将旗杆顶在头顶、后颈、前额；有时在手臂、手心、拳头上做出各种要弄绝技。随后就是赛会，由各行各业、各村各坊所出的"会货"：即化妆表演队伍。"会货"越多，赛会越盛，也越显隆重。杭州东岳庙会赛会时主要"会货"有：乐队、舞龙、舞狮、高跷、抬阁、调无常、舞判官，还有舞刀弄枪等武艺杂要。紧跟是提着香炉的提炉队和端着神器的迎神队，最后是护驾侍卫蜂拥着的神轿。轿中端坐全身金装的"东岳大帝"。神轿一到供棚，迎驾人员都要跪着接驾，善男信女也都跪着念佛经。神轿后面还有一批人装扮犯人，他们曾向东岳大帝许下心愿，待迎神时扮犯人还心愿。

自明代以后，杭城的东岳庙会依旧盛行，只是中心发生了变化，从吴山转到了西溪法华山的老东岳，除了三月二十八日东岳大帝诞辰这个时间之外，当然，有的时候，民众信仰的热情极为高涨，春秋两祭的时候也会有赛会，而且规模还相当大，"西溪法华山庙坞之东岳庙俗称老岳庙，香火尤盛。来此烧香者不仅杭州本地，亦有自皖南、苏、沪等地远道而来者。春秋两季及东岳圣诞，西溪数十里烧香者不绝于途。庙内摩肩接踵，香烟缭绕，及残烛、箔灰岁可达

---

① 〔宋〕西湖老人：《西湖老人繁胜录·东岳生辰》。

千斤之多。”[1]而且，杭州的东岳庙会除了三月二十八日东岳大帝诞辰之外，还有七月东岳大帝朝审，这也是在杭城的东岳庙会中一个极为代表性的事件，“七月，为东岳大帝朝审。往小和山，则各集结有香会。赴法华山，则各集结有班号。香会不拘时日，班号则有定期。例如，七月初一为天字号，初二为坤号，初三为福号，以此类推，十六日而止，不相紊乱。男妇有愿舍身为神前执役者，名曰‘投文’。相传，东岳帝能审判疯病人。人患疯病，班号中人先缚而置之庙中所设之地狱中。至夜，各扮差役，一如官吏坐庭然，乃提疯人出，使跪神座下，旁置一草人，指为疯鬼之替身，由执役者作审问状，疯人即能作鬼语相答。不答，则用木杖击草人，疯者便自呼痛，亦一奇事。然有愈有不愈，未可也概论也。”[2]

浙江的东岳庙会是比较盛行的，到目前为止，在浙江很多地方仍然有东岳庙会，每年在举行。比如，嘉善的戴西港东岳庙一般从农历三月十二日开始，持续4天，庙会包括吉祥出会和善男信女进香两部分；临海杜桥，每年正月初二，东岳宫有盛大的庙会。

（四）观音庙会

普陀山

观音信仰，是浙江最具代表性的信仰之一，因此，围绕着观世音菩萨的庙会，在浙江也是非常多的，最为著名的当然是要数普陀山的观音庙会了，因为普陀山是观音的道场。根据民间的说法，在每年的农历二月十九为观世音的诞辰日，农历六月十九为观世音的成道日，农历九月十九为观世音的出家日，这三个日子对于信仰观世音的民众来说，都是非常盛大的节日，都要举行庙会来庆祝。在这三个香期中又以二月十九观音生日为最盛。所谓“观音香会”，就是佛教徒为了庆祝观音生日、纪念观音出家、缅怀观音成道而举行的法事活动。普陀山是观音香会的中心，是朝山的圣地、进香的仙境、观光的佳处，因而香会更是盛大、壮观、按照佛教的说法，到普陀山去的人，虽然怀有各种不同的目的，但都与菩萨有缘，所以一概受到菩萨的欢迎。每当香期，舟山诸岛的善男信女纷纷到普陀朝山进香，香客游客多时竟达万人之众。从法雨寺的九龙殿到千级石阶的香云山径，信徒礼膜参拜，一步一跪拾级而上，虔诚之至，令人感悟。三个香期活动的内容、形式、范围大致相同。主要的活动程式是：朝山进香、祝寿普佛、坐夜宿山、登山礼佛、全体传供、还愿佛事等。[3]

杭州

杭州的观音信仰也是非常兴盛，主要是以天竺为中心。二月十九有天竺观音庙会。二月十九观音诞辰日、六月十九观音得道日、九月十九观音升天日，均有庙会。旧时的天竺香会，就是以观音信仰为中心。天竺香会，是西湖香市期内最热闹的民间庙会，以朝拜天竺观音为主。香会分三期，其中以二月十九观音诞辰日烧香最盛。杭州茹素人家，十之九都赶往天竺烧香，灵竺道上，摩肩接踵，茶楼酒馆，莫不利市数倍。两旁临时摊贩林立，四乡工艺品、土特

---

① 钟毓龙编著、钟肇恒增补：《说杭州》，王国平主编：《西湖文献集成》第11册《民国史志西湖文献专辑》，杭州出版社2004年版，第664页。

② 范祖述：《杭俗遗风》，上海文艺出版社1989年版，第11页。

③ 徐宏图：《谈普陀观音信仰的历史影响》，《浙江海洋学院学报（人文科学版）》2004年第1期。

产，均云集于此。除本地人外，苏州、无锡、常州、嘉兴、湖州各地外乡香客亦都前来。香客来上天竺敬香，还有“行大蜡烛”之举。他们将数十斤重的大烛，用架装住，以两人抬着，前面打旗，后面敲锣击鼓，到庙将大烛点燃，即行熄灭，携归家中，用以照蚕房，认为可获蚕花利市。六月十九天竺香会，以杭人为主，亦十分热闹。明清时，杭州十城门至晚必闭，故夜间游西湖者，须于城外找宿处。唯有六月十八之夜，官府为便利市民进香，钱塘、涌金、清波三处城门通宵不关，所以杭州人有“六月十八游夜湖”的俗谚。

湖州

湖州的观音庙会，在浙江也是有着悠久传统和影响的。毗山慈云寺是湖州传统的观音道场，生日庙会是湖州重大庙会活动之一。毗山位于湖州城东，由于近城，所以名毗山。毗山风景优美，吸引了历代文人。南朝梁时，吴兴太守柳恽在山上筑毗山亭、读书台。五代时，钱氏随山势筑园，岩洞秀奇。宋代，吴约仲在毗山筑“旷远亭”。明代，尚书潘季驯筑毗山园。毗山山清水秀，北麓有毗山漾，碧波荡漾；南有苕溪，舟楫来往；东北有塘河，沿山环绕。登毗山，远眺太湖，近瞰湖城均十分相宜。每年农历二月二十九日是观音生日，也是踏青郊游的好时光。这一天，湖州城及近郊数万男男女女都要踏青游毗山，朝拜观音。新中国成立前，就有许多百里之外的香客赶来朝拜。随着寺庙的扩建，及周边环境的改善，观音庙会的规模不断扩大。每届庙会的前一个星期，庙内僧众便开始庙会的筹备工作，很多外地信徒在庙会的前几天便云集为观音娘娘祝寿。届时僧众沐浴更衣，从清晨起便诵唱佛经。天亮之前，烧香许愿之人便络绎不绝，殿堂庙廊里的善男信女摩肩接踵，鞭炮之声此起彼伏，不绝于耳，及至天亮。后来者只能将鞭炮香烛投向庙外的铁炉焚烧，有的就跪在庙门及路旁向观音娘娘祈求或许愿，三拜九叩以表诚心。进香时，有目不斜视的顶礼膜拜者，也有几步一跪一叩头的虔诚信徒；有心满意足的还愿者，也有怀揣心事来祈求佑护的善男信女。庙宇周边商铺林立，游人如织，有耍猴的、卖艺的、说大鼓书的、卖纪念品的，更多的是来庙会看热闹的，顺便许个心愿，可谓人声鼎沸，热闹异常。这一风气由来已久，已成为湖州民间风俗之一。

其他各地

当然，很多地方的观音庙会之所以受到当地百姓的重视，那是因为观音信仰在当地有非常特殊的灵验事件、传说，以至于当地人对于观音有特殊感情，进而崇奉不已，庙会等形式，也就成了当地重大的节日，比如在金华岭下镇的观音庙会就有这样的特点。岭下镇位于浙江金华城区东南，距县政府金华 12.3 公里。北毗澧浦镇，西邻江东镇，东、南与武义交界。面积 58.46 平方公里。岭下镇辖 34 个村委会，计一个自然镇、54 个自然村，总人口 1.58 万人。岭下朱即岭下镇的自然镇，是岭下朱二、三、四、五村行政村驻地。岭下朱一村，辖后方、半田畈、周村 3 个自然村，驻地后方。但岭下朱一村、二村、三村、四村、五村均以岭下朱及序数而得名。《松溪朱氏宗谱》载，明朝时，朱姓迁居坡阳岭下，故名。有集市，当地有观音阁，在当地，农历二月十九观音诞辰日是非常重要的节日，在岭下朱当地人们从农历十七号就开始准备起来，比如买黄裱、元宝之类。以前十八晚就有人住在庙里了，现在一般十九号凌晨一两点开门。在农历二月十九，每家每户的亲戚朋友都会在岭下朱欢聚一堂，主要都是一些近亲。有些客人主人会打电话通知，但久而久之，也就形成了一定习俗。只要到这一天，他们都会随身带上一些礼物来岭下朱热闹一番。理所当然，主人家一整天都很忙，准备饭菜，甚至连去观音阁都顾不上。对于当地的主人来说，观音庙会，更多意味的是亲人团聚的日子。因而，在岭下朱，人们把二月十九这天看得甚至比过年都重要，是叙叙旧，话话家常。在外的人过年可以不回来，但二月十九一定得回来。他们借"观音之名"来增强亲属间血缘的凝聚力，这也是民间信仰的一种非常重要的功能。为什么岭下镇的人会那么认可观音呢？在岭下村流行着两个传说，"观音报"的传说和沉香木观音的传说。在岭下朱一直盛传着"观音报"的传说。据当地人讲述，二月十九那天是观音娘娘的生日，观音娘娘也就是断尾龙的母亲。在二月十九前几天，断尾龙要来看他的母亲。所以那几天，就会起大风，如果不起大风就下冰雹，年年如此。这就预示着断尾龙来看他的母亲了。在岭下朱基本上说有的人都是认为每年这个时候断尾龙伴着狂风或冰雹来看娘了。后面一个传说，是说岭下朱在明代有一进士，叫朱晶禄。他在南江做官，后来在回来途中顺长江而下，有一木头一直跟着他漂了几天几夜。他把这一木头推开，木头又继续浮了过来。这样来来去去了好几个回合，他就把木头捡了起来。一看原来是沉香木，相当昂贵。朱进士正在想木头太大，又不好拿。这时木头自己缩小了。后来朱进士就把它带到了岭下朱。于是就用这木头雕刻成了观音娘娘，供奉在祠堂中。①

（五）三官庙会

三官大帝是早期道教尊奉的三位天神，"三官"是指天官、地官、水官。三官大帝的信仰渊源于中国古代先民对天地水的自然崇拜。在道教的信仰中，认为三官能够为人赐福、赦罪、解厄，即天官赐福、地官赦罪、水官解厄。例如《元始天尊说三官宝号经》曰："上元一品，赐福天官，紫微大帝；中元二品，赦罪地官，清虚大帝；下元三品，解厄水官，洞阴大官；三元主宰，三百六十。"在民间，三官的信仰非常普遍，一般认为是掌握人间祸福、天神转迁、生死轮回诸事，民间信仰仍然很普遍。由于民间信仰的特殊性，三官信仰在民间层面，由魏晋南北朝兴起之后，有着不断被人格化的趋势，民间一般以尧舜禹三位圣王来代表三官，尧为天官，舜为地官，禹为水官。民间的三官信仰中又以天官最为普遍，常被视作"福神"，在春节时画作年画，天官身穿大红官服，龙袍玉带，手持如意，画容慈祥，一副雍容华贵的气派，常常贴在门上，希望天官赐福长寿。② 旧时各地有三官庙、三官殿、三官堂。以正月十五、七月十五、十月十五为三官生日。清顾铁卿《清嘉录》卷一云："遇三元日，士庶拈香，骈集于院观之有神像者。郡(指吴郡——引者注)西七子山有三官行宫，释氏奉香火，至日，舆舫络绎，香湖尤盛。归持灯笼，上御'三官大帝'四字，红黑相间，悬于门首，云可解厄。或有人以小杌插香供烛，一步一拜至山者，曰拜香。"

浙江旧时民间三官信仰也是极为兴盛的，几乎每个地方都有三官庙、三官殿等奉祀三官的祠庙，比如杭州吴山上就有承天灵应庙(俗称三官庙)，"承天灵应庙，旧《浙江通志》：'在吴山城隍庙东。'《西湖游览志》：'旧为天、地、水府三官，故俗称三官庙。'宋乾德三年建，名玉虚

① 李燕：《江南的民间庙会与村落生活——以浙江省金华市岭下朱观音庙会为个案》，浙江师范大学硕士学位论文，2009年。

② 黄德海：《天上人间——道教神仙谱系》，四川人民出版社1994年版，第73页。

观。端平三年重建,赐今额。有天开书图阁、清晖亭。元末毁。明洪武二十三年重建。”(清雍正《浙江通志》)。民间对于三官庙会,也是非常重视的,大体在农历正月十五、七月十五和十月十五都会有三官庙会,以祈求三官护佑。比如在温岭、玉环等渔乡,旧时每年的元宵节户户都要挂三官灯,尤其是在上元日(正月十五),因为是天官赐福,民间极事礼拜。杭州的三官庙会则主要是在农历十月十五,届时吴山附近都会成为进香祈福、杂要游乐的中心地带。

(六)地藏庙会

地藏王菩萨是中国民众所信奉的四大菩萨之一,中土的四大菩萨各有道场,号称四大佛教名山。其中观音菩萨的道场是普陀山,普贤菩萨在峨眉山,文殊菩萨在五台山,而地藏菩萨的道场则在安徽青阳县西南的九华山。九华山作为地藏的道场,与唐代驻锡在此处的一位僧人金乔觉相关。根据《宋高僧传》的记载,金乔觉是唐初新罗国王族,出家之后法号地藏,金地藏涉海来华,入九华山修道,后于贞观十九年(645 年)圆寂,寿九十九。金地藏身高 7 尺,顶耸奇骨,常年孤坐石室,以白土(也就是民间常说的观音土)和米为食。他圆寂以后,遗体置于木函中,经过 30 年肉身都没有变坏。徒众以其全身入塔,抬举之时,其全身关节如金锁铿锵作响。大概正是因为他多有高行异相,又恰好法号地藏,世人于是就认为他是地藏菩萨转世,九华山因此也成了地藏道场,其所在寺庙为化城寺,后人并建肉身塔以供奉之。这两个地方至今仍然可以在九华山见到。

而在民间,地藏王菩萨的信仰更为兴盛,两宋以来,全国各地多建有专门供奉、礼敬地藏菩萨的庙宇。每年到了农历七月三十日这一天,民间认为这一天是地藏菩萨的诞辰,也称地藏节,各方善男信女争先恐后进入庙宇中面向地藏菩萨,烧香礼拜,祈福还愿。寺庙以外,民间还常在道路两旁、自家的屋檐下,遍插棒香,或燃放莲灯,通宵达旦,香烟缭绕,白夜如昼,以此来祈求地藏菩萨保佑全家平安与福乐。也有另外一种说法,地藏节紧接七月十五的纪念目连救母的盂兰盆节,老百姓怕目连在地狱救母眼睛看不见,所以燃放香烛来照明。浙江对于地藏王的信仰也是极为尊崇的,杭州、宁波、嘉兴等地方,都有在七月三十日“地藏王诞辰日”这一天,在自家房前滴水处“插地上香”(镇海将香插在南瓜上,用竹竿悬之高空),这种习俗在浙江民间至今十分流行。

民间逢地藏菩萨生日,亦有进香祈福之习俗,地藏庙会也会随之而举行。近年来,杭州灵隐寺恢复了每年的“地藏王法会”,可以看作是地藏庙会的当代形式了。①

(七)火神诞会

火神诞会,是杭州民间祭祀火神消弭火劫的庙会风俗。历史上杭城多火患,民间敬畏火神,每逢农历六月二十三火神诞辰日,都要举行火神诞会。宋时,杭州民间祭祀火神有赛会之

---

① 比如,2015 年的灵隐“地藏法会”,从农历七月十九至七月三十(9 月 1—12 日)结束。在这十二天的地藏法会上,大众法师和善信居士们,用功办道,勇猛精进,四众和合共诵《地藏菩萨本愿经》,广作回向,使有缘此次殊胜法会的游人香客随喜赞叹,同获法益。

举，并有跳灶会（又称跳蚤会）舞蹈。由一男者身穿破袈裟，一手执破蒲扇，一手执吹火筒，扮济公形象，由一女者穿大红衣衫，手擎一把红雨伞，扮火神化成的美女。伴以锣鼓，且走且舞，舞步粗犷，节奏明快，表情诙谐，形成火神诞会高潮。

明清以来，火神诞会还隆重举行。届时，吴山、钱塘门小教场火神庙及城内佑圣观都要演敬神戏一个多月。辛亥革命后，禁止城内唱庙台戏，火神诞会才逐渐废除。

二、圣贤庙会

圣贤庙会，主要是在圣贤的诞辰日前后进行，表达民众对于圣贤的纪念、供奉，以祈求护佑。

（一）温州瓯海坑源村盘古庙会

盘古是中国上古传说中的圣人，开天辟地的传说，在民间有着广泛的流传，而关于盘古的信仰，在全国各地也是非常普遍的。浙江的盘古信仰，除了畲族之外，在其他区域也流行着关于盘古的传说以及盘古的信仰。围绕着盘古的信仰，就会有盘古庙会，温州瓯海坑源村的盘古庙会就是代表之一，目前还是在延续着。当地民众以每年农历三月十五，为祭祀盘古爷的日子，俗称盘古庙会。在庙会的时间，一大清早，村民们便准备好了祭祀的事物，在盘古殿前等待祭祀活动的开始。早上7时许，洒圣水、念祭祀文，告诉盘古爷，他的后代子孙没有忘记他的功德，今年来祭拜他了。紧接着便是燃放鞭炮、敲锣打鼓，抬盘古爷巡游。巡游队伍村民扮演的开路大人（先锋）、解析官、七星、戏曲、彩旗队伍等先行，随后是盘古爷牌位、香炉、塑像，最后是跟班队伍及小丑等。村中设有规格不等的路祭，祭祀队伍每到一处，居住在附近的村民便围城一圈，由几位年长的老者手执香炷，弓身祈祷，将内心夙愿告与盘古爷，以求全家平安、风调雨顺、六畜兴旺、五谷丰登等。祭祀队伍绕村巡游，最后回到盘古殿中。

据老人说，相传当年猴妖闹村，大家请来盘古爷镇住了猴妖。光绪十八年（1892年）盘古殿建成，每年农历三月盘古庙会一直延续至今，是当地重要的习俗，一些当地华侨还专程回来参加祭祀活动。庙会期间，坑源盘古爷的头家弟子组织邀请戏班、温州鼓词等文娱项目活跃现场气氛。而这些文娱项目一般在农历三月十四就开始表演，历时三天。四乡的农民都带来了他们手头上的农副产品，例如草药、笋干、土豆干、番薯枣、菜干等，也有的带来自己制作的农具，摆上商品柜台，借机进行交易。

（二）防风王庙会

德清县三合乡防风山的防风庙，始建于西晋元康年间（291—299年），"邑令贺循建"。梁任昉的《述异记》中不仅提到"防风庙"是"土木作其形，龙首牛耳，连眉一目"，也最早记述了祭防风之情景，"越俗，祭防风神，奏防风古乐，截竹三尺，吹之如嗥，三人披发而舞"，这表明，防风王的祭祀，在德清有着非常悠久的传统。

按照当地的风俗，防风山南麓的秋祭防风活动，在旧历八月二十五前后各一天（即二十四、二十五、二十六）举行，历代官民都十分重视。秋祭防风，先由官祭，经过"埋眚""起眚""致祭”等仪式后，防风王出殿巡行。各社各就各位，旌旗招展，集合于庙会广场；老龙在前，青龙在后，台阁、高跷、马灯，摆开道子；“四弟相公”前有硬牌执事；钢叉开道，鸣锣放铳；巡行队伍中还有各种龙灯、渔灯、马灯，称为“龙灯会”。街上三处拳会，表演钢叉、顶缸与各路武术。巡行至桂花厅，则用当地土产的熏豆茶“坐茶”“供茶”；有的地方还要搭浮桥而过。连演三台社戏，乡民也在这几天走村串户，“做客人”喝“烘豆茶”。街上各地商贩货摆摊，人山人海，热闹非凡。目前，防风王庙会，依旧保存，并且每年的庙会和祭祀都如常进行。①

（三）朱天庙会

朱天庙会祭祀明末崇祯皇帝，传说崇祯皇帝朱由俭是五百罗汉转世，民间称朱天菩萨。朱天菩萨是杭州民间崇敬的神祇中最虔敬的一位，四月二十四日为其生日。朱天庙会遍及城乡，以上仓桥、柴垛桥两处最为热闹。朱天庙会期间，善男信女都要持斋诵经，不茹荤酒。同时，要迎神赛会，抬着朱天菩萨巡行，巡行队列除丝弦清吹外，还有地戏、高跷、抬阁，极一时之胜。

（四）舜王庙会

绍兴关于舜的传说很多，民间对于舜的信仰，也十分普遍。浙东有三个舜王庙，而位于绍兴县王坛镇的舜王庙，则是所有关于舜的传说和信仰的中心。该庙建于南宋时期，是绍兴地区祭祀舜帝的重要场所。王坛舜王庙坐落在绍兴城东南 43 公里的小舜江之滨、舜王山之巅。舜帝是中华文明的始祖之一，他身体力行，德圣天下，相传“舜王曾巡狩会稽山”，即今绍兴、上虞、诸暨、嵊州一带。因此成为会稽山区民众的信仰民俗，并于每年农历九月二十七日（传说舜的生日）前后，自发的组织祭祀、巡会、商贸等活动，久而久之就形成流传到现在具有一定规模的舜王庙会。庙会期间，数以万计的群众从四面八方赶来舜王庙，祭舜、游玩、购物，十分热闹。②

（五）大禹祭

大禹以其治平天下洪患的盖世奇功而赢得万民景仰，被奉为神灵，四时祭祀。规模最大、时间最早的，当属绍兴。大禹陵位于绍兴东南郊的会稽山山麓，由禹陵、禹祠、禹庙三大建筑群组成。会稽大禹陵为天子祭祀之地，启令使臣每年春、秋到会稽祭禹，于南山建宗庙。禹以下六世，少康即位后，怕祭禹之事中断，便将其庶子封于越，名无余，其子孙均以守护禹陵为业，祭祀活动连绵至今。禹陵村，4000 年来，夏禹姒姓后代世代为禹守陵至今。

秦始皇三十七年（前 210 年），秦始皇不远千里，亲赴会稽祭禹，开帝王祭禹之先河，会稽大禹陵名声大振。刘邦建汉后，朝廷也建祀禹制度和祀所。至唐以来，祭禹和拜谒禹陵的文人唱和题咏日盛，大大提升了禹陵、禹庙的文化品位。宋元时期，将保护禹陵和祭祀禹正式列为国家常典。每年三月游人最盛，无贫富贵贱，倾城俱出，酒樽食具甚盛。到了元代，虽蒙人

① 2007 年，防风祭典被列入浙江省非物质文化遗产名录。
② 2007 年，绍兴舜王庙会被列入浙江省非物质文化遗产名录。

为政，祀禹立碑依然盛行不衰。明17代，有11位皇帝登极时遣官祭禹。清代，遣官祀禹达30多次，康熙、乾隆皇帝亲赴大禹陵祭禹。民国8年(1919年)，孙中山在胡汉民的陪同下瞻仰了大禹陵。民国28年(1939年)3月29日下午，周恩来冒着抗日烽火回到阔别已久的故乡，拜谒了大禹陵、庙。他说："中国历代统治阶级没有学好大禹治洪水这一课，都只晓得遏制，不晓得利导，所以成了专制魔王，到处受到反抗，他们是注定要失败的。"

中华人民共和国成立后，人民政府保护大禹陵庙，大小维修每年不绝。1995年4月20日至21日，浙江省暨绍兴各界在禹庙举行中华人民共和国成立之后的首次大型祭禹活动。1995年以来，绍兴市祭禹活动为"每年一小祭、五年一公祭、十年一大祭"。2007年公祭大禹陵典礼由国家文化部、浙江省人民政府共同主办，绍兴市人民政府承办。"祭禹"升格为国家级祭祀活动。而祭祀仪式十分讲究，采用"禘礼"的形式，用最高礼祭表达人们对大禹的景仰，共有肃立雅静、鸣铳、献贡品、敬香、击鼓、撞钟、奏乐、献酒、敬酒、恭读祭文、行礼、唱颂歌献祭舞、礼成等13项议程，显示出对于整个祭祀过程的重视。而祭祀的细节设计，也是相当有讲究的。一般祭祀典礼从9时50分开始，意寓大禹为"九五之尊"；随后鸣铳9响，赞美大禹平洪水、定九州的不朽功绩；鼓手擂鼓34响，表达全国34个省、自治区、直辖市和香港、澳门特别行政区对先贤的缅怀；撞钟13响，传达13亿中华儿女对先祖的绵绵追思。①

(六)黄帝祭

作为华夏民族的始祖，黄帝，自古以来就受到人们的尊崇，国人也往往自称为炎黄子孙。在缙云民间，就流传着仙都鼎湖峰是黄帝炼丹觞百神飞升之地的传说。早在夏商周时期，当地百姓就在鼎湖峰下祭拜始祖轩辕黄帝。故在东晋时期就建有祭祀黄帝的"缙云堂"，唐代改扩建为"黄帝祠宇"，与陕西黄帝陵相呼应，形成"北陵南祠"的格局。缙云对于黄帝祭祀十分重视，目前当地每年举办两次祭祀大典，分别在清明节和重阳节。祭祀大典采用古代最高礼祭规格"禘礼"，以传统与现代、礼与乐相结合的方式进行。上午9时50分，庄重祥和的民乐声响起，大典开始，寓意黄帝"九五之尊、至高至上"。击鼓34响，代表了34个省、直辖市和自治区和香港澳门特别行政区；撞钟15响，代表了全世界15亿炎黄子孙。主祭人列队依次向黄帝像敬上高香、敬献花篮，恭献三牲、五谷、山珍果品、鲜花、美酒等祭品。祭文恭读完毕后，全体参祭人员向黄帝像行三鞠躬礼，表达追思之情。②

(七)徐偃王庙会

徐偃王的信仰，在浙江非常普遍，因此，徐偃王庙会，在传统时代也是比较常见的。比如在嘉兴秀水乡徐王村，旧时有徐王庙，每年正月初八举行庙会。据《嘉兴府志》(卷三四《风俗》)记载："八日乡人蚁舟集徐王庙，为赛神之会。"又据《古禾杂识》记载："初八日烧八寺香，北郊外徐王庙最闹。市井人丛集，有换元宝还元宝等名。"另据《嘉兴府典故纂要》记载："徐偃

① 大禹祭典已经入选国家级非遗名录。

② 缙云黄帝祭典已入选国家级非遗名录。

王逃之会稽，其宗族有散在邑者，后世思王功德，立庙以祀焉。”按：徐王又名徐偃王，据考春秋时为山东东夷族首领，战败，逃至江南，后世，各地建庙祭祀甚多。清代朱彝尊《鸳鸯湖棹歌》有“不待上元灯火夜，徐王庙下鼓冬冬”诗句。正月初八又为“谷日”，民国时期为“佛生日”，乡人视“徐王”为“谷神”，祭祀甚恭，此俗延续至20世纪50年代，后渐废。

目前，在浙江，徐偃王庙会依旧存在，龙游县溪口镇灵山的徐偃王庙会是最有代表性的。每年的农历正月十九，就是龙游县溪口镇灵山一带纪念徐偃王的传统庙会日子。当天下午5时，在鞭炮浓郁的硝烟味和欢庆的锣鼓声中，巡街活动正式开始，来自灵山村的金毛狮子首先亮相，接着村腰鼓队、高脚牌队、清洁龙队、断头龙队依次通过，最后是村民们抬着徐偃王塑像接受灵上、灵下、本徐三个村村民的朝拜，每到一家，都燃放鞭炮，送大小不等的红包，以表达对徐偃王的崇拜。

(八)德清舞阳侯会

九九重阳节，中国的传统节日，也是西汉名将樊哙的诞辰纪念日。德清县上柏村，樊哙出生的故乡，每年在重阳节都以民俗庙会的形式来纪念这位伟大的历史人物。

“舞阳侯会”是德清当地的一份历史文化遗产，也是人们传承、发展传统文化的有效载体。纪念樊哙的重阳庙会为期三天，一般是从农历九月初八到九月初十。九月初九为出会大典，民间自发，分工明确，井然有序。当天一早，周边村民盛装打扮，喜气洋洋聚集在舞阳侯祠前，点烛上香，鞭炮齐鸣，庆祝樊哙大将军的诞辰，气氛格外热闹。祠堂前“颂忠精之魂，感祖先之恩，扬恭谦之美，倡和谐之风”“千古传承舞阳侯会，万载遗情上柏文明”等标语，寄托了当地老百姓祈求国家繁荣昌盛，人民安居乐业、富裕祥和的美好愿望。庙会期间，各地商贩云集，热闹非凡，当身穿红袍，紫脸黑须的樊哙塑像出祠巡游时，整个庙会的气氛达到了高潮。游街队伍经过上柏老街时，人们纷纷拿出苹果、橘子、香蕉等供奉，街道两侧的店主们更是争先恐后燃放鞭炮以求财祈福。

(九)包公庙会

包拯作为宋代名臣，以其清廉的形象，在民间有着极为广泛的信仰，包青天的称呼，代表着普通民众对于包公的信任和接纳。在浙江的民间，也有围绕着包公祭祀为中心展开的庙会。每年农历六月十五，绍兴县孙端镇前小库村都会举行包公庙会，场面非常热闹。一般早上6时多，前小库村的河边已经是人头攒动，热闹非凡，周边各村的十几条泥鳅龙船早早划向包公殿前的村河里。爆竹声声，鼓乐齐鸣，村民将包公菩萨抬上等在一边的大船，在场的泥鳅龙船，接着拖菩萨的坐船，前面4条龙舟划，其余的泥鳅龙船在后面护送，开始沿村河巡游盘渡。沿岸村民纷纷祈求丰收安康、消灾除祸。

(十)白衣丞相出巡

白衣丞相是指唐代的四朝(唐玄宗、肃宗、代宗、德宗四朝)元老李泌，因李泌平时喜穿白色衣服，经常到民间察访民情，为民治病解忧，故死后被追封为“白衣丞相”。“白衣丞相”出巡活动，是具有青田阜山地域特色、独有的民俗文化活动，是以阜山乡清真禅寺为中心进行的。阜山乡清真禅寺，始建于宋朝，原名“清真堂”，是为了纪念李泌所建，历来有“浙南第一寺”的美誉，在浙南一带影响深远。每年从春祭开始这里都要举行庙会节，其中以农历正月初七的“白衣丞相出巡”活动和二月初八至十九的春季庙会最为热闹，以二月初八的千斤巨烛敬献仪式最为壮观。除了盛大的出巡活动，清真禅寺还将举行鱼灯、腰鼓、采茶舞等众多的民间文艺表演，游客还可以到寺内做“首名”“助缘”为家人祈福。

（十一）横村钱王庙会

钱王因其在浙江的政绩，在浙江的民间有着非常广泛的信仰。钱王传说，也是国家级非遗项目，每年临安市政府或者杭州市钱镠研究会，都会在钱王陵园或者钱王祠举行各种形式的祭拜活动①。而在浙江桐庐的横村，目前依旧延续着以祭祀钱王为中心的庙会。横村镇“三月初八庙会”，传承至今已有400余年历史，为纪念钱武肃王，主祀五代吴越武肃王钱镠，配祀显灵王周雄和寿昌令刘珏。“三公庙”为横村镇社庙，每逢农历三月初八即行盛大庙会，前后为3天。20世纪80年代以来，随着人民生活水平的不断提高，横村“三月初八庙会”从原来的3天发展至今为期7天。

每年农历三月初八是桐庐县横村传统庙会，横村镇上，临时搭建的集市人山人海、商家云集、百货齐全，农户日常生活与生产用品，摊位达到1300多个，民间文化活动丰富多彩，整个庙会热闹非凡。

（十二）关公庙会

关公在民间因其忠义的形象而受到广泛的欢迎、崇信，浙江的民间也有非常普遍的关公信仰（尤其是作为财神）。在缙云的金竹村，则至今还有关帝庙会，金竹村的“迎关公案”源于明隆庆年间，至今已有400余年的历史。农历五月十一至十三日是迎关公案活动日。五月十一日主要活动程式为祭旗祀案，包括：鸣炮献乐、恭读祭文、敬献三牲五谷、鹅血祭旗等。五月十三是正日，活动程式主要有请神起案、祈福会案、神龛交接、焚马谢案。其中“焚马谢案”活动最具地方特色。每年的农历五月十三日，雁岭乡附近四邻八乡的群众纷纷赶到金竹村参加一年一度的关公庙会。金竹全村人潮涌动，爆竹阵阵，鼓乐喧天，传统的迎罗汉、钢叉旗幡、三十六行、哑背疯、唱莲花、铜钿鞭等民间表演案队在这里竞相献艺。七时许，各个表演案队排起长龙，敲锣打鼓向关帝庙出发，在关帝庙前空地轮番表演后，按序进入关帝庙祭拜。祭拜结束，表演队到金竹四个村巡游表演，最后到金四村空地进行集中展演。展演的传统节目有钢叉旗幡、少年钢叉、叠罗汉、三十六行、拳术、翻猪刀、唱莲花、铜钿鞭、扭秧歌等，称得上是一场非遗盛宴。顶着炎炎烈日，表演者依然演得热火朝天，观众们看得津津有味。下午二时许，村民把自家精心制作的纸马抬到全村巡游一番后到关公庙前集中，三四百只纸马浩浩荡荡，气

① 临安钱王陵园的祭祀一般是在每年清明节，由临安区政府主导；钱王祠的祭祀一般是在元宵节，由杭州市钱镠研究会主导。

势恢宏。排列整齐后，点燃焚烧，顿时，熊熊烈火直冲云霄，这就是独具特色的“焚马谢案”。至此，迎关公案全部程式结束。

（十三）十月半宗泽庙会

出生于义乌的宗泽，作为抗金名将，在浙江有着广泛的影响，据说金华火腿的产生就是跟宗泽相关的，当然，这在很大程度上是出于民众对于宗泽的崇信之情。至今在浙江宁海的农村，好多地方建有真君殿，供奉真君大帝塑像，就是宗泽元帅(也有说是关羽)。传说中这位神明能保佑一方平安，颇得当地百姓的敬仰。今天在宁海农村，如桑洲的大岗头村、桃源街道的下金村、深甽镇的龙宫村和深甽村、跃龙街道的水车等地，在每年的农历十月十五日，村民们都要举行捣麻糍祭祀神明、请戏班子做大戏等习俗。这些十月半的民俗活动中唯独深甽村集善庵的庙会规模最大，场面最为热闹。

深甽集善庵，明崇祯十七年(1644 年)，由深甽马岙俞佑捐田资建造。后乡间邑人迎真君神到此，因显灵异常，有求必应，远近百姓来此顶礼膜拜，求签问药。民间认为真君大帝的寿辰是农历十月十五日，深甽当地百姓为纪念他的丰功伟绩，并祈福避灾保平安而举行庙会，敬神娱神。深甽村原有俞、胡、李、林、卢五大姓氏居民。历史上，庙会活动由五大姓的族长联合当地文人组织开展。主要以当地百姓及周边的善男信女祭拜真君大帝，举行民间艺术表演及汇聚商品贸易等为主要活动形式。早在农历十月初，深甽村民就在家中摆放丰盛的祭品供请真君大帝，初七至十八日期间，人们又准备祭品到集善庵祭祀。真君大帝寿辰前晚，远近的善男信女都来到集善庵通宵念经祭拜。人们在敬仰神明的过程中受到良好的社会民俗教育和熏陶。至十五日，香客愈多，庙会达到高潮，巡游活动开始。大头翁和“肃静”“回避”牌开道。击大锣十三响后，火铳、爆竹齐鸣。紧接着全副銮驾、龙旗和鼓吹乐队，传说中真君大帝的护身龙——“五星十八节龙”，威武出场。壮汉们抬着真君大帝神像，撑着黄罗伞和掌扇，后面跟着高跷、鼓亭抬阁、舞龙舞狮队，开始浩浩荡荡走村巡游。众人簇拥，非常热闹。人们共同祈求五谷丰登、安居乐业。

三、行业神庙会

传统时代，各行各业都有自己的守护神，而对于行业守护神的祭祀并由此形成的庙会传统，是在传统社会中非常普遍的现象。这不仅代表着普通民众祈福的愿望，更为重要的是传递着行业的精神、体现着行业的凝聚力。

（一）迎春庙会

中国传统社会是一个农业社会，因此，春天对于农业来说，是非常重要的季节。在春天刚开始，围绕着农业的相关崇拜和祭祀，以及由此形成农业庙会，是一个自然的现象。

据《杭州府志》记载，杭州有先农坛作为农耕祭祀用，先农坛位于庆春门外。清朝雍正四年(1726 年)八月，钱塘县令秦公、仁和县令刘汉儒，奉命在庆春门置籍田、筑祭台、建神祠、立寝室，供奉先农炎帝神农氏、先农历山氏、先农后稷氏之神位，于每年二月亥日(上旬)举行祭仪，祈求风调雨顺，农桑兴旺，五谷丰登。祭祀典礼十分隆重，由督抚主耕，从耕者二人，一进鞭，二进耒（即犁上的木耙），外置四人，二人扶犁，二人牵牛。主耕者则左手秉耒、右手执鞭、九推步行，尽垅而止。在举行祭礼的日子，围观者众多，有市民百姓、乡野农夫、官吏衙役、扶老携幼，简直像过节一样热闹。因为有了先农坛祭春，从而衍生出杭州历史上的"迎春"庙会，根据范祖述的《杭俗遗风》和近代学者钟毓龙的《说杭州》的记载，迎春庙会自是热闹非凡。立春前一日，杭州知府会同总捕厅、水利厅同知及钱塘、仁和两知县，着朝服、坐显轿，全副执事，到"先农坛"迎请"勾芒之神"，其意为迎接丰收之神。"勾芒之神"被供奉在八人抬的神轿之中，受人顶礼膜拜。神轿前有彩轿开道，彩轿的大瓷瓶中插着红色"富贵花"和象征丰收的"五谷"。接下来是"吹鼓手"和"抬阁"，抬阁上一层一层地站满了由儿童装扮而成的戏剧人物。跟在抬阁后面的则是四乡八村的秧歌，又扭又唱，场面热闹而诙谐。秧歌过后才是真正的主角，一头精神抖擞的耕牛出场了。这头牛被尊为春牛。春牛披红挂彩，配上全新辔口，打扮得漂漂亮亮，牧牛汉子牵着春牛，打着响鞭，一路行来，这就是一年一度的鞭牛迎春，是整个仪式的高潮，象征着一年的农事即将开始，农家又要忙碌了。

（二）机神菩萨庙会

对于传统杭州的丝织业从业者来说，机神菩萨庙会，那是最为重要的。旧时的城东乃杭城丝织业发祥地，民间机坊林立，机杼之声比户相闻，向有"艮山门外丝篮儿"之说。在机坊最为集中的闸弄口大路边，建有一座规模宏大的"机神庙"，专门供奉机神菩萨——褚载。

每年春秋两季，机坊业都要用三牲五畜祭祀机神菩萨，以求丝织业兴旺发达。主祭人宣读祭文，并行三跪九叩大礼，仪式十分隆重。丝织业内遇到诸如收徒拜师、合约签订、议事调停等各种重要仪式，也均在此期间举行，可见机神庙对于丝织业从业者来说，是不可或缺的。机神菩萨庙会上演戏敬神，祈愿进香，周边百姓也纷纷参与，场面分外热闹。"机神庙会"也因此成了老底子丝织行业的"节庆年会"，其香火一直延绵到了新中国成立前夕。①

（三）蚕花庙会

杭嘉湖一带，是蚕桑的重要基地，对于蚕桑户来说，敬奉祭祀茶花娘娘，是十分自然的事情，而在此基础上，逐渐形成了规模较大的"蚕花庙会"。传统的蚕花庙会内容丰富，其中最为重要的一项就是"轧蚕花"。轧蚕花又叫"挤蚕花""挨蚕花"，这是由于方言的发音不同而致的，其实意思是一样的。大概在每年清明前后，杭嘉湖一带的蚕乡都要举办迎蚕神、祭蚕神的大型庙会，养蚕人家基本上都是户户参与，演"蚕花戏"、点"蚕花灯"、用各种形式祭拜蚕神，以祈求蚕茧丰收。特别是十里八乡的青年男女，成群结队地来到现场"轧蚕花"。庙会上熙熙攘攘、人山人海，轧蚕花的青年男女头戴蚕花，兴致勃勃地在人丛中轧来轧去，挤进挤出，俗话说："越轧越发，越挤越旺。只有人挤人、人挨人，才有蚕花十二分。"旧时杭州"轧蚕花"的地方

① 参考卢涵、何善蒙的《杭州丝织业的祖师崇拜——从机神庙、先蚕庙到通圣庙》，载《浙江民俗文化》，浙江大学出版社 2015 年版。

集中在城东的“半山娘娘庙”,赶庙会期间,蚕农从四周乡村汇集而来,近的走路,远的坐船,男女老少,挤挤挨挨,一拨接着一拨,纷纷涌到“半山娘娘庙”里来轧一轧、挤一挤,以求蚕神赐福,讨个彩头回家。此时各家各户犹如过节一般热闹,真可谓是盛况空前,“轧蚕花”也成了旧时城东地区影响最大的庙会。而德清新市的蚕花庙会,则是在今天依旧非常盛行。①

新市是杭嘉湖地区的主要蚕桑产地之一,蚕农自古敬仰蚕神,清明期间家家拜谢马鸣王,官府亦每岁季春巳日致祭。加之新市原有东、西永灵庙,戴侯庙赛社,逐渐演绎成以觉海寺为中心的大型蚕花庙会。古时庙会,各村花轿,八人抬行,内坐蚕娘,沿街抛撒蚕花;觉海寺旁,魔术杂耍,商家云集,市河中舢板穿梭,船拳竞技;胭脂弄人头攒动,楼窗中蚕花抛向人群,轧蚕花热闹非凡。

目前,新市的蚕花庙会,依旧保存着祭蚕神、轧蚕花等传统活动,当然,近几年来,还增加了蚕农蚕事赛技艺、社戏、科技兴农话蚕桑、书画展等活动。在延续传统庙会特色的同时,也满足民众的新的需求。因此,每年的庙会都得到了民众的大力支持,每次的庙会都有一种节日热闹感觉。

(四)菇神庙会

自南宋以来,庆元的菇民以栽培香菇维持生计,世代相传延续千年。在每年农历十月末至翌年三月,菇民们远赴外省山地种植香菇。菇民将香菇人工栽培的鼻祖吴三公信奉为菇神,为感念吴三公的恩德,建起了菇神庙以纪念这位香菇鼻祖,同时,也满足了精神上的信仰和寄托需要。凡菇民聚居的地方,都建有菇神庙。庆元最早出现的菇神庙是南宋咸淳元年建在西洋村的“灵显庙”(即现在的西洋殿)。每年的农历七月十六至十九,庆元县西洋殿菇神庙都要举行为期 4 天的菇神庙会。②

(五)善琏蒙公祠庙会

善琏镇地处湖州市南浔区南部,在古镇善琏几乎家家有笔工,户户出湖笔,工艺精湛,名噪天下,素有“湖笔之都”之美誉。历史上据传秦将蒙恬为改良毛笔作出过贡献。《古今注》载:“恬造笔胜于故,凡善琏者必祀恬为笔祖耳。”因此,善琏历代建有蒙公祠。每逢农历三月十六、九月十六,天下笔工云集蒙公祠举行盛大庙会,膜拜笔祖,企盼笔业兴旺,俗称“蒙恬会”。目前,善琏的蒙恬会已经改名为湖笔文化节,每年举办一次,延续着制笔名镇的传奇历史。

(六)磐安赶茶场

每年农历十月十六,磐安玉山迎来了声势浩大的茶场庙庙会,即赶茶场。赶茶场是以“茶

---

① 蚕花庙会在杭嘉湖地区比较盛行,有着比较悠久的历史,目前新市保留的蚕花庙会是比较典型的形式,影响也重大。关于蚕花庙会的相关研究,参考殷飞飞的《蚕桑文化的传承与变迁——从浙江湖州含山蚕花庙会到含山蚕花节》(赣南师范学院硕士论文,2011 年)以及王嬬嶓的《桐乡洲泉镇双庙渚蚕花水会研究》(浙江师范大学硕士论文,2017 年)。

② 关于庆元的菇神庙会,参考吴其林的《菇神庙与菇神信仰》(《东方博物》2005 年第 3 期)以及田中娟的《浙西南菇神庙会的祭祀仪式与仪式音乐》(《乐府新声(沈阳音乐学院学报)》2009 年第 2 期)。

神”许逊传说及对他的崇拜为核心，以当地茶文化为基础，以古茶场为主要文化展示舞台，是具有久远历史的民俗文化活动，分为“春社”（正月十五）和“秋社”（农历十月十六），主要流传在磐安县玉山一带。“赶茶场”最大的特色就在“赶”上。在庙会的头一天，邻近县市的商人就来设摊布点，当天一大早，玉山周边的民众、香客及外地的游客、摄影爱好者就纷纷赶来古茶场，一睹半年一度的茶场庙会盛况。古茶场内外香烟袅袅，香火畅旺，香客们虔诚地祭拜“茶神”许逊，充满了恭敬、祥和的氛围。古茶场外人头攒动，叫卖声不绝于耳，热闹非凡。

古茶场旁边的千亩空地上，各种民间艺术表演，集聚一堂，纷纷亮相。其中，最为吸引人的是“迎大旗”，以竹为杆，以绸为旗，旗大丈许，画上人物龙虎，旗大者面积可达600多平方米，可覆盖一亩土地，升之需百余人。本次茶场庙庙会共迎来四面大旗，每面旗需80个～100个壮汉，做好前期准备工作后，大家各守其位，在统一指挥下，全体人员高度统一，步骤协调，齐心协力，整个过程，锣鼓紧催，呐喊声、助威声回荡于天地间，甚是豪迈。待四面大旗陆续树起，鞭炮齐放，而绘有“龙虎相斗”的旗面在半空中迎风飞舞，远观之，如真有龙虎相争，活灵活现，场面蔚为壮观。

（七）径山庙会

径山庙会是径山特有的以茶文化为主要内容的传统民间庙会，具有浓厚的径山禅茶文化内涵和独特的径山地方民间艺术特点。茶乡百姓每年在春茶采摘后期，举行径山庙会活动来祭祀茶祖和欢庆丰收，祈盼来年好收成。

（八）绍兴东浦镇杨川村酒仙会

东浦镇是绍兴黄酒的发祥地，黄酒文化底蕴十分深厚，酒仙会市作为当地传统庙会，是当地民间传承百年以上、历史悠久的一项珍贵而独特的非物质文化遗产。东浦杨川村酒仙会市活动，起源于清咸丰二年（1852年）。此后，村里每年农历七月间都要举行迎神赛会活动。村民把酒神菩萨抬上神船，在河中巡行，沿河埠村民则拿出自家新酿制的加饭黄酒，共同祭祀酒仙。有时，村民会把酒神菩萨抬上神轿，沿村、堡巡游，沿途百姓设供桌，点烛焚香，叩跪祭奠酒仙赐福。

（九）鄞州区邹溪庙稻花会

水稻种植是农耕文明的标志性符号，尤其是在江南。因此，在江南的民间，有着以祈求稻谷丰收为中心的稻花会，目前宁波鄞州区邹溪还保存着这一庙会传统。邹溪庙稻花会始于清道光八年（1828年），是旧时鄞县著名的庙会之一，一直延续到民国35年（1946年）为止，每年农历六月十五，在水稻扬花结实之时，当地人以庙会形式来祈祷风调雨顺，稻米丰收的美好愿望。这一天，村村都把裴君迎，祈求丰年。邹溪庙稻花会曾中断65年，于2011年恢复，时间依旧是延续农历六月十五。早时，每到水稻接近扬花季节，农民就会自发地组织起来举行稻花会，祈求神灵保佑丰收在望的稻谷有个好收成，达到生活富裕。曾有古诗作证：“天台一脉到邹溪，五溪兴会大暑前；村村都把裴君迎，稻花香里祈丰年。”

四、保界庙会

(一)胡公庙会

方岩庙会,俗称方岩胡公庙会,源于纪念宋代名臣“胡公”(胡则)的朝拜(俗称“迎案”)活动,是永康各地民众以祭祀“胡公大帝”为宗旨的大型庙会民俗,历代以来,方岩庙会的娱神娱乐活动约定俗成,世代相沿,年年进行,民众不论男女,不分长幼,自觉自愿,争相参与,不遗余力,永康一带,民间有“十岁上方岩”习俗,说明其参与者众,胡公大帝信仰的深入。传统时代,方岩胡公香火在农历八月、九月最盛,每天上方岩朝拜胡公的人数达万人以上。其中仅在八月十三方岩庙会这一天,永康县境内就有72个胡公和上百个罗汉班上方岩换香火与游案,加上香客和游客人数要达数万人。从岩下街至方岩顶,人群川流不息,熙熙攘攘,热闹非凡。按照传统惯例,八月十三方岩庙会这一天,主要的活动由各地民间“胡公会”有组织有安排地进行,大多是以村镇为单位组织。每个“胡公会”都有一个胡公殿和一个胡公龙庭设制。胡公龙庭是用木雕朱漆而成的状似宝塔式的楼台殿阁,胡公神像坐在其中,并且雕造有胡公十兄弟的造像。平时胡公龙庭摆在胡公殿神位上,参加方岩胡公庙会时就将胡公龙庭背上方岩。起驾胡公龙庭仪式十分隆重,要有仪仗队,要鸣礼炮、敲锣打鼓,还有罗汉队和各种娱神表演的队伍护送,少则数百人,多则上千人,声势浩大。胡公会组织上方岩朝拜胡公的队伍一般次序排列是:先行长幡、长旗、头旗、蜈蚣旗、大刀、响盾、盾牌、红缨枪、棍棒、火铳等组成的罗汉队;再行荷花神、高跷、大面姑娘、十八蝴蝶、十八狐狸、九串珠、台阁、旋车、三十六行、十字莲花、讨饭莲花、狮子抢球、敲敲班、唱戏班等组成的传统文艺娱神表演队伍;后行鹅毛旗、令字旗、香案、铜锣、字牌、花竹、挑香碗、刀叉、万岁牌、胡公龙庭、黄阳伞、降神者、挑抬供祭品者和背香烛的人;最后是拜佛念经的香客。朝拜队伍从村里出发,路经各地游案时迎胡公队伍在后,但到方岩山脚时迎胡公队伍必须在前。而迎案与表演队伍在后。等到胡公会组织的队伍到了方岩顶。汇集在胡公大殿前.首先要鸣放鞭炮。供上祭品拜祭胡公、烧香跪拜,降神者跳上供桌在香炉里掏香灰并将新的香灰装上。这叫为村上胡公庙的胡公换香火。然后迎案的罗汉班队伍在胡公殿回旋,顺时针三圈,逆时针三圈,娱神文艺表演队伍边走边表演。这一系列朝拜胡公队伍仪式完毕后,这个胡公会就离开方岩胡公殿以便让别的胡公会队伍朝拜胡公。下了方岩山后原路回村将胡公龙庭背回村里的胡公殿安放原处。这样胡公会参加方岩庙会的一年一度大活动才告结束。在方岩胡公庙会前后,有的胡公会在方岩山顶演胡公戏表示庆贺。有的胡公会则在自己村上组织戏班演上两天三夜胡公戏——也叫还愿戏。

方岩胡公庙会,在历史以来形成了其鲜明的特点:一是庙会规模大,每年参加庙会的“迎案”队伍及其民众和香客可达二三十万人次;二是庙会持续时间长,每年农历八月初至九月重阳,历时一个多月;三是表演形式多,其中以武术表演打罗汉(又称迎罗汉)为主,并辅以十八蝴蝶、十八狐狸等30余个民间文艺项目的展演巡演;四是庙会影响广,其影响涵盖浙江周边地区及日本、东南亚各国,堪称江南之最。目前方岩的胡公庙会,已经是国家级非物质文化遗产。

胡公大帝在浙江(尤其是永康、磐安等)影响力甚大,胡公庙会也是比较广泛的,在历史上,杭州、金华、台州等地,都会有胡公庙会。而目前,在磐安、松阳、天台等地,都有相当规模的胡公庙会,由此,可见胡公大帝信仰的深入人心。

(二)杨府爷庙会

杨府爷信仰是在温州一带特别流行、具有重要影响的信俗,据统计,浙南有杨府庙1500多座,杨府爷是温州人的主要信仰神祇。其中苍南鲸头杨府殿则是其中规模最大、最具影响力的一座。温州一带,目前还保留着非常丰富的祭祀海神杨府爷的信俗活动,如苍南鲸头的杨府殿,每年春节至元宵之间都会在该庙附近乡村举行一个大型的民俗活动"划太平龙"(即"划太平龙船"),它是鲸头杨府殿春节期间最基本的一项活动,整个活动的目的就是为了祈祷地方太平。目前,温州境内还保留着大量和杨府爷相关的信俗活动,而碧山的"十八社拦垟福"则是其中最具有影响力的形式之一。

"拦垟福",又名"拦垟"。起源于旧时汉族民间祭祀的风俗,属地方民间俗神信仰的民俗活动。这项活动流行于温州农村,主要分布在温州市桐浦、碧山、陶山等地乡村,而"拦垟福"主祀信仰的就是地方神杨府爷。按当地民间习俗,每年正月廿日举行杨府爷的巡游活动,有銮轿参与,在这期间还举办传统的会市(农村集市),这应该是由传统的庙会演变而来。在"拦垟福"浩浩荡荡的巡游队伍中,有扮演各路神仙,手里拿着各自的宝物;有扮演戏子,唱着戏曲;有扮演古代良将出征,身跨高鞍大马,身披刀枪棍棒,好像大敌当前,严阵以待;有扮演"三十六行",在队伍中行走。当然,巡游队伍中的主角就是杨府爷。人们抬着杨府爷的神像,在各处田垟上巡游,有时还联合几个村的社庙,一起抬神出来拦垟。祈毕而饮,并禁垟数日,村民不得出门。碧山街道有20个行政村,每年轮流做东举办"拦垟福"传统民俗活动。这20个轮流做东的行政村,原为18个村,在民国时叫作"十八社",后来"拦垟福"也称"十八社拦垟祈福"。

(三)陈靖姑庙会

陈靖姑(陈十四夫人),在浙南、闽中南具有广泛的影响力,在浙江的温州、丽水一带,信奉陈十四夫人的习俗非常普遍,在丽水的莲都依旧保存着元宵节"陈十四夫人巡游"的信俗。

莲都区"闹元宵迎陈十四夫人"传统习俗活动在民间已有1000多年的历史了,传说在唐朝的时候,有位名叫陈静姑的女英雄,正月十四日生,她正直勇敢,为民除妖,消灾驱疫、护国佑民,大家都亲切地称她为"陈十四夫人",也成了老小崇拜的"法力无边"的神祇。为了纪念她,一年一度的"闹元宵迎陈十四夫人"传统习俗活动由青林村、岩泉村、秋塘村、社后村、关下村、堰头村轮流举办,所需费用由轮到举办的村负责。

而缙云的张山寨七七庙会,则是在农历七月初七举行的,也是围绕着陈靖姑信仰展开的庙会,目前是国家级非物质文化遗产项目。张山寨七七庙会是存续在浙江省缙云县胡源乡招序村的张山寨于农历七夕举办的民间信俗活动。张山寨七七庙会始于明万历初年。现在,张山寨的献山庙里还供奉着浙南、福建一带民间广为信奉、颇有影响的地方神陈十四娘娘。按照本地传说，农历七月初七是陈十四诞日，百姓们为求婚姻美满、风调雨顺、五谷丰登，每年七月初七都要到这里举行规模盛大的"会案"（迎神表演）活动，俗称"张山寨七七庙会"。目前"张山寨七七庙会"沿用明万历初年确立的习俗，活动形式和程序分为：设立"案坛"、上寨迎轿、巡游祈福、献戏、山寨守夜、会案表演、祭拜归位等多个内容，其中农历七月初七献山庙前的会案表演为整个活动的高潮部分。

跟张山寨七七庙会祭祀陈十四相类似情况的，还有仙居的清音寺七夕庙会，两者在地缘上的接近，所以，在信仰形式上也十分接近。清音寺庙会是依托民间的陈十四娘娘传说，在农历七月七前后举办的延续多天的一个较大型的佛事活动与民俗表演、展示活动。其基本内容有：朝拜、祈福、还愿、看演出、观看庙会展示，等等。清音寺庙会期间，远至永嘉、缙云，近到邻近村民，云集参与人员多达数千，甚至上万人，表演人员也在200人～300人左右。穿插其间的民俗表演与展示，有列入省级非物质文化遗产名录的十八罗汉，列入市级名录的三十六行说唱与表演，还有地方戏曲、曲艺及游艺活动。

而磐安的"高姥山七夕节"俗称"娘娘庙庙会"，同样也是因陈十四信仰而来的。高姥山娘娘庙会，它是指每逢七月初七，方圆数百里的香客们前来朝拜庙中的"陈十四娘娘"而形成的民俗庙会，自明代以来一直在磐安传承。许愿还愿，祈求生子育女、婚姻美满，这是当地善男信女们在七夕例行的传统，他们坚信这是陈十四娘娘带给自己的福祉。每逢七夕，磐安、永康、仙居、天台、缙云、东阳、新昌等地成千上万善男信女上山朝拜祈祷，并在此"靠山"（背靠此山露宿通宵），年长的香客在庙堂里念诵《上香经》《点烛经》《十献茶》等民间经谣，经谣内容多为劝人为善，孝敬长辈，崇尚君子、夫妻和睦等中国传统道德价值观。

（四）嘉善护国随粮王庙会（七老爷庙会）

护国随粮王庙，也称七老爷庙，初建于明末，清初庙址搬迁至现址（西塘镇雁塔湾）。相传明代一位姓金名七的朝廷运粮官，满载皇粮，路经西塘，时值这一带连年遭旱灾，颗粒无收，路有饿殍，其状甚惨。金七动恻隐之心，私自发放皇粮救济，灾民赖以存活者甚多。而金七空船回京，朝廷追究其事，金七以身殉法。百姓感其恩德，特建此庙，以表纪念。而为了祭奠这位明末放粮救民的随粮王七老爷，信奉者每年农历四月初三举行盛大赞神、娱神信俗活动集会。清中后期至民国初形成，一直沿袭至今。

（五）城隍会

城隍在传统时代，就是一个地方护佑的神灵，因此，对于城隍的信仰和祭祀，是传统时代民众的一件重大事件，各地都有祭祀城隍的庙会，以娱神祈福。目前浙江的民间，依旧保持着对于城隍神祭祀的城隍会，而且，参与者甚、影响广泛，比如象山石浦的六月六庙会、温州龙湾宁村七月半汤和庙会和浦江的十月二十庙会，都是非常典型的城隍会。

石浦"六月六"又称天贶节，抬城隍、迎戚爷、娱生活，是当地群众追念戚继光丰功伟绩的纪念祈福活动。农历六月初一，是石浦城隍庙城隍老爷的生日，戚爷坐像就要出动"扫街"，即净街。在民间，从六月初一到六月初十都要为城隍老爷生日举办庆典，其中六月六庙会最为盛大。参加庙会的巡游队伍中有镜架山老龙、黑白无常、戚继光神像、保生大帝、昌国抬阁、鱼灯队、十二生肖队等20余支喜庆队伍，由延昌宋皇宫出发沿渔港路进行环港巡游，最后到达海峡广场进行相关仪式及民俗表演。

温州龙湾宁村七月半“汤和庙会”祭奠的是400多年前为抵抗倭寇入侵而英勇献身的先辈；是悼念在倭患中殉难的同胞；是纪念中国五千年历史上第一个揭开反抗外族入侵史的民族英雄汤和，明朝开国元勋，洪武十二年（1379年），奉命在东南沿海构筑59座卫所城，其中宁村所城就是其中一座。因抵御倭寇侵犯有功，汤和卒后，追封为东瓯王。当年宁村所内有驻兵1175名，根据汤和制定的“寓兵于民”制度，这些驻兵即成为宁村所的第一代居民，在此安家落户后，生养繁衍，世代亦兵亦民。由于驻军来自江、浙各地，繁衍至今，村内尚有89个姓氏，可谓“百家姓”的活化石。人们为感激汤和功德，明嘉靖七年（1528年），在温州龙湾宁村修建“东瓯襄武王汤公庙”，清康熙年间改“城隍庙”，后称汤和庙。嘉靖四十年（1561年），为追悼倭难亡魂，在中元节举行抬神像巡城仪式，即一年一度的七月十五汤和节，即汤和信俗。

农历十月二十，是浦江县城的传统庙会。这一天，位于浦江县城南边的城隍庙热闹非凡，来自四面八方的群众聚集在这里祭拜城隍老爷。在城隍庙边上，还搭起了戏台，唱起了浦江乱弹。据传，举办十月二十庙会是为了纪念福建籍姓周名点的浦江知县。传说周点在浦江上任时，为解救百姓疾苦而冒顶“贪污”粮赋之罪，被朝廷问斩。日后，民间缅怀其恩德，奉为“永镇隍神”，每年逢农历十月二十其“诞辰”之期致祭，亦举行盛大庙会。

（六）曹娥庙会

曹娥庙，是为彰扬东汉上虞孝女曹娥而建的一处纪念性建筑，位于上虞市曹娥江西岸曹娥街道的孝女庙村，旧有“江南第一庙”之称。

曹娥（130—143年），上虞曹家堡村人。母早亡，父曹盱于汉安二年（143年）五月五日在舜江落水失踪。年仅14岁的曹娥痛失慈父，昼夜不停地哭喊着沿江寻找，无果。到17天时曹娥投江寻父，3日后，已溺水身亡的曹娥竟背负父尸浮出了水面，以生命的代价谱写了一曲孝义赞歌。曹娥的孝行感动乡里，轰动朝野。人们把曹娥殉父的舜江改名为曹娥江，元嘉元年（151年）上虞县令度尚改葬曹娥于“江南道旁”，报奏朝廷表为孝女，并为其立碑建庙——曹娥庙，尊她为“孝女娘娘”。以后每逢曹娥救父这一日（五月二十二日），人们集聚曹娥庙祭奠。久而久之，祭奠孝女曹娥、传承曹娥孝节，逐渐形成了颇具地方特色的曹娥庙会，绵延1800多年历史，影响极大，妇孺皆知。

按照当地民间约定俗成的习惯，旧时每年农历五月十五至二十二这七天为曹娥庙会期。会期一到，远远近近、四面八方的香客，成群结队前来烧香和宿山（通宵念经）。庙内烛光融融，香烟缭绕，善男信女济济一殿，钟磬念经之声此起彼伏，不绝于耳。

（七）鄞州它山庙会

鄞州它山庙会，是在遗德庙进行的，以纪念王元暐治水之功而进行的，历史非常悠久，“遗德庙，在县西南五十里，俗称它山庙。唐鄮令王元暐筑堰捍江，引它山水入小江湖，灌溉甚溥，民德而祠之，奏封善政侯。宋咸平四年重修，乾道四年赐今额”（嘉靖《宁波府志》）。

鄞江镇西倚四明山麓，东通宁波三江口，江川入海，历史悠久，古韵沉厚，曾为明州州治、鄮县县治所在地。唐太和年间（827—835年），王元暐出任鄮县县令，思案境内发展，巡察它山之水，知其大溪通江，咸潮冲接，“田不可稼，人渴于饮”。春秋之际，山洪暴发，奔腾而泻，生灵和农田常遭灭顶之灾。太和五年十月初十，王元暐生辰之际，鄮县地方官吏、仕宦乡绅等为其祝寿，王县令为整治水患决定作堰，趁此宴宾之机宣告它山堰开工。太和七年三月初三，县令夫人程氏素娥30岁寿诞，此时堰体大坝基本竣工，王县令借贺寿之机宣告它山堰主体竣工，以共同贺。此后每逢“三月三”和“十月十”人们都要举行庆典，纪念王元暐为民造福、修筑水利的丰功伟绩。久而久之，鄞江镇自然而然形成了具有双重意义的独特庙会。

传统的它山庙会规模不等。“三月三”和“十月十”会期2天，两者均以祭祀为主，兼及演戏娱人娱神。后来又增加了“六月六庙会”，为期3天，在诸庙会中时间最长、规模最广。原本于早稻朗花季节举行的稻花会，融入了歌颂它山堰水利功德的内涵，成为瞻仰、旅游、融商贸、娱乐、祭祀等于一体的经济和文化交流盛会。

（八）五堰庙潮神庙会

五堰庙地处钱塘江北岸的六堡，庙内供奉“潮神”伍子胥。历代以来，钱塘江潮水为患，潮灾频发，沿江百姓吃尽了苦头，皆寄望于“潮神菩萨”显灵，免除潮灾之苦。每年农历八月十八是传说中的“潮神”生日，“五堰庙”必定要演庙台戏庆贺，以求“潮神”护佑沿江百姓平安。所请的戏班均为绍兴大班或水路班子，演出剧目则多为忠良戏，如“文昭关”“徐策跑城”“秦琼卖马”等，喻义“潮神”乃忠良之神。而且大戏开锣之前必定加演喜庆色彩浓重的“谐剧”，像“跳加官”“跳八仙”等，幽默、诙谐、喜乐，这种特有的形式把“庙会”的气氛烘托得非常热闹。“庙会”期间，周边百姓纷纷来“五堰庙”烧香点烛、拜佛求签祈福，香火之盛，引得三教九流汇集于此，是周围较有影响的庙会之一。

五、其他庙会

（一）嘉兴网船会

嘉兴县北部王江泾镇的庙会——网船会，是以猛将信仰为支撑的跨地域水上狂欢活动。每年二三月之交，为了祭祀王江泾镇莲泗荡东北岸的刘王庙（供奉刘猛将的神祠），江浙一带的渔船云集于莲泗荡，演剧酬神，称为网船会。网船会在江南影响甚大，除了附近乘船和步行来的农民香客外，东至海滨，北至苏州、无锡、常州、镇江、扬州，南至嘉兴、德清、长兴、余杭、杭州，各捕鱼船、贩盐船、运输船、贩米船、海运船都来参加刘猛将的祭祀，这种网船会，其实已经由猛将信仰异化为船民们的水上狂欢节。

在明清两代，作为水运民众的重大节日，网船会十分盛行，持续不断。一直延续到今天，网船会已经成为非物质文化遗产，每年由嘉兴市人民政府主办。

（二）元帅庙会

元帅会，旧时比较流行，一般旧时多以温州人温琼为元帅，“按城内外别有元帅庙五，一在雄镇楼西仓桥上，见《乾隆志》。一在旌功坊童乘寺，一在皮市巷永宁院，一在中皮市巷迎仙观，一在湖墅草营，皆祀温忠靖王。又按宋濂碑文，非为杭庙作，然述祀神缘起，特谨严有法，故附录之”。（《浙江通志》）所以，元帅会，是旧时杭州比较热闹的庙会之一。杭州供奉的元帅菩萨，脸孔、手脚全部都是青色的。传说元帅姓温，为明朝一秀才，来省城杭州应试，住在寓所夜读，忽闻鬼言，已下瘟药于井中。温秀才为救杭城父老，就以身投井。第二天，将他打捞起来，只见浑身发青，知他受毒而死。于是被封为东嘉忠靖王。其井就在东牌楼神座下，庙名旌德观，这是杭城的老元帅庙。城中还有数处元帅庙，民间称旌德观为有财有势老元帅；上仓桥的忠靖观，为督宪香火院，民间称有势无财仓元帅；清河坊童乘寺为有财无势童元帅；府城街甘泉寺，为穷凶极恶甘元帅；还有所谓活脓倒臭皮元帅，因为其庙在皮市巷的缘故。出会唯旌德观老元帅庙，五月十八日为诞辰日，十六日为出会期。元帅庙出会声势浩大，除各庙有助会外，抚院以下各衙门均协助大班一副。出会之日，全城七十二班轿夫，每班四五十人，均穿一色衣帽，抬着元帅座像巡行。巡行划好路线，每到一处换肩，称为“升驾”。神像前，先有无拘霄汉牌一对，长吹一起，后随八员文武判官，都打堆灰脸，手执狼牙棒、乾坤圈，威风凛凛；然后是穿朝衣戴朝帽的各班禁役，杭州捕府还出四个大肚皮刽子手，押着许香愿的“斩犯”二名；最后，是各庙助会的幡竿、香炉、高跷、龙灯、台阁等四五百起。巡行队伍浩浩荡荡，鼓乐齐鸣，鞭炮轰天，轰动整个杭城。据说，元帅巡行，称为收瘟。因为夏秋为疫疠横行之际，经过老元帅亲自出会，可驱瘟辟邪，保全境平安。①

目前，在浙江境内，还是有比较活跃的元帅庙会的存在，比如余杭的元帅庙会和海宁的元帅庙会。在余杭，每年的农历五月十六，南苑街道钱塘社区等附近村落，总会有 30 多支民间艺术队伍聚集咸水庙前，穿着古装，拿着各种表演道具，跟着元帅菩萨行走 15 公里进行巡游表演。沿途经过的各自然村，人们不管男女老少，都不约而同地赶来观赏。

海宁许村的元帅庙会，传统是以许村镇的翁埠村、塘桥村为中心展开的。始于南宋，流传于明朝，盛于清朝，是钱塘江北岸杭嘉地区的一项历史悠久的民俗活动，尤以许村镇翁埠村一带为最盛。当然，和别处元帅以温琼为主不同，许村元帅庙会的起源，与一位杨姓进士有关，实际上故事的情节又和温琼的基本类似，这可以说是民间信仰的嬗变（适合当地的一种改变）。相传杨进士为教育和挽救百姓生命，以投井献身来证明井水有毒，人们感念他的恩德，为他建造了元帅殿，并按其形象塑造了面色紫黑的菩萨供奉庙中，并将每年农历五月十六（杨进士的忌日）定为元帅庙会的迎会日。目前，每到农历五月十六这一天，翁埠村一带都要举行声势浩大的元帅菩萨祭拜仪式和巡游庙会活动，活动波及周边的镇、村及桐乡、余杭等地，是浙江省涉及范围较广、影响较大的民间庙会之一。

---

① 关于杭州历史上的元帅庙会，在何善蒙著《民国杭州民间信仰》（杭州出版社 2012 年版）的第一章中有详细讨论。

（三）上虞五龙庙会

龙的崇拜，如前所述，在浙江也是极其普遍的，围绕着龙的信仰而展开的庙会，在传统中也是常见的，目前上虞崧厦镇前庄村的五龙庙，依旧保持着庙会。五龙庙会历史悠久，自明朝宣德年间就开展活动，为保佑出海平安顺利，四面八方的村民纷纷云集于五龙庙，进行民间祭祀和文艺演出等，后成为传统习俗，每年农历八月十五至二十举行。当日的庙会现场，彩旗队、铜管乐队、腰鼓队、民间吹打乐队、舞龙队、舞狮队，一路行经雀嘴、前庄、联海、章黎等五龙庙周围四村，行程长 10 多里，两个半小时热热闹闹的文艺踩街盛况，吸引了万余村民竞相观看。

近十多年来，五龙庙会以弘扬民族文化为主旨，将传统的民族文化与现代的群众文化需求相结合，赋予新的概念和新的内容，建立了一套较为完善的庙会活动模式，以民间传统祭祀活动、文艺踩街和文艺演出活动为主要内容，丰富了人民群众的文化生活。

（四）石淙太君庙会（太均娘娘庙会）

湖州的石淙镇为三殿太君的出生地，建有太君庙。太君庙会历史悠久，史料上记载：陆圭生于熙宁年间，在镇压方腊起义中立下大功，死后成神（镇海潮王）。太君因帮助父亲为民除害，进而成神。大致在南宋期间从对陆圭的祭祀及附带地对太君的祭祀，一直延续到今天，人们或祈祷太君娘娘的保佑，或感谢太君。来自江苏、上海等太湖流域的香客及湖州石淙周边乡镇、村约万余人参加了此次庙会。太君娘娘是在浙北地区人尽皆知的一位神灵，主要扮演着幼妇守护神的角色。实际上太君是由 3 位娘娘组成，全称为“南塘三殿太君娘娘”，现民间一般将三位合为一体，统称为“太君娘娘”，娘娘无所不能，有求必应。在当地，从一个孩子的出生到长大成人，则有一系列的仪式围绕着太君信仰。偷鞋祈子、祈乳、三朝、满月、周岁、十六岁“罗汉酒”等等。九月十六为太君娘娘诞辰，庙会从农历九月十三便已陆续开始，一直持续到十六，但在农历十五这天达到最高峰。庙会分进香、踩街游行、文艺演出等几个环节。踩街由南浔东栅新二大社、太湖公数社、乌镇共和社等 14 个社（队）组成（庙会上每年踩街的队伍均由周边村镇民众自发组织参与游行表演）。踩街活动从太君庙出发，沿老街穿过居民区，经石淙大桥、永福桥、永安桥再回到太君庙。一路上敲锣打鼓，有的扮演犯人，有的扛着大旗，热闹非凡。尤其是扎臂香（这种仪式在江南的庙会中比较普遍，比如，在刘猛将的庙会中也有类似的形式，大体上是借这种形式以传达神灵的法力），将铁钩扎进肉里，铁钩另一端悬挂香炉等重物，所见者无不叹为观止。

（五）丽水通济堰双龙庙会

通济堰双龙庙会，起源于南北朝梁天监年间（502—519 年），历朝历代都在举行，形式规模各异，内容各有侧重，其主题都是围绕纪念修建通济堰的詹南两司马等历代先贤、贯彻通济堰堰规和欢庆丰收。每年要举行春秋二祭。春祭，通常称“三月三”龙子庙会。每年农历三月初三，从龙子侯王出巡，到四月十二日归庙，整个活动历时一个多月。秋祭，在八月中秋节举行，村民们把历代先贤神化为大仙，故称双龙庙会。庙会的主题是“颂先贤、庆丰收”。

目前通济堰庙会依旧每年举行，主要由双龙庙巡游活动、祭拜先贤仪式和文艺表演组成。巡游队伍有龙王巡游队、修堰先贤穆龙公队、舞龙队、荷花灯、狮子灯、宫灯、马灯和处州乱弹等10多个民间艺术表演队。早上五点半从碧湖龙子庙集中出发，沿大众街、碧湖保定村等20多个街道、乡村绕一周，再经古堰画乡、文昌阁至堰坝龙庙，请出穆龙公加入巡游队伍，从堰头主干渠步游至碧湖主会场，开始祭拜先贤仪式，向先贤敬献花篮等10多个仪式，接着举行文艺表演，共表演了开场舞龙、传统舞蹈《荷花灯》《狮子灯》《翻龙泉》《处州乱弹》及传统武术表演等14个丰富多彩、形式多样的民间传统文艺节目。

（六）瑞安莘塍庙会

瑞安的莘塍庙会，是民间纪念先贤治水和疏浚温瑞塘河的祈福活动，始于北宋时期，至今已有千年历史。相传莘塍古时遭受台风、洪水等严重自然灾害袭击，先贤们带领村民，开凿河流防洪水、抗旱灾，莘塍沿河也变成了瑞安富庶的地区之一。据莘塍志书记载，唐贞观间，先民围涂农垦，煎盐开荡，塍堤交错，故名莘塍，又名新塍。明嘉靖时称莘塍庄，属清泉乡八、十、十一都。莘塍自古流传着民谣：“正月初一开庙门，初二拜丈人（岳父），初三拜邻舍（邻居），初四拜屋底（自家人），初五圆金，初六上坟，初七无事干，初八燎火盆，初九嬉嬉，初十东堂庙屠大猪。”“东堂庙屠大猪”就是指每年农历正月初十的莘塍地方庙会活动。

（七）奉化萧王庙庙会

奉化萧王庙，建于剡溪与剡江分界处，古称泉口的八角岭上，是为纪念北宋时期奉化县官萧世显而设，素有“剡东第一名祠”之称的萧王庙，面朝铜峰青山，背依剡江之水。画栋雕梁、飞檐翘角，颇具浙东古庙宇建筑风貌。萧世显，江苏沛县人，北宋天禧二年（1018年）任奉化知县。他生活简朴，为官清廉，从不坐在官衙内享乐，经常深入农村百姓之家，了解农民疾苦。任期内，他兴修水利，与百姓一起劳作；兴办学校，向小孩们灌输知识的重要性。天禧五年，奉化境内连续数月干旱，大片农田开裂，萧世显带领众百姓开渠筑堤，将剡江水引入内河，灌溉农田，大大减少了农业损失。次年同一季节，不但大旱而且蝗虫成灾，萧世显在巡查泉口一带时，与广大农民一起奋力扑杀蝗虫。他视蝗虫为仇敌，来不及用手捏杀时，竟用嘴咬。后因劳累过度，在泉口八角岭中风而亡。

萧世显为民鞠躬尽瘁、死而后已的高风亮节，感动了百姓。为感念他的功绩，人们在泉口八角岭上造了一座纪念祠，称萧世显为萧公。庙会举办时间为每年正月十三至十八日，其时六天六夜。灯祭由当年负责祭祀堡中有一定威望的长者主持。是时，即正月十三黎明时分，主持者发出庄严肃穆的号令，庙会骨干人员按预定程序，有条不紊地献上供品、上香、点烛、致辞、跪拜，界下民众也纷纷汇聚庙内，进行参拜。参拜毕，等待接下来将要举行的游行仪式。

（八）义乌洋川十八庙会

据《义乌洋川贾氏宗谱》记载，南北朝梁中大通三年（531年），洋川贾氏五世孙贾昙颖，辞官归里。在傅翕(傅大士)的影响下,崇信佛教。为助傅翕弘扬佛法,捐出私产赐土地一处,供傅翕建造双林寺。从此,贾氏宗族就和傅大士结下了不解之缘。正月十八是贾昙颖的生日,贾氏宗族为纪念贾昙颖与傅大士的这段佛缘佳话,就在这天举行盛大的送大蜡烛仪式,周边数十里的善男信女都来顶礼膜拜,故称“十八大会”。为壮行色的抬阁翘也应运而生。“十八大会”每年必办,是由十甲姓贾的村子轮流值甲举办的,轮到值甲的村子,承办一切庙会事宜。其他村子只需派出几十人贴甲(即送大蜡烛时加入队伍,以壮行色)。值满一轮(即十甲都已轮过)后,就由所有村子联合承办,叫捧甲。值甲的村子必须在正月十五就去海云寺将大士佛请到村中来受香火。大士佛一被请到村子中的临时佛堂(一般均设在宗祠厅堂内)后,全村的农户都会送来蜡烛置放于香亭前点燃,直至正月十八将大士佛送回去为止。正月十七这一天,值甲的村子要在附近村子转一圈进行送大蜡烛仪式的预演,称扬案。第二天再把大士佛和大蜡烛送往海云寺。届时,沿途村子都设有香案。在大士佛受香案时,整个队伍全部就地停下,于是放火铳、鸣鞭炮、摇响钗、敲锣鼓,热闹非凡。香案的主人除了顶礼膜拜外,还得给装扮抬阁翘的小孩分发“斤头”(糕饼水果之类的食品)和红包,人手一份。

(九)温岭市大溪宋九尚书庙会

据《大溪镇志·社会·岁时习俗》记载,四月二十三为大溪街镇东庙(现改名为镇东宫)庙主宋九尚书张齐贤寿日。镇东庙由南宋名臣王居安的祖父王聚厚所立,王氏始祖从德,晚唐时官大理寺少卿,后弃官居故里杭州施水巷。五代时,举家迁出杭州,分居浙东各地,从德随其第三子定居黄岩宁川。王居安的祖父王聚厚系从德八世孙,自宁川迁至方岩乡大溪(当时也是黄岩县)居住。王聚厚从黄岩迁居今温岭大溪,将原来族人信仰的宋九尚书信仰也带到大溪,自此代代相传,形成了大溪独特的四月二十三庙会风俗传统,每逢四月二十三,由大溪、水仓、后岸、宜桥 4 个村轮值举办庙会,距今已有 1000 多年历史。

庙会当天,大溪各街道两侧打着各种横幅。水仓全村村民从早上 5 点钟出动,以“宋九尚书出巡”为主题,全村村民进行游行活动,各表演队和护旗队浩浩荡荡地巡回各村街道演出。领头的是两位壮士骑着两匹大马,后面村民们举着凌刀、清道锣、彩旗,抬着“宋九尚书出巡”,扛着顺风、风调雨顺、国泰民安等大旗。乐队紧跟着,第一场出演的是女子大奏鼓,一阵锣鼓响,穿着渔村风俗服饰的箬山渔家女跳着古老的渔村风俗舞蹈,铿锵有力、激情飞扬;第二场出演的是路桥舞龙队,威风的锣鼓打响后,两支龙队翩翩起舞,充分展示了龙图腾之象征、龙文化之精神;第三场出列由水仓村村民自编自演的腰鼓队。依次出场的还有二人转、文武山庄少年武术队、鼓手队、小鼓、闹湖船、八仙……最后出场舞狮队,表演惊心动魄,精彩绝伦,舞狮者站在梅花桩上,直立将吊在竹竿上的香烟和红包摘下,高难度的表演扣人心弦。

(十)开化大溪边乡方田村茅令公庙会

每年农历三月三,开化大溪边乡“三月三”庙会都会在方田村启幕。三月三庙会,主要是为了祭祀茅令公,茅令公佛在当地是一尊比较有灵念的佛,被称为“有求必应”。因此来许愿、朝拜的人络绎不绝,庙内香火旺盛,烛光通明,据说三月初三是“茅令公”的生日,于是村民就把“三月三”定为庙会。

相传茅令公原名叫茅瑞，是一名武将，红脸，身材魁梧，60岁时被皇帝封为侯王，生前茅瑞在山东任职，其间公正廉明，深受民众拥护，死后为纪念，被裱为画像，供当地百姓朝拜。清代初期，本乡大坞口村有一太公余氏到山东做生意，一天在饭店住宿，店老板想谋财害命，杀他，是这幅画上的“茅令公”像托梦给他，催他醒来，才逃走的。为答谢救命之恩，只带上这幅画，逃回到方田，按画像上的模样塑一尊佛，这佛叫“茅令公”，造一座庙，安放在庙内。庙会的整个过程，主要有茅令公神像巡游、舞柳叶龙、唱社戏等活动。

“三月三”前两天，全村各家各户，就派人去请亲朋好友来客，筹备庙会工作。三月初二戏班就进村了，把茅令公佛像抬到戏场里(祠堂)。这样，庙会的重头戏宣告结束。接下来，特别是农历“三月三”当天，除本村的亲戚朋友外，方圆几十里的人们，做生意的小商贩，都聚集到村里。看戏的，拜佛的都集中在一起，像过年一样热闹。等戏做好后，再把茅令公佛像回送祖庙。

（十一）象山赵五娘纪念法会

每年农历八月初一至初三，位于象山县爵溪白沙湾的弥陀净寺香客云集，在此举行声势浩大的赵五娘纪念法会，各地赶来祭庙的信徒多达3万余人。

当地古老相传，古时有个女子叫赵五娘，嫁夫蔡伯喈，蔡郎上京赶考，一去十年杳无音信。蔡父、蔡母于灾荒之年双亡，五娘“剪发扒土”葬公婆，由此有了民间普遍传诵的“赵五娘故事”。据传万念俱灰的赵五娘在八月初三那天于爵溪大爿山蹬“升天石”跳崖升天。后人为纪念这位孝顺、勤劳、忠贞的五娘，在爵溪白沙湾建造了赵五娘庙，并于每年八月初三举行庙会以纪念赵五娘。

（十二）鄞州咸祥八月半渔棉会

咸祥八月半渔棉会是鄞州最盛大的庙会之一，至今有300多年历史，咸祥百姓为庆祝鱼虾满仓，棉花丰收，感念唐浙江观察史裴肃平乱佑民、杨懿县令围涂筑塘、改造田地之功，每年从八月十三起，连续4天，祭祀、演戏、迎神爵献、赛会，其中纱船、抬阁赛会场面蔚为壮观。

（十三）天医菩萨庙会

在传统社会，由于医疗技术和条件的限制，民众一旦生病，求助于神灵，是最为普遍的选择，因此，在各地都有着非常广泛的医药之神的信仰，以祈求身体健康，杭州的天医庙就是这样一座庙宇。“天医庙”位于彭埠老街东侧，供奉的是主管人间安康的“天医菩萨”。在当地百姓心目中，这位“天医菩萨”有求必应，非常灵验，所以不管穷家富户，都十分信仰。据传，农历六月十五是“天医菩萨”生日，为此“天医庙”每年都要举行庙会，为他庆贺生日。“天医庙”的庙会十分讲究，也非常热闹，而“调白神”则是庙会的主要内容。“调白神”中有捉拿鬼魅、驱邪避祸、劝诫警示等诸多内容，并根据内容需要，设置、装扮成各类相关人物，加入乐器、锣、钹、唢呐、大鼓等，按照规定的节奏和步法进行表演，他们边走边演，幽默诙谐、动作夸张，使“调白神”极具观赏性。热闹的场面吸引了不少乡间民俗队伍的参与，“跳八仙”“擎高招”“提炉会”等都加入进来，使“调白神”的表演内容更趋丰富和多元。而且“调白神”有个特点，表演者个个脚穿草鞋，使这一民俗活动显得乡土气息十分浓郁。由于“调白神”是百姓为祈求健康平安的庙会，所以广受民间欢迎，逐渐向城东的九堡、乔司、笕桥、半山及临平、海宁等地延伸扩展，成为城东地区较有特色和影响的民俗活动。①

（十四）七夕庙会

七夕，因为董永和七仙女的美丽爱情故事，而被称为中国人的情人节，在传统社会中，这是历史悠久的七巧节，民间自古有七夕祭拜织女以祈福的习俗，在浙江，七夕节也有非常隆重的庙会存在，最为出名的当属东阳东白山的七夕庙会。

在东阳相传农历七月初七，七仙女会下凡到东白山沐浴，并与牛郎相会。由于这一传说在东阳周边县市广为流传，从而形成著名的东白山七月七庙会。东阳、诸暨、嵊州、义乌、新昌、兰溪等县市的善男信女和游客在每年农历七月初六早上登山朝拜七仙女，到晚上青年男女就扎营山顶，彻夜不眠，名曰“靠山”，而香客则住在殿内，称为“靠殿”。东白山“七月七”主要以中老年妇女制作彩斗及祭拜与演唱为主。香客们主要祭拜七仙女、北斗大帝、南斗大帝等。在祭拜过程中还要唱经，如《敬天敬地经》《十献茶》《上香经》《八仙歌》《太阳经》《北斗经》《南斗经》《长寿经》等，称为“做佛戏”。当深夜演唱佛经结束后，众香客就改唱东阳民歌，如《七仙女织绸绫》《花名宝卷》《十劝歌》《十劝郎》《七仙女游东阳》等并互相赛歌。初七早上青年男女则在东白山巅观日出，人数多时达万人。

第三节　占卜、巫术与风水等

占卜、巫术、扶乩等，在传统老百姓的日常生活中，有着重要的影响力，而这些行为往往都是与一定的祠庙、信仰联系在一起的。浙江区域的祠庙众多，各种神灵信仰资源丰富，在一定程度上，也使得人们通过占卜等这些形式来进行祈福的行为非常丰富，不管是出于功利的目的，还是出于虔诚的信仰，这样的行为方式在老百姓的日常生活中必不可少。与祈福的目的同时相伴随的是表现在老百姓日常生活中的种种禁忌，可以说，有信仰的实际存在，就会有禁忌等形式的存在。这一节主要是从浙江区域出发，来讨论与民间信仰行为相伴随的占卜巫术以及风水、禁忌等方面的具体表现。虽然，从今天的角度来看，这样的行为多少有些迷信的色彩。但是，在传统老百姓的日常生活中，这些行为是自然而然相伴随的，他们不仅与信仰的神灵密切相关，而且与他们自身生活的氛围也有非常直接的关联。比如，浙东沿海的居民，因为靠近海洋生活，出于应对海洋环境的需要，自然有种种关于海洋生活的特殊信仰形式和禁忌形式的存在；在浙江山区，因为山区生活的特点，有着对于风水、丧葬的特殊倾向；而杭嘉湖平

---

① 《杭州市志》第二卷《民俗风情篇》，方志出版社 2015 年版。

原，则有着与平原生活形式相适应的特殊信仰和禁忌的方式。这些特殊的禁忌和信仰形式，形成了浙江不同区域老百姓生活的真实状态，表达出了他们生活的丰富性和真实性。

一、民间占卜

占卜指通过某种方式来预测吉凶福祸的迷信行为，是一种极为古老的民间信仰。最初用龟甲和蓍草，后来出现占天、占星、占梦、占日、占卦等许多形式。兆也称为“预兆”“征兆”“征候”等，指事物发生前的某些迹象、预示。常见的兆有天象兆、植物兆、动物兆、人体兆、梦兆等。占卜与兆有密切的联系，占卜通常是以兆来预知吉凶。占卜是古人应对未知的一种重要方式，也是在现实生活中求得安全感的一种重要手段。在传统社会，这种方式，对于人们的日常生活具有重要的影响。从一定意义上来说，传统社会中民众的祈福避凶的行为，都是与占卜有某种关联。因此，各种形式的占卜普遍存在于民众的日常生活中。

（一）寺庙问卜

寺庙在传统时代，是占问的重要场地，传统社会中，几乎每个地区的寺庙，都有此项功能。比如，旧时杭州多寺庙，几乎庙庙有签书，民间盛行求签占卜。凡是有求财、谋事、问病、求子、求学、求婚姻、求寿和消灾免祸，无不到寺庙求签，以求预知吉凶、祸福。签书上的签语，常为诗句形式，而对于诗句的解读，则成为非常重要的事情，因为诗句的内容，就是关系着所占事件吉凶与否，人的行为应当如何等等，所以，一般去寺庙求签问卜的人，都会很慎重选择自己要问卜的寺庙、解签人，然后以非常虔诚的方式去进行问卜的行为，以期预知神灵之意，为自己的生活求得福祉。

（二）算命

命是中国人最为重要的观念之一，中国人对于命运，有着极为真挚的信仰，而如何能够预知命运，以期趋吉避凶、获得福佑，也成了普通民众最为关心的事情之一，因此算命也是极为普遍的民间活动，所谓算命指根据人的生辰八字、相貌、手纹等预测人的命运，断定人的吉凶福祸。比如，杭州民间有谚语，所谓“富烧香，穷算命”，说的就是对于算命的这个事情的重视程度，旧时，吴山上到处都有算命先生划地设摊，算命者自挂“张铁嘴”“李半仙”布幌。操此业者，大都为瞎子，以算命糊口。杭人称他们为“算命先生”“瞎子先生”。清末民初，算命生意首推上城猫儿桥的蔡阴镐最有名。蔡死后，猫儿桥一带比屋而营算命业者，不下十余家。后来又以清波门荷花池头女瞎子最出名，每天以算三十命为限，一早候于门口者接踵排队，门庭若市，午后，有的人家以轿或车来接去算命。一般瞎子算命，大都弹着弦子，敲着丁铵，走街串巷，民国时也有寓旅馆开相面、算命馆的。算命业的兴盛，可以看出民众对于自己命运的关心，尤其是对于美好生活的向往。在杭州，还有一种特殊的算命方式，称“衔牌算命”，杭人俗呼“鸟儿算命”。操此业者，大都以女性为多，她们经常一手拿一叠事先做好的“命牌”，一手提着一只鸟笼，走街串巷，闯门入户，口喊着：“抽牌算命！”往往一面问人的年龄、属相，一面摆弄“命牌”，说是“洗牌”，然后，打开鸟笼，让训练过的黄雀，用嘴抽出一张“命牌”来，牌上画着与算命者相近年龄的男人、女人或小孩，并且写有批语，这种方式与解签相类似。①

（三）祈梦

所谓日有所思，夜有所梦，梦在古人那里是一件很特殊的事情，民间认为，梦是带着某些信息的，通过这些信息是可以判断吉凶的，因此，祈梦、圆梦等方式，在旧时浙江的民间也比较流行。最为著名的要数杭州的于庙祈梦和丽水的丽阳殿求梦。

于庙祈梦，就是去于谦庙祈梦，这是旧时杭州民间一种以梦兆来卜一生休咎的风俗。关于于庙祈梦的来历，民间有两种说法。一说是，于谦年轻时梦祈关帝，关帝对他说，你的功名富贵，终身之事，不消问我，去问你长嫂便知。于谦去问长嫂。长嫂笑道，叔叔小小年纪，思想做官，既想做官，当然要做一二品的。于谦又问：不知何官？长嫂又笑道：无非是中举子、中进士、做御史、做侍郎、做尚书阁老罢了，你这天杀的还想做到哪里去？于谦听了十分高兴，一时想不到"天杀"二字上去。直到后来将被杀，方省悟梦兆之灵。由于于谦一生信梦，死后传说成为"梦神"，亦以梦兆示人。还有一种说法是，在明万历年间，于谦被谥为"肃愍"。一天，浙江巡抚傅盈春，偶有事宿于坟，梦见于谦对他说谥号不对。傅盈春据此上奏，朝廷重谥为"忠肃"。自此以后，祈梦于庙者，络绎不绝。不管是因为何种原因，于谦庙祈梦，也成了旧时杭州民众的一个重要生活事项。旧时，杭州于庙有二处，一处在上祠堂巷内，即于谦故居，俗称"于谦公祖庙"。按照杭州的民俗，冬至前一夜，凡欲卜一生休咎者，都要到庙内去住宿祈梦。后祖庙圮，于庙改筑西湖三台山，庙内有梦神堂，即祈梦处。于庙外面，算命测字，摊贩林立，都以解梦详梦（俗称"圆梦"）为生。②

在丽水县城北郊五里处，有一座丽阳庙，俗称丽阳殿。殿中有三位神像，正位的是丽阳王，系北山之神；左侧是白塔王，为土地之王；右侧是巨潭王，是被沼之灵。丽阳殿求梦的由来已久，旧时每年白露前三天至白露后四天，求梦的人纷纷涌向庙堂，有的求运气，有的求功名，有的求赌运。除了本县的人，还有来自邻县的人，可见丽阳殿求梦的名声在外。求梦时，先点燃香烛、焚纸锭，向神灵祷告，然后将携带的草席铺在庙堂、后殿、两廊，暮夜即睡在庙中，求神灵托梦。③

（四）月老卜婚

月老卜婚，是西湖民间独有的祈卜男女婚姻的奇异风俗。西湖月下老人祠（殿）共有3处：一在天竺，一在吴山，而以西湖雷峰下白云庵月下老人祠的求签问卜，香火最盛。西湖白云庵月下老人祠，殿龛内供有一白发银须老人坐像，慈颜善目，笑容可掬，一手执婚姻簿，一手牵红绳，这就是所谓月下老人，简称"月老"，是专司婚姻之神。祠门两旁有祠联一副："愿天下有情人，都成了眷属；是前身注定事，莫错过姻缘。"在旧社会，认为婚姻原是命中注定的。因此，西湖白云庵的媒神之祠，前来求签问卜的善男信女，不计其数。而这里的签文，极为有名，

---

①② 《杭州市志》第二卷《民俗风情篇》，方志出版社2015年版。

③ 浙江民俗学会编：《浙江风俗简志》，浙江人民出版社1986年版，第582页。

共有100条，相传由俞曲园所集者五十五签，余由越州金可庵所集，多以《诗经》《论语》《唐诗》等诗词名句制为签语。这些签语，文辞洁丽，胸怀高远，青年男女不论已婚未婚，求得一签，可作种种譬解。①

（五）扶箕

扶箕，又称“扶乩”“扶鸾”，由二人扶一丁字形木架，使下垂一端在沙盘上画字，假托为神的指示。比如，在《岐海琐谈》第二〇六条“忠靖王附箕对”就记载了一条扶乩活动：“有一对云‘风动棕榈，似千手佛摇折叠扇。’众莫能对，因请乩。附乩之神自称温元帅，以‘霜调荷叶，如独脚鬼戴逍遥巾。’对之。温元帅即吾里当境神忠靖王也。”扶乩，在传统社会中是一件非常神秘的行为，它是通过降神的形式来达到预测神意的目的，在很多民间宗教形式中，是非常普遍的现象。

（六）相面

传统认为一个人的相貌中，是包含着一个人所有的命运信息的，因此，可以通过观察一个人的相貌来判断吉凶，民间俗称“看相”。看相术多以《柳庄》《麻衣》等相书为张本，认为从人的五官四体、相貌气色可以审察一个人的富贵贫贱、吉凶祸福。相书中称人的头部和手部，都定有名称部穴，部穴丰隆滋润的为善相，部穴缺陷晦暗的为恶相，配以五行生克，全身纹理斑痣、行动姿态、气色明暗，便可以判断吉凶。旧时，杭州吴山是看面相、看手相集中之处。这种看相者，往往根据前来看面相、看手相人的衣着、相貌、言谈、举止、胖瘦、气色和手掌皮肤的粗细等等，揣测对方的身份、年龄和家庭经济状况等基本情况，推断对方当前的处境和未来的可能遭遇。

（七）测字

测字，也称相字，是通过一个人写的字来判断吉凶的一种形式。从事测字者，民间称测字先生。测字先生往往凭自己经验，察言观色，根据来测字者的喜、怒、忧、乐，将所测之字任意拼、拆、加、减笔画，并且随机应变，来随心所欲地解释字的意思。

（八）卜团箕神

这是旧时在台州一带流行的元宵节占卜形式，元宵节台州各地有请卜紫姑的习俗，占卜的用具说团箕，因此，民间称“请团箕神”。在正月十四夜晚上，少妇少女们就要到厕所边插香烧纸钱，口念咒语，从厕所旁捧一石块，置团箕上扛回屋里，认为神灵会附在这块石头上。然后将团箕放在一个木制水桶边，下面用四个竹管竖插于四角。女友们手握竹管，先以某一人年龄、口袋中某物件数目等问题试验其是否灵验准确，然后卜行止，如砌灶、造屋、建栏等以几时为宜，妇女问何时为小儿断奶，闺女问男家何时来娶等，也属于乩占类型。关于紫姑，根据

---

① 《杭州市志》第二卷《民俗风情篇》，方志出版社2015年版。

《显异录》等记载，紫姑是莱阳人，叫何媚，字丽卿，后被寿阳刺史李景纳为妾，遭到李景妻子曹大姑的嫉妒，在正月十五那天，被杀死在厕所。后来天帝悯之，把她任命为厕神，对于女流之事有预知。①

（九）讲灵姑

此习俗在旧时温台一带民间，有较广泛流行，又称“问灵姑”，民间称巫婆为“灵姑”。旧时，民间如遇天灾人祸，在束手无策时，常求灵姑，请来所谓“鬼神”甚至已故父母阴魂附己之身，然后由主家询问灾祸原因及解除之法，灵姑则模仿神鬼口气进行解答，言人休咎，俗叫“讲灵姑”。信此俗者，妇女居多。中华人民共和国成立后已基本消亡，在少数偏僻山区仍有此类活动。

（十）三角草卜

在旧时金华民间的一种占卜方式，多以小孩出门拔三角草来占卜。占卜时，取三角草去叶留茎，两人分别握住两头，同时撕掰之，掰开后，其图形是“Z”者为凶，是“II”者为吉，也有以此占卜生儿生女的。

（十一）水漂占

占卜的时候，让小孩用薄石横向扔劈水面（民间俗称“打水漂”），以石片击水的次数来判断吉凶，单数为凶，双数为吉。

（十二）排八字

旧时民间，一般在小孩出生的时候，将出生的年月日时按照天干地支来排列，并与阴阳五行星宿等相关联，构成一套命理系统，以推测富贵贫贱、吉凶祸福等，旧时出生后排过八字，要将所批的八字放在祖先神主牌位保存。目前，排八字的情形，在民间还是比较常见，一般小孩出生后，取名时，都会排八字，从八字来确定其具体命名。

二、巫与巫术

巫术是企图借助超自然的神秘力量对某些人、事物施加影响或给予控制的方术，源于原始社会生活中，民众为了在现实社会中寻求安全感的需要而产生的一种民间崇拜形式。巫和巫术，伴随着社会的发展，逐渐淡出了百姓的日常生活，但是，这样的一种信仰、崇拜的形式，在民间（尤其是偏远的山区）一定程度上还是依旧存在的，它也反映出了民众内心的一种需求。

---

① 浙江民俗学会编：《浙江风俗简志》，浙江人民出版社 1986 年版，第 533—534 页。

(一)化龙收邪

台州民间传统认为正月十八是龙神回天的日子，这天各地龙灯、狮子灯、鱼灯等不出行，夜间各家早早关门。至深夜，凡参加过舞龙或者制造灯具的人，举着原先舞过的灯具巡游本地各村路里巷，锣鼓按慢节奏单响敲击，举龙人齐声大喊“收邪、收邪”！各家各户闻声熄灯，屏声静息，甚至不让小孩啼哭，认为可以收尽新岁期间的邪气、疫鬼、病魔等，以祓不祥。收邪完毕，龙灯及其他各种灯具收回社或者神庙，由道士设坛祭祀，然后烧化。龙灯主事和其他舞龙灯的人分吃祭肉和其他祭品，称为“吃龙肉”。

(二)桃树枝辟邪

桃木能够辟邪，这是在中国民间流传甚广的一个传说，可能从先秦开始，桃木就和辟邪联系在一起，早在汉魏时即有“鬼畏桃”的民俗，《淮南子》《搜神记》《玄中记》等书记载，神人神荼、郁垒倚桃树管理群鬼，传说桃枝可以驱邪。后来在道教的推动下，这种风气在民间更为普遍。

桐乡一带近代尚残留这一风俗。蚕农缺桑叶从外地买进，须先用桃枝在桑叶轻轻鞭打三下；蚕农还常在门口或蚕匾上插桃枝。旧时浴蚕种必使用桃木板煎过的水。嘉兴新篁蚕房门口要挂一把蒜头、菖蒲和槐树花，前二者全为避邪。海盐蚕房里要挂一把无柄镰刀，对“邪物”表示威慑。海宁周王庙蚕农在养蚕前要举行袪邪仪式。夜间，男主人把手在石灰水中浸湿，在蚕房门口按下一个白手印，蚕上蔟时，蚕房门口的门框或柱子上要剁一把刀，蔟棚上放一碗冷饭。20世纪60年代，桐乡晚村乡有男性蚕农，黎明时全身赤裸，宰杀一头小山羊，口念咒语，用羊血沿墙根洒滴，用污血驱邪。这些都是为了对付“邪物”。

浙江的丽水，甚至在浸稻谷谷种的时候，都用桃树枝垫在谷种箩底，或者直接将桃枝插在谷种上，然后将箩浸入水中，同时在浸谷种的池塘边点蜡烛，焚纸钱，以求神佑。甚至在谷种播入秧田之后，在秧田的四周田岸上，遍插桃树枝以辟邪护秧。①

(三)山插避疫

在丽水各地，旧时建坟时有木制山插，上有丹朱符像，民间认为可定关煞(即定土)。家中如有禽畜患有瘟疫，俗以为神鬼所使，在夜深人静时分，到坟后用左手拔回山插，偷偷地插在禽畜栏边，认为可以驱神鬼，以保禽畜安宁。

(四)请猿神驱疫

在温州平阳等地，若逢水旱疫疠，多于社庙祷词建醮，有请猿神的习俗。其仪式大体是，于静夜，在僻处，杀猪，做露天祭。俗传猿神掌管天门水仓。②

---

① 浙江民俗学会编:《浙江风俗简志》，浙江人民出版社1986年版，第537页。

② 浙江民俗学会编:《浙江风俗简志》，浙江人民出版社1986年版，第215页。

（五）送瘟神

温州每逢瘟疫，人们都要举行送瘟神的活动，清孙同元《永嘉闻见录》：“每遇瘟疫，民间敛钱建道场，或三日，或七日，设大纸船，内实器用纸钱帛无算，送至海口，焚飘入海，以为将瘟鬼送走矣。”这种活动也叫“送纸船”，其基本程序为：地方父老先敛钱设立醮坛，并制一只大纸船安置于东瓯王庙前，其船以竹篾作骨，涂以色彩，长约丈余，宽七八尺，中竖三桅，船舱里摆放着纸扎成的各色器具。还用桌子搭起九台，道士在上面吹起法螺，踽步作法。开醮前，醮坛司事先派人扮符司净街，街巷内住户都将内外打扫清洁。清晨六时，司事将府县城隍、勇南王、庄济王、博侯王、福佑王以及武穆王、忠靖王等塑像抬出，乘坐明銮，仪仗前导，先后来到东瓯王庙。由主法道士率领醮坛司事，向太玉洞天迎来三清牌号，由三清传令忠靖王驱逐瘟疫。于是开始巡行，到各街巷驱瘟逐疫。在东瓯王庙内，道士诵经作法，开始打醮。道场开始，全城官员都要至庙拈香，永嘉县县长还要向天帝拜表，宣读毕，由道士在九台上开了葫芦，里边放出黄色烟雾，在烟雾中焚化表文，说是上达天庭了。全城百姓则纷纷到东瓯王庙点烛烧香，所送纸锭、冥镪等堆叠如山，除选贵重的佛教经牒及好的纸钱装入大神船外，其余都运到纸炉内焚烧。忠靖王出巡六天回庙后，即开始送纸船。入夜，选择湖水大落的时辰，将大神船上的灯点亮，十余人把船抬出东瓯王庙经大街直奔朔门江边。大队人马手持马灯、火把，高声呐喊紧随其后。其余明銮神像按官职次序在后疾步追赶，以送瘟神离境。沿路商店、人家都熄灯静卧，不得在门缝中观望。行路的人也要齐声呐喊，壮胆前行。到了江边，将船安置在堆有柴草的大竹排上，由舢板船向东拖去，这时，忠靖王还派一由乞丐扮的元帅驾船送瘟神出海。大约船过永嘉七都江面，就放火将竹排和纸船烧了，然后舢板船回来，各神归庙。①

（六）求洞

在旧时温州民间，若遇小孩患病昏迷不醒，就认为被鬼怪所迷，于是就请米卦先生来占米卦（即撒米问卜），卜者一般都会说小儿灵魂被山洞精怪摄去，要赶紧去恳求放还。于是，病家就邀请亲邻去洞口。到了洞口，摆下祭品，由一老妇代问通辞，十多人跪拜呼唤，小儿生母持香号哭，最后由通辞老妇用红绫布包住一个绿色藤斗，交小儿母抱持，意即小儿灵魂已讨回。由一妇人撑伞遮住斗，在旁同行，又一妇人持灯笼领路，一边走，一边叫小儿的名字，小儿母亲抱斗，代作应声，直到家门而止。三五日后，若还不痊愈，认为是精怪来家索债，于是先在家中设祭，以酒食相待，然后由内而外相引出门。出大门时，门口隐伏十几个健儿，大声呐喊随其后，一路鸣锣击鼓，送到海边，用一纸船随潮载之而去。②

（七）叫魂

旧时小孩受了惊吓，昏迷不醒，被认为是灵魂出窍，叫魂是常见的手段，在浙江各地，这样

① 浙江民俗学会编：《浙江风俗简志》，浙江人民出版社1986年版，第216—217页。
② 浙江民俗学会编：《浙江风俗简志》，浙江人民出版社1986年版，第360页。

的方式都是很普遍的，而且形式几乎相似。比如，在杭州，叫魂的时候，需要由母亲在夜里抱着小孩，沿着河边或者街巷去“叫魂”。一般“叫魂”需两人，一人在前面，边走边叫，“××，你的魂灵儿回家吧！”后面一人，则跟着说，“噢，回来了！”在旧时湖州，对待病人的叫魂方式和杭州基本相似，但是，对于受惊的人，湖州旧时需要三个人叫魂，一人抱其家烟囱，一人持秤杆，一人背一只竹篓箕，由持秤者呼，其余两人应，边呼边应，从受惊之处，一直走到家里，才算把魂叫回来了。①

（八）送野鬼

大人或者小孩久病不愈，民间一般认为是野鬼附身，必须要向某方向送野鬼。于是要备三荤三素，盛于托盘，晚上请人送到某方向偏僻的弄堂里，点上香烛，洒上黄酒，口中念道：“敬请神灵早点回去，保佑病人早日病好！”②

（九）祭床公床婆

小孩夜间常常啼哭，吵闹不宁，民间认为是得罪了床公床婆。于是，晚上摆上糕点，燃起香烛，祭床公床母，并拈香祈祝。旧时一般杭州有小孩的人家，都会在年三十夜里，供糕点，祭床公床母，以保佑小孩一年四季睡好。③

（十）烧菩萨

湖州旧时认为人生病是被菩萨所迷，必须烧菩萨。其法是在病人家门口，用“六只眼”，即猪头、全鸡、一条鱼供祭，并令人穿上神衣叩拜祈祷。然后由所有在场的人员把供品吃完，不得剩下一点，否则菩萨下一次还要来作怪。吃毕，将碗倒放，筷放碗底，大家一起走到大路口而返。④

（十一）点天灯

在金华，旧时村民病重且时久，其亲属则向神佛许愿甚重，最重者为点天灯。许愿者以灯芯缚于头部，包以蜡烛油，跪于神佛前点燃灯芯，烛焰闪烁，烫燎肌肤，但虔诚者强忍之，不皱双眉，以此感动神佛，帮助祛除邪鬼。⑤

（十二）驱半日鬼

这也是金华旧时驱鬼治病的一种方式，又叫打摆子、打半日，要求患者于大清晨，突然从床上跳起，赤脚直奔野外，解事先缚在腰间的草绳，缚之于树上，急急转身，跑步回家，途中不得回头看，如此则可以把半日鬼缚于树上，病即可痊愈。⑥

---

①②③　浙江民俗学会编：《浙江风俗简志》，浙江人民出版社 1986 年版，第 63 页。

④⑤⑥　浙江民俗学会编：《浙江风俗简志》，浙江人民出版社 1986 年版，第 477 页。

(十三)排端

在旧时金华,如果家里有人突然生小病,家人依楼窗对天焚香作拜,后燃几张方纸,边烧边送出门口,或送到村外,谓“排鬼”。或者家人备以祭礼,送到野外祭野鬼,祭祀祈祷,请野鬼享祭,别再缠身患者,俗谓之“端鬼”。或者有请人排端之后,将鬼骗出野外,然后由父母偷偷出村寻溪下水,踩水走数里,再上岸,住于别家或别村,称为“过水”。①

(十四)悬镜

在中国古代传统中,铜镜也是辟邪的利器。在旧时的金华,也常常用悬镜的方法来辟邪治病。如果家里有病人,在用过其他方法治病之后,家人再以铜镜悬于床上,则谓可以镇邪。如果家中有祸事发生,用过其他方法后,悬镜于门,邪鬼即不能进门。因为铜镜能辟邪,所以很多人家常年悬镜于门或者床,以镇邪。②

(十五)烧送

也叫“烧野头”,一般是听巫者的吩咐,备办酒肉、豆腐、米粉粿以及冥镪,重大者还扎纸钱,于傍晚,用生肖属龙、属虎的健壮男子数人,手挥桃僵、茶叶米,从病者的病床把鬼怪赶送出来,一人用筛子捧福礼送至百步外,烧香焚镪,奠酒叩送。送后,送者即在野外大吃福物,目睹者也可分吃,说吃了可以替晦。③

(十六)赶邪

孩子肚痛,母亲拿扫把,对着孩子肚子连“扫”数下,一边数者“一、二、三、四、五、六、七去!”数到七,马上将扫帚丢到房门外说,“七去,出去吧!”接着关上房门,谓孩子身上晦气“扫”去,肚痛会好。④

(十七)念生肖

小孩肚痛的时候,用小盏杯盛满米,用布包紧,以杯口对着肚子轻擦数下,同时,嘴里念着,“老鼠归老鼠,猪归猪,鸡归鸡,龙归龙……”将十二生肖念完,说:“孩子,它们都帮你吃了,你一下子就不痛了!”⑤

(十八)排夜佛

旧俗久病不愈以为是鬼怪缠身,在金华民间常以排夜佛来驱妖逐鬼。先把羹饭放在米筛上,端到病床前放置地板上,驱邪者点上香火,然后对着病床先说好话,再念咒语,越念越凶,

---

① 浙江民俗学会编:《浙江风俗简志》,浙江人民出版社 1986 年版,第 477 页。
② 浙江民俗学会编:《浙江风俗简志》,浙江人民出版社 1986 年版,第 477—478 页。
③④⑤ 浙江民俗学会编:《浙江风俗简志》,浙江人民出版社 1986 年版,第 478 页。

越念越怒，然后将大米撒在床上，用桃枝向床上乱抽乱打，由另外的人端着米筛，送至村边的三岔路口而回。若有草桥、草船，则在路口焚烧。端出家后，在家的人须立即把门关上。①

（十九）过关

旧时小孩病难多，一般妇女会听从算命者安排，说是命中犯关煞，俗叫“关口”，须过关禳解。有的是趁寺庙做佛事的时候，顺便参加过关。有的则特请一个吃素老倌主持，向大门放一方桌，桌上供香烛花斗、素斋糕果，米粉做的空心粿（叫过关粿），摆在中央，桌上放椅子两把，用万岁藤缠之，扎成关门，藤上披红布及五色线（五色线向邻居讨）。烧汤将孩子沐浴，换上新衣，长跪膜拜，最后由主持者念经诵佛，送他过关，披上红布，扎上五色线，谓可消除灾难。②

（二十）动山人

主持者须是山人（道士之流），在堂里要挂起鸟嘴图像（张天师图），若认为所要驱逐的神道很大，还须过红锅。山人扮唐、葛、周三大将，在一只铁锅里烧起炭火，背着病人从炭火正旺的铁锅上越过，在跨越时更喷以硫黄，火焰熊熊，意思是把缠在病人身上的妖魔鬼怪烧死，也有在跨越红锅之后，将一预先做好的稻草人拿去葬掉，病者避开，亲属佯作大哭。③

（二十一）退凶星

在丽水，旧时家里如果有病人长时间卧床不起，家中人即以瓦器猛摔床前，高呼退凶星，同时，以茶叶、大米等撒房内外，认为这样做可以祛除凶星恶煞。④

（二十二）送船

旧时丽水民间，家里有人患病，家中人请师公做法事。扎一只稻草船，上立旗幡，中置羹饭，师公做法将恶鬼诱入船中，然后由师公及家中人将草船送往河塘中，认为恶鬼随船而去，再不返回，病可痊愈。⑤

（二十三）路头端

“端”在丽水方言是“得”，也叫作米筛端，即用米筛送走恶鬼。旧俗，家里有人患病，病家会认为病人得病，是由于恶鬼缠身，要送走恶鬼，才能痊愈。送鬼时，用米筛一个，上放纸马盏盛的羹饭菜，点燃香烛，夜晚时，将米筛端往路头野外，将饭菜等倒在地上，吩咐恶鬼吃喝，认为由此病人将因恶鬼离舍而痊愈了。⑥

① 浙江民俗学会编：《浙江风俗简志》，浙江人民出版社 1986 年版，第 478 页。
② 浙江民俗学会编：《浙江风俗简志》，浙江人民出版社 1986 年版，第 478—479 页。
③ 浙江民俗学会编：《浙江风俗简志》，浙江人民出版社 1986 年版，第 479 页。
④⑤⑥ 浙江民俗学会编：《浙江风俗简志》，浙江人民出版社 1986 年版，第 583 页。

(二十四)抢魂

在丽水,旧时有抢魂的说法。旧时丽水民间如果得重病,则要请人卜巫,若巫师说病人魂魄被凶神恶鬼所擦,病家就要请师公抢魂。先由师公在家做法事,然后率领多人前往巫师所说的地点抢魂。抢魂时要烧冥钱,齐鸣响器,高声吆喝,认为这样就可以从恶鬼凶神那里抢回魂魄。①

(二十五)打入门

旧时丽水民间认为,病人病态失常,是犯妖病所至,即病人被妖物迷住。为了避开妖物,就要打入门。打入门的时候,先要由师公选择离家较远的地点,由师公做法事,做毕,众人手拿竹杖,气势汹汹,由师公带领闯入病人房中,点放炮仗,大声吆喝,用竹枝在房中的墙壁、地面、箱背、床头等处鞭打妖物,同时要迅速抢出病人,藏在庙堂或者其他房屋里,认为妖物找不到病人,则病可以痊愈。②

三、风水术

风水,指宅地或坟墓周围水流、山脉、风向等地理形式,有些人认为风水的好坏可以影响家族、子孙的盛衰。旧时,看风水在中国传统的社会非常盛行,今天在民间依旧有着较大的影响力。从传统的风水对于民众生活的影响来说,是重大的,尤其是在社会生活水平低下、神秘崇拜盛行的氛围下,好的风水对于普通民众的生活,有着非常重要的价值。设置于东晋太宁元年(323年)的永嘉郡,其城池即据两晋著名学者、风水宗师郭璞勘测建成。在传统社会,建城如此,对于一个家庭来说,如何判断、分析阴宅(坟地)和阳宅(住房)的风水,也是如此。在传统中国有所谓的理气派(福建)和形势派(江西),在浙江的民间,理气派和形势派都有影响,而以形势派为主。而一般来说,在旧时农村大凡建造房子或者坟墓的时候,都要先请风水先生看过,确定方向位置,然后方可动工。目前,由于火葬和公墓的逐步推行,阴宅选择时看风水已经逐渐减少,但是,在一些农村,依旧保持着这种习俗。而阳宅的风水问题,虽然由于公寓的出现,在很大意义上对于传统的阳宅风水形成了冲击,但是,既然是住宅,总是还有这些出于居住心理的最为直接的需求,阳宅的风水,在现代社会中,仍然在一定区域存在着影响。

(一)火星山

旧时在金华,有山的农村,一般都有自己崇奉的火星山。此山随村而异,或在村口,或与村相对,或为村之所倚,有的山形奇特,有的葬有祖坟。村民视此山为本村命脉所在,山上一草一木,一沙一石,都是神物,任何人不得乱动,否则,惹怒了山神,破了风水,全村都要遭殃。尤其是在东阳一带,认为火星山主火灾,若此山多石,不长草木,则挑泥送土,凿坑种树,直至

① 浙江民俗学会编:《浙江风俗简志》,浙江人民出版社1986年版,第583页。
② 浙江民俗学会编:《浙江风俗简志》,浙江人民出版社1986年版,第584页。

草木遍盖，不露片石为止，故又称为“风景山”。火星山草木的护理极严，有的甚至规定：村中有人上山采一草，拣一柴，则罚用缸甑烧饭，豆腐桶盛肉，宴请全族一餐；村中有人上山砍一树，拔一树苗，罚祠堂开宴，村中若有火灾，此人要投入火堆；外村有人冒犯，则全村每户出一壮劳力，上门牵牛，端锅，撬阁栅，倒板壁，抄尽其家产。①

（二）水口树

水口，是指水流的入口和出口。在风水中，水口有着重要的意义。古人一方面为水流会影响气场，“气之阳者，从风而行，气之阴者，从水而行”“顺阴灭阴阳之气以尊民居”。另一方面，又认为水主财，所以特别注重水口，把它看作保护神和生命线。因此，水口和风水密切相关，跟人的富贵贫贱也紧密相连，不能不重视。在浙江金华的民间，有水口树一说。水口树，即是在村子的水口种树，一般是樟树、枫树和银杏等，因村口位置常与溪流、池塘、民房、凉亭等融为一体，故又称“风景树”。为了保护水口树，旧俗有认其为树娘娘，指某地或某石块为土地公公，任何人不得砍伐，每逢过年过节还要摆祭。②

（三）风水树

由于旧时对于风水的重视，而树乃有形之物，生气之物，其风水效应不行低估，所以，对于风水树的推崇，在浙江民间也是非常重视的，尤其是在山区，非常普遍。一般村口树和坟头树，俗称为风水树，并且认为这些树与村庄、家宅的兴衰有很大关系，若经破坏，村庄就要衰落。所以，风水树在旧时是不能砍伐的，要让其自生自灭。③

四、鬼怪崇拜

鬼怪，或者说妖怪，从先秦时代开始，即在民间社会有着非常大的影响力，一般来说，鬼怪都是变化莫测，神秘难料，而又具有神力，既可能做坏事，又可能做好事，飘忽不定，神妙莫测，因此，民间对于鬼怪也十分崇敬，一则远避鬼怪作祟，二则祈福。在这样的双重心理之下，鬼怪的观念在民间甚为流行。比如，在旧时浙江，一般都会认为人生病，跟鬼怪有关，所以，大多数的驱鬼巫术都是跟人的身体健康有关，而且，很多难以解释的现象和行为，民众一般也会将其归于鬼怪。从这个角度可以说，鬼怪在民众的日常生活中是广泛存在的、并且有着重要影响的，民间一般的巫术行为，大体上都是和鬼怪相联系在一起的。

（一）金华猫

是中国传统文化中非常著名的一种鬼怪，以产于金华为名，以迷惑人心为突出能力。据传说，金华地区的猫，一旦在一般人家中饲养三年，就会变成妖怪。它变成妖怪的第一个征

---

① 浙江民俗学会编：《浙江风俗简志》，浙江人民出版社 1986 年版，第 413 页。

② 浙江民俗学会编：《浙江风俗简志》，浙江人民出版社 1986 年版，第 413—414 页。

③ 浙江民俗学会编：《浙江风俗简志》，浙江人民出版社 1986 年版，第 120 页。

兆，就是终夜蹲坐在屋顶上，对着月亮张开嘴巴。这样做表示它正在吸收“月亮的精华”。然后，猫就会潜入深山幽谷或佛殿，在此掘洞而居。白天待在洞里，太阳一下山，就外出活动。猫主要的目的是迷惑人，它的变幻自由自在。如果对方是一个女人时，它就会变成美男子，若对方是一个男人，那它就会以美女之姿出现来诱惑他。金华之猫有时也会进入一般人家中。它一进入住家后，会先在水桶里小便。人们一旦喝了水桶里的水之后，就会看不见猫的身形，而且，身体也会逐渐衰弱，最后卧病不起。家人发现不对劲，在病人的身上盖一件青衣，彻夜观察动静。一夜过后，便出现猫毛。家人终于意识到这是怪猫所为，暗地里请来猎人。猎人带着数只狗前来，一到病人家中，便将狗群放开。能够捕捉猫怪的只有猎犬，当猎犬捉来猫后，猎人就开始剥它的皮，烤它的肉。病人吃了猫肉就会痊愈。不过，据说如果生病的是男人，且捕捉到的是公猫，或者正好相反，生病的是女人，而捕捉到的是母猫的话，便无法医治，病人不久之后就会死去。

（二）山魈

又名山臊、山都、山精、山大人、山鬼、山膏、冶鸟、枭阳、独足鬼等等。一般认为，这大概是我国古代生活在南方山区的一种猴科动物，如狒狒一类。古人对此缺乏了解，遂与当时盛行的鬼神精怪观念混杂，视之为一种颇具神秘力量的精怪。在浙江山区，山魈故事不仅很早就已盛行，在魏晋南北朝时期，如干宝《搜神记》《永嘉郡记》以及陶潜的《搜神后记》中都有了关于浙江山魈的记载，所涉及的区域包括瑞安、永嘉以及富阳等地，可见，浙江的山魈信仰十分悠久。关于山魈的特征，宋人洪迈在《夷坚志》里有非常详细的记录：“大江以南地多山，而俗禨鬼。其神怪甚佹异，多依岩石树木为丛祠，村村有之。二浙江东曰五通，江西闽中曰木下三郎，又曰木客，一足者曰独脚五通。名虽不同，其实则一。考之传记，所谓林石之怪、夔、罔两、及山(獵)是也。李善注《东京赋》云：‘野仲游光兄弟八人，常在人间作怪害’，皆是物云。变幻妖惑，大抵与北方狐魅相似。或能使人乍富，故小人好之，致奉事以祈无妄之福。若微忤其意，则又移夺而之他。遇盛夏，多贩易材木于江湖间，隐见不常，人绝畏惧。至不敢斥言，祀赛惟谨。尤喜淫，或为士大夫美男子，或随人心所喜慕而化形，或止见本形，至者如猴猱、如龙、如虾蟆，体相不一，皆趫捷劲健，冷若冰铁。阳道壮伟，妇女遭之者，率厌苦不堪，羸悴无色，精神奄然。有转而为巫者，人指以为仙，谓逢忤而病者为仙病。又有三五日至旬月，僵卧不起，如死而复苏者。自言身在华屋洞户，与贵人欢狎。亦有摄藏挟去、累日方出者。亦有相遇，即发狂易、性理乖乱、不可疗者。”①从这段记录来看，山魈类似于北方狐魅，灵巧嬗变，能够使人致富（当然，也可以使人贫困，如果不高兴），又喜淫人妻女，因为这样种种特殊能力，山魈在浙江民间广泛流行，而且绵延不绝，直至近现代也还在许多山区民众的口耳间广为流播。②

（三）一目五先生

又名五奇鬼，这是一个“五位一体”的鬼组合。其出现地点是浙江中部，五鬼中有四只没

① 《夷坚丁志》卷十九“江南木客”。
② 顾希佳：《山魈故事的追踪研究：以浙江为例》，《民族文学研究》2005 年第 1 期。

有眼睛，其中只有一只有一个眼睛。其他四鬼全仰赖这个眼睛才能看东西，因而统称这五鬼为“五奇鬼”。五奇鬼总是形影不离，除了有眼的鬼外，其余的四鬼全都无法任意行动，一切都要听从一目鬼的命令。五鬼来到人睡觉的地方，用鼻子嗅闻人的味道。五鬼不是一起冲上前，而是一只一只按照顺序去闻。如此一来，被闻过的人就会生病。随着第二只、第三只鬼去闻，那个人的病情就会越来越严重，等第五个鬼闻过之后，那个人就会死去。五奇鬼不伤害善人、也不伤害恶人，只伤害不善不恶，无福无禄之人，这是十分奇怪的，所以劝人多做善事。

（四）衢州三怪

“衢州三怪”的故事见于蒲松龄的《聊斋志异》一书，“张握仲从戎衢州，言：‘衢州夜静时，人莫敢独行。钟楼上有鬼，头上一角，象貌狞恶，闻人行声即下。人骇而奔，鬼亦遂去。然见之辄病，且多死者。又城中一塘，夜出白布一匹，如匹练横地。过者拾之，即卷入水。又有鸭鬼，夜既静，塘边并寂无一物，若闻鸭声，人即病。’”钟楼大头鬼、县学塘白布怪、蛟池街的鸭怪，这《聊斋志异》所说的衢州三怪。当然，在《聊斋志异》出现之前，民间已经有了关于三怪的各种传说。按照民间说法，第一怪为县学池塘的白布怪，是观音娘娘的腰带变的。像一匹白布铺在地上，如果有行人去捡，便被缠住身子，拖入池塘活活淹死。第二怪为钟楼上的独角怪，是魁的朱砂笔变的，青面獠牙，血盆大口，晚上看见行人单独行走便追，直追得行人气绝身亡；如果有人看到某人被独角怪追，就会得病，不久就会死。第三怪为蛟池街的鸭怪，是王母娘娘瑶池里的老鸭精下凡。夜深人静便会发出可怕的叫声，居民听到声音都会被吓得肚子痛，不久就死了。

当然，有了怪，也就有各种各样的除怪的故事，其中在衢州地区最为普遍的就是尉迟恭除怪的传说。尉迟恭督造衢城，誓除三怪。唐初著名武将——门神尉迟恭是衢州城的建造者，恳请盈川城隍杨炯及其祖二郎神杨戬为助，戬以额上火眼远瞩，且上天入地求索，始知独角鬼者魁星之朱笔也，白布怪者观音菩萨之腰带也，鸭鬼者西王母瑶池中老鸭也。于是奏求玉帝降怪。后受命，以玉帝所赐三宝收服。一为魁星笔筒，二为观音拂尘，三为西王母发簪。

第八章　民间游艺

"志于道，据于德，依于仁，游于艺。"①古人称"游艺"是用"六艺之教"陶冶人们身心的一种有益活动。民间游艺，包括民间演艺、民间工艺、民间竞技游戏等。所谓"民间"，是相对于宫廷、士大夫等"上层"而言的。民间游艺是民俗文化的一个组成部分。一般来说，文学艺术以至竞技游戏，原本都产生于民间，流入宫廷或由士大夫、文人吸取后，虽然从形式到内容有所改变，表演、活动场合有所不同，但其基本特色依然传承、嬗变、发展于民间。在浙江，最明显的例子是南戏中的早期作品如《赵贞女》《王魁》，原是民间艺人从唐宋话本和说唱改编而成的。金华昆腔（也称"草昆"）中有浓厚地方戏特色的剧目《翻天印》《通天河》等，也是经过世代艺人的改编创造而成为别具一格的大型戏曲作品的。广为流传的文、武、粗、细的民间器乐曲《十番》，也初创于民间，流传于民间的。当然，也有一些是"上层"所不易取代的，如民间曲艺、民间小戏、民间器乐、民间剪纸年画、民间竞技游戏等。民间游艺，是民俗文化中的一席盛宴，在文化传承的演进过程中，它在民间起到最广泛的愉悦身心、以文教化、凝聚乡情的作用。其最显著的特点之一是，它的活动往往出现在其他更大规模的民俗事项中。如浙江的民间戏曲，其活动除参与节日、庙会等大型民俗活动外，平民百姓的红白喜事、吉庆寿诞等庆典，都会被邀请演出。其他如民间音乐舞蹈、剪纸灯彩等，也都能随着其他民俗事象而得到广泛的演出和展示。

现今，由于时代的发展，传统的民间游艺，也逐步采用了声光音响等现代技术，尤其是民间灯彩、竞技等用具制作材料改进后，一些古人难以想象的灯彩、竞技，如电光灯彩、高空大跨度走索、翻十九楼和巨型风筝等，都应运而生，成为民间游艺活动中的一大亮点。

第一节　民间演艺

民间演艺，是指产生、形成、流传于民间并具有艺术表演性质的各种技艺，包括民间曲艺、民间戏曲、民间音乐、民间舞蹈、民间社火等。

浙江是歌舞之乡。早在东晋至南朝宋齐年间，浙江湖州、嘉兴一带，已经呈现出如（南朝宋）沈约《宋书·循吏传序》中所说的"凡百户之乡，有市之邑，歌谣舞蹈，触处成群"的歌舞之乡的景象。浙江是戏曲之乡，明《永乐大典》上记载的《张协状元》等戏文3种，是中国记录最

① 程昌明译注：《论语·述而第七》，辽宁民族出版社1996年版，第69页。

早、最为完整的戏曲文本。浙江也是诸多北方曲艺杂技人才和曲艺杂技形式随宋室南移而在浙江落脚生根的地方，民间曲艺杂技品类之多、演出之盛，向来被世人称道。及至清末民初，浙江不仅是各种滩簧的兴起之地，而且还孕育、产生了被称为国内第二大剧种的越剧。同时，直到21世纪初以来，各种地方戏的民间职业剧团和民间业余剧团，依然在这片戏曲之乡的城乡间四时演出。其他如民间音乐舞蹈、杂技游戏，则更为丰富多彩了。至今，浙江各类民间演艺形式多样，节目丰富。①

从浙江民间曲艺和民间戏曲的发展史看，曲艺曲种和戏曲剧种以及颇具地方特色的曲目剧目，主要是在历代民间艺人的演唱过程中，逐步发展形成的。曲种剧种本身就具有群体性的创作因素，是游艺民俗发展过程中的一种民俗现象。

一、民间曲艺

浙江民间曲艺有其悠久的历史。据《东京梦华录》载，北宋年间，浙江临安、明州（宁波）一带，已有曲艺场所。宋室南渡后，南北曲艺汇集，临安及周边地区，各种曲艺表演十分盛行。以说为主的“小说”“讲经史”，以唱为主的“唱赚”“陶真”等，风行一时。

浙江因受历史上数次中原人的迁入和文化多源性的影响，对周边各省乃至全国的优秀民间艺术，特别是民间曲艺，多采取吸收借鉴，包容性极强。历史上如皖南的凤阳花鼓，源自吴地的滩簧和苏州弹词，都在浙江落脚生根，演化为浙江的优秀曲种。《中国曲艺志・浙江卷》列“苏州评话”“苏州弹词”为省内主要曲种，便是一例。

“南朝四百八十寺，多少楼台烟雨中。”（杜牧《江南春》）浙江古代民间曲艺的萌生和兴起，与南朝及唐宋年间道教佛教的传经活动有关，特别是道情与宣卷。明清两代民间俗曲小调盛行，对民间曲艺的形成，也起到了催化作用。

现今浙江民间曲艺的形式，主要有评话评词、弹词鼓词、文书走书、道情宣卷等。

（一）曲艺曲种

杭州评话

俗称“杭州大书”，流行于杭州、绍兴、金华等地。杭州评话用杭州方言讲评故事。说书人以第三人称讲述故事的语言谓“说表”；在表现故事中人物即“起角色”时用第一人称的语言谓之“白”。“白”分“官白”“私白”等多种。“表”和“白”以散文为主，也有用作念诵的一部分韵文，包括挂口、引子、赋赞和韵白等。赋赞用以描景、状物并渲染、烘托人物的心理状态和性格特征，挂口是人物的自我介绍，引子是说书人的书情介绍和点题，韵白使用韵文，或叙述情节，或总结书情。表演者一人，以折扇、醒木、手帕为道具。以醒木击桌，起拢神和定场作用。

① 本志在着重收录具有地域特色节目的前提下，对在同一区域内普遍流传但表演形式相近的曲种、剧种、舞蹈、器乐曲等，择其具有代表性的作综合介绍，如金华道情、浙江目连戏、奉化布龙、浙东吹打等。具有地方特色的曲目、剧目一般都在该曲种、剧种介绍时提及，不再单独立目。

一般认为杭州评话源自南宋时临安“说话”中的“讲史”。宋以后的杭州，一直有讲述历史故事的“说大书”。杭州评话在清代已盛行。清道光十九年（1839年），评话艺人成立了杭州评话社。民国12年（1923年）杭州评话社改名为杭州评话温古社，有社员80余人。此后杭州评话一直十分兴旺。当时演出的较有影响的传统书目，有以讲史为主而被称为“长靠书”的《西汉》《东汉》《三国》《隋唐》《岳传》等，有讲述英雄侠义故事的“短打书”《水浒》《七侠五义》《小五义》等，还有讲述神怪故事及公案演义《封神榜》《济公传》《大红袍》《施公案》等。中华人民共和国成立以后，杭州评话温古社的成员加入了杭州曲艺改进协会，绝大多数艺人被有组织地分派到市区20余家书场（茶楼）演出。艺人们创作改编演出了不少新书目，如《林海雪原》《红岩》《淞沪游击队》等。“文化大革命”中，许多艺人被迫转行，杭州评话停止演出。1987年后，杭州评话重新复苏，涌现出一批新作，如《练兵场上》《威镇爷台山》等。①

杭州评词

俗称“小书”，又名“文书”，艺人们话称“简册儿”。因伴奏乐器是胡琴，又名“琴书”。流传于杭州、余杭、萧山、桐庐、绍兴、诸暨等地。杭州评词早期由一名男演员自拉胡琴，单档说唱。后发展为男女双档，伴奏乐器在原有胡琴的基础上增加了三弦。道具也为醒木、折扇、手帕等。唱词多为七字句或加衬词，逢双押韵。以杭州方言说唱，但人物代言采用的“官白”有所区分：生用“中州韵”，旦用杭州书面语，俗称“杭州官话”，而小旦与丑则用“苏州白”。演出时一般先唱“提唐诗”，即“开篇”，然后演出正书。

杭州评词的基本曲调为【平调】，并根据不同人物及感情变化又分别有【喜调】【怒调】【哀调】及【快板】等不同的功能性唱腔。杭州评词经常演出的“提唐诗”有《韩信问卜》《西厢记》《倭袍》以及《半字开篇》《滑稽开篇》等。正书中的传统曲目有《双珠凤》《珍珠塔》《十美图》《玉蜻蜓》《白蛇传》等30多部，多为反映才子佳人的爱情故事，也有如《粉妆楼》《三门街》《宏碧缘》等武打书。

杭州评词的演出场所遍布杭州城乡，其中杭州城内较有名气的场所，有南星桥的碧雅轩、海月桥的海月楼、闸口的红绿茶室、上仓桥的凤山茶室、悦来茶室、望江门的顺风茶楼等。中华人民共和国成立以后，杭州评词出现了金荣棠、来锦贤两位名家。金荣棠改编男单档的演出形式，与郭月英拼男女双档，蜚声词坛；来锦贤说表清脱、细腻，唱腔圆润，说、唱、表、做俱佳，深受评词听众的青睐。当时移植改编和创作的新曲目不少，影响较大的有《十五贯》《苦菜花》《平原枪声》等。②

杭州滩簧

简称“杭滩”，是由南词说唱衍变而成的代言体曲艺形式。流行于杭州及嘉兴、湖州、宁波等地。兴起于清乾隆年间。道光以后，昆曲由盛转衰，杭州滩簧以坐场形式演出《缀白裘》中的昆曲折子戏，这一类移植的曲目，称为“前滩”。另有以民歌小调演唱，内容多取材于民间花鼓小戏，讲究滑稽风趣，称为“后滩”。杭州滩簧的表演形式为分角色坐场说唱。一般为5人

---

① 《中国曲艺志·浙江卷》编辑委员会：《中国曲艺志·浙江卷》，中国ISBN中心2009年版，第92页。

② 《中国曲艺志·浙江卷》编辑委员会：《中国曲艺志·浙江卷》，中国ISBN中心2009年版，第69页。

一班，生拉胡琴，旦弹琵琶，净弹三弦，末敲鼓、丑打板。也有 7 人、9 人、11 人一班的，但数量极少。7 人加筝、笙，9 人再加箫、笛，11 人再加扬琴、管。5 人之外的艺人为专职伴奏。通常演出前，要先奏【四合如意】或【三六】【行街】等器乐合奏曲，艺人称为“和音”。然后唱开篇，再说唱正书。

杭州滩簧的音乐，分唱腔和器乐两部分。唱腔曲调有基本调、曲牌、民歌小曲三类：基本调为杭州滩簧主要演唱曲调，分男、女宫，且有【平板】【男宫流水】【快板】【女宫流水板】等板式；曲牌音乐多因袭昆曲而来，如【点绛唇】【端正好】【风入松】【急三枪】等；民间小曲，如【四喜调】【采茶调】【杨柳青】【游魂调】等，多用于后摊曲目。

已知的杭滩传统曲目共有 120 多段（折），其中多数是前滩，如《白兔记》之“产子”“送子”“出猎”“回猎”，《绣襦记》之“卖兴”“当巾”“打子”“刺目”，《孽海记》之“思凡”“下山”，《烂柯山》之“逼休”“痴梦”“泼水”，《占花魁》之“遇美”“劝妆”“接吐”“独占”等；后滩曲目较少，有《卖草囤》《荡湖船》《磨坊串戏》《花子过关》等。杭州滩簧在清咸丰、同治时有行会组织恒源集。至清末民初恒源集改名为安康正始社。1956 年成立杭滩组，艺人们移植、改编了《新西湖十景》《渔夫恨》等新曲目。1958 年杭滩组加入杭州曲艺团。1961 年 3 月，杭滩演员被并入杭州杭剧团演唱杭剧。①

武林调

又名“杭曲”，清末民初由杭州宣卷衍变发展而成。流行于杭州、嘉兴、湖州地区。民国 10 年（1921 年），裘逢春、金月红等艺人将杭州宣卷带进杭州大世界游艺场作营业性演出，在曲调上增加了流行的民间小调，如【七朵花】【西湖十景】【九连环】【卖花线】等，在伴奏乐器方面除用原有木鱼击节外，加进了二胡等弦乐器。经常演出的曲目有《太平记》《琵琶记》《百花台》《失罗帕》等。同时成立了行会组织民乐社，于民国 13 年（1924 年）1 月在大世界游艺场上演了《卖油郎独占花魁女》，人称“化妆宣卷”。

民国 14 年（1925 年）民乐社改称“武林班”，赴上海大世界游乐场演出，受到欢迎。从宣卷到武林班，除演出方式有变外，主要是音乐上的变化和发展。蒋宝儿等人将【满江红】曲调吸收【游魂调】【宣卷调】衍化为【大陆板】，同时，将维扬文戏的【小开门】和扬州清曲【梳妆台】改造为【平板】，从此，【大陆板】【平板】成了武林班演唱的基本调，原有的【宣卷调】则成了辅助调。故杭州观众把【大陆板】【平板】统称为“武林调”。

民国 14 年（1925 年）后，原先许多营业演出的杭州宣卷班大部分改唱武林调，并出现了“高台”和“平台”两种演出形式，“高台”即演戏，而平台是唱曲。平台演出以一二或三人演唱者居多，说唱相间，以唱为主，分担角色，另有三四人专司伴奏。演出场所主要在茶店及堂会。20 世纪 30 年代武林调艺人有行会组织春秋社。中华人民共和国成立后，春秋社改组参加了杭州市曲艺改进协会。1955 年又成立了“曲艺实验组”，1958 年曲艺实验组加入了杭州曲艺团。此时，将“平台”演唱的“武林调”被称为“杭曲”，并于 1950—1966 年得了很大的发展。②

① 《中国曲艺志·浙江卷》编辑委员会：《中国曲艺志·浙江卷》，中国 ISBN 中心 2009 年版，第 75 页。

② 《中国曲艺志·浙江卷》编辑委员会：《中国曲艺志·浙江卷》，中国 ISBN 中心 2009 年版，第 105 页。

小热昏

俗称“卖梨膏糖”，也称“小锣书”。主要流行于杭嘉湖及金华、宁波等地区。“小热昏”始于清光绪六年（1880 年）左右，第一代艺人为赵阿福，10 年后，其徒陈长生到上海天后宫（今上海河南路桥北堍）卖梨膏糖时，收杭州人杜宝林为徒。杜宝林后回杭州，以“小热昏”作为艺名演出，深受杭州听众的欢迎。

小热昏的传统表演形式是，一至二人敲小锣、拍击三巧板说时事新闻、唱滑稽戏曲、讲笑话、说唱长篇书。有说有唱。民国初至抗日战争前，小热昏获得极大的发展。一是杜宝林将《萧山人拜门神》《绍兴人乘火车》《瞎子借伞》《火烧豆腐店》等杭州隔壁戏节目移植过来，丰富了曲目；二是许多人向杜宝林拜师学艺，到抗日战争前夕小热昏艺人已达二三十人。抗日战争胜利后，小热昏艺人云集浙江，曲目也十分丰富，如根据新闻故事改编的长篇有《黄慧如与陆根荣》《枪毙阎瑞生》《骂四大金刚》等，根据戏曲移植改编的长篇有《火烧红莲寺》《啼笑因缘》《济公传》等，还有滑稽京戏类节目《江北甘露寺》《绍兴朱买臣》《宁波空城计》等，笑话类节目则有《学官话》《花子招亲》《男女争大》等。中华人民共和国成立后，小热昏艺人于 1950 年成立了杭州戏曲改进协会所属的“杂艺改进社”，以后参加了杭州曲艺团说唱队，先后创作演出了《来阿来》《比媳妇》《便宜货》《歌唱孙才尧》等新曲目并改编整理《蔬菜打仗》《水果招亲》等优秀节目。①

图 96-8-1-1　杭州小热昏（1981 年摄，马来法提供）

隔壁戏

又称“暗春”“口戏”。清代与民国时期流行于杭州、嘉兴、湖州、绍兴、衢州及金华等地。“隔壁戏”一词，见于清道光年间顾禄《清嘉录》：“穹幕于壁，一人在幕中，作数人问答语，谓之‘隔壁戏’”②。清光绪至民国初，杭州隔壁戏的演出十分兴盛。清末有个叫“大脚阿春”的艺人常在清泰门外演出，十分受人欢迎。清宣统三年（1911 年）杭州隔壁戏艺人方寿山，曾去上海演出，也十分走红。民国初年，杭州隔壁戏艺人多达 84 人，并形成了多人演出的班社，其中最著名的有潘祖彬班、王阿其班、李连生班等 5 班。

隔壁戏的演出形式，分“明春”“暗春”两种。明春是艺人在幕前讲说吉利话、笑话，唱民间小调，或表演古彩戏法等。“暗春”即真正的“隔壁戏”。除在场子演出外，也赶做各种喜庆堂会。隔壁戏的演出以一人独演为多，也有两人合演。有的以幕作壁，上开数洞，演员把手伸出洞外作表演，在幕后模仿各种角色声音，如夫妻吵架、邻里纠纷等；也有采用当地方言，引人发

① 《中国曲艺志·浙江卷》编辑委员会：《中国曲艺志·浙江卷》，中国 ISBN 中心 2009 年版，第 91 页。
② 〔清〕顾禄：《清嘉录》卷一《新年篇》，上海古籍出版社 1986 年版，第 5 页。

笑。其中口技为隔壁戏表演的首要技艺，如鸡叫犬吠、马嘶鸟鸣、婴儿啼哭、风声雨声、市井叫卖等均毕肖之至。传统曲目主要有《百鸟鸣春》《杭城一把抓》《火烧豆腐店》《萧山人拜门神》《绍兴人乘火车》《王小二过年》《瞎子借伞》等。民国9年(1920年)左右，杭州隔壁戏艺人为丰富上演曲目，一度移植过杭州滩簧的曲目《犯夜》《产子》《罗磨》等在杭州大世界游艺场演出。①

四明南词

又称“四明文书”，俗称“宁波文书”。流行于宁波和附近县区及舟山等地。四明南词用宁波方言说唱，早期以唱为主、以说表为辅，后渐渐演变为说唱相间。明末清初即有人开始对其音乐进行研究。清道光年间最为繁荣。宁波新街一带有崇德社、引凤轩等四明南词组织，宁波城郊以及镇海、奉化演出四明南词的艺人有几百人。同治、光绪年间仍相当兴盛，“辛亥革命”以后开始衰落。自民国21年(1932年)起，四明南词开始去上海电台演播。民国33年(1944年)有四明南词五档演员赴上海中央书场联合演出。四明南词的唱词多七字句，曲调优雅，为士大夫所欣赏，故早期主要是唱堂会，有“南词进华堂，走书下农庄”之说。演出取坐姿，有单档、双档、三档至十一档等搭档演出方式。单档是说唱者自弹三弦，双档另加扬琴，三档加琵琶，五档加二胡、凤箫，七档再加阮、笙，九档再加拉弦乐和双清，十一档再加筝、鼓板等伴奏乐器。其中均以弹三弦者为主，要具有唱、念、表、奏等各种功夫。

四明南词音乐分唱腔和伴奏两部分：唱腔有【平湖调】【赋调】【词调】3种基本曲调。艺人将由此基础上发展而成的5个常用曲调【平湖调】【紧平湖】【赋调】【紧赋调】【词调】，称为【五柱头】。伴奏音乐有【大起板】【三六】【四合如意】【将军令】【得胜令】等器乐曲，用在开始说唱之前、说唱间隙和说唱之后及尾奏。

四明南词曲目分开篇、正书两类。一般先唱开篇，后唱正书。传统开篇有《八仙庆寿》《西湖十景》等；正书则有《珍珠塔》《玉蜻蜓》《双珠凤》《彩楼记》等，多为才子佳人故事。其中回书有《雨雪亭》等，为四明南词正书中经常独立抽出演出的代表性曲目。②

绍兴平湖调

简称“绍兴平调”，流传于绍兴及上虞等地区。绍兴平湖调以唱为主，少有说表。唱词多为七字句，曲调优美细腻。早期演出以文人雅士自娱为主，其活动场所，主要是文人商贾之家有祝寿、完婚、生子等喜事时，应邀唱堂会。演出自行伴奏，分三品、五品、七品等不同的演出形式。三品为3人分持三弦、扬琴、二胡三种乐器；五品为5人，另加琵琶、双清；七品为7人，再加笙、洞箫或头管。无论几品，都只有弹三弦一人说表、弹唱，“八技”皆从一人口出，其他人员专司伴奏。

绍兴平湖调演出时，先唱短篇“节诗”，后唱长篇“回书”。节诗有《曾记梨花细雨天》等多种，因无曲目名称，皆以全曲首句唱词称之；回书都选自传统书目《甘罗记》《双珠凤》《白蛇传》《玉蜻蜓》等。所用曲调主要是【平湖调】。【平湖调】又称【蓑衣谱】，另有【细调】，以及辅助的

---

① 《中国曲艺志·浙江卷》编辑委员会：《中国曲艺志·浙江卷》，中国ISBN中心2009年版，第106页。

② 《中国曲艺志·浙江卷》编辑委员会：《中国曲艺志·浙江卷》，中国ISBN中心2009年版，第70页。

【方调】【油葫芦】【唐调】【落金钱】等民间俗曲以及【锁南枝】【满江红】【剪剪花】等昆曲曲牌穿插。还有在开唱前后演奏的少数器乐曲，如【高山流水】【平湖引】【清江引】等。

绍兴平湖调因所唱的基本曲调【平湖调】而得名。此曲调相传始创于明代，到清代初年，已盛行并流传到北方。1953年，绍兴平湖调名家史实父、陈伯琴等5人，应华东戏曲研究院之邀，赴上海举行了平湖调欣赏会，并在高乐歌场短期公演。1963年，绍兴曲艺团举办曲艺训练班，内设平调组。1964年绍兴平湖调艺人参加浙江省弹词会书后，自觉在通俗化方面做了改进，移植演出了苏州弹词本《秦香莲》《李双双》等书目。①

绍兴词调

又称“话词”，俗称“花调”。流行于绍兴市城区与绍兴县。绍兴词调演出时的演员搭档方式分三品、五品、七品、九品。三品，即一男二女，男的弹三弦，女的拉二胡和打扬琴。五品再加月琴、提琴，七品再加琵琶、笙，九品再加箫、双清。绍兴词调的表演说唱相间，以唱为主，并以弹三弦者为主演，称弦位先生，但所有艺人都可说唱并起角色。以五品为例：弹三弦的艺人任老生、老旦，打扬琴者任小生，拉二胡者任小旦，弹月琴者任副小生，拉提琴者任二肩旦（可与弹月琴者互换）。七品、九品演出时，增加的几位艺人只伴奏，不说唱。词调艺人要品（拼）档才能出演，品档概由弹三弦的男艺人主持，一般拼成三口，即一男二女。因此，三弦、二胡、扬琴为基本伴奏乐器。

绍兴词调表演时，生、旦、净用绍兴官话说唱，而丑角则用绍兴方言或苏白。表演手法包括有说、唱、表、噱、奏，但以唱为主，说白、对话较少，唱词大多是代言体。绍兴词调唱腔的基本调有【蓑衣谱】【本调】【十字调】3种。此外，还有【要孩儿】【绣花袄】【吟诗调】等少数俗曲小调为辅助唱腔。【蓑衣谱】既可叙事亦可抒情，【本调】适合于哭诉、悲叹，【十字调】以演唱攒十字体的唱词为特征，曲调委婉柔曼，优美动听，多用于抒情。

绍兴词调一般在结婚、生子、做寿，乔迁等喜庆场合演出。平时的娱乐性演出，叫作“无事书”。演出时先唱节诗，后说正书，每场四五个小时。传统节诗有《宫怨》《游炉峰》《十二月花名》《百鸟节诗》等五六十首，正书知有《珍珠塔》《白狐裘》《双金花》等。②

绍兴莲花落

相传始于清光绪年间（1878—1883年），是在吸收当地民歌和嵊县“落地唱书”的基础上，于20世纪初形成③。流传于绍兴、上虞、余姚、慈溪、萧山等地。用绍兴方言演唱，有说有唱，以唱为主。唱词以七言为主，以方言土话入唱，内容多表现当地农村生活，有浓郁的乡土气息。起初时，表演一般为三人，一人主唱，手执三敲板击节，以纸扇和醒木为道具；另二人帮唱（其中一人亦以敲板击节），无丝弦伴奏。民国14年（1925年）始用四胡为主要伴奏乐器，废弃了徒歌清唱、人声帮腔的演出形式，基本唱腔稳定为【工尺调】，并发展为以说唱长篇书目为主的形式。演出一般为4人：一人手执三敲板击节说唱（以纸扇、醒木为道具），以唱为主；另三人专司伴奏（一人敲板、一人四胡、一人琵琶）。绍兴莲花落起初因在农村沿门卖唱，多为口

---

① 《中国曲艺志·浙江卷》编辑委员会：《中国曲艺志·浙江卷》，中国ISBN中心2009年版，第67页。

②③ 《中国曲艺志·浙江卷》编辑委员会：《中国曲艺志·浙江卷》，中国ISBN中心2009年版，第88页。

彩，无一定故事情节。后来产生了有一定故事情节的“节诗”，共有《娘家》《饭盏》《长婆》《短婆》等 18 出半。长篇传统书目有《闹稽山》《马家抢亲》《何文秀》《珍珠塔》等。民国 25 年（1936 年）绍兴莲花落由农村进入城乡茶室书场，并演出根据民间传说编写的《闹稽山》等曲目，受到听众欢迎。中华人民共和国成立后，一批艺人加入绍兴县曲艺协会。“文化大革命”中，绍兴莲花落一度遭受摧残。20 世纪 70 年代初，绍兴莲花落，出现了《三根扁担》《常青指路》《回娘家》《阿 Q 与辫子》《晦气鬼告状》等众多新曲目。

图 96-8-1-2　胡兆海演唱《回娘家》（1982 年摄，马来法提供）

绍兴滩簧

俗称“鹦哥戏”。流行于绍兴县以及周边地区，包括杭州、嘉兴、湖州一带。演出多以 2 人、4 人、6 人为一班，最多不超过 8 人。2 人表演，由一旦、一丑组成；如无后场（乐师），则自拉自演、沿门卖唱，谓之“排街”。8 人组班时，前场演员 6 人（三旦三花脸），后场乐师 2 人（一人操琴，一人打鼓板）。6 人、4 人一班时，演员减至 4 人、2 人，乐师 2 人不变。传统曲目除“排街”演出为曲艺形态外，民国之后多为生活小戏，逐向戏剧形态发生改变。

绍兴滩簧的演唱采用绍兴方言，唱词以七字句为主，所用曲调为【鹦哥调】，20 世纪 50 年代曾改称为【基本调】。辅助曲调有【走板】。绍滩的传统曲目，素有“七十二本鹦哥戏”之说，主要有《大采桑》《双买花》《买草囤》《买石榴》等，均属小戏。中华人民共和国成立后，1950 年即对曲本进行整理、净化。1957 年成立绍兴曲艺工作者协会时改名为“绍兴滩簧”。1961 年后，陆续上演了《半把剪刀》《雷锋》等新曲目。1966 年“文化大革命”开始后，绍兴滩簧剧团皆被强行解散。1976 年后恢复演出活动，演出的曲目有《九斤姑娘》等。①

绍兴宣卷

流行于绍兴城区以及附近农村。清同治、光绪年间和民国时期的演出活动极为兴旺。绍兴宣卷分生、旦、净、丑等角色说唱，以唱为主。唱词为十字句和七字句，以十字句为主。通常演出者为 3 人，有时 4 人。只用木鱼、醒木伴奏的称为“干卷”；另加其他乐器，如二胡、三弦、月琴伴奏的，称为“花卷”。

绍兴宣卷主要在祀神庙会上演出，演出前必焚香，态度恭敬。有时也在婚丧喜事、祝寿、造屋等场合“唱堂会”。一般演出第一段必唱《庆寿》，然后是正书，只有逢丧事时，所唱《庆寿》不出八仙，而改出十殿阎罗。绍兴宣卷以绍兴方言唱说。所用曲调以【宣卷调】为基本调，此外还从调腔、绍剧和民间小调中吸收某些曲调为辅助唱调腔。书目除了说唱传统宝卷，如《刘香女宝卷》《目连宝卷》等外，还有移植自绍兴腔调的《琵琶记》《西厢记》《碧玉簪》等。移植自

① 《中国曲艺志·浙江卷》编辑委员会：《中国曲艺志·浙江卷》，中国 ISBN 中心 2009 年版，第 102 页。

绍剧和越剧的《三官堂》《龙凤锁》《碧玉金钗》等。移植自苏州弹词和绍兴词调的《玉蜻蜓》《珍珠塔》《分玉镜》等。①

嵊县落地唱书

流行于嵊县、新昌一带，也一度在宁海、象山、天台、临海、诸暨、义乌、余杭、武康、孝丰等地流传。落地唱书形成于清道光、咸丰年间。当时嵊县西乡一些穷苦农民为谋生计，以当地流行的【宣卷调】为主，糅合【牧牛调】【莲子行】等民间小调，创造了一种叫【四工合调】的曲调，在每年春节至清明期间，到本县和新昌等地农村沿门卖唱。起初唱的都是"福禄寿喜""五谷丰登"之类的"彩头"唱词，如"客到此地会成仙，荣华富贵万万年""王母娘娘生贵子，状元头上插宫花"等，以博主人高兴。以后形成了略有情节的小段，当地人称"堂书"，有《十稀奇》《十古怪》《败子回头金不换》等唱段，沿门挨户演唱。曲调有【四工合调】和【哀哀调】等。清光绪初年，艺人们从当地流行宣卷和戏曲中移植改编了一些长篇书目。为适应长篇演出需要，嵊县落地唱书艺人金芝堂在光绪十五年(1889 年)吸收湖州三跳【劝书调】，创造了【吟哦调】，以"吟哦依吟哦"的衬词帮腔进行伴唱。为区别当地流行的湖州三跳"走台书"的演出，自称为"落地唱书"。此后，日趋繁荣，形成了专业和半农半艺的艺人队伍，陆续进入城镇，并从音乐唱腔到书目内容做了一系列改进。这一时期的传统书目，除早期的中短篇外，主要长篇书目有从宣卷等改编而成的，如《双落发》《卖夏布》《赖婚记》《相骂本》《箍桶记》等，有从绍滩、徽戏等移植的，如《龙凤锁》《三看御妹》《二度梅》《碧玉簪》等。光绪三十二年(1906 年)春天，在於潜(今临安)、余杭等地农村演出的落地唱书艺人李世泉等分别在稻桶搭成的舞台上化妆演出，落地唱书遂衍变孕育出越剧早期的"小歌班"。②

宁波走书

又名"犁铧文书""莲花文书"。流传于宁波、上虞、慈溪、余姚、奉化、镇海、象山等地。宁波走书源自民间小曲。约在清道光、咸丰年间，上虞一带的农民，以唱小曲消除疲劳，后来发展到在夏夜或冬闲时，在晒场、厅堂上演唱有故事情节的片段，自娱自乐，只用一副竹板和一只毛竹篰头击节。光绪年间传入余姚农村后获得很大发展，许多学唱者还成立了杭余社，经常在一起交流经验。其中有个叫许生传的艺人，吸收了绍兴莲花落的曲调，采用月琴伴奏，自行伴奏说唱。自他开始，不仅说唱表演日趋成熟，且能演唱《四香缘》《玉莲环》《双珠凤》等长本书目，并很快传到宁波、舟山等地。

宁波走书的表演，开始时是由一人自弹月琴，坐着说唱，后又加入其他乐器，如四胡、琵琶、扬琴、三弦等伴奏。常用曲调有【四平调】【马头调】【赋调】三种，俗称"老三门"。有时也用【还魂调】【词调】【二簧】【三五七】等。宁波走书的传统书目有《白鹤图》《黄金印》《大红袍》《麒麟豹》《杨家将》《五虎平西》《大明英烈传》等数十部。中华人民共和国成立以后，宁波走书得到了极大的发展。在伴奏乐器上也进行改良，形成了四胡、二胡、月琴、扬琴、琵琶、三弦等多件乐器伴奏的乐队。在表演上增强动作性，使表演区域进一步扩大。除继承和整理原有的传

---

① 《中国曲艺志·浙江卷》编辑委员会:《中国曲艺志·浙江卷》,中国 ISBN 中心 2009 年版,第 100 页。
② 《中国曲艺志·浙江卷》编辑委员会:《中国曲艺志·浙江卷》,中国 ISBN 中心 2009 年版,第 83 页。

统书目外，还移植、改编了《桥隆飚》《林海雪原》《野火春风斗古城》等新书目。①

唱新闻

又称“锣鼓书”。流传于宁波、镇海、慈溪、象山、奉化以及舟山、定海、普陀、岱山等地。唱新闻以唱为主，偶有说白。唱词多为七字句，也有长短句，双句押韵，用宁波、舟山方言演唱。演出方式分单档、双档两种。单档演出时，左手持小锣、竹板，右手持鼓槌、锣片（竹片），左腿上放一只小腰鼓，有时边敲边说唱，有时唱完一段敲一阵锣鼓，然后接着说唱。双档演出时，一人为主，并自敲鼓、板；另一人伴唱。一般在演出前先敲一阵锣鼓，以招揽听众，俗称“闹场”。开演时先唱四句或六句唱词，叫作“书帽子”，然后转入以唱为主，间有说白的正书表演。

唱新闻吸收当地的各种曲调进行演唱，故所用曲调很多，如宁波地区用得较多的曲调有【镇海调】【词调】【赋调】等；舟山地区用得较多的有【赋调】【二簧】【水沙调】等。其书目一般分为两类：一类叫“开场书”，多在正书之前加唱，如《打养生》《劝赌》等；另一类是长篇书目，叫“正书”或“当家书”，有《邬玉林》《黄金印》《杨乃武与小白菜》等。

宁波、舟山地区的唱新闻兴起于清末，因所唱内容多为当下发生的时事而得名。如“戊戌变法”失败以后，艺人就唱“犯关犯关真犯关，光绪皇帝坐牢监，皇后娘娘送监饭”等。中华人民共和国成立后，唱新闻艺人都参加了曲艺团体和协会。这一时期，艺人们编演了许多新曲目，如《一贯道害死人》《烈火金刚》《三斗六老虎》《红色的种子》等。②

翁州走书

20世纪50年代，舟山横岛人曾称其为“六横走书”，桃花岛人称之为“桃花走书”，而老艺人则习惯称作“翁州老调”。直至70年代初，舟山文化部门才统一称其为“翁州走书”。流行范围除舟山的定海、普陀、岱山等岛屿外，还扩展到宁波的镇海、鄞县等地。翁州走书有说有唱，以唱为主，说表为辅；“起角色”时有身段、台步表演。其曲调的基本调为【慢调】和【急赋】，另有【二簧】【乱弹】【四平】【流水】等附加调，多是从宁波走书及宁波、绍兴等地的地方戏曲中吸收而来，有的是同曲同名，也有的异名同曲。

翁州走书的传统书目，早期以短篇为主。后陆续移植了各类弹词、宝卷及戏曲唱本等，形成了不同风格的长篇书目，有的还取材于海岛的民间传说，已知有百余部。20世纪50年代，经整理、筛选后的长篇书目尚有《玉蝴蝶》《文武香球》《白鹤图》等20余部。

已知翁州走书最早的艺人为定海人安阿小，他在清嘉庆年间即靠演出“北滩翁州老调”谋生。20世纪60年代初，第五代传人虞定玉对翁州走书的基本曲调又作了改进，对【慢调】【急赋】进行整理，增加二胡为伴奏乐器，使伴奏音乐更为丰富。20世纪70年代初，舟山地区文工团也对翁州走书的音乐和表演作改革尝试，取得可喜成果。其间，除传统曲目外，移植、改编、创作的新曲目就有十多部，如《盐场风波》《伏虎塘》《六横暴动》等。③

蛟川走书

清光绪初年在宁波走书的基础上发展演变而成。流行于宁波及镇海、奉化、象山和舟山

① 《中国曲艺志·浙江卷》编辑委员会：《中国曲艺志·浙江卷》，中国ISBN中心2009年版，第9页。
② 《中国曲艺志·浙江卷》编辑委员会：《中国曲艺志·浙江卷》，中国ISBN中心2009年版，第17页。
③ 《中国曲艺志·浙江卷》编辑委员会：《中国曲艺志·浙江卷》，中国ISBN中心2009年版，第80页。

地区。初时，蛟川走书仅一人说唱，艺人用两只酒盅和一根竹筷，敲打击节伴奏。抗日战争前夕，逐渐演变成一唱一和的形式，并以醒木、纸扇、手帕作道具，伴奏也改用竹板、竹鼓击打出有板有眼的节奏，并在落调时唱和“哎哎哩啊”的衬词。不久又加入二胡、扬琴等乐器进行伴奏。

蛟川走书的唱腔曲调以【蛟川本调】为主，还有【蛟川悲调】【词调】【赋调】【三顿】【二簧】等。传统书目大多为演义题材的长篇“武书”，如《隋唐》《大明英烈传》《杨家将》《大红袍》等。蛟川走书的第一代艺人为清光绪年间的谢见鸿，又名阿树，据说因镇海城门上旧时刻有“蛟川”二字，他遂将其所演出的走书取名为“蛟川走书”。中华人民共和国成立后，成立了镇海县曲艺团，蛟川走书发展迅速，演出形式也有所改进。伴奏乐器在原有二胡为主、扬琴伴奏的基础上，又增加了琵琶、三弦、箫、笛等乐器。除演出原有传统书目外，还移植、改编《敌后武工队》《野火春风斗古城》《黑风》等新书目。①

雀咚咚

流行于余姚、慈溪、上虞、绍兴等地农村。因演出以竹板和小鼓击节伴奏，竹板发出“雀”（余姚方言）的声响，“咚”是小敲击打之声，故名雀咚咚。雀咚咚以余姚方言说唱，以唱为主，说表辅之。唱词都是七字句，通俗易懂，合辙押韵。唱腔似吟似诉，称作【唱书调】。有的还以民间小调、戏曲唱腔融入其中。在吐字上，艺人常在唱句中嵌入“啦、呀、呜、呦”等虚字衬句。伴奏乐器除大多用尺板外，有的在胸前横挂一只毛竹筒，左手提小锣，右手执短棒，间或以棒打竹筒与小锣，作为过门和间隙。还有的艺人用绷有蛇皮或石蛙皮的长竹筒，形状与道情筒相仿。传统书目除《三篙恨》《华姐》为艺人常学常唱的外，还有《阿二姑娘》《雷姐》《高友哥与五姑娘》《四姑娘》等。

雀咚咚于清中期已在余姚姚北一带流传。据家住方桥乡石桥村20世纪初出生的老艺人邵汝荣回忆，他十一岁时，即跟母亲学唱此艺，而他母亲是随邻村桂大妈所学。从雀咚咚的传统曲目分析，大多叙述清雍正、乾隆年间的故事，如雀咚咚的代表性曲目《只捞衣箱不捞人》，即是由清雍正年间发生在余姚的奇闻改编而成，并在雍正后迅速流传。中华人民共和国成立后，雀咚咚的传统曲目被加工、改编成戏曲和电影。如《只捞衣箱不捞人》先后被改编成姚剧、甬剧、越剧《三篙恨》《龙凤怨》以及电影《花烛泪》。雀咚咚的业余演唱活动，在乡村仍较活跃。②

温州鼓词

俗称“唱词”，又因过去鼓词大多为盲人所唱，又称“瞽词”“盲词”。流行于温州地区及毗邻丽水、台州两地区的部分县、市。温州鼓词以温州方言说唱，以唱为主，少有说表。基本曲调称【吟调】，由古代文人的吟诗调与浙南民歌融合演变而成。此外，还有【太平调】和【大调】等，其中【太平调】又分【正太平调】和【反太平调】两种；【大调】又称【灵经大调】或【娘娘词宴】，专门在“大词”演唱中使用。早期表演，只用竹筷敲打皮扁鼓击节伴奏，至清光绪年间有艺人

① 《中国曲艺志·浙江卷》编辑委员会：《中国曲艺志·浙江卷》，中国ISBN中心2009年版，第89页。

② 《中国曲艺志·浙江卷》编辑委员会：《中国曲艺志·浙江卷》，中国ISBN中心2009年版，第74页。

发明了具有特殊风格的牛筋琴，开始时5根弦，后增至12根弦；有的还配上三粒板、小抱月等乐器。基本曲调在运用中还形成【原板】【慢板】【紧板】【叠板】等板式。唱词大多为七字句，兼有五字句，偶句末字押平声韵。

图96-8-1-3　温州鼓词表演（1985年摄，马来法提供）

温州鼓词的传统曲目可分为“平词”和“大词”两大类。平词曲调优美，唱多于白，长于抒情，以牛筋琴为主要伴奏乐器，内容多采用传统说唱和民间故事。根据演唱风格的不同，又分为南、北两大派，南派曲调委婉细腻，曲目内容多为悲欢离合的故事，如《高机与吴三春》《十二红》《玉蜻蜓》等；北派曲调粗犷激越，曲目内容多为《三国》《水浒》历史演义。大词亦称“娘娘词”，丽水一带称“唱夫人”，温州一带称“唱灵经”“南游”，为旧时敬神时表演，曲词平板，只击扁鼓伴唱，或加以大锣大鼓。常演曲目《陈十四娘娘》可以连演几昼夜。温州鼓词传统曲目已知有400多个，其中《十二红》为艺人必学曲目，称作“词娘”。

据传，温州鼓词在明代由横阳（今温州平阳）的里巷之曲与词曲发展而成。清代盛行，民国至抗日战争前，温州鼓词的名艺人辈出。中华人民共和国成立后，温州鼓词的演出十分兴盛，成为温州地区的主要曲种。在演出形式上，曾出现过男女双档；在改良曲目方面，还改编、演出了《罗汉钱》《李双双》《不靠天》《新群英会》《斗玄坛》以及《智闯龙潭桥》等新曲目。①

温州莲花

别名“唱哩啦哩”，由温州道情衍变而成。流传于温州、永嘉、瑞安、乐清、平阳、泰顺以及台州、丽水的部分地区。温州莲花通常为二人拼档演唱。一人为上手（主唱），右手击道情筒，左手打竹板说唱；另一人为下手，击打莲花板并帮腔。基本曲调为【莲花调】，有衬字、助词。此外，还有【对口莲花】【凤凰尾】等辅助曲调和快板、慢板、散板、叠板等不同板式。传统曲目中，与佛道有密切关系的有《大开天》《八仙》《孟姜女》《牛郎织女》等；民间世俗故事有《青光剑》《花园约》《周禄》《麒麟豹》等。其中《青光剑》《刘文龙》《高机与吴三春》《黄三袅和林定郎》等故事都发生在温州地区，备受当地听众欢迎。

温州莲花在清末民初相当兴旺。如一首莲花曲所唱：“东门摆起龙喷水，南门又摆走马灯。西门高翘搭台阁，三十六行摆朔门。大街小巷搭布幕，挂灯结彩气象新。凤楼彩额城门搭，满城花灯闹盈盈。东瓯王殿挂珠团，天妃宫里作戏文。城隍庙里双班合，各宫各庙闹翻腾。街头巷尾香案摆，道情莲花唱词文。”②中华人民共和国成立后，温州莲花依然十分兴盛，先后移植、新编的曲目有《刘介梅》《烈火中永生》《红岩》《沙家浜》《凤凰飞上天》《韩大娘大义

① 《中国曲艺志·浙江卷》编辑委员会：《中国曲艺志·浙江卷》，中国ISBN中心2009年版，第81页。

② 《中国曲艺志·浙江卷》编辑委员会：《中国曲艺志·浙江卷》，中国ISBN中心2009年版，第99页。

灭亲》《高机卖绡》等。①

温州花鼓

俗称"打花鼓",流行永嘉、乐清、瑞安等县以及温州市及郊区。清光绪年间,温州司马郭钟岳在《借锋》卷中,有"禁止花鼓淫词"篇,②说明当时花鼓已在温州城乡盛行。温州花鼓为一人用温州方言说唱,以唱为主,间有说白。演出时右肩背花鼓带,系腰鼓于左腰间,端坐于凳,左手持小锣(云锣),腰鼓搁在左腿上并用左手挟住,右手持锣片、鼓槌,以锣、鼓击节作过门进行伴奏。

温州花鼓的唱词以七言韵文为主,但有"四句八节"的要求,即唱四句后稍做停顿,接以鼓锣敲击过门,然后再接唱四句,而在四句八节内韵辙则不能变动。传统曲目多表现民间故事,如《劝郎》《花园约》《玉如意》等;清末民初移植温州道情及温州鼓词的一些曲目也颇多,包括在浙南广泛流传的民间爱情故事《高机与吴三春》等。

温州花鼓的基本曲调,称为【花鼓调】,由民间山歌小调演化而成。为起、承、转、合的四句体结构。演员朱翠月自 20 世纪 50 年代初,致力于温州花鼓音乐的改革,创设了【叠板】唱腔,在演员《高机与吴三春》"高机游水路"一段唱中,三回九转,悦耳动听,一时风靡城乡。③

湖州三跳

因伴奏乐器用"三跳板"(亦称"三敲板")而得名。其板之形状,酷似古代船工的背纤板,故俗称"纤板书"。有人认为是古代纤夫在休息时唱曲消遣所起,后成为曲艺。流行区域甚广,以湖州为中心东至嘉兴、平湖及上海的郊县,南到桐乡、德清、余杭、杭州,西到长兴、安吉及安徽广德,北到江苏的宜兴,是浙北地区影响较大的一个曲种。演出分单档、双档两种。单档为一人自己敲板说唱;双档增加一人为手下,辅以扁鼓或板鼓、拍板等乐器伴奏,并参与说唱及承担唱腔末尾拖腔的帮腔。

湖州三跳的演出,有说有唱,叙事为主,代言为辅。说表用湖州方言,对白大多数是略带中州韵味的湖州官话,有些演员还杂用苏州方言。唱词基本为七字句,合辙押韵,每段唱词以一韵到底居多。湖州三跳的基本唱腔曲调为【劝世调】,其结构为上下句体,调式为五声音阶宫调式,曲调质朴平和,似唱似吟,具有浓郁的乡土气息。并有起板、慢板、急板、叠板和哭腔等。传统书目分两类,一类叫"堂书"(开篇),多为短小唱段,在正书开唱前演唱,如《倭袍堂书》《节气堂书》《烧香堂书》《百鸟朝凤》等 20 多种。另一类为整本书,大都由话本小说、戏曲剧本和弹词书目移植改编而成。早期的书目以历史演义、武侠、公案传奇题材为主,如《小金钱》《粉妆楼》《彭公案》《绿牡丹》等。后来受苏州弹词、湖州琴书等的影响,渐渐增加了才子佳人一类的书目,如《珍珠塔》《孟丽君》《双珠凤》等。④

平湖钹子书

俗称"说因果",主要流传于平湖、嘉善、嘉兴、桐乡等地。平湖钹子书表演形式简便,为一

---

① 《中国曲艺志·浙江卷》编辑委员会:《中国曲艺志·浙江卷》,中国 ISBN 中心 2009 年版,第 99 页。

②③ 《中国曲艺志·浙江卷》编辑委员会:《中国曲艺志·浙江卷》,中国 ISBN 中心 2009 年版,第 81 页。

④ 《中国曲艺志·浙江卷》编辑委员会:《中国曲艺志·浙江卷》,中国 ISBN 中心 2009 年版,第 95 页。

人手持单钹击节说唱，以唱为主。唱词多七字句，曲调为【西乡调】。节奏明快，其中又有长调、慢调、急调、哭调之分。伴奏乐器为一面钹子，一根竹筷，边敲边唱。演出场所分 3 种：一为“立白地”，即在乡村集市空地上，放一长凳，站在上面演出；二为“唱社书”，春秋两季农村要敬神祭社，祈求丰收，在举行祭祀仪式后演出，由祭社农户付钱；三在茶馆或书场演出。

据传，平湖钹子书为明万历年间平湖秀才范昶所创，在清末至民国时期比较兴旺。民国 35 年（1946 年），松江成立有平湖钹子书艺人的行会组织——永裕社，说明彼时平湖钹子书已流传于松江一带。平湖钹子书演出的传统书目有“开篇”和“正书”之分。开篇多反映平湖特色，有《东乡十八景》《田十景》《戒鸦片》等；正书有《杨家将》《武松》《七侠五义》《金台传》等百余个。中华人民共和国成立后，平湖钹子书艺人参加了当地的曲艺协会。1958 年成立了平湖县曲艺团。20 世纪 60 年代初，平湖县以演出平湖钹子书为主的乡村书场多达几十家。演出方式也有所发展，出现了双档演出，并有女演员参加。同时还有三档、群档、表演唱等演出形式，而且增加了二胡、琵琶、扬琴、笛子等管弦乐器伴奏。这一时期还创作改编了新书目，有短篇《三换春联》《四犁同耕》及长篇《敌后武工队》《野火春风斗古城》《铁道游击队》《婆媳亲》等。①

图 96-8-1-4　平湖钹子书（2009 年摄，马来法提供）

海盐文书

又名“烧纸书”“神歌书”。是一种主要配合祈神、赕佛等宗教活动的曲艺表演形式。表演者通常是主持赕佛的人，自称“传香人”。他们在赕佛时所唱的歌谣、故事，称为“烧纸书”（也有称“骚子书”的）。流行于以海盐为中心的海宁、平湖、嘉善、桐乡等县以及临近江苏的吴江和上海金山等地。从现存最早的抄本清道光二十四年（1844 年）的《卖花三娘》，和咸丰七年（1857 年）的《洛阳桥》看，其在清中叶至民国年间，一直兴盛繁荣。

海盐文书通常由两人穿长衫，分上下手，站立说唱，以唱为主，兼有说白。上手在左称“掌坛”，下手在右称“副行”，无伴奏。表演时由“掌坛”人起唱，并唱实词，应和者接唱虚词。应和者除“副行”外，还有被邀请来帮唱的熟人或亲戚，称为“襄赞”。基本曲调为【郎圆调】【浪柳圆】【啰哩调】【落汤调】，还有【春调】【泗洲调】【徽调】【五更调】等辅助曲调。其帮衬词有“浪柳圆”“福禄来”或“啰哩来”等多种。

海盐文书在赕佛过程中所演之书目，可分“神书”“汤书”两大类。神书又有“排场书”“正书”两种。“排场书”用在赕佛开头和结尾，即说唱迎神、送神的过程。“正书”是祀神时唱的，篇幅较长，有较强的故事性。“汤书”是为神佛上汤时所表演的书目，大多篇幅较短，轻松风趣。已知神书的“排场书”书目有《催圣》《送神》《参船》等，“正书”有《三天》《玉皇》《洛阳桥》

① 张玉观：《平湖钹子书》，河南文心出版社 2007 年版，第 1—5 页。

等。“汤书”的书目有《农夫八景》《八仙汤》《秦山景致》等。①

金华道情

又名渔鼓、竹琴、“说古文”“劝世文”。流行于金华及衢州、义乌、东阳、浦江、武义、兰溪等地，因各地语音和曲调有别，当地听众往往把艺人们所唱的道情冠以当地名称，如义乌道情、东阳道情、浦江道情、武义道情和衢州道情等。

金华道情以唱为主说表为辅。唱句多为七字句，朗朗上口，通俗易懂。伴奏乐器为渔鼓、简板，一人自敲说唱。演出中正面人物一般用金华官话代言，而反面人物则使用当地方言。演唱的基本曲调为【道情调】，但各地有不同的板式与风格，且称谓有别，如金华有【迭板】【中板】【慢板】【混合板】等；而义乌则有【平调】【悲调】【哭调】【紧板】等；武义又有【平音】【高音】【拖音】等。各地的辅助曲调也不同：金华仅【宫灯调】一种；而武义则有【江湖莲花】【金花开】【山歌调】【花鼓调】【看相调】等多种。

金华道情的传统曲目分摊头和正本两类。摊头有《十二月花名》《二十四节气》《三十六码头》等。正本知有400多部，有根据戏曲移植、改编的《珍珠塔》《孟姜女》《薛仁贵征东》《薛丁山征西》等，有根据其他曲种改编的如《高郎织绸缎》《施义逃走》等。还有根据发生在金华地区的真人真事编成的，如发生在义乌的《双刀记》《火烧双林寺》等，发生在武义的《双针记》《狗义报》等，发生在金华的《双珠花》《尼姑记》等，发生在兰溪的《银台记》《龙凤锁》等。这些曲目的传奇故事是艺人用钱从官府衙门案牍中买来的，称为“买口供”。中华人民共和国成立后，金华道情获得了极大发展，艺人不限于盲人。主要创编曲目有《虞小玉》《理发的故事》《红色姐妹》《借被面》《贺新房》等。②

永康鼓词

又名“唱故事”或作“唱古事”。流传于金华的永康、武义、磐安等地及丽水部分地区，尤以永康、武义最为兴盛。永康鼓词的表演为一人坐唱，以唱为主少有说表。唱词既有七字齐言句，又有长短句，较为自由，押永康方言韵。所唱曲调有【中板】【快板】【散板】等不同板式；有的则以喜怒哀乐不同情绪，分为【喜调】【悲调】【怒调】等。伴奏乐器为二三件打击乐器，无管弦乐器，其中以直径约30厘米的扁鼓为主要伴奏乐器。

永康鼓词的传统曲目以世俗故事为主，有《大红袍》《水红菱》《孝贤坊》《双金钱》《芙蓉扇》等，其中以反映当地农民起义的《散饥会》尤得听众共鸣而反响强烈。永康鼓词至迟形成于清代中期，1950年时据艺人回忆，按师承关系历史可上溯五代，第一代为清同治末、光绪初的颜阿龙、卢振北等，第五代为李昌德。清末至民国年间，永康鼓词较为兴旺，较著名的艺人永康有李玉成、武义有王少通等。中华人民共和国成立初期，永康鼓词的演出活动比较活跃，艺人们还移植和改编了《三世仇》《刘胡兰》《血泪荡》等新曲目。③

兰溪滩簧

流传于旧金华、衢州、处州三府所属的金华、兰溪、衢县、龙游、江山、常山、开化、遂昌一

---

① 《中国曲艺志·浙江卷》编辑委员会：《中国曲艺志·浙江卷》，中国ISBN中心2009年版，第93页。

② 《中国曲艺志·浙江卷》编辑委员会：《中国曲艺志·浙江卷》，中国ISBN中心2009年版，第77页。

③ 《中国曲艺志·浙江卷》编辑委员会：《中国曲艺志·浙江卷》，中国ISBN中心2009年版，第86页。

带。兰溪滩簧相传为清乾隆时兰溪某知县之苏州师爷所传入。当时，所学者皆士绅及富家子弟，百姓戏称他们为“太子”，故称“太子班”。演唱形式分单档、双档、多档。所用伴奏乐器以二胡为主，还有琵琶，三弦、扬琴、笙、鼓板、撞钟等。平时单档的演唱活动极少。双档则一人起男角，一人起女角，二人分操乐器。多档由 3 人～7 人组成，亦有多至 12 人者，其中以 5 人～7 人组班为多(称五品、七品)。5 人则分任生、旦、净、末、丑，各操乐器伴奏。5 人以上的班组，则除 5 人是主演外，其他人只伴奏，不说唱。演出时，众人围着两张八仙桌拼成的长桌而坐，桌上摆琉璃灯，红烛高照。除在家庭厅堂中演出外，也可在街道宽阔处设高台演出，或在迎神庙会、农村社日时活动。

兰溪滩簧所用曲调主要为【滩簧调】和【春赋调】。【滩簧调】分男女宫，称“男春赋”和“女春赋”。又分原板、散板、慢中板、紧板、数板、煞板等板式。还有【弦索】【北调】等辅助曲调。除基本调【滩簧调】【春赋调】外，依流行地之不同，还有【花调】等；至于辅助曲调，差异较大，有用昆曲曲牌的，也有用当地民歌小调的。传统曲目多数为昆曲折子戏内容，如《柳氏梳妆》《陈生跪池》《三娘产子》《窦公送子》《马前泼水》《僧尼相会》等。①

台州词调

流行于台州地区的临海、天台、温岭、黄岩、仙居等地。清嘉庆二十一年(1816 年)春，台州知府洪其绅创办了文人吟诗、赏画、听乐的停云社，演出台州词调。清末民初台州词调爱好者及艺人结社成风，上层士大夫和下层劳动者均有自己的行会组织，前者称“长衫派”，后者称“短打派”，且分别被称为才子词调和山头词调(亦称“山坑班”)。

台州词调为多人围坐说唱，以唱为主。通常人数为八九人，也有十多人的。每人持乐器演奏，并分生、旦、净、末、丑诸行当说唱。伴奏乐器有二胡、洞箫、竹笛、三弦、扬琴、大胡、中胡、檀板、碰铃、鼓板等，以二胡为主要乐器。除檀板规定由旦角演员掌握外，其他各行当持何种乐器则不固定。

台州词调的演出，主要是参加“斗会”。斗会是奉祭“斗姥”之神，为病家拜斗求寿、消灾祈福的活动。除参加斗社演出外，每逢佳节，社内成员也轮流在各家各户自娱自乐。有时也被邀至有钱人家，为做寿、生子、结婚等喜庆场合演出。每年元宵灯节，台州词调还有排街演出，此为台州词调每年的重大活动之一。台州词调的基本曲调为【词调男宫】【词调女宫】等。后还吸收了一些昆曲曲牌和民间小调等。台州词调的曲目分“由头”(即开篇)和“回书”(即正书)两部分。由头有《佳人待郎》《春夏秋冬》《渔樵耕读》《大庆寿》等，回书有《果报录》《渔家乐》《烂柯山》《东窗事犯》等。②

台州道情

流行于台州地区。台州道情以台州方言说唱，以唱为主，少有说表。唱词多七字句，亦有三字、五字或十字句，句式自由，双句押韵。基本曲调为【道情调】。伴奏乐器为渔鼓、简板。通常为一人坐而说唱，左臂抱鼓于怀，右手以三指敲击，左手以简板击节；但也有两人演唱的，

---

① 《中国曲艺志·浙江卷》编辑委员会:《中国曲艺志·浙江卷》,中国 ISBN 中心 2009 年版,第 78 页。

② 《中国曲艺志·浙江卷》编辑委员会:《中国曲艺志·浙江卷》,中国 ISBN 中心 2009 年版,第 96 页。

一人主唱，另一人手持三寸板与五齿板帮腔，亦称“拔尾巴唱”。

历史上台州道情艺人的表演水平，只要看所背渔鼓，便等级分明：艺术资格浅，会唱本子不多，渔鼓为天然色，名曰：“白手起家”；资格较深，会唱本子较多，渔鼓涂红色，称作“满面红光”；会唱本子很多，艺术威望高者，渔鼓上画山水花草，说明“花水充足”；而技艺超群，能演百本，威望极高，居领导地位者，渔鼓上则男可画龙，女可画凤，叫作“龙凤呈祥”。

台州道情的传统书目有《岳传》《瓦岗寨》《大五义》《小五义》《陈十四》《孟姜女》等。其中反映清光绪年间台州农民领袖王金满起义，攻打台州府的《金满闹台州》，尤受当地听众欢迎。中华人民共和国成立后，在业余演唱中还出现了独唱、对唱、合唱等多种演出形式，有些曲目还配以舞蹈动作，并增加了丝竹伴奏。编演了《六哥争山》《十劝哥》《赌博害死人》等新曲目。

浙江除上述曲种外，还有苏州弹词、苏州评话、独角戏（又称“滑稽戏”，参见戏曲剧种“滑稽戏”）、杭州宣卷、四明宣卷、嘉善宣卷、宁波评话、湖州评话、兰溪评话、温州弹词、温州讲书、湖州琴书、丽水鼓词（包括缙云鼓词、松阳鼓词、青田鼓词）、苍南渔鼓等。①

（二）曲艺民俗

唱社书

旧时平湖、嘉兴一带的平湖钹子书艺人有在社日应邀唱书的习俗。平湖社日名目繁多，农历正月初至二十为新年社，又名元宵社、牛社；三月间为春社；青黄不接的季节为青苗社；七月初七至二十为秋社，也称秋苗社、太平社；九、十月间生姜上市做社称青姜社；此外还有庙会期间做社的为迎神社、迎会社等。做一次社约为一天一夜，地点则在社主家中的厅屋。②

祭祖师

旧时，浙江曲艺艺人对祖师十分尊重，无不顶礼膜拜。杭州评话艺人奉周庄王为祖师，每逢农历三月十二与九月十二举行春、秋两祭。届时高悬祖师画像，焚香点烛，供以三牲五畜，宣读祭文，行跪拜大礼。宁波四明南词也于农历六月十一或十一月十一在社祖厅堂供奉伏羲、轩辕、文王、武王、周公、唐明皇、李龟年、雷海青等神像，拈香跪拜。德清正古社艺人逢农历十二月二十三日在紫阳轩茶店举行社会，斋请“社菩萨”老郎祖师，并进行会书。浙江各曲种所尊奉的祖师不尽相同，除上述外，另如湖州三跳艺人以鬼谷仙师为祖师；温州鼓词艺人奉周信定与雷万青为祖师等。有的艺人还在自己家中设立祖师案，每月逢初一、十五点香燃烛，年终还进行祭祀。③

情筒表意

金华道情艺人以演出道具设喻作暗语进行特殊交流的习俗。如一艺人来到茶楼见到同行在此演出，便把道情筒置于茶楼的门槛之上，筒口朝里，表示此人也想到此演出。若在场艺人捧出自己的情筒，与之并排摆放，然后一并捧起入内，表示愿意携手合作；若在场艺人捧出

---

① 《中国曲艺志·浙江卷》编辑委员会：《中国曲艺志·浙江卷》，中国 ISBN 中心 2009 年版，第 98 页。
② 《中国曲艺志·浙江卷》编辑委员会：《中国曲艺志·浙江卷》，中国 ISBN 中心 2009 年版，第 517 页。
③ 《中国曲艺志·浙江卷》编辑委员会：《中国曲艺志·浙江卷》，中国 ISBN 中心 2009 年版，第 512 页。

自己的情筒，横置于门槛之上，表示不愿合作。此时，后来者往往将情筒再度捧起，与对方情筒放在一起，便是表示请对方多多原谅，江湖人以和为贵。若后到场的艺人生活拮据，当场艺人必解囊相助，一般不少于一宿两餐，赠给路费；若双方互不招呼，则各自为艺，大家凭本领来争夺听众。①

武卖与文卖

小热昏艺人演出习俗。其中艺人卖糖带唱称为"武卖"，即"以糖代票"；光卖糖不唱的生意人则被称为"文卖"。于是行内规定武卖可以做文卖，而文卖不能做武卖，且做武卖者必须拜师。艺人在市区卖糖演唱，一般都划定地段，各自遵守。跑码头在外，如遇不相识的同行，要盘查师承，甚至需由师父出面作证。查到未拜师者，立即烧包（即烧掉卖糖箱子）。如遇两档小热昏艺人碰档卖糖，以"先到者为君，后到者为臣"，即先让前者卖过后，后者方可接场。②

唱堂会

曲艺艺人应邀上门到户的演出习俗谓之"唱堂会"。杭州滩簧、南词、绍兴平湖调、隔壁戏以及苏州评弹等曲种，均有艺人在人家喜堂、寿堂、孝堂（俗称"三堂"）演出的习俗，也叫"做红白喜事"。如杭州滩簧唱堂会的曲（书）目选择视不同情况而定。一般开篇唱《西湖十景》《天官赐福》等；主人家有人中举唱《连升》，订婚唱《缔婚》，结婚唱《产子》或《送子》，满月唱《跌包》或《送子》，寿辰唱《八仙庆寿》《百寿图》或《儿孙福》等；新店开张唱《头彩》或《刀会》；另外也可以点听一些诙谐、风趣的曲目。又如绍兴词调在喜庆堂会场合经常演出《庆寿》《寿赐》《百花成亲》等"节诗"。苏州弹词艺人唱堂会往往由主人点曲演唱。一般曲种艺人均为"红事"唱堂会，"白事"以绍兴宣卷班为多。③

唱排街

温州道情演出习俗。上街游唱俗称"排街"，这与场内演唱截然不同。通常以两人对口表演为一档。二人身穿道袍，头戴道巾，肩背情筒，手执阴阳板，打扮与道士一样。他们走街串巷，挨户逐店，每到门前就站立对唱。内容多为歌颂店业兴旺，或家宅安宁等祝颂性的词句，深受店家和住户欢迎。大的店堂，往往泡茶相待，并赠礼包。一般还会付给铜钿，艺人须用竹板相夹，先放进道情筒，而后收进所背布袋，似道士、道姑募化时的情状。因为艺人认为道情与道教是一脉相承的，故举止行为均相模仿。④

唱夫人

丽水鼓词和缙云鼓词等演出习俗。旧时，丽水、青田、缙云、松阳一带，人们将传说中的陈十四夫人视为解难救厄者，特别是妇女、儿童的保护神。所以有请鼓词艺人专门表演《陈十四夫人》长篇书目的敬神祈福习俗。早在清嘉庆年间就有邀请鼓词盲艺人演唱陈十四夫人事迹的习俗。演唱时间大多选在农历正月，或春天、冬天。演唱地点一般设在厅堂或庙堂内。演出场所布置有陈十四夫人神位，置香案、烛台、供品。桌上摆放一盏表示东、南、西、北、中五方的"五方灯"，还摆放一盏"七星灯"，表示需请五方神灵和天上星宿都来参加。还有一面镜子、

①②④ 《中国曲艺志·浙江卷》编辑委员会：《中国曲艺志·浙江卷》，中国 ISBN 中心 2009 年版，第 516 页。

③ 《中国曲艺志·浙江卷》编辑委员会：《中国曲艺志·浙江卷》，中国 ISBN 中心 2009 年版，第 515 页。

秤与秤锤,以示压邪。鼓词艺人在正式演出前先要拜神佛天地,然后从上午 9 时左右开始说唱,中间稍事休息,直到半夜。因为“夫人词”篇幅较长,通常可连演七日七夜,简单一点也可唱三天三夜。①

唱《大香山》

缙云一带农村为酬神还愿,有请丽水鼓词艺人演出的习俗。程序为:主家选定吉日,聘好艺人,备齐上门演出《大香山》的供品,张贴对联,悬挂佛像,布置佛堂,设置唱台。佛像共有 15 张,观音佛像下设一案桌,名曰“索台”。鼓词艺人的唱台设于索台右侧,以两只矮凳上铺设门板而成。唱台上除放有檀板、堂鼓外,还有木鱼、响盏和铜钟等乐器。除艺人外,主家还需聘定 4 名居士和香官、银官、斋官等执事人员,各司诵经念咒、焚香插烛、摆供设筵等事宜,整个场面庄严肃穆。

开场当天上午,艺人登台“开鼓”。条件好的人家可以另聘吹打班协助演奏,以显热烈。鼓乐之后,艺人到台阶前接佛,唱《香山功德文疏》。归座后,开始演唱《三妙善》故事。该故事从“出世”到“成佛”共分 24 段,三日两夜唱完。由于《大香山》情节曲折,人物较多,须运用表现不同情绪的各类唱腔,表、白、念、唱全套功夫无所不用其极。为此,演出《大香山》的报酬,要比其他鼓词来得丰厚,故丽水鼓词艺人对演出《大香山》乐此不疲。②

拜师

浙江各曲种的拜师习俗各有不同。浙江评话艺人谓“入道”。以杭州评话温古社为例,一般在春秋祭祖师之日举行。事前须经理事会批准,业师应为具有 5 年以上艺龄并有相当造诣者;艺徒的条件则是五官端正,身无残疾,有志于杭州评话事业并有一定的艺术基础和文化程度,年龄在 20 岁～35 岁之间。举行入道仪式时,艺徒要备足斤蜡烛、莲子糖果等物供祖师,行跪拜大礼,呈大红单帖(上书某某夫子门下,某某百拜),摆酒宴请,此谓“通香火”。在拜师当天,艺徒需付现洋押帖,10 元、20 元不等。以后每半月“一进”,每进 8 元至 10 元。此外,在授书时书酬另付。在学艺期间,对艺徒要求十分严格,每天早晨要到沿河傍山处喊嗓子、练身段,训练各种表情。业师除及时指导外,还授予各种行规及自己的看家书目。

温州鼓词、金华道情艺人旧时多为盲人,拜师仪式多由家长陪同。湖州三跳艺人的拜师,一般由茶馆老板引荐,征求老师意见并谈判妥“从师钿”等条件,再择日举行拜师仪式。杭州小热昏艺人称拜师仪式为“进香堂”。先报三代姓名,后拜祖师神农和天地君亲师等牌位,再拜师。中华人民共和国成立以后,拜师仪式逐渐简化。向老师鞠一躬,称呼一声,并向师兄弟做一番简单介绍便可。③

满师

艺徒经过一段时间(一般为 3 年)学艺,具有一定的演唱水平,基本合格,可以离师单独演出,称之为满师。而满师后必须通过一定的程序,获得同行艺人的首肯,方可正式演出。这一

---

① 《中国曲艺志・浙江卷》编辑委员会:《中国曲艺志・浙江卷》,中国 ISBN 中心 2009 年版,第 517 页。
② 《中国曲艺志・浙江卷》编辑委员会:《中国曲艺志・浙江卷》,中国 ISBN 中心 2009 年版,第 518 页。
③ 《中国曲艺志・浙江卷》编辑委员会:《中国曲艺志・浙江卷》,中国 ISBN 中心 2009 年版,第 513 页。

程序虽然各曲种间叫法不同，但性质却基本一样。杭州评话及苏州评弹称为“出道”。绍兴词调艺人称之为“起师”。温州鼓词艺人称之为“归行”。另据章竹林在《浙江民俗大观》中介绍：金华道情学徒“跟师要跟足三年……满师期要选一个黄道吉日，在师傅家或茶店里行满师礼”①。

二、民间戏曲

“浙江是戏曲的故乡，一直是戏曲的盛发地。”“人称‘半部中国戏曲史在浙江’。”②到20世纪末，浙江现存地方戏剧种有24种之多。特别是民间戏曲特色最浓的、具有代表性的民间小戏，浙江在全国也名列前茅。民间文艺学家张紫晨教授在他所编的《中国民间小戏选》③中，除选载了睦剧《补褙褡》《牧牛》、婺剧《对课》《僧尼会》外，还在“前言”中对甬剧的民间小戏《卖青炭》《秋香送茶》《绣荷包》《庵堂相会》《卖草囤》的表演手法、曲调特色，多有赞扬。优秀的民间小戏往往常演不衰，早期越剧的《箍桶记》、姚剧的《打窗楼》、瓯剧的《高机别》就是实例。

民间戏曲剧目的根，多在民间曲艺和民间传说故事中。越剧《珍珠塔》，是早期男班艺人马潮水“用八仙桌搭台”，首次将“落地唱书”中的这一曲目搬上舞台的。④ 甬剧新编剧目《三篙恨》，则是根据当地民间传说《只捞衣衫不捞人》改编而成的。

（一）戏曲剧种

昆剧

又称昆曲。昆剧约在明万历年间传入浙江，其演唱方式有厅堂坐唱的“清工”和舞台演出的“戏工”。“戏工”又分两种戏班：一类是演唱昆剧折子戏为主的家班；一类是以演唱本戏为主的江湖班（民间职业戏班）。自清初至中叶，形成了地方化、民间化的支派，有的独立组班，有的与高、乱、徽合班，主要有宁波、金华、永嘉三支。民国29年（1940年），苏州昆曲传习所出身的周传瑛、王传淞前后参加国风苏昆剧团，后在浙江演出，一直延续至1949年之后。

图96-8-1-5　金华昆剧·建德新叶村昆班演出《哑背疯》（2008年朱秋枫摄）

金华昆剧，约明末传入金、衢地区，简称“婺昆”（俗称“草昆”），由舞台班、坐唱班两类昆班

---

① 章竹林：《道情艺人拜师和会同行》，载《浙江民俗大观》，当代中国出版社1998年版，第347页。

② 洛地：《戏曲与浙江》，浙江人民出版社1991年版，第17—18页。

③ 张紫晨：《中国民间小戏选》，上海文艺出版社1982年版，第1、2、4页。

④ 应志良：《中国越剧发展史》，中国戏剧出版社2002年版，第50页。

组成。金华昆剧仍为曲牌连缀体,但多不成“套”,有些曲牌在不同剧中通用,称“堂众曲”。曲辞较为通俗,格律不严;剧目讲究情节曲折,多大(本)戏、武戏和神话剧,所演文人传奇,往往删繁就简,变雅为俗,剧名冠以“花”字,如《花荆钗》《花琵琶》等。宁波昆剧,简称“甬昆”,流传于宁波所属各县及舟山、绍兴部分地区。道光、咸丰年间,班社林立,名伶辈出。光绪年间为全盛期,戏班增至数十。后受乱弹、徽戏、京剧冲击,日趋衰落。宁波昆剧是以唱昆曲为主、兼唱腔调的剧种。所唱昆曲,比苏州正昆紧凑,做工较刚健,武戏较多,场面较热闹。永嘉(温州)昆剧,简称“永昆”,流行于温州所属各县及丽水、台州地区。永昆之表演、唱腔较为古朴自然,节奏明快。角色以生、旦为主,表演粗中有细,比较生活化。唱念虽仍用中州韵,但带温州土音。打击乐比较多,具有民间锣鼓色彩。所演剧目有《琵琶记》《荆钗记》《连环记》《比目鱼》等四五十本。浙江昆剧团的前身浙江国风苏昆剧团于1956年4月晋京演出《十五贯》,一时间出现了“满城争说《十五贯》”的盛况。同年5月18日《人民日报》发表《从“一出戏救活了一个剧种”谈起》的社论。1962年浙江苏昆剧团正式定名为浙江昆剧团,并陆续上演《西园记》《狮吼记》《公孙子都》等优秀剧目。①

调腔

调腔之名最早见于明末清初,(明)张岱《陶庵梦忆》云:“朱楚生,女戏耳,调腔戏耳。”②至清中叶,调腔在绍兴盛行。清末民初,调腔戏发展迅猛,班社遍立。旧称新昌有“十二副半调腔”,后逐趋衰落。中华人民共和国成立后,1954年成立了半职业性的新昌新艺调腔剧团。1978年,重建新昌调腔剧团。

调腔的声腔,包括调腔、四平两种。调腔为不托管弦、徒歌清唱、人声帮接、锣鼓伴奏的曲牌体音乐。现存曲牌分“套曲”“只曲”和“双曲”3种结构形式。一出戏多用一个套曲,九只曲牌联套的俗称“大九只”,五只曲牌联套的则称“小五只”,根据剧情需要,联套曲牌数可增可减。现存套曲有【点绛唇】套、【新水令】套、【醉花阴】套等。只曲有【桂枝香】【锁南枝】等。以【风入松】【急三枪】两个曲牌在一出戏里交替使用的称“双曲”。

调腔的传统剧目,今尚存手抄本及艺人口述本近百本(折)。分“古戏”和“时调”两类。“古戏”多为宋元南戏、元杂剧及明传奇。包括《北西厢》《琵琶记》等全本或部分折子。“时调”剧目大多由乱弹剧改唱调腔,有《双玉燕》《双玉配》《闹九江》等。1959年以来,新昌调腔剧团陆续上演了现代戏《三月三》《黄浦江激流》《强渡大渡河》以及自创剧目《三搬石门槛》等均为有影响的剧目。③

松阳高腔

流行于松阳、遂昌、龙泉、云和、宣平、丽水一带。该剧种至迟形成于明万历年间。有高腔戏班,现已查实的就有新聚堂、秀和、盛兴等18个班社,在松阳、遂昌、云和、龙泉、宣平、丽水、衢州等地流动演出。松阳高腔的角色体制早期为生、旦、净、丑、小(小生)、贴、外、夫(老旦)8

---

① 《中国戏曲志·浙江卷》编辑委员会:《中国戏曲志·浙江卷》,中国ISBN中心1997年版,第89页。
② 〔明〕张岱:《陶庵梦忆》卷五《朱楚生》。
③ 《中国戏曲志·浙江卷》编辑委员会:《中国戏曲志·浙江卷》,中国ISBN中心1997年版,第83页。

个主要行当,称“八把交椅”,以生、旦为主。后期,“夫”称老旦,“贴”称花旦。清末以来,又增加了二旦、作旦、老外、二花、四花等行当。

松阳高腔的唱腔属曲牌连缀体,其曲牌名称和各地高腔类略同。最常用的曲牌为【园林好】【驻云飞】【风入松】【下山虎】等。器乐曲牌有【普天乐】【朝天子】【望重台】【三更响】【将军令】等。传统剧目以《夫人传》《耕历山》《金印记》《白兔记》等为其当家大戏。散出小戏有《三世因果》《判乌盆》《王小二过年》等。①

宁海平调

以“平调”为主,兼唱昆腔和乱弹的地方剧种,俗称“平调班”。原流行于宁海、象山及宁波、奉化、舟山、三门、天台、临海、黄岩等地,一般认为是调腔的一个支派。

平调现存剧目有称为“前十八本”和“后十八本”的三十六本传统戏以及部分昆剧和乱弹戏。“前十八本”为《双龙锁》《双玉佩》《玉龙镜》《葵花配》等;“后十八本”为《朱仙镇》《忠岳传》《游龙传》《孔雀裘》等。这些剧目除家庭戏外还有忠奸斗争、除强抑暴、为民请命、伸张正义等内容。中华人民共和国成立以来,上演过《三月三》《芦荡火种》《琼花》《银瓶仙子》《王锡彤》等20多个近代、现代剧和神话剧。其中神话剧《银瓶仙子》保留了“要牙”“抱瓶滑雪”等传统表演技巧,反映了平调的传统表演特色,成为平调的代表剧目。②

台州乱弹

亦称黄岩乱弹,流行于台州和宁波南部、温州北部各县,属多声腔剧种。据载,明成化年间台州之黄岩,就有学戏的人,称“戏文子弟”。③ 明万历以后,台州一带流行昆腔和高腔。清中叶,乱弹腔传入,在当地形成了兼唱昆、高、乱3种声腔的戏班。后又吸收徽调(即皮黄)和滩簧,形成以唱乱弹为主,兼唱昆腔、高腔、徽调、滩簧等多种声腔的剧种,其每种声腔都有各自的传统剧目。长期以来因受当地语言、习俗和民间艺术的影响,形成粗犷、强烈的艺术风格和浓郁的地方特色。较著名的班社有一品玉、大连庆、老乱弹等班。至辛亥革命前后,乱弹班发展到28个。这种兴隆局面没有维持多久,因农村经济日益萧条,以及日军侵华战争带来的灾难,很快走向衰落。至中华人民共和国成立前夕,乱弹班社已荡然无存,剧种濒于湮灭。1953年,流散艺人自组台州乱弹剧团。1970年划归台州地区领导,1982年划归椒江市。

台州乱弹的唱腔音乐比较丰富,其昆腔,源于苏昆。高腔主要来自调腔。乱弹腔是台州乱弹主要的声腔,它由【慢乱弹】【紧中慢】【玉琪】、二焕等曲调组成。前三种与婺剧的三五七、芦花等属同一腔调系统;二焕与婺剧的二凡属同一腔调系统。徽戏的主要唱腔为西皮和二黄,传入台州的时间较昆、高、乱为晚。滩簧(当地习称词调),原是台州民间盛行的一种坐唱艺术,晚清已在临海、黄岩、温岭、天台等地流行。传统剧目有《连环记》《鸳鸯带》《回龙阁》《宝莲灯》《凤仪亭》等。中华人民共和国成立以后创作改编的剧目有《拾儿记》《双斧记》《王金满大闹台州府》《卧薪尝胆》等大戏。④

---

① 《中国戏曲志·浙江卷》编辑委员会:《中国戏曲志·浙江卷》,中国ISBN中心1997年版,第86页。

② 《中国戏曲志·浙江卷》编辑委员会:《中国戏曲志·浙江卷》,中国ISBN中心1997年版,第85页。

③ 〔明〕陆容:《菽园杂记》卷十,中华书局1959年版,第102页。

④ 《中国戏曲志·浙江卷》编辑委员会:《中国戏曲志·浙江卷》,中国ISBN中心1997年版,第107页。

诸暨乱弹

又名西路乱弹，曾流行于绍兴地区所属各县，是一个以演唱乱弹为主，兼唱徽戏（包括皮黄、徽乱）、梆子、调腔等多种声腔的地方剧种。

诸暨是浙江的历史文化名城。明、清两代，该地区戏曲演出十分兴盛。但在清中叶以前没有记载。清中叶以后，为诸暨乱弹全盛时代，仅诸暨一县，就有乱弹班社数十个，如老长春、老洪福等。后来徽戏流入，乱弹班亦兼演徽戏。清末，诸暨乱弹渐趋衰落，班社亦随之减少，自民国初年至抗日战争前，仅有文明阳春、文明长春等三四个班社。1962 年建立诸暨乱弹剧团。唱腔以【三五七】【二凡】【扬调】为主，兼唱徽戏的【西皮】【二黄】。传统剧目有 300 多个，以尺调演唱的有《施三德》《碧玉簪》《五龙会》等。以正宫调乱弹演唱的剧目有《黄金塔》《天缘配》《大香山》等。以演唱扬调为主的剧目有《芦花记》《打樱桃》《乌龙院》等。诸暨乱弹多以家庭戏为主，故有"宜路（指绍兴乱弹）为天下，西路（指诸暨乱弹）为人家，小歌班（指越剧）为老嬷（读 mó，即老婆）"之谚。①

婺剧

俗称"金华戏"，是高腔、昆腔、乱弹、徽调、滩簧、时调等多种声调的合称。这些声腔长期在金华、衢州等地区流传，或同台演出，相互影响和相互融合，逐渐形成在语言、表演、服装、伴奏等方面较为统一而所唱声腔不同之剧种。因金华古称婺州，1949 年定名为婺剧。婺剧 6 种声腔形成年代和传入年代各不相同，以高腔、昆腔为最早，约在明末传入。乱弹、徽调约在清初传入，乾隆以后为极盛。据传乱弹系由皖传入浦江，故习称"浦江乱弹"。婺剧滩簧来自苏州滩簧，约在清中叶传入，清末民初由徽班搬上舞台。时调为明末至民国初各个时期"时行小调"之统称。高、昆、乱、徽，起初皆独立组班，后组成"三合班"（昆、高、乱）、"二合半班"（昆、乱、徽）演出。清中叶以前，以高腔、昆腔为最盛；清中叶以后以乱弹、徽调为最盛。婺剧表演风格粗犷、古朴、夸张，生活气息浓郁，具有"粗中有细、刚中有柔、武戏文做、文戏武做"等特点和变脸、耍牙等特技。剧目既有家庭戏，又有历史戏和神话戏；既有文戏，又有武戏。神话戏多用面具和脸谱，且有傀儡、傩戏之动作和程式。服装多用原色，大红大绿，色彩鲜艳，独具特色。主要剧目属于高腔的有《合珠记》《古城会》等。属于昆腔的有《金棋盘》《通天河》等。属于乱弹的有《碧玉簪》《玉蜻蜓》等。属于徽戏的有《珍珠衫》《双贵图》等。属于滩簧、时调的有《断桥》《王婆骂鸡》等。②

绍剧

原称绍兴乱弹、绍兴高调，一度曾称越剧。乱弹约在清初传入绍兴。流传于绍兴地区及宁波、杭州、上海等地。抗日战争后，大多班社回绍兴，约有 50 班。1950 年定名为绍剧。1950 年后，尚存同春、同兴等 9 个剧团。1956 年改同春绍剧团为浙江绍剧团。1965 年有专业绍剧团 6 个。绍剧以唱乱弹为主，兼唱调腔、昆腔，尚有部分小调俗曲插用。乱弹分尺调、正宫调、小工调 3 个发展阶段，各有一批剧目。尺调时期剧目称为"老戏"，有《对珠环》《药茶

---

① 《中国戏曲志·浙江卷》编辑委员会：《中国戏曲志·浙江卷》，中国 ISBN 中心 1997 年版，第 103 页。

② 《中国戏曲志·浙江卷》编辑委员会：《中国戏曲志·浙江卷》，中国 ISBN 中心 1997 年版，第 99 页。

记》等三四十本，18 本常演剧目，称“老十八出”；正宫调时期剧目，称为“时老戏”，数量最多，有《后朱砂》《轩辕镜》等，多为各地乱弹班所无；小工调时期剧目称为“时戏”，多从京剧移植，有《打严嵩》《战马超》等。著名的《女吊》《男吊》《无常》来自绍兴目连戏，唱调腔。绍剧班社，原有文武班之分，清末武班衰落。绍剧过去长期在庙台、广场演出，唱腔激越高亢，表演粗犷豪放，动作强烈夸张，具有浓郁的生活气息。中华人民共和国成立后，经过整理改编的传统剧目《龙虎斗》《芦花记》《孙悟空三打白骨精》以及新编历史剧《于谦》等，有较大的影响。①

瓯剧

流行于温州地区的地方戏曲剧种，原名“温州乱弹”。因温州古称“东瓯”，20 世纪 50 年代末该剧种改称“瓯剧”。清初，温州一带农村流行一种半职业性的“三月班”，农闲时结班做戏，农忙时落垟务农，后逐渐发展成为职业性班社。温州乱弹以广大农村为基地，日益蓬勃发展，直到光绪年间，仍十分流行。中华人民共和国成立以后，温州乱弹获得新生，先后成立了更新、胜利、红星等乱弹剧团，1955 年合并为温州乱弹剧团，1959 年改称为瓯剧团。

瓯剧以唱乱弹腔为主，兼唱高腔、昆曲、徽调、滩簧、时调诸腔。瓯剧乱弹腔与婺剧、绍剧等兄弟剧种的乱弹腔同源，但又有自己的特色，分正乱弹和反乱弹两种。其传统乱弹本戏除《珍珠塔》中“后见姑”一段唱反乱弹外，全部唱正乱弹。瓯剧有大中小型剧目 450 多个。其中 84 本传统大戏为“正宗”剧目，包括 3 本昆腔：《连环记》《渔家乐》《雷峰塔》；4 本高腔：《报恩亭》《雷公报》《循环报》《紫阳观》；4 本徽戏：《回龙阁》《龙凤阁》《双秋莲》《天缘配》和 73 本乱弹戏。此外，尚有根据当地民间故事编演的《高机与吴三春》《黄三袅》《洗马桥》《水漫白鹿城》等剧，以及《断桥》《走广东》等滩簧、时调小戏。②

和剧

原称“和调”，流行于温州、台州、处州（今丽水）的部分地区。前期的和调班是由平阳一带民间流行的“跳马灯”“莲花戏”“山头戏”等和合而成，故名。这种“和合班”除演唱村坊小曲外，也演唱高腔、昆腔。清中叶以后，乱弹腔盛极一时，和调班衰，艺人星散。清光绪年间，和调艺人于平阳新徒门设“马灯班戏馆”，重振和调。并弃高、昆，改学徽戏，又吸收部分温州乱弹腔及当地流行的弹词（滩簧）调，逐渐形成以演唱“徽调”（皮黄）为主，兼唱乱弹（以反调乱弹为主）、滩簧的多声腔剧种。和调于清末光绪年间最盛，后渐趋衰落，1949 年前仅剩新大顺等个别职业戏班。1951 年在新大顺基础上成立平阳县人民地方戏剧团。1957 年定名为“和剧”。

和剧早期仅有《昭君出塞》《湘子度妻》等 18 出小戏，以后通过不断吸收、移植，增至 300 余个，主要剧目有《牡丹记》《双金印》《双狮图》等。另有据当地民间故事编演的《洗马桥》《黄三袅与林定郎》，及由《白蛇传》演变而来的《许仙疯癫》等剧目。中华人民共和国成立后，和剧较有影响的剧目有《双金印》《断桥》等。③

---

① 《中国戏曲志・浙江卷》编辑委员会：《中国戏曲志・浙江卷》，中国 ISBN 中心 1997 年版，第 96 页。

② 《中国戏曲志・浙江卷》编辑委员会：《中国戏曲志・浙江卷》，中国 ISBN 中心 1997 年版，第 104 页。

③ 《中国戏曲志・浙江卷》编辑委员会：《中国戏曲志・浙江卷》，中国 ISBN 中心 1997 年版，第 106 页。

越剧

发源于嵊州，系由嵊州民间说唱“落地唱书”发展而成。清光绪三十二年(1906年)春节后，嵊州唱书艺人在於潜(今属临安)、余杭农村首次搬上舞台试演，剧目有《十件头》《绣荷包》《卖青炭》《倪凤扇茶》《赖婚记》等。当时称“小歌班”;传到外地后，观众根据其“的的笃笃”之打击乐声，又称“的笃班”。此后10年间，很快流传到绍兴、宁波及杭州等地。民国6年(1917年)，首进上海演出，因艺术粗糙、演出简陋未获成功。后艺人们从艺术、剧目等方面加以改进，在上海大世界打出“绍兴文戏”的牌子。演出全为男演员，称为男班。上演剧目有《碧玉簪》《梁祝》《琵琶记》等。民国12年(1923年)，在上海演出的男班艺人王金水、金荣水等回嵊县创办第一个女子科班，培养了施银花、赵瑞花、屠杏花等一批女演员，创造了质朴明快、抒情活泼的【四工调】，开始形成女子越剧的演唱风格。此后，嵊县和全省各地女子科班兴起，名伶辈出，取代了男班。演出了《盘夫索夫》《叶香盗印》等大批新剧目，以表现男女爱情、家庭伦理题材的文戏最受欢迎，对以后越剧新风格的形成起了重要作用。民国27年(1938年)秋，以姚水娟为首的“越吟舞台”在上海编演了《花木兰》等爱国新戏，初立编导制。民国31年(1942年)10月，袁雪芬的“雪声剧团”竖起“新越剧”之旗号，大胆改革，正式建立编导制，采用立体布景，改革服装、化妆，吸收话剧、昆剧艺术营养。从此剧目有定本，舞台面貌焕然一新。尤其是袁雪芬、范瑞娟等先后创造了【尺调】和【弦下调】，成为越剧的基本唱调，并形成了众多流派唱腔，使越剧走向成熟。越剧以浙江为基地，以上海为中心，流传浙江全省及江苏、安徽、福建、江西等省。中华人民共和国成立以后，越剧进入全盛时期，沪浙相继建立国营剧团，集中大批知名演员，整理改编了《梁山伯与祝英台》《红楼梦》《西厢记》等一批优秀传统剧目，并拍成电影，在全国产生极大的影响。一批越剧团支援北京等地，使全国大多数省、市都有专业越剧团，越剧发展成为全国性的大剧种。“文化大革命”期间，越剧受到严重摧残。改革开放后，迅速恢复，至1982年全省专业越剧团达67个。培养了一大批越剧新人，涌现了茅威涛等一批“小百花”，编演了《五女拜寿》《陆游与唐琬》等优秀剧目。①

杭剧

流传于杭州、嘉兴、湖州以及宁波、宜兴等地。原无剧种名字，戏班称“武林班”，是在宣卷调基础上发展而成的地方剧种。约在清同治年间，为在庙里过夜的香客消除寂寞，宣扬佛教教义，庙祝开始请说唱艺人念唱卷本，用念佛调吟诵，木鱼为节，属说唱曲艺。后发展为讲唱《双珠凤宝卷》等民间俗事。民国12年(1923年)织绸工人裘逢春等组织民乐社，开始搬上舞台演出。最早剧目为《卖油郎》，用宣卷调和扬州清音【梳妆台】等演唱，以胡琴、三弦及锣鼓伴奏。因杭州古称武林，民乐社改称“武林班”。此后发展迅速，几年内涌现“元元班”“德记舞台”等班社，且有文班、武班。民国14年(1925年)“武林班”等进入上海大世界演出，并巡演到苏南，影响渐大。此时，化妆、表演、伴奏等皆仿京剧和扬州清音，唱腔简单，遂将【满江红】改造为【大陆板】，将【梳妆台】改造成【平板】，作为基本调，统称“武林调”，用民间小曲为辅助唱调。从此获极大发展，后渐趋衰落。到1949年中华人民共和国成立时，仅存春秋、宁波、群

① 应志良:《中国越剧发展史》，中国戏剧出版社2002年版，第35、137、478页。

谊3个民间职业班社。此时，各剧种纷纷取新名，武林班亦正式定名为“杭剧”。数年后，宁波杭剧团拆散，1957年春秋杭剧团和群谊杭剧团合并为杭州杭剧团。1961年初，杭州杭剧团吸收杭滩曲调，重新改编、排演了《双下山》《昭君和番》《断桥》《六月雪》《貂蝉拜月》等一批传统杭滩剧目；后又演出了《银瓶》《李慧娘》等。

姚剧

又名余姚滩簧。流传于余姚、慈溪及毗邻的宁、绍地区。早期称“串客”“花鼓戏”“鹦哥戏”。1956年定为姚剧。属说唱滩簧之一支。原为坐唱曲艺，约在清嘉庆年间搬上舞台。道光年间在宁绍地区已经流行，多在元宵灯节前后活动。同治后，角色增加，演出时间也不限于灯节，称为“鹦哥班”。早期姚剧艺人多为农民和手工业者之业余演出，唱民间小调，内容亦多男女私情，短小精悍，节奏明快，语言幽默，生活气息很浓。因长期在民间演出，其表演朴素自然，语言为余姚方言。后进入上海，吸收了苏、沪等地滩簧曲调和剧目，改称“余姚滩簧”。民国初曾获较大发展，有10余班，至抗日战争时期衰落，仅存德胜顺班。1953年成立余姚滩簧小组；1956年成立余姚县姚剧团，乃定名为姚剧。角色初仅一丑一旦或一旦一生，称“对子戏”。后增加至4人，最多为8人，称“同场戏”或“众家戏”。唱腔分两大类：一是基本调，常用的是【平四】和【紧板】。二是杂调小曲。所演剧目分三类：一为故事戏，如《庵堂》《借披风》等；二是小调戏，情节简单，如《荡湖船》《五起早》等；三为杂技戏，多技巧表演，如《顶碗》《大闹花灯》等。1950年后，发展成为以演唱近现代大戏为主的剧种。新编大型剧目有《强盗与尼姑》等。①

甬剧

流传于宁波及舟山、上海一带。早期称“串客”，后称“宁波滩簧”“四明文戏”。因宁波简称“甬”，1950年定名为甬剧。属说唱滩簧的一支。约在清初，宁波农村一些农民或盲人用山歌、小曲、唱新闻等曲调说唱新闻故事，俗称“串客”。是一种吟诵体（清唱）。内容多为男女私情，如《卖花线》《荡湖船》等。清道光年间，受苏州滩簧的影响，加入胡琴伴奏，开始营业性演出。角色只有一丑一旦，称“二小戏”，或一丑一生一旦，称“三小戏”。光绪十六年（1890年），奉化籍演员邬拾来率班首进上海演出，改成“宁波滩簧”。早期甬剧皆为男角，民国9年（1920年），筱瑞香等女演员搭班赴沪演出，逐渐发展成男女合演。其后，在上海开始兼演古装大戏和清装戏，并改称“四明文戏”。中华人民共和国成立前后，宁波仅存风仙甬剧团，后改名为宁波市甬剧团。甬剧唱腔吸收了民间说唱、民歌杂曲、四明南词及绍剧、杭剧的基础上形成。主要剧目有《半把剪刀》《田螺姑娘》《天要落雨娘要嫁》《双玉蝉》《三篙恨》《典妻》等。

湖剧

流传于以湖州、嘉兴为中心的浙北地区。俗称“百花小戏”“花鼓戏”，又称“湖州文戏”“湖州滩簧”。1951年定名为湖剧。属说唱滩簧之一支。因多为农民业余演出，时演时散，故无班名。直到1949年才有“四艺舞台”“出新舞台”等名称的班社出现。1950年后，相继成立湖州市、德清县、嘉兴市等剧团，后逐渐减少，仅存湖州湖剧团。湖剧所唱曲调有本滩调与烧香

① 《中国戏曲志·浙江卷》编辑委员会：《中国戏曲志·浙江卷》，中国ISBN中心1997年版，第111页。

调、小戏调与紧板调两组互补转接的唱调。演出形式有两种：一为舞台演出的戏曲；一为坐唱的曲艺。曲艺称“湖州琴书”，唱调与戏曲相同。小戏有《卖青炭》《打纱窗》等72本；大戏有《珍珠塔》《玉蜻蜓》等，以《庵堂相会》等4本为主要剧目。文戏为主，武戏极少。1956年演出《麒麟带》一剧时，开创湖剧各种唱腔在同一剧目中综合运用的先例。湖剧剧目大多以描写男女爱情、反抗婚姻压迫，反映农民和丝绸工人生活为主要内容，鲜活生动，深受群众欢迎。中华人民共和国成立后，题材有较大的突破和扩大，历史剧和现代戏都演。较有影响的剧目有经过整理、改编的传统戏《麒麟带》《朱三与刘二姐》，新创作的历史剧《长城歌》和现代剧《太湖红浪》等。①

睦剧

原称“三脚戏”，其意为仅有三个角色，即“三小戏”。流行于淳安、遂安、开化一带，与安徽黄梅戏、赣东采茶戏同源相类。因淳安古属睦州，1954年定名为睦剧。三脚戏系采茶戏与民间跳竹马结合的产物，故戏班多称“三脚戏竹马班”。跳竹马为禳灾祈福，起初具有民间宗教性质。后来宗教成分减弱，成为民间生活小戏。三脚戏的特点是载歌载舞，演员着寻常百姓服装，无表演程式，旦持手帕，生持折扇，丑持农具，翩翩起舞，欢乐热闹。睦剧的唱腔，大戏多用【湖广调】，小戏用【三脚调】(包括民歌、俗曲、小调等)及杂调(包括宗教音乐及流行戏曲唱腔等)。【湖广调】有湖广头、平板、紧板等一套可以互相转接的粗具某些板式变化的唱腔。【三脚调】大多专戏专用，往往戏名即曲名。如【种麦平板】【骂鸡调】等。杂调多作为插曲使用。语言用当地方言。睦剧的传统剧目有《马房逼女》《蓝桥会》《张三开屠》《拷打红梅》《山伯访友》等。用三脚调演唱的“小戏”有《牧牛》《卖花线》《南山种麦》《补背褡》等。②

醒感戏

亦称“毛头花姐戏”、流行于永康及其毗邻的东阳、磐安、缙云、金华、武义、义乌。醒感戏之源流及形成年代不详。明嘉靖《永康县志・风俗》已有民间盛行“做水陆道场”“翻九楼”等记载。清康熙年间更为兴盛，官府“禁不可破”，直至20世纪30年代仍较流行。抗日战争之后，随着农村经济萧条和道教的衰落，醒感戏也濒临灭绝。20世纪80年代后仅在池宅、俞溪头、新店等地尚留有少数老艺人和醒感戏的零落痕迹。醒感戏戏班供奉张道陵，演员多为道士，人称“道士班”或“山人班”。其演出活动以宣扬道教教义、酬神还愿、驱疫消灾为目的，并多与宗教法事活动交错进行。

醒感戏的早期唱腔，为徒歌干唱、不协管弦、众人帮和、以鼓为节的形式，帮腔采用“啊”“咿”“咪”“哩”等衬字。其主要唱腔之一的【毛头腔】，山野风味很浓，属五声音阶，旋律以级进为主，是似唱似白的吟诵。后期吸收了侯阳高腔、松阳高腔及乱弹的一些曲牌、曲词，并加入笛子等乐器伴奏，丰富了自己的唱腔。保留下来的传统剧目仅9本，简称“醒感九殇”(殇也作箱)，即《逝女殇》《撼城殇》《狐狸殇》《溺水殇》《断缘殇》《忤逆殇》《毛头殇》(又称《毛头花姐》)、《草集殇》《精忠殇》。其中的《毛头花姐》源于当地民间故事，因情节感人，成为醒感班盛演不

① 《中国戏曲志・浙江卷》编辑委员会:《中国戏曲志・浙江卷》，中国ISBN中心1997年版，第109页。

② 《中国戏曲志・浙江卷》编辑委员会:《中国戏曲志・浙江卷》，中国ISBN中心1997年版，第110页。

衰的看家戏，故醒感戏又称“毛头花姐戏”。

目连戏

浙江目连戏始于明成化、嘉靖年间。现存有绍兴、开化、永康、磐安、东阳、上虞等地目连戏。绍兴目连戏主要唱调腔，也唱乱弹、莲花落等，有浙江绍剧团、嵊州前良民间两存本，各录百余出，以《女吊》《男吊》《无常》等出最为闻名。开化目连戏唱高腔，也唱山歌小调、三角戏调、道士腔等，剧目有正目连、花目连两类，各演目连、岳飞故事。戏班有道士班、专业班。永康醒感戏，仅《断缘殇》一本为目连救母故事。磐安目连戏唱念经调及民间小调。因演佛教故事、颂扬西方极乐世界，俗称“西方乐”。剧目有20余本，《目连救母》仅其中之一。艺人多敬神信佛之俗家妇女，在庙会演出。东阳目连戏唱道士腔，兼唱念经调、徽调、侯阳高腔等，以奉道教为主，兼佛教。所扮目连，先着道服迎神，后穿僧装救母。男女合演，表演技巧性较强。上虞目连戏，系哑剧形式演出，无唱念，俗称“哑目连”。现存一本22折，演刘氏发病、请医，无常捉拿其魂，送丧吊孝等故事。浙江各地皆有目连戏，多在中元节演出，唱念皆用当地方言，均以超度亡魂、祈求平安为宗旨。①

滑稽戏

流传于杭州、上海、苏州及苏南、浙北地区。是介于话剧、戏曲之间的地方剧种，擅长演喜剧和闹剧。清宣统二年(1910年)，杭州艺人杜宝林运用各地方言和民间小调，说唱新闻和笑话，讽喻时弊，幽默风趣，称为“小热昏”，属说唱曲艺。因多由一个演员在茶楼酒馆化妆表演，故杭州又称“独角戏”；因以逗人发笑为特色，故又被称为“滑稽”。后发展为二三人以上的化妆滑稽表演，在沪、杭、苏等城市广泛流行。民国31年(1942年)杭州独角戏艺人江笑笑(杭州人)和鲍乐乐(瑞安人)等人在上海组成“笑笑剧团”，演出《荒乎其唐》《火烧豆腐店》等戏，变成一种新的戏剧形式，被称为“滑稽戏”。1950年后，江苏、浙江、上海均有滑稽剧团，浙江有“杭州”“骆驼”“嘉兴”“湖州”4个剧团，演出了《汪顺仙》《上海小姐》等新编剧目。“文化大革命”中剧团被迫解散，后恢复了杭州滑稽剧团。1998年改名为杭州滑稽艺术剧院。滑稽戏有说有唱有演，“说”用苏浙沪及各地方言，无统一舞台语，通俗易懂，幽默风趣；“唱”各种小调、戏曲声腔、流行歌曲，无基本唱调；“演”表情滑稽，动作夸张，以讽刺逗笑取胜。它无角色行当，以剧中人的性格和艺人之所长分配角色，以演喜剧、闹剧为主，又说相声、笑话、小热昏、独角戏等曲艺。它是话剧、戏曲、曲艺之混合体。②

菇民戏

流传于景宁、庆元以及福建寿宁一带。庆元称“二都戏”(以该县二都区最盛)，景宁称“英川乱弹”(以该县英川区最盛)，寿宁称“北路戏”(景宁、庆元在其北)。1987年7月，因这一带盛产香菇，艺人和观众多菇民，故定名为菇民戏。它是以唱徽调、乱弹为主的多种声腔剧种。据艺人口传，清中叶庆元县有“荷地戏班”。景宁县柳八际村毛氏五代演戏。清末民初，两县有“锦福班”“新锦昌”等10余班。民初至今仍有演出，但无专业班社。菇民供奉种菇鼻祖吴

---

① 《中国戏曲志・浙江卷》编辑委员会:《中国戏曲志・浙江卷》，中国ISBN中心1997年版，第127页。

② 《中国戏曲志・浙江卷》编辑委员会:《中国戏曲志・浙江卷》，中国ISBN中心1997年版，第117页。

三公,为祈求香菇丰收、外出售菇平安,历年冬出夏归,皆需演戏还愿,故多季节性演出。剧目有《万花楼》《双贵图》等多本。①

皮影戏

俗称"羊皮戏",流传于海宁、桐乡一带。皮影戏多在农闲季节演出,演出场所为农家堂屋。白日里把大门关上,遮住日光,同样达到观看演出的好效果。演出通常通宵达旦,谓之"两头红"。农民祈求蚕桑丰收,演"蚕花戏";小孩周岁,演"周岁戏";结婚演"暖房戏";订立乡规民约时,演"禁格戏";菩萨生日,演"闹台戏"("神戏")。海宁羊皮戏擅长演《西游记》等神话剧和《水浒》等武打戏,能发挥善"变化"和"上天入地"的特长。影人用半透明羊皮制成,单线平涂,面部有肌肉感。服饰为江南水乡印花蓝布。屏幕用桃花纸糊作框子即成。伴唱的音乐有独特风格,保存近百种唱腔和曲牌,大致可分"乱弹""长腔"以及其他各种曲牌等三大系列。②

木偶戏

明代,温州已有木偶戏,流行于泰顺、瑞安、文成、平阳各县。在泰顺,俗称"柴头戏"。目前尚存明代木偶头9个,曾作为"戏师爷"供奉。温州木偶戏,有提线、布袋两种。提线木偶一般有5条提线,武戏则多达18条。木偶的左手指能活动自如,丑角木偶还能转动眼睛和闭合嘴巴,上演剧目与传统戏目相同,唱瓯剧、越剧及京剧声腔。演出剧目有《平妖传》《水漫金山》《火焰山》等。班社颇多,每班仅两三人,各人兼做木偶操作、演唱、伴奏。有的还能自雕木偶头,一般都在春节或神诞日演出。③

布袋戏

也称"单档布袋木偶",是木偶戏的一种,流行于苍南县桥墩、矾山、马站等西南部讲闽南话的地区。逢年过节,喜庆日子,这一带的山区群众都要请布袋戏艺人演出。服装、道具、打击乐器、舞台组合,全由一人肩挑,表演操作也由一人承担。布袋戏的"舞台"可搭在农家方桌上,为一个5尺高的框架,框架下半截围上一块深色士林蓝土布,上半截就是金碧辉煌、古色古香的小戏台。艺人手脚并用,脚踩着踏板而牵引绳子,击打3种乐器:大锣、小锣、钹。手套进布袋,以灵巧的手指操作木偶的千姿百态的动作,都能栩栩如生。众多角色的唱念对白,又全凭他的一张嘴"变"出来,可谓集唱、念、做、打于一身。布袋戏的表演以唱为主,且有成套的唱腔,表演手法夸张,载歌载舞,生动活泼。④

(二)戏曲民俗

灯头戏

每年正月里演的戏,宁波昆班艺人称之为"灯头戏"。时间分为3段,各有不同的名称:一为"前灯头",即正月初二演至十二止;二为"正灯头",即正月十三演至十八止;三为"后头灯",

---

① 叶大兵:《中国民俗大系·浙江民俗》,甘肃人民出版社2003年版,第344页。

② 董天泽:《蚕乡羊皮戏》,载《浙江民俗大观》,当代中国出版社1998年版,第583页。

③④ 叶大兵:《中国民俗大系·浙江民俗》,甘肃人民出版社2003年版,第343页。

即正月十九演至月底止。艺人们对“灯头戏”特别重视，从正月初二开锣，整整演一个月，日夜不停，戏班钱和艺人们的收入也尤其丰厚。宁昆有句俗话：“一年之计在于灯”，足见“灯头戏”之盛。演“正灯戏”期间，各处庙宇还将珍藏的古董字画等贵重物件陈列出来，供人观赏；演戏之外，还放烟火。宁波萧王庙、鸿村庙等处，在正戏演完之后，还要加演小戏，俗称“元红戏”。“灯头戏”开演第一天向例必须演“关公戏”，然后才能演诸如《白蛇传》《连环记》《长生殿》等大戏。有的“正灯戏”开演前，向例要闹头场，庙里撞钟击鼓，戏台上打“大十番”和“细十番”。①

春分戏

遂昌城内周、叶等八姓祠堂于春分酬神演戏，祈求财丁两旺，吉祥如意，谓之春福戏，俗呼春分戏。八姓祠堂演完后，接着在夫人庙和县衙土地祠演出。县衙土地祠只演日场，不演夜场。因此举专为在押囚犯演出，外人很少去看，为防意外，故不演夜场。此俗似从明万历二十一年至二十五年(1593—1597 年)，汤显祖任遂昌知县时的“纵囚观灯”而衍变成俗。②

平安大戏

绍兴每年五至七月，城乡各地例演平安大戏以祀鬼敬神。平安大戏是指在传统的正本戏中插入目连戏的《起殇》《施食》《男吊》《女吊》《无常》等折子，请神保佑全村平安。演出前，戏台对面搭有明瓦棚，棚内神桌上立有香火，供开演时礼拜。拜毕即开始闹头场、二场，例由小旦穿红衫，戴书生帽，手捧戏折，请头家和富家点戏，然后开演。首演《起殇》，奏【点绛唇】，出王灵官，坐台中，若干扮鬼卒者穿红色兵勇号褂，手执钢叉，疾奔荒冢中，用钢叉向坟上乱戳几下，蜂拥回台向王灵官交令，然后擦掉油彩散去。戏中有重要人物丧亡时，则须出死、活无常以及阴差鬼卒勾魂，并插演《男吊》《女吊》，凡七十二吊，名曰“调吊”。③

年规戏

每年农历九月下旬，宁波东乡和陶公山一带菩萨生日，向例要迎神赛会，俗称“安神”。会期，挨家挨户门首摆设香案，上供三牲及糕、果等福礼，焚香膜拜，同时邀请戏班演唱戏文，时称“年规戏”。划龙船时，戏台即搭在船上，称作“河台”或“船台”，由 10 多艘龙船用绳索拖着前进。赛会时，龙船在前，戏船在中，“神船”在后，边航行边演唱。当菩萨起岸时，必须先演一出热闹的武戏。菩萨上岸之后，戏船仍旧边行边演，一般从上午十时许演至下午三时歇锣。晚饭后又继续演出，至午夜为止。④

百日戏

百日戏，是松阳县竹溪源、周岭山一带山民，为求神庇护人畜平安、林木茂盛而举行的酬神戏。演戏的不是职业戏班，而是由各个山村每年轮流当值组班学戏。轮到某村当值组班演戏，由宗族姓房出人，轮到的姓房，每个男青年都必须参加学戏，有特殊情况者，也得出钱雇村人代之。每年立冬开始，学习百日左右，到次年正月初五，在该村开台演出酬神还愿戏。演出两三天后，再到各许过愿的山村演出若干天，然后到外地作娱乐性演出，至春耕农忙停锣。演

① 《中国戏曲志・浙江卷》编辑委员会:《中国戏曲志・浙江卷》,中国 ISBN 中心 1997 年版,第 647 页。
② 《中国戏曲志・浙江卷》编辑委员会:《中国戏曲志・浙江卷》,中国 ISBN 中心 1997 年版,第 648 页。
③ 《中国戏曲志・浙江卷》编辑委员会:《中国戏曲志・浙江卷》,中国 ISBN 中心 1997 年版,第 653 页。
④ 《中国戏曲志・浙江卷》编辑委员会:《中国戏曲志・浙江卷》,中国 ISBN 中心 1997 年版,第 655 页。

出时间在百天左右，故名“百日戏”。戏班亦称“百日戏班”。百日戏班在山区各村演出时，凡演戏之村，均按村庙神像尊数选择村民，香汤沐浴，穿戴神衣神帽各如神像，齐坐香案前，装神看戏，饥渴时可随意饮食案桌上的供品。百日戏原专唱高腔，清末后亦有改唱乱弹的。①

送考戏

据清嘉庆《太平志》卷八《庶政志》载：太平县（今温岭县）每逢秋试（各县秀才于八月赴省城考举人）之前，选取吉日，邀请赴试的文、武秀才至县城，设宴饯行。知县亲自举杯劝坐，以科考第一名坐首席，其余挨次入席。酒过三巡，演戏三出。宴毕戏终，各文武秀才从台上经过，知县发给银两若干。因一般举子多为寒士，筹措应试费用开销有困难，因而给予资助，成为定例。②

加谱戏和进主戏

昔时凡新生的男孩题了名字，照例要填进家谱里去，送谱进祠堂，此时演戏，俗称“加谱戏”。如果死了人，向例要将“神主”（或称“木主”）牌位送进祠堂，也须演戏，俗称“进主戏”。这两种戏又统称“祠堂戏”。这在宁波地区颇为盛行，其中又以“加谱戏”最为热闹。其仪式是先由加谱人家将家谱放在彩亭里，众人摆成仪仗队，手持乐器，一路吹打送到祠堂；然后请宁波昆班艺人扮成八仙，在祠堂门外排成两行，将彩亭接进大厅，由八旦、九旦向家谱进酒，然后彩亭落地开始演戏，时称“落地戏”。所演剧目为《叠寿》《扫花》《仙园》三出头，富裕人家还另加《儿孙福・报喜》《赐福》等折子戏。“祠堂戏”均在祠堂万年台演唱，一般在中午十二时开锣，观众站在台下看。场面大的“加谱戏”和“进主戏”，在“接谱”和“接主”时，演员不仅饰演八仙，还必须加饰仙官和王母。八仙分两行步入厅堂，王母在最后；由蓝采和、何仙姑两个敬酒，然后演“落地戏”。演毕，八仙仍分两行退出，王母仍继后。③

上梁戏

湖州富有之家盖房上梁时有演戏之俗。正本演出前例必加演“跳丑加官”，加官由丑角扮演，头戴状元帽，帽上不插宫花，而是插红、白、黑三支笔。边跳边舞，到一定时候，先将红笔丢给房主，房主坐在台前，早有准备，用长袍前襟兜住红笔，向台上丢一红纸包。加官继而又跳又舞，到一定时候将第二支白笔丢给事先已联系好的某个人，也有彩包丢上台。第三支黑笔，象征不吉利，没人要，丑角就往台下一扔，表示晦气全光。④

焰口戏

昔时每年农历七月十五日，民间称为“鬼节”，家家户户要超度亡魂，俗称“盂兰盆会”。其间除请僧、道做法事，放焰口外，还邀请戏班演戏，称为“焰口戏”。所演剧目有《目连救母》《梁武帝》《观音得道》《杀子报》《前后岳传》《盘丝洞》《火焰山》《三星炉》等。一般日、夜两场，戏台搭在街道上，因街道狭窄，戏台搭得很小，可是昆班艺人们仍能演武戏，大翻筋斗等。永康一带把“盂兰盆会”称为“忏兰盆”，一边做水陆道场，一边演“醒感戏”，剧目有《毛头殇》《断缘殇》

---

①② 《中国戏曲志・浙江卷》编辑委员会：《中国戏曲志・浙江卷》，中国 ISBN 中心 1997 年版，第 647 页。
③ 《中国戏曲志・浙江卷》编辑委员会：《中国戏曲志・浙江卷》，中国 ISBN 中心 1997 年版，第 645 页。
④ 《中国戏曲志・浙江卷》编辑委员会：《中国戏曲志・浙江卷》，中国 ISBN 中心 1997 年版，第 644 页。

(目连戏)、《逝女殇》《狐狸殇》《溺水殇》等，内容或超度冤魂野鬼，或劝人弃恶从善，或宣传因果报应，充满着道教色彩，与目连戏相类。演员通常由道士充任，故又称“道士戏”，其戏班称“道士班”。①

关羽诞辰戏

相传农历五月十三日为关羽诞辰，金华城内的关帝庙(即玉泉庙)，每逢此日，必搭草台演戏五七日，以示敬祝。一切费用由沿街各商店摊凑。演戏必请昆班，以示府城中庙会之高雅。到20世纪30年代，昆曲已成强弩之末，除“开台戏”尚演些如《描容·上路》(《琵琶记》)、《拷婢》(《荆钗记》)等折子戏外，正本多演《取金刀》《折桂记》等较通俗的戏了。演戏时草台骑街而搭，正对神像，行人从台底下来往，街上观众只能看“侧台戏”。台之梁、柱、台板，早已刨光、开榫，制成一套，藏于庙内，每年到时拿出一搭，上盖晒簟，便可演戏。②

龙王戏

浙东一带每逢天旱，要请昆班演“龙王戏”以祈祷天降甘霖，求得五谷丰登。当地有龙王庙的，就在庙里演出；无龙王庙的，就在祠堂里演出。一般要演两天两夜。演戏前，预先必须扎起一座杨树亭子抬到河边，捕捉一些虾、蟹、鱼之类的水族放在亭子内，再抬到龙王庙去，把它供在神座前面，俗称“接龙头”。一般庙会戏照例要跳魁星，唯演“龙王戏”时一律不跳魁星，改为“跳四金刚”。四金刚由大面、老生、小面、九旦扮演。他们头戴三山帽，身穿龙套衣，额顶挂小脸子，大面一手拿乾坤圈，一手执宝剑，老生捧琵琶，小面握龙头，九旦撑伞。大面和老生扮的金刚先从上、下场门同时上场，对舞、对跳；小面和九旦扮的金刚也从上、下场门同时出场。四金刚大跳了一阵之后，即跳着“绞辫子步”，鱼贯而下。走在后面的是拿龙头和伞的两个金刚，侧着身体，把手里的龙头和伞不断地甩成圆圈。③

羊府胜会戏

相传浙东沿海地区在海潮泛滥之际，“羊府菩萨”曾经救过万民的生命，故宁波各地均建庙供奉。每年旧历从八月初一开始，家家户户都在屋檐上悬挂黄旗，点黄色灯笼。八月二十五日是羊府菩萨的生日，这一天，戏班也不能例外，必须点灯、悬旗，并自办三牲福礼，到当地羊府庙给菩萨上寿，在神前演出《扫花》《仙园》《庆寿》三折戏文，俗称演“三出头”，然后将灯笼、旗帜焚毁。其间，各地村庄也热闹非凡，纷纷邀戏班演戏庆贺，每个戏台上面均灯笼高悬，黄旗飘扬，祝菩萨万寿无疆。戏班中须先演“三出头”，然后才演其他大戏，如《七星聚会》《弥勒记》《弥陀寺》《渔家乐》《春富贵》《儿孙福》等吉祥文戏。一般要连续两天两夜，晚上演完戏之后，艺人们取了灯、旗回船休息，将灯、旗插在船头上，每夜必须燃烛两支，派人轮流看守，虔诚之至。④

饶头戏

在正戏开演前后或演出之中，插演其他节目，俗称“饶头戏”。其名目繁多，形式各异，主

---

①③ 《中国戏曲志·浙江卷》编辑委员会:《中国戏曲志·浙江卷》,中国ISBN中心1997年版,第646页。

② 《中国戏曲志·浙江卷》编辑委员会:《中国戏曲志·浙江卷》,中国ISBN中心1997年版,第649页。

④ 《中国戏曲志·浙江卷》编辑委员会:《中国戏曲志·浙江卷》,中国ISBN中心1997年版,第645。

要有“白官上场”“唱喏圆场”“三跳”“赐福”等。所谓“三跳”，是在戏开演前或演出中，加演吉祥短戏，通常有“跳魁星”“跳加官”“跳财神”3 种，借以祝颂观众，颂语有“读书人连中三元”“官员们加官晋爵”“财主商贾一本万利”“农夫五谷丰登”“渔民顺风得利”等，遇到久旱不雨，尚须加演“跳龙王”。

“赐福”分大小《赐福》。《小赐福》一般由 7 人表演，饰演福、禄、寿三星及 4 个仙星，俗称“三星赐福”；《大赐福》需 35 个演员同时登场，所饰除与《小赐福》相同者外，须加天官一人，南北斗各 1 人，五路财神 5 人，武士 4 人，太监 4 人，仙女（即掌扇）2 人等。《赐福》为吉祥戏，为喜庆、庙会所必演，剧目有《天官赐福》《八仙赐福》《顺风千里赐福》《马赵温岳赐福》《张仙送子赐福》《五路财神赐福》以及“上寿”“偷桃”“伏虎”“逐鬼”等等，可根据主家演戏的性质而选定。①

龙船会戏

农历八月，浙东各地有龙船竞渡的风俗，同时举行庙会，邀请戏班演戏，俗称“龙船会戏”。许多村庄是渔民集中居住的地方，龙船会就由渔民们负责举办。当龙船会举行时，岸上迎神赛会，河里龙船竞渡，用两艘大船连接起来，搭成一座戏台，俗称“河台”。上面是明瓦顶，艺人们在台上演戏，人们夹岸聚观，曾称盛一时。如宁波露墅桥每逢八月十七、十八两天举行“龙船会戏”，由陈郎岸、前徐、双桥 3 个村庄共同举办，各自聘请戏班，互相争雄。各班的戏目，事前都严守秘密，以热闹戏文为主，如《龙门阵》《秦州擂》《玉麒麟》《七侠五义》等。观众夹岸，人山人海。“当办”“领袖”以及各班“行头主”也都在场，品评高低。演得好，两岸观众高声喝彩；演不好，要喝倒彩。所以凡演龙船会戏，艺人们都会特别卖力。有一次名丑吴永定表演《闹天宫》，预先将“河台”顶上的明瓦拆掉，一连叠起 5 张桌子，从上面倒翻筋斗下来，十分惊险。②

渔区目连戏

定海和沈家门等渔区，旧时每逢七月，都要演目连戏，群众称之为鬼戏，亦称街戏，均为镇上商店老板集资义办。目连戏由和尚与念伴（即不出家的道士）组成，也有请绍兴高腔班的。渔区演目连戏，有一套隆重肃穆的仪式。先在海边竖起一支高大旗杆，扯起一面长长的黑色蜈蚣旗，临街搭棚，八仙桌上供香烛果品；台前不远处竖一尊三四米高的纸扎鬼王，两旁是纸扎的童男童女、黑白无常及牛头马面等。鬼王前又一座纸扎玲珑宝塔，高三四米。据说，宝塔象征地狱门，待到目连捣开地狱门，饿鬼就可出来受斋。③

黄老相公会

绍兴每年农历五月初六例为黄老相公会。相传这一天是青甸湖（即鉴湖）黄老相公生日，各类神船，如菩萨船、无常船、大龙船、小龙船等，浩浩荡荡沿鉴湖巡游各村；各村均搭台订班演戏，以酬黄老相公。神船到时，锣铳交鸣，音乐齐奏。戏班扮演福、禄、寿三星向神请寿。请寿毕，斋主点戏，然后开演。至 20 世纪 30 年代，这一天沿湖各村尚有三四十个戏班同时演出。五月二十九日为车旦会，沿鉴湖三四十里，亦村村演戏，户户迎神。戏台相连，笙歌不绝，

---

①② 《中国戏曲志·浙江卷》编辑委员会：《中国戏曲志·浙江卷》，中国 ISBN 中心 1997 年版，第 646 页。

③ 《中国戏曲志·浙江卷》编辑委员会：《中国戏曲志·浙江卷》，中国 ISBN 中心 1997 年版，第 648 页。

画舫游人，盈湖塞路，备极热闹。①

斗台与斗牛

东紫岩殿原名康济庙，在金华县东北15公里处，无戏台。但每年有两次庙会戏，一是农历八月十五十六迎佛会，二是九月十五、十六神诞戏，庙宇每隔十年要开光一次。其间，先举行斗牛活动，凡3个月。每隔十天斗牛一次，届时，黄牯牛云集在庙前水田里相斗，颇为壮观。然后由临近各村聘请戏班演戏，少则三四台，多则六七台，搭草台斗台。据老艺人余宗纯说：民国9年(1920年)开光，戏班多达13副，高腔、昆腔、乱弹、徽戏都有，各显其能，诸腔杂陈，观众人山人海。最后由张恭小班演出的《民国记》夺魁。民国36年(1947年)斗台，为山口冯村的太子班获胜。②

渔船戏会

德清县于村每年有两次在延寿寺(俗称“蔡王殿”)戏台演庙会戏，以纪念为渔民谋福利而殉身的蔡老爷，最大的一次是在农历十一月十八日到二十日。届时德清与崇德接壤的大麻、洲泉一带及于村周围二十里方圆的渔船，齐集延寿寺前河港，有时达三四百艘。散社时，渔民(还有农民)们将系船的竹篾砍断，快速冲向杨家桥，进入宁溪漾，谁最先冲出谁就交好运。一霎时千舟竞发，蔚为壮观。③

祭新台

祭新台系新建戏台首演前的一种祭奠活动。分文祭和武祭，武祭的角色有：五猖鬼(又称五叉手)、韦驮、鲁班师、天煞、地煞、关公。文祭除了不出五猖鬼外，其他角色与武祭同。演出程序分四段进行：一是五猖鬼出场；二是鲁班师上场；三是韦驮上场；四是开打。开打程序为：五猖鬼与天、地煞对打，天、地煞败欲逃时，韦驮与关公分别从大小台角杀出，关公的青龙偃月大刀上还有点燃了的千响鞭炮。天、地煞见台上无法逃走，慌乱中从台上直入观众中向场外的坟地逃去，五猖鬼和韦驮同时追出，关公则留在台上扫台，等大刀上的鞭炮响完，一个收刀下场。韦驮因穿大褂不便追出场外，就悄悄回转后台。五猖鬼则逃入坟堆，然后卸妆。祭台仪式毕，演员们共同享用了乡民事先为他们准备的一只鸡，然后悄悄回转后台。这时，台上正戏也开始了。文祭与武祭不同，文祭中天、地煞失败后直接从台上下场，韦驮等追下就完了，不向坟地里逃。④

拼台

俗称“隔壁台”，是指主事者聘请两个性质相同的剧团在并连的两个戏台上演出同一剧目。演出时，两台的人物必须同时出场，同时唱、做、念、打；双方同一角色可以相互对调演出，如《僧尼会》，则两个和尚同时上场，甲台的小和尚可以跑到乙台，和乙台的小尼姑对唱；乙台的小和尚亦可以跑到甲台，与甲台的小尼姑对唱。所点的必须是传统“案本”戏，一唱一念，一招一式，都必须有一定模式，否则，两台演员对调之后，戏就会接不上。这是硬碰硬的比艺，所

---

① 《中国戏曲志·浙江卷》编辑委员会：《中国戏曲志·浙江卷》，中国ISBN中心1997年版，第653页。

② 《中国戏曲志·浙江卷》编辑委员会：《中国戏曲志·浙江卷》，中国ISBN中心1997年版，第648页。

③ 《中国戏曲志·浙江卷》编辑委员会：《中国戏曲志·浙江卷》，中国ISBN中心1997年版，第649页。

④ 《中国戏曲志·浙江卷》编辑委员会：《中国戏曲志·浙江卷》，中国ISBN中心1997年版，第650页。

以艺人一听说“拼台”，大都要捏一把汗，不得不在平时学习真功夫。①

打台

打台是婺剧班社武功“亮相”的一种形式。打台都在首夜闹罢“花头台”后进行，一来为武功(毯子功)亮相，二来为热闹一番，以召聚观众，三来亦使演员熟悉舞台，舒展活络一下身手。打台先易后难，一般均分三段进行。开场翻“一直落”，所有演员有啥翻啥，一个紧接一个，翻滚过场；接着，头一出戏有角色的演员进后台穿服装，台上留下武功较强的演员，翻一阵筋斗，如抢背、扑虎、飞脚、劈岔、毛儿、虎跳、单提、锞子、小翻、蛮子、旋子以及云里翻之类；最后翻难度较高的筋斗，如“连珠炮”(踺子连小翻和提筋)、虎跳连前扑之类，即告结束。②

演《渭水河》

普陀螺门位于舟山本岛东北部，是个富饶的渔区，戏剧演出频繁。除鱼汛旺期之外，一年四季均有演出，春节有正月戏，夏天有回洋戏，秋天有秋场戏，春节前有东戏。但任何戏班头场规定必演《渭水河》。这是渔民希望像姜太公一样，有钓必上钩，讨个网鱼满船的吉利。③

哑目连演出习俗

上虞哑目连，俗称哑魕(鬼)戏。演出团体由各村落召集若干子弟，延师教习而成，名“太平会”。哑魕戏往往和庙会酬神结合一起，不过演出都在白天。其内容系截取《目连救母》中“捉刘氏”片段加以敷衍而成。约3个小时，其演出特点在于“哑”，全靠身段、手势、表情、舞蹈、武技来表达，是典型的民间民俗哑剧形式。演出前，演员须戒斋沐浴、禁绝房事。演出之日，派人将本村太平会会旗往庙台口一插，表示有哑魕戏演出，即所谓“插旗占台”，同时张贴“榜文”。演出有若干禁忌，最忌开口出声，所以结束时，须焚烧“令牌”，牌上写明：凡在演出中不慎出声音，求神明宽恕等。④

拜唐明皇

旧时越剧等地方戏班，都有拜唐明皇的戏俗。先将祖师唐明皇的小木雕像(戴文堂盔，穿黄龙袍，着小乌靴)供在正堂，点香烛，供福礼。由教戏师傅领先，依次是小花脸、花脸、三花脸、大花脸、小生、正生、老生、小旦、正旦、老旦三跪三拜。参拜时，每个学员要撒点香灰在酒碗内，稍微喝点。据说这样记性会好，嗓子不会哑。科班通行一句俗语：“拜过唐明皇，做戏胆就壮，心里勿会慌。”⑤

拜师傅

旧时戏班收徒时的礼仪。师傅坐在太师椅上，由小花脸头顶戒方，徒弟依次一一跪拜。拜毕，师傅将戒方放在唐明皇像边，接着对众徒弟讲话，诸如：大家都是唐明皇弟子，是同行，要有三分义，要和好，要认真学戏，守班规，否则要跪在唐明皇前受罚挨打等。讲毕，师傅用银朱笔在每个徒弟的眉心点红，叫“点眉心”。据说，点过眉心，聪明孔开了，思想集中了，不怕难

---

①② 《中国戏曲志·浙江卷》编辑委员会：《中国戏曲志·浙江卷》，中国ISBN中心1997年版，第651页。
③ 《中国戏曲志·浙江卷》编辑委员会：《中国戏曲志·浙江卷》，中国ISBN中心1997年版，第649页。
④ 《中国戏曲志·浙江卷》编辑委员会：《中国戏曲志·浙江卷》，中国ISBN中心1997年版，第648页。
⑤ 《中国戏曲志·浙江卷》编辑委员会：《中国戏曲志·浙江卷》，中国ISBN中心1997年版，第652页。

为情了。徒弟们称其为“开笔师傅”。以后学戏拜师者则称“过堂师傅”。①

满师谢师

根据拜师“关书”所定的年限，凡期满时就算满师。个别艺技未达标准者则延长学艺期限。满师后，搭班去留，自己作主，不再受制于师傅，包银也归自己所得。但在满师的第一年，学徒所赚的包银，仍要提取部分给师傅，叫作“谢师”。凡包银100元，一般师傅得40元，学徒得60元。学艺期满，第一年拿的“当付”(留班演员的预支款)，也要提取百分之三十四给师傅，称作“当付谢师”。②

串红台

学戏几个月后第一次上台演出叫“串红台”。这天，师傅除检查演出准备外，还要将值台师傅、大衣师傅、盔头师傅、三担师傅(管炊具)及后场头向徒弟介绍。然后讲明用盔头、行头以及登台常识，接着教化妆，先小花脸，然后一一示范。化好妆，又领学员拜一次唐明皇，保佑演出顺利。③

插宫花

插宫花，又名“插状元花”，是金华、衢州、严州等一带嘉奖表演出色艺伶的一种民间习俗。宫花是观众掏钱向盔箱师傅换的，少则两角一支，多至五角或一元。观众选中某名伶后，一般由敲小锣的将状元花插在其帽子和发髻上，有的观众自己跳上台去插，谁头上宫花插得多，说明谁演得最出色。演出结束，凭宫花支数，向盔头师傅或班主领取赏钱，如叶文锦三合班中的名伶江和义，在湖镇扮演高腔《推车接父》中的闵子骞，演得悲苦感人，观众给他插了五支宫花。又如金华文化舞台的女小花施秀英，在淳安茶园演出《方卿见姑》中扮演姑母，由于性格刻画得成功，有人在她的发髻上连插3朵宫花。④

戏班船

浙江多水乡，到处河道纵横，故有的戏班长期包船作为交通工具。船租每艘每天1元，夜船另加2角。船家的伙食由戏班供给。船按骨牌名称编号，分天、地、人、和、长5种。如坐日船，一般用两艘，“天牌船”全部用以装载行头箱和零星物件，船上只准坐管衣箱二人和伙房司务。这艘船必须提早开出，因为要去布置戏台和安排食宿等。其他演员则全乘坐“地牌船”，稍后开出。座位有严格规定：船舱左首称为“青龙”，为红角和较有名声的艺人舱位；右首称为“白虎”，是一般艺人和艺徒舱位。船舱中间地位最高，只有老前辈能坐，别人不能替占。如乘夜船，戏班人数又较多，则需增加人、和、长牌三只船，以供艺人们睡觉。为了避免争执，每船铺位均编上号，然后用红纸做成阄，全班人员根据抓阄结果，各就铺位。按规定，除船家外，戏班伙夫也要帮同摇船或背纤。⑤

十八相送

宁波九龙乡梁山伯庙会戏有二：一为农历三月初一日神诞期；一为八月十六神讳期。规

①② 《中国戏曲志・浙江卷》编辑委员会:《中国戏曲志・浙江卷》，中国ISBN中心1997年版，第658页。
③ 《中国戏曲志・浙江卷》编辑委员会:《中国戏曲志・浙江卷》，中国ISBN中心1997年版，第652页。
④ 《中国戏曲志・浙江卷》编辑委员会:《中国戏曲志・浙江卷》，中国ISBN中心1997年版，第655页。
⑤ 《中国戏曲志・浙江卷》编辑委员会:《中国戏曲志・浙江卷》，中国ISBN中心1997年版，第649页。

定梁山伯神诞一定要演《十八相送》和《楼台会》，因这两折戏集中表现梁祝至死不渝的爱情，为广大群众，特别是青年男女所崇拜，故赶梁山伯庙会的青年特别多，希望自己的爱情也能生死不渝、白头偕老。因而民间流传着“若要夫妻同到老，梁山伯庙到一到”①的俗语。

三、民间音乐

河姆渡文化遗址出土的陶埙，是7000年前的乐器实物，说明浙江先民对音乐的爱好。先秦时期的民间歌谣，在越地最早的、具有地方志性质的《越绝书》和《吴越春秋》中，就有不少记载。其中的《竹弹歌》，被历代文史学家公认为一首反映古风俗的歌。另一首《采葛妇人歌》，也一直被后人推崇。

产生于东晋年间的《前溪歌》7首、《阿子歌》3首，和明代流传于杭州的吴歌《月子弯弯》《约郎》等，都是浙江古代的优秀民歌。

清末民初，浙江民间音乐仍有所发展。20世纪50年代，全省举行过3次有关民间音乐的会演。在20世纪80年代编选十大民族文艺集成志书以及后来的非物质文化遗产调查中，浙江民间音乐得到广泛的采录。浙中地区的“田头山歌”和杭嘉湖地区具有吴歌特点的民歌如嘉善田歌，备受中外音乐工作者的关注。作为“浙江好腔调”的民间戏曲音乐和民间器乐曲《江南丝竹》的“八大曲”“浙东锣鼓”以及粗细《十番》，都是浙江民间音乐的佼佼者。

在当代，以越剧音乐元素为主而取得创作成功的作品有：被联合国教科文组织列为模范教材、周大风词曲的《采茶舞曲》；何占豪、陈刚创作的小提琴协奏曲《梁山伯与祝英台》。

（一）民间歌曲

号子

是劳动人民根据劳动的需要创造出来的音调。唱号子是为了统一劳动节奏，指挥劳动，并起着解除疲劳、调剂情绪的作用。浙江劳动号子主要有：(1)渔民号子。旧时捕鱼全靠手工操作，劳动异常繁重。各种工序的劳动都要唱号子以统一步调，调节情绪。舟山渔民号子按工序可以分为起锚、拔篷、摇橹、打水篙、起网、起水、挑舱、宕勾、抬网、拔船等。(2)海塘号子。钱塘江口岸，北至金丝娘桥，南至曹娥江口，称“浙江海塘”。在东部平湖、海盐、海宁部分地区濒临杭州湾，自唐以来，就有修筑海塘抵御海潮侵袭的习惯，筑修海塘劳动强度极大。其工序可分为3种，即撬石、抬石和打桩，因而就有不同的号子，如撬石号子、扛石号子、打桩号子、打夯号子、龙门桩号子、长杠号子、短杠号子、串步号子等，这些号子风格粗犷，气势壮阔。(3)车水号子。车水在浙江农村是极为普遍又很艰苦繁重的劳动，单家独户难以胜任，必须换工互助多人协作才能完成。车水号子的主要功能之一便是记数，车水号子的歌词中大都有数目字。如“十二月花”“一百只麻雀”等等。在海宁农村，为了计算劳动数量，在水车的链头和轴轮上做记号，车链转12转称一“哈”，一般踏完17哈就换人，称为一“起”。以海宁湖塘一带的“哈头”最为动听，俗称“湖塘哈头”，唱词加入花名，内容日趋复杂，曲调高亢动人。(4)造船号子。浙江沿海旧时有小型船

① 《中国曲艺志·浙江卷》编辑委员会：《中国曲艺志·浙江卷》，中国ISBN中心1997年版，第652页。

厂，生产内容主要是修船和造船，全部用手工操作。造船号子就是在手工操作过程中所唱。有“三声号”“七声号”“拉钻号”等。其中“七声号”是在进行重劳动时唱的；“拉钻号”是在给船体钻孔时唱的。这三种号子的曲调，均与渔民号子基本相同。(5)背纤号子。绍兴河网湖泊连片，船是重要的交通工具。河湖中筑有许多长长的石板纤塘路(或名纤道桥)，以便纤夫拉船，这里水平如镜，船吨位也不大，所以纤夫一般也只有一两人。所唱的号子，情绪比较轻松，既为劳动鼓劲，更为消遣开心。唱时由摇橹者主唱，并与纤夫相互对答。

其他劳动号子还有撬石号子、搬运号子、鸬鹚捕鱼号子、牵砻号子、叉柴号子等。[①]

山歌

主要指农民在山野湖河劳作行舟，或在屋前棚下休憩时，为舒心解闷自娱时演唱的一种民歌，旋律比较舒展，节奏比较自由，富于即兴性。明人叶盛《水东日记》卷五“山歌”条说：“吴人耕作或舟行之劳，多作讴歌以自遣，名唱山歌。”在浙江，山歌之谓，可追溯到(东汉)赵晔《吴越春秋》中所记录的多首先秦歌谣，如《作弹歌》《采葛妇人歌》等。也可按民间歌谣发展的时序，着重提及两晋南北朝时期“吴声歌曲”中的名篇《前溪歌》和《阿子歌》。但真正见有“山歌”二字之记载者，当在北宋释文莹《湘山野录》中关于吴越王钱镠“高揭吴喉唱山歌以见意”[②]的《吴越王还乡歌》。具有代表性的浙江古代山歌，除上面列举的外，还有记载在《水浒传》中的据考采自浙北的《赤日炎炎似火烧》、记载于(明)田汝成《西湖游览志余》中的《月子弯弯》《约郎》《送郎》等。记载于(清)黄小配《洪秀全演义》中的浙江童谣《三十刀兵动八方》[③]也很有名。

浙江山歌各具地方特色，特别是越中地区广为流传的“田头山歌”和杭嘉湖地区的“田歌”，更是古老遗音在历史演变中所形成的。“田头山歌”也叫“田垟山歌”，它基本上为七言四句体，也有七言多句体的。其音调阶式多属五声征调式。歌曲结构多为两个乐句加以反复组成四句乐段，其中第三句往往作较大变化，因此起、承、转、合的曲式仍较明显。音调舒展，节奏自由，既粗犷朴实，又长于抒情叙事。浙江省绝大部分地区的山歌，特别是长工歌、短工歌、耕田歌、车水歌、船歌、渔歌、情歌等，都受到这种“田头山歌”的影响，连地方戏曲如甬剧、姚剧、越剧也往往将“田头山歌”曲调加以套用或改编。为了说明这种山歌影响之大，现将地方文献上标明为“田头山歌”的相关歌目，列表如下：

表 96-8-1-1　　　　越中地区“田头山歌”要目一览表

歌　名	标明歌种	采录地	刊载该民歌之文献
来姐与三弟	田头山歌	新昌	《中国民间歌曲集成・浙江卷》
十三弟	田头山歌	新昌	《中国民间歌曲集成・浙江卷》
四姑娘	田头山歌	上虞	《中国民间歌曲集成・浙江卷》

① 马骧等:《中国民间歌曲集成・浙江卷》，人民音乐出版社 1993 年版，第 66 页。
② 文莹:《湘山野录》卷中，中华书局 1984 年版，第 36 页。
③ 黄小配:《洪秀全演义》，长江文艺出版社 1981 年版，第 7 页。

续表

歌　名	标明歌种	采录地	刊载该民歌之文献
长工歌	田头山歌	慈溪	《中国歌谣集成·浙江卷》
金生弟	田头山歌	奉化	《中国民间歌曲集成·浙江卷》
金生弟	田头山歌	奉化	《民间文学集成·奉化市歌谣卷》
金生上工	田头山歌	宁波	宁波甬剧团《甬剧曲调》
对山歌	田头山歌	宁波	宁波甬剧团《甬剧曲调》
山歌好唱口难开	田头山歌	鄞县	《民间文学集成·鄞县歌谣卷》
金生上工到奴家	田头山歌	鄞县	《民间文学集成·鄞县歌谣卷》
金生弟	田头山歌	鄞县	《民间文学集成·鄞县歌谣卷》
劝野哥	田头山歌	鄞县	《民间文学集成·鄞县歌谣卷》
长长弄堂十八弯	田头山歌	鄞县	《民间文学集成·鄞县歌谣卷》
司义逃走	田头山歌	玉环	《玉环县志·文化编》
六哥争山	田头山歌	玉环	《玉环县志·文化编》
三弟与兰姐	田头山歌	象山	《民间文学集成·象山县歌谣卷》
手提铜锣寻知音	田头山歌	镇海	《镇海县文化广播电视志》
劝洋哥	田头山歌	定海	《浙江民歌汇集》资料本
上工歌	田头山歌	定海	《浙江民歌汇集》资料本

资料来源:见“刊载该民歌之文献”栏目。

清末这种“田头山歌”已越海流传至舟山定海一带。这种歌体不仅越中地区十分普遍,而且影响全省,如海盐的《私情山歌》、杭州郊区的《耕田山歌》、舟山的《风暴歌》、玉环的《波歌仔》等,都与“田头山歌”的风格、音调相同或相似,甚至与明清年间传入浙江的古桐城五句头山歌,也有某种相通之处。

杭嘉湖地区是古代吴歌的萌生、流传区,盛行于嘉善、平湖、湖州市以及嘉兴市北缘一线。最典型的歌体是人们常说的“吴歌格”歌体,即在通常的七言四句体的基础上,词格显得灵活多变,衬字衬句得到充分的运用,长短句的结合也变得自由和舒展。起、承、转、合的曲式非常明显。为了表现细腻的思想感情和叙事状物,四句或四句多段体中第三句或第四句,常有自由的延伸。其延伸部分叠词、排比、重复、颠倒等民歌修辞手法的运用,更为常见。其中“嘉善田歌”已成一个特色品种,它是由吴歌的基本曲调【滴落声】衍变而成的七种曲调的总称。这七种曲调是【滴落声】【落秧歌】【埭头歌】【羊骚头】【嗨啰调】【急急歌】【平调】等。各种曲调一般均可独立演唱一首歌,如《五姑娘》用【滴落声】演唱;也可套用【滴落声】歌头接唱【急急歌】,

如《小犀牛》《踏车山歌》。

96-9-1-2　　杭嘉湖地区具有吴歌格特点的歌目一览表

流传地区	主要歌目	刊载该民歌之文献
嘉善县	《五姑娘》《踏车山歌》《卖衣香》等	《中国民间歌曲集成·浙江卷》等
嘉兴市郊区	《六个姑娘》《姐妹回娘家》《说媒人》等	《嘉兴民间文学·下卷》
平湖市	《五姑娘》《傲郎》《二娘与含官》等	《民间文学集成·平湖县卷》
海盐县	《望情郎》《养媳妇真是苦》等	《民间文学集成·海盐县卷》
海宁市	《韩二官与张二娘》《小长工》等	《民间文学集成·宁海市卷》
湖州市郊区	《望郎山歌》《卖红菱》《十二杯酒》等	《民间文学集成·湖州市卷》
德清县	《小长工》《贩桃郎》等	《民间文学集成·德清县卷》
杭州市余杭区	《小长工》《断私情》《十二杯酒》等	《民间文学集成·余杭县卷》

资料来源：见“刊载该民歌之文献”栏目。

小调

指广泛流行于城乡间的俗曲、时调。浙江小调名目繁多，从现代流行情况看，多数曲调是由明清的大量江南时调俗曲传承下来的。据《中国民间歌曲集成·浙江卷》载：“编入的二十余种小调基本曲调中……流布面比较广的，依次是【孟姜女】【五更调】【码头调】【无锡景】【闹五更】【银纽丝】【八段锦】【六花六节】【小板艄】【十杯酒】【八板调】【湘江浪】【满江红】【烟花女告状】【泗洲调】等十余种。”小调的流传性和变异性极强，一种是同源体的变异，如浙江城乡普遍流行的《哭七七》《梳妆台》《烟花女叹》等，其曲调各有差异，但细加比较，似皆与【孟姜女调】略同。【孟姜女调】较为定型，但浙江各地曲调也有所不同。另一种情况是小调间音乐曲调上的互相吸收转化，如流传极广的抗日小调《月挂柳树梢》，就是吸收【卖花线调】和【鲜花调】的曲调融合而成的。

五四以来，爱国的通俗文艺工作者和广大民间艺人、歌手，往往用小调填词的形式来激励人民群众的反帝抗日斗志，如用【五更调】填成的《抗日五更歌》《五更壮丁歌》，用【孟姜女调】填成《抗战十二唱》，用【紫竹调】填成的《一·二八抗战小唱》等。用小调填成的生活歌与地方风情歌更多，如用【泗洲调】填成的《湖丝阿姐》、用【无锡景调】填成的《东阳八面山》等。①

灯调

指民间习俗迎龙灯、采茶灯、马灯、花灯、鱼灯等相伴的歌舞曲，各地都有自己的地方特色。如流行于浙江广大丘陵山区的“采茶灯”，它的典型表演形式是12个女童，身穿彩衣，手执花篮，花篮中分别装着12种不同的纸花，点着蜡烛，边唱《十二月采茶歌》，边变换队形，载

① 马骧等：《中国民间歌曲集成·浙江卷》，人民音乐出版社1993年版，第182页。

歌载舞。以十二月花名开唱的采茶歌形式很多，如《顺采茶》《倒采茶》《花采茶》以及《大采茶》《小采茶》等。

又如流行于宁波市所辖各县以及舟山市的【马灯调】是浙江灯调中地方特色比较浓厚的一首。每逢灯节开始，以宗族或社庙领头，组织孩童穿彩衣，冠武士帽，系马灯于其身之前后。孩童手拿马鞭，在配有锣鼓的【马灯调】歌声中，沿街奔舞，气氛热烈。流行于泰顺一带的民间歌舞“八宝灯”，已有200多年的历史。原有20多段，现由《大鹏苑》《青铜宝镜》《山坡羊》《送郎》《纱窗外》《闹元宵》《走马灯》《银纽丝》等11段歌舞组曲。它的表演形式是8个男女孩童分别装扮八仙，各自手执“法宝灯”。如扮曹国舅的执云阳板灯、扮汉钟离的执掌扇灯、扮铁拐李的执葫芦灯等等，载歌载舞，用丝竹锣鼓乐队伴奏。

流行于浙江全省的【花鼓词】，既唱安徽的【凤阳花鼓调】，也唱冠有本地地名的花鼓调，如运河边的《桐乡花鼓》，东海边的《左溪花鼓》等。花鼓一般由男女两人表演，男的叫“花鼓公”，女的叫“花鼓婆”，分别执扁鼓及小锣，唱时伴以适当的舞蹈动作。①

莲花

指民间习俗如迎社、迎灯、庙会、祭祀等活动中的歌舞曲调，由于这种调子乐句的后半段有“莲花落”的程式性衬腔而得名。莲花在浙江全省流行，有“大莲花”和“小莲花”两种表演形式。“大莲花”的表演形式，是在灯节或庙会时，由一群艺丐组成舞队，手执铜钱鞭，载歌载舞，领唱者叫“莲花头”，走在舞队之首，衣衫褴褛奇异，舞姿怪诞以引人注目。如《金华地区风俗志》载，当地每年农历八月十三胡公大帝庙会时的迎佛仪式：“……佛桥后面是《十字莲花》，由男孩扮演，装扮文雅，各人演奏不同的管弦乐器，敲小盆，铜钱签、云板、竹尺、走丁字步。由一领头人先唱正词，其余人随调和唱，唱调有【高郎小调】等。再后面有《讨饭莲花调》，由青年男子扮演乞丐样，头上缚草绳，手敲两根竹棒，领头者则舞以木棍或竹枝即兴而唱，词多幽默诙谐，逗人发笑，表演粗犷泼辣。”②可见迎佛队伍中有3班不同风格的大莲花舞队。小莲花则是由一两个艺丐在节日、喜庆日或平日沿户叫唱乞讨。

莲花的题材可分两类：一类是传统的，词格和内容都相对固定。这类题材主要有3种：一是以数目字尾连缀词格，内容是唱古人故事的《十字莲花》；再是以地名为连缀格式，内容唱各地风物的《三十六码头》；三是以自身周围关系密切的神和人（天地、皇帝、父兄、妻儿等）为序，道破世态炎凉，警喻世人，有遁世思想的《十不亲》。另一类题材是见物咏物的即兴演唱，多数是诙谐生动的吉词彩话。

浙江“大莲花”的曲调大都是一二首莲花调在各地的不同变体。“小莲花”的曲调和衬腔则各不相同，主要有杭嘉湖一带的“莲花落”，温州一带的“莲花”，绍兴一带的“莲子行”，台州一带的“洒尺”“流徙传”“铜钱鞭”等。③

---

① 马骧等：《中国民间歌曲集成·浙江卷》，人民音乐出版社1993年版，第431页。

② 金华地区群众艺术馆编：《金华地方风俗志》，1984年刊印，第139页。

③ 马骧等：《中国民间歌曲集成·浙江卷》，人民音乐出版社1993年版，第6页。

(二)民间器乐曲

丝竹乐

以丝弦乐器和竹管乐器组合演奏称为丝竹乐。浙江民间丝竹乐可分"江南丝竹"和"浙江丝竹"两部分。江南丝竹范围较广,包括浙江及江苏南部和上海地区。演奏乐器有琵琶、二胡、扬琴、三弦、笛、笙、箫、鼓、板、木鱼、碰铃等。乐队组合灵活,从一竹(箫)一丝(二胡)到较大的乐队都可演奏。乐曲大多来源于民间,以华彩、纤细、轻快、小型为其风格特点。浙江丝竹则多取传统曲牌、民间小调,如"春到来""九连环",演奏灵活,独具特色。

杭州流行的《江南丝竹》,扎根于民间社、班,活动频繁,曲目丰富。作为《江南丝竹》的"八大曲":《熏风曲》(《中花六板》)、《欢乐歌》《三六》《云庆》《行街》《慢三六》《慢六板》《四合如意》,杭州均有流传,演奏活动不断。另外,作为《江南丝竹》常奏曲的《老六板》《霓裳曲》《鹧鸪飞》《柳青娘》等,在杭州、平湖、鄞州等地也时有演奏。

《江南丝竹》八大曲在全省范围内也多有流传,如古帝虞舜支系的衍生地上虞民间,自古就有纪念性的"韶雅轩"一类的民乐班社在活动。"韶"本是虞舜乐名,"八大曲"之一的《熏风曲》,据传是按大舜"南风之熏兮,可以解吾民之愠兮;南风之时兮,可以阜吾民之财兮"的歌意创作演变而成的。上虞民乐班社起名与"韶"字相连,含有纪念远祖古帝的深意。今上虞、余姚、慈溪、奉化等地民乐班社的兴盛,或与"韶"乐的传承有关。

"八大曲"的《四合如意》,也是浙江民乐班社的常演曲目。据《兰溪市文化志》音乐篇载:"用丝弦乐器演奏的滩簧坐唱班的特色,城区有'余庆会''咏春会''群乐会'等,丝弦乐曲有《四合如意》,一般用于坐唱前作为'头场'乐曲演奏,以示吉祥、如意。"①

"八大曲"中的《三六》,又称《三六板》《梅花三弄》,是江南丝竹中流传很广的传统曲目,全曲载于《中国民族民间器乐集成·浙江卷》中的丝竹乐《三六》,是笛、笙、琵琶、扬琴、二胡、中胡四部合奏曲,由浙江著名丝竹演奏家宋景濂、沈凤泉、骆介礼等演奏。载于《临安民间音乐集》②中的器乐曲《三六》,分单部六段,为城乡间常见的演奏曲谱。

据《金华市文化志》"器乐"篇载:金华地区丝竹乐的"演奏场合一般在迎灯、拜佛、祭祀等。曲目主要有《八宝》《赐福如意》(即《四合如意》)……《行路》《香闺》等,以磐安的四吹曲较有影响"③。磐安四吹即《景缠道》《风入松》《桂枝香》《望乡台》四曲联奏,《中国民族民间器乐曲集成·浙江卷》全曲有载。

颇具地方特色的遂昌《十番》,由昆曲《牡丹亭》等剧目中的几首曲牌组成,故也称《昆曲十番》。所用乐器有笛、笙、梅管、提琴、三弦、双清、鼓板、扁鼓、云锣。因《牡丹亭》的作者汤显祖曾任遂昌令,故遂昌《昆曲十番》又具有纪念戏剧家汤显祖的意思。

吹打乐

也叫"鼓吹",是用唢呐或笛等吹管乐器加鼓、锣、钹等打击乐器演奏,并常加丝弦乐器。

---

① 兰溪市文化局编:《兰溪市文化志》,浙江人民出版社 2002 年版,第 335 页。

② 临安市文化广电新闻出版局编:《临安民间音乐集》,2009 年刊印。

③ 《金华市文化志》,浙江人民出版社 1991 年版,第 105 页。

它在浙江流传最广，曲目最多，影响最大。浙东宁、绍、舟一带吹打乐中的锣鼓运用得更具特色，故有《浙东锣鼓》之称。

浙江吹打乐有以唢呐为主加锣鼓的“粗吹锣鼓”，也称“粗十番”“梅花锣鼓”等；有以笛等丝竹为主的“细吹锣鼓”，也称“细十番”“丝竹锣鼓”等。具有《浙东锣鼓》代表特色的奉化吹打乐《万花灯》《将军得胜令》《划船锣鼓》等曲，篇幅较大，往往是“粗”“细”相间。

据《中国民族民间器乐集成・浙江卷》全曲刊载介绍，《万花灯》共有【纱船锣鼓】【急急风】【普天乐】【乱锣】【小桃红】【灯门】等十二节，中间偶夹唱词，如“灯门”即有观灯词八句。《将军得胜令》也有“将军令”和“得胜令”等节组成。此曲全省流传，但各地曲调及锣鼓经、乐队配置有所不同。奉化《划船锣鼓》也具浙东一般“鼓船”特色，即将木制楼船置于鼓船中，悬锣船边，如抬轿一般行奏。鼓手在船中，乐队随船后。

具有“浙东锣鼓”代表特色的《舟山锣鼓》，是在传统的“三番锣鼓”和民间曲牌【龙虎斗】【一江风】【大跑马】的基础上整理改编而成的。所用乐器除吹打乐的常备乐器外，海螺和排鼓、排锣的运用，增添了辽阔、欢乐、威武的气势和景象。嵊县的《大辕门》《十番》，上虞的《文武辕门》《花二场》，象山的《细十番》，宁海的《粗十番》等，也都能体现出《浙东锣鼓》的地方特色。

流传于金华、衢州、丽水等地的《花头台》，又名《闹花台》《花头场》，是浙西婺剧流传地区的著名吹打乐，因受戏曲不同声腔音乐的影响，故又有乱弹《花头台》、徽戏《花头台》之分。两者曲调有所区别，但结构基本相同，一般由 6 个段落组成，即第一段由先锋和锣鼓演奏，第二段由笛子主奏，第三段由徽胡主奏，第四段由小唢呐主奏，第五段由大唢呐主奏，第六段由清锣鼓演奏。①

锣鼓乐

只用锣、鼓、钹等打击乐器演奏，也称“清锣鼓”，浙江全省流行，多用于婚丧喜庆、节日灯会等场合。其乐曲均由多个锣鼓牌子和锣鼓段连缀而成。锣鼓牌子和锣鼓段来源不一，有来自传统戏曲的，如【急急风】【长锤】【七字锣】【长锣】等；有来自民间的，如【绕藤】【花四门】【花结顶】等。

浙江民间锣鼓乐，不同的应用场合和不同的乐曲，所选用组合的锣鼓牌子或锣鼓段，均有所区别，主要有这样几种组合类别：(1)由民间传统的锣鼓牌子或锣鼓段组成的锣鼓乐曲。有奉化的《八仙序》、仙居的《鼓亭敲》、松阳的《竹溪锣鼓》、衢县的《龙珠头》、绍兴的《十番锣鼓》等。其中有的也从戏曲锣鼓牌子中吸收了一部分应用。以上乐曲多用于旧时的迎神赛会、节日灯会。行奏中常伴以鼓亭等装饰。(2)由戏曲锣鼓牌子组成的锣鼓乐曲。多用于戏曲开演和坐唱之前的闹台，亦称“闹台锣鼓”“开场锣鼓”。也用于民间的喜庆、迎会等习俗。金华、衢州一带常用于婺剧闹台的《大鼓头台》《小鼓头台》、由【长锣】【火炮锣】【阴锣】【水底鱼】【五记头】【七记头】等组成。(3)用于民间舞蹈如舞龙、舞狮、马灯、跳蚤会、大头和尚等伴奏的锣鼓乐，其基本锣鼓牌子也常来自传统民间锣鼓和戏曲锣鼓，但根据舞蹈情绪和情节的需要，有所

① 马骧等：《中国民族民间器乐集成・浙江卷》，中国 ISBN 中心 1994 年版，第 7 页。

发挥和创作，是与舞蹈动作紧密配合的锣鼓乐曲。

具有浙江地方特色的锣鼓乐名曲不少，如奉化的《八仙序》，是一首充满喜悦和热烈气氛的乐曲，它包含了当地一些主要的锣鼓曲牌，特别是后半部分【绕藤】【纱船锣鼓】【花四门】【花结顶】4 个锣鼓牌子的运用，把全曲推向高潮而结束。上虞曹娥镇的《大敲》由 5 个各自独立的先锋曲牌组成，其间可任意插奏其他吹打曲牌，乐器以大锣、大钹、堂鼓为主，气势宏大。长兴的《十番锣鼓》。仙居的《鼓亭敲》，松阳的《竹溪锣鼓》等，都显示了浙江锣鼓乐的地方特色和演奏技能。①

（三）民间曲艺音乐

浙江民间曲艺音乐，就其历史轨迹而言，词调类曲艺如绍兴词调、台州词调、温州弹词等，多源于以“南词”为概称的戏曲、曲艺音乐。鼓词、道情、莲花类曲艺音乐，其渊源则可追溯到唐宋间已流传于民间的道情、鼓子词音乐，但具体曲调已无考。倒是如平湖钹子书、台州花鼓一类地方曲艺，在明代中叶就有具体曲调的记载。明末清初，【道情调】【平湖调】【词调】等曲艺音乐的调名已较多见。清初，滩簧音乐兴起，并被两浙间多种曲艺所吸收。

各种曲艺音乐都是互相借鉴吸取的。绍兴莲花落既继承传统的民歌莲花落，又吸取落地唱书前期【四工合】曲调和新昌莲子行音乐。宁波走书和唱新闻既基于当地田歌小调，又吸收四明南词、绍兴莲花落、宁波滩簧等曲艺音乐。

浙江各类曲艺几乎都吸取过当地的民歌小调，特别清末民初形成的一些曲种，如小热昏、杭曲、独脚戏等，这与唐宋以降各种民间曲艺的形成和流传，是一脉相承的。

本章所立各类民间曲艺的应用曲调，已择要在该曲目条目中简介，这里不再赘述。

（四）民间戏曲音乐

浙江有“浙江好腔调”之称。由南戏流变催生的“四大声腔”中的海盐腔、余姚腔，就萌生在浙江。浙江民间戏曲从南戏的早期演出活动到清代以降诸多滩簧小戏的形成，以及采茶戏、花鼓戏等的传入，戏曲音乐丰富多彩。早期南戏《张协状元》的曲调中，就有出于“里巷歌谣”的《台州歌》《福青歌》《赵皮鞋》等曲名，到明代徐渭《南词叙录》中，仍有“永嘉杂剧兴，则又即村坊小曲而为之”的追述。明代魏良辅改良的昆曲原称高雅，但传入金华、永嘉、宁波一带后，经本地化和通俗化以及艺人们新编《通天河》《翻天印》等剧目后，也为“浙江好腔调”保留了一份宝贵的民间音乐资料。

明代是浙江民间戏班活跃的年代，南曲声腔蓬勃发展。明末，调腔戏开始在浙东南一带形成，徒歌清唱、锣鼓伴奏的调腔音乐也盛极一时，并分流出不少支派，如新昌调腔、宁海平调。

清代中叶，乱弹腔、皮黄腔盛行于浙江“上八府”，充实了诸多地方剧种的声腔体系。及至清末，原为曲艺形式的滩簧、串客、花鼓等，先后搬上舞台，成为后来诸多滩簧戏、花鼓戏的前

① 马骧等：《中国民族民间器乐集成·浙江卷》，中国 ISBN 中心 1994 年版，第 10 页。

导，极大地丰富了浙江民间戏曲音乐；浙江被称作“戏曲之乡”，也是因有如此丰富多彩的“腔调”而闻名的。①

本章所立各类民间戏曲的应用曲调，已择要在该剧目条目中简介，这里不再赘述。

（五）民间舞蹈音乐

浙江民间舞蹈丰富多彩。《中国民族民间舞蹈集成·浙江卷》收了具有代表性的节目60个，其中包括畲族节目4个。浙江民间舞蹈的伴奏音乐，也丰富多彩。狮舞龙舞多以锣鼓乐和吹打乐为主，如《奉化布龙》即以当地著名的《划船锣鼓》作伴奏。龙游的《硬头狮子》和《貔貅》在长期的表演实践事，已形成独特的锣鼓乐【舞狮锣】和【貔貅锣鼓】。长兴《百叶龙》原本也以锣鼓乐为主，包括【走马锣】【急急风】【马腿】等，后逐步配上乐曲伴奏。

滚灯类一般也以锣鼓伴奏，如《余杭滚灯》原为锣鼓配乐，后逐渐加上《步步高》等民乐。竹马类一般也以锣鼓乐为主，有的配以轻快的民歌小调，如淳安的《跳竹马》。浙东南和浙中地区的《藤牌舞》，威武雄壮，多用吹打乐《得胜令》《将军令》等伴奏，并配以唢呐、长号。

舟山地区的特色民舞《跳蚤会》，原本只配以锣鼓，后加进具有小调风味的【跳蚤曲】，活泼风趣。桐乡的《拜香凳》、磐安的《西方乐》，用【拜香调】和【念经调】伴奏，宗教气氛较重。

畲族民舞《传师学师》较具代表性，其中“造老君殿”“引坛”“敬酒”等段落，持铃刀和龙角的舞者，随畲歌节奏起舞，气氛平和肃穆，充满对祖先和神明的敬意。②

四、民间舞蹈

浙江民间舞蹈历史悠久，任昉《述异志》载的“越俗祭防风神，奏防风古乐，截竹长三尺，吹之如嗥，三人披发而舞”的《防风舞》，是越地最早的舞蹈形式之一，与巫术活动有关。近代浙江民间做“盂兰盆会”时，要有几名披头散发的道士在长号声中边舞边念念有词。这也与防风古舞极为相似。

浙江民间舞蹈在历史上多得文人雅士的赞美。北宋范成大有描述海盐滚灯的诗句：“掷烛腾空稳，推球滚地轻。”周密在《武林旧事·元夕》中有“诸舞队次第簇拥前后，连亘十余里，锦绣填委，箫鼓振作，目不暇接”之载。明代田汝成在《西湖游览志余·熙朝乐事》中有“苏堤之上，联袂踏歌，无异白日”之赞叹。清代吴锡林有《竹龙》诗称赞余杭竹龙：“赤手一群扑，青云何日从。叶公虽好龙，宛转叹犹宠。”

浙江民间舞蹈具有代表性舞种是“龙舞”“狮舞”“马灯”“花鼓”“采茶”“莲花”“小调歌舞”“灯舞”“船舞”“宗教舞”以及畲族的信仰习俗舞“传师学师”“做功德”等。这些民间舞蹈就其内容而言，大致表现在以下5个方面，即与生产劳动相关联的，体现风尚习俗的，和宗教祭祀维系在一起的，依据民间传说故事和纪念历史上有功绩人物的。由于浙江地理环境的差异、生产内容方式的不同以及民情习俗、宗教信仰诸因素之差别，形成舞蹈文化的差异和多样性。

---

① 洛地等：《中国戏曲音乐集成·浙江卷》，中国ISBN中心1995年版，第12页。

② 梁中等：《中国民族民间舞蹈集成·浙江卷》，中国舞蹈出版社1990年版，第1072页。

就以遍及全省的“龙舞”来说，虽都在舞龙，但其内容、形式、表现手法上各不相同。有《布龙》《断头龙》《百叶龙》《脱节龙》《盘柱龙》《水龙》《滚花龙》《香龙》《草龙》《人龙》《猜龙》《赞龙》等不下30种。

龙舞

浙江龙舞形式多样，主要有长兴百叶龙、奉化布龙、浦江板凳龙、兰溪断头龙、平阳鳌江大龙、开化苏庄草龙、玉环坎门花龙、杭州西湖五彩龙等。长兴百叶龙有满池荷花化成龙，一对蝴蝶成龙尾的神奇色彩，并有“单龙”“双龙”翻滚飞舞之特技。奉化布龙也有“单龙”“双龙”之分，龙长可达18节，并有18套奇特的翻滚动作。兰溪断头龙有源于唐代魏徵错斩善龙的民间传说，其最大特点是龙头与龙身完全断开，龙珠、龙头可以单独舞动。

板凳龙在浙江甚为普遍，如杭州萧山河上板凳龙、温州永嘉板凳龙、台州三门板龙、诸暨草塔板凳龙等，浦江城乡间的板凳龙，制作精良，将当地具有传统色彩的绘画、剪纸、粘贴、纸扎等工艺技术，充分显示于一板板彩灯中；舞动时场面开阔，气势恢宏。平阳鳌江大龙龙身分九段，龙长78米，重约3吨，要由250位壮汉托举表演；舞动时还能喷水喷雾，已成海内龙舞的一大奇观。温州龙湾、瓯海拼字龙一般由二龙或四龙组成。九节龙身系用竹篾扎成筒形加贴彩绸缝合黏结而成，舞动时能随套路拼出“天下太平”“元正大吉”“光天化日”“人口太平”等字样，高处观望，更有情趣。

杭州西湖五彩龙分布于西湖区五村：龙门坎村为白龙，上城埭村为金龙，桐坞村为黄龙，慈母桥为黑龙，大清村为青龙。重大节日中五村五色彩龙一齐出动，蔚为壮观，是以舞龙象征地方和睦团结、亲如一家的美俗。

平湖九彩龙撷取、融合了当地多种舞龙形式和技能，以九条体形不大不长的“灵龙”表演各种翻滚、跳跃、穿插、布阵等队形，配以鼓乐，紧张热烈。①

百叶龙

“百叶龙”其前身为“花龙灯”，流传在浙江安吉县上舍村，后传入长兴县天平村，改名为“百叶龙”。1956年底省群艺馆和县文化馆协同艺人，又对“百叶龙”进行加工，改12只花瓶为荷叶，翻过来为云片；蝙蝠灯改为蝴蝶龙尾灯；寿桃灯改为荷蕾龙珠灯，伴奏由锣鼓改为乐曲。表演开始由荷花灯、荷叶、蝴蝶串舞，展现出夏日里一池盛开的荷花。在荷花忽聚忽散中，荷花接连成龙，突然腾空而起，荷叶变成祥云，顿时一条鲜艳夺目的彩龙，翻滚在蓝天白云间。舞龙动作有游龙、滚龙、龙盘柱、腾龙、卧龙、睡龙、龙出水、龙吐须等。“百叶龙”有一美丽的故事：从前有一对农家夫妇，妻子怀孕3年后生下一个四脚蛇形的怪胎，族长一见说是妖怪，便命人丢入荷花池里。之后，每当母亲来到池边淘米时，小蛇便游上来吃奶。一天族长扛锹下田，正碰见母亲在喂奶，他冲上去一锹斩断了蛇尾。霎时间，天上翻乌云，四脚蛇想上天，无奈无尾上不去，这时，池边飞来一只蝴蝶粘在它的尾部，帮助它飞上了天。当此地久旱无雨，它想母亲在此，便为故乡下了雨，消除了旱灾使庄稼获得丰收。故事的传奇色彩为“百叶

---

① 平湖市文化馆编：《遗风新韵》，中国文史出版社2011年版，第102页。

龙”的发展增添了美的情趣。①

奉化布龙

流传在浙江宁波奉化县故得名。过去农村常因久旱无雨，而传有请龙祈雨之俗，后随着时代的进步，舞龙已演变成民间自娱活动的独立舞蹈形式，代代相传。布龙主要活动时间是在春节前后，多在祠堂广场、街道表演。《奉化布龙》节数不等，有9节、12节、18节、24节之分。被誉为“龙舞之乡”的奉化楼岩乡条宅村的布龙，整个动作有盘、游、翻、跳、戏几个部分，最初套路较简单，后经该村陈世雄等几位老艺人精心琢磨，不断创新，发展到27个套路，有“盘龙”“龙抓身”“龙脱壳”“龙翻身”“龙滚沙”“大游龙”“小游龙”和“龙钻戏尾”等。“奉化布龙”无“龙珠”为导，全靠龙头手指挥，整体动作随龙头变化而变化，舞起来十分灵活矫健。“奉化布龙”的伴奏形式以“奉化锣鼓”为主，以【三五七】曲牌为基调，将两面锣或六面锣，全部固定在一个锣架上，锣架扎牢在演奏者肩上进行敲打。②

狮舞

可分“文狮”“武狮”两类。文狮以刻画其驯服、温顺、可爱活泼的性格为主，武狮则表现其威武勇猛、跌扑翻腾的性格为主，杭州地区也多有文武相结合的狮舞。

狮舞讲究毛色。就毛色而论，可分金（黄）毛狮子、红毛狮子、绿毛狮子、青毛狮子等。金毛狮子表示明快活泼。红毛狮子表示威武勇猛。青毛狮子表示平安祥和。绿毛狮子表示温和可爱，是幼狮常用毛色。狮子起舞时的动作有跳、滚、伏、抖毛、直立、倒立等。最为壮观的是进入杂技舞台的“双狮踩大球”“过跷板”“高台跳”等技艺。

临安红毛狮子威武矫健，狮长一丈二尺，舞狮者表演“麒麟送子”“双美下山”“狮子坐船”等动作，姿态多变，新颖别致。整套动作、音乐，被收录于《中国民族民间舞蹈集成·浙江卷》。兰溪双狮吉庆由雌雄两狮同时上场，相互亲昵。表演套路有“大小四门”“逗乐”“翻跟头”“生小狮”等。其中“生小狮”一节最为奇特。小狮由一儿童扮演。诸暨璜山舞狮也属硬头双狮一类，其特点是狮毛全红，上下颚四獠牙突出。执彩珠（球）引狮者一般为能“旋风翻”“打虎跳”的英武女性。

昌化软腰狮舞的中心地洪岭、湍口一带，被誉为“舞龙走狮”之乡。软腰狮舞的精彩在于一个“软”字，二舞狮人在4米多长的“狮皮”中可变多种形状：或同方向作跳跃翻滚；或相背而坐各使手足，让狮头狮尾展现各种姿态；或由舞狮者仰卧地上，用双手双脚牵动“狮皮”，使整只狮子有“腰部灵活柔软，性格活泼可爱”的感觉。

龙游乡间的狮子抢龙头，是一种特殊的舞龙舞狮形式。所舞狮子一般为硬头双狮对舞，舞姿有“踏八卦”“开四门”“跳街”等套路，精彩之点还在于与迎龙灯者相遇时，有“抢龙头”的特殊表演：即舞狮头者骤然跃起，将迎面相逢的龙头上的龙须拔去。因龙头甚高，舞狮者要充分合作，一跳再跳，才能触到龙须。凡拔到或触到龙须，均为“抢龙头”成功，聚观者必报以热

---

① 梁中等：《中国民族民间舞蹈集成·浙江卷》，中国舞蹈出版社1990年版，第343页。

② 梁中等：《中国民族民间舞蹈集成·浙江卷》，中国舞蹈出版社1990年版，第312页。

烈掌声。①

黄沙狮子

这是因地处台州临海县双娄乡下游孙村附近有一片沙坪而得名。又因该狮舞在堆垒的桌上表演而著名，故又称为"上桌狮子"。表演"黄沙狮子"，是在10张八仙桌高垒而成的第九层桌上进行。底层由9张八仙桌横排，依次往上减一张桌子，至第九层，一张桌子朝天仰放，两个表演狮子舞和一个抛掷狮球的人就在四支桌腿上表演狮子的各种情态动作，或跳、腾、翻、扭，民间称之为"跳桌""翻桌"。"黄沙狮子"的表演是融民间武术、杂技和传统的舞狮技艺于一体，风格粗犷，质朴，威武而刚健。每年春节到二月初二，"黄沙狮子"便外出到仙居、天台、三门、温岭、黄岩以至苏南一带活动。伴奏有打击乐器，锣、鼓、钹、小磬等。气氛紧张，明快而热烈。②

硬头狮子

当地惯称"硬壳狮子"，因狮头用硬木雕成而得名，流传在浙西衢州地区龙游县湖镇一带。其造型与一般狮舞不同，狮身较短(因舞尾者直立而舞)，血盆大口，下唇能活动；长一对驴耳似耳朵；狮皮用细麻绳编织成"古钱结"网络，染成靛青色。出动时，鸣锣开道，火铳、爆竹震耳。起舞时，堂锣伴奏，狮子按套路夹动大口，发出"啪、啪"响声。舞至高潮，观众齐呼"噢！噢"声呐喊助威，气氛热烈、激昂。"硬头狮子"最初仅为一只，后众想"好事成双"即增添一只成为双狮。舞狮动作有"行步""侧蹲""摆威""撒衣"等，其套路主要是"踏阵"。而"踏阵"又分"开四门""踏八卦"两派。共同特点是在踏阵中舞头者不断做上下唇夹击，以示威猛。"夹"又分"双夹""平夹""交夹"。但其含意有所区别。"开四门"的"夹"表示狮子四面出击，显示威风。③

竹马舞

也叫"竹马灯""跳竹马"，是浙江各地广为流传的一种民间舞蹈，在淳安、建德、宁波、开化、富阳等地最为普遍。竹马舞是用竹篾扎成比真马略小的马头(连马颈)与马尾(连马臀)，裹以绸片，绑于演员腰部前后。演员穿红挂绿，手执马鞭，似坐马上。起舞前，马鸣咴咴，鼓乐声声，在一马夫的牵引下，众马奔跳上场，摆出各种队形。这种舞蹈，一般以5人或9人为一队，男女演员，均可自由组合，唯扮演马夫者，必择有武功之小伙子担任。由于行进性较强，适宜于广场街头表演。表演时，配以锣鼓唢呐，气氛热烈，深得广大群众欢迎。

淳安跳竹马久享盛誉，其特点是马头高大威武，马颈长2尺余。再是色彩丰富，"头马"为大红马，像戏曲舞台上的龙套头；"二马"为黄马，作青衣打扮；"三马"为蓝马，作小生打扮；"四马"为白马，作花旦打扮；"五马"为黑马，作小丑打扮。五色相间，马步多变，有"晃鞭趟马""提腿加鞭""马失前蹄"等多套表演动作。

马灯舞在宁波地区的庆典节日活动中也是常见的。据《中国民族民间舞蹈集成・浙江

① 崔成志：《衢州民俗大观》，吉林文史出版社2003年版，第246页。

② 吴露生等：《中国舞蹈志・浙江卷》，学林出版社1999年版，第22页。

③ 梁中等：《中国民族民间舞蹈集成・浙江卷》，中国舞蹈出版社1990年版，第416页。

卷》载，当地马灯舞的起源与泥马渡康王民间传说有关。在奉化马灯舞、象山马灯、镇海马灯、宁海一马双鞍等众多马灯舞中，流传于鄞州区的八盏马灯别具一格。该舞跑马者都是12岁左右的男女儿童。两名男童领舞，4名男童、4名女童跟舞。10名舞童步法轻快，假马真骑，变化出“龙门阵”“梅花阵”“蛇蜕壳阵”“剪刀阵”“链绞阵”等多种队形，有“自古英雄出少年”的欢乐气概。

金兰地区的马灯舞也各有特色。兰溪姚村竹马舞历史悠久，跑马者也多为十三四岁男女少年，其特点之一为所配鼓乐，皆以金华草昆鼓乐曲牌为主；二是每逢喜庆吉日且出村表演时，有一副造型精美、雕刻细腻的“木銮驾”相伴。据传，金华汤溪竹马舞是当地李氏先祖随宋室南迁而自中原引入，舞姿粗犷威武，大有挥鞭征战之雄风。

开化霞山乡的高跷竹马由24名男子扮演，其中8人扮唐朝李世民、李治、徐懋功、尉迟恭、程咬金、秦叔宝、薛仁贵、罗成。他们身扎竹马道具，脚踏60厘米高的木跷，随【竹马鼓】乐声变换各种队形。另有16人扮成马夫，穿插其中，十分威武雄壮。身负马具踏高跷行进舞动，有一定难度，故参舞饰演李世民等8人者，个个皆有极好的平衡功底。①

鱼灯舞

浙江海岸线长，又是鱼米之乡，以迎鱼灯祈渔业丰收，求渔乡安康为普遍习俗。浙江鱼灯舞以青田鱼灯舞、洞头鱼灯、舟山沈家门鱼灯最为著名。青田鱼灯舞相传刘基招募义兵，暗以舞鱼灯形式操演兵阵。现今舞阵以长柄大红珠领队，后为4条红鲤鱼组成的“龙鱼”，接着是鲢鱼、鲫鱼、金鱼、虎鱼、草鱼及蟹、金蟾等，做“春雨戏水”“夏鱼跳滩”“秋鱼泛白”“冬鱼结龙”等各种队形，最后以难度较大的“鲤鱼跳龙门”结束。②

洞头鱼灯颇具海岛鱼灯特色，所扎灯彩也多以海鱼为主。据叶大兵编著《温州民俗大观》载：洞头鱼灯“表演各种鱼类的个体和群体泅水等动作，舞蹈造型十分丰富，有墨鱼灯、鲳鱼灯、黄鱼灯、龙虾灯、螃蟹灯等，并制成10条兽面鱼灯，即金龙鱼、银龙鱼、双合鱼、虎头鱼、象头鱼等，保留了古代浓厚的神话色彩”③。舟山沈家门鱼灯也以彩扎各类海鱼和虾蟹为主，在2004年第二届中国沈家门渔港民间文化大会上，曾与跳蚤舞、火龙、龙灯、马灯、船灯一起，沿街悬挂了数十盏各类鱼灯，展示了中国第一渔场的风采。武义壶山镇“鲤鱼跳龙门”是在传统鲤鱼灯的基础上发展起来的。鲤鱼灯由一舞者将一条用竹篾、白布、五色（金色为主）鱼鳞片粘扎而成的大鲤鱼罩在身上。大鲤鱼腹部呈启合状，演员在鱼腹内提竹架底杠舞动，能将大鲤鱼的各种动态表现出来。另设一近3米见方的“龙门”。由8条鲤鱼组成的鲤鱼群要依次作各种跳跃状，最后以象征性的高跳动作“跳过龙门”而欢快结束。流行于玉环的“双鳌戏珠”，是以彩扎的两条巨鳌冲浪翻滚共戏一颗闪光的彩珠为造型，舞动时配以鼓乐，特显海边渔民豪放之气概。临安“白下鱼灯”据传系明清时由“青田船帮”传入，鱼队按月令由12只鱼灯组成，闰年增为13只，另有一人掌“鱼珠”。广场舞动时有“双开门”“十字阵”“六角阵”“八

① 梁中等：《中国民族民间舞蹈集成·浙江卷》，中国舞蹈出版社1990年版，第81页。
② 梁中等：《中国民族民间舞蹈集成·浙江卷》，中国舞蹈出版社1990年版，第131页。
③ 叶大兵：《温州民俗大观》第一章，文化艺术出版社2008年版，第16页。

字阵”“梅花阵”“跳龙门”“鱼散子”“谢场”等阵式。

具浙江特色的鱼灯舞还有瑞安鲤鱼舞、安吉鳌鱼灯、余杭鳌鱼灯、浦江鱼灯、景宁鱼灯舞、仙居鲤鱼跳龙门等。另有富阳等地的蚌壳舞、建德的严州虾灯舞、鄞州的渔翁捉蚌舞，也各具特色。蚌壳舞是将两扇绸制的大蚌壳连在一起，由一位扮作蚌仙的女青年驮壳而舞。舞队一般以 4 人或 8 人组成。舞动时，蚌壳张开，作种种爬行憩息之状，并按音乐节奏变化各种队形。另有一男青年扮作舞鳌横行的大螃蟹，作为邪恶的象征。蟹蚌相斗，惊险迭起，饶有趣味。

百鸟灯

承河姆渡文化、良渚文化传统，浙江向有崇日崇鸟的古俗，视鸟为自由、美丽、通天神的象征，青田的传统灯舞“百鸟灯”，可说是一个典型的鸟文化缩影。“百鸟灯”是由古代“折柏枝肖凤形”逐渐演变而成。1969 年基本定型的“百鸟灯”，由 14 名姑娘举花、鸟灯翩翩起舞。具体队形为：两朵“牡丹领队”，凤凰居首，取“凤采牡丹”之意。接着是青鸾、孔雀、白鹤、喜鹊、斑鸠、双燕、画眉、金鸡、麻雀等 12 盏鸟灯，以鸟类一天的习性为序，依次表演“百鸟觉醒”“莺歌燕舞”“孔雀开屏”“百鸟争鸣”“喜鹊衔梅”“晚鸟归巢”“松鹤延年”等 7 个部分形态，伴以【春暖花开】为基调的民间丝竹乐及【十样锦】部分鼓点。

临安“五凤朝阳”，是一种别开生面的鸟灯舞。“五凤朝阳”由“五只凤凰”和“十二云片”组成。每只凤凰长 2 丈余，由 3 名彩装姑娘擎舞。十二云片各有一位蓝装姑娘挚舞。舞动时，阵式多变，凤翅随舞招展，更为精彩。临近结尾时，只见两团牡丹花合成一轮红日，冉冉上升，五凤相迎，十分壮观。①

十八蝴蝶

在金华地区，“十八”是个常用而顺口的数字。除永康有“十八鲤鱼”“十八狐狸”“十八吊”等外，武义也有“十八狐狸”，磐安有“十八美女”。在民间，以模仿蝴蝶之美编成舞蹈的则更多了，除永康《十八蝴蝶》外，还有泰顺《蝴蝶舞》、龙游《蝴蝶灯》、武义《采茶扑蝶》等。但就编排技巧和影响之大，首推永康《十八蝴蝶》。

《十八蝴蝶》是在传统的《蚌壳舞》和《蝴蝶风筝》的基础上，由 18 个少女背负五彩蝶翅道具编排而成的，20 世纪 40 年代中期，在永康方岩胡公殿娱神活动中首次上演，轰动一时，并迅速流传至东阳等地。根据当地习俗，每年农历八月十三胡公生日这一天，永康、武义、东阳等地百姓都要结队去方岩朝拜，并有《罗汉班》《十八蝴蝶》《高跷》等舞队乐队伴行，为浙中地区重要庙会节日。

《十八蝴蝶》的蝶翅系在演员上臂中部，双手叉腰，蝶翅随演员双臂摆动而启合飞舞，技巧性极强。除十八彩蝶外，还有两姑娘扮成花神。彩蝶随花神舞动，舞姿队形可分“大飞”“小飞”“左右侧腰飞”“高低飞”“半翻身飞”“横飞”和“退飞”等，场面热烈美丽。②

采茶舞

也叫“采茶”“采茶灯”，是浙江产茶区一种流传十分广泛的民间舞蹈。浙江民间歌舞团曾

---

① 何平：《杭州市非物质文化遗产大观》，西泠印社出版社 2008 年版，第 134 页。

② 梁中等：《中国民族民间舞蹈集成·浙江卷》，中国舞蹈出版社 1990 年版，第 279 页。

将越剧《雨前曲》的插舞经多次加工提高为《采茶舞》(周大风词曲),获得极大成功,成为该团在国内、国际舞台上的保留节目。

采茶舞这种形式是从古老的"茶歌""茶灯"等山歌、小调的基础上发展起来的,江西、福建两省也很流行,它的曲调和舞步,是形成江南采茶戏的重要因素。这种民间舞蹈在表演形式上可分两类,一类写实性的,以采茶、揉茶、卖茶等劳动动作为主,配以舞步和唱词,似属模拟式的歌舞,如淳安、天台的《顺采茶》《倒采茶》《采茶舞》等,表演者多模拟上山、下坡、采茶、揉茶等动作。另一类是写意性的,表演者一行8人或12人,各人手提花篮(象征茶篮),口唱茶歌,边唱边踏十字步,如东阳、遂昌等地的《花采茶》《十二月花名》,还有嵊县、龙泉等地的《采茶灯》都是属于这一类。采茶舞的演员一般都是身材苗条的少女,金华地区农村有"八姐妹""十姐妹"之名称,多半是由于跳采茶舞、打花鼓而结合成的。采茶舞曲调优美轻快,唱词生动,具有浓郁的乡土气息。来浙江茶乡作客,领略茶乡歌舞,当别有一番风味。

流传于青田一带的《采茶灯》,别具特色。它由"采茶"和"贩茶"两部分组成。采茶是歌舞形式,贩茶为小戏。每逢农历年底当地农民自发组织采茶灯队,从正月初二开始表演活动。一般的灯队皆由12名姑娘扮"茶女",一名男青年扮"书僮",一女青年手持折扇扮"大相公"。茶女们手托篮灯,12盏灯上画有12个月的花朵,篮口上也各扎有12个月的花枝。在悠扬的丝竹乐和欢乐的锣鼓声中,灯队串家过户,在各家中堂、天井、院子等场所,载歌载舞。动作有"采枝""攀枝""摘茶入篮""放枝"等;基本舞步为"圆场步""踮脚碎步"和"原地踏步"。常用队形有"关门阵""小篾篱阵""荷花阵""龙门阵""双龙喷水"等,伴奏乐器有鼓、锣、钹、小锣、梆子和笛、板胡、二胡、京胡、月琴等。变换队形时用打击乐伴奏,演唱时用丝竹乐伴奏,所唱乐曲有《采茶》《点花》《谢茶》。《中国民族民间舞蹈集成·浙江卷》收录青田《采茶灯》时称它有歌、舞、灯、戏四结合的特点。①

滚灯

民间舞蹈。流传于海盐、余杭等地,至今已有700余年。滚灯是用12根竹篾扎成空心球形,体分大、中、小3种,大的直径约115厘米,小的约95厘米,内装一红或黑小球,红球称"文灯",自重10余千克;黑球称"武灯",自重30余千克。凡拥有黑心灯者,意味着该村人多力强、本领高。表演者一般有40人。舞蹈由9套27个动作组成,如"鳑鲏戬滩""刘海耍金钱""关平捧印""老和尚托钵""张飞跨马""苏秦背剑"等。表演时按一定程序进行,结尾是"开荷花"。每次表演先由2人抱灯打"虎跳""鳑鲏戬滩"出场,然后由一人单独表演一套动作后,急速下场,接着人换灯不停,第2人再表演另一套动作,随后7个人表演21个动作后,一男童或青年站在由3人扛着的"滚灯"上做"三脚倒立""金鸡独立""探海"等。表演"开荷花"时,扛灯的3人踏着同一节奏,逆时针方向原地绕圈走;外圈由三四十人叠罗汉形圆圈,顺时针方向行进。滚灯每套动作难度多不相同,有重技巧的,有重力量的,可根据各人之长,因人而异。舞蹈时,除不停上、下、左、右旋转灯,还围绕灯打"虎跳""旋子"等翻滚,辅之以"晃手""涮腰""踏

① 梁中等:《中国民族民间舞蹈集成·浙江卷》,中国舞蹈出版社1990年版,第180页。

步翻身”等动作。伴奏以锣鼓为主。①

花鼓

花鼓虽名称因地而异，但查其舞源大都来自邻省安徽的“凤阳花鼓”。过去安徽凤阳一带连年遭灾，百姓流离失所，四处逃荒。其中不少灾民成群结队身背花鼓逃荒到浙江，以卖艺为生。“凤阳花鼓”多年来在台州、丽水地区保留着民间活动的足迹，为群众所喜爱。花鼓的表演形式，通常是男、女二人表演，男的执小锣，女的背一小腰鼓，二人边歌边舞。但此种形式入浙后已与各地的民间说唱、戏剧、小调坐唱等形式相结合。在长期的流传过程中，经过艺人们不断地加工，有的配上伴奏乐曲，有的化装成剧中人物带有情节性的演唱，从而已演变成具有浙江风格的“花鼓”或是“花鼓戏”。详载于《中国浙江民族民间舞蹈词典》的花鼓有《天皇花鼓》《左溪花鼓》《包山花鼓》《杜西花鼓》《新昌花鼓》等。②

大奏鼓

又名“温岭鼓舞”，流传于温岭石塘。由 9 名男渔民表演，除一人手持大木鱼扮演男装外，其余均男扮女装，身穿宽衣大裤，头包脑后翘角的帽条，白脸红腮，耳垂大环，银镯赤脚，如戏曲中的丑婆形象。舞者分别持大小铜锣、大小堂锣、唢呐、扁鼓等打击乐器边奏边舞，系元宵佳节喜庆队伍中的一支舞队。据传当地渔民是 300 多年前从福建泉州、惠安一带迁来的，故《大奏鼓》与泉州《跳鼓》的表演形式颇为相近。基本动作是以胯的左右扭动，带动双腿前后小踢腿步，一拍一次，同时手敲乐器，头与肩随步法左右自然摆动，舞蹈诙谐风趣。③ 温岭大奏鼓已被列入国家级非物质文化遗产名录。

扫蚕花地

也称“扫蚕花”，流行于德清、桐乡一带，大都在春节期间和清明前后表演，演出场合是乡、村举行的“马鸣王菩萨”庙会上，而更多的是蚕农请艺人到家中演出。每年清明时，蚕乡家家清扫蚕房后，就准备开始养蚕了。这时养蚕家要请民间艺人来蚕房表演“扫蚕花地”，以消灾求吉。“扫蚕花地”艺人，过去有半职业和业余的两种。《扫蚕花地》的表演形式多样，而以单人小歌舞为主，它由女性表演，另有一人敲小锣小鼓伴奏；以后发展到用二胡、笛子、三弦等多种民族乐器伴奏。其唱词内容多为祝愿蚕茧丰收和叙述养蚕劳动的情景。表演者头戴“蚕花”，身穿红裙红袄，高举铺着红绸的蚕匾登场亮相，象征着蚕花娘娘给人们送来了吉祥的蚕花。然后，表演者载歌载舞，做着“糊窗”“采叶”“喂蚕”“做缫”等各种动作，模拟养蚕劳动。其舞细腻、稳健、柔美，全舞共 38 段歌词。最后，在表演者高举蚕匾，东家娘子接过蚕匾的高潮中结束。关于表演者头插“蚕花”的来历，《中国民族民间舞蹈集成 · 浙江卷》在收录的德清“扫蚕花地”概述中说：“表演者头上、扫帚、蚕匾上插的蚕花，与‘西施给蚕娘赠蚕花’的传说以及‘蚕花会’、‘扎蚕花’等习俗相连。”④

---

① 梁中等：《中国民族民间舞蹈集成 · 浙江卷》，中国舞蹈出版社 1990 年版，第 48 页。
② 梁中等：《中国民族民间舞蹈集成 · 浙江卷》，中国舞蹈出版社 1990 年版，第 26 页。
③ 梁中主编：《中国浙江民族民间舞蹈词典》，学林出版社 1994 年版，第 6 页。
④ 梁中等：《中国民族民间舞蹈集成 · 浙江卷》，中国舞蹈出版社 1990 年版，第 220—222 页。

藤牌舞

也称“藤牌阵”“打藤牌”“盾牌舞”，是一种威武矫健、表现男子汉杀敌保家卫国气概和阳刚之美的民间舞蹈，流传于温州、台州、宁波、金华一带。这种舞蹈的形成，据说与戚继光抗倭有关。当年戚继光为了扩充“戚家军”，曾在义乌、东阳一带招收3000名强壮的农民兵①，史称“义乌兵”，并广泛组织沿海各地抗倭自卫武装，夏秋守备，春冬操练。“藤牌舞”的动作，就是根据当时训练“刀盾功”的功法演变而成的。

藤牌舞一般由8人或12人扮饰成武士模样：头扎英雄巾，身穿赭色衣，脚裹绑腿，腰缠黑色宽带。左手执盾，右手握刀。表演前，号角齐鸣，杀声骤起，演员踏平马步上场，动作有冲杀，对杀，抵御，跃击等。阵形多变，进退有序，配以鼓乐，十分雄壮。流行于瑞安的藤牌舞在表演对打、摆阵、偷营、夜战、庆功等一系列武功时，突出了古代士兵的大无畏气概。在1983年元宵节东阳县民间文艺大会期间，城区农民表演的盾牌舞，阵势威严，动作矫健，赢得舞蹈专家的好评，有人称之为“阳刚之舞，强兵之术”。②

跳仙鹤

流传于富阳一带。传说为清乾隆时场口名士徐世楹所创。每年农历正月十一至十八日表演，元宵节则通宵演出。演出前，先到土地庙朝神，登徐氏宗祠拜祖，后串村走户。每到一处，主家在大门口放鞭炮欢迎，并给仙鹤披上一块大红布，接入堂前(厅堂)后，男主人向仙鹤作揖，才开始起舞，舞毕，男主人到大门口作揖相送。人们认为，在家中跳仙鹤可保全家平安，六畜兴旺。表演者一人，上身前俯，背负鹤形道具，双手分别操纵鹤头和翅膀，模拟鹤的神态作舞。主要动作有“行进步”“展翅啄食”“鞠躬”“半蹲步行走”“后踢步”等。由锣鼓伴奏。③

浮缸

流传于温州一带。原是瓯剧《前岳传》中的一折，称“水漫汤阴”，描述民族英雄岳飞出生后，汤阴县突发大水，岳母怀抱儿子坐于荷花缸内，在洪水中漂浮获救的故事。花缸用竹篾扎成缸口40厘米、下部100厘米的骨架，糊纸绘图。缸内腰带固定在舞者腰部。缸下部围着绘有浪花团的围裙。裙子拖地不露脚。岳母身穿蓝色斜襟带水袖上衣，头扎蓝带垂于右耳边，胸前系婴儿于襁褓中。舞者以走“碎步”为主、同时配以臀部的颤动与有规律的颠簸摇荡，边唱边舞，并以“甩发”“浪冲”“漂浮”“涡旋”“屈腿左右转”“前俯后仰”等动作，表现了花缸在水上的漂浮和人与风浪之间的搏斗。④

跳蚤会

流传于舟山及宁波等地。因男子动作形态酷似跳蚤而得名。主要在农历三月十五东岳庙会时演出；有的也在腊月二十三日祭灶时跳，故又称“跳灶会”。由男女两人表演：男角双手各拿一根短棒，转动手腕作马步半蹲跳；女角走半脚小碎步，手舞纸伞手绢。两人配合或进或

① 《明史》卷二十三《戚继光传》，中华书局1974年版，第5611页。

② 王邦铎：《浙江旅游大观》，测绘出版社1989年版，第296页。

③ 吴露生等：《中国舞蹈志·浙江卷》，学林出版社1999年版，第113页。

④ 吴露生等：《中国舞蹈志·浙江卷》，学林出版社1999年版，第124页。

退。相对作舞。以走“四角阵”为主要队形。用锣鼓伴奏。①

大贫跳

流传于乐清一带。旧时每年农历七八月的东岳大帝庙会上，在迎神的行列中，有一支身穿破衣、手拿烟筒的乞丐队伍，边舞边唱，常使财主豪绅听了不快，故称“大贫跳”；又因唱词中有“咿嘛嗨”三字，艺人也称其为“咿嘛嗨”。该舞起源：相传唐天宝安史之乱后，十室九空，江南一带穷人，结伙成帮，拿一支竹烟筒，以捕蛇为业，乞讨为主。又传唐乾符五年(878年)，黄巢起义军路过乐清时，是义军的歌舞流传下来的。表演者5人～9人，1人领唱，众人随和，上下句对称，在迎神庙会中，可以痛骂赃官富豪不仁。因舞者为神表演，代神执言，故豪绅贪官虽当场受辱，也不敢公然报复。舞蹈动作幅度不大，舞者略含胸拱背，双腿微屈，以走步和交叉步为基本步法，一拍一步有顿挫感。手中烟筒，忽而夹在腋下，忽而戳在地上，忽而扬起烟斗，随唱词进行表演。②

拜香凳

民间舞蹈。流传于杭州、嘉兴、湖州、桐乡等地。民间传说：桐乡县芝麻村的龙蚕庙是蚕神“马鸣王”的娘家。每逢清明，这里都要举行盛大的水上庙会，以求马鸣王保佑蚕业丰收。迎会期间，各村的表演队竞相献技。舞蹈由8名男童表演，每人双手捧一只装饰精巧的小方凳，上置七层宝塔或凉亭。表演是在龙蚕庙内，8名男童进庙后先向马鸣王进香行礼，然后手捧拜香凳，边唱边舞。唱词内容除歌颂五帝、观世音或韦驮、弥陀等外，还有《济公传》《白蛇传》等民间故事。唱词一般6句为一段，每段唱词的第六句均以拜马鸣王结束。步伐以走步为主，走“元宝心”“锁条环”“四字开”等队形。由江南丝竹演奏【拜香调】伴奏。节奏平稳，情绪宁静而虔诚。③

面具舞

可分两种，一种是戴假面而舞，另一种是戴头壳而舞。据考，可能源于唐代的歌舞戏《兰陵王》以及宋代的杂耍《耍大头》。流传浙江各地的面具舞形式很多，有由徽剧、婺剧折子戏《雪里梅》演变成的《哑背疯》《猪八戒背媳妇》；有地方戏中的开场讨彩节目《跳魁星》《天官赐福》；有流传于淳安的《父女赶集》《大头和尚戏媒婆》；有流传于开化的《笑头和尚》等。最具戏剧色彩的是流行于临安的《跳净童》和流传于苍南的《戏柳翠》，特别是流传于建德的《跳净童》，从其中四个人物——老和尚、小和尚、柳翠、土地的设置和老少和尚恋刘翠的情节看，此舞主要是从南宋临安皇城舞队《耍和尚》和明清年间关于《月明和尚度柳翠》的传说编排而成。《中国民族民间舞蹈集成・浙江卷》在所收的建德《跳净童》的概述中说：“《跳净童》表演时，戴纸糊的大头，大头造型夸张，个性鲜明。动作简单朴实，在模拟生活动作的基础上加以适当的夸张，表演幽默诙谐、自然朴实，富有生活情趣。”④

---

① 吴露生等：《中国舞蹈志・浙江卷》，学林出版社1999年版，第167页。

② 吴露生等：《中国舞蹈志・浙江卷》，学林出版社1999年版，第159页。

③ 梁中等：《中国民族民间舞蹈集成・浙江卷》，中国舞蹈出版社1990年版，第592页。

④ 梁中等：《中国民族民间舞蹈集成・浙江卷》，中国舞蹈出版社1990年版，第591页。

现代广场舞

20世纪50年代普遍流传的新式结婚大秧歌《自觉自愿走拢来》(方丹凤唱，胡泉森记)载《中国歌谣集成·浙江卷》:“咪咪咪咪十八岁，胭脂花粉搽起来，洋号洋鼓敲起来，瓜子花生摆出来。爹娘许配我不爱，自觉自愿走拢来。前面扭着秧歌队，后面走来民兵队，中间夫妻成双对，咪咪咪咪笑颜开。”收录此歌的《中国歌谣集成·浙江卷》编者在附记中说:“此歌在建国初《婚姻法》颁布时广为流传，几乎家喻户晓，人人会唱。”①歌中“咪咪咪咪”是大秧歌中“32 32 1 23 2|32 32 1 23 2|”的代音字。在当时城乡间结婚仪式上，多唱此歌将新娘送往新娘家中，实是一首破天荒的礼仪歌。我国传统的、具有广场舞性质的秧歌、踏歌、蹴鞠、扇舞等歌舞，已发展成为现今流行的广场舞的一部分，除了秧歌、腰鼓舞、木兰扇舞外，还有彩球舞、毽子舞等。

五、民间社火

社火，也称社祭、做社等，源于古代“祀社神”即土地神的祭典。据学者陈剩勇考证，浙江杭州良渚瑶山祭坛等遗址考古发掘证明，夏商周三代“封土为社”的社祭典礼，是从良渚文化祭坛发展而来的。② 其成熟于秦汉，传承于南北朝，兴盛于唐宋，流行于元明及清以降，是中国历史上最古老、最普遍的节日之一。浙江当代传承的民间社火，除了保留有最传统的做社、社戏外，还有祭社迎春，如杭州立春之仪、衢州春神殿的迎春等。与社祭相关的祭众神、诸佛的现象也十分普遍，特别是祭祀各地影响较大的地方神，如杭嘉湖地区祭刘猛将、金华地区祭胡则、温丽地区祭陈十四等。浙江传统民俗祭典活动不少与此有关，其他章节中已有介绍的，此处不再重复。

平湖做社

做社分春社和秋社两种。春社于每年立春后第五个戊日举行(清明前)，春播在即，祈求丰收;秋社在立秋后第五个戊日举行，收获已毕，祭神报谢。平湖农业发达，历来有祭祀社神的习俗。每年春、秋两季，为了向神佛祈求田蚕丰收、六畜兴旺、人口平安，都要举行隆重的祭祀仪式。“文化大革命”期间做社一度停止。20世纪80年代后恢复。结社的方法基本以自然村宅为单位，自由结社，由村中某一户发起，同村的若干户村民自愿参加。这种称为“社”的民间社团组织形式一旦形成往往相对稳定，参与者轮流当社主。做社的地点一般在社主家中的厅堂里。做社一次，大约要一天一夜。做社当日，太保先生在上午10时到达社主家中，午饭后仪式正式开始:(1)前往本庙祭拜。太保先生带领社主、社客敲锣打鼓，前往本庙祭拜，向本庙菩萨禀告此次请神大事，求得许可。(2)安放神码。太保先生从本庙返回后，折叠神码，将神码安放到规定位置。(3)请神。下午3时左右，社主及社客皆手持清香，面向神案跪拜，由太保先生唱诵请神词。(4)接神。摆好供礼，点燃香烛，开始接神。太保先生向神案上斟酒，表示神佛已陆续赴宴，并代表主人向神佛敬酒，同时开唱接神歌。(5)唱社书。接神仪式

---

① 中国民间文学集成·浙江卷编辑委员会:《中国歌谣集成·浙江卷》，中国ISBN中心1995年版，第75页。

② 陈剩勇:《中国第一王朝的崛起——中华文明之谜破译》，湖南出版社1994年5月版，第129页。

后，在神案的边侧设书桌一张，桌上放一壶茶，由太保先生当众唱书，娱神娱人。(6)送神。安排在次日清晨，太保先生唱送神歌，焚烧纸锭。送神毕，将所祈奉的36个神码从神案上取下，放在大门外焚烧。平湖徐埭一带送神时还要焚烧稻草扎成的龙舟。平湖做社风俗反映了当地人们的传统习惯、民俗信仰和社会生活景象。在当代，做社进一步成为广大农民交流农技知识和各种信息的平台。

绍兴社戏

社戏起源于对土地的崇拜和五谷丰登的祈望。社，原指“土地神”；稷，代表五谷。社戏是为祭社而演的戏。这是浙江乡村普遍流行的习俗。各地叫法不同，如兰溪一带称“大年戏”，湖州一带称“庙会戏”“会市戏”“做戏文”等。① 绍兴社戏传统习惯，每年春、秋两季要祭社。春祭叫“春社”，秋祭叫“秋社”。祭社之日叫“社日”。社戏一般在庙台、草台、河台、街台等场所演出。戏台搭在祠庙里，就叫庙台；搭在路口或空旷处，就叫草台；搭在河岸边，就叫河台；搭在临街，就叫街台。社戏的兴盛，成就了绍兴的古戏台。绍兴社戏，历史久远，经历了各种艺术表演形式无数次的积累和融合，尤其在宋元时期与戏曲紧密结合，使祭祀活动与戏曲表演正式结合为一个不可分割的整体，形成了一个“社—祭—戏”相统一、相融合的过程。“空巷看竞渡，倒社观戏场。”南宋诗人陆游《稽山行》中的两句诗，把绍兴人爱看社戏的习俗，描绘得淋漓尽致。鲁迅先生小时候也酷爱看社戏，一旦看不上，便“急得要哭”“东西也少吃”了。后来，他在《社戏》《无常》《女吊》等众多文章中，一再赞扬它，称它为“很好的戏”。绍兴社戏演出剧目大体分为平戏、大戏和目连戏3种。平戏的剧目都是短小的折子戏。规定先闹“头场”“二场”，之后是“五场头”，就是挨次演出“庆寿”“跳加官”“跳魁星”“小赐福”和“掘藏”等5个讨彩头戏。大戏演的是整本戏。《庄子劈棺》《倭袍》《双金锭》等是常演的大戏。演目连戏，是为了祈神求鬼，保佑村民平安。② 绍兴社戏，延续至今。绍兴水乡社戏被列入第二批国家级非物质文化遗产名录。

杭州社火③

盛于宋代的杭州民间“社火舞队”表演，上承汉、唐，下启明、清，延续至今。如“跑竹马”“跑旱船”“抬阁”“耍和尚”“腰鼓”等，仍活跃于杭州地区的岁时节令和庙会活动中，全市社火舞队项目共有44个。其中“跑竹马”流传甚广，形式多样，有淳安“戏曲竹马”、富阳“龙门竹马”、仁和“高头竹马”等。“跑旱船”的形式也多样，有单人划桨表演的“采莲船”，有一人划桨一人表演的双人“彩船”，也有4名少儿同船彩扮表演，并由两名大人一前一后推行的大型“采莲船”。

唐宋时期，杭州社火主要体现在立春前一日的“迎春”舞队中，人们吹牛角号，唱《青阳曲》，跳云翘舞，礼拜勾芒神，鞭打春牛，以祈作物丰收。

杭州立春之仪

晚清年间杭州郊区仍有迎春和鞭春之俗。立春前一日有迎春之举，俗称“太岁上山”。因

---

① 杨乃浚:《绍兴社戏》，载《浙江民俗大观》，中国当代出版社1998年版，第563页。

② 杨乃浚:《绍兴社戏》，载《浙江民俗大观》，中国当代出版社1998年版，第561—562页。

③ 何平主编:《杭州非物质文化遗产大观·民间舞蹈卷》，西泠印社出版社2008年版，第150页。

是日迎请的句芒神，与太岁同，故名“太岁”。立春前一日，句芒神起身上城隍山太岁庙，故曰“太岁上山”。迎时有大班鼓吹、台阁、地戏、秧歌等。进城后，人们夹道聚观，争掷五谷，谓之“看迎春”。迎春之日如遇大雪，则主丰稔。

同日，举行盛大的迎春仪式。先用黄泥做一只牛，如肥猪般大，身上披红挂绿，头插金花，由 4 人抬着先行，后面跟着春官。春官都由乞丐扮演，头戴乌纱帽，身穿朝服，脚登朝靴，手拿一把牛鞭赶牛。仪式一般从府、县衙门前开始，沿街都有人出钱买牛鞭，拿回家插牛栏猪栏上，认为可避瘟疫。春官后面，是当地文武官员，仪仗随从，前呼后拥，将“春牛”抬至城郊指定地点，再按品级高低，依次向“春牛”磕头。拜毕，百姓一拥而上，将“春牛”弄碎，抢“春牛”泥土回家，撒牛栏内。①

温州迎春之俗

立春前一天，古有迎春之俗。道府于东郊设祭，由地方官行香主礼，然后迎春入城。迎春时，有人演勾芒神。在勾芒神旁边，有人抬着一头泥塑的牛，称“春牛”。大街两旁的人们拿着黏有纸花的竹梢，争着鞭打春牛，叫“鞭春”。俗传，谁鞭打了，是年万事如意。温州城内，在勾芒神和春牛后面，由一人扮演春官，身穿红衣，头戴无翅纱帽，坐在四边围着红布的轿中。两旁观众用米掷春官，掷着了，认为是吉利，俗叫“打春官”。后面是仪仗队，旗锣伞纛俱全。②

东关五猖会

东关五猖会旧时曾被誉为绍兴八县迎神赛会之冠。鲁迅幼年时，对去东关看五猖会也十分神往，而把它看作“我儿时所罕逢的一件盛事”。③

五猖或称“五圣”“五通”。东关五猖会会期一般在农历四月十五日。这天天色半明，五尊木制偶像便被抬出殿来，迎到前街，须停下来先受一番祭拜，名之为“驻跸”。到了辰时，远近各地的会货都赶到了，五猖会才正式开始。所谓会货，即各地所扮演的角色，如狮子会、龙会、白神会、铳会、大锣会、高照会、高跷会，以及大敲棚、清音班，五花八门，应有尽有。五猖会巡行地区，东至蒿坝，南至长竹，西近富盛，北近道墟。每到一处，都要表演一番，让成千上万的观众尽情欣赏。④

胡公龙庭起驾仪式

农历八月十三永康方岩庙会胡公龙庭起驾仪式隆重，有仪仗队，要鸣礼炮、敲锣打鼓，由罗汉队和各种娱神表演的队伍护送，少则几百人，多则上千人，声势浩大。胡公会组织上方岩朝拜胡公的队伍一般次序排列是：先行长幡、长旗、头旗、蜈蚣旗、大刀、响盾、盾牌、红缨枪、棍棒、火铳等组成的罗汉队；再行荷花神、高跷、大面姑娘、十八蝴蝶、十八狐狸、九串珠、台阁、旋车、三十六行、十字莲花、讨饭莲花、狮子抢球、敲敲班、唱戏班等组成的传统文艺娱神表演队伍；后行鹅毛旗、令字旗、香案、铜锣、字牌、花竹、挑香碗、刀叉、万岁牌、胡公龙庭、黄阳伞、降

---

① 莫高：《迎春、探春和放春》，载《浙江民俗大观》，当代中国出版社 1998 年版，第 11 页。

② 叶大兵：《温州民俗大观》，文化艺术出版社 2008 年版，第 8 页。

③ 鲁迅：《鲁迅全集》第二卷《五猖会》，人民文学出版社 2005 年版，第 271 页。

④ 徐冰若等：《绍兴民俗文化》，中华书局 2004 年版，第 184 页。

神者等。①

金华立春之俗

春为岁首，立春乃为春之首，故民间有俗语云："年大不如春大。"立春日早晨，金华、东阳、武义、永康、磐安各县，人们要出郊踏青，领受春光，谓之"探春"。采集冬青树枝或竹枝、松柏及下地拔取青菜等，谓之"采春"。归家后，插各种树枝于门上，或财神、灶神及门神的神位上，表示四季长春，春福富足，谓之"插春"。早餐必须吃青菜，谓之"尝青"。也有折松柏竹枝，编成环状戴在小孩头上者，以为能保四季健康，谓之"戴春"。金华尚要抢早牵耕牛至野外蹓蹓腿，以接春耕。

旧时各地有迎春牛之俗。取竹篾扎成牛形，糊以彩纸，脚下装小轮，谓之"春牛"。人们给春牛披红挂绿，一乞丐扮成牧牛太岁，牵春牛游行。游时，执旗扛仗，敲锣打鼓，热闹异常。②

宁波社火

社火制度是中国独有的民间崇拜，最早源于对社稷神的崇拜，也就是对土地和谷物神的崇拜。宁波社火的崇拜范围远远地比祭社稷大得多，崇拜的偶像已经超越了社稷神。社火的神祇没有体系，包括了原始五行神、日月星辰、山川草木、帝王将相、孝子贤孙、忠臣烈女，总体上构成了一个泛神的系统。宁波社火除立春前一日"彩仗迎春"和立春日"祭芒神土牛"伴有民间游乐活动外，各地庙会期间，也都有游艺活动，如四月半迎五都之神出巡时，仪仗中即有头牌、抬阁、鼓亭、鼓船、玉象、彩马、十番、九莲灯等。③

缙云三十六行

"三十六行"是流行于缙云民间的一种传统彩扮，也称"化装噱头班"，清光绪年间就已盛行，比较有影响的是大洋镇前村"三十六行"。表演队由四五十人组成，分乐队和表演者两个部分。表演的演员化装成士、工、农、商和"三教九流"的各式人物，如差役、乞丐、接生婆、和尚、医生、算命先生等 36 种行当。在队伍行进中，表演者没有统一规定的动作和队形，各人只模仿现实生活中所扮演人物的一些特征性行为，并可即兴发挥，夸张表演，甚至还可以相互嬉戏耍闹，或与路边观众搭讪逗趣，意在滑稽可笑。各地三十六行装扮，实为社火遗存。④

第二节　民间工艺

民间工艺是具有浓厚地方特色并由民间工艺人凭手工制作的民间造型艺术。制作的目的不仅为了自身的实用需要，还要不断追求观赏价值而做到精益求精。民间工艺包括雕塑与镶嵌、刺绣与编织、剪纸与年画、印染与印刷、灯彩与玩具等。

浙江自古以来就是优秀民间工艺品的出产地，民间工艺史源远流长。7000 年前的河姆

① 吴刚戟：《地方风俗与传说》，炎黄文化出版社 2001 年版，第 122 页。

② 舒启华：《婺州民俗大观》，青海人民出版社 1997 年版，第 36、52 页。

③ 周时奋：《宁波老俗》，宁波出版社 2008 年版，第 64 页。

④ 丽水市文学艺术界联合会：《丽水民间艺术》，中国文联出版社 2009 年版，第 119 页。

渡人，创造了大量精美的夹灰黑陶器皿、陶塑、骨雕和少量的彩陶。5000多年前的良渚人，则制作了精美绝伦的玉器。良渚文化晚期的钱山漾人，破天荒式地展示了浙江先民织造丝织品的技艺。浙江又是中国瓷器的发源地，从越窑、龙泉窑到南宋官窑的青瓷制品，其花式种类达到了这一时期陶瓷制作水平的顶峰。在近代，号称“浙江三雕”的东阳木雕、青田石雕、黄杨木雕和昌化鸡血石印以及龙泉宝剑、杭州织锦、宁波骨木镶嵌、东阳竹编、王星记纸扇、萧山花边、瓯塑、瓯绣、畲族花带等，都已誉满海内外。及至现代，一些传统的工艺技能，也得到新的发展，如彩塑泥人、竹木根雕，并有一些完全创新的工艺品问世，如玻璃彩刻、铜雕贝雕等。

一、雕塑与镶嵌

东阳木雕

是我国主要传统木雕之一，知名度居中国四大木雕（东阳木雕、乐清黄杨木雕、福建龙眼木雕、广东潮汕金漆木雕）之首。东阳木雕历史悠久。1963年4月23日，位于东阳城南始建于五代吴越国时期的广兴寺塔倒塌，塔壁内发现一尊善财童子佛像和一尊残损的观音像以及藏于第七层的大木柜如意头和云纹雕饰。善财童子佛用三棱形枫木镂空圆雕而成。文物现藏于东阳市文物管理委员会。史料记载：自清嘉庆年间始，营造皇家宫殿，雕刻一技，多征自东阳木雕之良工。现今北京故宫博物院、杭州灵隐寺，都保存着当年东阳木雕的珍品。

民国时期，东阳木雕就设厂于中国香港、新加坡等地，产品远销海外。中华人民共和国成立后，东阳木雕得到很大发展，作品陈设于北京人民大会堂、钓鱼台国宾馆，并进入美、法、德等80多个国家和地区，称为“中华一绝”。

浙江东阳盛产木材，樟木资源尤为丰富，樟木是东阳木雕的主要原料。当地雕刻艺人，农忙务农，农闲从事木雕，故东阳素有“木雕之乡”的称号。相传品种很多，主要用于建筑装饰（如屏风、壁挂），家具装饰（如箱、橱等），也有专供欣赏的陈列品。东阳木雕的主要技法有浅雕、深雕、透雕、圆雕、浮雕、锯空雕、半雕、阴雕等。所用刀具有平刀、圆刀、翘头刀、三角刀等100多种。最大的凿面宽4厘米～5厘米，而最小的则细如鬃毛。①

青田石雕

是以当地特有的优质叶蜡石雕刻而成的工艺品。叶蜡石色彩丰富，花纹奇特。以叶蜡石为主要原料的青田石雕，明清时期已驰名中外。青田石雕作品创作通常遵循“因材取艺，因色取俏”原则。作品创作程序一般为：第一步根据石料形状、大小、特点构思出想象中的作品；第二步“打坯、戳坯”，是将石头劈削出作品的外轮廓，并用雕琢戳出景物较小的部分，再进一步在石料上凿出许多大小不同的圆洞，为镂雕创造条件；第三步是精雕细刻，刮去刀痕凿迹，使作品光洁可爱。作品刻成后再进行配座、装垫和打光、上蜡工作。

青田石雕作品题材大多是山水人物、花鸟动物为主。青田石也是雕刻印章的名贵材料。雕刻印章早前叫雕刻“图书”，明清时期声誉极高。青田石雕技法多样，有圆雕、镂雕、浮雕、线刻、镶嵌等，以圆雕、镂雕最为常见。其中镂雕最具特色，利用多层次镂雕技法，精心刻画景物

① 叶大兵：《中国民俗大系·浙江民俗》，甘肃人民出版社2003年版，第310页。

的细部和丰富的层次，使作品显得自然逼真，栩栩如生。①

黄杨木雕

是一种圆雕艺术。黄杨木木质光洁、纹理细腻、色彩庄重。黄杨木雕呈乳黄色，时间愈久，其颜色变得愈深，给人以古朴典雅之美感。温州乐清县是浙江省的黄杨木雕发祥地，从业人员多，造就了多名黄杨木雕艺术家。用于雕刻的主要工具是凿，凿的种类很多，有斜凿、三角凿、平凿、圆凿、中钢凿、反口凿、翘头凿、针凿等。

黄杨木雕的制作分为构思草图、塑制泥稿、选用木料、制作粗坯、镂雕实坯、精心修细、擦砂磨光、细刻发纹、打蜡上光等10多道工序。其中镂雕技法是木雕中最精巧的一门技艺，它能使作品空灵剔透，玲珑精巧，雅致美观，并产生动感。中华人民共和国成立后，黄杨木雕吸收了牙雕技术中的透、镂、刮和交叉镂空等技法，作品形象更加鲜明生动，独具一格。过去木雕大多用于雕刻佛像、庙宇中的木材制件、雕刻龙灯、刻匾、屏风和家具等。经过历代艺人的努力，品种大为拓展，还出现了专供欣赏的工艺品。此工艺创始于宋、元的乐清民间，流行于明、清。又据《中国美术全书》载："晚清案头黄杨木雕孕育于浙江乐清，著名木雕艺人叶承荣相传在道光二十年前后雕刻了黄杨木太上老君像。"②

鸡血石雕

鸡血石产于浙江昌化，矿脉稀罕，开采艰险不易。其石色彩浓艳如丹，似宰鸡淋漓之鲜血，故而名之为鸡血石。其质莹洁如玉，温润可爱，历来为我国民间之异珍，清代皇家宫内之镶宝。清代官吏服饰中，以花翎红顶为最高品级，鸡血红曾代珊瑚红、玛瑙红为顶花品饰之最高贵饰物。

我国金石篆刻学兴盛之清代乾隆、嘉庆年间，金石家以鸡血石质料脆软适度，宜于刻琢，取为篆刻印章材料，能传刀笔之趣，印拓于书画作品上，浑厚细腻，致有"金石气息"之艺术质感，使石质之美与艺术之美，相得益彰。其石"价比金贵"，获印章石中绝品之声誉。改革开放以来，鸡血石的雕刻范围不断扩大，除印章和作为镶宝饰物外，按材施艺，因石色构图取景，山水人物、花鸟鱼虫、飞禽走兽等，都在创作之列，使鸡血石雕之技艺，不断传承发扬。③

宁波朱金木雕

宁波朱金木雕，历史悠久，闻名国内外。唐乾元二年(759年)，唐代高僧鉴真和他的弟子在日本建造的招提寺，就采用了很多朱金木雕装饰，其中请经殿、舍利殿等的朱金镂雕风格与现存国内的宁波阿育王寺装饰雕刻十分接近。明清以来，普遍应用于日用陈设、佛像雕刻、家具装饰等。特别是有些大户人家的结婚用床，犹如一座亭台楼阁，而且梳妆台、马桶箱、点台盒、文具箱等一应俱全，床内四周雕刻绘画，床外层层楼阁挂面，贴金朱漆极其富丽。④

乐清龙档

龙档流行于乐清、永嘉等地，是国内罕见而又独具一格的木质龙灯。乐清龙档，更具特

---

① 叶大兵：《温州民俗》，海洋出版社1992年版，第71页。

② 叶大兵：《温州民俗》，海洋出版社1992年版，第72页。

③ 王邦铎：《浙江旅游大观》，测绘出版社1989年版，第374页。

④ 王邦铎：《浙江旅游大观》，测绘出版社1989年版，第369页。

色。它是由一条条厚薄不同的狭长木料(称“档身”或“档板”)连接起来,在板与板的连接之处还以木雕戏曲人物的座柄为栓。两头分别装有镂雕、浮雕和漆绘的龙头龙尾,屈伸自如。档板上装篝灯和旗杆,杆系三角小旗和铜铃;档身下装木柄,供握持负行。档身和档板多有图案,或雕或绘。现乐清县柳市镇吕岙村还保存了一条光绪年间制作的灯板龙,这条木龙是已故著名木雕艺人叶阜如制作的。龙身共18节,节和节之间用一条板连接起来,名叫“灯板”。龙头、龙尾全部用樟木之类的优质木材精心雕刻而成。人们为了把龙灯装饰得更加美丽,每节雕上楼台亭阁和许多小型圆雕的戏剧人物,整体表演的戏曲剧目有《牛郎织女》《白蛇传》《济公传》《西游记》等。雕刻精致,并且描绘上彩,成为彩木雕。每节之上,装有灯笼,入夜灯亮,巡游于村落,灯光映着人物和花鸟,配合整个龙灯,显得更富丽堂皇。龙档以欣赏为主,但在壮汉们的擎举下,虽然沉重,有时举动几下也能蟠屈起伏,平地回旋,别有风味。①

黄岩翻黄竹雕

翻黄竹雕有着悠久的历史,我国很早就已经用“竹筒”写字记事。唐宋年间竹刻已发展成一种艺术品,具有较高水平。黄岩翻黄竹雕是在竹刻艺术发展基础上的创新。清代同治年间,浙江黄岩就有一家“师竹馆”(刻竹店)。一些官家豪绅常请竹刻艺人雕刻竹对联、翎筒、朝珠盒、朝笏筒、雅扇等翻黄竹刻制品。中华人民共和国成立后,翻黄竹雕得到了空前发展,不仅生产成倍增加,而且艺术质量迅速提高。艺人们创作了《雷锋》《延安颂》等许多反映新时代的好作品,以及《大闹天宫》《天女散花》《木兰从军》《孙悟空三打白骨精》等精彩的神话故事和传统题材的产品。近年来艺人们又精心设计了《松林鹤步》一类多层浮雕的作品,使翻黄竹雕提高到又一个新水平。浙江翻黄竹雕制品畅销全国各地,还远销80多个国家和地区。②

天台佛像雕刻

东汉末年,佛教传入天台山,开始制作佛像。据《天台山民俗风物》载:“东晋戴逵最早将天台山民间流传的干漆夹苎技术应用于佛像制作。陈隋之际,佛教天台宗创立。国清寺大塔的七尊栩栩如生的线刻菩萨造像,标志着天台山佛像雕刻艺术的成熟。到了唐朝,天台山木雕技艺盛传于国内外。现珍藏在日本招提寺的鉴真像,就是鉴真弟子、台州高僧思托采用干漆夹苎工艺精心制作的,被美术史家认定为日本最早的肖像雕塑作品,列为国宝。”③

漆金木雕工艺,选用千年香樟木,经过烘干、雕刻、保香、贴金、罩漆等48道工序,具有不蛀不霉、不变形、不开裂等优点。造型上集众家之长,要求佛像端正温肃,面如满月;手圆而细长,柔软不见骨节;唇色红润光泽,鼻梁修长,不见鼻孔;眼睛青白分明;耳轮阔大,成轮锤形;面形长宽;手足盘腿匀称,坐如泰山,慈祥庄严。强调在尊重古代营造法式的同时,从生活中吸取营养,注重时代审美风尚。

天台中华佛教城的造像先后为39个国家和地区所收藏、供奉,在海内外产生了很大影响。1999年10月26日,北京故宫博物院受赠的“千手观音雕像”,作为国家珍藏陈列。2000

---

① 叶大兵:《温州民俗大观》,文化艺术出版社2008年版,第19页。

② 王邦铎:《浙江旅游大观》,测绘出版社1989年版,第369页。

③ 曹志天等:《天台山民俗风物》,西安地图出版社2004年版,第187页。

年 10 月，又获得西湖博览会金奖。①

嵊州三雕

指砖、石、木三雕，其代表性建筑为城隍庙、华堂大祠堂、玉山公祠。城隍庙在县城鹿胎山麓，始建年代无考。自元至正六年(1346 年)至晚清，修葺 11 次。原有溪山第一楼、仪门、大殿、后殿四进。大殿东西两侧为乡主庙，大殿前面有戏台，两边为厢房。庙内砖雕、石雕、木雕极为精美。特别砖雕技艺，堪称上乘。现存戏台、仪门和溪山第一楼。楼为嘉庆九年(1804年)增建，借宋朱熹游嵊登鹿胎山赏景时赞语"溪山第一"为楼名。华堂大祠堂在金庭乡华堂村。有门楼(慈节坊)、水池、石桥、孝子殿和后殿。门楼、石桥系明代建筑，雕工质朴美观。玉山公祠在崇仁镇六村。分前厅、正厅、后厅三进，保存完整。正厅前后有戏台，为歇山顶，藻井置 16 组斗拱，木雕工艺极为精致。②

霞山三雕

指开化霞山古村落的石雕、砖雕和木雕。据载："始建于唐代的马金老街和霞山明代至民国(年间)兴建的古建筑群，为典型的徽式建筑，古朴自然，别具一格。"③其石雕龙、狮及其他兽类，造型夸张，局部细致。其砖雕多以戏曲人物为主，每一单幅立体雕图面上，以上、左、右三面花木饰衬托，十分紧凑。其木雕特别是格心门、窗的雕法，图案精美，雕工细腻，饰物多以象征福、禄、寿、喜为主题的动物花鸟为主，兼及如意、宝瓶、祥云、金锁等。

根雕

是选择和利用自然界中各种树根或竹根的自然形象加以艺术处理而形成的艺术形式。天台博物馆和民间藏有明清以来根艺精品。如博物馆展出的仙鹤、执瓶仕女、骑鹿老寿星(背葫芦、挂寿桃)都是七分天成、三分人工的精品。当代制作收藏根艺作品的较多。根雕名家范许洋，天台人，1992 年以来制作的作品在浙江和全国屡屡获奖。1997 年 9 月，《母仪百禽》获全国根艺博览会金奖，并有 2 件获得银奖。另有《猫头鹰》入选《全国根雕艺术大辞典》。浙江根雕技艺在全省各地呈兴盛之势，几乎每一个市县都有从业者和爱好者，除天台、宁海有深厚根基外，开化也人才辈出，开化根雕厂的产品曾获全国性的"刘开渠根艺奖"银奖。④

玻璃雕刻

玻璃刻花由来已久，欧洲人早在小件的玻璃器皿上刻花，并尝试着用热加工、腐蚀、喷砂等手法在大块玻璃上创造出艺术作品。

1981 年初，金全才创办"天台山艺苑"，采用碑刻的用刀章法，吸取版画的黑白对比情趣，借助现代科技新成果，集浮雕的主体层次和中国画的笔墨技法于一体，使玻璃刻花艺术推陈出新，丰富了玻璃造型语言，题材扩大到鸟兽、山水、人物和肖像等各个方面。同时，发挥玻璃对光照灵敏的折射优势，释放出材料的内在美质，造成了流光溢彩、精美绝伦的效果。《埃及风情》《海的女儿》《钱江潮》等，气势恢宏，线条流畅，受到好评。

---

① 曹志天等:《天台山民俗风物》，西安地图出版社 2004 年版，第 187 页。

② 钟越宝等:《绍兴文物》，中华书局 2004 年版，第 49、50 页。

③ 《开化源头文化》，《浙江文化月刊》2005 年第 3 期。

④ 曹志天等:《天台山民俗风物》，西安地图出版社 2004 年版，第 188 页。

天台山艺苑还成功地完成了一批著名建筑装饰，如北京兆龙饭店、上海华亭宾馆、埃及开罗国际会议中心大厅、北京人民大会堂浙江厅等。其肖像玻璃，兼得刻瓷、双面绣之长，赢得像主哈默、邵逸夫、竹下登、应昌期等的一致好评。①

瓯塑

古称“堆漆”，又名油泥塑，是用桐油和泥碾细合成为原料，运用堆塑技艺的手法，进行塑像的一种艺术。早在1000多年前，温州艺人就创造了油泥塑，瓯江两岸民间已有流传。油泥塑原来是单色的，大都用于寺院、庙宇门壁和民间嫁妆品，如梳妆盒、花鼓桶以及其他家具、漆器等。后来，由艺人的创造发展为彩色油泥塑，其特点是画面多彩，格局不限，层次清晰，立体感强，酷似油画，却又有传统的中国画、浮雕的格调，远望是“画”，近看是“塑”。大都用于大插屏、挂屏、多扇联屏、挂镜屏及小首饰箱等，其内容有花鸟、山水和戏曲人物等。油泥塑的艺术表现力十分丰富。那色彩缤纷的油泥，优美细腻的笔触，还可以敷粉盘线，镶珠嵌玉。敷陈的飞鸟走兽、虫鱼花草和楼台亭阁等，都表现出独特的艺术风格。30多年来，一批又一批浑厚古朴、设计独特的瓯塑壁画、挂屏、联屏等作品，装点了国内外许多厅堂馆所，如《西湖天下景》《和平之春》《雁荡秋色》《大观园》等大型瓯塑壁画，陈列或装点在北京人民大会堂、北京饭馆、广州交易会等处。至20世纪90年代，这古老的艺术之花，已开遍世界80多个国家和地区。②

嵊州泥塑

形成于20世纪70年代，它吸取了无锡泥人的特点，是浙江工艺美术中的一朵新花。它的基本成型材料是采用当地的乌黑泥。艺人们用民间传统的描绘手法，设计精巧，艳而不俗，使“彩”和“塑”浑然一体。取材来自戏曲人物、民间神话故事。造型既简洁又不单调，创制者紧紧抓住人物的形象特征，大胆夸张，优美动人。如泥塑《十五贯》，作者用十分熟练的手法分别塑造了7个人物形象。泥塑《乔太守》，不过7厘米长，乔太守身着红袍，手握折扇，左脚向前迈出，右手顺势甩过水袖，动作简练概括。泥塑《梁山好汉》刻画了李逵、鲁智深、武松的形象，作者运用夸张和变形的手法，将人物压缩成椭圆形，使造型丰满敦厚，凝聚着一股力量。近年来，嵊县泥塑按市场的需要，还设计制作了《寿星背童子》的泥塑，鹤发童颜的老寿星步履矫健，仰头笑呵呵地看着背在他身上的一个手捧寿桃的天真烂漫的童子，情趣盎然，妙不可言。1981年，泥塑《梁山好汉》获浙江省玩具设计一等奖。③

温州米塑

米塑，亦叫“粉塑”，是以一种煮熟的米粉团制作成各种人物、花果、鸟兽的民俗艺术品。它的可塑性很大，凡是见到的物品，均可进行仿制。工艺操作细致，造型生动，极受人们喜爱。据说，这种米塑艺术是南宋定都临安（今杭州）时由北方传入的面塑演变而来。

温州米塑的原料是糯米。先将它磨成粉，然后用汤拌和，再加入防腐剂、食盐或油，放在蒸笼里蒸熟后，经过反复搓揉，加入各种食用染料，就可制作。表现技法极为细巧。手法有

---

① 曹志天等：《天台山民俗风物》，西安地图出版社2004年版，第189页。

② 叶大兵：《温州民俗大全》，新疆人民出版社1998年版，第343页。

③ 《嵊县二轻工业志》，嵊县二轻工业总公司1986年编印，第49页。

揉、捏、掐、刻等，再用高浮雕的制作方法做成立体形的人物或动物、花卉。大小米塑均采用毛竹作骨架子，以支撑形体。在色彩上，除以三原色为基本色外，还运用其他色彩使作品形象逼真，色彩缤纷。现今温州米塑把发展重点转移到实用上，主要用于结婚、寿日以及宴席上，有堆花、雕瓜果、摆冷盘等多种形式。国际友人对此十分感兴趣。至20世纪90年代，在意大利、荷兰、美国、德国、比利时等国，都有华侨去开餐馆，并把这些精湛的米塑，摆到宴席上，成为中华民族优秀民间工艺品的展示平台。①

骨木镶嵌

骨木镶嵌是宁波的传统工艺。分平嵌、高嵌两种，制作极为精巧。采用螺甸、象牙、牛骨片、黄杨木和彩石等多种材料，精心制作成花鸟、风景、仕女等装饰花样，嵌于红木、花梨木上，经过精打细磨，用天然漆髹漆而成，是实用与欣赏相结合的高雅陈设品。宁波骨木镶嵌大体可分三大类：一是传统家具类，二是生活用品类，三是建筑装饰。常用题材是历史故事、戏曲片段、生活风俗和山水风景等。宁波镶嵌经艺人们不断创新，制作了许多精美产品。如挂屏《百美图》，外观造型采用中国画横轴款式，外框雕有祥云装饰，画面上以亭台水榭、曲桥流水、茂林花卉等古园林为背景，穿插错落有致，嵌出的百余个窈窕淑女，情态各异。还有各种家具，如屏风大餐桌、咖啡台、摇椅、钟座等，都各具风格，式样精美，远销世界各国。②

彩石镶嵌

是温州市鹿城区、瓯海区和台州市仙居县等地的特色民间工艺品。温州彩石镶嵌的创始人是当地著名的雕花板民间艺人潘阿明，他试将几片绿色的蜡石锯成一张兰花的叶子，镶嵌在裂缝上，觉得如同绿色的宝玉镶嵌在沙漠之上，十分优美。从此，他就把绿、白两色的蜡石锯成一个个字形，凑成古代名人的诗画，镶嵌在木板上。这种产品问世后，很受人们的欢迎。现在温州市艺术雕刻厂创作许多珍贵彩石镶嵌佳品，有陈列于北京人民大会堂浙江厅的《采茶舞》，赠给日本友人的《太白醉酒》，还有畅销国际市场的《套马》、首饰箱、啤酒橱、百宝箱、梳妆盒、糖果盒、金币盒和各种屏风等。

仙居彩石镶嵌以其雕花板木质优良、彩石色彩既鲜艳又调和著称，镶嵌作品形式多样、内容丰富，亦已驰名海内外。③

二、刺绣与编织

瓯绣

温州刺绣，产于瓯江地区，故称瓯绣。它与湘绣、苏绣、蜀绣合称我国四大名绣。早在600多年前，温州乡村民女就用银针和彩线刺绣荷包、枕头、锦肚之类生活用品。瓯剧的传统名戏《高机与吴三春》，就是一出反映明代嘉靖年间浙南民间刺绣能手和织绸艺人相互爱慕的动人故事。温州瓯绣从装饰生活用品开始，长期以来多用于迎神赛会、戏衣和男女婚嫁之用。

---

① 叶大兵：《温州民俗大全》，新疆人民出版社1998年版，第343页。

② 王邦铎：《浙江旅游大观》，测绘出版社1989年版，第365页。

③ 王邦铎：《浙江旅游大观》，测绘出版社1989年版，第366页。

绣品从绣神袍、戏衣、寿屏等发展成绣山水、人物、走兽及书法等装饰品和欣赏品。

瓯绣的特点是针法繁多，做工精细。如《松鹰图》中一只鹰就采用了扇形针、切针、平针等10多种针法，还采用很多质地、粗细、色泽不同的色线混合使用。瓯绣的品种很多，除各式画片、挂屏等装饰品外，还有台布、戏装、枕套、被面等实用品。画面有人物、山水花卉、走兽四大类，1000多个花色品种。20世纪80年代，温州瓯绣厂制作的《松鹰图》《红楼十二钗图》还先后到国外展出，受到许多国际友人的赞赏。①

杭绣

杭州绣品继承南宋针法技艺，被外宾和客商荣誉为“西子湖畔一枝花”。杭州刺绣有悠久的历史，又可分为手绣和机绣两门技艺。手绣以欣赏品为主，在工艺上，采取传统的枪针、散套针等针法，图案以动物猫、狗、金鱼为主。绣成的猫、狗，毛发蓬松，变化多端，达到形神兼备的艺术效果。机绣以实用品为主，主要产品有枕套、台布、被面、窗帘等大类，近百个花色。它题材广泛，款式丰富、图案秀丽、色彩文雅、线条明快、针法活泼。近年来还用难度较高的“异色、异物、异针法”绣成双面绣、双面异色绣等高级绣品。双面绣台屏中，《狗》《猫》《仙人球》已成为杭州刺绣中擅长的传统题材。其作品多次被选为国家礼品，赠送外国元首。②

宁波金银绣

亦称“金银彩绣”“仿古绣”，以宁波的金银绣最为著名。金银绣的艺术特色鲜明，浑厚质朴、粗犷豪放，装饰性强，用色浓厚而大胆，喜用大红和金色。图案多用龙凤、狮子、蝙蝠、如意、花卉、百鸟等。其表现手法：一是包金绣，亦称“盘金绣”，在绣好花纹后，采用细丝线钉压的方法，将金银线盘压在花纹的边线和表面等重要结构处，在绣品背面不露金银线痕迹。二是垫金绣，在绣好一部分花纹后，用成片的金银线密密麻麻排列盘绣，垫满所有空间，形成辉煌的效果。三是网绣，底坯必须用丝网织物，利用经纬线的空间，绣上图案花纹。金银绣选用的线色除金银色外，多采用黑棕、灰、青、酱红、赭黄等深暗色，以衬托金银的光辉。针法有长短针、抢针、散套针等。主要产品有门帘、绣盒、服装、戏衣等。③

八都麻绣

淳安八都源一带以自种、自捻、自织、自染的粗麻布为面料，用麻（棉）线在上面挑绣出各种对称、古朴的青白相间图案，整幅图案用一根线绣成，而后缝制成围布、头巾、饭袋、背篼等生产生活用品，或作为室内悬挂的门帘。以前，这里的女人个个会挑花（麻绣）。姑娘七八岁时，母亲就要教她挑花。出嫁前，姑娘要为丈夫绣两条围布、两只饭袋；为自己绣两条围布、头巾等作为嫁妆，以表示成双之意。当地有首民谣：“柏子树，柏子椏，柏子树下一个好侬（人）家。生个儿子会挖（种）山，生个囡人（女儿）会挑花，一挑挑到十八岁，嫁把（给）一个好侬家。”结婚后，新郎有事出门或上山干活，要围上新娘绣的新围布，新饭袋装上玉米粿，全村的人都要朝新郎看。如麻绣绣得好，花样新，说明这个新娘心灵手巧，聪明能干，就会受到全村人尊

① 王邦铎：《浙江旅游大观》，测绘出版社1989年版，第362页。
② 王邦铎：《浙江旅游大观》，测绘出版社1989年版，第361页。
③ 陈成海：《宁波工艺美术》，宁波出版社2011年版，第22页。

敬。有了这种习俗，姑娘们对婚前的麻绣，总是格外精心，力求好上加好。这是八都麻绣得以传承的原因之一。①

杭州织锦

是中国工艺品百花中的一朵奇葩，被国际友人称为“东方艺术之花”。生产杭州织锦最负盛名的是杭州都锦生丝织厂。此厂创始于民国11年(1922年)，由杭州人都锦生设计织出中国第一幅黑白风景织锦“九溪十八涧”。民国15年(1926年)在美国费城举行的国际博览会上，该厂生产的风景织锦获得金质奖章。杭州织锦把写生画和装饰艺术有机地融为一体，在构图和色彩上，既体现了中国古代名画家的优良风格和笔法，也吸收了西洋画色泽华丽的特点，使织锦之艺术更为精美。它的品种之多、花样之丰富、产量之大，在国内首屈一指，既有写实的丝织风景，也有古今名画家的作品，如西湖美景、苏州园林、黄山云海、庐山瀑布和唐寅的《宫妃夜游图》、齐白石的《虾》、徐悲鸿的《奔马》、何香凝的《老虎》、李苦禅的《竹雀》等。20世纪80年代该厂的丝织工艺品的花色品种达1000余种，行销80多个国家和地区。②

西湖绸伞

创始于民国23年(1934年)，是杭州的传统工艺美术产品。它的特点是利用杭州地区自然资源的特产“淡竹”和杭州丝绸为主要原料，以竹作骨，以绸张面，轻巧悦目，式样美观，携带方便，素有“西湖之花”的美称。由于选料得当，制作精细，别具一格，一上市就受到人们欢迎。西湖绸伞的原料选择要求很高，竹骨的原料选用“淡竹”，竹筒瘦长，竹节平整，篾薄细洁，色彩玉润，挺拔圆直，厚薄适宜，粗细相当，每支淡竹取中段2节～4节。伞绸采用A级厂丝电力纺，质地匀净，以独特的工艺方法，将丝绸伞面夹嵌在竹骨中间，撑开使用，色彩绚丽，收折不用，仍然保持一支竹节原状。这种伞面绸薄如蝉翼，织造细密，透气耐晒，单是染色就有湖色、墨绿、果绿、大红、枣红、桃红、天蓝、橘黄等20多种。在伞面上还采用喷、刷、绣、画等多种多样的方法，绘出山水、风光、花鸟、人物，图案有西湖十景、古代仕女、龙凤、奔马、梅雀、蝴蝶等数十种。③

萧山花边

萧山花边以绣工精湛、美观实用、构图新颖、针法繁多、色泽素雅而驰名中外，是我国抽纱制品中的佼佼者。它用白色或米色的绣线直接在纸样上挑绣，绣好后拆掉纸样，再按设计图案拼镶为成品，其针法多样而精巧，图案繁复而美观。以北京人民大会堂“浙江厅”的一幅大型花边窗帘为例，上面精心挑绣着桃花、垂柳和飞翔的春燕，画面洋溢着春天的气息。整幅作品有6米高、5米宽，层次清晰，美观大方，把厅室点缀得瑰丽多姿。20世纪80年代，萧山花边已发展到绍兴、乐清、余杭等地，称为浙江省的传统出口产品，成为工艺美术园地中的一朵奇葩，产品远销日本、美国、意大利、瑞士、希腊、德国、加拿大、新加坡等50多个国家和地区。1979年9月，在全国第二次质量月活动中，萧山花边获国家金质奖，1986年第六届全国工艺

---

① 王召里：《八都麻绣》，载《浙江民俗大观》，当代中国出版社1998年版，第638页。

② 王邦铎：《浙江旅游大观》，测绘出版社1989年版，第361页。

③ 王邦铎：《浙江旅游大观》，测绘出版社1989年版，第370页。

美术品百花奖评比中，又获金杯奖。①

东阳竹编

东阳竹编作为编织艺术品，已有千年之久。从宋代元宵闹花灯、赛龙灯的竹编灯具开始，到明、清的竹编贡品，东阳竹编有了较快的发展，近代出现了曾在民国4年(1915年)巴拿马国际博览会上获奖的一代竹编大师——马富进。

中华人民共和国成立后，东阳竹编艺术发展更快。1979年东阳竹编工艺厂获轻工部颁发的优质产品证书。1982年获全国竹编器皿质量第一名，获第二届中国工艺美术百花奖银杯奖，竹编《香炉阁》被选到人民大会堂陈设。1984年该厂创作的大型竹编《九龙壁》屏风，更以其"精美绝伦、巧夺天工"的技艺，一举夺得第四届中国工艺美术百花奖金杯奖，并被评为国家工艺珍品。

东阳竹编以其薄如纸、细如发、编织精细、造型古朴、色彩典雅而久负盛名。产品丰富多彩，有25大类、3000多花色品种。20世纪80年代又开发了竹艺园林建筑、竹艺室内外装饰、粉线彩绘建筑装饰等新工艺。产品远销美国、加拿大、英国、法国、德国、澳大利亚、新加坡等60多个国家和地区。②

嵊州竹编

嵊州竹编历史悠久。东晋诗人许询徙居嵊州金庭时，曾作《竹扇》一诗："良工眇芳林，妙思融动聘。篾短秋蝉翼，因助忘舒景。"盛赞嵊州竹扇之精美。

嵊州竹编以当地盛产之毛竹、早竹、金竹、迟燕竹为原料，劈成篾片、篾丝，编织成各种工艺美术品，有造型美观、编织精巧、牢固实用的特点，主要品种有模拟动物、竹编漂白、花筋、蓝胎漆四大类。行业龙头为嵊州工艺竹编厂，在继承传统编织工艺技法的基础上，首创用活络模型、竹篾漂白、花筋、烫金、模拟动物、蓝胎漆等新工艺，推动了工艺竹编行业的技术进步。其主要产品有：模拟动物竹编，是按设计要求把竹子劈成相应的篾片、篾丝后，编织出各种形神兼备、情趣盎然的动物。或把竹编动物与传统的篮、盘、罐等日用品和装饰品巧妙结合在一起，以提高欣赏价值和实用价值。20世纪80年代其代表性产品《昭陵六骏》《龙舟》《西湖风景》等大型竹编曾送往英国、法国、日本等国家和中国香港地区展览，受到成千上万观众的赞誉，被境外消费者称为"东方珍宝""世上精品"。③

杭州竹篮

杭州竹篮在江浙一带曾经十分盛行，有大方篮、元宝篮、小串篮、花篮、茶叶篮、饭篮、菜篮等多种。

杭州竹篮已有200多年的历史。龙坞、留下等地均属盛产竹子的山区，制作技艺编制竹篮也就成了当地村民常从事的副业。民间有"编篮打篓，养活九口"的顺口溜。后由于婚嫁等原因，竹篮编制行业迅速扩展到上泗、转塘等地区。传说当年乾隆皇帝南下巡游至白龙潭时，

---

① 王邦铎：《浙江旅游大观》，测绘出版社1989年版，第360页。

② 王邦铎：《浙江旅游大观》，测绘出版社1989年版，第368页。

③ 浙江省工艺品进出口公司、浙江省工艺美术公司编著：《中国·浙江工艺美术》，浙江人民出版社2000年版，第123页。

驻足于龙门坎村孙姓村民家里，听见从屋里传出窸窣声，便向近侍盘问，当听说是做篮的声音时，便随口吟道："手里窸窸窣窣，银子堆楼角。"从此，做篮的人越来越多，销路越来越好。孙姓家住在小和山脚，他的竹篮做工精细美观且非常实用，很受香客和游人的青睐，每逢小和山香市，游客一般都要带一两只回去。由此，小和山竹篮在杭嘉湖、上海、宁波等地区有了名气，成了杭州土特产之一。①

宁波草席

宁波草席，俗称"滑子"，也称"明席""宁席"。早在1200年前，它已和银器、人参等珍贵物品一道，远销外地。据(宋)四明高僧志磐《佛祖统纪》记载：建炎三年(1129年)十二月，浙东制置使张浚，与金人战于明州西门，浚见民间多织席，遣兵敛取之，以重席覆于路，金骑践席上，皆足滑而扑，因急击之，斩获甚众。这样，草席在抗击金兵中立了一功。当地人为纪念这件有历史意义的事，称草席为"滑子"。宁席可以分硬席和软席两种。以麻为经编织的称硬席，以纱为经编织的称软席。硬席中的白麻经草席，为宁席上品，不仅筋牢、色绿、边密、均匀，经久耐用，而且在席上倒水亦点滴不漏，在国内外享有很高的声誉。至20世纪80年代，除了供应国内，还出口菲律宾、新加坡、柬埔寨、泰国等10多个国家和地区。②

台州麻草编织

据考证，浙江远在6000多年前便掌握了麻纺、麻织、麻编多种技术。台州编织继承和发展浙江古代麻编织传统工艺，并不断创新。至20世纪七八十年代，台州麻草编织常见的有八字结，谓之"百结"，象征吉祥如意；散点小花，簇簇落落，谓之"满天星"；对称的菱形，双双对对，谓之"蝴蝶飞"；立体的结仔，叠叠累累，谓之"葡萄山"；尖削的弧叶，三三两两，谓之"竹叶花"。还有"水波浪""孔雀尾""云花""扭藤"等。产品有钩针地毯、勾绳地毯、扎针地毯等。其中，黄岩马兰草提包编织，1974年曾跃居美国草明星宝座，商户争购，供不应求。③

诸暨麦草扇

以精选的细白大麦草顶节为原料，用蒸、露、漂、晒等工序，使其呈白色，以棕榈树叶筋为骨，编成扇条，至适当长度，将其缝成圆扇面。在扇面最外圈镶上染色的齿状编条，中间用小圆刺绣作扇心，扇心外圈又套有丝线扎绒。扇心中的刺绣图案质朴大方，多为鸳鸯、玉兔、松鹤及花草虫鸟等吉祥图案，也有绣"朋友""幸福""恩爱""清凉"等祝愿词的。然后装上一根竹制的柄，并在扎绒固定处及柄尾缀上红绿丝绵。整把扇子典雅大方，朴素美观，是一件既实用又精致的民间艺术品。

诸暨民间传说中称，麦草扇是春秋时期西施姑娘首先制作并送给范蠡大夫的。后来，在诸暨的民俗乡风中，麦草扇不仅是爱情的信物，而且也是友好和睦的礼品。每逢端午节，新嫁女儿的娘家，就会担着食品礼物去看望女儿，以示父母的爱女之心。其中的主要礼物，就是麦草扇。这份礼物至少有二三十把，皆为媳妇姑娘编制。他们把这些扇子分送给公爷叔伯、婆

---

① 何平：《杭州市非物质文化遗产大观·传统手工技艺卷》，西泠印社出版社2008年版，第76页。

② 王邦铎：《浙江旅游大观》，测绘出版社1989年版，第381页。

③ 王邦铎：《浙江旅游大观》，测绘出版社1989年版，第382页。

婶妯娌、街坊朋友亲戚，表示尊敬、友好、和睦的心意。①

衢州草编与竹编

衢州地区的草编，以麦秆为原料，先编成条状，然后盘成圆形的团扇。扇芯多用经过染色的麦秆编织，或缝上绣花扇芯，俗称麦秆扇。旧时多为农村妇女副业，也有制作精巧的用来馈赠亲友。麦秆编织物，除扇子外，还有草帽、草篮等。衢州草编以江山最为闻名。民国29年（1940年），从事草编的女工多达1200人，年产麦秆扇42000把、草帽11000顶。

衢州竹编历史悠久，唐穆宗时（821—824年），衢州使君徐放将所携的竹编书箱赠礼部侍郎刘禹锡，被视为珍品。民间传统竹编制品有用于送礼的盒篮，绣花用的花篮，读书人赴考用来装文房四宝的手提考篮，这些竹编的制作都较精致。废科举后，考篮已不多见。龙游竹编笋壳笠帽，清咸丰年间由江西广丰传入。笠帽以竹篾、笋壳为原料，取材广泛。而且轻便凉爽，隔热通风，尤宜夏季遮阴。②

畲族的刺绣编织

畲族的刺绣和编织品主要有花带、花边、斗笠等。花带分线织和丝织两种。带上编着多种或单一的花纹，图案清晰，色彩鲜艳，织工精细。其花纹有几何形、动植物形、文字形、文字等，如“蝴蝶”“蜻蜓”“梅花”和“田”“卍”“井”“日”等，图案中有红、黑、白、蓝、绿等色交织。

花带一般作为装饰物，束在腰间，也是男女定情和定亲之物；还可用来捆扎衣物或作包袱，并视为吉祥物。

花边，也是用手工刺绣的。畲族妇女喜欢在衣裳的袖口、领口、衣襟和围裙上装饰许多美丽的花边。花边上绣着花鸟、虫鱼、人物、风云等美丽的图案花纹，色彩绚烂多彩，十分美观。

斗笠，用篾丝编织，精巧而富有民族风格，也是畲族妇女最喜爱的装饰品。笠上的花纹，由笠斗燕、顶、四路、三层檐、云头、虎牙、斗笠星等几种花纹相互配搭。斗笠的竹篾细度不到10毫米，一顶斗笠的上层篾条有220条～240条之多。因此，花纹细巧，形状优美，再配以用红、白绸带及一串数百颗各色小石珠子做成的斗笠带，更加显得精美、别致。③

三、剪纸与年画

乐清细纹刻纸

是在传统的剪纸艺术基础上开创出来的一种以刀刻代剪的细纹刻纸艺术。乐清“剪彩”艺术在元大德年间刊印的地方志上就有记载。民间绣花和首饰制作艺术的盛行，更为细纹刻纸的繁荣提供了良好的发展基础。细纹刻纸以构图均匀、纤细优美为特点。其刀法精妙入微，能在1平方厘米的纸上刻12刀，出现11条细线，每刀相隔仅半毫米。所刻的二方与四方连续纹样，纵横参差，虚实对比，层层重叠，给人们一种有秩序、有条理、有节奏的艺术感。乐清细纹刻纸常取吉祥物为素材。每逢喜庆节日，装饰中堂或窗户，礼仪往来也必用刻纸。因

---

① 张尧国主编：《诸暨民间艺术大观》，浙江人民出版社2005年版，第211—212页。
② 衢州市民间文艺家协会：《衢州民俗大观》，吉林文史出版社2004年版，第280页。
③ 叶大兵：《温州民俗》，海洋出版社1992年版，第165页。

为刻纸的装饰性很强，带有浓郁的生活气息，深受群众欢迎。

2000年，乐清市象阳镇被文化部命名为“中国民间艺术（剪纸）之乡”。2008年6月，乐清市（细纹刻纸）被省文化厅命名为第三批“浙江民间艺术（剪纸）之乡”。2009年9月，“乐清细纹刻纸”被列入联合国教科文组织《人类非物质文化遗产代表作名录》。①

浦江剪纸

浦江剪纸元明之际就有记载，世代相沿，经久不衰，与地方风俗密切相关。旧时妇女出嫁前都要制作大量的剪纸，作为嫁妆中的一部分珍贵礼品带到男家去。在嫁妆的礼品上都要覆上“龙凤呈祥”“并蒂莲荷”“鸳鸯荷花”“莲生贵子”或“麒麟送子”之类的剪纸，俗称“利市”。男家同样以新妇有丰富而精美的剪纸而自豪。这种风俗养成了妇女从小就热爱剪纸艺术的传统，妇女们在剪纸这块艺术天地里百花齐放，产生了许多精美的艺术品。结婚礼仪，生子、祝寿、迎神赛会以及祭祀仪礼都要制作大量剪纸。

浦江剪纸内容丰富，品种繁多，尤以戏曲窗花为最佳，多数作品有着规整的外框，如圆形、方形、六角形、八角形、海棠形、书卷形、屏风形等，非常强调画面的完整性。其内容多是表现当地人们喜闻乐见的婺剧故事和民间传说。在艺术表现上，注重情景交融。一般以阴剪（呈阴纹）手法表现背景物象，构成线条的韵律，与前景人物形成虚实对比。1993年，浦江县被文化部命名为“中国民间艺术（剪纸）之乡”。② 2010年8月，“浦江剪纸”被列入联合国教科文组织《人类非物质文化遗产代表作名录》。

桐庐剪纸

据乾隆《桐庐县志》记载，早在五代时期桐庐就出现了剪纸艺术。桐庐剪纸将季节时令、农事活动、节日农时、神话传说、礼仪往来、娱乐游艺等民俗乡风作为剪纸艺术的题材，反映桐庐百姓的精神状态、生活情趣和美好希望。特别在以红白喜事为中心的民俗活动中，从上元的灯花、清明的纸钱、中元的水灯、冬至的寒衣、婚嫁的喜花、寿衣的寿花、送礼的礼花、宗教的旗幡，直至送殓的灵座、鞋花、帽花和衣饰花等等，无所不有。

近年桐庐剪纸继承传统技艺，注重形式创新，题材贴近现实生活，富有时代气息。形式多样，尺幅灵活，有单色、多色、套色、染色等多种剪纸样式。剪纸技法也含剪、刻、撕等方式，风格上注重体现厚中见秀、玲珑剔透、含蓄华丽的江南剪纸特色。

1998年，桐庐县被省文化厅命名为第一批“浙江民间艺术（剪纸）之乡”。2003年，桐庐县被文化部命名为“中国民间艺术（剪纸）之乡”。③

缙云剪纸

缙云剪纸多以戏曲为题材，精致工整，通常由农村妇女及未出嫁的姑娘来做，她们依照祖上代代相传的剪纸“熏谱”样张来完成制作。也有民间艺人高手自己设计“熏谱”样张。《太白回书》《对课》《感恩亭》《戏曲方花》《戏曲团花》《戏曲剪纸熏谱》等，表现人间的悲喜，传达朴素

---

① 张雁洲等：《乐清细纹刻纸》，浙江摄影出版社2008年版，第8、33页。

② 邬勇等：《浙江民间剪纸》，中国美术学院出版社2011年版，第82页。

③ 邬勇等：《浙江民间剪纸》，中国美术学院出版社2011年版，第83页。

的审美。在刻画人物上，注重动势，脱形取神。衣褶以阴刻法处理，与背景的阳刻法恰成对比，刻画出人物剪影般的动态。背景中直线与曲线交互穿插，如水纹、网格、盘长、祥云等，它们是画面的纸筋，戏曲场景中的亭、台、楼、阁因此而不致孤立无依，更有烘托渲染祥和气氛之功效。主体画面的两边往往饰以边花，内容大多为民间吉祥图案。如琴棋书画、石榴莲子、拂尘方胜、倒蝠蝴蝶等。①

黄岩剪纸

橘乡黄岩民间剪纸按内容和题材大致可分作两类：一类是应用于日常生活用品和喜庆节日的民俗剪纸。古时，黄岩橘区，特别是澄江一带，除夕给橘树挂上用纸剪成各式“千张”，表示给压岁钱。至今在祭祀时，空屋、花篮、纸钱以及纸糊的冥器也少不了民间剪纸艺人的手艺。黄岩城关大寺巷染坊中剪纸图案广泛应用于蓝印花布上，深受百姓喜欢。19世纪末，外国传教士将意大利等国的抽纱刺绣引入台州，于是黄岩、海门一带的刺绣花样迅速流传，民间剪纸作为刺绣纹样，被广泛地应用到台布、茶垫等产品上去。另一类是应用于祝福祈安的宗教剪纸。黄岩沿海的人们，为了祈求平安，保佑出海渔船安全，在做佛事时在庙宇廊檐下、门楣上挂上剪纸门笺，古代称为“门彩”“斋牒”“挂钱”，人们认为它具有“厌胜”作用。②

平湖剪纸

平湖剪纸有两种剪纸形式。一是如当湖镇黄家浜黄大宝剪纸，纯乡间妇女凭她们的想象力，随意性地剪出多姿多彩的窗花、鞋花、胸花及各种自然植物花等，平湖乡间的民间剪纸还与当地民风习俗联系在一起。如剪朵芙蓉花、荷花、石榴花等都绣在鞋子上，俗称“步生百花，一生幸福”；剪朵牡丹花绣在女子小孩的围裙及胸袋上，俗称“大富大贵”；如剪凤凰、孔雀、喜鹊俗称“吉祥如意”“双喜临门”等。

另一种民间剪纸则是刻纸，按预先构思的图案，用小刀代替剪刀，刻制而成。粗线条图案较简单，但如一些细帘图案，房屋的瓦印，各种窗花，鸟类羽毛等要使整个作品刻制不伤，难度是很大的。③

临海剪纸

临海城关的括苍镇是临海剪纸的传承地，括苍镇旧名张家渡，是清康熙年间（1662—1722年）建立的一个集贸城镇。据传，临海剪纸最初是元代时一张姓外地男子由北方传入，并且传男不传女，传人称“剪花郎”。到20世纪60年代，移风易俗，剪纸手艺也传媳妇，被称为“剪花娘子”。民间剪纸艺人张秀娟从70年代初传袭张家剪纸至今。

临海剪纸是在传统农耕文化基础上产生的民间艺术，具有鲜明的地域特点和民俗特色。临海剪纸多为吉祥图案，以五谷丰登、牲畜兴旺、花草虫鸟、传说故事、历史人物、奇禽异兽等为题材。主要作为窗花、门贴以及谷仓上的装饰，还作为绣鞋帽、肚兜、枕头上的花样，寄托了百姓祈愿风调雨顺、吉庆平安的美好愿望。临海剪纸用夸张变形的手法，简练粗犷的线条、简

① 邬勇等：《浙江民间剪纸》，中国美术学院出版社2011年版，第83页。
② 邬勇等：《浙江民间剪纸》，中国美术学院出版社2011年版，第84页。
③ 张玉观：《水乡风情》，河南文心出版社2008年版，第158页。

洁明快的构图，创造出富有装饰性的艺术形象。①

苍南点色剪纸

苍南点色剪纸起源于明清时期的纸扎艺术，主要用于祭奠、太平纸龙等纸扎装饰，作品形式多样。点色剪纸的制作采用阴刻为主、阳刻为辅的技法，采用薄薄的白色生宣纸，用独特的刻刀刻出各种各样的图案，有用白纸剪刻成图案，再根据不同场景点染各种色彩的；也有直接以金银纸和色彩纸剪刻镂空套拼而成图案的。点色剪纸的主要载体有礼品册、画框、画轴、台历、挂历、宫灯、扇面等。点色剪纸利用水色（植物色）的透明性和石色（矿物色）的沉淀覆盖性构成的对比效果，使剪纸作品具有活泼、润泽、自然的特色，巧妙融合了剪纸、中国画、水彩画、民间绘画等表现技法，写实与写意相结合，既有中国画深远的意境，又有民间绘画的粗犷、夸张、豪放之气，具有独特的艺术魅力。2006年苍南县又成立了"点色剪纸中心"，开发各类剪纸工艺品，并取得成效，产品远销美国、日本等国。②

温岭剪纸

温岭自明代设太平县后，正月二十二城镇扎鳌山，贴上百种以上的剪纸。③ 温岭三面环海，2000年新千年第一缕阳光首照在温岭石塘渔港。生长在海边的人们有着"大海之子"的自豪，多年来，剪纸家以灵性的创作力，创造出不少优秀的作品。2005年12月17日《美术报》上发表了一篇题为《温岭海洋剪纸》的文章，列举了温岭剪纸家及其作品的名单：郭献忠的《出海》《大带鱼》、韩伟林的《盼得平安满载归》、沈绍林（晓玲）的《捕鱼忙》、林荣文的《海子》《艳阳天》、陈巨中的《好天气》《踏行歌》、陈荣新的《逐鹿沙滩》《丰收锣鼓闹海港》、柳怀瑾的《年年有余》、胡青萍的《渔村石屋》、章秋华的《烈日炎炎》、郑念平的《修船工》等等。中国美术学院教授王伯敏曾为此留下了温岭《海洋剪纸歌》："海洋好地方，教人引兴长。大陈千帆扬，松门鱼满舱。晚来思大浪，螺角迎朝阳。佳节到来日，龙灯舞晒场。打千鼓，扮周郎，说虞唐；踩高跷，背画船，莫迟延。金刀舞起，笃定剪出风格来。"④

浙江木版年画——纸马

《梦粱录》卷六《十二月》载：临安（今杭州）"岁旦在迩，席铺百货，画门神桃符，迎春牌儿，纸马铺印钟馗、财马、回头马等，馈与主顾"。据《中华长江文化大系·民间版画》记载："浙江木版年画现有资料较少，惟有杭州、余杭清代印的纸马，尚能窥其一斑。这些纸马多在刻画神像之下，展现风俗民情。如纸马《蚕花五圣》下面的养蚕图、《鱼化五圣》下面的捕鱼图。至今，余杭纸马'蚕神图''酒仙图'尚能见于我国版画印刷的文献中。"⑤

良渚镇东塘河村的钱金虎，自刻雕版印刷纸马已近10年。他刻印的十二神马迎合了当地除夕"请财神""烧年纸"的民间风俗，畅销不衰。

---

① 邬勇等：《浙江民间剪纸》，中国美术学院出版社2011年版，第84页。

② 邬勇等：《浙江民间剪纸》，中国美术学院出版社2011年版，第82页。

③ 王伯敏：《剪纸诗话》，桐庐弘越文化艺术中心2007年编印，第83页。

④ 王伯敏：《剪纸诗话》，桐庐弘越文化艺术中心2007年编印，第90—94页。

⑤ 郑发楚：《西溪民间工艺》，杭州出版社2012年版，第64页，

临海杜桥木版年画

清光绪八年(1882年),杜桥镇中街顺兴斋就已印制木版年画,画稿雕版,色板套印,年关远销各地。杜桥年画盛于民国时期,镇内狭街黄岩王伯臣经营的大酉丰、中街黄岩王青松经营的桂林斋两家开设年画作坊,各制画版,版印年画,每年各地画商小贩争相来订购年画,远销台州各县,两家画坊支配当地年画市场。

杜桥年画除门神、灶神和谢年神马等神像画外,主要以印日历"月大月小"为主。年画尤以桂林斋印刷精良,图案精美,色彩协调,套色艳丽,畅销四方。杜桥年画题材以历史故事和人物为主,门神以唐代人物为题,有文、武之别:武人物有秦叔宝、尉迟恭将军;文人物有贤相魏徵、徐勋及神话人物钟馗。日历有传说神话历史故事,如天仙配、八仙过海、牛郎织女等。①

门神画

除夕夜贴门神之习俗,唐以前多取"立大桃人,门户画神荼、郁垒与虎",唐以后,多取唐初名将秦叔宝和尉迟恭像。旧时浙江城乡祠堂寺庙大门上,彩绘门神,普通民家,则多贴木刻彩印版画,大小约在市尺长2尺8寸、宽1尺2寸之间。《中国风俗辞典》载,"杭俗门神一年一易",②可见旧时杭州民间贴门神风俗之盛。又据《温州民俗大观》载,"除夕夜……在出入的双扇门上贴门神神荼、郁垒的刻印像",③可见直到近代,中古之俗依然通行。

玉环门神画在整个历史长河演变过程中,其早期原始崇拜的内涵有所改变,财神、福禄寿三星的形象也进入门神的行列。此外也有戏曲故事、武财神和鸡猫等动物。④

绍兴钟馗画

贴钟馗画避邪驱鬼,是一项全国性的民俗。贴画日期各有不同,一般在农历十二月二十四、除夕或端午节。绍兴市所属各市县此风尤盛。据《绍兴民俗文化》载:"绍兴旧时民间门上所贴钟馗像,多是从街头书坊或地摊购得,均为木版彩印。钟馗一手持剑,一手抓按妖怪,面目狰狞可畏。有的还在钟馗四周,画上蛇、蝎、壁虎、蜈蚣、蟾蜍等,称可避'五毒'。""豪门大户,也有请名师把钟馗像画成条幅或中堂,悬于居室,以为可以驱鬼镇邪。"⑤清代画家任伯年名作《钟馗像》,曾为民间钟馗画的摩本,流传甚广。

特殊的民间年画——六神牌

桐乡民间的"六神牌",是由6块画板连接而成的一幅神像牌。这6块画板,每块约30厘米高、12厘米宽。每块画板上面画有四五位神像。这些神像画,线条明快,色彩艳丽,是一幅特殊的年画。整个画牌共画有三四十位神灵。有管上天的玉帝,有救苦救难的观世音,有管土地的土地爷,有管养蚕的马鸣王,有管养猪羊的栏前土地,有管生儿育女的太均娘娘,有管做生意发财的五路财神,还有管长寿的老寿星。六神牌一般在正月间挂出,除祭祀外,也作为

---

① 章容明等:《中国·浙江工艺美术》,中国文联出版社2006年版,第133页。
② 叶大兵:《中国风俗辞典》,上海辞书出版社1990年版,第692页。
③ 叶大兵:《温州民俗大观》,文化艺术出版社2008年版,第51页。
④ 章容明等:《中国·浙江工艺美术》,中国文联出版社2006年版,第132页。
⑤ 徐冰若等:《绍兴民俗文化》,中华书局2004年版,第17页。

一种民间工艺美术供人欣赏。①

四、印染与印刷

浙江印花布

印花布起源于唐宋时期民间织物印染工艺，其流程为先用一种刷过桐油或柿漆的型纸，按照所需要的花纹刻成镂空花版，然后将豆粉、石灰等调和的防染糨糊，通过镂空花版刮印到白布上，干燥后入染缸浸染，然后风干再刮去豆粉，便呈现出色彩鲜艳的图案。印花布应用范围极广，如衣料、围裙、头巾、肚兜、被面、包袱布等。蓝印花布的设计和纸版雕刻，全部出自民间艺人之手。浙江印花布除以杭嘉湖地区为主的蓝印花布以外，还有温州、台州等地区以红花汁、冻绿柴、紫苏、姜黄等植物染料成的红、绿、紫、黄等色花布。②

桐乡蓝印花布

桐乡蓝印花布沿用蓝白两色互为花底，使人感到纹样清晰，色调明快，图案优美，富有淳朴、典雅民族传统，从而形成了自己的风格。靛蓝是一种经久耐洗、色性稳定的颜色，受到人们喜爱。

桐乡蓝印花布的图案题材广泛，充满生活气息。浙江桐乡工艺印染厂生产的“红双喜”蓝印花布，运用简朴的点、线、块勾画出众多的自然风物，如花卉草木、鸟虫鱼兽等。有的采用谐声隐喻“吉庆有余”“五福捧寿”等。民间艺人还运用蓝白间隙的变换，相互反衬，使图案纹样疏密有致、刚柔并蓄，达到生动活泼、古朴美观、饱满均匀的艺术效果，在海内外享有较高声誉。③

温州夹缬

夹缬是印花布的一种形式，这种手工艺以浙江南部最有特色。夹缬采用两片薄板刻成同样的镂空雕版，把布帛对折起来，夹在两片木版中间，用绳子捆扎，然后把染料注入镂空花版花纹部位，去掉雕版后便呈现出所需的图案。清末民初，温州妇女自染衣帛极为普遍，所用染料均取于本地的红花和靛青。夹缬的花格被是当时温州妇女随嫁的必备嫁妆。夹缬被面，一般是以 3 幅布料拼成 9 幅图案，其中 8 幅为八仙，一幅为状元及夫人，每幅人物的背景都衬以花卉鱼鸟等底纹，这类纹样图案称为“状元花”或“八仙被”。还有一种百子被，整体有图案 16 幅，其中 15 幅各有 6 名童子，其余一幅有 10 名童子。童子虽神态各异，背景不同，然十分和谐。大宽幅的夹缬被面也称为“龙凤被”，图案有龙凤呈祥、鹤鹿同春、孔雀开屏、喜鹊衔梅等。④

台州印染

黄岩、临海、仙居等地的印染业一向比较发达，除印染婚嫁用品等的蓝印花布技艺外，还有印染多种色彩花布的工艺技能。

---

① 徐春雷：《风土杂记》，浙江人民出版社 2011 年版，第 170 页。

② 吴祖熙等：《浙江工艺美术》，浙江人民出版社 2000 年版，第 71 页。

③ 王邦铎：《浙江旅游大观》，测绘出版社 1989 年版，第 382 页。

④ 叶大兵：《中国民俗大系·浙江民俗》，甘肃人民出版社 2003 年版，第 312 页。

晚清至民国时期台州的主要染坊有黄岩“朱大成”“泰隆祥”“周德丰”，临海张家渡“许美源”，仙居“皤滩染坊”等。染坊大多采用植物染料和矿物染料（即石染），蓝印花布染料为靛蓝；红色染料为茜草、红花等；黄色染料为槐花、姜黄、栀子；紫色染料为紫草、紫苏；棕褐染料为薯莨；黑色染料为五倍子、苏木等。石染染料，红色颜料为朱砂，绿色颜料为孔雀石（又名石绿），蓝色颜料为石青、扁青等。

台州印染产品图案朴实清新，民间工艺特色浓郁。台州地区妇女婚嫁的必备嫁妆“龙凤被”，印染工艺尤为讲究，盛极一时。

东阳荷花被

金华一带旧时民间纺织十分盛行，特别是东阳土布闻名遐迩。东阳土布一般以棉纱染色后再织，色彩有蓝白相间或黑白相间等。用蓝印花布技艺所印染的“荷花被”“结花围裙”等，都是当地女儿出嫁时的嫁妆，图案最初以荷花为主，配有鸳鸯和其他花卉，故称“荷花被”。东阳邻县义乌、浦江、诸暨多聘东阳艺师为师傅，也有专去东阳学印染技艺的。

杭州西溪扎染

扎染，又称绞缬、撮缬，俗称撮花，是我国古代纺织品“防染法”的染色工艺之一。杭州丝绸扎染由来已久，西溪地区民间扎染工艺，曾十分盛行。21 世纪初，良渚镇勾庄村诞生了一家以扎染和手绘工艺为主的民间工坊——唐丝坊。扎染工艺传人潘复坤和田秀丽，运用传统的扎染技艺，制作了不少适合现代审美观念的扎染工艺品和时装面料，他们设计和绘制的丝绸方巾，既有反映良渚文化的玉琮图案，又有现代气息的抽象图案。西湖景区的旅游商品店，几乎都有西溪扎染产品。扎染染色，技法很多，有浸染法、冷染法、蘸染法、滴染法等。染色有单色染色法和多色染色法之分。

杭州雕版印刷

北宋时，杭州印刷业在吴越雕版印刷业的基础上得以继续发展，与四川的眉山、福建的建阳，并称全国三大刻书中心。南宋学者叶梦得在《石林燕语》中说：“今天下印书，以杭州为上。”①司马光撰的《资治通鉴》第一次印刷就是由宋仁宗命杭州刊刻的。

雕版最后修整完毕，准备好纸、墨、印刷等工具。印刷前，在桌子上涂上黏版胶，接着才放雕版，使两者黏连，雕版固定，否则印刷效果差。事后用刷子蘸墨，再涂在雕版突出的文字上，然后放平白纸，再以干刷刷上一遍，取下纸张，就印出文字来了。各地年画作坊中的刻版印刷基本保留了上述方法。

一块雕版，大约印 1 万件以后，雕版就模糊了，要及时修版才可以再印。古代印书，一般一次印 100 部左右。

瑞安活字印刷

有“印刷活化石”之称的瑞安东源村木活字印刷术，其字模一般采用老宋体，是明朝以来的官方字体，用它印在宣纸上显得美观大气。活字要选上好棠梨木，经风吹日晒自然干燥后，才能用老宋体制成一个个字模。排版时将木活字一个个排到木盘里去，每行用竹片隔开。一

---

① 〔宋〕叶梦得：《石林燕语》卷八，中华书局 1984 年版，第 116 页。

行排满了，用削好的小木片把有空隙的地方塞紧，使木活字不能移动。排好版后，又进行校对，确定无误后才能开始印刷。木印版先用刷子刷上水，再过几分钟刷墨。刷墨要恰到好处，用力要均匀，量少了字印不清楚，量多了会模糊。印刷时用棕刷子在纸上轻轻拓印，"拓纸"时则需要用力适度和均匀。印毕后，一张精妙绝伦的手工印刷品便呈现在面前。

2010年，作为中国木活字印刷术现存的唯一载体，瑞安木版活字印刷术被联合国教科文组织列入急需保护的非物质文化遗产名录。

富阳华宝斋的古籍印刷

"天下佳山水，古今推富春。"(〔元〕李桓《富春舟中》)富春江山灵水秀，物华天宝，孕育了华宝斋这样的传统文化品牌：用富阳宣纸印刷古籍，让历史文献、佛教经典、文学小说、金石拓片、名人手札、中医古籍、历代版画，诸凡涉及中华传统文化各门类的各种古籍，都可在华宝斋人手中复活、再生。《红楼梦》《三国演义》等传世秘籍，还有甲骨文、金文、铜铭、汉画像石、历代墓志等文献资料集成，琳琅满目，翰墨留香。华宝斋还在仿古复古中创新求变，吸收现代制版印刷技术，开拓题材，尝试印制文化艺术名人作品、国家领导人手迹。

平湖民间版画

平湖民间版画的制版印刷过程有：(1)画稿：在画纸上将主题图案画好、定稿，为其复印到木板上做好准备。(2)雕刻：选择好雕刻的木板，随后将画稿用复写纸印到雕版上。(3)用毛笔将雕版上的复印画面的线条勾画成黑色，然后将涂成灰色部分的版面刻去。(4)木刻工序完成后，就要用一种专门的油印滚筒对版面留下的凸起部分充分滚动上色。(5)上完色后立即(在油墨未干之前)拿一张画纸(可以是普通画纸，也可以是铜版纸，根据实际需要而定)覆盖到画版上，用一种类似于方形的平滑小木块或小石块放在画纸的上面来回移动、摩擦，使画纸与版面上油墨的部分充分接触，这样版面上的图画就以相反的成形方式印到了画纸上，真正的版画也就由此诞生了。

平湖民间版画以生活题材为主，印刷精致，深受当地民众喜爱。

坊间刻印《猛将宝卷》及神像

清末民初，《猛将宝卷》在嘉兴一带流传很广，所颂刘王正神即刘猛将。宝卷叙刘猛将一生事迹，主要是他曾率领百姓驱蝗护穑，不幸落水身亡。刘猛将的神灵崇拜，清光绪《嘉兴府志》等方志皆有载。

由于刘猛将的信仰影响较大，所以旧时曾有多种宝卷在民间流传。浙江嘉兴连四荡的神歌手刘永萍说，他所唱的刘王神歌，唱词就沿袭坊间刻印的《猛将宝卷》，但曲调则套用神歌的常用曲调。《猛将宝卷》民间刻印本现存嘉兴市图书馆。另有坊间木刻《普佑上天王》和新版《刘猛将像》。

五、灯彩与玩具

硖石灯彩

硖石灯彩始于唐而盛于宋，至今已有1200多年的历史。据在(清)陈云骏《硖山图志》载：中秋之夜"灯彩灿目，联络里许"。它的特点是静(张挂之灯)动(游举之灯)结合，品类繁多，人物、走兽、花果、禽虫、鱼虾、亭榭，应有尽有，与历代都会之灯彩比较，其精巧度往往高出一筹。

正月十五日为硖石灯会之正日，迎灯队伍先以烟火流星开路，继而彩旗火把，徐徐跟上，各式彩灯，沿街缓行。游灯时，管弦丝竹之声不绝，焰火流星相映成趣，把整个硖石镇照耀得五彩缤纷，如同白昼一般。宋代海宁著名女诗人朱淑贞（一说杭州人）写过一首词叫《生查子》：“去年元夜时，花市灯如昼。月上柳梢头，人约黄昏后。今年元夜时，花市灯依旧。不见去年人，泪湿春衫袖。”把当年灯市的情景，描绘得真切动人。

硖石灯彩不仅誉满全国，而且驰名世界，它那精巧的彩灯，曾在民国2年（1913年）“南洋劝业会”和民国23年（1934年）“法国巴黎赛会”上，分别获得奖章和奖状。1955年，周恩来总理曾把一对硖石花篮灯作为礼品送给国际友人。

仙居无骨花灯

仙居的针刺无骨花灯是一种纯粹的工艺灯，灯体高约40厘米，灯体用红绿两道土纸黏贴而成，没有一丝骨架。每盏灯由10个～58个灯面组成，凹凸成像，并用绣花针刺成各式花纹图案，针工之精细达到每平方厘米50孔以上。夜间观灯，灯体玲珑剔透，各式花纹图案透过针孔熠熠生辉。该灯的制作工艺要求颇高，制成需要经过绘图、黏贴、烫纸、剪样、装订、凿花、拷贝、刺绣、竖灯、装饰等10多道工序。

无骨花灯的独特性还表现在它的样式上，它有单体小灯和组合杠灯两大类。单体小灯有各种造型的荔枝灯、桂圆灯、宝石灯、花瓶灯、花篮灯、菊花灯、蝴蝶灯、八角灯、小宫灯等近50种，色彩缤纷，精致美观；大型组合杠灯，用60盏～100盏单体小灯根据灯的主体造型或内容不同组成鼓亭灯、细乐亭灯、轿里狮子灯、宝塔灯、鲤鱼灯、走马灯等，气势宏伟壮观。仙居无骨花灯，有“中华第一灯”之美誉。①

平湖西瓜灯

西瓜灯是在整只西瓜外面画上图案，用小刀雕刻至见白，开顶取出瓜瓤，做成灯笼状，内点蜡烛或装电灯即成，可提可挂，尤以平湖、嘉善一带为盛。清代文人徐锦华《咏西瓜灯》中有“水晶球带轻烟绿，翡翠笼含冷焰红”“一轮如月浸玻璃，好代萤囊照下帷”②之句。1989年7月10—19日，平湖举办历时10天的西瓜灯会，展出各类瓜灯1000多盏，并曾由浙江省电视台拍摄成艺术片《瓜乡游》。1991年6月28日，平湖举办规模盛大的西瓜灯节，主灯会场分设于东湖公园、儿童乐园、东湖中学3处。平湖东门解放东路口和南门大桥南堍各搭彩灯牌楼1座，并配以霓虹灯，与瓜灯、彩灯交相辉映。在“2008中国·平湖西瓜灯文化节”上展出的脸谱灯、古今诗词灯，更赢得观众的极大兴趣。

首饰龙灯

乐清灯彩，长3米，宽2米，高2.5米，是一只大龙船的结构。前有龙头，后有龙尾，中间分为5层～7层，每层贴着五彩缤纷的细纹刻纸，龙腹内点起灯时，在灯光的映照下四周的刻纸显得格外瑰丽。龙船上有70多个高台楼阁，制作细巧，玲珑剔透，具有中国建筑艺术的民

---

① 陈可易：《仙居花灯》，浙江摄影出版社2009年版，第17—19页。

② 平湖市政协文史委员会编：《平湖历代风情诗词选》娱乐篇，2004年刊印，第55页。

族风格。在各层长廊和亭阁中，有近300个雕塑人物，组成了80多出戏曲，内容取材于《三国演义》《岳飞传》等传统剧目或民间故事。这些人物，造型生动优美，服装鲜艳。在龙灯上，有齿轮传动装置，能牵引全部戏曲人物，下面有一摇手，由一人操作，只要转动摇手，那些人物就会活动起来，各自表演不同的动作，妙趣横生，引人喜爱，具有浓厚的地方特色和独特的艺术风格。每逢元宵节，各村抬首饰龙灯游行，观者如潮。①

温州珠灯

温州市南郊蒲州的珠灯，亦称"珠囝"，明代姜准《岐海琐谈》卷十中已有记载："元宵……亦有间用竹丝、珠囝、料丝、麦营诸灯以自异者，斗胜争奇，莫可殚述。"②现保存于温州蒲州中埠玄坦庙的珠灯，据传制作于清康熙年间(1662—1722年)。珠灯由近70盏形式各异的珠灯组成。珠用烧制的釉彩瓷或琉璃珠，灯呈六面体，高4米余，分3层组成整体。6个挑角是6盏花篮灯，并悬挂着6条由珠穿成的大对联，对联四边围是精美的图案，中间的对联分别是："春到人间人似玉，灯烧月下月如银"，它取自明唐寅写元宵之夜的诗句。

珠灯每层的周围都有6盏灯，其中第一层有两盏多角灯，灯上分别用彩珠穿有"龙飞凤舞"和"莺啼燕语"。这18盏灯的周围又都有网栏、飘带、珠球等装饰围环，灯光辉映，彩珠闪烁，随风飘荡，琳琅满目。

婺州花灯

婺州花灯有两种。一种是挂的，春节，元宵家家户户门前悬挂彩灯，近水村落还将彩灯挂在水面上，或者统一地点，集中展示，供人赏玩。另一种是迎的，有单迎花灯的，也有与龙灯一起迎的。

无论挂的，或者迎的花灯，种类都很多。龙灯有板龙、调龙、红枣龙等；杂灯有宫灯、殿灯、厅灯、堂灯、灶灯、宝莲灯、玻璃灯、字灯、珠灯；有鱼灯、虾灯、蟹灯、青蛙灯；有牡丹灯、月季灯、荷花灯、杜鹃灯、菊花灯、桃花灯；还有虎灯、狮子灯、象灯、马灯、牛灯、猪灯、羊灯等，不胜枚举。

各种花灯从编扎到糊裱、剪贴、绘画、装饰都很讲究。如牡丹花灯，是用大冬青树制作的，每树上二扎数十朵牡丹花，内点红烛，朵朵牡丹盛开，格外鲜艳。永康方岩花灯中台狮灯和推车灯，制作精美。浦江吴店的字灯，东阳花厅的人物花灯，均各具特色。

新安江水灯

所谓水灯，是在一块小木板上扎一盏彩灯，顺水而放。彩灯篾骨纸糊，或似荷花，或似玉瓜，或似亭阁，内燃蜡烛，置水面上任其漂流。新安江水灯施放日期，规定在每年农历七月十五日上元节，传说这一天为"鬼节"，旧时这天过午之后，梅城镇上各家店面就上了排门。有的人家在门口摆起香案，以祭未得超度的冤魂野鬼。天一黑，住在水上的人家上至七郎庙，下至下江口，千百户船家同时将水灯放下。霎时间，江面上灯影摇红，似万朵金花，飘落江心，两岸观灯者便会发出阵阵欢笑声，把"鬼节"的气氛，驱赶得无影无踪。

---

① 叶大兵：《中国民俗大系·浙江民俗》，甘肃人民出版社2003年版，第313页。

② 〔明〕姜准：《岐海琐谈》卷十，1936年排印本。

这一古老的文娱活动，据说起源于元末明初年间，因当时新安江一带是朱元璋和张士诚数次激战的地方，兵荒马乱，屈死于江边的外乡人很多。为超度无家可归的鬼魂，当地老乡便借七月十五鬼节之际，放水灯以送“远方鬼客”。说来可悲可怜，但形成风俗之后，倒也添人欢乐。四方游客，届时值得一看。①

诸暨三江口水灯

每逢农历七月十五日，三江口附近的每户人家都要制作数十只甚至上百只水灯。水灯由红绿彩纸黏糊做成方形、圆形、舟形，也有用河蚌壳、竹片制作的。其中置一灯芯，中间存放少许菜油。是日，当夜幕降临，这里的男女老幼，都到浦阳江边，点香插烛。先点燃岸上无数旱灯，尔后将千百只水灯点亮放入浦阳江。水灯顺流而下，灯火映照江面，波光衬着水灯，恰似昊天银河星光闪烁，煞是壮观动人。

据传当年西施被越王选中之后，乘船顺江而下，到达三江口时，天已黄昏，两岸百姓见船行迟缓，纷纷将火把插在沿江两岸，又用江边沙滩蚌壳盛油，做成水灯，顺江流放下，为西施行舟照明，并祈求河神保佑西施一路顺风。自此之后，这一风俗就在三江口一带流传下来。②

洞头孔明灯

孔明灯，据说从福建传来，一年四季，只要天朗风清都可放灯，没有月色之夜更佳。后把放灯设在元宵节，给节日增添了浓厚的气氛。

相传，魏蜀交战时，诸葛亮病危，因天上将星摇摇欲坠，恐影响士气，诸葛亮想了一计，叫人制天灯放上去，以作掩盖。为了纪念诸葛亮，历代传承，此俗亦叫“放天灯”，是我国节日的民俗活动。时间在元宵节或中秋节，也有在欢乐聚会的晚上燃放。

洞头海岛上放孔明灯原为“祭祀灯”，20 世纪 80 年代后改在某些欢乐活动（如“渔家乐”）中放飞。是夜，民间将许多点燃的孔明灯放到空中，万人争看，以此为乐。孔明灯有大有小，有长方形、圆锥形、圆球形。圆锥形大小如背篓，用竹片做骨架，外面糊白纸或红纸。灯底部绑着一个十字架，装有一个菜油灯。放时，灯贴着地面，点燃油灯后，周围用土密封。当火将罩内氧气燃完，仅剩二氧化碳气体后，去掉灯周围的土，灯就会自动上升。天灯在空中随风飘荡，直到灯火熄灭，才慢慢降落。

浙江传统玩具

玩具的出现与原始社会的形成是同步的。河姆渡文化遗址出土的骨哨和良渚文化遗址出土的木质陀螺，都具有玩具的功能。浙江传统玩具与民间游戏结合在一起，如皮球、毽子、陀螺、铁环。有的与民俗事象结合，如小花灯、四轮白兔灯、泥猫、泥菩萨、竹响叫、拨浪鼓、皮老虎等。清末民初，铁皮和弹簧制成的玩具如猴子翻跟头、雄鸡相啄、小丑敲镲等，也成为当时儿童喜爱的新玩具。

木制玩具　民间玩具多用竹木制成，取材方便，使用安全。1994 年被农业部命名为“中

① 叶大兵：《温州民俗大观》，文化艺术出版社 2008 年版，第 16 页。

② 浙江省工艺品进出口公司、浙江省工艺美术工业公司编著：《中国・浙江工艺美术》，浙江人民出版社 2000 年版，第 170 页。

国木制玩具之乡”的云和，主要产品可分两大类：仿生类，如小鸡、小鸭、小狗、小猫、狮虎、飞禽、爬行动物等；仿交通工具类，如汽车、火车、轮船、飞机等。有“木偶戏之乡”称号的泰顺，由古装木偶发展成现代木偶，其中系列产品“民族娃娃”曾获全国儿童生活用品优秀产品奖。

竹制玩具　主要有两类：竹雕竹刻玩具，如永康方岩的竹箫、竹喇叭哨、竹节节龙，东阳的雕花竹节套罐、雕花竹杯等。竹编织玩具，如杭州的竹编小花篮、竹编蝈蝈笼等。竹乡安吉制作的竹筒美女头像，其耳朵、鼻子、头发、帽子等都是竹片、竹丝粘贴上去的，工艺更为精细。

泥塑玩具　嵊州泥塑人物玩具很有特色，在传统的泥菩萨、泥娃娃的基础上，开发了文学名著人物和戏曲人物的泥塑造型品类，如《梁山好汉》《西游记》人物等，小巧玲珑，可以摆设，也可让儿童把玩。杭州半山和嘉兴余新镇的彩塑泥猫、泥菩萨、泥娃娃也技胜一筹。做泥塑用的泥一般选用带些黏性又细腻的田土，经过揉、摔、捶至干湿、软硬适宜为止。为增强泥的韧性，有时再在泥土里加些棉絮、纸浆等。把和好的泥坯，运用雕、塑等手法捏成所需造型，再经过修改、磨光、晾干后即可。最后再根据泥塑造型的不同，描上五颜六色的色彩，鲜艳夺目。

纸质玩具　特点是轻巧，使用安全。传统纸质玩具有风筝、风旋、拨浪鼓、假面具等。上虞生产的拨浪鼓、小喇叭、风旋等，与上海玩具厂挂钩联销。杭州生产的组合风旋，在西湖景处十分畅销。风旋除纸质外，也有用塑料薄片制成的。

塑料玩具　花色品种最多，各地都有生产。上虞生产的仿兵器、动物、洋娃娃等都较有名，特别是电动塑料玩具，销量很大。嵊州生产的塑料口琴、手风琴、小钢琴等，也多为儿童所喜爱；其中称为“旋转发音”的玩具，更奇特有趣。集塑料、羽毛、铝片、绸绒等于一体的光电玩具，如会环飞的彩鸟、会在水面上环游的水鸭等，已成儿童的新宠。

毛绒玩具　是在拼布玩具基础上发展起来新兴产业，以动物长绒玩具为主，宁波、杭州等地生产的花色品种最多。宁波产毛绒玩具多达千余种，其中又以中小型各式熊类（包括熊猫）、猴子类、狗类、兔子类的品种最畅销。十二生肖中的动物如鼠、牛、兔、羊、马、猴、鸡、狗、猪等，每逢本命年，销量更大。用塑料面具配以绸片、毛绒面料、丝带等制作成的老寿星、圣诞老人、洋娃娃和着中国民族服装的小娃娃，市场供应量也很大，特别在春节期间。

六、其他

龙泉青瓷

龙泉青瓷创始于五代十国时期（907—960 年）。它继承越窑传统，南宋年间进入了鼎盛时期。据《天工开物》载，宋时龙泉“烧造过釉杯碗，青黑如漆，名曰处窑”①。从宋代起，龙泉青瓷不仅是国内畅销产品，也成为重要出口商品，16 世纪晚期，龙泉青瓷传入法国。现在世界上所有著名博物馆，都藏有龙泉青瓷，仅土耳其伊斯坦布尔博物馆就有 1000 多件，日本东京还设有专楼珍藏。极具声誉的产品是民间传说中的哥窑和弟窑。哥窑是一种黑胎上有裂纹釉的青瓷；弟窑则是白胎青釉瓷。1959 年为北京人民大会堂浙江厅创制的青瓷迎春大花瓶，被誉为当代国宝。目前龙泉青瓷不断创新，科技人员不仅较好地继承了青瓷的传统民族

① 〔明〕宋应星：《天工开物》卷中《陶埏·白瓷附青瓷》。

风格，仿制出古代风靡中外的产品，还按照经济、实用、美观的原则，创制出“金鱼餐具”“象耳八角瓶”“八角花罐”“穿耳方口瓶”等新产品，赢得了国内外的一致好评，其烧制技艺已列为世界非物质文化遗产保护名录。①

龙泉宝剑

产于浙南龙泉市，迄今已有2000多年历史。相传著名铸剑工匠欧冶子，见龙泉秦溪山下环境清幽，水质甘洌，极宜铸剑，遂凿茨山取铁英（铁砂）铸剑。他曾受越王之聘做五剑（湛卢、巨阙、胜邪、鱼肠、纯钧），又与另一个铸剑巧匠合作，为楚王铸三剑（龙渊、泰阿、工布）。据说，有一次在淬火时，出现“五色龙纹，七斗星象”，因而把铸剑水池称为“龙渊”，把所铸的剑称为“龙渊剑”。此后，龙泉宝剑就名扬四海了。

龙泉宝剑有四大特色：(1)开刃后锋利无比；(2)刚柔并济，坚而不脆，韧而不曲；(3)手工精磨，不用镀料，天然寒光逼人；(4)纹饰雕刻精细，装饰制作古朴。一把宝剑从原料到成品，先后要经过炼、锻、铲、锉、刻、嵌、淬、磨等28道工序。龙泉宝剑为武术健身器具和观赏工艺品，深受国内外消费者的青睐。②

王星记扇子

杭扇历史悠久，自古有“杭州雅扇”的说法。特别是南宋建都临安后，不少制扇艺人云集杭州，“买卖昼夜不绝”。杭州城内清河坊有一条长达1公里多的扇子巷，就因当地制扇店坊多而得名。王星记扇厂的前身王星记扇庄，开创于清朝光绪元年（1875年）。创始人王星斋，祖辈从事制扇业。他自幼学艺，制作的黑纸扇，在意大利米兰、巴拿马和西湖万国博览会上屡次得奖，也曾作为杭州特产进贡宫廷。从此，杭州黑纸扇又有“贡扇”之称。杭州王星记扇子，以它独特固有的艺术美，称为我国工艺美术的一朵奇葩。王星记传统名扇，品种繁多，从类别来分，有象牙扇、檀香扇、白骨扇、白纸扇、宫团扇、女绢扇、戏剧扇、舞蹈扇、羽毛扇等13大类，其中以“三星”黑纸扇最为著名。把它放在烈日下晒、冷水中泡、沸水中煮，各经10多个小时，取出晾干，不翘不裂、平整如初，仍是一把好扇。③

宁波泥金彩漆

宁波泥金作品，早在明宣德年间（1426—1435年）就已闻名中外。它以中国生漆为主要原料，生产各种规格的传统产品，如挂屏、立屏、插屏、火炉屏，大小不同的博古橱、提桶、果盒等，产品丰富多样。生漆“白如雪、红似血、黑似铁”，称为漆中之王。泥金彩漆制作技法可分为“浮花”“平花”“沉花”3种，在用生漆髹漆的漆膜上，堆塑各种山水、花鸟、人物、楼阁等，其产品在1953年举办全国首届工艺美术展览会上，受行家好评。④

麦秆剪贴

是浦江民间麦秆工艺品。它用经漂白、染色、压平的麦秆芯薄片作原料，按设计剪成不同图案，黏贴在白绫子上面而成，在工艺品中独具一格。

---

① 浙江人民出版社编：《浙江风物志》，浙江人民出版社1985年版，第368页。

② 浙江人民出版社编：《浙江风物志》，浙江人民出版社1985年版，第366页。

③ 王邦铎：《浙江旅游大观》，测绘出版社1989年版，第369页。

④ 王邦铎：《浙江旅游大观》，测绘出版社1989年版，第367页。

麦秆剪贴早在明朝中期就已在浦江民间流传，起初主要用来做扇芯、帽花装饰，后来逐步发展成挂屏、台屏等品种。目前，麦秆剪贴方法由过去单一的平面剪贴发展到浮雕剪贴和立体剪贴，题材内容已从花卉、鸟兽发展到人物、风景，产品由纯装饰欣赏转向欣赏与实用相结合，除台屏、挂屏外，还生产立地屏、六页屏、四季屏等；立体剪贴的金鱼、鸳鸯、金鸡等还可以当花瓶，或用作储物容器。浦江麦秆剪贴技艺细巧，甚至连鸟的羽毛和树叶的叶脉都能一一刻画出来，被国际友人称为“迷人的艺术”。现产品远销奥地利、德国、意大利、阿根廷等国家。①

浙江民间工艺美术品种多样，繁花似锦。另如杭州首饰、萧山羽毛画、杭州铜雕、安吉彰吴扇子、三门石窗雕、舟山纸花、苍南矾塑、永康松石盆景等，也都各具特色。

第三节　民间竞技游戏

表现体能技能、游戏自娱，是人类的本性和追求愉悦的一种精神体现，相沿成俗。汉代王充《论衡·感虚篇》载：“……尧时，五十之民击壤于涂，观者曰：‘大哉，尧之德也。’击壤者曰：‘吾日出而作，日入而息，凿井而饮，耕田而食，尧何等力。’”这是在《帝王世纪》中被称为《击壤歌》的一首古歌，最早记录并流传于古越大地上。《古谣谚》卷十五云：“宋代王应麟《困学纪闻》卷二十引周处《风土记》云：‘壤’以木为之，前广后锐，长尺三寸，其形如履。先侧（插）一‘壤’于地，遥于三四十步以手中‘壤’击之，中者为上。王氏自注云：古童儿所戏之器，非土壤也。”②这大概是古越大地上最早的竞技游戏。河姆渡文化遗址出土了数以百计的骨哨，从管形大小和不同的开孔情况看，除了模仿鸟兽叫声和吹奏伴舞外，很可能还是一种互相竞吹比赛技艺的吹奏乐器。

《吴越春秋》卷九记有一则“越女”与“袁公”竹林比剑术的故事：“……越王乃使使聘之，问以剑戟之术。处女将北见于王，道逢一翁，自称曰袁公，问于处女：‘吾闻子善剑，愿一见之。’女曰：‘妾不敢有所隐，惟公试之。’于是袁公即杖箖箊竹，竹枝上颉桥未堕地，女即捷末。袁公则飞上树，变为白猿。”其中提到的“竹枝上颉桥未堕地”与民间的“压竹枝”比高低的竞技活动极为相似。

《后汉书》载曹娥父曹盱迎神溺江之事，《古文苑·曹娥碑》中详记所迎之神为“迎伍君”。③ 这种迎神活动，带有明显的竞技色彩，或与越王勾践水军竞船训练有关。

魏晋南北朝时期，由于南北文化交融，许多民间竞技游艺各见其长，文人雅士避世偷闲，也热衷于游戏之道。王羲之《兰亭集序》中描述的“流觞曲水”，是当时三月三水边踏青游玩，顺水放木碟的一种游戏。另据《晋书·王羲之本传》载：王辞官后，“与东土人尽山水之游，弋钓为娱”。“弋钓”即当时已盛行于民间的射箭和垂钓的技艺活动。

---

① 王邦铎：《浙江旅游大观》，测绘出版社 1989 年版，第 380 页。

② 〔清〕杜文澜：《古谣谚》，中华书局 1958 年版，第 278 页。

③ 佚名：《古文苑》卷十，上海书店 1989 年版，第 15 页。

至唐代，浙江民间的竞技娱乐活动，除斗鸡、竞渡、击鞠等外，又有弄潮。《元和郡县图志》卷二十五载：浙江“每年八月十八日，数百里士女，共观舟人渔子溯涛触浪，谓之弄潮”。①

南宋杭州是集南北竞技游戏的中心地，《梦粱录》《武林旧事》中记述甚详。《西湖游览志余·熙朝乐事》记明代杭州竞技游乐也很详尽。清末杭州人范祖述在《杭俗遗风》中对西湖竞渡、斗蟋蟀等的记述，也别具特色。现今流行于浙江民间的许多竞技游戏活动，大多是明清时传承下来，也有一些竞技活动出现稍迟些，如嘉兴的“掼牛”、乐清的“灵岩飞渡”以及儿童游戏中的“跳皮筋”等。

一、民间竞技

赛龙舟

也称龙舟竞渡。从曹娥父曹盱迎神落水而死的记载看，此俗东汉时当已在浙江形成。明万历《温州府志》载：“竞渡起自越王句践，永嘉水乡用以祈赛。”此记是循（宋）陈元靓《岁时广记》中“越地传云：竞渡起于越王句践”之载。西湖里龙舟竞渡的历史，至少可以追溯到唐宋。（宋）王谠《唐语林》卷三提到当年崔涓在杭州当太守，端午节，列舟湖滨，举行竞渡活动。②《武林旧事》卷三提到，杭州过了元宵节，富家巨室就争先出郊，称为“探春”。“龙舟十余，彩旗迭鼓，交舞曼衍，粲如织锦。内有曾经宣唤者，则锦衣花帽，以自别于众。京尹为立赏格，竞渡争标。内珰贵客，赏犒无算。都人士女，两堤骈集，几于无置足地。”③

明清时，温州龙舟竞渡仍很流行。（明）姜准《岐海琐谈》卷十载：“自城市以达都鄙，里社丛祠，各置龙舟。每邻（临）端午，好事者先捐私橐，或创或修。”④（清）赵钧《过来语》载有道光六年（1826年）五月初四瑞安县龙舟竞渡的盛况：“本岁闰月，龙舟甚多，兼之邑有彩舡，游人更盛。初四日，余与诸同人泛舟去拱瑞山看竞渡，士女四集，几至舟不可行……”温州划龙船活动以永嘉上塘、下塘一带的斗龙船最为出名。斗龙在江流湍急的楠溪江中进行，10里长途，往返20里，途长水逆，风紧浪急，可谓英勇。西湖龙舟竞渡一般以竞赛和表演相结合，余杭五常龙船盛会的表现色彩更为明显。绍兴龙舟狭长轻捷，是竞赛的好手。

踏浪弄潮

是一种古老而惊险的竞技，也是与天下第一奇观钱塘江大潮相关的、独特的竞技。《武林旧事》卷三载：“吴儿善泅者数百，皆披发文身，手持十幅大彩旗，争先鼓勇，溯迎而上，出没于鲸波万仞中，腾身百变，而旗尾略不沾湿，以此夸能。而豪民贵宦，争赏银彩。”

钱江潮气势磅礴，迅猛异常，稍不留神，便会被潮水吞没，丢了性命。久住江边的健儿却摸透了潮水的脾性，敢于向潮水挑战，在潮水尚未到达的那一刹那间在水上作种种精彩表演，其勇气和技能，令人钦佩不已。这与今天在西方流行的“冲浪”“蹦极”一类活动，有着大致相仿的文化内涵。

---

① 李吉甫：《元和郡县图志》卷二十五。

② 〔宋〕王谠：《唐语林》卷三，中华书局1983年版，第630页。

③ 〔宋〕周密：《武林旧事》卷三《西湖游幸·都人游赏》。

④ 〔明〕姜准：《岐海琐谈》卷七，1936年排印本。

明代，此风依旧不衰。《西湖游览志余》卷二十《熙朝乐事》记观潮风俗时也提道："伺潮上海门，则泅儿数十，执彩旗，树画伞，踏浪翻涛。腾跃百变，以夸材能。豪民富客，争赏财物。"据江边老船工们称：清末民初弄潮儿的绝技是拿一把大木桨站在小空船的船头上，迎潮而上。当潮头滚到船头前时，眼快手捷，用木桨劈开潮头，让小空船腾空而起，落到潮头上，然后顺潮头向上流氽去。也有在江边用长柄鱼兜迎着潮头，捞捕被潮头卷晕了的鱼儿。这一技艺也十分惊险。

踏白船

"踏白"，是宋朝边防军曾用过的一个番号，可见踏白船活动起始于宋代或稍后。嘉兴每逢农历三月十六蚕花娘娘生日，在三塔塘血印寺一带的运河塘上都要举行踏白船竞赛。白船实为一艘狭长的小木舟，每排二人并肩而坐划桨。视船身长短，可四五排或五六排不等，没有严格统一的规定。船尾两旁两支橹，用一块厚实的木板横搭在船尾，称"跳"，跳上立四人摇橹。船头指挥者面向划船者，不断大声呐喊指挥，划船人则随其动作统一行动，船即如箭脱弦而去。此船一般以村为单位组织参加，如同村人便在两岸敲锣打鼓呐喊助威，先到终点者优胜。嘉兴运河塘的踏白船比赛，参加者以南湖乡、嘉北乡各村为主。南汇乡、油车港镇、王店镇、新塍镇以及湖州市南浔镇也分别举行。

关于踏白船的来历，传说早年一次干旱，南湖一带桑叶不长，春蚕无以为饲。一女子逃到湖州地界，见桑盛蚕好，便连夜急行赶回，唤乡人飞舟买叶救蚕。这一年，嘉兴蚕茧丰收，但该女子却因劳累过度而亡。后人尊之为蚕花娘娘，于每年农历三月十六划船竞赛纪念她。①

斗牛②

斗牛之风，盛于婺江两岸的金华、永康、义乌、浦江一带。这种国内少见的风俗相传始于北宋明道年间。(清)陈其元《庸闲斋笔记》载：古婺江两岸"每逢春秋佳日，乡氓祈报祭赛之时，辄有斗牛之会。……比日至之时，国中千万人往矣！"③"祈报祭赛"是指古时民间一种祈天酬神的庙会活动。据史载：北宋年间，永康人胡则官至兵部侍郎。他曾上书皇帝，为衢、婺两州百姓，奏免身丁钱。民怀其德，在胡则幼时读书处永康方岩立庙祀奉，并定期举行庙会。斗牛，也以神庙为中心。

这种"娱神自娱"的斗牛活动，一般都在农历三四月间春耕结束时开始。这一年的第一次斗牛叫"开角"。"开角"后，根据年成的丰歉和庙会的盛衰，可一直延续到第二年春耕前。第二年春耕前的最后一次斗牛叫"封角"。其间，除农事大忙稍有间断外，几乎是一月一次大斗，半月一小斗，很少停顿。

参加角斗的牛都是黄牯牛。善斗的牛，一般颈部短、肩部高大、外形如雄狮者。养牛人还根据其不同特点，给取一个名字。如牛小而善战者，叫"铁榔头""千斤撞"；牛身庞大而动作缓慢，斗时两眼紧闭者，叫"熟眠虎"；两角顶撞有力者，叫"小金刀"；战无不胜、智勇双全者，又常

① 袁克露、张永尧：《踏白船》，载《浙江民俗大观》，当代中国出版社 1998 年版，第 624 页。

② 浙江人民出版社编：《浙江风物志》，浙江人民出版社 1985 年版，第 415 页。

③ 陈华文等：《浙江民俗史》，杭州出版社 2008 年版，第 334 页。

以古之名将命名，如“赵子龙”“武松”；有的牛毛色光泽，于是以色取名，如“黄金柱”“乌龙缠”“花蝴蝶”；有的以齿命名，如“双牙撞”“四牙撞”等等。

各家所畜之斗牛，皆精心饲养，一般除草料外，还要用大麦、酒糟、黄豆、糯米饭等喂养。所住牛棚，也很考究，天冷生火，天热通风，甚至“卧以真丝帐，食以白米饭，酿最好之酒以伙之”。牛身经常洗刷，并在每天傍晚赶出去溜达一圈，以助消化，名曰“扬料”。

图 96-8-3-1　金华斗牛（2008 年陈华文摄）

斗牛之日，先举行入场仪式，名之曰“迎牛”。迎牛时，各人之斗牛一般头簪金花，身披红绸，由 4 个身穿彩衣、头扎汗巾、腰系飘带的护牛壮士呼拥而入。斗牛场大都选择在地势广阔，四周有高地可作观众天然看台之处。场地四周，打上木桩，拦以绳索。场地两边，各以两枝青竹弯成拱门，上挂红布，名曰：“场门”。各地斗牛入场后，评判者也相继入场，他们头缠青布，赤足短裤，俗呼“拆牛人”，也称“牛人”。

斗牛汇集后，就拈阄决定斗牛次序。参加角斗的两头牛，由两家护牛壮士护送到赛场中央，不能任其自由活动，需使它们迎面而立，相互对视。对视片刻，牛性发作，即互相进击。只见两牛四角交架，尾巴夹紧，尖角相磨，碰击有声。斗到三五回合之后，双方壮士上去将牛强行分开，又让它们互相对峙。如此几经拆合，牛性越斗越狂，观众在一旁呐喊助威，最后，强者横冲直撞，所向披靡；弱者血肉淋漓，奔走逃窜。

相斗之牛，通常有几十对，最后获胜者称为“牛状元”。牛状元洗刷干净后，披红戴花，鸣锣开道，由本村人护送回去。获胜的牛主人于是大张筵席，广宴亲朋，庆贺斗牛胜利。

除了金华斗牛之外，还有“嘉兴掼牛”。它既不同于金华的以牛与斗牛，也不同于西班牙的斗牛士持剑与牛相斗，而是斗牛者用双手抓住牛的双角，与牛顶撞扭扑，最后将其摔倒。掼牛者不但要有力气，还要运用智慧；当牛发性时，避其锋芒，巧妙回旋；当牛气馁时，出其不意，将牛扳倒。当牛被摔倒时，往往全场轰动，掌声不绝。

嘉兴掼牛历史较短，从外地引进。嘉兴第一代斗牛士李青山是回族老人，他祖籍河南，从小尚武习艺，民国初年，为谋生来到嘉兴落户。李老汉曾获 1981 年全国武术比赛金牌奖。其弟子有韩海华、徐铁根两人，斗牛之技更出众。1982 年秋，在呼和浩特市举行的全国少数民族传统运动会上，韩海华只经几个回合，便将一头偌大的黄牛摔倒在地，赢得了全场观众的热烈掌声。今天，嘉兴掼牛已成为一项新兴的体育运动。

九狮图

是流传于永康、仙居等地的一种技艺独特的拉线狮子。拉线狮子也称牵线狮子，一般为母幼道具狮子一对，在丈余高的木架上由操纵者拉线表演各种嬉耍翻滚动作。永康、仙居拉线狮子《九狮图》一般由大小不等的狮子，在分层分档的龙头木架上，表演大小狮子相亲相爱、互相追逐、上下翻滚等多种动作，如“双狮抢球”“众狮戏球”“小狮爬母背”“小狮翻跟头”等，并配以锣鼓吹打，极具观赏价值。永康《九狮图》曾获文化部“华夏一绝”银奖。①

罗汉班

既是一项民间武术活动，又包含竞技性质，金华地区永康、义乌、东阳一带最为普遍。据《金华市文化志》载：“全市各地均有罗汉班。永康一带以村为单位，人数多少不限，每年七月半集中训练，开始推举一人牵头，称‘领袖’，由其主持‘盘拢头酒’，吃过拢头酒者，注入花名册，组成罗汉班。罗汉班武术有拳术、棍术、叉术、大刀术、马刀术、枪盾术、叠罗汉等，均请拳师教练。花样有‘背独脚’‘叠龙亭’‘叠门山’‘奈何桥’‘叠马’‘叠荷花’‘猴子洞’‘排字’‘叠牌坊’等，表演有飞叉、团叉、踏叉、套叉、钩叉等技巧。外加走阵、打盾牌、开四门、打五虎等，道具为旧式刀枪剑棒十八般武器、绿毛狮子等，配以锣鼓唢呐，于农闲时外出表演。罗汉班的人一律穿黑衣、红裤、竹节袜、黑白帮布鞋，腰系一条白毛巾，赤膊，不准戴帽。相传义乌罗汉班起于明代，戚继光在义务招兵，于是叠罗汉、练拳术蔚然成风，准备练就本领为国效力。此习沿至清时，清朝开武举，各大族为勉励子弟求取功名，先后设立武书堂，经费由公堂开支，聘请拳师，置练武器械，朝夕练功。清光绪时废科举，武书堂无形解体，但少数好动青年，仍以打拳弄棍为乐事，组织罗汉班聘请拳师授艺。此习一直沿袭至今，故有‘义乌拳头’之说。永康罗汉班八九月间要举行‘游案’，队伍以锣鼓开道，以案旗、大刀、叉、缨、盾牌、棍棒、荷花蕊为序，到本村及邻村表演。此外，罗汉班还有按规定轮流上方岩拜胡公之俗。”②

与金华地区罗汉班中“叠罗汉”相似的竞技活动，省内其他地区也多有记述，如天台、诸暨等地的迎社活动中，也往往有民间武班表演叠罗汉、甩响叉等竞技。

迎罗汉

缙云壶镇的迎罗汉活动别具特色。该活动一般在农历九月中、下旬举行。活动前一天，各村要在祖祠或主要活动场所祭祖，然后聚餐，制定行走的路线。第二天一早，小号响遍全村，名曰“催号”。人员集合，锣鼓、钹、小号等响器手在前，旗手紧跟其后。旗上一般写“风调雨顺，国泰民安”之吉语。然后由联系人按照既定路线，依次招呼各村的首要人物，安排好“迎罗汉”要用的场地和事项。这一天，“迎罗汉”队伍全部出动，同一条路上就有好几支队伍。同一个村的不同场地就同时有不同的“迎罗汉”队伍在表演，锣鼓声、欢笑声遍及各村。

迎罗汉的表演队伍，按各村的人力物力编排，规模亦有大有小。表演项目有十八姑娘化装成的“十八狐狸”、有八至十人组成的“打铜钱板”唱莲花落、有一帮壮汉组成的“叠罗汉”、有扮成《水浒传》群雄的“一百零八将”、有源于诸葛亮八卦阵的“摆阵”等。另外还有“八仙”“水漫金山”等戏曲造型。迎罗汉活动持续数天而人们兴致不减。③

高杆船技

也称“标杆船”，是桐乡洲泉镇、崇福镇一带的一项传统民间竞技活动，也是与蚕乡风俗有关的一种娱乐形式。标杆是用一根长约10米的毛竹，粗细以双手能握为宜。毛竹固定在船

---

① 舒启华、胡连法：《永康“九狮图演舞”》，载《浙江民俗大观》，当代中国出版社1998年版，第612页。

② 《金华市文化志》，浙江人民出版社1991年版，第155页。

③ 陶进毅：《缙云壶镇迎罗汉》，载《浙江民俗大观》，当代中国出版社1998年版，第551页。

头上，顶端装有一只“斗”，表演者攀竹而上，站在斗上表演“苏秦背剑”“张飞卖肉”等节目。竹梢因受力而颤动，表演者随之忽上忽下，动作十分惊险。表演者轻松自如，能用脚勾住斗边，名为“倒挂锄头”。还能把红绸带系在竿头，人沿绸带快速滑下，称为“蜘蛛放丝”。标杆表演早在2000多年前的西汉就有了，当时使用竹固定在车子的木架上，基本动作十分相似。表演者一般为臂力特好的青壮年，身材轻盈矫健。表演者身穿白色绸衣绸裤，闪闪发亮，远远望去，好似一条上下翻动的龙蚕，十分夺目。

翻九楼

原为道教超度亡灵的一种法事活动，其表演形式为先在广场竖两根高达10余米的木柱，两柱顶端设一横档。柱间叠九张或十张八仙桌，缚于柱上，代表九重天。表演者头扎红巾，身着彩衣，脚穿草鞋，在举行叩拜念咒仪式后，自下而上依次倒翻至顶层桌面或柱端表演“金鸡独立”“白鹤展翅”“竖蜻蜓”“龙戏水”等高难度动作，并向楼下抛掷馒头。最后自上而下从另一边逐级翻下。整个过程均有鼓乐相伴，鞭炮声不绝。

东阳、永康、浦江、萧山一带翻九楼技艺高超。东阳和萧山的“翻九楼”已于2008年被列为第二批国家级非物质文化遗产代表性项目名录。

十八般武艺

据《中国文化史词典》载，至清代，十八般武艺有两种说法，一说为矛、锤、弓、铳、弩、鞭、锏、剑、链、挝、斧、钺、戈、戟、牌、棒、枪、扒；一说为弓、弩、枪、刀、剑、矛、盾、斧、钺、戟、鞭、锏、锤、殳、叉、爬头、绵绳套索、白打。浙江民间十八般武艺因受历史传统影响，剑、叉、枪、刀、棍等，皆为常习之武艺。余杭五常十八般武艺是由晚清时期形成于余杭南乡的“拳灯”逐渐演变而成的。原拳灯的道具兵器有关刀、钺斧、蔡阳刀、对刀、龙宫耙、阴阳耥、锁、佛手、狼牙棒、长枪、三节棍、连环刀、棍、棒等。

现五常十八般武艺采用武术界通用的棍棒刀枪，在集体演练和棍棒技艺上，都大有改进与提升，成为一项别具特色的竞技活动。①

斗鸡

民间斗鸡之风，在浙江流传久远。南宋建都杭州，群臣耽乐湖山，环湖蒋苑、杨府等庄园，放春季节都要陈列书画、古玩，还要做秋千、射垛、斗鸡等游戏。当时各庄园都设有鸡坊，各地热心斗鸡者，平日收养高冠翘尾、毛色金黄、脚爪坚硬的善斗越鸡和萧山大种鸡，以备斗鸡之用。

明代，绍兴民间斗鸡十分盛行。传说，当时的著名散文家张岱，因为喜爱斗鸡，曾于天启年间在龙山之麓，设立了一个斗鸡社，经常邀请一些好友，以斗鸡取乐。现今城区新市场附近，还留有一个叫斗鸡场的地名，相传，那里便是当年绍兴斗鸡的地方。

民间斗鸡场一般均设于空旷之地，占地约半亩左右，四周围以三尺来高的土墙，观众便在场外观看。斗鸡一般以鸡身高大，羽色金黄，高冠翘尾，啄坚爪壮者为上，但有时体形瘦小者亦常能出奇制胜。绍兴民间，就流传着一个绍兴小白鸡斗败琉球大公鸡的故事。

---

① 丰国需：《西溪民间风情》，杭州出版社2012年版，第71页。

自清代以后，民间斗鸡的习俗已经不复再见。但近年来，这一传统娱乐习俗，却为一些旅游景点所沿用，绍兴会稽山百鸟乐园1999年开园时，就推出了斗鸡这一娱乐项目。

斗蟋蟀

俗称"斗蛐蛐儿"，为多见的民间搏戏。南宋权相贾似道当年专门写过一本《促织经》，大谈蟋蟀之道，人称"蟋蟀平章"。明清以降，民间斗蟋蟀之风久盛不衰。据老人回忆，民国初年，在杭州迎紫路就有一家鸟儿茶店，是当年杭城斗蟋蟀的中心之一。一过白露，蟋蟀叫声彻夜，这里也就热闹起来。届时街头会贴出一种红纸，上写"秋虫开斗"四个大字，注明赛事的时间地点，蟋蟀迷便会辗转相告，积极参赛。斗蟋蟀时，盆有养罐、斗罐之分。各人将自己的蟋蟀从养罐引入斗罐，紧接着便是开斗。双方蟋蟀先是各居一角，默不作声，似乎互不相干。监场一声"起斗"过后，各自主人用草去逗引，两只蟋蟀便雄赳赳地冲上前去，张口就咬。如遇上旗鼓相当的对手，顿时会不断翻滚，不分伯仲，俗称"滚球"。两只蟋蟀都用自己的头去顶对方，以致前爪悬起，犹如斗牛一般，俗称"撑板凳"。一番鏖战之后，终于决出胜负。胜者振翅长鸣，穷追猛打，好不威武，总是会引得四周一片喝彩声。通常要经过许多回合的搏斗，过五关斩六将，才能决出冠军。当年，有围观者赌博输赢的。据《绍兴民俗文化》载："绍兴民间的斗蛐蛐则纯属娱乐，很少有赌博性质的。爱好者往往夜间闻声而认其穴，白天，浅者翻瓦掀砖，深者水冲汤浇，伺其跳出，拘捕而归。先在蟋蟀盆中静养数日，喂以毛豆等物，尔后，与早先捕得者比较，体长腿壮，形姿矫健者留下，分别名之以大将、二将、三将等等，伺机与同好者搏斗。斗蛐蛐作为一种民间娱乐，至今流传不衰。每到秋天，绍兴花鸟市场的一些摊档上，还有蛐蛐出售。"①

拔河

民间传统的竞技体育活动。唐代已很盛行。《封氏闻见记》卷五载"……今民则以大麻絙，长四五十丈，两头分系小索数百条，挂于胸前。分二朋，两相齐挽。当大絙之中，立大旗为界。震鼓叫噪，使相牵引，以却者为胜，就者为输，名曰拔河。"②却者，为后退；就者，为前移。其竞赛方法，与现在的拔河活动，完全一样。浙江民间拔河活动，多在寒冷季节进行，因拔河用力迅猛持久，往往汗流浃背，是御寒的好办法。在人数、体力相等的情况下，拔河取胜的技巧在步伐姿势和有节奏的统一发力。

摔跤

是民间一项最普遍的竞技活动。两人徒手相搏，按一定规则，用实力、技巧将对方摔倒为胜。摔跤自原始社会起，就是人们比试体力、强健身体的一种活动。传说中黄帝战蚩尤的角抵，即为一种摔跤。秦汉时期称角觝。唐代称相扑。宋代民间已有摔跤的民间社团"角抵社"。《武林旧事》卷六载当时在杭州从事角抵和相扑的艺人，就有王侥大等53人之多。清代始称摔跤。浙江各地多为民间武术团体中的一项专修技能，一般有不成文的竞技规矩，即相摔者不得拳打、脚踢、嘴咬，以相抱、相扭、相扯、相绊将对方摔倒为胜。中华人民共和国成立

---

① 徐冰若等：《绍兴民俗文化》，中华书局2004年版，第17页。

② 陶宗仪等：《说郛三种》第二种《封氏闻见记》，上海古籍出版社1988年版，第2153页。

后，已有统一的比赛规则和摔法。

顶高照

为一项难度极大的传统竞技节目。据《西湖志》“西湖庙会”载：“迎神赛会……后为‘高照’，一面用绸缎刺绣之大旗，上绣‘敬神如在’‘国泰民安’‘风调雨顺’‘五谷丰登’等吉利用语。旗杆用长三四丈大竹竿做成，由一彪形大汉擎举，边走边舞，有时将‘高照’顶在头顶、后颈、前额；有时在手臂、掌心、拳头上，作出各种惊险动作。”①诸暨西乡盛行的“顶高照”特具美名。据《诸暨民间艺术大观》载：“高照由10米多高的竹竿和窄长的旗幡制成，旗幡边上绣民间吉祥物和‘风调雨顺’‘国泰民安’字样，只有具备高超技能的人，才可边行边耍，动作惊险而好看。”②迎会时，数村高照汇于广场，各显神通。一般以竹竿之粗壮高大，制作之精美，顶、耍、举、托等技能之完美者为优，赢得最热烈的掌声和欢呼声。天台顶大旗，技艺相似，也颇具地方特色。

舞石锁和举石担

舞石锁是湖州民间一项传统的健身运动，流行于太湖沿岸和菱湖、双林、练市等水网地带，是船拳运动中常见的表演项目。

石锁用花岗岩凿成，重量因人而异，因其形如锁，故名。旧时，湖州一些年轻小伙子为锻炼身体，在庭前户后练习石锁，先练臂力，待将石锁能挺举自如时，再练习套路。1979年浙江省传统武术观摩会在湖州举行，太湖乡义皋供销社裴文明表演舞石锁，时而左右穿舞，时而头顶抛接，刚劲遒健，功力可见，令观摩者拍手称绝。舞石锁对增强体质，锻炼臂力和腰、腿部力量，具有显著作用。故在湖州民间广为流传。

举石担又称挺砺子，是湖州民间古老的健身方法。旧时湖州民间为喜庆丰收，岁末家家户户都要磨米粉，打年糕，做团子，祈祝年年高升，人口太平。欢度春节时，农村青年们便砍竹子，取磨盘，制石担，在村前挺举，互相比试力气。举石担形式颇多。有单手挺，双手举，高手们还能双手舞花，头顶盘旋，左右穿花。不少地方长期的演练中形成了不同的套路。1984年清明节，南浔区练市镇施家浜年近半百的老农王子芳在含山蚕花节上作精彩表演，把97斤的石担挥舞得出神入化，令观众叹为观止。湖州老拳师孙铁根，还著有《石担演练法》传世。③

放风筝

风筝也称纸鸢、纸鹞。《武林旧事》卷三《西湖游幸》记南宋皇帝游西湖的种种遗闻，顺便也提到了当年民众的一些娱乐活动。文云：“桥上少年郎，竞纵纸鸢，以相勾引，相牵剪截，以线绝者为负，此虽小技，亦有专门。”④由此可见，放风筝原是一项含有竞技性质的娱乐活动。近年来，以山东潍坊为基地的国内国际风筝大赛不断，有“江南风筝王”之称的湖州风筝世家传人金月强制作放飞的“大龙”风筝，曾被评为全国“十佳风筝”之一。自古以来，杭州城隍山

---

① 《西湖志》，上海古籍出版社1995年版，第900页。

② 张尧国主编：《诸暨民间艺术大观》，浙江人民出版社2005年版，第58页。

③ 韩锡曾：《舞石锁》，载《浙江民俗大观》，当代中国出版社1998年版，第554—555页。

④ 〔宋〕周密：《武林旧事》，浙江人民出版社1984年版，第39页。

是放风筝的好地方。童谣有唱："二月二，城隍山上放鹞儿。"又一首童谣唱道："鹞儿鹞儿放得高，回家吃年糕；鹞儿鹞儿放得低，回家抱弟弟。"也含有竞技意味。

浙江民间儿童自制的一般为瓦片鹞、衣裳鹞，用竹片骨架扎成"王"字"开"字形粘上棉纸和飘带即可。店铺出售的则有蝴蝶、金鱼、老鹰、蜈蚣鹞等。

灵岩飞渡

雁荡胜景，峰为主体，有"奇峰百二""怪石百三"之称。一进雁荡山，首先引人入胜的就是这些峭拔挺秀的峰峦和嶙峋怪特的岩石。南天门由对峙的两峰组成，天柱峰宛如擎天大柱，高 266 米；展旗峰横展大地间，高 260 米，两峰相隔约 250 米。飞渡表演，就在这两峰之间进行。"悬崖滑索"与"凌空飞渡"是飞渡队的拿手好戏。以天柱峰顶为起点，沿陡壁放一绳索至峰底。表演者握住这根绳索，以优美矫健的姿态，沿着绝壁自峰顶如飞似荡下来。表演者不断地摆着双脚，时而贴近陡壁，来个"左手摘桃，右采石斛"动作，时而来个"足蹬天柱"，使人弹回空中。表演的动作还有掌托天门、倒挂蝙蝠、潜龙入海、仙子下凡等。

悬索上"凌空飞渡"表演，动作更多，有凤凰展翅、雄鹰起飞、猴子捞月、鹞子翻身、跨马扬鞭、高空飞轮、手挥琵琶、仙子临风、礼炮迎宾、天男散花、紫燕穿云等。动作时刚时柔，体态灵巧轻盈，历险阻似履平地，来往自如，被赞为"世上最高的空中舞台"。

缘橦

缘橦是湖州民间流传深广的古老体育活动。缘，取"攀缘"之意；橦，指橦木，也就是杆的意思。缘橦就是"树之攀缘以为戏"，即今之爬杆运动。

缘橦的历史渊源，可追溯到原始社会。那时人们巢居，缘树上下，习以为常。春秋战国时期，已有爬缘表演。南北朝时俗称"猕猴缘竿使"，形容人像猕猴那样轻灵，在橦木上攀登飞跃。缘橦在湖州民间广为流传，还有其地理、生产和生活方式的原因。浙北农家，门前户后植树栽竹，俗称"前槐后竹，打船造屋"。孩子长到六七岁，便三三两两，在庭前屋后作攀树、爬竹等游戏，或捕捉雀鸟，或比赛高低、快慢。水乡渔民，扬帆入太湖打鱼，桅杆上的绳索有时被大风吹断，渔民们就凭借缘橦功夫，爬上桅杆抢险。

新文化运动后，由于"缘橦"二字深奥，故改成爬竿，民间则称为爬树、爬竹。近代体育传入中国，学校普遍设立体育课以后，爬杆则被列为体育课的教学内容，不少学校将它作为身体素质、特别是上肢力量训练的有效手段，也曾被列为《国家体育锻炼标准》的内容之一。①

打秋千

也叫"荡秋千"，是一项传统的体育娱乐活动，《武林旧事》卷三"放春"篇即有"射垛及秋千"的记载。流行于乐清市蒲岐乡的秋千，颇具特色。正月元宵或前一日举行。先以两根大木为架，高约 10 米，架顶用 4 根粗麻绳，向对角延伸拉紧，绳尾结桩固定，使架稳定，以防表演时架倒伤人。两木相隔约 8 米，两木之间装秋千活动转轴 4 个。每轴高约 6 米、宽约 6 米，选勇敢机智的十一二岁男孩若干人，先用带子将男孩紧系轴中间横木上进行预习，如无其他反应，即可上演。架底周围绕 2 米多高的帆布篱笆，鼓乐伴奏及推轴旋转的青壮年均居其中，观

① 韩锡曾：《缘橦》，载《浙江民俗大观》，当代中国出版社 1998 年版，第 633 页。

众看不见架底内景。每场表演为4人,多以京剧折子戏中人物打扮,推轴旋转如飞,以动作规范荡得高者为胜。①

射毽河

丽水山乡的一些农村,人们喜欢一种"射毽河"的游戏,特别是春节期间,青少年尤为喜爱此项活动。射毽河的毽为羽毛毽。毽羽为5根~7根一样长短的公鸡尾羽。射毽河活动需要一块如篮球场大小的场地,在场地中间画一条线,作为"界河",参加活动的两人各在"河"一侧。射毽河不用脚踢毽,而是用手投射,发毽时先把毽用掌心往上连托,第三托时要把毽用力一拍,即射过"河"去。对方接毽时,可以一托或两托,然后把毽射回,也可接毽时不托直接回射,如此反复对射。两方斗技斗智斗巧斗体力。又跑又接有托有射,时近时远,其中一方接毽不着,落了地,则判负。以3局为一场定输赢,输者退场由他人顶上参赛。顶上的人先发毽,其比法与前相同。射毽河比赛除单对单外,也有双对双比。②

打木桥

两人成弓步,互握手掌,比赛时,各以臂互相牵引,使对方失去平衡移动脚步者为胜。

豁拳

是全省通行的多为成年人参与的助兴娱乐活动,一般在喜庆宴会中进行。豁拳又称"猜拳"。有"对猜"(二人豁拳),"三关"(三人豁拳)等。所谓"三关",即甲与乙豁,若甲胜,则甲与丙豁;若两胜,则丙与乙豁。余类推。豁拳前须先唱"全福寿啦福寿全啦",称"戴帽""讨彩",然后开豁。豁拳时吆喝的数字吉利话各地略有不同,金衢一带为一是"一点升"、二是"两相好"、三是"三元及第"、四是"四季发财"、五是"五经魁"或"五梅花"、六是"六顺风"、七是"七巧玲珑"、八是"八仙过海"、九是"九子登科"、十是"全家福"或"十全美",一对拳称"元宝一对"。宁绍地区一般为"一定发财"或"幺经魁首""两相好"或"两榜进士""三星高照""四季平安""五子登科""六六顺风""七个巧""八仙过海""九九长寿""十全如意"或"全福寿",拳头称"平拳一对"。③

石头剪刀布

也叫"比刀、纸、石"民间极为普遍取胜游戏,也带有竞技性质。手握拳形似石头,伸出食指和中指形似剪刀,张开手掌形似一块布。三者互相制约:石头可敲击剪刀;剪刀可剪碎布;布可包住石头。两人对决时,形状如不相同,总有一方取胜。这项极为普通的竞技游戏,表面看去纯属碰运气,其实内中颇有技巧和奥妙。21世纪初以来,国际游艺界学者对中国这一传统的游戏技艺作了研究,认定是中国一项古老的、具有智慧和技巧竞技游戏活动。

民间棋娱④

全省各地流传,形式略同,举诸暨民间为例:

"五行旗" 是由两个长方形相交而成棋图,供两人对弈。甲乙各均布4枚棋子。按"金

---

① 叶大兵:《温州民俗大全》,新疆人民出版社1998年版,第345页。

② 童涉、金泉:《射毽河》,载《浙江民俗大观》,当代中国出版社1998年版,第635页。

③ 徐冰若等:《绍兴民俗大观》,中华书局2004年版,第165页。

④ 周熙凤:《西施故里风情录》,中国文联出版社2002年版,第138—139页。

木水火土”口诀每字走一步，最末“土”字与对方相撞而吃掉对方。以先吃光对方棋子者为胜。此棋较为简单，多为儿童所玩。

“上天棋”　上方画个“天”字，下方画个“田”字，中间以折线相连，可由3人共玩。此棋还有一句小谣曰：“一四七，有的吃；二五八，赶草塔；三六九，醉老酒。”每人一子，用掷骰子或豁拳来定谁有上爬一格之权。中途相碰时，被碰者要罚落地重新上爬，以先到天上者为胜。

“八吉棋”　纵横各9条线构成棋格，每只角上有3个圆与线相交。甲乙双方各有9枚棋子，行走为一格一步，但要吃掉对方子时必须在圆上绕一周，故而也称“荡荡棋”。此棋较为复杂，大人玩得较多。

“西瓜棋”　因为它的图形如西瓜，故称。有的称“西瓜乐术”。棋图呈圆形，纵横有两条直线相交，中间一个小圆，边上4个半圆，构成107个点。甲乙双方各6枚棋子，它的走法颇像围棋，要围住对方，才能吃掉棋子。所以双方对弈起来很有讲究，也很吸引人。

国棋围棋和象棋，在浙江民间也普遍盛行，特别是围棋，20世纪60年代以来，嵊州、天台等地男女棋手辈出，天台县曾被命名为全国第一个“围棋之乡”。

二、民间把戏①

钻圈

民间杂技常演节目。先在表演场地中心立两个直径80厘米的竹圈，表演者三五人先后拼手穿越上一个圈，而后穿越上圈，又伸腿从下圈穿回，以不碰到竹圈为优异；若碰倒竹圈，则必须重来。所立竹圈从一、二圈增至三、四、五圈时，穿越难度极大，穿越的姿势也多有变化，以反背穿越高圈为精彩。另一种常见的钻圈技艺叫“钻火圈”。圈用铁丝扎成，圈周扎有点燃煤油的棉团，置于桌上。一般为单圈，表演者赤膊穿越而过，火不着身。

走钢丝

民间杂技常演节目。表演者一般选择有可打铁柱桩的场地，或在大篷帐内表演。先在两铁柱桩上架一较粗的绳索或钢丝索，表演者徒手从钢丝索的一端，移步缓慢地走向另一端。来回走动几次成功后，表演者会在钢丝索上表演各种抛甩小技，如“抛帽”“抛短棍”等。最后会表演一种难度较大的动作，即双脚踩在钢索上作左右摆动摇晃姿态。以摆动幅度较大为技高一筹。

抖空竹

民间杂的传统节目。（清）李虹岩《朝市丛载·时尚》卷六载“抖空竹。每逢庙集，以绳抖响，抛起数丈之高，仍以绳承接，演习各样身段。”②空竹是一种能发响的竹木制玩具，经表演者手中的拉线拉动后，能发出“嗡嗡”“铃铃”的声音，故又称“抖嗡”“扯铃”。清末民初浙江城乡间卖艺的民间马戏杂技魔术团，几乎都有这一节目，且多为着彩衣的女子表演。表演以队形多变，抛得高，翻滚接得准为好。

---

①　浙江民间把戏多为清末民初的传统节目，除下述较为完备的节目外，还有遂昌的“千斤大力士”（与“躺钉板”相似）“劈砖头”“银枪刺喉”，龙泉的“开天门”（即“翻十三楼”）“上刀山”（即“爬刀梯”）等，较具地方特色。

②　叶大兵等：《中国风俗辞典》，上海辞书出版社1992年版，第632页。

躺钉板

民间杂技中较为惊险的节目。先由一赤膊束腰者仰卧在一块布满铁钉的“钉板”上，然后由两名副手抬来一块大石板，压在躺钉板者的身上，并用两把大铁锤在大石板上轻轻锤几下，待到观众惊愕时，两人即抡起铁锤，重重一击，将大石板击碎。同时间，那躺钉板的人一跃而起，两名副手急忙拉他朝四周观众验看他的背部。一般只有密密的凹点，皮肤并无损伤。躺钉板无伤，会使观者感到十分惊奇。

耍响刀

民间杂技常演节目。表演者多为男性。先由一人执一口刀背上挂满响铃的大刀，在表演圈中舞动一番，并向四围观众打拱作揖，然后将大刀在手臂上滚动。滚动时，挂在刀背上的响铃发出阵阵清脆的铃声，十分悦耳。最后，耍刀艺人用臂力将响刀抛向空中，用转身、跳跃等姿势伸臂接住响刀。抛得越高，接刀的姿势愈有变化者，往往博得观众一片掌声。浙江民间还有一种耍响叉的技艺。响叉是在木棍的一端装上“山”字形的钢叉，叉颈部套有环形的铁片，耍动时会发出“刹啷啷、刹啷啷”的声响。玩法与耍响刀相似。①

耍猴

也称猴戏，传统的民间杂耍。一般由专业艺人驯化的一两只猴子，在空旷的场地上表演。艺人们先敲锣打鼓示意猴戏即将开场。待观众汇集后，一两只戴上旧时官帽、身穿彩衣的猴子，就地向观众做作揖勾头等动作，而后在锣鼓声的配合下，做翻滚、爬竿、过天桥等各种有趣而带滑稽的动作。行头较为齐备的耍猴艺人，有时还带一两只小羊或小狗配合表演，让猴子在小羊或小狗背上做竖蜻蜓、翻跟头等动作。表演结束，猴子还会脱帽向四周观众讨钱。

耍火球

民间传统杂耍。一般在乡村间的广场或马戏团的大篷帐内演出。早期用铜丝或铁丝扎成两只网球，内放炭火。耍弄者上下左右挥舞末端系有火球的长绳，先慢后快，高速时，只见火球不见人。技艺高超者还能边挥舞边翻滚，或将火球掷空，然后接住。清末民初，浙江城乡间见到的耍火球已不用炭火，而改用小铁碗盛放煤油浸泡的棉团，耍法相同。

耍水碗

民间传统杂耍。表演方法和原理与耍火球同，唯碗内盛水。表演前，艺人首先当观众面，将清水注入网线袋内的瓷碗中，而后进行表演。表演结束前速度渐慢，碗面与地面平。完全静止时，艺人会让观众察看碗内的清水“滴水不漏”。

耍坛子

传统民间杂耍。表演者往往是肥头大耳，身穿长袍。出场时首先让观众察看手头的坛子，确是陶瓷烧制，击之当当有声。而后表演者抓起坛子，自胯下向头顶掷去，那坛子便稳稳地搁在表演者的光头上，如同黏着一般。这样经反复表演后，表演者会扭动身体，让坛子在头上有滚落摔破之险。耍坛子的技艺，应了民间“和尚头皮搁弹子”的俗语，因而受到人们的喜爱。

---

① 王恬主编：《守卫与弘扬》，大众文艺出版社2008年版，第404页。

三、民间游戏

捉迷藏

也叫“阿猫娘娘”，一般在厅堂或打谷场进行。一儿童充当猫娘，躲于杂物间，叫一声“好了！”让同伴们去捉，先捉到者为胜。尔后胜者与藏者互换，游戏继续进行。也有多人藏，一人去捉的。与此相近的一种游戏叫“摸盲”，在浙江民间有多种叫法：绍兴地区叫“瞎眼猫捉鼠”，台州地区叫“张猫幽”，宁波地区叫“瞎眼打摸”，温州地区叫“摸桩儿”等。摸法有简有繁，简单的摸法为：用布帕蒙住一人双眼，站在中间，众人围在周围，叫“一、二、三”开始。众人或拉蒙巾者衣襟，或触其手臂，或发出声音，引其来摸。摸着了，则对调充当蒙巾者，轮流反复进行。较繁的摸法为：将一人的眼睛用布帕包住，然后叫他（她）原地转圈子，通过“倒三圈”“顺三圈”不停地转，直至不辨东南西北，然后叫他（她）摸，摸到一个人，要叫出名字，叫对了，算一个，但还要摸下去，直至摸到所有人，叫对所有人才算过关。反之，则会无休止地摸下去。如果吃不消，只要你公开认输便放过你，再轮到另外一个人。①

挑线绷

也叫“挑花绷”“取线绷”“解绷绳”，是浙江普遍流行的一种含有竞技性质的游戏，老少皆宜。据《前童古村落》载：这种游戏多在室内进行，玩者一般为家庭妇女，更多的是未出嫁的姑娘。方法为：用纳鞋底的粗线或多股绞成的彩丝线，约 4 尺，两头结住。一人以双手套起，并用手指挑线形成图形，另一人接前者手中原样取出，并还以另一图形，前一人又从后者双手中原样取出，再还以另一图形。两者一来一往，越做越复杂，直至其中一人失手或无法变出新花样，则算输了一次。这游戏主要是比谁的心细、手巧，能者可达到变化无穷的程度，拙者三两下便认输挨罚。但有一个规矩，图形必须是对称的，否则就是“赖皮”。② 流传于温州一带的这一游戏，通常由两人对玩。玩法是用一根细线绳，两段相连为环形，先由一人用双手撑开构成某种几何图形，然后由另一人用双手挑、穿、勾等方法改变原来的图形，这样两人轮流解绷，巧妙地绷出各种有趣的几何图形，能者胜出，参加者女孩子居多。③

抬花轿

也叫“抬新娘”“抬轿子”，是各地普遍流行的儿童游戏。玩法是两个身体较为结实的儿童互相握住手腕，形成一个四方形的轿座。蹲下后让另一位盖有红头巾扮作新娘的女孩坐上，依步伐节奏边唱《抬花轿歌》边在门堂里或道地上行走。走累了，再换三人重来，以尽兴为止。《抬花轿歌》为：“花轿抬，抬花轿，蛤蟆田鸡吹洞箫，黄狗尾巴放鞭炮。一抬抬到城隍庙，城隍老爷胡子翘；二抬抬到紫竹岙，紫竹观音眯眯笑……再抬抬到外婆桥，外婆说我年纪小，再过三年坐顶大花轿。”温州一带，在儿童玩这项游戏时，往往配成多副“轿子”，依口令抬起来飞快地走，谁最快到达终点为第一，依此类推。④

---

① 陈昌余：《永康民俗》，社会科学文献出版社 2012 年版，第 161 页。

② 顾希佳等：《前童古村落》，吉林摄影出版社 2002 年版，第 197 页。

③ 叶大兵：《温州民俗大观》，文化艺术出版社 2008 年版，第 193 页。

④ 叶大兵：《温州民俗大全》，新疆人民出版社 1998 年版，第 350 页。

老鹰捉小鸡

是各地流行的儿童游戏。据《前童古村落》载：玩者必须在5人以上，以一人做“老鹰”，一人做“鸡娘”，若干人扮“小鸡”。玩时，领头的“小鸡”抓住“鸡娘”的腰带或者后衣襟。“老鹰”迎面站在“鸡娘”前约5尺处，双脚跳来跳去，不住地寻找机会；“鸡娘”也双脚跳来跳去，“小鸡”则在“鸡娘”后密切配合。“老鹰”想从“鸡娘”身后抓走“小鸡”，“鸡娘”张开双臂挡住“老鹰”。“老鹰”不住地忽左忽右，虚虚实实地做假动作，引诱“鸡娘”出现漏洞，抓去一个，算赢一分。游戏时双方有对话：

鸡娘：“老鹰哥，你到哪里去？”
老鹰：“做客去。”
鸡娘：“哪里做客去？”
老鹰：“街里去！”
鸡娘：“街里做啥去？”
老鹰：“扯布去！”
鸡娘：“替我带一点！”
老鹰：“不带！”①

此时如果“鸡娘”或者某个“小鸡”走神的话，“老鹰”便“呼”地扑过去将其抓走。此项游戏有个规矩，“老鹰”不能碰到“鸡娘”的身体，否则算输，而且拖的“小鸡”必须是最后一个。因此，“老鹰”真正得手也很难。

造房子

各地通行的儿童游戏，温丽一带也称“造屋宕”。据《绍兴民俗文化》载：造房子亦称跳房子，玩乐人数可多可少。一般均在天井的石板道地上进行。用一块青石板作为一间房子，以五到六间房子为限。造房子时应自第一间房子造起。先以一小石块掷于应造的房子内，然后以单脚跳入，取得石块后，又单脚跳回，再把石块掷至后面的第二间房子内。如双脚落地，或所掷石块落在两间房子中间或其他房子内，即算犯规，便要停跳一次，让其他人跳。等到下次轮到自己时，再继续从前次停止的格开始跳。谁先造好全部房子，谁即为胜方。②

抢四方

又称抢角落，一般可由6个人玩耍。挑一间宽敞的房间，屋子四角各站一人，中间再站一人，另一人带哨子作为裁判。凡哨音一响，站于屋子四角的人必须调换位置，这时站在中间的人可乘虚抢占四角空位，以失去角位者为败。也有的在空地上画一个三四米的大方格，在四周角上及中间各画一圆圈，由5人分立圈中，待哨音响时，站于中间圈内者即趁四角圈中的人调换位置时，灵活抢占空位，以占到者为胜。这项游戏失败者的原因往往是调换位置时过于慌乱，或动作太慢，或迎面与对调者相撞。取胜者的要诀在于判断正确，或动作迅速，或麻痹

---

① 顾希佳等：《前童古村落》，吉林摄影出版社2002年版，第195页。
② 徐冰若等：《绍兴民俗文化》，中华书局2004年版，第168页。

对方，以“假”取“真”。这种儿童游戏能培养人的灵敏度和判断力，流传甚广。①

接箕子

是各地通行的一种儿童游戏，叫法不同。温州叫“掼沙袋”，丽水叫“玩把子”，绍兴叫“接子”。“箕子”有多种物体，如用碎瓦片磨制的小圆形的“子”，或从河滩上拣来大小相同的小鹅卵石，或从竹木小碎料中捡出再制作大小相同的小方块，或利用现成的麻将、骨牌作“子”等，但女孩尤喜在小布头内装细沙缝成小沙袋，因为小沙袋较柔软且易抓撮。箕子规定为五只，参玩者可以 2 人或三四人。玩时，先将一个箕子或小沙袋往上掷，俟其未落时，要抓起地上（或坑上、桌上）一个或数个，迅速将下坠的箕子接住。或将它们互叠在一起，也有边拾边接，连续不断，全靠眼明手快。完成全部掷拾程序者为胜，如接不住或叠不起，则由另一人掷之。多为男女少年参加。②

滚铁环

玩者手持一条顶端为弯槽形的铁杆，推一直径约 40 厘米的铁环向前跑，发出“哗银哗银”声。可以两人比赛，看谁滚的时间最长。其活动方法有上滚、下滚、直道滚、弯道滚等。在规定时间内，以速度快、距离远或圈数多者为胜。这种游戏，在丽水城乡特别是小学内，十分盛行。滚铁环时还一边按脚步的节奏，一边唱念《滚铁环》歌：“滚铁环，滚铁环，铁环圆圆，滚滚转转，一圈一圈，越滚越旋，快滚快转，滚到外婆家，向外婆拜个年。”③

踢毽子

踢毽子的游戏，流行于全省各地。刘侗于奕正《帝京景物略》载有“杨柳儿青，放空钟；杨柳儿死，踢毽子”之童谣。踢毽子一般多为女孩玩耍。毽子亦均自制。以棉布数层，缝一铜钱于内，再缀上一截鹅毛管作为底座，然后选数根长而弯的鐵鸡尾羽插上即成。一面踢，一面记数，不得中途落地。以连踢次数最多者为胜。《中国民俗大系・浙江民俗卷》载：毽子，款式多种，按做毽子材料不同，可分鸡毛毽、纸剪毽、毛线毽、果皮毽及拴绳毽等。最普遍的毽子以布或皮缝裹小铜钱为底座，上插一束鸡毛。踢法也多种花样，有俗称“大花”的逗、盘、剪、夹；也有称为“小花”的杠、恰、督、飞；还有边念边踢边做动作，从“一手心，二手背”做到“十一小花，十二大跳”的“十二跳”花式。而最简单的则以所踢个数多少比输赢，称为“平踢”。要连续踢，不使毽子坠地。比赛形式多样，可以单人赛，也可以集体赛。以踢数多、花式美为胜。④《丽水童谣》载《踢毽歌》：“一手心，二手背，三见中，四夹窟，五守拳，六佛手，七杠子，八掌心，九转身，十上背，十一小花，十二大跳！”⑤并有附记称：此《踢毽歌》为女孩的童谣，踢的是以毛线串扎的毽为主，一边踢一边念唱歌谣，一边做动作。男孩一般都不踢此类动作又柔又慢的“小花样”毽，而用铜板加纸剪扎成的纸毽，踢动作较快的“透盘剪夹”类的“大花样”。浙江其他地方踢法略同。

---

① 徐冰若等：《绍兴民俗文化》，中华书局 2004 年版，第 168 页。

② 顾希佳等：《前童古村落》，吉林摄影出版社 2002 年版，第 194 页。

③ 唐宗龙：《丽水童谣》，九州出版社 2008 年版，第 17 页。

④ 叶大兵：《中国民俗大系・浙江民俗》，甘肃人民出版社 2003 年版，第 355 页。

⑤ 唐宗龙：《丽水童谣》，九州出版社 2008 年版，第 7 页。

跳绳

多在冬季进行，其功能往往为了取暖。参与者一般为儿童，许多青年男女也很喜欢。形式有跳短绳比赛，即比赛者双手执一根圈起来比人长的用稻草或麻绳搓成的绳子，双脚跳起来的同时将绳子甩过去，并以惯性不停地循环跳跃，直到绊住才住手，次数多者优胜。跳短绳的技巧很多，有双脚跳、单脚跳、交花跳、背后跳等等，变化无穷。另有跳长绳比赛，用一根数丈长的绳子，两人（绳子长的可 4 人）各执一端，同时甩绳，一圈一圈地甩到稳定时，诸多跳者便趁绳子落地的那一刹那跳了进去，然后随着绳子甩动的节奏不住地跳。谁被绊倒或绊住，则算输，被罚去干甩绳的活。跳长绳可以是一个人，也可以是多人，越多越好看，其跳法变化在脚上，强调的是集体协作精神。①

跳皮筋

是近半个世纪在民间（主要是中小学）兴起的一种少儿游戏，是在两根丈余长的皮筋间跳各种动作。皮筋套在两孩子身上拉开，根据皮筋的不同高度，由数人分别跳一套规定动作，有勾、踏、跨、跃等跳技，完成得好或首先完成者为优胜。也有伴跳跃动作而唱《跳皮筋歌》的，歌词除数字起头外，内容多为夸赞英雄人物。②

拍手歌

游戏方式是两儿童相对或坐或站，伸出左右手先拍一下，再和对方互相拍一下，边拍边念诵歌词。《拍手歌》的词句亦稍有不同，如有时在数字中加个“拍”字为“你拍一，我拍一”，或“一拍一，一拍两”。如采录于椒江的《拍手歌》为：“一拍一，手做凉帽好拆壁；一拍两，两梗黄鱼好劈鲞；一拍三，三只老虎栏里关；一拍四，爸爸斫柴儿斫刺；一拍五，五张牛皮好绷鼓；一拍六，六只蚊虫叮人肉；一拍七，七个晓星红粒粒；一拍八，八只鹁鸪供菩萨；一拍九，抲来草鸡好办酒；一拍十，走到桥头吃接力。”③

老虎护蛋

俗称“抢石子”。是一项象征游戏，也是全身运动，一般在庭前或晒谷场上进行。取石卵 3 颗为“虎蛋”，由一儿童扮演“老虎”，扑在地上，守护石卵，另三四个儿童在旁边引虎出洞，以便去抢石卵，但不得触及“老虎”身体。“老虎”则设法守护，可手脚并用，但不得站立。“老虎”如触及某一儿童，则由这位儿童扮演“老虎”。如 3 颗石卵都被抢走则老虎告负。④

推掌比赛

两人对面并腿站立，距离比两人手臂合长稍短。依口令以双手掌用力互推，或用假动作引对方失去平衡。凡移动脚步者为失败，也可做集体比赛，双方各若干人，以失败少者为胜。

纵骆驼

即“捺背”，是一项象征性的纵跳游戏，因纵跳最高的高度为“骆驼”（即由一儿童向前弯体双手向下呈“骆驼”形），故名。纵“骆驼”一般在晒谷场上进行。开始时由扮演“骆驼”的儿童

① 顾希佳等：《前童古村落》，吉林摄影出版社 2002 年版，第 194 页。
②④ 徐春雷：《风土杂记》，浙江人民出版社 2012 年版，第 171 页。
③ 椒江市民间文学集成办编：《椒江市歌谣卷》，1992 年编印，第 415 页。

坐在地上，伸直一脚，让同伴们跳越。通过这一高度后再加上一足，如大家跳过，则再加上一手、两手，然后再纵跳“骆驼”，循序渐进，在纵跳过程中，如某一儿童跳不过其中的某一高度，则由这位儿童扮演“骆驼”，原扮演者参加纵跳行列。

斗雄鸡

两人对面站立，相距一两米，各人均用一脚后勾，另用一手扳住后勾的脚尖，以一脚跳步上前，用肩互相冲撞，将对方撞倒或失去平衡而双脚不落地者为胜，双脚落地者为负。败者下场，另一人上场比赛。也可做集体比赛，双方各派若干人，一对一对的比，以失败少的队为胜方。①

堆雪人

冬季户外游戏。一场大雪过后，以积雪堆塑成人或动物形象，或以滚雪球办法堆成。以炭或石块、果子等嵌为眼、鼻、五官，以扫帚、树枝等为两臂。儿童们互相比赛谁堆的雪人又大又像，或围绕雪人捉迷藏、打雪仗。②

---

① 叶大兵：《中国民俗大系 · 浙江民俗》，甘肃人民出版社 2003 年版，第 357 页。

② 叶大兵：《温州民俗》，海洋出版社 1992 年版，第 78 页。

第九章　畲族民俗

畲族历史悠久。各地畲族都以广东潮州凤凰山为其发祥地。早在隋唐之际，畲族先民就已居住在闽、粤、赣3省交界地区。宋代开始陆续向闽中、闽北一带迁徙，约在明清时大量出现于闽东、浙南。13世纪中叶，史书出现“畲民”“輋民”两词并用的记述。“畲”“輋”与中国古代某些族群的生产和生活有关：“畲”指其农耕方式；“輋”指其居住形式。畲族称谓，经历了由蛮的泛称和畲瑶并称，及以瑶代畲、以苗代畲和以黎代畲。畲族有自称，浙江畲族自称“山哈”，“哈”为客人之意，即山里的客人。畲族人主要姓氏为“蓝”“雷”“钟”，此外还有“李”“吴”等。

第一节　生产民俗

浙江畲族是一个以山地农业生产为主体的民族，兼有狩猎生产和其他副业生产。畲族所居地区，土地贫瘠，水稻田少、旱地多，适宜种植杂粮。传统畲族耕作上多采取“抛荒制”和“轮换耕作制”，复种指数低，耕作制度粗放，水稻一年只一熟，农作物产量低。浙江畲族经过几代人的辛勤开发，采用各种方法，如烧草木灰、割青蒿等，改良土壤，植树造林，种麻种茶，终于将荒山野岭变为茶米之乡。在浙南畲区，“畲民之出产，以山地农业生产之番薯为大宗，米麦次之，菜蔬、茶叶、烟竹之类，为其副业，鸡鸭鱼兔之属亦甚多”。① 番薯从福建引种到浙南，便是畲族的贡献之一。畲族种植的茶叶，如惠明茶等，堪称茶中珍品。畲族的副业，主要是挑贩薪炭。此外，经营林副产品、放牧牛羊和狩猎也是补充家庭经济来源的重要途径。

畲族生产民俗，最有民族特色的当推“刀耕火种”和狩猎活动。此外，农业生产习俗中的神灵崇拜和禁忌，也在一定程度上体现了该民族特色。

一、农业生产习俗

（一）刀耕火种

畲族入迁浙江之初，仍沿用着原始的“刀耕火种”的耕作方式，垦山种粮为生。畲族的刀耕火种，主要有“斫畲”“烧畲”、种“火田”“包罗杖”播种等生产习俗。历代文人墨客也对畲民

① 王虞辅：《平阳畲民调查记》，民国23年（1934年）编印。

的刀耕火种进行过生动的描述。如唐代刘禹锡的《竹枝词》云："山上层层桃李花，云间烟火是人家；银钏金钗来负水，长刀短笠去烧畲。"李商隐《赠田叟》一诗也有"烧畲晓映远山色，伐树暝传深谷声"之句。

斫畲、烧畲

"斫畲"，即劈倒草木；"烧畲"，即待树草干枯后点火烧。烧山时，从山顶点火往下烧，曰"落山火""坐火"。烧后等凉透再锄地播种，不耕而获。这就是种"火田"。火田多属缺水旱地，所种多为耐旱作物，如"种莳、薯姜、苎、芋、茄、菜等"①。

包罗杖

"包罗杖"是刀耕火种时代一种用于播种的竹制农具，在坡度较陡之处使用。用一根手杖般长短的毛竹，打通竹筒内的竹节，底端残留一竹节，竹节上洞穿一个玉米种子大小的孔，竹筒下端削尖。使用时，把种子倒入竹筒内，用削尖的部位戳地，种子便入土中。使用包罗杖，无论陡峭岩缝或石堆，杖往上一戳，都可播种。

畲族的"刀耕火种"一直延续到20世纪中叶。20世纪50年代初，畲族地区进行土地改革，畲民分得了土地、农具等生产资料。至此，畲族基本停止了刀耕火种的原始耕作方式。②

(二)其他农业生产习俗

畲族的农业生产习俗，还有拜五谷神和土地神、浸种、谷子落泥、开秧门、插秧、"尝新米"等。

开秧门

开秧门这天，畲民备办猪肉、豆腐、三牲、米饭、酒等，点烛焚香、烧纸，拜五谷神、土地神，保佑禾苗生长旺盛，没有虫害。祭祀完毕，才可拔秧插秧。

播田老司

插秧日子决定后，就要约好体强力壮且手艺高超的"播田老司"。畲族男女下田，平日做活统称"做事人"，唯有插秧，无论男女均尊称"播田老司"，即插秧师傅。俗话说："插田工，过年肉。"经约定后就算数，不得违约，特殊原因也得请人代替。

手镯防秧疯

插秧日这天，播田老司天未亮就到主人家吃点心。由十几岁的孩子举着松明火把，带播田老司到秧田去拔秧，每人拔一担秧后才回去吃早饭；饭后，挑秧到田里插秧。插秧之前，由负责照明的孩子站"插竹"趟平水田，使田平水深，有利秧苗落泥发根。插秧之前，插秧的人先坐在田头休息一会。俗话说："到田头不坐一坐，土地公要打屁股。"遇到大丘的田，要由插得又直又快又均匀的播田老司先下田插"开头手"，余者跟着插第二、三手。插开头手者若被其余的人赶过了头是很倒霉的，他就称不上"老司"了。插秧时，不论男女，右手均戴手镯。女性播田老司戴银手镯。男性播田老司平时不戴手镯，此时也戴上用旧棺材钉作材料打制成的铁

① 松阳县靖居乡下寮儿村《蓝氏宗谱》，转引自金永汉等：《浙江省少数民族志》，方志出版社1999年版，第3页。

② 雷弯山：《畲族风情》，福建人民出版社2002年版，第2—4页。

手镯。戴上此镯，俗信以为可以防止“秧疯”。

播田饭习俗

插秧这天，主人备酒添菜，款待播田老司，晚餐特别丰盛，曰“播田饭”。主人还把一个熟鸡蛋和两方块猪肉用秧秆串起来，分给播田老司每人各一串带回家。插秧期间，不管是谁，都要等干活的人回家齐后一起吃饭。吃饭的座位，尤其是播田老司的座位，一日三餐必须固定，不可移动或调位。否则，主人就不高兴，认为播田老司吃饭座位变动了，所插的秧株要漂浮。所以懂得畲族插秧习规者，此时吃饭，一定要让播田老司坐定后，方可入席。畲族好客，在插秧这天，要请长辈和老人及左邻右舍一起吃“播田饭”。来客越多，主人越高兴，认为“播田加一口，田头加一斗”。有些人家没养牛，租别人的牛犁田，插秧这天，也要请牧童吃饭，称“仰(看)牛饭”。

尝新米

畲族“尝新米”的时间，原先在农历八月，自改双季稻后，“尝新米”的时间也提前到农历六月。因村而异，有的定为六月第一个卯日，有的为第二、三个卯日，日期错开，由稻熟程度而定，也有由村人约定俗成，以便亲友间可互相往来祝贺。尝新米之日，先用新米煮出“新米糕”或“新米饭”，并备下酒菜，菜为肉、鸡、豆腐等，并摘来新稻穗一束，摆上桌案。桌案要摆在天井或大门外。若因季节和天气原因，收获期推迟，稻谷未熟，则在陈米饭上插两支蒸熟的稻穗。祭祀时先祭天地，再祭五谷神和土地神，亦祭祖先。祭祀仪式较简单，一般是焚香点烛烧纸锭。若当年在尝新米前有亲人逝世，要唱哭歌。在尝新米之日，有些人家还相邀亲友邻居一起“尝新”，共庆丰收。是日，甚至可由子女邀请的恋人来家作客尝新，并任由子女们欢唱情歌。①

(三)禁忌

禁忌是一种民间不成文的习惯性行为规范，往往贯串着本民族的传统文化内涵。畲族的禁忌很多，与农业生产民俗相关的禁忌有：

立春、立夏、立秋、立冬不种植农作物，作物才能获丰收。

太阳上山后1个时辰(2个小时)内不播谷种，防止谷种蠕动整块秧田。

在秧田周围压烧纸，防止秧瘟侵袭。

忌在秧田开水出口处开始拔秧，防止秧鬼伤害。

下雨天不耘田，防止肥料流失。

割稻前，不用镰刀敲稻桶，不用手摸镰刀口，以防镰刀割手。

自家种子未落泥，不赠他人，以防自家绝种。

种花生时不吃花生种子，防止鸟兽糟蹋。

农历四月初八是牛生日，清早放牛上山抢“天馒头”(露水草)，这一天牛要歇息，不得耕田。

---

① 雷阵鸣、童涉：《畲乡尝新米》，载《浙江民俗大观》，当代中国出版社1998年版，第268页。

立夏日用牛耕田，牛蹄会蛀虫；夏至、冬至用牛，牛会瘫痪。

收好早稻，摘完油茶子，要做糯米粑、酿酒庆贺，称洗稻桶、洗茶子篓。

未过清明，下雨天牛不耕田。

不得跨越猎枪、猎物，不得用鞋板敲打猎物，否则猎神不保佑。

丙丁、戊巳日不酿酒，这几天酿酒会酸成醋。①

压地瓜种和插秧要选择好日子，否则庄稼不易生长。

初一、十五不许挑粪。②

畲族当代农业生产方式，基本与当地汉族相同。

二、狩猎习俗

畲族长期居住山区，狩猎不仅可以消除野兽侵害庄稼，还可弥补农业生产收入的不足。畲民代代狩猎，曾有过"家家皆猎户"的时代。直到明清时期，狩猎生产在畲族生产习俗中仍具有重要的地位。民国时期，由于农业生产的发展，野兽的减少，狩猎已不是主要的生产活动，但仍作为一种生产习俗保留下来，狩猎组织结构也逐渐变化，以个人狩猎为多。

(一)狩猎方式和工具

狩猎方式和工具依野兽的种类而决定。狩猎的方式有个体行猎和组织猎队围捕两种。

组织围猎

捕获猛兽、大兽、群兽，则组织规模不同的狩猎队伍。有时围追猛兽、大兽或群兽，赶过数村地界，各村猎手也会自动闻讯赶来加入，捕猎队伍就会越来越大，多的竟至上百人。狩猎工具，主要有猎枪、铳、弓弩、刀器等，此外还有陷阱、木笼等。猎手们出发前先要校验枪弹，备好刀器和干粮，扎好腰带绑腿，有的"枪头"(也称"打铳头"，狩猎队自然领袖)还备有哨号。并备三牲香烛祭猎神，进行问卜，追寻兽踪。狩猎成员分为"赶山""守靶"，各尽其职。一村或数村联合的集体狩猎活动，在搜索追寻出猎物行踪后(如辨足印、放猎狗嗅气味等)，"枪头"即凭丰富的经验判断野兽活动、躲藏或逃跑的范围或去向，指派老练的"神枪手"数人预先守候在野兽可能经过的一个或几个山坳、崖脚等"把口"，并通知其余"赶山"人一定要把野兽逼入预先设好的包围圈。如野兽漏网从非把口通过，则要马上报信，使"枪头"好重新组织人马确定战略战术。人多犬猛，野兽惊怕乏力，虽猛兽也在劫难逃。猎物抬回后，须向猎神祭献，表示感谢神灵护佑助力。接着鸣枪数响，以庆贺胜利。最后再分配猎物。

个体行猎

采用机关、毒饵、熏挖和打夜猎者，多为各自单独活动的个体行猎。

狩猎工具

畲族的狩猎工具，各显其能，弩矢敷毒药，射击猛虎无不立毙；设陷阱，捕捉野猪山羊；制

---

① 《浙江省少数民族志》，方志出版社 1999 年版，第 323—324 页。

② 《中国少数民族社会历史调查资料》福建省编辑组：《畲族社会历史调查》，福建人民出版社 1986 年版，第 68 页。

作木笼,内设“机关”,以羔羊为诱饵,置虎豹出没处捕捉之;或以绳索穿竹筒,一端圈套绕于灵活机关,一端吊于弹弓竹尾,埋入土中,伪装表层,野兽经过脚踩机关,毛竹弹直即拴住,俗称“长脚吊”。通常还采用以铳猎飞禽走兽,烟火熏洞捕捉狐狸、刺猬等方法。[①] 1949 年前丽水、云和等地,畲村几乎家家户户都有猎枪,猎捕虎、豹、野猪、山羊、山禽等。

(二)猎物分配

丽水地区

猎物分配遵循传统。在浙江丽水地区,第一枪击中者谓“打头铳”,打头铳者得兽头兽皮,不剥皮的野兽则加一部分内脏和一只后腿弯回之处的半爿躯干的肉(约野兽躯干肉的 1/4 弱);野兽未立毙而补上“二铳”的得兽颈;打“三铳”的是按其余部分所有的人均分的两份;野兽打倒而四肢尚未捆起前赶到的人也可分得一份。猎狗也参与分得一份。村中有孤寡老弱、丧失劳动能力者也分给一份。谁打“头铳”“二铳”,还要剖取猎物身上的铁弹验证。若是头铳铁弹擦皮而过,兽身找不到他的弹头(不构成致命伤)则不算数,“二铳”则为“头铳”。若是猎得较小的野兽,则头铳得头,二铳得颈,其余均分,不取第三铳。内脏烧好大家共吃,但要割一些喂猎狗。头铳和二铳还可分得一份。若是小野兽,一般都是头铳割 1 斤左右的兽肉烧好大伙同吃,俗称“散野神”。

温州泰顺

在泰顺,畲民分配猎物的习俗是:先将所有野兽分为两大类,即蹄兽类和爪兽类。蹄兽类四足蹄形,其肉比较名贵,尾巴也都较短,如鹿、麂等,猎获后一般不剥皮。分配时为了突出鼓励击中第一枪的人,便将兽的尾巴拉向头的一方,看尾尖能量到哪里便一刀裁到哪里,给打中第一枪的猎手;剩下的肉平均分配,即根据猎物被捉住并被缚好四脚之时已经赶到现场的人数(包括击中第二、三枪的猎手在内),剁成若干股,每人分得一股,从未见有人异议。如果有些人虽也曾赶到合猎的现场,但他们一见兽的四脚已缚好,人数也已点过了,这些人就会自觉离开,认为自己是无权参与分配的。爪兽类四脚爪形,且尾巴较长,如虎、豹等。这类兽为食肉动物,兽性凶猛会伤人,往往难以制伏。猎获后一般都需剥皮,其一身皮毛价值较高,分配时这张兽皮给打中第一枪的猎手。兽肉的分配,与蹄兽类猎物分配方法相同。

政府嘉奖

冬季农事少,人们较空闲;而且禽兽长膘,皮毛值钱,是打猎的主要季节。当然,如发现或闻悉野兽伤害人、畜或糟蹋农作物,猎手们迅即丢下手头活不召而来,不分春夏秋冬。若是有人在行猎中被野兽所伤,众猎户都会出资出力为伤者治疗分忧。据方志记载,清末浙江丽水赤坑畲民雷明湖组织猎队消灭虎害,曾得到知县的嘉奖。[②]

(三)猎神崇拜

在“家家皆猎户”的时代,畲族崇拜猎神。有的畲族村庄附近设有猎神庙,猎手出发前向

---

① 《浙江省少数民族志》,方志出版社 1999 年版,第 154 页。

② 雷阵鸣、童涉:《畲族的狩猎习俗》,载《浙江民俗大观》,当代中国出版社 1998 版,第 283—284 页。

“射猎师爷神”祷告:“保佑弟子上山铳头落火,铳尾发财。”祈毕鸣枪数响,由一猎手拔取燃香插于枪尖,即带队出发。猎神除“射猎师爷”外,有的地方还有“蓝大爷”“吴三公”“七耳猎神”及“某某元帅”等。如武义畲民,信仰的是猎神七五神。每次出猎前,狩猎队员要到猎神爷七五神庙里进香、烧方纸,请师公跌杯珓、吹龙角,叩请猎神的保佑。祭祀毕,众猎手朝天鸣铳以示神威,由一猎手把香炉中尚未燃尽之香炷插于枪口,向狩猎地点出发,待到地点之后,再将此香插于山脚。

中华人民共和国成立以后,尤其是改革开放以后,畲族实现了跨越式发展,其农业生产习俗与当地汉族基本相同;随着封山育林和保护动物政策的实施,狩猎习俗日渐式微。

第二节　生活民俗

浙江畲族生活民俗有三个特点:一是由于历史上长期的游耕生产方式及恶劣的自然条件,畲族养成了求简崇实的生活民俗;二是由于明清以降畲汉民族长期错居共处,在生活民俗上彼此互相影响,畲族生活民俗逐渐趋于汉化;三是因地区不同,自然条件、社会经济发展都有所不同,因而各地畲族生活民俗有所差异。

一、服饰习俗

传统时代,浙江畲族男女喜穿青、蓝二色,布料是夏天穿麻布,冬天穿棉布,少数贫困山区的畲民们冬天没有棉衣,终年穿麻布,用烤火的方式度过寒冬。

畲族服饰分两种:一种是日常服饰;一种是礼仪服饰,即宗教、祭祀或婚、丧时所穿戴的服饰。畲族服饰的特色,主要体现在畲族女性服饰上。

(一)日常服饰

男子便服

畲族男子日常所穿便服,基本仿照当地汉人男子服饰,只有少数人仍保留着古老的服式:冬天穿大襟衣衫,开襟处镶有月白色或红色花边,下摆开叉处绣有花朵;夏天穿大襟短衫,衫长过膝,圆珠铜扣,衣领、袖口镶有花边。

女子便服

女服为大襟花边衣,俗称兰观衫。清代以前,花边为刺绣,民国时期逐步改为贴花边。青年、中年、老年花边服式各异:青年花边衣大多青色布,胸前右衣襟、领圈镶四色不同花边,称“通盘领”蓝观衫,袖口镶花边,裤脚用针绣鼠牙式数色花纹;中、老年花边衣较简单,花边只单色或双色。劳动时打绑腿,穿草鞋,身着粗布麻衣,腰系围裙或白布巾,头巾裹头。在家脚穿木屐。中华人民共和国成立后,衣着逐渐与汉民相同。①

① 《浙江省少数民族志》,方志出版社 1999 年版,第 6、326 页。

(二)礼仪服饰

与日常服饰不同,畲族服饰还有学师、祭祖时穿的吉服、结婚时穿的礼服、死者入殓时穿的寿服。

吉服

学师、祭祖时穿的吉服也称“法衣”,款式为大襟长衫,无纽扣,用带束。经宗教仪式“做阳”(亦称“做聚头”“传师学师”)后,方可着此衣衫。男子的吉服有青和红两种颜色,衣长3尺,袖大1尺。第一代学师(祭祖一次)者穿红色,名为“赤衫”;再祭一次或学师者已传下一代的穿青色,名为“乌蓝”。赤衫、乌蓝都镶有月白色布边,还配有同样颜色的无顶帽,帽有两条带往前胸挂,名为水枯帽。赤衫、乌蓝只在举行传师学师仪式时担任祭师者和担任学过师的老人死后做功德的祭师才穿戴。

礼服

畲族婚礼服饰称为“新郎冠衫”“新来主衫”。男性婚礼服饰简单,地区差异不大,基本相同。婚礼中,家境稍好者,男戴红顶黑缎官帽,身穿青布长衫,胸襟缀一方绣花龙纹,脚穿黑色布靴。黑缎官帽,俗称“红缨帽”或“红包帽”,是畲族男子专用礼帽,整体青黑,宽沿外敞,顶缀2厘米大的铜质球或红布球,球顶下垂以红线编成的缨穗。民国后用圆沿礼帽。

畲族妇女举行婚礼和逝世时穿的专用长裙叫大裙。黑色、素面、四褶,长至脚背,分筒式和围式两种,与上衣配套,束以宽大的绸布腰带或系配色大绸花。有的大裙用红色面料缝制,束以红绸结的大绸花。

寿服

寿服,是死者入殓时穿的衣服。寿服也有祭祖与否,传代与否,学师与否的区别。祭过祖的男子,死后身上穿红色的赤衫;传子过代的穿青色布长衫乌蓝。祭过祖的女子,死后上身穿蓝色布衫;没有祭过祖的都穿蓝冠衫、龙冠衫。脚穿传统有鼻布鞋。赤衫、乌蓝等寿服是子女早准备好的,一般是由女儿在父母五十岁或以后的大寿作为寿礼送给父母。寿服穿戴的数量必须逢单,三、五、七、九层不等。

畲族寿服还有一个特点:男性死者要戴举行婚礼时穿戴过的官帽或礼帽;女性死者戴婚礼时戴过的凤冠、笄,穿婚礼时穿过的衣裙。

(三)女性服饰

女性服饰包括头饰、花边衫、彩带、拦腰和花鞋。

头饰

头饰是畲族妇女服饰最显著的标志,已婚的妇女才戴头饰,未婚少女则无特殊的头饰。畲族妇女戴头饰,传说是始祖婆三公主所留下的“凤凰冠”,是高贵的象征。浙江畲族妇女头饰有"景宁式、丽水式、平阳式、泰顺式"[①]。如处州，"畲妇戴布冠，缀石珠，赤足负戴。"[②]遂昌县畲族"妇女椎髻跣足，以斑斓布包竹筒，缀以珠玑蒙其首"[③]。景宁县畲族"厥妇女跣足椎结，断竹为冠，裹以布。布斑斑，饰以珠，珠累累(皆五色椒珠)"[④]。

畲民和住在附近的汉人最明显的不同之处是妇女的头笄。头饰是由一个三边为棱柱体形状的10厘米长的木支架构成的，它的长轴是放在正中面上的。支架上罩着黑色棉布，其前面和两边镶上薄银片。银片的两个纵面都用浮雕细工饰着简陋的图案和两个拱手的人的简陋画像。有两根银制的棒状物以向上往后的方向安在木架上。后面那一根饰有一个马蹄铁形状的末端。这个半圆形把手的上端是用一条细长的红布同棱柱体支架的前面的饰有薄银片的底连在一起的。支架前端挂着一排11串约20厘米长的、用白色玻璃珠做成的链子，看上去像一种面纱似的。每根链子的末端都饰有一小块薄银片。此外，支架前端是用4根约1米长的白色玻璃珠链子同银制半圆形把手的上端连在一起的。这些链子以弧形盘绕着脑袋两边的头发。头饰上还用一根红黑玻璃珠的长链子安上一个笨重的两个尖头的银质头抓，头抓旁边还系着一个银质牙签和一个银质耳挖子以及好些银链子和小银片。那头抓是牢固地插在头顶上的，而银链子连同耳挖子和牙签是挂在脑袋右边的。

民国时期，政府曾禁止这种头饰，如景宁县的警察，甚至把畲族妇女的头饰扯下来，丢在地上，把它踩碎。[⑤] 民国18年(1929年)，云和县县长周康昌决定取缔畲妇服饰，违者罚款。民国22年(1933年)12月6日，云和县政府布告：畲妇不得穿着异饰与戴头冠，畲民不得说畲语，若依然固守旧习，政府就要强制执行。

花边衫

畲语称"蓝观衫"。女子花边衫都为大襟衫，长度过膝，襟处镶有多种色布条或彩色花边，绣上凤凰图案；领口镶鼠牙式花边，领下四周镶繁多的花边；袖口、摆处镶有一至三种花边。布质以往都为自织的麻布、棉布或生丝绸，布色只有青、蓝两种。与上衣相配的裤子，裤脚镶有三条花边。

彩带

是畲族女子的传统手工艺品。作裤带、扎腰带、拦腰带、刀鞘带及纪念品等用。彩带图案有文字、花草、鸟兽等。

拦腰

即围裙。浙江景宁、文成、泰顺等县的短式，都是自织麻布，青色或蓝色，长一尺，宽一尺五，镶红布拦腰头，两角钉上彩带。其他县的长拦腰多为蓝色土布，长二尺，宽一尺八。旧时，畲族不论男女，劳动时都围麻布拦腰。丽水、松阳、青田等地畲民妇女的拦腰下端留有约五寸的长须，并结有精细花纹。新娘坐轿，要用有花纹的拦腰挂轿门。

① 《浙江省少数民族志》，方志出版社1999年版，第292页。
② 〔清〕周荣椿：《处州府志》卷二十四《风土》。
③ 〔清〕诸成允：《遂昌县志》卷十一《风俗》。
④ 〔清〕周杰：《景宁县志》卷十二《风土·附畲民》。
⑤ 《浙江省少数民族志》，方志出版社1999年版，第623页。

花鞋

厚布底,蓝布里,青布面,四周绣有花纹,前头钉上鼻梁系有红缨。旧时结婚、喜庆、访亲走友都穿,现在只有少数老人作寿鞋用。

图 96-9-2-1　畲族绣花鞋(2010 年邱国珍摄)

凤凰装

戴头饰,穿花边衫,扎以拦腰,穿花鞋是畲族妇女凤凰装的整套打扮,体现了畲族的传统衣着文化和宗教信仰感情,也是识别畲族的一种标志。①

凤凰装的来历,源自一传说:畲族的始祖盘瓠王因平蕃有功,高辛帝把自己的女儿三公主嫁给他。成婚时帝后给女儿戴上凤冠,穿上镶着珠宝的凤衣,祝福她像凤凰一样给生活带来祥瑞。三公主有了儿女后,也把女儿打扮得像凤凰一样。当女儿出嫁时,凤凰从广东的凤凰山衔来凤凰装送给她做嫁衣。从此,畲家女便穿凤凰装,以示吉祥如意。② 畲族还流传另一个传说:凤凰山的青年猎人盘阿龙善待凤凰,得到凤凰帮助并得到了凤凰装,顺利娶亲并且夫妻恩爱。

戴银饰习俗

旧时畲族妇女还有崇尚戴银饰品的习俗。订婚时,男方要送银饰品给女方,女子外出时要戴男方所赠饰品。银饰品有项圈、项链、耳环、手锡、戒指等。其式样,老、中、青年妇女有别。少数男子亦有戴银丝耳环和银手镯的。

木屐

旧时,畲民平日没有鞋穿,终年穿木屐,上山劳动穿草鞋,雨雪天外出则以毛棕裹脚。木屐造型简单,用木头劈成鞋底型,前端及后跟两边各打一小孔,用棕绳一股串前端洞孔,分两股串后跟两边洞孔。穿时前端绳头夹在大拇趾与二拇趾之间就可走动,走时咔嗒作响,畲民趣称为"骑马鞋"。现时木屐已少有人穿。③

中华人民共和国成立后,畲族日常服饰与汉族无异,但在民族节日、婚丧仪式及出席人大和政协会议等场合,会穿保留民族服饰特色的当代畲族服饰。

二、饮食习俗

畲族饮食习俗与汉族基本相同,但也有其特点。畲民喜吃熟食、热食,来客饮三道茶,饮自家酿的黄酒;平分食物,节日做黄粿、乌米饭、菅叶粽、糍粑等。畲族饮食民俗的特点,在酒俗与茶俗。

---

① 唐宗龙:《畲族妇女的头饰》,载《浙江民俗大观》,当代中国出版社 1998 年版,第 89—91 页。

② 施联朱:《畲族风俗志》,中央民族学院出版社 1989 年版,第 37 页。

③ 《浙江省少数民族志》,方志出版社 1999 年版,第 327 页。

（一）主食与副食

传统时代，畲族受自然条件限制，种植稻谷少，多种杂粮。平日以番薯为主食，还吃些玉米、小米、高粱、大麦、苦麦等杂粮。很少吃大米饭。

主食

民国13年（1924年），学者在浙江畲村调查时看到畲族“以番薯为正粮，玉米次之，常年食米者，寥若晨星，纯米之饭，仅宴贵客时一用而已”。① 民国18年（1929年），德国学者哈·史图博和他的学生在景宁敕木山畲村调查，对畲民饮食的记叙是：“吃得非常简单。只有富裕的人才吃得起大米饭，所以主食是甘薯。他们一年中绝大部分的日子要依靠甘薯丝来提供营养。”②浙江平阳畲民有“种到老，难到老，番薯丝吃到老”的民谣。浙江景宁畲村有这样一种饮食习俗，一甑要煮三种饭：白米饭以招待客人，半米半番薯丝饭供老人小孩吃，占绝大部分的番薯丝饭给年轻人吃。

杂粮的吃法，除了高粱烤饼吃外，其他都是用石磨碾碎后，搅糊吃。如用玉米磨成细粉，加少量食盐，和米饮食，叫做“包罗糊”。

副食

畲族的副食，肉食少，素食多。山区的副食，以蔬菜、豆类、竹笋为主；肉食有猪肉和猎物，沿海地区有海鲜。还有干菜、酱菜等佐餐。畲族山区盛产黄豆，畲家经常以豆作菜，常吃“豆腐儿”。几乎家家有小型石磨，自磨自制，“豆腐儿”略带甜味，配上辣椒调味，香辣可口。油类是茶油、菜油和猪油。

习惯于熟食、热食，这是畲族与其他少数民族的一大区别。不管天冷天热，他们吃的都是热气腾腾的饭菜。无论主食、副食，畲民都习惯热吃。家常蔬菜，畲民也喜欢热吃。畲民家家户户备有小泥炉，俗称“风炉”。风炉置于桌中间，生以炭火，架上小铁锅或小铜锅，水开后，青菜等现煮现吃。即使是大锅炒好的菜，也要再放到小锅上煮。请客、摆酒席等，一道道的菜上桌，一道道地再倒进小锅里煮。在山区，火锅的使用不但普遍，而且时间很长，全年有2/3的时间使用火锅。有老人的家庭，一年四季使用火锅。

（二）酒俗

畲民嗜酒，每逢喜庆佳节、红白喜事、结婚、生孩子、盖房等都要请客喝酒。据20世纪30年代的调查，“酒之于畲民，似已成为仅亚于番薯之必需品，无论男女大小，均嗜之如命，每家必藏酒若干，以备日用”。③ 亲戚来往，如果没有酒，会觉得很过意不去。妇女生小孩后，在月子里每天要煮一碗热酒给她吃。

酒有用糯米酿造的，叫“米酒”，醇香浓郁，味甜可口；有用小麦酿造的，叫“麦酒”。浙江畲

---

① 沈作乾：《括苍畲民的调查》，《北京大学研究所国学门周刊》1925年第4期。

② ［德］哈·史图博、李化民：《浙江景宁县敕木山畲民调查记》，转引自《浙江省少数民族志》，方志出版社1999年版，第627页。

③ 《平阳县志》，汉语大词典出版社1993年版，第734页。

民爱饮米酒。米酒，即黄酒，[1]畲民又称“红酒”。这种红酒，是将自产糯米浸涨蒸熟，拌自制红曲加凉水发酵而成，酒色紫红，故称红酒。过年、过节，均酿红酒，家有订婚、嫁娶、寿辰等喜宴，亦酿红酒待客，各种祭祀，以红酒作祭酒；经济条件较好的农户，农忙季节，亦酿红酒作营养饮料。景宁畲族自治县畲民有制作绿釉酒饮用的，其味胜于红酒。[2]

德国学者哈·史图博于民国18年(1929年)在景宁敕木山调查时喝过畲民自酿的酒，他这样描述：“吃饭时则以黄酒款待我们。这黄酒是畲民自己酿制的，他们以极大的热忱享用它。就餐时按照汉人的方式向我们敬酒，这酒是一种相当浓的、暗灰色的、完全不透明的，还有曲子的悬浮物。它显然含有极少的酒精，因而酸得几乎像醋一样。”[3]对于哈·史图博喝的这种酒，有学者作如下分析：这种酒可能是畲民临时酿的，因为哈·史图博他们在景宁调查是夏日，畲民家中没有酒，急于招待客人，水温较高；或者是“开缸”晚了，酒就酸得像醋一样；有悬浮物，显然是还没有完全酿好，就用来待客了，畲民酿的酒原本就不是这样的。[4]

畲民的生活离不开酒，节庆之日、农忙之时都要喝酒；畲家男女嗜好酒，大事小事离不开酒，闲唠、劳动也喝酒。老人爱喝自家酿造的糯米酒，后生仔爱吃“番薯烧”，妇女爱食酒炒鸡，细丁仔爱食连酒糟一起吃的酒酿糟。畲寨一进十月，家家砻米，户户造酒。

在畲族日常生活中，酒是改善单一食物结构的饮料，承担着赏心怡情的使命，是解除疲劳、强身御寒的补剂，还有烹调野味时消毒杀菌、调味去腥的妙用。从民俗角度看，酒更有待客、交往、礼仪等多方面的功用。因此，节日、喜庆之时，不能没有酒，礼俗离不开酒。于是畲民有了建房时的“树寮酒”，上梁时的“上梁酒”，还有“生日酒”“定亲酒”“嫁女酒”“讨亲酒”“祭祖酒”“讨位酒”等。

(三)茶俗

畲家爱茶，家家种茶制茶，人人喝茶。畲民把茶叶作为主要饮料，养成了常年喝茶习惯，一泡就是一大碗，一般人饭后都要喝碗茶。留客就餐，先茶后饭，很少有不喝茶先上桌之理，故广泛流传“茶哥米弟”之说。畲族的年节和婚丧等等，均与茶有关，如正月的“出行茶”，腊月的“送神茶”，祭祀神灵和祖先的“茶酒”，婚嫁敬奉舅公的“九节茶”，乃至老人逝世，要手捏一枝茶枝去，等等，真是“山客无处不离茶”。浙江畲族特色的茶俗：“三道茶”“宝塔茶”。

三道茶

“三道茶”也叫“三碗茶”，为畲族日常待客的习俗。畲民热情好客，“人客落寮便泡茶”。而泡茶敬客的，便是“三碗茶”。主人端茶敬茶后，客人不能搁着不喝，或只喝一碗，畲族中有“喝一碗是无情茶”之说，一般要喝两碗，第三碗冲后，可以不喝，“三碗茶”后，主家就不再冲茶，要是客人十分口渴，可事先讲明，则三碗后仍可继续倒了重新放茶叶供冲茶水。畲族有“一碗苦，二碗补，三碗洗洗肚”的说法，客人若不喝不冲，是不礼貌的，主家心里就不舒坦。日

---

① 梅松华：《畲族饮食文化》，学苑出版社2010年版，第222页。
② 《浙江省少数民族志》，方志出版社1999年版，第325页。
③ 《浙江省少数民族志》，方志出版社1999年版，第627页。
④ 雷弯山：《畲族风情》，福建人民出版社2002年版，第102页。

常生活中，“三道茶”习俗仍在畲乡盛行。①

宝塔茶

“宝塔茶”是畲族婚嫁仪式中的一项习俗。此俗类似杂耍，行此“绝招”的是功夫过硬的当门赤郎（亦称“亲家伯”）。在当门赤郎带着迎亲的红轿和礼担进了新娘的家门后，“赤娘”（或称“当家嫂”）就端出“宝塔茶”向当门赤郎敬茶。所谓“宝塔茶”，是一只红漆木盘中放着五碗茶，这五碗茶的摆法是：底下一碗，中层三碗，顶端一碗，状似上下小、中间大的“宝塔”。“赤娘”端出茶后，即唱道：“迎亲红轿进娘（姑娘）寮，大男细女笑哈哈。树梢橄榄果未黄，先敬一盘宝塔茶。”唱罢，就双手举盘齐眉，向当门赤郎敬茶。这时，当门赤郎即回唱：“端凳郎坐就算是，何必泡茶奈客气。清水泡茶甜如蜜。宝塔浓茶长情意。”山歌回罢，当门赤郎不能用手去接茶，而是俯身低头用牙咬住“宝塔顶”端那碗茶的碗沿，又用双手挟出中层的三碗茶，连同底下的那碗茶共为四碗，分别递给相伴来的行郎（抬红轿和挑礼担的人），然后仍不用手而一口气饮干咬在嘴上的那碗茶，不论是牙咬，双手挟碗递茶，还是一口气喝尽咬着的那碗茶，都不能有点滴茶汤溅出，更不能造成翻碗，否则要受到奚落和嘲笑。如今，怀此“绝招”的赤郎已寥寥无几，在婚嫁仪式中，“宝塔茶”已被喝“卵茶”（用碗或杯冲泡的甜茶）所替代，情趣大减。

饮茶习俗因地而异。在浙南松阳、遂昌、云和、丽水等县的畲村，宾客上门须饮二道茶。②

（四）节日食俗

浙江畲族的节日，与当地汉族基本相同，民族特色较为明显的是“三月三”。节日食俗，较有特色的是“三月三，吃乌饭”。此外，春节制黄粿，端午节裹菅叶粽，年节制糍粑等，都是畲族节日食俗。

黄粿

黄粿是以粳米饭用石臼捣成的食品，汉族称年糕，而丽水地区畲乡却称为粿，畲语称“báng”。用灰碱水做粿，是畲家年糕的特色。一般腊月做，到来年三月不坏。这种粿色黄，所以叫黄粿。黄粿气香质软，农家常杂以青菜、油豆腐、猪肉等进食。用红酒炒软可带上山作午餐，冷后不硬。畲家常以黄粿招待客人，备受赞赏。农家举行婚礼或正月来客，畲家“压篮底”是黄粿，当地汉族“压篮底”是馒头。因黄粿是畲家特殊的风味食品，畲家来贵客常以杀鸡做粿招待，大人生日也做粿，畲族有俗语：“大人生日一臼粿，小孩生日一双蛋。”畲歌中也有关于做粿的歌：“正月里来正月里正，正月里做粿来等亲戚。”此俗相传已久，至今还盛行畲乡。③景宁、龙泉、云和等地畲民，春节前家家砍黄荆柴烧灰，用开水泡出灰碱水，把浸涨的粳米加入灰碱水入锅炒熟，入甑蒸透后倒入石臼舂成团，然后搓成一二斤重的黄粿条，凉后变硬，再浸入灰碱水中保存。

每逢春节，部分畲家有“莲香插饭好过年”的习俗。莲香即“土莲”，也称“土莲香”，是草本

---

① 唐宗龙：《畲龙茶俗》，载《浙江民俗大观》，当代中国出版社 1998 年版，第 439—440 页。

② 雷阵鸣：《作客须饮二道茶》，载《浙江民俗大观》，当代中国出版社 1998 年版，第 420 页。

③ 雷先根：《畲家黄粿香》，载《浙江民俗大观》，当代中国出版社 1998 年版，第 110 页。

植物，可供入药。“莲香插饭”的程序很简单，在年节时，当米饭煮好或焖好时，即把已采来备用的土莲香连叶带秆插在米饭上，再煮焖一下，就成“莲香饭”了。据传，吃了“莲香插饭”后，身强力壮，能消是年的劳累，能祛来年的疾病，可延年益寿，使人活得更年轻。①

乌米饭

农历三月初三，是畲民的传统节日。“三月三，吃乌饭。”这一天，畲族男女成群结队出门“踏青”，采集乌稔树叶子（杜鹃科，乌饭树），泡制乌米饭，缅怀先祖，并以乌饭赠亲友，预祝丰年。关于乌饭节的来历，在畲民中流传着几种不同的说法，一说：相传始祖盘瓠王喜吃此饭，或认为吃此饭上山可以避免被蚂蚁咬；二说：从前畲族人民在抗击敌人时，米饭常被敌方抢去吃，后来他们想出办法把米饭染黑，从此以后敌人怕中毒而不敢吃它；三说：唐代畲族英雄雷万兴、明代畲族起义军领袖蓝天风与乌米饭的传说，在畲族民间也是家喻户晓。

乌米饭的制法：取乌稔树的叶子，放到石臼舂碎后，贮入布袋，连袋放到铁锅里，加适量的水熬出紫黑色的汤汁来，而后去掉叶渣，将精选的糯米倒入汤汁里，浸泡若干小时后，捞起放到木甑里蒸熟即成。乌米饭色泽乌黑发蓝，香软可口。由于乌稔能起开脾、防腐作用，故将乌米饭放在通风阴凉处，数日不腐。食用乌米饭有准备春耕、迎接丰收的象征意义。

三月三，也是畲族的传统赛歌节日。有些畲乡在举办“三月三歌会”的同时，行吃乌饭之俗，更具新意。畲民还用乌饭馈赠亲友，俗信这天吃了乌饭不仅能开胃，而且上山下田劳动不会被虫蚁咬伤。②

菅叶粽

菅叶粽俗称“菅粽”，通常在端阳节和分龙节时食用。将精选的优质糯米泡进黄碱水里浸若干小时，取出，将其装入用两片菅叶对折成的槽里，裹成 20 厘米长的玉米棒子状，放入铁镬里煮 10 多个小时遂成。每逢端午节，畲民除拿菅粽敬祭祖宗、自家吃用外，还用以馈赠亲友。

糍粑

糍粑也称麻糍、糯米粑。畲民过年，做“七月半”和冬节，都要制糍。取意时（糍）来运转，生活年年（黏黏）甜。糍粑的做法是将糯米浸泡一天后，滤干后放进木甑里蒸熟，倒入石臼捣烂，捏成团状或饼状食用。在浙江一些畲汉两族人民共居的村中，逢年过节，畲汉村民都要互相馈送麻糍和粽子。麻糍，旧时为畲家的“珍贵食品”。畲民在春节时要捣较多麻糍，在除夕夜“食隔岁”（也称“吃分岁”）时要吃麻糍，暂时不吃的麻糍就贮放到谷柜中或泡浸在清水缸里，到次年正月半再取出来吃，表示“隔岁有余”。粽子是汉人爱吃的食物，从外形到馅心，有许多名称的粽，汉人在端午、中秋等节日，都要包粽。丽水一带的汉族，则要在春节时包粽。逢年过节，这里的畲汉村民有互赠麻糍和粽子的习俗。

三、居住习俗

浙江畲族民居，经历了草寮、土库、瓦房、楼房等阶段。

---

① 唐宗龙：《莲香插饭》，载《浙江民俗大观》，当代中国出版社 1998 年版，第 13 页。

② 雷阵鸣等：《三月三，吃乌饭》，载《浙江民俗大观》，当代中国出版社 1998 年版，第 30 页。

（一）民居类型

畲族称房子为“寮”。“寮”建于向阳避风有水源的地方，多数在半山腰、山岙里，少数分布在山脚。

草寮

畲民定居前，因为经常迁徙，大多“编荻架茅为居”，住以木架竹帘结构的草寮。住三五年，如果迁徙就弃寮而走，到新的一地又搭草寮。一般自己动手，全村帮忙，一二天就能盖好。草寮多数为“人”字形，仅在棚中央竖1排3根～5根树杈，杈上架着横杠，两边斜靠若干木条，扎上小横条，覆盖茅草而成。也有的草棚为“介”字形。通常以数根竹木为支柱和主架，用小竹或竹片缚成框格屋架，其上覆盖茅草或稻草。

在丽水，草寮以木作架，以竹作椽，以茅草当瓦，以藤捆缚，有的以帘作门。草寮有两种结构，一种是一间的草寮，另一种有三四间。用竹篱笆或泥当墙，屋内以兽皮作墙，中间一间称中堂（畲语称“厅”），设有供奉祖宗的神位。这个位置是圣洁而不可侵犯的禁区。厨房内设有火炉和炉灶的神位，供奉火神和灶神。东侧一间为厨房，西侧一间为卧房。草寮结构低矮，日照不足，泥土地面，十分潮湿。寮内陈设简陋，一座土灶，两张眠床，几条木凳或竹椅。

土库

明清之际，畲族定居后，多数畲民在草寮中对卧室作了改进。卧室除周围是泥墙外，另用竹作筋，加上约10厘米厚的泥土筑成泥楼，这种卧室称“土库”，或叫“泥间”“土寮”“保险库”，冬暖夏凉，还具有防火作用，是畲民明清时期的主要居住形式。全家人都住在土库，粮食、衣物也放在内。厨房设备：锅灶是泥土筑的泥灶，一灶两锅，没有烟囱，茶壶挂在灶门口，灶内烧火时，利用往灶门外冲的余火烧水。

瓦房

瓦寮　清代，畲民的住宅逐渐向土木结构的瓦房发展，畲语叫“瓦寮”。瓦寮为土木结构。四方筑墙，屋架直接置在山墙上，屋顶呈“金”字形，盖以瓦片，俗称“人字栋”，有4扇、6扇、8扇之分。所谓一扇，就是由5根～7根木柱以楼锁和檩子连接成的一个屋架。两扇对峙竖起，上与中用横梁串上，形成特大的屋架。这种大厝，柱子、穿枋、过梁多达几百根，都出自畲族木匠的双手。他们不用图纸，不用一钉一铆，即能使柱柱相连，枋枋相结，梁梁相扣，四平八稳，坚固耐用，省工省料。土木结构瓦房两层的较少，两层楼房用木板分隔成若干间。多平房，一般为方形，有厅堂、边房。室内一般都是一厅、左、右厢房，中间厅堂又分前后庭，中有木屏间隔，两旁留两个小门，左门顶上设神位，右门顶上设祖神位，后庭放置日用杂物，如磨、臼或饲养家禽等。左右两厢房各分隔两间为卧室，室内陈设简陋。右厢房后段多为厨房，厨房一般不设烟囱。由于山区气候寒冷，穷苦人家没有棉被，因而每家灶前均设有一个火炕或火塘，冬天全家团坐火炕，烤火取暖。客人来时，亦请在处前围坐取暖，并请饭莱、唱歌，以示亲热。

温州之“厝”　温州的畲民称瓦房为“厝”。木结构，石墙或土墙，平房。间有阁楼，以藏柴草杂物，不住人。厝多建于山坡向阳避风近水处，中央间为厅堂，两边为居室。厅中设祖宗神位。厨房多设于房后。

景宁瓦寮　景宁的瓦寮偏间铺上地板，是一种半干栏式的住宅，前一丈方间为暖间，畲语称“堂前”。堂前中间摆方桌，桌下设方形火炉，冬春季节，炉中炭火不息。桌两边是藏放番薯种的木柜，兼作凳子，吃饭、会客、闲聊之用。后一丈间铺对面床，中间空地为通往厨房的过道，照壁后无天井，一直盖到底，以砌为墙，全作厨房。楼上设谷仓、客房，中堂楼上不隔房间。其他县的样式不同，栋柱与二步柱间隔只有八尺、偏间隔到廊柱，走廊以马脚架下檐，不用廊柱，过间有一丈二尺，前后都较大，前间为年轻人卧室，后间为老年人卧室，很少铺地板不设暖间，灶前设一火炉塘，烧火取暖，吃饭、会客在“八尺”后进行。“出手”一般每排柱子3根，有二植、三植不等。前天井较大，放中门，盖门楼。

（二）盖房习俗

上梁

旧时，畲族盖房子往往是先立柱上梁，搭个架子，然后屋顶盖瓦，最后才四周筑墙，铺以地板和整修室内。所以，畲民盖一幢房子不是一气呵成而是分期进行，农闲时多干，农忙时不干或少干，因此盖房所需的时间往往会拖上好几年才告完工。畲民一家盖房，往往邀请亲友或寨中劳动力帮工。亲友邻居之间，相互帮助，有的送柴火、送菜、送米，有的助木料、木皮、砖瓦，有的助人工，大家同心协力把房子盖好。帮工的一般不计报酬，只招待饭食。请木工、泥瓦匠的，需付工钱。

择吉日

盖房子开工需择一吉日，上梁也要择一吉日。上梁前要祭“鲁班”，祭礼是五样菜、五样果，鱼、猪头、酒、雨伞、笔、墨、砚、扇子、胭脂、五色线、“米筛镜”、香烛、元宝等，并燃放鞭炮。祭毕，把猪头、红布一块、雨伞一把等祭品送给木匠。上梁后又要祭“喜鸡”，祭礼也是五菜、五果、猪肉、公鸡等。亲戚要送给稻谷五六十斤、红布一尺、对联一副。稻谷是送给“搭梁”的。四扇合牢后又要请吃酒。

定龙脉

在丽水，畲民新建房屋时，选择地基要请阴阳先生踏地盘。动工时要拣吉日良时，要定“龙脉”，也叫“定土”，即阴阳先生把一根画着咒符的签，插在屋基上面的山岗上，以淋鸡血治土基。建屋上栋梁，也要拣吉日良时，杀猪宰羊，先祭祖，后祀本境土地神，再摆酒筵，宴请木匠、泥匠、石匠及亲戚朋友，叫“竖寮酒”。亲戚朋友要送对联、红包。上栋梁前，两个木匠老师傅念念有词。上梁后，栋梁上要挂装有茶叶、米的三角包、米筛镜、木槌以驱鬼魔，平安吉庆。栋梁的两头挂上两盏灯笼，要点三天三夜，表示吉星高照。

入宅

畲族在新屋落成时要举行隆重的入宅礼。首先新屋主人请风水先生择吉日良辰，鞭炮齐鸣，燃点火把，在笑语欢声中安好大梁，然后把所有家具披上红布，喜气洋洋地迁入新居。主人备好鸡、鸭、鱼、肉、米酒等，宴请亲友，赴宴的宾客，一般要送礼（钱和花布均可），大家开怀畅饮，相互祝贺。

(三)居住环境

畲民的住房大都建于山腰和山麓处。多数坐北朝南或坐西朝东。门前屋后栽果树,种毛竹,有的还种芭蕉,使住宅掩映在青山绿树之中,环境颇为优美。

“造成风水画成龙”是一句畲族俗语,所谓“造成风水”其实是要人们注意环境绿化。一旦定居下来,畲民十分注意村坊绿化,一般都是选择避风向阳有水源的地方造房子,在村口和屋后山上种松树、枫树、祖树、苦槠等,屋边种有毛竹、果树等,使房屋掩映在青山绿林之中。村口有了树就能避风,屋后山有了树就增加了泉水的流量,空气也格外新鲜,人们往往把这些叫做“风水”。不少畲村还种有芭蕉和篁竹。

(四)室内设施

畲族男女老少皆有烤火习惯,称“灼火”。畲家的室内设施,以暖间和火炉塘较有特色。

暖间

畲语又称“堂前”。中堂两边的偏间前一方间,中间摆方桌,桌下设一火炉,用黄泥糊成方形或圆形,烧饭后的灶中炭火铲到暖间来,冬、春、秋三季炉火不息,并在桌下挂茶壶烧开水或开水保温。桌板下设竹帘可焙东西,两边壁设木柜,作凳兼作存红薯种用。会客、闲聊、吃饭都在暖间。景宁、文成、泰顺等畲村的中堂两边偏间设暖间,以炭火取暖。

火炉塘

火炉塘设在灶间。烧饭多用草烧的畲区一般都有火炉塘,这是一种烤明火的风俗。即在灶前不靠壁的角落,挖一小火塘,点燃杂柴烧烤火。凡来客都坐到灶边;吃饭、会客都在厨房,对歌也边唱边烤火,所以对歌的别称叫“烧火灼”。

凡是设暖间的县,当地汉族也差不多有暖间,不同的是有的汉族人家备有火笼,即篾条扎泥钵盛火供一个人烤。在畲族设火炉塘烤火的县,汉族即使在山区有柴烧也不在灶边烧火烤,都在中堂或八尺后,用火笼取暖、会客、闲谈。这是畲、汉的一种风俗区别,也是进入畲乡客人第一个需要了解的风俗。不然,到了畲家则坐在中堂冷,到了汉家则走进人家厨房,给人的第一个印象是“此人生疏”,继而可能会被冷遇。①

厨房用具

畲族不尚奢侈,日常生活用具与汉族大致相同,但更为简朴。生活用具的特点是就地取材,因地制宜,多木、竹、石材制品。其较有特色的厨房用具有木粥桶、木面盆、竹水筒、木勺、瓠瓜制成的水瓢等。日常用具有竹壳陶火笼、竹灯盏架、木屐、细篾编成的火笼等。具有民族特点的生活用具还有八角轿、石制水缸、茶筒、背篓等。八角轿,畲族姑娘出嫁时使用。高1.3米,四面宽0.7米～2米。工艺精细,五彩装饰。石制水缸较有特色,八角形或长方形,深0.5米,长1.4、米,宽0.7米左右,用以储备饮用水。茶筒,用毛竹节制成。大筒是3节～4节毛竹节,小筒是1节～2节毛竹节,筒上有双耳,上系小麻绳,是畲村家家户户必备之物,畲民

---

① 雷先根:《畲家的暖间与火炉塘》,载《浙江民俗大观》,当代中国出版社1998年版,第171页。

上山下田劳动，用以盛放茶水。有些地方还利用茶筒盛酒，名叫酒筒。背篓，用竹篾编织而成，篓口为椭圆形，扁瓶状，篓口双侧系以小棕绳，用单肩挎背，常用于上山采茶，下园摘菜。用作上集市采购装货物的背篓，造工更讲究，通常小巧玲珑，制作精美。如民国时期景宁县敕木山畲民家中的设施和生活用具：

家具也和汉人家里用的一样：几张四方形的木制桌子（其中最大的那个八仙桌是放在大厅的后半部），几只狭长的板凳，几把竹靠椅（那是靠着边墙放的），一些小板凳，简陋的床架和箱子。两个狭长的炉灶，在浅而圆的大铁锅下，有几个炉膛。那炉灶也是按照汉人家的形式砌成的。大厅的墙上挂着几副对联。①

火篾

中华人民共和国成立之前，浙江畲村多数家庭晚上不燃灯，有的用篾片燃点照明。如果用两三条篾片燃亮，夹在火篾架上亦可见到一丈多远地方。如夜晚外出，则点松明（即松树上有脂部分），放在铁丝篓下燃烧，发光能力较好。如民国时期景宁县敕木山畲民蓝某某家中的照明方式：

有一盏早已不再起作用的煤油挂灯，那是可以反映近代文明已深入中国内部的角落里的极少数事物中的一种。此外，人们还保持着使用老式火篾的习惯，他们利用约 1 米长、两三厘米宽的竹片来做竹灯。其方法是把这些竹片先在水里泡一段时间，竹灯是用一根铁制的，从天花板挂下来的钳子卡住，夜间出门时可以拿在手里当火把用。②

20 世纪 50 年代后，畲村陆续装上了电灯，使用了电视机、电冰箱等家用电器。那种“火篾当灯草”的时代已一去不复返了。

四、出行与市商习俗

（一）出行习俗

畲族出行主要靠步行，少数坐轿或乘船。畲族多居住在山区、半山区地带，丘陵重叠、山岭崎岖、羊肠小道迂回曲折，交通十分不便，许多道路还需绕山而行。其路多用石板铺面而成，道路斜窄，加之来往行人稀少，年久失修，很难行走。受地理、经济等条件制约，畲区人民要赶圩进城，贩卖山货，购买生产、生活用品，或走亲串友，盘歌聚会，均需翻山越岭，遇有溪水，除修桥外，或用石磴踏过。

草鞋辟邪

传统时代，有的畲民以负薪、挑炭、背木头、挑铁沙、抬轿等为业，从事原始而艰辛的运输业务。畲民多穿自编草鞋，挑运货物时，日行 30 公里～50 公里。早年，畲族姑娘作新娘行嫁（步行）时也穿草鞋，这草鞋编打得特别精致，并在草鞋的“四耳”旁系上 4 枚古铜钱，新娘在行走时，铜钱锵锵作响，俗信以为可辟邪驱秽迎来吉祥。这行嫁的特制草鞋，要请福寿双全的老

①② ［德］哈·史图博、李化民：《浙江景宁县敕木山畲民调查记》，转引自《浙江省少数民族志》，方志出版社 1999 年版，第 621 页。

人编打。

挑担抬轿

旧时，不少畲民承担挑担、抬轿等苦力活。《处州府志》云："处州各县畲民力耕苦作，或租种田亩，或扛抬山舆"；《景宁县志·畲民》载："耕作而外，凡羊肠萦逶之中：或舁或擨或负担，汗流相属者，率皆是民也。"没有公路，各乡设有轿房，由畲民充当轿夫，肩头当大路。云和县畲民还以挑铁沙为副业。畲民沿着人行小道搬运东西，均靠肩挑。为减轻右肩负担，常用一木棍从左肩帮挑。

图 96-9-2-2　景宁东弄村蓝木昌在打草鞋（2013年邱国珍摄）

桥会路会

浙江畲区历史上存在过与交通习俗有关的民间组织，如桥会、路会等。畲民最早在开发浙南山区时，走的是羊肠小道。为保持道路的畅通，畲民把每年立冬这一天定为修路日。约定对本村或几个畲村相通的山路修理一次，每户去一人，由畲村年事高的族长或房长分配具体修路任务。参加修路的人带锄头、畚箕、草刀，将路后壁上的杂柴、杂草割掉，对倒塌的路坳、坑坑洼洼的路面，进行修砌和填平，把山路修好。后来，由于生产发展，山地改为水田，畲民对交通运输有了新的要求。于是，他们对羊肠小道进行改造，铺石为路；并在山涧等涉水处修筑桥梁。这时，民间组织"桥会""路会"应运而生。

族中有威望的老人发起修桥铺路的倡议，去各畲汉村集资银圆。集足资金后，即成立桥会、路会。凡是出资人员都是桥会、路会会员。桥会、路会的办事机构由会长、副会长（也称总理、副总理）、记账、保管等人组成。上述人员，全部由会员民主推荐产生。桥会、路会负责人领导桥、路建设，每修建好一座桥、一条路，都在桥头、路边竖碑，石碑上刻着会员的姓名及其出资银圆的数目。

桥会、路会的主要任务有三：一是发动民工投工；二是掌握资金使用；三是购置桥会田、路会田，以田租收入来维修桥和路。如松阳县雅溪乡程路后村，有一条通往金山头村的路，是用集资的钱修的。除修好这条路外，路会还购买了路会田，在路旁建竖路碑，碑文写着："路会有路会田一亩二分五厘，以田租收入养路，同治癸亥岁仲月立。"①

20世纪50年代后，畲区陆续修了公路，交通出行也为之改观。

① 蓝周根：《畲族的社会组织》，载《浙江民俗大观》，当代中国出版社1998年版，第390页。

(二)市商习俗

以物易物

20世纪初,畲区商品经济不发达,浙江畲族极少经商的人。畲民将自己生产的农副产品拿到市场上进行以物易物的原始交易,此俗在全国畲民中较普遍。民国13年(1924年),沈作乾在调查时看到的情况是:浙江省畲民"没有一人经商的,平时仅有少数农产品,如香菇、柴草或丝带等,向汉人易男子的旧衣旧鞋而已""其妇女所织花带,宽自半寸至寸余不等,颇为汉人所喜欢,每逢集墟之日,携到市上,向汉人交易"①。有的畲民对买卖这个词还很生疏,在云和县,他们不说"买卖",而说"换"。在景宁县他们用个"兑"字。过去,畲民在商品交换中,"有的以物易物,往往进行不等价交换"。② 与同等价格比要低20%~30%,有的低于100%以上的差价。

畲民在商品交换中有以物易物的习俗。光绪二十二年(1896年)印的《畲客风俗》第22页有一张画,名曰"换衣",画中有一畲妇身穿民族服装,头上戴冠,肩背小孩,手中接过从汉族女人那里换来的衣服、鞋、帽。另一畲妇肩挑一担番薯、鸡蛋、鸡等物,跟在一名畲妇后面去换衣,这是当时畲民在商品交换中以物易物的真实写照。

以货易币

以货易币,是畲族贸易的另一种形式。清代浙江地方志,常常记载畲民"负薪鬻市""三五女负薪,鬻市两脚赤"。此类情景遍及闽、浙山区。畲民在市场同汉族人交易,以货易币,再以币购买所需锄头、犁耙、柴刀以及首饰、针线、布匹、鞋袜等生产、生活用品。

畲民商店

畲族虽然未能形成本民族的市场,专业商人很少,但据资料记载,清末至民国时期,有的地方还是有畲民经营的商店。

清光绪二十七年(1901年)至1957年,云和县城内司前铺有一个"仁本堂"中药铺,店堂门面虽不显眼,可是生意兴隆,门庭若市,在云和县城商店行业中颇有盛誉。该店是一位双目失明的畲族孀妇蓝水奶经营的。③

民国16年(1927年)秋,云和县城内司前铺(今解放街263号)出现了一家本县最早的糕饼店——聚芳斋。店主蓝文治是畲族著名人士蓝宝成先生的第六个儿子。蓝文治,字继光,乳名斗庚,民国6年毕业于处州十一中学,曾任教于中山小学。民国18年,他目睹畲民只知日出而作,日落而息,终年埋首山林田垄挑柴度日,不得温饱,决计弃文经商,变卖田产,筹集资金,从松阳请来陈其庆糕饼师傅和其侄陈关金、陈寿康等人开始营业。④

民国13年(1924年),距县城西南15里的畲族聚居地雾溪村,还有一家畲族蓝姓人开设

---

① 沈作乾:《畲民调查记》,《东方杂志》第十一卷,1924年。

② 蒋炳钊:《畲族史稿》,厦门大学出版社1988年版,第152页。

③ 政协云和县委文史资料研究委:《云和文史资料》1987年第3辑(畲族专辑),第93页。

④ 政协云和县委文史资料研究委:《云和文史资料》1987年第3辑(畲族专辑),第96页。

的“蓝记恒泰号”杂货店。①

中华人民共和国成立后，为繁荣农村经济，各地畲区都设立供销合作社和代销代购店，这些商业网点的设立，有力促进了畲族地区商品的流通。改革开放以后，畲族从事经商、贸易的逐渐增多。

第三节　社会组织民俗

浙江畲族社会组织民俗，主要指家庭、亲族、宗族（如祠堂、宗谱、族长、族规）、辈分、排行和秘语等民俗事象。

一、家庭

宗族由家庭组成。家庭主要是一个生育单位和经济单位，通常作为宗族的一分子而存在。畲族以家庭作为生产、生活和社会组织结构的基层单位。其家庭大多是一夫一妻制的父系小家庭。

核心家庭

畲族家庭，大多是核心家庭，由一对夫妻加上未成年的子女作为核心成员组成。核心家庭加上前辈老人（夫方或妻方的父母、祖父母）而形成的主干家庭，在畲族中也有一定数量。联合家庭和单身家庭较少。

联合家庭

畲族定居初期，几乎全是小家庭；定居发族之后，体现封建宗法权威的大家庭逐渐增多。人们把数代同堂、人口众多看成是家庭兴旺的标志。一个家庭里往往有两对或两对以上没有分家的同一代夫妻，加上各自未成年子女和前辈老人，组成联合家庭。这种大家庭，在一些受封建文化影响较深的大宗族、大村落尤为多见。

景宁畲族家庭

家庭组成有父系、母系、双系三类。父系妻从夫居，子女从父姓；母系夫从妻居，子女从母姓；双系大多为女方是独生子，子女长从母姓，次从父姓。畲族家庭家长都是男子，但妇女享有与男子同样的继承权，家庭地位是平等的。如今，以父系为核心的家庭占多数。畲族女子嫁到汉族家庭，子女随母姓者日见增多。旧时祖孙数代同堂的大家庭较为普遍。②

家长

家庭中，家长居支配地位，对内主持、统管家庭事务，对外全权代表家庭参与宗族、村落的社会活动。其意见，家庭成员都得尊重和服从，尤以一些大村落、大家族、大家庭为甚。家长通常是男子，父亲去世，儿子继承；丈夫去世，儿子尚幼，妻子暂代，儿子成年再继其位。家长

① 政协云和县委文史资料研究委：《云和文史资料》1987年第3辑（畲族专辑），第98页。

② 《景宁畲族自治县志》，浙江人民出版社1995年版，第117页。

年迈，儿子已长成，可以先行接替。

夫妻平等

畲族“男女皆力穑，夫妇同耕作”。“家人嗃嗃，妇子嘻嘻，各食其力，亦无（少）阋墙之事。”（〔清〕范绍质：《瑶民纪略》）家庭关系比较融洽。妇女劳动处于与男子同等重要的地位。其经济收入并不低于男性，体力也不亚于男性。以家庭地位而言，畲族妇女比当地汉族妇女高。大多数畲族主妇可以参与家庭重大事务的商讨、管理，不少家庭实际由主妇当家，丈夫虐待妻子之事件极少发生，而丈夫如果赌博、酗酒等，倒常受到妻子的训斥。女子外出对歌或参加其他活动，不受封建礼教约束。有些畲村，女子还同男子一样，享有财产继承权。有些家庭，甚至留女儿在家招赘，却让儿子出赘别家。有些地方，发生纠纷斗殴，也往往由妇女出面调解、制止。

长幼有序

长幼在家庭中不大平等。长子有支配祖产和继承宗祀的优先权，除痴呆、恶疾、夭亡、无能等特殊情况外，是家长的当然继承人。俗语有“长子阿爷（父亲）职”“长兄为父，嫂为娘”之谓。兄弟分家，一般“长子不离居”（保留原住屋），或者分得最好的房间，其他兄弟，按长幼依次分配，其余财产也是长子多得，其他兄弟再平均分配。民国时期，有田产的还先留“长子田”“长孙田”（一股不超过总数的1/10）。丈夫死去、子幼，妻子管理财产；妻子改嫁，则由同胞兄弟或侄儿继承或管理，若无子媳，则归亲房兄弟继承。

抱养子女

无子女者抱养子女，抚养成人，赖以养老送终，延续宗祀。其关系与一般血缘亲属相似，其称谓亦与一般血缘亲属类同。如民国时期景宁敕木山村畲族的立嗣风俗：没有儿子的人可以过继儿子。然而过继的风俗和住在附近的汉人不完全相同。畲民所过继的孩子必须和他自己同属一个氏族。蓝姓家族的家谱中对此有明确的规定。如果有个女儿，往往把女婿招上门来，作为儿子。举例来说，敕木山村的蓝某某没有子女，于是他先把他哥哥的女儿接来当女儿，然后再把他的女婿招上门来，作为儿子。

赡养老人

一般家庭，老年人不能参加劳动，便处于从属地位，不参加家庭管理，年轻一辈的夫妇便居主要地位。畲族称谓，部分与当地汉族同，部分有本民族特色。如丽水畲族的称谓：高祖父，称作老太公；高祖母，称老太白；曾祖父，叫公白；曾祖母为婆（女加）；祖父，称为阿公；祖母称阿（女加），或阿姆；父亲叫阿爹；母亲称作阿娘；丈夫称昌铺；妻称为布娘。①

20世纪90年代后，畲族中以夫妻和未婚子女为主的核心家庭占绝大多数。家庭中尊老爱幼、赡养老人的优良传统蔚然成风。

平阳王神洞村家庭状况个案

本村畲族多为2口～6口的小家庭，没有几代住在一起的，兄弟结婚以后就分家，父母自己住或和小儿子住在一起。财产继承问题一般是兄弟平均分配，但长子可以多分一些，如果

---

① 《丽水风俗》编委会编：《丽水风俗》，浙江丽水地区文联1995年刊印，第171页。

长子有长孙，可先抽出一部分相当于每股所分的土地，其余再按几个兄弟平均分配，一般田地太少只适当照顾一下长子就可以了。父母在时，要留一部分财产，够其生活，父母死后再把父母的一份财产平均分配，没有娶老婆的兄弟可以多得一些，称为“老婆本”。妇女在家庭没有继承权，如果招女婿上门的，可享有家庭财产继承权。①

二、亲族

亲族是由家庭扩展而成的社会集团，它是由若干家庭以近缘关系错综联结成的，通常人们俗称的亲属、亲戚都属于这一范围。

畲族亲属，包括血亲和姻亲两大系统。血亲是父母子女兄弟姐妹等等有血缘关系的亲属，以及堂兄弟姐妹及其子女；姻亲是指通过缔结婚姻而形成的夫妻、亲家、妯娌、翁姑、岳父母等亲属，以及连襟、母舅等等。此外，还有收养、义亲等等。

娘奶亲

畲族的母系亲属，俗称“娘奶亲”，在亲属中关系极为密切，尤其母舅为诸亲中之至亲。畲族人对娘舅十分尊敬，就是再无能的舅舅仍受尊敬。故俗语有“天上雷公，地上舅公”之说，认为舅公最大。母舅有相当的权威：外甥，外甥女出生、满月、周岁、十六岁，定要报请母舅，母舅送礼最丰，所受礼也最多。外甥、外甥女婚嫁，母舅要插手过问。出嫁时，还要母舅抱上轿。外甥结婚，要向母舅行跪拜大礼，办酒席，要请母舅坐大位；新郎一定要向母舅敬酒。外甥分家多由母舅主持，夫妇纠纷，也多请母舅调解。外甥犯事，母舅有权管教以至打骂；外甥如果忤逆母亲，除向母亲下跪认错外，还要跪拜母舅认错；叔伯没有这么大的权力。母亲去世，先要向母舅报丧，并跪迎其入灵堂，待其见过遗容，方可入殓盖棺。

妇娘亲

畲族妻系亲属，俗称“妇娘亲”，在亲属关系中也相当密切。丈夫对妻系亲属的称谓，基本是与妻子对这些亲属的称谓相同：称岳父为“阿爸”，称内兄、内嫂为“阿哥”“阿嫂”等；称岳母为“阿奶”或“阿姆”“阿婶”均可。

降辈分

父系亲属对妻系亲属的称呼，通常都降低辈分，以相当于母系亲属的相应称谓称之：双方父母互称“亲家”“亲家婆”等，丈夫的父母、兄弟姐妹都称妻子的兄弟姐妹为“阿舅”“妮姨”（姨娘），都称妻子的伯叔姆婶为“伯公”“叔公”“伯婆”“叔婆”等。

义父义母

主要是担心孩子娇贵（或多病，“命相”不好），不易养活，借拜认义父母得到庇护，一般到孩子过完“十六岁”为止，但也有继续作为亲戚的，旧时，有些畲族青少年为不受欺凌而拜认汉族中有一定身份、名望的人作为“义父”。中华人民共和国成立后，有不少畲族学生尊重教师，拜认教师为义父。

---

① 《中国少数民族社会历史调查资料》福建省编辑组：《畲族社会历史调查》，福建人民出版社 1986 年版，第 67 页。

义结金兰

多是志趣相投的成年人，结拜兄弟姐妹，其中以本民族间同性男女的结拜居多。异性结交则多是一些互相爱慕的情人，无法缔结姻缘而保持的一种特殊关系。

寄名亲

在旧社会颇为流行。人们把孩子寄名于神、佛或自然的石、树等，称其“义父”，祈求庇佑。

三、“房”和“族”

畲族以同姓近祖的家庭联结成“房”（房支），若干房支又联结成“族”（宗族），形成一种具亲近血缘关系的社会结构。故谚称“山哈山哈，不是共房就是叔伯”。人们在人际关系和社会整合方式中，相当重视强调这种宗族关系。

（一）房

房，作为宗族的支派，源于兴旺发达的大家庭，一个大家庭繁衍析分，便出现了房支，各房支继续繁衍之后，为了分别近亲，又会再分出若干新房支。各个房支通常按长幼序列依次称为“长房”“次房”“三房”……或以文字为房称。各个房支的归属及其序列是相对变动的。同房支的家庭，大多聚居一村，也有外迁另行繁衍。同房支的家庭，称为“共房”“共寮里”“厝下人”，关系密切。而五代以内同房支的家庭，称为“厝里人”，关系更亲。

景宁县东弄村个案

全村共 78 户，除 3 户汉族外，75 户都是畲族，其中有 74 户是姓蓝的，血缘聚居的原则很显著。村中有祠堂 1 所，创建于清道光年间，是蓝姓人共有的。祠堂下分 3 房，是从第 5 代分的，“房”可以变化，每代都可以分“房”。①

平阳县王神洞村蓝姓个案

本村蓝姓是同属于第二房（第一房在泰顺，第三房在洋尾，第四房在福鼎上陶）。第二房以下又分为 4 个房，每房成员已打破血缘聚居的关系，并不与同房住在一起，但同一小房的人来往更为密切，如一般结婚、做坟、办酒，小房中的人都聚在一起，小房没有专门的负责人。②

房支之中，辈分最高、年岁最大者，最受敬重。

（二）族

族，是“房”上一层的结构，由血缘关系较为亲近的若干房支组成，它包含有家族、宗族，以至氏族、民族的多种内容。畲族对“族”的重视程度大大超过当地汉族。族有族长、族规、祠堂，族内讲究排行、辈分。旧时，各“族”多有公田、公山等，其收入供轮流祭祖支用。中华人民共和国成立之后，族产取消，族中公共开支均由族人临时筹集。

---

① 《中国少数民族社会历史调查资料》福建省编辑组：《畲族社会历史调查》，福建人民出版社 1986 年版，第 12 页。

② 《中国少数民族社会历史调查资料》福建省编辑组：《畲族社会历史调查》，福建人民出版社 1986 年版，第 67 页。

族长

过去较大的房、族，多举有族长(父老、头人)，通常由一族之中辈分高、年纪大、办事公正、有一定威信的老人担任。作为“族”的代表，拥有族权，在一族中，可以按照习惯法主持或负责处理族内事务和族际的各种纠纷、公共事务。如制定并执行族规、主持祭祖和修谱事宜、调解或裁决族人的民事纠纷、保藏族谱祖图及祭祀用品、收缴并掌握族产租金、主持兴办公益事业，修缮祖房，修建祠堂、宫庙、道路、桥梁、水利等，对外交涉官司案件、联络宗谊、参加族际社会活动等等。

如平阳县王神洞村的“头人”：过去本村1个“头人”(蓝茂周)，是由大家推选的，条件是公道、忠厚又会说话的人。头人威信很高，大家都听他的话，头人如果不称职也可以改选，其职务是负责管理族谱和公田，解决村内发生的问题。如过去本村蓝茂续家里很穷，无法过年，就到地主蓝德浪家扛了几根竹子，地主不肯，要罚他，因他家很穷无钱，地主就把他家的农具全部搬走，并把人捆起来，头人蓝茂周就到地主家讲情，于是叫蓝茂续办了一桌酒请地主、头人和村里一些其他的人，就算过去了，如果没有头人从中说话，地主是不肯的。①

由于畲族居处分散，族长实际无法兼顾各村族人事务，清末民初后已没有多大的号召力。后来，各畲村都有自己的“自然领袖”。

如景宁县东弄村的“自然领袖”：东弄村57岁的“自然领袖”蓝登成，为人善言会说，懂道理，较公正，交游广，好客，慷慨，长于社交，20余岁时，在族里已渐有声名。民国13年(1924年)，东弄村原自然领袖蓝德番亡故后，蓝登成就代之而起，成为自然领袖。②

有的族长或自然领袖被官府利用，有的甚至与官府勾结，征粮纳税，抓丁派役，左右一切地方事务，尤其民国23年(1934年)实行保甲制度后，有的成了保长、甲长，充当统治者的代理人或助手，成为鱼肉百姓的地方势力。当然，也有“白皮红心”者，如上述景宁县东弄村的“自然领袖”蓝登成，“本是国民党员又是区分部书记，但在1948年8月他又与游击队发生了联系，12月加入共产党……1948—1949年他经常送情报给游击队，1948年11月他发动东弄村送大米数百斤、猪肉、黄豆等接济游击队”。

中华人民共和国成立后，人民政权建立，族长随着封建宗法制的消灭而废除。畲乡一切民政、民事，皆由基层干部统一掌管。但是，各处仍然出现一些热心公益事业、为族人拥护的“自然领袖”，主持一些诸如修谱之类的宗族事务和修桥补路、济危扶灾之类的慈善事务。

族规

族规用于约束宗族成员的行动。畲族许多宗支都有族规，或称“祖训”“条训规则”“圣谕广训”等。在长期的社会生活中，成为宗族成员所遵循的习惯法。族规有两种，一种是社会活动中不成文的规；另一种是由族众议定，以文字载入宗谱，作为族众行为规范。综合各谱记载，族规、家规大致有以下10项内容：

① 《中国少数民族社会历史调查资料》福建省编辑组：《畲族社会历史调查》，福建人民出版社1986年版，第13页。

② 《浙江省少数民族志》，方志出版社1999年版，第81页。

敬父母　父母乃生育至亲，服务奉养必周，好的要在祭期优奖，忤逆者，轻则当众惩责，重则族内削名。

和兄弟　兄弟应情同手足，财帛不矜，酒食相让，语言不计，不诡听妇言，兄弟间懦弱者互助，强者逊让，贫者济助，当为者勤勉，不当为者谏之。

慎交友　要先择而后交，不唯以信为本，友者安乐与同，患难而共，推诚相与，不得挟诈相欺。

勤节俭　恪守惰者为失身之始，奢者为失身之阶，勤苦财生，俭者则财节之道，不得游手好闲，食他人，衣他人。

戒淫恶　淫者败坏门风，玷辱祖先，致他人夫妻反目，致他人妯娌成仇，遇强悍必致杀身，如有不顾本分，禽兽般伤伦者，则自取灭绝，吾族人必戒之。

禁赌博　赌者坏人心事，短人志气，赌负者，售田舍，卖妻、子有所不顾，族内严禁之。

忌争讼　族中非关宗亲、父母不与其戴天者，劝告宗亲和息劝免，不得恃强凌弱，不得逞智而唆愚，不得借公报私。讼者，大则殒命，小则破家，吾族人忌之。

守安分　出仕受禄者，须恪恭本职，不得贪污而辱；居家肄业者，亦当笃志苦攻，国税早输之；于农工商贸者各勤其事，不得喜争好讼。

睦乡邻　乡邻相亲相睦，要视天下之民皆同胞，财物不可独占便宜，不得因小愤而起争端，遇纷争者必竭力劝解，不可挑唆。

重丧祭　父母祖宗音容日杳，不得不祭，须量家财之有无，有财可为者，必尽力而为之。清明、冬至务祭于墓。①

中华人民共和国成立后，随着封建宗法制度的崩溃，族规有关封建宗法规定多已废弃，而其中提倡尊老爱幼，济危扶贫，勤劳节约，和睦谦让，戒除赌博、淫逸、酗酒、斗殴等内容仍被畲民视为行为准则。

祠堂

祠堂是宗族特殊的建筑，是宗族历史资源与文化传统的浓缩。畲族的祠堂有着不同的形态和象征体。按祠堂的外部形态分，畲族祠堂可分为“祖担”和祠堂两种。

早年，迁徙不定的畲民没有建筑意义上的祠堂。畲族自广东迁往浙江的过程中，长期过游居生活，各支族是以“祖担”(亦称游祖)代祠堂。畲族迁入浙江后，由于居住分散，经济条件不好，许多支族仍以祖担代祠堂。旧时《龙泉县志》载畲民祠堂：“仅以竹箱两只，一置香炉红布袋，一置画像，即呼为祠堂也。”②所谓祖担，即竹编箱笼两只，内装先祖香炉、龙头祖杖、笏板、铃刀、龙角、铃钟、神鞭、宗谱和一套有20余幅布质(亦有纸质)彩色祖图。祖担没有固定存处，谁家用后即由谁家保管，若支族内某户要举行“传师学师”或老人去世“做功德”需用祖担，要请本族1名祭师备办祭品前往存放祖担之家“采祖”。祭师跳唱“拆寨”舞后把祖担接回家，用后则由这一家保管。保管之家迁徙异地居住，须把祖担带走。有少数支族祖担由专人

① 《浙江省少数民族志》，方志出版社1999年版，第81页。

② 《浙江省少数民族志》，方志出版社1999年版，第80页。

保管，支族成员用后送回。祖担只供本支族使用，其他支族不得相借。以祖担代祖祠的支族，老人去世后不设灵位牌，只设1只亡灵香炉，通过“做功德”的“背老者”仪式，①即把亡人香炉并入本家供奉的历代祖先香炉，称送亡人“上祠堂”。云和县畲族在未建祠堂时，蓝姓把亡人香炉置于安溪青石岩，雷姓置于黄处鬼岩，这是少有的独特形式。畲族较多的丽水，大多以祖担代祠堂，现尚保留两副较完整的祖担。②

香炉是家族的象征。当年，畲民分流迁徙时随带的各种香炉，其中主要是铜制香炉。在景宁，蓝、雷两姓祠堂各设6个香炉，各姓香炉均有特殊的命名。据《景宁畲族自治县志》载，蓝姓6个香炉分别称为：神仙、祖师、射猎、下座、仙童、战兵；雷姓6个香炉分别称为：众炉、神仙、祖师、下座、仙童、战兵。③

清代以后，浙江畲民逐渐定居，畲族的“祠堂”由迁徙时的两只箱子，变为一座座土木结构或砖木结构的、实实在在的祠堂。畲族祠堂不同形态的演变，见证了畲民某些家族由小到大、由弱渐强的发展。

浙江畲族祠堂，有的是以支族为单位共建，有的是自然村的分支族独建。规模一般为泥木结构瓦房，正中一间置放本族始祖牌位，偏间置放本支族祖先牌位。

《浙江景宁县敕木山畲民调查记》写道：“在暮垟湖附近，我们看见一所雷姓氏族的祠堂。在敕木山村附近，我们看见一所蓝姓氏族的祠堂富有情调地坐落在村西一个布满森林的山坡上。后者完全是个简陋的、粗俗的、有一边是敞开着的大厅。除去供桌外，里面就只几口空棺材，那完全是朴素的中国式棺材。供桌上放着香炉和祖宗牌位”。④

民国初期，少数地区建有规模较大的祠堂。如民国8年（1919年），以云和县畲民贡生蓝宝成为首，由云和、丽水、景宁、宣平、松阳、青田、兰溪、龙游等8县蓝氏支族成员集资，呈浙江省财政厅报中央财政部给照，在云和大庆寺后旧磨风院兴建的“蓝氏总祠”，占地面积6亩3分3厘7毫。房屋有前后3进，前厅建有戏台，是全省最大的畲族祠堂。民国初年兴建的兰溪县西方坞、下罗家两村“蓝氏宗祠”；丁家坳、奎塘畈两村“雷氏宗祠”均为砖木结构，分前、后两进，后进供存祖先牌位和香炉，前进建有戏台供祭祀演戏。⑤

规模较大的支族祠堂，组织成员有派、房之分，由聚居一地为一派，派内再分若干房。如明弘历年间，福建迁居平阳莒溪垟尾的蓝昆网支族“蓝氏宗祠”成员分为：王神洞派、闹村东弯派闹村凤岭脚派、晓垟余山派、莒溪郑家山派、石牛坑派，各派又分为若干房。规模小的分支祖祠堂，依据本支族祖先儿子多少分若干房。

多数祠堂设有公田，祭祀由公田收入开支，无公产的祠堂，开支由族内成员分摊。

祠堂主要用于祭祀祖宗。畲族祖灵观念很强，崇拜祖先，以作宗族体系的精神支柱。不少宗族都有成套的祭祀仪礼，代代相沿，隆重异常。每年春节与旧历七月十五（或清明与冬

---

① “做功德”“背老者”均为畲族丧葬习俗，详见本章“人生仪礼”部分。

② 《浙江省少数民族志》，方志出版社1999年版，第80页。

③ 《景宁畲族自治县志》，浙江人民出版社1995年版，第117页。

④ 《浙江省少数民族志》，方志出版社1999年版，第633页。

⑤ 《浙江省少数民族志》，方志出版社1999年版，第80页。

至),各大祭一次。平时宗人亦偶有进香、礼拜、下愿,祈求祖先庇佑。如景宁县东弄村蓝氏宗祠,“每年祠堂举行祭祖两次,每年仲春仲秋月半举行祭祖一次。”[①]又如平阳县王神洞村“每年一月十五要在祠堂祭祖,祭祖由各房轮流主持,每次祭祖摆两桌酒席,祭祖的钱一部分由祭田的收成中支出,一部分由各家平均摊派”。[②] 大祭期间,畲族还要举祭传说中的本族共同始祖“盘护忠勇王”。据各地宗谱称:“盘蓝雷钟四族”“一脉相连”“先祖在广东潮州凤凰山建有盘、蓝、雷、钟姓总祠……祭期定以上元、中秋二节”。[③]

图 96-9-3-1 文成培头村钟氏宗祠(2013 年邱国珍摄)

浙江省畲族曾建有宗祠 30 处,雷氏宗祠 21 处,钟氏宗祠 4 处,李氏宗祠 1 处。上述祠堂,在 20 世纪 60 年代后,有的改建为村校,有的拆除。[④]

宗谱

浙江畲族现存的宗谱基本上是清代、民国以后编修的。受汉文化的影响,畲民也注重宗谱的编修,以作本族发展的文字记录。人们把编修宗谱视为宗族中至为重要的事。认为族中可以没有祠堂,但却不能没有宗谱。编修族谱与建祠、祭祖同列为畲民家族的三件大事,而编修族谱为前三事中之第一件大事。不管是整个家族还是一个族员,畲民都十分看重编修族谱。畲民的传统观念认为,“五世不修谱,乃忘祖之罪也”。畲民称家族总谱为“大谱”、称房支谱为“谱仔”。不论是“大谱”还是“谱仔”,畲民均视为家珍。

浙江畲族,大多修有支族宗谱,称“传家至宝”。支族宗谱多数是依据入浙前旧谱续修,亦有分迁各地后修的分支宗谱。宗谱多数为手抄本,少数刊印本,载有本族族源,先祖图像,授官记,支族迁徙行程路线及历代源流、家规等。所修之谱,“文化大革命”期间曾被当作“四旧”而毁;有的是族务管理不当而散失;有的在历史变动中被毁,现在全省各类畲族宗谱尚存 150 余卷。据查,现存宗谱,修谱最早的是云和县岩下的蓝敬泉支族修于明嘉靖四十年(1561 年)的《蓝氏宗谱》,其余大多修于清代,民国时期亦有重修。现存宗谱比较完整的有:兰溪县水亭畲族乡下罗家村民国 3 年(1914 年)重修蓝氏宗谱(云和县岩下的蓝敬泉支族);兰溪县水亭畲族乡丁家岙村民国 5 年(1916 年)重修雷氏宗谱(景宁叶山头雷孔华支族)。这两部宗谱各

① 《中国少数民族社会历史调查资料》福建省编辑组:《畲族社会历史调查》,福建人民出版社 1986 年版,第 12 页。

② 《中国少数民族社会历史调查资料》福建省编辑组:《畲族社会历史调查》,福建人民出版社 1986 年版,第 67 页。

③ 《浙江省少数民族志》,方志出版社 1999 年版,第 280 页。所谓广东凤凰山的“总宗祠”,是畲族宗谱内容的一种虚拟。蓝炯熹先生在《畲民家族文化》中指出:“大宗祠作为想象的异邦,深烙于畲民心中,成为一种不容抹杀的家族群体的象征符号。”

④ 《浙江省少数民族志》,方志出版社 1999 年版,第 80 页。

有12卷。蓝、雷二谱每次重修，均保留历次修谱序言。上述蓝、雷二谱，除载本族史源，还载有畲族部分先祖自帝尧陶唐氏起至隋唐时授官名录，蓝姓支族以帝喾高辛氏为一世，雷姓支族以龙麒为一世。至民国初年，均载有本支190余世(代)直系先祖姓名、配偶、仕官、迁徙。蓝姓支族于隋开皇壬子年(592年)出生的帝喾高辛141世裔孙起；雷姓支族于北齐文宣癸酉年(553年)出生的龙麒132世裔孙起，都有生卒年月记载。①

宗谱修好后，要举行隆重的祭谱仪式，然后才能正式刊行。修谱和祭谱由支族族长或能力强、威望高的男子主持。

四、辈分、排世、排行与秘语

(一)辈分

畲民很重视人与人之间辈分礼节，不论年龄大小，都要以辈分大小称呼，在本姓本支祖系内部要求更严格，如不按辈分称呼，则被视为"没人教""毛竹不分上下节"。在举行嫁娶、寿辰、三朝等酒宴，来客坐位，要根据酒宴性质，辈分大小安排。举行婚礼、丧礼时，辈分礼节亦甚严格。房、族中以"排世"与"排行"，序列族人的长幼辈分。

排世

排世，即"行第"排列，以不重复的文字为行次，作为不同辈分的标示，及其命名(世名)的根据。此与当地汉族相同。

排行

排行，是畲族特殊的序列方法，各姓略有不同。蓝姓以"大、小、百、千、万、念"6字为行次，雷姓以"大、小、百、千、万"5字为行次，钟姓以"大、小、百、万"4字为行次，皆不断循环、周而复始。以此作辈分长幼的标示，并辨别民族、姓氏及血缘亲疏远近。男女都有排行，死后作为讳名，男称"××郎"，女称"××娘"，载入族谱。男性排行，可以包括赘婿，女性排行与同辈姐妹一起排，不随夫家。排行，每若干年由族长与几位长辈，按排名者出生年、月、日、时的前后顺序，进行排列。排定后，不向外宣布。因此，畲族男女在生前不知道自己的行次。男性死后，由其孝子向族长索取行次，女性死后，由其兄弟向族长索取行次，交给外甥。女性在生前若备好棺木，其兄弟便可向族长提前索取行次，通过一定的"讨位"仪式，郑重交给外甥放棺木内保存，待其死后才启封。

畲族诸姓的排行，至近、现代逐渐革除，现在已基本消失。大多房、族，只以行第排世作为辈分长幼的序列。

(二)秘语

畲民祖先留传有许多秘语，用于考验外来的本民族陌生者。来者除讲畲语，还须对答秘语，能对答者，即认为是真正畲民，以上客待之；不能对答，则不理睬。畲民准备外出，都要学

---

① 《浙江省少数民族志》，方志出版社1999年版，第73—74页。

会秘语，便于畲民间交往。较通俗的秘语有：

问：一桁毛竹打几来(即一支毛竹破几爿)？

若来者姓蓝，即答“六来”，姓雷、姓钟则答“五来”。因蓝姓以“大、小、百、千、万、念”6个字排行，雷姓少“念”字，钟姓少“千”字，只以5个字排行。

问：什么字头(指姓氏)？

来者姓蓝的答“钉角”，姓雷的答“盖耳”，姓钟的答“千字头”。

问：成未成人？

来者已经传师学师的，答已成人，未学师的，答未成人。

问：毛竹开桠没有？

来者有子女的，答已开桠，没有的答未开桠。

问：门前有几个踏步？

按家中有几代人回答。

问：牛崽牵过栏没有？

已结婚的，答已牵过栏，未结婚的答没有。

问：家中有几个碗？

按家中有几个人回答。

问：一个橘分几爿？

按家中有几个兄弟回答。①

在畲族社会组织民俗中，有时候排行、辈分和秘语是同时出现的。相关资料载：畲族蓝姓有“大、小、百、千、万、念”排行，生前就排好，死后上族谱。有无排行，是老人承认不承认你是“山哈”的标志。举例说，甲乙二人见面，是这样对话的：

甲：哪里人？

乙：丽水。

甲：姓什么？

乙：姓蓝。

甲：你是山哈？

乙：是山哈。

甲：你的“毛竹”哪里来？(按：“毛竹”借指祖先)

乙：广东来。

甲：有几支“毛竹”？

乙：4支。(按：借指盘、蓝、雷、钟4姓)

甲：你的毛竹是几开？

乙：6开。(按：借指大、小、百、千、万、念6个字)

甲：你的“毛竹”从上剖还是从下剖？(按：指讳名排列，是头一轮“大小百千万念”，还是下

---

① 《浙江省少数民族志》，方志出版社1999年版，第81页。

一轮）

乙：从上剖（或从下剖）。

这样，二人就知道对方的辈分高低了。如甲是头一轮的“念三郎”，乙是下一轮的“大二郎”，那甲为叔伯，乙为侄儿。至此，甲就认为乙与自己“都是从广东来的一家人”了，因而杀鸡摆酒款待他。①

第四节　人生仪礼

在畲族的各种人生仪礼中，诞生礼、成年礼（即“传师学师”）、婚礼和丧葬礼都具有鲜明的民族特色。

一、诞生礼

在人的一生中，诞生礼是开端之礼。从诞生礼本身所包含的内容看，实际上包括了求子习俗、孕期习俗、分娩习俗和庆贺习俗等。畲族历来重视生儿育女，诞生礼是重要的人生仪礼之一。

（一）求子习俗

旧时，畲族妇女为了生育，有不少求神拜佛的活动。有的向“插花娘”求子；有的向“观世音”求子，去庙里烧香叩拜、许愿；也有的向“打儿洞”投石子。如丽水县东西岩的春风峡，有一个天然的石洞，不育的妇女在悬崖下往石洞里投石子，认为投入石子，就能怀孕。有的认为做好事，如修桥铺路，也能怀孕生育。②

（二）孕期习俗

怀孕，俗称“带身”“怀喜”。怀孕的妇女会得到人们的尊重。孕妇一般参加轻微劳动，有的因为生计，还要从事体力劳动，如采薪、挑担等。

畲族孕期习俗，主要表现为孕妇有诸多禁忌。这些禁忌分 3 种：一是孕妇行为禁忌；二是孕妇饮食禁忌；三是家人行为禁忌。《浙江省少数民族志》载：孕妇忌坐门槛、坐布袋、跨牛绳，否则会难产；忌吃未经宰杀而死的动物的肉，否则会死胎；忌看木偶戏，否则会生怪胎。③《浙江景宁县东弄村畲民情况调查》载：怀孕的妇女不能看做功德，因祖图花花绿绿，据说看后将来小孩会神经错乱。戏亦不能看，因戏服斑斓，怕会动胎。棺木出葬亦不能看，怕相冲。孕妇忌跨扁担，否则难产。牛绳犁耙亦不能跨，不然要 12 个月才生小孩子。婚礼亦不能参加，否

---

① 《中国少数民族社会历史调查资料》福建省编辑组：《畲族社会历史调查》，福建人民出版社 1986 年版，第 282 页。

② 《丽水风俗》编委会编：《丽水风俗》，浙江丽水地区文联 1995 年刊印，第 163 页。

③ 《浙江省少数民族志》，方志出版社 1999 年版，第 330 页。

则新婚夫妇将来不和睦。家有孕妇，墙、砖、瓦等不能动，亦不能钉钉子，否则会动胎。孕妇不能进产房，否则将来会难产。在饮食方面，孕妇不能吃田螺及牛肉。① 孕妇还忌正面朝裁缝师傅剪布，怕生出婴儿兔唇。②

（三）分娩习俗

旧时，接生都是土法。孕妇临产时，习惯坐在矮板凳上，待孩子出生后，婆婆或老人才进房帮忙。孩子产出后，胎盘未出，要将婴儿的脐带缚在木上，待它自然脱落。③ 有的地方生男婴用笔杆劈成竹片断脐带，意为长大后会读书；生女婴，用吹火筒劈成竹片断脐带，意为长大后会管理家事。扎好脐带后，用温水将婴儿洗净。以前有给婴儿缚手的习俗，即婴儿抱到产妇身边，产妇用红头绳将婴儿的手往背后扎一个时辰。意为缚过手，孩子长大了不会糟蹋别人的东西。④

丽水畲族旧俗，临产时要祭祖，以求祖宗保佑。仪式是胎儿的祖母或外祖母，手点 3 支清香明烛，插在祖炉上，一边叩拜一边念道："堂上祖师，脚下师男要添孙子孙女，保佑顺利降临。"念完后，烧纸锭。如果碰到难产，认为有污秽，有鬼神挡道，便手拿扫帚往外扫，意为把污秽、鬼神扫出去；有的拿着桃树枝和竹枝，在屋内乱打赶鬼；有的认为门槛有阻，就去踹门，以排除阻碍。⑤

畲族对胎盘的处理，一般是把胎盘贮入陶罐，埋到大树底下。有的地方则视婴儿性别而定，"如生下男孩，便把胎盘埋在大路石板下，让人踩踏，说是会使孩子将来胆大，有作为；如生女孩，则把胎盘埋在茶树下，说是她长大了去采茶叶，就会心灵手巧"。⑥

1949 年后，人民政府培训了畲族接生员，畲村逐渐推广卧式新法接生，摒除了旧俗陋习。

（四）坐月里习俗

产妇生产后都要休息一个月，称为"坐月里"。坐月里习俗，一是行为和饮食禁忌，二是亲友、邻居的馈赠。

坐月里

产妇在分娩后一个月内待在家里，和汉族产妇一样，她可得到特殊的食品，主要是鸡蛋、糖和酒。产妇不准接触水，也不准吃新鲜蔬菜，只能吃一点儿盐，还要提防穿堂风。⑦ "坐月里"期间，亲戚邻居有互送红糖和鸡蛋的习惯。一般鸡蛋是 20 个或 30 个，忌送单数；至亲还

---

① 《中国少数民族社会历史调查资料》福建省编辑组：《畲族社会历史调查》，福建人民出版社 1986 年版，第 16 页。

② 雷先根、蓝周根：《畲民的生育禁忌》，载《浙江民俗大观》，当代中国出版社 1998 年版，第 557 页。

③ 施联珠：《畲族风俗志》，中央民族学院出版社 1989 年版，第 140 页。

④ 雷先根等：《畲民的生育禁忌》，载《浙江民俗大观》，当代中国出版社 1998 年版，第 140 页。

⑤ 《丽水风俗》编委会编：《丽水风俗》，浙江丽水地区文联 1995 年刊印，第 164 页。

⑥ 叶大兵：《中国民俗大系・浙江民俗》，甘肃人民出版社 2003 年版，第 371 页。

⑦ ［德］哈・史图博、李化民：《浙江景宁县敕木山畲民调查记》，转引自《浙江省少数民族志》，方志出版社 1999 年版，第 631 页。

要送嫩鸡。给产妇送食物叫“送生母”，体现了畲族民间的互助精神和良风美俗。[①]

行为禁忌

坐月里期间，禁止生人、闲人进入产房。产妇亦不擅自离产房，更不过家串门；月内忌吹风，忌洗冷水，要用温水洗脸。

饮食禁忌

产妇产后两三天内，一般忌食肉类、油类，多食姜、盐、咸菜等；产后未满月或100天内，忌食鸭、鹅，忌吃生、酸、冷食物。三餐主食是白米饭，忌食红薯和竹笋；不吃稀饭，不吃青菜，吃干菜和鸡蛋，煮菜少放盐，加红糖、姜和上等黄酒。

二、成年礼

畲族旧俗，以年满16岁为成年。在畲民的观念中，未满16岁的人均为小孩，年满16岁后方为大人。旧时，畲族年轻人跟师学艺，如学裁缝、做木匠等，亦都须年满16岁。16岁称“上丁”，并以“传师学师”为成年仪礼。

（一）成丁礼

畲族的成丁礼，浙江畲民俗称“做阳”“做聚头”。传师学师，是东道主边歌边舞向弟子“传法”，内容是进行畲族历史、传统教育，可称“传师学史”“奏名传法”，即把“活着的人的名字告诉祖先，把祖先的法则传给后代”。

传统时代，凡年满16岁的畲民都要进行“传师学师”，学过师的人称“红身”，没有学过师的人称“白身”。规定要代代相传，没有传给儿子的叫“断头师”。学师不仅是一种成年礼，而且与丧葬仪礼密切相关：学师未传代者死后穿红色寿服，其儿子不能当孝子治丧，要请一位学过师的人替代。学过师已传代者死后穿青色寿服，未学过师的人只能穿蓝色寿服。因此，畲民以学师为荣，学师以传代为荣。这是一场对畲族人来说重要的人生仪礼。仪式中，法师手举龙角、龙刀和铃钟，用念唱和歌舞方式，叙述始祖学艺的艰难历程。每个畲民都希望通过祭祖仪式，继承先祖的意志和力量，成为一个受人尊敬的勇士。

畲族族谱记载，明清时期90%以上的畲民进行过这一仪式。传师学师一般在农闲之时，挑一黄道吉日进行，可以16岁以上的数人集体进行，也可以单独进行。学师弟子们的出生年、月、日和时辰对择定日期互不“犯冲”，可同时学师；否则，就得单独举行“学师”仪式。

“传师学师”内容甚多，大致是法师带领学师弟子重现畲族始祖当年去闾山求师学法的经历。“传师学师”的仪式，最简单的也要三天三夜。

举行“学师”仪式之前，学师者（或法师）首先要“采祖”，即携带鸡、猪肉等祭品到保存“游祖”的那户人家去，把“游祖”请到自己家里。“游祖”即两个扁桶或竹箱，内置祖图、祖杖、香炉、龙角、龙刀、铃钟等。

把“游祖”挑回家后，在学师者家中正堂设神坛。即设香案、供祖炉、挂祖图、摆供品。香

① 施联珠：《畲族风俗志》，中央民族学院出版社1989年版，第140页。

炉旁插有木雕祖杖。凡是从这副“祖担”里学师出来的每一个弟子的法名和学师时间都必须写在一条红布条上,系在祖杖上。

“传师学师”仪式上,带领新弟子学师的法师共有12个。他们的称号分别为:东道主(主持师公)、证坛师、引坛师、度法师、监坛师、净坛师、征戢师、保举师、专职师、哈老师、西王母、东王公。除西王母一角是女性外,其余的11个法师全是男性,且必须是以前自身也学过师、且会跳传师舞的人方可充任。

传师学师仪式时间长,场面大,整个过程载歌载舞,情节复杂。仪式的地点,有时在室内,有时在野外;歌舞的形式,有单人、双人和4人不等,还有全体法师齐唱共舞的场面。法师使用的道具有龙角、铃刀、交杯(线钱)、锣、手鼓、铃钟等。法师身着赤长衫,头戴莲花帽,手持龙角、执铃刀,在鼓角齐鸣中,边歌边舞。法师的歌舞内容,是按一定的书本进行的。这种书用汉字注的畲语手抄本,畲民称之为“阳本”,有10多种。① 舞有18套动作。

(二)学师

学师主要有三个阶段,依此是安公祖、引朝、度山。

第一阶段。主要情节有:请师爷、桩座、造水洗法坛、造五营寨、接神、拜茶、砌老君殿、走身丢鬼、团兵、话安祖酒等。

第二阶段。主要情节有:本师接神、子弟拜天地、子弟拜师爷、子弟拜本师公、投入文疏、为子弟取法名、开牒、关王童、子弟落秣变身、做微尘、把盏入门、开桃源洞、唱灵罗歌、饮酒、六曹拜师爷、话下马酒、本师当茶、人客当茶、招兵入门、排衙泼花、造狱、入门、禁门、子弟接神、变锣鼓、保罡头、敕头冠衫衣、行灵道罡、告神占酒、告神宣鬼牒、请神捉鬼、锁狱门、告神分更、招兵排兵、置界坛、罗岳山、告神参牒、四哥兄做师、本师度符本交杯,本师交铃刀鼓角、本师交头冠衫衣、本师交鸣锣战鼓、东道请角、六曹度决教决、东道偿酒做令、话上马酒、团圆唱兵歌等。

第三阶段。除部分情节与引朝阶段相同外,还有关兵出门斗五营、辕门等接、偿兵粮、偿酒水、置红楼、置龙坛、过九重山、踏街、拜街、造桥引桥、本师度香汽水及豆兵、米兵、坐龙坛、泼香花、引坛打杖、五岳山老虎抢猪头、送鬼送神、团圆唱兵歌、折寨送船等。②

(三)部分情节记录

传师学师仪式部分情节,是畲族先祖当年学师历程的再现。

度神水

传师学师仪式过程中,最重要的情节是“度水”阶段所进行的“度神水”和“豆兵、米兵”。如“度神水”:学师者(子弟)坐在法师专设的学师龙坛上,由本师公把一碗经法师祝祷过的“神水”用一支约10厘米长、1厘米粗的竹竿衔在嘴里吸入,再吐到学师者口里,让学师者咽下。

① 钟玮琦的《畲族文化娱乐的初探》和雷弯山的《畲族风情》认为这种手抄本的歌词是6本。

② 《浙江省少数民族志》,方志出版社1999年版,第351页。

这一过程，俗称为“吃口水”。又如“豆兵、米兵”，是把一碗炒熟的黄豆和大米，给学师者坐在龙坛慢慢吃下。吃下后，即认为学师者已有大量神兵跟随，地位大大提高。这也是传师学师最终目的。

过九重山

一般安排在村边草坪上进行。先在地面插上9支竹枝，象征九重山；由法师带领学师弟子肩背包袱、脚穿草鞋，在竹枝间穿插行走，边走边唱边舞，象征攀登九重山。又如“过五岳山”：在学师弟子家里进行。在中堂设立象征性的五岳山，用猪头祭谢五岳山神。同时用紧锣密鼓来表现猛虎下山，衔走猪头等情节。整个场面紧张激烈，充满惊险气氛。最后学师弟子身穿破衣，头戴破笠，以杖击地，表演由于长期在外，已耗尽盘缠，只得沿途乞讨归家，到家后却与众乡亲互不相识。这些情节既反映了畲族先祖学师的惊险和艰苦，又让学师者惊心动魄，永志不忘。

整个学师仪式完毕后，新学师弟子要拜保举师和西王母为义父、义母。并把法名和学师的时间写在红布条上，系在龙头祖杖上。

三、婚礼

畲族婚姻习俗是严格的一夫一妻制。初时实行族内婚，即畲族族内各姓间相互通婚；各姓内有若干支祖系，同姓者不同支(亦称不同宗、不同香炉)或同姓者隔三代(有的地方隔五代)以上亦可通婚。早年时，青年男女通过对歌找恋人，自许终身。嫁妆是犁、耙、锄、棕衣等劳动工具。娶亲时，新郎、新娘持伞一路对歌一路行。后来受汉文化影响，逐渐演变为经媒人介绍，双方同意后聘礼成婚。1949年前，畲族与异族通婚者甚少；1949年后，畲汉通婚日趋增多。

婚姻作为民俗现象，其内容主要包括婚姻形态和婚姻仪礼两个方面。

(一)婚姻形态

畲族婚姻形态有多种，有女嫁男方、男嫁女方、两家亲、子媳缘亲等。其中以女嫁男方为主，女嫁男方是畲族婚姻的一般形态；男嫁女方、两家亲、子媳缘亲等是畲族婚姻的特殊形态。

女嫁男方

这是畲民婚配形式的主体。男娶女嫁，婚后从夫而居。女嫁男方后保留姓氏，对生父母不负供养义务，不继承生父母财产，只在年节或父母寿辰时，按当地礼俗给父母送礼。媳妇称公公、婆婆为父母，所生子女从夫姓。寡妇有出嫁自由，既可带子女出嫁，也允许招亲上门。族亲不得干涉。

男嫁女方

此俗，畲语嫁方称“卖崽”，女方称“噶崽”，意为嫁儿子、娶女婿。嫁娶条件与女嫁男相同。男嫁女后，对生父母只在年节与出嫁女子同样送礼，不负供养义务，不继承生父母财产。男嫁女者，大多为女方父母只有女儿，没有儿子，男方父母儿子较多，经济条件差，住房困难，难以娶媳，因此嫁给别家“当崽”。也有女方父母所生子女，女儿为大，儿子年幼，先为女儿娶女婿。

所娶儿子和亲生幼子同样享受财产继承权，并有供养女方父母的义务。还有一种情况是：有的人家把自己的儿子给别人家当儿子，留下女儿招女婿。男嫁女后要从女姓，所生子女亦从女姓。有的地方则是男子同女方对调姓氏，如女方姓雷，男方姓钟，则男方改姓雷，女方改姓钟。① 嫁到女方的男子称岳父岳母为父母，可继承女方财产，可以亲生子身份加入宗谱，死后参加女方男子同辈排列位名。

两家亲

俗称“做两头家”“种两头田”。男女双方均为独生子女，男女青年已同意成婚，经双方父母同意则可婚配，两家合并一家，子女供养双方父母，继承双方财产。男女婚后，父母尚能劳动时仍为两家，子女负责种两家田。父母老后，以男方或女方哪方为主，则根据双方居地自然条件，住房条件等由双方商定。两家合并后，为主一方要把对方祖宗香炉接来与本家祖宗香炉同排放在祖宗香龛，年节同样祭祀。

子媳缘亲

家庭经济生活困难的畲民，生有儿子，怕长大成人后娶不上媳妇，就抱他人幼女作童养媳，长大后与儿子婚配；亦有婚后 30 岁以上有女无子的，可抱一幼子抚养，长大后与女儿婚配。抱童养媳或童养子，均须是符合与本家通婚条件的姓氏和支族。童养媳或童养子，成人后必须男女双方同意婚配并举行婚礼，请过“缘亲”酒，拜过祖宗，才能成为夫妻关系同居。带来童养子后，又生育儿子的，所带童养子与亲生子享有平等权利。②

（二）婚礼仪式

畲族的婚礼仪式，无论是有文字记载的，还是口头流传的，从时间上看都可分为两个阶段，即明末清初的古朴婚礼和清末至民国的近代婚礼。古朴婚礼与畲族当时生产、生活方式相适应，并体现民族特色。近代婚礼是在畲族实现定居，接受汉族文化影响，自身汉化到一定程度之后而形成的，既有汉文化的痕迹又保持了民族特色。因各地畲族的定居时间不一，社会经济发展不平衡，有的地区民国时期还保持古朴婚礼，有的地区则在清末就已经是近代婚礼。

中国古代的“六礼”之说，即纳采、问名、纳吉、纳征、请期、亲迎。对畲族近代婚礼影响较大，但实际上的婚礼习俗并不完全为这“六礼”所限。人们将相亲、订婚阶段的过程简化，如将请期（商定迎娶日期）并于纳吉（送礼订婚）或纳征（下聘礼），而亲迎之后的拜堂、对歌、闹新房和婚后的“回门”、做新女婿等仪礼过程也被重视。

古朴婚礼

古代，畲族婚姻比较自由，婚礼也相当简朴。对此，明末清初的邝露和顾炎武都曾有过记载。邝露《赤雅》：“十月祭多贝大王，男女联袂而舞，谓之踏瑶，相悦则男腾跃跳踊负女而去。”顾炎武《天下郡国利病书》：“不冠不履，三姓自为婚。”

---

① 钟发品：《浅谈浙江畲族婚俗演变》，《中南民族学院学报》1991 年第 3 期。

② 《浙江省少数民族志》，方志出版社 1999 年版，第 333 页。

清末民初的地方志也有类似记载。建德畲族“则喜招女婿可以婿为子。彼族共分盘、蓝、雷、钟四姓，四姓之人，皆可为婚。结婚无礼帖，不事肩舆，新妇出阁与新郎同持一伞，步行至乾宅，沿途唱歌取乐，以犁、耙、蓑衣、刀、锄为嫁妆”。景宁畲族嫁娶，“其聘资则定一十二金有五钱焉，其奁具则耒焉耜焉，而镃基焉”。①

民国 13 年（1924 年），沈作乾在《括苍畲民调查记》中对畲族婚姻作过描绘：

男女社交，极端自由，其婚嫁之权，虽操诸父母，然不过名义而已，不干涉也。……婚礼极简，届期，新郎着新衣，诣岳亲迎，岳家款以饭，但就席时，席上不陈一物，必俟新郎一一指名而歌之。如要筷子，则唱《筷歌》，要酒，则唱《酒歌》……有一物，即有一物之歌，其歌甚简，仅三数句而已。新郎唱之，司厨者和之，其物即应声而出，谓之“调新郎”（又叫“答歌”）。到了吃完之后，新郎又须唱一首一首的歌，把席上的东西一件一件的唱回去，司厨者也唱着歌来收席。席毕，与新娘交拜成礼，然后祭祖，大家围坐唱拜……祭毕，辞舅姑，偕新娘步行而归。新郎前行，新娘尾之，各手雨伞一，半张以蒙其首。途中，新郎唱之，新娘和之，夜半灯火煌煌，履声吉吉，亦奇观也。抵婿门，谒翁姑及庙，见毕，而婚礼完矣。招赘者，无亲迎礼，奁币悉农具，而服饰甚鲜。如犁、锄、耒、耜、蓑衣、水车等，皆为必需之品。富者益以牛，贫者缺焉。

浙江畲民古老的婚礼——行嫁程序如下：

畲族古老婚礼，新郎须在婚礼前 3 天往新娘家迎接新娘。新娘穿草鞋行嫁（即步行），穿的草鞋须新娘父母聘请父母双全的男子代做，草鞋四耳缚一个古铜钱，古铜钱在路上随它丢失，最好不带到夫家。清代，畲民分迁各地与汉民杂居，受汉文化影响，由行嫁改坐轿（20 世纪 60 年代后坐轿的也逐渐减少），为保留民族特色，轿的构造、打扮与他族不同，并有一套轿的礼节和对歌唱词。多数县新娘轿轿架、坐垫、轿棚、轿扛全用畲乡盛产的毛竹制造，称靠椅轿。扮新娘轿要在轿背后悬挂竹制米筛，米筛上装一面镜、三枚箭、一把剪刀、一杆尺，意为防止妖魔鬼怪随轿伤害人。轿棚盖一条蓝布夹被单，轿门挂两盏红灯笼，还挂一块红布和一块约 2 尺长畲民特有的围裙。轿抬到新娘家，要停大门外嫁方准备的脚盆上，待嫁方晚间嫁女酒宴后才取去脚盆。②

从上述资料看，畲族早期的婚俗很有民族特色，男女社交、恋爱比较自由，通过对歌，建立感情，在父母知道、同意后即可成婚。而且婚姻不计聘金，女儿出嫁，陪嫁妆奁，十分简朴，除一般高脚柜、衣箱、竹火笼外，还有农具、斗笠、蓑衣等；稍为富裕者，也有以耕牛作陪嫁的。新郎亲迎新娘，晚间出发，步行而归。后来受汉文化影响，新娘坐轿，但轿的构造、装饰依然有着浓郁的畲族特色。这是畲族婚俗的古朴遗风。

近代婚礼

这里所说的“近代”，特指 20 世纪 50 年代之前较长一段时间（主要是对清末至民国）的表述。

畲族近代婚礼，一般要经过“相亲”“定亲”和“娶亲”3 个阶段。

---

① 〔清〕同治《景宁县志》卷三《风俗》。

② 《浙江省少数民族志》，方志出版社 1999 年版，第 333 页。

相亲　这一阶段实际上包括相亲和说亲。先是相亲，男到女家相亲叫“睇婆娘”，女到男家叫“睇人家”，相互了解对方的相貌和才能。一般情况下，如果双方满意，男方送女青年一些礼物，称“相见礼”，女方如同意婚配就收下，反之则拒收。女方收礼后，要回敬男方一条彩带。

对相亲结果的表示，各地方式不一。有的地区，相亲时女方烧点心招待男方则表示同意，不烧点心示不同意；而男方同意就吃点心，不同意就不吃。有的地区在相亲之后，男方买一包麻饼由媒人送往女方，称“问嘴饼”，如女方3日内未退此饼，即示女方已同意。相亲之后，且双方同意，接下来就由男方父母托媒人去女方家说亲。

定亲　即订婚。订婚日期由男方请人择吉而定，然后请媒人告知女方。定亲礼，亦称落定。定亲有大定、小定两种。小定是双方同意结合时，因经济、物资困难或其他原因尚不具备大定条件时所采取的临时定亲措施；亦称“记一下”，只须娶方备少量礼物送往嫁方，以后再择吉日大定；也有经双方同意，不再进行大定的。

定亲一般要选农历二、六、八、十逢双日，因“四”与畲语“死”字同音，故该日不定亲。定亲送嫁方礼物有四礼、六礼、八礼，由娶方自行选送。四礼的礼品是猪肉、面干、鱼鲞（或墨鱼干）、鸡蛋；六礼是加橘饼、白糖；八礼则再加海带、粉丝。有的还送衣料、礼金。嫁方如是嫁女子，还须有银项圈、银手锡、银戒指等饰品。

礼物由媒人在吉日中午前送往嫁方。嫁方回赠礼品，有娶方所送鱼鲞、鸡蛋的半数，新郎的鞋、帽，女子织的彩带及肚兜、米粽等。还须回赠一个礼包给媒人，娶方也给媒人同等金额的礼金，这即是媒人所得的酬金。有的地区还送嫁方青年的外公、舅父、姨妈、姑母、叔伯长辈橘饼、白糖、鱼鲞等，称大花；送给表兄妹、堂兄妹白糖一斤，称小花。亲人收到大花或小花，即知某人女（或男）已许配，要准备礼物吃喜酒。

订婚后，接着是定佳期，“送日子”，即由男方把选定的嫁娶日期告知女方。择定娶亲日期后，要择吉举行“送糯米”，也称“米酒宴”“担米酒”“送日期酒”“定场饭”。这天上午，新郎把议定给嫁方酿酒用的糯米和红曲送给嫁方，还送猪肉、面干等礼品，媒人陪同把择定结婚日期单交嫁方。这天新郎要亲自交给新娘见面礼包，新娘回新郎一条自织彩带。送米酒宴嫁方在中午，娶方在晚间举行，双方均请婚礼时服务人员参加，还请新郎、新娘母舅、姨妈、姑母等嫡亲。吃过酒宴的嫡亲，要请即将出嫁的甥女往其家作客，称“请泼女崽”。甥女前往必由其生母或婶母陪同。

结婚前，娶方要送“彩礼”。娶方送嫁方的礼物分两部分，一部分是订婚时议定，一部分是婚俗规定必送。

娶亲　举行婚礼时，娶方要选“亲家”“赤郎”和“行郎”。所谓“亲家”，是娶方迎亲时的代表，有的地区称“大客”，由娶方男（女）的叔父或伯父担任。“亲家”的任务，是代表娶方家长去嫁方送礼物，接待嫁方来客，原议应送礼物如果不足，“亲家”要负责补足；还负责放鞭炮催亲，作揖告别等礼仪。

婚礼时，娶方除了选亲家，还要选两位既是歌手，又会做厨师的“赤郎”，一位称“当门赤郎”，一位称“赤郎子”。这二人到嫁方进入厨房时，要行“借镬”礼。

还要选能抬轿的男歌手二人去嫁方抬新娘，称“行郎”。行郎要负责打扮新娘轿，在娶亲前一天黄昏把新娘轿抬到嫁方，参加嫁方当晚嫁女酒宴，晚宴后通宵与嫁方女歌手对歌至新娘动身。后来有的新娘不用轿，行郎对歌后帮助抬嫁妆回娶方。

迎亲队伍到女方村子，会遭遇“三拦路”。娶亲人员不得绕路，须由赤郎与拦路女青年对歌，给拦路者红包。一般要拦三次，故称三拦路。迎亲队伍进门后，要行“脱鞋礼”，即所谓“脱草鞋”。相传旧时畲族人民生活很苦，一年到头都穿草鞋，就是大喜日子迎亲，也是穿着草鞋来的，所以进门后，主人家要请迎亲者脱去草鞋，洗净脚，穿上布鞋。然后由女方舅公、舅舅陪迎亲队伍吃点心，吃“落脚酒”。现时，山区、平原均保留此俗。不过，畲民早已无草鞋可脱，“脱草鞋”成为吃点心的代名词。

畲族婚礼因时代、地域等不同，习俗也有差异：

民国 18 年(1929 年)，哈·史图博和李化民在景宁县敕木山调查时，对畲族婚礼做了如下记叙：

举行婚礼的日期是由算命先生选定的。婚礼先在新娘家举行，然后在新郎家举行。新郎带着一个厨师去丈人家，随身带去筵席用的食品作料等物，每一桌酒席(按照汉人就餐常规，每桌坐 8 位客人)新郎得带去：两斤猪肉、四盘蔬菜、一板豆腐、两只鸡、两条白鲞、四包糕饼、8 壶～10 壶酒，随后厨师就得唱出他做菜需用的作料，如果他唱时忘了些什么，比方说，忘了唱盐，人家就不递给他盐，请来吃饭的客人要送给那个妇人三四尺布。饭后新郎和新娘唱歌，新娘在晚上到新郎家去，由她的一个妹妹或小姑陪伴着，这个作伴的人可以从新郎家拿到 120 个铜钱。去时没有乐队走在头里，这和汉人结婚时不一样。在新郎家里，新娘必须做饭唱歌，一直到第二天清早。在第二天(富裕人家则在第二天和第三天)新郎的父母要办酒席。庆祝活动一直持续到后半夜，一边大唱其歌，因为据敕木山村的人对我们说，畲民贫苦，很少有客床的。结婚时新郎新娘不像汉人那样要拜天地祖宗，而只拜香火和灶神就行了。

新房内挂着两只灯笼，里面插着两支点着的蜡烛。床是新的，没有蚊帐。婚后这年轻的妇女就要做饭、下地和砍柴。作为嫁妆，她带来一张新的床，两箱衣服，家用器具，有时还带耕作用具，例如一把犁，一件蓑衣，偶尔也有带去一头牛的，媒人可以得到两条白鲞和一些麻糍(糯米做的糕饼)，此外还可以得到一两次酒食款待。①

民国 23 年(1934 年)，王虞辅等的《平阳畲民调查》载：

畲民婚嫁习俗，今昔各殊，兹略述于此：

畲民以前婚姻之媾成，当事人有绝对自由权，男女相悦，即可订婚，父母无不同意，但请媒人为形式之介绍，再依男家之经济状况而纳彩礼若干，无所谓生辰八字红帖合婚等习俗之拘束。订婚后经相当时日乃议迎娶。迎娶前一月，出嫁之女子，必至各亲戚家与男女亲友唱歌和答，以示其将嫁之意，吉期皆用花轿接送新娘于男家，间亦有新郎至女家亲迎者。新妇进门，先拜祖宗挂图，次拜天地。一方欢宴来宾，一方新郎、新妇相携手入山至极幽邃处恣情谈笑，尽一日之乐而归，于是夫妇之名义始告成立。

---

① [德]哈·史图博、李化民：《浙江景宁敕木山畲民调查记》，转引自《浙江省少数民族志》，方志出版社 1999 年版，第 631 页。

现因渐与汉族同化，其习惯多仿汉制，由绝对自由，变为相对自由，必得父母之同意，如父母不予赞同，婚约即归无效，即或家长同意，而彼等生造不合，仍不得婚配。至于其唱歌入山习惯，除居住深山之畲民外，均已不复保留矣。①

1958年，陈元煦、郑小英在泰顺县司前竹垟调查时，也有关于畲族婚礼的记叙：

订婚毕，就待佳期了，佳期必须卦算而定。结婚前男方视家庭经济条件，通过媒人商量给女方聘金一笔，以供制作妆奁，多者40多元，少者20多元。婚期前一二天，男方又得送去大米24斗，曲8斗，猪肉24斤，面2包，年糕12块。曲、面、年糕各收1/2，其他全部包揽，以作开办酒席之需。

婚日前十几天，新娘就停止劳动，在家休息。婚日，女方堂前备有鸡一只，猪肉1斤，年糕5块等飨祭祖先，亲戚朋友光临送礼。花轿未到，首先由2人持婚服在当空，先称一下，称者喊声，有破吗？另一人答说：没有破，然后新娘方可穿着。婚日由亲友给新娘梳髻，髻呈塔状，便戴花簪及密插银花，整个头饰绝大部分是银器，打扮得闪闪发光，十分耀眼。婚服系用纱织成的粗布，右襟边缘镶有色绒线3行，并镶有一条约8分宽色彩鲜艳的细绸，细绸和领上各订6个薄银线，裤子系黑色粗布，与汉人无异。鞋子以破布扎底，鞋门镶红，鞋鼻似鸡冠状。打扮告成，花轿已临，姊妹及女友陪新娘先拜祖宗，后拜家人长辈，而后表姊妹亲邻女友将她强拉上轿，新娘往往哭泣几声，其内容：

父母养成这样大，如今要去别人家。

弟弟妹妹都还小，我心真是离不开。

以哭泣表示对家庭亲人的依依不舍。新娘上花轿，轿夫抬起，在厅堂三进三出，以示留“风水”，以免将家中“风水”带去夫家。留“风水”仪式毕，花轿出厅堂，慢行前进。花轿未到，男方家人全部逃匿，不得见到轿和新娘，否则就会“犯冲”，将引起终世家庭不睦。待出轿后，方可见面。轿至男家，男方当家人拿钱包1个给轿夫，然后他便打开轿门，时有“札顾”(畲族话指迎新娘的2个妇女)，一为子孙满堂的老太太，一为父母双全的青年，将新娘扶出轿门进行拜堂(畲族聚居区不行拜堂，畲、汉杂居区才行拜堂)，先拜天地，后拜祖宗，夫妇只作揖一下。拜堂毕，新进洞房，新娘将花生、糖果、红枣等分给大伙吃。

花轿到，开宴款待亲友，大吃大喝一顿，席散，吹手由厅堂入洞房，至房门吹手喊四句吉词：

新娘生得貌如花，文武双全顶呱呱，

鸳鸯共过洞房夜，明年养个大娃娃。

当晚闹房一两个小时，便掩房门，外间宾客尽情对唱山歌，尽兴而归。婚后21天，回娘家一趟。女婿于翌年春节才去岳家。②

1982年，蓝玉璋等的《浙江丽水地区畲族情况调查》，将当地畲族婚礼分为九个步骤：说

① 王虞辅等：《平阳畲民调查》，转引自《浙江省少数民族志》，方志出版社1999年版，第680页。

② 《中国少数民族社会历史调查资料》福建省编辑组：《畲族社会历史调查》，福建人民出版社1986年版，第85页。

亲、送定、讨年庚、送日子、送礼金媒、送米、娶亲、拜堂、回门。①

旧时，畲族婚礼上还有一些忌讳，需要回避。新娘上轿时，孕妇在场，会影响新娘生育；新娘将归门时，娶方厨房服务人员要解下身上围裙挂在厨房柱上，菜刀切在菜板上，表示厨房无人，意是回避轿神到厨房找吃的伤人；新娘下轿时，寡妇在场，会使新娘夫妻不和。②

四、丧葬礼

民间俗称“送终”“办丧事”等，古代视其为“凶礼”之一。畲族的丧葬习俗，曾不断变迁，这与和畲族的长期迁徙、民族间的互相影响、时代的前进等有关。早期，畲族因频繁迁徙，丧事处理比较简单。定居后，安葬方式发生变化，并形成一套繁杂的丧葬仪礼。

(一)安葬方式

据文献资料记载，畲族对死者的安葬方式曾经有过悬葬、火葬、土葬(二次葬)等。《龙游县志》说，畲族“葬者亦需停棺于野数年，然后举火烧化，贮以瓶而埋之”。③《丽水风俗》载：“畲族最早是悬葬。由于民族迁徙的需要，后改为火葬，把死者放在干柴堆里焚烧成灰，用陶瓷小罐装起来，家人搬到哪里，就背到哪里。至今，在云和县务溪乡坪阳岗还能找到当年火烧遗尸的‘亡人台’，这里的风俗是请阴阳先生用柴烧，烧后装成七罐。”④近 200 年来，景宁以北各县盛行直接一次完成坟墓的棺木土葬。在景宁及其以南各县，都是停棺拾骨土葬。⑤

土葬在中国大部分地区和民族都以一次葬为主，也有二次葬的。畲族的土葬，前期以二次葬为主。二次葬，畲族也称“拾骨重葬”。“拾骨重葬”有两种情况：一种是在野外停棺 3 年后，再捡骨入陶罐安葬；一种是土葬后经若干年(以三五年居多)后，择清明或冬至日，启穴劈棺收拾骸骨，放入“金瓮”(长鼓形陶瓮)再移置于山崖、岩穴，或土洞中，并以砖石封口，有的做瓮墓重葬，俗称“补葬”。⑥ 拾骨时，由下肢而上肢，最后是头颅，按此顺序放入陶罐内。

施联朱先生在记叙畲族“拾骨重葬”时写道：拾骨并放入陶罐，“然后把山坡铲出一个垂直面，再打一个洞，把罐放进去，以石块封口。烧掉棺材，称‘化殓’，装尸骨的陶罐称之为‘金瓮’。死者有墓的，也把‘金瓮’埋于墓中。”⑦

(二)丧葬仪礼

传统时代，畲族治丧，视死者身份、年龄、死亡原因等的不同，在丧葬仪礼方面有所区别：第一个区别是一般死者和有过“学师”经历(女性做过“西王母”)死者的区别；第二个区别是寿

---

① 蓝玉璋等：《浙江丽水地区畲族情况调查》《畲族社会历史调查》，福建人民出版社 1986 年版，第 279—281 页。

② 《浙江省少数民族志》，方志出版社 1999 年版，第 342 页。

③ 施联朱：《畲族风俗志》，中央民族学院出版社 1989 年版，第 144 页。

④ 《丽水风俗》编委会编：《丽水风俗》，浙江丽水地区文联 1995 年刊印，第 168 页。

⑤ 蓝余根：《丧葬习俗》，载《景宁文史资料第十四辑・畲乡景宁实录》，中国文史出版社 2011 年版，第 97 页。

⑥ 霞浦县畲族编写组：《霞浦县畲族志》，福建人民出版社 1993 年版，第 148 页。

⑦ 施联朱：《畲族风俗志》，中央民族学院出版社 1989 年版，第 149 页。

终正寝者与非正常死亡者的区别。享年50岁以上的病逝者，为寿终正寝，按一般仪礼治丧；学过师的，或做过“西王母”的死者，所穿寿衣和丧葬仪礼与一般死者不同。所谓非正常死亡，又有两种情况：一种是未成家的“少年亡”，一种是因跌伤、刀枪伤、水淹、火烧、毒蛇猛兽咬、上吊、服毒等非正常死亡者。前者不能“做功德”；后者要举行“拔伤”仪式。

由于50岁被世俗赋予以特殊含义，因此，畲民自五十大寿后，就要为自己的后事做准备。五十大寿时，子女送父母的礼品，除食品外，就是寿衣、鞋、帽等，用于死后穿戴。学过师的男子，此时要为自己的后事准备“度身包”，包内有寿衣（赤衫或乌兰）、头冠、度身二十四牒书（过山八牒、过水八牒、过乡八牒）、刻有“日月紫微星太上老君”的木质方印一颗、一块8尺长的红布（死后缚在头上，两头下垂到小腿）。做过“西王母”的妇女，五十大寿也要为自己的后事准备更缘包，包内是做“西王母”时的衣服和二十四牒书。①

畲族老人去世，忌称“死了”，要称“老掉”，或称“过山掉”“转去”。其丧葬之礼与婚礼场面同样热闹，俗称“老喜丧”。畲族丧葬仪礼有：立香炉、缚草绳、报丧、收阴兵、接娘家、买水洗浴、穿寿衣、入棺、上马祭、行棺、落土、送火种、转山、做功德、拾骨重葬等内容。

死者断气时，床上如有挂帐，家人要立即拆除，以免天罗地网罩住阴魂。并用一只陶碗装上灰，插三支燃香并点盏油灯，摆在小方桌上，放于死者床前代表死者灵位，燃香后油灯要日夜点着，地上放一个陶罐给亲人烧纸钱。这叫“立香炉”。亡人入棺后，香炉移放棺材大头。孝男孝女等守孝、唱哀歌，都围坐在香炉旁进行。

老人死后，子女、媳妇、孙子、孙女等，要在腰中扎一条用左手反搓的稻草绳表示悲哀，称“缚草绳”“缚金丝带”。草绳在死者入棺后解下放在棺内尸体上，表示子女将“金丝带”送给老人使用。

作孝子者，如是死父，须立即向房族叔伯报丧；死母须立即向母亲娘家报丧。报丧人上衣反穿，见娘舅下跪，向娘舅讨母亲排行。如果死者没有亲生儿女，侄儿侄女代报丧，也要下跪。报丧时，孝子要在叔伯或娘家母舅面前下跪，表示悲哀，然后禀报死情，恳请叔伯来家商议治丧事项，邀请娘家亲人参加丧仪。孝子请他人帮忙料理丧事时，亦要向被请者下跪，同样要叫声“我爷（娘）嗳海”。被请者是报丧者下辈，要还半跪礼后扶起报丧者，如是同辈或上辈，只要扶起报丧者即可。报丧者下跪后，被请者在百忙中亦得应邀相帮，如礼节不周，被请者就会推诿刁难。

亲友得到报丧后，即要送奠礼，并去帮助料理丧事。畲族的吊丧奠礼可分三类，一是女儿及女婿送的，计有：猪头1只，鸡1只，黄豆10斤（或豆腐一道），白米3斤，黄酒3斤，红烛1对，纸马1刀，香1筒，共计8样，称为“孝女载”或“载礼一副”，亦有送大被1床，鹅1只及黄豆、果品和香烛等的。二为其他亲戚送的，计为：黄豆10斤，白米3斤，纸马1刀、香1筒、红烛1对，叫“祭礼一副”，亦称“七礼”或“担七”。三是远亲或村邻友人送的，计为白米3斤，红烛1对，纸马1刀，香1筒，称为“烧香礼一副”，也叫“吊香礼”，在“吊香礼”中，也有送上一担柴禾的，以供亡人家中治丧时烧厨作燃料。畲族历代相沿“一家有事，四方支援”的好传统，在

① 雷弯山：《畲族风俗志》，福建人民出版社2002年版，第194—195页。

操办丧事中,凡来相帮的亲友村邻,包括“做功德”行法事的祭师(师公),均不收酬金。

凡经传师学师的老人死了,要立即“收阴兵”。收阴兵仪式是在死者床前摆设祭礼,由族中学过师的老人口念收兵词,手执一小竹筒,表示把阴兵装在竹筒内,放在死者腋下归死者指挥。举行此仪式前,死者子女不得啼哭,家中不得鸣锣击鼓。畲民认为经传师学师的人,死后有很多阴兵跟随周围,收过阴兵才能听从死者指挥。

死者入棺前,要行“买水”仪式。子女、儿媳、孙子、孙女等下辈都要身着孝衣,腰缚草绳,敲着大锣,妇女要手执半撑着的雨伞,边走边唱买水哀歌,到井边或溪水旁给死者买水洗浴。买水时,要燃香 3 支,孝子往水中扔古铜钱 3 枚。如果在河边、溪畔舀水时,死者是男性,要舀顺流水,以示男在天;死者是女性,要舀逆水,以示妇居地。

洗浴后由孝子给死者穿寿衣,寿衣数量要单数,上身多,下身少,三、五、七、九层不等。一般是“上七下五”,即上衣 7 件,下裤 5 条。丝织品和化纤品不穿入棺。孝子要将备的寿衣拿到门外露天处,站在凳上用没有秤砣的秤把寿衣称过,称时把秤尾往上一翘,并叫声爷(娘),说声已是满秤,表示很足,然后给死者穿上。已传师学师的死者,除穿一般寿衣,还须穿学师时备的“赤衫”或“乌蓝衫”,胸挂方印入棺。女死者穿花边衣服,头部顶戴称为笄的饰品,脚穿花鞋,还须穿亲生女儿在其生前寿辰时送的“红裙”入棺。生前接过生的妇女,死后入棺时还须戴红布手套。

棺木称“寿材”“老寿”。60 岁以上的男女老人均置棺备用,木料大多是杉木。尸体入棺时,棺木底部要先铺一层木炭,再放一块用“孝顺竹”编的帘,称“金丝床”,“床”上摊一张蒲草席,尸体由孝子抬至大厅放在木板上,由本族功德师念几段经再抬入棺。尸体入棺后,子女要把桃树枝一枝(称桃鞭)和米粽数只放在死者手边,说是给死者去阴间经恶狗村时喂狗和打狗用,还须把毛巾、头梳(女死者)、烟筒(吸烟者)等生活用品放在死者手边,然后盖上生前子女备的寿被,由抬棺者盖棺。

行棺称“出山”,棺木抬出时,要在村边路口举行“上马祭”,亦称“拦路祭”。祭时,棺木停放在抬往墓地方向路口,摆设祭礼,凡死者子女等下辈嫡亲都要两人一次双双跪于祭台前奠酒三轮,边奠酒边唱哀歌,表示最后告别,同时,有本族功德师二人击鼓,摇铃钟,念奠酒词表示敬意。

安葬又称“落土”,旧时有在野外搭棚停棺 3 年后,再捡骨入陶罐安葬。现大多死后就葬。棺木落土时,孝子要在墓穴附近跪在地上拣选 9 颗圆形石子放在铜锣上,称“子孙石”,并放一个礼包,称“子孙包”,由抬棺者在墓穴中心挖一个深、宽约 5 厘米的小洞,把子孙石用纸包了藏入小洞盖上土,再把棺木放进墓穴。抬棺者拔捆棺索时,死者女儿要拿一个礼包给抬棺者,称“拔索包”。抬棺者安好棺木,先由孝子手执锄头站在棺木背上叫道:“爷(娘)啊,给你黄金归土啦,请爷(娘)闭上眼睛吧!”亲手挖几锄土盖在棺木上,再由抬棺者埋土筑坟。

死者埋葬后,从埋葬之日起,孝子要连续 3 天傍晚时刻在死者墓前点燃香烛,用稻草或杂柴一束在墓前烧,称“送火种”。

葬后第七天,死者晚辈穿孝服,备祭礼,到墓前祭谢。祭时,孝子要用一头剖开的响竹绕死者坟茔边走边敲,顺走三趟,倒走三趟,表示告诉死者其墓境所辖范围,称为“转山”。转山后，转山者即在墓前脱下孝服，表示已尽孝敬义务。①

（三）畲族丧葬仪礼的民族特色

以歌代哭

以歌代哭祭亡人，是畲族丧葬仪礼中的特色之一。畲族善歌，亲人逝世，行丧出殡，亦以歌代哭。哭歌大多为传统的，如《报丧歌》《接娘家》《讨位数》等等，亦有是哀伤所致，即兴编唱的，这些哭歌，感情特别真挚，令人听了潸然泪下。比如女儿所唱的《哭灵歌》："小小是娘带我大啊，娘哎，大来还没供娘亲，娘哎，头日回门叫娘应啊，今日娘前一炉香暖，娘哎。"又如哭歌中的《五更叹》（又叫《五更祭灵》），歌中唱道："哭娘哭得五更天，孝男祭灵是无闲；斟酒跪落分人食，孝顺爷娘福无边。孝顺爷娘是有福，孝顺田地多收谷。不信去看檐头水，点点落地不差移。"

畲族的主要哭歌有《报丧歌》《接娘家歌》《思亲歌》《孝顺歌》《洗浴歌》《哭灵歌》《五更叹》《守孝歌》《二十四孝歌》《保佑歌》《炊孝饭歌》等等。而在祭丧"做功德"仪式中，还有《迎接歌》《丙歌》（功德歌）、《压毕七歌》《奠酒歌》《引鹤歌》《闹灶房》《背老伽》《抬亡歌》等。唱哭歌以妇女为多。在有些畲乡，有专门善唱哭歌的"赤娘"（歌手），有些亡人之家爱请她去相帮唱哭歌，以增哀悼的气氛。畲族唱山歌大多采用子音（假嗓），歌声婉转高亢，唱哭歌亦用子音，音调低沉，声腔拖长，以此表达哀伤。②

讨位数

讨位数也称"讨行位"，是畲族特有的丧俗。古时，畲族每个人都有一个讳名行位。如女性死者的"大小百千万念"项数中是"小"项，平辈行第是第十个，她的大位名就是"蓝小十一娘"（留一位给夭折而未载入族谱的亡灵），这就是"位数"，也就是死者在祠堂和族谱中的排项位次，做功德时称死者都用此名。如是男丧，则称"某某郎"。男人死后，孝男要向族长或本家族叔伯讨行位。女人死后，孝男向母舅讨行位。如为母亲讨位时，孝男手端托盘，内点蜡烛 1 盒，放米酒 2 杯和缠有红纸的鸡腿 1 对，走向母舅桌前，双膝跪地，静听母舅报位数。

炊孝饭

炊孝饭是畲族古老的丧俗，《建德县志》载，炊孝饭时，亡人子女"执竹鞭甑，且鞭且说曰：'阿娘气平平上'，或曰：'阿爷气平平上'，名曰'孝子饭'。"其程序是：亡人的两位子女抬着盛有白米的饭甑到灵堂前向亡人作三个揖，然后抬回厨房，放到灶台锅镬上去蒸，在炊蒸孝饭时，亡人的子女孙玄等都围到饭甑前，孙辈手捏明香，子女们手执竹枝（称"金丝竹"），亦有拿菜刀或锅铲的，并用竹枝或菜刀、锅铲不停地拍击着饭甑，同时反复唱着《炊孝饭》歌："长命白饭镬里蒸，大是子女细是孙；今朝炊香富贵饭，望你阿爹（或阿娘）平平分。"

炊孝饭，实际上是一种"讨彩"风俗。畲民认为：饭甑中的热气先在哪一方向冒起，则站在该方向的子女就家道吉利兴旺发达。不过，为配合炊孝饭，烧火的厨师都把灶火烧得又旺又

---

① 《浙江省少数民族志》，方志出版社 1999 年版，第 343—345 页。

② 雷阵鸣、童涉：《以歌代哭祭亡人》，载《浙江民俗大观》，当代中国出版社 1998 年版，第 261 页。

匀。让饭甑中的热气同时在四周腾腾冒出，充分体现“平平分”的意思，使亡人的各房子女都能平安吉祥而得到心理上的安慰与满足。①

做功德

畲族旧时丧葬仪礼，多有做功德。做功德俗称“做阴”，其意义主要反映后辈对祖先的崇拜，对上辈的尊敬；同时也寄予着对死者庇护、保佑后辈的希冀。以前，除未成家的“少年亡”，凡有子女者死后都做功德。祭过祖度身入录者，称“学师人功德”或“大功德”，须做两天两夜或三天三夜“功德”；一般人死后做功德称“白身人功德”或“小公德”，只做一天一夜。人死后立即做，称“热丧”；因经济困难或其他原因隔几年再做，称“冷丧”。若是自杀、他杀、舟车祸等非正常死亡的，还要加请武科巫师“拔伤”，以驱鬼求得“超升”。

做功德的过程，情节复杂。仪式上功德师唱舞并举，祭奠者哀歌不断。其主要情节有安祖、烧牒、出白、破壁、洗灵台、请灵、娘家礼、行文、押毕七等。

安祖　是做功德第一个情节，意为安营扎寨，请祖师爷和五方神兵为死者超度亡灵。

烧牒　由功德师边舞边念已写好的文牒——报病牒、申死牒、冲天界牒。白身人功德和妇女功德则无此情节。

出白　是死者子女嫡亲举行披麻戴孝仪式。出白后，嫡亲就披麻戴孝至做好功德。

破壁　俗称“赶煞”。由功德师2人作法施行。“赶煞”时，所有外人均须回避。

洗灵台　由孝度功德师执龙角铃刀施行，意为取来五龙神水洗净祭坛，供孝男、孝女、孝亲祭奠亡灵。

请灵　意为亡灵已去阴间，由孝度功德师请阴间引魂童子把亡灵引归灵台接受孝男孝女祭奠。

娘家礼　也称接娘家。女性死者娘家接到报丧，即备祭礼来祭奠。

行文　是已学师的死者做功德特有的仪式，整个过程大约需5个小时。

押毕七　俗称“倒山头”，畲语为“结尾”之意，是做功德最后一个情节。要拆除灵台做功德饰品、亡人灵位、桐木刀、桐木块等，由孝子担往村外开阔地燃火烧毁。至此，整个丧仪结束。

如前所述，以歌代哭、讨位数、炊孝饭、做功德等，都是畲族丧葬仪礼所保持的民族特色。畲族丧葬仪礼，还因死者的身份不同而有别。有过“学师传师”经历老人死后称为“亡故仙师”；未做过阳的老人死了叫“亡人”；他们所穿寿衣、丧葬仪礼的内容和程序等，都有较大区别。这也是畲族丧葬仪礼的一大特色。

清代以后的畲族丧葬仪礼，开始受汉文化影响。中华人民共和国成立后，畲族传师学师少见，丧葬仪式中，做功德也不多见。

① 唐宗龙：《执竹鞭甑炊孝饭》，载《浙江民俗大观》，当代中国出版社1998年版，第265页。

第五节 岁时节日

浙江畲族的岁时节日,与汉族大体一致,但也有畲族特色的节日。其中包括新年的"摇毛竹"习俗、除夕的"煨年猪"习俗,有鲜明的民族特色;"二月二""三月三",也是极富民族韵味的节日。祭祀,是畲族节日的重要内容,如正月十五和八月十五的祭祖,清明节的扫墓。而四月初八"牛生日"、夏至后的"封龙节"、早稻成熟后的"尝新节"及名目繁多的"做福"等,当属畲族的生产性节日。

一、除夕与新年

除夕

除夕,俗称三十夜。畲家要备熟鸡、熟肉、豆腐等祭品,先祭谢天地,后谢土地神、祖宗、牛栏神、猪栏神,称谢年。晚餐合家团聚吃"分岁",是一年最丰盛的一餐,有的畲村称吃"年饭"或"隔年饭"。吃饱时要在碗里留下一口饭,表示吃不了,年年有余。吃罢年饭,除在祖宗香龛前点香烧纸钱,还在牛栏、猪栏、柴间及家内用具上扦插燃香,表示房舍、农具、家具与人同样过了年要长大一岁。分香后,合家围坐火炉塘烤年火,把备的木柴根在火炉塘燃烧,至深夜入睡时,用炉灰遮住剩余柴根,至次日大年初一清晨余火不灭,称"煨年猪"。

"煨年猪"又称"焐年猪",是浙江畲族沿袭已久的过年习俗。除夕夜,把一个很大的树根脑燃起,搁在灶头火炉塘里,用灶灰盖上,让树根脑慢慢焖焐到大年初一,此树根最好是用柏树根,焐燃起来满屋长夜生香。焐年猪的象征意义是表示今年兴旺,来年吉祥,家暖似火,必能养出大肥猪。

畲族中盛行焐年猪,有说源于汉人,在闽浙的汉人中,亦有焐年猪习俗。有说焐年猪之俗出于存火种之目的,因为畲族居住山区,古时既无火柴,有铁刀火石击火者也不多,除夕夜以大树脑根焐年猪留火种,是传告儿孙下辈学会存火法子和珍惜火种,因而焐年猪亦称为"隔年火种"。民间还有与此习俗事象关联的故事:相传早年畲家年年养猪年年老勿大,猪崽每每养到三四十斤时,不死也发病,从年头做到年尾,连块猪肉也吃不着。有一年,有对老夫妻,除夕夜在灶边烤火,见有一支树根脑烧不尽,就用灶灰覆盖起来,次日拨开灶灰,树根脑依然燃得很旺。这一年,老夫妻家中竟养出了大肥猪。人们悉知此事,就争相仿效,结果亦获成功,畲乡的人们,自此都能养出大肥猪了。于是人们传言,说除夕用大树根脑"焐",能长夜驱秽,旺发来年,人丁吉庆。随着时代的发展,住在山乡的畲家,不需焐年猪,亦能年年养出大肥猪了,但为了图口彩讨吉利,许多畲民仍然保留焐年猪的习俗。①

新年

新年也称春节、年节,是畲民一年一度最盛大的节日。浙江畲族新年有"摇毛竹"的习俗。

---

① 雷阵鸣、童涉:《畲民除夕夜焐年猪》,载《浙江民俗大观》,当代中国出版社1998年版,第72页。

正月初一清早，父母就叫醒孩子，让孩子到住宅旁的竹林去摇竹。孩子走进竹林中，选择一根大毛竹，双脚叉立，双手高举紧捏竹竿，把毛竹用力摇晃。边摇边念儿歌《摇竹娘》：

摇竹娘，摇竹娘，你长我也长，旧年是你长，新年让我长，明年你我一样长！

这习俗叫“摇毛竹”，也称“摇竹娘”。据传，摇过毛竹的孩子，能避邪趋吉，快长快高。

图 96-9-5-1　畲乡过年做黄粿组照（2009—2010 年邵戌汛摄）

畲族新年，从初一到初五均为节期。

新年初一，户长要祭谢祖宗，称祭年。正月初二，有“拜新年”习俗。凡前一年死过老人的“孝服之家”，上午要备熟猪头一个、熟鸡一只及海味、素菜等祭品，用大方桌摆在祖宗香炉前，向去年去世的亡灵“拜新年”。死者家中亲属祝拜后，再由同村族内族亲祝拜。出嫁外地的子女及曾参加过丧礼的亲戚亦要于这天上午赶来祝拜。本族房族来祝拜的，只用香烛、纸钱等祭品，外地来的亲戚除带祭品，还要送点礼品。这天中午，主家要备午宴招待祝拜者，表示对祝拜者感谢。

初二至初五为访亲期，出嫁女子、男子都备礼回家探望父母。一般亲戚，春节期间也互访。

正月初五，有“送年”习俗。所谓“送年”，是指正月初五的一种扫地驱邪仪式。畲族习俗，大年初一至初四，任你家中地下堆多少垃圾，都是不准用扫帚扫地的，要待年初五清晨“送年”后才能清扫。年初四晚，家长就要备一把扫帚和一个畚斗，供次日清晨“送年”时用。年初五清晨天将黎明，家长就得起床，烧点热水洗罢脸，先在祖宗香炉点上三炷香，两支红蜡烛，向祖宗祈告说，今年年已过完，要送混在我们家过年的伤风咳嗽、伤亡野鬼到别处繁华地方过年。接着家长立即一手拿扫帚、一手拿畚斗，在家内厅堂、卧室、厨房每个角落都要象征性边走边扫一下垃圾，口中吆喝着：“一切伤风咳嗽、伤亡野鬼，××府××县年已过完，令你们速速前往远处大州城府闹热之处过更好的年。”扫遍家中每个角落，即打开家门，将所扫垃圾边走边吆喝地送往村外顺水的路口倒在路边，点三炷香，放三响火炮，烧点纸钱，并将新用扫帚、畚斗放在路边，空手回家后，再扫净过年时积下来的垃圾。送年时家中其他人不得起床干扰，待送好年后才得起床。①

1949年以后，畲民生活不断改善。随着生活水平的提高、观念的转变，越来越多的人已与汉民族一样：除夕过年，春节欢庆，去旧迎新，欢欢喜喜、满怀信心地迎接新的一年的到来。20世纪80年代以后，除夕之夜阖家团圆观看中央电视台春节联欢晚会节目，成为畲民的新习俗。

二、二月二与三月三

二月二

农历二月二，为丽水畲民的“土地爷福”，这天要祭土地诸神，俗语“二月初二，杀鸡请土地”，以保佑全乡平安。

二月二也是浙、闽畲族的“会亲节”。畲族由于族支繁衍，散于浙南、闽东的子孙，省亲路远，探亲无期，便约定在每年春耕前的农历二月二为“会亲节”，迄今已有200多年历史。其间，人们从四面八方云集而来，访亲友、致问候。

在福鼎，前岐乡双华村的畲民，忙着接待来自浙江的畲族同胞。据说，双华村的畲族是清朝初期从浙江蒲门甘溪一带迁来的。不知从何时起，每逢农历二月初，两地畲族人民会亲于双华，以歌抒情，渐渐相沿成习，形成歌会，流传至今。每逢歌会，从二月初一到初三，闽浙两省前来参加赛歌的畲家歌手和听歌看热闹的汉族兄弟姐妹，成群结队从四面八方涌来。除了走亲访友赛歌之外，双华村的畲民还在初一这天迎神，从浙江泰顺县请来蓝姓的木偶戏班用以娱神。

三月三

农历三月初三，是畲民的传统节日。“三月三，吃乌饭。”这一天，畲族男女成群结队出门“踏青”，采集乌稔叶子(杜鹃科，乌饭树)，泡制乌米饭，缅怀先祖，并以乌饭赠亲友，预祝丰年。

三月三，也是畲族的传统赛歌节日。有些畲乡在举办“三月三歌会”的同时，行吃乌饭之俗，更具新意。畲民还用乌饭馈赠亲友，俗信这天吃了乌饭不仅能开胃，而且上山下田劳动不会被虫蚁咬伤。②

在非物质文化遗产保护的背景下，三月三成为各级政府主导的畲族民俗节日。从2001年起，景宁畲族自治县举办“三月三节”，温州市在泰顺、文成、苍南和平阳4个县轮流举办“温州瓯越三月三文化节”。

三、端午与中秋

端午

农历五月初五，是端午节，也称端阳节。畲族有端午节包“菅粽”的习俗。村民们用菅粽祭奉祖公后，自家吃用或馈送亲友。过节插艾草、悬菖蒲，辟邪祈福之类习俗一般和当地汉族

---

① 蓝云飞：《分香、拜新年和送年》，载《浙江民俗大观》，当代中国出版社1998年版，第9—10页。

② 雷阵鸣等：《三月三，吃乌饭》，载《浙江民俗大观》，当代中国出版社1998年版，第30页。

相同。

浙江畲民认为，他们插艾叶菖蒲，不同于汉族的“避邪禳灾”，而是纪念祖先颠沛流离、骨肉分散的苦难历程，寄托着和平、团结的愿望。据晋江《钟氏族谱》记载，晋元熙二年（420年）五月五日，族人被迫迁散，携谱发誓：“汨江菖蒲节节茁，蕲州绿艾根根生，艾幽吐芳溢四海，蒲剑出鞘斩千妖。”相约日后相识，以五月五日门上插艾叶菖蒲为记。另一说法是：唐代黄巢起义，义军失利，避祸于畲乡。后得畲民相助，重振军威，黄巢感激不尽，恐转战之中部属有误扰恩人之虞，叫他们取坑边菖蒲、艾叶插门为号。义军凡见有插艾叶菖蒲之家不得惊扰。旁人得信，也仿效插艾叶菖蒲以护家。在端午节前后听说义军将至，于是户户都插上了艾叶菖蒲。后来，畲民在端午节还用菖蒲根泡雄黄酒喝，杂艾叶做饼，用菖蒲、大蒜之类做香袋给孩童佩戴等，则是受汉族民俗文化影响互渗而嬗变的民俗事象。①

端午节，浙江畲民俗称五月节，有“人歇五月节，牛歇四月八”之说。除备肉、豆腐、酒等过节，已出嫁的女子、男子、童养媳、童养子等都要回家探望父母，所送礼物与春节相同。端午节还用一种红色的“茜草”（畲民称“染蛋草”）汁水染一些熟鸡蛋给小孩过端午，大人要用麻线结成小网袋给小孩装红蛋。出嫁的子女回娘家过端午，父母亦须回赠若干红蛋，此俗现尚保留。一年所有节日，唯独端午节不祭谢神灵祖宗。②

中秋

八月十五日中秋节，又称“丰收节”。家家蒸糕，制糍粑。有的还举行“尝新米”，欢庆丰收。现在有的地区也送月饼为礼。这一天也是祭祖日，过去畲族祭祖有春、秋二大祭的习惯，秋祭大都是安排在这一天，全村集中在祠堂内祭祖。

四、尝新、分龙与做福

畲族作为一个农耕民族，其生产性节日与汉族的“农事节日”相似。畲族的生产性节日，又有其民族特点。无论是“尝新”“分龙”还是“做福”，都与其农耕民族的生产方式有关，与其祈求神灵、预祝丰年的民俗信仰有关。

尝新

亦称“尝新米”“尝新饭”，又叫“食新节”。畲族尝新饭是一项古老淳朴的习俗，指新的一年第一次尝用当年新米做成的饭。品尝前，要先祭祖，然后在特定的时辰，在供桌上摆上新米饭、猪头、年糕、水果，再点上香、倒上酒，向天地、祖先跪拜，感谢上苍带来五谷丰登，祈求来年风调雨顺。

分龙节

也称“封龙节”。每年在农历夏至后的“辰”日举行。盛行于福建闽东和浙南部分地域。相传，夏至后逢辰日，是天帝派风、雨、雷、电四位龙王到畲山就位的日子，因为“龙过山”可能会发生雷雨冰雹，损害庄稼、祸及人畜，畲族便在此日“分龙”，好让龙王平和肃静就位，以祈风

---

① 雷阵鸣：《畲民插艾蒲》，载《浙江民俗大观》，当代中国出版社1998年版，第41页。

② 《浙江省少数民族志》，方志出版社1999年版，第332页。

调雨顺、五谷丰登。在“分龙节”，畲乡有歇锄免耕的规矩：男不挑粪，女不洗衣，也禁止在屋外晾晒衣物，同时，还禁止动用犁、耙、锄头、柴刀等铁器，原因大概与汉族“龙惊铁，虎惊叉”之习相类似，怕惊动了龙王，造成“惊龙”而暴发山洪，或“走龙”而常年干旱。有些畲乡，禁忌时间较长，待“分龙”后第十天才“定龙”，定了龙后才取消禁忌。

旧时，每逢“分龙节”这天清早，畲村的族长或长者，就会走遍乡村，鸣锣告示大家不要锄地耕作、挑粪洗衣互告勿违。是日，若遇狂风暴雨，畲民也有以铁锄或粪勺置屋顶以作“压龙”。在这一天，也有畲族男女相会对歌，还有结伴去远处砍“六月柴”。他们将青柴整片劈倒，却不挑回家，待烈日晒一二十天，干后再捆缚挑回家，以备农忙烧厨。亦有人在此日去深山老林砍取“黄桑”“千斤”等野藤，背回家供修补箩筐、篾簟等用。在“分龙节”田头园圃是不见有人劳动的。①

做福

又称“合福”“吃福”，是中国东南一带的民间习俗。畲族的做福，具有鲜明的民族特色。一年四季，春夏秋冬，都有做福。

开正福　正月初一至初四日，主要是祈求一年四季平安。农历二月初一（或初二），为春福，祈求春耕顺利，五谷丰登。

夏福　立夏日为夏福，也称立夏福，庆祝麦子收成。这一天，有吃面条和夏饼的习俗。端午节前后（或农历五月三十日），晚稻番薯都已栽插，为保苗福，祈求保护庄稼免遭灾害，禾苗茁壮成长。

白露福　白露日为白露福，答谢神明保佑秋粮进仓。

冬福　冬至日做冬福，庆贺丰收，谷物上仓，全年安泰。

完满福　也称年满福、余满福。除夕做完满福，以答谢神明庇佑并庆祝一年的农事活动顺利。

各地畲村，“福日”的名称、日期稍有不同：

二月初二为（有的地方定为二月初一）“土地爷福”，祭土地诸神，俗语“二月初二，杀鸡请土地”，以保佑全乡平安。

五月初四为“保苗福”，亦称“五谷神生日福”寄托着畲民五谷丰登、田园大熟的希望。做福时，祭礼丰厚，气氛热烈，不容粗心大意。

冬至为“冬福”，腊月二十日为“完满福”（有的地方为十二月二十四），大年三十则为“年满福”。

畲族的“福日”多有含义，但主旨是祈平安、盼丰年，而且基本上围绕农事生产。

做福有“福祉”，福祉为专门性的宗房中单一性“会社”，在本族宗房内轮流做东，凡轮到做东的人家，就负责该年“福日”的经费筹集、开支、祭祀事项、聚会安排等。②

在21世纪的畲村，人们的现代意识与日俱增，节日中的信仰因素和迷信成分已越来越

① 雷阵鸣等：《夏至逢辰即“分龙”》，载《浙江民俗大观》，当代中国出版社1998年版，第42页。

② 唐宗龙：《畲民的福日与福祉》，载《浙江民俗大观》，当代中国出版社1998年版，第328页。

淡薄。

第六节　信仰民俗

畲族的信仰民俗，在长期与汉族的相互影响融汇中，逐渐形成本民族独特的祖先崇拜和多神崇拜的信仰体系。畲民信奉的信仰有4种类型：一是祖灵（包括祖先、始祖）崇拜；二是民间俗神，包括族内神祇以及与当地汉族共同信奉的神灵；三是道教与佛教神灵，尤以道教神所占比重为大；四是自然神，如石神、树神等自然物体演化的神灵。

一、祖灵崇拜

祖灵崇拜亦称祖先崇拜。畲族尤其推崇祖宗，祖灵崇拜在畲族民俗信仰中具有普遍性。

祖先香炉

畲民家家户户都有一个代表历代祖先的香炉，在流离迁徙过程中，其他用品能丢，唯香炉不能丢。定居时，要在住房中堂照壁设香龛安放祖先香炉，称香火桌，中贴壁联，称香火榜，榜词常见的是“本家寅奉堂上高辛皇氏敕封忠勇王××郡（蓝姓写汝南郡，雷姓写冯翔郡，钟姓写颍川郡）长生香火祖师历代合炉祖宗之位”，不仅过年过节要备祭礼祭祀祖宗，凡家有嫁娶、出生、寿辰等喜事亦备祭礼祭祀，每逢农历初一、十五要在香炉敬香，表示不忘祖先。人死后做功德，要请历代祖先接受祭祀，功德仪式后，就把死者香炉并入祖先总香炉，表示同样接受下辈祭祀。

春、秋二祭

畲民祭祀祖先，除农历初一、十五外，还有春、秋二祭。此外，在一年中的各个农事节日，人生礼仪一般都要敬奉祖先。不同姓氏的畲族在祭祖时，不但祭祀同姓本族祖先，还虔诚地祭祀本民族始祖。如景宁、武义等地畲族，将正月初八定为祭祀祖图的日子。这一天，俗称上八日，同祖同姓的男女老幼身着盛装，怀着极其虔诚的心情，翻山越岭，来到本姓氏的宗祠，瞻仰本民族的祖先。①

师爷崇拜

在祖先崇拜中，“师爷”是位崇高的祖先人物。浙江畲民认为，“师爷”带有千百万神兵，具有无限法力。在举行传师学师仪式时要专设师爷法坛，一切活动在法坛进行；老人死后举行做功德仪式，要在灵堂近处设“师爷间”安放师爷香案。传师学师和做功德的每个情节都要念诵请师爷经文，向师爷祷告所进行活动，并向师爷敬酒。平时卜“板凳卦”，亦请师爷占卦。②

二、民间俗神信仰

俗神又称世俗神，是和民间的群体性崇拜方式相联系的神灵，属于地方性民众祀奉的有

---

① 蓝荣清等：《畲族祭祖图》，载《浙江民俗大观》，当代中国出版社1998年版，第490页。

② 《浙江省少数民族志》，方志出版社1999年版，第350页。

集群性风俗的神灵。

（一）共祭地方神灵

畲族长期与汉族杂处，受汉族“重鬼神”的巫文化影响很深。因此，畲族的民间俗神信仰，基本上与当地汉族一样，普遍迷信鬼神，祭祀多种神灵。畲族供奉的民间俗神很多，有大王、元帅、将军、先师等。浙江畲民主要信仰汤三公、汤夫人、土地公、五显灵官①，还有灶神、奶娘（陈靖姑）、关帝、观世音等。

（二）畲族神祇

畲族信仰的民间俗神，首先是族内神祇。这类神传说历史上确有其人，生前受畲民爱戴，死后被奉为神灵，如插花娘。

插花娘

松阳、丽水、云和、青田等地的畲民信奉插花娘。插花娘乃畲族女神，松阳县板桥乡的横岚坳，丽水市城关镇的灯盏山，云和县龙门乡的樟坪，雾溪乡的大仓等处曾建有插花娘庙。相传插花娘原系松阳县靖居乡茅弄村畲族女子蓝春花，因家庭贫穷，给汉族老财家为佣，春花人长得漂亮，老财逼其为妾，春花不从，在松阳与丽水交界的横岚山冈跳崖自尽。姐妹们以山花遮其遗体，后成神，称插花娘。畲民建庙奉祀，平时畲民诣庙里祭拜，习惯上都要折一枝山花插在香炉中，以示对女神的敬仰和祈求她的赐福。家有危难时前往插花娘庙祝拜，祈求保佑，许以歌礼祭谢。祭谢歌礼在祭者家中以对歌形式进行，由一男歌手（神童）代表插花娘，另一男歌手与插花娘对唱畲歌。摆设的祭礼，除鸡、肉、酒等食物，还必须有畲族妇女穿的花边衣，戴的头冠（笄）和银项圈、银戒指、银手镯等饰品。祭谢插花娘必须在夜深时进行，不许任何异族人观看，不许在场者讲异族语言。②

临水夫人

又称“临水奶”或“夫人奶”（浙江畲族称“陈夫人”），唐代福州下渡人，姓陈名靖姑。曾嫁给古田县临水乡刘杞为妻。相传临水夫人的灵异是斩白蛇、杀长坑鬼、收服猴精、为旱灾祈雨等。死后成神，北宋年间受到供奉，庙宇设在古田县临水乡，名“顺懿庙”，由于神系女性，被民间认为是专司生育之神，古田又地处闽东，是畲族聚居地之一，神对畲族的影响也特别大。闽东、浙南各地都建有临水夫人庙，俗称“奶娘庙”，畲族为祈求添子增孙和庇佑小孩平安，往往都要诣“奶娘庙”许愿酬神。畲民把临水夫人当作求得子息的唯一女神加以奉祀。

汤夫人

景宁县有的畲村崇拜汤夫人。如敕木山畲民的汤夫人崇拜：敕木山还有对本地一个女神汤氏的崇拜。这种崇拜是畲民从汉族那里接受过来的，而且开始于畲民在此定居之前。敕木

---

① 《浙江景宁县东弄村社民情况调查》，转引自《中国少数民族社会历史调查资料》福建省编辑组：《畲族社会历史调查》，福建人民出版社 1986 年版，第 18 页。

② 《浙江省少数民族志》，方志出版社 1999 年版，第 352 页。

山的蓝村长家就注意照管汤氏的庙。此外，还给汤氏在敕木山山顶上建立了一块纪念碑。①

景宁县东弄村畲民的汤三公和汤夫人崇拜：主要信汤三公、汤夫人。据说汤三公自宋飞升，最显灵通，所有祈福避祸，无不显赫，祷雨捍患，更见灵验。汤夫人是汤三公的孙女，据说是在敕木山顶上飞升的。信奉她能够保护一年四季平安，五谷丰登。②

其他保界神

各畲村寨遍设社神、土地伯公，户户有灶神、门神等。在平阳县王神洞村，"九月九日祭齐天大圣的生日，能保家口平安"③。

畲族民间俗神信仰的特点是多神信仰，充分体现了民间信仰的庞杂性和附会性特点。

三、道教神和佛教观音信仰

道教信仰民俗

畲族的信仰民俗，有着浓厚的道教色彩。道教源自古代巫术，是典型的多神教，信仰内容十分庞杂，天神、地祇、人鬼都受到奉祀。畲族虽然接纳了道教众神明，但是对它们的崇信程度和崇拜方式与汉族不尽相同。

畲民奉祀的道教神有"三清"、三宫大帝、真武大帝、福德正神、将爷公(黑白无常)、三仙大师等。

畲族对道教尊神的接纳首先表现在始祖与"三清"(玉清元始天尊、上清灵宝天尊、太清道德天尊即太上老君)，尤其是太清关系的理解上。畲族认为"三清"与始祖同样尊贵，在重要的祭祀场合要挂"三清"画像和祖图。丽水市畲族的祖图都包括"三清"画像。畲族对太上老君怀有特殊的情感，并冠之以"日月紫微星"的尊号，将其奉为本民族的保护神。畲族相信太上老君对畲民始祖特别垂爱，他们认为始祖当年只身入番取番王首级，归途上在前有江海阻隔，后有重兵追赶的危难关头，幸亏"神仙老君来相帮，腾云驾雾游过海"才得胜回朝；他们还相信也正是由于太上老君的保佑，始祖闾山学法以后才能胜利地斩妖除魔，在封地凤凰山旺出万千子孙来. 被畲族视为人生最隆重、最重要的"学师"仪式就是为取得日月紫微星太上老君的庇佑。学过师的男子 40 岁后要刻制一方"日月紫微星太上老君"木印，死后做"功德"时首先要"请师爷"，迎接太上老君下凡，保佑超度仪式的顺利进行。④ 无论是畲族的法师作法，还是普通畲民唱歌，都有道教的痕迹。

观音信仰民俗

畲民奉祀的佛教神最常见的是观音菩萨。《丽水风俗》载："旧时，畲族人民在生产劳动

---

① 《浙江景宁县敕木山畲民调查记》，转引自《中国少数民族社会历史调查资料》福建省编辑组：《畲族社会历史调查》，福建人民出版社 1986 年版，第 638 页。

② 《浙江景宁县东弄村畲族情况调查》，转引自《中国少数民族社会历史调查资料》福建省编辑组：《畲族社会历史调查》，福建人民出版社 1986 年版，第 18 页。

③ 《浙江平阳县王神洞畲族情况调查》，转引自《中国少数民族社会历史调查资料》福建省编辑组：《畲族社会历史调查》，福建人民出版社 1986 年版，第 68 页。

④ 李健民：《畲族民俗信仰的道教色彩》，《中南民族学院学报》1996 年第 5 期。

中，为求得风调雨顺，五谷丰登，信奉神佛者多，崇拜观音佛……”①广大畲族人民在历史上所受的苦难特别深重，他们梦寐以求，能遇上一个拯救众生的神灵，来解脱他们的苦难。因此，当“观音”传中我国后，不仅给广大汉族劳苦大众带来“福音”，而且也为广大畲族人民所接受。有的畲族地区都建有观音庙，有的畲民还在自家厅堂神龛旁摆上观音菩萨神像，把它作为“救世救难”“除灾祛病”的万能神加以祀奉。

四、自然神信仰

自然神崇拜产生于人类的早期社会，在畲族民俗信仰中，山有山神、树有树神、石有石神、土有土神、谷有谷神、猎有猎神，可谓万物有神。

在各种自然神灵中，畲族特别笃信与耕猎经济生活关系密切的农耕神和猎神。如畲民在农业生产活动中，从浸谷种、开秧门，直到谷物登场，都要备办供品，焚香叩拜，祭祀“五谷神”“土地神”。所谓“五谷神”，就是神农大帝，俗称“五谷先帝”，畲族农民同汉族一样也奉为农业的守护神。所谓土地神，就是福德正神，俗称土地公，畲族乡间到处可见小型的土地公庙，每年农历二月初二日，为土地公生日，都要进行祭祀。民间传说它会造福乡里，保护农业。有的畲村建有五谷神庙，农历五月二十五日为五谷神生日，家家备礼祭谢。畲民祭祀这二尊神明，在于祈求风调雨顺，五谷丰登，仓廪充盈，人畜平安。

畲民重视狩猎，信奉猎神，各地供奉猎神。多在出猎前祈福，出猎回来后，将猎获物在猎神坛前宰杀，供奉神灵，并给参与者分配所获的猎兽肉。除狩猎时祭谢，凡年节均备祭礼祭谢。

畲民崇拜古树，认为古树有生命力，子女少而多病之家，要子女拜古树做干爹，年节时须备祭礼到树边祭谢。有的畲村在树脚盖庙供奉香火，不许砍树，不许在树脚周围大小便。少数畲村畲民有崇拜当地奇形怪石的习俗，视怪石为神灵化身。

畲村相传五通鬼是天上佛子兄弟五人，因违犯天条被赶下凡间为鬼，畲民认为此鬼最凶。唐朝时，广东畲乡建有五通庙，入迁浙江的畲民仍保留信奉五通。不少畲村建有五通庙，作为本村供奉的土地神。亦有独户居住的畲民，无财力建庙，以三块岩石搭成三块坛代表五通庙奉祀。

天吊鬼俗称“寮檐鬼”，畲民普遍信仰，认为天吊是专伤儿童的恶魔，被害者眼皮上翻，昏迷不醒。如卦卜病者为天吊所伤，须即在病者房檐支撑一竹，上挂米筛、镜等避鬼物，并备祭品请巫师“放天吊”。

凡非正常死亡而无下辈祭祀的，称“五伤鬼”。对“五伤”只要备点祭品、烧点纸钱送谢即可。②

---

① 《丽水风俗》编委会编：《丽水风俗》，浙江丽水地区文联 1995 年刊印，第 170 页。

② 《浙江省少数民族志》，方志出版社 1999 年版，第 352 页。

第七节　民间文学和民间艺术活动

在原始社会，民俗与神话、巫术、宗教、文艺、哲学、科技同处于一个混沌不可分的综合体之中，随着人类社会不断进步，这些文化因素才逐一从中独立出来。然而在底层民众中，大量的精神文化活动还是和物质生活交织在一起。民俗志可以将作家文学创作和职业艺术家的艺术活动排除在外，却不能把乡村中祖辈流传下来的讲故事、说笑话、猜谜语、唱歌谣、做游戏，以及主要服务于日常生活的工艺美术等都排除在外。上述底层民众的传统精神文化活动，无疑是一种颇具特色的民俗事项。

畲族有语言无文字，长期以来，畲族中间有着丰富多彩的民间文学和民间艺术活动，呈现出浓郁的民族风格，成为畲族传统文化的重要组成部分。

一、民间文学活动

畲族民间文学活动是畲族文化的有机组成部分，承载并折射着畲族的历史。在浙江畲族地区，主要流传的畲族民间文学有神话、史诗、传说、故事、民歌和叙事诗等。

(一)神话与史诗

神话

畲族神话数量众多，内容丰富，大致可分为中华民族始祖与畲族始祖神话、宇宙万物起源神话、人类社会各种发明创造神话、自然界诸神神话、人与神及人与自然界斗争神话五类。

中华民族始祖及畲族始祖神话　盘古是中华民族共同的祖先神和创世神，也是畲族的祖先神和创世神之一。

畲族盘古神话有《盘古王造天造地》，形象地说明盘古是中华民族共同的祖先神和创世神。类似的神话还有《造天造地》，不过，主人翁是海龙王，造天的是女人，造地的是男人。

龙麒和三公主是畲族的始祖神。如浙江畲族流传《亢金龙下凡》的神话，歌颂了畲族传说中的始祖龙麒。类似的神话还有《盘瓠王和三公主》，但始祖的名字不同，身份由医药先生变为凤凰，内容和结果大同小异。[①]

宇宙万物起源神话　这一类神话包括天地起源神话、人类起源和再造的神话。《火烧天火烧地》(有的地区称《火烧天》)是一篇代表作。

《火烧天火烧地》的大意是，在远古时代发生了一场大火，烧了七天七夜，把万物烧成灰烬，只剩下兄妹二人。他俩在石仙(“石猪精”或“石母猪”)指点下，结成了亲，繁殖了人类，成

① 景宁畲族自治县民间文学集成编委会编:《中国民间文学集成·浙江省景宁畲族自治县卷》,1989 年刊印,第 11—13 页。

为天下人类的祖先。[①] 此外，《天火》《盘石郎》等另外几个神话与《火烧天火烧山》的内容、情节和主题都大同小异。这类神话，反映了古代畲族在原始社会同其他民族一样都曾经经历过"血缘婚姻"阶段。值得一提的是，表现各民族同源，各民族来自共同的祖先，是畲族人类再造神话的共同主题。

人类社会各种发明创造神话　此类神话包括《三公主引水脉》《盐是怎样来的》《神农氏与羊仙》《火种》《纺织娘和种田郎》和《八仙教活》等篇，讲的是人类最初利用的水资源，烧菜用盐、用火，以及医药、住房、行船、语言等发明创造。

如《三公主引水脉》，其大意是：很久以前，高山上没有水，人们吃水用水困难，三公主就到海龙王那儿借水脉。借水不成，三公主就变成一个泼妮崽（畲语：姑娘）去海龙王那儿做丫头，趁海龙王醉酒摸出钥匙开了锁，偷出水脉，把水引上了高山。从此，山上的人们不用为吃水发愁了。[②]《盐是怎样来的》讲的是：从前，凡间没有盐，人们吃东西总觉得没味道。三公主将天上的盐往海里撒。结果人间有了盐，人们吃东西就有味道了。[③]

自然界诸神神话　这类神话包括日月星辰、风雨雷电、山川草木等自然界诸神的神话。如《雷公是赖孵鸡娘变的》《畲家猎神》等，这些神话反映了畲族人民的多神崇拜。

人与神及人与自然界斗争神话　此类神话包括《十个日头九个月》《天眼重开》《太阳和月亮》《日头月亮和人祖》《十个太阳的传说》《后羿呼日》《射日》等征服自然的神话。这些神话反映了远古时代畲族人民洞居穴处，刀耕火种的原始社会生活的情景，以及畲族人民向自然作斗争的精神。上述畲族神话，以独特奇异的艺术构思和幻想、虚构和变形的手法，解释自然和社会，表现了畲族先民追求真理不怕牺牲的英雄气概。其内容之丰富，不仅在畲族民间文学史上占有重要的地位，而且对揭示畲族史前社会风貌及观念形态等特征，具有珍贵的认识价值。

畲族史诗《高皇歌》

畲族史诗《高皇歌》是一部反映畲民族的起源、征战和迁徙等传说或历史的，篇幅较长的叙事性韵文作品。

《高皇歌》是一部七言体的史诗，在畲族的不同地区有不同的称呼。在畲族的许多地方，都叫《高皇歌》，而在一些地方，也有叫《盘瓠王歌》《盘瓠歌》《盘古歌》和《豹麒王歌》的。

根据一些学者的统计，《高皇歌》大致有十几种版本。常见的有以下四种不同的版本：凌纯声搜集到的福建版本；浙江省民族事务委员会搜集到的浙江景宁、松阳等县的版本；浙江省文成县畲族民间文学集成编委会搜集到的版本；广东省潮安县凤南乡畲族雷楠搜集到的版本。

尽管各地《高皇歌》抄本详略不一，但内容大致相同，包括回忆、出征、成亲、隐居、打猎殉

---

① 《浙江省少数民族志》，方志出版社1999年版，第273—274页。

② 景宁畲族自治县民间文学集成编委会编：《中国民间文学集成·浙江省景宁畲族自治县卷》，1989年刊印，第6—7页。

③ 景宁畲族自治县民间文学集成编委会编：《中国民间文学集成·浙江省景宁畲族自治县卷》，1989年刊印，第7—8页。

身、迁居、搬福建、迁浙江、尾声等部分。都记述了畲族始祖龙麒不平凡的来历，征番的丰功伟绩，与三公主婚配和生儿育女的情况，以及率领全族子孙垦荒种田、进行迁徙的经过。

《高皇歌》叙述了畲族始祖龙麒的英雄业绩，描写了畲族分姓的来历，搬到福建与浙江的辗转迁徙，以及龙麒隐居入山垦荒、耕织和狩猎的生涯，为我们展现了畲族历史的演变及其社会生活画卷。

《高皇歌》以朴素的民族感情，如实地反映了原始社会一直到封建社会畲族先民对世界的认识，追溯了畲族的起源和历史，具有强烈的思想性、艺术性和人民性。它深入浅出，感情真挚，言辞朴实，韵调和谐，通俗生动，甚得畲族人民的赞赏。畲族人民把它作为本民族的祖源歌、历史歌。

（二）传说与故事

民间传说

畲族民间传说可分为历史人物传说、历史事件传说、自然景物传说、地方风俗传说、土特产传说等种类。

历史人物传说　畲族历史人物传说包括畲族本民族的历史人物传说和由畲族传讲的汉族历史人物传说两大类。

反映本民族的历史人物传说的代表性作品主要有《蓝洁妹智训三和尚》《雷大相的传说》《雷法有公公》，等等。这一类民间传说讲的是畲族人民靠智慧惩恶扬善，也与畲族喜爱武术有密切关系。

由畲族传讲的汉族历史人物传说，包括秦始皇、朱元璋、黄巢等汉族帝王传说以及鲁班等汉族能工巧匠的传说。畲族人民在传承这些传说的时候，按照畲族的思想感情、理想愿望、心理特点、性格特征和审美标准进行了再创作。比如鲁班作为汉族能工巧匠的代表，在木匠行业中享有不可撼动的地位。但是，在畲族关于鲁班的传说中，鲁班的女人也是一位能人。在《鲁班师爷与巧计夫人》中，鲁班的女人客发明了雨伞，名声超过了丈夫。夫妻二人为此闹不痛快，一直闹到皇帝殿，皇帝当场封鲁班为师爷，封他的女人客为巧计夫人。① 这则传说，反映了畲族妇女聪明、勤劳，其地位不逊于男子的现实。

历史事件传说　畲族中有不少畲族迁往各地的传说以及歌颂畲汉人民团结的历史事件传说。《山哈也有李姓》表现了畲汉人民本是一家、相依为命的主题；《三公主的传说》的后半部分就叙说了畲民离开祖地凤凰山跟随报晓鸡到了景宁的事。这类表现畲族人长期艰难迁徙的故事，是畲族人民的流浪生活所留下的痕迹。

地方景物传说　畲族大多生活在崇山峻岭之中，自然风光美丽，于是便产生了许多歌颂家乡景物的传说。如流传在丽水和青田一带的《兄弟山》，流传在文成一带的《猪娘奶》《米斗山》等。如《兄弟山》这则传说，不仅生动地解释了兄弟山的由来，而且把三兄弟关心人民的疾

① 景宁畲族自治县民间文学集成编委会编：《中国民间文学集成·浙江省景宁畲族自治县卷》，1989 年刊印，第 26 页。

苦和生命，视死如归，与邪恶势力斗争到底的彻底革命精神表现得十分生动。

地方风俗传说 畲族的风俗传说，包括节日传说、人生礼仪传说、信仰与禁忌传说等。节日传说有《焐年猪》《初五拜年》等；人生礼仪传说有《香袋彩带定情物》《牛踏路》等；信仰与禁忌传说有《观音借地》《阿弥陀佛》等。

土特产传说 畲族所居的山区的土特产十分丰富，有茶叶、油桐、纸、笋干、花生、油茶、芝麻、苎麻、香菇、樟脑、松油和名贵药材，以及各种水果等。比如景宁畲族自治县，是“处州茯苓”的主要产地；又素有“菇乡”之称，是中国香菇生产的发源地之一；景宁的惠明茶更是名闻遐迩，早在民国4年(1915年)就获得过巴拿马万国博览会金奖。这一带畲、汉民族，都有流传当地土特产的传说，如《茯苓的传说》《“五显神”与香菇》《惠明茶》等。

民间故事

畲族民间故事种类繁多，内容丰富，下面分6种予以介绍。

机智人物故事 畲族机智人物故事指的是以表现畲族劳动人民的机智及其与剥削阶级进行巧妙斗争的写实故事。

畲族长工型机智人物故事具有很强的阶级倾向性。这类故事中的反面人物主要有大大小小的财主，他们的性格大多是凶残、愚蠢和贪得无厌；财主的对立面，则是长工，他们的性格特点，大多淳朴、善良、勇敢，充满智慧。故事中往往将性格鲜明的这两类人物，通过曲折的情节纠葛在一起，通过相互斗智来表现主题。从大量的畲族长工型机智人物故事来看，其中的机智人物主要是采用“以其人之道还治其人之身”的方式与财主进行斗智。例如《钟士根的故事》等就表现了这种斗智方式。这一类故事还有《蓝敬华分梨》。

以女性为主人公的机智人物故事，有的也称为巧女故事。故事中，她们以女性的聪明才智解开了种种难题，克服了重重人世艰险，构成了精巧动人的故事，在各族人民口头传诵不绝。《畲家才女蓝姑子》等，①就是以畲族女性为主人公的机智人物故事。这一类故事以解决难题为中心情节结构成篇，这些难题大多数以家庭生活为背景，但故事的创作者和传播者并不以此为满足，又大胆地虚构了巧女同财主的斗争，将女主人公推向广阔的社会舞台去施展自己的才华，从而使这些故事焕发出浪漫主义的奇异光彩。比如有关蓝聪妹的系列故事在浙江丽水和兰溪等地广为流传。

笑话 笑话指的是幽默或具有讽刺意味的篇幅短小的民间故事。这方面的笑话有《大骗小拐》《棺材》《三把火》《杀猪请长年》等。

幻想故事 幻想故事通过幻想的手段表达了劳动人民在阶级社会的现实生活中不可能实现的理想和愿望。《蛙崽成亲》《蛇亲》等就属于这类故事。

《蛙崽成亲》故事嘲笑了财主的“见宝如命”，收了三斗珍珠和三捆洋丝就把女儿嫁给一只青蛙；故事赞扬了劳动人民的善良，蛙他爹打蛇救青蛙，原来青蛙是海龙王的看山将，为报恩

---

① 景宁畲族自治县民间文学集成编委会编：《中国民间文学集成·浙江省景宁畲族自治县卷》，1989年刊印，第72页。

化身为救命恩人的崽。故事宣扬了“好人有好报”的观念。[①]

爱情故事　在畲族的爱情故事中，有不少作品表现了畲族人民，尤其是青年男女择偶标准等方面的婚姻观。在许多故事中反映了勤劳朴实是畲族人民择偶的主要标准。在《刀配鞘》这一作品里，“东村的财主女和西村的牧牛姆暗暗相好，双方愿结百年之好”。她选中的是忠实勤劳的小伙子，这是女性对于男子汉的要求，也是畲族人民生存的需要。对于勤劳朴实的颂扬实际上也就是对于懒惰行为的鄙视和否定。在《畲女选婿》中，钟囡宝选中的也是牧牛姆雷宝金。[②]

伦理道德故事　伦理道德故事在对民族进行伦理道德教育方面发挥着直接的作用。这一类伦理道德故事往往通过歌颂善良、诚实、忠贞、尊老爱幼、乐于助人甚至舍己为人等美德，嘲讽自私自利、损人利己、贪心不足等恶习。例如《畲娘行医》中的碎当和后来无数个畲族妇女，为当地畲汉两族人民解除病痛却常常分文不取，表现了救死扶伤的人道主义精神。

另一个故事《心平能过海》赞扬了非己之物不取的高尚品德。

畲族人民对自私自利、损人利己的人和行为予以强烈的谴责和抨击。如《后娘的毒》，说一个后娘为了让自己的亲生儿子得到全部家产，便设计害死前娘的崽，不料弄巧成拙，害死的是自己的崽。[③] 这是“恶有恶报”思想观念在故事中的体现，表现了畲族人民鲜明的爱憎感情。

反对世俗迷信故事　这类故事有《前世为何没有天》《土地公公从此不灵了》《雷天胆治竹篙鬼》《命带十八败》《佛显灵》等。

《前世为何没有天》通过揭露天神草菅人命的残忍而否定对神的迷信；《吃鬼胆》《雷天胆治竹篙鬼》《钟大胆》，讲的都是不怕鬼、否定鬼神迷信的故事。此外，还有揭露宗教和巫师的虚伪性的故事，这类故事有《巫师怕鬼》《麦秆金钗》等。

（三）歌谣与叙事诗

民间歌谣

畲族民间歌谣，是畲族人民群众集体口头创作并广泛流传的短小的韵文作品。

畲族具有深厚的歌谣传统，畲族民间歌谣与畲族各种民俗活动紧密结合，在畲族人民的生活中占有十分重要的地位。畲族不分男女老少都十分喜爱唱歌。畲族民间歌谣具有鲜明的民族特色，内容丰富多彩，与生产、生活关系密切。畲族人民无论是男女老少，人人善歌。生产劳动，闲暇休息，以歌为乐；婚姻恋爱，以歌为媒；喜庆节日，以歌为贺；社会交往，以歌代

---

① 景宁畲族自治县民间文学集成编委会编：《中国民间文学集成·浙江省景宁畲族自治县卷》，1989年刊印，第126页。

② 景宁畲族自治县民间文学集成编委会编：《中国民间文学集成·浙江省景宁畲族自治县卷》，1989年刊印，第141、149页。

③ 景宁畲族自治县民间文学集成编委会编：《中国民间文学集成·浙江省景宁畲族自治县卷》，1989年刊印，第150页。

言；丧葬祭祀，以歌代哭；敬祀祖先，以歌代辞。畲族民风是："肚中歌饱人相敬，肚中无歌出门难。"①

农历春节、二月二、三月三或畲村来了远方客人，男婚女嫁之夜，定有一场通宵达旦的对歌活动。唱歌是畲族人民文化生活中主要的一种活动形式，也是他们日常生活中不可缺少的一部分，不但在各种节目和喜庆场合唱歌，即在丧事中也是整夜地唱歌。他们在日常生活中和山间劳动时，以及闲暇休息、谈情说爱的时候，更常以歌对话，互相对答，沟通思想。②

畲族民间歌谣有独特的功能，既能通过民歌散心、传情、泄愤、悼念，又能从中听到一些历史故事、自然知识、古人立身处世的伦理道德，还能从唱歌中认识文字，学到文化知识。③具体地说，畲族民间歌谣的实用功能，主要表现在以下几个方面：

以歌代言议事。畲族人在路上相逢要唱歌，进村要唱歌，迎客要唱歌，敬酒敬茶要唱歌，对下一代进行伦理道德教育要唱歌，学习文化要唱歌，议论婚事要唱歌等。

以歌传播历史知识、生产知识、生活知识等。比如各种赛歌会上的盘歌，有相当一部分是传播历史知识、生产知识和生活知识的。

以歌进行伦理道德教育。畲族人民十分重视在婚丧、节日、祭祀祖先等仪式活动和场所的歌谣对族人进行伦理道德教育。有许多歌谣表现了强烈的伦理道德教育的内容。比如《尊母歌》《处世歌》《家教歌》《劝孝歌》《劝夫歌》《奉劝世人勤最长》等。

以歌避邪。畲族婚嫁过程中长夜对歌，就具有非常明显的以歌威慑鬼怪的作用。一些地方的畲族举行婚嫁仪式时，当男家人来迎亲和红轿进村进门的时候，新娘的亲戚姐妹一定要唱挽留新娘的留妹歌，俗又称"以哭制煞避邪"。

以歌认亲。会唱畲歌，被认为是自家人。否则，即使会说畲话，如果不会唱畲歌，也不被认为是自家人。畲歌在这里具有了认亲的特殊功能。

以歌作为婚恋的媒介。民间爱情风俗歌作为婚恋的媒介，发挥着特殊的功用。

以歌鼓舞斗志。畲族是个勤劳勇敢、富有优良革命传统的民族。畲族人民在长期深受阶级压迫和民族压迫的苦难岁月里，对历代反动统治阶级和外来侵略者深恶痛绝，掀起了无数次的反抗斗争。畲民还往往以其最发达的表意文化形式之——歌谣作为斗争武器，控诉反动统治者对民族压迫和剥削的罪恶，揭露封建统治阶级的残酷统治，鼓舞畲族人民的斗志，号召畲族人民团结一致起来斗争。畲族歌谣在长期的反抗反动统治阶级的斗争中发挥了鼓舞斗志的作用。

畲族民间歌谣的分类，从时间角度分，可分为传统歌谣和新歌谣；以内容划分，可分为劳动歌、时政歌、生活歌、仪式歌、情歌、儿歌等。

传统歌谣表现了畲族人民的生产和生活，反映了他们的愿望和感情。这些，在劳动歌、时政歌、仪式歌、生活歌、情歌乃至儿歌中都有所流露。

劳动歌　畲族的劳动歌十分丰富，农、林、牧、副、渔业的生产劳动都有一整套劳动风俗

①③　《浙江省少数民族志》，方志出版社 1999 年版，第 190 页。

②　施联朱：《畲族风俗志》，中央民族学院出版社 1989 年版，第 113 页。

歌。例如:农业方面,有《种田歌》《种麻歌》《夫妻唱春耕》等;林业方面,有《种油茶歌》《伐木歌》等;牧业方面,有《放牛歌》等;副业方面有《织布歌》《养蚕歌》《养猪歌》等;渔业方面,有《捉鱼歌》等。此外,还有与劳动生活和生产过程密切相关的知识方面的歌,如《做田看气象歌》《节气歌》,以及劳动娱乐方面的歌,如《田园歌对唱》等。

时政歌　畲族人民流传至今的时政歌,主要是近代的时政歌。一部分是对发生在半殖民地半封建社会的一些重大政治事件和重要政治人物的评价。这些作品有《清朝十皇帝》《长毛歌》等。[①]《清朝十皇帝》对清朝的十个皇帝及其相关的政治人物康有为、梁启超、林则徐,以及对戊戌变法、禁烟运动等政治事件提出了自己的看法。《长毛歌》对太平军的英勇善战、纪律严明表现了高度的赞赏。

时政歌的另一部分是强烈地表示对共产党的热爱,向往革命,要当红军,歌颂社会主义和拥护改革开放政策的歌谣,如《共产党领导好》《歌颂红军歌》《解放史歌》《歌颂新社会》等。

对于有语言而没有文字的畲族来说,用歌谣传播历史文化知识是一个重要的途径。如《民国史歌》,讲述了从孙中山先生领导同盟会推翻了清朝的统治到新中国建立之前这一段民国历史的主要情况。[②]

生活歌　更多的民间歌谣,传播生产知识和生活知识。如《十二生肖歌》《二十节气歌》《药歌》等。畲区的盘歌,有不少以猜谜的形式,用问答形式介绍有关生产知识和生活知识。

此外,还有传播学文化知识的《启蒙歌》《学字歌》《字义歌》等。

生活歌还包含伦理道德教育方面的歌谣。如教育人要勤劳、与人相处要谦和、要孝敬老人等有关伦理道德的内容。如《奉劝世人勤着长》《劝孝歌》《劝母歌》《劝郎歌》《劝娘歌》《劝妹歌》《劝姐歌》等。

仪式歌　仪式歌是一种伴随着人生礼仪、节日以及日常生活中的各种仪式活动所唱的歌。畲族人生礼仪可以分为两个大类:一是庆贺类仪式。包括生育礼、成人礼、婚礼、寿礼等人生礼仪的庆典,节日庆典,各种生产丰收庆典和新房落成乔迁庆典中的庆贺仪式。二是祭祀类仪式。包括祛病、丧葬、节日和生产性祭祀以及祭祀祖先和鬼神的仪式。与上述仪式相对应,也就有了一系列相应的仪式歌。

如畲族婚礼,有一个"借镬"的仪式——"当门赤郎"(男方家派去的厨师)唱"借镬"歌。因为这是男方在女家请客,故一切炊具、餐具、柴火、桌椅,甚至堂屋都需要向女方"借"。当门赤郎唱借炊具的"谜语"山歌,赤郎唱一首,女子对一首,拿一件用具给对方:

赤郎唱:四四方方一坪垟,当央两口似龙塘;乌云遮月一对宝,一对鸳鸯水面上。

女唱:借使镬灶一坪垟,铁镬两口似龙塘;桶盖圆圆一对宝,水勺舀水水面上。[③]

又如畲族丧葬,从人死、报丧、洗尸、殡殓、守灵、送葬,直至埋葬,都有自己独特的民族特点和风俗习惯。在全部过程中,用一整套哭歌来追念祖宗、赞颂亡人、训勉子孙。例如老人死

① 浙江省畲族民族民间文艺学会编:《浙江畲族民歌集》,1993年刊印,第32、36页。

② 浙江省畲族民族民间文艺学会编:《浙江畲族民歌集》,1993年刊印,第195页。

③ 《浙江省少数民族志》,方志出版社1999年版,第335页。

了，男的要向亲房叔伯报丧，女的要向娘家报丧。报丧的时候，要哭唱《报丧歌》《娘家歌》，主要是告知对方，家中死了老人。在给死者洗尸和穿戴的时候，要哭唱《洗浴歌》，殡殓后，男女围在棺木四周哭唱《哭灵歌》《劝亡人歌》，主要是歌颂死者生前的为人，祝愿死者安息。

流传在浙江苍南的一首《孝顺歌》，以较长的篇幅，较全面地反映了苍南畲族丧葬过程中的人丧、报丧、吊丧、超度、守灵、祭祀、扶棺、安葬、丧宴等整个仪式活动。

浙江省畲族民间文艺学会古籍组还专门编有《畲族哀歌选集》，目录包括"起头歌""探病""采药治病""老人阴府行""思亲""守孝""二十四孝""五更叹""把盏谢情"等。

情歌　情歌指的是有关爱情生活为题材的歌谣。情歌在畲族歌谣中丰富多姿、色彩斑斓，具有很高的思想性和艺术性。

爱情是幸福的，思念是痛苦的。畲族情歌在描述青年男女热恋期间的心理特点方面，具有很强的艺术感染力。

爱情风俗歌虽然主要出自青年男女之口，但是它的主题往往超出爱情生活的范畴，揭示了纷繁复杂的社会生活。旧时婚姻往往与钱财、礼金纠缠在一起，而真正的爱情是超越金钱的。于是他们唱道：

双方做亲难了难，切莫财礼讲几担；

千银难买情义好，万银难对共心肝。（《千银难买情义好》）

像畲族爱情风俗歌中的讲勤劳、讲情义不讲钱，不过多讲求容貌的选择爱人的标准，以及"要学蜡烛一条心"的对爱情专一的高尚品质，在今天仍具有现实的教育意义。

儿歌　畲族的儿童歌谣，亦称细崽歌，是以童年时期生活乐趣为主要内容，给儿童传教歌谣的启蒙歌，易学易记，深受儿童欢迎。

畲族民间儿童歌谣，内容广泛，情趣盎然，既富于联想又切合现实；既诙谐风趣又朗朗上口，是畲族民间文学园地中一朵逗人喜爱的小花。尤其稍大些的少年儿童，歌唱的儿歌内容，往往还涉及生产、生活知识方面的歌。这些歌虽出于儿童之口，却反映了本地的风土人情、地貌习俗，阅后使人清心悦目，蕴藉有味。

再谈新歌谣。新歌谣指的是中国共产党成立后产生的，反映新民主主义革命时期的斗争生活，表现劳动人民由奴隶变成社会的主人的欢乐心情和自豪感，以及反映人民群众在社会主义时期的新生活、新思想、新风尚的民间歌谣。

革命山歌真实地记载和深刻地反映了土地革命、抗日战争和解放战争时期，畲族人民在共产党的领导下，同汉族人民一起进行反对国民党反动政府，抗击外敌侵略的英勇顽强的斗争。

中华人民共和国成立后，畲族人民翻身解放，成了国家的主人，在党的民族政策的光辉照耀下，享受了民族平等的权利，经济生活明显改善，精神面貌焕然一新，畲族地区发生了翻天覆地的变化。他们深深地体会到：没有共产党就没有新中国；没有社会主义，就没有畲族人民美满幸福的今天。因此，他们满怀激情创作了大量的新民歌，用自己嘹亮的歌声，歌唱共产党，歌唱毛主席，歌唱社会主义，歌唱畲家的社会主义新生活。如《共产党领导好》《山哈贴心随党走》《歌颂党和毛主席》《歌颂新社会》《全国开遍团结花》《种橘歌》等。

民间叙事诗

畲族民间叙事诗，是畲族民间诗歌中的叙事体长歌。同民间歌谣相比，民间叙事诗篇幅较长而民间歌谣篇幅短小；民间歌谣以抒情为主而叙事诗以塑造人物形象为主；民间歌谣无故事情节而民间叙事诗具有完整的故事情节。从内容看，畲族民间叙事长诗可分为四类：

反映包括畲族历史传说在内的中华民族历史传说的叙事诗　这类叙事诗有《火烧天火烧地歌》《封金山》《清朝十皇帝》《民国史歌》等。①

《封金山》是流传在浙江省丽水地区一带的长篇叙事诗，是畲族人民向往安乐生活的一篇理想颂歌。畲族先民开荒种地，并不要完粮纳税。"封金山上好田场"，"新开田地没粮纳"，五谷丰登，六畜兴旺，人们过着安居乐业的生活。但迁居浙江后，"住落浙江几多年，人马来多又没田。蓝雷钟姓思量讲，一心乃念封金山"。期望有一天能实现"封金山上好田场，三万七千串心垟，十字路口造金殿，造出金殿九城墙"的美好世界。全篇共30段，120行。②

根据汉族神话、民间故事、民间传说、章回小说、评话唱本等改编的民间叙事诗　这类叙事诗在畲族叙事长诗中占有相当大的比重，内容丰富，约有一百多种。这类叙事长诗的历史并不久长，大约诞生于一两百年之前。它不是首先开始于畲族人民群众的口头创作，大多出自知识分子之手。他们编好歌，先在群众中教唱，群众学会后，就在盘诗会上或出行做客时同别人对歌，如此传唱下去，歌词不胫而走，如此传唱下去，粗识文字者还争相传抄。这样，这一类叙事长诗就在畲族人民群众中广泛流传开来。

流传较广的有《姜太公钓鱼》《桃园三结义》《梁山伯与祝英台》《孟姜女寻夫》《孔明排计》《西游记》《白蛇传》《陈十四》等。

这一类叙事长诗，有人物，有故事，且有曲折离奇的情节，很受畲族人民群众的喜爱和欢迎。他们把这一类叙事长诗视为严肃的歌、正经的歌，认为从中不仅可以知道许多历史人物故事，而且可以学到很多立身处世的道理。所以，在家中同客人对唱时，一般多唱这种歌，或从唱这种歌开始。大人教小孩唱歌，也往往从这一类叙事长诗教起。因此，以汉族章回小说和根据畲族历史人物故事等为题材改编的叙事长歌在畲族族人民群众生活中占着重要的地位，具有十分深刻的影响。

根据史实编成的叙事诗　清同治年间(1862—1874年)，云和县梅源东坑村歌手蓝三满，在太平军进驻云和时，亲历其境，将其见闻编成长达296行的畲族叙事诗——《长毛歌》。后经蓝福余笔录整理，流传各地。这首长诗记录了畲民参加太平天国斗争的情景，热情歌颂太平军纪律严明、英勇善战的事迹，揭露清朝咸丰帝为首的封建统治阶级欺压人民和清军作恶多端的事实。

《长毛歌》原笔录稿，今藏于浙江省文物管理委员会，它所反映的基本是当时的真实情况，是畲族人民积极参加和热情支持太平天国运动的历史见证，也是研究太平大国史的很有价值

① 浙江省畲族民族民间文艺学会编：《浙江畲族民歌集》，1993年刊印。

② 《浙江省少数民族志》，方志出版社1999年版，第209页。

的参考资料。①

根据本民族历史人物传说和历史事件创作改编的叙事诗　畲族人民根据自己的民族历史人物传说和历史事件创作改编的叙事诗有《钟景祺》《插花娘》《景宁山哈打酒员》《景宁山哈打盐霸》等。

《钟景祺》在畲族中影响深广。据说钟景祺是畲族的民族英雄，在唐明皇时中了状元。他出身贫苦，没有兄弟，父母去世后，他守孝三年，然后去京城考功名。“考场内里选文章，景祺文章第一通”；“皇帝殿上出榜词，头名状元钟景祺”。后因平番有功，“又封状元钟景祺，封你吏部做尚书”。畲族人民在演唱这类由本民族历史人物传说创作改编的叙事诗时眉飞色舞，听者津津有味，觉得十分快慰，表达了畲族人民的民族自豪感。

《景宁山哈打酒局》《景宁山哈打盐霸》都是反映畲族人民反抗旧政权的斗争过程的叙事诗。如《景宁山哈打酒局》，记叙的是：民国4年（1915年），浙江景宁暮洋湖等村畲民在蓝炳水带领下捣毁了县烟酒稽征所，畲民取得“打酒局”斗争的胜利。

二、畲歌和传统舞蹈

（一）畲歌

畲歌，即畲族民歌，以山歌为主，是畲族民间音乐的一种主要形式。

演唱方式

畲歌的演唱，一般没有时间、场合限制。平日，畲族村寨、田间地头都有畲歌声。但有一定规模和气势的民歌演唱，则在农闲、节日和人生仪礼场合。农闲，指八月十五到三月初三这段时间。畲族有“八月十五开歌门，三月初四封歌门”的说法，故这段时间出寮走亲戚或上集镇者最多。其时，熟人引生人，一人引多人，青年人纷纷上路，以歌交友寻亲，竞比“肚才”。

畲族的节日中，除“新年唠歌”外，还有歌节、歌会。如各地的“二月二”歌会、“三月三”歌会、“四月八”歌会、“六月一”歌会，“七月七”歌节、“九月九”歌会……

畲族的人生仪礼上，一般要唱畲歌，如婚礼的“长夜对歌”，丧葬礼的“以歌代哭祭亡人”，都是畲歌演唱的重要场合。

在歌节或歌会上，人们常常通宵达旦地唠歌。这样，既可解决当年生活贫困之困顿，年轻人又可尽兴。如畲族的新年唠歌，就是可以和婚嫁长夜对歌相媲美的另一种形式的歌会。

畲族民歌的演唱方式，通常有两种：一为拦路截唱，一为落寮会唱。

拦路截唱发生的地点在野外。当出门做客或者参加歌会的男女青年在路上相遇，男方远远地就要抢上前拦住女方去路进行盘唱。如果双方均为未婚青年，且两情相悦，盘唱就会没完没了地继续下去。过路的女子倘若有事无法耽搁，或无意于男青年，则唱完一“条”就结束。

节日歌场上的盘歌，也往往从拦路截唱开始，男青年或把守于歌场之村口要道，或占据于歌场之山坡关口，拦住前来赴会之女子，双方开始对歌。

① 施联朱：《畲族风俗志》，中央民族学院出版社1989年版，第65页。

拦路截唱除了在路遇、歌会中发生以外，还有一种情形：在他村族人必经之地设置“关卡”，拦截过路的客人对歌。主人自己必须练就一身歌的本领，村里还必须拥有几个歌唱好手，才敢拦路截唱。而“出行”做客的族人，也应该是个歌师傅，否则就不敢擅自出门。或者，必找一个歌师傅数人结伴而行，才能闯此“歌关”。

落寮会唱是指主人与客人的对歌。畲族好客，谁家来了客人，举村欢迎。当晚，一场热闹而紧张的赛歌活动就会在寮里展开。村中男女老少都会来参加，歌会的主角是主客双方的异性青年人。他们往往分坐两边，一问一答，一唱一和。他们既要弄清楚对方结婚与否，又要避免出现情场尴尬，于是一方要婉转盘问，一方要隐喻作答。对方未婚，就可以唱情歌；对方是已婚的“表嫂”，就唱些吉利歌。吃点心时唱《点心歌》，喝茶时唱《茶歌》。在这种场合盘歌，一定要盘到天亮。第二天早饭后如果还要唱，可由主人另行起歌，但所唱内容不与昨日重复。①

音乐特点

畲歌演唱时的特点，一是对唱，二是“双音”。

对唱　畲民唱山歌，虽然齐唱、独唱的情况也有，但不为大家所欢迎。畲族认为齐唱听不清，容易引起混乱，而独唱太冷清。所以，以男女二方群体为“后台”，以其各自代表为“前台”的对唱，成为唱歌的最好方式。

对唱的节奏是以歌的“条”（四句为一“条”）数为计的，无定。因为双方可以各唱一条，或各唱二条、三条，也可以各唱二句、一句。各方所唱的“条”数，也可由这一方的歌手轮流分担，不一定集中由一个人一唱到底。长篇“故老”歌可以由双方共唱一篇，也可以各选一篇，互相穿插着唱，各行其是。

双音　畲族音乐的多声部合唱，音乐工作者称作“双音”。《畲族风俗志》载：畲族人民特别擅长于二声部重唱的唱法，人们称它为“双音”，畲族叫它为“双条落”。这是1958年中国著名的音乐家郑小瑛在福建宁德县七都、八都、九都等畲村发现的，以后在霞浦县的鲤鱼山飞白露坑也偶有发现。当时，郑小瑛赞誉这种“双条落”唱法为中国民歌中一颗“稀有的明珠”。现在只有好歌手才会演唱。②《畲族音乐文化》载，畲族称双音为“跟唱”，又称“双重皮”；但“双音”不一定等同于“双条落”。③

双音一般是在路遇拦唱中，或落寮会唱开始之诘问以后产生的，是大家都想唱的一种热烈的表现，如一人唱，另外一二个人也想唱，就跟上去，造成不同声部的重叠。双音唱的是同一首歌词，可以由双方一男一女来完成，也可以由同一方的同性歌手（如二男）与另一方的歌手（如二女）轮流对唱，形成两种同声双音的交替。双音的演唱原则是结束时一定要同音，即起唱自由，但结束时一定要同时收音。④

畲歌演唱还有一些特殊的名称，如：嬲歌头即“嬲歌”中程式性的起头。这里作为一个类别，也将“嬲歌”之毕曲及“嬲歌”过程中催逼对方“分歌”“发歌”及答方的态度反映等部分归入

① 蓝雪霏：《畲族音乐文化》，福建人民出版社2002年版，第68—70页。

② 施联朱：《畲族风俗志》，中央民族学院出版社1989年版，第84页。

③④ 蓝雪霏：《畲族音乐文化》，福建人民出版社2002年版，第190页。

其类。如《姐妹修路等郎来》《歌言安顿老大人》《试探歌》《拦路盘对》《郎歌分转娘身来》《唱就唱》《对歌透天光收台歌》《送神》《双双交手信》《单爿夹》等。

歌探即谜歌,如《歌言问你歌秀才》《唱分歌探给郎回》《十二月盘答》等。

大讲歌又名套口歌,即大实话,如《大讲郎》等。

盘驳歌即斗智歌,节奏紧凑,舌枪唇剑,是嬲歌中最扣人心弦的歌种。

畲歌的音乐特点,既表现在歌词、曲调、节奏、旋律和发声等方面,又体现在畲歌曲调的地域性方面。

畲族民歌在歌词、曲调、节奏、旋律等方面有鲜明的民族风格。歌词比较齐整,多七字一句,四句成一段(又称为"一条")。一首民歌,少则一二条,多则七八条。一般在一、二、四句押韵。畲歌的歌词,多衬词与虚字,大都通俗易懂,同时又生动形象;有的还极富想象力;有的则具有深刻哲理。

旋律多为单句变化体,一般由两大句组成,第二句常是第一句的变化重复。调式独具一格,多为五声性调式,宫、商、角、徵、羽五种调式都有,其中商调式分布最广,角调次之,最富特色,徵、羽、宫调式较少。在多数调式中,宫音起骨干作用。曲调中除个别装饰音外,很少出现变化音。调式交替罕见。节奏多为复合节奏,但却有小浪波动的潜在律动规律。曲式结构比较严谨,句逗分明。音程进行上常出现六度、五度等的大跳,乐句落音,单数乐句常是调式音的上五度音、下二度音及主音,双数乐句多落主音。音域不宽,一般只有六七度,很少超过八度,最宽不超过十度。在节拍形式上,以散板居多。词曲结合大都二字一音,句尾多停顿,旋律无大幅度的低回。

畲族民歌的演唱,同样体现出浓郁的民族特色。男女唱歌普遍喜爱的发声法是"假声",他们认为假声动听,唱得高,传得远,省力,持久。这种假声恬静、纤嫩、清秀、古朴,他们要求假声"嫩、幼、明、亮"。对于本嗓子歌唱评价低,认为那是老年人失去了假声功能以后不得已采用的一种唱法,等于讲话,所以又叫作"平讲"。由于唱法的不同,一般同一首歌可出现三种不同的曲调,即"平讲调""假声唱"和"放高音"。除已搬上舞台的畲族歌舞外,一般畲歌演唱,很少伴随动作,也无乐器伴奏。

畲歌因畲族"大分散,小聚居"而呈现地域性特点。不同地区的畲歌曲调,均与当地相适应的一些地方性特点,形成不同的基本调。

《浙江畲族民歌初探》载,浙江畲歌有五个基本曲调:(1)丽水调,流行于丽水、遂昌、松阳、青田、平阳等十余个县,属五声音阶商调式,是浙江畲族民歌的基本调。其结构是由两个相近似的并列乐句组成的单乐段,两个乐段的四个分句的结音均落在调式主音"商"音上。其节奏为短促的一字一音的散板,句间顺气节律作呼吸性休止,是一种吟诵式曲调。(2)景宁调,流行于景宁、云和等地,属五声音阶角调式,其结构与丽水调一样,也是由两个并列乐句所组成的单乐段,但两个乐段四个分句的结音均落在调式音"角"上,在节律上每个乐句的第一分句第一乐节中增加了一个抒叹性的长音"徵",句间顺语气节律均作抒叹性延长。(3)文成调,流行于文成、瑞安等地,属五声音阶徵调式,其结构是由单乐句变形组合而成的四个短乐句的乐段,四个短乐句的结音均落在主音"徵"上。(4)龙泉调,流行于龙泉县,属五声音阶羽调式。

该曲调仅有角、羽、宫三音，也是由并列式上下两乐句组成的单乐段，四个分句的结音均落在主调式主音“羽”上。(5)瑞安调，流行于瑞安县的部分地区，属五声音阶宫调式，是由单乐句变形组合的四个短乐句的乐段，落音分别为宫、宫、徵、宫。[①] 另据《浙江省少数民族志》载：“欢乐歌因受地域性方言影响，各地区间有差别。学者提出可分为丽水调、景宁调、龙泉调、文成调、泰顺调、平阳调6种。有的县有两种调，如云和县与丽水市毗邻的部分畲村唱丽水调，与景宁毗邻的部分畲村唱景宁调，当地畲民称为“上路音”和“下路音”。[②]

(二)畲族传统舞蹈

畲族传统舞蹈，按内容分，可分为祭祀舞和生产舞，以祭祀舞为主。

祭祀舞

据《浙江省少数民族志》记载，现尚保留的传统民族舞蹈，主要在各种祭祀活动中表达。[③]祭祀舞一般出现在两种场合：一是在迎祖祭祖活动中，一是在进行传师学师和做功德时。“龙头舞”和“铃刀舞”等就在迎祖祭祖的仪仗队中穿插表演；“安祖舞”“传师学师舞”“功德舞”“招魂舞”等是在传师学师和做功德的仪式上表演。表演者主要是男性法师；普通畲民一般不表演，在某些特定场合，也只是跟着舞一些简单动作。

龙头舞　整个舞蹈分为三个段落：一段“盘古开天地，日月照凡间”，这一段舞蹈也可单独演出形成《日月舞》；二段“龙飞腾”，以龙头圈绕腾跃为主舞，象征着对始祖“龙头公”创业功绩的崇敬；三段“龙抢珠”，以双龙抢珠为主舞，象征着庆祝畲族始祖龙麒与三公主联姻欢乐的情景。舞姿多用左右踮弓步、跳蹲步、左右弓箭步。迎祖游村游山队伍在前进中跳龙头舞，据说已有近百年的历史了。龙头舞除在每次迎祖宗牌位时跳外，逢年过节或遇天旱祈雨仪式中也跳龙头舞。

铃刀舞　相传是配合迎祖、祭祖、祈雨、驱邪时进行演出的舞蹈。常在迎祖仪仗队中紧接“龙头舞”之后进行舞蹈。铃刀舞的道具是铃刀，刀柄处有一串铜钱，随着舞蹈动作，震动着铜钱，发出有节奏的响声。舞蹈作弹跳环绕演出，舞姿多用左右弹跳步、躬身弹跳步、移位弹跳步。铃刀舞取材于汉族传统题材的“陈靖姑”故事，经过不断地加工发展衍化而成，也有上百年的历史了。[④]

安祖舞　“安祖”，是传师学师和做功德都有的、内容相同的一个情节。安祖时，唱舞结合的有造五营寨、造老君殿、造水洗坛、造井收师、团兵等，其中有四人唱舞、两人唱舞。舞时所用道具，主要是铃刀、龙角，舞时边唱边舞，边摆动道具，节奏性很强。

传师学师舞　“传师学师”，俗称“做阳”“做聚头”，是畲族世代相传的祭祀仪式，也是畲族青年的“通过仪式”。整个过程共有60余个情节，其中以舞蹈为主的情节就有20余个。舞蹈形式有单人唱舞、双人唱舞、四人唱舞、所有法师共舞。跳舞地点不一，有的需在野外开阔地

---

① 施联朱：《畲族风俗志》，中央民族学院出版社1989年版，第82、83页。

② 《浙江省少数民族志》，方志出版社1999年版，第239页。

③ 《浙江省少数民族志》，方志出版社1999年版，第260页。

④ 施联朱：《畲族风俗志》，中央民族学院出版社1989年版，第90页。

进行，多数在室内大厅或门口表演。

功德舞 畲民丧仪，称“做功德”。功德舞是在灵堂祭祀仪式上跳的舞。以舞蹈为主的情节有所谓“告神统兵”“打开五狱门”“引魂”“唱功德歌”“撩鹤”等。大多是四人唱舞，使用的道具和乐器有龙角、铃刀、锣、鼓等。边舞边唱功德歌，以鼓声、木拍撞击声结合朗朗的功德歌声绕灵堂旋转，很有节奏。

招魂舞 “招魂”是畲民丧礼仪式之一。招魂舞由功德师一人在死者家中的厅堂舞唱。厅堂摆设祭礼，先由功德师带领孝子到死者墓葬地招魂回家，然后功德师在供桌前执铃刀起舞，表演“造井收师”“开桃源洞”“贴桃源洞”“告老君”“禁魂”“寄魂”“落魂”“唱茶歌”“放魂”等情节。

生产舞

畲族生产舞有《猎捕舞》《栽竹舞》《闹春舞》《谷神舞》等。这是源于生产劳动、表现生产劳动的舞蹈。畲族猎捕舞、耕作舞与生产劳作有着密切的关系，一般在开耕时办开耕酒的农历正月初一时有此活动。① 如猎捕舞，顾名思义，与狩猎生产有密切关系。相传上古畲族开基祖先常带螺号(海螺或牛角)、猎刀上山狩猎。在一次捕猎中，不幸遭野山羊背后偷袭坠岩身亡。后人为纪念这位先祖编成舞蹈。该舞蹈原先舞姿多用痛惜、愤恨的踏步式。

猎捕舞虽然与畲族的狩猎生产有密切关系，但其中又有怀念始祖遭难身亡的情节，所以与祭祀舞也有一定关系。因为这个缘故，猎捕舞是畲族迎祖宗牌位时跳的舞蹈之一。

敬酒舞等

畲族在婚礼、节庆期间也有舞蹈表演。但从材料分析，婚礼舞蹈(如“迎客礼”“敬酒舞”)可能更接近仪礼；节庆舞蹈(如书中所说的江西东北部的“马灯舞”)应该属于现代舞蹈。

三、民间工艺美术活动

在生产劳动和日常生活中，畲民根据实际的需要，创作出各种民间工艺美术品，如刺绣、编织、剪纸等。大多数畲族民间工艺美术品具有自做、自用和自娱的性质。民间工艺美术活动源于畲族民众的物质生活需要，同时也是他们精神需求的产物。

(一)刺绣

畲族称刺绣为“做花”或“绣花”。畲族的刺绣工艺，源于畲族女性服饰。明清时期，畲族妇女穿花边衫，花边一般为妇女自绣，但复杂的植物、动物图案刺绣，则由缝纫师完成。畲族的缝纫师不同于汉族成衣匠，不但要成衣，而且要精于刺绣，人们品评其手艺之高下，不但取决于其做衣的手艺，更决定于其刺绣的技艺。

畲族刺绣有衣裤、肚兜、五谷包、童帽、烟袋、鞋帽、帐帘等，主要是在服装上刺绣，最常见也最突出的是妇女在自己的上衣和围裙上刺绣。上衣在领口、服斗和衩角，围裙则在裙身。以刺绣工艺为主要特征的畲族女性衣裙，既是令人称羡的服饰艺术，又是引人注目的一大民

① 《浙江省少数民族志》，方志出版社 1999 年版，第 603 页。

族标志。

畲族刺绣有明显的区域差异。广东、江西、安徽和浙江的多数畲族地区刺绣都比较简单，而浙南、闽东靠温州的畲族地区刺绣十分复杂。这大概与温州瓯绣的影响有关，也与该地区经济文化相对发达有关。

畲族刺绣的纹样很多，最常用的是尖牙纹和蜈蚣脚纹。植物图案有牡丹、梅、桃、荷、菊、兰、松、竹、石榴、佛手、忍冬藤（金银花）等；动物图案有龙、凤、鹿、羊、喜鹊、鳌鱼、蝙蝠、蝴蝶、鸳鸯、麒麟、狮子等。此外，还有一些戏剧、传说中的人物形象，宝剑、葫芦等八仙所持的器物，以及琴、书、珠、球、如意、花瓶、山石、亭阁、龙门等。

刺绣的内容，视衣裙的部位而定。领口上的刺绣，通常是牡丹、莲花或其他花卉；盛装则绣"龙领"（双龙戏珠）、"凤领"（双凤朝阳或凤朝牡丹）。有的只在领口绣几何纹样。服斗上的刺绣，讲究的通常绣凤凰牡丹、喜鹊梅花、鳌鱼龙门、鹿鹤同春、百花争艳等图案。只用几何纹构成边饰纹样的也不少。围裙上的刺绣，通常是在裙身的褶位上，绣对称的花鸟团花。在生产生活中粗用的围裙，只绣比较简单的几何图样。作为盛装、礼品的围裙，则绣有大量人物、植物、动物、器物，组成相当繁缛的纹样，这些绣品每每是一方工艺精品。

畲族绣品，色彩鲜艳明快，对比强烈。大多以红色为基调，配以黄色、绿色、白色、蓝色，有时还用金色增其华丽。灰调子色彩用得很少。一般"做花"用5种以上的颜色，做边只用红、黄、绿三色。色彩使用，大胆随心，不拘素材原色，富有装饰效果。花纹主体轮廓线用白色，使整个花纹图案在黑色的绣底上，显得分外明晰醒目。

服饰刺绣的最大特色，在于完全采用手工平绣（细绣），针法以工整的齐针（平针）为主，掺和抢针、套针、扭针、抠针、参针、长短针等，线条细密、绣面细致入微，纤毫毕见，富有质感，针脚平齐，坚牢耐磨，往往是衣服已破旧，而上面的绣品尚完好。畲族刺绣还有一个特点：无论是专业艺人，还是普通妇女，刺绣时不描画图稿，直接刺绣运针，每每以假托、转喻、谐音等手法，绣出一定寓意的画面，即所谓"花（图案）必有意，意必吉祥"，文化内涵丰富。

畲族刺绣艺人多为男性，这与旧时的缝纫师多数是男性有关。但由于畲族妇女衣服的花边，大多由她们自绣，故畲族女性大都会刺绣工艺。民国中后期，刺绣花边衣逐步改为贴花边，只有花鞋、肚兜、帐帘、枕套等用品仍保留刺绣工艺。

（二）编织

畲族的编织工艺，有织彩带、织土布、竹编、草编和线编。这些工艺品，都具有实用性。其中，除实用性外还具有观赏性，能称之为工艺美术品的，有织花带和竹编，最有特色的是织花带。

织彩带

织彩带是畲族女性的女红，也是她们独善的工艺。彩带也称"花带""腰带"，既是生活用品，又是精湛的手工艺品。在畲族工艺品中，是最主要、最有特色的一种。

彩带的原料、颜色各地不一。福建畲族织彩带的材料一般为棉纱；浙江基本上用蚕丝，有的也用棉纱。福建彩带的颜色大多为蓝、白、黑，在罗源、连江有大红或红灰等色；浙江彩带的色彩鲜艳，有红、绿、黄、黑、白、紫等多种颜色。

织彩带没有专门的织带机，工具非常简单，用一条长约4尺、宽约3寸的木板，两头横钉上5寸长木条，做成“工”字形的木架，就是带弓。多数不用带弓，而用2根5寸长的小竹管，畲语称“耕带竹”；再加约5寸长的尖刀形的光滑竹片，畲语称“耕带竹”，就可以织带。

织带不讲究场地，屋内屋外，只要有一个拴丝线的地方就行。如在屋内编织，腰间扎一条丝带，把丝线的一端拴在桌档、凳脚、门钩或屋柱上，另一端的“耕带竹”套入腰中的丝带，坐在凳上就可编织。织带时，中间的经线用黑色，两边的经线则用多种颜色，主要有红、绿、黄、紫等，用几种颜色的线，视花带的宽窄而定。花带宽的有2寸多，窄的不足半寸。宽则线多，窄则线少。纬线基本采用白线，利用中间的黑经线挑织花纹图案。带名由中间黑经线的根数而定，有3双、5双、13行、15行、23行、33行、55行和“双随”（即双排图案）等，一般以“5双”和“13行”较普遍。

花带图案丰富多彩，主要纹样有“十三行”“十二生肖”“水击花”“五字带”“铜钱帮”“万字花”等。旧时编织的花带上，大多绣着“百年好合”“五世其昌”“三元及第”“招财进宝”等汉字纹样。20世纪50年代后，多改为“保卫祖国”“世界和平”“劳动光荣”等。

花带的粗细，尤其是图案的复杂状况、文字的多少是衡量一个畲族女子是否心灵手巧的标志。因此，畲族姑娘长到六七岁时，就学织花带。学织带工艺，以家庭传授为主，如母亲教女儿，姐姐教妹妹；亦有邻居、亲戚帮教。织花带多在劳动之余、节日期间或晚上进行，妇女和姑娘们三五成群围坐在一起，互相传艺。

花带有多种作用。首先是实用：畲族女性喜欢腰束花带；或把花带镶嵌在上衣的领边、袖口；或用作背负孩子的背篼带。花带还是爱情的信物：畲家少女与小伙子建立感情后，往往将自己织的花带作为信物送情人。姑娘定亲日，男方送来“定亲礼”后，女方的回礼就是姑娘亲手编织的花带，叫“定亲带”或“定情带”。

竹编

畲族居住的山区，竹资源丰富，有毛竹、斑竹、金竹、雷公竹等。这为畲族编织手工艺品提供了丰富的材料。精巧的竹编工艺品，从选材剖竹到染色喷漆需几十道工序。除日常生活用的屏风、挂帘、枕头、席子、椅子等，还有许多造型生动，美观精巧，色彩鲜艳的筐、篮等。这些竹编造型新颖，色泽古朴、稳重，制作精细、别致，花纹图案丰富多彩，富于民族风格和地方特色。

竹编中堪称畲族一绝的是斗笠。斗笠，是畲民生产、生活用品，平常用来挡雨和遮阳。但经畲民加工后又是工艺品，这种斗笠，又称“花笠”。

斗笠的编织，是在斗笠形的木模具上进行。经条、纬条两两交织构成菱形的空花，再与平行的斜条交织构成传统“六角形空花图案”的“斗笠星”，畲语称“羊目空”或“蓬眼”。面层特别精细，每个斗笠星的大小、形状均匀相同。里层则稍粗一点。编好后，两层之间铺上两层半透明的油纸，其间的正中部位，还镶嵌云头如意状装饰纹样的白箬，在光线作用下，图影清晰，既实用又有装饰效果。

畲族编织的斗笠，除自用外，也作为商品在市场出售。

(三)剪纸

剪纸(包括刻纸)是历史悠久、流行广泛的民间美术品,迄今已有上千年的历史。剪纸最早因民众驱邪纳福的心理需要而产生,随着社会的发展,辟邪的心理逐渐被节日喜庆的气氛所淡化。

畲族剪纸工艺简练、古朴,富有浓郁的装饰情趣。多数剪纸是以原色纸张剪成,以黑白组成对比,多用于刺绣鞋、帽、烟袋、包袱等日常生活用品上图案花纹的底图。从刀法看,畲族剪纸线条流畅,秀丽挺拔,富有民族风味和地方特色;从内容看,大多表现民间喜闻乐见的花鸟、走兽、人物、吉祥图案等,尤其是人物和动物图案,形象生动,栩栩如生。

畲族剪纸,多用于婚礼、寿诞和祭祀场合。

在浙江,畲族举行传师学师仪式和老人死后做功德时,祭师以五色纸书写悬挂大厅的联词顶端,都用尖刀凿刻八卦形花纹,以增联词美观,工艺很精致。丽水、青田畲村现尚保留此工艺。

此外,畲族民间工艺还有草编、线编、木雕、石雕等。

第十章　特殊人群民俗

在浙江省境内，历史上一直生存着一批特殊的人群，这些特殊人群长期处于“贱民”的地位，游离于主流民俗文化之外，他们的生存状态、风俗习惯、从艺传业、语言交流等都与主流人群不同，形成了自己特有的生存方式和民俗文化。这些人群包括位于宁绍平原的堕民、浙北新安江建德一带的九姓渔民、金华一带的“小姓”等。随着社会的剧烈变革，尤其是中华人民共和国成立后，处于社会底层的人民翻身做主人，套在“贱民”头上的枷锁真正得以解脱，这些特殊人群与主流人群的社会地位平等，其民俗文化也逐渐与主流人群相融合。浙江境内另外还有一部分特殊人群，如活着姓金死后姓刘的“活金死刘”、活着姓袁死后姓孙的“活袁死孙”、姓王的和姓华的子孙在两姓中任选作姓的“王华随姓”等，他们只是在种姓宗族祭祀上与主流人群不同外，其他的风俗习惯与主流人群并无大的差异。他们的社会地位也与其他特殊人群的贱民地位不同，只是因其独特的姓氏民俗，将其归于特殊人群民俗的“小姓”一节中单独介绍。

第一节　浙江堕民

堕民，又称惰民、怯怜户、乐户、丐户、郎户、勾户等。在绍兴女堕民称老鳗，未婚女孩为鳗线（鳗与嫚谐音，鳗线即小鳗），在宁波慈城称堕贫、大贫为主，女堕民也有称阿嫚的。数百年来，被视为“贱民”之一种，不得与一般平民削籍和通婚，不得与平民同列。堕民亦不许应科举，多任婚丧喜庆杂役等事。

自元明以来，江南的上海、江苏、浙江等地，尤其在浙东的宁绍平原，居住着一群被称为堕民的移民。他们原本居无定所，一般以乡野僻壤的庙宇，大户人家的祠堂为家，一人或几人群居。自相婚配成偶后，又以家为单位生活。聚居家庭相对集中以后，又形成村落。堕民一般操着结鸡（阉鸡）、兑糖、送娘、详梦（方言，意为解梦）等行当。

堕民虽与一般平民毗邻相处，然习俗殊异，地位低下，一直在悲苦和受歧视的环境下度日。中华人民共和国成立后，堕民获得新生，与一般居民地位平等。

一、起源

堕民起源，众说纷纭。大致分两类：后裔说和被贬说。根据堕民自述、史籍记载以及民俗学者考证，大多以为堕民起源于官兵被降，只是有的倾向于源于南宋，有的倾向于源于宋末元初，有的倾向于源于元末明初。尤以南宋说流传最广，如明末清初顾炎武《日知录》云：浙江绍兴府有一种人谓之惰民，世为贱业，不敢与齐民齿，其祖先是宋将焦光瓒部曲，以叛宋投金被斥。①

（一）后裔说

于越后裔说

俞婉君《绍兴堕民》认为，堕民是古于越族的后裔。生活在浙东一带的于越族人，历经秦汉两朝统治压迫，基本上流散外地，于越文化消解于中原汉文化之中，之后甚至连于越文化发源地绍兴也难觅古老的于越文化踪迹。巧合的是，分布区域在于越文化发源地浙东的堕民，即使到了近代，他们的服饰和语言等仍多少保留着于越文化的因子：堕民头戴“狗头帽”，身着黑衣，具有于越族的服饰特征；堕民语调独特，保留了少许古越语之遗音；堕民分布地与于越族生活圈吻合；堕民信仰玄神、煞神和五显神；堕民在民俗生活中主要从事巫术活动；堕民居住于“阴煞”之地。②

野合后裔说

据《越言释·惰贫》所云，越王句践时，“简国中之寡妇淫泆者，则皆输山上，壮士忧愁者，令游山下，以适其意。此其所孕育皆出于野合，其势自不得与齐民齿，或者支流蔓延”③，遂成堕民。

梨园弟子说

唐玄宗精通音律，酷爱弹唱、歌舞，不理朝政，沉湎声色。“安史之乱”后，宫廷乐师辈以乐而忘忧罪，遣为“堕乐”，遭贬斥流落绍兴等地，以“度曲”（作词曲、唱曲）度日，人称“度民”，贬称“堕民”。④

（二）战败被贬说

秦末，项羽于楚汉争霸中兵败身死，余部誓不臣汉，刘邦抚之不降，杀之不忍，将其贬为堕民。

南宋初，金兵大举南侵，宋将焦光瓒率部不战而降。金兵既退，焦部为时人所不齿，被贬为堕民。明太祖朱元璋定户籍，编其为“丐”，住于里巷。

元灭宋后，将其罪俘遣送至江浙一带，贬为堕民。明代徐渭《青藤书屋文集》认为：元灭宋后，将俘虏及罪犯集中在绍兴、宁波一带，编为“怯怜户”，不得与平民同列；这些人好逸恶劳，只能以吟唱玩乐和乞讨为生，故称“惰民”。

据《洪武四年禁止再呼堕民铜碑》云：“元主登基，大臣张洪范出奏诏聘宋臣。有宋朝总制谢枋得隐居温州，出辞本不愿受职。本曰：‘贬我牛者，牛而应之；贬我犬者，犬而应之；贬我游

---

① 〔清〕顾炎武：《日知录》卷十三《降臣》。

② 俞婉君：《绍兴堕民》，浙江人民出版社 2008 年版，第 30 页。

③ 《绍兴市志》，浙江人民出版社 1995 年版，第 3381 页。

④ 俞婉君：《绍兴堕民》，浙江人民出版社 2008 年版，第 23 页。

堕民者，堕民应之。'元主见本，龙颜大怒，准贬堕民。"①

朱元璋灭元后，将蒙古贵族贬为堕民。《琴川三风十愆记》认为：明灭元，凡蒙古部落流寓中国者，令就所在编入户籍，其在京、省，谓之乐户，在州邑，谓之丐户。②

元末，驻守在宁波、绍兴的元军士卒被俘后贬为堕民③。明代的《堕民猥编》记载："明太祖定户籍，匾其门曰丐。"④

明初，朱元璋战胜陈友谅、张士诚、方国珍等后，因其部属甚众，诛不胜诛，遂下令贬为堕民。

明永乐皇帝朱棣将其政敌贬为堕民。

二、居留地

堕民主要聚居于江苏、浙江等省。浙江堕民则以浙东地区的绍兴、宁波一带最多。南宋时，中原为赵宋王朝根本无法控制地区，故将俘获叛军遣送临安（今杭州）以东之后方，史称堕民"远徙浙东"。明朝时，堕民主要聚居于上海、江苏、浙江等地。在江苏，堕民一般称为丐户。在浙江大多称堕民，也有称丐户的。其居地俗称"居留地"，大多聚居，后来也有散居。

浙江堕民大半居留于绍兴、宁波、上虞、萧山、长兴、东阳、慈溪、奉化、镇海、象山、温岭、乐清、义乌、诸暨、定海等地。据民国 18 年（1929 年）统计，堕民在宁波有 1106 人，上虞 3295 人，慈溪 2210 人，奉化 2000 人，镇海 1316 人，定海 6650 人，余姚 3813 人，温岭 2112 人，义乌 1874 人，东阳 2864 人，象山 3815 人。在堕民的最大居留地——绍兴，全县堕民总人口在 3 万人左右。旧时，堕民聚居一隅，不与一般平民杂处，不得从居留地迁出。⑤

绍兴"三埭街"

在明清时期，现属绍兴县和绍兴城区的地域范围，分为山阴县和会稽县。绍兴城区以南为会稽县，以北为山阴县。城区以府城河为界，河西属山阴，河东为会稽，"三埭街"位处于山阴县，山阴县的人口统计中包括了"三埭街"。

绍兴城内堕民，原住蕺山脚、昌安附近寨下，后移居三埭街，从南首新桥以北起，到斜桥直街一带，以月池坊口为止，自西到东共有 3 条狭小的街衢。靠北首月池坊口为永福街，中为唐王街，南称学士街，此三条街前、中、后并列，与南北向之通衢大道呈"E"字形，合称"三埭街"，又称"堕民街"。在狭小不平的街道上，有百余家堕民开张的商店。此地处于城区东北部，中华人民共和国成立前四周沿河，靠架起猫儿桥、长桥、保佑桥、日晖桥、瑞安桥、县西桥、大善桥、利济桥、斜桥、探花桥和小江桥等十余座桥才与外界相通。据任桂全总纂的《绍兴市志》记载，20 世纪 40 年代绍兴县立民众教育馆统计时，三埭街有堕民 3000 余人。中华人民共和国成立之初，绍兴市军事管理委员会调查时，"三埭街""堕民约千余户灶"。综合这些统计资料

① 《绍兴市志》，浙江人民出版社 1995 年版，第 3381 页。
② 〔清〕马日琯：《琴川三风十愆记》。
③ 王静：《中国的吉卜赛人・慈城堕民田野调查》，宁波出版社 2006 年版，第 25 页。
④ 《堕民猥编》，作者不详，清代钱大昕编纂的《鄞县志》中，曾引录该书关于堕民的记载。
⑤ 俞婉君：《绍兴堕民》，浙江人民出版社 2008 年版，第 43 页。

可知，民国时期“三埭街”堕民户数应在千户左右。

绍兴城郊，堕民主要聚居昌安门外廿一堡、偏门外的牛角湾到止水巷前市后街。绍兴乡下，堕民主要聚居皋埠玉带桥、陶堰瓜山村、漓渚九板桥、柯桥蔡堰、马山夹里村后桥头、南池雾露桥、安昌彭家溇、斗门的榆林、汤浦区的寺山啸唫镇的韩浜、长寿寺东的七市村、齐贤乡的洋石岸、稽江陈后山与偏门外米行街背后等地。

堕民形如同族，却非同姓。据传，绍兴堕民先世之姓，有所谓大六姓与小六姓，大六姓为应、裘、孙、叶、干、柯，小六姓为苏、彭、金、钱、周、张。除此以外，尚有殷、章、陈、严、池等。

慈溪“天门下”

堕民多数自成村落居住，少数寄住“四民”（士、农、工、商）的祠庙。前者称为聚居，后者称为散居。聚居的堕民有共同的特点，他们的村落离四民的居住地一般要相隔一段距离。清雍正八年（1730年）的《慈溪县志》就有记载：县城东门外的天门下，有堕民巷。这是慈城堕民聚居人数最多的一个自然村，坐落在县城城门外一二里之处。天门下原属慈城东门乡，现为慈城东门村。东门村是个人口不足千人，近200户村（居）民的小村。分有东桥下、迎春桥、竹山湾、夹田桥和天门下（七板桥）5个自然村。堕民主要聚居在天门下，迎春桥、竹山湾、夹田桥也有零星几户。天门下的名称是因为村子通往清道观的路上曾有十多盏天灯而得。通往清道观的路上，原有一条横穿的小河，先人为方便过往行人，在河上搁了七块长石板，故名为七板桥。尽管东门村的村名不断变更，但堕民聚居村的地名数百年未变，一直称为“天门下”，也称七板桥。此外，同一地的另一名称为堕民巷，此称至少延续到民国36年（1947年）（《民国慈溪县新志稿》）。

东门村原是个从36个县迁移而来的移民村，全村百余户人家，大小人口不足500人。全村除4户地主外，大多数是无田无屋的穷人。其中堕民有50余户，近300人。其余是佃户、雇农、小商、小贩、木匠、泥匠和类似鞋匠的手艺人等。天门下的名与七板桥通向东面清道观的小路上有天灯有关。其中有几盏天灯地界在七板桥，因而每天由七板桥的居民负责点灯，各家轮流。天门下不大，只有五六排房子、几十间棚屋。居民大多姓任，也有顾、陈、王、郑、徐等姓。他们同宗一地，如同“四民”同族，但不同姓。他们同姓，但不与“四民”相亲。有的家庭是夫妻同姓、一家同姓，全村有近十个支系的表、堂亲家，但很少来往相聚。有的一院同姓同亲，但也不互相串门。这种生活上比较生疏的情形，主要表现在他们内部的相互关系处理上，而当遭受外在力量侵袭时就有例外了。在天门下，他们中的任何一人被来自外村的人欺侮时，堕民们会联合反击，不管同姓还是不同姓。

20世纪30年代前后，天门下的人口迅速增长，因而有的堕民不得不移居到附近的夹田桥、竹山湾和县城西门外的新凉亭旁。因不是大批迁居，所以到新地方安家的堕民，以一家一户散居为主。

除天门下外，慈城堕民还零散地分布在县城周围的自然村，以及各乡的村落里。他们人数多少不等，但每一居住地的户数都不会超过天门下的。例如，乍山乡虹星村下街住有10多户，以郑姓为主。二六市的民主岙，也有十多户。洪塘乡的堰头邵、大土堰等村也住有十余户。汶溪乡的徐家轿有七八户。此外，慈溪县的明德、金川、汶溪、云湖、丈亭、蜀山、陆埠、车厩、大隐、洪塘、庄桥、长骆等乡镇都有聚居和散居的堕民，他们是任、陈、卢、顾、郑、徐、王等姓。[①] 至民国末，慈溪县境内仍有堕民2000余人，聚居13个乡镇17个自然村。

上虞23处居留地

民国17年(1928年)，上虞有堕民3393人。中华人民共和国成立初，据全县5个区统计，有664户2574人。以集中聚居为主。据《绍兴堕民》作者俞婉君调查，上虞堕民聚居地有：百官镇，东关镇港口和彭家堰，小越镇羊角沥和陈巷，松厦镇所在地坊里，沥海镇所在地谢家溇，丰惠镇洞桥头、黎明和何家汊，章镇西坊、阴山、下对和湾头，下管镇西桥(西夹笆)和老皇庙附近(东夹笆)，陈溪镇泗建，上浦镇横汀村和茅洋、郎桥、五婆岭、应家山头、徐项等23个堕民聚居地。[②]

鄞县"祠庙与族祠"

据《鄞县志》记载，鄞县堕民村出现得比较晚，是由散居民间的堕民发族形成的。他们子孙一多，必然要造房，逐渐扩大成为堕民村。如戴江岸堕民村，最初有严、宋、王3姓，后搬入李、陈两姓。李姓祖先原系被严、宋、王3家聘来教书的穷秀才，因帮送娘挖东西，被族人发现，逐出五乡碶李家祠堂，于清康熙年间加入堕籍。至民国发展成为戴江岸堕民村的大族，并造起堂前。李姓又因擅长乐艺，拥有三班吹行和木偶戏班，收了不少艺徒，同村而居，从而形成了堕民村。至民国，这样的堕民村鄞县有十来个，如城区的三眼桥、前徐的戴江岸、姜山的陈监桥、集仕港的祝家桥。陈婆渡和古林也有堕民村。此外，至民国，鄞县有堕民祠庙517座，族祠更多。[③]

余姚"脚埭"

据《余姚志》记载，宋、元、明时期，余姚堕民聚居的人数不多，都居住祠堂庙宇。至清、民国时期，以定居脚埭(管辖或服务的范围)地盘为基础，不断扩展，形成部分的脚埭，出现了一个个堕民村。又以堕民村为中心，由堕民户划小块服务地盘，大多以村祠堂和庙脚埭作为服务范围。民国18年(1929年)，余姚全县有堕民3813人，分布在现在的马渚、梁弄、低塘和余姚镇。

北仑"村村有堕民"

北仑的乡村差不多村村有堕民，以柴桥镇为例，石湫、后所分别住有百户以上的堕民。堕民姓氏以潘、郑两姓为主，另有应、朱、王、邱等姓。[④]

第二节　绍兴堕民

绍兴是堕民历史最悠久、人口聚居最多、堕民特征最显明的地区。据浙江人民出版社

---

① 王静：《中国的吉卜赛人·慈城堕民田野调查》，宁波出版社2006年版，第34页。

② 俞婉君：《绍兴堕民》，浙江人民出版社2008年版，第47页。

③ 王静：《中国的吉卜赛人·慈城堕民田野调查》，宁波出版社2006年版，第37页。

④ 乐胜龙：《风韵犹存石湫村》，《宁波日报》2003年7月29日。

1996年版《绍兴市志》载，抗日战争前浙江省曾有过统计，全省约有堕民五万人，而绍兴就占三万人左右，绍兴曾是浙江省堕民的最大聚居地。绍兴各县(市)城区、乡村都有堕民寓居。他们形如同族，却非同姓，历来聚居一处，不与平民杂居，也不许从聚居的地方迁出来。在城区，堕民聚居在永福街、唐皇街、学士街组成的“三埭街”。历史上绍兴堕民的社会地位低下，其习俗也与周围的士、农、工、商“四民”有很大不同。

一、职业习俗

明清时期，平民不许堕民侵占自己的生存之道，同时对堕民从事的低贱行业也是不屑一顾。据叶权《贤博编》记述：“民间吉凶事，率夫妇服役，鼓吹歌唱，以至舁轿、篦头、修足，一切下贱之事，皆丐户为之。”这里所说的丐户，就是堕民。据稍晚些的王士性在《广志绎》卷四《江南诸省》中介绍：“其人止为乐工、为舆夫，给事民间婚丧。妇女卖私窠，侍席行酒与官妓等。其旁业止捕鳝、钓水鸡，不敢干他商贩。”徐渭的记载更为详细：“男业捕蛙，卖饧，拗竹灯檠，编机扣，塑土牛土偶，打夜狐(方言，意为跳鬼)；女则为人家拗髻，梳发为鬟，群走市巷，兼便所就。”祝允明在《堕民猥编》中也指出：“为人家拗发髻，剃妇面毛，习媒妁，伴良家新娶妇梳发为鬟。”

自从清初允许堕民改业从良后，堕民的职业环境多少有所改善。清末范寅在《越谚·论堕民》中提道：“三埭街堕民贫开店小康，辄往徽商贾，潜入民籍，圣王宽大，何尝根究，不与其自新乎?”不过，直到近代，堕民仍基本上局限于贱业，有些贱业仍为堕民所专有。据上虞市东关镇彭家堰堕民遗老杨再生介绍，当地堕民行业众多，有“堕民十八行”之说，具体为：演戏、吹鼓手、跑堂、送娘子、抬轿、脚班(专门从事码头和城镇搬运装卸的脚夫)、剃头、剔脚擦背、货郎担、阉鸡阉猪、穿棕绷、做发袜、磨剪刀菜刀、收鸡毛鸭毛、做堕民糖、收旧货、打铁和做豆腐。①

绍兴堕民的职业生活差异较大，其中以城乡之间差异最大。

清末以来，堕民成为戏业的台柱子：绍兴城区“三埭街”几乎每户人家都与“戏”字结下不解之缘。男堕民不仅在主顾家充当吹鼓手，还多以戏业为主业，演技好的进专业剧团，演技一般的进“唱班”。

乡下堕民的职业生活也因地而异。靠近富裕地区的堕民，除了“做堕民”外，废旧业成为重要谋生手段，成年男子一年四季挑着货郎担走街串巷，家人则在家整理加工收来的废旧品。地处偏远的农村堕民坊，主顾家所赏十分有限，“门眷”收入只能补贴家用，废旧业等传统堕民职业也难有出路，堕民们主要以租种财主家田地勉强维生。

即使同一堕民坊内，也会存在着职业差异。如绍兴城区“三埭街”内，永福街许多家庭是为了演戏的方便而移居于此，专业演员较多，“门眷”不多，又因临近闹市萧山街，开店赚钱容易，开店铺也多；唐皇街以唱班居多，主要为民俗生活服务；学士街“门眷”最多，主要以服务主顾为生。农村堕民坊内的职业差异往往与家族势力联系在一起。如陈后山村以陈氏最先入

① 俞婉君：《绍兴堕民》，浙江人民出版社2008年版，第81页。

居，势力最大，“门眷”多属陈氏，而后来者徐氏等姓主要靠以农业生产为主。①

很少有堕民拥有土地，即使有，拥有量也很有限。堕民不愿买土地的原因是，他们的传统职业虽然低贱，但比种田来得轻松，收入也更丰厚。

门眷

是指堕民为主顾家的人生礼仪场合和四时八节举行趋吉避邪的巫术活动来讨取赏钱赏物的特权。这是堕民与其他区域贱民的根本区别。“门眷”是一个量词单位，又称“门户”“主顾”，其含义是“一户人家”“一门亲眷”或“一个服务对象”。

“门眷”形成于明代，清代发展成为堕民的寄附特权。作为堕民基本的产业和特权，“门眷”可以在堕民之间自由租赁、买卖和继承。

据明万历《会稽县志》记载，当时绍兴堕民“男子每候婚丧家或正旦则群索酒食，妇则习媒或伴良家新娶妇”。“群索”之“群”字反映出男堕民到平民家时人数众多，“索”字反映出平民已无法拒绝堕民上门讨赏。当时女堕民对平民的寄附程度似乎还不深，她们提供的服务没有特权化，服务项目单一。

门眷特权

“门眷”作为绍兴堕民的特权，所得甚丰，“堕民的生计半在乎此”②。堕民在四时八节都能从自己的主顾处讨得各种赏物，如年节的年糕粽子，清明的艾饺，中秋的月饼，庄稼收成时的新谷、新豆和新麦等，有钱的财主还会额外给各种赏钱。绍兴城镇堕民家庭拥有四五十户“门眷”，所得时节赏物往往足够他们吃上半年。老主顾们至今还会流露出羡慕的神情谈及此俗：“堕民条件好着哩。一般老百姓的年糕粽子连过年都得省着吃，他们从主顾家讨来的年糕粽子往往能吃上好长时间，年糕一缸一坛地浸起来，粽子切片晾干着吃。”

在主顾家的各种喜庆场合，堕民家会根据主顾的需求派出数量不等的人员，他们分工合作，各有所赏，收入丰厚。在绍兴堕民心目中，“门眷”是可以继承和买卖的家产，甚至比房产和田地还重要。堕民有钱置产，首选的是“门眷，而不是土地和房屋。这是因为对堕民而言，“门眷”是相对轻松又赚钱的投资。同时，堕民未来的生活可寄望于某家主顾兴旺发达。

一份财主“门眷”收入往往是一般“门眷”的几倍甚至十几倍。因为有钱有势的主顾各种应酬喜事多，所赏也多。“门眷”又是较保险的买卖。自己无暇从事，“门眷”的转让价格也是不菲的。

门眷产业

因为看重“门眷”这份产业，堕民们买卖租赁“门眷”文契上，见证人甚至比田地、房屋的买卖还要多。“门眷”文契上一般需有五个见证人，而民间田地、房屋买卖只需三四个人，故绍兴堕民中流行着“田三屋四门眷五”的俗语。堕民分家的文书格式，也反映出堕民对“门眷”之重视甚于田宅。堕民分家书，都含“门眷”这一项家产的分割内容。

---

① 俞婉君：《绍兴堕民》，浙江人民出版社 2008 年版，第 81—82 页。

② 绍兴市军事管理委员会编：《绍兴县概况调查》，1949 年未刊稿，第 118 页。

“门眷”是衡量堕民家境贫富的基本指标。堕民遗老谈到自己以前的家境时，往往从家中“门眷”情况说起，如“我们很苦的，主顾都没有钱，能给多少?”“某家主顾中财主多，条件好。”绍兴堕民坊有一句俗语：“‘道地’大，垃圾多；‘门眷’多，人家好。”说的是，堕民拥有的“门眷”多，讨赏的对象多，就如扫垃圾一样，这里弄些，那儿扫些，积少成多，收入也多了。

“门眷”的价格取决于主顾的家境和生育能力。对堕民来说，拥有一户豪门财主“门眷”就能养活家人。贫困的“门眷”则被堕民视为不值钱的“垃圾道地”。同样子女众多的“门眷”也是份“大产业”。这是因为，主家子女多，需堕民操办喜事多；儿子分家后“门眷”户数随之增加，说不定哪个子女兴旺发达，就更可靠了。相反，如果是绝户，那就一文不值，这份“门眷”无人要买。

二、礼仪执业

礼仪执业活动是堕民特有职业，是堕民的寄附特权，也是他们收入的重要来源。

（一）主持操办喜事

绍兴堕民地位虽然低贱，在婚礼仪式中却是最重要的操持人。

老嫚

成年女堕民的称呼，婚礼上常充当喜娘的角色，还要承担扶持、指教和保护新人的职责。正如俗话所说：“绍兴人办喜事，是堕民老嫚的市面。”老嫚成婚礼中最忙碌的人，操持婚礼，服侍新人，指教新人，保护新人，招待客人，活跃气氛，把喜娘的角色演绎得尽善尽美。婚事多在冬季，这是堕民家最忙碌的季节，故绍兴民间有“春瞎子，夏郎中，秋道士，冬堕民”的说法。

绍兴人婚嫁双方各用自己的老嫚。女方家的老嫚主管新娘，人称“送老嫚”。男方家的老嫚主管新郎，人称“接老嫚”。做喜娘的老嫚有自己固定的行头：梳着“老嫚头”（在盘着的头发外罩着一长约8寸、宽约2寸半的假发套，高高耸立在后脑），手臂挽着“老嫚篮”（一只高七八寸、底盘一尺见方、棕色桐油漆过的竹篮），篮内装“老郎菩萨”模样的小木质菩萨、“三星菩萨”画像及一些生活用品如伞鞋等物。

做老嫚收入相当可观。除了婚礼结束时从主顾处获得作为劳动报酬的赏钱外，老嫚还会得到名目繁多的赏钱赏物。嫁妆越丰厚，主顾给的报酬越多；婚礼的仪式越繁，所赏的名目越多；服侍的对象越多，给赏的人越多。这些赏钱赏物约定俗成而付，是老嫚的特权。“送老嫚”如觉得男方给的“梳妆钱”太少，竟有权阻止新娘下花轿。更有意思的是，平民不办婚礼也要给老嫚名为“子孙钱”的赏钱，还得赔上些“经济条件不允许，办不起婚礼”等辩解的话。

操办婚事的收入中，“送老嫚”比“接老嫚”收获更多些，“接老嫚”只从男家得赏，而“送老嫚”从女家到男家都能得赏。“送老嫚”收入多多，故绍兴有“送个姑娘买亩田”这种夸张说法。不过，“接老嫚”收入又比男堕民多，“接老嫚”除了主家的工钱，也能讨得多种赏钱。而男堕民的收入主要是吹打或抬轿的工钱，故有“好鼓手不如孬老嫚”之说。

不仅婚礼，所有喜庆场合，老嫚都可讨得赏钱。喜庆所给的赏钱至少有两项是少不了的：一是充当工资的赏钱；二是参加喜庆活动的尊长和主角的赏钱。赏钱多少，在约定俗成的基础上，随主顾家的喜庆场面的隆重和繁复程度而定，主顾顾及面子一般不会吝啬。

订婚庆典时，堕民就介入婚事。男方双方的老嫚都会前来端茶倒水招待客人。“接老嫚”还要随送帖人提着荔枝、桂圆、核桃、红枣、莲子、松子、百子糕、榛子、桐子、青豆等“十全果”送到女家。绍兴有些地方由媒人完成。

订婚后，如果男方父母病重，男方可通过媒人要求准新娘择吉日探访病人，探访时由“送老嫚”陪同前往。准新娘到了婆家，要为病中的公婆举行一种“送茶”仪式，即在“送老嫚”扶持下，准新娘端茶给病中公婆，并开口称公婆。绍兴民间认为，“送茶”仪式会使病中公婆脱去晦气，恢复健康。

绍兴婚俗，嫁妆在婚礼前几日送往男家，“送老嫚”要护送妆奁同往，嫁妆中的箱橱钥匙由她掌管。嫁妆到男方后，要举行“摆堂”仪式，即把嫁妆一一摆放到大厅，分门别类陈列给亲朋好友观赏。箱橱物品由“送老嫚”清点取出，并把钥匙交给新娘婆婆。

接老嫚

嫁妆送达当天，“接老嫚”为新郎举行“剃头”仪式。“接老嫚”在厅堂桌上摆上供食，点上烛，边讨着“七子保团圆”或“十全如意”等彩头，边剃着头，并拔下 7 根或 10 根头发绾成花结，该发髻由“送老嫚”带回女家作新娘“合髻”之用。有些地方由剃头匠完成。

堕民来主顾家，一般在婚礼前一日，大户人家婚事往往提前 3 天。他们忙到婚礼结束后才回家。

煽茶老嫚

堕民人数多少依据主顾家婚礼的排场而定。主管新人的“接老嫚”和“送老嫚”是必不可少的。如果想办得有排场，会有一个主管茶水、贺客开心的“煽茶老嫚”。“煽茶老嫚”往往会选用年轻的媳妇，无媳妇者则派年轻的女儿。年轻老嫚又称“嫚线”，据说因“鳗鱼如鳝鱼，而色白，初生幼鳗其细如线，此盖假名以喻纤细”。“还有阔气一点的人家女儿出嫁，主顾老嫚家中选派比较体面的小老嫚一人陪伴前往婿家侍候几天”，甚至有陪到新娘满月、初步适应婆家生活后才回家的。男堕民人数相对较多，6 个～8 个充吹手，俗称“吹叭先生”，诸暨、新昌和上虞等地的花轿也是由堕民抬的，还需加 8 位抬轿人。如果婚礼隆重，主家会请用堕民清唱班甚至戏班。

老嫚篮

堕民来时带着一套职业用具“行头”。老嫚必提着“老嫚篮”，篮内除了老嫚自己的生活用品如伞、鞋等物外，必装着一张“三星像”（“三星”为福星、禄星和寿星）和其他“行头”。“接老嫚”篮内装有一个小木质菩萨，这个小菩萨在婚礼中充当“开脸菩萨”和“送子菩萨”。“送老嫚”篮内还装着送给新娘的“孝夫饼”（煎饼型的堕民糖，取出嫁从夫和夫妻甜美的彩头）和“花冠”（冠上满缀纸花小泥人，俗称为“花冠菩萨”，民国后开始流行凤冠，“花冠”供在香案桌上）。男堕民“行头”装入竹制的形似元宝的“堕民篮”（俗称“元宝篮”）。男堕民“行头”主要是钲、锣锣、咚锣、唢呐等吹打用具。男堕民一进门，就把带来的“三星像”挂到正厅堂，然后主动帮主顾家干些杂活，如租借和搬运桌、椅、碗、盘、筷等办酒所需物品。这些不属堕民的分内事务，但他们不会闲着不管。老嫚更闲不住了，一边端茶，一边招呼客人，一边询问主顾家婚礼仪式准备事宜，一边指教新人婚礼中宜注意事项。老嫚还得选良辰吉时主持“祝喜福”“忽浴”“开脸”和“送喜蛋”等仪式。

祝喜福

先在厅堂“三星像”前摆放八仙桌，供上三碗茶、三盅酒和三盘水果，点上香烛三炷，再由男堕民敲鼓三遍，最后由新娘/新郎及其父亲跪拜“三星像”，祈求三星菩萨保佑婚姻幸福。“三星像”在整个婚礼结束后，堕民回家时取走。

忽浴

在男堕民吹打声中，老嫚念着多子多孙之类吉语，一手端着装有红喜果和红喜蛋的畚筛，一手舀热水从畚筛淋到大脚盆，然后用脚盆水打湿毛巾，绞干后让新郎（或新娘）做揩拭状。这样连续三次，就算完成。此仪式有的地方由两位夫妻双全、多子多女的和睦夫妇主持。

开脸

女子未嫁时不能修脸，叫作“黄毛丫头”，第一次修脸在出嫁时，俗称“开脸”。“开脸”仪式由“送老嫚”主持。她先在正厅摆上“开脸菩萨”，点上香，请出穿戴盛装的新娘，在男堕民吹打声中，新娘在“送老嫚”扶持下参拜“开脸菩萨”。参拜完后，新娘端坐厅堂正中（有些地方“送老嫚”扶回房），主顾端出装着红绿各色的两个鸡蛋及红绿丝线、胭脂粉等化妆品的“开面盘”（实为平时用的圆木盘），“送老嫚”动手开脸。她先用红绿蛋在新娘脸面左右上下各滚 3 次，口中念着“像蛋那样白，像蛋那么嫩”等吉语，再在新娘脸上敷上一层白粉，抹匀后利索地取出两根红绿棉索，绞成十字，用嘴衔住一头，左手捏一头，右手拇指和小指头各缠上一个，右手掌张开，一张一合，绞掉疏疏浅浅、暗淡不一的汗毛，再用竹夹整齐眉毛，最后用扑粉胭脂化妆。“开脸”时“送老嫚”还要在新娘头上拔 7 根或 10 根长发，与新郎的长发一起搓成“发线”，并用此“发线”为新娘扎成“发髻”，意喻“结发夫妻”。完成仪式后，主顾除给“送老嫚”“开脸钱”外，开面盘上的蛋、糖、鹅蛋粉等也倒入“送老嫚”的“老嫚篮”，归其所有了。

绍兴婚俗，迎亲在晚上，派男堕民吹打班接新娘。他们视新娘家的距离远近计划出发时间，一路上吹打着欢快的乐曲。到了新娘家，又是一遍遍地催妆，直到花轿起身。迎亲队伍进门后，“送老嫚”成为最忙碌的人。

送老嫚

先在男方堕民的紧锣密鼓声中举行祈祷新娘顺利生产的“溜怀”仪式：“送老嫚”扶新娘端坐在正厅，一边拿两个染红的鸭蛋或鸡蛋（也有一些地方做一双筷子）在新娘腹部溜（“溜”在绍兴方言中意即“滚”），一边讨着“快生快养”等口彩。

上轿吉时已近，“溜怀”仪式要在家长公公“搜轿”后再用“照妖镜”（实为镜子）在轿内照一下，并念着“多福多寿多子孙，越富（“火”谐音）越贵越康宁”等彩头，置入火熄（内装炭火的铜制暖炉，取暖器具，可供新娘取暖，也可用于小解）和两节甘蔗。

随后“送老嫚”回到房中，扶新娘上正厅拜别祖先神像、父母和亲朋。拜别完后，“送老嫚”

开始为新娘上轿打扮了：为新娘换“红罗大袖”，戴“花冠”，盖头巾，扎“兜脚绸”。装扮完毕，“送老嫚”扶新娘上轿。此时新郎要给“送老嫚”红包，如果红包不足，“送老嫚”会让新娘拒绝上轿。新娘脱下旧衣服归“送老嫚”所有。

新娘上轿后，“送老嫚”把新娘绣花鞋底上缀着的一层红布拆下来交回给娘家人，拆时还要讨着彩头：“会做媳妇两面光，管了娘家管夫家，娘家夫家都要管。”

“送老嫚”坐着便轿随同前往新郎家。王坛等个别地方“送老嫚”把新娘送出门后即告完工。

花轿起步后在原地转上数圈，泼一碗水，寓意“嫁出了囡，泼出了水”，使东家能讨娶到一位从一而终的女子。在轿前还不忘撒把米，花轿原路返回，与原先一样途中不得停顿，转弯时必鸣锣，过桥时必放铳，只是原先欢快的乐曲一改为两对对锣，间歇着鸣敲着“白生—白养”略带悲腔的“唱嫁”调，这一切都是为了小心地回避着路上邪气煞神的侵袭，把新娘平安地接来。及至近村，才鼓乐大作，放铳，八面锣齐鸣，欢快地把花轿抬进村。

送三茶

花轿在堂前停下，新娘择良辰出轿，而堕民须为新娘出轿做准备。“接老嫚”在轿前以五谷撒地，祓除不祥。还要举行“送三茶”仪式，代表婆婆给未过门的新娘送上桂圆茶、枣子茶、茶叶茶。

“接老嫚”在送茶时要根据茶的特征讨出彩头，送桂圆茶时说“富贵团圆”，送枣子茶时说“早生贵子”，送茶叶茶时说“亲亲热热”“亲热亲热”。

在轿前，“送老嫚”须把新娘随带的细软如金戒指、珍珠发卡等交给婆婆，俗称“献妆”。绍兴婚俗，女儿出嫁必须带些细软，即使置办不起，也得暂借充数。这些细软事先由“送老嫚”用红丝线缀在红纸板上，在主妇过目后放入“老嫚篮”内。

良辰一到，“送老嫚”扶新娘出轿进入正厅拜堂。有的新娘入嫁叔姑多的家庭，会在进夫家大厅的堂门时踩一下门槛。据说这样可起到把小叔姑踏死的巫术效果。“送老嫚”往往会帮着提衣裙，使她能在旁人毫无知觉时踩着门槛。

拜堂

拜堂时，“接老嫚”和“送老嫚”会紧张地站稳马步，扶好新人，尽量帮自己方新人多占位置，至少不让对方多占。民间认为拜堂时谁多占了位，谁婚后权力就大。这可难为了“送老嫚”，因为新郎方的伴郎往往会明目张胆地把新郎推向新娘方以达到新郎多占位的目的，如果“送老嫚”弱小，新娘甚至有被推倒的可能。一旦发生这种情况，被视为“送老嫚”失职，她将无法向新娘家交代。

送入洞房时，男堕民鸣锣升炮，把婚礼推向又一个新高潮。两老嫚扶持着新人缓缓迈向洞房，但如“传宗接代”仪式的传接环节有误，“送老嫚”有权拒绝阻止新娘迈步。

新人入洞房后，两老嫚把他们扶上床边，在检查新人双方所占位置距离相当、没有被对方压着衣角后，“接老嫚”（许多地方用福禄双全老人）给新人举行“合卺酒”（“交杯酒”）和“撒帐”仪式。

“合卺酒”：“接老嫚”（许多地方用福禄双全老人）先给新人喂十颗汤圆，每喂一颗讨一句吉利数字彩头:“一见倾心”“两相和好”“三星在户”“四季平安”“五福临门”“六六顺风”“七巧玲珑”“八仙过海”“九九长寿”“十全如意”。有些地方不用数字讨彩头,但表达互敬互爱、多子多孙的含义不变,如“珠罗宝帐挂两旁,锦绸绣被铺满床。高杯共饮合卺酒,举案齐眉共敬觞。互敬互爱同欢乐,宜子宜孙代代芳。敬长育幼和邻里,夫唱妻随百年长”。喂完汤圆后,“接老嫚”斟上两盅花雕酒,请新人各饮一口,再把剩酒混合后分为两盅请新人再喝,讨“我中有你,你中有我”之彩头。

喝完“交杯酒”,“接老嫚”举行“撒帐”仪式:“接老嫚”先念撒帐词,绍兴的撒帐词一般为:“重重叠叠上瑶台,天上神仙送子来,撒帐撒过东,麒麟送子喜冲冲。美才子巧佳人,一株梅花一放翁,撒帐撒过南,添丁生子喜加欢。送子张仙送百子,早生贵子合家欢,撒帐撒过西,红梅添竹过芳菲。两个周年多一口,鸳鸯少年配夫妻,撒帐撒过北,观音送子忙碌碌。枣子莲子加青子,多子多孙多福禄,东南西北都撒到,夫妇百年同偕老!”念完后将新娘头上的“花冠”交给新郎,请新郎用甘蔗将“花冠”抛向帐顶,抛上后“接老嫚”迅速放下帐门,使新郎和新娘隔着薄帐。绍兴民间认为这样能避“热脸冲热脸”之讳。

“接老嫚”还要在“子孙桶”(即陪嫁来的新马桶)边唱念些“子孙桶、子孙桶,代代子孙做状元”,“红花生、花花生,人丁兴旺满堂红”等口彩。

新娘拜堂后的第二天是男方的正日。这一天堕民们仍没有空闲。

拜堂仪式全部结束时,如果天还未亮,“送老嫚”可略为休息;倘天已亮,她就得马上给新娘装扮。梳妆前,“送老嫚”要禀知新娘婆婆:“太太,我们大小姐要化妆了,洗面用帐子洗还是用衬衫洗?”据说用帐子洗新郎将来必定发达,用衬衫洗将来新娘对公婆非常孝顺。洗只是装样子,若用帐子洗,“送老嫚”用新床帐子门面在新娘面上作洗面状;若衬衫洗,新娘婆婆便将身上的小衫脱下来交给“送老嫚”,如法炮制。此仪式完成后,老嫚给新娘洗脸,穿戴好凤冠霞帔,敷搽脂粉。

头聚饭

新娘梳妆毕,出房与婆家吃第一次相聚的“头聚饭”。新娘那碗饭盛得高达近尺,饭上插鸡腿和各色讨彩头的菜肴,但新娘只看不吃,餐后倒给“送老嫚”回家祭祖。据说这是为答谢祖先留下这份“门眷”之恩。吃“头聚饭”时新娘坐上席,她陪坐在旁。依绍兴风俗,每上一菜新娘得起立一下,她得起身扶住新娘凤冠。

“头聚饭”后新人去当地各寺庙和男方家庙祭拜,再回家祭祀祖先。这个过程,两老嫚主要负责扶持和指教新人礼数,男堕民主要负责祭祀仪式时的吹打。

中午办正酒,是堕民们最忙碌的时候。男堕民在廊下吹打着助兴。往往上一道菜男堕民吹唱一小曲,第十碗即最后一碗菜上桌时往往吹唱《十全大福》一曲。“接老嫚”和“送老嫚”边吃饭边讨着彩头为新人夹菜:“新相公吃点精肉,新大娘进门买新屋,要造前三埭后四所,当中一个大天井,晒长晒短勿用担心”,“新相公新大娘,快吃块凤凰鸡肉,凤凰一对好夫妻”,“新相公新大娘吃个鱼头,买五千零四十六只圩头,高田买到山脚下,低田买到鉴湖边”。第八道菜肴上桌后,新娘需“脱通换通”(每上一道菜脱换一件外衣),“送老嫚”为其脱换衣服。第九道菜上桌时,“接老嫚”和“送老嫚”扶着新郎新娘向尊长、宾客一一敬酒。敬酒时,“送老嫚”不忘以女方家人身份拜托新郎尊长关照新娘并替新娘喝酒。各尊长给新娘红包时也得给老嫚一份。

闹房

喝完正酒后(或在头聚饭后,或在闹房后,各地不同),男方堕民家来送“送子菩萨”了。“接老嫚”端着装有“送子菩萨”(即充当“开脸菩萨”的“小木人”)的小托盘在男堕民吹打声中步入新房,先把“送子菩萨”置入床正中,作面朝外端坐状,然后点上香,扶新郎新娘跪拜“送子菩萨”。新人们一边拜,“接老嫚”一边讨着口彩:“姑奶奶,祝你来年添个小宝宝,将来要么发财赚元宝,要么读书考上个状元郎……”男堕民则在旁放着鞭炮,绍兴人称鞭炮为百子炮仗,此举讨多子多孙的彩头。也有些地方“接老嫚”将“送子菩萨”塞入被窝里,俗信可兆新婚夫妇索得男孩。

晚上“闹房”活动全靠老嫚应付场面。民间认为“越吵越发”,故往往想尽办法取笑、捉弄新人。“送老嫚”和“接老嫚”得帮着新人应对,妙替新人作答,好言制止客人粗鲁言行,引逗众宾营造热闹欢快气氛,“送老嫚”还要替新娘拿出喜果招待众宾。

闹房结束,老嫚们才算完成任务,但如果有特别要求仍需待着。如有男方家因算命先生认为新娘的命太硬,在洞房红烛夜请了个未婚壮男同床以压服她的阴气。老嫚只得继续熬夜坚守在床旁以防陪男的不轨行为。另外,主家需要小老嫚(俗称“嫚线”)陪新娘适合婆家新生活环境的话,小老嫚就得留下来陪上一段时间,一般为一个月。

(二)主持操办丧事

明清文人记载中,堕民从事丧事活动。清代留下的“门眷”文契也记载堕民拥有丧葬服役权。

在绍兴城区、绍兴县和嵊县地区,堕民是不参与丧事活动的,丧事中的吹打、跳神和唱鬼戏等都由道士来完成。据说道士原来不会唱戏,是受堕民影响,特别是受绍剧的影响才学会的,故绍兴道士唱调属绍剧腔。但高规格的丧家还是会雇用堕民,他们看中的是老嫚招待客人礼数周到热情,男堕民的吹唱技能,与堕民的身份无关。丧家有权请别的堕民戏班或平民戏班,所给的只是吹唱的工钱,没有讨彩头等其他赏钱。堕民戏班在丧家的作用也不同于道士班、和尚班,后两者为超度死者,前者只为增添丧事气氛。

在上虞地区,老嫚是主家丧事仪式的主要顾问。她会提醒丧家举行仪式时间和程序等事宜,还负责丧家需要的“阳冠”制作。按上虞习俗,孝子戴“三梁冠”,侄孙辈戴“双梁冠”,玄孙戴“单梁冠”,子孙辈系草绳、蹬麻筋草鞋,这些都由老嫚制作,由她系戴。“梁冠”即用白布织叠成的帽子上扎以稻草绳,左右前后各缀一颗棉球。老嫚制成的丧事用品由丧家出钱购买。老嫚还招待客人,烧水、倒茶、洗脸,尤其对有钱的尊长更是时不时地扶持一把。丧家出丧后,老嫚还得给所有送葬男子剃头(俗称剃“晦气头”),给媳妇扎“矫健笄”。这是一种用竹制成的高高的笄架,缠以白头绳,当中横插一支簪,把内外两圈贯串起来,一大一小插在后脑,远远望去好似头后耸立着一座白色的小山头。又称“太婆头”“前朝头”,因为是清代以前流行过的发式。

(三)其他节俗礼仪执业活动

满月酒

绍兴城区和绍兴县的习俗,满月酒不需要堕民老嫚。只有大户人家才请用老嫚以示派头,因老嫚既会招待客人,也善于讨彩头,能活跃气氛。但雇请费用比雇工为高,有钱才请得起堕民。

办满月酒时,老嫚只在当天上门。老嫚进门后彩头讨个没完,恭喜主家有后,祝愿婴儿健康成长,长大后有出息。老嫚的主要事务是招待客人,端茶倒水。除此之外,在仪式举行时老嫚得讨各种彩头,如尊长抱着婴儿,老嫚会说:“像太公太婆咯,托太公太婆的福。”

在上虞地区,满月“剃头”仪式由老嫚主持。家人于厅堂置桌,桌面铺毡,燃“状元红”烛,摆“十碗头”,请过菩萨,老嫚以白酒代水为婴儿润发,一边剃头,一边念着彩头:“聪明智慧,头名状元。”先剃去囟门四周胎发,俗称“剃瓦片头”,一般还于脑门留“鸭屁股”,以期婴儿易养。剃发完毕,祭祀过菩萨的“十碗头”依例倒入“老嫚篮”。主顾家除了给赏钱,还要给一升米,这升米俗称“管子管孙”米,因为绍兴量米器具用竹管制成,故有此彩头。剃完头后,老嫚抱着婴儿走桥走船,意在给婴儿壮胆,在河边还要让小鲤鱼放生,寓意婴儿将来“跳龙门”,一路上老嫚要说健康长寿之类的吉语。

寿辰与周岁礼

主顾家的寿辰、周岁等其他人生礼仪,甚至贵客临门,只要讲究排场,也会雇请老嫚端茶倒水招待客人。老嫚也总能不失时机地主动上门。老嫚服务周到,该怎么说、该怎么做甚至比东家更懂礼数,尤其是调节气氛的能手,能甜言蜜语地讨着各种彩头,把气氛渲染得风光而热闹。因此,如经济实力允许,或为示隆重,会请用老嫚。但这不是堕民的特权,平民也可雇用平民,因为老嫚出场费比平民要高,总能挖空心思变着花样以讨彩头为名向主顾家和客人要赏,一般家庭承担不起而拒用老嫚,而请亲邻相帮。

走节

为主顾家的四时八节做些趋吉避邪的巫术活动,是绍兴堕民“门眷”特权,俗称堕民“走节”。节日里,堕民们像是主顾家里的福星,带来了美好的祝词。

堕民“走节”习俗在明代祝允明《堕民猥编》中已有记载。当时“正旦元宵执响器以闹人堂,立春执土牛芒神以闯人室,立冬胡花帽鬼脸沿门打鬼,谓之调灶”。清代金明全《绍兴风俗志》对堕民走节的讨赏情况也有记载:“新年正月初五后,主顾老嫚登门拜年,媵以葱芝麻糖一包,美其名旗杆糖,以卜科名预兆。人家犒以年糕、粽子并拜年封筒一角,视家之丰啬为则。”清代胡维铨编的《新年竹枝词》进一步形容老嫚“走节”:“口音请脆堕民婆,甜话如饴总要挖,一饼饴糖三句话,年糕粽子赚多多。”堕民走节主要集中在年节。

绍兴人过年时给亲朋拜岁时间,一般从初二开始到初八为止,按规矩先到外婆舅舅家,再到其他亲戚家。但堕民给主顾家拜年从年内拜到年外,多达三四次。

打夜胡

又称“打夜狐”“跳灶王”“调灶王”。据《东京梦华录・十二月》记载:“自入此月,即有贫者三数人为一伙，装妇人神鬼，敲锣击鼓，巡门乞钱，俗呼为‘打夜胡’，亦驱祟之道也。”可见，北宋首都开封“打夜胡”，是路歧艺人装神扮鬼逐疫以讨赏的一种执业活动。直到近代，“打夜胡”习俗仍在许多地方流传着，由乞丐执业。

“打夜胡”习俗在绍兴起源于何时已无法考证，宋代已有记载。宋嘉泰《会稽县志》记载：“十二月二十四日，人家男子以是夜祀灶，女子不至，品用糖糕。先数日，丐人饰鬼容跳灶，仗鸣锣鼓，沿门叫跳，谓之跳灶，盖亦古逐疫之意。”明代《堕民猥编》明确记载绍兴人“打夜胡”属于堕民的执业范围：“立冬打鬼狐，花帽鬼脸、钟鼓戏剧，种种沿门需索。”清康熙《会稽志》“跳灶”条记载：“丐人饰鬼容执器，仗缘门相逐疫，略如古之傩者。”文中“丐人”显然是堕民。

近代以来，绍兴人基本不再“打夜胡”了。民国地方史志没有提及此俗，只有嵊县籍作家刘金在《我所知道的堕民》中提到嵊县“打夜胡”习俗：“一个男的，头戴乌纱帽（同京戏里的乌纱帽一样），身穿普通长衫。大约为了走路方便长衫的前后摆全部撩起来，掖进腰带去，因此给人一种滑稽可笑的感觉。另一个男人，草草地装扮成一个女子。‘她’头戴黑缎包头，脑后一个假髻，斜插着一朵红色宫花，脸上胡乱擦了一些白粉，眉毛画得粗长，又在两边颧骨抹上一片红。那粗俗的样子，简直让人看了害怕。他们走到每家灶屋门口，男的先打一阵小锣，接着就唱起来：‘灶王灶王年年来，今年又来哉；灶王灶王年年来，来来涨家财。’唱毕，又打几下小锣，挥动宝剑，在门框上砍一下，仪式至此宣告结束。当他们转身走开的时候，有的妇女出于迷信，急忙拾起一只旧草鞋，朝他们背后扔去，算是把一年的灾晦全给他们带走了。如果不巧把草鞋扔到‘灶王’身上，那是要引起一番口舌的。”

送灶糖

腊月廿三前夕，老嫚忙着“送灶糖”。她们敲开一户户东家大门，一脸喜气虔诚地递上“送灶”用品，道出简单而通俗的贺年辞，得到一二升米的回礼，也许更多。

有关老嫚“送祭灶糖”习俗，最早记载是清代金明全《绍兴风俗志》。腊月“十五日起，老嫚于主顾家馈送麦芽糖一饼，名曰祭灶糖。糖外用粽箬竹签编好，以备送君上天之用（用饴糖制成俗称堕民糖，食之黏牙，故名黏牙糖），受之者必以银钱或报以米。因灶君上天之时相传用糖黏灶君之口。收后必藏入米缸或米桶之中，称为元宝糖云”。灶糖即饴糖，作为送灶祭祀中的供品时称为“灶糖”。民间向灶神供上“灶糖”，是因为相信它能黏住灶神的嘴，免得他在玉皇大帝面前多嘴多舌，惹是生非。

老嫚送“灶糖”时还会送灶神像和一副写着“上天奏好事，下界保平安”的小对联。绍兴市区的老嫚还会送上“搁火”（又称“竹灯檠”）。“搁火”以细竹制成，形同小型圆背椅子似的架子。上面搁一只瓷碟，注以菜油，燃以灯芯，用来照明，因此得名。民间在祭祀灶神后把其神像和像旁对联揭起，安放在“搁火”上边，再把两者放进桶盘端送到天井，在天井中间铺上一束稻草，放上银锭（锡纸制成的冥钱），最后将“搁火”连同灶像放在银锭上焚烧。

拜岁

正月里，老嫚要给主顾拜岁。老嫚给主顾“拜岁”一般从初二、初三开始，由近及远。她每到一地，必先从大房开始一家家地走动。逢主顾家人就作揖讨彩头，见到小主人，祝其升官：“小少爷，吃了我的‘旗杆糖’，将来赶考当个状元郎。”见老夫人，祝其长寿：“太太，侬福气真好，笃定有一百岁好活。”对经商的主顾，祝其发财：“少爷，祝侬发财赚元宝。”对新婚太太，祝其早生贵子：“少奶奶，今年给侬添个阿馆，让我好来拿百岁钱，吃剃头酒。”对小姑娘，恭维其漂亮：“小姐长得越来越好看，将来嫁个如意郎，我好陪侬进洞房。”

主顾的赏物一般为四到八块年糕（寓意年年高）、一二串粽子（寓意多子多福），阔气些的东家再装个包二角、四角、六角不等的压岁钱。堕民家新媳妇进门后的第一个年节，婆婆领着她，主顾应额外给新媳妇双份封赏以示祝贺。得了赏的老嫚为主顾善举说些祝词：“随拿随有”，“吃得僚个有，拿得僚个有”，“拿得僚家高高兴兴个有，年年高起来”等。

“送老嫚”还拥有对新娘婆家的“走动权”。“送老嫚”第一个年节上门，新娘婆家的给赏根据嫁妆丰厚程度而定，至少一石米，习俗也允许老嫚讨各种彩头敲竹杠。这种“走动权”一般为一年，也有些地方为三年。专职侍候新娘的小老嫚从此“不仅岁时探望一样可得应有的糕粽，喜庆场面可讨道喜赏封，而且等到这位新娘子变了老太太升天以后，还可以‘太上皇老嫚’的资格按时按节从少爷少奶奶手里拿到应得的东西”。

唱像

绍兴有个习俗，年前腊月二十（也有些地方是年三十）把祖宗神像请出来，挂在厅堂墙上，让他们与家人一同过年，俗称“挂像”。到初八（也有些地方为十八）把祖像收起来，俗称“落像”。三服内的近亲拜岁时须拜祖像，祭品为香烛和水果等，俗称“拜像”。

男堕民给主顾家“唱像”活动从初二起直到“落像”日止。但并非所有的男堕民都去“唱像”，唱功好的男堕民往往组成戏班到各地唱年戏，“唱像”时有些堕民家带上小孩充数。“唱像”过程形同走过场，即使在大户人家也不例外。不过个别地方“拜像”仪式较为繁复，有的大户人家在厅堂的檐下用两张八仙桌搭成戏台供堕民吹唱，6 个男堕民围坐桌旁。内容多为欢乐喜庆节目如《偷仙桃》《龙虎斗》《请寿》等。吹唱结束时主顾会在桌上放上四桶盘礼品：一盘年糕（寓意“年年高升”），一盘粽子（寓意“种田财主万万年”），一盘百果（放些瓜子、花生之类，花生是一定要放的，因为花生寓意生男又生女），还有一盘红包。

立春春社日穿耳环

据清人记载，堕民在“立春执土牛芒神以闯人室”，民国时期政府不再举行“贺春”仪式。绍兴有春社日老嫚给东家 13 岁姑娘穿耳环的习俗。

清明帮祭

上坟是绍兴家族的重大事情，场面相当铺张。一些名门贵族还设专门的吹鼓船，船队一路上浩浩荡荡，鼓吹不息，排场甚为豪奢。据周作人介绍：“鼓吹后世仍用，普通称吹手或鼓手，有两种，一是乐户，世袭的堕民为之，品最低；二是官吹，原是平民，服务于协台衙门者，唯大家得雇用之。窃意此当本名鼓手，乐产是吹手，后来乃混为一称耳。上坟用鼓吹者，归途必令奏将军令，似为其特技，或乐户所不能者也，海东青等名目则未曾闻。大家丁口众多，遗有祭田者，上坟船之数，大率一房中男女各一只，鼓手船厨司船酒饭船各一只……”但并非所有家族的上坟都雇用堕民。如皇甫庄范氏是个世代辈出官宦和师爷的大家族，其家族只在给前推第 11 代到 8 代祖先扫墓时，才请用男堕民充吹鼓手和老嫚招待客人，因为那几代买下了 60 亩祭田，前推第 7 代之后的祖先由其子孙分别祭祀，不再请用堕民老嫚。

端午走节

堕民自己不过端午节，而主顾家过端午节时，老嫚会上主顾家走节，去时往往会带上青蛙，主顾回赠的是节俗食品粽子和新收的小麦。民间不准捕杀青蛙，堕民却享有此特权。

田间讨赏

庄稼收割时，堕民会上门送上“堕民糖”，主顾回赠新收成的稻谷和玉米等，一般赐赏三五升。据民国《堕民生活补志》记载，财主家收成时，男堕民还会直接到田间讨赏，“三五成群，夹一把胡琴，挑一副箩担，到农夫割稻的田头去唱些道情戏曲和小调以博农夫开心，好话过后便向农夫讨谷”①。男堕民到田间讨赏的习俗，在中华人民共和国成立前夕已不流行了。

三、副业

绍兴男堕民的理想是成为一名演员，但对大多数堕民而言，做小商贩补贴家用更为现实。中华人民共和国成立前，堕民“废旧业”相当发达，几乎所有的堕民家庭都参与其中，即使在戏业发达的绍兴城区“三埭街”，除了从事戏业外，“资本大的开破布行，糖坊，旧货店，资本小的换旧货做头发袜挑担”②，堕民的废旧业形成了一个分工合作的行业链。他们还利用为主顾服务的机会，发展起相关的手工制作业和服务业。

如果不上主顾家，又没有演出活动，男堕民往往会挑着圆柱形竹筐的“货郎担”，走街串巷地兑换废品。因绝少有平民挑着货郎担，故绍兴人称“货郎担”为“堕民担”。“堕民担”上搁着一块镶着边框的木板，木板上摊着一个极大的饴糖饼，俗称“堕民糖”。

“货郎担”因此又被称为“堕民糖担”。挑货郎担的堕民，也因此被称为“堕民糖佬”。“堕民糖”很像山东的卷饼，不过更厚些。它是由从米店低价买来的碎米、潮米或玉米经发酵熬制而成，制作时往往掺入芝麻、玫瑰、花生仁等，做成各种形状，其中以旗杆形的“旗杆糖”为多。在绍兴堕民制作的“堕民糖”，除了逢年过节送一些给主顾家外，主要是用来兑换废品。兑换废品的“堕民担”上还有“爆爆豆”和引线（即缝衣针）扣子等廉价商品。“爆爆豆”是堕民自制的，用盐水浸软豌豆后用沙和盐爆炒，使豆里的水分受热蒸发而膨胀。

“堕民糖佬”一边摇着“拨咚”鼓（也有的用糖凿敲打），一边吆喝着：“破布、头发兑引线啰”“鸡毛鸭毛兑糖啰”，立即就会围上一群妇女和小孩。有的妇女被孩子央求不过，就从墙窟窿里取出用稻草包扎着的一团鸡毛，或将长时间积攒起来的几小卷头发（妇女梳脱的头发）拿去换糖。“堕民糖佬”接过废物，掂一掂分量，左手拿着一把铲刀样的糖凿，凿在糖饼边沿的某个位置上，右手拿起另一块铁片，斜角向里一击，便崩下一片糖来，往孩子手里一塞。如果做母亲的嫌太少，他便重整糖凿，“当”的一下，又凿下薄薄的一小片来。

只要能再利用的废旧如猪鬃、棕丝、废纸、旧古董等，“堕民糖佬”都收购。如果家中没有废旧，居民们也可用粮食或钱兑换货郎担上的针线等货物和“堕民糖”。对于废品较多的理发店、杀猪场等，“堕民糖佬”往往折算成钱购买。因为灵活经营，“堕民糖佬”生意不错。“堕民

① 《堕民生活补志》，《绍兴县志资料》第2辑，未刊稿，收藏于绍兴图书馆。

② 《堕民生活》，《绍兴县志资料》第2辑，未刊稿，收藏于绍兴图书馆。

糖佬”还会留意路上的废旧，甚或向垃圾堆中寻捡。有些“堕民糖佬”在收废旧时还兼收古董。

(一)堕民小手工制作

变废为宝

绍兴堕民心灵手巧，收捡来的废品经他们之手，变废为宝，成为生活生产用品。兑来的废旧物品，一般由家中的妇女老小分拣、清理、翻晒，再加工成品。选长的鸡毛制成鸡毛掸帚，鹅毛则制成羽扇，到闹市出售；把破布蒸、洗、漂、晒之后，糊成布鞋里子(俗称“布箔”)、垫成鞋底或制成拖帚出售；把旧棉絮弹松成“还魂花”，混杂于新棉絮中再卖出去；把女人梳髻脱的头发做成假头发卖给头发稀少的女人，或制成辫子、胡须供演戏化装用，或制成发袜，为水乡农民、渔民和船工冬天穿，短杂头发直接论斤卖给农民肥田；破蓑衣经过拆拣，捻成棕绳，转售给棕绷店、蓑衣店。在绍兴，制发袜和打棕绳成为堕民的专门技术。他们能直接加工的废旧就自己动手加工成品后出售，不能加工的卖给专门的废品店，有的再运给杭州甚至上海洋庄，作织造业、造纸业和化工业的原料。民国时人记载，“据说这种破布生意均到上海走洋庄，营业颇不小”。①

竹灯檠

这在明清地方志中都有记载。“竹灯檠”在绍兴有两个特殊用处：一是每年腊月祭灶时，家家都需一个“竹灯檠”，外糊红绿彩纸，算作灶王坐轿；二是盖新屋时，正梁两端均需悬“竹灯檠”以镇邪。

土牛土偶

明代徐渭记载，堕民塑泥牛、做牛角灯。土牛土偶是春社祭祀必需品，活灵活现，甚是可爱。

叫子店

即以麦秆扎以钢丝，扣在叫作梅花的喇叭吹口之上，使其发出嘹亮的乐声来。此行并非人人做得，旧时全绍兴只有5号叫子店，所做叫子除供应附近戏班、唱班、和尚、道士之外，大宗则运至上海等地销售。

(二)堕民家政服务业

老嫚们口齿伶俐，讨人欢心，加上与主顾关系密切，得到主顾信任，除了约定俗成的事项外，还为主顾家提供其他家政服务，尤其为女主顾提供服务。

拗发髻绞面

明代《堕民猥编》就记载：“为人家拗发髻，剃妇面毛，习媒妁，伴良家新娶妇梳发为鬟。”徐渭也说：“女则为人家拗发髻梳发为鬟。”绍兴民间习俗，自从新娘开脸成为妇人后，爱打扮的女性会请老嫚包月绞脸，一般妇女只在走亲访友之前临时请老嫚绞面，贫家的妇女不绞脸。绞脸时用竹制的簪(老嫚插在头上的簪)拔净脸上汗毛，显得光滑而白净，眉毛修得像柳叶一

---

① 《杭甬段沿线的特殊民族》，《绍兴县志资料》第2辑，未刊稿，收藏于绍兴图书馆。

样又细又弯。绞脸并非"门眷"约定俗成的服役内容，工钱得另算。

卖脂粉

传统社会的妇女，尤其是大户人家的妇女，往往是"大门不出，二门不迈"，胭脂花粉之类化妆品不易到手。老嫚在绞脸时往往兼做代售的生意。因此又被称作"卖珠娘"。

妇科顾问

老嫚是女主顾性生活的启蒙者（新婚时老嫚指教新娘性生活），成婚后与女主顾平时接触也较多，故主顾碰上难以启齿的妇科病时，自然会找她倾诉和请教，甚至派她代为请医生和买妇科医用品。

做媒

老嫚拥有广泛的主顾社会关系，尤其是对各色人等的家庭背景、性情品格都很了解，常常是张家的儿子到了娶媳妇的年龄、李家的女儿待字闺中都一清二楚，主顾愿托她们做媒，尤其是主顾有中意对象的时候。主顾看中的是老嫚的游说能力。为说成一桩婚事，老嫚常常会几十趟地来回跑腿、传话，有一种非把对方说动心不可的劲头。有时人家厌烦了，下了逐客令，老嫚脸上仍堆满谦卑的笑容，给自己找台阶下，日后看准合适的时机仍会重提话题。

剃头

清代男子前额剃光，相传在绍兴由老嫚操持。民国后爱时髦的男子进理发店，从此堕民才无法独揽生意。为了适应新形势，男堕民们也开起理发店，据说"在理发这一职业中，男性堕民仍占百分之八十五以上"。[1] 有的堕民的理发店内备有各种乐器，供人娱乐。

阉鸡

在新昌和余姚从事此业的堕民较多，当地视为堕民特有职业。阉割禽畜是低贱秽污的行业，但收入不低，堕民为了生计操此行业。

四、戏业习俗

清代以后，堕民成为绍兴戏业的主角。清嘉庆《山阴县志》就有关堕民"学鼓吹歌唱"的记载。到了清末光绪年间，戏业几为堕民所垄断。范寅《越谚》"不齿人"条目解释中，认为绍兴戏业只属于堕民："班子，唱戏成番去者，有文班、武班之别。文专唱和，名高调班，武演战斗，名乱弹班，皆堕民为之。民间有游荡子，好声歌，败业无生涯，流入其班，亦为诸民所不齿。"可见，在当时人们的心目中，唱戏业为堕民专职，"游荡子"入此行也为人所不齿。直到民国时，绍兴戏业界仍为堕民独霸，故民国《浙江新志》认为"今之所谓绍兴班者其实皆堕民也"，当时的绍兴学者也认为"绍兴本地的戏剧几为堕民之专业"。鉴于堕民在绍兴地方戏发展中的突出作用，当代绍兴戏剧专著中往往会列专门章节介绍堕民，如罗萍《绍兴戏剧史》列"堕民及其戏业"一节，指出"堕民是绍兴调腔班的台柱，也是绍兴乱弹班的台柱"，谢涌涛《绍兴古戏台》列"古戏台——堕民艺术生命之所依"一章。

绍兴堕民真正成为娱乐圈主角是在清末民初。进入近代以来，城市中下层的娱乐生活开

---

① 诸焕灿：《余姚堕民浅考》，《浙江民俗》1987年第1期。

始丰富起来，而堕民主演的绍兴乱弹（即绍剧）以粗犷有力的动作，高亢奔放的唱念，火爆激烈的武打，迎合了城市下层民众的审美情趣。

清末民初，堕民以演技为立身之本，以演戏为纯粹职业，充分利用现代剧院灯光布景优势，把绍剧推向一个新境界，并把它推向杭州、嘉兴、湖州、宁波和上海等城市。尤其是进入上海老闸门大戏院的同春舞台，成为绍兴堕民艺人展示演艺的最高殿堂。

（一）演出活动

在民俗生活中的堕民演出，发挥着娱神娱人的双重功能，是绍兴民俗生活中的重要角色。

鼓手

鼓手以吹打为主，如果主顾没有雇请清音班，在客人吃饭时需吹唱几曲助兴。技能要求不高，十多岁小孩也可充数。吹奏的唢呐曲牌有（中和乐）（小开门）（骑马调）等，辅以一些吉利的调腔戏片段，如（九世同居）（兄弟联芳）等。

清音班

清音班以围桌坐唱方式演出，条件好些的主顾会搭个大棚演出，俗称“清音大棚”。“清音大棚”用明瓦（水蛤壳制成）做棚顶，棚的四角挂六角灯，灯上画有戏剧故事，这些用具是堕民带来的，大棚内放置两张八仙桌，桌上铺以草席，堕民就坐在上面吹拉弹唱。清音班自拉自唱，所用的吹管乐器有竹笛、洞箫、笙、头管、唢呐等，丝弦乐器有二胡、板胡、徽胡、月琴、三弦等，演奏《将军令》《嘉兴鼓》《闹龙舟》《十番》等民间器乐曲。他们能唱多种唱腔，如昆腔、调腔、乱弹、徽调（皮黄）、滩簧（南调）等，昆腔中的《思凡》《封相》等，徽调中的《渭水河》《征北海》《二进宫》等，滩簧中的《水斗》《合钵》等，都是喜庆场合常用曲目。自从乱弹兴起后，清音班一般以乱弹为主，如《宝莲灯》《双龙会》《万里侯》《龙虎斗》《金玉缘》等许多乱弹整本戏，都是清音班的拿手戏。

戏班

扮演角色在戏台上演出整台戏的演出方式。与舞台戏固定套式不同的是，许多剧目无定本，堕民们要结合当地气氛和主顾家庭背景的实际情况自编自演，文辞通俗易懂，甚至有些低俗。民俗生活演出的多是乱弹戏。在余姚，堕民戏班还能演木偶戏，并视为堕民专有行业。堕民演的木偶戏，用木头雕成戏剧人物脸谱，穿衣戴帽，能演《白蛇传》《狸猫换太子》等剧目，俗称“小戏文”，据说只有堕民才会演出。民国时期姚北周巷、泗门、临山一带有20多个小唱班和木偶戏班。

庙会戏

演戏酬神是庙会的重要组成部分。由于“越人好鬼，多淫祠”，“庙会差不多是全年陆续不断”，庙会戏因此陆续不断。

节令戏

绍兴许多村落和家族往往会在四时八节出钱请戏班演戏来娱神娱人。除了中元节的目连戏是由农民、渔民及手工业者组成的一种半职业性质的戏班演戏外，一般请堕民戏班。即使在中元节，堕民们也会被请去演“平安大戏”，堕民的“平安大戏”通常是在绍剧曲目中插入几个观众所熟知的、出现鬼魂的目连戏折子及宗教“仪式”，如《男吊》《女吊》和《跳无常》等目连戏都因绍剧演绎而全国闻名。节令戏往往一演就是几天，如元宵节“灯头戏”，绍兴在农村普遍演到十八日，故有“做十八日灯头戏”说法，还有演至月底的。时令节戏往往混同庙会戏。有“社日乡有社祭，必演戏以祀土谷神”的说法。

祠堂戏

有族产的家族在祭祖时，往往会请堕民戏班在祠堂演戏娱乐祖先。通常会在秋后举行，俗称“年规戏”。

喜庆戏

大户人家娶媳嫁女、满月得周、建新房、迁新居、寿诞等，为喜庆热闹，娱乐宾客，常请戏班来演出。

事务戏

这是一种联络感情或解决事务的演戏。违犯民规乡约，往往会被处以出资请戏班演出，即所谓“罚戏”；纠纷双方通过调解，理亏一方以演一出戏来道歉，此为“和事戏”；还有同业会馆商业活动中所演的“行会戏”。

戏弄

堕民在绍兴民俗生活中扮演戏弄的程式较为固定，从“五场头”到“突头戏”，最后是“整本戏”。大致如下：

第一出是“五场头”。

开场时演，分5场。头二场是发出演出的信息，告诉八方神灵和当地居民要开演了，头场，演奏套式锣鼓，俗称“闹头场”。第二场，演奏唢呐吹打牌子，若有日场，依惯例奏吹打牌子《浪淘沙》，夜场则往往奏吹打牌子《水龙吟》。第三至五场为“彩头戏”，如果几天连演，后面几天就不演“彩头戏”。

“彩头戏”一般演“庆寿”（祝贺延年益寿）、“跳加官”（祝愿官运亨通）、“跳魁星”（祝颂登科及第）、“小赐福”（赐予福音）、“掘藏”（恭喜发财），恭祝人们“福、禄、寿、财”。堕民还得依主家需要而演出不同剧目。如元宵“灯头戏”照例演《月明和尚度柳翠》；寿戏的彩头戏演《寿红袍》《百寿图》；和事戏的彩头戏演《六国封相》《桃园结义》；春社演《劝农》《打油虫》；山区遇野兽危害庄稼牲畜，演《伏虎》；如新近曾发生火灾，演《水擒庞德》。

彩头戏以动作为主。如《月明和尚度柳翠》《打油虫》和《水擒庞德》整折戏无唱词，祈福禳灾的巫傩仪式痕迹清晰可见。如灯头戏中的《月明和尚度柳翠》，清代《鉴湖竹枝词》注中明确指出：“村巷演《月明夜柳翠》之剧，以逐疫也。”①戏中“和尚”上场与之偕奔，其逐疫之意体现于柳翠为“疫”，与和尚偕去为“逐”。即使彩头戏有唱词，也仅起到补充作用。

演彩头戏时，堕民还须依据主顾家喜庆主题，添加些吉利的巫术仪式。如送子彩头戏《观音送子》，扮观音的正旦需把“喜人”（用布料包成婴孩的道具）抱到内房，念几句吉利台词后把“喜人”塞进被窝内，送毕回来继续演出。又如正月时令戏，第一出戏往往演《偷蟠桃》。演前

---

① 〔清〕鲁忠赓：《鉴湖竹枝词》，手抄本，藏于浙江图书馆。

在台角柱子缚一桃枝，桃枝上挂上象征蟠桃的馒头，演到偷蟠桃一节时把“蟠桃”抛给台下观众。据说得“蟠桃”者当年福好运好，老人吃后增寿。

第二出是“突头戏”。

这是唱做齐全、剧情紧凑的热闹戏。突头戏既有基本剧情娱人，又可压住台下观众嘈杂声，并以“大团圆”结局来讨喜庆的彩头。以折子戏为主，如《取荥阳》《长坂坡》《五虎阵》《双龙会》《反五关》和《反朱砂》等。

第三出是“整本戏”。

“突头戏”演出结束后已经夜深，真正的戏迷接下去可以看到情节生动曲折又完整的“整本戏”。通常选用《龙凤锁》《双合桃》《紫霞杯》和《倭袍》等剧本。若剧情中无大团圆，须由正旦扮新娘，小生扮新郎，一起拜堂送客，俗称“无名状元拜堂”，否则视为不吉利。

祭台

由演员扮祖师，他头戴八卦巾，嘴挂黑三绺，身穿蓝袄子，腰系丝带，脚着皂靴，手执法拂，在轻松活泼的乐曲声中上场。走到台中桌前点烛燃香，祈求天地神灵，消祸禳灾，保佑太平后，拿起桌边的大红纸，高声朗读“某府某县某乡某村（或某祠堂、某庙）开台大吉”。读毕，端碗将水喝进嘴里，然后朝台的四方喷去，俗称“净台”。接着，他提起桌上的大毛笔，在砚台上蘸饱墨汁，从下台棚的台柱起，按顺时针走向依次在四根台柱上写“刀”“枪”“剑”“戟”四个大字。待放好毛笔后，抓起那只事前缚在桌底下的雄鸡，一面口念咒，一面用手指捏住鸡头，将鸡身旋转三圈后平放在台板上，用猛力将鸡头拧掉，随手用鸡头的血涂在“刀”“枪”“剑”“戟”四个大字上。祭台到此完毕。如是新台开戏则要演凶煞戏，一般演《黄巢造反》，民间认为黄巢是天煞星下凡。演过此戏后，这戏台及周围一带便可平安无事了。

扫台

扮作关云长，戴将军帽，穿绿战袍，着软皂靴，手持青龙偃月大刀威风凛凛地上场，要着大刀走入下场，再出场时刀尖上已挂上一长串点燃的鞭炮，双手平握大刀缓缓地朝四面走一圈后下台。“关云长”的大刀一定要端平，否则被视为对当地不吉利。① 如是驱虎患的事务戏，必须由赵玄坛（俗称伏虎将军）扮相演员扫台，其扮相是脸色黝黑，蚕眉豹眼，戴将军帽，穿黑战袍，执精钢鞭，扫台时则将鞭炮吊在鞭梢上，其他动作和规矩与关云长相同。

海底翻

“海底翻”是绍兴乱弹【二凡】唱调中具有强烈戏剧功能的抒情性长腔。【二凡】唱调是以唱词文句的步节为其节奏，以字声的阴阳清浊唱涌成腔的散唱。“海底翻”在【二凡】唱调中加以延音与花腔，营造了起伏跌宕、飞流直泻的视听效果，使乱弹具有了极强的戏剧功能和抒情功能。

开创“海底翻”先河的是筱凤彩，绍兴城区“三埭街”人，绍剧著名老生，嗓音圆润洪亮，吐字顿挫有致，行腔如浪底小舟，倾侧翻腾，惊心动魄，时人誉为“海底翻”。

抒情性长腔“海底翻”造就了一个个堕民名艺人，他们运用“海底翻”，把戏中角色的情感

---

① 朱元桂主编：《绍兴百俗图赞》，百花文艺出版社 1998 年版，第 238—240 页。

抒发得淋漓尽致。“三埭街”人筱芳(本名陈灿齐)以演包公、关公、济公闻名,人称“三公老生”,行腔贴弦,挺拔激越,铿锵入耳;胡念七演的《双玉燕,求乞》,悲怆凄楚,哀语悯声,字正腔圆;他的传人陆长胜嗓音亮堂,音域宽厚,吐字清晰;筱昌顺和王茂源用真假嗓结合,运腔圆润无痕,唱腔刚中含柔;汪筱奎唱的是“肉里喉”,完全靠实打实的本嗓,嗓音洪亮,听起来醇厚酣畅,音韵宛扬,能送得很远;王桂发以假嗓演唱,嗓音宽厚,运腔起伏有致;筱玲珑扮的旦角自创“正官弘下调”,唱腔委婉优美,细腻柔润;筱扬松的唱腔豪迈高亢,粗犷有力;陈鹤皋的唱腔宽厚洪亮,气势雄浑。“海底翻”唱出太多的绍剧名流。

悟空戏

连台本戏中最别开生面的,是民国初年通过三十六本《西游记》编排演出所形成的“悟空戏”。六龄童(章宗义)饰演的孙悟空、七龄童(章宗信)饰演的猪八戒、筱昌顺(彭运生)饰演的唐僧,都以独特的表演风格使艺术升华。六龄童以豢养猴子,细心观察其生活习性,借鉴京剧猴戏表演,塑造了生动活泼的孙悟空;七龄童承袭绍兴乱弹“滑白二花脸”表演艺术传统,运用绍兴方言土语、形体语言演绎猪八戒的性格和情感,风趣幽默,动作发噱但又传神,“笨扮巧演”;筱昌顺善于运用柔中含刚的“海底翻”,在扮演唐僧这位庄重、敦厚的得道高僧时,唱得声情并茂。

目连戏

目连戏是以宗教故事“目莲救母”为题材,保存于民俗活动中的古老剧种,是目前有据可考的第一个剧目,被誉为中国戏曲的“戏祖”。源于目连戏的绍剧目连戏精品颇多。如绍剧《男吊》《女吊》和《调无常》塑造的鬼神形象,艺术表演上各有千秋,但都让人又怕见又爱看。《男吊》重在形体的翻滚、攀缘、腾纵、蹬扑等动作,利用一匹长六七丈的白布做悬空徒手表演72个动作,加上伴以声极凄厉的“目连瞎头”(绍剧演鬼戏时专用的乐器,长二三米,拖地,声调悲凉凄惨),令人毛骨悚然。《女吊》是以故事性和唱做并重的单体表演,一个吊死的妓女“鬼魂”在辅以烟火的“目连瞎头”“哒嘟……哒嘟嘟……嘟……”吹奏声中出场,披头散发,身穿大红袄子、黑色背褡、百褶裙,且歌且舞,艺术化的女吊死鬼成为人们心目中一个带复仇性的、比别的一切鬼魂更美、更强的鬼魂。《调无常》中无常一开始就自我解嘲并讽谏世俗,慨叹世事,揭露人间阴暗面,语言风趣幽默,通过不断变换方位和角度,使朗朗的俚语清晰传达给观众,骂守财奴、恶讼师和色鬼淫棍时,运用“鹤形台步”“车水跳步”“老鹰扑鸡”“措牵台步”和“水浪式”“跳绳式”等演技,把故事情节演绎得淋漓尽致。

(二)戏班

堕民唱戏与民间习俗紧密联系在一起。戏班长期活跃在乡村、码头、城镇,水乡绍兴以船为主要出行工具,戏船成了堕民戏班流动的家。戏班船多为白篷船,用两支橹摇后艄。演员上船时往往一手提盏纸糊灯笼,一手提着内装香糕、霉干菜等生活必需品的帐篮,冬天还得夹个铺盖。舱内安的是上下铺,人在舱内坐,抬不起头,只好弓着背。睡在船头伸展自由的铺位算是特殊待遇了,有名气的演员才享用。在又闷又热的夏天,戏船像蒸笼似的,许多艺人身上长白虱,腿上生疥疮。

船到目的地，邀请方的“头人”就来点戏，点什么就得演什么，如演谢火神的事务戏必点《水擒庞德》。点完戏后东家送来饭菜，大家蹲在河边狼吞虎咽地吃，武功演员一边吃饭一边摆开“马步”练功。饭碗一放下，东家就开始放起鞭炮，催着演员上台了。演出往往从夕阳西下、晚霞满天，直至东方日出、朝霞缤纷时止，一场戏见两头日头红，艺人称其为“两头红”。演出时戏班船停在戏台旁，演出结束后演员卸装上船休息睡觉，并继续驶往下一个演出点。“三埭街”有草台搭筑专业户，随戏班船流动，戏班一下台就马上拆去草台，急忙在戏班之前赶到下一站搭戏台了。

若艺人在演出时不幸病死，或演武戏不慎跌死，尸骨或运回家乡安葬，或安葬于演出地附近。安葬所需费用如班主无力承担，班主会在“朝笏”上写着“随缘乐助”四个字，摆在“老郎菩萨”像前面，艺人们自愿捐款。死者的神主牌位会画在演出的祠堂庙宇厢房墙上，牌位上用毛笔或刀刻画上死者姓名、性别、年龄、籍贯、出生年月、寿终时间、担任行当、班社名称及死亡原因等，并在旁边注着：“来往班社，羹饭一桌，赐以香纸。”凡到此演出的戏班同行，都要摆上水酒，供上香烛祭奠，一方面是祭祀这位死去的同行，另一方面也是拜托死者保佑他们在这个戏台平安度过。①

演员工钱与班主事先商量好，观众的赏钱全归演员所有。班主往往会在年终先付“定金”，约定明年的演出，这既能稳定名演员队伍，也解决一般演员的生活困难。一般演员称这笔定金为“和钵”，因为有了它可开伙揭锅、钵缸有米，来年演出的收入用来还债，故又称为“伙债”。

戏班在春节前夕“封箱”休整。“三埭街”堕民戏班在封箱前会自发演出一台“年会戏”，收入用于帮助接济困难演员和同仁小学堂等开支。名演员会很自觉地参加演出。

（三）戏业教育

堕民从小都是在锣鼓喧天的气氛熏染下成长，吹唱成了他们生活的方式。尤其是出生在戏剧演员家庭的小堕民想要学戏，从小都会接受严格的训练，“三埭街”随处可见的演员世家，自然与家庭教育是密不可分的。

为了学得名演员的真传，小堕民常常拜师学艺。一般的拜师仪式是：向师父送上桂圆、荔枝、酒之类贵重礼品，在老郎菩萨面前点上大红蜡烛一对并三叩首，再向师父和师伯师叔们一一跪拜。拜师后小堕民就随班学习。先看三天戏，第四天起扮演皂隶等下手。师父先教此类小角色，再教家丁、园丁等台词简单的角色，接着教唱白动作，由粗及细每天教习。但师父怕徒弟技盖自己而被取代，在传艺时往往会留下一手，俗称“留酒碗”。徒弟在戏班三年里没有工资，第四年才发工资，一半得给“过堂师父”，第五年正式出师。学海无涯，为了精益求精，一些成名的演员也会继续拜师学艺。身为上海大闸门戏院大老板的章益生，就曾为已成名的儿子章宗信（七龄童）和章宗义（六龄童）请了师父。章宗义在《取经路上五十年》中写道：“请了个武功师父是姓李的山东人。他原是个武术师，可谓十八般武艺件件精通。……山东老师天

① 高军：《守望者说》，上海社会科学院出版社2002年版，第180页。

天严厉地督着我俩练。”[1]

也有的家庭把师父直接请到家中传道。而堕民的戏业培训班出现于20世纪初。“三埭街人”陈四八“自光绪三十一年至民国11年(1905—1922年),先后创办‘小鸿寿’‘小天仙’‘祥金舞台’三副科班”[2]。其中以“小天仙”最为闻名。

五、信仰习俗

堕民信仰相当庞杂,不同地方的堕民信仰也不尽相同,不同庵堂庙宇往往代表着不同的民俗信仰。绍兴城区“三埭街”聚居着千户左右的堕民,他们的信仰具有一定的代表性。这里建有10座不同信仰的庵堂庙宇。早在宋代时就在巷内造起了安宁福主土谷祠,又接着修造了唐皇庙、老郎庙、吉祥寺、永福禅院、三依庵、静修庵、五显阁,并重修了明真观,还建造了斗坛。堕民信仰中最具特色的是戏业神和巫术神灵的崇拜。

老郎菩萨和千秋太子

一般认为老郎菩萨是宫中技艺教习所梨园的创立者唐明皇的神化。绍兴堕民尊重唐明皇戏神的地位,在“三埭街”设有唐皇庙。但他们更愿相信老郎是所谓“千秋太子”,“三埭街”别设老郎殿,祭坛上坐的是“千秋太子”神像,这是绍兴堕民所特有的戏神。

“千秋太子”戏神的来历与唐代贺知章有关。贺知章曾为唐明皇的太子宾客、授秘书监。唐天宝三年(744年)初上疏请度为道士,还乡绍兴,以宅为千秋观,相传“千秋观”即今天“三埭街”学士街上的“贺秘监祠”。“贺知章”“太子”“千秋观”成了堕民借以抬高自己身份的依据,“三埭街”人据此演绎出“千秋太子”来绍兴师从贺知章,堕民是“千秋太子”随从的传说,并由此把“千秋太子”视作自己的特有戏神。戏神“千秋太子”可谓神通广大,不仅保护戏业,还能摇身变成“开脸菩萨”和“送子菩萨”。

祭祀老郎菩萨,要数农历正月十五“老郎”诞辰最为隆重,这是祈求保佑演员咽喉的祭祀活动。是日,各路堕民戏班聚集“三埭街”老郎庙,在老郎菩萨前焚香燃烛,设摆三牲大福礼。“大面”角色的演员主持祭祀活动。他先象征性地为每人洗脸,再用羊毫笔蘸上鹅血在老郎菩萨的眉、眼画几笔,算是给老郎菩萨“开光”;然后,鼓乐齐奏,集体向老郎菩萨跪拜;最后,“大面”用为老郎菩萨“开光”过的鹅血羊毫笔在演员的喉结、眉眼象征性描几下,以保佑他一年喉咙响亮,万事如意。供毕后,三牲福礼分而食之,鹅头由“大面”分享。绍兴人认为鹅肉营养丰富,肉质鲜嫩,油而不腻,其中以鹅头风味最为独特,留给“大面”是一种礼遇。

每个戏班供奉着四肢活动的“老郎菩萨”木偶,戏班外出演戏必带上它,将它仰面而卧地置于第一只箱内。一到演出地点,就请出“老郎菩萨”,将它置于最中间位置行头箱上,由班主带领全体演员拜揖祈求它的保佑。演员化装前忌先穿戏服,违者要向“老郎菩萨”请罪。凡打架、争吵或有其他不端行为的演员,都要罚点一对一斤来重的红蜡烛在“老郎菩萨”面前罚跪

---

① 章宗义:《取经路上五十年》,上海文艺出版社1988年版,第120页。

② 陈顺泰:《小天仙科班》,收录于20世纪80年代编的《绍兴戏剧资料汇编》,收藏于绍兴图书馆。

忏悔。①

三茅神

传说是河水鬼的头目，但在绍兴却成为戏班祭拜的对象。每年农历三月十八日，绍兴堕民戏班都要举行"三茅神会"。这天后半夜，绍兴堕民各戏班会在扮演"大花脸"演员的带领下来到河沿埠头祈禳"三茅神"。仪式并不复杂：请出黄纸折成的"三茅神"，"大花脸"先喊"浙江省某县某班敬请三茅爷爷入位"，再把此神牌敬于祭桌上，焚化纸钱孝敬它，再把它接到戏班后台供祭三天，到第三天后半夜将"三茅神"神牌火化，算是送它上天，供品大家分而食之。

船是水乡绍兴出行的主要交通工具，也是戏班演出期间的生活休息场所，如果需要连续赶场，更是天天离不开它，河道自然成为演员的天然厕所。绍兴人认为拉屎尿入河道是亵渎河神的罪过，为消灾脱孽，必须请神谢罪，所以绍兴堕民戏班特别敬畏"三茅神"。

煞神和玄神

煞神汇聚阴气，能害生人，玄神职掌除瘟翦虐和祛病禳灾。绍兴民间对这两位神灵敬而远之，避之不及，但堕民却塑神像而供奉之。据民国时《诸暨概况》记载："三埭街"内"社庙日永福庵，别有明真观，内奉玄坛神，不知何意；又塑有'煞神'"②。对于供奉的煞神，堕民们只能看，不用跪拜，不用点香，也不供祭品。

堕民丧事活动中没有"回煞"。民间相传人死后，要在一定时间内回家一次，称为"回煞"或"归杀"。煞能害生人，丧家故请阴阳家推算其回归之日，届时丧家出外躲避。"三埭街"堕民没有"回煞"习俗的原因，民间流传着这种说法：千秋太子宿于"三埭街"，剪烛读书，"煞神"遇烛灭，千秋太子怒令神不得入坊，故其民塑像奉之，至今人死无此俗。绍兴民间有在端午节悬挂菖蒲和艾草习俗，菖蒲和艾草象征剑与刀，具有驱使"诸邪速退回避"功能。而堕民却不挂菖蒲和艾草。民间认为，这与他们不怕邪煞之神有关。

五显菩萨

五显菩萨聚积着阴气，代表的是阴间的魔力，堕民们把它供作生财之神，是堕民的财神菩萨。中华人民共和国成立前五显阁仍供奉着"五显菩萨"。

"三埭街"戏班到农村，尤其是山区演出时，必定随带木制的"五显菩萨"神牌，神牌由"三担师父"负责保管，到演出地后将神牌安放在化装桌下，如演出地点在祠堂，则直接置于阴暗角落处，用香烛和果品供祭，忌闲人偷看，演出结束后用红布包好放入箱内，戏班回城后把神牌放回"五显阁"供奉。

六、日常生活

(一)服饰习俗

明清时期，堕民的服饰受到较严格的限制。堕民男子戴狗头形帽子，男孩的秋帽(因形似

① 绍兴市文联编：《绍兴百俗图赞》，百花文艺出版社 1997 年版，第 226 页。

② 诸暨民报社编：《诸暨概况》，民国 13 年(1924 年)刊印，第 3 页。

半个西瓜，俗称西瓜帽)用黑顶子，故有“秋帽乌顶子，堕民啦倪子”俗语；男子不穿长衫，女子穿青衣蓝裙，黑色背心，不卷袖，横布做成黑色折裥裙，忌用红线；女子不穿红鞋，不缠足，不戴耳环，发髻稍高于平民妇女。可以看出，堕民服饰主色调为黑色，这应与他们的巫术信仰有关。

据郑公盾《浙东堕民采访记》调查：绍兴的男堕民在严寒的冬天，是不穿袜的，故在当地有“赤脚堕民”之称。

民国 13 年(1924 年)编的《诸暨概况》记载：诸暨堕民“数十年前，男子帽不得红结，短褐不靴，至女子绾发甚高，耸立如婢，不饰耳环，衣色皆玄，迄今不改”[①]。某些地区的堕民服饰一直保持到民国基本不变。对绝大多数地区而言，堕民服饰越来越平民化，清末光绪年间，上虞堕民“男女服饰与良民无别”[②]。没有等级差异，绍兴“三埭街”有钱男堕民身穿长衫马褂，女堕民手戴金戒指，穿绸着缎。

到了民国时期，只有老嫚发型最具特征。堕民的特有发型俗称“老嫚头”。此发型在造型时须外添一些假发，绾成约四五寸之高髻，用黑色丝线包扎后再加铁丝制成的发套套住高髻，最后插上如意簪加固。如意簪往往是竹制的，如果主顾的太太需要修脸，可随时从头上取下来作修脸的工具。“老嫚头”像一支鳗绕在头上，故有“老嫚老嫚，头里一支鳗”的俗语。它与“前朝髻”都是高髻，但包扎的丝线颜色不同：“老嫚头”为黑色而“前朝髻”为红色。“前朝髻”又称“木主头”。民国时“前朝髻”为绍兴居丧媳妇的发型。“老嫚头”流传也许与老嫚从事喜庆服务业有关，人们凭高髻的“老嫚头”可在众多亲朋中一目了然找到老嫚。

明代沈德符在《万历野获编》中指出：堕民“女不许缠足”。近代以来，堕民缠足已成为绍兴局部地区的习俗。有些地方女堕民缠足较为随意。堕民女子不同于官宦大户小姐“足不出户”，而是忙于走街串巷，天足行走轻松，但缠足女子显得端庄文静、轻盈飘洒，这也为老嫚所追求，各家各地出于不同的考虑来选择缠足与否。

(二)饮食习俗

绍兴人的饮食习俗崇尚节约，霉干菜和臭豆腐是家常便菜，而堕民们却注重口欲享受。如绍兴传统女性几乎无人抽烟，也少有酒瘾，而堕民们不论男女几乎都嗜好烟酒。究其原因，堕民老嫚过去在喜庆场合吃好的喝好的，吃不了还能“兜着走”，四时八节能讨得节俗食品享用，吃喝惯了，所谓习惯成自然。

(三)居住习俗

平民不屑与堕民杂居。堕民为了生活上的互相帮衬而聚居，形成一个个聚居地，俗称“堕民坊”。为了走动“门眷”的便利，堕民坊往往建于平民社区附近。人口越集中，经济越发达，堕民聚居人口越多。

---

① 诸暨民报社编：《诸暨概况》，民国 13 年(1924 年)刊印，第 3 页。

② 〔清〕光绪《上虞县志》卷三十八《风俗》。

“低屋小房”成为堕民住宅标志性特点。绍兴有“台门之乡”之称，但没有发现一处精雕细刻的堕民“台门”建筑。堕民坊随处可见的是暗阴潮湿的陋屋，污秽不堪的破烂，往往成为当地最没“门面”的地方。绍兴堕民“低屋小房”与他们的地位密不可分。旧社会以民宅门面论等级，相邻而居，堕民门面必须低于平民。“旧社会绍兴城镇居民多租赁人家的屋住……住自屋的全县仅占十分之一二。”①而城镇堕民几乎都拥有自己的住房，富裕地区的堕民住宅条件并不算差。不过，在边远农村的堕民，往往只得“寄居于各村之祠堂”②。近代以来打破了对堕民居住的限制。清光绪《上虞县志》记载，有些堕民家“高楼华屋，俨若世家矣”，一两百年以上的堕民楼房随处可见。上虞县小越镇原羊角沥自然村至今仍保留着四排七间两层的楼房，据传是光绪年间造的。

（四）出行

绍兴是水乡，出门主要交通工具是船只。如果堕民与平民同船，即使寒冬腊月，北风呼啸，堕民也不准入船舱。

老嫚上主顾家，必挽一只称为“老嫚篮”的竹篮。“老嫚篮”用来装主顾家的赏物、酒席剩菜和老嫚出门必带的生活用品如鞋、伞等物。俗话说“竹篮打水一场空”，但竹编的方底圆口带盖的“老嫚篮”因上漆而密封性好，故有“老嫚篮——滴水不漏”的歇后语。

平民路遇老嫚视为吉兆，但如相向而行，男女堕民都得给平民让路。

七、节日习俗

绍兴堕民的时令节俗与平民没有太大的差别。只不过由于时节期间或忙着为主顾提供服务，或忙着上门讨赏，堕民自己过节在时间上往往比平民迟些，在仪式上也草率些。

过年

绍兴民间腊月中上旬就开始筹备年节。但对堕民而言，这是一年中最忙碌的季节，一切以服务主顾年节为重，或忙着“走年节”，或忙着演戏，收入第一。

堕民们年节的忙碌从为主顾准备“祭灶”开始。从十二月中旬，男堕民日夜赶制“灶糖”，老嫚挨家挨户送“灶糖”，必须在平民祭灶日前（农历二十三，有些地方为二十四）送达。在明清时期，男堕民还要给主顾“打夜胡”。可想而知，在主顾祭灶日之前，堕民们没有时间准备自己过节。堕民祭灶定在廿五，民间认为这是平民对堕民的限制，事实上这也符合堕民的要求。

“祭灶”结束到年三十夜，堕民们有时间筹办年货。因年糕和粽子等年货在年后上主顾家“拜年”“唱像”时能讨取，故堕民准备的年货并不多。

中国传统年节中最重要的民俗活动安排在年三十和正月初一这两天，绍兴堕民与平民的节日生活基本相同。年三十，堕民也请祖宗、吃年饭；正月初一，堕民的早餐也吃汤圆和年糕，取“团团圆圆”“高高兴兴”之意，出门“走喜神方”后，以长幼为序，依次向尊长拜年。不同之处

① 绍兴市军事委员会编：《绍兴概况调查》，未刊稿，1949 年，第 122 页。

② 《长乐镇志》，浙江人民出版社 1999 年版，第 236 页。

主要表现在“老嫚篮”“堕民篮”上各放一小片年糕，取意为年年高起来，讨彩头的含义与平民不同。年夜分岁和正月初一早餐吃粽子，讨种子之彩头。堕民们视“门眷”为田地，认为不吃粽子来年“门眷”收获会减产。另外，有些地方在分岁后，男堕民三五成群地敲锣打鼓地到同村主顾家讨彩头。城内的演员都要在正月初一去班主家。班主请过财神后，请大家喝杯“元宝茶”（即糖茶加青果），预祝演员喉咙响亮、万事如意。

按绍兴习惯，初二拜娘舅，初三拜丈人，然后才可随意安排其他亲朋拜年时间。但堕民却从给主顾家拜年开始。初二开始，老嫚去主顾家“拜岁”，男堕民去主顾家“唱像”，唱功好的堕民干脆组成戏班外出唱年戏。绍兴习俗，过年不能关门落锁，但堕民家无人看管家门时“关门大吉”。

堕民之间的走亲访友比平民为迟，似乎没有约定俗成的时间，根据给主顾拜年所需时间长短不同而异。堕民走亲朋的时间安排还受外出演戏的影响。故有的堕民从初十前就开始走动，有的从正月廿后甚至二月份才开始。二月份才走亲访友，被称为拜“大麦岁”，意思是割大麦的时节才去拜岁，迟了。二月份，堕民坊的年节气氛正浓，戏班回家了，主顾家的走节也结束了，大家开始享受迟到的年节，戏台上堕民自导自演的戏文唱得很欢。

堕民亲戚走节的礼数与平民基本相同，但礼物较轻。送长辈为糖包和红枣包，送幼辈为糕点包，已属较为高档了。一般送礼为两枝甘蔗（为装面子往往把甘蔗去皮切成小段）和几个荸荠。除了新女婿，堕民们绝少送桂圆包和荔枝包。

绍兴人有拜“蜡烛岁”的习俗，拜岁时需带上蜡烛和干果，在神像前点上蜡烛，放好干果，三跪九叩首。但堕民却没有这么讲究，即使至亲长辈去世，也只需在死后那年拜“蜡烛岁”。祭拜时只需站着拜三下，一般尊长去世用不着特地赶去拜“蜡烛岁”。

绍兴人过年有“挂祖像”习俗。堕民也挂祖像，所不同的是堕民家祭品中有一条“发财鱼”，用木头雕刻而成。一则因为穷买不起鲜鱼，二则也怕供上鲜鱼会发生被猫或老鼠偷吃等不祥之事。

另外，堕民挂祖像时间也比平民要短，平民要挂到正月初八（有些地方为正月十八），堕民在正月初五前后取下。

清明节

绍兴人对清明扫墓礼仪一向十分隆重。但堕民却简单多了。他们只给父母扫墓，上代祖坟一般不再打理，只在家里给列祖列宗做做羹饭而已。堕民上坟时间也比平民迟些。平民在谷雨前上坟，堕民则在谷雨之后，俗称“小清明”。民间视为对堕民歧视的表现。客观原因是清明时节男堕民忙着为主顾家充吹鼓手，老嫚忙着帮主顾家应酬，无法顾及自家祖宗上坟。

端午节

绍兴人过端午节，家家户户大门插上蒲草和悬挂艾草，堕民却无此习俗。

八、人生礼仪

堕民对人生礼俗非常熟悉，但自己的婚丧喜事却办得相当简单，往往在自己亲朋帮助下完成，不出钱雇请其他堕民，无明显特色。以前的堕民家新娘不坐轿，不穿旗袍，不戴凤冠，到民国后才破除忌讳。

堕民操办丧事与平民有所不同。在王坛等山区，堕民不列牌位，不进庙，不进祠，死者牌位用纸做成，出丧回来就烧掉。绍兴堕民普遍不“接煞”（又称“转煞”）。一般绍兴人相信，死者灵魂头七前后某天夜里要回到临终之处察看，同来的公差叫煞神，必须设筵供奉，否则他要凌辱死者灵魂。夜半过后，道士吹打乐器，并在砻筛遮掩下以秤杆敲打公鸡，使其作声，借以驱逐煞神。不过，平水镇和诸暨一带堕民流行“转煞”习俗。而绍兴的赵姓和湖塘镇一带连平民也不“转煞”。

九、语言习俗

堕民腔

绍兴城区及其附近堕民坊的话语相当特殊，绍兴人称之为“堕民腔”。如向主顾家讨赏称“折过来”或“折带过来”，称“主顾（gu）”为“主库（ku）”，“如呼手曰休，呼丑曰秋，呼绍曰萧，呼子曰纪，呼少曰笑”①，“如‘初一日’，他们说成‘处一日’；‘素色’读作‘书色’；‘少奶奶’喊作‘小奶奶’等等”②。不过，这样的注音并不科学，虽然绍兴话中“初”和“处”、“素”和“书”不同音，但普通话“初”和“处”、“素”和“书”近音。

堕民行话

堕民相互打听赏物赏钱，往往说隐语。年糕称“撩勿着”，粽子称“四角”，未吃过的菜称“拼汤露水”，吃剩的菜为“阿饶下饭”。一块钱称“单（dan）边（bian）”，二块钱称“宝（bao）货（hu）”，三块钱称“所（suo）子（zi）”，四块钱称“长（chang）子（zi）”，五块钱称“拆（cha）子（zi）”，六块钱称“及（ji）落（la）够（gou）”，八块钱称“眉（mei）毛（mao）”，九块钱称“小（xiao）弯（wan）”，十块钱称“搞（gao）子（zi）”。

在平水镇陈后山村，堕民行话：老头称“苍头”，东家称“顶头子”，小姐称“对花”或“姣姑”，钱称“阿霸”。十个数字发音为：一为“起”，二为“杜”，三为“所”，四为“差”，五为“判”，六为“流”，七为“清”，八为“棚”，九为“弯张”，十为“叉头”。

第三节　慈城堕民

宁波地区也是堕民重要的生活所在地，其习俗与绍兴地区有相同也有很多不同。宁波慈城是堕民居住比较集中的一个地方，其习俗在宁波有一定代表性，且材料相对较完整，因此单设慈城堕民习俗一节。

---

① 诸暨民报社编：《诸暨概况》，民国13年（1924年）刊印，第3页。

② 阮庆祥等编：《绍兴风俗志》，绍兴县文联1985年刊印，第256页。

一、职业习俗[①]

在慈城，传统对堕民有十条禁忌："一禁入学读书，二禁进入仕途，三禁从事工商，四禁耕种田地，五禁与平民婚配，六禁高声说话，七禁昂首阔步，八禁聚众集议，九禁夜间喧哗，十禁成群结队。"剥夺了堕民的言论权、生存权、受教育权和人身自由权，这样无论在官员，还是平民的心目中，堕民理应是贱民，而且是比乞丐还要低一等的贱民。故而，人们称堕民从事的职业为"贱业"；堕民的行为为"贱相"。慈城堕民社会地位的卑贱，还表现在以下几个方面：

不准纳官经商。清光绪《慈溪县志》记载："明太祖定户籍，匾其门曰丐。男女自相配偶，不与良民通婚姻；在里巷间任猥下杂役；积镪富禁，不得纳资为官吏。"

不准科举应试。慈城堕民不能读书识字受教育。清后期，慈城半浦村一剃头堕民满腹经纶被拒在校士馆大门之外，不能参加乡试，就连县衙门的师爷都替他可惜。

慈城作为古县城，定期举行乡试。全县穷的富的，少的老的男人都可应试，唯有堕民没有资格。以前堕民绝大多数为文盲，初识者是在民国后期或者是中华人民共和国成立后扫盲的。

清雍正八年(1730 年)、乾隆三十六年(1771 年)先后颁布削堕民籍，但科场对削籍的堕民仍旧设限。有《癸巳类稿》卷十二引《京报》为证："乾隆三十六夏六月庚辰，礼部议覆陕西学政刘(增)，山陕之乐户，浙江之丐户，虽编籍由来，无可确据，而其相承旧业，实属卑污。应请以报告改业之业为始，下逮四世，清白自守，方许报捐应试……"也就是说脱籍后只经过一二代，并且其族亲仍有从事"贱业"的，仍不得亲近"士大夫阶层"。

着衣与民不同。明朝祝允明文载："住在奉化的所谓丐户，俗称'大贫'。居住在城(县)外，同类间配偶，良民不和他们通婚。官方发给衣食，不特别限于赤贫的人。"官方对堕民衣着的限制，发给官制的衣服，堕民不能穿四民的服饰。

莫莠《堕民与堕民现象》载："堕民是天生的'贱胎'，见到堕民就像听到乌鸦叫那般会招来晦气，因而就得向他们一面吐唾沫，一面唱咒语，才能戒掉晦气。"

凡发生盗窃、抢劫案件，皂役、地保、警察、保甲长均无须履行当局颁布之法，可至堕民聚居区任意查抄或抓捕，堕民人身、财产较一般更无保障。

宗族形态[②]

传统的汉族家庭崇尚"五世同堂""四代共饮"。旧时，维系一家一户的是宗族。绝大多数家族有一套宗法制度，有的家族小，只有一层组织，或者说只有一个祠堂；有的家族大，有众多支系便有多层组织，或者说有支祠、宗祠。在慈城这种宗族形态尤为明显，每一姓氏家族至少有一个祠堂，而有的望族则是分支祠、宗祠众多。比如慈城冯氏分五个祠堂，至少有三层组织结构。同时，各姓宗族订有封建宗族族规来制约族人行为，维护宗族利益。

然而慈城堕民有家没有族，也就更说不上家族的宗法制度。他们形如同宗，却不同姓；有

---

① 王静:《中国的吉卜赛人·慈城堕民田野调查》，宁波出版社 2006 年版，第 71 页。

② 王静:《中国的吉卜赛人·慈城堕民田野调查》，宁波出版社 2006 年版，第 65 页。

的同姓却不亲。慈城堕民生活的基本形态是以各自的家为单位，依靠一家一户的脚埭而生存。他们的居室很简单，根本就没有祠堂。有的稍有经济能力的堕民家庭，为了祭祀祖宗，自创了祖堂。祖堂其实只是一间檐低三尺的小屋，仅只留出一些空间专门用来摆放他们先祖的灵位罢了。

慈城天门下的顾姓家族最早的祖堂叫敦叙堂。但因没有统一的家族宗法，太婆们时常闹意见。后来越闹越大，直到清末，以致分立祖堂，其中一个堂取名曰：一本堂。民国 13 年(1924 年)，顾家太婆过世，顾家子孙中有人提出重立祖堂，将各堂合在一起，叫本顺堂。也比较简陋，只是将一幢平房的中间堂房的后半间，用来放祖宗神位。这幢既是居室，又具有类似祠堂功能的本顺堂从此成了顾家的祖堂。

其实慈城堕民的祖堂仅仅是他们住房中分割出的一部分而已。天门下相对富裕的人家，只是在民国以后才大模大样地设祖堂。天门下堕民设的祖堂不分男女老少都可进入。这与非堕民的祠堂对女人有特别的禁忌就很不一样。

此外，天门下的堕民村没有村长、保长、甲长等管理人员，但大多数的堕民聚居在堕民村不愿意外迁，原因不外乎他们在受到外来的欺凌时，能齐心协力，共同对外，一致抗争。

随着时代的进步，堕民职业行当也随之变化。慈城堕民中开始出现了拥有土地的地主，或者从事祖传以外的行当，比如经商等。这样，那些敢于吃螃蟹的堕民有的成功了，摇身一变而成了新发财主。当成了新发财主的堕民想为乡亲办些事时，他们首先想到的是建祠堂。

与宁绍平原的其他地区不同的是慈城天门下的堕民不但能设祖堂，而且还自编家谱。

脚埭①

堕民活动的地域范围称为脚埭。明朝时期，堕民人数少，一般以定居村落为中心，只要一家一户的精力所及，就近服务，没有脚埭也无须划分脚埭。后随着堕民人口剧增，堕民村落附近的四民所提供的业务已难满足堕民生存的需要，而且堕民人数增加后，也出现各家争夺地盘的现象，这样就逐渐出现了脚埭。脚埭是以堕民定居的村落、祠堂和庙脚为基础，适当扩展一些原没有堕民定居的空白村落。

对多数堕民来说，脚埭就是他们赖以生存的“土地”，慈城堕民也是如此。为此有些慈城堕民娶媳妇时，自吹家里有“田”，其实这田即脚埭。

慈城堕民的脚埭大小不等，大的有几个村，小的只有几户人家。而堕民想进某一脚埭，先后要经过族长、柱首和东家三者认可。堕民拥有脚埭，就像拥有家产一样，可以世世代代传下去的。慈城堕民传脚埭很像旧时传遗产，传内勿传外，比如送娘的脚埭就只传媳妇，不传女儿。

送娘②

送娘子是女堕民，以陪送新娘子而得名，简称送娘。女堕民干这一行较多，只是各地称呼不同。嵊县人称为送姑，绍兴人叫老嫚，就在慈城也有叫送娘子、送娘伴、堕贫嫂等。

---

① 王静：《中国的吉卜赛人·慈城堕民田野调查》，宁波出版社 2006 年版，第 41 页。

② 王静：《中国的吉卜赛人·慈城堕民田野调查》，宁波出版社 2006 年版，第 72 页。

婚嫁。送娘，一旦被东家约雇，其职责至少有指导东家备办嫁妆、指导姑娘行新婚礼俗和代送新娘过门等。在慈城，有的大户人家婚礼十分讲究，常雇送娘与裁缝师傅同时进门，裁缝师傅负责做衣裳，而送娘的任务有许多：代表东家谋筹嫁妆，指挥家佣购物备料，奔走小姐与裁缝间，为小姐策划嫁衣的款式，向裁缝传达小姐的意愿，等等。直到嫁妆备齐，之后进入婚俗的下一阶段——搬嫁妆。这个时期送娘的聘期约需一个月。

旧式婚俗中，一般除媒婆外，送娘是夫家藉以了解女家的第一人。所以，一个标准的送娘，应当是长相标致，能说会道，逢场作戏，好话连篇，见风使舵，粗细能干。

当迎亲花轿登门，送娘要为新娘开面化妆了。慈城有俚语：小姑开面头一桩，嫂嫂绞面月一次。女人的第一次绞面称开面，是旧时姑娘变为媳妇的一种仪式，一般在上轿前施仪。为图吉祥，送娘先用红鸡蛋按在姑娘的上额，自上而下擂到下巴，再用棉纱线在额头、左右面颊绞三把，边绞边念着"抬去轰轰响(慈城俗语，有娶新娘兴旺发达之意)"的祝语。而当绞后颈的发脚时，祝语则是"享后福"等。行完开面仪式，帮新娘穿袄着裙，吃上轿饭，护着新娘辞别双亲，在夫家拜堂，吃贺郎酒等这些场面还都少不了送娘。

花轿出门，送娘就手挚提桶肩，背红灯笼跟着花轿去夫家。提桶也称半夜要紧桶——有的堕民直接当马桶用，此时的桶内往往装有红蛋、花生和包子。有时两亲家相距很远，背红灯笼有点沉重，习俗允许送娘用红绸替代灯笼送之。

慈城的婚俗，新娘子的脚不能落地，下轿或下车(也有坐黄包车的)，全由新郎抱。进厅堂一路须用麻袋铺路，因路长袋少，送娘就担当前后传袋的角色。一边传一边唱："一袋传一袋，代代发大财；一代接一代，明年官官(小孩)来。"

之后，送娘对新娘的指导贯穿仪式的全过程。比如拜堂拜公婆、见大小、洞房交杯酒、泻茶、小满月过门、下厨等。

绞面。除了婚嫁，送娘平时还要替东家的女主人绞面。绞面是堕民的一手绝活。一根二尺左右长的棉纱线，用两手的指头绷成一种不规则的几何图，再用一定速度滚动几下，绞去脸颊上的汗毛，脸色也由此变得红润光滑。看来绞面具有按摩和美容双重功能。有的送娘还能把眉毛绞得细如柳叶。操这行当的送娘也很讨富家女主人的欢喜。

绞面分包月、临时两种。包月的每两月或一月上门一次。慈城的女人很节俭，平时不太绞面，偶尔要走亲访友了，临时召唤一下。

此外，送娘还做些贺岁拜年送金贴银，送糖送针兑米，小孩满月剃满月头，老人死后替死人揩身穿衣、送葬，做七满百帮忙等行当。

值堂①

值堂是指挥雇工经办所需的物资，设计布置喜堂、灵堂、祭堂和环境等职的角色。旧时，较大规模的红白大事、喜庆、祭祀，均需有值堂这一角色。受雇于东家，是东家雇用人员中的第二号人物。总管受东家之托主持大事，而值堂是总管的参谋、助手，他受总管之托。慈城大家望族多，这些家庭越是大场面越是讲究礼仪，所以一个智谋双全，具有一定艺术水准，鉴赏

① 王静：《中国的吉卜赛人·慈城堕民田野调查》，宁波出版社 2006 年版，第 75 页。

与处事能力的值堂很受欢迎。

值堂在余姚也称贰爷。吕衷才《谈余姚的堕民》介绍：他们有的读书识字，是专门服侍士绅的男仆，熟悉礼节，属堕民的长衫阶层。类似这种堕民的长衫阶层，慈城堕民中也有，但只是个别的。

长衫堕民是值堂的另一称谓，他们是见过世面，具有一定水平的人物。唐弢先生笔下的值堂是："他们手段灵敏、态度谦卑，丧事上祭的时候，每献一道祭菜，就有一个姿势，动作非常纯熟。"

吹行和木偶戏

吹行、木偶戏是堕民的艺术行当，是一个班子中的两个行当。吹行以乐艺为主兼唱昆曲，演木偶戏时以吹行为乐队，能唱者配唱，加木偶和支撑表演者，即成木偶表演班。平时先服从吹行服务，闲时演木偶戏。

吹行由边吹边走得名，如民间迎亲、出丧等场面的吹唢呐。其实，吹行以乐器为主，兼唱昆曲堂会。为此吹行也叫吹行班，有五档、七档、十二档3种。婚礼中的贺郎酒，寿宴时的长寿酒均有器乐配奏和唱昆曲，名曰"小唱酒"。吃小唱酒时，领队在席间还指挥大家。大家团团圆圆围坐在一起，待打击乐器奏停，笙声吹响，宴席才开始，宾客才能动筷。

木偶戏，俗称"小戏文""下弄上"。用木头雕制三尺长的戏剧人物，穿衣戴帽，由堕民执掌演戏。堕民们能演全本《狸猫换太子》《白蛇传》《孙悟空大闹天宫》等。演期，有正月灯头戏、三月清明戏、十二月冬至戏。民间还有发财还愿戏、祝寿、中举、出丧、放焰口等时也有演出，均视东家喜好而定。

慈城人欢喜看戏，这样吹行堕民就有了诸多的表演舞台。现在老慈城还记着像德财、如法、阿昌等表演艺人。

剃头①

剃头现称理发，剃头的人叫剃头郎。剃头行当始于清朝。清朝前男人蓄发留须，清始男人剃额发梳辫子头，就有了此行当。民国时，男人剪辫子，要剃头的人多了，剃头堕民发了财，有的开剃头店，不会剃头的跟着学剃头。于是剃头行当成了堕民的主要行业。慈城天门下的居民最多是剃头，就连做送娘子的，干吹行的都会剃头。剃头行当分拎包剃头、肩挑剃头和开店剃头三个档次，这三个档次也是理发业发展简史。宁波有句俗语：剃头挑子单头热。是指剃头担子一头放有烧热水的炉子，一头是脸盆架子和剃头家什。

阉鸡②

阉鸡俗称结鸡，也是堕民从事的技术性行当。结鸡人一般身着一套黑衣，手提黑色有钩洋伞，腰悬阉鸡手术刀什，走街串巷，边走边吆喝："哗—结鸡哗—"吆喝声抑扬顿挫，"哗"音重又长，"结鸡"音轻又短。

旧时的初春，家家户户一般都扻些雏鸡养养。雌鸡养大能生蛋，家境好的人家自家吃鸡

① 王静：《中国的吉卜赛人·慈城堕民田野调查》，宁波出版社2006年版，第77页。

② 王静：《中国的吉卜赛人·慈城堕民田野调查》，宁波出版社2006年版，第78页。

蛋，家境差的卖蛋换盐米。雄鸡养大过年吃鸡肉打牙祭，改善一下生活。但雄鸡肉粗而硬，味道不如结过的骟鸡肉嫩而脆，所以雏鸡稍大些能辨性别，就要将其结一下。结鸡人有生意时，边坐落边从腰间取出手术家什。他解开布包，将一块黑布垫在双膝上，用布包内的两只筷夹住鸡的两翅，筷系的细麻绳系住鸡的两爪，再在鸡肚下拔去一撮毛，取出锃亮的刀子一划。然后顺势将刀咬在嘴巴上，再用两只黄铜夹子拨开刀口，迅速用小勺子找到类似糯米饭粒大小的睾丸，再用一根系在竹片上的棕榈丝套住睾丸，轻轻地一拉，结鸡的手术算做完了。经这一手术后，原来喔喔会啼的大公鸡就变成了骟鸡，有人戏称其为“鸡公公”。

详梦①

也称解梦。详梦是慈城堕民季节性的特殊行当，也是慈城堕民区别于其他地方“堕民”的一种行当。

据传详梦行当与明代的权臣严嵩有关。一年，严嵩在清道观求梦，梦见被人绑于屋柱而挖去双眼，吊在屋梁。第二天，严嵩吓得手脚发软，从清道观的百步阶走下，半山腰碰到守候的送娘子。送娘子详梦说“屋柱为木，眼又为目，木目为相，东家以后是朝中宰相”。严嵩被送娘子一说，突然清醒，吆喝道：大胆贱人，谁让口出狂言……后来严嵩真的当了宰相。这个送娘子偶尔所言，却为慈城堕民找到了一个好行当。

详梦虽说比较难，但只要摸透求梦者的心理，应变而说就行了，而堕民，特别是送娘子很会奉承说好话，似乎是块天生的详梦的料。

上述六大行当，是有固定脚埭的慈城堕民的行当。他们尽管社会地位低贱，从事的又是所谓“猥业”，但慈城堕民相当聪明，也比较勤劳，每一个堕民至少会操两种以上的行当。如有的送娘，还会剃头。而专门剃头的男堕民又会阉鸡。他们的生活也不错。

兑糖

每当农闲时，堕民肩挑货郎担，手摇拨浪鼓。进村沿路叫卖低廉的针线、火柴、纽扣；或者头发及鸡、鸭、鹅毛兑针、发卡；或者自制糖饴向村人换取废铜烂铁，故称兑糖。

抲瘌四

实在找不到行当的堕民以抲瘌四出售维持生计。瘌四即青蛙，是益虫，民间奉它为护公大将，故而视抲田鸡为罪过。而堕民以此业挣钱，颇受人鄙视。

贴年签与跳灶王②

旧时春节期间，散居城外的慈城堕民分批在大街小巷的家家户户逐一粘贴“上上大吉”“招财进宝”等年签，或送春牛图，或装扮成灶公灶婆，于门庭、天井唱赞歌，博得东家欢心，来换得一些年糕、粽子之类的赏物。每年的夏天，散居在城外的堕民，如汶溪乡一带的堕民每年八月，准到蟹浦等海边，唱黄鱼，跳鱼喜，以换得一些鱼鲞之类的赏物，一般唱一曲赏一爿鱼鲞。

扎阁富与朝黄龙

旧时，慈城一般人家是用彩马送灶神的。堕民以竹枝、彩纸扎成彩马于旧年腊月二十三

---

① 王静：《中国的吉卜赛人·慈城堕民田野调查》，宁波出版社2006年版，第80页。

② 王静：《中国的吉卜赛人·慈城堕民田野调查》，宁波出版社2006年版，第83页。

前，分送到各家，求得东家赏物。朝黄龙也是如此，龙是堕民用黄纸糊黏的。过年前，他们便挨家挨户送黄龙讨赏。讨赏时的口彩是这样的："黄龙到，生意好，老板一年四季赚元宝，老板发财，老板发财……"

贺年拜岁①

从腊月开始，天门下的堕民每家每户买来黄豆要准备做"金条"了。所谓金条就是用黄豆粉和槿糖（就是糖饴）做成形似油果的食品，金条内嵌芝麻，喷香蜜甜漾口，色呈金黄像金条。故而能讨口彩，十分吉祥。做好金条，订好元宝（元宝是专门由年糕师傅做的），在每年的腊月二十三前，阿嫂捧着果桶，肩背装有金条、元宝的赏盘，开始到东家贺年去了。

敲开东家的大门，阿嫂一脸喜气洋洋，虔诚地递上一桶的金条（一般是金条20根～30根不等）、四只大元宝（糯米粉做的，寓意四平八稳），道出"老爷、太太，金条、元宝来勒"的祝语。堕民的贺年叫贴金送银，而东家的收礼叫接金迎银。这样简单、通俗的一送一接，营造了一派喜气洋洋的气氛。而贺年的慈城堕民就能得到一果桶的赏米（十来斤重），若东家高兴，赏米有可能更多。

从正月初一（也有的是初二）开始，天门下的老小堕民，举家到各自的脚埭去拜岁。拜岁时，有的是空手而行，有的是朝黄龙。空手的堕民一到东家见人说好话祝福，便能得到赏物和压岁包。赏物有一盘年糕（寓意年年高）、一盘粽子（形似元宝，寓意多子多福）和一盘米（音有万万年，寓意长寿）。压岁纸包内装的是钱，2角、4角、6角，多少不等，辈分越大，纸包的钱越多。脚埭多的堕民贺年拜岁的收入真是一笔大数目。

女堕民频繁地行"单跪拜礼"，口称"相公、大爷、少爷、奶奶"吃"喜瓜"，每行一个"喜瓜"礼，可得一个"纸包"钱，因此，一般贫穷的东家不敢接受"喜瓜"礼，往往是诚惶诚恐地连呼"免礼！免礼"，以免付"纸包"钱。

旧时，民间还有贺春、端午、中秋和重阳等岁时风俗。其间，慈城堕民去东家贺节讨赏，也能得到一些赏物，只是没有过年这么多。尽管节日能讨赏，但慈城堕民决不会在端午节走东家讨赏的。因为在慈城堕民的心目中，这一日是他们的耻辱日。他们只是待在家里不出门的。

据《鄞县志》记：立春日，鄞县的堕民有贺春风俗。贺春时，让有威望的堕民当报春官，在队首开锣鸣道，后面跟随大大小小的堕民沿街得赏钱。而慈城堕民没有贺春之俗。

挖稻熟谷

慈城堕民为东家服务的劳务收入，比如东家包剃头、包绞面的费用，一般是以谷代钱。每年的双夏，早稻成熟之前，慈城堕民专门买来碎米、潮米和玉米做一些糖饼，到东家的田头，边分糖饼，边讲好话，好让东家多赏几畚箕稻谷，俗称"挖"稻熟谷。

每年早稻成熟的季节，堕民们常要雇挑担、摇船和帮脚，一起进村到田头，开始分糖饼，开始祝福："东家稻谷割不及，余粮万万斤啦。"其实在田头的常是地主的佃户，或者雇工。若收成好，对阿嫂比较客气，所以"畚稻谷"时，给的就越多。可有的堕民往往不知足，好话又说过

① 王静：《中国的吉卜赛人・慈城堕民田野调查》，宁波出版社2006年版，第86页。

头，常常会适得其反。

帮忙花销①

服务于东家的婚嫁、丧葬、寿庆和小孩满月等，统称帮忙。按常规，东家不付工钿给花销。花销是毛巾、布料、鞋袜、帽子等日用品，也有红纸包、大米等。到底给多少具体还要看服务场面、服务时间和东家的家境，但一般是不会少的。

每做一回送娘，挖花销有两笔收入，一笔是红包，一个1元或者2元的红纸包；一笔是实物，两桌菜肴。旧时，慈城人嫁囡，娘家要备上轿饭和待新娘饭，这两桌饭菜等新娘子吃剩后，全部由送娘倒回家去。上轿饭必须是4碗菜：全鱼、全鸡、烤肉和芋艿。待新娘饭至少有10碗菜。这两桌菜名义上是让新娘吃的，其实新娘一口也不吃的。而且旧时的婚礼，择日在冬季的比较多，这样两桌菜肴让阿嫂倒回家去后，一家人可吃上好几天。

公事茶包②

服务祠庙活动属于公共活动，均是义务的，平时不给工钿，但每年年底祠庙有大家田的收入，即专门用于祠堂的田地租谷的收入，民国时折算铜钿约百元的银洋。族长就会用压岁包或者茶包的形式付给经常服务祠堂的吹行堕民。

吹行堕民平时到各祠庙演出，也是义务性质的，除了吃点心外，一般没有工钿。但年底族长会结算付给，一般总付三四十元，而堕民们再按人头分配。

二、生活习俗

（一）服饰习俗③

清光绪《慈溪县志》载："四民所常服不得服。"慈城男堕民平时着短袄，出门走脚埭时着长袍，外套无袖马褂（背心）。民国前，男堕民还戴狗头帽。女堕民穿黑（或蓝）斜襟短衫（或斜襟短袄），宽大无褶黑色罗裙，或者是青衣蓝裙。无论男女，腰间都系一根带子。男堕民束腰撩绞，牵左角塞于腰间，以区别同一时代男人的衣着——长衫。女堕民无论黑衣裙，还是蓝衣裙，其裙子一定要横布做。

旧俗，宁波女子做衣裳禁忌用横料，说这样女人生小孩时要难产的。而让女堕民穿横裙，这除堕民女子的服饰标记十分鲜明外，也足以说明民间对堕民的歧视。鄞县、余姚、绍兴等地的堕民服饰与慈城堕民服饰基本相同。据绍兴等地的方志记载：绍兴、余姚堕民的服饰为左肩高、右肩低，这与慈城堕民的服饰不同。尽管如此，长袍揭左角与蓝色长罗裙仍是浙江男女堕民的服饰标记。

此外，慈城女堕民的服饰还有两个禁忌：一不能卷袖管，二不能穿红鞋。

据象山地方志资料载：象山堕民不准穿长衫。

---

① 王静：《中国的吉卜赛人·慈城堕民田野调查》，宁波出版社2006年版，第88页。

② 王静：《中国的吉卜赛人·慈城堕民田野调查》，宁波出版社2006年版，第90页。

③ 王静：《中国的吉卜赛人·慈城堕民田野调查》，宁波出版社2006年版，第38页。

除服饰外，堕民的头发也与四民不同。民国前，慈城男堕民前半头须剃光，后面的一根发辫常盘结于颈间，就像鲁迅笔下的阿Q头样。之后，他们只能剃光头或小平头，不能理西式头。慈城女堕民虽可梳发髻，但发髻偏高，要高于四民妇女。前额的发一律往后梳，在两鬓及前额涂抹了一层用黏头乳（榆树叶浸出的汁）和黑粉调成的发胶，以固定蓬松的乱发。但由于发胶与发质不贴切，原本起美容作用的涂抹，却似涂了一层镬煤似的难看。

慈城女堕民没有耳朵孔，不能戴耳环，不能缠小脚。

（二）居住习俗①

慈城堕民居室比一般平民宅第檐低3尺。替东家打理祠堂的堕民也只能住在祠堂边的偏屋。

从天门下仍保留的堕民居屋来看，这些房屋屋檐高度都不会超过2米。同样，这些居屋的户门小，窗口更小。白堂是任家的祖堂，其门高只有1.64米，宽只有64厘米，别说是身材高大的男人，就是个头稍高的女人进出门都得碰头磕脑。据吕衷才的《谈余姚的堕民》回忆：余姚堕民聚居在偏僻的地方，自成村落。他们的住屋，不论草盖瓦覆，比居民房屋都低。不设厅堂，进门就是卧室。门框也很矮小，成人出入，要弯腰弓背。

（三）出行②

旧时，慈城堕民出门禁止乘车马，不能坐轿子，即使财力允许，也不能乘车坐轿。他们只能步行出门。步行出门时，他们总是低着头、迈着碎步，靠右急速而行。慈城女堕民出门时，总是带着一把雨伞，肩背赏盘（慈城堕民语言，蓝布包袱、麻袋、果桶、茶盘统称赏盘）。

堕民与他人在路上碰面相见，不能像四民那样行拱手礼，更不敢同坐、同桌吃饭等。

宁波的堕民出门不论晴雨，必定携带长柄油纸伞，而且头朝地夹在腋下。

三、节日习俗③

慈城堕民过节的特点是：先送节后过节。每到节庆时，堕民先要赶赴脚埭的东家，陪少爷们乐，逗少奶们笑，以讨得一些赏物、赏钱，所以得先送节。相应地他们自己的节日就必须在四民过节之后了。他们的过节与城里人差不多，但过得很简单。常常做一桌羹饭，以示过节了。即使简单的过法，其过节的时间也一般都比正节晚，所以是后过节。如：农历廿三是祭灶日，慈城城乡的家家户户此日要祭灶神菩萨，而他们却在次日的农历廿四傍晚。又如：清明扫墓，四民惯于清明当天，或者是清明前后三天。而他们却只能在谷雨前后。八月的中秋节，慈城人是过八月十六的，这一天，士人家置酒酣燕，玩月为乐，每至夜分乃止，家家以月饼相馈。而慈城堕民的中秋节在士人过节之后，既不可能置酒酣燕，也不可能玩月为乐。他们只是吃过东家得赏来的月饼而算过节了。端午节，慈城人有吃乌馒头的习俗，但慈城堕民不过端午

① 王静：《中国的吉卜赛人·慈城堕民田野调查》，宁波出版社2006年版，第40页。
② 王静：《中国的吉卜赛人·慈城堕民田野调查》，宁波出版社2006年版，第43页。
③ 王静：《中国的吉卜赛人·慈城堕民田野调查》，宁波出版社2006年版，第94页。

节。这一天，他们是不出门走脚埭的，更不讨赏乌馒头。据慈城堕民自述，端午节是他们的落难日，数百年前的那一天，他们被贬为堕民。

四、信仰习俗①

农历五月二十五

传说这天是都神殿的五都菩萨生日，五都菩萨是专门保佑他们的。为此天门下的堕民以五都菩萨的生日认作自己的节日。这一天，大家谁也不出门奔脚埭，而是倾家出动，聚集都神殿。吹行堕民吹拉弹唱，上台做戏，其余众人嘻嘻哈哈台下观戏捧场。天门下像过年一样热闹。

老郎菩萨

旧时，天门下除了都神殿外，还有一座老郎殿。老郎殿是专供吹行堕民祭拜的。每次排演新戏要登台演出前，吹行堕民就要到此点香祭拜。另外，小堕民入吹行之前，也要先祭拜殿内的老郎菩萨，以免日后登台演唱时的昏场忘词。清《越中杂识》记载："供唐明皇，号老郎庙。"一般以为老郎殿供奉的老郎菩萨是唐明皇李隆基的化身。唐明皇喜欢戏剧，为梨园弟子所崇拜，故伶人奉其为祖师。而堕民，尤其是吹行堕民一概崇拜唐明皇。

五、语言习俗②

在慈城如果有人贪小便宜，就会开玩笑说：你怎么东西样样要，像堕贫嫂、屙痨造。这笑话出自旧时的童谣："堕贫嫂、屙痨造，黄狗拖来臭年糕；油爆爆、糖炒炒，吃落味道交关好。"

在官规、族约、乡风民俗约束下，慈城堕民内心自卑，有的形如乞丐。而表达他们的形象和内心自卑的可用"倒""挖""兑""拜"和"缠"5个字来概括。倒：女堕民时常去脚埭挨户倒饭盏，当送娘的堕民可到东家倒上轿饭、待新娘饭。此外，送娘出门肩背赏盘，手拎提桶，为的是倒饭盏、烩汁下饭。挖：每年稻谷成熟的季节，稻桶响起打稻声时，堕民闻声而动，自拎提桶或者赏盘到各自的脚埭，去挖稻熟谷。兑：农闲时，堕民自制一些糖饼，买一些针，进村入户送糖送针，换一些粮。拜：每年腊月二十四以后，堕民向祠堂的族长、庙宇的柱首拜年，族长、柱首开出三四十元的东道。年底拜年，新年拜岁挖东道出自于此。缠：纠缠不清。堕民上门服务后，向东家结算工钿或挖花销时，要这要那，要了还要，要个没完。这是堕民惯用的"缠功"。这些成了堕民典型的形体语言和标志。

堕民散居在四民当中，其语言与四民语言相同。慈城堕民讲的也是慈城方言。但由于长期的卑躬屈膝，堕民为了生存，为能在众多的禁忌下站稳脚跟，他们形成一系列独特的语言习惯。

（一）称呼

慈城人统称堕民为堕贫、堕皮、大贫。女堕民大多有堕贫嫂、送娘子、送娘等称呼，这些称谓或多或少带有侮辱性。随着双方和睦交往，四民中产生了一种比较客气的称呼，比如称男

---

① 王静：《中国的吉卜赛人・慈城堕民田野调查》，宁波出版社2006年版，第96页。

② 王静：《中国的吉卜赛人・慈城堕民田野调查》，宁波出版社2006年版，第46页。

堕民为众家人，而女堕民为阿嫂。人们也有根据他们从事的职业，以行当加堕民的叫法。比如：剃头堕民、送娘堕民……

无论人们怎么称呼堕民，堕民总是恭恭敬敬称呼年长者为“老爷”“老太”，“少爷”与“太太”，称年纪比较轻的为“相公”。若碰到陌生人，他们就称之“××官”，比如碰到种田的，就称种田官。即使在过去“三日没大小”的婚俗中，当人们没大没小地“吵”新人、“闹”洞房之时，堕民还是恭称新郎为“姑爷”，恭称新娘为“姑娘”。无论做何种职业的堕民，与人打交道，一张口就是祝语，就是吉词颂言，专讨得东家的喜悦。

（二）暗语

慈城堕民在特殊的场合专门用一种暗语进行交流，这种语言只流传于他们中间，外人一概不知。同时，凡能讲得出的东西，都有他们相应能说的暗语。有些外来语，民国后期才出现的事物虽然没有固定的暗语，但堕民是用“所以”两字插在新词的中间来表示的。例如：司必灵，堕民的暗语为“司所以灵”；电灯泡，堕民的暗语为“电所以泡”。

堕民讲的暗语，无论走到哪里，若采用暗语对话，对上号的，对方必须招待你，一宿两餐能白吃白住。而且这种暗语还在江苏、浙江（除温州外）、松江等地的剃头堕民之间通用，由此有人称此为“剃头隐语”。

根据调查，慈城天门下的堕民几乎家家都有剃头堕民。民国之前，送娘的、吹行的、值堂的堕民，他们个个都会剃头这一手艺。这样慈城堕民几乎人人都会说剃头的隐语，日积月累剃头隐语也成了慈城堕民的暗语。

堕民没有文化，也不识汉字，堕民的暗语是靠口口相传而延续下来的。

表 96-10-3-1　　与人或者人体有关的词一览表

序号	慈城语	堕民暗语	序号	慈城语	堕民暗语
1	男人	雄佬	11	头	顶宫
2	女人	私佬	12	面孔（脸）	残盘
3	小顽（小孩）	养养或者养生	13	汏面（洗脸）	阿残盘
4	小娘（女孩）	小姐官	14	脚	踢土
5	坏（男）人	欧正（雄佬）	15	眼睛	交子或月（穴）六头或角泥
6	阿爸	老昌	16	瞎眼（白眼）	交子角泥
7	阿姆	老木脸（一般儿子叫娘）	17	耳朵	顺风或者小青
8	老绒	私老士	18	手	爬沙
9	老婆（老公伛老婆）	阿私	19	嘴	樱桃
10	老公（老婆伛老公）	老昌	20	屁股	南风

续表1

序号	慈城语	堕民暗语	序号	慈城语	堕民暗语
21	头发	草草	26	冲手	汪爬沙
22	辫子	龙身	27	男性生殖器	根山
23	瘌头	花顶宫	28	女性生殖器	品水
24	顾客	老焦	29	乳房	气块
25	贼	陈阿士			
		状态词			
1	难弄(难看)	欧正	6	掏耳朵	板小青或捉小青
2	(眼)坏	(交子)欧正	7	多	闹
3	死(人)	比山敲	8	少	南死
4	下雨了	摆整身帘	9	好	闹或者闹郎
5	妇女洗头	阿私捞月	10	(速度)快	麻(音为马的直读)
		与人有关的动作词			
1	写字	大划	15	汰衣裳(洗衣)	阿片片
2	读书	读大划	16	剃胡子	罗把
3	吃饭	抢翻山或斗翻	17	刮胡子	倒罗把
4	吃下饭	抢黄梅青	18	吃屙	抢节郎
5	剃头(理发)	揪山头、扫苗、判青山	19	去上海	上狮子
6	汰头(洗头)	捞月	20	当兵(陆军)	人字霸头
7	睡觉	拖条(解释:人是一根一根的)	21	剃光头	倒木顶
8	希匹(夫妻做爱)	秋盼	22	拿、抡、买等动词	统称“阿”
9	出(或进)门	外(里)十六	23	拿裤	按衩子
10	上(或下)头	上(下)十六	24	把水(给小孩撒尿)	整身里
11	喝茶	抢百片	25	撒尿(小便)	摆整身里
12	喝酒	扳叉老	26	解手(大便)	摆节郎
13	抽烟	抢喷老	27	夹头	揪山头
14	做戏	敲花老	28	剪头	阿草

续表 2

序号	慈城语	堕民暗语	序号	慈城语	堕民暗语
29	赌博	漏把	34	吹风	诸葛亮(由诸葛亮借东风而来)
30	结婚	喜夫	35	讲坏话时，有人进来	就提醒:别摊三江了
31	生小孩(生女孩)	把养生(把小姐官)	36	女轧姘头(女到男处去)	阿压雄(雄指男人,偷老公就为压雄)
32	哭	哈呵(哭是伤心,人伤心精力也哭尽)	37	男轧姘头(男到女处去)	阿压私(私指女人)
33	拍照	阿透光			

物体名称

1	筷	高子	18	下饭(菜肴)	统称黄梅青
2	碗	科劳	19	酒　酒杯	叉老　　叉老杯
3	调羹	驼背	20	稻谷	黄风子
4	毛巾	秋条或毛兰子	21	大米	龙糠活(核)
5	衣裳	片片	22	扁担	天平
6	裙	矮墙	23	屋(房子)	洞子
7	被头(棉被、被子)	天牌	24	凳、椅	南风架子
8	裤	叉子	25	钟头	灵珑子
9	鞋	拖泥	26	蜡烛、火油灯	透光
10	肥皂	咸老	27	刀	单青
11	钞票(钱)	老税或秋风或把西	28	磨刀石	喂青子
12	水	整身理	29	夹刀	双青
13	茶	百片	30	电夹刀	电所以青
14	肉	南山	31	剪刀	双口
15	蟹	横爬	32	电灯泡	电所以泡
16	鱼	河其	33	司必灵	司所以灵
17	饭	翻山			

结猪行当暗语

1	老绒(成年女人)	老木脸	2	结猪(阉猪)	闹棒

续表 3

序号	慈城语	堕民暗语	序号	慈城语	堕民暗语
3	雌猪	子花	7	姑娘	家姑
4	结鸡(阉鸡)	朝红	8	好	闹
5	流血	昂三	9	坏	欧正
6	收钱	把风			

自然数读音对照

数	1	2	3	4	5	6	7	8	9	10
堕语	溜	月	旺	只	中	人	心	张	爱	溜拾
铜语	旦	衣	寸	口	丁	龙	心	个	千	里

资料来源：王静：《中国的吉卜赛人·慈城堕民田野调查》，宁波出版社 2006 年版，第 52 页。

第四节　九姓渔民

“九姓渔民”，也称“九姓渔户”，是对生活在钱塘江流域水上渔民的称呼，在中国旧时被视作贱民的一类。他们以浙江省西部三江交汇的建德市梅城镇(旧严州府府治)为中心，主要分布在新安江、兰江、富春江(七里泷一段)上，即建德、兰溪、桐庐一带。“九姓渔民”一般自称为“船浪人”，意为船上人，也称为“搽鱼个”即抓鱼的。“九姓渔民”的活动范围下至杭州、桐庐，上至兰溪、衢县、江山，西至淳安，主要在建德、桐庐、兰溪一带。其“九姓”主要是指“陈、钱、林、袁、孙、叶、许、李、何”9 家。从明初开始，贯籍于建德一带的“九姓渔民”即编“伏、仁、义、礼、智、信、捕”7 个字号来指称。相传这 7 个字号与明朝官方水运的船符有关。“九姓渔民”所编七个字号中的“信”字号，是起站船的字号，为政府水马驿的一种，其他字号也均为官府水驿或其他用途的特定字号。但在《富春江游览志》所记载的九姓为“孙、陈、叶、许、钱、项、卢、赵、朱”九姓①，其中的 4 个姓“项、卢、赵、朱”与一般认为的九姓不同。

一、九姓渔民的来历

关于“九姓渔民”的来历，据文字资料记载主要有以下说法。

(一)起源

南宋亡国大夫遗族说

南宋以杭州为都，朝中人士大都喜爱严陵的山水。南宋灭亡后，他们中的一部分便带眷

① 周天放、叶浅予：《富春江游览志》，上海时代图书公司 1937 年版。

属溯水而上、避世而居于船上。每日专以捕鱼度日，一舟双桨，自得其乐，不舍舟就陆，为誓不降敌之意，以表明自己誓不践元土的决心。但是因为他们都是世家望族的后裔，平日娇生惯养，缺乏谋生的技能，因此只好依靠卖唱度日，年长日久变卖唱为卖身。捕鱼船变成“茭白船”。“茭白船”是“靠泊船”的谐音，“茭白船”常年停靠一处，不行驶，是一种高级妓船。①

元代部分汉人后裔说

根据周天放、叶浅予所著的《富春江游览志》一书认为“九姓渔民”是元代部分汉人的后裔。“相传当元主宰割华夏，此九姓助虐压迫汉人，为明太祖所罚，使其世代操此贱业，常泊严子滩头，故名严州九姓渔船。”民间传说“九姓渔民”从不祭祀朱元璋为阵亡将士建筑的五神庙，即因此故。

明朝歌妓之后说

也有人说九姓渔船，又叫“跳板船”“茭白船”，是不卖身的，只是助人清谈而已，与“江山船”有别。江山船乃妓船，开始于江山县各富户。明朝制度，缙绅之家，都可以自蓄戏班歌伎，官绅富户一旦败落或死亡，她们无以为生，只有流落船上，干这种卖身的生涯。清末诗人李经义有诗：“队队斗妍华，九姓于今莫向他；如此江山怨长夜，相逢况是在天涯。”多数讲法以为“茭白船”（九姓渔船），“江山船”（妓船）原是一种船，两种叫法而已。此种传说，建德著名学者戴不凡先生在研究、记述建德地方戏剧的发展时曾有述及。戴不凡在《小说见闻录》一书中，从“茭白船”和“江山船”都信仰白眉神关羽这一民俗中，得出二者只是叫法不同而已。

陈友谅部属说

有关“九姓渔民”是陈友谅部属的说法又分为两种。一种认为因为陈友谅曾与朱元璋对抗，后来朱元璋做了皇帝，便把其部属贬为渔户，不准其上岸居住，不准与岸上居民通婚，不准读书应试，不准穿鞋上岸，还要应召服役。这在范宗的《越谚》中就有记载：“相传陈友谅部属共九姓，明太祖锢元，不齿诸民，故其子孙无寸土，惟船于家，男作船户，女多流娼……”第二种传说是陈友谅兵败鄱阳湖后，其溃散兵丁，多数散落在湖区定居，其中部分骨干携带眷属东逃，翻山越岭，沿赣东北的“茶叶之路”，即九江—景德镇—浮梁县—祁县之古驿道，再往北经黟县、休宁至屯溪，来到新安江边。② 这些多数为渔民出身的逃难者，见到清澈的江水，为之所吸引，便顺江而下，在渔货最为丰富的严州“三江口”定居下来。后来官府查明了这些人的来历，上报朝廷，朱元璋恐其反明，即下旨将他们逐入渔舟，贬为贱民。③ 所禁则与第一种传说相同。

有关“九姓渔民”是陈友谅部属的说法是“九姓渔民”形成原因中流传最广、相信人数最多的一种。部分“九姓渔民”也认为自己是陈友谅的部属。如严州梅城耆宿倪孜耕先生曾经在渔户中收集到一首渔歌：“老子严江七十翁，年年江上住船篷，早年打败朱洪武，五百年前真威风。”

---

① 完颜绍元：《中国风俗之谜》，上海辞书出版社 2002 年版，第 348 页。

② 曹志耘：《浙江的九姓渔民》，《中国文化研究》1997 年第 3 期。

③ 叶大兵：《中国民俗大系·浙江民俗》，甘肃人民出版社 2003 年版，第 388 页。

其他说法

除了以上4种主要说法外，对“九姓渔民”的来历还有其他一些不同的说法。如方向在《富春江上的“九姓渔户”》一文中认为严州一带的“九姓渔民”来自安徽的徽州地区。“九姓人说的是严州方言，而严州方言有许多词与徽州方言相同或类似，仅口音有点差别。此外徽州人和严州人都用炒米茶招待客人……这种特殊的茶，别的地方是不流行的，九姓渔民也以此招待客人。”[①]另还有学者从生态经济的背景分析“九姓渔民”产生的背景，如赖青寿在《九姓渔户》一书中认为浙江严州地区自古人多地少，土地贫瘠，人们赖以生存的生态资源并不充裕，而钱塘江流域水域广阔，航运发达，属于八省通衢之地。明清时期“九姓渔民”的栖息地，基本上与钱塘江沿线的主要口岸相吻合。陆上生态资源的日益匮乏，使得人们更倾向于从水上讨生活。但渔业生产生活方式又为传统农耕社会所不容，便形成了独特的“九姓渔民”。[②]而朱海滨在《九姓渔民来源探析》一文中结合民族学的研究方法，在对“九姓渔民”和疍民进行比较、分析的基础上，提出“九姓渔民”来源于历史上的疍民这一观点。[③]

从上述的介绍中可知，有关“九姓渔民”的文字记载基本限于明、清以来的地方志、稗史笔记，而民间传说的起始则不可溯，后人的见解又多是推理多于实证，因此“九姓渔民”的渊源问题迄今难做定论。

（二）历史变迁

从“九姓渔民”的历史变迁来看，“九姓渔民”在明代或明代之前已作为一种贱民生活在新安江流域。明朝官府明令，“九姓渔民”终生只能生活在渔船上，不得进入任何公共场所，不能与岸上的人通婚，更不许入仕途。满族入关后，清朝统治阶级也从维护自身统治的角度出发对贱民制度做出了调整。清同治五年（1866年）严州知府戴槃奏请裁革“九姓渔民”课税，并准予改贱为良。同年七月，朝廷下旨恩准戴槃之奏章。戴槃接旨后撰成十六行《六言府示》：“九姓渔课钱粮，出自渔户船只。向由府邑完纳，积习相沿已久。本府详情奏裁，已奉圣谕恩准。定自五年为始，课银一概免纳，并准改贱为良，革除九姓名目。船中窝娼宿弊，嗣后永行禁止。各宜禀遵毋违，风化肃整净洁。奸人倘敢踏袭，立即严拿究办。”在严州大街小巷、码头城门、交通路口广为张贴。戴槃还撰写了《裁严郡九姓渔课并令改贱为良碑记》：“严郡建德县之渔课，始自明洪武年间。九姓则陈、钱、林、李、袁、孙、叶、许、何。相传陈友谅明初抗师，子孙九族家属贬入舟居，使之身为贱业，几无异于校坊之设也。由明至今数百年来，渔课照完，舟中所居之妇女，名为眷属，实则官妓……从此渔课裁，而九姓之民人，可以渐入士林，所以清其源也。今本府咨部裁革，诸宪亦出示严禁，庶数百年民患可除，而积习为之一变，其所以维持风化者匪浅鲜也！是为记。”[④]他令工匠镌刻石碑，立于梅城南门码头，永示后世照章办理。点造九姓渔民花名册，赶刻木印《改贱为良执照》，按名册每户一张分发，以作法据。“改贱为

① 上海民间文艺家协会：《中国民间文化——稻作文化田野调查》，学林出版社1994年版，第165—166页。
② 赖青寿：《九姓渔户》，福建人民出版社1999年版，第68页。
③ 朱海滨：《九姓渔民来源探析》，《中国历史地理论丛》2006年第2期。
④ 《建德县志》，浙江人民出版社1986年版，第930—931页。

良”碑于1960年列为浙江省二级保护文物，但在“文化大革命”中被毁，现存断片两块。[①] 直到清光绪十六年(1890年)的记载，九姓渔户仍“不得与齐名齿，以其操业猥贱也”。[②] 据资料记载清初“九姓渔民”有大小船只2000多艘，至道光咸丰年间，“九姓渔民”还有船1000多艘，太平天国后减少为300多户。[③]

“改贱为良”至中华人民共和国成立前，“九姓渔民”仍然过着浮家泛宅的生活。据考，民国时期也曾对他们做出“准于自由上岸”的承诺，但由于世俗偏见，“九姓渔民”仍然受到不同程度的歧视和冷漠。在建德流传着这样一首渔歌：“一根竹竿撑破船，既无地位又无权；随水漂泊无定居，妻离子散不团圆。”此渔歌反映了“九姓渔民”凄惨的水上生活。1949年5月建德解放，1958年渔业合作化时，定居在建德县的“九姓渔民”共有366户，1300多人，其中以陈、钱、孙、许4姓居多。1970年淡水渔业社会主义改造完成后，“九姓渔民”的后裔实现了陆上定居。在梅城、三都和大洋建立了生产和生活基地，养捕结合、多种经管，过着安居乐业的生活。20世纪末，3个渔民村先后进入“小康村”的行列。进入21世纪以后，由于江中渔业资源的减少，部分“九姓渔民”的后裔变“捕鱼虾”为“养鱼蟹”，变“卖鱼虾”为“卖江景”，实现了身份和观念的转变，“九姓渔民”在新时代真正过上了平等、民主、富裕的生活。

二、生产习俗

由于终生生活在水上、又被剥夺了“齐民”的政治权利，几百年来“自为族类”“自为婚姻”的“九姓渔民”形成一个相对封闭的特殊部落，产生许多独特的生产、生活习俗。戴槃《九姓渔船考》说九姓渔民“以渔为生，改而业船”，也就是说九姓渔民最初职业是打鱼，后来才发展起水上运输业。而“九姓渔民”妇女则在船上侍奉客人并卖淫，浙江的“九姓渔民”都要向建德县衙门缴纳渔课。

在明清时期，“九姓渔民”的职业主要包括货运、捕鱼和从事妓业等。古严州地处八省通衢要道，因此江西的瓷器、广东的洋货、浙江沿海的水产等都要经过这里来往。这里的货运十分发达。但“九姓渔民”的职业主要还是渔业生产。渔业是“九姓渔民”生产生活民俗的前提和基础。渔业生产容易受到自然灾害的侵袭，渔户收入来源单一，因此渔业生产处处体现的是人与大自然博弈的生存之道。新安江流域河道弯曲狭窄，水流湍急、多暗礁的地理环境形成了“九姓渔民”独具特色的渔业生产民俗。

(一)渔业生产习俗

蚱蜢舟

“九姓渔民”的主要聚居地建德等县旧时属于严州府，严州位于新安江、富春江、兰江三江汇聚之地，自古以来造船业就十分发达，早在明洪武年间严州就打造出首尾尖削、线型庋长、

① 曹志耘：《浙江的九姓渔民》，《中国文化研究》1997年第3期。

② 经君健：《清代贱民的社会等级》，浙江人民出版社1993年版，第218页。

③ 张小也：《制度与观念：九姓渔户的“改贱为良”问题》，《社会科学》2006年第4期。

阻力小、航速快、操作灵活的渔船，以适应滩浅流急的新安江流域。而“九姓渔民”的渔船在吸收古严州造船技术的基础上，有自己的独到之处。“九姓渔民”的渔船的重要构件，依次以老鼠跳、牛轭、老虎鼻、卯儿梁(兔)、龙筋、蛇头、马口梁、羊角、猴留、鸡爪拎、狗腿、猪头板此“十二生肖”命名。作为一个只能长期生活在渔船上的特殊民俗群体来说，渔船一方面是“九姓渔民”赖以生存的生产工具，但更为重要的是“九姓渔民”赖以生存的家。因此被称为“娘船”的住家船在制造上就有更高的要求，必须要做到易于安排舱位、带舶与推进、停泊安全等。对于生产用船则有用于放钓、撒网、捕鱼的小塘船、鸬鹚船，一个人可以背着走的“两头扛”“塘里鳅”“蚱蜢舟”等不同的类型。其中“蚱蜢舟”又是“九姓渔民”最为常用的一种生产渔船。“蚱蜢舟”主要是用于放钓、撒网的生产船，因其造型修长，两头尖尖恰似蚱蜢，故称为“蚱蜢舟”。“蚱蜢舟”不仅在水流湍急的山涧河溪中快速航行，在生产活动中具有实用性，而且因体态轻盈、形状特殊，也成为新安江上一道亮丽的风景。在渔具的制作上，“九姓渔民”原先使用油丝网、打网等小型网具，富春江水库建成后改为尼龙胶丝高网、三层刺网，还有大拖网、双翼回拢网。传统钓具有滚钓、划钓、弹弓钓、轮盘钓等。

鸬鹚

鸬鹚也是“九姓渔民”最为重要的生产工具。鸬鹚喙锐而长，颈能伸缩，喜啄鱼。新安江流域的“九姓渔民”将鸬鹚当作家畜饲养。在日常的生产劳作中，“九姓渔民”以“喔呵呵依唷呵呵”等无歌词的鸬鹚号子来指挥鸬鹚捕鱼，用不同的调子和不同的节奏，来表示捕捉不同的鱼类及作业时的不同“指令”。鸬鹚能下潜到20余米深的岩石缝里捉鱼，也能听清江面200多米远同伴的捕鱼声赶去协助，有时竟能追赶二十余里将鱼擒获。因此对于一般的“九姓渔民”家庭来说一只鸬鹚就意味着一家大小四五口人的生计有了保障，若死了一只鸬鹚则全家痛哭流泪，然后土埋。最多一户人家曾蓄养过15只鸬鹚。但由于该捕鱼方法不利于水产资源的繁殖保护，早在20世纪60年代末就已极少见了。

鲥鱼是富春江流域的特产，味道鲜美。但在捕鲥鱼的习俗上“九姓渔民”有一个特别的规矩，即在捕鲥鱼时最先捕到的第一条鱼，必须专程送给桐庐县的知县大人，第二条送给严州府的知府，第三条鱼送给建德县的知县。知府、知县收到鱼后却不敢白吃“九姓渔民”的东西，因为会被舆论攻击为丧失做官的身份，因此至少赏银10两。

(二)妓业

因生活环境所迫，“九姓渔民”的女子大多从事妓业。戴槃《九姓渔船考》说“九姓渔民”“其家属随船，皆习丝弦大小曲”，即“九姓渔民”女子从小就要练习弹唱，调教女子从事妓业。

“九姓渔民”中从事妓业的船只与一般的生产、生活渔船不同，旧时在富春江一带的妓船有“江山船”“茭白船”等。江山船因产地江山而得名。这种船的船头必定是方形，用油漆画得五颜六色，其中画有一对圆眼睛，现在只作货船用。如改装为妓船，连船身也画彩色花鸟，外来人称之为“花船”。热天竹帘纱窗，冷天糊上白色绵纸，后来改为玻璃窗。从事妓业的“九姓渔民”一般原住在中小型的渔船，或船尾另系一只舢板。但要说明的是并非所有江山妓船上的人都是“九姓渔民”。“江山女人和九姓女人同为江山船上的妓女，但所受的待遇不一样，县官可以批准江山籍的妓女从良，而来自九姓渔民的妓女是绝对不允许从良的。”[①]此外，还有所谓“堂子船”，这种船船身小，设备简陋，船上也有一些自拉自唱的女人，她们身价较低，常年停泊在码头边，经常划着双桨撑来撑去兜生意。

“九姓渔民”的卖淫女被称为“同年嫂”或“同年妹”，戴槃说“船有同年嫂、同年妹之称，其实嫂妹皆雇桐庐严州人为之，世人误桐严为同年，故有此称”。[②] 由此可知，九姓渔船上的卖淫女中的许多人也是来自岸上的普通人。

元末明初汪广洋的《淳安棹歌》诗云：“淳安县前江水平，越女唱歌兰叶青。山禽只管唤春雨，不道愁人不愿听。”诗中的“越女”生活在渔船上卖唱，这类似于清代在钱塘江船上卖唱的“九姓渔民”妇女的行为。另外，万历《严州府志》还收录有汪广洋的《滩行五首》，其诗云：花底住鸣鞭，晓行滩上船。上流风较稳，百丈不须牵。上峡滩水急，下峡滩水清。邻船夜相语，明日到严陵。闻道沙溪酒，春来如密香。买将千百斛，取醉到东阳。滩上水平沙，梭舟荡落花。吴侬不相识，对面浣春纱。三百六十滩，相逢相见湾。舟师怜远客，数问几时还。诗中浣纱的“吴侬”，相当于清中期后的九姓渔船上的“同年嫂”“同年妹”之类。民国《建德县志》在述及“九姓渔民”来源时曾说，“闻之父老，建德伎船唐已有之，与友谅原不相涉”，并引唐代睦州（明清严州府）分水县人施肩吾的《古曲》诗为证：“可怜江北女，惯唱江南曲。摇荡木兰舟，双凫不成浴。郎为几上香，妾为篝下灰。归时相暖热，去后生尘埃。夜裁鸳鸯绮，朝织蒲萄绫。欲试一片心，待缝三尺水。”施肩吾的诗为同一女子，即“江北女”而作。从该诗所描绘的景象来看，“江北女”是个卖唱兼卖淫的女子，与清代的“同年嫂”“同年妹”相一致。

由此可知，江上的妓业在“九姓渔民”之前就已经存在，只是“九姓渔民”女子加入了这一行而已。

三、生活习俗

（一）居住方式

“九姓渔民”以船为家，分布在钱塘江干流及主要支流上。以古严州府梅城为中心，但其活动范围却遍及钱塘江上中下游，溯河而上可达江山、常山、兰溪、金华，顺流而下可达杭州城外，他们的生活也具有一定的流动性。

（二）服饰习俗

“九姓渔民”的服饰一方面体现自身贱民的社会地位，另一方面要适应长期在渔船上生产生活需要。“九姓渔民”的男人多穿青色粗布短衫长裤，大襟，纽扣往右，扎青头巾。妇女则广裙长袖，内衣绸缎，外罩布衫。[③] 颜色大多为青、黑、白三色。在船上，男女多打赤脚，男子拉

① 上海民间文艺家协会：《中国民间文化——稻作文化田野调查》，学林出版社 1994 年版，第 156—157 页。

② 〔清〕戴槃：《九姓渔船考》。

③ 顾希佳：《社会民俗学》，黑龙江人民出版社 2003 年版，第 192 页。

纤时穿草鞋，冬天则穿笋壳草鞋。作为贱民的“九姓渔民”在服饰上还表现出一系列的服饰禁忌：不准穿长衫、马褂和鞋子。即使到了冬天最寒冷的时候，也只能穿一件短棉袄，腰里系一根带子。在改贱为良前，“九姓渔民”上街进城不准穿鞋，即使穿鞋也不能穿整只，要把脚后跟踩下去拖着穿，否则会遭到岸上人的辱骂。“九姓渔民”的妇女不许裹足，但渔妓流行裹足且衣裙华丽，与城市的妓女没有大的区别。

（三）饮食习俗

“九姓渔民”的主食以大米为主，很少吃面。因撑船用力，吃面不抗饿，“九姓渔民”一般一日四餐，在休息时也有吃三餐的。菜蔬与岸上同，他们善制风肉，烧鱼喜欢用水氽，很少用油。在饮食习惯上以咸为主，很少有甜食。其中最具特色的是“九姓渔民”在喜宴上的渔家头道菜、九姓团圆锅两种喜菜。渔家头道菜是船上人家喜事的第一道菜，由鸡蛋、鱼肉、韭菜、野生菌、马蹄、笋蒸制而成，清淡爽口。九姓团圆锅，寓意团圆，内容丰富：有蛋饺、鸡块、肚片、虾、黄鱼、笋片、青菜。“九姓渔民”的饮食民俗除了体现在独具特色的饮食惯制上外，还表现在作为渔民所独有的待客习俗。如吃鱼时，热情好客的主人以筷指鱼请客人吃，待客人尝第一筷后，主人才一道食用。吃鱼时不能挖鱼眼，吃了上爿、剔掉鱼骨再吃下爿。为此，总是由主人预早持筷，从鱼刺的空缝里伸进去，细心地拔拉出整块的鱼肉请客人食用。以此示范后，客人就会自动按此法食用，而不去翻鱼身。

四、人生礼仪

（一）取名

“九姓渔民”小儿出生前，外婆家要送催生礼，担子要一头放在床上，一头放在船板上，意思是一上一下，祝愿“快生”。送去的鸡蛋，不能烧熟，取其“好生”。碰到难产，就要请一个人站在船篷上，手拿两根竹竿，在船篷上乱打，另一个在船头上撒茶叶米。据说凡生育的时候都有鬼来，一打船篷鬼就会逃走，一撒茶叶米，投胎的小孩也就会生下来了。① 由于“九姓渔民”没有文化，在小儿取名上有的以十二生肖取名。如以羊儿、马儿、蛇儿生肖为名，有的以虾儿、小鳖、鳗鱼等水产为名；有的以出生节气加上十二生肖取名，如叫作清明狗、六月狗；有的以出生地加上性别或十二生肖取名，如叫作洋溪佬、兰溪囡、桐庐狗；有的以出生先后取名，叫作三号、七号。如果有正式名字的，在取名上，男以“水、樟”，女以“花、英”等字居多。有的兄弟俩将名字对调一下，如水根、根水，同名同姓的只能加上大、小来区分。在建德市，“九姓渔民”以陈、钱、许三姓为多，因此，一些同姓的渔民若名字相同，只能在名字的前面加上大或小来区分，如大国良、小国良，大樟荣、小樟荣。这样，再加上姓就像是复姓。

---

① 叶大兵：《中国民俗大系 · 浙江民俗》，甘肃人民出版社 2003 年版，第 390 页。

（二）水上婚俗

“九姓渔民”的婚俗是“九姓渔民”所有民俗文化中最有特色的。明初以来，九姓渔户只能在九姓之内自相婚配，嫁娶都在船上举行，不与岸上人通婚。民国后取消了不准与岸上人通婚的禁令，但很少有姑娘嫁到岸上。同样，岸上嫁到船上的也只是少数贫苦人家，因儿女多无法养活，才从小把她嫁给“九姓渔民”或送给“九姓渔民”做童养媳。由于“九姓渔民”的生活与水密不可分，从而形成了独特的水上婚俗。婚姻仪式有订婚时的“送盘”、结婚前的“送妆奁”（称嫁妆）、结婚头天晚上的“谢礼”、新娘起身时的“训女婿”、新娘“拜祖宗父母”、吃“离娘饭”，以及“抛新娘”“拜天地”“分大小”“入洞房”“闹新房”和三朝“回门”。其中最有特色的就是抛新娘。

送十六盘

“九姓渔民”在旧时婚姻由双方家长包办，订婚时，除双方讲明的聘金外，还要送“十六盘”或“二十四盘”，一般的困难户也要送“八盘”。十六盘有鲜肉、鲜鱼、山粉、索面、馒头、布匹、猪蹄（四盘）、整鸡（四盘）、银圆（二盘）等。“八盘”有鲜肉、鲜鱼、山粉、索面、馒头、布匹、银圆（二盘）。

送三节

订婚后，男方每年要向女方送三节，即逢端午、中秋、春节送礼品。

请利市人

结婚前一天，男方要请人帮忙，人数要逢双，其中一部分人到女方，一部分人在自己船上，还要请一对利市人，一男一女，女的到新娘船上服务，主要是为新娘梳头、绞面、陪新娘拜祖先等。男的则在自家船上服务。利市人的基本条件是夫妻双全、多子女、经济较好。

称嫁妆

结婚前三天，男方要送酒、肉以及两担柴、两担木炭给女方，作为嫁女之用。结婚前一天傍晚，到男、女双方船上帮忙的“利市人”分立男、女方船头，两船并排停泊，相距数尺，中铺跳板，女船利市人手拿秤钩，送一件妆奁，用秤钩钩一下，喊一句“称一斤”，男船利市人接应着喊一句“长千金”，并把妆奁接过来，传递到“新房”里。如此送一件，男、女应答一句，声音洪亮，调子优美。当然，这些都是象征性称一下的。最后，还要用这杆秤挑新娘头上的红盖头。嫁妆一般有子孙桶（马桶）、大小脚盆、红漆托盘（最少 2 只，多的 4 只～8 只），以及衣服、箱子之类。但没有桌、椅、床等大型嫁妆。在送嫁妆的时间上“九姓渔民”与岸上人的习俗相反，岸上人认为晚上送嫁妆不吉利，“九姓渔民”则认为晚上吉利。

谢礼

结婚前一天晚上，男女两家船上，张灯结彩，红烛高照，船头各悬大铜锣一面，互相配合、一轮一轮敲十三下，一直敲到天亮。新娘在锣声中，同亲人话别。新娘对父母、兄弟姐妹以及亲戚，边哭边拜，他们每人都要拿出一个包着钱的红纸包给新娘，称为“谢礼”。新娘哭时，母亲、姐妹和女眷都要陪着哭。哭的内容，因人而异，大都是依依不舍的话，长辈们则多是些预祝婚后幸福、快乐等“利市”话。

训女婿

新娘将要起身时，岳母要教训女婿，不要欺侮她的女儿，夫妻双双要和睦。新郎听到岳母的话，要很快从自家船上走到新娘船上，对着岳母的面，双膝下跪，口讲“听岳母的吩咐，一定记住！”讲完，就要很快逃回自己船上，否则，要被女方亲戚朋友抓住，罚香烟、糖果。这个仪式俗称“训女婿”。

拜祖宗父母

利市人为新姐梳头、绞面后，新娘参拜祖宗、父母。然后，新娘坐在一竹筛中等候。

离娘饭

新娘起身前，要吃“离娘饭”(俗称“高头饭”，即满碗饭)，唱离娘歌，由利市人喂吃，并教导新娘到婆家后的规矩。

轿船

男方的接亲船，称为“轿船”，男船既要与女船并立又不能靠拢，保持约三尺的距离。两船若相碰了，认为以后夫妻会多口角。

抛新娘

清同治年间到中华人民共和国成立前“九姓渔民”比较通行的接新娘仪式：男方接亲船到达后，女船放炮三声：第一声“招呼炮”请男船做好接的准备，第二声“动手炮”表示抛新娘正式开始，第三声“结束炮”表示仪式结束；男船相应放“进门炮”和“胜利炮”。在女船上，男“利市人”(一般是女方的娘舅或叔叔)，身穿新衣、腋下捆着宽带，带子由两个帮忙人拉牢作为保险。只见他一脚顶住船沿、一脚在后作马步势，当新娘“高头饭”刚吃好，女“利市人”喊“千金小姐走上来”时，男船利市人便接喊“皇孙公子站起来，珍珠凉亭撑起来”。此时，“动手炮”响起，女船利市人动作敏捷地抱起新娘，一手托其背部、一手托其臀部，用力向接亲船上抛去；男方接新娘的人(一般为男方的娘舅或叔叔)熟练地接住，让新娘站在船头铺着的布袋上，新郎、新娘在铺着袋子的船头上并排站立，由两位姑娘手持点燃的蜡烛，站在新人两边陪着新人。帮忙人拿出白果盒，内有红枣、花生、桂圆、莲子、香榧、松子等，摆在船头，点起香，在“利市人”的引导下，一拜天地，二拜父母(公婆)，夫妻对拜。礼成后，锣鼓鞭炮声又顷刻大作。因为洞房的门是在船尾部，新郎新娘要双双爬上船篷背，到船尾下来进入洞房。这时男船要放“进门炮”，接着放“胜利炮”，此炮一响，马上拔起船篙，将船撑起，打三个圆圈，向上游驶去。

分大小

新娘到男船以后还要举行认亲仪式。男前女后，走到床前，对男方长辈一一跪拜，叫“分大小”。受拜的人都要拿出红包，作为见面礼。

并彩

分大小仪式结束，男方和女方两船又撑到一起，叫“并彩”。两船搭好跳板，来来往往，男方拿出肉圆酒，请双方亲戚及帮忙人吃。

闹洞房

新婚第一夜，大家要闹洞房。也有流行新婚当晚新郎新娘单独小船过新婚之夜的，当夜，新郎新娘即下到一只小船上，劈开水波去到一个幽静的去处，欢度他们的新婚之夜，翌日早晨返回大船。

回门

三天后，新人双双到女方家拜见岳父母，叫“回门”，由岳父摆酒请新女婿。新郎去时带一些红包，凡女方小辈来见，都要分送一个红包。吃完回门酒整个婚礼过程才算结束。

木盆传新娘

清代同治以前曾经流行过的一种接新娘方式，就是让新娘端坐木盆中，由女家船浮至男家船，便算成婚礼。“置新妇于盘，由女船舁至男船，便成佳礼焉”。婚仪上，男女双方都要请本方人唱歌并和对方的歌手斗歌。船家生活条件比较简陋，此接新娘方式也比较简单，后逐渐为更加复杂的抛新娘仪式代替。

“九姓渔民”的“水上婚礼”，有排场大的，也有排场小的，这跟家里的经济条件、主人的社会地位有关。曾经有上千只渔船参加的“水上婚礼”，把梅城一带的江面都停满了。酒席都摆在大货船上，最大的船上居然能摆十二桌酒席，场面非常惊人。不过，这样的景象现在是再也看不到了。清末的“改贱为良”政策，让“九姓渔民”和岸上人际交往越来越多，“水上婚礼”逐渐减少，到中华人民共和国成立后，就难得一见了。

（三）寿诞

“九姓渔民”一般不做寿，但他们认为63岁是一个“门槛”，因此老人到了63岁，家人要用一条活鲤鱼，以五色丝线系于鱼背，由老人往江中放生。放生时口中念叨“七九六十三，鲤鱼跳过坑”，认为这样，这个关口就可以过去。

（四）丧葬习俗

“九姓渔民”人死之后，尸体移至船头，盖上烧纸，约放半天即放入棺内。过一天，让亲人再见一面，就封棺。封棺时，一家大小持香哭泣相送。经济情况较好的做一夜道场，困难的就烧点纸钱，抬到山上埋葬。[①] “九姓渔民”出殡时，做女儿要送一顶黄纸伞、家人要做一块“铭旌”（灵幡）。相传这一习俗是祖上的遗风，是陈友谅后代的一个“铁证”——因为黄伞、灵幡皆为王家之物，自称“汉王”的陈友谅子孙死后，也要沾上祖宗的荣耀。由于“九姓渔民”的地位低下，连和尚、道士都不肯替死亡的九姓人做法事，正所谓“冷冷清清，抲鱼佬葬坟”。

五、节日习俗

“九姓渔民”的节日主要有春节、清明、端午和七月半。在节前他们往往提早购买好节庆用品然后离开码头，默默过自己的节日。春节和端午是“九姓渔民”一年中最重要的节日。

春节

在春节前一天，“九姓渔民”户户要贴周宣灵王像，挂所谓的“长生纸”，即将红纸剪成很长的条形“元宝”。船上各处贴上红纸，以示吉利。此外，还要早早把船撑到离码头较远的地方，

---

① 叶大兵：《中国民俗大系·浙江民俗》，甘肃人民出版社2003年版，第391页。

排成扇子形，与岸上人隔离开。其原因主要是他们不愿在难得的一点快乐日子里，再遭受别人的白眼。“九姓渔民”在年三十晚上要供三牲，还年福时凡妇女、小孩都要回避，不准讲话。[①] 为防止咳嗽，每个人倒一杯水，不时喝一口。还完年福，要对天烧纸，在周宣灵王像前烧纸，然后才吃年饭。年初一妇女休息，由男人烧饭，中午吃素，晚上开荤。三四天后要去祖坟烧纸，叫作上“新年坟”。从初一至元宵，每天早晚二次在周宣灵王像前点香烧纸。

元宵

元宵日，船头悬灯结彩，晚上仍和还年福一样，祭周宣灵王，供奉酒、饭、豆腐、一刀肉、一只鸡、一条鱼、一双筷、一把刀，祭完后，一家人团坐吃还福肉，叫“过小年”。

清明

清明是扫墓、踏青的日子，九姓人的坟墓一般在山坡上，在平地上者极少。按当地传统，山的顶上是不埋坟的。

端午节

在端午节时，“九姓渔民”全家都要喝雄黄酒，吃大蒜、鸭蛋，但吃鸭蛋者要用三根灯草火烧皮肤，有的人害怕烧灯草火，只好不吃鸭蛋。“九姓渔民”虽然生活在船上，但端午节不赛龙舟。

七月半

七月半是和尚、道士超度孤魂的鬼节，一连 3 天，最后一天晚上由和尚演“目连戏”和驱鬼。死亡不久的人，家属要在七月半扫墓，称为“上新坟”，以后则一般不再上坟。

烧十庙香

每年农历四月初八佛诞日，船妓相约结队礼拜神佛，晨出夕归，一天要跑 10 座寺庙，叫“烧十庙香”。一般的渔民则无此俗。船妓为了迁就外地嫖客，也过中秋、重阳等节日，但并非出自传统，一般“九姓渔民”不过中秋和重阳节。

六、信仰和禁忌

“九姓渔民”长期在水上生活，水是“九姓渔民”生存的物质载体。但这个物质载体又是不太平的，洪水、干旱、暗礁和风浪等灾害时常伴随着“九姓渔民”的生活。因此在日常生活中，“九姓渔民”除了信仰佛教之外，还形成了自身独特的民间信仰和禁忌。

“九姓渔民”的信仰

“九姓渔民”普遍信仰佛教，许多年纪大的人吃斋念佛，他们把上九华山拜菩萨作为一生的大事。每次开船时，要在船头上点香、烧纸，途经洋溪潘老爷庙、梅城的七郎庙、八郎庙、七里泷的伍员庙、钓台严子陵庙、芦茨老相公庙等庙宇时都要烧纸。其中对周宣灵王的信仰是“九姓渔民”最有特色的民间信仰。

周宣灵王信仰　“九姓渔民”每只船都供有周宣灵王，祈求周宣灵王施展法力，保护撑船

---

① 还年福：浙江等地风俗，一般在除夕前一天。是日，家长拜天、地、门神、灶神、栏神、五谷神、祖宗等。家中拜完，至当地庙宇拜祭，为全家祝福、祈福。拜祭毕，全家聚餐，谓“散福”。

安全、航运无风浪之险。供奉周宣灵王一般都用一张画像，一个香炉，一天换一杯清水，初一、十五要插一炷香，烧一些纸。“九姓渔民”认为周宣灵王是司风雨之神，法力无边，是专门保护撑船人的。“民间相传周宣灵王本名周雄，生活于南宋初年，幼年以孝闻名乡里。因其母患病，他前往徽婺为其母求神，行至衢州，得知其母已病故，失声恸哭，死于衢江之中。”①又相传有一只衢州船，停泊在杭州南星桥，准备开往衢州。这时，周宣灵王化身一位旅客来搭船。这件事被芦茨老相公知道了，就暗地里来同他斗法，狠命刮西风，船一点也撑不上去，船上旅客都怕了起来。周宣灵王说，不要紧，我们有八条顺风梁（即破风篷的八条筋），说着就挂起风篷，改道从蒋家埠的溪流进去，再从胥江口出来。老相公一看，晓得自己法力不如他，失败了，就索性助他三阵“阵头风”。天还没有亮，船就到衢州城外了。周宣灵王到船篷背上取下风篷，旅客出来一看，个个都目瞪口呆，异口同声地说：“杭州一夜到衢州，只有周宣灵王下凡！”这话一讲，周宣灵王就从船背上掉下来，落入衢江中淹死了。衢州人民为了纪念他，给他造了一座庙，每年香火不绝。从此，每只船上都供奉周宣灵王了。钱塘江流域各府州县都有宣灵庙。旧时戏班出行也要烧祭周宣灵王，因为他们出行必走水路，希冀水神保佑平安。

关老爷信仰　除了周宣灵王外，“九姓渔民”也有部分信仰“关老爷”，即三国时蜀国大将关羽。关羽的水军颇有本领，抲鱼佬对他很佩服，又因关羽二字之音近似“管渔”，抲鱼佬就奉他为渔神，成了各处船民日夜不离的神。“九姓渔民”中的渔人和渔妓都信奉关老爷，但后来为了避免与渔妓有牵连，有损正派之风，“九姓渔民”中的渔户不再供关老爷。关老爷成为“九姓渔民”中妓船之神。

雷神和潮神信仰　“九姓渔民”还有每年六月二十四拜雷神、八月十八拜潮神的习俗。雷神即传说中的雷公。潮神则是伍子胥。相传伍子胥被吴王夫差所杀，死后将其尸首煮后用皮口袋装后投入江中，盛着伍子胥尸首的皮口袋突然从江底浮起，就像涨潮一般，故封伍子胥为潮神。“九姓渔民”对雷神、潮神的信仰，体现的是作为渔民对风调雨顺的期盼。

“九姓渔民”的禁忌

“九姓渔民”长期以船为家，以水为地，使得其生活存在很大风险。这种风险既有周围平民的歧视和封锁，也包括自身生产、生活条件的恶劣，这使得他们产生了一系列生产生活的禁忌。这些禁忌有些看起来毫无科学意义可言，但它反映的特殊民俗群体的一种民俗心态。比如，在生产活动中“九姓渔民”对不同的鱼类，有着不同的理解从而形成禁忌。在旧时“九姓渔民”不捕抓条鱼和鳗鱼，他们认为细长的条鱼为棺材杠、鳗鱼为棺材索，忌食。不抓从岸边跳入船舱的鱼，认为食之不吉，应该放生，因为这是向江心逃难之鱼。而从江心跳入船舱之鱼则抓之无妨，可食，因为它往岸上跳是自己“找死”。不捞鲶鱼、汪刺鱼等5种无鳞片的死鱼。如果要捞必须先丢一把铜钱，表示是用钱买的，才可以去掉晦气。在行船中女人不准走到船头上去，外面人脚不洗干净也不准上船头。开船时，不准大家高声讲话，更不准问到哪里和什么时候到目的地。跑长途开船时前要烧纸、撒茶叶米。船撑动后，谁叫喊都不能应。俗话说：“船上三枚钉，上船不认亲。”在日常生活中，“九姓渔民”将船头看得很神圣，禁止在船头上或

① 祁庆富:《中华文化习俗辞典》，中国国际广播出版社1998年版，第589页。

者对着船头大、小便。妇女不坐船头。供人在船岸之间行走的狭长“跳板”不准搭在船头上，应搭在船的两旁。忌说不吉利的语词，如与“翻”同音的“帆”叫作“风篷”，但与“翻”同音的番茄、番薯的“番”不忌。在婚俗中男女双方的彩船上的彩布要挂得一样高，男船不能高于女船，女船也不能高于男船，认为高的会“发财”，低的要“败落”，有时常常为两船的高低而打架。

第五节　浙江的小姓

“小姓”是指无资格上宗谱、受宗族歧视的人。旧时民间的宗族观念异常浓厚。以男性的直接血缘关系划分，同姓氏而又同祖宗的为同一宗族。同宗族的人，因历史繁衍变革，可能聚居于许多地方。有在本县，有在外县、外省，但他们都渊源于祖宗的所在地。每年要到那里祭祖，届时要到大宗祠续一次宗谱（有的宗族，族系庞大，分布又广远，续谱不可能都到发源地去续，就根据族规，分族系续谱）。全宗族的人都受宗谱中的族规所制约。同宗族的人，都按辈分排大小辈。行辈最高的长者为族长，最受人尊敬。住在异乡的同宗人相会，则亲如家人。每个宗族居住的村落，都建有祠堂。祖宗的所在地建某姓氏宗祠或某姓氏总祠，谓之“大宗”。其余村落建“支祠”。大村庄因丁众多，繁衍代数多，房头多，许多房头又都建有房头祠堂。同宗族的人，每隔二十年续谱一次。男丁都要上谱，女丁不上谱，上了谱才算族中人。宗谱内开列宗族派系渊源、历史、祖业房产、本族历代名人、历代祖宗行讳、生卒年月时辰，以及所有本族丁众之名字、生辰辈分，还有族章规约等。宗族立有宗法，俗称“族规”。旧时宗法与国法互相维护。族中有纠纷要解决，则叫“开大宗”，由族中年高有名望者主持，量情公断。情节严重的，由祠堂写族状，送县衙门依法裁决。有违犯本族规约严重者，要开除出族，称之“革谱”。

一、小姓的来历

“小姓”在浙江各地都有分布，尤以浙江东阳、义乌、浦江、永康、兰溪、金华等县为多。“小姓”人来源主要有四：

一是违犯族规被“革谱”者。本是某大族中的成员，只因其触犯族规，犯了大逆不道的错，被勾出族谱，沦为“小姓”。大逆不道的错误有诸如女儿出卖为妾或妓女；家里有人从事抗（扛）轿、剃头、剔（修）脚、吹鼓、演戏、丫头、奴仆、小婆、养猪公、抗（扛）棺材等职业；或兄妹间做了乱伦之事；或偷了棺材，等等。一旦沦为小姓，则子女后代皆为“小姓”。

二是望门大族的奴仆。主人帮助其娶妻成家，生儿育女，传宗接代，世代相传为仆，称为附丁、细民、小户。这些附丁、细民和小户不得出籍为黎民，与主姓不得平等相称，成为一种贱民。据《浦江风俗志》记载，浦江县的“小姓”大多原是官家富户的奴仆。主人为永久奴役仆人，配之以婢，授之以产，命其“成家立业”“传宗接代”，以专为主人做一些平民不愿意做的行当。① 而据《永康风俗志》记载，永康县的“小姓”是被有权势者带之乡里，在当时是很受重用

① 《浦江风俗志》，浦江文化馆1984年编印，第120页。

的亲信，如管家、账房之类，而后代沦于纯粹奴仆者。① 在浙江兰溪女埠镇，传说“小姓”的祖先为奴才，当地小姓有王、陈两姓，王氏的祖先为童澄奴才，陈氏的祖先为方太古的奴才。②

三是元朝蒙古人后裔。在元代，元朝统治者为了防止南方汉人造反，规定十户人家共用一把菜刀，还派出一批蒙古人专驻看管。元末农民起义促成明王朝建立，元朝上层分子逃离中原，而这些被派到基层的蒙古人大多被杀，一些人缘好的幸存者得以侥幸生存下来但也被赶出村庄，住在村口，从事卑贱的职业。③

四是天灾兵祸等种种原因流落某村定居，而后无法查考原宗或不愿回原宗续谱者。

在浙江一些地方，也有将堕民叫作“小姓”的，尽管堕民的社会地位以及从事的贱业与“小姓”人有很多相似的地方，但堕民的群体也有很多与一般“小姓”人不同的风俗，故本志将堕民单独列出。

“小姓”人是个不断有人流入的人群，在金华东阳，凡是与“小姓”通婚的，则被认为变节，即视为“小姓”；有嫖娼、偷盗等劣行有辱宗族光彩的，也被贬为“小姓”。凡是被认为与儒家“仁、义、礼、智、信”相悖者则遣贬而沦为“小姓”。在民国时期大族中还有被削去谱籍沦为“小姓”的。而一旦沦为“小姓”，再想为宗族接纳则几无可能。

旧时“小姓”人，社会地位低贱，处处受宗族歧视。尽管明清以来统治阶级多次颁令给予“小姓”之类的贱民平民的社会地位，但是社会并没有给他们提供改变职业的条件，他们中大多数人不能离开旧业去从事新的职业，只得留在贱民中。加上因千年流弊积重难返，加上地方豪强倚势抑制，习俗偏见根深蒂固，“小姓”等特殊民俗群体还是无路自新，处在被歧视被孤立的地位。民国时期“小姓”在居住、就业、礼仪上受歧视的恶俗稍有缓解。中华人民共和国成立后，人民政府从宪法上保障人民合法的自由公平权利，“小姓”等贱民群体才得以真正翻身做了主人。

二、生产习俗

俗话说：“天下六个低：剃头、扛轿、赶公猪，吹打、住祠、点水烟。”而这些正是“小姓”所从事的主要的职业，其中又以剃头最多。作为“小姓”一般从事平民不屑之行业，为“三十六行”之外。在清代，“小姓”大体从事吹演唱戏、抬轿子、保媒、卖珠、做接生婆、理发、制作小物品和小食品等职业。在浦江“小姓”中还有从事钓蛙及钓黄鳝等行当的。此外，官府举行祭祀等活动“小姓”要去扮演一定角色以服劳役。村落社会中红白喜事中的驱鬼、抬棺等脏活、贱活也主要由“小姓”去从事。但在婚丧事仪式中，如果用他们抬轿吹奏的，在酒席上，肉要给双块，酒要加倍，多余的酒肉，允许他们拿回家去，让妻子儿女享受。在金华地区有一句俗语：“‘小姓’好做，吹灯难过。”说的是元宵节吹灯对“小姓”来说是一件苦差事。旧时一些以“小姓”聚居的村落都从事相同的贱业。如“在浙江兰溪女埠乡旧时有‘轿夫村’，村中居民男者抬轿兼

---

① 永康县文化馆编：《永康风俗志》，1986年刊印，第158页。

② 陶敦植：《兰溪风俗志》，兰溪县志编纂委员会、兰溪县文化馆1984年编印，第84页。

③ 铃木满男：《浙江民俗研究》，浙江人民出版社1992年版，第154页。

做吹鼓手，女的为喜丧家做杂工，他们的社会地位低贱”。可见“小姓”所从事的是被人贱视的服务性劳动。他们还不仅仅是为某个家庭、家族服务，而是为整个社会服务。其从业地域，“小姓”之间各自有分辖范围，俗称“图分”①，互不侵犯。所辖图分中，若有婚丧喜事，“小姓”有揽活、吃饭和收礼钱的俗规。村中姑娘出嫁，起轿时夫家得托媒人给“小姓”送例钱，否则，可称新娘是他的“小娘”，“小姓”可出面留轿。遇辖区内居民婚丧庆吊，不论是否有召唤，他们都会前往执役取酬。如果事前未预闻，事后方知，虽然事过境迁，但亦前往索取工资茶礼。但“小姓”在自己的活动范围之外则不能擅自营业、招揽生意，必须经当地“小姓”同意方才可以。

三、生活习俗

（一）居住习俗

“小姓”一般不准居住在村落中，往往散居于宗族祠堂附近、大姓祖宗坟庄、凉亭侧屋或深山庙宇外屋。他们供奉过往行人的茶水，耕种山脚沟壑的边角荒地，过着与世隔绝的生活。偶有全是“小姓”聚居的村落，但“小姓”村落和平民村落必须划地而居，不准混杂，房屋亦较低劣简陋。

（二）饮食习俗

由于“小姓”很少有田产，因此常年饥寒交迫，生活困苦。其菜肴只能吃三个盆头，叫“三脚香炉”，包粽子只能缚三缚，叫“轿夫粽”②，且“小姓”不得与大姓平起平坐，只能坐在矮桌旁吃饭。

（三）服饰习俗

“小姓”一般不准穿长衫。男子平时着短袄，出门走脚时着长袍，外套无袖马褂，民国前还戴一种叫作狗头帽的帽子。女子穿黑斜襟短衫，宽大无褶黑色罗裙，或是青衣蓝裙。无论男女，腰间都系一根带子。为了在服饰上与平民有所区别，男子长袍揭左角，女子穿蓝色长罗裙。尽管浙江各地“小姓”在服饰打扮上有所差别，但长袍揭左角与蓝色长裙仍是浙江男女贱民的服饰标记。“小姓”即使下雨天也不能打伞，不能穿雨靴，只被允许戴一顶竹笠。

四、人生礼仪

“小姓”间的交际应酬，其俗与平民同。但“小姓”和平民之间的交往习俗就较特殊。在日常生活中，大姓与“小姓”几乎没有什么交往。平民入“小姓”家，“小姓”要躬身相迎，但不用让座、沏茶和烧点心，对于平民来说是不屑于“小姓”的招待的。“小姓”和平民发生纠纷，“小姓”不得回骂还手，但平民一般不屑和“小姓”争吵。

---

① 图分：明朝乡间基层组织“都图”的旧称。

② 《磐安风俗志》，磐安县文化馆1984年编印，第74页。

“小姓”与平民互不通婚。“小姓”的婚姻形态大多是“对门亲”，即嫁娶只能在“小姓”与“小姓”之间实现。在金华地区流传着这样几句俗话：“宁嫁讨饭，不嫁‘小姓’，宁娶讨饭婆，勿要‘小姓’。”“宁住凉亭，勿住凉亭外。”住凉亭即谓讨饭。故平民再穷，也不屑与“小姓”通婚。浦江县有俗谚：“轿夫囡不出村，不是嫁叔，就是嫁孙。”[①]这种群体之间的隔阂使得“小姓”被迫在近亲之间婚配，其严重后果是可想而知的。1949年后此歧视旧俗基本根除，但在某些老年男女心中，还存有平民子女不能和“小姓”通婚的禁忌。[②] “小姓”的婚礼仪式比较简单。“小姓”结婚新娘不坐兜，不坐花轿，不穿戴旗袍凤冠，不吹乐打闹。即使办酒席也只请“小姓”亲朋，平民不屑与之同席。“小姓”娶亲后应于次日至“图分”内各村户房族长房叩拜，这样才能承认新人为某“小姓”家属，日后可随家族前来执役。3天后“小姓”新娘还须入村挨家挨户地叩拜，拜毕村民方承认新娘为某某家媳妇，以后便可以任“婆婆”之职。“小姓”新娘叩拜时，村民多多少少都给点礼钱，叫作“见面礼”。

“小姓”在丧事殡葬上比较简单，“小姓”家死了人，不能移尸、摊尸和设灵堂。出丧时不能用吹行，不能放鞭炮。家境较好的，一般用一口薄皮棺材闷声抬出，只能做简单的坟堆。家境较差的一张草席裹尸，泥土一埋便了事。

五、节日习俗

“小姓”的年节习俗要根据大姓而作相应的改变。在年初一早晨，一般村民尚未出行拜年，“小姓”就分组出动，到划定区域内各村拜年。“小姓”必须挨家挨户向区域内村民拜早年，拜早年不用礼物、不用进屋。而“小姓”自身往往肩挑空箩担前往。拜年时至各户外抱拳口喊“某某前来拜年”，平民即应以麻糖，或年糕或粽果等糕点相赠，俗称此举为“‘小姓’收公租”。村中各户谁家给糖果年糕，谁家给酒，谁家给“八卦钱”，则皆有老例，且年年要拿。上年内因娶亲而雇用过“小姓”的，还要给他们吃一些酒食。“‘小姓’一村所得糕点，动辄数十百斤。一次所得，可供全家数月之费。这些食物都是赐予，不是馈赠，实际上如同乞讨，故被人说为‘收租客’。”[③]

除了新年习俗外，“小姓”还有过所谓“端六”的习俗。相传在金华一带古时候有一对夫妻从小在一员外家做工，在农历五月初六的一天他将员外家的水牛卖了，把所得的卖牛钱，买了羊素美酒、山珍海味拿回家，叫妻子吃。并说员外家羊羔美酒过端阳，奴家过的端六节。后来员外将二人抓到公堂，丈夫机智地与县官周旋，作诗“两将争雄不肯休，车马纷纷渡河州；炮卒士象俱全备，只少田单一头牛”。这个知县是个象棋迷，却老是输给别人，当他听了阿囡的诗后，兴致打起，忙问牛的用场，阿囡接着说了战国时期，齐国大将田单，以火牛攻打燕国，获得大捷的故事。最后县官高兴之余释放了两夫妻并宣布了一条规定：奴婢“小姓”过端六。从此，在金华地区民间大姓过端阳，奴婢“小姓”过端六的习俗就流传了下来。[④]

---

① 金华地区群众艺术馆编：《金华地方风俗志》，1984年刊印，第168页。
② 周耀明：《东阳风俗志》，东阳县文化馆1985年编印，第138页。
③ 金华地区群众艺术馆编：《金华地方风俗志》，1984年刊印，第169页。
④ 雪犁：《中华民俗源流集成(岁时节日卷)》，甘肃人民出版社1994年版，第348页。

六、信仰和禁忌

“小姓”的民间信仰既有与一般平民相似的方面，但也有自己的独特之处，在一般的“小姓”家中都供奉着佛像，很多上了年纪的人还拿一本佛经，手拨佛珠，口诵阿弥陀佛。但其实他们一字不识，连自己的名字都不识。除了信奉佛教外，“小姓”对巫术和一些行业神也十分崇拜。部分“小姓”由于从事吹奏的行当，形成了对老郎菩萨即唐明皇的民间信仰。旧时，在东阳有一座老郎殿。老郎殿是专供吹行的“小姓”祭拜的。每次排演新戏要登台演出前，吹行“小姓”都要到此点香祭拜。另外，新人入吹行前，也要先祭拜殿内的老郎菩萨，以免日后登台演唱时昏场忘词。

“小姓”的禁忌文化与一般俗民群体的禁忌文化不同，它不是人们对不洁的、神圣的、危险的事物所持的态度而形成的禁忌，而更多体现在与平民的交往过程中。在“小姓”的心目中周围的平民是他们的主子，是他们一切生活物质来源的基础。“小姓”的禁忌是一种将“小姓”与平民区分开来的规则。

在日常生活中，“小姓”总是恭恭敬敬称平民年长者为“老爷”“老太”“少爷”“太太”，称年纪比较轻的为“相公”。若碰到陌生人，他们就称之为“某某官”，比如碰到种田的就称“种田官”。即使在婚俗中，当平民没大没小地吵新人、闹洞房时，“小姓”还是恭称新郎为“姑爷”，恭称新娘为“姑娘”，一开口就是祝语。

“小姓”出行禁止乘车马，不能坐轿，即使财力允许，也不能坐轿。他们只能步行出门。步行出门时，他们总是低着头，迈着碎步，靠右急速而行，特别是女性在出门时总带一把雨伞，肩上背着接受打赏的袋子。婚嫁坐花轿据传是皇帝赐予江南女子的特权，但是“小姓”却没有此特权。“小姓”与他人在路上碰面相见，不能像平民那样行拱手礼，更不敢同坐或同桌吃饭。

七、特殊小姓

在浙江历史上有一类特殊人群，他们因为避祸等特殊原因，活着的时候不敢用真姓，改用另外一个约定的姓，而死后恢复原来的姓氏认祖归宗，如“活金死刘”“活袁死孙”。还有因报恩等特殊原因，在两个姓氏中随意挑选姓什么的，如“王、华随姓”。

（一）活金死刘

古时刘姓族人为避战乱将自己的姓氏改为金，死后重新改回，形成风俗，延续至今。生前姓金，死后家谱或墓碑上显示为姓刘。繁体字“刘”，由“卯”“刀”“金”三部分组成，去掉“卯”和“刀”，就是“金”。主要分布在浙江富阳、萧山、绍兴、诸暨、金华、义乌、天台、黄岩等地。其来历主要有以下几种说法：

刘秀避难改姓说

在诸暨市东白山脚白路口村，有一个习俗：这个村姓金的人，死后的神主牌上，都要把自己的金姓改成刘姓。即使是他们的妻子，也必须改成刘门某氏。相传，这个习俗是从西汉末年开始的，至今已经延续了近2000年。

传说汉高祖刘邦起兵反秦，路过芒砀山时，挥剑斩杀了一条拦路的大蟒蛇。当晚刘邦宿营山上，梦见蟒蛇来纠缠他，嘴里不断呼喊着“还我命来！还我命来！”刘邦信口说道：“到平地再还。”原来，这蟒蛇就是王莽的前身。汉朝江山传到汉平帝时，王莽先是将女儿嫁给平帝，继而杀了平帝。这就是后人所说的“高祖斩蛇，平帝还命。”因为“平帝”与“平地”同音，当初汉高祖答应过蟒蛇到平地(帝)再还的。汉平帝死后，王莽拥广戚侯刘显的儿子做了皇帝，史称孺子婴，是西汉的末代皇帝，在位仅3个年头。王莽继而当了摄政王，将汉朝的政权握于自己手中。公元9年，王莽嫌当摄政王不过瘾，干脆篡位建立新朝，改了年号，自己当了皇帝。新朝建立后，王莽做的第一件事，就是将刘姓的皇子皇孙斩尽杀绝，以防他们日后东山再起。这一年，刘秀15岁，在王莽的追杀下，他带着家族中的一部分人从长安出发，向东南方向逃难。一路上，为躲避王莽派出的兵将追杀，他们夜行晓宿，专拣荒无人烟的山边野地逃窜。这一逃，就逃到了诸暨东白山脚。刘秀带着族人沿东白山脚逃窜到现在白路口村的地方，见前面树茂草密、荆棘遍地，再也无路可走，他们只好“鬼打墙”似的在原地打转。想想后面追兵将至，刘秀不禁仰天长叹：“天灭刘汉！天灭刘汉啊！”正当刘秀仰天长叹时，他的面前突然出现了一位白发白眉白胡子的老者。他宽慰刘秀说：“人主不必担忧，我来引你走出山去。”刘秀大喜过望，问道：“老丈何人？前面已是无路可走，不知老丈如何带我等出山？”老丈说道：“我乃本山土地，人主是未来英主，自是福星高照。你只要沿着前面的白光走，就能翻山过岭，脱离险境。”刘秀知是神仙指路，正待谢过，只听得土地菩萨说：“人主带了这么多人逃难，恐怕多有不便。依老朽愚见，何不让他们在这个村子里安顿下来。人主只带贴身随从，岂不更能逃过逆贼追杀？”刘秀见土地菩萨这样说，觉得很是妥当，只是担心说：“那逆贼兵将见‘刘’就杀，我带的多是族人，如被追兵知道，恐怕凶多吉少。”土地菩萨说：“这有何难，你把‘刘’字去卯去刀，让他们全部改姓金，不就逢凶化吉了吗！”刘秀见他说得有理，就听从土地菩萨建议让他们在村里住了下来，自己带着两个贴身侍卫沿着白光走了。公元25年，刘秀复汉做了东汉的开国皇帝，就是历史上有名的光武皇帝，他曾派人到东白山脚来寻访当年留下来的刘姓族人。但刘姓族人觉得这里山清水秀，如同世外桃源，在这里耕读传家，过着与世无争的日子很好，都不愿再回京城。金姓在白路口村不断繁衍，人口不断增加，现在已有10个金姓的自然村，金姓成了当地的一个大姓。为了使后代不忘记自己的祖宗，金姓人每年都要进行一次祭祖活动。活动仪式上，供着刘姓祖宗的牌位，参加仪式的人面对祖宗牌位要行三跪九叩大礼，然后每人分得一个麻饼，被称为祖宗赐给的福食。可惜，这种认祖归宗的仪式从半世纪前开始作为旧风俗被革除，以后再也没有举行。但金姓人死后在自己的神主牌上改姓刘的习俗，却至今没有改变。

在绍兴县湖塘街道型塘西路村，也有类似的说法。这个村是历史悠久的古村，村边有千年桂林，有千年古刹香林寺、宝林寺；村中还有众多的明、清时期老台门。西路村的居民，以金、鲍、柯、方四大姓居多。其中的金家，也有这样的风俗习惯，他们生前姓“金”，死后在墓碑和神主牌位上却改姓为“刘”。据说也与东汉光武帝刘秀有关。

刘姓后裔避讳说

江南刘姓的来源主要有两支，都是汉高祖刘邦的后裔，汉景帝刘启的嫡派子孙。一支是景帝第七子长沙定王刘发的后裔，汉光武帝刘秀的子孙；另一支是景帝第九子中山靖王刘胜的后裔。这两支刘姓到五代时，因钱武肃王讳镠，刘与镠同音，而避讳，改姓为金。

乌伤郡王刘辉后裔避讳说

义乌有姓氏记载的第一代父母官就是乌伤郡王刘辉。在《金华府志》中有乌伤郡王的记载："东汉建武三十年，甲寅（54年），汉光武帝刘秀封太孙刘辉为'义阳王'，号'乌伤郡王'。"2000年，义乌市政府建造绣湖广场时，将原有的金山（刘氏宗谱称东平山）夷为平地，山上的"八角坟"即乌伤郡王刘辉墓的遗址，彻底被毁。

"乌伤郡王"是个爵位，传七世八位，历时210多年。他是义乌最早的王。乌伤郡王刘辉是义乌刘姓和金姓的始祖。刘辉子孙，代代相传，人口众多，人才辈出，历届县志中都有记载。宋代欧阳修，明代宋濂、刘基等都为刘金氏宗谱作过序。

义乌的刘姓改金姓，是在五代时，后梁开平元年（907年），乌伤王刘辉的第27世孙刘圻仕越州刺史，因钱武肃王讳镠，刘与镠同音，而避讳，改姓为金，到刘圻的玄孙瑚的时候（北宋）又复姓为刘。宗谱上称"军籍子孙继续姓金，民籍子孙复姓为刘"，江南刘姓中有金姓从此始也。因此刘姓和金姓的宗谱中，一再强调"刘金不分家""刘金无二姓""刘金不通婚""刘金同源"等语。过去义乌北门就有一座四青祠，即青肃、青岩、青溪、青村，四青中的青村就是姓金的。

萧山区河上镇东山村金坞自然村有座400多年历史的家庙，家庙外悬挂金氏家庙匾，内悬挂刘氏宗祠匾，村民活的时候姓金，死后改姓刘，根据族谱记载，他们祖先叫"广八公"，是从义乌过来的。

中山靖王刘胜后裔避讳说

中山靖王有120多个儿子，子孙繁衍众多，在浙江的刘姓金姓大多自称是中山靖王后裔。如诸暨石口刘金氏家族，称裔出西汉中山靖王刘胜之后。据《中山刘氏宗谱》记载，始祖为刘坚，刘坚的第四代孙刘国宾，任天台县令，定居天台孟岸。刘国宾因钱武肃王讳镠，刘与镠同音而避讳，改姓为金，"活金死刘"。国宾的其中一个儿子金曦，于后梁贞明三年（917年）从孟岸迁居东阳万岁乡茶场，为巍山始迁祖。金曦的曾孙从鉴生了四子、十三孙，四代没有分家，同居茶场溪滩的东西两地，到了他孙子梦和曾孙改的时候，全家五百余口，"七世同居"不分家，声闻于朝。宋元祐九年（1094年）三月廿六，钦差大臣罗适来到刘家，书写了"义门"二字。宋政和二年（1112年）八月十五日，宋徽宗下诏书，赠从鉴公为中奉大夫光禄卿，赠紫金鱼袋。命有司乃立"义门"，书"江南第一家"。宋元符末年，遭受特大洪水，冲坏了基址，加上军乱，大部分子孙留东阳境内居住，一部分子孙星散于他乡外郡。其中一支自元代（1279—1368年）年间搬入绍兴偏们湖南岸，后又转经诸暨枫桥扬坞门口（茉莉桥）再至现石口地安居。村内设孝友堂、刘金宗祠（序思堂）等。每隔几年，聚会于东阳惠泰寺内，商量族内重大事务。

在义乌红峰村，也流传着多个版本"活金死刘"故事。村民绝大部分姓金，其实他们原来姓刘。村里风俗，先人去世后，墓碑上却刻着"中山郡刘××"字样，生前姓金，死后在墓碑和神主牌位上却改姓为刘。他们也是西汉中山靖王刘胜之后。先祖刘国宾因避讳吴越王钱镠，刘与镠同音而避讳，改姓为金。金曦廿五世孙礼音，迁居诸暨矿亭。礼音次子駬，于宣德间

(1426—1435 年),从诸暨矿亭迁居义乌白峰岭下,是为始迁之祖。騂生二子十孙,繁衍有红峰(白峰岭下)、新楼下、诸暨牌头金家山头、毛竹园、天台、黄岩、绍兴等地。红峰村的金氏宗祠始建于明宣德年间(1430 年前后),扩建于清光绪年间,各地能工巧匠历经九年竣工,雕梁画栋,甚为壮观。在祠堂的第三进厅,"中山后裔"四个斗大的黑字从右往左排列,装裱成匾额悬挂在中堂。虽然这幅书法的作者已经无可考,但正是这四个字却改变了祠堂被烧毁的命运。在民国 30 年(1941 年)4 月中旬,日本侵略军在杭州七堡集结两万余人,准备南犯诸暨、绍兴,23 日在白峰岭发生了惨烈的战斗,毙伤日本侵略军 800 余名,但国民党部队 13 师伤亡军官 30 人,失踪士兵 1000 余人。按照日寇惯用的"三光"政策,精美的金氏宗祠首当其冲,但当日本鬼子开始点火烧祠堂时,一名日本军官发现了"中山后裔"四个字,在日本,"中山"是一个大姓,这名军官以为这个村都姓"中山",和日本"中山"一脉有传承关系,立即放弃烧毁计划。遗憾的是,金氏宗祠躲得过日寇的战火,却没能躲得过"十年浩劫",从"破四旧"运动开始,万年台被拆除,宗祠许多精美物品也被一件件抱走当柴烧。幸运的是,由于村民温和的民风使然,在被贬为"才子佳人"题材的牛腿上涂了一层泥灰,运动过后,这些精美的民间艺术品最终得以保护下来。

三国刘备后裔说

富阳渔山曙星村村民自古以来认为该村是汉室宗氏刘备后裔隐居地,该村金氏原为三国蜀主刘备之后裔,为避祸改姓"金"。

据《富春刘氏宗谱》记载::"司马炎登基,我祖讳川避难隐世,将刘字去卯刀而姓金焉,至赋公徙居河南,文绵公因宋室南迁,护驾浙江临安。秦桧弄权,虽有张韩刘岳,终难恢复……后刘瑾专政,上欲诛瑾又欲诛天下金刘二姓,我祖不得已而散隐他乡,故有青一茂公隐于萧山六都,青二葱公隐于富阳墅溪……"

从这段记载中可以看出,曙星村刘氏的祖先刘川为了避难,将刘字去卯刀而姓金,但是翻遍整本宗谱,却并不能找到直接指向刘备的证据。该村村后的田螺山上草丛里,一块块墓碑隐约可见。其中一块墓碑上写"刘公金鳌府君",下面却写着"男金在明立"的字样。从宗谱和墓碑都显示出,"活金死刘"是事实,可是在现存宗谱中,刘川的具体辈分和身份源流却并不清晰,这就使这支刘姓脉络和刘备的关系变得无从考证。但是金姓的族人,却坚定地相信:自己是刘备的后人,并以此为骄傲。据说《富春刘氏宗谱》在上一代一共有 12 册,每 1 房 1 册,另外族长 1 册、房长 1 册,可惜在"文化大革命"时都被烧毁,现在就剩 1 册 4 本。

刘瑾之祸说

相传,明朝正德年间有一个叫刘瑾的太监,以"预谋篡位"等罪被朝廷处以极刑。此后,民间流言四起,说天下凡刘姓者均将被诛杀。几千里路外的杭州六和塔附近,一户刘姓人家的兄弟七人闻知传言后四散逃亡,隐居萧山、富阳、义乌、台州等地。七兄弟中的老大刘茂则迁隐萧山开善,也就是今天的义桥镇北坞村,并留下了代代相传的家规:活着姓金,死后复刘。而老四刘羲正是隐居到了义乌。按村民的说法推算,"活金死刘"的习俗在村里已延续了近 500 年。随着金氏家族的人丁渐旺,乾隆四十八年(1783 年),村民们在村里修建了刘氏家庙。2002 年,已经破败的刘氏家庙在村里几位老人的发动下被整修一新。刘氏家庙共有三进。

第一进是戏台，第二进现在是村民活动室，第三进则供奉着金氏村民第一位落户萧山的祖先，悬挂着记录了家族历史的牌匾，还有引人注目的一块说明匾，上书“刘氏源流序”。按“刘氏源流序”上的记载，该村金姓村民竟还是刘备的后裔！早在司马炎建立晋朝的时候，刘氏皇族中一位叫刘川的，便已将刘（繁体）去卯刀而改称金姓遁世隐居，此后，其后人才遭遇“刘瑾之祸”逃亡至此。

2010年，北坞村里居住700多户村民中，八成是金姓。可以算是萧山境内保留着“活金死刘”这个风俗最完整，“刘金氏”人数最多的村子之一。共有第15代到第23代子孙，可谓“九世同堂”。其中，年纪最大的91岁、最小的3岁。而且，80多岁的管60多岁的人喊“叔叔伯伯”，也挺常见。①

（二）活袁死孙

在萧山戴村镇袁家山下自然村，有活袁死孙的习俗。许多袁姓村民活着的时候基本上都姓袁，死后被载入其家谱后姓孙。

据《萧山长潭孙氏宗谱》[于民国丁卯年（1927年）重修，共6卷]记载，长潭孙氏本肇富阳龙门，明嘉靖年间（1522—1566年），孙氏端十四公来到萧山戴村云石一带，沿长潭溪登上石牛山，观其山高水长，遂建房于石牛山麓一个叫袁家庄的地方。当时正值倭寇扰境，端十四公就收练义兵，保境安民。由于怕日后牵累子孙，端十四公决定改姓，因继妻姓袁，端十四公嘱咐子孙：“吾孙藉袁姓乎，而其生卒载于谱中者，则仍推本于孙。”从此袁家山子孙改孙姓为袁姓，而载入宗谱仍为孙姓。“活袁死孙”沿用至今未改，袁家山下自然村袁姓村民尊端十四公为始祖，至今已相传20世。②

（三）王、华随姓

萧山义桥镇民丰村大华家一带，几百年流传至今一项奇特风俗，村民大多都是姓王或姓华，村民姓王还是姓华，可以随便选。虽然当地的王姓、华姓村民有各自的家谱，但不影响这一习俗的代代相传、口口相传。

据清同治十二年修编的《渔浦王氏宗谱》记载：“二十六世孙王锐南，清嘉庆五年病卒，妻俞氏年25岁，子未及2岁。俞氏谨事姑舅，抚恤孤儿，以全节孝。道光十一年钦奖受旌，四年后立碑。”而村里有一块俞氏旌碑，碑上端镌刻双龙戏珠等图案，碑石为浙江巡抚富提请圣旨为已故儒士华锐南之妻俞氏所刻，刻于道光十一年己未春。两者事迹、年份、人物都对上了，不过，王氏宗谱里说的是“王锐南”。在碑上刻的却是“华锐南”，其实就是同一个人。据说，王氏十八世王太义继华侃为嗣起，其后裔即有王、华随姓之俗，一直流传至今。

而关于此俗的来历，保留在老人们的传说故事中：古时候有两个相邻的村子，一个华家村，一个王家村，华家村民多以做生意为营生，王家村民多读书考取功名。王家村有一姑娘嫁

① 徐文燕、黄坚毅：《北坞村：“活金死刘”习俗传承500多年》，萧山网，2016年7月3日。

② 《萧山还有个“活袁死孙”家族》，萧山网，2008年12月2日。

到了华家村,不久生了一个儿子。儿子满月时,王姑娘回娘家小住。儿子发生意外死了,王姑娘没有办法给夫家交代,她娘家人最终决定,把年龄相近的侄子让她领回去抚养。没想到,侄子在华家的培养下,长大后参加科举考试,结果还考中了。这本是一件高兴的事,但所谓"纸包不住火",王家村这时却传出了说法,说孩子是王家的,不是华家的。华家是生意人,不能封官,只有王家才是读书人,能封官。王姑娘心里很矛盾,把这件事如实说出来,会影响华家的声誉。如果一直瞒下去,又会影响儿子的前程。她为这个问题煎熬,人一天比一天消瘦,最终病倒了。孝顺的儿子陪母亲到处求医看病,但心理负担使得这位母亲没有痊愈。在奄奄一息之际,她把儿子叫到床前,告诉了他身世。然后,儿子把这件事如实报告了官府。官老爷听了这故事很有感触,同意他华、王随姓,并封他一个官职。这件事在当地的民间成为一段佳话,叫作"华不华出,王要王出"了。(当地的土话,用谐音,话不话出,黄要黄出。意思是不讲出来也瞒不下去了。)从此他的后代就承继了这个习俗,王、华随便姓。

这个习俗相传至今,也在悄然发生着变化,虽然一些村民口头上可姓华也可姓王,但因为身份证的原因,书面的姓氏现在只能用一个了。①

① 黄坚毅、王笑笑:《义桥有个自然村"随姓"习俗流传至今》,萧然在线,2014 年 11 月 6 日。

编后记

盛世修志，志载盛世。《浙江通志·民俗志》是浙江省重大文化工程《浙江通志》113卷之一。将“民俗志”在《浙江通志》中独立成卷，开了浙江省修志之先河。

2012年7月11日上午，浙江省人民政府地方志办公室召开《浙江通志》部分卷目招标说明会。浙江省民俗文化促进会副会长连晓鸣代表浙江省民俗文化促进会参加了会议。报名参加投标《浙江通志·民俗志》(以下简称《民俗志》)的共有6家。根据会议要求，浙江省民俗文化促进会先后与到会的4家进行了沟通协商，决定与其中2家合作，以浙江省民俗文化促进会名义参与投标。此后，2012年12月10日，浙江省地方志办公室组织召开专家篇目论证会，原则通过由连晓鸣、陈华文、黄涛、顾希佳、何善蒙等具体负责编写并修改的三级目录送审稿，并确定浙江省民俗文化促进会为该项目的中标方。

浙江省民俗文化促进会十分重视《民俗志》的编修工作。时任浙江省政协主席、浙江省民俗文化促进会名誉会长周国富任《民俗志》编纂委员会名誉主任，多次听取编纂工作的汇报，参加评审，一直关注支持编纂工作。浙江省民俗文化促进会首届会长童芍素教授担任编纂委员会主任，自始至终，从编纂的指导思想、体例安排等，到志稿的“三审”，始终关注指导《民俗志》的编纂工作。浙江省文化厅和各设区市文广新局分管领导参加了《民俗志》编纂委员会，浙江省文化厅非遗处和各设区市非物质文化遗产中心负责人参与了部分编辑工作。浙江省市民间文艺家协会等也积极支持，提供相关资料，保证了全省资料的顺利收集。尤其是收集了一大批20多年来出版的民俗学方面的专著、论文和田野、个案的调查等，大大开阔了视野，补充了新的资料。

《民俗志》体例，采用目前国内民俗学界认同的纲目式分类，也即逻辑分类原则，并根据浙江省民俗事项的实际而安排，一是物质生活民俗：第一章物质生产民俗(袁瑾)，第二章商贸民俗(刘朝晖)，第三章生活民俗(衣晓龙)；二是社会生活民俗：第四章社会民俗(刘志军)，第五章岁时节日民俗(顾希佳)，第六章人生礼仪民俗(彭伟文)；三是精神生活民俗：第七章信仰民俗(何善蒙)，第八章民间游艺(朱秋枫、蒋水荣)；四是其他：第九章畲族民俗(邱国珍)，第十章特殊人群民俗(蒋水荣)，概述(朱秋枫、连晓鸣、黄涛)。

修志一直有严格的体例要求。尤其是本轮修志，从国家到省级，均结合当前学术文化发展的现状，制定了更加符合学术规范的志书体例编纂要求。如资料卡片的资料收集、资料来源、版权清晰等要求规范，大大提高了地方志的史料性、学术性、权威性。但因民俗事项与政府部门工作的差异，以及民俗志书写的特殊性，导致出现方志强调“面”“概括”，而民俗志强调“个案”“活态”等，如何协调两者的关系，国内民俗学界仍在探索之中，至今尚无定论。因此，在《民俗志》编纂过程中，发挥浙江省民俗文化促进会的学术优势，多次召开小型会议，多角度探讨研究《民俗志》编纂中学术规范、创新等问题，尽量做到既符合传统志书要求，又适应现代学术规范；既坚持不超越《浙江通志》基本凡例，又尊重《民俗志》个性与特点等。这些年的编纂实践与探索，有成功也有失败，记录如下：

关于资料收集。要编纂好《民俗志》，在资料搜集上一定要力争做到"穷尽古人，囊括当今"，要关注和吸取非物质文化遗产普查资料等工作成果，要关注省内外、国内外学术界及地方文化、方志、档案工作者等几十年来在浙江所做个案、调查、整理与研究等成果中与民俗相关的新成果、新资料等，更要关注中华人民共和国成立，特别是改革开放以来出现的新的民俗活动、事项等。

关于点面关系。民俗不能仅仅是概括，否则抽象的结果就是没有活态民俗。因此民俗志有别于纯工作性志卷的"点面关系"，即既要有一定面上的概述，又要突出点，突出细节，这是其的特点。《民俗志》试图在某些章节采取"事项与事件"结合，选择"有特色、代表性的细节"，进行"民俗志书写范式探索"试探性的创新。编纂时要尽量做到既符合传统志书体例，又适应当代学术变化的要求。

关于"新民俗"。既要关注中华人民共和国成立，特别是改革开放以来出现的新的民俗活动、事项等，更要注意民俗学的基本规范。尽可能按照"先讲清传统的、再讲变迁的、最后讲一下新近发生的新现象"，妥善处理。但《民俗志》之"俗"者，须是相对定型稳定之"习"，故一般当今虽然流行，但尚未成"俗"者，原则上不予收录。

关于"述而不论"与学术性结论。志书文字以述为主，述而不论，但考虑到"民俗志"也即民俗学的特殊性，在必要的地方，可保留必要精练的学术性论述，最好是权威的学术性结论。但必须避免过多论述。

关于"交叉"问题。一是各章之间的重复问题。一般性的民俗活动，以"原发性"为选择的原则。但该事项发生发育到超越"原发性"的母体，成为基本独立事项时，应该归到后来"发育"的相关章节中。二是《民俗志》与其他志书的交叉问题。《浙江通志》分卷既按部门工作，也按学科分类等，这样，必要的"交叉"是必然的。《民俗志》突出"民俗"特色，如"民间游艺"章，着重记录民间游艺的起源、仪式等，尽量淡化艺术，避免"重复"。

关于书写序列。采用"章节目＋条目体"的形式，即章、节、目、子目，冠以序号；最小书写单元使用条目体，不冠序号。

《民俗志》初审稿、复审稿专家评审会由浙江省地方志办公室主持，分别于2017年7月25日、2018年5月16日召开并原则通过。

经过全体编纂人员7年多时间共同的艰辛，根据初审、复审专家的意见，反复修改，数易其稿。于2019年3月7日，通过省政府组织的终审。

在此衷心感谢参加《民俗志》篇目论证和初审、复审的专家：陈勤建、萧放、黄景春、周国富、李志廷、童芍素、廖曰文、陈德来、王福群、徐吉军、白效咏、颜越虎、张勤、袁新国、林琼华等。要特别感谢参与《民俗志》篇目论证和审稿的各位专家教授。从篇章布局到概述、编后记，从《民俗志》书写体现当代特色要求到如何遵循基本学术规范，从行文到注释，等等，每位专家都认真审阅，严格把关。各位专家的辛勤工作是《民俗志》得以面世的基础。

《民俗志》编纂工作的顺利完成，得益于浙江省地方志办公室的大力支持。感谢《浙江通志》常务副总编潘捷军，副总编兼总纂李志廷，副总编童芍素和副总纂颜越虎、廖曰文、王林、袁新国、张勤悉心指导。《民俗志》责任编辑林琼华对工作认真、细致的态度，让全体编纂人员由衷感动。

另外，中国民俗学会原会长刘魁立和民俗学前辈叶大兵、吕洪年等虽然没有参加评审论证，但对《民俗志》的编纂，也给予热情的支持和关怀，提出许多宝贵意见与建议，深表谢意！感谢吴松弟教授、徐吉军研究员等提供宝贵资料。感谢浙江师范大学文化传播学院院长田中初、院办公室主任杨赛等对《民俗志》编纂工作的大力支持。

感谢叶心源、方炳华、杜静宜、周向阳、吴维康、王江浩、何幼松、朱秋枫、朱连明、俞婉君、季海波、蓝小明、郑致民等为《民俗志》提供珍贵照片及相关资料。

八年编一志，获不少热心“民俗”人士的关心、支持、帮助，在此一并深表感谢！

《民俗志》虽为尽心尽力之作，但受资料与水平所限，不尽如人意之处在所难免，诚望各位专家、读者不吝赐教。

《浙江通志·民俗志》编辑部

2019年2月18日